옥중에서 쓴
# 군인 남재준이
# 걸어온 길

My Way

YANG 양문 MOON

**옥중에서 쓴**
**군인 남재준이**
**걸어온 길**

초판 1쇄 발행일 2023년 10월 13일
초판 2쇄 발행일 2024년 5월 15일

저자 | 남재준
펴낸이 | 김현중
디자인 | 박정미
책임 편집 | 황인희
관리 | 위영희

펴낸 곳 | ㈜양문
주소 | 01405 서울 도봉구 노해로 341, 902호(창동 신원베르텔)
전화 | 02-742-2563
팩스 | 02-742-2566
이메일 | ymbook@nate.com
출판 등록 | 1996년 8월 7일(제1-1975호)

ISBN  978-89-94025-98-8  03300

옥중에서 쓴
군인 남재준이
걸어온 길

# 머리말

내가 대장으로 진급하여 아버님을 찾아뵈었더니 "국록을 먹고도 나라에 큰일을 하지 못하였을 때는 회고록을 쓰는 것이 아니다"라고 말씀하셨다. 그러므로 나는 40여 년 국록을 먹고 살아왔으면서도 내 조국에 이렇다 할 기여한 바 없음을 부끄러워하여 회고록을 쓰지 않기로 마음먹고 있었다.

그러던 중 주체사상을 지도 이념으로 한 통혁당 사건으로 무기징역을 선고받은 신영복을 가장 존경한다는 문재인이 대통령에 당선되자 "대한민국은 친일파들이 세운 미제 식민지며 6·25는 북침"이라고 주장하던 운동권이 대거 참여한 정권이 들어섰다. 그러면서 이 땅의 자유민주주의를 지키려 하는 사람들을 소위 '적폐(積弊)'로 몰아갔다.

내가 수감되자, 춘추전국시대 초나라 굴원의 누나처럼 그 애달파하시는 모습에, 여든이 넘으신 누나가 혹 잘못 되실까 걱정되어 위로해 드릴 목적으로 편지를 쓰기 시작하였다. 이후 형님의 지극하신 사랑과 격려에 의지하여 지나온 날들을 되돌아보게 되었고, 내가 보낸 이 편지들을 형님과 동생 우진이, 그리고 5년 동안 내 수감 생활의 험한 여로를 함께해준 장호석 실장과 이한샘 양이 꼬박꼬박 타이핑해둔 것을 함께 모아 책으로 출간하게 되었다.

이 책이 출판되기까지 감수의 노고를 아끼지 않으신 내 누나 향성 남은향 님, 내 형 남윤석 님, 원고를 교정해준 내 동생 남우진, 내 사위 김진량, 바쁜 시간을 쪼개어 틈틈이 보아준 심소연 양 그리고 이 책의 처음부터 끝까지 함께해준 장호석 실장과 이한샘 양을 비롯하여 내가 수감되어 있는 동안 여러모로 도움을 주시고 위로와 격려를 보내며 어둠 속에서 빛을 주고자 애쓰셨던 모든 분과, 출판의 노고를 아끼지 않으신 도서출판 양문 김현중 대표님께 진심으로 감사의 인사를 드리며

아버님 어머님의 영전과 한평생 나와 함께 그 먼 길을 걸어온 내 아내와 딸들에게 이 책을 바친다.

이에 아버님께는 지하에서 찾아뵙고 용서를 구하려 하며, 나의 걸어온 길을 모아놓은 이 졸저가 내 뒤를 이어 군인의 길을 걷고 있거나 걸어갈 후배들, 그리고 이 땅에서 삶을 이어갈 내 이웃들과 우리의 자식들과 손자 손녀들에게 조금이라도 참고와 보탬이 되었으면 하는 마음뿐이다.

# 차례

# 1. 이 글을 시작하며

나의 누님은 내가 수감된 2017년 11월 16일부터 2021년 3월 21일 형기가 확정되고 코로나로 면회가 중단되기까지 만 3년여의 세월을 단 하루도 빠짐없이 내 아내와 동생들, 장호석 실장과 이한샘 양을 데리고 그 먼 길을 와주셨다.

### 존경하며 자랑스러우신 형님께

운동장의 한구석에 겨우내 얼어 있던 잔설이 녹으면서 조그만 물줄기를 이루어 흘러내립니다. 형님과 형수님 내외분 그간도 평안하셨는지요.

제가 준장으로 진급했을 때 아버님께서는 환하게 웃으시는 얼굴로 어깨를 두드려 주시며 "욕봤다, 수고 많았다"라고 하시면서 기뻐하셨습니다. 그후 얼마 안 되어 다시 소장으로 진급하여 인사드리러 가니, 그저 평범하게 웃으시는 얼굴로 "더 진급하려 애쓰지 마라" 하셨고 중장 진급 시에는 "자리에 연연하지 마라", 그리고 대장 진급 시에는 "국가의 녹을 먹고도 큰 공을 세운 것이 없으면 회고록을 쓰는 것이 아니다"라고 말씀하셨습니다. 저 또한 나라를 위하여 크게 한 일도 없어 회고록을 쓸 생각을 해보지 않았습니다.

그러나 제가 워낙 가는 곳마다 언론에 요란할 만큼 근무를 하였던 탓인지, 전역하고 아버님을 뵈러 가니, "나중에 필요할 때 쓰거라" 하시며 저에 관련된 모든 기사를 모아 놓으신 것을 내주셨습니다. 저는 이때까지만 해도 별 다른 생각을 하지 않았지만 국정원장과 대선을 거치면서 왜곡되다 못해 비틀려버린 우리의 현대사를 바로잡는 차원에서라도 '내가 걸어온 길'만이 아닌 '내가 부딪히며 살아온 역사적 사실'에 대한 진실의 기록을 남겨놓아야겠다고 마음먹었습니다.

그래서 제 걸어온 길을 시간대별로 정리해보고 그 일정표 위에 중요 사건들을 배열해 놓은 후 각 사안별로 당면했던 상황 및 이에 대한 제 나름의 생각과 제가 하였던 일들을 기술함으로써, 단순하게 '제가 걸어온 길에 대한 회고'만이 아닌, '제가 헤치며 살아왔던 이 시대 역사의 소용돌이와 그 뒤안길'들을 서술하려 합니다. 지난번 형님 편지에서 저에게 운동을 하라고 말씀하셨는데 저는 하루 8,000보를 걷는 것 외에도 꾸준히 근력 운동을 하고 있습니다. 독서도, 예전에는 제가 관심 있는 분야, 예를 들면 역사, 전쟁사, 국제관계 및 미래 예측 관련 등 한정된 좁은 분야의 서적과 유가(儒家)의 고전들만을 읽어오다가 여기에서는 손에 잡히는 대로 읽고 있습니다. 그러다보니 독서의 폭이 무척 넓어져 전혀 새로운 분야들도 접해 보게 되면서, 지난 3년여 기간 300여 권을 훌쩍 뛰어 넘는 서적을 탐독하였습니다.

제가 대위로 김용휴 참모차장님의 전속부관으로 근무할 때, 우진이가 27사단에서 장거리 행군 중 교대도 하지 못하고 개인 화기와 휴대 장구류 외에 M60과 탄약통까지 혼자서 짊어지고 끝까지 행군하다가 인대가 늘어나 입원하였다는 이야기를 어머님께 들었습니다. 걱정이 된 저는 "형, 나 여기서 생활 못하겠어" 하면 어떻게 하나 하는 이런저런 생각을 하며 사창리로 면회를 갔습니다. 의무대에 도착하여 입원실에 들어갔을 때 면도를 못해 털복숭이가 되어 야전 침대에 누워 있는 동생을 본 저는 목이 메어 말이 나오지 않았습니다. 그런데 우진이가 오히려 "형 걱정하지마. 내가 누군데? 형 동생이잖아"라며 저를 위로해주었습니다. 걱정하면서 갔던 제가 오히려 부끄러울 만큼, 제 동생은 어린아이가 아니었고 어느덧 그렇게 자랑스럽고, 어엿하며 당당한 젊은이가 되어 있었습니다. 그래서 형님, 이제는 우진이가 제게 한 이야기를 다시 형님께 해드리려 합니다. 형님, 제가 누구입니까? 형님의 동생입니다. 조금도 걱정하지 마십시오. 형님의 늘 건강하심과 가내 평안하심을 기원 드리며 오늘은 이만 줄입니다.

동생 재준 올림

추신 : 형님께서 지금 저 영어 공부시키시는 수법이 제가 중학 1, 2학년 때, 형님이 만드시던 사제 영자 신문에 '빈칸'을 할당하고 채우라고 하시거나 펜팔을 소개해주고 답장을 쓰라고 하신 것과 비슷하여 옛 기억이 새로워집니다. **(제가 낑낑거리고 있으면 어머님께서 무엇을 하나 들여다보시다가, "얘야 네 형은 영어대회에 나가 1등 했단다" 하시며 제 기를 팍팍 꺾어 놓고는 하셨습니다.)**

## 2. 마음 아파하시는 누나를 위로하며

**사랑하는 누나에게**

늘 건강하시리라 믿고 있으며 저 또한 잘 지내고 있습니다. 어머님 돌아
가신지도 벌써 1년이 되었습니다. 어제 어머님의 기일에는 하루 종일 혼자
앉아 어머님 생각에 목이 메었습니다. 그동안 무심히 지났던 세월, 이제 새
삼 되돌아보니 어머님께서 저를 죽을 곳에서 살려 주신 것이 다섯 번이었는
데, 그중 제가 어렸을 적 어머님의 극진한 사랑으로 죽음의 고비를 넘긴 것
이 두 번이었습니다.

첫 번째로 저를 살리신 것은 제가 생후 6개월이 채 안 되었을 때입니다. 어머님은 친정에 다녀오시는 길에 저를 안고 소달구지를 얻어 타셨다 합니다. 이때 맞은편에서 달려오는 말(馬)에 놀라 소가 3m도 더 되는 아래의 논바닥으로 곤두박질쳤고 어머님 품속에 있던 제가 경기를 일으켜 잘못되었다고 하였습니다. 이에 어머님은 백방으로 저를 살리려 노력하셨는데, 가는 의원마다 포기하라고 하였습니다. 그러나 어머님께서는 포기하지 않으시고 6개월씩이나 이불솜에 저를 싸서 끌어안고 계셨답니다. 그래서 동네에서는 "지어미 잡을 놈"이라며 갖다 파묻으라고까지 했다고 합니다.

그런데 하도 소문이 크게 났던 터라, 제가 돌 가까이 되었을 때 100여 리 밖에 있는 의원이 인근을 지나다가 제 이야기를 듣고는 집으로 찾아왔다고 합니다. 저를 진맥한 의원은 좁쌀 같은 약 서너 개를 주면서 "그 약을 먹이고 폭 싸안고 있다가 한식경쯤 지나서 콧잔등에 땀방울이 맺혔으면 살릴 수 있으니 나에게 사람을 보내고, 만약 땀방울이 맺히지 않았으면 화타가 와도 살리지 못하니 엄마까지 잘못되지 말고 포기하라"라고 하며 주소를 알려주고 갔다고 합니다. 이에 어머님은, 제게 약을 먹이고 정신없이 기도하다가 차마 눈을 뜨지 못하여 눈을 감고 콧등을 가만히 만져보니 땀방울이 두세 방울 났더라고 하시면서 눈물을 글썽거리셨습니다(**제가 초등학교 3학년 때 들은 이야기**).

방학 때만 되면 누나도 아시듯 제가 외갓집에 가 살고는 하였는데 "할머니 제가 그랬다면서요?"하며 이 이야기를 외할머니께 여쭤본 적이 있습니다. 이야기를 들으시자마자 외할머니는 제 궁둥이를 철썩 때리시면서 "그래 이 녀석아, 너 때문에 네 어미까지 죽을 뻔했다"라고 하셨습니다. 외할머니는 그때 걱정이 되셔서 저희 집에 와 계셨는데 어머님 둔부에 종기가 곪아 터지면서 연속적으로 주변을 감염시켜 손가락 세 개가 들어가는 구멍이 생겼다고 하시면서 그때 이야기를 상세히 말씀해주셨습니다. 아무리 **"신이 모든 것을 다 할 수 없어 대신 어머니를 보내 주셨다"**라고 하지만, 죽었다고 모두가 고개 젓는 자식을 누가 6개월씩이나 단 한 순간도 눕지 않고 미친 듯 끌어안아 끝까지 살려내겠습니까. 하늘까지 닿은 어머님의 정성이 저를 살리신 것입니다.

 두 번째는 제가 초등학교 4학년, 복막염에 걸렸을 때입니다. 그날은 여름방학 개학날인데, 숙제를 다 못한 저는 〈학원〉이라는 잡지에서 본 수영 선수가 맹장염에 걸려 수술을 하는 내용을 생각하면서 "나도 맹장염이나 걸렸으면"하고 있었습니다. 그때 마침 어머님께서 그 전날 제가 어질러 놓은 나무토막에 발이 걸려 치우려고 몸을 구부리시다가 언뜻 저와 눈이 마주쳤습니다. 그러자 어머님은 무엇 때문인지 황급히 손안의 나무토막을 팽개치고 쫓아 나가시더니 출근하려 대문을 나서시던 아버님을 급히 모시고 들어오시며 "아이 얼굴이 이상하니 빨리 병원에 데려 가시라"라고 서두르셨습니다. 저는 원래 조금 멍청해서 으레 아픈 것을 아무렇지 않게 잘 참는 편인데 그때 제 얼굴은 사색이었다고 합니다. 아버님께서는 저를 보시더니 곧바로 둘러 업고 뛰어서 '박 외과의원'으로 가셨습니다. 그러자 그 멋있게 생기신 박 원장님은 저를 눕혀놓고 배를 눌러보시더니 마취도 채 안 된 제 배를 생살 그대로 째셨는데 배를 가르면서 맹장이 터졌습니다. 그래서 조금 끔찍한 이야기지만, 내장을 들어내고 대청소를 한 셈이었습니다. 원장님 말씀으로는 한 5~6일만 입원하면 될 것을 "미련하게 아프다 소리를 안 해서" 복막염이 되어 거의 3개월 가까이 입원해 있으면서 부모님을 고생시켜 드렸습니다. 그때 만일 어머님께서 저를 보지 못하셨더라면 저는 분명 군말 없이 학교에 갔을 것입니다. 그러다가 어디 길바닥에 쓰러졌으면 요즈음처럼 핸드폰에 119가 있는 세월도 아닌데다가 길바닥에 거지들이 누워 있는 것도 드문 풍경은 아니었으니 거의 100%, 지금 이 글을 쓰지 못하였을 것입니다. 계절이 한참 바뀌어서 퇴원하고 집에 온 날, 거울에 비치는 제 모습을 보고는 깜짝 놀랐습니다. 왜냐하면 저는 제 얼굴이 검은 줄 알고 있었는데 거울 속에는 웬 '백인' 소년이 보였기 때문입니다.

월남전 참전 시에는 꿈속에서 어머님을 뵙고 소대원을 살린 것이 두 번, 그리고 타고 있던 헬기가 적의 대공 사격에 피격되어 화재가 발생한 상태로 비상 착륙을 하였지만 기적적으로 살아난 것이 한번 등 세 번을 어머님의 보살핌 덕에 살아나 귀국할 수 있었습니다. 그 후 군 생활 동안 헬기 불시착, 차량 추락 전복 등을 포함 다섯 번을 기적 같이 가벼운 상처만으로 무사할 수 있었습니다. 어머님이 아니고는 제가 태어나지도 못하였겠지만 제 어머님 같으신 어머님이 아니셨더라면 단연코 저의 오늘은 불가능하였을 것입니다. 그러므로 어머님은 저에게 있어서는 관세음보살님의 화신입니다.

이 세상에 저만큼 운 좋게 타고난 행운아는 흔치 않을 것입니다. 그 첫째는 부모님께서 저대로의 품성과 자질 및 적성, 능력을 가지고 태어나도록 해 주셨고, 이러한 제 천성이 조금도 변질되거나 위축되지 않고 타고난 그대로 클 수 있도록 해 주셨습니다. 이러한 부모님의 자식으로 태어나 다복한 형제자매들과 더불어 성장할 수 있었던 것은 제게 큰 행운이었습니다. 둘째는 제 자질과 적성에 맞는 직업을 선택하여 제 능력껏 뜻을 펼칠 수 있었던 것입니다. 셋째는 개성 강한 제 성격과 직업을 이해하며 평생을 말없이 내조해준 아내를 만나 그 짧지 않은 험난한 세월을, 서로 믿고 의지하여 격려하면서 함께 걸어올 수 있었던 행운입니다.

저의 지나온 군 생활이 결코 순탄한 여정은 아니었습니다. 그러나 어느 계급 어느 자리에 가더라도 항상 즐거운 마음으로 임무를 수행할 수 있었던 것은 제 상관들이 저를 믿고 일을 맡기며 인정해주는 행운(관운)도 있었기 때문입니다. 비록 하나회에 속한 동기생들의 견제로 진급을 못하고 있다가 겨우 대령 진급이 된 후에도 중령 자리에 있었는가 하면, 연대장을 마치고도 보직이 없어 창고에 책상 하나 갖다 놓고 단기 사병과 둘이서 책을 읽으며 지내기도 하였습니다. 그러나 저는 단 한 번도 좋은 자리와 진급을 위하여 누구를 찾아다니거나 아쉬운 소리를 입 밖에 내본 일이 없습니다. 언젠가는 제가 전역을 눈앞에 두고 있을 때 처자식을 먹여는 살려야 하고 아는 것은 군대밖에 없는데, 제 퇴직금으로 리어카 한 대는 살 수 있을 것 같아서 포장마차라도 해보려고 포장마차 주인 곁에서 심부름도 하고 일을 거들어주며 배우고 다닌 일도 있었습니다.

사실을 솔직히 말씀드리면, 저같이 군 생활을 하면서 4성 장군이 되어 총장까지 역임하였다는 것에 어느 누구보다 저 자신이 더 이해조차 안 되는 불가사의한 삶을 살아온 것 같습니다. 육사 출신인 제가 육사 출신 대통령 시절에는 현대판 귀양살이를 전전하였습니다. 그러다가 김영삼 대통령이 하나회를 척결하면서 기간 중 하나회에 의하여 가장 불이익을 당했다고 생각되는 저를 상징적으로 장군에 진급시킨 것 같았습니다. 그리고 제가 총장이 된 것은 -후일 국정원장 재직 중 들은 이야기가 사실인지는 모르겠으나- 당시 노무현 정부가 장사병들의 인기도를 조사해본 결과 제가 제일 인기가 좋아서(**총장 임명에 감사한 마음으로 청와대의 의도에 순종할 경우 군을 쉽게 좌경화시킬 수 있을 것으로 판단한 듯?**), 저를 총장으로 임명한 것이라는 이야기를 들었습니다.

그러나 제 이름이 총장 후보자로 신문지상에 오르내릴 당시, 저로서는 꿈에도 생각지 않았던 일일 뿐 아니라 새 정부와의 충돌이 불을 보듯 뻔하여 연합사 부사령관 직을 끝으로 전역하려고 생각하였습니다. 그런데 후배들의 "부사령관님이 버팀목이 되어주지 않으면 군이 무너질 것인데 비겁하게 혼자 살자고 도망가십니까? 이것이 우리가 보아온 부사령관님의 본모습입니까?" 하는 항의성 협박에 마음을 바꾸어 취임하였던 것입니다. 그 결과 예상하였던 대로, 2년 내내 정부와 충돌하면서 군과 나라를 지키고자 사력을 다하였습니다. 지금 현재의 제 처지는 그 연장선상에서의 상황이므로, 저는 이 소중한 시간들이 저 자신을 한 단계 격상시킬 수 있는 시간이 되도록 하기 위하여 노력하고 있습니다. 저에게 있어 이것은 하늘이 주신 기회이자 저의 꿈이 실현되어 가는 과정입니다. 그러니 걱정 마시고 누나의 건강과 웃음만을 챙기시기를 늘 기도 합니다.

동생 재준 올림

## 사랑하는 누나에게

편지 받아보고 건강하시다니 즐거운 마음이지만 여전히 마음 아파하시는 누나의 크신 사랑에 가슴 뭉클해집니다. 그러나 누나, "그렇게 바르게 살았는데 내 동생이 왜 구속되어야 하느냐?"라는 식의 마음은, 마치 일제강점기 독립 지사들이 범죄를 저지르지 않았는데 왜 구속시켰느냐라는 질문이나 마찬가지입니다. 이것은 '죄'의 문제가 아닙니다. 누나는 6·25 때 죽창 든 빨갱이들이 우익 인사들을 '반동'이라고 쳐 죽이던 것을 기억하실 것입니다. 이들이 왜 이승만·박정희 대통령과 맥아더·백선엽 장군을 철천지원수로 생각하는지 아십니까? 그들은 '대한민국은 태어나서는 안될 악의 집단이자 친일파들이 세운 미제 식민지'로 규정하고 있습니다. 이러한 비틀린 역사적 관점에서, 이승만은 친일파로서 분단의 원흉이며, 맥아더 장군은 인천상륙작전을 성공으로 이끈 사람이고, 백선엽 장군은 다부동 전투에서의 승리와, 육본 정보국장으로서 숙군을 통하여 6·25 발발 시 육군이 국군으로서의 소명을 다 할 수 있게 한 사람이기 때문입니다. 그뿐 아니라, 백 장군은 남로당원으로 사형을 언도받은 박정희 소령을 석방시켜 후일 대통령이 되어 한강의 기적을 일으킴으로써 김일성의 적화통일 야욕을 무참히 좌절시킨 천인공노할 죄악을 저지른 반동으로 정의하고 있기 때문입니다.

제가 겪은, 우리나라의 소위 진보를 표방하고 있는 사람 중 상당수가 모화사상에 골수까지 찌든 사대주의자들이었는가 하면 김일성을 숭배하는 주체사상파도 있었습니다. 또 오로지 북의 심기를 거스르지 않기 위하여 눈치를 보면서 북에 사사건건 동조하며 이들을 뒤쫓는 종북 내지 친북 좌파들도 있었습니다. 이들에게 마오쩌둥과 김일성 그리고 붉은 이념은 있었지만 대한민국은 없었습니다. 그러므로 이들이 이야기하는 '적폐'는 바로 이 나라의 자유민주주의를 수호함으로써 그들이 추종하는 공산화 내지는 소위 민중 민주 사회 건설을 방해한 세력들 즉 '반동'들의 호칭인 것입니다.

그럼에도 불구하고 저는 여기에 있어야 마땅할 세 가지의 죄를 지었습니다.

그 첫째는 우리 할아버지 할머니와 아버지 어머니 세대가 피 흘려 되찾고 지켜온 이 나라를, 그리고 피 같은 땀과 눈물을 흘려가며 가꾸어 물려주신 이 나라를, 발전시키기는커녕 이토록 혼란스럽게 흘러가는 것을 막지 못함으로서 부모님 세대에 죄를 지은 것입니다.

둘째는 이제 저 자신 부모 세대가 되어 우리 자식들이 -우리의 젊은이들이- 저마다의 벅찬 꿈을 꾸면서 용기로써 꿈에 도전하고, 인내로써 시련에 맞서 이를 극복하면서 마침내는 꿈을 이룰 수 있는 그러한 세상을 물려주기는커녕, 이토록 젊은이들의 모든 희망을 철저히 짓부수어 오직 암울한 미래만이 펼쳐진 예측 불가능의 시대를 물려주게 되어 자식들 세대에 죄를 지었습니다.

그리고 셋째는, 제가 비록 정치를 한 것은 아니지만 이 나라의 지도적 위치에서 10여 년을 살아온 위치 때문에 오늘을 사는 이 나라의 모든 국민에게 도덕적 책임이 없다고는 할 수 없는 죄를 지었습니다.

제 총장 시절의 경험에 비추어 보았을 때 저는 이들 문재인의 무리가 노무현 정권의 '후계자'라는 주장에 전혀 동의할 수 없습니다. 왜냐하면, 제가 아는 노무현 대통령은, 때에 따라 대한민국의 국익과 미래를 생각할 줄도 아는 대한민국의 좌파 대통령이었습니다. 실제로 노 대통령은 한때 자신의 이념적 가치와 국익이 정면으로 충돌할 경우 -이라크 파병이나 한미 FTA, 강정 해군 기지 건설 등과 같이- 이념적 가치를 포기하고 국익을 선택하기도 하였습니다.

그러나 문재인 정권의 행적에서는 제가 아는 한, 대한민국을 위한 것은 추호도 찾아볼 수 없었습니다. 그들은 "중국은 거봉이며 우리는 소국"이라고 자처할 뿐만 아니라, 소위 중화라는 삐뚤어진 사상에 매몰되어 전 지구촌에 걸쳐 패권을 꿈꾸는 "중국몽이 우리의 꿈"이자 "중국과 우리는 한 운명의 공동체"라는 사대모화(事大慕華)에 곯도록 젖어버린 불쌍한 사대주의자들입니다. 대한민국은 안중에도 없이 오로지 북의 의중과 그 심기를 살펴 이들을 뒤쫓기에 급급하여, 오죽하면 어느 외신에서조차 "문재인은 북한 대변인"이라고 표현할 만큼 김정은을 위해 동분서주하며 북을 추종하는 친북 좌파들일 따름입니다.

이들과 저와의 투쟁은 2003년 4월 총장 취임과 더불어 시작되었는데 그중 비밀에 저촉되는 것을 제외하고 여기에서 말씀드릴 수 있는 몇 가지만 간략히 추려보겠습니다.

### 가. 청와대의 정신 교육 폐지 요구(청와대로만 표기 하겠습니다.)

취임 초 청와대 모 수석이 만나자고 하여 저녁 식사를 하는 자리에서 "남북이 화해 협력하는 마당에, 적대 감정을 부추기는 정신 교육을 폐지할 것"을 요구받았습니다. 그러나 저는 "화해와 협력은 싸워서 이길 수 있는 '힘'에 의하여 뒷받침되는 것이며 이것은 바로 장병들의 정신 무장으로부터 비롯되는 것"임을 강조하며 이를 거절하였습니다. 그리고 육본에 복귀하여서는 육군 최초로, 정훈 장교 전원을 소집하여 합숙 교육 및 토론을 실시하면서 "다른 병과들은 지금 전투 준비 중이지만 너희 정훈 병과는 전쟁 중이다. 만약 너희가 이 전쟁에서 패한다면 대한민국은 망한다는 것을 명심하라"라고 훈시하고 정훈 교육을 대폭 강화하였습니다(**후일 육본 정훈감 김광현 장군과 NSC의 이종석이 무궁화교육 석상에서 벌인 설전이 기사화된 바 있습니다.**)

## 나. 부산 '군수사령부의 유성 이전 사업' 중단 요구 철회 관철

얼마 후 청와대에서 연락이 와 가보니 군수사 이전 사업을 중단하라는 것이었습니다. 그때 저는 대통령이 취임 후 부산 지역에 내려가 부산 상공회의소(?) 등 경제 단체장들을 접견하는 자리에서 군수사 이전 사업 중단 건의를 받고 사업 중단을 약속하고 온 사실을 신문 보도로 알고 있었습니다. 군수사 이전 사업은 최초 부산시에서 부대 이전을 요구하여 시작된 사업입니다. 이 사업은 제가 육본 인사참모부장 시절 육군 정책회의에서 부산시의 요구대로 할 것을 강력히 주장한 결과 육군 정책으로 채택되어 공사를 진행 중에 있었습니다.

이때 제가 군수사의 유성 이전을 적극 주장한 이유는 다음과 같습니다. 6·25 당시에는 외국의 원조 물자에 군수를 의존하였기 때문에 후방 항구로서의 부산이 적합하였습니다. 그러나 이제는, 군수 물자의 거의 80% 이상이 국내 생산으로 보급되고 있어 보급 거리가 먼 부산에 있을 이유가 없습니다. 그리고 국제 정치에서 팔머스톤의 주장처럼 "영원한 적도 영원한 우방도 없는 것"으로 현대전에 있어서는 해안 자체가 전략적 최전방이 되는 상황이기 때문에 군수사의 이전은 반드시 필요하였습니다. 이러한 이유로 대통령의 군수사 이전 철회 요구를 들은 저는 대통령에게 질문했습니다. "왜 군수사 이전을 중단하여야 하느냐"라고. 이에 대한 대통령의 대답은 "부산 사람들의 지원으로 대통령이 되었으니 그 정도는 해드려야 하지 않겠느냐"라는 것이었습니다(이 내용은 이미 언론에 보도되어 알려진 일입니다.). 그래서 저는 위에서 말씀드린 이유로 군의 입장에 대한 설명과 함께 이 사업의 추진 진도를 설명드린 후, 지금 대전 및 충청도에서 시민들이 자발적으로 '군수사 이전 사업 추진 지원단'을 결성하여 활발하게 활동하고 있는 것으로 알고 있는데 그러면 이것은 어떻게 할 것인지를 반문했습니다. 이에 노 대통령은 잠시 생각하더니 선선히 군의 입장을 받아들여 '군수사 이전 중단' 요구를 철회하였습니다.

## 다. 육군대학의 진해 이전 거부

육군대학은 북괴군의 불법 기습 남침으로 나라의 운명이 풍전등화의 위험에 처해 있던 1951년 10월, 이승만 대통령의 용단으로 경남 진해에 창설되었습니다. 그 후 진해시의 이전 요청으로 1995년 현 위치인 유성의 자운대로 이전, 해군대학 및 공군대학과 함께 위치하여 장교들의 교육을 담당하고 있습니다. 그 결과 3군 대학이 함께 있음으로써 현대전에서 필수불가결한 3군의 합동성을 효율적으로 보장할 수 있는 이상적인 교육 체제를 구축하여 장교 교육을 실시 중이었습니다. 그런데 느닷없이 육군대학을 다시 진해로 이전하도록 하라는 지시를 받은 것입니다.

그러나 육군대학이 진해로 복귀할 경우 해군대학도 진해로 내려가게 될 것이며 공군대학만 그 지역에 잔류하게 됩니다. 이럴 경우 3군 합동 작전 교육에 중대한 차질이 초래될 뿐 아니라 군 교육 행정의 효율성 및 우수 교관 인력 확보와 학생 장교 및 가족들의 자녀 교육을 포함한 생활 불편 등 모든 것이 과거로 회귀하게 되어 군 발전에 크게 역행하게 됩니다. 군에 관련된 모든 사항은 국가의 백년대계이므로 철저히 군의 관점에서 검토되고 판단되며 결정되어야 합니다. 결코 선거에 관련된 어느 정당의 이해관계나 지방 경제 형편에 따른 소아적이고도 근시안적인 관점에서 좌우되어서는 안 됩니다.

그러므로 저는 주위에서 여러 가지 압력이 있었음에도 불구하고 이에 굴하지 않고 대통령에게 3군 대학이 현 위치에 있어야 할 이유를 상세히 설명하면서 이의 제고를 간곡히 건의드린 결과 다행히 이 지시를 철회시킬 수 있었습니다. 이에 따라 3군 대학은 현재 유성의 교육사에 그대로 위치하여 현대전에서 필수적으로 요구되는 높은 수준의 합동 작전 교육을 실시하고 있습니다. 또 군 전술에 대한 상호 교차 교육을 통하여 군간 타군의 이해를 촉진함은 물론 각 군 장교들 간의 친목 도모와 3군의 협조된 교리 발전 등으로 미래 전장에 적합한 장교들의 육성에 주력하고 있습니다.

### 라. 총장 임기 4년 보장 제의 거절

이로부터 얼마 안 되어 이번에는 모 수석이, 대통령님의 뜻이라면서 만나자고 하여 저녁 식사를 함께 하게 되었습니다. 그 자리에서 그는 "총장 임기(법정 임기는 2년) 4년을 보장해주고 또 잘하신다면 플러스 알파가 없겠습니까?"하고 이야기하였습니다. 이에 저는 일언지하에 "어떤 미련한 군인이 총장을 4년씩이나 하겠느냐"고 거절하였습니다. 그랬더니 그는 미국에서는 4년도 하지 않느냐는 것이었습니다. 그래서 저는, 미국은 지휘관의 잘못된 명령에 의한 잘못된 결과에 대한 책임 즉 '지휘 책임'만 지지만, 우리나라는 병사들이 휴가 중 부모의 이혼을 뒤늦게 알고 귀대 날짜에 자가 인근에서 자살한 사건까지 무한 책임을 져야 하는데 다르지 않느냐 하면서 적절한 시간 내 임기를 마치고 물러나는 것이 군의 발전을 위하여 맞는 것이라고 끝까지 거절하였습니다.

### 마. 장관직 제의 거절

그 후 장관직 제의가 있었습니다. 뜻대로 움직이지 않는 임기제 총장을 처리하기는 다소 어려움이 있지만 정무직인 장관은 그 다음 날로 해임해도 해임 사유만 잘 찾아낸다면 전혀 문제가 없었을 것입니다. 아무튼 저는 군인으로서 제 공직을 마치겠다고 거절했습니다.

### 바. 이라크 파병, 대통령 설득으로 관철

효순이 미선이 사건의 여파로 한미동맹에 보이지 않는 심각한 균열이 있는 상황에서 미국 측의 절박한 파병 요청이 있었습니다. 그러나 당시 정부에서는 파병하지 않는 것으로 가닥을 잡는 듯 보였습니다. 그런데 이러한 분위기가 제 입장에서는, 연합사 부사령관의 경험으로 보아 궁극적으로 한미동맹의 와해까지도 염두에 둔 것은 아닌가 하고 판단할 수밖에 없었습니다. 그러므로 저는 이 사태를 심각하게 예의 주시하던 중이었습니다.

때마침 대통령이 장관, 의장 및 각 군 총장과 해병대 사령관을 청와대로 초치하여 "이라크 파병은 경제적으로도 득이 없으며, 파병하지 않는다고 한 미동맹이 약화되는 것도 아니니 파병을 하지 않기로 결정했다"라고 약 40분에 걸쳐 정부가 파병하지 않기로 결정한 배경과 의지를 설명한 후 참석자들의 의견을 말하라고 하였습니다. 이윽고 제 차례가 왔을 때 저는 대통령에게 얻어 피우던 담배를 끄고 나서 "대통령님의 국방 정책 목표가 자주국방 아닙니까? 미국군이 왜 세계 최강이라고 생각하십니까? 그것은 미군이 제2차 세계대전 이후로도 끊임없이 전쟁하면서 군 간부들이 부단히 실전 경험을 쌓았기 때문이지 장비만 우수하다고 최강이 되는 것은 아닙니다. 과거 김일성이 여러 번 남침의 기회를 엿보다가 이를 포기한 것을 말년에 후회했는데 포기한 이유 중의 하나가 월남전 참전으로 얻은 '한국군 간부들의 실전 경험'이었습니다. 이제 월남전에 참전하였던 전투 유경험자는 육군에서 장교로서는 제가 마지막이고 부사관 102명도 2년 이내 모두 전역합니다. 60만 대군이 아무리 좋은 장비를 가지고 있다 하더라도, 적을 향해 단 한 발도 총을 쏘아보지 못한 장군이 지휘하는 군대가 얼마나 전투력을 제대로 발휘하겠습니까. 저는 정치와 경제는 모릅니다. 따라서 대통령님의 말씀이 맞을 것입니다. 그러나 자주국방을 하려 한다면, 미국에 대한 동맹국으로서의 역할뿐 아니라, 현대전장의 실상 체험은 물론 수천Km 떨어진 외국에 전투력을 투사하는 것과 전투 실전 경험의 축적을 위하여 파병할 것을 건의드립니다"라고 이야기했습니다. 그러자 대통령은 깜짝 놀라는 표정으로 "예? 그런 이야기는 처음 듣는데요? 아무도 그런 이야기 안 해주던데요. 실전 경험 때문에 참전하여야 한다는 이야기 아닙니까? 생각해보니 그 말이 옳은데요. 가야겠는데요? 갑시다!"라고 말했습니다. 이것이 노무현 대통령이 국익을 위해서 옳다고 생각하는 순간 본인이 40여 분 동안이나 힘주어 역설하였던 파병 불가 결정을 단 1분만에 뒤집은 실제 사례입니다.

노무현 대통령과는 군 관련 정책에서 저의 임기 내내 많은 부분을 충돌했지만, 제가 아는 한 그는 꾸밈없이 투박하고 귀가 열려 있었으며 때로 자신의 이념적 가치와 국가 이익이 상호 충돌할 경우, 사안에 따라 자신의 이념적 가치를 포기하고 국익을 선택할 줄도 아는 대한민국의 좌파 대통령이었다는 인상을 가지고 있습니다.

이 일이 있은 이후 저에 대한 갖가지 압박이 본격화되기 시작하였던 것으로 기억되는데, 이로써 제가 그들의 민중 민주 사회 건설에 방해되는 반동 세력으로서 적폐 1호가 될 충분한 자격을 얻게 된 것이 아닌가 하고 생각하고 있습니다. 왜냐하면 이 사건이 한미동맹의 와해까지를 노리던 친북 내지 종북 좌파들에게는 가뜩이나 절치부심하던 저를 제거하기로 결심하는 계기가 되었을 것이기 때문입니다(**이들이 적폐라는 단어를 처음 사용한 것이 제 기억으로는 서훈의 청문회 시 "국정원장으로 취임하면 적폐를 청산하여야 하지 않느냐라"는 질의에서였던 것으로 기억하고 있습니다.**).

### 사. 저의 비리 의혹 내사

그러자 이들은 "세상에 털어서 먼지 안 나오는 놈이 어디 있느냐"라고 공언하면서 당시로부터 16년 전인 제 연대장 시절부터 뒤를 캐고 있다는 이야기가 들렸습니다. 저는 그래서는 못 찾을 것이니 제가 태어난 순간부터 캐내어 보라고 하였습니다. 그러나 결국 제 먼지를 털어내는 것은 실패하였고, 대신 엉뚱하게 저의 후임으로 부임하였던 모 장군의 과거 행적을 문제 삼아 그를 구속 기소하는 선에서 그치고 말았습니다.

### 아. 계룡대 육군참모총장 공관 반환 요구 거절

충북 대청호반에 있던 대통령 별장 청남대를 국민에게 반환한 후 청와대에서는 대통령 별장으로 이용할 시설이 마땅하지 않으니 육군참모총장 공관을 내놓으라고 요구하였습니다. 이 건물은 계룡대에 행정 수도를 건설하면서 대통령 공관으로 지은 것이기 때문에 청와대 재산이 맞습니다. 그러나 제가 공관을 반환할 경우 청와대 비서실 직원과 경호원들이 평시부터 계룡대 영내에 상주하게 됩니다(당시 제가 듣기로는 해·공군 총장공관을 사용). 그런데 청와대 행정관이 합참의장을 불러다 조사하고, 행정관이 부른다고 참모총장이 장군 인사 서류 가방을 들고 쫓아나가는 분위기가 되었을 때 이들과 군과의 관계에서 상호 위상이 과연 어떻게 되었을지 상상해 보십시오.

제가 인사참모부장 시절 경험으로는 만일 청와대의 일부 요원이 계룡대에 상주하게 된다면 군의 정치 예속과 정치권의 군 인사 간여는 불을 보듯 뻔하여 그 순간 대한민국 국군이 아니고 공산주의 국가처럼 집권당의 군대가 될 것이므로 저는 한마디로 거절하였습니다. "이것은 내 개인 재산이 아니니 팔 수도 없고 자식에게 물려줄 것도 아니며 임기가 끝나면 내놓을 건물이다. 그러나 60만 대군의 총수의 지휘 공관을 대통령 별장으로 쓰자고 빼앗아 간다면 외국에서 보는 우리나라의 국격은 어떠하며 또 군을 거쳐 간 모든 예비역과 또 현역 장병들은 이를 어떻게 보겠느냐. 나를 위해서가 아니라 이 나라와 대통령을 위해서 안 된다. 필요하다면 내가 대통령께 직접 보고 하겠다"라고 하면서 3개월을 버틴 끝에 철회시켰습니다.

## 자. 군 관련 인사 청탁 근절

임기 중 무수한 압박에도 불구하고 정치권은 물론 어떠한 외부의 세력도 일체 군 인사에 간여하지 못하도록 철저히 인사 청탁을 근절시켰습니다. 이에 결국 당시의 장영달 국회 국방위원장이 인사 청탁에 시달리다 못해 공개적으로 인사 청탁을 안 받겠다고 양심선언(**언론에 보도**)을 하였습니다.

그런데 하루는 청와대 보고를 끝내고 나올 때, 대통령이 자기가 아는 군인이 딱 한 명뿐인데 자기가 볼 때 훌륭한 것 같으니 장군 진급을 시켜달라고 하였습니다. 그래서 저는 **군 통수권자로서 국방 정책 수행을 위하여 적임자를 진급시키도록 명령**하시는 것인지, 아니면 개인적인 부탁이신지를 반문하였습니다. 그랬더니 "명령은 아니고요, 개인적으로 부탁 말씀을 드리는 것입니다"라고 답하였습니다. 그래서 "그러면 이름을 이야기하지 마십시오. 제가 그 이름을 알면 명단에서 빼지 않을 수 없습니다"라고 하였더니 "아이, 그러지 마시고요, OOO입니다"라고 기어이 이름을 말하였습니다. 며칠 후 제가 진급 심사 결과를 보고받으며 그 장교의 이름과 그 이외 청와대에서 이야기한 네 명의 이름이 진급자 명단에 없는 것을 확인하면서, 저 또한 인간이므로 잠시 갈등에 휩싸이지 않을 수는 없었습니다. 그러나 그럼에도 불구하고, 그 결과가 어떻게 되든 제가 사랑하는 제 조국과 육군을 위해서, 제가 희생되는 한이 있다 하더라도 제 당대에 그동안의 잘못된 관행을 반드시 바로 잡음으로써 나라와 그리고 육군에 보답하고자 하였습니다. 그래서 저는, 이에 대한 그 대가를 나름 각오하고 있었는데, 놀랍게도 노무현 전 대통령은 이를 그대로 넘겼습니다. 저는 노 전 대통령에게 나름 감명을 느꼈습니다. 이러니 그 당시, 이 좌파들이 저에게 얼마나 절치부심하였겠습니까?

### 차. 쿠데타 모의 혐의로 조사

아무리 털어도 먼지가 안 나오자 그 다음에 들고 나온 것이 소위 '정중부 발언'으로 신문지상에 보도되었던 '남재준 쿠데타 모의 혐의'에 대한 조사였습니다. 여기에서 이 사건을 상술하지는 않겠습니다만, 아무튼 이로 인하여 청와대와 정치권이 뒤집힐 듯 요란하게 요동쳤습니다. 그렇지만 이 또한 아무런 증거도 찾지 못하고 흐지부지되고 말았습니다. 그러나 이 일이 그들을 얼마나 놀라게 하였던지 제가 전역하던 날 "쿠데타를 할 수 있는 마지막 군인 놈이 나갔으니 이제 두 다리 뻗고 잘 수 있게 되었다"라고 소주 파티를 하였다는 이야기가 제 귀에 들렸습니다.

청와대 일부 세력들의 행태가 이렇게까지 진전되자 저는 전역 지원서를 제출하였습니다. 그러자 소기의 목적을 달성하였다는 생각이었는지 윤광웅 국방부 장관은 마침 그 다음 날 외국 순방 나가게 되어 있는 "대통령의 귀국 후에 정식으로 전역 명령을 낼 터이니 순방 기간 지휘 공백이 발생하지 않도록 마지막까지 성실히 근무하라"라는 엄중한(?) 지시를 하달하기도 하였습니다. 그러나 저는 장관에게 당일 17시까지 대통령의 결심을 받아줄 것을 요구하면서 응답이 없으면 17시 30분에 기자회견을 통하여 일방적으로 전역지원 사실을 발표하겠다고 압박하였습니다. 이를 보고받은 대통령은 그 자리에서 제 사표를 반려하였습니다.

### 카. 소위 '육군 장군 진급 인사 비리 의혹'

그래서 곧 이어 제 임기 마지막을 휘황찬란하게 장식한 소위 '육군 장군 진급 인사 비리 의혹' 사건이 터지게 된 것입니다. 육군의 진급 비율은 계급과 병과 및 직능에 따라 상이하지만 보통 4~7 대 1**(병과, 또는 특기에 따라 때로는 10 대 1이 넘는 경우도 다수)** 정도입니다. 바꾸어 말씀드리면 진급이 되는 인원보다는 안 되는 인원이 4~10배로 더 많다는 이야기입니다. 그런데 한 장교가 어떻게 그렇게도 제 인간 관계를 잘 파악했는지, 과거 저와 함께 근무했던 저의 모든 상관을 쫓아가 저에게 자신의 진급을 부탁해 달라고 청을 넣었습니다. 그러나 진급결과가 발표되고 그가 진급에서 누락되자 과거에도 투서 전력이 있는 이 장교는 무기명 투서를 작성하여 시중에 뿌렸습니다. 그로부터 몇 달 전 해군 인사에 관련된 무기명 투서가 무고로 밝혀지자 차후 무기명 투서는 수사하지 말라는 노 대통령의 공식적인 지시가 있었습니다. 그럼에도 불구하고, 청와대 모 실세의 지휘 아래 기명 여부를 밝히지도 않은 채 "준 기명과 마찬가지"라는 궤변을 늘어놓으면서 이 문제를 의도적으로 확대시켰습니다.

장군 진급 심사 결과를 보고받은 저는 국방부 제청 심의를 위하여 이를 국방부에 보고하였습니다. 그러자 그날 오후, 윤광웅 장관이 김승렬 차관보를 제게 내려 보내 청와대 일부 세력의 지시인지 본인의 의사인지는 모르겠습니다만 호남 출신 3~4명을 그리고 이에 편승한 합참의장은 합참에서 한 명 정도를 더 진급시킬 것을 요구하였습니다.

저는 40여 년의 군 생활을 통하여 단 한 번도 출신과 지역을 따져 본 일이 없습니다. 그 당시 육군의 호남 출신 장교 분포는 전체 장교의 약 23%였는데 장군 비율은 전체 장군의 약 32%로써 모집단(母集團)에 비하여 오히려 많았으며 그 해에도 장군 진급자의 27%로써 적정 수준을 초과하고 있었습니다. 그리고 합참은 통상 전투병과 장군 진급 시에는 5명, 기술행정병과까지 장군이 나오는 해에는 7명 정도인데(기행병과의 경우 2년 단위로 진급) 그 해는 전투병과만 해당되는 해여서 장군 진급 5명이 적정 수준이었습니다. 그런데도 진급 심사를 다시 하라고 요구한 것입니다.

자질이 부족한 **잘못된 장군은 누구보다도 더 나라에 해악을 끼치게 됩니다. 형님께서도 잘 아시듯 임진왜란 당시 23전 23승의 이순신 함대와 단 한 번 싸움에 전멸한 원균 함대의 차이는 오직 지휘관 단 한 사람뿐**이며 이것이 바로 장군의 역량과 자질의 중요성입니다. 그런데 일부 정치하는 사람들의 정략적 필요에 따라, 정상적 절차에 의거 선발된 인원을 무효로 하고 재심을 통하여 심사에서 탈락된 장교 4~5명(진급자의 10%에 해당)을 재심하여 진급시킬 경우 군 인사에 대한 신뢰가 송두리째 무너져 내려, 군의 기초를 제 손으로 허물게 됨으로 저는 이 요구를 일축하였습니다. 만일 제가 이 요구를 한두 명만이라도 들어주었더라면 그들이 말하는 소위 육군 장군 진급 인사 비리 의혹 사건은 없었을 것이라는 것을 제가 아무리 우둔하다 하더라도 몰랐겠습니까?

그러나 일국의 운명을 책임지는 장군들을 흥정의 대상으로 삼을 수는 없는 것이며 더욱이 **인사권은 저를 위하여 제가 개인적으로 인심을 쓸 수 있는 사유물도 아닙니다. 군의 진급은 오로지 나라를 위하여 헌신 봉사할 수 있는 국가의 간성을 선발하는 공적 관점에서만 공식적으로 이루어져야 한다는 것이 제 신념**입니다. 다시 태어나 그러한 상황에 다시 처한다 해도 저는 똑같이 행동할 것입니다. 저는 이 요구를 거절할 경우 제게 돌아올 엄청난 불이익을 기꺼이 각오하고 있었던 것인데 누구는 제가 정치력이 부족하고 고지식해서 융통성 없이 일을 처리하여 이 사건을 자초하였다고 이야기합니다. 그러나 **저는 제 이익을 위하여 군복을 입은 것이 아니라 제 조국을 위하여 군복을 입은 것이며, 제게 부여된 권한은 저를 위하여 사적 목적으로 행사하라고 나라가 제게 준 것이 아니라 나라를 위하여 제 직분을 수행함으로써 그 책임을 다하라고 준 것입니다.** 물론 저도 인간이므로 잠시 번민하지 않았던 것은 아니지만 그들의 올가미를 의식하여 제 곤경을 면하고자 인심 쓰듯 장군의 인사를 할 수는 없었습니다. 그래서 저는 장관의 지시를 일축하였고, 그 결과 수사가 시작된 것입니다.

그 무렵 수사 검사였던 국방부 검찰관(소령)이 자신의 직속상관인 법무관리관(준장)의 멱살을 쥐고 흔드는 하극상 사건이 있었다는 소문이 들려왔습니다. 군에서 직속상관에 대한 하극상은 징계 사유가 아니라 군사 법정에 회부하여야 하는 형사상의 중범죄입니다. 그 이야기를 들은 2~3일 후 회의가 있어 국방부에 들어갔더니 장관이 저를 외면하며 "그 검찰관을 징계하였더니 그의 어머니가 실신하여 그 어머니를 생각해서 용서하여주었다"라는 기막힌 설명을 해주었습니다. 그제야 저는 그 소문이 사실이었음을 알 수 있었습니다. 그러나 사실은 용서해준 것이 아니고 그의 배후 세력인 모 실세 때문에 장관은 그를 처벌할 힘이 없었던 것으로 알고 있습니다.

이렇듯 온 나라를 뒤흔든 소위 '육군 장군 진급 인사 비리 의혹' 사건이 얼마나 요란하였던지 전역 후 어느 기자가 제게 "총장님, 재임 기간 2~3백억을 버신 것 같은데 축하드립니다"라고 했습니다. 무슨 말이냐고 묻자, "기간 중 모든 신문과 TV에 보도된 분량의 광고를 내려면 그 정도의 광고비가 든다"라는 이야기였습니다.

그 해 국방부 연말 단위대장 회의가 있던 날(2004년 12월), 소위 '육군 참모총장 금전 및 장군 진급 인사 비리 의혹' 조사 결과를 보고받은 노 대통령은 "사람이 그렇게 깨끗하게 살 수도 있는 것이냐, 사람이 맞느냐, 아무것도 없지 않느냐, 그러면 끝난 것 아니냐. 그럼 끝내자"라고 지시(당시 그 자리의 배석자 중 한 분이 저에게 대통령 지시 사항을 전화로 알려주었음)하였다는 전화를 받은 저는 국방부 연말 단위대장 회의에 가벼운 마음으로 참석하였습니다. 그러나 청와대로부터 복귀한 윤광웅 장관은 대통령 지시를 받고 나온 이후, 그에게 무슨 일이 있었는지, 또 다른 누구에게 대통령의 지시와 전혀 다른 지시를 받았는지 그 내막은 모르겠으나 "대통령님께서 3군을 신임하신다고 하셨다"라는 한마디를 하고는 계속 수사를 강행하여 실무자 네 명을 재판에 넘겼습니다. 이러한 제 경험과 여러 가지 정황으로 보았을 때 당시의 청와대에는 겉으로 드러나지 않는 또 다른 이념적 실세 그룹(이너서클)이 있었을 것이라는 합리적 의심을 가지지 않을 수 없습니다.

이와 같은 과정에서 사건을 담당한 국방부 검찰 장교들은 OO사실을 추가적으로 조사하였다거나, 뜬금없이 국방부 검찰과장이 -제가 방문을 허락하였더라면 총장도 조사했다고 발표하려는 뻔한 목적으로- 인사차 총장 방문을 요청하는 등 할 수 있는 모든 책략을 동원하였습니다. 이러한 와중에 일각에서는 "총장이 모든 것을 책임지고, 내 책임이다 한 마디 하면 될 것을 부하들 뒤에 숨는다"라는 여론을 의도적으로 퍼뜨리기도 하였는데 이때 아마도 제가 소영웅심에서 이같이 속이 뻔히 들다 보이는 얕은 술책에 놀아나 "내 책임이다"라고 한마디 하였다면 그 순간 그들이 "조서에서 꾸며낸" 온갖 거짓은 모두 진실이 되어 그들은 쾌재를 부르며 100% 목적을 달성할 수 있었을 것입니다.

이와 동시에 그들의 갖가지 감언이설과 회유 협박에도 구속된 장교들이 미동조차도 하지 않자 "남재준 교주를 신봉하는 사이비 종교집단의 광신도들"이라는 표현도 서슴지 않았고 이도 뜻대로 되지 않자 구속 수감일로부터 일체의 면회를 금지했던 그 가족들을 따로 불러 남편을 설득시키면 면회를 허락하겠다고 회유도 하였으나 군 가족들이 면회를 거부하였습니다.

그들은 2005년 초에 중간 수사 결과를 발표한다고 하였습니다. 이에 저는 인사참모부장으로 하여금 반박 기자회견을 하도록 지시했지만 곧이어 "육본 인사참모부장이 국방부 기자실에 오려고 국방부에 들어오면 정문에서 바로 체포하여 구속시키라"라고 장관이 지시했다는 보고를 받았습니다. 이에 당시 이라크 방문을 마치고 귀국 도중 베이징에서 환승을 기다리고 있던 저는 바로 장관에게 전화하여 항의했습니다. 그러자 장관은 "절대로 육군에 불리하지 않게 하겠으니 나를 믿으라"라고 하였습니다. 이에 저는 장관의 말은 절대로 믿을 수 없다, 마음대로 하시라, 그러면 장관의 육군 인사참모부장 체포 지시를 포함하여 공항에 나와 있는 100여 명의 기자에게 국방부 발표를 반박하는 기자회견을 내가 직접 하겠다고 하였습니다.

그러나 아무리 조작한다 한들 처음부터 없었던 비리가 나올 리 만무한 것이 아니겠습니까. 육군참모총장은 육군의 인사권자입니다. 참모총장이 어느 특정인에게 돈을 받아서 챙기고 자격이 없는 자를 진급시킨 것이 아닌 한 총장의 정책 실현을 위하여 필요 인원을 진급시킬 수 있는 것은 인사권자로서의 고유 권한입니다. 그럼에도 불구하고 저는 심사 지침을 주었을망정, 개개인의 진급 선발에 대하여는 간여한 사실이 일체 없습니다. 국방부 검찰관들은 최초에 금품 수수 등 저의 비리 의혹으로 몰아가다가 전혀 그러한 사실이 없자, 14년이나 귀양살이로 쫓겨 다녔던 저의 사조직 및 근무 연을 집중 추궁하였습니다. 그러나 이마저도 무위로 돌아가자 직권 남용 및 권리 행사 방해죄로 걸려 하였습니다. 하지만 이도 불가능해서 최초에 특정인물을 장군으로 진급시키기 위해 진급 관련 자료를 조작하였다는 진급 비리 관련 내용은 모두 무혐의 처리되고 말았습니다.

그러자 이들은 외관상 육군에 비리가 있었고 따라서 수사가 정당했다는 것을 보여 주기 위해서였는지 비리와 상관없는 기관 자료(기무사에서 넘어온 자료)의 검증 시 약식 회람 검증을 트집 잡아 어이없게도 '허위 공문서 작성 및 동 행사' 혐의를 적용했습니다. 또 심사 간 자체적으로 설치 운용했다가 심사 종료 후 불필요 자료 파기 시 함께 파기한 CC-TV의 하드디스크를 트집 잡아 '전자 공용 기록 등 무효'로 준장 한 명과 중령 두 명 등 실무자 세 명을 선고유예 처분하였습니다.

　제가 만일 특정인을 진급시키려 했다면 진급 심사위원 신고 받을 때 위원장에게 누구를 진급시키라고 한마디만 하면 되는 간단한 문제입니다. 그런데 어느 바보 같은 총장이 심사장에서 CC-TV를 피하여 중·소령 실무자들 다수가 배석하고 있는 그 면전에서 심사관들에게 쪽지를 전하는 것 같은 초등학교 학생도 하지 않을 그런 어리석은 짓을 하겠습니까? 더욱이 기관 자료 검증과 CC-TV 설치는 군인사법이나 육군 방침에 규정되어 있는 사항이 아니고 진급심사 계획을 보고 받는 자리에서 제가 구두 지시한 것입니다. 기무사에서 통보되는 기관 자료는 과거 제 경험으로 보아, 활동관의 주관적인 판단과 개인적인 호불호가 반영되어 객관성을 상실한 경우가 다반사였습니다. 그러므로 저는 진급심사 계획 보고를 받으면서 기관 자료를 확인해 봄도 없이 과거와 같이 기계적으로 반영하지 말고 검증위원회를 편성하여 기관 자료를 검증함으로써 최대한 객관성을 확보하도록 지시하였던 것입니다. 이에 진급과에서는 지명된 검증위원들을 소집하여 검증하는 대신 자료를 회람시켜 검증하였던 것인데 저는 반드시 회의를 소집하여 검증하도록 지시한 바가 없습니다. 그런데도 이들은 회람 검증을 트집 잡아 허위 공문서 작성 및 동 행사로 기소하였던 것입니다.

　그리고 CC-TV도, 과거 저의 진급심사위원 경험으로 보았을 때, 심사위원 개중에는 자신이 추천하고자 하는 장교를 진급시키기 위하여 좁은 안목으로 경쟁 대상이 되는 상대방 장교를 의도적으로 낮게 평가하고 자신이 추천하는 장교는 과장하여 주장하는 등 다소 객관성이 결여된 평가를 하는 사례가 없지 않았으므로 이의 공정을 기하고자 설치하도록 제가 지시한 것이었습니다.

이렇듯 이 두 사안은 법이나 규정에 반한 것이 아니라 제 지시에 의하여 시행된 것으로서 천 번을 양보하여 절차상에 하자가 있다 하더라도 법으로 다룰 사안이 아니고 명령권자인 제가 징계를 하여야 할 사안입니다. 그럼에도 불구하고 이들은 저를 치려다 안 되자 자신들의 입장을 정당화하기 위한 악의적인 목적으로 이 나라를 위해서 청춘을 바쳐온 제 부하 장교들을 구속시키고 재판에 회부하여 대령 한 명은 무죄, 준장 한 명과 중령 두 명에게는 선고유예라고 하는 형을 부과하였습니다. 이 사실은 제가 눈을 감는 순간까지 결코 잊지 않고 기억할 것입니다. 그리고 이 기회에 정도를 행하였음에도 불의의 무리의 의도적인 표적이 되어 억울한 누명을 쓰고도 끝까지 이들에 당당하게 맞섰던 이병택 준장, 장동성 대령, 차동명 중령, 주정 중령 그리고 불이익을 두려워하지 않고 진실을 밝히기 위하여 검찰에 맞섰던 박종왕 준장과 류성식 중령의 '참된 용기와 그 정의로운 행동'에 깊은 존경의 뜻을 바칩니다.

이 자리에서 한 가지 생각나는 것이 있습니다. 제가 전역한 다음 날, OO신문의 한 기자가 칼럼에서 저의 참모총장으로서의 "정치력 부재가 장성 진급 인사 비리 의혹 사건의 원인이 되었다는 시각도 적지 않다"라고 쓴 것을 보았습니다. 그렇다면 지금 이 문재인 정권에서 일부 군 수뇌들이 청와대 행정관들에게 휘둘리면서도 탁월한 정치력을 발휘하여 권력 실세들과 마찰을 일으키지 않고 순탄하게 그들의 임기를 잘 마무리하는 그 높은 정치력에 대하여는 어떤 칼럼을 쓸 것인지 하는 의문이 듭니다. 정치력이란 정의로운 국익을 달성하기 위하여 리더들이 국민들을 설득시키며 이끌어 가는 공감 역량을 뜻하는 것이지 자신의 이익을 위하여 행한 바르지 못하고 비겁했던 행위를 합리화시키기 위하여 잘못된 시대의 흐름에 영합하는 좀된 처세를 의미하는 것이 아닙니다. 그리고 또 "큰 것을 위하여 작은 것을 참고 용인한다"라고 하는 말은 보다 더 나은 우리와 우리 후손들의 오늘과 내일을 만들기 위한 것이지 자신 또는 자신들의 오늘을 위하여 우리와 우리 후손들의 내일을 무너뜨리는 것이 아닙니다.

이상은 비밀에 관련되지 않는 내용 중 몇 가지만을 추려서 정리해본 것으로서, 이러한 일들은 제가 총장직을 수락하던 순간부터 각오하고 있었습니다. 그리고 저는 그 당시 **제가 그토록 치열하게 육군을 지켜냈기에 이 나라의 공산화를 막아낼 수 있었다**고 자부하는데, 이러한 과거 행적이 제가 바로 역사상 가장 요란스러운 청문회를 거친 이유이며 적폐 1호가 된 이유이기도 합니다.

### 타. 국정원장 시절 '남북 정상회담 회의록' 공개

문제가 된 남북 정상회담 회의록의 내용을 요약 설명드리면 북한 해군은 현재 백령도 북방을 연하는 <u>NLL</u>(Northern Limit Line : 아군 함정들이 그 선 북방으로 항해하는 것을 금지하는 아군 함정의 북상 한계선) <u>북쪽에</u> 배치되어 있습니다. 그리고 한국 해군은 (백령도 북방을 연하는) <u>NLL의 남쪽에</u> 배치되어 있습니다. 그런데 김정일은 지금 NLL 북쪽에 있는 북한 해군이 원래는 그들이 주장하는 서해 해상군사경계선(개략적으로 한강 하구에서 덕적도 및 백령도의 중간점을 연하는 선)까지 내려와 있어야 하는 것이지만 이 북한 해군을 현재의 백령도 북방을 연하는 NLL의 북쪽으로 철수시킨 것으로 해주겠으니 이에 상응하도록 <u>우리 해군도 현재의 백령도 북방을 연하는 NLL로부터 그들이 주장하는 서해 해상군사경계선 남쪽까지 철수</u>하라는 것입니다. 그리고 이 두 선(현재의 NLL과 그들이 주장하는 서해 해상군사경계선) 사이의 해역에 군함의 출입을 금지하고 평화 수역으로 정하여 공동으로 어로하되 경찰만을 배치하여 관리하자는 내용이라고 이해하시면 되겠습니다.

### 〈남북 정상회담 회의록 원문 중에서〉

김정일 : "우리가 주장하는 <u>군사경계선</u>, 또 남측이 주장하는 <u>북방한계선</u>,

이것 사이에 있는 수역을 공동 어로 구역 아니면 평화 수역으로 설정하면 어떻겠는가. (중략) 우리 군대는 지금까지 주장해온 군사경계선에서 남측이 (주장하는) 북방한계선까지 물러선 조건에서 공동 수역으로 한다. 공동 수역 안에서 공동 어로한다. (중략) 그래서 일차적으로 제일 흔한 방법의 하난데 북방한계선까지 우리가 철수하라. (중략) 우리 북방한계선까지 군대는 물러 서고 (중략)"

대통령 : "그것(NLL)이 국제법적인 근거도 없고 논리적 근거도 분명치 않은 것인데 (중략) <u>지금 구상하신 공동 어로 수역을 이렇게 군사를 서로 철수하고 공동 어로하고 평화 수역 이 말씀에 대해서 똑같은 생각을 가지고 있거든요. (중략) 여기는 공동 어로 구역이고, 그럼 거기에는 군대를 못 들어가게 하고, 양측이 경찰이 관리를 하는 평화 지대를 하나 만드는, 그런 개념들을 설정하는 것이 가장 시급한 문제이지요.</u>"

그러나 누나, 만약 이렇게 된다면 서해 5도서 지역을 포함한 소위 평화 공동 구역에서 북한은 해경이 없으므로 결국 북한은 해군이 간판만 바꾸어 들어올 것입니다. 그러나 그보다 더 큰 문제는 서해 5도서를 지키고 있는 우리 **해병을 철수**시켜야 할 뿐 아니라 우리 해군 함정이 이 수역에 진입할 수 없으므로 **대 잠(수함) 작전**을 전혀 할 수 없게 되어 북한 잠수함이 인천 앞바다에 떼거리로 침투하여 춤을 추어도 알 수 없게 됩니다, 이럴 경우 만약 북한이 인천항 남북 수로에 잠수함을 사전 배치하고 초도와 태탄의 해상 및 공중 세력을 운용하여 백령도(15분 이내 소요) 또는 서해 5도서 중의 어느 하나를 기습 점령한다면 아군은 대응이 불가능하게 되어 **결론적으로 우리 국민들(5도서 주민)의 생명과 재산을 보호하고 영토(서해 5도서)와 영해(공동 수역)를 수호하며 서해5도서 지역에 대한 주권 확립의 책무를 포기한 것**이 되므로 이 문서는 명백하게 이적 행위에 해당되는 문서인 것입니다.

지금 정치권에서는 이 문서가 NLL 포기냐 포기가 아니냐 하는 말장난들을 하고 있습니다. 그러나 이는 '전시 작전권 전환'과 같이 NLL의 의미조차 제대로 이해하지 못하는 섣부른 논쟁입니다. 왜냐하면 NLL(Northern Limit Line : 이 선 북방으로의 항해를 금지하는 아군 함정 북상 한계선)은 그 단어의 뜻 그대로 우리 해군의 이선 북방으로의 항해를 금지하는 선이기 때문입니다. 이제는 누나도 이해하셨으리라 생각되지만 남북 정상회담 회의록에 적시된 대로 북이 제의한 서해 해상군사경계선을 받아들여 그 선 남방으로 해군 함정을 철수시키고 **이 선 북방으로 해군 함정의 진입을 금지한다면 이 선이 곧 새로 설정된 신(新)NLL**이 되므로 현재의 NLL(백령도 북방)을 포기하고 북측 주장에 의한 새로운 NLL을 설정한 것이 됩니다.

그런데 여기서 우리가 포기냐 아니냐 하고 이야기하는 NLL은 명명백백하게 백령도 북방을 가로지르는 현재의 NLL(아군 함정의 북방한계선)을 말하는 것이지 예를 들어 덕적도 북방 등 아무 데나 임의로 새로 설정한 아군 함정의 북상 한계선을 의미하는 것은 결코 아니며 그러므로 NLL을 포기한 것입니다. 그리고 또 설사 백번을 양보해서 그 '남북 대화'가 그들의 주장대로 그렇게도 기념비적인 위업이었다면 이 대화록을 역사관에 영구 보존하여야지 왜 아무도 모르게 감쪽같이 파기시켰겠습니까? 그것은 이 문서의 내용이 이적 행위에 해당된다는 것을 잘 알고 있기 때문이 아닐는지요? 그렇다면 이 문서의 파기는 아마도 이 문서의 성격을 잘 아는 사람의 소행이라고 보는 것이 합리적 의심일 것입니다. 그들은 NLL 문제가 거론될 때마다 "그것은 사실이 아니다"라는 주장을 되풀이해 왔습니다. 그러다가 제가 이를 공개하자 커다란 파문이 일었는데 심지어는 일부 보수적인 국가 원로에 속하는 분들까지 제가 군 출신이라 정무적 판단에 무지하여 공개했다고 비난하였습니다.

그러나 제가 이해하고 있는 **정무적 판단이란 장기 혹은 중기와 단기적인 안목에서 국가 목표를 달성하고 국익을 증진시키며 국가의 지속 가능한 생존과 번영을 보장하기 위한 현실적 정책 또는 방책(方策)을 선택하는 일련의 전략적 사고 과정**이라고 알고 있습니다. 그리고 이렇듯 정무적 판단이 국가이익을 구현하기 위한 국가 수준의 전략적 판단 과정을 의미한다면, 군인들이야말로 당파와 사리사욕을 추구하는 정상 모리배식의 음흉하고 비꼬인 정략적 판단 -정무적 판단이라고 억지 주장하는- 이 아닌 '국가 전략'에 정통한 정무적 판단의 전문가라 할 수 있겠으며 저는 평생을 이 분야에서 일해왔고 10년을 이 과목의 교수로 강단에 섰습니다.

또 한편에서는 제가 저의 신분을 망각하고 경솔하게 외교 문서를 공개했다고 비난하였습니다. 그러나 북한은 우리와 특수한 관계로서 헌법 제3조에 "대한민국 영토는 한반도와 그 부속 도서로 한다"라고 명시되어 있듯 유엔 동시 가입국인 동시에 우리의 주적인 것이 엄연한 현실입니다. 아무리 통수권자의 정치적 행위라 하더라도 우리의 주권과 영토와 국민에 관한 한 그 문서의 성격은 외교적이라기보다는 헌법 제3조를 위반한 명백한 위헌 행위로서 국가 안보의 관점에서 해석되어야 마땅하다는 것이 저의 신념입니다. 국가정보원장은 국가 안보에 관한 정보를 책임지는 직책입니다.

이렇게 되자 그들은 저를 정치 간여로 몰아가기 위하여 제게 문서 공개 이유를 따져 물었습니다. 저는, 그들이 자신들의 행위를 은폐하면서 사사건건 국정원이 거짓말을 하는 것으로 몰아감으로써 국정원을 부도덕한 악의 집단으로 매도하여, 직원들의 사기를 떨어트리고 그 행동을 위축시켜 궁극적으로 '국가 안보를 보장하여야 하는 국정원의 능력을 무력화'하고자 기도하는 것으로 판단하였습니다. 따라서 저는 이러한 그들의 일관된 기도를 좌절시키고 국정원 직원들이 명예와 긍지심을 회복하여 조국을 위한 자신들의 직분에 몸 바쳐 최선을 다할 수 있도록 하기 위한 목적으로 대화록을 공개하였습니다. 그래서 저는 '국정원의 명예'를 위하여 공개하였다고 답변하였습니다. 그런데 이에 모 의원은 제가 개인적으로 노 전 대통령의 은혜를 저버렸다고 생각했는지 "무슨 명예냐, 이제는 지켜야 할 명예도 없다"라는 분노에 찬 발언을 속기록에 남겨놓았습니다.

그러나 군인은, 모든 공직자는 정권에 충성하는 것이 아니라 조국에 충성하여야 합니다. 국민으로부터 대통령에게 주어진 권한 또한 개인적으로 시혜를 베푸는 사적 수단이 아닙니다. 그것은 대통령이 대한민국의 주권과 영토와 국민의 생명과 재산을 보호하며 국가의 지속 가능한 생존과 번영을 보장할 수 있도록 나라를 이끌어 가라고 주어진 공적 수단입니다. 그러므로 공직자 또한 개인적 은혜에 얽매어 공적인 책무를 혼동하는 과오를 저질러서도 안 됩니다.

그들은 이번에는 국정원 발표문이 원본과 내용이 다르다고 주장하였고 이에 대통령 기록물의 공개 열람을 요구하게 되었습니다. 최초에 그들은 그 문서가 대통령기록물보관소에 있다고 장담하다가 없는 것으로 판명되고 나서야 노 대통령 지시로 파기하였다고 입장을 180도 바꾸었습니다. 제가 국정원장 시절에 국방부 당사자들로부터 듣기로, 남북 정상회담 준비를 위하여 당시 비서실장 문재인의 주제로 진행된 청와대 전략회의에서는 그 분위기 때문에 국방부의 안(案)은 꺼내 보지도 못하였고 따라서 '평화 수역 설정'에 대한 군의 입장이나 검토 의견은 어떠한 경로로든 대통령에게 보고되지 않았던 것으로 들었습니다. 그렇다면 노 대통령은 NLL 문제에 대하여 앞에서 제가 말씀드린 것과 같은 군사적 판단에 대하여는 전혀 보고받지 못한 상태에서 위의 문제를 이야기한 것으로 생각됩니다.

그럼에도 불구하고 노 대통령의 지시로 파기되었다면 당연히 그 문서가 파기되어 대통령기록물보관소에 없다는 것을 최초부터 알고 있었을 사람들이 왜 있다고 거짓말을 하여야 했는지, 그렇다면 그것은 대통령이 아닌 제3자의 지시에 의한 것은 아닌지 하는 합리적 의심을 지울 수 없습니다. 그런데 남북 정상회담 회의록이 NLL을 포기한 것이라면 -구NLL을 포기하고 신NLL을 설정하는 것이었기 때문에 NLL 포기가 아니라고 억지 주장을 하는지는 모르겠으나- 정계를 은퇴하겠다던 사람이 내가 언제 그랬냐는 듯 노무현 대통령의 후계자임을 자처하고 나선 것입니다.

공인에게 요구되는 여러 가지 자질 중에서 **'생각에 거짓이나 편벽됨, 사사로움이나 바르지 못함이 없는 것(思無邪)과 언행일치'**는 가장 중요한 요소입니다. 대한민국의 국민으로 살면서 대한민국의 역사적 정통성과 헌법에 명시된 대한민국의 정체성 자체를 부인하면서도, 사적 이익을 위하여 공직에 나아가 국익을 해치고 말 따로 행동 따로 하며 법의 자귀에 얽어 반대세력을 제거하면서 권력을 휘두르는 진시황 시절의 환관 조고와 같은 사람들이야말로 국가의 가장 큰 화근이며 망국적인 자유대한민국의 적폐 중의 적폐가 아니겠습니까?

이들은 북괴의 남침에 맞서 죽음을 무릅쓰고 전쟁터에서 나라를 지키다 산화하신 호국영령의 추모 석상에서, 대한민국을 배반하고 해방 후 월북하여 북괴의 국가 검열상 및 노동상 등 고위직을 역임하다가 6·25 당시에는 남침의 대열에 크게 공헌한 공로로 김일성으로부터 노력훈장을 받은 김원봉을 헌양하는 자들입니다. 그러므로 이들이 주장하는 **'적폐'는 다름 아닌 이 나라와 이 나라의 자유민주주의를 생명처럼 소중하게 여기며 한국인임을 자랑스러워하는 '이 나라 자유민주주의의 수호자'**들인 것입니다.

그런데 어쩌다가 이 나라에서는 대한민국의 건국과 그 역사적 정통성 자체를 송두리째 부정하며 사사건건 북의 편에 서서 충성했던 사람들이 -이덕구, 김달삼, 신영복과 같이 이 나라에 반역적 해악을 끼친 자들을 구국의 영웅으로 추앙하면서- 이 나라의 주인인 양 행세하는지 모르겠습니다. 또 이승만, 박정희 전 대통령님들과 같이, 호국의 용사들과 같이, 대한민국을 건국하고 김일성의 침략으로부터 피 흘려 이 땅을 지켜내며, 대한민국의 자유와 번영을 위하여 그 몸과 신명을 바쳐 갔던 사람들은 하나같이 친일파나 독재자에 적폐가 되어, 타도 대상이 되거나, 흉악한 범죄자가 되어야 하는 것인지 저는 알 수 없습니다.

그러나 한평생 군인으로 내 사랑하는 내 조국 수호에 몸 바쳐 온 사람으로서 저는 오늘을 자랑스러워하는 마음과 더불어 긍지로써 살아가고 있습니다. 저는 지금 사대주의에 함몰된 친북 좌파 세력과의 전쟁에서 한때 세가 불리하여 이러한 처지에 있지만 그러나 천명을 받아 마침내 승리하고 자유와 희망이 살아 숨 쉬는, 그래서 모두가 더 나은 내일을 위하여 웃으며 함께 노력하면서 서로가 서로를 이끌어 부둥켜안고 더불어 살아가는, 그러한 조국을 후손들에게 물려줄 수 있도록 제 마지막 순간까지 저의 최선을 다하겠습니다.

그러니 누나, 이제는 제발 독립 지사에게 잡범의 누명을 씌우려던 일제강점기의 순사들처럼 하지 마시고 자랑스러워하십시오. 다시는 더 이상 내 동생이 무슨 죄가 있느냐 라고 마음 아파하지 마십시오. 그것은 저를 모독하는 것입니다. 그러나 누나, 제 영혼과 몸과 마음의 혼신을 다 기울여 가꾸며 지켜왔던 -제 인생의 전부인- 우리 육군이 오늘 이렇게 만신창이로 망가져 가는 것을 보면서 아들 원상이가 제 곁을 떠나 저세상으로 떠났을 때처럼 제 가슴에 피멍이 맺히고 갈가리 찢기는 듯 아파오며 억장이 무너져 내립니다. 평안하십시오. 그리고 건강, 건강 잘 지키세요.

동생 재준 올림

* 추신 1 : 2016년에 초등학교 3학년이던 제 큰손자가 "할아버지, 미국은 OOO이 대통령이 되고 우리는 OOO이 된다면 우리나라 망하는 것 아니야?"하자 유치원에 다니던 작은 녀석이 다른 장난을 하다가 언제 제 형의 말을 들었는지 재빠르게 쫓아와서 "아니야 형, 우리나라 안 망해, 있잖아, 왜. 우리나라는 하느님이 보우하는 나라잖아?" 하고 의기양양하게 이야기했습니다. 이 소리를 듣고 우리나라는 국운이 있는 나라라는 심정으로 저도 모르게 안도하는 마음이 되었었는데, 그렇습니다. "하느님이 보우하사 우리나라 만세!"

* 추신 2 : 어머님의 묘비명(墓碑銘) 중에서

　아버님을 청백리로 표현한 것은 제 임의로 한 것이 아니고 행정개혁위원 시절 함께 근무하셨던 이형근 대장님을 비롯하여 아버님을 알고 계시던 백선엽 장군님, 김용휴 장군님, 신두영 감사원장님 등 많은 분이 아버님을 청백리로 부르고 있었습니다. 특히 백선엽 장군님은 저를 볼 때마다 "남 장군 부친이 청백리로 이름이 났었는데 당대에 아들까지 청백리가 나올 줄은 몰랐다"라고 하셨고, 김용휴 장군님은 아버님을 청백리로 좋아하시기 때문에 저를 부관으로 불러 썼다고 말씀하셨습니다. 그리고 제가 생도 때 뵌 신두영 감사원장님께서도 아버님을 청백리로 부르시며 오랜 인연을 자세히 말씀하셨습니다. 이형근 장군님께서는 저의 소위 임관을 축하한다고 집으로 부르시어 식사를 함께 하시는 자리에서 "자네 부친이 이 시대의 청백리"라고 극찬하셨습니다. 제가 집에 돌아와 아버님께 말씀드리니 아버님은 웃기만 하시고 아무 말씀도 하지 않으셨습니다.

## 3. 대통령 후보 출마

### 존경하며 자랑스러운 형님께

소리 없이 성큼 다가오는 봄소식에 겨우내 얼었던 마음이 얼음 녹듯 풀려
갑니다. 오늘 편지에서는 제가 형님께 여쭙지도 않고 지난번 대선에 출마하
였던 것에 대하여 죄스러운 마음으로 그간의 경위를 말씀드리고자 합니다.

저는 당시 문재인 정부가 들어설 경우 나라가 망할 것 같다는 위기감으로
제 40여 년간의 군 생활과 국정원 재직 시의 경험을 통하여 깨닫게 된 이 나
라의 현실과 이들의 실체를 국민에게 알려야 한다는 책임감 때문에 출마를
결심한 것이었습니다. 그러나 이를 미리 말씀드릴 경우 주변머리 없는 제가

평생 겨우 장만한 집 한 칸조차도 잃게 될 것을 염려하실 형님께서 허락하실 리 만무하시기에 차마 말씀드릴 수 없었던 것입니다. 뒤늦게나마 이 자리를 빌려 용서를 빕니다.

출마 배경의 설명에 앞서, 잠시 제 경력의 특징을 말씀드리겠습니다. 저는 이상하게도 참모는 항상 후방에서 한 반면, 지휘관은 제 의지와 상관없이 전방 GOP 부대에서 하였습니다. 그리고 연대, 사단, 군단, 작전 장교 내지 참모와 1군 작전과장, 합참 작전본부장과 연합사 부사령관을 거치면서 북한군의 편성, 장비, 및 훈련 등에 대한 세밀한 분석 평가를 바탕으로 북한군이 목적하는 그들의 작전 목표와 작전 기도, 이에 따른 북한의 대남 적화 전략의 추이를 비교적 명확하게 알 수 있었습니다.

본론을 말씀드리기 전에 형님 웃으시라고 몇 마디 더 여담을 보태면, 저는 중위로부터 대령 될 때까지 한 번도 진급 신고를 못 해보았습니다. 그리고 그 시대에 열풍처럼 유행하였던, 위관 때의 화투, 영관 때의 정구, 장군 때의 골프 모두를 할 줄 몰랐던 거의 유일한 장교이자 40년간 정기 휴가를 한 번도 못 가본 장교, 전 기간 군 휴양 시설을 한 번도 이용해보지 못한 장교입니다. 대령·준장 3차, 소장 2차, 중장은 1차로 진급되었는데 이때는 중장 진급의 이유가 피란 시절 대구에서 한때 살았을 뿐 서울에서 나고 자란 서울 토박이인 제 아내가 전라도 목포 여자이기 때문이라고 소문이 나기도 하였습니다.

제가 **대선 출마를 결심하게 된 그 첫 번째 이유**는 남북 관계의 극심한 정신적, 물리적 '힘'의 불균형이었습니다. 현재 남북한의 재래식 전력은 우리 육군이 북한에 비하여 열세(우선 병력면에서 북한이 우리의 두 배)인 반면, 해·공군은 질적 면에서 다소 우세하므로 재래식 통합 전력 면에서 비록 열세하기는 하나, 최소 방어는 가능한 수준이라고 이야기할 수 있습니다. 여기에서 우리 군이 북한군보다 과학화, 첨단화되어 있으므로 병력의 열세는 문제가 되지 않는다고 주장하는 사람들도 있습니다. 그러나 이는 전쟁을 이해하지 못하는 사람들의 단견일 뿐입니다. **상대적 전투력이란 단순한 전력의 비교에 의한 것이 아니라 전장 환경과 쌍방의 전략 전술에 따라 변화하는 가변적인 것**입니다. 이것이 월남에서 미국이 승리하지 못한 이유입니다.

현재 심리전을 병행하여 전·후방 동시 전장화를 기도하는 북한이, 전쟁 초기의 혼란을 조성하여 우리의 전시 전환과 아군의 동원 및 전방 증원을 방해할 목적으로 그들 육군 병력의 1/5에 해당하는 20여만 특수 부대의 절반가량의 희생을 감수하고라도 일시에 대규모 병력을 침투시켜 남대문시장이나 동대문시장, 서울 시내와 전국 주요 지역들을 종횡으로 휘젓고 다닌다면 이 특수 부대들을 과연 인공위성으로 탐지하여 미사일로 격멸할 수 있겠습니까? 이럴 경우는 첨단 과학 장비가 아니라 병력에 의한 대응만이 가능할 뿐입니다.

더욱이 이에 더하여 그들의 핵 및 탄도 미사일과 화생방 등 비대칭 무기의 보유와 전력 구성 및 작전·전술 면을 고려할 때의 피아 전력 대비는 심각하게 불균형을 이루고 있습니다. 설사 재래식 전력에서 우리가 다소 열세하거나 대등하다 하더라도 북의 핵 무력 앞에서는 의미가 없습니다. 핵에 대응할 수 있는 유효한 수단은 오직 핵뿐입니다. 그럼에도 불구하고 우리나라의 사대주의적 친북 좌파들은 북한의 선전대로 북이 핵을 보유하는 것은 미국으로부터의 자위수단이고 동족에게 사용하는 것이 아니라고 북의 거짓 선전을 대변하여 주장해 왔습니다.

그러나 이는 새빨간 거짓말로써, 북의 핵 보유 목적은 ① 김씨 왕조 체제 유지와 ② 남한 주민을 핵인질화함으로써 항전 의지를 근원적으로 제거하여 전쟁 없이 평화적(?)으로 북한 주도 하에 남한을 흡수 적화 통일하는 것이며 ③ 전 한반도 적화통일 과정에서 주도권을 장악, 대미 협상력의 우위를 확보함으로써 외세 특히 미국의 개입을 방지하고 적화통일을 완성하기 위한 것인 동시에 통일 이후의 외교적 입지를 확보하기 위함입니다. 북한은 자유민주주의 국가들의 선거 제도가 지니고 있는 한계와 취약점을 명확히 인식하고 있기 때문에 이를 충분히 활용하여 핵 보유를 기정사실화해 왔으며 시간은 100% 북의 편입니다.

그러나 북이 핵을 보유하고 있다고 해서 게임이 끝난 것은 아니며 더욱이 절망적인 것도 아닙니다. 과거 마오쩌둥은 1955년도에 미국이 중공에 원폭을 투하하여 몇 백만을 죽인다 하더라도 5억 명이 남는다고 하였습니다. 지금 서울에는 거주 인구의 120% 이상을 수용할 수 있는 지하 시설이 있어 이를 스웨덴식으로 조금만 보완 활용한다면 피해를 최소화할 수 있습니다. 그리고 핵을 제외한 기타 전력으로도 예비 전력을 통합하여 훈련을 제대로 하면서 확고한 정신 무장과 안보 태세를 확립하고 기꺼이 싸울 태세만 갖추고 있다면 승산은 충분하며 북도 이를 알고 있습니다. 더욱이 여기에 한미 동맹을 바탕으로 한 핵 억지력이 확고하게 뒷받침될 때는 북은 감히 도발할 수조차도 없게 됩니다. 북이 핵을 가지고 모험을 할 경우라도, 우리는 다소의 인적, 물적 손실을 입을 뿐이지만 김정은은 그들의 김씨 세습 체제가 지구상에서 영원히 종말을 고한다는 것을 너무도 잘 알고 있기 때문에 함부로 장난질 칠 수는 없는 것입니다. 북한은 인민들의 나라가 아니라 김씨 일족의 나라입니다. 따라서 체제의 이익이 국가 이익에 절대적으로 우선합니다. 이러한 이유로 북과 이에 동조하는 친북 좌파들은 집요하게 ① 한미 동맹의 와해 ② 군의 정신 전력 약화와 ③ 연합 훈련의 폐지 및 전투 준비 태세의 와해를 통하여 항전 의지와 그 능력을 말살하는 동시에 우리의 대북 심리전을 입법으로 불법화함으로써 그 의도가 어쨌든 결과적으로는 김씨 체제를 결사 옹호 보위(?)하고 있는 것입니다.

이 땅의 친북 내지 종북 좌파들은 대한민국이 아닌 조선 인민민주주의 공화국의 관점으로 과거 "6·25는 북침"이며, "평양은 세상에 부러울 것이 없는 인민들의 낙원"이라고 찬양하는가 하면, "대한민국은 친일파들이 세운 미

제 식민지"라고 헌법에 명시된 우리의 역사적 정통성은 물론 대한민국의 건국 자체를 부정합니다. 또 세계가 경이로운 시선으로 쳐다보는 자랑스러운 우리의 현대사를 온갖 불평등과 부조리로만 점철된 적폐의 찌꺼기로 왜곡시키는 데 혈안이 되어온, 그래서 북의 체제를 찬양하며 북을 이롭게 하고 사사건건 우리 대한민국을 부정하며 해악을 끼쳐온 이 적폐(赤弊)들이야말로 이 나라의 해묵은 암 덩어리입니다. 게다가 이들은 1945년부터 80년 가까운 세월에 겹겹이 퇴적된 이 땅의 진성(眞性) 적폐(積弊)입니다.

얼마 전 국방부 장관이 "대화로 평화를 유지 한다"라고 이야기하는 것을 들었는데 **오직 힘만을 숭상하는 집단을 상대로 대화를 통하여 평화를 유지하겠다는 발상은 평화로운 무혈 항복의 다른 표현**일 뿐입니다. 이는 마치 구한말 탁월한 정치력(?)을 발휘하여, 일본을 자극함으로써 백성들을 전쟁의 참화로 밀어 넣느니 차라리 이 땅의 백성들을 위하여(?) 평화적으로 나라를 팔아먹은 매국노들처럼, 북을 자극하여 전쟁을 하는 것보다는 대화를 통하여 평화롭게 북에 흡수 통일되고자 하는 것으로서 이에 그들의 의도가 거의 성공해 가는 것처럼 보이게 하는 대목입니다.

일찍이 클라우제비츠는 그의 전쟁론에서. **"유혈을 망설이는 측은 유혈을 불사하는 측에 의하여 반드시 정복 된다"**라고 설파한 바 있듯 국가나 무장 집단 간의 분쟁에서 평화를 유지하는 최선의 방법은 오직 무력이 뒷받침된 우세한 힘으로 **"네가 되로 주면 너는 말로 받는다는 것"** 아니면 **"너도 나도 공멸하는 것"**을 확실히 인식시키는 것뿐입니다. 이러기 위해서는 상대방에게 압도적이거나 최소 대등한 '힘'을 가져야 하는 것으로 이것은 인류의 역사가 웅변하는 진리입니다. 그러므로 이제라도 우리가 현실을 직시하면서 우리의 대를 이어 이 땅에서 살아갈 우리 후손들의 앞날을 먼저 생각한다면, 북한만 핵무기를 가지고 있는 것이 아니라 우리 또한 그보다 더 강한 힘을 가지고 있음을 인식하고 이를 적극적으로 활용함으로써 평화적으로 우리 주도로 남북을 통일하여, 자자손손 이 땅에서 번창한 대한민국을 지속시켜 나가야 할 것입니다.

우리가 가지고 있는 핵무기급 위력을 발휘할 수 있는 능력과 수단은 ① 굳건한 한미동맹을 바탕으로 국제적 연대를 통하여 북한을 경제 제재로 압박함으로써 북한의 국가 시스템의 붕괴를 촉진하는 동시에 ② 자유 세계와 긴밀히 손잡고 북한의 인권 문제를 지속적으로 압박함으로서 김씨 일가의 입지를 위축시키고 ③ 적극적인 대북 심리전과 무력 시위를 통하여 적들의 체제를 흔들어 정권과 국민을 분리시키고 패배 의식을 조장하는 동시에 고위층 간에 서로를 불신하게 만들어 북한 체제의 앞날이 없음을, 즉 그들의 "환상에 의한 미래의 허상"을 깨뜨려 주는 것입니다.

일찍이 맹자(孟子)는 전차 만 승을 가지고 있는 군주를 시해할 수 있는 사람은 전차 천 승을 가지고 있는 세력가이며, 전차 천 승을 가지고 있는 군주를 시해할 수 있는 사람은 전차 백 승 정도는 가지고 있는 세력가(魏(梁)惠王章句에서 萬乘之國에 弑其君者는 必千乘之家요 千乘之國에 弑其君者는 必百乘之家)라고 하였습니다. 이와 같이 김씨 일가와 당·정·군 상하 간부들, 김씨 일가에 대한 백성들의 불신 및 불안감의 조장은 이들에게 치명적인 독이 됩니다. 이것이 바로 북과 이에 동조하는 사대 친북 좌파들이 한통속이 되어 우리의 이 세 가지 수단과 역량을 제거하고자 대북 경제 제제를 애써 회피하며, 인권 변호사로 알려진 사람이 이끌어가는 정부가 북한의 인권결의안에는 번번이 기권하고, 대북 심리전은 처벌 입법으로 원천 봉쇄하는 등 남이 북에 호응하여 움직이는 행태를 보이고 있는 이유입니다.

결론적으로 지금 우리는 사상 무장 해제를 당하여 스스로 무릎 꿇기 직전의 상황에 처해 있습니다. 종종 사람들의 "전쟁이 나면 어떻게 될 것 같은가"라는 질문에 저는 "전쟁 시의 승패를 걱정하는 것이 아니라 총 한 방 쏘아 보지도 못하고 그대로 적화되는 것이 아닌지를 걱정하고 있음"을 이야기하곤 합니다.

형님 내외분의 평안과 행복하심을 기원 드리며 오늘은 이만 줄이고 다음 주 다시 문안드리겠습니다.

동생 재준 올림

### 존경하며 자랑스러운 형님께

그간 평안하셨는지요? 형님께서 보내주신 한·미 정상회담 공동선언문을 포함한 편지 세 통은 모두 잘 받아 보았습니다. 한미공동선언문은 그렇지 않아도 그 전문을 보고 싶었는데 원문을 보내주셔서 큰 도움과 참고가 되었습니다. 그리고 형님께서 제 의식이 혹 지나온 과거에 매몰되어 미래에 소홀한 것은 아닌지를 질책해주신 것, 형님의 크신 사랑과 함께 폐부에 깊이 새기겠습니다.

오늘은 지난번 서신에 이어 **대선 출마를 결심하게 되었던 두 번째 이유**를 말씀드리려 하며 그에 앞서 제가 연합사 부사령관 재직 간 절감하였던 한미 동맹의 현주소에 대하여 그 개략을 먼저 말씀드리겠습니다. 그 당시 제가 느낀 김대중 정부의 한미동맹에 관한 정책 수행 방향은 실제 행동에서 더도 덜도 말고 현상 유지에 초점이 맞추어져 있는 것으로 생각되었습니다. 요약하여 말씀드리면 햇볕정책에 미국이 방해하지 않을 만큼의, 그리고 국민들이 의혹의 눈초리로 불안하게 보지 않을 만큼의 한미동맹 관계의 유지입니다. 그러다가 효순이 미선이 사건이 발생하였습니다.

이 사건은 어린 소녀들이 채 그 꿈을 피워보지도 못하고 참혹하게 숨겨간 불행하고도 가슴 아픈 비극적 사건입니다. 저도 자식을 키우고 있는 부모의 입장에서, 그 시간을 되돌려 놓지 못하는 한 어떠한 위로나 보상으로도 그 부모와 가족들의 상처와 아픔을 치유할 수는 없을 것임을 알고 있습니다. 그럼에도 불구하고 이 사건의 본질은 좁은 시골 도로의 커브 구간에서 큰 차를 운행하다가 운전자의 부주의로 발생한 과실 치사로 불행스러운 교통사고였습니다(상세한 내용은 연합사 부사령관직 기술 시 말씀드리겠습니다.). 그런데 이로 인하여 조성된 한미의 긴장 관계가 외면상은 평온한 것처럼 보였으나 내면으로는 한미동맹에 심각한 위기를 느끼지 않을 수 없었습니다.

일반적으로 국가 간의 군사 동맹이 진정한 동맹의 힘을 발휘하기 위해서는 일방이 **최소한의 자기 생존 능력을 보유한다는 전제 조건** 하에서 ① 양국이 **공동의 이념과 가치를 공유**하고 ② **공동의 이익이 보장**되어야 하며 ③ **상호 신뢰**와 ④ 군사 체계 간의 **상호 운용성의 확보 및** ⑤ **지속적인 연합 훈련**으로 실효적인 전투력 발휘를 보장할 수 있어야 하는데 그렇지 못할 경우의 동맹과 연합은 한갓 정치 외교적 수사에 불과할 뿐입니다. 그런데 당시에 조성되었던 국내적 상황과 그 후유증이 동맹과 연합의 전제와 그 조건 자체를 불확실하게 함으로써 한미동맹에 심각한 균열을 가져올 것으로 우려되었습니다. 이어서 하달된 미 국방성의 작계 수정 지침은 한마디로 '한반도에서의 주한 미군의 역할 축소'로 요약될 수도 있는 상황이었습니다.

이상에서 말씀드린 바를 한마디로 다시 정리한다면 국민에게 북한의 기도와 능력과 '제가 총장 때 경험한 일부 실세 친북 좌파들의 실체, 국정원장 시절의 경험(비밀 엄수 기한 관계로 후일 기술 예정)으로 알게 된 오늘 우리 조국이 처한 실상을 알리기 위해서였습니다. 그 이유는 다음과 같습니다.

① 첫째는 남북한 군사 발전 추세를 고려 시 예상되는 심각한 군사적 불균형과 좌파 정부가 들어섰을 경우 예상되는 전개 양상을 고려할 때 그러한 상황 하에서 **"미국이 과연 북의 핵 공갈 위협을 무릅쓰고 핵전을 각오하면서까지 한반도의 방위 공약을 지킬 것인지?"**에 대한 의구심 때문이었습니다. 앞에서 말씀드렸듯 동맹은 항상 그 의지와 능력으로 보아 어느 정도 스스로를 지킬 수 있을 때 그 효력을 발휘하는 것입니다. 전혀 제 발로 설 수 없는 상대를 위하여 일방적 희생을 한 예는 세계 어느 전쟁사에도 없습니다. 예를

든다면 과거, 남부 월남이 조금만 도와주면 생존 가능한, 자생력과 자위력이 있을 때 미국은 개입했고 밑 빠진 독에 물 붓기 식으로 자생력과 자위력을 상실해 갔을 때 미군은 철수하였습니다. 6·25전쟁 때 역시 중공군의 개입으로 1·4 후퇴를 강요당한 미국은 철군을 심각하게 검토하고 있었습니다. 그러나 한국군 보병 제6사단이 독자적인 힘으로 용문산에서 인해전술을 구사하는 중공군 1개 군단을 거의 전멸시키자 철군을 보류하였습니다. 이렇듯 결국은 우리의 국방력 강화와 정부와 의회, 국민 대중을 통합한 국민의 전쟁 불사 및 항전 의지에 더하여 국방 태세가 뒷받침될 때만 실질적인 한미동맹이 그 효력을 발휘하여 북한의 전쟁 의지를 포기시킬 수 있습니다. 또 이러한 상황으로 전개될 때만 군건한 한미동맹 및 연합 방위력을 보장할 수 있습니다. 그러나 만약 이러한 의지나 태세가 결여된 정권이 들어선다면 이 모든 것이 끝장나리라고 본 것입니다.

② 이와 같은 생각에서 저는 좌파 정부가 들어섰을 경우 이들의 정책은 여건만 허용된다면 정전협정을 평화협정으로 대체하고, 이럴 경우 유엔사는 해체가 불가피할 것이며, 유엔사 해체 시 주한 미군의 위치가 불안정하게 되어 극단적인 경우 주한 미군의 철수 상황까지도 현실화될 수 있다고 본 것입니다. 만약 그렇게 된다면 기회가 성숙될 경우 남북연방제를 수립하는 것이 그들 정책의 궁극적인 목표가 아닌가 하는 의심을 떨칠 수 없었습니다.

이러한 판단과 제 총장 시절의 경험으로 보아 이들은 우선 장병들의 사상 무장 해제와 동시에, 당장 주한 미군의 철수는 국민의 저항에 부딪혀 정권 안위를 위협할 가능성이 있으므로 차선책으로 소위 전작권 전환 추진과 더불어 한미연합훈련 철폐 등 한미 연합 전력과 한미동맹의 유명무실화를 밀고 나갈 것이 불을 보듯 뻔하였습니다. 그래서 제가 내린 결론은 **"문재인의 공약대로 되면 이 나라는 망한다"**였습니다.

한미동맹의 취약성에 대한 한 예를 말씀드리겠습니다. 앞에서 말씀드렸듯 노무현 대통령의 용단으로 이라크에 전투병을 파병하였습니다. 그런데 어찌된 일인지 이들은 전투병을 파병은 하되 전투가 전혀 벌어지지 않을 장소 즉 미국으로서는 파병하나마나 한 장소에 주둔하였던 것입니다.

자이툰 부대를 이라크에 보낸 얼마 후 저는 육본이 추가적으로 조치해주어야 할 사항을 확인하고자 이라크에 가기 위하여 쿠웨이트에 들렀는데(이곳에 있는 우리 공군 파견대에서 아군 수송기로 이라크로 이동) 저를 영접 나온 쿠웨이트 지상군 사령관이 걸프전 기념탑으로 저를 안내하였습니다. 그곳에는 걸프전 시 참전했던 국가들의 국기가 게양되어 있었지만 제가 갔을 때는 우리의 태극기를 볼 수 없었습니다. 그 장소에서 쿠웨이트 지상군 총사령관은 "이라크가 침공하여 왔을 때 한국군이 제일 먼저 파병하여 우리를 도와줄 것으로 기대했지만 -왜냐하면 한국의 중동 진출 시 쿠웨이트에서 큰 수익을 거두었기 때문에- 마지막까지 한국은 전투병을 파병하지 않았습니다"라는 말로 제 뒤통수를 쳤습니다. 이에 저는 애써 남북 분단으로 휴전선 상에서 서로 총을 겨누고 있는 100만 병력의 대치 상황을 궁색하게 변명으로 늘어놓을 수밖에 없었습니다.

쿠웨이트에서 저는 자이툰 부대가 있는 아르빌로 비행하기 전에 바그다드에 있는 미 중부사령부로 날아가 브리핑을 받고 현 상황을 토의한 후 한미연합사에서 저와 함께 근무하였던 장군 및 영관 장교들을 따로 만났습니다. 이들 모두는 저를 많이 따랐던 장교들인데 저의 방문을 반기면서도 불만 가득한 표정이었습니다. 한 사람의 병사가 절실하게 아쉬운 판에 세계 최강이라는 한국의 특전사 병력이 자기들 주둔지 울타리만 지키고 있는 것에 속이 부글부글 끓는다면서 이것이 무슨 동맹이냐고 저에게 따지듯 불평을 하였습니다. 미군들이 보았을 때 우리의 이라크 파병을 비유하자면, 마치 6·25 당시 **영국이 유엔의 결의에 따라 대한민국의 자유와 평화를 지키기 위한 명분으로 군대를 한반도에 파병했는데 전선이 밀리고 있는 위급한 상황 하에서 그 병력을 전장과는 거리가 먼 제주도에 주둔**시킨 것과도 같았습니다.

그래서 저는 궁색하지만, 6·25전쟁 기간 너희의 아버지 세대 3만 7,000여 명이 우리 땅에서 인류의 보편적 가치인 자유민주주의와 한국 국민들을 위하여 숨져갔고, 우리 또한 이를 잊지 않기 때문에 월남에 연인원 30여만 명의 군을 파병하여 너희와 어깨를 마주하여 싸우다가 5,000여 명이 전사하였으며, 이후 걸프전에서(소규모 비전투 부대 파견), 파키스탄에서, 소말리아에서, 아프가니스탄에서, 코소보에서 함께 하지 않았는지를 열거하면서 이들을 달래는 데 진땀을 뺐습니다. 이어서 날아간 아르빌 자이툰 부대에서는 자체 방호를 위한 전투 준비 태세가 불비한 것을 하나하나 따져서 시정토록 하였습니다. 이 당시 효순이 미선이 사건으로 인한 갈등의 상처가 치유되지 않은 채 자이툰 부대의 역할과 기여에 대한 미군들의 실망감이 확산된 상황에서 문재인 정부가 들어설 경우 한미동맹의 실효성이 결정적으로 상실되는 씨앗이 되지 않을까 저는 무척 두려워하지 않을 수 없었습니다.

　이상에서 말씀드린 대로 저는 소대장부터 중·대대장, 연대장, 사단장 직책 모두를 GOP 부대에서 근무하였고, 그 외 41년 동안 모든 제대의 작전 장교로, 합참 작전 본부장과 연합사 부사령관 그리고 국정원장 등을 거치면서 북한과 우리의 군사적 능력 및 전략과 정책의 변화, 변함없는 북한의 적화통일 야망과 한미동맹의 현주소를 절감하고 있었으며 참모총장과 국정원장의 경험을 통하여 이 나라 일부 친북 내지 종북 좌파들의 실체와 무늬만 보수인 얼치기 우파 등의 실태를, 즉 북과 남, 좌와 우, 동맹 세력까지를 망라하여 '계란을 쌓아 놓은 듯 위험한(累卵之危 :누란지위)' 대한민국의 상황을 일목요연하게 알게 되었습니다. 이에 따라 저는 제 사랑하는 조국 대한민국이 풍전등화의 위험에 처해 있는 실상을 국민들에게 알려야 할 책임을 느꼈습니다. 그러나 이러한 발언을 공개적으로 할 경우 선거법 위반으로 문제가 될 것이므로 제약 없이 발언할 수 있기 위하여 아내의 동의를 얻어 평생 국가에서 준 봉급을 절약하여 눈물겹게 장만한 제 아파트를 담보로 대출을 받아 제 재산의 1/2를 털어 공탁금을 내고 대통령 후보로 출마하였던 것입니다.

형님께서 아시듯 저는 통치를 잘할 자신은 있지만 우리나라 정치 현실에서 정치를 할 위인은 못 됩니다. 그러므로 저는 대통령이 되겠다는 생각에서가 아니라 이들 사대 친북 좌파들에 대한 실체적 진실을 국민들에게 알리고자 선거 운동 전 기간 **"문재인의 공약대로라면 이 나라는 망한다"**라고 외치고 다녔을 뿐입니다. 그 후의 결과는 국민들의 선택의 몫이므로 후회는 없습니다. 그러므로 이제 저는 40여 년을 공직에 재직하였던 자로서, 이 땅에서 태어나고 자라며 저의 오늘을 있게 해 준 **나의 조국에 공인으로서의 마지막 책무를 다하고자 끝까지 노력**하였다는 안도와 더불어 그 결과는 천심이고 민심에 의한 것이라 생각하여 마음이 홀가분합니다. 이것이 제가 집안의 어른이신 형님께 사전에 말씀 여쭙지도 못하고 대선에 출마했던 이유인 바, 부디 저의 심정을 헤아려주시기 바랍니다.

동생 재준 올림


\* 추신 1 : 선거 기간에 제 큰손자가 엄마에게 물었습니다.

"엄마는 누구를 찍을 거야?"

이에 어려서 저의 출마를 모를 것이라고 생각한 제 딸이 "글쎄 생각 중이야"라고 하자 손자 녀석은 "엄마 왜 있잖아, 11번(제 기호)"하더랍니다. 그러고 나서 며칠 후, "엄마 왜 할아버지는 저것(현수막)이 안 걸려 있어?" 하는 소리에 "할아버지는 돈이 없으셔서 못 거신단다"라고 이야기 해주었다는데 학교 끝나고 집으로 돌아온 손자가 급하게 돼지저금통을 들고 와서 제 엄마에게 주며 "이 돈 할아버지 드려, 그거(현수막) 걸라고" 하더라는 이야기를 들은 저는 가슴이 한동안 먹먹해졌습니다.

 \* 어느 미국의 한국전 참전 노병이 자신의 집 앞에 세워놓은 현판의 내용

입니다.

"I have done things that haunt me at night so you can sleep in peace.

I have been away from my family a long time so that yours can be safe.

I have sacrificed a lot in my life so that you may live free.

I have done these things Because I have sworn an oath to my country And I will live by this oath Because I am always will be a U.S. Veteran."

## 존경하며 자랑스러운 형님께

그간도 건강하시고 가내 평안하신 듯하여 기쁜 마음입니다. 보내주신 편지 세 통은 모두 잘 받아보았습니다. 형님께서 말씀하셨듯이 대부분의 사람이 자신에게 도움이 되기 때문에 저를 선택한 측면도 없지는 않겠습니다. 그러나 지휘관이 성공적으로 부대를 이끌어 가도록 보좌하는 것 또한 제가 저의 제복에 서약한 바 "내 조국을 위한 군인의 본분"이기 때문에 주어진 직책에 저의 최선을 다하였던 것입니다.

제가 총장이 되었을 때 '장교와의 대화'를 하면서 "내가 오늘 이 자리에 서게 된 것은 오로지 기무부대의 감시 때문에 바르지 않으려야 바르지 않을 수 없었던 덕분"이라고 이야기한 것은 진심이었습니다. 언제 옷을 벗게 될지도 모르기 때문에 다른 것들을 미처 생각조차 해볼 틈도 없이, 일거리가 있을 때마다 저는 그저 마냥 행복한 마음으로 미친 듯이 일할 수 있었고 또 바르지 않으려야 바르지 않을 수 없었기 때문입니다. 그러므로 이제 지난 세월을 되돌아볼 때 저에게 이렇듯 시련의 세월을 선사함으로써 이를 딛고 오늘의 저로서 성장할 수 있도록 해 준 하나회 소속의 선후배 및 제 동기생들에게도 진심으로 감사한 마음입니다.

육대에서 제가 전역 대기차 보충대로 쫓겨갈 때 아내가 **"아직 당신은 장교**

**잖아요. 내일은 또 내일의 할 일이 있겠지요**"라고 말해주었습니다. 이 말은 시련 속에서 저를 지탱시켜온 힘의 원천이었습니다. 그렇습니다. 장교로서의 오늘이 하루가 될지, 이틀이 될지, 그 이상이 될지 저는 알 수 없었지만, 형님이 편지에 쓰신 것처럼 "비 온 뒤에 태양이 더 찬란하듯" 한 인생을 살아온 것 같습니다.

늘 건강하게 지내십시오. 다음 주에 또 글 올리겠습니다.

동생 재준 올림

## 4. 화랑대를 향하여

### 사랑하는 누나에게

건강하시다니 즐거운 마음입니다. 저는 별일 없이 잘 지내고 있지만 실핏줄에 조그만 트러블이 생겨서 백신 접종을 다음 기회로 미루었습니다. 그런데 누님께서는 접종하신 후 2~3일간은 아이들 집에 가 계시는 것이 어떨까 합니다.

제가 고 1 때 4·19, 고 2 때 5·16이 일어났습니다. 그 당시 배재고등학교의 선생님들은 거의 모두 배재 출신 선후배들로, 위계질서가 매우 엄격하였습니다. 다른 학교에서는 과장급 이상 직위에 있어야 할 나이에도 평교사로 근무하는 분들이 많았는가 하면 연세가 아주 많은 선생님들도 계셨습니다. 그런데 4·19 이후 중·장년 선생님들이 중심이 되고 3학년 학생들을 주축으로 교장 사퇴 촉구 데모를 벌여 학교가 소란하였습니다. 당시 저는 1학년으로서 학도호국단 중대장 직을 맡고 있었습니다. 그런데 장용하 교장 선생님은 독립운동을 하셨던 애국지사로서 제가 진심으로 존경하고 있었기 때문에 1·2학년 간부 학생 몇몇과 교장 선생님 사퇴 촉구 데모에 대한 반대 의사 표시로 데모 불참을 주도하였었습니다.

그러나 학교 정상화를 위하여 교장 선생님께서 물러나셨고 데모를 주동했던 선생님들이 상위 간부 직위를 맡게 되어서 이후 조금은 힘든 학교생활을 하였습니다. 당시 학교의 규칙은 재학생은 교무과에서, 졸업생은 서무과에서 대학 입학 원서를 써주고 있었는데 하필 담당 선생님께서 교장 축출 데모에 적극 가담하셨던 분이셨습니다. 그분은 저보고 -제 처지 탓에 농촌 계몽 운동 등으로 겉돌아 성적도 미달이었지만- 아예 대학 입학 원서 제출은 꿈도 꾸지 말라고 하셨습니다. 그때 평소 제가 잘 따르던 선생님께서 "담당 선생님을 일요일 점심 식사에 초청하였는데 네가 나와서 잘못했다고 한 번만 빌면 원서를 써 주겠다는 약속을 받았으니 시간 맞춰 나오라"라고 하셨습니다. 저 또한 막막한 심정이었던 터라 선생님 말씀대로 시간 맞추어 나가니 그 선생님의 첫마디가 "가정교육이 틀려먹은 놈"이라는 것이었습니다. 그 당시 심정으로 저를 욕하는 것은 얼마든지 참을 수 있었지만 아버님을 욕되게 하는 것은 결코 참을 수 없었습니다. 저는 초등학교 때부터 지금까지 한평생 존경하는 인물난에 아버님과 이순신 장군님을 쓰고 있었습니다. 그래서 선생님께 제가 잘못했으면 저를 나무라시지 왜 제 아버님을 욕하시냐고 했더니 "네 가정교육을 그따위로 시켰으니 보나 마나가 아니냐"라고 하였습니다. 저는 그때까지 제 행동으로 누구의 얼굴을 찌푸리게 하거나 손가락질을 받아본 일이 없었습니다. 단지 데모 불참을 주장하였다는 사실 하나로 제 아버님을 욕되게 하는 데 화가 나서 "제가 이 세상에서 제일 존경하는 분이 우리 아버님이시며 선생님 같은 분은 우리 아버님의 발밑에도 미치지 못하니 말씀 삼가 하시라"라고 한 다음 저를 불러 주신 선생님께 죄송하다고 말씀드린 후 방을 뛰쳐나왔습니다. 그래서 첫해에는 원서도 내보지 못하고 재수하게 된 것입니다. 아마 지금이라도 저는 똑같은 행동을 했을 것입니다.

이렇게 되어 원서도 못 내고 재수하게 되자 아버님께서 저를 부르셔서 "앞으로 어떻게 할 것이냐?"라고 하시어 1년 더 공부하겠으며 제가 알아서 하겠다고 말씀드리니 다른 말씀은 하지 않으셨습니다. 저는 고교 졸업 후, 함께 육사에 가기로 했던 가장 친한 친구 한용갑(故人)과 함께 정신 및 체력단련 겸 서울역 앞에 있던 어묵공장에 취직하였습니다. 그곳의 일은 생선 질통에 생선을 가득 채워 넣고 생선 더미 위를 가로질러 집 높이의 기계 속에 생선을 퍼붓는 것이었습니다. 이는 제 체력으로는 도저히 감당할 수 없는 중노동이어서 결국은 코피를 연신 쏟다가 거의 쓰러질 정도가 되어서 한 달도 못 채우고 손들고 말았습니다. 그러자 여태껏 말없이 제 행동을 지켜보시던 아버님께서 부르시더니 "내가 도와주랴?" 하셨습니다. 큰소리쳤던 제 꼴이 무안하기도 하였지만 그래도 아버님께서 도와주시면 괜찮은 곳이겠지 하는 기대감으로 모기 소리 같은 목소리로 대답을 드렸습니다.

그로부터 며칠 후 아버님께서 서울역에 취직이 됐으니 내일 서무과로 가보라고 하셨습니다. 이튿날 어머님께서는 아버님 신사복 중 줄어들어 제 몸에 맞는 옷을 찾으시고 아버님의 와이셔츠와 넥타이를 내주셨습니다. 어머님의 도움을 받아 신사복을 갖추어 입고 서무과로 가보니, 맙소사! 서울역 대합실 공중변소의 청소부(일용잡급직, 요즈음으로 따지면 시간제 알바)였습니다. 순간적으로 별의별 생각이 다 들었지만 아버님께 지고 싶지는 않았습니다. 그래서 이를 악물며 넥타이를 풀고 와이셔츠와 신사복 상의를 벗어놓은 다음 청소를 시작하였습니다. 그 몇 달 후 어느 날 매표구에서 미국인이 거스름돈을 안 준다고 항의하는 것을 역원이 알아듣지 못하여 말싸움이 되었는데, 제가 마침 지나가다가 통역을 해주어 사태를 해결하여 주었습니다. 이때 시끄러운 소리에 이를 뒤에서 지켜보던 역장의 눈에 띄어 일약 서무과 직원으로 자리를 옮기게 되었는데 맡은 업무는 서울역에 도착하는 열차들의 행선 표찰(매 객차 창문 밑에 〈서울↔부산〉 하고 씌어 있는 행선지 표시판, 철판이므로 상당히 무거움)을 교환하는 고된 일이었습니다. 당시 서울역에서 출발하는 열차는 52개 열차로 열차 당 최소 열량씩(그러나 실제 통상 15량 이상)만을 기준으로 하더라도 최소 좌우의 표찰 1,040장을 떼어내고 다음 행선지 1,040장으로 바꾸어 다는 것이었습니다. 하루 종일 열차 사이를 뛰어다니며 코피를 쏟고 하기를 두 달쯤 했을 무렵 영문 모르게 역 광장의 안내원으로 자리가 바뀌었습니다.

사랑하는 누나이자 영원한 소녀이신 우리 누나의 만수무강하심을 기원하며 오늘은 이만 줄입니다.

동생 재준 올림


**사랑하는 누나에게**

그간도 평안하셨는지요. 봄바람에 새싹들이 하나둘씩 얼굴을 내밀고, 추위에 움츠렸던 비둘기들도 이젠 기지개를 켜듯 날개를 활짝 펴고 지붕 위를 오르내립니다.

안내원 근무는 24시간 격일제 근무였는데 승객들에 대한 안내와 역 광장 질서 유지 및 광장을 포함한 역 구내의 출입 인원(주로 지게꾼, 껌팔이, 호객하는 창녀들, 소매치기, 노숙자들)을 단속하는 것이었습니다. 당시의 통일호(특급) 특실은 요즈음으로 치면 여객기의 퍼스트 클래스 정도의 수준이었고 일반실도 전부 좌석이 지정되어 있는데도 개찰할 때는 사람들이 개찰구에 몰리고 새치기를 했습니다. 이런 모습이 어린 마음에는 도저히 이해가 되지 않았습니다. 지게꾼은 거의 모두가 6·25 참전 군인들로서 영관급 이상 장교들도 상당수 있었던 것에 장교 지망생으로서 엄청난 충격을 받았습니다. 껌 파는 아주머니들은 한번 붙들려 파출소로 넘겨지면 보통 구류를 살아 하루는 장사를 못하게 되어 잡히면 통사정을 하거나 돈을 찔러 넣어 주는 것이 관행이었고, 창녀들은 몸으로 유혹하기도 하였습니다. 당시 제 한 달 보수는 1,700원(당시 버스값 5원 기준 현재 월 35만 원 정도)이었습니다. 아무튼 우리나라의 상류층부터 하류층까지 사회의 단면을 매일매일 부딪쳐가며 살았던 것으로 우리 사회가 어떻게 이루어지고 어떻게 서로 영향을 미치며 흘러가고 있는지를 어린 마음에도 느낄 수 있었습니다. 아마도 제 나이 또래의 어느 누구보다 더 사회생활에 있어서 소위 융통성(?)의 필요성을 일찍 터득했다고 할 수 있을 것입니다. 따라서 저보고 융통성이 없다고 하는 것은 참으로 아이러니가 아닐 수 없는데 이때 만일 제가 융통성(?)을 발휘하여 돈과 여자와 술을 알고, 또 사관생도가 되겠다는 꿈이 없었더라면 그곳에서 제 인생은 종지부를 찍었으리라 생각합니다.

**"자신에게 가혹할 만큼의 엄격한, 옳음의 잣대를 적용할 수 있는 사람만이 남에게 어짊과 관용을 베풀 수 있다(嚴己而仁人)"라는 것과 "자신과의 싸움에서 이길 수 있는 극기의 정신적 용기를 가진 자만이 융통성의 미명 하에 처세의 요령을 부리려는 마음의 유혹을 뿌리치고 정도를 걸음으로써 조국을 위한 진정한 의미의 융통성을 발휘할 수 있다"라는 것** -이순신 장군님처럼- 이것이 서울역 생활을 통하여 얻은 제 평생의 교훈입니다.

얼마 후 무슨 이유에서인지 모르지만 저는 서울열차사무소의 열차수로 전직되었습니다. 서너 번 저에게 붙들린 적이 있는 껌 파는 아주머니가 이를 알고는 저에게 다가와 "이제는 안내원이 아니지 않느냐" 하며 웃으시더니 "학생, 처음에는 욕도 하고 원망도 많이 했는데, 학생 하는 것을 보니 정말 아직 어린데도 옳고 바르게 사는 것 같아 예뻐 보인다. 열심히 해서 꼭 성공해라" 하시면서 껌 세 통을 제 손에 꼭 쥐어주셨습니다. 제가 아무리 사양을 해도 진심으로 저를 격려해주시는 그 아주머니의 성의를 더 이상 무시할 수 없어서 감사히 받았습니다. 그것이 제가 서울역에서 받은 전부였고 지금도 그곳을 지나치다 보면 그 아주머니가 생각납니다.

열차수로서 제가 하는 일은 열차 안 청소였습니다. 열차사무소에서 저는 목포행 완행열차(노래 속의 대전발 0시 50분 열차, 당시 서울↔목포 간 열두세 시간 소요되었던 것으로 기억)와 부산행 완행열차(아홉 시간 조금 더 걸리던 것으로 기억)에 교대로 탑승하여서 하루는 목포, 하루는 서울, 그 다음날은 부산에서 자는 떠돌이 생활을 하였습니다. 그러나 승객들이 짐 싣는 선반에까지 올라 가 자던 만원 차내에 저 같은 어린 학생은 사람 틈에 끼어 발이 공중에 떠 있는 상태여서 차내 청소는 불가능하였습니다. 그러다가 얼마 후 부산행 무궁화호(열차 이름이 잘 생각나지 않으나 동차 5~7량으로 가장 빠른 열차였으며 특급이어서 대전, 대구만 정차하고 부산까지 직행) 열차수로 전직되어 서울과 부산을 오가게 되었습니다.

불과 2~3개월의 짧은 생활이었지만 차내 청소 시 남자들은 물론 여성들조차도 일어나지 않고 두 다리를 벌려 치마 밑으로 얼굴을 들이밀고 의자의 밑바닥을 쓸어내야 했습니다. 그때 장교 정복을 단정히 차려 입은 해병 대령님이 정중히 일어나서 통로로 자리를 비켜주었다가, 비질이 끝난 후 자리로 돌아와 앉으면서 "수고하십니다" 했던 모습이 지금도 눈에 선합니다. 그 이후 저도 평생 이 자세를 실천하며 살려고 노력했습니다.

열차 청소원으로 있는 동안 다른 승무원들은 여객 전무가 저녁도 사주고 좋은 여관에서 자기도 했지만 저는 저녁은 혼자 간단히 때우고 잠은 노숙자 합숙소 같은 승무원 숙소에서 잤습니다. 역시 다른 승무원들과 합류하지 않고 도시락을 싸 가지고 다니며 여승무원 숙소에서 자던 저보다 열 살가량 위인 안내원 누나가 자주 도시락을 두 개씩 싸 들고 와서 저와 나누어

먹자고 하던 것이 오랫동안 마음에 남습니다. 또 한 가지는 철로 변에 피어 있던 코스모스가 열차가 지나가는 바람에 흔들리던 것이 꼭 폭소를 터트리는 것 같았는데 제가 제일 좋아하는 꽃이 벌판에 흐드러지게 피어 있는 코스모스의 군락입니다.

육사 시험 당일의 하루 휴가가 안 된다고 하여 저는 직장을 그만두고 일주일 후 육사 시험을 보았습니다. 1년 동안 책 한 장 못 보고(안 보고?) 시험 본 것 자체가 오기였습니다. 당시 육사 시험에서 국어, 영어, 사회, 과학은 각 100점, 수학은 200점 만점이었습니다. 다른 과목은 그런대로 보았지만 수학은 근본적으로 제 실력의 부족 탓이었지만 긴장을 하였는지 첫 문제에 막혀 제쳐 놓고 두 번째, 그 다음, 그 다음 하다가 코피를 쏟고는 거의 백지로 제출하여 당연하게 불합격되었습니다.

그 해 시험이 끝난 후 저는 친구 소개로 종로2가에 있는 OO 학원의 기도로 취직하였는데 조건은 수강생 입장 시 수강증 확인만 하고 이어서 강의를 수강하는 것이었습니다. 그러나 이것은 새빨간 거짓으로, 여러 강의실의 강의 시간이 시차적으로 편성되어 있어 하루 종일 강의실을 쫓아다니며 수강증 확인, 강의 끝난 교실 청소, 심부름 등으로 단 1분도 수강하지 못하였습니다(월급은 없음).

이렇듯 무임금의 노동 착취만을 당하면서 학원 기도로 3개월째 다니고 있을 무렵, 하루는 아버님께서 부르시더니 "내가 한 번 더 도와주랴?"하셨습니다. 대답을 하지 못하고 고개만 숙이고 있었더니 일주일 후 광화문전화국 서무과로 가보라고 하셨습니다. 저는 지난번 서울역 경험도 있고 해서 아예 당시 유행하였던 검정색으로 염색한 미 해병대 작업복을 입고 출근하였더니 역시 서울 시내 공중 전화 부스를 청소하는 청소원(일용잡급직, 요즈음 일당 알바)이었습니다. 그런데 한 가지 좋은 것은 빨간 자전거(우체국 용)를 지급해 준 것이었습니다(육사 체력 검정 시 2,000m, 100m 달리기 연습용으로 안

성맞춤). 이리하여 저는 그 짧은 기간에 공중변소 청소부로부터 열차 청소원을 거쳐 공중전화 부스 청소원으로 전전하면서 이 분야의 권위자(?)로 성장하는 길을 걷게 되었습니다. 매일 청소하면서 제 마음도 청소한 것은 큰 수확이었고 다른 사람들보다 일찍 일어나, 오가며 2회씩 청소하면서도 새벽에 두세 시간 공부할 수 있는 시간을 갖게 되어 행복했습니다.

누나, 건강하게 지내세요. 또 문안 올리겠습니다.

동생 재준 올림

## 사랑하는 누나에게

그간도 평안하셨으리라 생각합니다. 백신은 맞으셨는지요. 이곳에 들어온 후 시간이 어찌나 빠르게 지나가는지, 올해도 벌써 봄이 세월의 중턱을 넘어서, 닭 우리만큼만 한 조그만 운동장 여기저기에 야생화가 무리지어 피었습니다.

전화국 생활은 그런대로 할 만하였습니다. 제가 담당한 전화 부스는 신촌부터 동대문까지였는데 오전에 한 번 오후에 한 번(규정에는 1일 1회) 두 번씩 청소를 하면서 저의 책임 구역인 경복궁과 창덕궁, 창경궁(그 당시는 창경원)의 무료 고궁 관람을 만끽하기도 하였습니다. 그리고 자전거를 말(馬) 삼아 보자기를 목에 두르고 카우보이가 된 기분으로 서울 시내를 동서로 종주한 결과 체력도 눈에 띄게 향상되었습니다.

시간은 화살을 쏘아놓은 것처럼 빨리 지나가 전화국 생활 6개월 차에 10월이 되어 육사에 응시하게 되었습니다. 그런데 지난해 자식 자랑을 곁들여 신원 보증서를 받아주셨던 아버님께서는 제가 낙방하는 바람에 체면을 잃어 자존심을 상하신 탓이었는지 이번에는 신원 보증을 못 받아주겠다고 하셨습니다. 저는 눈앞이 캄캄해졌습니다. 신원보증인은 소령 이상이었는데 소령은커녕 소위도 아는 사람이 없던 터에 코가 쭉 빠져 있는 저를 보신 형님이 저에게 신원보증서 용지를 가져오라고 하셨습니다. 그 당시 저는 형님의 학군단(ROTC)에 장교가 있다는 것을 전혀 모르고 있었으나 여하튼 형님이 용지를 가져오라고 하시는 목소리가 제게는 지옥에서 만난 부처님 목소리로 들렸습니다.

형님 덕으로 원서를 접수하여 수험표를 교부받고는 시험 당일 일찍 출근하여 책임 구역을 한 바퀴 돌면서 청소를 한 후 자전거를 우체국에 세워놓고 서울고고(시험장)로 갔습니다. 그날 제 생각에 시험을 별문제 없이 무난하게 본 저는 다시 우체국으로 돌아와 한 바퀴 더 돌면서 늦게까지 청소를 한 후 밤이 되어 집으로 돌아왔습니다. 집에 들어오니 다들 궁금해 하는 표정이었지만 피곤하여 괜찮게 보았다고 말씀드리고 자리에 누웠는데 엉뚱한 것 한 가지가 마음에 걸려 잠을 방해하였습니다. 그것은 다름이 아니라 시험 날이 하필 제 생일이었는데 제가 워낙 미역국을 좋아하여서(미역국만 끓여 놓으면 제가 하도 잘 먹어, 너는 애 낳은 여자보다 더 미역국을 좋아한다고 어머님께서 늘 흐뭇해 하셨습니다.) 어머님이 어김없이 끓여주신 미역국을 두 그릇이나 먹고 시험을 본 것이었습니다.

합격자 발표 전날 저녁 퇴근하신 아버님께서 저를 부르시더니 발표가 났느냐 물어보셔서 내일이라고 말씀드렸더니 어떨 것 같으냐고 재차 물어보셨습니다. 저는 특별히 못 본 것 같지는 않았지만 잘 모르겠다고 말씀드리자, 뜻밖에도 아버님께서 "합격을 축하한다"라고 하셨습니다. 저는 어안이 벙벙하여 -돌아가실 때까지 실없는 말씀이나 농담하시는 것을 듣거나 본 일이 없습니다.- 멀뚱하니 서 있었더니 같이 근무하시는 이형근 대장님이 육사에 알아보고 알려 주었다고 말씀해 주셨습니다. 합격 후 알게 되었는데 그해에는 처음부터 형님이 신원보증서의 서명을 받아주기로 하시었던 것을 제가 몰랐던 것입니다. 육사 입교식이(가입교가 2월 1일, 기초 군사 훈련 후 정식 입교는 3월 2일) 2월 1일이어서 저는 1월 31일까지 전화국에 근무하였습니다.

통상 명절에는 술 먹은 사람들이 공중전화 부스 안에 토해 놓아서 사람들이 부스에 들어가지 못하는 일이 비일비재하였습니다. 육사 합격자 발표가 있었던 해 12월 31일 야간 23시에, 청소를 하기 시작, 1월 1일 아침 일곱 시쯤 서대문에 도착하여 어김없이 부스에 토해놓은 것을 치우고 있었는데 어느 20대 후반으로 보이는 젊은 엄마가 6~7세 되는 사내아이 손을 잡고 지나가다가 아이 이름을 부르더니 저를 손가락으로 가리키면서 "너도 공부 안 하면 커서 저 아저씨처럼 된다"라고 하였습니다. 그 녀석도 저만큼이나 공부하기 싫어하고 장난치는 것을 좋아하였던 모양입니다. 그래서 저는 마음속으로 "꼬마야, 엄마 말 잘 듣고 공부도 열심히 하렴" 했는데 지금은 무엇이 되었는지 가끔 궁금해집니다. 하지만 저를 모델로 삼았으면 후회 없는 삶을 살고 있지 않을까 생각합니다.

1965년 1월 31일 그 다음 날이 입교일이어서 오전 할 일을 마친 후 오후에 내일부터 그만두겠다고 이야기하고 나오려니 같이 일하던 사람들이 왜 그만두느냐고 하여 군에 간다고 하였습니다. 그러자 그들은 송별 회식을 해 준다고 저를 억지로 조그만 포장마차로 끌고 갔습니다. 저는 그 순박한 정과 일하는 동안 말 한마디라도 정답게 해준 것이 고마워 따라갔는데(물론 저는 술을 마시지 않았습니다.) 제가 사병으로 입대한다고 생각한 듯 논산훈련소에서의 생활요령과 주의해야 할 사항들을 시간 가는 줄 모르고 이야기하느라 붙들고 놓아 주지를 않아서 집에서 기다리시던 아버님, 어머님께 걱정을 끼쳐 드렸습니다. 그렇게 집을 떠나기 전 마지막 날을 지내고 그 다음 날 아침, 저는 제 운명의 길을 찾아서 집을 떠났습니다(그런데 저는 참모총장이 되고 나서야 육군훈련소에 처음으로 가 보았습니다.).

* 추신 2 : 집을 떠나면서 떠오른 어릴 적 추억 몇 가지

6·25전쟁 시절, 인근 시골에 피란 갔을 때 뒷산의 큰 바위가 거꾸로 V자

형태로 되어 있는 조그만 석굴 같은 곳에 아버님께서 숨어 계셨는데 어린 제가 사람들의 주의를 끌지 않는다고 생각하셨는지 어머님께서는 도시락 심부름을 제게 시키셨습니다. 그런데 제가 도시락을 가져가 보면 당시 서른두 살의 아버님은 그 좁은 바위틈에서 편안하게 앉아 항상 책을 보고 계셨습니다. 공무원 신분이라 발각되면 그대로 끌려가 처형당하실 상황에서도 평상시와 똑같은 표정으로 편히 앉아 책을 쌓아놓고 보시던 아버님의 모습을 저는 한시도 잊을 수 없습니다. 그 모습을 마음속 깊이 기억하면서 위급한 상황에 봉착하였을 때마다 아버님께 부끄럽지 않은 아들이고자 마음을 다잡고는 하였습니다.

1954~1955년인지 제가 초등학교 4~5학년이었던 여름 방학 때 아버님께서 누나와 형님, 저를 데리고 대천 해수욕장에 놀러가신 적이 있습니다. 그때 저는 몸집이 작아서 튜브를 타지 못하고 누나와 형님만 튜브를 타고 재미있게 노는 것을 보다가 심술이 발동하여 물속으로 숨어 들어 가 누나 튜브 밑에서 벌떡 일어서서 튜브를 뒤집었고 누나가 놀라서 소리 지르면서 허우적대다가 물을 한 모금 삼키셨습니다(사실은 일어서면 누나 가슴 이상이 물 밖으로 나오는 깊이였음). 그때 심통 부린 것 뒤늦게 사과드립니다.

누나도 잘 아시지만 저는 어렸을 적 눈만 뜨면 뛰쳐나가 동네 또래들과 어울려 한 주에 두세 번은 전쟁놀이를 하곤 했는데 윗동네에는 피란민촌이, 아랫동네는 고아원이 있어 우리가 수적으로 비교가 안 되었습니다. 그런데도 극성스러운 엄마들은 아이들을 공부하라고 붙들어 데려가고는 하였습니다. 이에 수적 열세를 보완하려고 저는, 아버님께서 보시려고 사 오신 나관중의 〈삼국지연의〉 열 권을 한꺼번에 제 책상에 갖다놓고는 초등학교 졸업할 때까지 학교에 싸 들고 다녔습니다. 그 결과 아버님같이 책 좋아하시는 분이 평생에 단 한 번 책 사신 것을 후회하신다고 하셨고, 저는 지금도 〈삼국지〉의 개략적인 줄거리를 외우고 있습니다.

제가 초등학교 5학년 때인가 어느 일요일, 아버님께서 쉬지도 못하시고 하루 종일 판자 울타리의 틈에 쪽 판자 붙이는 작업을 하신 적이 있었습니다. 저는 아버님께서 일을 마치고 저녁에 집으로 들어 가시자마자 동네 꼬마들과 함께 달려들어 간단하게 쌓아놓은 쪽 판자(꼬마들 칼쌈할 때 쓸 재료) 모두를 가지고 도망쳤습니다. 이튿날 퇴근하신 아버님께서는 작업을 마저 하시려다 쪽 판자가 없어진 것을 보고 어리둥절하시더니 우리가 칼 만들어 노는 것을 보고는 허허 웃으시면서 "내가 저 녀석 생각을 못했구나" 하시며 다시 사 오셨습니다. 그 다음 사 오신 것에는 물론 손대지 않았습니다.

저는 누나가 집에 없을 때 곧잘 누나 책꽂이에서 물리와 화학책을 제 방으로 가지고 와서 읽고는 했습니다. 그러나 그것은 제가 물리나 화학에 천재적인 자질이 있어서가 아니라 누나 화학책에 솜화약의 원리와 만드는 방법이 있었고 물리책에는 로켓의 추진 원리가 있었기 때문입니다. 저는 솜화약과 종이 로켓을 만들기로 결심하고 재료를 사러 갔는데 그때만 해도 호랑이 담배 피우던 시절이라 그 위험한 질산과 황산을 묻지도 않고 내주어서 친구네 집 사랑방에 자리를 잡고 놋대야에 한가득 솜화약을 만들었습니다. 그리고는 그것이 제대로 폭발할 것인지를 알 수 없어서 딱총 화약을 많이 사다가 종이 껍질을 벗기고 알갱이들을 가루로 빻아 솜화약과 버무리려고 둘러앉아 가루로 빻았습니다. 그러다가 당연히 그 많은 딱총 화약과 한 대야 가득한 솜화약이 폭발하였습니다. 그때의 가옥이 모두 흙벽에 한지 문풍지로 된 것이었기에 망정이지 요즈음 같은 견고한 구조였으면 아마도 저희는 십중팔구 죽거나 다쳤을 것입니다. 방안 가득 강렬한 섬광이 번쩍하였는데 정신을 차려보니 모두가 마루와 마당에 나뒹굴고 있었고 다행히 불이 나지는 않았지만 방 두 칸의 외벽이 무너지고 지붕이 주저앉아 집 한쪽이 거의 반파되어 있었습니다.

저희는 어른들에게 혼날 것이 겁이 나 모두 다 걸음아 나 살려라 하고 도망가 숨어 있었으나 얼마 지나지 않아 손등이 부어올라(화상 물집) 쓰리고 아파 견딜 수 없어서 모두 우르르 병원으로 몰려갔습니다. 잠시 후 소문을 들으신 부모님들이 병원으로 달려오시어 저희는 치료를 받고 모두 집으로 돌아갔습니다. 아버님 어머님은 제가 다른 다친 데는 없는지 꼼꼼히 확인하시고는 "조상님께서 돌보아주신 거다(어머님)"라는 말씀만 하셨고 제가 주범이다 보니 부서진 집은 아버님께서 수리비를 전액 부담하셨습니다. 그때의 화상 흉터는 지금도 제 양손의 손가락 전체에 훈장처럼 남아 있습니다.

1956년인가는 대통령 선거가 있었습니다. 저와 동네 꼬마들은 대통령 후보 벽보 붙이는 사람 뒤를 멀리서 따라다니다가 벽보를 붙이고 멀어지면 - 그 당시에는 그렇게 좋은 종이가 없었으므로- 딱지를 만들려고 쫓아가서 벽보를 뜯어 가졌는데, 신고를 받은 경찰이 출동하였고 아버님이 경찰서로 불려가셨습니다. 그러나 같이 벽보를 뗐던 동네 또래 친구 중에는 경찰서 과장의 아들도 있었던 터라 아버님은 각서를 쓰시고 풀려나셨습니다. 아버님은 저를 보시더니 "네가 필요해서 돈 들여 애써서 붙인 것을 다른 사람이 모두 떼어내면 너는 좋겠느냐"라고 하셔서 다시는 안 그러겠다고 약속드렸습니다(물론 다시 그럴 일도 없었지만).

제가 집에서 혹은 밖에서 다른 사람을 귀찮게 하거나 괴롭히는 장난을 한 일은 없습니다. 그러나 자고 나면 뛰쳐나가 칼싸움과 전쟁놀이, 뚝딱거리고 무엇을 만들기를 좋아하는 등으로 항상 일 저지르기와 위험한 짓을 하고 다니는 저 때문에 어머님은 한시도 마음을 놓지 못하셨습니다. 여동생 정희만 보면 "지금 네 오빠 어디서 무엇 하는지 보고 와라" 하고 밖으로 쫓아서 정희는 제 또래 친구들과 논 것보다 저에게 들킬까 몰래 제 뒤를 숨어서 따라 다닌 시간이(미행?) 훨씬 더 많았고 그것이 지금도 자기가 제 보호자라고 하는 이유입니다.

그 후 제가 고등학생이 되어 4·19 다음 날인가 학교가 휴교되어 집으로 돌아오던 중 반공청년단 건물이 불타오르고 소방차가 데모대의 습격으로 화염에 휩싸였습니다. 그때 저는 경찰의 발포로 총탄이 사방으로 튀는 그 한 가운데서 광화문 대로를 건너지 못하고 우왕좌왕하고 있었는데 그 무렵 자식을 찾으러 정신없이 뛰어오시던 아버님의 모습에 지금도 눈물이 납니다. 이렇듯 가슴 조마조마한 짓만 하면서 천방지축으로 뛰어다니던 저를 단 한 번도 화를 내시거나 나무라지 않으시고 제가 타고난 천성 그대로 구김살 없이 클 수 있도록 길러주신 부모님의 무한한 은혜를 저는 천만분의 일도 보답해 드리지 못하고 돌아가실 때까지 걱정만 끼쳐드렸습니다. 제가 만일 다른 부모의 자식으로 태어났더라면 십중팔구 문제아가 되었을 것입니다. 그러므로 제가 아버님 어머님의 자식으로 그리고 내 누나와, 형님, 동생들의 형제로 태어난 것은 하늘의 축복이자 어느 누구도 누리지 못할 저만의 행운입니다.

오늘은 이만 줄입니다. 늘 건강하게 지내시고 행복만 하십시오.

동생 재준 올림

## 5. 사관생도가 되어

**사랑하는 누나에게**

그간도 평안하셨으리라 생각합니다. 오늘따라 누님 댁에서 한 잔씩 하던 맥주가 조금 생각납니다.

### 가. 기초 군사 훈련

사관학교의 기초 군사훈련은 한 달 동안 실시되는데 태릉이 벌판이어서 겨울바람이 유난히 매서운 곳이지만 저는 그렇게 즐거울 수가 없었습니다. 기초 군사훈련 기간에는, 예를 들면 식사할 때 "식사 완료 5초 전, 4초 전~1

초 전, 동작 그만" 하는 식으로 모든 동작이 분·초 단위로 통제됩니다. 훈련은 군인 기본자세, 제식동작, 군가, 집총동작 등인데 제대로 따라가지 못하면 특성 훈련(기합)과 반복 훈련을 받아야 합니다. 지방에서 올라온 생도들은 사투리 때문에 힘들어 하기도 하는데 훈련이 끝나갈 때가 가까워지면 하나 둘 비는 침대가 눈에 띄기도 하고 또 자기 집 주소를 잊어버리는 생도들도 이따금 있었습니다.

그런데 저의 경우, 어머님께서 무슨 생각을 하셨는지 어렸을 때부터 "남자는 허리를 곧게 펴고 가슴을 쫙 펴고 다녀야 된다", "팔자걸음 걷지 마라", "얘야! 왼발부터 앞으로 내딛어야 좋단다" 하는 식으로 기초 훈련 과정의 기본자세를 모두 몸에 배도록 하여 주셨습니다. 그리고 제일 지적을 많이 받는 제식 동작과 군가 등은 형님께서 학군단 병영훈련 다녀오실 때마다 저에게 가르쳐 주셨습니다. 형님의 하계 병영훈련 기간에 저는 어김없이 면회를 다녔는데 그때 마침 형님께서 '지휘후보생'을 하시면서 후보생들에게 구령을 걸고 주의사항을 하달하시던 모습이 얼마나 멋있게 보였는지 이를 흉내 내 연습하였던 것하며 이러한 조기 학습 덕에 저는 별 어려움 없이 훈련에 임할 수 있었습니다.


기초 군사훈련 교육대에서는 매일 취침 전 일석점호를, 매주 토요일 오전에는 내무 사열을 실시합니다. 이때는 근무 생도들이 신입 생도들의 암기 상태, 내무반 정돈 상태 등 일주일 간의 훈련 및 학습 결과를 점검하는 시간을 갖습니다. 그런데 하루는 근무 생도가 제 옆 생도에게 "귀관, 사관생도 신조 셋?"하고 질문했습니다. 그러자 그 동기생은 "사관생도 신조 셋, 우리는 언제나 험난한 불의의 길보다 안일한 정의의 길을 택한다"라고 큰소리로 답변하였습니다. 이러자 오늘 밤도 제대로 자기는 틀렸구나 하는 생각으로 내무반은 한순간에 얼어붙었습니다. 왜냐하면 사관생도 신조 셋은 "우리는 언제나 안일한 불의의 길보다 험난한 정의의 길을 택한다"였기 때문입니다. 그런데 그 근무 생도는 아무 말 없이 한동안 제 옆의 동기생을 물끄러미 쳐다보다가는 "귀관, 세상이 그럴 수만 있다면 얼마나 좋겠나" 하고는 돌아서 나갔습니다. 그로부터 세월이 반세기도 더 지났지만 저는 아직까지도 이렇듯 제 영혼을 울리는 명언을 찾지는 못했습니다. **왜냐하면 우리 모두, 불의가 험난하고 정의가 보다 더 쉬운 그런 세상을 만들 수 있을는지는 모르겠지만, 그러나 그러한 세상이 우리 인류의 영원한 꿈일 것이기 때문입니다.**

초등학교 어린이들이 선생님이 좋으면 그 과목 공부를 잘하게 되듯 제가 어머님과 형님, 표준말 사용 덕에 거의 지적받는 일이 없이 생활할 수 있어 비교적 군 생활의 출발부터 좋은 조건에서 시작할 수 있었던 것은 제 타고난 행운이었습니다. 결과론적인 이야기지만 만일 제가 재수하지 않고 고등학교 졸업과 동시에 육사에 입교 하였더라면 중령으로, 재수 후 입교하였다면 대령으로 군 생활을 마감하였을 것이 거의 100% 확실합니다. 왜냐하면 저와 같이 신군부에 비판적이었던 육사 출신 중 제가 존경하고 좋아하며 따르던 장군들은 모두가 당시의 계급으로 더 이상 진급되지 못하고 전역 조치되었으며, 영관급 장교 중 23기는 중령으로, 24기는 대령으로 군 생활을 마감하였기 때문입니다. 3수 덕에 살아남았고, 이후 진급 시마다 정부가 바뀌는 묘한 시운을 타고 총장까지 되었던 것은 저의 의지나 노력과는 전혀 무관한 것이었습니다. 그래서인지 저는 이런저런 이유로 제 위치에서 최선을 다하며 살았음에도, 운명적인 길을 걸어왔다는 생각과 더불어 다시 산다 하더라도 제 걸어온 길 그대로를 살아갈 것이라는 점을 조금도 의심하지 않으며 나름 제 지나온 날들을 자랑스러워하고 있습니다.

늘 건강하게 지내십시오. 이 세상에 단 한 분뿐인 나의 사랑하는 누나야! 다음 주 다시 문안 올리겠습니다.

동생 재준 올림


\* 추신 : 아버님께 들은 아버님 이야기

6·25 피란 시절 잠시 방을 빌려 숨어 살던 시골집 뒷산의 바위틈에 숨어 계시던 아버님께서 밖의 소식도 궁금하고 두고 온 집도 걱정이 되어 나오셨다가 그중 두 번 붙들린 이야기입니다. 첫 번째는 검문에서 붙들려서 조그만 면사무소에 끌려가시었다고 합니다. 그런데 완장을 차고 있는 책임자가 뜻밖에도 아버님이 도청(道廳)에 계실 때 사정이 딱하여 몇 번 도와준 사람이었답니다. 그는 깜짝 놀라 일어서더니 내가 잘 아는 사람이니 두고 나가라고 사람들을 내 보낸 후 뒷문으로 빼돌려주어 구사일생하셨다고 합니다. 두 번째는 도로로 나가지 않고 산으로 계속 숨어가다가 검문이 없는 것 같아 도로에 내려선 순간 어디서 나타났는지 뒤에서 부르더니 사무실 같은 곳으로 끌려갔는데 책임자가 한번 힐끗 보더니 끌고 가라고 하였답니다. 두 손을 뒤로 묶인 아버님은 뒷마당으로 끌려 나와 먼저 붙들렸던 사람들과 총을 든 인민군 몇 명에게 이끌려 앞산 자락(처형 장소)으로 끌려가던 중 유엔군의 호주기(당시는 호주 공군 전투기로 알고 있었음)가 급강하하면서 기총 사격을 하였다고 합니다. 이에 인민군들은 논두렁에 납작 엎드려 있었고 아버님 포함 몇 명은 죽기를 각오하고 걸음아 날 살려라하고 뛰었다고 합니다. 그 후 아버님은 도망가지 않고 엎드려 있다가 끌려간 사람들이 총살당하는 총소리를 산에 숨어서 들으셨는데 그때 같이 끌려가던 사람들의 모습이 지워지지 않는다고 하셨습니다.

　전쟁이 끝나고 아버님께서 학사행정과(교육청 전신?)에 근무 하셨습니다. 이때 천안의 모 초등학교에서 비 온 후 꼬마들에게 언덕의 흙을 파서 운동장 물구덩이를 메워 평탄 작업을 하도록 시키고 선생들은 교실에 있었다고 합니다. 그런데 꼬마들의 키가 작다보니 언덕의 밑바닥만을 파고 들어갔고 비 온 후 지반이 약해진 언덕이 무너져 아이들 두 명이 죽고 세 명이 부상했다 합니다. 그런데 그 선생 중 한 명의 먼 친척이 도지사여서 그 사건을 무마하고자 조사 나가셨던 아버님을 회유하였다고 합니다. 그러나 아버님은 굴하지 않고 도지사실로 뛰어 들어가 "도지사님의 자식이 죽었으면 이러겠느냐"라고 항의하여 마침내 진상을 밝히고 책임자를 처벌하였다고 합니다. 그러나 아버님은 도에서 쫓겨나 보건소장으로 좌천되셨다는데 이때는 저도 조금 기억이 납니다.

제 평생 아버님께서 노래 부르시는 것을 딱 한 번 들었습니다. 4·19가 나던 해 겨울, 아버님 생신 때 아카이1800 녹음기를 빌려와서 포도주 한 잔 드시고 얼굴이 홍시처럼 붉어진 아버님께 노래를 청했습니다. 아버님께서 부르신 노래는 '목포의 눈물'과 '서귀포 칠십 리'였는데 지금 제가 비록 음치 수준이지만 저의 18번입니다. 5·16 얼마 후 아버님이 실종되신 적이 있습니다. 어머님은 사색이 되어서 밤을 새우신 후 저보고 중앙청 사무실로 가보라고 하셨습니다. 제가 사무실에 가 아버님을 찾으니 긴급 공무로 지방 출장 가셨는데 며칠 걸릴 것이니까 걱정하지 말라고 하여 집으로 달음질쳐서 어머님께 알려 드렸습니다. 그런데 한 열흘쯤 지난 후 거지꼴로 나타나신 아버님은, 20세기 현대판 암행어사가 되어 남도 지역을 암행하셨다고 했습니다. 그 와중에도 아버님답게 거의 거지꼴로 목포의 유달산에 오르셔서 기념 촬영을 하신 즉석 사진 한 장(지금의 인증 샷?)을 제가 가지고 있습니다.

**사랑하는 누나에게**

그간도 평안하셨는지요. 누나는 제가 힘든 시절을 보냈다고 말씀하셨는데 저는 한 번도 제가 걸어온 길이 역경이나 고난의 시간이라고 생각해 본 적은 없습니다. 그저 제게 닥쳐온 현실과 그 삶이 어떻든 간에 저는 그것이 제게 주어진 시험문제라고 생각하고 가장 바른 방법으로 그 문제를 풀어나가려고 최선을 다했을 뿐입니다. 그러므로 제 지나온 세월의 미흡하였던 부분을 반성함에도 불구하고 뿌듯한 마음으로 자랑스럽게 생각하고 있습니다. 만일 제가 그러한 마음이 아니고 현실을 불만스럽게 생각하면서 스트레스를 받아 왔더라면 그 긴 세월 제 건강을 지켜올 수 있었을는지요? 그러니 누나, '내 동생 장하다'라고 생각하실망정 결코 가슴 아파하시지는 마십시오.

누나가 제게 면회 오셨던 초기, 누나의 가슴 아파하시는 얼굴을 보며 제가 주역의 마지막 괘인 미제괘의 끝 구절(上九의 傳의 本意) "장차 때가 와서 일을 할 수 있으니 이를 믿고 자신의 인성과 능력을 기르면서 하늘의 명을 기다린다(時將可以有爲而自信自養以俟命)"라는 구절과 맹자의 "하늘이 장차 큰 임무를 맡기려 하는 사람에게는 반드시 먼저 그 마음을 힘들게 하고 육체를 고달프게 하며 배를 굶주리게 하고 몸을 곤궁하게 만들며, 하는 일마다 어긋나고 뒤엉키게 만들어 마음을 분발시켜 타고난 본성이나 성질을 강인하게 만들어 그 부족한 능력을 키워준다(天將降大任於是人也 必先苦其心志 勞其筋骨 餓其體膚 空乏其身 行事亂其所爲所以動心 忍性曾益其所不能)"라는 말씀을 드리면서 전혀 걱정하지 마시라고 말씀드린 바 있습니다. 그러니 저에 대하여는 무조건 낙관적이고 긍정적인 생각과 행복한 마음만 가지십시오. "승리는 항상 그대와 더불어 -누나-" 누나가 제 사관학교 졸업 선물로 주신 지휘도 자루에 새겨진 명문(銘文)입니다.

저는 군 생활 동안 후배 장교들에게 "남자는 세 번 태어난다. 첫째는 부모에게서 개성과 자질을 물려받아 태어났을 때이고, 둘째는 이에 맞는 직업을 선택했을 때, 세 번째는 그러한 개성과 자질과 직업을 이해해주는 여자를 만났을 때 한 남자로 완성된다"라고 말하곤 하였습니다. 이제와 생각하는 것이지만, 남자는 -물론 여자도 마찬가지이지만- 자기가 미칠 만큼 좋아하는 직업을 선택해야 합니다. 직장 생활의 어려움과 가정에 대한 책임을 동시에 감당하여야 하는 삶이 결코 쉽지 않더라도 자신이 좋아하는 직업(삶)을 선택한 사람들은 결코 현실을 힘들다는 부정적인 생각으로 임하지 않고 즐겁다는 긍정적 마음과 적극적인 자세로 임하여 훨씬 더 보람 있는 성취의 삶을 살 수 있기 때문입니다. 그런 의미에서 저의 지난 세월은 저에게 더할 나위 없이 즐겁고 보람찬 나날이었습니다.

## 나. 생도대 생활

보통 저를 외향적이고 활동적인 사람으로 생각하는 사람들도 가끔 있지만 의외로 저는 내성적이며 사람을 쉽게 사귀지 못합니다. 그래서 그런지 저는 뜻에 맞는 몇 명의 친구를 오랫동안 사귀는 편으로 비교적 집단에서 잘 나서거나 드러나는 것과는 거리가 먼 편입니다. 그런데 생도 때는 어떻게 된 일인지 1학년 때는 명예위원과 도야부장 생도를 겸임하였고 2학년과 3학년 때도 명예위원 생도를, 4학년 때는 기념사업부장 생도를 하였습니다. 이는 아마도 앞에서 말씀드린 대로 어머님과 형님 덕에 기초 군사 훈련 과정에서부터 눈에 띄는 생도가 된 덕이 아닌가 합니다. 아무튼 이러한 순조로운 출발은 저에게 행운이었습니다.

생도대에서 1학년 1학기 때는 외출, 외박이 안 되고 단체로 영화(단성사에서 007 영화 첫 시리즈, 'From Russia with love') 및 고궁(창덕궁) 관람이 있었을 뿐입니다. 이때 형님께서는 진해에 근무 중이셨는데 그 당시 완행열차로 진해에서 서울까지 밤새도록 오시어 시외버스를 타고 태릉 육사에 면회를 오셔서는 소위 봉급 전액을 꺼내 제 손에 쥐어주셨습니다. 그때 형님은 '지상에서 영원으로'라는 영화에 나오던 미군의 카키색 군복이 아주 잘 어울리는 멋진 모습이었고 저의 우상이었습니다.

생도들은 졸업 전 무도 유단자가 되어야 하는데 저는 초등학교 4~6학년과 중학교 1학년까지 4년 동안 얼마나 칼싸움에 미쳐 있었던지 이후 7년 동안 목검은커녕 막대기도 손에 잡아본 일이 없음에도 검도를 시작한 지 불과 5개월 만에 '초단'이 되어 저 자신도 놀라고 말았습니다. 그러니 초등학교 6학년 당시의 제 실력은 어느 정도가 되었을지 궁금해집니다.

생도 생활은 1, 2학기는 일반대학과 마찬가지로 학과를 공부하고 여름에는 2주, 겨울에는 3주간만 방학을 하며 남은 기간에는 군사 훈련을 받습니다. 군사 훈련은 단계적으로 1, 2학년은 사격 등 병 기본 훈련과 분대 전술을 학교 인근 훈련장(지금의 태릉선수촌과 태릉골프장 자리)에서, 3학년 때는 보병, 포병 등 병과학교 순회 교육을 받고 4학년 때는 자기 병과학교에 가서 중·대대 전술 훈련을 합니다.

누나 건강하게 지내세요. 다음 주 또 서신 올리겠습니다.

동생 재준 올림

### 사랑하는 누나에게

그간도 평안하셨는지요. 지난번에 보내주신 책 〈바람과 함께 사라지다〉는 받자마자 세 번 연거푸 읽고는 벌써 집으로 보냈습니다. 제가 비디오테이프를 가지고 있기 때문에 영화를 한 두 번 본 것은 아닙니다만 원서로 읽으니 영화와 달리 작가의 사상과 의식, 전하고자 하는 주제를 보다 명료하고 생생하게 느낄 수 있어서 명작은 영화보다는 원서로 읽어야 한다는 이야기를 실감할 수 있었습니다.

사관학교 생활은 체질에 맞아서인지 매일의 일과에 성실히 임할 수 있었고 학과 공부보다는 독서에 열중하였던 것 같습니다. 제 별명은 '원안파(原案派 : 시험 모범 답안 또는 정답의 뜻, 즉 원칙대로 행동한다는 의미)'였는데 임관 이후에는 '생도 3학년' 또는 '걸어 다니는 FM'이나 '천연기념물', 때로는 감히 '작은 이순신'으로 불리기도 하였습니다. 그런데 이는 모두, 아마도 모범생이라는 긍정적 의미와 융통성이 없다는 부정적 의미가 반반씩 섞인 것이 아닐까하고 생각합니다. 왜냐하면 당시의 생도대에서는 '호연지기와 융통성'이 생도들 간에 중요한 화두였기 때문입니다.

그러나 저는 제 행동 자체가 자연스럽게 원칙에 부합되었을 뿐 규정과 규율에 얽매여 원칙대로 하였던 것은 아닙니다. 소위 융통성으로 말한다면, 고등학교를 졸업하고 또는 학원에 다니면서 공부만 하다가 들어온 타 생도들보다는 서울역에서 우리나라의 한 단면들을 매일매일 몸으로 부딪히며 살아온, 그리고 전화국에서 삶의 어려움에 허리가 휘어진 모습으로 살아가는 서민들의 애환을 보고 겪으며 살아온 제가 그들에 비할 바는 아닐 것입니다. 2학년 말이 되어 신입 생도가 입교함에 따라 저는 기초 군사 훈련 근무 생도가 되었습니다. 신입 생도들을 이끌어 가면서 당시 생도대의 잘못된 가치관에 오염되지 않도록 이러한 제 신념들을 가르쳤습니다.

"군인의 자질은 타고나는 것이지만, 명장의 자질은 노력에 의하여 길러지는 것이다. 군인에게 요구되는 융통성이란 방책의 다양성이지 처세의 요령이 아니며 호연지기는 사적(私的) 이익을 추구하기 위하여 대담성을 보이는 것이 아니라 임무를 성공적으로 수행하기 위하여 자기 희생이 요구되어질 때 주저 없이 자신을 버릴 수 있는 정신적·도덕적 용기를 말한다. 그리고 이러한 정신적·도덕적 용기를 행동으로 실천하는 마음가짐을 우리는 명예심이라 부르고 이러한 상태를 명예라고 정의한다. 이와 같은 정신적·도덕적 용기와, 명예, 융통성은 선천적으로 타고 나는 것이 아니라 부단한 극기 훈련을 통하여 수양을 쌓으며 과거와 미래에 대하여 학습함으로써 얻어지는 후천적 능력이다. 이렇듯 군인의 자질은 타고 나는 것이지만, 군인의 능력은 피나는 노력에 의하여 갖추어지는 것이며 그러므로 명장은 타고 나는 것이 아니고 만들어지는 것이다. 따라서 하루하루의 극기를 위한 수련과 인간적 자질의 함양 및 군인으로서의 능력을 향상하기 위하여 결코 소홀함이 없어야 한다."

저는 평생 이러한 가치관과 신념으로 살아온 것이지 사고의 폭이 좁거나 처세의 요령의 이점을 몰라서 소위 '융통성'이 없었던 것은 아닙니다.

### 다. 명예위원회

그러는 사이에 어느덧 3학년 하기 군사 훈련이 되었습니다. 그때도 저는 학년명예위원 생도였는데 하기 군사 훈련은 각 학년별로 시행되는 것이기 때문에 제가 선임이 되어 동기생 한 명과 명예위원회 임무를 수행하게 되었습니다. 그런데 광주에서 보병 병과 전술 훈련 중이던 어느 날 학교에 근무하는 어느 선배 대위 한 분이 저를 찾더니 제 동기생 세 명이 음주를 하였다고 명예 위반 사건을 통보하였습니다. 내용인즉 그날이 휴일이어서 광주에 집이 있는 생도들은 외박을 나갔는데 한 생도의 이웃에 살던 선배 장교 부인이 무엇을 물어보려 그 생도 집에 들렀다가 동기들과 포도주를 마시고 있는 것을 보고 남편에게 알렸고 그 장교는 출근하자마자 저를 찾은 것입니다. 생도들이 그 장교 부인만큼 명예심(?)이 있었더라면 좋았을 것을…… 그래서 저는 훈련이 끝날 무렵까지 총 7~8회에 걸쳐 소환 조사와 토의, '각종 명예규정과 생도규정', '장교의 명예 사례' 등을 전부 검토한 후 훈련이 종료되어 학교로 복귀하기 전날 최종 평결을 내렸습니다.

"내 결정에 내가 책임을 지게 된다 하더라도 나는 이 사건이 명예 위반이 아니라 군기 위반이라고 판단했다. 이것으로 명예위원회를 종결하니 귀교하거든 군기 위반을 보고할 것을 권고한다(명예 위반은 통상 퇴교, 군기 위반은 벌점으로 구보 또는 외출, 외박 일시 제한)."

그런데 대전에서 화랑대역으로 열차로 이동하여 내무반으로 들어가 막 군장을 풀고 있는데 방송 스피커에서 "3중대 남재준 생도 예복 차림으로 명예위원실로 출두"라는 방송이 나와서 서둘러 예복으로 갈아입고 명예위원회 사무실로 가니 제가 명예위원으로서 '명예 위반 사건을 보고받고도 묵살'했다는 혐의로 고발되어 있었습니다. 하기 군사 훈련이 종료되어 모두 학교로 복귀하기 전까지는 각 학년별로 활동하게 되어 있어 그 결과를 정리하여 학교 복귀 후 보고하려고 준비하였는데 그 선배 장교가 이를 오해하여 4학년 명예위원에 통보하였던 것입니다. 그 당시 성숙되지 못한 연소한 나이에 생도 중 일부는 이 세상 모든 명예와 정의는 오로지 자신만의 전유물인 것처럼 생각하는 경향이 있었고 이러한 성향은 특히 명예위원 생도 중에 많았습니다.

'명예위원회'에는 자기 반론권이 없습니다. 그저 정의감에 불타는 생도들이 다수결에 의하여 유죄로 평결하면 모든 것이 끝나는 상황에서 뜻밖에도

4학년 명예위원장 박민순 생도가 본인의 이야기를 들어보자고 저에게 의외의 반론 기회를 주었습니다. 그 상황에서 보고하려고 준비하고 있었다는 이야기는 변명으로밖에 들리지 않을 것 같아 저는 담담한 심정으로 일어나 마지막 발언의 기회를 주신 것에 감사한다면서 다음과 같이 발언하였습니다.

"저는 제가 언제부터 군인이 되기로 결심했는지 모릅니다. 그러나 그때가 언제였든 저의 꿈은 언제나 육군사관학교를 나온 대한민국 육군 장교였으며 이제 겨우 그 꿈을 이룰 수 있으리라는 희망과 기대에 부풀어 있었습니다. **저는 군인의 명예라는 것은 죽음 앞에서도 조국을 위한 자기의 신념과 가치를 사랑하고 이를 지키기 위하여 흔들림 없는 결연함으로 자기희생을 통하여 자기의 임무를 수행할 수 있는 정신적·도덕적 용기의 실천이라고 생각**했습니다. 그 명예는 규정 준수, 금지 사항의 준수 같은 이러한 사소한 가치들보다는 너무나 숭고한 것이었습니다. 이러한 명예에 대한 저의 정의가 받아들여지지 않는 생도대라면 저는 20대까지의 저의 모든 꿈이 사관생도였음에도 불구하고 주저 없이 명예위원회의 결정을 받아들여 기꺼이 떠날 것입니다."

말을 마친 후 저는 그 자리에서 나왔습니다. 제가 발언하는 동안 실내는 기침 소리 하나 없이 조용하였는데, 잠시 후 들어오라 하여 들어가 보니 '무죄'로 평결되어서 준비해간 기간 중 조치 내용을 브리핑함으로써 사건은 종결되었습니다. 그 시간 담담한 심정으로 명예위원실을 나서며 바라본 북한산 위의 하늘이 그날따라 그렇게도 푸르고 아름다울 수가 없었습니다. 그때 어머님의 얼굴이 저도 모르게 떠올랐던 것은 아마도 어머님께서 도봉산 천축사에 저를 위하여 켜놓으신 '촛불' 때문이 아니었을까 하고 생각해 보았습니다.

이 기회에 한 말씀 더 드리면 과거에 있었던 생도들의 3금제도(술, 담배, 여자 금지)가 위헌으로 판결되어 폐지되었다고 들었습니다. 그런데 이것은 대단한 아이러니가 아닐 수 없습니다. 3금 제도란 법이나 인권의 문제가 아니라

'화랑도의 세속오계'처럼 스스로 서약을 지킴으로써 **극기를 통하여 자기 인격을 함양하기 위한 '자기 수련의 덕목'**입니다. 생도들은 그러한 과정을 통해서 군인에게 필요한 극기력을 기르며, 자기희생을 실천할 수 있는 자질을 함양할 수 있는 것입니다. 그런데 이러한 수련의 과정을 법의 잣대로 재단하는 것 자체가 난센스이며 스스로 자기 생도 제복에 서약한 바를 지킬 수 없는, 즉 극기에 실패한 인원은 본인이 떠나면 됩니다. 왜냐하면 그 젊은이는 임관된다 하더라도 장교 제복에 선서한 조국을 위한 헌신을 실천할 수 없는 사람일 것이며 또 아무도 그에게 그 길을 강요하는 것이 아니기 때문입니다.

늘 건강하고 웃음 가득한 누나의 얼굴 모습을 그려 보면서 다음 주 또 서신 올리겠습니다.

동생 재준 올림

## 사랑하는 누나에게

보내주신 누나의 편지 잘 받아보았습니다. 누나의 편지를 읽다보니 새삼 피란 열차에서의 누나 모습이 떠올랐습니다. 그때 우리는 작은 외삼촌의 노력으로 운 좋게 화물칸에 올라탈 수 있었는데 이 열차가 마지막 남행 열차였습니다. 당시에는 몰랐지만 후에 전쟁사 자료를 보니 이때 산악을 통해서 우회 침투한 인민군 3사단이 대전-영동 간, 옥천 1·2터널을 차단하고 있었고 열차는 적의 치열한 화망(火網)을 뚫고 강행 돌파하였던 것이었습니다.

그 열차는 한없이 남을 향하여 달려가다가 아무 곳에서나 정차하여 뒤의 화물칸을 떼어놓고 기관차만 이동하여 군수품을 나르고는 어느 틈엔가 다시 나타나 떼어놓은 화물칸을 불쑥 연결하여 남쪽으로 달리고 하면서 며칠 동안 내려갔던 것으로 기억합니다. 그래서 열차가 정차하였을 때마다 사람들은 차에서 내려 밥을 지어먹고, 볼일도 보고는 하였습니다. 그러다가 예고 없이 기관차가 달려와 열차를 끌고 가기 시작하면 미처 열차에 오르지 못한 사람들과 기차에 타고 있는 가족들이 서로 소리쳐 부르며 그대로 이산가족이 되어갔던 슬픈 장면들은 지금도 눈에 선합니다.

이때 어머님은 만삭의 몸이라 꼼짝도 못하셨고 누나가 그때마다 재빠르게 뛰어 내려가 냄비에 밥을 지어 가지고는 열차가 움직이기 시작하면 토끼처럼 뛰어 올라타신 덕에 식구들이 배를 곯지 않을 수 있었습니다. 만일 그렇지 못하고 부산까지 거의 일주일을 굶고 내려갔더라면 고생깨나 하는 것은 고사하고 무엇보다도 만삭이신 어머님이 어찌 되셨을까 알 수 없었을 것입니다. 누나는 우리의 오늘을 있게 해 주신 '은인'이자 우리에게는 하느님의 축복이셨습니다. 그러므로 누나, 감사하고 감사하며 또 감사합니다.

후에 피란살이를 끝내고 집으로 돌아와 학교에 다닐 때였습니다. 3학년 사회생활 시간에 선생님께서 '부산'에 가본 사람 손들어라 하시기에 '저요' 하고 손을 들고 주위를 돌아보니 손든 학생은 저 혼자였습니다. 그때 어린 마음에 얼마나 으쓱하였던지……. 이윽고 선생님이 질문하셨습니다.

"기차로 여기에서 부산까지 얼마 걸리지?"

저는 부산에 도착하자마자 누나와 형님을 잃어버렸다가 다시 찾은 후 초량경찰서 책상 위에서 잠잘 때 어른들이 하시는 이야기를 들었던 것을 기억해내고는 자신만만하게 그리고 힘차게 대답했습니다.

"예, 일주일 걸립니다."

그러자 화가 나신 선생님은 제가 장난치는 것으로 생각하셨는지 나오라고 하시더니 회초리로 종아리를 다섯 대나 때리셨는데 지금 생각하면 웃음이 나오지만 그때는 한참 억울했습니다(후에 열차수 근무 시 완행이 아홉 시간 정도 걸렸던 것으로 기억되는 것을 보면 6·25 당시에는 한 12~13시간 걸리지 않았을까 생각됩니다.). 또 한 가지, 그 해 따라 살인적 추위로 쇠붙이에 손이 닿기만 하면 쩍 눌어붙을 지경이었는데 화물칸 안에 타지 못하고 화차의 지붕 위에 타셨다가 졸음을 견디지 못하고 추락하여 사망하신 분들도 기억납니다. 누나가 그 어려운 시기 초등학교와 중·고등학교를 거치면서 학창 시절의 멋과 낭만을 즐기기는커녕 어머님을 도와서 우리를 거두어주셨기에 오늘의 우리 8남매가 있을 수 있었습니다.

## 라. 운명의 여인과의 만남

지난번 말씀드린 바와 같이 명예위원회와 더불어 3학년 하기 군사 훈련도 끝나고 학교는 2학기 시작과 더불어 3사 체전(육·해·공군 사관학교 체육대회) 준비에 들어갔습니다. 체전에서 우승하면 통상 국군의 날 행사가 끝나고 3박 4일 특별 외박을 나갈 수 있기 때문에 체전은 전교생이 참여하는 중요 행사로 되어 있습니다. 그 해는 동대문운동장의 시설 보수 관계로 장소가 효창운동장으로 변경되었는데 이동은 군용 트럭으로 하였습니다. 생도들은 응원 복장(예복 또는 정복) 차림의 4열종대로 트럭에 탑승하여 이동하였고 저는 기수(旗手, 부대기를 들고 다니는) 생도였기 때문에 제일 우측 줄 선두에 서서 깃발을 잡고 이동하고 있었습니다.

제가 탑승한 차량이 숙명여대를 앞에 두고 오르막을 오르고 있을 때 저 앞에 가던 어느 여대생같이 보이는 여인이 차 소리에 힐끗 뒤를 돌아보더니 얼른 골목으로 뛰어 들어가는 것이 보였습니다. 그런데 그 3개월 후 겨울방학 때 친구 집에 놀러가 응접실에서 이야기를 나누면서 놀다가(그때 마침 저는 창가에 서 있었습니다.) 초인종 소리가 나기에 무심결에 내다보니 친구 여동생이 뛰어나가 문을 열어주었습니다. 그런데 그때 들어오던 여학생이 3개월 전 효창동에서 뒤를 힐끗 돌아보고 잽싸게 골목길로 뛰어 달아난 바로 그 여학생이었습니다. 제가 기억력이 좋아서 그걸 기억하느냐고요? 천만에입니다. 저는 어렸을 적부터 앞만 똑바로 보고 다녔지 곁눈질하면서 다닌 일이 없습니다. 또 사람 얼굴 특히 여자 얼굴에 대한 기억력은 천재적으로 엉망입니다. 제 아내와 만난 지 두 번째인가 세 번째인가 효창동 처가로 아내를 만나러 가다가 길에서 만난 처제를 아내로 착각하여 큰 망신을 당할 뻔했습니다. 그리고 육대 다닐 때 반년 내내 한 아파트에서 살고 있던 동기생 부인을 그 옆집에 사는 동기생 부인과 혼동하여, 동기생에게 엄청 욕을 먹은 적도 있습니다. 자기들에게 그렇게 관심이 없었느냐고. 그래서 저는 가능하면 아내와 같이 다니는데 아내는 한번 만난 사람은 꼭 기억하고 있다가 다음에 다시 만날 때 언제 어디서 만난 누군데 무슨 이야기를 했다고 알려주어 그럭저럭 자리를 모면하게 해주고는 했습니다. 그러니 한번 힐끗 얼떨결에 본 얼굴을 몇 개월이나 지난 후에 대뜸 알아본 것은 기적이 아니면 운명이었지 않을까 생각합니다.

그리고 다시 2년 3개월 후 사단장 전속 부관 시절 제 친구와 연락이 닿아 지금의 아내와 만날 날짜와 장소를 약속하였습니다. 그런데 사단장님께서 그날따라 외박을 나가도 특별히 할 일이 없으니 그만두자 하는 바람에 첫 약속을 펑크 내고 말았습니다. 그래서 부랴부랴 친구에게 전보(당시는 전보가 긴급 연락 수단이었음)를 쳐서 사단장님의 다음 외박 날짜에 맞추어 약속을 다시 정하였는데 막상 외박 날이 되자 사단장님께서 먼저처럼 또 안 나가겠다고 하시기에 저는 다급하여 대들었습니다.

"지난달에도 사단장님 안 나가신 탓에 연대장과 대대장들 반수가 외박을 못 나갔고 참모들도 눈치를 보고 있는데 또 안 나가시면 어떻게 합니까? 이번에는 할 일이 없으셔도 나가서야 합니다."

그러면서 "김 병장, 사단장님 외박 나가시게 차 대!" 하고 운전병에게 소리쳤습니다. 사단장님은 마지못해 차에 타시더니 저에게 시비조로 "내가 안 나가도 저들이 나가면 되지 않느냐"라고 말씀하셨습니다. 그래서 제가 "그러면 총장님, 군사령관님, 군단장님 다 안 나가셔도 사단장님 혼자 나가시겠습니까"라고 하니 입을 다무셨습니다. 이렇게 겨우 서울에 도착, 한 시간이나 늦게 약속 장소에 달려가 아내를 만나게 되었습니다. 그 후 두 번인가 더 만나고 월남으로 떠나기 전 마지막 날 저는, "그동안 좋은 남자를 만나면 결혼하고 만일에 내가 살아서 돌아오고, 그때까지 결혼하지 않고 있으면 나하고 결혼해 달라"라고 이야기한 후 월남으로 떠났습니다. 나중에 보니 그런 '멋진 대사(?)'는 전혀 할 필요가 없었던 것이 아내는 당시 겨우 대학 3학년이어서 학교 졸업 전에는 시집갈 일이 없었으니 말입니다.

3사 체전이 끝나고는 이어서 국군의 날 행사가 있었습니다. 1967년 당시에는 여의도 군용 비행장에서 연습하였고, 행사 당일(10월 1일)에는 차량으로 남대문까지 이동 후 하차하여 대오를 갖추고 있다가 행진이 시작되면 광화문 동아일보사 부근의 사열대를 통과한 다음 동대문을 지나 관우 묘까지 행진하였습니다. 1, 2학년 때는 우로어깨총 자세로 한 시간 넘게 행진한 후 세워총을 하여도 팔이 안 내려갔는데 그 큰 깃대를 들고 관우 묘까지 행진한 다음 기를 내리려니(기수 생도이므로) 좌우의 팔이 움직이지를 않아 애를 먹었습니다. 그렇게 3학년생도 생활도 끝나가고 있었습니다. 3학년 기수 생도는 중대 생도들의 군기를 책임지고 있기 때문에 보통 1, 2학년 생도들이 어려워하는 위치입니다만 저는 말로 교육을 시키며 일깨워주었지 단 한 번도 소위 기합을 준 기억은 없습니다. 3학년 겨울방학과 동계 훈련이 끝나고 저는 바로 1차 중대장 생도가 되어 중대를 지휘하게 되었습니다. 그 첫 번째 행사가 졸업하는 한 학년 위의 졸업식 행사 준비입니다.

동생 재준 올림

### 사랑하는 누나에게

그간도 평안하시었는지요. 오늘 운동을 하고 제 방에 돌아와 보니 누가 넣어놓았는지 하얀 민들레꽃 세 송이가 문틈에 예쁘게 놓여 있었습니다.

동계 휴가 및 동계 내한(冬季耐寒) 훈련을 마치면 4학년 생도들은 졸업 및 임관 준비에 들어가고 4학년으로 진급할 3학년 생도들이 생도대 지휘 근무를 인수하게 됩니다. 사관학교의 생도대 생활은 전부 생도들에 의한 자치 생활이고 훈육관은 훈육만 담당하는데 저는 1차 근무 시 중대장 생도가 되었습니다. 생도대는 실질적으로 중대장 생도에 의하여 운영된다고 해도 과언이 아닙니다. 왜냐하면 모든 생활이 중대 단위로, 생도들의 자치제로 운영되기 때문입니다.

훨씬 후의 이야기입니다만, 참모총장 임기를 끝내고 전역한 후에 4학년 시절 훈육관이셨던 이원양 (예)대령님 -제가 가장 존경하며 따랐던 15기 선배님으로 임관 후 기회 있을 때마다 자주 찾아뵙고 가르침을 받고는 했는데 이제는 고인이 되셨습니다.-께서 한번은 저를 보시더니 "네가 왜 연대장 생도가 못 되었는지 아느냐"라고 웃으며 물으셨습니다. 저는 그런 것 신경 써본 일도 없고 관심도 없었기에 모른다고 하였더니 훈육관님께서는 "1차 연대장 생도 선발 시 훈육관 여덟 명이 만장일치로 너를 선발하였는데 최종적으로 마지막 검증하는 과정에서 네가 인성검사(1학년 때 실시) 불합격자인 것으로 밝혀져 연대장 생도가 못되고 중대장 생도가 되었다"라고 하셨습니다. 그러나 저는 실제로 지휘 경험을 쌓을 수 있는 것은 중대장 생도이기 때문에 전혀 불만스럽거나 섭섭하지 않았습니다.

그런데 지금 제가 기억하고 있는 1학년생도 때의 '인성검사' 항목은 1. 육사 입교 동기는? 2. 군인이 되고자 하는 이유는? 3. 귀관의 목표는? 4. 장관급 장교(장군)가 된다면 희망하는 계급은? 직책은? 등 대략 이러한 내용으로 구성되었던 것으로 기억됩니다. 그런데 저는 이 문항대로 대답하지 않고 별도로 '마 항'을 만들어 질문의 내용이 무엇이건, 모두 '대한민국 육군 장교가 육사 지망 동기이고 장래 목표이며 희망'이라는 식으로 기록했는데 아마도 유능한 심리 평가관이 '이 생도는 진취적이지 못하고 매사에 소극적이며 성취욕이 결여된 생도'라고 평가한 듯합니다(제가 골프를 하지 못하는 것을 보면 맞는 것도 같습니다.).

그러나 반드시 장군이 되어야 하고 또 참모총장이 되기 위하여 만난을 무릅쓰는 생도가 있다면 이들은 걸러내어야 합니다. 왜냐하면 **군인은 조국을 위하여 복무하는 것이지 자신을 위하여 취직한 것이 아니며, 군 장교가 되어 조국에 헌신 봉사하기 위하여 육사에 입교하는 것이지 출세를 위하여 입교하**

는 것'이 아니기 때문입니다. 바꾸어 말하면 **조국을 위하여 죽어야 될 때와 장소에서 기꺼이 자신을 버릴 수 없다면 군인이 아닙니다.**

자기 성취(조금 과하게 표현하면 출세욕)에 집착하는 사람일수록 자신을 희생하기는커녕 자기 목적 달성을 위하여 주저 없이 조직을 위태롭게 하고 부하들을 희생시킵니다. 그리고 자신이 희생해야 할 상황에서는 갖은 방법을 동원하여 이를 회피하고자 할 뿐 결코 자신을 버리지 못합니다. 그러므로 이러한 장교들은 적을 이롭게 할 수 있는 반면 아군은 극도로 위험에 처하게 합니다.

저는 군 생활 동안 항상 부하 장교들에게 "소위로서 소대장일 때 너희의 목표는 세계 최고의 소대장이어야지 중위가 되는 것이어서는 안 되며, 대위로서 중대장일 때의 목표는 세계 최고의 중대장이어야지 소령이어서는 안 된다. 이렇듯 대대장일 때는 세계 최고의 대대장이, 연대장일 때는 세계 최고의 연대장이어야지, 대령, 장군이 목표가 되어서는 안 된다. 왜냐하면 너희가 싸워 이겨야 할 적은 타국의 군대지 너희의 동료가 아니기 때문이다"라고 강조하면서 "군인은 언제라도 현재 내 직책에서 전쟁이 난다면 지금 당장이라도 싸워 이길 수 있도록 준비되어 있어야 하고 준비된 힘으로 위기 상황을 억제하다가 실패 시에는 적과 싸워 이김으로써 나라와 국토와 국민의 생명과 재산을 수호할 수 있어야 하며 그렇지 못한 군대라면 그것은 군대가 아니라 국민의 세금을 축내는 한낱 무위도식의 도적 집단일 뿐이다.

그리고 장교는 머리로 싸운다. 따라서 근무 여가에 우리의 역사와 전쟁사, 전략 전술 교범을 통독하면서 깊이 연구해라. 왜냐하면 '우리 역사란 조국의 다른 이름'이기 때문이다. 나라를 지킨다함은 우리의 먼 조상으로부터 이 땅에서 살아오신 할아버지 할머니와 아버지 어머니들의 그 지혜로운 숨결과 걸어오신 발자취를, 오늘을 살아가는 우리가 엮어가는 이야기들과, 우리의 뒤를 이어 이 땅에서 면면히 삶을 이어갈 우리 후손들이 끝없이 써나가야 할 그 이야기들, 즉 우리의 역사를 지키는 것이기 때문이다. 나라가 망하면 혈연은 남지만 그 나라의 역사와 언어는 소실되고 잊혀진다. 다른 나라를 정복하고자 하는 나라는 제일 먼저 그 나라의 역사를 말살한다. 그러므로 가슴에 새겨라. 우리의 역사는 우리의 혼임을! 전쟁사는 이 땅에서 때로는 승리하고 때로는 패배했던 그 투쟁의 처절한 과정을 피로써 기록한 전략과 전술의 실제이며 여기에서 얻어진 피의 교훈을 정리해 놓은 것이 작전과 전술이고 이를 전장에서 행동으로 실천하면서 조국을 지키는 위국헌신(爲國獻身)이 바로 군인 본분(軍人本分)이다. 따라서 만일 너희의 손에서 이러한 서적들과 교범이 멀어진다면 그때 너희가 할 수 있는 조국에 대한 마지막 충성은 전역하는 것이다"라고 가르쳐 왔습니다.

그리고 먼 훗날 제가 전역한 다음 육대의 대대장 및 연대장반 교육에서 리더십을 강의하게 되었을 때 저는 "군인에게 있어서 진급은 개인의 기쁨이나 영광이기 전에 허리가 휘어질 듯 어깨를 짓누르는 무거운 책임이 네 배로 증가하는 것임을 폐부에 깊이 새기고 온 힘을 다하여 이를 실천하도록 노력하여야 한다. 예를 들어 설명한다면 소대장은 1개 소대만큼의 책임을 지지만, 중대장이 되면 4개 소대이므로 소대장의 네 배의 책임을 지게 되고 대대장은 16배, 연대장은 소대장의 64~70배를, 장군이 되면 국가의 명운과 국민들의 생사를 책임져야 하는 것 이다. 그러므로 진급이 되면 먼저 기뻐하기 전에 이 책임의 무게를 고민하며 걱정하고 이를 짊어질 역량을 갖추는 데 혼신의 노력을 다하여야 한다. 그 다음에 기뻐하라"라고 말하였습니다.

훈육관님과 그런 대화를 나눈 후 얼마 안 되어 마침 육사 생도들을 대상으로 강연할 기회가 있어서 교장에게 농담을 건네기를 "○장군, 육사 생도 인성검사 불합격자가 일국의 참모총장이 되었다면 이를 어떻게 생각하나?" 하고 이야기하니까 교장은 "그럴 일이 있겠습니까"라고 말했습니다. 그래서 간략하게 제 이야기를 해준 후 인성검사 항목을(아직도 그렇다면) 검토해 보는 것이 좋겠다고 하였습니다. 그러자 교장의 답변은 "예? 제가 생도 때 인성검사 항목은 그렇지 않았는데요?"였습니다.

**"군 장교는, 조국이라는 신을 섬기는 군대라는 종교 집단의 성직자와도 같다."** 이것이 제가 한평생 가슴에 지녀왔던 장교의 가치관에 대한 정의입니다.

## 마. 중대장 생도 근무

24기(저는 25기)의 졸업식이 끝나고 중대장 생도로서 제가 제일 먼저 한 조치는 '구타 금지'입니다. 구타 금지라는 용어가 군내에서 보편적으로 사용되기 시작한 것은 1970년대 중후반, 1980년대 초반쯤이었는데 1960년대만 해도 장교 양성 과정에서조차 구타가 통상적인 교육 수단의 하나로 간주되었습니다. 그래서 1학년 때 상급생에게 구타당했던 생도들이 2학년이 되면서 새로 들어온 1학년생들을 교육이라는 명목으로 구타하는 일이 드물지 않았고 가끔가다 어떤 생도들은 모난 성격을 드러내어 그저 엎드려 팔굽혀펴기나 구보를 시키는 것이 아니라 가혹 행위에 가까운 짓을 하는 일도 있었습니다.

그런데 **군대는 취직한 집단이 아니라 복무하는 집단입니다. 복무는 임무를 위한 자발적인 자기 희생을 바탕으로 합니다. 매로써 움직여지는 것은 '노예근성'일 뿐 명예가 아니며 이는 결코 장교의 자질이 아닙니다. 그러므로 스스로의 신념을 가지고 임무를 위한 자기희생을 기꺼이 실천할 수 있는 자유혼을 가진 자만이 진정한 장교가 될 수 있는 것입니다.** 물론 구타라는 것이 극도로 위험한 상황에서 단기간에 정신의 집중력을 기르고자 할 때 비상시의 일시적 방편일 수는 있겠습니다.

남해도 피란 시절 남해고등학교 자리에 육군 신병훈련소가 있었습니다. 여기에서는 신병들 외에 장교 양성 과정도 있어서 후보생들을 소위로 임관시켜 전방으로 배출하였습니다. 군대를 좋아하던 저는 당시 5촌 외숙되는 규원 아저씨(후에 전사)가 그곳에서 장교 후보생 훈련을 받고 있었기 때문에 가끔 놀러가서 철조망 너머로 보면 엎드린 자세에서 소위 '빠따'를 맞는 광경을 자주 볼 수 있었습니다. 소총 사격술 하나를 가지고도 일주일이 더 소요되는 상황에서 그 짧은 기간에 군인의 각개 동작으로부터 각종 화기를 다루는 화기학, 전술과 지휘 통솔 등을 어떻게 가르쳤는지 저는 지금 생각해도 상상이 안 되는데 이들에게 40여 명의 생명을 맡겨야 하는 그 당시의 지휘관들의 심정은 오죽했겠습니까? 그런데 이 소위들은 기간 중 겨우 실탄을 몇 발밖에 쏴보지 못하고 전쟁터로 달려가 조국을 위하여 붉은 피를 뿌리며 이 나라를 지켜낸 것입니다(매형은 이곳이 아니고 부산 동래에서 긴급히 창설된 종합행정학교 제4기로 임관하셨습니다.).

여담입니다만, 그 당시는 나라에 돈이 없어 가끔 훈련병들을 대민 지원 명목으로 민가에 할당하여 보냈는데, 우리 집에도 종종 훈련병 7~8명이 오고는 하였습니다. 이때 어머님께서 없는 돈에 돼지고기 두부찌개를 끓여주시면 정신없이 퍼먹던 모습들이 눈에 선한데 그분 중 몇 분이나 살아서 가족 품으로 돌아가셨는지 생각할 때마다 눈시울이 뜨거워집니다.

그와 같은 절박한 상황이라면 불가피할 수도 있겠습니다만 평시 4년씩이나 교육하는 사관학교에서 구타를 묵인한다는 것에 저는 동의할 수 없었습니다. 그래서 저는 2학년을 대상으로 구타를 없애야 하는 이유에 대하여 반복 설득시켜가는 동시에 이를 어길 때는 가차 없이 벌점을 부과하였습니다. 그러면서도 지속적으로 '설문서'를 받아 분석 평가함으로써 2학년 생도들의 의식 변화 상태를 점검해 갔는데 그들의 불만이 그리 쉽게 가라앉지는 않았습니다. 그 당시 별도의 종이가 없어 생도들의 편지봉투나 화장지에 설문서 받은 것을 아직도 가지고 있는데, 거기에 어떤 생도는 "중대장 생도님, 아무리 그러셔도 차가 가다가 돌부리나 나무토막에 덜컹하듯이 잠깐 움찔할 뿐이지 구타는 없어질 수 없습니다"라고 썼는데 실제로 육군에서 구타가 거의 자취를 감춘 것은 2000년대 이후로 제가 구타 근절을 내세운 후 35년도 더 걸렸습니다.

## 바. 장교 초등 군사반

1차 근무 생도 임기 종료 후 실시된 4학년 하기 군사 훈련에서는 원래 임관 후 받게 되어 있던 OBC(Officer's Basic Course, 장교 초등 군사반)를 이수하기 위해 광주 보병학교에 입교하게 되었습니다. OBC 기간에 저는 하필이면 보급 생도 직책을 맡아 매일같이 그 많은 총이나 장비들을 수령 및 불출하거나 이를 회수하여 반납하느라 리어카를 끌고 다니며 시험공부는 고사하고 내무 생활도 엉망이었습니다. 그 덕에 잠을 자기는커녕 그 당시 새로이 강조되어 수시로 암기 시험을 보았던 '정신 전력 강화 방안'을 들여다 볼 시간조차 전혀 없었습니다. 왜냐하면 그때만 해도 일부 군 교육기관에 부조리가 있었던 듯, 2~3일마다 120여 점의 총이나 장비를 수령하고 반납하는데 조교들이 불출은, 학과 출장에 임박하여 급하게 하고 반납은 그들끼리 조를 편성하여 밤새도록 하나하나 부속품 망실과 손질 여부를 확인하여 받았기 때문입니다. 그러니 제 꼴이 오죽했겠습니까. 이 꼴이 보기에 안됐던지 하루는 후보생(당시 간부 후보생, 1년 훈련 후 임관) 몇 명이 저를 부르더니 자기들은 돈을 걷어 그때마다 조교들한테 주는데 돈을 안 주어 그렇다고 알려주었습니다. 하지만 육군 사관생도가 그럴 수는 없지 않겠습니까? 포병, 기갑, 공병학교라면 장비가 커서(야포, 전차 등) 그럴 일이 없었을 것이나 저는 보병이어서 OBC 교육 간 참 힘든 시간을 보냈습니다.

그러나 인생은 공짜가 없어서 후에 제가 임관하여 소대장, 중대장, 대대장으로 근무 시 부대 장비에는 통달하였는지라 무척 도움이 돼서 그 보상을 크게 받았습니다. 그로부터 27년 후 제가 보병학교 교수부장으로 부임하여 면면히 따져본 결과 그때는 이미 그러한 악습이 모두 없어지고 정상적으로 운용되고 있었습니다.

OBC 훈련 기간 중 기억에 남는 두 가지 추억이 있습니다. 그날의 훈련은 중대 공격이었는데 저는 하필 소총 중대에서 가장 무거운 화기인 57mm 무반동총(적 전차 및 벙커 파괴용 화기로 무게는 22kg 정도였던 것으로 기억) 사수가 되어 임무를 수행하였습니다. 공격 목표는 200여m(서울의 남산 : 270m)가 넘는 고지의 정상으로 경사가 조금 가파른 편이었습니다. 그런데 공격 시 소총병들은 통상 단거리를 20~30m 구간으로 나누어 전진하지만 저 같은 중화기는 전방 소대를 지원하다가 3~4회 정도 진지를 변환하면서 소총병의 뒤를 따라가야 합니다. 이것이 무슨 뜻이냐 하면 그 무거운 57mm를 둘러메고 서너 번 만에 남산 정상 높이까지 단숨에 뛰어 올라갔다는 이야기입니다. 그러니 숨이나 제대로 쉬어졌겠습니까?

정상에 오르자마자 대략 도로 방향으로 총구를 정치시키고는 털썩 주저앉았는데 난데없이 뒤에서 "귀관, 임무가 무엇인가?" 하는 소리가 들렸습니다. 벌떡 일어나서 "네! 남재준 생도!" 하고 복창한 후 교범대로 답변하면서 보니 산천초목도 벌벌 떤다는 한신 장군님(당시 CAC, 현 교육사령관, 중장)이셨습니다. 제가 답변하는 것을 들으신 장군님은 다시 질문하셨습니다. "57mm의 위험 반경은?"

"예, 위험 반경은 28m, 준 위험 반경은 15m로 총 43m입니다(무반동총은 사격 시 가스가 총열 후미로 분출되어 총 후미 43m 이내는 위험)"하고 답변하였더니 이내 총의 직후방 10m지점을 가리키며 "그럼 저게 무엇인가?" 하셨습니다. 쳐다보니 아이 머리만한 돌이 돌출되어 있어 막다른 궁지에 몰린 저는 이것저것 생각할 여유도 없이 총을 번쩍 들고 뛰어나가 후폭풍의 영향이 없는 곳에 총을 정치시키고 "이렇게 하면 되겠습니다" 하고 크게 외쳤습니다. 담당 교관과 우리 인솔 중대장님은 거의 사색이 되었지만 다행히 한신 장군님이 "그렇군" 하셔서 별일 없이 끝났습니다. 한신 장군님이 가시고 중대장이 너는 어떻게 총을 옮길 생각을 했느냐고 하기에 "저도 모릅니다"라고 답변하였습니다. 훨씬 뒤, 제가 중령으로 국방부 근무 시절 비록 전세이지만 기름보일러가 있는 25평에 살고 있을 때, 예비군 명칭 변경을 위한 조언을 구하고자 한신 장군님을 찾아뵌 적이 있었습니다. 그때 장군님은 안양의 연탄

때는 허름한 25평짜리 아파트에서 사모님과 두 분이 사시면서 손수 커피를 타 내오셨습니다.

　그 며칠 후 폭우가 쏟아져 내의 속으로 시냇물 흐르는 소리가 났는데 밥은 먹어도 줄어들지 않았고 김치는 빗물에 둥둥 떠다녀서 밥을 먹었는지 빗물을 마셨는지 모를 상황이었습니다. 주간 훈련 후 산비탈 경사면의 숙영지로 돌아와 보니 2인용 개인 천막 안에도 온통 물이 휩쓸고 지나가 젖지 않은 것이 하나도 없었습니다. 그런데 뛰어다닐 때는 몰랐으나 바람마저 차가워 이가 딱딱 부딪힐 지경이 되자 동기들이 저에게 포도주라도 마시게 조치를 하라고 압력을 넣어 왔습니다. 당시 담임 중대장님은 제가 생도 1학년 때 우리 중대의 중대장 생도이셨고 후에는 호실장 생도로 한 방에 기거했는데 성품은 착하지만 거의 말씀이 없으셨던 데다가 다소 원칙적인 면이 있어서 건의해도 안 될 것 같아 주저하고 있었습니다. 그러나 동기생들의 닦달에 견디지 못하고 비탈진 경사 제일 위에 있는 중대장 텐트로 올라갔습니다. 동기생들 모두가 텐트 밖으로 나와 비를 맞아가며 저를 바라보고 있는 시선을 의식하면서 저는 "용무가 있어 왔습니다" 하고 보고한 후 중대장님에게 용건을 말씀드리니 약간 화가 난 듯 부정적인 표정이었습니다. 그래서 제가 돌아서면서 동기생들을 향하여 "중대장님께서 승낙하시도록 박수"하고 외치자 동기생들이 큰 소리로 환호하며 박수를 보냈습니다. 뒤에 듣고 보니 저는 "승낙하시도록"이라고 하였는데 빗소리와 바람 소리가 섞여 "승낙하셨다. 박수!"로 알아들었다고들 하였습니다. 사태가 이리되자 중대장님은 마지못해 허가하셨습니다.

　저는 차를 끌고 장성 출신 생도와 함께 그의 큰아버님이 하시는 도매상을 찾아가 이집 저집 돌며 모아주신 포도주 60여 병을 외상으로 사서 차에 싣고 돌아와 천막당 한 병(2인당 1병)씩 분배하였습니다. 그러나 저는 중대장님을 감히 겁박한 죄로 중대장 텐트 앞에서 비를 맞으며 10여 분간 주먹을 쥐고 엎드려 있는 벌을 받은 후 제 텐트에 내려가 보니, 저를 위하여 남겨 놓은 포도주가 있었습니다. 추위에는 별 도움이 되지 않았지만 제 생애 가장 맛있었던 포도주가 아니었을까 합니다.

시간이 흘러 어느덧 많은 추억과 애환이 뒤섞인 OBC도 끝나가고 있었습니다. 다른 생도들은 대부분 주말마다 외출을 나갔지만 저는 보급 생도였던 탓에 4개월 가까이 외출을 한 번도 못나가고 장비 손질만 하였습니다. 그런데 졸업이 얼마 남지 않았을 즈음(그때는 장비 반납도 없었음) 광주 출신 동기생이 자기 집에 같이 나가자 하여 딱 한번 광주 시내로 나간 것이 지금까지 제가 광주 시내를 거닐어본 전부입니다.

### 사. 견습 소대장 지휘 실습

OBC를 마치고 학교에 복귀한 후에 졸업에 임박하여 전방 견습 소대장 실병 지휘 실습을 나갔습니다. 저는 2사단 17연대에 배속되어 다시 중대로부터 90리나 떨어진 내설악 장수대에 위치한 독립 소대에 배치되었습니다. 이 소대는 1·21사태와 울진, 삼척 무장 공비 침투 사건 후 설악산에 사전 배치되어 지역 일대의 대 침투 작전 임무를 수행하는 소대로서, 대한민국 최초의 스키 부대였습니다. 저는 그때 "하늘에서 별이 나리다"라는 영화에서 본 것 외에 실물스키는 처음 보아서 스키를 어떻게 신는지조차도 몰랐습니다. 그래서 가르치기는커녕 더듬거리며 병사들에게 배웠습니다.

그 당시 소대가 있던 한계령은 지금처럼 큰 도로가 아니고 지게 지고 겨우 넘어갈 수 있는 조그만 오솔길이었습니다. 그래서 중대(인제군 관대리, 지금은 소양호 수몰 지역)로부터 원통 삼거리까지 주식(主食 : 쌀 등 곡물)을 추진해주면 리어카를 빌려 장수리까지 운반하고 이곳부터는 지게에 지고 소대로 날랐습니다. 장수리에는 전교생 십여 명이 있는 장수분교가 있었습니다. 저는 졸업식에 참석하게 되어 전교생에게 나누어줄 학용품(그래봤자 공책 10여 권)을 들고 분교에 갔는데 졸업생은 단 세 명이었습니다. 저는 학교로 가면서 "중학교에 진학하면 더 열심히 공부하라"라고 이야기 해주려 했는데 진학 여부를 물어보니 전부 초등학교 졸업이 끝이어서 무엇이라 할 말이 없어 당황하였습니다. 졸업하면 사회생활 잘하라고 할 수도 없어 부모님과 형제들을 사랑하고 건강한 몸으로 무엇이든 열심히 하며 배움의 꿈을 놓지 말라고 이야기한 것 같습니다.

이윽고 한 달 간의 전방 지휘 실습을 끝내고 학교로 복귀하였습니다. 다른 기 같았으면 바로 졸업 및 임관인데 저희 기는 1968년도 24기 졸업식 때 날씨가 유난히 추워서 "꼭 이렇게 추울 때 생도들을 고생시켜야 하느냐"라는 육영수 여사의 한마디에 졸업식이 한 달 연기되어 3월 28일에 졸업 및 임관식을 하였습니다. 그 한 달간 생도도 아니고 장교도 아닌 신분으로 -생도대는 신입생이 들어와 비워주어야 해서- 체육관에 야전침대를 펴 놓고 기거를 하였습니다. 저는 졸업 생도들에게 수여하는 지·인·용(智將, 仁將, 勇將을 의미)상 중에서 인상을 수상하였고 제가 원하던 대로 보병 병과로 결정되어 8사단에 배속되었습니다.

동생 재준 올림

## 사랑하는 누나에게

접종은 2차까지 모두 하셨는지요? 그간도 조심하셨으리라 생각하지만 요즈음 심한 일교차로 때 아닌 감기가 한창이니 출입에 조심하셔야 합니다.

오늘은 생도 생활에 대한 기술(記述)을 마무리하기 전에 몇 가지 재미있는 일화를 말씀드리려 합니다. 저는 어떻게 된 건지 모르겠지만 생도 때 표지 모델과 영화 엑스트라를 하였습니다(왜 저였는지는 저도 모름).

2학년 때 초봄으로 기억하는데 생도대 방송에서 저를 호명하더니 정복 차림으로 도서관 앞 밴 플리트 장군(유엔군 사령관으로 대한민국 육군사관학교 설립을 주도하신 분) 동상 앞으로 오라는 것이었습니다. 그래서 부랴부랴 정복으로 갈아입고 그곳으로 가니 제가 모르는 장교와 민간인들이 있다가 제가 맞는지 확인하고는 포즈를 취하라고 했습니다. 요구하는 포즈로 몇 장의 사진을 찍더니 수고했다는 인사말만 하고 아무 설명도 없이 가버렸습니다. 그 사이 이미 학과 출장에 늦었는지라 서둘러 근무복으로 갈아입고 교실로 뛰어간 후 그 일을 잊고 있었는데 한 달 가량 후 소포가 왔습니다. 뜯어보니 〈새벗〉이라는 학생 잡지였는데, 그 표지에 제 사진이 큼직하게 있는 것이었습니다. 말하자면 저에게 동의도 받지 않고 저를 '표지 모델'로 출연시킨 것이었는데 그것이 문제가 아니라 그 후에 쏟아지는 초·중·고교 여학생들의 편지에 한동안 곤욕을 치러야 했습니다.

그 해 가을 맹호사단 파월 교육 시 수류탄 투척 훈련 중 병사가 긴장하여 안전핀을 뽑은 수류탄을 떨어뜨려 수류탄이 병사들 대기 장소로 굴러가자 당시 교관이던 강재구 대위가 몸으로 수류탄을 덮쳐 부하들을 구하고 장렬히 산화하였습니다. 당시 강재구 대위의 유해는 육군사관학교로 운구 되었는데 저는 이때 유해 호위 생도 임무를 수행하면서 '군인 정신'에 대하여 깊은 생각에 잠겼습니다.

그러던 어느 하루 생도대 방송으로 저를 호출하면서 완전 군장으로 식당 앞에 집합하라고 했습니다. 통상 과오를 지적받았거나 벌점을 받았을 때 특성 훈련으로 완전 군장 구보를 하는 것이었습니다. '이상하다. 지적받은 것이 없는데' 하며 뛰어 나가보니 저처럼 영문을 모르는 1, 2, 3학년 생도 30여 명이 모여 있었습니다. 생도들이 다모인 것을 확인한 후 선임 생도가 저희를 구보로 인솔하여 인근 훈련장(현재 태릉골프장)으로 이동하였습니다. 그곳에 가보니 '소령 강재구'라는 영화를 촬영 중이었는데 저희는 강재구 생도의 인솔로 구보(기합)를 하는 장면의 엑스트라였던 것입니다. 우리 생도들은 본래 밥만 먹으면 둘러메고 뛰는 것이 본 직업이었는지라 구보에는 문제가 없었지만 배우들이 무엇을 잘못하였는지 계속 반복하여 뛰다보니 실제 특성 훈련(기합)받는 것보다 훨씬 더 지쳤습니다. 그 후 빼달라고 하여도 안 된다고 하여 결국은 서너 번을 더 촬영하였는데 일당은 물론 없었고 나온 것은 짤막한 몇 초짜리 한 장면뿐입니다. 누나가 웃으시라고 썼습니다.

이외에도 저희는 생도 3학년 때 이대 무용과 교수로부터 왈츠, 지르박, 블루스("장교는 먼지 안 나는 춤을 춘다?") 등의 기본 스텝을 배웠고, "동창이 밝았느냐 노고지리~" 하고 목청을 뽑는 시조 창법도 배웠습니다. 그 전 해까지 생도들의 전술 훈련장이었던 곳에 골프장을 건설하고, 이에 "와글와글" 하는 생도들의 불만을 무마(?)하고자 하였는지 저희 기부터는 4학년 때 골프(야외 인도어에서)를 가르쳤습니다. 저는 검도, 사격, 승마를 조금씩 했는데 골프에는 취미가 없었으나 빠질 수 없어서 체육 수업 시간에 참여하였습니다. 그런데 한 번은 타선에 서서 골프채로 공을 때리자 무엇이 날아가기는 했는데 자세히 보니 공은 그대로 있었고 골프채의 헤드가 날아간 것이었습니다. 날아가는 파리도 회초리로 칠 수 있다(?)고 큰소리치던 제가 그 큰 공도 못 맞추고 땅을 친 것입니다. 그러자 골프를 가르치는 조교가(장비 관리 책임이 있음) 달려와 화를 내면서 "생도님은 다시는 골프를 치지 마십시오" 하고 소리쳤습니다. 그 후 저는 대학생 권총 사격대회가 있어 골프 수업은 면제되었으므로 더 이상 골프장에 나가지 않았습니다. 후에 말씀드리겠습니다만 그로부터 34년 후 제가 연합사 부사령관으로 부임하였을 때 이 일을 핑계 삼아 골프장에 끌려 다녀야 되는 곤경을 모면한 일이 있었습니다.

생도 4학년 가을에 화랑제라는 축제가 있습니다. 제 음악, 미술 성적은 중·고등학교 때 거의 단골로 낙제 수준이었지만 당시 기념사업부장에, 또 앨범 편집위원이었던 죄로 화랑제가 열리는 생도대 식당의 실내 장식을 맡게 되었습니다. 이건 전혀 제 취미도, 그렇다고 제 소관도 아니며 억지로 떠맡은 것인 데다가 예산이 별도로 있는 것도 아니어서 8~900여 명이 한꺼번에 들어가는 그 큰 식당을 장식하려니 난감하기만 하였습니다. 고민 끝에 저는 아이디어를 얻을 생각으로 동대문시장을 둘러보고 있었는데 그때 막

새롭게 나온 플라스틱 조화와 넝쿨이 눈에 띄었습니다. 한 골목에 일곱 여덟 개의 점포가 있어 그중 한 점포에 들어가보니 부처님께서 도우셨는지 내 사정을 들으신 점포 주인이 자기도 사관학교에 가고 싶었는데 못 갔었다고 하면서 아주 파격적인 제안을 하여주었습니다. 즉 생도들이니 믿고 넝쿨과 꽃들은 임대료만 받고 임대해주되 사용 중에 원형이 손상된 것은 변상을 해주는 조건으로 말입니다. 그래서 생도들에게 계약 조건을 단단히 주지시키고 중대별로 책임 구간을 할당, 그 구간에서 손상된 것은 그 중대에서 변상토록 하고, 그 조화와 넝쿨을 실어다 해당 중대에 나누어주고 생도들이 자기 중대 구간을 치장토록 하였습니다. 그러나 풍선은 미리 달면 수소가스가 빠지기 때문에 당일 오후 차량을 끌고 동대문시장으로 나갔습니다.

저는 그때 사귀는 여자 친구가 없었기 때문에 화랑제에 참석할 생각이 없었지만 누나가(기억하실지 모르겠습니다) 평생 한 번인 대학 축제를 왜 안 나가느냐고 하면서, 아는 여학생을 청량리역에서 기다리도록 했으니 만나라고 연락을 하셨습니다. 풍선을 싣고 돌아오는 길에 그 여학생을 3/4톤 차량 적재함에 태우고 학교로 복귀하여 제 방에서 기다리도록 하였습니다. 그리고는 식당으로 가 풍선을 내려 마지막 치장과 점검을 하느라 그 여학생이 제 방에서 기다리고 있다는 것을 깜빡 잊었습니다. 이윽고 시간이 되어 생도들이 입장하였고 이어서 교장님을 위시하여 교관 및 훈육관님들 모두가 착석하여 화랑제가 시작되었을 때 제 중대의 3학년 생도가 쫓아와 저를 찾더니 그 여학생이 혼자 중대 내무실에서 기다리고 있다고 했습니다. 저는 아차 싶어서 중대로 내려가 그 여학생을 데리고 식당에 입장하여 행사에 참석하였습니다. 다행히 행운권 추첨에 2등으로 당첨되어서 경품을 그 여학생에게 선물로 줄 수 있어서 제 실수를 조금은 덮을 수 있었습니다. 그때 그 여학생과 춤추던 사진이 제 사진첩에 있는데, 정작 아내는 아무 말도 하지 않았지만 초등학교 2학년이던 큰 딸애가 이 사진을 보고는 저에게 따지면서 아빠에게 배신감을 느낀다고 하여 납득시키느라 애를 먹었습니다.

화랑제를 치른 후에 기말시험과 겨울 휴가, 졸업 시험, 전방 지휘 실습이 모두 끝나고 졸업식이 임박하였습니다. 생도들은 사관학교에 입교하여 졸업할 때까지 세어본 일은 없지만, 일일 시험(과목마다 예습 시험 혹은 복습 시험)과 매 과목의 장(章)마다 장말(章末) 시험, 기말시험 등, 3백에서 4~5백 회 이상의 시험을 치른다고 합니다. 장말 시험 후에는 성적순으로 좌석이 바뀌기 때문에(과목마다 1등으로부터 성적순으로 좌석이 배당) 1등으로부터 꼴찌까지가 일목요연합니다.

그런데 재미있는 것은 사관학교에서 1등을 하는 것은 열심히 노력하면 가능한 것이지만 꼴찌를 하는 것은 하늘로부터 운을 타고나야 하는 것으로, 하고 싶다고 해서 아무나 할 수 있는 것이 아닙니다. 왜냐하면 매 과목의 과목낙제 점수가 67점인데 본고사에서 과목낙제를 하면 휴가가 보류되고, 재시험과 추가 시험의 2회 시험을 거쳐 67점 미달 시에는 퇴교됩니다. 이 때문에 휴가에서 복귀하면 침대가 비어있는 것을 보는 것이 드문 일이 아닌데, 문제는 계속 퇴교를 당하다가 누구 앞에서 퇴교의 칼날이 멈추어질 지는 하느님만이 아시기 때문입니다. 그래서 생도들은 5교반을 장군 교반이라고 부르며 졸업식이 끝나고는 그 기 중에서 제일 끝 성적으로 임관한 동기들을 헹가래도 쳐주고 목마를 태워 돌기도 합니다.

이윽고 졸업식 날이 되어 박정희 대통령님의 임석 하에 졸업식을 마치고 이어서 치러진 임관식에서는 아버님과 어머님께서 좌우 어깨에 소위 계급장을 부착하여 주셨습니다. 누나가 졸업 기념으로 선물하신 **"승리는 항상 그대와 더불어, -누나-"** 라는 글이 새겨진 지휘도(saber)를 선물로 받아 허리에 차고는 20대 이전의 소망이었던 생도 생활을 끝내고 화랑대의 문을 나섰습니다. 그리고 새로이 제 인생의 모든 목표인 조국을 위한 '꿈'을 이루기 위하여 대한민국 육군 소위로서 장교의 힘찬 첫걸음을 내디뎠습니다.

동생 재준 올림

* 추신 1 : 늦었지만 누님의 과분한 선물 감사하면서도 큰 부담이 되셨을 것 같아 죄송합니다. 나중에 제 손자 중 군인이 나오면 물려주고 아니면 육사에 기증할 생각입니다.

* 추신 2 : 쓰다 보니 어머님 생각에 옛일이 하나 떠올라 몇 자 보태려 합니다. 저는 생도 생활 중 두 번 미귀(귀대 시간 지연)로 퇴교당할 뻔했습니다.

한 번은 2학년 하기 군사 훈련을 끝내고 귀교하여 첫 외박(하룻밤 자는 것)을 나갔을 때인데 복귀 당일 어머님께 단단히 부탁드리고 오후에 잠깐 눈을 붙였습니다. 제가 외출 시에는 통상 집에서 오후 다섯 시에는 출발하여야 했습니다. 그런데 그날은 일어나보니 여섯 시가 지나고 있었고 어머님은 "아무리 깨워도 하도 고단하게 자기에 푹 좀 더 자라고 하였다"라고 말씀하셨습니다. 저는 방 안이 거꾸로 도는 듯해 어머님께 인사도 안 드리고 뛰어나와 택시를 잡아타고 사정을 설명하자 기사님은 청량리까지는 갈 수 있지만 교대 시간 때문에 태릉까지는 안 된다고 했습니다. 그 당시는 뒤에서 뛰어오는 것을 보면서도 "귀영 점호 집합 끝" 하고 보고가 종료되면 십중팔구 퇴교 조치될 만큼 군기가 엄하였습니다. 그런데 고맙게도 그 운전기사 아저씨가 청량리에 도착할 때까지 모든 신호등을 무시하고 질주하다시피 하여 예상보다는 빠르게 청량리에 도착했습니다. 그 후 다른 택시를 잡으려 뛰어다녀도 못 잡고 있을 때 마침 태릉 가는 시외버스가 왔습니다. 그래서 저는 생각할 겨를도 없이 버스에 올라타 사정을 이야기하니 기사 아저씨가 승객의 양해를 구한 후 전속력이다시피 빠른 속도로 정차함이 없이 육사 후문까지 달려주었습니다. 저는 고맙다는 인사를 하는 둥 마는 둥 거수경례로 감사드리고 승객분들의 격려 박수를 받으며 100m 달리듯 달렸습니다. 그 결과 귀영 마감 시간 전에 도착할 수 있었고, 그때의 그 기사님들과 승객 아저씨, 아주머니들을 지금도 감사한 마음으로 생각하고 있습니다. 그런데 그 다음 외출 때 어머님은 "애야, 아무리 바빠도 밥은 먹고 가야지"라고 말씀하셨습니다.

두 번째는 누나 친구 경남이 누나의 동생인 광기 덕에 미귀할 뻔하였습니다. 광기는 당시 대한중석 상동광업소(영월에서도 산길로 90여 리 더 들어가는 하늘 아래 첫 동네)에서 근무하고 있었는데, 이 친구가 외롭다고 하도 날마다 편지하듯 재촉하는 탓에 2학년 겨울방학에 놀러 갔었습니다. 그런데 방학을 하자마자 갈 수는 없었기 때문에 설도 지나고 하다 보니(생도들 방학은 아주 짧아 여름 2주, 겨울 3주가 조금 못됨) 귀교 3일 전에야 가게 되었습니다. 원래 계획은 하룻밤만 자고 오려던 것이 이 친구 얼마나 울상이 되어 붙잡는지 어쩔 수 없이 하루를 더 묵게 되었습니다.

그런데 이 친구가 하룻밤을 더 자고 가라고 아침저녁으로 한 번씩밖에 없는 버스 시간을 속였습니다. 막상 시간이 되어 출발하려 하니 그는 신이 나 싱글벙글하면서 이미 차는 떠났으니 내일 아침 버스로 가라는 것이었습니다. 그러나 저는 그날 밤 안으로 상동에서 영월을 거쳐 제천까지 나가 제천에서 중앙선으로 청량리역까지 이동하여야 귀대 시간을 지킬 수 있었습니다. 만일 영월에 밤 열두 시까지 도착하지 못하면 시간 내 귀영이 불가능한 상황이었습니다. 저는 너무 기가 막혀 말이 안 나올 지경이 되어서는 광업소에 승용차를 가진 사람이 누군지 물었더니 총무부장이라고 하였습니다. 그래서 부장 관사로 가자고 하니 이 친구는 어림없다고 하기에(이등병 보고 연대장 만나러 가자고 한 꼴) 내가 찾아가겠다고 나서자 어쩔 수 없이 동행하면서 절대 만나줄 리가 없다고 하였습니다.

제가 부장 숙소에 가서 부장님을 뵈러 왔다고 비서에게 이야기하니(부장님은 해병 대령 출신) 바로 응접실로 안내하여 주어서 사유를 설명 드리자 부장님은 "식사 준비"를 지시하면서 운전 기사를 대기시키라 하였습니다. 그래서 식사는 안 된다고 말씀드렸는데, 시간 안에 데려다줄 테니 걱정하지 말라는 것이었습니다. 그 당시 상동에서 영월은 좁고 구불구불한 비포장도로였는데, 더욱이 겨울 야간의 왕복 200여 리가 되는 빙판길에 차를 내준다는 것은 군 출신 선배님이 아니면 절대 불가능한 이야기였습니다.

부장님으로부터 저녁 식사까지 대접을 받고 감사 인사를 드린 후 광기와 함께(부장님이 함께 갔다 오라고 지시) 지프차로 영월로 나오는데 제 친구 광기는 "사관생도가 그렇게 높은 줄은 몰랐다"라고 했습니다. 여유가 생긴 저는 "그렇게 안 높았으면 너는 평생 내 앞에서 죄인으로 석고대죄하며 살았을 거다"라고 응수하였고 부장님의 배려로 무사히 귀대하여 그 이후의 길을 걸을 수 있었습니다. 그 다음부터 다시는 어머님께 깨워달라고 안 하였고, 광기 같은 경우는 먼저 시간표부터 확인해 버릇했습니다. 누나가 읽으면서 많이 웃으셨으면 좋겠습니다.

동생 재준 올림

## 사랑하는 누나에게

무더위가 한풀 꺾인 듯 아침저녁으로 바람이 제법 선선합니다. 백신을 두 번 다 맞으시고 또 건강하시다니 즐거운 마음이며 저를 위해 늘 기도해주심에 진심으로 감사드립니다.

지난번에는 졸업식까지 말씀드렸는데 한 가지만 더 추가하여 말씀드리고 이제 임지로 떠나려 합니다. 제 평생 무대에 두 번 서보았는데, 한 번은 초등학교 3학년 학예회 때로(주인공이 아니고 엑스트라 급 단역?) 강아지를 흉내 내어 "멍멍"하고 짖으며 무대를 가로질러 가는 역을 했던 것 같습니다. 두 번째는, 저같이 음치에 가까운 음악 실력으로 세종문화회관 무대에 선 것입니다. 이것은 제가 대단한 것이 아니라 선명회 합창단 지휘자가 한 달(?) 동안 육사 전교생을 연습시켜 세종문화회관 무대에서 공연했던 것으로, 그 당시 우리 합창 역사상 최대 인원의 공연이었다는 기사가 기억납니다. 그날은 가을이지만 조금 더운 날씨였던 데다가 육군 사관 생도의 롱코트를 입고 맨 뒷줄에 발판을 밟고 높이 올라서 있었는데 무대 조명 불빛이 그렇게 뜨거운 것인지를 공연 내내 아주 절감하였습니다. 연습 때 지휘자가 800여 명이 내는 소리를 들으면서도 잘못 소리를 내는 생도들을 정확하게 지적하여 하나씩 고쳐주는 것을 보고는 놀라지 않을 수 없었습니다. 그 짧은 시간에 얼마나 혹독할 만큼 연습하였던지, 임관하고서 한참 후까지도 동기생 몇몇이 모여 한 잔씩 할 때는 코러스로 합창곡을 흥얼거리곤 하였습니다. 그래서 저는 본의 아니게 표지 모델, 영화 엑스트라 출연, 합창단 공연까지 저하고 전혀 맞지 않는 이상한 경험을 한 셈입니다. 누나, 재미있지 않으세요? 웃어보세요.

동생 재준 올림

## 6. 제8사단 21연대에서

### 가. 소대장 (6사단 배속 GP장 근무) 시절

군인은 불의의 상황 속에서 많은 부하를 거느려야 하기 때문에 관운이 있어야 한다고들 합니다. 1904년 러일전쟁 시 대한해협 해전에서 승리함으로써 일본 해군의 군신으로 추앙받는 도고 헤이하찌로 제독도 능력보다는 '관운'이 좋다는 이유에서 일본연합함대 사령장관으로 낙점 되었다는 이야기가 전해지고 있는데 저도 이에 조금은 공감합니다.

저는 임관하여 보병 제8사단으로 배속되었습니다. 그 당시 생도들의 사단 배치는 졸업 성적순으로 부여된 군번에 따라 동으로부터 서로 배치되었고,

사단에서 군번이 제일 빠른 장교가 신임 소위들을 연대 보직 시까지 지휘하게 됩니다. 저는 8사단에 배속된 장교들의 선임 장교가 되어 사단장님께 전입신고를 하였는데 8사단이 최전선 부대가 아니어서 조금은 실망감을 감출 수 없었습니다.

그런데 사단 인사 참모가 자신도 임관 시 선임 장교로서 고생을 많이 하였다면서, 저보고 원하는 대로 보내줄 터이니 이야기하라고 하였습니다. 후에 보니 사단에서는 연대까지만 명령을 내고 연대에서 각 대대로 명령을 내는데, 이 참모는 연대와 3대대장에게 전화하여 제일 똑똑한 소위를 보냈다고 생색을 낸 것입니다. 처음 그곳에 가본 제가 무엇을 알았겠습니까. 저는 최전방 부대로 가지 못한 것이 불만스러워 단지 어느 대대가 가장 전선에 가까운 북쪽에 있는지 지도를 보니 21연대 3대대여서 그 부대로 가고 싶다고 하였습니다. 그 다음 날, 21연대로 명령을 받고 사단에서 내준 지프차로 연대에 도착하여 신고 차 연대장실로 갔는데 그곳에 대대장님 두 분이 언성을 높여 말씀하고 계셨습니다.

그 당시는 소대장들이 많이 부족하였습니다. 그런데 그 전 해 말, 초임 장교들이 부임하였을 때 연대에서는 신임 장교들을 3대대에 보직시키면서 이의를 제기하는 2대대장에게 다음 육사생이 오면 2대대로 주겠다고 하였다는데 제가 3대대로 가겠다고 했으니 사단 인사 참모로부터 연락을 받은 3대대장님께서 저를 데리러 연대본부로 달려오신 것 입니다. 그렇지만 제가 들어서자마자 2대대장님은 연대장님이 무엇이라고 하시기도 전에 제 팔뚝을 움켜잡고 저를 질질 끌고 나오셨습니다. 저는 우선 상황을 모르는 터에 어안이 벙벙하였을 뿐 아니라 힘으로도 상대가 안 되어 끌려 나왔는데 이윤복 대대장님은 저를 집어던지듯 지프차 뒤에 태워 대대로 향했습니다.

대대에 도착한 대대장님은 저를 전리품으로 노획(?)하신 것이 기분 좋으신 듯 대대장실에 들어가자마자 차를 한 잔 따라주시더니, 3대대장님이 육사 출신이셨기 때문에 제가 육사 선배 밑으로 가려 한 줄로 오해하신 듯, -그러나 지도에 대대장의 출신이 적혀 있는 것도 아니고 전혀 몰랐습니다.-"처음 장교 생활을 시작하면서 네가 육사 출신이라고 육사 선배 밑에서만 근무하려 한다면 이 다음 네가 윗사람이 되었을 때 육사 출신만 데려다 쓸 거냐?" 라고 나무라셨습니다. 그제야 상황 파악이 된 제가 자초지종을 설명 드리니 대대장님께서는 오해를 푸시고 파안대소하시더니, 앞으로 한 달 후 바로 우리 대대가 경계 임무를 위하여 전방 6사단 철책으로 투입된다고 말씀해주셨습니다. 5중대에 내려가 보니 중대장, 부중대장, 화기소대장 등 장교가 세 명밖에 없었고 3개 소대가 공석이었는데 제가 1소대장으로 보직되었습니다. 그 다음 주 대대는 훈련장으로 이동하여 GOP 투입 전 훈련을 하게 되어 분주하게 훈련 준비에 임하였습니다.

그 당시 중대전술교범(.FM7-10:Field Manual7-10)은 약 600쪽이 조금 넘는 두꺼운 책(Pocket Book)이었는데 통역 장교들이 미군 교범을 번역해 놓은 한문투성이인 데다가 문장도 어려워 재미가 없었습니다. 그래도 저는 보병을 지망하고 있었기 때문에 생도 3학년 때부터 그 교범을 읽어보려고 했지만, 항상 47쪽(차례, 머리말 등 다 빼면 한 10여 쪽 읽은 것에 불과)에서 지루하여 그만두고는 했습니다. 그러나 임관하여 소대장으로 보직된 터에 그 다음 주부터 야외 전술 훈련이라 그 교범을 다시 꺼내 들고 발등에 불 떨어진 기분으로 읽기 시작하였습니다. 그런데 마침 47쪽을 읽고 있을 때 중대 계원이 쫓아와서 대대장님이 급히 찾으신다고 알려주었습니다. 저는 '무슨 일이지?' 하고 생각하면서 대대장실로 뛰어 내려가니 대대장실에 4개 중대장 및 대대 참모, 주임상사와 인사계들이 모두 모여 토의를 하고 있었습니다. 저를 보더니 대대장님이 "야! 육사생, 야전에서 임시숙영 시 1인 1일 소요되는 물의 양이 얼마야?" 하고 물었습니다. 그래서 저는 주저 없이 "1과1/2.갤론입니다" 하고 답변하였더니 대대장님께서 "아니 저 녀석도 엉터리 아냐?" 하는 것이었습니다. 그래서 저는 "예, FM 7-10 47쪽 제1장 0절 0-0항에 1과1/2갤런으로 나와 있습니다" 하였습니다. 그러자 눈이 휘둥그레진 대대장님은 당장 교범을 가져오라 하시어 확인하고는 놀란 입을 다물지 못하면서 "아니, 저 녀석 걸어 다니는 FM 아니야?" 하셨습니다. 누가 쪽수와 장, 절에 항까지를 외우고 다니겠습니까? 이게 제 군 생활을 마칠 때까지 멍에(?)가 될 줄은 꿈에도 몰랐지만, 그 당시 저는 조금 으쓱한 기분이었습니다. 어떻게 된 것이냐고요? 하하, 제가 생도 3학년 때부터 그날까지 작심삼일로 수십 번 읽기 시작한 FM7-10을 항상 47쪽까지만 보다가 집어던졌기 때문에 그것이야말로 우연히 잡은 행운이었습니다.

그러나 이 일로 '걸어 다니는 FM'이라는 소문이 저를 평생 따라다녔는데, 처음에 으쓱해졌던 기분도 잠시고 시간이 지나자 서서히 제 눈앞이 캄캄해지기 시작했습니다. 왜냐하면 수시로 저를 찾아 질문할 터인데 제 실력으로가 아니라 말도 안 되는 이유로 '걸어 다니는 야전 교범'이라는 엉터리 영예(?)를 얻었으니 그 추락 참사를 어떻게 감당하겠습니까. 그때부터는 혼신의 노력을 다하여 교범을 파고들지 않을 수 없었습니다. 그 다음 주 대대는 훈련장으로 이동하여 야전 숙영을 하면서 간이 유격 훈련으로부터 GOP 경계 근무 요령 등 투입 전 훈련을 시작하였습니다. 그런데 훈련의 단계마다 대대장님께서는 "육사생, 나와서 시범 보여라" 하셔서 저는 거의 밤잠을 자지 못하고 사전 연구와 연습을 하여야 했습니다.


그러던 차에 하루는, 저보다 약 반 달 전에 부임하신 김영동 연대장님께서 부임 후 처음으로 대대를 방문하셔서 모든 병사가 연병장에 집합하였습니다. 중대본부에서 다른 일을 하던 저도 연대장님 도착 시간이 되어 연병장으로 뛰어나가려는데 마침 제 눈에 문 위쪽 벽에 붙어 있는 연대장님의 '지휘 중점'이 언뜻 눈에 들어왔습니다. 그래서 보니 "2등은 없다"라는 슬로건 아래 지휘 중점이 여섯 가지나 되어서 서둘러 빨리 한 번 읽어보고는 안 잊어버리려고 계속 중얼거려가면서 뛰어 내려갔습니다. 그래도 그때는 젊었을 때라 기억력이 지금보다는 좋았던 것 같습니다.

단상에서 집합 끝 보고를 받으신 연대장님은 아무 말씀도 않으시고 바로 연대장님 우측 전열 끝에 있는 소대장에게(저는 연대장이 바라볼 때 좌측 제일 끝) 연대장 지휘 중점을 질문하셨습니다. 훈련장에서 전날 저녁에 임시로 복귀하여 당일 아침 열 시에 집합인데 누가 그것을 읽어보았겠습니까. 당연히 답변을 못하자 그 다음, 그 다음 하시면서 언성이 높아지기 시작하였습니다. 연대장님 옆에 서 계시던 대대장님은 소대장, 중대장 절반 이상이 답변을 못하고 지나가자 "야 육사생, 아니 남 소위, 네가 답변해"하고 크게 소리치셨습니다. 저는 연대장님이 처음 질문하실 때부터 잊어버리지 않으려고 총알처럼 빠른 속도로 반복 암기하고 있었기 때문에 바로 원기 왕성하게 "예, 5중대 1소대장 소위 남재준, 연대장님 지휘 중점 '2등은 없다', 하나, 인화 단결, 둘, 물자 절약, … 여섯… 이상입니다" 하고 큰 소리로 답변하였고 이에 따라 연대장님의 얼굴에서 노기도 서서히 풀렸습니다.

제가 꾸며서 이야기하는 것 아니냐고요? 아닙니다. 제 군 생활 41년 중 이런 경우가 한두 번이 아니었습니다. 한 마디도 보탠 것 없이 진실이며 이러한 행운이 제가 남들보다 더 열심히 노력하지 않을 수 없게 된 계기였습니다. 그때 제가 만일 실력과 능력이 뒷받침되지 않는 뜻밖의 행운에 만족하여 헛된 자만심으로 방심하였다면 저는 지금과는 전혀 다른 길을 걸었을 것이나 그때는 우선 망신만은 당하지 않아야 하겠다는 절박한 심정으로 잘못 알려진 그 수준을 유지하고자 외줄 타고 쫓기는 듯 혼신을 다하였습니다.

그런 과정에서 처음에는 암기에 급급하여 무조건 외우려 하였지만 얼마 후에는 외우는 것보다는 이해를 하는 것이 훨씬 더 논리적으로 잘 기억된다는 것을 깨달았습니다. 나아가 그러한 이론들이 실제 전장에서 어떻게 적용되었을까 하는 의문들을 풀기 위하여 전쟁사를 연구하게 된 것이 제 군 생활 전 기간에 큰 힘과 뒷받침이 되었습니다. 그래서 **사람에게는 누구에게나 한두 번의 행운이 주어지지만 그것을 더욱 더 노력하는 계기로 삼는 사람과,**

단지 그 결과로 만족하는 사람의 차이가 성공과 실패를 가르는 분기점이 아닌가 하고 생각하게 되었습니다. 부대는 한 달 반가량의 GOP 투입을 위한 대대 훈련을 마치고 전선으로 투입되었는데, 저는 철책선 전방에 추진되어 있는 GP를 맡게 되어 소대원과 함께 야간에 GP에 진입하여 작전 임무를 인수하였습니다.

　누나의 늘 건강하심을 기원 드리며 오늘은 이만 줄이려 합니다. 건강히 지내십시오.

동생 재준 올림

## 존경하며 자랑스러우신 형님께

　조그만 창문 틈으로 불어 들어오는 바람결에 어느덧 가을의 정취가 짙게 느껴지는데 형님께서 보내주신 서신 모두 감사히 받아보았습니다.

　저는 지난번 서신에 말씀드린 대로 8사단(형님께서 면회 오셨던) 소대장으로 부임하자 바로 GOP 투입 전 교육 후 6사단으로 배속되어 월정리역 우측에 있는 고지 위의 GP를 인수하였습니다. 이 지역은 6·25전쟁 당시 최대 격전지로 알려진 '철의 삼각 지대'로, 특히 휴전 직전 철원평야를 장악하기 위하여 피아가 치열한 혈전을 벌였던 곳입니다. 그래서 제가 갔을 때까지도 6·25의 치열했던 전투 흔적과 휴전 시 급하게 매몰하고 철수했던 탄약들을 쉽게 볼 수 있었습니다. 이 탄약들은 거의 모두가 BOX 속에 있어 조금도 부식되지 않아 사용 가능한 상태였으므로 저는 이중 기관총탄(구경 30,50)과 57mm 무반동총탄, 60mm 박격포탄 등을 회수하여 규정 휴대량의 7~8배에 달하는 충분한 공용 화기 탄약을 확보하였습니다.

　GP 투입 후 제가 제일 먼저 한 것은 호를 더욱더 깊숙이 판 것입니다. 보병은 한 삽 더 파면 한 명을 더 살릴 수 있습니다. 모든 공용 화기 진지는 장소를 변경하여 새로운 진지를 야간에 은밀히 구축하고, 화기를 거치시키고 기존 진지는 예비 및 보조 진지로 운용하거나 위진지(僞陣地)로 조정하였습니다. 그리고 매일 취침 전(오전 여덟 시) 비상 투입 및 포격전 대비 훈련을, 저녁 근무 투입 전에는(EENT 무렵) 실탄 사격을 하면서 적 기습 대비 훈련을 실시하였습니다. 처음에는 소대원들이 조금 힘들어하였지만 매일 기상 및 중식(13:00~14:00) 후 정신 교육과 체력 단련을 실시하면서 "나의 임무는 두 가지인데 **첫째는 GP장으로서의 주어진 임무를 완벽하게 수행하는 것이고, 둘째는 내가 데리고 들어온 너희 모두를 데리고 들어왔을 때 그 모습 그대로 털끝 하나 다치지 않고 데리고 원대로 복귀하는 것**이다. 이 두 임무를 수행할 수 있는 여러 방법 중 내가 이 방법밖에 모른다는 것을 이해해 주기 바란다"라고 강조하였습니다. 그 결과 병사들도 이에 적응하여 적극적으로 1일 2회의 훈련에 임하게 되었습니다.

그때만 해도 GP가 지금처럼 철근 콘크리트 벙커로 되어 있는 것이 아니고, 화기 진지 3개만 2인용 벙커(콘크리트)로 구축되어 있었고 이 벙커들은 교통호와 개인호로 연결되어 있었습니다. 중앙에는 통나무로 덮개를 만든 토굴 형식의 엄체호(적 포격 시 대피호)가 있으며, 지상에는 브로크(블록) 건물이 있어, 주간에만 여기에서 생활하는 형태였습니다. 소대장실이 별도로 없어서 저는 경계 근무(주·야간) 중에는 적 방향의 관측 벙커에 위치하고 취침은 막사 내무반 한구석에 판초 우의로 된 칸막이를 치고 기거하였습니다. 그러던 어느 날(8월 경) 병사들의 취침을 확인하고 전방 관측 벙커에서 책을 보고 있었는데 갑자기 좌 전방 평지의 월정리역 전방에서 연속된 총성이 들려 비상을 발령했습니다. 공용 화기 사격 요원은 진지에 투입하고 기타 인원들은 엄체호에 대피시키는 동시에 쌍안경으로 상황 발생 장소를 찾으며, 상황을 파악하려고 노력(불과 1~2분)하던 중 좌 전방의 적 705GP에서 제 좌측 아군 503GP에 14.5mm 고사 기관총을 사격하는 것을 보고 확실한 상황을 파악하지 못한 상황 하에서 사격을 준비하고 대기토록 하였습니다. 그러자 불과 1분도 안 되어 제 GP 전방의 적 706GP에서 14.5mm 고사 기관총으로 저의 관측소, 스피커, 관망대, 주요 공용 화기 진지(우리 화기 위치 조정으로 빈진지-위진지)에 치열한 사격을 가해 왔습니다(GP 명칭은 수시로 변경되어 보안과 무관).

　저는 별도의 지시가 있을 때까지 사격 태세만 유지하도록 명령하면서 즉시 제 지휘 위치(평소 적 포격 시 대비 훈련 내용 : 소대장은 지상에서 무반동총과 박격포 사격 지휘, 선임하사는 벙커에 있는 중기관총 사격 지휘, 공용 화기 사격조 및 최소 경계 임무 외의 병사들은 중앙 엄체호에 대피)로 뛰어가 무반동총으로 적 14.5mm 진지를 사격토록 지시하였습니다. 적들은 자기들이 알고 있는 우리 GP의 공용 화기 진지 -우리의 예비 및 위진지-가 모두 침묵하고 있는 것을 보고 저들의 기습 화력에 아군 화기가 격파된 것으로 오판하고 있다가 아측의 기습사격, 1,2탄으로 적 GP의 14.5m가 파괴되면서 그 일부가 공중으로 솟구쳐 날아가는 것이 관측되었습니다. 이에 적들은 82mm 무반동총으로 대응하였는데, 저는 2탄 사격과 동시에 무반동총을 예비진지로 이동시키고 곧바로 적 82mm 진지에 박격포와 무반동총을 사격하여 주도권을 장악하였습니다. 이에 적들은 저의 GP 우 전방 멀리 있던 707GP의 공용 화기들과 발리봉 좌 하단에 위치하고 있던 적 연대 포병인 76.2mm 야포가 우리 GP에 대한 포격에 가담하여 이후 거의 세 시간 가까이 교전이 지속되었습니다. 그 결과 제 전방의 적 706GP는 아군 사격으로 벙커의 벽면이 노출되었고 기회를 포착한 저는 연속적으로 진지를 변환해가면서 57mm 무반동총으로 철갑 및 고폭탄을 혼합하여 지속적으로 노출된 벽면을 계속 사격한 결과 마침내 전방 적 706GP의 하부 벙커 벽면이 붕괴되면서 지상 건물 막사가 내려앉았고 적 GP의 지형이 분화구 형태가 되었습니다. 이에 적들은 북방한계선 북방에 배치되어 있던 사단 포병(152mm)까지 사격에 가담하였습니다.

그 당시 제가 받은 명령은 3배가 사격입니다. 적이 한 발 쏘면 반드시 세 발로 보복하라는 명령입니다. 저는 두 진지를 뛰어다니면서 적의 포탄 낙하 발수를 계산하여 정확하게 세 발씩 대응토록 하였는데, 13시 30분 정도가 지나자 적들은 707GP의 파괴되지 않은 스피커로 자기네들이 사격을 중지할 테니 우리도 사격을 중지하도록 요청하였습니다. 그래서 일단 사격을 중지하고 사격 대기 상태로 10여 분 기다렸으나 더 이상 사격하지 않아 상황을 종료하고 즉시 피해 상황을 파악하였습니다. 저는 선임하사로부터 MG50 중기관총 사수 최 상병이 중상(적 박격포탄 파편이 사격 중인 기관총의 총열을 치고 나가 총이 뒤틀리면서 총의 뒷손잡이가 튀어나와 사수의 허벅지를 타격)이라는 보고를 받고 연대 후송을 요청하는 동시에 응급 지혈 후 선임하사의 인솔로 들것에 싣고 통문으로 뛰어 내려가도록 조치했습니다.

그 후 GP 스피커 및 관망대와 막사의 부분 파손과 벙커 일부 및 교통호와 전방 철조망 등 시설 피해와 복구 소요를 판단 보고하였습니다. 적들은 지상의 막사와 관측소 포함 지하 벙커까지 GP가 완파된 것으로 관측되었으나 그 인원 및 14.5mm 쌍열 고사기관총 외의 화기 피해는 확인할 수 없었습니다. 그러나 포격 중지 즉시 우리 3/4Ton과 유사한 적들의 차량(승리 형)이 2~3회 드나드는 것은 전 사상자 후송으로 판단되었고 그 다음 다음 날 인민군 장령급을 포함한 군관 다수가 GP 전방의 흙더미 위에 올라서서 벙커 내부로 짐작되는 아래를 내려다보는 것으로 보아 지하 벙커가(내무반 등이 모두 벙커 내에 있었음) 완전 파괴된 것으로 추측 되었습니다.

적들의 화력 운용을 평가한 결과는 적의 직사 화력은 정확도가 높을 뿐 아니라 아군보다 구경이 커서 상당히 위력적이었지만, 곡사 화력은 고도 계산과 편차 수정 능력이 미숙하거나 아니면 사격 기재가 부정확한 탓인지 대단히 낙탄 오차 범위가 커서 병사들이 "적 포는 X포"라고 이야기할 정도였습니다. 이 교전으로 사단 지역에는 데프콘-2가 발령되었고 적의 포탄이 산을 넘어가 동송 지역 주민들은 피란 짐을 꾸린 집도 있었다고 후에 들었습니다. 그리고 이날의 교전이 1·21사태와 같이 직접 교전한 것이 아닌 GP 포격전으로는 휴전 이후 비교적 치열했던 교전 중의 하나로 알고 있습니다.

우리의 승리 요인은 주진지 및 보조 진지와 예비 진지의 구축 활용과 공용 화기의 적시적인 진지 변환, 위진지 운용 등 기만 방책의 활용 그리고 철저한 훈련을 통한 전투 준비 태세 유지 및 일일 사격 훈련에 의한 화력 집중의 정확성과 자신감의 견지 등입니다. 롬멜은 그의 저서 〈보병 공격(Infantry attacks)〉에서 "사기를 올리기는 쉽다. 전투에서 잦은 승리의 경험을 맛보게 하면 된다"라고 강조하였습니다. 저는 여기에 더하여 "사기는 전시에는 잦은 승리를 통하여, 평시에는 인내의 극한에까지 이르는 실전적 훈련의 결과에 따른 성취감과 자신감에 의하여 달성 된다" 즉 **전시에는 승리를, 평시에는 실전적 훈련을 통하여 달성된다**"라고 부하 장교들에게 강조하였습니다.

형님, 건강히 지내십시오. 다음 주에 또 서신 올리겠습니다.

동생 재준 올림


### 존경하며 자랑스러운 형님께

그간도 평안하셨는지요. 운동장에 늦가을 코스모스 몇 송이가 피어나 바람결에 하늘거립니다.


GP에서는 일상 활동으로 수색, 매복, 도로 정찰, 적정 감시 등 다양한 임무를 수행합니다. 그 당시에는 간혹 적들이 넘어와 도로에 지뢰를 매설하고 우물에 독약을 풀기도 한다 하여 매일 보급로 및 물 긷는 오솔길에 대한 지뢰 탐지와 아울러 어머님께서 마련해주신 은가락지와 은수저(철수 시 인계하여 주었음)를 사용하거나 올챙이를 기르기도 하는 등 우물의 독극물 여부를 탐지하였습니다.

저는 일일 훈련과 진지 강화에는 최선을 다하였지만, 병사들의 내무반은 별로 신경 쓰지 않아도 되었습니다. 왜냐하면 한 달에 한두 번씩 방송하는 여군들이 들어올 때마다 병사들이 며칠 전부터 법석을 떨며 대청소, 환기, 환경 정돈에 자기들 용모로부터 복장까지 깔끔하게 정리하는 덕분에 잔소리하지 않아도 늘 청결하게 유지되었기 때문입니다. 그런데 병사들은 교대로 급수 작전 시 서로 경계를 서주면서 목욕을 한 달에 한두 번은 할 수 있었지만 저는 세면할 철모 한 통의 물을 아껴야 할 정도였으므로 목욕은 꿈도 꾸지 못했습니다.

마침내 경계 임무가 종료되어 다음 날이면 GP에서 철수가 예정되어 있는 전날 저녁 야간에 저는 평소와 같이 관측 벙커에 앉아 책을 읽고 있었습니다. 그런데 새벽 한 시 경 제가 있는 벙커의 전면 철조망 앞에서 커다란 폭발음이 있었습니다. 그래서 저는 전원 배치를 하면서도 사격은 금지시킨 상태에서 상황을 파악하였지만 적의 후속 행동이 없어 잠시 증가 배치 상태를 유지하다가 비상경계 태세를 해제하였습니다. 그 다음 날 폭발음이 있었던 곳을 나가보니 수류탄으로 인한 폭파구이어서 소대원들을 조사해본 결과 철수 전 한 번 더 교전을 해보고 싶어 소대원 몇 명이 짜고 한 행위였음을 밝혀냈습니다. 그들은 제가 있는 관측 벙커 전면에서 수류탄이 터지면 소대장이 사격 명령을 내릴 것이라 판단하여 수류탄을 투척하였던 것이었는데, 철수 후 훈련에 대한 자신감과 투지에 대하여는 칭찬해주는 동시에 사격 군기를 문란 시킨데 대하여는 응분의 처벌을 내렸습니다.

이윽고 대대가 GOP 경계 임무를 종료하고 민통선 후방의 민간 지역(지금 동송)으로 나왔을 때 갑자기 2.5t 트럭 적재함에 탄 소대원들이 시끄럽기에 들여다보니 하는 말이 "소대장님, 글쎄 저기 사람이 지나 갑니다" 하고 울먹이고 있었습니다. 대대가 6사단 사령부에 집결하여 환송식 훈시 도중 6사단장님께서 "504GP장 남재준 소위를 중심으로 대대 전 장병이 일치단결하여"라고 하셔서 저는 잠시나마 대대장님과 중대장님의 눈치를 보지 않을 수 없었습니다.

제가 소대장일 당시에는 소대 선임하사 밑에 소대 향도라는 직책의 장기 복무 하사가 있어서 소대원들의 내무 생활 지도와 군기 유지 등의 임무를 수행하였습니다. 그런데 GOP 투입 전 지형정찰 차 전방에 갔을 때 제 소대 향도는 바로 우리가 투입될 GP 전방의 적 철책선상에 보이는 군관 막사 지역이 자기 외갓집 동네로, 6·25전쟁 전에는 한 동네처럼 오간 것을 또렷이 기억하고 있었습니다. 그런데 당시에 GP 투입 소대는 병력을 절반으로 나누어 반은 소대장이 인솔하여 GP에, 반은 별도로 임명된 통문 소대장의 지휘 하에 철책 통문에 배치하여 근무하다가 철수 시에는 다시 합쳐서 소대장이 데리고 복귀하게 되어 있었습니다. 저는 제 소대원을 타 장교에게만 맡길 수 없어 향도를 통문 소대 선임하사로 임명하여 통문에 남겨놓고 GP에 들어갔습니다.

그런데 그로부터 27년 후 제 소대장 시절 소대 향도였던 한득칠 예비역 하사의 전화가 와서 받아보니, 자기가 용산에서 조그만 음식점을 하면서 '동방위협의회 위원'을 하고 있는데 제가 있는 사단에 GOP 견학을 하러 가도 되겠냐고 하기에 흔쾌히 허락하였습니다. 약속 당일 방위협의회 회원들 20여 명이 전방 견학을 마치고 나왔을 때 저는 모두 초청하여 저녁을 사 주었습니다. 그때 한 하사(예)가 느닷없이 저에게 "소대장님, 그때 제가 월북할까 봐 의심하셔서 통문에 두고 가신 것입니까. 아니면 정말로 통문에 남는 소대원들을 맡기느라고 남기신 것입니까" 하고 질문하였습니다. 저는 예상치 못한 질문에 순간적으로 당황하였지만 바로 "아이들이 몇이냐"라고 물으니 셋이라고 하여, "너 같으면 아이들을 남겨놓고 부인과 멀리 여행을 가야 하는데 큰아이를 데리고 가겠느냐 아니면 동생들을 돌보라고 두고 가겠느냐" 하였더니 "두고 간다"라고 하였습니다. 그래서 제가 "마찬가지 아니냐. 나도 내 소대원들을 다른 장교에게 믿고 맡길 수가 없었다" 하였더니 목멘 소리로 자기 아내에게 "당신도 들었지, 소대장님이 나를 믿어서 소대원들을 맡겨놓으셨다는 것을. 당신도 들었지"라고 하며 눈물을 흘렸습니다. 소대장이 자기를 못 믿어서 통문에 남겨놓았던 것은 아닌가 하는 의심의 마음을 가슴에 담고 지난 27년의 세월을 괴로워하였을 것을 생각하니, 그 자리에서 눈물을 보일 수는 없었지만 그 날 밤 저는 한숨도 잘 수 없었습니다(일 년에 두세 번 모임에서 만났었는데, 지난 주 고인이 되었다는 소식을 들었지만 제가 수감 중이어서 가는 길을 전송해 주지도 못했습니다.).

형님 건강하게 지내십시오. 다음 주에 또 서신 올리겠습니다.

동생 재준 올림


## 사랑하는 누나에게

찬바람 부는 계절, 그간도 평안하셨다니 즐거운 마음입니다.

대대는 무사히 8사단 주둔지로 복귀하였고, 장기간 비워놓았던 막사들이며 손보지 않아 폐허처럼 변한 부대를 정비하면서 바쁘게 지내고 있던 어느 날이었습니다. 갑자기 대대장님께서 호출하신다기에 뛰어내려 가보니 느닷없이 하시는 말씀이 각 대대 대항 사단 군가경연대회가 있으니 대대 대표로 나가라는 것이었습니다. 그래서 저는 생각해볼 것도 없이 "그건 안 됩니다" 하였더니 "왜 안 되느냐, 이것은 명령이야!" 하였습니다. 그래서 "저는 음치인데 어떻게 군가경연대회에 나갑니까" 하였더니 "그것은 걱정하지 마. 대대 작전관(ROTC 6기, 음대 출신)을 붙여줄 테니까" 하셨습니다. 더 이상 못하겠다고 할 명분도 없어 대대장님의 허락을 득하여 3/4t 차량 한 대를 빌려 육군사관학교로 가 생도들 예복에 착용하는 X-BAND를 빌려와 착용시키고는 제식 동작을 연습시켜(요즘 표현으로는 안무) 경연대회에 출전하여 1등을 하였습니다.

대회 날 대대장님께서 월남에서 가져온 폴라로이드 카메라로 찍어주신 경연대회의 천연색 사진이 지금 빛바랜 채 흑백사진이 되어 제 앨범의 한 귀퉁이를 차지하고 있습니다. 그 후, 사단 완전군장구보대회, 사격대회 등, 연일 소대를 끌고 나가는 바쁜 날들을 보내면서, 병사들과의 훈련에 전념하는 전형적인 주둔지 생활은 불과 한 달 남짓밖에 해보지 못하였습니다. 하지만 그때 소대원들과 소대 공격, 침투, 도피 및 탈출, 연속적인 목표 공격, 소대 방어 등 신나게 뛰어다녔던 것들이 늘 그립습니다. 그 얼마 후 저는 연대 작전 보좌관으로 전속되어 소대를 떠나야 하였습니다.

누나, 늘 건강 조심하세요. 다음 주 문안드리겠습니다.

동생 재준 올림

## 나. 연대 작전 보좌관 시절

### 사랑하는 누나에게

제가 받아 본 누나의 11일과 12일자 편지를 읽어 보니 그 전에 제가 보내드린 편지를 혹 못 받아보신 것이 아니신지 궁금합니다.

죽음의 공포 속에서도 임무를 수행하고자 삶과 죽음의 경계를 넘나들던 군인들의 전후 트라우마는, 이를 겪어보지 않은 사람이 상상하기는 어렵습니다. 저는 4년 과정을 나와 군 생활을 1년이나 하고 난 후에도 제가 겪은 전쟁의 상흔이 저도 모르게 잠재되어, 결혼 초 자다가 "공격 앞으로!" 하고 외치며 벌떡 일어나기도 하였습니다. 또 부하가 피 흘리며 죽어가던 꿈, 타고 있던 비행기가 추락하는 꿈, 습지에서 정크선을 타고 앞뒤로 차단하고 있던 베트콩들의 봉쇄망을 탈출하는 악몽 등에 시달리다가 가위에 눌려 땀으로 범벅된 채 허우적거리기를 한동안이나 하였습니다.

그러나 매형은 17세의 어린 나이로 자진 입대하여 월남전과는 비교도 안 되는 전쟁사상 유례없이 치열하였던 낙동강 전선에 뛰어들었다가 부상을 당하여 후송되었습니다. 그러고도 매형은 그 상처가 채 아물기도 전에 다시 뛰어 일어나 대한민국 최연소 육군 소위로 임관되어 1952년 중공군의 대공

세에 맞서 한 뼘의 국토라도 빼앗기지 않기 위하여 사투를 벌였던 중동부 전선의 고지 공방전에서 다시 부상하여 상이 제대하시기까지 그리고 당시의 포탄 파편을 돌아가실 때까지 몸속에 지니고 사셨던, 그 전쟁의 총·포탄에 찢긴 육체의 상흔과 영혼의 고통들! 그것은 결코 말로 표현하거나 설명할 수는 없습니다. 그러한 고통과 상처를 묵묵히 인내하고 감수하면서도 한 번도 자신을 드러내어 자랑하지 않으시고, 평생을 곧게 살다 가신 매형은 진정한 이 시대 우리의 영웅이시며, 세계 최빈국이 오늘날 세계 10위의 선진국으로 도약 하는 데 주춧돌을 놓은 유공자이십니다. 누님 또한 영웅의 아내로서 조금도 부끄럽지 않게 사셨기에 사랑하면서 자랑스러워하고 있습니다. 그러니 이제 안쓰러운 마음 내려놓으세요.

저는 불시에 연대 작전과 작전 보좌관으로 보직이 변경되어 연대장님께 붙들려 짐도 못 챙기고 연대본부로 실려 갔습니다. 연대본부의 후문 바로 앞에 BOQ(독신 장교 숙소)라는 것이 있었는데 흙벽돌에 슬레이트를 얹어놓은 조그마한 집이었습니다. 맨 땅바닥 위에 야전 침대 네 개, 합판으로 만든 책상 네 개, 의자 네 개, 다 찌그러진 난로 하나가 있는 그 곳에 간단한 짐을 풀고 다시 생도 1학년 기분이 드는 생활을 하게 되었습니다(제가 1학년 때 4학년이던 작전 장교 대위님, 3학년이었던 중위 교육관, 저보다 1년 선임인 화학 장교 중위, 저 남 소위)

제가 작전과에 부임한 2~3일 후 업무를 파악하고 있는데 연대장님께서 갑자기 저를 호출하시어 뛰어올라갔습니다. 연대장님은 저를 연대 경계 소대장으로 겸임 명령을 내었으니, 위병소대장 임무를 겸임하라고 지시하시면서 사흘의 시간을 줄 것이니 예하 대대를 포함하여 전연대의 해이된 경계 근무 군기를 확립하고 그 결과를 보고하라는 말도 안 되는(?) 명령을 엄숙하게 내리셨습니다. 각 대대가 서로 분산되어 있을 뿐 아니라 3대대는 40km나 멀리 있어 사흘만에 다 돌아보기도 빠듯한데, 제가 가보지도 않은 부대까지 어떻게 경계 근무 군기를 확립할 수 있겠습니까? 황당하여 기가 차하는 제 얼굴 표정을 눈치 채셨는지 연대장님은 "남 소위, 이건 명령이다" 하고 못을 박으셨습니다. 즉 군소리를 하면 항명죄에 해당한다는 것이었습니다. 경례를 하고 밖으로 나온 저는 아무 생각도 떠오르지 않았고(그때가 오후였으므로) 밥맛도 떨어져 저녁도 굶고 밤새 잠을 설쳐가며 생각하다가 아침에 무릎을 치며 일어났습니다.

저는 출근하자마자 연대 인사과 선임하사에게 달려가(경리 담당 상사, 마침 봉급 나오기 전날이었고 당시 제 봉급은 7,000원 정도?) 급한 일이 있다고 양해를 구하여 봉급을 가불한 후 상전계에게 휴가증을 한 장 얻어가지고 위병 소대에 내려가 열여덟 명 전원을 집합시켰습니다. 당시는 요즘처럼 정기 휴가가 제 때에 정확하게 시행되지는 않아서 휴가증이 상당히 매력 있는 포상품 이었습니다. 위병소에 내려가 소대원 모두를 집합시킨 저는 연대장님의 명령을 알려주고 휴가증과 제 봉급 1/2(3,500원, 당시 전차표 한 장은 10원(?), 현재 버스 요금 1,000원이라고 보면 약 35만 원 상당?)을 꺼내어 선임분대장에게 준 다음, "오늘 연대장님께서 사단 회의에 들어가시니 저녁 퇴근 전에 늦게라도 부대에 들렀다 가실 것이다. 그런데 연대장님 차량은 수하에 응하지 않고 진입할 것이니 가장 큰 소리로 가장 빠르게 세 번 수하 후, 볼 것 없이 방아쇠를 당겨버려라(물론 공포탄). 그러면 이 휴가증과 포상금을 줄 것이다. 지원자 있나?"라고 하였더니, 위병 소대에서 말썽깨나 부린다는 상병이 지원하기에 서너 번 연습을 시키고, 오후에 시간이 되자 복장과 총기 검사, 공포탄이 삽탄되어 있는지 탄창과 총구 총강을 두세 번 확인하고는 기다리고 있었습니다.

그러자 잠시 후 예상대로 노란색 전조등에 빨간 비상등을 깜빡이며 연대장님 차가 달려 들어왔습니다. 그 병사는 힐끗 위병소 안의 저를 한 번 쳐다보더니 평소같이 "받들어 총"으로 경례를 하는 대신 수하를 하였고 예상과 같이 연대장님 차가 계속 앞으로 전진 하자 연습한 대로 빠르게 세 번 수하 후 총을 약간 상 방향으로 조준하고 공포탄 한 발을 발사하였습니다. 이에 연대장님은 기겁을 하고 하차하시어, "손들어" 하는 소리에 엉거주춤 두 손을 드셨습니다. 사병이 대령님 기합을 준 것입니다(전 해에 동부 전선에서 GOP 철책 순찰 중 수하에 응하지 못한 대대장이 보초가 발사한 총탄에 순직). 이 상황에서 제가 얼른 뛰어나가자, 연대장님께서는 머리끝까지 화가 나신 채로 손을 내리고 차에 오르시면서 "연대장실로 뛰어와" 하시고는 휑하니 가버리셨습니다. 위병소에서 연대장실까지는 연병장을 가로질러 언덕을 올라가야 하는데 기합을 주신 것입니다. 저도 제가 한 짓이 있는지라 헐레벌떡 뛰어 연대장실에 들어갔습니다.

"네가 거기서 보고 있었으면서 뭐 하는 짓이야. 병사들을 제 연대장도 못 알아보게 가르쳤나?" 하고 소리치셨습니다. 그래서 저는 부동자세로 단정하게 서서 "연대장님께서 저에게 사흘 내에 연대 경계 근무 군기를 확립하고 그 결과를 보고토록 명령하셨습니다. 저는 군인입니다. 군인은 명령받은 임무를 반드시 완수해야 한다고 사관학교에서 배웠습니다. 그런데 연대장님이 내리신 명령을 정상적인 방법으로는 도저히 이행할 수 없어서 밤새도록 고민한 끝에 연대장님께서 솔선수범하여 모범을 보이시게 만들면 그 임무 완수가 가능할 것으로 판단되어서 제가 병사에게 원칙(보초 수칙에 3회 수하 불응 시 발포)대로 수하하도록 명령한 것입니다."

할 말이 없어지신 연대장님은 화를 푸시고 웃음을 띤 얼굴로 "야, 남 소위 이 녀석아, 연대 군기 잡으랬지 연대장 군기 잡으라고 했냐. 한번 보자. 내일모레까지 군기가 확립되어 있지 않으면 각오는 돼 있겠지?" 하셔서 저는 "알겠습니다" 하고 소대로 돌아와 그 상병을 헹가래 쳐주고는 그 자리에서 휴가증을 교부해주면서 2,000원은 상병에게 1,500원은 회식하라고 선임분대장에게 주었습니다. 신바람이 난 병사들은 잠도 자지 않고 각 대대의 입대 동기들 고향 친구들에게 얼마나 떠들어 대었는지, 간부는 간부들대로 제 욕을 하느라고(총소리가 나니 상황실 및 일직 근무자들 비상이 걸려 상황을 파악,

진상을 알고 나서는 소위 녀석이 겁도 없이 일 저질렀다고) 순식간에 전 연대 구석구석까지 전파 완료되었고, 원래 소문은 날개를 다는 법이어서 초병이 실탄을 발사했고 연대장님은 엎드려뻗쳐를 하셨다거나 한술 더 떠서 낮은 포복을 하셨다는 둥 말도 안 되는 소문들이 연대를 떠돌았습니다. 그래서 그이틀 후, 연대장님 지시로 경계 점검을 나간 간부들은 규정대로 수하에 응해야 했고, 다음 날 상황 보고에서 예하대 경계 근무 점검 결과를 보고 받으신 연대장님의 파안대소로 제 첫 임무는 성공적으로 종료되었습니다.

그러고 나서 일주일도 안 되어 사고를 쳤는데 제가 근무하던 2대대의 소대장 중 한 명이(대대에서 제가 선임 소대장이었음) 토요일 외박증 없이 서울에 나가려다가 만세교 검문소에서 끌려 내려와 초소장(중사)에게 구타당하였다고 소대장 일곱 명이 저를 찾아왔습니다. 그 당시는 초급 장교들이 허락 없이 서울에 나가는 사례가 없지 않았는데, 헌병 부사관들이 사복 근무를 기화로 장교들을 구타하는 일이 간혹 있었고, 만세교 검문소는 그중 특히 악명이 높았습니다. 저는 더 들을 것도 없이 3/4t 차량을 불러서 소대장들을 싣고 만세교 검문소로 찾아가 초소장을 붙들고 하극상이니 사과하라고 옥신각신하였습니다. 초소에서는 이를 군단 헌병대에 보고하였고, 저희 모두는 군단 헌병대에 연행되어 영창에 갔습니다.

그런데 저희가 영창에 들어간 지 채 5분도 안 되어 연대장님께서 구세주처럼 나타나시더니 운전병에게 둘러메고 온 매트리스와 담요, 시트 등으로 당직대 밑바닥에 잠자리(침구)를 깔도록 시키셨습니다. 이에 놀란 헌병 장교가 군단 헌병대장에게 보고하니 군단 헌병대장이 쫓아내려와 연대장님께 "연대장님, 왜 이러십니까?" 하였습니다. 그러나 연대장님은 태연하게 "여기 우리 연대 1개 대대가 출동하여 숙영하고 있으니 연대 전술지휘소(TAC)를 설치하는 거야. 대장은 가서 일 봐" 하셨습니다. 이에 헌병대장은 "연대장님, 소대장들 데려가십시오. 당직사관, 저 녀석들 당장 풀어줘!"라고 하였습니다.

이렇게 되어서 잘되어도 한참을 닦달당하였을 일을 연대장님 덕에 털끝 하나 다치지 않고 의기양양하게 연대에 개선하였습니다.

일의 전말인즉 저희가 초소에 도착하여 옥신각신 싸우기 시작할 때 이를 본 연대의 부사관 한 명이 상황이 심상치 않음을 직감하고 연대에 보고하였고 이 보고를 받으신 연대장님께서는 검문소보다 연대가 군단에 훨씬 가까이 있었기 때문에 저희가 군단에 끌려가는 그 뒤를 바로 쫓아오시면서 저희를 싣고 갈 차량까지 인솔하여 오셨던 것입니다.

연대에 도착하자 다른 소대장들을 대기시킨 저는 연대장실에 불려가 연대장님의 지시에 따라 "이후 절대 금주하겠으며(대낮에 술을 먹은 것도 아닌데) 또 말썽을 야기할 시에는 어떠한 처벌도 감수할 것임을 엄숙히 서약합니다"라는 서약서를 써드리고 나왔습니다. 그런데 나오는 저를 보고 얼굴에 화색이 돌던 소대장들이 "오늘 같은 날 술 한 잔 안 하면 죽어서 지옥 간다"라고 하도 잡아끄는 통에 버스를 타고 일동으로 나갔습니다. 그 당시만 해도 정해진 것은 아니었지만 부사관과 초급 장교들, 대위급 이상이 다니던 단골 술집이 각각 따로 있었습니다. 저희 소위가 자주 가던 집은 일동읍의 제일 남쪽 끝머리에 있는 '향미정'이라는 예비역 소위가 눌러앉아 운영하는 조그만 한옥이었습니다. 싼값에 외상도 잘 주고 친절하게 대해주어서 소위들의 전용 술집이었습니다.

저희는 경을 치지 않았다는 마음에 술 한 잔씩을 따라놓고 군가란 군가는 모두 불러가면서 기고만장하여 있던 터에 문이 열리고 문설주에 닿을 만큼 풍채가 좋으신 분이 방 안으로 썩 들어오시는 것을 쳐다보니 연대장님이셨습니다. 모두 놀라 벌떡 일어났는데 문 앞에 있던 소위가 술김에 얼떨결로 "연대장님 모시려고 했는데 어떻게 알고 오셨습니까" 하였습니다. 연대장님께서는 제 뒤에 있는 조그만 창문을 가리키시며, "이 녀석들아, 저 창문으로 건너 보이는 방(골목을 사이에 둔 방)이 내 방인데 시끄러워서 잠을 잘 수가 있어야지" 하시는 것이었습니다. 그때는 연대장님들의 관사가 막 건축되던 초기로 우리 연대장님 관사는 한참 공사 중이었는데 저희는 그 곳이 연대장님이 사시는 셋집인 것을 전혀 몰랐었습니다. 그래서 얼른 나아가 제 옆자리로 모시자 방문을 열고 마루에 놓으셨던 양주 세 병을 들고 들어오셨습니다. 사기가 오른 소대장들은 마치 전투에서 승리나 한 듯 기고만장하였고, 연대장님께서 부대로 연락, 차량을 조치하여 주셔서 모두(부대 앞 민가에 하숙, 일부 초임들은 영내 거주) 숙소에 데려다주고 BOQ에 들어오니 새벽 한 시가 되었습니다.

그런데 그때까지 작전관(대위)님이 중위들 둘까지 잠을 못 자게 붙들고 있다가 저에게 따지시기에 자초지종을 말씀드리고 그날은(연대장님과 함께 있었다 하니까) 그냥 넘어갔습니다. 그러나 그 다음 날부터는 엄청난 시집살이를 하게 되어 생도 때 기초 군사훈련교육대 같은 생활을 하게 되었습니다. 그 대위님은 새벽에 일찍 일어나고 저녁에는 일찍 취침하는데, 저와 중위들은 늦게 자고 늦게 일어나는 체질들인지라 평소에도 조금 잔소리가 없지는 않았습니다. 그런데 제가 사고 친 것을 계기로 군기를 잡기로 작심하신 듯 새벽 여섯 시면 두드려 깨우고, 저녁 열 시면 무조건 불을 꺼야 했고 심지어는 야근하고 23시, 24시에 들어와도 불을 못 켜게 하였습니다.

그중에서도 제가 가장 스트레스를 받는 것이 제가 일과 후 외출하려면 '외출증(장교는 임관 6개월 후부터는 영외 거주 가능. 외출증은 말이 안 되는 것)'이라는 것을 써주고 세상없어도 21시 50분까지는 BOQ에 도착하라는 것이었습니다. 이 말도 안 되는 통제에 반항하느라 일부러 늦게 들어갔다가 엉덩이에 소위 빠따 를 다섯 대나 맞았습니다. 그런데 만일 업무 관계로 그랬으면 절대 거부했을 것이나 선배가 개인적인 정으로 후배의 사생활 습관을 바로잡아 주려한 것이어서 거부감은 없었습니다. 이에 화가 난 저는 하숙방을 구해놓고 이사 가려다 사전 발각(?)되어 또 열 대를 맞아서 결국은 하숙을 포기하고 눌러 앉았는데 그때 이후로 아무리 취해도 저도 모르게 제 숙소로 뛰어 들어오는 버릇이 생겼습니다.

후에 월남에서 귀국 후 33사에 근무하였을 때 처부 회식이 있었는데(일을 서둘러 끝내고 21시쯤 회식을 시작하여 23시쯤 끝난 것으로 기억) 회식이 끝나고 복장을 갖추고 나온 것까지는 기억하는데 날이 훤하여 정신을 차리고 둘러보니 새벽 여섯 시 경으로 영등포역 앞이었습니다. 그동안 거의 열흘 넘게 책상에 엎드려 꾸벅거려가며 밤을 새우다시피 한 제가 술 한 잔이 빈속에 들어가자, 자동 항법 장치가 작동하여 집에 간다는 것이 부천에서 영등포까지 잠결에 걸어간 것이었습니다. 그렇지만 출근 트럭이 영등포역 앞에서 아침 여섯 시 30분에 출발하여서 바로 부대에 복귀하였습니다.

그 후 결혼하고 고등군사반(OAC)에 입교하여 광주 근교의 송정리에 단칸 셋방을 차렸을 때 교관으로 근무하고 계시는 연대의 작전관님을 만나게 되었습니다. 저는 그날 퇴근 후 집에 돌아와 연대 BOQ 생활과 그 작전관님 이야기를 아내에게 해주었는데, 남편 술버릇을 제대로 가르쳐준 고마운 분이라고 생각했는지 웃으며 집에 한 번 초청하자고 해서 토요일 점심에 돼지고기 두부찌개를 차려놓고 식사를 함께하면서 옛이야기로 꽃을 피우는 즐거운 시간을 가졌습니다.

만세교사건의 두 번째 여파는 양주 때문에 일어난 사단입니다. 저는 양주라면 질색을 합니다. 독한 술은 안 좋아하는데 소주도 별로고 제일 좋아하는 것이 생맥주입니다. 요즈음은 맥주가 고급이 아니지만 그 당시는 고급이어서 맥주를 마시지는 못하고 막걸리를 마셨습니다. 그런데 어느 토요일, 교육관 장 중위가 PX에 가서 막걸리 세 되를 받아오라고 돈을 주어서 막걸리를 받아갔더니 얼마 전 입주하신 연대장님 관사로 앞장서라는 것이었습니다. 교육관은 운동선수 출신이며 장비 스타일의 용장으로서 성품이 호탕하고 좋으셨습니다. 그래서 제가 왜 그러느냐고 묻자 연대장님이 한 동네로 이사 오셨는데(BOQ에서 30m 거리) 환영을 해드려야 한다면서 "양주는 너만 먹지 않았느냐?" 하였습니다. 그 속셈이 막걸리 들고 가서 양주로 바꾸어 먹으려는 심산인지라 거절하였더니 제 팔을 꽉 붙들어 잡아끌었습니다. 키가 180cm인 데다가 체중도 80kg 정도의 거구를 제가 당할 수가 있었겠습니까. 그래서 어쩔 수 없이 연대장님 관사에 가서 "연대장님, 남 소위입니다" 했더니 연대장님께서 사모님하고 같이 나오셔서(사모님은 조금 전에 도착하신 옷차림에 짐도 안 푸신 것 같았음) 웃으시면서 어서 들어오라 하셨습니다. "관사 입주를 축하드립니다" 하고 한 잔을 따라드리니, 교육관의 예상대로 막걸리가 양주가 되고 한 병이 두 병, 세 병이 된 끝에 저는 밖으로 뛰어나와 먹은 것을 모두 반납하였습니다. 여기에 재미를 들인 교육관은 주말에 본인이 별다른 일이 없을 경우 가끔 저를 붙들어 앞세우고는 하는 바람에 본의 아닌 악동의 역할을 하였습니다. 그런데 그것이 사모님께 얼마나 큰 죄를 저지른 것인지는 결혼한 다음에야 알았습니다. 그 당시 연대장님은 일주일 내내 떨어져 사시던 주말부부였는데 토요일 사모님이 오실 때마다 연대장님께서 꼭 술에 취해 주무시게 만들었으니 말입니다.

한 번은 사모님께서 저에게 결혼할 색시가 있느냐고 하시기에 그때는 제 친구에게 소개해달라고 이야기만 해놓고 아직 답변을 듣지도 못했던 터라 "결혼을 약속한 여자는 없습니다"라고 말씀드리니 친척 여동생을 소개해줄 테니 만나 보라는 것이었습니다. 그래서 저는 아직 생각이 없다고 말씀드렸는데 그 후에 사모님께서, "남 소위님 장가가거든 어떤 색시한테 가는지 내가 꼭 보아야겠으니 데려오세요"라고 하셔서 저는 웃고만 있었습니다. 아마도 "저런 눈치 없는 철부지하고 어느 여자가 사는지 보아야겠다는 뜻"이었던 것 같은데 이것은 연대장님 앞에서 조심하며 점잖게 술만 마신 주량 큰 장중위님 탓에 제가 뒤집어쓴 오명의 결과였습니다. 그로부터 한 8년 후 제가 참모차장 부관이었을 때 육군회관에서 동기생 부부 동반 회식이 있었습니다. 그 회식에는 당시 육본 군수참모부 처장(준장)이셨던 연대장님께서도 초청을 받아 참석해 계시어 인사드리니 사모님이 대뜸, "남 소위님 아직 결혼안 하셨어요?" 하셨습니다. "아니, 했습니다"라고 대답하니 "색시 어디 있어요. 데려와 봐요" 하셨는데 맙소사! 남 소위 시절에 하셨던 말씀을 기억하셨다가, 8년 만에 만난 저를 보자마자 아내를 데려오라고 하신 것입니다. 그래서 동기생 부인과 함께 있던 아내를 찾아 데려가 인사를 시키니 연대장 사모님은 제 아내를 찬찬히 들여다보시다가 아내의 두 손을 꼭 잡으시고 "이렇게 참한 색시한테 장가들었으니 잘 살겠네"라고 하셨습니다. 아마도 참한 색시가 아니면 도망가지 함께 살지 않았을 거라는 말씀으로 들렸지만 제가 진 죄가 있던 터라 아무 말씀도 드리지 못했습니다.

* 추기 : 저의 연대장이셨던 김영동 장군님은 연대장님의 의지와 사모님의 지극하신 정성으로 파킨슨씨병을 극복하셨고 제가 전역 후에도 가끔 저와 제 동기생 정중민 장군 부부를 불러 저녁을 사 주시곤 하셨습니다. 제가 마지막 뵈었을 때 들고 오셨던 포도주를 그날은 술 못 드시게 하느라고 다음에 제가 저녁 살 때 드시자고 하였더니 "그럼 네가 보관하고 있다가 가지고 나오라"라고 하셔서 집으로 가져 와 보관하고 있는데 이제 다시는 연대장님을 뵐 수 없게 되었습니다. 아내 편으로 전해 들은 "돌아가실 때까지 제 걱정을 하셨다"라는 사모님 말씀에 그 크신 사랑과 은혜를 손톱만큼도 헤아리지 못하고 늘 철없이 어린 짓만 하였던 제가 얼마나 한심했었는지 회한만 남습니다.

얼마 후 사단장 이·취임식이 있었습니다. 신임 사단장님은 제가 생도 때 생도대장이던 진종채 장군님이셨습니다. 진 장군님은 장교의 교양을 무척 강조하셔서 제가 생도 때에는 합창, 창, 시조, 댄스, 골프 등을 가르치셨는데, 사단장 부임 후에는 간부 교육에 역점을 두시어 종종 전 장교들을(전방 예비 사단이니까 가능) 사단에 집합시켜 놓고 질의 응답식의 교육을 하셨습니다. 사단장님의 간부 교육 첫날 저도 사단 교육에 참석하였습니다. 사단장께서는 장교들이 모두 집합하자 "왜 중대는 통상 공격 목표를 1,000m 이내에 선정하는가?"라고 질문하시면서 10연대로부터 장교를 지명하며 답변을 기대했으나 아무도 답변하지 못하고 21연대 차례가 되었습니다. 아마도 장교들 모두가 통상 중대 목표를 1,000m 이내에 선정한다는 것은 다 알고 있으나 "왜"까지를 생각해보지는 않은 탓도 있었겠지만 무엇보다도 신임 사단장님께서 대뜸 질문하신 탓에 답변이 막혔을 것입니다. 아무튼, 21연대 차례가 되자 연대장님께서는 얼른 뒤를 돌아보시며 "남 소위! 답변해" 하셨습니다. 저는 본의 아니게 평소 '걸어 다니는 FM(야전 교범)'이 된 탓에 죽자 사자 교범을 파고들었던 터여서, 바로 일어나 관등성명 복창 후 "중대장 화기인 60mm 박격포의 전술 유효 사거리가 1,000m이기 때문에 중대장 지원 화기 전술 사정거리 내에서 목표를 선정하는 것입니다"하고 답변을 했습니다.

그러자 사단장님은 "그러면 60mm 포진지 구축 시 통상 포간 간격을 30m 이상 이격시키는 이유는?" 하고 재차 질문하셨습니다. 이에 저는 "동일 구경의 적 박격포의 탄막 크기가 50m x 50m이기 때문에 그 1/2보다 조금 더 먼 30m 이상을 이격함으로써 적 포탄 한 발에 두 문의 동시 피해를 예방하기 위해서입니다"라고 답변 드렸습니다. 이에 연대장님께서 "저희 연대는 평소부터 간부 교육에 많은 관심을 가지고 있습니다"라고 덧붙였습니다. 그 결과 두 번의 사고 친 것(연대장님께 공포탄 쏜 것, 검문소에서의 소란)에 대한 과오를 씻고 씩씩하게 생활하게 되었는데 얼마 못 가 또 본의 아닌 사고를 치게 되었습니다.

첫 간부 교육이 있었던 5주 후쯤 저는 연이어 사흘(72시간)을 거의 한숨도 자지 못하고 야근을 한 데다가, 나흘째는 상황 근무가 되어 또 밤을 새우다시피 하였습니다. 육군 규정에는 야간 철야 근무 후 익일 오전에 취침토록 되어 있으나 실제로는 거의 지켜지지 않는 실정입니다. 하지만 저는 더 이상 버틸 수가 없어서 아침 상황 보고가 끝나자 식사도 생략하고 BOQ로 달려가 군화를 신은 채로 코를 골았는데, 하필 그날 사단에서 10:00시에 간부 교육 소집이 있었던 것입니다. 그런데 연대장님께서 제가 없는 것을 어떻게 아셨던지 연대로 전화를 하시어 저는 잠자다가 사단으로 불려갔습니다(연대에서 사단은 차로 15분 거리).

그날 교육은 지난번처럼 질문으로 시작되었고 또 우리 연대 차례가 되자 연대장님께서 남 소위를 찾으셨습니다. 지난번에는 사단장님께서 '화기의 전술적 운용'에 대하여 질문하셨기 때문에 모든 장교는 화기학 분야를 집중적으로 공부하였던 것 같았습니다. 그러나 이번에는 전술 문제를 질문해서 허를 찌르셨는데 질문 내용은 "사단 공격 시 주공 지역에 전투력을 집중한다고 하면서도 주공의 전투 정면을 다소 협소하게 부여하고 전차와 포병을 더 주는 것뿐인데, 이것으로써 전투력을 집중시켰다고 이야기할 수 있느냐?" 하는 것이었습니다. 이에 저는 "소련군이나 북괴군 전술은 주공의 전투 정면을 조공 정면의 1/4 이하로, 심한 경우에는 주공 사단 정면을 1km 이하로 부여하며(아군 사단 공격 정면의 1/10), 그 좁은 정면에 2개 사단을 1·2제대로 편성, 연속적으로 투입합니다. 그리고 주공 사단 정면에는 최대 6개 포병 대대의 화포 100문 이상을 집중해 줍니다. 요약하여 말씀드리면 적은 돌파를 하고자 하는 아군 1개 대대의 방어 정면에 2개 사단의 전투력과 야포 100문 이상의 화력을 집중합니다. 그러나 미군들의 경우 주공 지역에는 항공 화력(전폭기 한 대의 대지 공격 효과는 대략 보병 1개 대대 전투력의 효과)을 집중적으로 운용하거나, 특수한 경우에는 전술 핵무기를 할당하기도 하는데 미군들의 전투 개념은 기본적으로 화력전을 위주로 하고 있습니다. 그러나 우리는 그 역량을 따라갈 수 없는데도 미군의 교범을 수정 보완 없이 원용한 결과입니다"라고 답변했습니다.

답변을 들으신 사단장님께서는 만족하시었고 후에 저를 간부 교육 교관으로 썼으면 좋겠다고 하셨던 것 같은데 연대장님께서는 제 경력 관리를 고려하여 보직 1년을 채워야 함으로 전출이나 파견 대신 사전 과제 부여 후 발표하도록 하는 것이 좋겠다고 의견을 제시하셨다고 했습니다. 하지만 얼마 되지 않아 제가 전출을 가게 되어 실행되지는 못하였습니다. 그로부터 2주쯤 후 연대장님께서 찾으시어 올라가보니, 앉으라고 하시며 김용휴 장군님을 어떻게 아느냐고 질문하셨습니다. 이에 저는 "제 장교 임관 시 신원 보증을 서주신 신원 보증인"임을 말씀드리자 혹 전화를 받은 적이 있는지 물으셨습니다. 제가 없다고 말씀드리자 연대장님은 "김 장군님께서 너를 전속 부관 요원으로 지명 요청하셔서 명령이 내려왔는데 바로 출발시키라는 전화를 받았다"라고 하셨습니다. 그러면서 작전, 인사 주임에게 전화해 놓았으니 기록카드를 찾아 바로 출발하라는 것이었습니다(김용휴 장군님과 김영동 연대장님은 6·25전쟁 시에도 함께 근무하셨고 월남전 시는 김 장군께서 주월 한국군 부사령관일 때 그 휘하 100 군수사령관으로 근무하셨다 합니다.). 저는 바로 작전과에 내려와 비문을 인계하고 업무 목록표를 작성하여 설명해 준 후 대충 서랍을 정리한 다음, 인사과에서 기록카드를 찾아서 BOQ에 올라와 짐(세면도구, 옷, 책)을 꾸렸습니다. 그런 후 연대에서 내준 지프차로 이동 비행장으로 가는 도중에 제가 지휘하던 소대가 사단장 공관 경비 소대로 파견되어 있어 사단장 공관에 들렀습니다. 저는 소대원들과 일일이 악수를 한 후 소대원들의 전송받으며 25사단으로 출발하였습니다.

누나의 건강과 행복하심을 빌며 오늘은 이만 줄이려 하고 다음 주 또 문안드리겠습니다. 건강히 지내십시오.

동생 재준 올림

## 7. 보병 제25사단장 부관 시절

### 존경하며 자랑스러운 형님께

한밤 초겨울 비 오는 소리에 잠에서 깨어나 뒤척이다가 그만 잠자기를 단념하고 일어나 앉아 연필을 들었습니다. 그간도 평안하셨다니 기쁜 마음입니다.

제가 타고난 천성 그대로 조금도 위축됨이 없이 클 수 있도록 부모님께서 저를 길러주셨다면, 제 천성과 적성 그대로 구김살 없이 군 생활을 마칠 때까지 일관된 자세로 복무할 수 있도록 군인으로 키워주신 분은 김용휴 장군님이십니다. 미군들은 보통 전속 부관 근무를 통하여 그가 모시는 '장군들의 지휘 기술(Generalship)'을 배우는 기회로 삼습니다. 예를 들면 제1차 세계대전 시 미국의 영웅 퍼싱 장군의 부관은 제2차 세계대전의 패튼 장군이었고 패튼 장군의 부관은 6·25전쟁에서 용맹을 날린 1기갑 사단장 게이 장군이었습니다. 이렇듯 장군들의 전속 부관은 장군들에게 제너럴십을 배우는 학생들이고 장군들은 전속 부관의 가정교사입니다. 그러나 그 당시 우리나라의 경우 전속 부관을 장교 전령, 조금 심하면 집사처럼 부리는 장군들도 없지 아니하였습니다.

그러나 김용휴 사단장님께서는 모든 회의 및 보고에 부관을 꼭 참석시켰고, 부대 순시할 때도 돌아오는 길에 내가 무엇을 보았는지, 어떻게 평가하는지, 그 부대의 잘잘못은 무엇이며 그 이유와 대책은 무엇인지 끊임없이 질문하셨습니다. 처음에 저는 한두 번 건성으로 따라 다녔다가 젊은 사람이 시간을 낭비한다고 눈물이 빠지도록 호되게 꾸지람을 들은 후 사관학교 입학시험 보는 심정으로 온갖 신경을 집중하여 예상 질문과 답변할 내용을 머릿속에 정리해 가면서 수행하게 되었습니다. 회의나 부대 방문 시에는 사단장님의 질문이나 지시 또는 훈시 등 모든 내용을 받아 적어 버릇하다보니 속기를 배운 것도 아닌데 토씨까지 받아 적을 정도가 된 것은 긍정적이었습니다. 하지만 원래도 형편없었던 글씨체를 완전히 버려 제가 써놓고도 제가 못 알아볼 지경이 되어 스트레스를 받았습니다. 그런데 결혼 후 이 고민이 말끔히 해소되었습니다. 왜냐하면 저의 이 천하 명필체로 월남 전쟁터에서 전투 간 막간을 이용하여 쓴 편지로 아내가 제 글씨체를 익힌 탓에 제가 글씨를 또박또박 쓰면 오히려 낯선 글씨라 잘 못 알아볼 지경이어서 아내가 제 글을 100% 해독해 주었기 때문입니다.

김용휴 사단장님께서는 항상 저를 대등한 장교로 대우해 주셨습니다. 사단에 부임한 일주일쯤 후인지, 연대장들 초청으로 사단장님께서 참석하시는 저녁 회식이 있었습니다. 이럴 경우 부관은 통상 밖에서 운전병을 데리고 식사를 하기 때문에 저도 운전병들하고 식사를 주문하여 막 먹으려는데 안에서 사단장님이 찾으신다고 하여 들어가 보니 식탁 끝에 앉으라고 하셨습니다. 그러더니 밥 반을 덜어 국에 마시고 남은 밥그릇을 저에게 건네시며 수저 등을 가져 오라 하시면서 나누어 먹자고 하셨습니다. 그 다음부터 감히 누가 저를 빼놓을 수 있었겠습니까. 그때는 월급 없이 밥만 먹고도 일 해주는 여성 도우미들이 어느 음식점이나 없는 곳이 없었는데 사단장님과 연대장님들 틈바귀에 끼어 있는 총각 장교는 저 혼자인지라 그 인기가 얼마나 대단하였을 것인지 상상해보십시오.

연대 작전관 방 대위님, 연대장님, 사단장님 이런 분들 틈에 끼어 앉아 술을 배웠는데, 술은 확실히 어른 밑에서 배워야 한다는 옛말이 맞는다고 생각합니다. 이렇게 생활하다보니 다른 부관들과 달리 저는 제 개인 시간이 없었고 몰래 도망치면 번번이 찾으시는 바람에 GP장 시절에 배웠던 담배 한 번 맘 놓고 못 피웠습니다. 이렇듯 잠자는 시간 빼놓고는 하루 종일 함께 하다 보니 나중에는 얼굴만 보아도 무슨 생각을 하시는지, 무엇을 하시려고 하는지, 머리에 들어가 있는 것처럼 적중하게 되었고 사단장실 안에서 벨을 누르면 말씀 안 하셔도 찾으시는 공문을 들고 들어갈 정도가 되었습니다. 후에 참모차장 부관 시절에는 벨 누르는 소리를 듣고 사흘 전에 보신 신문 기사를 찾아 들고 간 것이 적중하여 차장님이 놀라신 일도 있었습니다.

그러나 이렇게 명부관만 한 것은 아니고 가끔 사고를 치기도 하였습니다. 제가 부관으로 부임하고 한 달쯤 후 사단장님께서 베푸시는 연대장 부부 동반 격려 회식이 있었습니다. 군사령부 회의에 참석하였던 사단장님께서는 L-19으로 바로 전방 연대 간이 비행장으로 직행하셨고 저는 조금 일찍 복귀하여 회식 후 야간에는 차로 이동하여야 함으로 차를 가져가려고 사단사령부에 잠시 들어와 있었습니다. 제가 막 전방 연대 지역으로 출발하려고 할 즈음 덕정검문소에서 사단장 사모님이라고 하면서 "사단에 들어가다가 차량이 고장 나서 서 있으니 차를 내보내 달라"라는 전화를 받았습니다. 그런데 제가 "사모님은 민간인이시기 때문에 군대 차를 내드릴 수 없습니다. 택시를 부르시지요" 하자 너무 기가 막혀 말문이 막히신 사모님은 전화를 끊으셨습니다.

그러나 그때 전방에서는 저녁 다섯 시만 되면 일반의 통행이 끊기는데 어느 차가 있었겠으며 더욱이 수십 리나 떨어진 의정부 택시가 그 검문소까지 올 리가 없었을 터였습니다. 그렇지만 그런 사정을 전혀 모르는 저는 아무 일 없었던 듯 전방으로 이동하여 회식에 참석하였고 사모님은 회식이 거의 끝나고 일어서 나올 때 즈음에야 도착하셨습니다. 사단장님은 머리끝까지 화가 나신 것 같았으나 연대장 부인들 앞에서 화를 낼 수도 없는 처지여서 같이 지프차로 돌아오는 길에(차 뒤에 사모님과 제가 탑승) 두 분께서는 한마디 말씀도 없으셨습니다. 저는 별 생각 없이(모르니까) 공관에 도착하여 제 방에서 자려고 누웠는데 느닷없이 안에서 큰소리가 나기 시작하여서 병사들도 있는데 조금 조용하시지 하고 생각하다가 잠이 들었습니다.

이튿날 기상하여 사모님은 먼동이 트기 전에 서울로 가셨다는 이야기를 듣고 아침에 사단장님을 수행하여 출근을 하는데 사단장님께서 "부관, 어제 집사람이 차 내달라고 전화했는데 안내줬다면서?" 하셨습니다. 그래서 제가 "네" 하고 대답하니까 "왜 안 내줬어"하시어 "사모님은 민간인이신데 군용차를 타고 다니면 안 되지 않습니까?" 하니 아무 말씀도 안 하시다가 "잘했어" 하고는 다른 말씀이 없으셨습니다.

그러나 그날 저녁에 퇴근해서 제가 잘못했다는 것을 알게 되었는데 전날 공관에 도착하자마자 사단장님은 "시간 하나 못 지켜서 남편 망신을 시킨다"라고 화를 내셨고 사모님은 그 추운데 덜덜 떨며 길가에서 한 시간씩이나 서서 기다리다가 비싼 돈 써가며 100리 길을 밤중에 달려오신 탓에 가뜩이나 화가 나 있었던 터라 "당신의 그 똑똑하고 잘나신 부관님이 차를 안 내

주어서 늦은 걸 그럼 내가 날아서 가느냐"하고 싸우셨다고 합니다. 그러면서 당번병은 "부관님, 비서실로 연락하시면 사단에 용무가 있는 민간인들이나 초청 인사들의 수송용으로 탑을 씌운 행정용 의전 차량이 있습니다"하는 것이 아니겠습니까. 제가 그것을 모르고 비싼 돈 쓰며(의정부에서 임진강변 백학까지이니 택시 값이 상당히 나왔을 것임) 시간까지 늦게 하여, 부부싸움붙인 꼴이 되었던 것입니다.

그 다음날 사단장님께 "제가 잘 몰라서 실수했습니다"하고 사과드리니 웃으시며 "아니야, 소위가 그래야지"하시며 시외전화로 집에 전화를 거셨습니다. 그러더니 사모님을 바꾸어서 "지금 내가 부관에게 이야기를 들었는데 의전 차량이 있는 것을 모르고 그런 것이니 속 좁게 그러지 말고 풀어. 소위가 그래야지 요령부터 배우면 군대의 앞날이 어떻게 되겠나"하고 기분 좋게 웃으셔서 잘 수습이 되었습니다. 이 일이 죄가 되어서 저는 참모총장 임기를 마치고 전역할 때까지 단 한 번도 제 아내에게 군대 차를 내준 일이 없습니다.

동생 재준 올림


### 존경하며 자랑스러우신 형님께

보내주신 편지 잘 받아보았습니다. 동봉해 주신 맥아더 장군의 연설문은 언제나 커다란 감동을 주고 제 영혼 깊숙이 소용돌이치는 "조국, 의무, 명예"라는 외침에 늘 귀 기울이게 합니다.

형님께서 말씀하신 우리의 한글 보급은 자기 글자를 갖지 못한 부족들을 대상으로, 영어의 알파벳보다는 훨씬 간편하고 배우기 쉬운 '한글 보급'을 위하여 뜻이 맞는 사람끼리 설립한 '한글사랑 보급회'의 첫 사업으로 인도네시아에 진출하였던 것입니다. 그 첫 사업은 성공적으로 완료되었지만, 그 후 확장하려던 계획이 예산 문제로 장벽에 부딪혔습니다. 한글사랑 보급회 회장은 함은혜(女) 목사님인데 한복 디자이너로서 개량 한복 전시회 등에서 얻은 수입 등으로 단체를 운용하고 있었으며, 제가 대선 출마 시에는 서울에 상주하시면서 저를 도와주셨는데, 함 목사님은 제가 충남대학원 CEO과정에서 강의한 인연으로 알게 되었습니다.

형님께서 말씀하신 우리 상고사에 대한 저의 견해는 아래와 같습니다.

〈선조들의 이동 경로〉

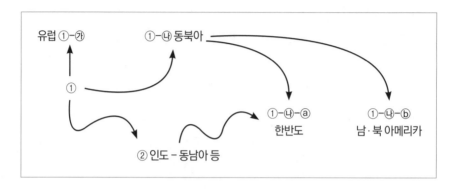

학자들의 주장에 의하면 약 200만 년 전 아프리카에서 인류의 조상이 출현한 이후 10~20만 년 전부터 인구의 증가 및 기후의 변동 등으로 점차 북상을 시작하여 약 3~4만 년 전 아프리카 북동에서 ①-㉮는 지중해를 건너 시리아-터키-마케도니아 쪽으로 진출, 일부는 유럽으로, ①-㉯는 동진하여 서남아-중앙아-동북아로 이동, 마지막 빙하기에 일시 톈산산맥 등으로 남하했다가 빙하기가 종료되자 다시 북상 및 동진을 계속, ①-㉯-ⓐ 의 일부는 한반도로, ①-㉯-ⓑ의 일부는 약 1만 년 전 결빙된 베링해를 거쳐 북아메리카-남아메리카로 진출하였고, ②는 지중해를 건너 바로 해안가를 따라 계속 동진하여 소수 인원이 아직 중국과 한반도가 완전히 분리되기 이전 한반도 남부 해안 일대에 정착한 것으로 추정하고 있습니다(아메리카 인디언 과 우리는 같은 뿌리에서 갈라졌습니다.).

우리 민족의 기원설로는 북방기마민족설(다수가 주장)과 한반도원주민설(윤내현 교수 등)이 대립하고 있습니다. 한반도 내에서 기원전 8,000년 정도의 신석기 유적 등이 출토되고 있으나, 현재 중국이 발굴 결과를 제대로 발표하지 않고 있는 홍산 유적과 하가점 유적에서 발굴된 우리 유물들과 그 간의 고고학적 성과를 종합한다면 −물론 고조선의 국가 형성 당시에 한반도에도 선주민이 살고 있었음에도 불구하고− 고조선의 지배 집단(환인−환웅−단군, 우리는 배달겨레라고 부르며, 이들이 조선족임)은 톈산산맥을 거쳐 북방 경로는 바이칼호반과 몽골 및 내몽골을 거쳐 만주로, 남방 경로는 톈산산맥으로부터 −신장− 황하 북부 지역을 거쳐 난하 유역을 거쳐 동 만주 일대와 한반도에 정착하였다는 설에 저는 동의하고 있습니다.

몽골과 내몽골 등지를 거쳐 남동진한 무리는 한인국(씨족 형태의 무리 사회)−한웅국 또는 배달국(초기에는 마을 단위 국가 형태, 이때 배달겨레가 태동된 것으로 추정)−을 거쳐 계속 남진하여 초기의 평양인 난하 유역에 정착하여 단군이 조선(우리가 고조선 또는 단군조선으로 호칭)을 개국하였다가 후에 2차 평양으로 알려진 지금의 요양으로 천도하였던 것으로 생각됩니다. 그 시대 단군조선의 제후국(거수국)으로 지금까지 전해오는 국명이 약 70여 개(기자조선, 고구려, 예·맥, 숙신, 마한 등)입니다.

황하 유역으로 진출한 무리(화족들이 동이라고 부르는)는 요(堯)−순(舜)−하(夏)−은(商,殷)나라로 이어졌으나, 주(周)의 2대 무왕(武王)에 의하여 은나라가 멸망되자 은나라의 왕족이었던 기자(箕子)가 동족을 찾아 (古)조선 서쪽 변경인 조선(홍산으로부터 남하한 조선족이 거주하고 있었던 지역으로 최초의 평양으로 알려진 지역)으로 망명, 고조선의 제후가 되어 거수국(제후국)인 기자조선을 다스린 것이지 (古)조선 전체를 통치한 것은 아닙니다. 이를 입증하는 사료로서 사마천의 사기에도 ① 하와 은나라는 동이족의 역사고 주나라부터 화족(자기네 종족)의 역사이다(殷曰夷, 周曰華也)라 하였고, ② (내몽골 쪽으로 90° 꺾여 북상하는 황하의 중·상류를 기준으로?) 동쪽은 동이의 땅이요 그 서쪽은 자기네 땅(東曰夷, 西曰華, 우리 선조들이 동진하여 하나라를 세운 이

후 남에서 올라온 화족이 이 땅을 차지)이라고 서술하고 있습니다. 이외에도 사마천은 ③ 무왕이 기자를 조선에 봉하였으나 신하는 아니었다(周武王 封 箕子於朝鮮 而 不臣也)고 기술하고 있는데 이는 은나라 마지막 왕인 주(紂)왕의 삼촌인 기자가 화를 피하여 거짓 미친 사람 행세를 하다가 옥에 갇혀 있었는데 이민족인 중국 사람들에 의하여 구출된 것을 창피하게 여겼고 -또한 자기 나라가 망하였으므로- 동족인 조선으로 망명하여 (古)조선의 서쪽 변경인 난하 유역에 있는 조선의 제후가 된 것을 인정하였다는 의미일 뿐입니다. 이 제후국을 후세 사람들이 제후인 기자의 이름을 따 기자조선이라고 부른 것입니다.

이후 위만이 기자의 후손이 통치하던 난하 유역의 기자조선을 멸망시키고 위만조선을 건국하여 세력을 확장해 나가자 난하 유역에 위치하였던 조선의 거수국들이 대거 민족의 대이동을 시작하여 요하 이동(以東)의 만주 일대와 한반도 북동쪽으로 이동하였던 것입니다. 그 한 예로, 고주몽이 세운 고구려는 원래 난하 유역의 갈석산 부근에 있었던 고구려의 이름을 그대로 계승한 것입니다(평양은 '펴라(넓은 벌)'라는 일반명사가 세월이 지나면서 고유명사가 되었는데 평양으로 식별되는 지형이 다섯 곳 있으며, 단군조선은 강역의 변동에 따라 도읍을 다섯 번 옮긴 것으로 판단하고 있습니다). 바꾸어 말하면 단군조선은 지배층인 환웅족(조선족)을 위시하여, 고구려족, 맥족, 예족 흉노 말갈 숙신 등 다수로 구성되어 있었던 것입니다.

형님께서 언급하신 우리 선조들의 지손에 대하여 저는 다음과 같은 견해를 가지고 있습니다. 단재 신채호 선생의 〈조선 상고사〉에서도 "훈(흉노)은 우리 조선의 백성이었다"라고 기술하고 있는 바와 같이 흉노족은 고조선을 구성하고 있는 많은 종족 중 일족이었습니다. 이중 일부가 현재의 중국 북부 또는 서부에서 기원전 1세기경부터 서진하다가 로마를 공략한 훈족의 아틸라 사망 후 분산, 정착 및 흡수되어 역사에서 사라졌습니다.

그러나 이들로부터 이탈한 일부는 계속 서진하여 현재 헝가리로, 일부는 더 북상하여 핀란드로 진출하였다는 주장도 있습니다. 그리고 흉노가 떠난 몽골 지역에서는 유목민들의 치열한 각축전 끝에 동호 계열의 일족인 선비족이 패권을 장악하고 북중국 일대로 세력을 확장하여 5호16국 시대를 거쳐 수와 당의 왕실로 이어졌습니다. 그러자 AD 6세기 선비족의 일족인 유연의 지배를 받던 돌궐이 유연을 멸망시키고 몽골 지역을 아우르는 대 제국을 건설하였습니다. 그러나 건국자 토문이 죽자 돌궐제국은 두 아들에 의하여 동서로 나뉘어, 서돌궐은 중앙아시아로 진출, 그 곳에 정착 하였으며 동돌궐은 몽골 지역에서 한때 큰 세력을 형성하였으나, 계속된 천재와 내분으로 세력이 약화된 끝에 당나라에 의하여 멸망하였습니다. 그러자 동돌궐의 유민 무리가 당의 지배를 벗어나 서쪽으로 진출하였고, 이들은 셀주크투르크 – 오스만투르크를 거쳐 오늘의 터키를 건국하였습니다(터키 역사 교과서에 그 조상을 몽골 지역의 돌궐(투르크)이라고 명시하고 있습니다.). 이후 AD 10세기 몽골에서 일어난 징기즈 칸이 재차 서진하면서 그 자손들이 인도 및 아프가니스탄에 무굴제국과 티무르제국을 건국하였습니다.

형님께서 말씀하신 미얀마 북부의 트라이앵글(TriAngle : 3개국 접경 국경 지역으로 마약 생산지로 알려져 있음) 인근의 소수 부족은 당(唐)이 고구려를 멸망시킨 후 약 20만여 명의 고구려 유민을 중국 내륙으로 강제 이주시켰을 때 이들 중 일부가 더 남쪽으로 이동하여 미얀마 국경 지역에 정착, 오늘에 이르고 있다고 하는데 이들도 본인들은 고구려의 후예라고 주장하고 있다 합니다.

이외에도 바이칼호반 남쪽으로부터 몽골 국경에 이르기까지 거주하고 있는 '브리야트'족은 자기네 조상 중 일족이 동쪽으로 이동하여 한국인이 되었다고 말하고 있습니다(생김새로 구분 불가, 풍습 등 유사성 많음). 몽골 사람들은 우리를 솔롱고스(동쪽 무지개 뜨는 곳 또는 그곳에 사는 사람)라고 부르고 있는데 자기들로부터 떠난 일족의 후손으로 알고 있습니다.

일본인들의 경우는 그들의 80%가 도래인(渡來人 : 한반도에서 건너간 사람들을 일컬음)으로서 단군조선으로부터 시작되어, 일본 중부 및 동부에는 고구려와 신라계가, 큐슈 등 남부 지방에 백제계가 많이 정착하여 오늘의 일본인을 구성한 것으로 알려져 있습니다. 일본 왕실은 비류백제계인데, 백제 멸망 시 백제를 지원하였던 사이메이[齊明] 천황은 의자왕의 여동생으로 〈일본사기〉에 "이제 백제가 망하였으니 언제 다시 조상의 묘에 참배할 것이냐"라고 한탄하였다는 기록이 있습니다. 이뿐만이 아니라 그들의 고전 만엽집 또한 고대 우리의 백제어(전라도 지방의 고어)라는 사실이 밝혀지고 있습니다.

형님께서는 언어를 말씀하셨는데, 우리의 왼쪽(left)은 몽골어로 '왼손', 우리의 오른쪽(right)은 몽골어로 '오른손'이며 우리가 '인두(우리 어렸을 때 어머님이 화로에 달구어 옷깃을 다렸던 조그만 다리미)'라고 부르는 것을 그들도 인두라고 부르는 등 상당히 많은 단어를 공유하고 있습니다. 몽골 사람들은 어학 능력이 뛰어나 특히 우리나라 말은 한 6~7개월만 배우면 불편 없이 대화 가능한 수준에 달할 수 있다고 하는 이야기를 들었는데 아마도 우리와 몽골의 언어의 유사성 때문이 아닌가 합니다. 그리고 터키 말도, 약 70개 단어(제가 암기는 못하지만, 알고 있는 것)가 우리말의 단어와 같은데 우리의 '쌀'을 그들은 '살(쌀의 경상도식 발음)'이라고 합니다.

터키는 6·25 당시 NATO 가입에 유리한 여건을 조성하고자 하는 목적도 있었지만, 미국, 영국에 이어 세 번째로 많은 병력(1개 여단)을 파병하였습니다. 그런 터키는 우리를 피를 나눈 형제(A blood-split brother)라고 부르고 있는데 우리는 이를 6·25전쟁 때 함께 싸워서 그렇게 부르는 것으로 알고 있지만 터키 사람들은 '같은 조상의 후손'이라는 의미로 쓰고 있습니다.

베트남도(과거 북위 17°를 기준 남·북으로 나뉘어 있었음) 북부 베트남인들은 우리 조선족(한인, 한웅족 : 고조선 건국 세력으로 우리 배달겨레) 중 일부가 중국 동해안을 따라 계속 남하하면서 과거 춘추전국시대에 내이(來夷)나, 회이(淮夷) 등과 같은 나라를 이루었던 것처럼 북부 베트남 일대에 진출하여 정착한 무리의 후손입니다(이들은 남방 몽골리안으로 분류되며, 몽골반점이 있습니다.). 이에 반하여 남부 베트남에는 오스트로네시아인(남방 도서군과 같은 해양 민족)이 분포하고 있는데 이들은 대체로 눈이 크고 아름다우며, 비교적 남과 북의 사람들이 구분되는 편입니다.

저는 2004년 육군참모총장으로서 월맹을 방문하였었습니다. 그때 월맹의 안내 장교는 제가 월남전 참전 장교 중 현역군인 신분으로 월맹을 공식적으로 방문한 최초의 장교라고 하였습니다. 아마도 제가 월남전에 참전하였던 장교 중 거의 마지막으로 남은 현역장교이었으므로 최후로 방문한 장교이기도 할 것입니다. 제 참전 사실을 알고 있었던 월맹이 의도적으로 그랬겠지만 월남전 당시 남부 월남에 투입되어 전투하였던 사단으로 저를 안내하였습니다. 제가 사단에 도착하자 사단장(상급 대좌 우리의 준장급)은 직접 사단에 관련된 상세한 브리핑을 하여주었습니다. 그는 브리핑을 마치면서 "총장 각하께서 한 말씀 해주십시오" 하고 자리에 앉았는데 그 말이 떨어지자마자 좌우 두 줄로 배석해 있던 참모 장교들이 순식간에 일제히 손으로 턱을 괴고 옆으로 비스듬히 누운 자세로 저를 올려 보았습니다. 그렇지만 저는 이에 개의치 않고 다음과 같은 요지로 말했습니다.

"군인들이 전쟁터에서 죽어가면서도 자랑스럽게 '용감히 싸우다가 전사했다'라고 가족에 전해달라는 부탁을 하며 전우들의 품에서 눈을 감을 수 있는 것은, 자기 조국은 정의의 편에 서 있으며, 그러므로 나는 조국의 명에 따라 정의를 행하다 죽는다는 조국에 대한, 그리고 자신에 대한 자긍심 때문이다. 나는 군인으로서 내 조국의 명령에 복종했을 뿐 싸우는 군인들끼리 감정은 없다. 여러분도 군인들이다. 지금부터 34년 전 내가 20대의 젊은 장교로서 이곳에서 피 흘려 싸우며 평가하였던 여러분의 선배들은 죽어가면서도 탄창의 마지막 한 발까지를 주저 없이 사격하던 군인들로서의 강인함, 두려움 없는 용기, 인내, 조국에 대한 충성심들이 두드러진 용감한 전사들이었다. 동서고금을 막론하고 장교단의 질과 수준은 그 나라의 역사적, 전략적 진로에 대한 나침판이자 원동력인 것이며 앞으로도 그럴 것이고 또 그렇게 될 것이다. 여러분이 잘 모르고 있는 것 같아 이야기해 주는데 우리 양국의 선조들은 아주 먼 옛날 한 뿌리에서 갈라져 서로 다른 장소에서 살았음에도 공동의 적을 맞아 하나의 동일한 전략적 목표를 가지고 함께 피 흘리며 싸워온 전략적 동지들이었다. 예를 들면 여러분의 국민적 영웅인 쯩자매가 한나라와 맞서 싸울 시기에 우리 또한 한나라와 국가의 흥망을 걸고 싸웠다. 여러분의 조상들은 이러한 우리와 베트남의 혈연적 유대를 깊이 인식하고 있었다. 여러분의 몸에 몽골반점이 있듯 내 몸에도 몽골반점이 있으며, 우리나라에 화산 이씨라는 씨족이 있는데 화산이씨의 시조는 여러분의 중세 역사에 나오는 이씨 왕조의 마지막 황제의 숙부였다. 그는 혁명이 일어나자 조상들의 뿌리를 찾아 우리 고려왕조로 망명하여 화산 이씨의 시조가 된 것이다.

우리 양국이 함께 해야 할 앞날의 전략적 상황은 앞으로도 동일할 것이며 따라서 우리의 현명하였던 조상들처럼 우리도 동일한 목표를 위하여 굳건히 손잡아야 한다. 이것이 바로 내가 여러분을 찾아온 이유다. 만일 여러분이 한 순간의 지나간 과거에 집착하는 소소한 감정으로 나라와 민족의 미래와 그 역사적 대의를 읽지 못한다면, 그러한 장교단이 있는 한 이 나라의 앞날은 암담하다고 단언할 수 있다. 그럼에도 여러분은 여전히 과거에 집착하여 미래를 함께할 전략적 형제들을 저버릴 것인가? 군인은 오직 자기 조국의 명령에 따라 정의로운 조국의 밝은 오늘과 내일을 위하여 싸울 뿐이다. 그것이 군인이다."

제가 이렇게 이야기하는 동안 분위기가 서서히 바뀌다가 마침내 모든 장교가 사관 생도들처럼 부동자세로 앉아 숨소리 하나 없이 경청한 것까지는 좋았는데 그 후에 저는 곤욕을 치러야 했습니다. 왜냐하면 이 사단에 방문한 이후 월맹 측에서는 제게 상당한 친밀감을 표시하면서 개고기를 식탁에 올리기 시작한 것이었습니다. 제가 알고 있기로 그 당시의 베트남의 일부에서는 개인적으로 아주 친밀한 사이에만 개고기를 함께 먹는 것으로 알고 있습니다. 저는 개고기를 먹는 것은 고사하고 개고기 먹는 것을 이해조차 못하지만 못 먹는다고 이야기할 수는 없었습니다.

여담입니다만 제가 소령 시절 작전 참모 임무를 대리하고 있었기 때문에 참모 회식에 늘 참석하고는 하였는데 당시는 개고기 값이 소고기보다 훨씬 싼 시절이었습니다. 그래서 비공식적인 참모 회식 메뉴는 으레 개고기였지만 저는 항상 소고기를 시켜 먹었습니다. 한번은 훈련도 성공적으로 끝났고 하여 사단장님께서 저녁을 함께하자고 갑자기 소집하셨습니다. 저는 마침 예하대 방문으로 점심도 굶었던 터라 소고기를 맛있게 먹고 있었습니다. 기분이 좋으셨던 사단장님께서는 저에게 "남재준, 너는 개고기도 못 먹으면서 무슨 군인이라고 하느냐"라고 시비를 거셔서 제가 주저 없이 "개도 족보 있는 개는 개고기를 안 먹습니다" 하고 답했습니다. 사단장님은 "그럼 내가 개만도 못하다는 말이냐"라고 하시어 모두들 박장대소를 하였습니다. 이런 저에게 월맹군 사단 방문 이후 가는 곳마다 개고기를 내어놓은 탓에 제 수행원들이 제 앞의 개고기를 다른 사람들이 눈치 채지 않게 먹어치우느라고 고생 아닌 호강들을 하였습니다.


그 후 몽골 방문 시에는 몽골 대통령과의 대화에서 상호 양국의 역사에 관한 인식이 완전히 일치하고 있었습니다. 당시의 몽골은 내몽골과 접경 지역의 희토류와 서부 지역의 구리, 카드뮴, 망간, 니켈 등의 광물 자원의 매장량이 풍부하였으나 자본 부족으로 개발되지 못하고 있었던 형편으로 우리의 투자를 희망하였습니다. 그러나 제 역할의 한계로 인하여 진척된 것은 없는 것으로 알고 있습니다. 하지만 다행히 제가 전역한 후 몽골 국방총장이 몽골 국방부의 전산 네트워크 구축을 위한 컴퓨터 지원을 요청하여 정부 부처에서 교체하는 컴퓨터 1,000여 대를 획득한 후 수리하여 몽골에 지원해 주어서 몽골의 국방인트라넷 망 구축에 도움을 주었습니다. 그리고 제가 여기 수감되기 전까지는 저와 뜻을 같이하는 예비역 장군 몇 명이 매달 얼마를 갹출하여 몽골의 울란바토르 대학에 장학금을 수여하고 있었습니다.

현재 터키를 비롯하여 카자흐스탄 등 중앙아시아 나라들과 몽골 등 몇 개국이 공동으로 단군의 역사를 새롭게 조명하고 있다고 들었습니다. 그러나 우리나라는 단군의 종주국이면서도 학교에 세워진 단군 동상의 목을 자르고, 자신들의 역사를 한갓 설화라고 규정하며 송두리째 단군의 역사적 실체를 부정하여 우리나라 역사의 시계를 2000여 년씩이나 뒤로 돌려놓고 있습니다. 이뿐 아니라 우리는 늦게서야 국가 사회로 진입한 열등한 민족임이 진실이라고 강변하는 사대주의 및 식민 사학자들과 중국의 눈치를 보는 인원들이 이러한 연구들마저 의도적으로 외면하고 있는 안타까운 현실입니다.

그러나 앞으로 우리 후손들의 열린 미래를 위하여는 이렇듯 조상의 뿌리가 같은 터키로부터 중앙아시아 나라들과 몽골, 우리나라, 일본, 베트남 등이 함께 그 역사를 오늘에 새로이 조명하여 손에 손잡고 어깨를 나란히 하면서 나아가야 할 것입니다.

형님과 형수님의 건안하심을 기원하며 오늘은 이만 줄이고 다음 주 또 서신 올리겠습니다.

동생 재준 올림

# 8. 월남 전선으로

## 가. 월남전 개요

### 존경하며 자랑스러우신 형님께

이따금 휘날리는 눈발까지 뒤섞여 몰아치는 세찬 바람에 자칫 움츠러들려는 마음을 애써 가다듬고는 합니다. 형님께서 보내주신 두 통의 서신 모두 잘 받아 보았으며, 형님과 우진이의 배려와 노고에 감사드립니다.

오늘부터는 월남전에 대하여 −제가 수행했던 전투 행위보다는− 전쟁사학도의 관점에서 제가 겪으면서 느낀 월남전에 대하여 말씀드리고자 합니다.

앞으로 전쟁 양상이 과학의 발달로 전투 장비가 고도화되고 이로 인하여 **전쟁 수행이 인간 중심에서 AI 및 기계 중심으로 변화되어 간다하더라도 여전히, 전쟁의 주체는 '인간'일 수밖에 없습니다.** 그러므로 전쟁의 목표와 목적이 무엇이든 간에 궁극적으로 획득한 승리를 공고히 함으로서 **전쟁의 본질적인 목표 달성을 가능하게 하는 것은 '민심(民心)'을 확보하는 것**입니다. 그리고 전장 환경은 전쟁의 수단 즉 병력, 화력, 장비의 운용에 지대한 영향을 줍니다.

월남전에서 미군이 승리하지 못한 이유 두 가지 중 첫째는 **민심 확보에 실패**한 것입니다. 그리고 둘째는 극도로 병력과 화력 및 장비의 운용 효과를 제한하는 전장 환경에 능동적으로 적응하지 못하고 유럽과 같은 전장 환경에서 발전해온 **서구식 전략과 작전 및 전투 개념을 그대로 적용한 것**도 또 다른 요인이라 할 수 있습니다. 다시 말하면, 제2차 세계대전 시 17만 명의 전·사상자를 낸 태평양 전쟁, 10만 명 가까이의 전·사상자를 낸 6·25전쟁에서 얻을 수 있었던 '동양인의 의식 구조와 동양의 기상 및 지형에서의 전투 수단 운용 효과' 등 그 피어린 교훈을 충분히 활용하지 못한 결과라 할 것입니다.

1950년대 초 월남(남부 베트남, 지금 일반적으로 월남으로 불리는 북부 베트남은 월맹) 대통령 고 딘 디엠은 '전략촌'을 만들어 월남 정부의 통제 지역을 안정적으로 확대해가고 있었습니다. 전략촌의 개념은 다음과 같습니다. 각 마을 외곽에 베트콩(vietcong : 공산 반군)들의 침투 및 기습을 방지하고 부분적인 방어가 가능하도록 울타리와 방어 시설물을 설치하고, 1차는 마을 주민이 마을 단위의 자체 방어를 실시합니다. 2차는 지방 민병대(People's Forces)가, 3차로 결정적인 지역과 상황에서는 정부군을 투입함으로써 적을 찾아다니는 것이 아니라, 적을 오도록 유도하여 내 마당에서 적을 격멸하는 개념입니다. 이렇게 할 경우 ① 주민의 안전을 정부가 보장해줌으로 정부의 통제력을 확고히 하고 ② 적의 보급원(인력 및 식량 등 물자)을 거부함으로써 적 세력을 약화시킴과 동시에 물자 확보를 위하여 마을로 내려오지 않을 수 없도록 강요할 수 있었습니다. 이에 따라 정부군은 전장에서 주도권을 가지고 적의 근거지 타격에 중점을 둔 작전으로 베트콩의 세력을 위축시키는 동시에 정부 통제 지역을 점진적으로 확대해 나가고 있었습니다.

그러나 월맹의 지령을 받는 인원들의 주도 하에 지식인들과 성직자 및 학생들은 고 딘 디엠의 불교 탄압을 빌미로 삼아 '독재 정권 타도'를 외치면서 반정부 시위를 조직적으로 격화시켜 나갔습니다. 상황에 따라서는 비정상적 조치가 한시적으로 적용되어야 할 경우도 있습니다. 그럼에도 불구하고 안정된 상황과 조건 하에서 적용 가능한 미국식 인권과 자유·민주의 잣대를 들이댄 케네디 행정부의 묵인 아래 군부 쿠데타가 일어나 고 딘 디엠 정부가 전복되었고 전략촌 개념은 사라지고 말았습니다. 이에 따라 그때까지의 민사 작전(civil affair :민심 확보에 주안을 둔 작전)에 보다 중점을 두고 이루어지던 작전이 군사 작전 위주로 전환되었습니다. 다시 말씀드리면 작전 목표가 '민심 및 정부 통제력 확보'로부터 '적 격멸'로 변경됨으로써 전쟁의 본질과 성격이 비정규전적임에도 불구하고 정규전 양상으로 변화된 것입니다.


월남전의 특징은 피아의 구분이 어렵고 따라서 전선이 없다는 것입니다. 전략촌 개념이 유야무야되자 베트콩들은 곧바로 마을로 침투하여, 지방의 정부 관리와 신망 있는 지도적 인사(교사, 성직자, 원로 등)들에 대한 무차별 테러를 자행함으로써 월남 정부는 불가피하게 군인들로 이들을 대치하였습니다. 그러나 전투 훈련을 받은 군인들은 지방 행정 및 민간 조직 관리에 서툴렀을 뿐 아니라 군대식 일 처리로 시행착오를 거듭하여 주민들의 불만을 야기하였습니다. 사회적 상황이 저들의 의도대로 진행되자 베트콩과 월맹은 다음 단계로, 이러한 상황을 월남 정부의 무능과 부정부패 탓으로 몰아가면서 대대적으로 주민들에 대한 선전 선동 활동을 전개함으로써 마침내 정부와 국민들을 분리시키는 데 성공하였습니다.

그 결과 월남 정부의 통제력은 점차 약화되어 갔으며, 월남 정부의 통제력이 미치는 지역도 도시 중심으로 줄어들게 되어 종전 무렵에는 전 국토의 약 20%에 불과하였습니다. 참고로 말씀드리면 월남 정부의 타도에 앞장섰던 지식인들과 학생 및 성직자들은 대부분 공산 적화와 동시에 1차적으로 숙청되었습니다. 월맹의 지령 하에 움직인 사람(간첩들, 예를 들어 대통령 비서실장 등)들을 제외한 나머지 사람들은 공산주의자들의 거짓 선전 선동에 놀아났던 것으로 이들은 공산주의자들이 아니고 소위 공상적 공산주의자 내지는 얼치기 사회주의자들이었는데, -소위 보수들은 삶에 대한 애착과 겁이 많아 길들이기가 쉽지만- 이들처럼 자기 사상을 가진 사람들은 사상적 개조나 세뇌 교육식 교화(敎化)가 어렵기 때문입니다.

이렇게 하여 베트콩 통제 지역이 빠른 속도로 확산되었고, 정부로부터 보호받지 못하게 된 주민들은 자구책으로 VC(베트콩)들에게 자의반 타의반으로 협조(비협조시 보복이나 테러를 당함)하게 되었습니다. 그 후 이러한 추세는 점차 확산되어 국민을 보호하지 못하는 정부에 협조하지 않는 태도(함부로 처벌할 경우 그럴수록 민심이 더 악화될 뿐 아니라 VC들의 선전 자료를 제공)가 보편화되어 소위 낮에는 월남, 밤에는 월맹, 형은 정부군, 동생은 베트콩이라는 표현이 낯설지 않는 상황이 되었습니다.

당시 피아 전투력은 월맹 측은 베트콩 포함 17만여 명(추정), 월남 측은 민병대 포함 100만여 명과 연합군 50여만 명(미군 최대 투입 시 병력)이었고 해·공군은(월맹 해·공군은 유명무실) 연합군이 압도적으로 비교 불가능이었습니다. 그러나 군사 전략 목표가 '민심 획득'의 민사 작전 위주에서 '적 격멸'이라는 군사 작전 위주로 전환되고 확전으로 치닫게 됨에 따라 점차 작전상의 허점을 노출하게 되었습니다. 이것이 누적된 데다가 VC들의 무자비한 테러와 심리전의 병행으로 월남 국민들은 점차 항전 의지를 상실하였고 군이 가족을 영내에 함께 기거토록 하지 않을 수 없는 상황으로 몰아가, 월남군의 기동력과 전투력 발휘를 극도로 제한하게 되었습니다.

정규전에서 군사 작전의 원칙은 결정적인 목표에 우세한 전투력을 집중하여 주도권을 장악하며 적을 격멸하는 것입니다. 그러나 월남전은 ① 적들이 주민들 사이를 파고들어 뒤섞여버림으로써 주민과 적들의 분리를 어렵게 하여 피아 식별이 안 되는 전선 없는 전선을 형성함으로써 결정적인 군사 표적의(목표) 형성을 거부하고 싸울 시간과 장소를 적들이 결정하게 됨에 따라 연합군 측은 주도권을 상실, 적들에 의하여 조성된 상황에 수동적인 대응을 강요당하였으며 주민들의 자·타의적인 베트콩 측에 대한 협조로 아군의 보안 유지와 행동의 자유는 속박받는 반면 적에 대한 정보 수집은 제한되었습니다. ② 전장 환경(특히 극심한 정글)은 현대의 과학 장비(통신, 정보, 화력 및 기동 장비 등)의 효능을 극도로 제한하여 현대적 개념인 '찾아서, 보고, 쏘아서, 격멸'하는 개념 적용을 어렵게 하였습니다.

이에 따라 미국은 작전의 주도권을 장악하고 월남전을 조기에 종결시킬 목적으로 병력을 대폭 늘려 한때 거의 50만에 가까운 병력을 투입하고 전장 지역을 월맹 지역으로 확대해가는 동시에 기동 제한을 극복하고자 항공 전력(특히 헬기)을 본격적으로 운용하였습니다. 또 각 부대별 작전 지역을 할당, 기지를 구축한 다음, 기지를 중심으로 수색, 매복, 적 포착 시 포위 섬멸을 반복하여 '안정 및 영향 지역'을 확대해 나갔습니다. 이에 따라 전쟁은 점차 확전으로 치달았고 그 결과 사상자와 전쟁 비용이 기하급수적으로 증가되었습니다. 뿐만 아니라, 월맹의 적극적인 심리전에 편승한 미국 내 반전 인사들(예를 들어 여배우 제인 폰다 등)이 앞장서서 미군의 폭격으로 인한 민간 피해와 전쟁의 참혹상, 미군의 잔인성 등을 대대적으로 선전한 결과 마침내 의회와 국민 대중이 전쟁 계속의 지지를 철회하였습니다.

이 결과 미 행정부는 계속적인 전쟁 수행이 불가능하게 된 상황 하에서 전세가 역전되고 승리가 불투명하게 되자 키신저의 파리회담(철군 명분 쌓기에 불과)으로 철군을 결정, 월남을 포기한 것입니다. 따라서 연합군 측은 군사력은 우세하였으나 전략 목표의 설정 잘못과 월맹의 집요한 심리전에 의하여 항전 의지를 상실함으로써 패배하였다고 결론지을 수 있습니다. 이를 한마디로 표현하면 "전투에서 승리했으나 전략 목표의 잘못된 선정과 심리전에 패함으로써 전쟁에서 패배했다"라고 평가할 수 있겠습니다. 이와 같이 **동맹과 연합은 "스스로 설 수 있을 때" 의미가 있는 것이지 홀로 서지조차도 못하는 나라에게는 아무 의미도 없는 것**입니다. 이 세상에서 나 아닌 너를 위해서 자신을 희생할 수 있는 존재는 오직 '부모'밖에 없습니다. 형님 건강히 지내십시오. 다음 주부터 제가 겪은 월남전에 대하여 말씀드리겠습니다.

동생 재준 올림

## 나. 파월(派越) 동기 및 파월

### 존경하며 자랑스러운 형님께

형님의 서신 다섯 통 모두 잘 받아 보았습니다만, 너무 무리하시는 것 같아 걱정됩니다. 형님도 이제는 연세가 있으시니 편지 분량을 줄이심이 어떨런지요?

제가 월남 참전을 결정한 것은 사단장 전속 부관 시절이었습니다. 하루는 육군사관학교 역사과에서 제가 역사 교관 요원으로 지명되어 곧 통보가 갈 것이니 업무를 마무리하여 인계 준비를 하고 출발할 수 있도록 대기하라는 전화를 받았습니다. 그러나 그 당시는 육사 교관으로 갈 경우, 서울대 사학과(저의 경우) 3학년으로 편입, 졸업 후 육사의 강사로 출발하여 외국 또는 국내의 석·박사 과정을 거치면서 조교수로부터 부·정교수의 코스를 밟는 것이 대부분이었고 극히 예외적인 경우 다시 일반부대로 복귀하기도 하였습니다. 그러나 위탁 교육 2년, 교관 3년을 육사에 있을 경우 중대장 경력을 정상적으로 역임하기가 어렵고, 또 제 적성도 아니며 저는 꿈에도 야전 보병으로 근무하기를 열망하고 있었습니다.

그래서 저는 혼자 고민하다가 선배들에게 알아보니 한 번 지명되면 빠져나오기가 무척 어렵다고 하여서 사단 인사 참모에게 조언을 구하였더니 마침 월남의 보병 소대장 요원 차출 지시가 내려와 있는데 지원하면 바로 명령이 날 것이니, 그렇게 되면 육사에서 지명 요청을 하더라도 월남 차출이 우선이기 때문에 파월될 것이라고 하였습니다. 이에 저는 주저 없이 그 자리에서 월남 파병 지원 신청을 했습니다. 일단 급한 마음에 파병동의서에 서명한 후 사단장님께 허락도 받지 않고 혼자 결정으로 덜컥 지원한 것을 어떻게 말씀드리나 하는 것을 고심하게 되었습니다. 그런데 하늘의 도우심인지, 저의 파월 명령이 내려온 그 다음 날, 임기가 아직 8개월이나 남아 있는 사단장님이 육군본부 군수참모부장으로 명령이 나시는 것이었습니다. 그래서 저는 당시 상황을 설명해 드렸습니다. 사단장님께서는 "그래 너는 장기 복무할 장교이니 전투 경험을 쌓는 것이 중요하다. 잘 생각했다"라고 칭찬하시면서 월남전의 특성과 지형, 주의하여야 할 사항 등을 상세히 설명해주셨습니다. 며칠 후 사단장님은 육본으로, 저는 춘천 북방 오음리에 있는 파월교육대로 출발하였습니다.

교육대 입교 전 2박 3일의 외박이 있어 기회를 보다가 아버님 어머님께 월남에 가게 되었다고 말씀드리니 아버님은 잠시 아무 말씀도 없으시다가 "휴~" 하고 한숨을 쉬시더니 "그래 언제 떠나느냐"라고 물으셨습니다. 저는 "당장 떠나는 것이 아니고 교육대에서 한 달 교육 후 떠납니다"라고 말씀드린 후 방으로 어머님을 따라 들어가 안심시켜 드리기 위하여 갖은 아양을 다 떨어야 했습니다.

저는 일복이 많은 것인지 파월교육대에 입교하자마자 바로 제대장(梯隊長 : 교육대로부터 월남 도착 시까지의 임시 편성 부대 지휘관) 보좌관으로 임명되어 무척 바쁜 일정을 소화해야 했습니다. 훈련을 마치고 마지막 외박 시 기록카드를 찾으러 원주에 들렀다 집으로 가기 위하여 택시(버스를 타려면 두 시간 정도 기다려야 했고, 소위 총알택시라 하여 그 험한 고갯길을 날아다니듯 빨리 다니는 택시들이 등장, 성업 중이었음)를 탔는데, 사람을 넷씩이나 태우고 그 험한 오움리 고개의 내리막길을 전속력으로 내달리기에 운전기사 옆자리에 앉아 있던 제가 속도를 줄이라고 여러 차례 이야기하였습니다. 그러나 운전기사는 제 말을 못 들은 척 계속 가기에 화를 내며 내릴 테니 차를 세우라고 소리쳤습니다. 그러자 운전기사가 그제야 브레이크가 말을 듣지 않는다고 하여 동승하였던 민간 승객들이 동요하기 시작하였습니다. 이에 저는 승객들에게 조용히 하라고 한 후 좌로 굽은 커브 시 좌측 골짜기로 차를 집어넣으라고 운전사에게 요구하였습니다. 그런데 이 운전기사는 "차 못 쓰게 돼서 안 됩니다"라고 하며 그대로 내려가는 사이 커브를 돌 때마다 바깥쪽 바퀴가 들렸습니다. 그래서 마음의 준비를 하고 있다가 다음의 커브 지점에서 제가 한 손으로 핸들을 틀어버렸는데 다행히 장애물이 없이 편편하게 위로 오르는 골짜기라서 조금 오르다가 엔진이 꺼지면서 차가 멈췄습니다. 그러자 한동안 멍청히 서 있던 운전기사가 "차가 어떻게 멈췄죠?"라고 물었습니다. 운전기사는 고개 마루에서 내려오면서 커브 길에 속도를 줄이려다 브레이크가 안 듣는다는 것을 알고는 정신이 나갔던 것인데 이윽고 정신을 차린 후 장교님 때문에 살았다고 고마워하였습니다.

저는 그 다음 날 귀대하는 길에 여자 친구였던 아내를 만나, "내가 살아서 돌아오고 그때까지 결혼하지 않고 있으면 나와 결혼해 달라"라고 말하면서 내일 09:00시에 파병 열차가 청량리역에 정차하니 나와 달라고 요청했습니다. 아내는 "남 소위님 부모님께서도 나오실 터인데 안 나갈거예요"라고 하는 것이었습니다. 그래서 시간도 없고 하여 "만일 출영을 안 나오면 아마도 내가 돌아오지 못하게 될 것"이니 알아서 하라고 하고는 귀대하였습니다. 다음 날 춘천에서 열차에 탑승한 저는 열차 내 방송으로 병력을 통제하느라 부산을 떨다가 청량리역에서 아버님, 어머님(동생도)을 뵙기 위해 잠시 하차하고 보니, 제 아내가 조금 떨어진 곳에 서 있었습니다. 나중에 귀국하고 들은 이야기인데 어머님은 우리가 오래 사귄 것으로 생각하셨는지 아내에게 "남자를 전쟁터에 떠나보내면서 눈물을 보이는 것이 아니니 울지 말라"라고 하셨다고 합니다. 아내는 "그때 인사하고 만난 것이 세 번뿐인데 눈물이 나오겠느냐"라고 하여 서로 웃었습니다.

이윽고 부산 3부두에 도착하여, 미 수송선 베렛트호에 승선하였고 빗방울이 조금씩 떨어지며 군악대가 "아아, 잘 있거라. 부산 항구야"를 연주하는 가운데 뱃고동 소리와 함께 배가 서서히 부둣가를 밀치듯 움직이기 시작하였습니다. 이때 함께 파월하는 동기생 세 명이 갑판 난간에 기대어 출영 나온 가족들과 학생들을 마주보고 있었습니다. 그중 한 명은 부산 출신이었는데 부두에 있던 동생과 큰소리로 서로 말을 주고받다가 배가 움직이자, 동생이 우는 목소리가 되어 형을 부르니 동기생도 눈물을 주르륵 흘렸습니다. 안 그래도 살아서 부산항을 다시 볼 수 있을지 기약할 수 없는 상황에서 모두 말은 안 하였지만 울적해 있던 차에 분위기를 바꾸기 위하여 제가 "야, 너 사내자식이 우냐!"하고 놀렸습니다. 그러자 이 동기생이 눈물을 훔치면서 "아냐, 이건 빗물이야"라고 했습니다. 그래서 그 친구 별명을 '아마도 빗물이겠지'로 지어 주었습니다.

생도 시절 장교는 '국제적 신사'라고 상급생들이 수없이 교육했지만, 실상은 '국제적 거지'에 가까웠는데(생도들의 우스갯소리) 미 수송선에 탑승해보니 과연 장교는 '국제적 신사'라는 말을 실감할 수 있었습니다. 부사관들과 병사들은 커다란 공간의 그물 침대가 층층이 되어 있는 곳에서 숙식하는데 장교는 중·소위까지 독실(suite room)을 사용하였고, 사관 식당(함장과 함께 식사)은 웬만한 호텔의 식당 같았습니다. 그런데 배에서조차 저는 곤욕을 치러야 했습니다. 장·사병 메뉴를 번역하여 타이핑해서 배포하여야 하는데 저 자신 한국식으로 발음하여 함박스텍과 돈가스(후에 보니 함박스텍은 국적이 애매하였고 돈(豚)가스는 포크 커틀렛(pork cutlet)이었음)밖에 몰랐던 무식한 실력으로는 도저히 번역할 재간이 없었습니다. 그러나 아무리 고민을 해도 별다른 방법이 없기에 예를 들면 "얇게 썬 고기 만 것을 살짝 튀긴 것에 향신료를 치고 샐러리를 얹은"이라면 대충 '고기 말이 튀김'식으로 번역하였는데 지금 생각해도 얼굴이 붉어집니다.

승선한 지 이틀이 지나자 멀미 때문에 식사를 못하는 인원이 급증하여 이들을 일일이 끄집어내어 식사를 시키느라고 고역을 치렀지만 야간에 배 난간에 기대어 멀리 바라다보이던 타이완의 불빛과 남지나 해상을 지나면서 배와 평행되게 경주하듯 달리던 고래와 날치 떼는 인상적이었습니다. 항해 엿새 차 마침내 수송선은 목적지인 퀴논항에 입항, 부두에 대기하였던 차량으로 바로 사단에 도착하였습니다.

## 다. 맹호사단 제1연대 3중대 소대장

**존경하며 자랑스러운 형님께**

동장군이 한껏 기승을 부리는 날씨, 비둘기들마저 혹독한 추위에 얼었는지 날개를 잔뜩 움츠린 채 다가가는 저를 귀찮은 듯 쳐다만 봅니다. 그간도 형님 내외분 평안하셨는지요?

월남에 도착한 장병들은 통상 월남에 조기 적응토록 사단에서 3~5일간 필요한 교육을 실시한다고 하였습니다. 그런데 저는 다른 장교들과 달리 어찌된 일인지 사단에 도착해서 전입신고가 끝나자마자 차량 편으로 제1연대로 이동, 보직 대기하다가 제3중대 2소대장으로 보직받고 곧바로 헬기에 태위졌습니다. 누구에게 물어볼 사람도 없어 갑갑하고 궁금하기도 하였는데 헬기가 민가 지역을 벗어나 정글이 무성한 지역에 이르더니 초저공으로 나뭇가지에 부딪힐 듯 무서운 속도로 날았습니다. 항공기라고는 고정익 L-19를 타고 원주에 다녀본 것밖에는 없었고, 특히 헬기는 처음 타는 데다가 초저공으로 좌우로 틀며(적의 대공 사격을 회피하기 위한 것이며, 월남전에서 격추된 항공기의 80%가 소화기의 대공 화망에 의하여 격추되었음) 빠르게 비행하는 탓에 동서남북은커녕, 지금 제가 무엇을 하고 있는지도 모를 지경이 되었습니다.

그렇게 20분 가량을 비행한 후 어느 산봉우리에 저를 내려놓고 헬기는 급상승하여 사라져버려 헬기가 겨우 내릴 수 있을 만큼 나무가 벗겨진 정글 속의 공터에 저만 홀로 남겨졌습니다. 정신을 차리고 보니 15~6m 정도 거리에서 터뜨린 연막이 아직 오르고 있어 어딘가에 군인이 있겠지 하였으나 함부로 움직일 수 없어 잠시 있으려니 병사 세 명이 올라와서는 따라오라고 했습니다. 이들을 따라 산을 내려가 보니 지휘용 소형 텐트가 처져있고 사병 몇 명과 대위 한 분이 계셨습니다. 이곳이 제가 보직된 맹호사단 제1연대 3중대의 지휘소였고, 그분이 중대장이셨는데 저를 보더니 거두절미하고 즉시 소대로 가 지휘권을 인수하고 다음 날 새벽 06:00시 이동을 개시하여 10:00시까지 좌표 OO지점에 도착하라는 것이었습니다.

그래서 지도가 없느냐고 하니까 소대에 가서 소대장 상황판을 보라고 하므로, 솔직하게 동서남북을 분간 못하겠으니, 현 소대 위치의 좌표를 알려달라고 하여 좌표 방안을 받아 적고, 제 휴대품을 중대 CP에 맡긴 후 안내 나왔던 병사들을 따라 소대로 이동하였습니다. 이 병사들은 제가 신임 소대장인 줄 뻔히 알면서도 닭이 개 보듯 하였던 것입니다. 저는 소대에 도착해서야 전날 작전에서 우리 소대 출동 인원 35명 중 12명이 전사·상하여 후송되었고 현재 인원 2개 분대(+)로 23명임을 알게 되었습니다.

전임 소대장의 피 묻은 상황판과 지도 백, 신호용 플래시, 나침반, 총과 탄띠 등 장구를 인수한 저는 날이 이미 어둑어둑 어두워가고 있었으므로 취임 인사를 할 겨를도 없이 소대를 2개분대로 재편성하여 사주 방어 형태로 배치하고 매복 호를 구축토록 하였습니다. 그러자 단 한 명이었던 하사 분대장이 여기서 함부로 호 파는 소리를 잘못 내면 몰살당한다면서 호 구축을 거부하였습니다. 그래서 저는 두말없이 제 총에 실탄을 장전하여 방아쇠에 손을 걸고는 가슴을 찌르면서 "내 손에 죽을래, 베트콩 손에 죽을래?" 하였습니다. 그렇게 전쟁터에서의 소대장 생활이 시작되었습니다.

형님과 형수님 내외분의 건안하심을 기원 드리며 오늘은 이만 줄입니다.

동생 재준 올림

## 존경하며 자랑스러우신 형님께

이곳에서의 한해가 또 저물어 갑니다. 그간도 안녕하시고 가내 평안하시다니 즐거운 마음입니다.

제가 보내드린 〈한국인의 DNA를 찾아서〉는 역사학자의 역사서가 아닙니다. 그 책은 형님처럼 한민족의 뿌리를 평소부터 궁금하게 생각하던 저자가 듣고 본 단편적인 지식을 눈으로 확인하고 싶은 일념에서, 공직 생활 퇴직 후 우리 민족과 연관이 있다고 알려진 지역(연해주-만주-중앙아-서남아)을 여행하면서 듣고 본 것을 기록한 기행문입니다. 그런데 우리의 역사 현실은 형님께서 지적하신 바와 같이 상고사 부분의 '체계적이고 학문적으로 정리된 역사서'가 전무합니다. 과거에는 사대주의와 그 이후에는 식민 사관에 짓눌려 아예 시도조차 해본 일도 없었습니다. 조선조에서는 세 차례에 걸쳐 사대(事大)에 방해가 되는 서적들의 금서 목록을 만들고 도서들을 색출해내어 소각했는데 만일 이 책들을 감추고 있다가 적발될 경우에는 역률(모반죄)로 다스려 사형에 처하였습니다. 일제시대에는, 체계적이고 조직적으로 우리의 역사를 왜곡하여 민족혼을 말살하고자 조선사편수회를 만들어 이마니시 류[今西龍]의 지휘 아래 우리 역사 관련 고서 20여만 권을 회수하여 소각하면서 우리의 역사를 열등한 역사로 비하하여 왜곡했습니다.

　이러한 역사 왜곡 현상은 대한민국 건국 이후에도, 이마니시 류의 수제자의 제자들이 주류인 강단 사학에서 여전히 식민 사관을 고수하고 있을 뿐 아니라, 재야(在野) 사학자 중에도 상당수가 소위 민족 사관으로 뒤틀려 있는가 하면, 이들 대부분이 모화사상(慕華思想)에서 벗어나지 못하고 있는 실정입니다. 이러한 상황이 저는 도저히 이해조차 되지 않습니다만 그나마 고구려 연구재단 이사장이신 김정배 전 고대 총장님과 단국대 윤내현 교수님, 복기대 교수님 등 몇몇 학자가 고조선의 역사를 복원하기 위하여 심혈을 기울이고 있는 것에 실낱같은 희망을 걸고 있습니다.

　형님께서 지적하듯 우리의 역사(古代史)를 복원하고 겨레의 뿌리를 밝혀 체계적으로 정리하기 위해서는 중국의 진서(晉書), 위서(魏書) 25사(史) 등 중국 사서(史書)와 금서(金書), 청서(淸書 : 만주 원류고 등), 일본서기, 러시아 동양 사학자들의 논문, 핀란드 학자들의 스키타이 문명 관련 논문, 몽골의 고서들, 카자흐스탄 등의 고전, 터키의 역사 관련 문서 등을 종합적으로 취합 선택하여 이를 분해 및 분석하고 재조립하여야 하는 방대한 작업이 필요합니다. 뜻이 맞는 몇 명이 모여 이를 모색 중이었으나 자료 목록조차도 아직 정리하지 못한 형편이며 지난번 제가 형님께 보내드린 〈역사 이야기〉는 우리가 수차례 토의를 거쳐 정리해본 '겨레의 흐름'을 극도로 요약해 본 것입니다.

　지난번과 이번 서신에서 형님께서 강조하신 것처럼, 저 또한 오늘날 우리 지구촌의 문명과 그 흐름은 엄청난 지각 변동을 겪고 있고, 최초 동방에서 시작된 문명의 빛이 끊임없이 서진하여 ―에게 문명-그리스 문명-로마 문명-에스파니아 문명-대영제국의 문명- 지금의 팍스아메리카나(PAX-AMER-ICANA) 시대를 지나 다시 동방으로 이동하고 있다고 확신합니다. 역사의 강은 두 번을 거듭하여 같은 곳으로 흐르지는 않는데 중국과 일본은 이미 부침의 그 흐름을 거쳤습니다. 이러한 관점에서 저는 지금 회자되고 있는 서양

'미래학자'들의 관점에 동의하지 않으며 타고르의 예언적 시 "일찍이 아시아의 황금 시기에 빛나는 등불의 하나였던 코리아여, 그 등불 다시 켜지는 날에 너는 동방의 찬란한 빛이 되리라"를 가슴에 새기고 있습니다.

그러나 타고르의 시 구절 "마음에 두려움이 없고 머리는 높이 치켜든, 협소한 장벽으로 세계가 산산이 갈라지지 않는, 진실의 깊은 속에서 말씀이 솟아나는," 과는 정반대로 "마음은 증오와 적개심으로 활활 타오르고, 과거에 죽자 살자 매달리며 토막토막 갈라져 사생결단하는 듯한, 거짓과 선동이 어지러이 소용돌이치는 오늘의 우리 현실에 가슴 아파하고 있지만, 결코 포기하지 않으려 투지를 불태우고 있었습니다. 여기에서 지나온 세월, 비록 외로움이 없지는 않지만 요즈음 형님도 같은 역사적 관점에서 저를 채찍질해주시고 힘을 내도록 고무 격려해주심에 백만의 원군을 얻은 듯 용기백배하고 있습니다. 이 생명 끝나는 순간까지 결코 포기하거나 좌절함이 없이 제 꿈, -위대한 '옛 조선(古朝鮮)의 복원과 재현'을 향하여 달려가겠습니다. '역사는 그 민족의 혼'입니다. 형님 거듭 감사합니다.

다시 월남 이야기로 돌아갑니다.

소대원들이 마지못하여 임시 호를 구축하고 조명 지뢰 및 크레모어를 설치하는 등 매복 준비를 시작하였고 저는 이것을 점검하면서 잠시 틈을 내어 소대장 전령을 불러 상황을 파악했습니다. 그 결과 ① 그전부터 소대 분위기가 그렇게 좋았던 편은 아니었고 ② 전날 수색 이동 중 적이 설치한 연쇄 부비트랩(인계철선 하나를 건들면 설치한 폭발물 전체가 동시 폭발)의 폭발로 소대원 출동 인원의 1/3 이상이 전·사상으로 후송되어 일종의 공황 상태에서 심리적으로 불안정한 상태이며 ③ 소대장 전사 및(선임하사는 기지 경계로 미 출동) 건제 유지 곤란으로 병사들은 내심 작전에서 제외되어 기지로 복귀할 것을 바라고 있던 차 난데없이 소대장이 보충되었고 그들의 선입견과 같이 육사 출신 아니랄까 보아 원칙을 강조하자 반감의 공감대가 형성된 것으로 판단되었습니다.

저는 이튿날 새벽 다섯 시에 기상시켜, 소대의 재편성에 따른 각개 병사들의 임무를 재확인한 후 여섯 시에 다음 작전 지역으로 이동을 개시하였습니다. 저는 병사들에게 소대의 전술적 이동 대형을 지시한다 하더라도 소대원들이 따라줄 것인지에 대한 확신이 없었습니다. 그런 상태에서 만일 병사들과 부딪힐 경우에는 지휘권만 손상될 것을 우려하여, 전술적 이동 대형(첨병두 명 뒤에 첨병 분대를 앞세우고 그 뒤에 소대장과 본대가 후속)을 무시하고 방향유지 및 상황 파악과 상황 발생 시 즉각적인 지휘를 용이하게 하기 위하여 병사 한 명을 제 앞에 세우고는 제가 선두에 서서 나가면서 1·2분대 순으로 후속하도록 하였습니다.

전쟁터에서 특히 월남 같은 정글 지대에서 이동로나 목표 지점에서 벗어나면 아군의 요란 사격에 피해가 발생할 수도 있습니다. 따라서 한번 방향을 잃고 헤매버리면 지휘는 불가능해집니다. 특히 소대원들은 엊그제의 참혹한 경험으로 인한 공포에서인지 아주 멀리 떨어져 조금씩 느리게 따라왔는데 저는 이에 개의치 않고 앞으로 나갔습니다. 왜냐하면 제가 독촉하지 않아도 전쟁터에서 병사들은 위험한 상황에 처하였을 때 상급자의 주변이 가장 안전하다고 생각하는 심리가 있기 때문에 따라오지 않을 수 없으리라 생각한 것입니다.

그러나 제가 한국도 아니고 전날 오후에 겨우 도착한 월남에서 어디인지도 모르는 장소, 불과 1~3m가 제대로 보이지 않는 낯선 환경의 밀림 속에서 통로를 개척하며 앞으로 나간 것은 지금 생각해보아도 어떻게 하였는지 모르겠습니다. 적의 매복이나 부비트랩을 걱정할 마음의 여유도 없었고 오로지 소대원들을 무사히 인솔하여 명령받은 시간에 명령받은 지점으로 이동하여야 한다는 생각 외에는 아무 생각도 없었습니다. 이렇게 소대장을 시작하여, 소대원들은 "저 귀신같은 소대장이 작전 중 전사하기를!" 그리고 저는 "제가 살아서 기지로 돌아가기만 한다면 너희를 다시는 전사(戰死)하지 않을 제대로 된 전사(戰士 : Warrior)로 만들어 주마" 라고 각각 이를 갈면서 약 1주일 간의 호랑이작전을 마치고(세부적 작전 사항은 의미 없으므로 생략하겠습니다.) 기지로 복귀했습니다.

복귀하자마자 전부 군장을 풀고 반바지 차림으로 집합시킨 후 소대장조와 선임하사조로 나누어 투구 시합을 시켰습니다. 그런데 소대가 시합을 시작한 지 얼마 되지도 않아 제가 공을 받으려 점프하는 순간 거의 전 소대원이 저를 들이받았습니다. 저는 순간 몸이 붕 뜨는 것을 느꼈으나 그 이후의 기억은 없습니다. 그 얼마 후 머리가 깨어지는 듯 아파 눈을 떠보니 제 방 침대에 누워 있었고, 밖에서 저희끼리 "소대장 저 X새끼 뒈졌다 살았으니까 다시는 안 설칠 거다"라고 속삭이는 소리가 들렸습니다. 그 이야기를 듣자마자 저는 후들거리는 다리를 애써 진정시키며 전령을 불러 그의 어깨를 짚고 밖으로 나가 다시 소대원을 집합시켰습니다. 소대원들은 지은 죄가 있는지라 눈치를 슬금슬금 보며 집합하였습니다. 병력의 집합 완료를 확인한 후 저는 크게 외쳤습니다. "소대장 그 X새끼 안 뒈졌으니 기념으로 다시 투구하자."

잠시 침묵이 흐른 후 첫날 호 구축에 이의를 제기하면서 저에게 대들었던 분대장이 앞으로 나와 무릎을 꿇었습니다. "소대장님, 저희가 잘못했습니다. 고정하십시오."

이 순간 우리 소대는 천하무적 최강의 소대로 재탄생하였고 그 후 어느 작전에서건 한 몸처럼 움직이며 임무를 완수하였습니다. 이 분대장은 그로부터 24년 후 제가 수도방위사령부 참모장으로 부임하여 방패교육대를 초도 방문하였을 때 상사로 다시 만나게 되었는데 저를 알아보지 못하였습니다. 그래서 제가 1970년도에 월남 맹호사단 1연대 3중대에 있지 않았느냐고 묻자 그렇다고 대답하여 소대장이 누구였느냐고 물으니 남재준 중위님이었다고 하였습니다. 그래서 제가 제 명찰을 가리키며 나를 못 알아보겠느냐고 하니 "남재준 소대장님은 전사 하셨습니다."라고 답하였습니다. 아마도 제가 돌풍작전 종료 직전 부상한 상태에서 소대를 지휘하여 주둔지에 복귀시키고는 그 얼마 후 바로 중대를 떠났기 때문에 제가 전사한 것으로 기억에 착오를 일으켰던 것 같았습니다. 그 후 저는 옛 분대장 이명래 상사를 참모장 관사로 가끔 불러 회포를 풀고는 하였습니다. 그런데 이명래 상사는 전쟁 트라우마를 이기지 못하고 이를 술로 극복하려다 몸을 버린 상태였고 다시 3년 후 제가 수도방위사령관으로 부임하였던 날 "얼마 살지 못할 것 같은데 죽기 전에 소대장님을 꼭 다시 한 번 더 뵙고 싶습니다" 하는 전화가 와서 다음 날 만나 보았습니다만 그 며칠 후 세상을 떠났습니다.

월남에서의 작전은 ① 기지 중심의 소대 단위 수색·정찰, 매복 작전과 ② 대부대 작전(수색, 포위 섬멸 및 소탕)으로 구분되는데 소대 단위 작전이 주 작전으로서 소대장은 기지의 자기 침대에서 한 달의 반을 보내기가 어렵습니다. 여기에서 저는 전술 참고서를 작성하는 것이 아니기 때문에 몇 가지 작전 상황을 요약 기술하고 세부 기술은 하지 않겠습니다.

혹한의 추위에 부디 건강 유의하십시오. 다음 주 다시 찾아뵙겠습니다.

동생 재준 올림


## 존경하며 자랑스러운 형님께

해가 바뀐 지도 벌써 반달이나 지났습니다. 형님께서 보내주신 편지 네 통은 모두 잘 받아 보았습니다. 이번 편지에서는 월남에서 통상적인 작전으로 시행되고 있는 소부대 작전을 제가 경험한 유형별로 한 가지씩만 간략하게 말씀드릴까 합니다.


### * 전술 책임 지역(TAOR) 내의 수색, 정찰 및 매복 작전

제가 배치되었던 고보이는 해안에 연한 평야 지대로 과거에 논이었던 땅들이 오랫동안 버려진 채로 대부분 습지대처럼 되어 있었고 여기에 조그만 강들과 수로들이 복잡하게 얽혀 있는 지형입니다. 그 널따란 평야에는 온통 발목을 덮는 잡초가 뒤엉킨 평지와 갈대가 우거진 습지, 군데군데 평지보다

30~40cm 돋우어진 과거의 집터들이 섬들처럼 산재해 있었습니다. 그러나 서너 채의 집이 있었을 집터들에만 큰 나무들이 자라고 있어, 이동하는 전 경로가 노출될 뿐 아니라 적(베트콩)들은 정크(대나무로 엮은 배)를 타고 물길을 따라 이동하기 때문에 지형이 아군의 기동에 불리하고 피아 공히 집터의 수목을 이용한 은폐된 매복진지를 먼저 점령한 측이 유리합니다. 해안가에 위치한 해발 800여m의 푸캇산(월맹 정규군 및 베트콩의 은거지)은 평야 지대에 우뚝 솟은 독립 고지로 전 작전 지역을 완전히 감제 관측할 수 있어, 우리의 은밀한 이동에는 불리하고 베트콩들의 전술적 이동 및 행동에 유리한 지역입니다.

월남에서 초기 평정 작전 이후의 안정화 작전은 한마디로 보병 소대장들의 전투라고 해도 과언이 아닙니다. 소대장들은 중대 전술 책임 지역 내에서 끊임없이 작전 지역에 대한 주간 수색·정찰과 야간 매복을 연속적으로 시행하면서 적을 찾아 전전하다가 적과 조우 시 교전하는 형태의 작전을 수행합니다. 제가 계산을 해보지는 않았지만 소대장들이 전 기간의 1/2은 수색, 정찰, 매복 작전을, 1/2 정도를 주둔지 자체 경계를 하면서 지낸다고 생각하면 무리가 없겠습니다.

저는 1970년 8월 말경, 그날도 습지를 건너 초지대로 나아가며 수색 정찰을 하고 있었는데, 전방의 집터(100m 정도)가 아무래도 마음에 걸려 위력(사격) 수색을 실시한 결과 적 세 명이 숨어 있다가 도주하는 것이 보여서 즉시 추격 명령을 내리고, 맹렬하게 추격하다가 어느 순간 '아차' 하는 생각이 들었습니다. 그래서 소대를 정지시켜 은폐토록 한 후 쌍안경으로 전방을 관찰하니 적 서너 명이 그 다음의 집터 나무 뒤에 숨어서 조준하고 있다가 갑자기 우리가 정지한 후 엎드려 사격 자세를 취하자 당황해 하면서 일어나는 것이 보였습니다. 그리하여 그곳에 유탄을 발사하면서 소대 화력을 집중하였고 도주하는 적을 우리가 계속 추격하자 강물로 뛰어들어 놓치고 말았습니다.

그런 지역에 있는 강들은 한강 같은 강이 아니고 폭이 4~10m, 깊이 2~3m 정도로 강바닥이 직각으로 이루어져 있는 것이 특징이며, 때로는 갈대가 가슴에 닿는 높이로 뒤덮여 있어 심한 장애물이 되고는 합니다. 우리는 강에 도착하여 주변 경계를 하면서 물속에 수류탄을 투척하였지만 흔적을 찾을 수 없었습니다. 그날 만일에 추격을 중단하지 않고 도주하는 적을 계속 쫓았더라면 적의 유인에 걸려들어 참담한 피해를 볼 뻔하였습니다. 그 후 저는 이를 교훈으로 삼아 그런 상황에서는 추격을 중단하고 정면에서는 적을 고착 견제하면서 일부 병력을 은밀하게 우회시켜 적을 측 후방에서 공격하는 작전 형태로 소기의 작전 성과를 거둘 수 있었습니다.

또 한 번은 갈대가 목까지 무성하게 자라고 물이 가슴까지 차 있으며 무릎까지 빠지는 늪지를 조심스럽게 나아가고 있었습니다. 이때 60~70m 전방과 좌우 측방, 40여m 후방에서 네댓 명 단위로 나뉘어 탑승한 정크선 15~16척이 움직이고 있었고, 큰 나무들이 많이 있는 넓은 집터에는 시야가 가려져 수를 짐작할 수 없는 적이 무엇인가 하고 있었습니다. 이러한 상황에서 소대는 포 사격 요청도 불가하였고, 총을 젖지 않게 철모 위로 올리고 가슴까지 차는 물속에서 갈대 위에 목만 내놓은 상황으로 적을 공격한다는 것도 불가능하여 숨 죽여 대형을 은폐한 상태에서 기다리는 수밖에 없었습니다. 자세를 다소 쪼그려 풀 밖으로 목이 나오지 않도록 한 상태에서 숨죽이며 숨어 있던 세 시간은 지구가 자전을 잠시 멈춘 듯 긴 시간이었습니다.

어느 날인가 한 지역의 수색을 끝내고 다른 지역으로 이동하던 중 적으로부터 저격을 당하였지만 마침 그때 운 좋게 분대장이 손짓으로 신호를 보내와 그쪽을 보느라 몸을 살짝 틀었기 때문에 총알은 제 우측 뺨 밑을 살짝 스치고 지나갔습니다. 이에 저는 반사적으로 총알이 날아온 전방의 나무숲으로 연발 사격하며 적을 제압하고 있었는데 난데없이 바로 뒤에서 빵 하는 총소리가 나며 귀밑으로 총알이 스쳐 지나갔습니다. 이에 깜짝 놀란 제가 자세를 낮추고 뒤돌아보니, 얼마 전 보충된 상병이 사격한 것이었습니다. 총알이 빗발치는 전쟁터에서는 군 생활을 오래한 것이 중요한 것이 아니라 얼마나 전투 경험이 있느냐가 중요합니다. 그러므로 병사들도 계급보다는 파병 서열이 우선했는데 저는 월남에 갓 전입한 초년병들이 어느 정도 전장에 적응할 때까지는 소대 본부 요원에 포함하여 항상 옆에 데리고 다녔습니다. 일반적으로 전쟁터에서 병사들은 교전이 벌어져 생명이 위험하다고 생각되면 계급이 제일 높은 상급자의 뒤가 제일 안전하다고 생각하는 심리가 있어 부지중에 소대장 뒤로 숨기도 합니다. 그래서 출동 전 예행연습 시에는 "이동 중에 교전이 벌어지면 좌우로 전개하여 대형을 갖추도록" 반복 연습시켰지만 이 병사는 막상 총탄이 날아오며 교전이 개시되자 무의식적으로 제 뒤에 숨어 앞도 보지 않고 방아쇠를 당긴 것이었습니다. 다행히 메고 있던 지도낭 끈만 끊어졌지만 그 병사는 그 후 저만 보면 한동안 얼굴을 붉히고 고개를 들지 못하여, 자신감을 심어주려고 많이 노력해야 했습니다.

　전쟁터에서는 용감한 병사들이 살 확률이 높은 반면, 겁 많거나 행동이 위축되는 병사들은 상대적으로 전·사상할 확률이 더 높습니다. 한번은 수색 정찰 중 한 병사가 바로 3∼4m 앞에서 마주친 적병을 보고도(정글이 무성한 경우 2∼3m 앞을 볼 수 없음) 총을 쏘지 못하여서 뒤따르던 전우가 즉각 제압 사격을 함으로써 무사할 수 있었습니다. 전투가 끝난 후 물어보니 자신은 방아쇠를 당겼는데도 총이 고장이라고 하였습니다. 이런 일은 종종 있는 일이어서 총을 건네받아 공중을 향하여 방아쇠를 당기니 연발로 스무 발이 다 발사되었습니다. 그렇다고 해서 그 병사가 거짓말을 한 것은 아닙니다. 그 병사는 분명히 젖 먹던 힘까지 내어 방아쇠를 힘껏 당겼으나 심리적 마비로 인하여 손가락이 움직이지 않았던 것입니다. 이렇듯 어린아이들이 생사가 엇갈리는 전쟁터에서 자신이 해내야 할 임무와 살고 싶은 본능의 상호 갈등 사이를 오가며 젊은이로 성장해가고 젊은이는 이윽고 용사가 되어가는 곳, 그곳이 전쟁터입니다.

작전 시 통상 시계(視界)가 제한된 지역에서는 소대장의 통합 지휘가 불가능하기 때문에 통합 지휘를 하다가도 지형에 따라 소대장과 선임하사가 소대를 2개 조로 나누어 분할 지휘를 하여야 합니다. 그러므로 저는 평소 훈련 시부터 소대장조와 선임하사조가 각각 상호 지원 하에 공격이나 구간 전진, 분할 매복 또는 전면 고착 견제 및 우회 포위와 차단 같은 작전 형태의 훈련에 치중하였습니다.

그러던 어느 날, 그날도 저는 소대를 2개 조로 나누어 수색 정찰 후 매복으로 전환하는 과정에서 적과의 조우로 교전하게 되어 아군의 피해 없이 적들을 사살하였습니다. 교전이 끝나고 무전으로 선임하사조의 이상 유무를 확인한 후 추가적인 적 상황과 사살된 적병들의 움직임을 5분여 관찰한 결과 특이사항이 없었고 교전 후에는 아군의 위치 노출로 신속한 이탈이 필요한 데다가 더욱이 그 지역은 푸캇산에 가까워 전장을 정리토록 지시하였습니다. 그런데 이때 느닷없이 선임하사조 방향에서 총성이 들려 그곳으로 달려가며 무전으로 확인해보니 쓰러진 적병 중 두 다리와 왼팔이 거의 절단되다시피 한 적병이 숨도 쉬지 않고 있다가(그 적도 인간인데 그 많은 출혈과 고통을 참아가며 신음 소리 하나 내지 않는다는 것이 가능할 것 같지 않아 기절했다 그때 깨어난 것이 아닌가 생각하지만) 몸을 굴리며 마지막 숨을 모아 연발 사격을 한 것에 접근하던 소대원이 맞아 현장에서 전사했다고 하였습니다. 헬기를 요청하여 병사의 유해를 후송하고 적들의 시신을 매장한 후에 부대에 복귀하여 유품을 정리해주면서 보니 자신이 담배를 좋아하면서도 엄마 드린다고 차곡차곡 모아놓은 전투 식량의 담배가 도시락 한 개 분량도 안 되었습니다. 제 방으로 얼른 돌아와 참고 참았던 눈물을 하염없이 쏟았는데 저의 지휘 미숙으로 인한 부하의 죽음은 제가 죽을 때까지 가슴에 담고 살아야 할 무거운 짐이 되었습니다.

저는 이날에 대한 참회의 마음으로 귀국 시에 장병들이 가지고 올 수 있는 소위 '귀국 박스'를 가져오지 않았음은 물론 고엽제 피해자에 주는 연금과 지자체에서 주는 월남 참전자 수당 등을 한 푼도 받지 않고 있습니다. 요즈음도 그 날을 생각할 때마다 영화에서 보고 비인도적 만행이라고 생각하여 평소 이를 금지해서 적의 시신에 대한 확인 사살을 하지 않았던 것이 과연 맞는 것인지의 의문에 정답을 찾지 못하여 괴로워하고는 합니다. 이 날의 상처는 제가 지휘관을 할 때마다 미친 듯 훈련에 매달리게 된 동기가 되었습니다. 군대는 힘으로 억제하다가 유사시 싸워 승리함으로써 국가를 보전하는 것이 유일한 존재의 이유이며 오직 훈련만이 부하들을 온전하게 지켜줄 수 있는 유일한 수단입니다. 그러므로 **군대에 있어 평시 훈련은 인간의 호흡과도 같은 것으로 군을 군답게 하며 군의 존재 이유를 입증할 수 있게 하여주는 것입니다. 호흡을 멈춘 사람은 이미 사람이 아닌 것 같이 훈련을 멈춘 군대는 이미 군대가 아닙니다. 왜냐하면 군은 말로 충성하는 집단이 아니고 행동의 결과로 역사에 기록되는 집단이기 때문입니다.**

그럼에도 불구하고 사실 제 입장에서 교전 중에 부닥치는 모든 우연과 위험에 대하여 신이 아닌 이상 결코 완전무결할 수는 없었습니다. 단지 인간으로서의 가능한 한 최선을 다할 뿐이므로 여태껏 치열한 전투 후 부상한 소대원을 후송 헬기가 올 때까지 끌어안고 가슴 아파하였어도 죄책감을 느끼지는 않았습니다. 빗발처럼 총탄이 교차하는 가운데 임무를 수행하다 보면 임무와 동등하게 부하들의 안전을 위하여 최선을 다하였음에도 교전 중 전투 손실이 발생하는 일은 어쩔 수 없었기 때문이었습니다. 그러나 앞의 경우는 분명히 저의 지휘 미숙으로 인한 결과라 생각되어 마음에 영원한 멍울로 지워지지 않는 상처가 되었습니다.

소부대 작전의 마지막 사례로 어머님을 꿈에서 뵈었고 그로 인하여 소대를 살릴 수 있었던 하루를 말씀드리려 합니다. 전장에 선 군인들이 아마도 가장 그리워하며 생각하는 것은 '어머니의 모습'이 아닐까 합니다. 그럼에도 불구하고 전쟁터의 병사들은 '어머니의 꿈'을 꾸면 사색이 됩니다. 과학적으로 규명되었거나 이유가 알려진 것은 없지만 대부분 전사로 연결되기 때문입니다.

그날은 2박 3일 작전을 끝내고 전날 주둔지에 복귀하여 휴식 및 정비 후 일모(日暮)에 야간 매복 작전에 투입하게 되어 있어 오전에 군장 검사를 마치고 점심 식사를 시킨 후 소대원들을 취침하도록 하고 저도 눈을 붙이려 침대에 누웠습니다. 그런데 꿈에 하얀 소복을 입으신 어머님께서 저를 붙들고 우시어 저도 어머님을 마주 부둥켜안고 얼마나 대성통곡을 하였던지 깨어나 보니 상의가 땀과 눈물로 흠뻑 젖어 있어서 아무리 생각해도 죽을 꿈이라 생각되었습니다. 저는 잠시 망설이다가 제 소지품(주로 책뿐이었지만)을 전부 챙기고 - 머리털과 손톱, 발톱을 조금 잘라 봉투에 넣었습니다. 그리고 소대원이 기상할 때까지 수십 번도 더 자문자답하였습니다.

"마음에 심적 부담을 느끼면서도 장교의 체면, 비난에 대한 두려움 등을 이유로 작전을 나가는 것이 '용기'이며 장교다움이자 군인다움인지, 아니면 불확실하지만 중대장에게 작전 취소 또는 연기를 허락받는 것이 용기인지"를……. 그렇지만 장교로서 꿈을 불길하게 꾸었다고 작전을 취소해달라고는 차마 입 밖으로 나오지 않아 우물쭈물하다가 시간이 되어 소대를 이끌고 작전 지역으로 출발하였습니다. 그날 계획된 매복 지역은 주둔지로부터 북쪽으로 5km 정도 떨어진 조그만 마을에서 고보이 평야의 푸캇산 쪽으로 강을 세 개 건너 3.5km 정도 북서쪽에 위치하고 있는 얕은 습지로 둘러싸인 조그마한 강에 연한 집 네댓 채 정도 크기의 집터였습니다. 이윽고 목표 지점에 도착 매복 준비를 하였습니다. 그날따라 천둥 번개에 강풍이 몰아치는 음산한 분위기에 마음이 더욱 무거워졌는데 선임하사가 다가와 "소대장님, 그대로 여기에서 매복하시겠습니까?" 하는 것이었습니다. 그 선임하사는 어려서 부모를 여의고 어렵게 자라 강인할 뿐 아니라 아예 겁이라고는 태어날 때부터 없는 것이 아닐까 싶을 만큼 매 행동이 너무 대담하여 제가 수시로 고삐를 당기는 편이었습니다. 저는 잠시 생각한 후 이윽고 결심을 하고는 중대장님께 무전으로 기상 악화에 따른 작전 지역 변경 승인을 건의 드렸습니다. 제 무전을 받은 중대장님은 그렇지 않아도 날씨 때문에 찜찜해 하셨다면서 강을 건너 마을 쪽으로 1.5~2Km 정도 이동하되 정확한 지점은 현장에서 판단토록 제게 위임하셨습니다.

그래서 급히 장애물을 걷고 강을 건너 새로운 위치로 이동하였으나 그곳은 매복하기에 부적절한 위치였습니다. 뿐만 아니라 월남에서는 아군의 매복 지점을 보호하고 적의 자유로운 이동을 방해하기 위하여 계획된 지점을 제외한 기타 지역에 부정기적인 요란 사격을 하고 있는데 제가 아무리 생각해도 그 시간에 연대에 있는 아군 105mm 포병과 화력 협조가 완벽하게 될 것 같지는 않았습니다. 그래서 최종 정확한 위치는 저에게 위임되어 있다는 핑계에 근거하여 마을까지 철수하기로 결심하고 쏟아지는 비를 맞으며 마을로 철수하였습니다.

그런데 제 소대가 마을 어귀에 들어설 때부터 소대가 위치하였던 최초 위치 및 차후 위치를 포함하여 그 일대에 포탄 폭발음이 천둥 치듯 들렸습니다(처음에는 천둥 소리로 착각). 이에 제가 중대에 수정 보고를 하려고 무전기를 들었을 때 중대장님이 다급하게 저를 호출하는 소리가 들렸습니다. 고보이는 수십km에 달하는 평야 지대로 포성 청취가 가능하여 중대에서도 이미 상황을 개략적으로 짐작한 터여서, 제가 소대의 현 위치 이동 경위와 이상 없음을 보고드리니 중대장은 기뻐하며 안도하였습니다.

그날의 포격은 30여 분간 간헐적으로 계속되었는데 이튿날 그곳에 다시 가보니 두 곳 모두 연못같이 되어 있어서 만일 소대가 그곳에 그냥 있었더라면 큰 인명 손실이 불가피하였을 것이 명확합니다. 아마도 꿈에서 어머님이 우시지 않았더라면 저의 얄팍한 자만심에 철수하지 않았을 것이므로 어머님은 제 성격을 아시고 저를 살리시려고 우셨던 것이라고 생각하는데 어머님은 제게 있어 관세음보살님의 화신이십니다. 저는 이 일로 후에 연대장 개인 표창을 받았습니다.

점차 무더워지는 날씨에 형님과 형수님 내외분 늘 건강하게 지내시고 행복하시기를 빌며 다음 주 또 문안드리려 합니다.

동생 재준 올림

**존경하며 자랑스러운 형님께**

살을 에는 듯 북풍의 칼바람이 매섭기만 합니다. 편히 계신다는 형님 편지 세 통은 모두 잘 받아 보았으며 오늘은 대부대의 일부로서의 소부대 작전에 대하여 말씀드리려 합니다.

### * 대부대의 일부로서 소부대 작전

통상 대부대의 일부로서 소대가 작전에 참가할 때는 인접 부대와 긴밀한 협조 하에 작전을 실시하는 협조된 작전을 수행하게 됩니다. 그러나 어찌된 일인지 제 소대는 중대가 제26연대에 배속된 상황에서 중대로부터 또 분리되어 연대 예하의 다른 대대에 독립적으로 배속되어 2중 배속 상태가 되었습니다. 그런데 전시에는 피 배속 부대의 작전 중 전·사상의 손실은 배속에 관계없이 모체 부대인 예속 부대의 통계로 잡히는 데 반하여(저 같은 경우 제1연대의 손실) 피 배속 부대의 전과 및 전공은 배속 부대(저 같은 경우 26연대 및 대대로)의 전과 및 전공으로 통계가 잡히게 되어서 배속이 그리 달가운 상황은 아닙니다.

저는 돌풍작전 출동 직전에 연대 작전과의 작전 항공 장교(헬기 장교)로의 전입을 통보받았지만 제 소대원들을 사지로 보내면서 저 혼자 살자고 소대 지휘를 남에게 인계할 수는 없었습니다. 그래서 연대에 작전 종료 후 소대를 기지에 안전하게 복귀시키고 연대로 전속될 수 있도록 건의하여 승인을 받은 후 작전에 참가하였던 것이었습니다. 저는 배속에 또 배속이 되어서 작전 기간 한 달여를 소대 독립 작전 임무를 수행하면서 임무도 임무지만, 소대원들을 헛된 죽음으로부터 지키기 위한 눈물겨운 투쟁 ─적과의 투쟁이 아니라 제 상급 지휘관과의-을 벌여야 하였습니다.

저는 소대를 인솔, 작전 지역에 도착하여 배속 신고를 하고 작전 회의에 참가, 작전 명령을 수령하면서 경악하지 않을 수 없었습니다. 군에서 야간 작전은 다양한 조건에서 다양한 목적으로 실시합니다. 월남 같은 경우에는 다수의 병력이 움직이는 아군보다는 3~5명 정도의 소수로 나뉘어 움직이는 적에게 야음(밤의 어두움)이 주는 이점이 훨씬 많습니다. 그러므로 특수한 경우가 아닌 한 아군은 주간에 기동하고 야간에는 봉쇄선 상의 매복 작전 등을 수행하는 반면, 적은 소수이므로 아군에 비하여 상대적으로 기도 비닉(의도나 행동을 감추는 것)에 유리한 야간에 이동하고 주간에는 은거하는 형태를 취하는 것이 일반적입니다.

그런데 대대는 야간 작전에 중점을 둔다고 하면서 대대 예하의 중·소대는 주간 수색 정찰을 하면서 다음 작전 지역으로 이동하고 야간에는 계획된 봉쇄선 상에서 매복으로 전환하여 매복 작전을 실시하고 저의 소대는 대대 직할로 주간에는 독자적으로 할당된 지역을 수색 정찰하면서 차후 작전 지역으로 이동한 후, 야간에는 봉쇄선 내의 지시된 코스를 연속적으로 수색하면서 적을 색출하여 봉쇄선 방향으로 몰아내라는 명령을 받았습니다. 이를 한마디로 요약하면 주간에는 주간대로 할당받은 지역에 대한 수색 정찰을 실시하면서 다음 작전 지역으로 이동하고 야간에는 대대의 봉쇄선 내에 지그재그로 부여된 기동로를 따라 연속적으로 수색하면서 밤새도록 토끼몰이를 하라는 것입니다.

독도법 교범에 의하면 야간에 나뭇가지 꺾어지는 소리가 보통 조건에서 최대 70m까지 들리는 것으로 되어 있습니다. 그런데 고양이도 아닌 터에 35명의 소대원들이 통로 개척을 위하여 나뭇가지를 쳐내면서 소리 없이 이동한다는 것은 절대 불가능함으로 너는 죽어도 좋으니 베트콩들을 자기 대대의 매복 지점 앞으로 몰이하라는 것으로밖에는 해석이 안 되었습니다. 그리고 주·야간 쉬지 않고 가면조차 취할 틈도 없이 거의 한 달에 걸친 기간을 계속 밀림을 헤치며 전진하라는 말이어서 속으로 불덩이가 치미는 충동을 애써 참았습니다. 전과에 집착하는 군인은 적군보다 더 잔인하고 위험한 적이며 조국을 위하여 싸우는 것이 아니라 자신의 출세를 위하여 싸우는 것입니다.

대대의 작전 명령을 수령한 저는 참을 수 없는 분노를 느꼈지만, 그러나 명령은 명령입니다. 만일 그 명령이 불법적인 명령이라면 그것은 이미 명령이 아니겠으나, 그러나 **군에서 합법적인 명령에 대하여 질문하거나 건의할 수는 있어도 그 당위(當爲)를 논하거나 항명할 수는 없습니다.** 그러므로 저는 몇 가지 질문 후에 대대 참모와 협조하여야 할 사항을 협조한 후 소대로 돌아와 소대원들에게 간단한 주의 사항과 숙지 사항을 교육한 후 소대의 선두에서 그날 야간의 집결지로 이동하였습니다. 집결지에 도착하여 임시 숙영 및 경계 시설을 구축한 후 소대원들을 일찍 취침시킨 저는 작전 지도를 펴들고 상세하게 지형을 분석하면서 암기하기 시작하였습니다. 야간 이동 시에는 위치 노출 문제로 불을 켤 수도 없고 불을 켠다고 해도 정글 속에서는 동서남북의 식별이 어려울 뿐 아니라 저명한 지형지물도 관측이 불가합니다. 그러므로 이러한 정글 지역에서 야간 이동을 위해서는 발밑에서 느껴지는 지면의 경사와 지표면의 형태 및 미세한 변화를 완전히 암기한 후 자기 걸음걸이로(보폭 : 한 발짝의 거리) 진출 거리를 대략 계산하여야 합니다. 또 발밑의 감각과 머릿속에 외운 지도의 지표면 상태를 대조해가면서 나침반만으로 방향을 찾아가야 합니다.

작전 준비를 하는 동안 저는 입술을 깨물면서 절대로, 절대로 제 소대원들을 단 한 명이 아니라 머리털 하나라도 다치지 않게 하겠다고 하늘에 맹세 또 맹세하면서 소대장의 작전 복안을 정리해나갔습니다. 거의 뜬눈으로 밤을 새우며 머릿속으로 예상되는 상황과 제가 조치하여야 할 대응 방안을 염두로 모의해보았습니다. 이를 정리한 후에 시간에 맞추어 병사들을 기상

시켜 군장 검사를 실시한 후 상황별 대응 개념을 간명하게 교육하고 숙지 상태를 확인한 다음 약 25일에 걸친 작전의 첫발을 내디뎠습니다. 저는 독립된 작전 임무를 수행하였으므로 연대나 대대, 우리 중대의 작전 상황에 대하여는 아는 것이 없으며 소대의 세부적인 교전 상황은 소부대 작전 시 말씀 드린 바와 유사하게 병사들 위주로 시행된 교전 상황이었으므로 생략하겠습니다.

돌풍작전의 작전 지역은 그 당시 월남의 중부 산악 지역으로 해발 1,000m로부터 1,500m의 고지군(高地群)이 산재하고 있었습니다. 그러나 제가 작전하였던 지역은 우리나라처럼 산악 지대의 지표면이 높아 지표면으로부터의 산 높이는 몇 백m 이내이거나 또는 커다란 산맥 형태로 형성된 산괴(山塊) 지형이 아니고 일부 지역은 1,000m 이상의 독립 고지군으로 형성되어 있었습니다. 예를 들면 1,000m 올라갔다가 400~600m까지 내려와서 다시 그 옆의 900m 고지로 올라가는 식의 지역이어서 이동이 용이하지 않았습니다. 소대는 그러한 고지군을 밤과 낮으로 끊임없이 오르내렸는데 기상마저 좋지 않아 식량과 탄약을 제대로 보급 받지 못하여 사흘치 휴대 식량으로 5~6일 버티기도 하고 탄약을 아끼느라 상황이 벌어져도 사격량을 제한할 수밖에 없는 경우도 있었습니다. 앞에서 말씀드린 대로 제 소대원들이 고양이처럼 소리를 내지 않고 걸을 수도 없었던 데다가, 더욱이 우리는 야간에 통로를 개척하기 위하여 나무를 찍어내고 길을 개척하며 전진하려니 스스로 위치를 폭로시킬 수밖에 없어 매 걸음이 생사의 갈림길이었습니다.

어느 날엔가는 주간에 소로 길을 따라 수색 정찰을 병행하면서 차후 작전 지역으로 이동하기 위하여 고지 정상으로 오르다가 나무 위의 적 관측소를 발견하여 교전 후 올라가보니 우리 소대의 이동을 처음부터 거의 완전하게 관측할 수 있었습니다. 그래서 만일 적병이 조금 더 침착하게 우리 소대의 접근을 기다렸다가 기습 사격을 퍼부었더라면 하고 생각하니 아찔한 심정이었습니다.

그러나 잠시 후 흥분을 가라앉히고 다시 생각해보니 작전 지역이 그들의 생활 근거지이었으므로 지형을 손금 보듯이 환하게 알고 있을 것인 데다가 소대가 고지 아래에서부터 고지 위로 상향식 수색을 하였기 때문에 적은 아군보다 훨씬 유리한 상황이었습니다. 그러므로 적들이(7~8명의 흔적) 잠복하고 있다가 불시에 기습 후 도주하였더라면 소대는 손실을 피할 수 없었을 것으로 판단되는데 왜 그렇게 하지 않았는지 의아한 생각이 들었었는데 그 해답을 그날 야간에 얻었습니다. 교전 후 소대는 계속 전진하여 야간 여덟 시경 고지 정상 부근에 도달하였습니다. 고지 정상으로부터는 조금 완만한 하향 경사로 소대가 전개하여 휴식할 수 있을 만한, 배구장 두 개 길이 정도의 공터를 가로질러 소로가 나 있었는데 고지 정상의 공터에는 나무도 없고 월광마저 양호하였습니다.

작전 기간 소대는 통상 오전에 상황에 따라 1~3시간 경계를 서면서 교대로 나무 기둥에 기대어 가면을 취하고는 하였지만 그날은 상황이 허락하지 않아 채 두 시간도 쉬지 못하였던 터라, 마음속으로 저기서 소대원을 조금 휴식시켜야지 하고 그쪽으로 발을 내딛다가 갑자기 오후에 본 적의 관측소 생각이 나면서 머리끝이 곤두섰습니다. 그래서 무의식적으로 여태껏 따라가던 소로를 버리고 방향을 우로 90도 꺾어 통로를 개척하면서 이동하기 시작하였습니다.

저는 항상 소대에서 첨병으로 병사 한 명(이 병사는 수시로 교대)을 앞에 세우고 두 번째 부 첨병 자리에 제가 위치하여 소대를 끌고 다녔습니다. 제가 첫 번째 선두에 설 경우에는 통로 개척 등에 신경을 집중하게 되어 상황 파악 및 소대 지휘 통제가 소홀해지기 쉽습니다. 그리고 또 시야가 가려진 밀림 속에서는 통상 나침반 바늘 끝에 선두 병사를 위치시켜 방향을 유지할 수 있었으며, 신속한 전방 상황 파악 및 결심으로 작전 지휘가 용이하기 때문이었습니다. 그렇게 통로를 개척하여 약 30m 아래로 내려오다가 다시 좌로 90도 회전하여 좌측으로 산 정상을 옆에 끼고 산비탈 경사면을 100m 정도 횡단하면서 앞으로 나아가니 산 정상에서 공터를 지나 아래로 내려가는 그 소로와 다시 마주쳐 그때부터는 기존 소로를 따라 이동하였습니다.

그런데 그 다음 날 제가 이동한 길을 따라 이동하던 대대 예하의 소대가 바로 그 공터에서 적이 설치한 연쇄 부비트랩이 폭발하여 5~6명 가까운 피해를 입었다는 무전을 받고는 적들이 관측소에서 가벼운 교전만으로 자의 철수한 것이 우리 소대를 공터의 살상 지대로 유인하기 위함이었던 것으로 판단하였습니다. 왜 그런가 하면 관측소에서 공격하였을 경우 우리 소대의 이동 대형은 1열 종대였으므로 선두 2~3명 정도 사살 가능하지만 공터의 살상 지대로 유인할 경우에는, 특히 야간이므로 종대가 밀집되어 있어 거의 전 소대에 심대한 피해를 줄 수 있었기 때문입니다. 이에 반하여 저를 후속하였던 소대는 다행히 주간 이동이어서 병사들 간의 거리를 충분히 이격시켜 피해를 최소화할 수 있었을 것입니다. 후일담입니다만 제가 들은 이야기로는 그 소대는 우리 소대의 이동로를 따라 이동하다가 우리 소대가 우로 급선회하였던 곳에서 방향을 틀었으나 길이 너무 험하여 다시 정상으로 올라가 길을 따라 이동하다가 피해를 입었다고 하였습니다.

이렇게 20일 가량 쉴 새 없이 야간 수색(말이 수색이지 내 위치를 노출시키며 휘젓고 다니는 토끼몰이 사냥개 역할)과 주간 수색 정찰 및 교전을 연속적으로 하다 보니 발이 까지고 껍질이 벗겨져 군화 바닥에 고인 피가 응고되어 군화 바닥과 양말과 발이 한 덩어리로 붙은 상태가 되어 계곡물에 불려서 군화를 벗으면 발바닥 껍질까지 같이 벗겨지곤 하였습니다.

그러던 어느 날 1,500m 고지를 내려와 다시 700m 고지를 올라 거의 정상에 도달했을 무렵 후미에 위치한 선임하사의 무전을 받아보니 소대원 한 명이 쓰러졌다는 것이었습니다. 그날따라 안개가 자욱하여 5~6m밖에 보이지 않았는데 거의 정상에 가까이 온 것으로 판단되어 그 병사를 부축하여 정상으로 오도록 지시하고 정상에 오르니 정구장만큼의 볼록한 평지가 있었습니다. 그래서 저는 소대원을 정상아래 20m 정도로 내려 보내 산 정상을 둘러싸고 360도 방향으로 배치하여 교대로 경계 및 휴식을 취하도록 조치하였습니다.

그러고 나서 한쪽에 뉘어진 소대원을 보니 어림짐작에 열이 40도는 훨씬 넘는 것 같았습니다. 그 병사는 거의 의식이 없는 상태에서 헛소리로 엄마를 부르고 있어 위생병을 시켜 단추를 풀고 옷을 헐렁하게 하며 수통의 물로 수건을 조금씩 적시어 얼굴을 닦아주게 하는 동시에, 경계 감독은 선임하사에게 위임하고 저는 무전기로 구급 헬기를 요청하였습니다. 그러나 기상 불량으로 지원이 불가능하다는 대대의 답변에 멍한 상태가 되었지만 제가 보기에도 주변에 1,000m가 넘는 고지들로 둘러싸인 한 가운데의 나지막한 700m 고지의 정상이라 그릇에 담긴 듯 안개가 짙어 헬기가 온다고 하더라도 유도가 불가능할 것 같았습니다. 그렇지만 그 병사는 점점 더 심하게 헛소리로 엄마를 찾고 있었고 월남 파병교육대에서 배운 말라리아에 관한 지식으로는 그 병사를 적시에 후송하지 못하면 죽을 것이 거의 확실한데다가 헛소리하는 병사를 둘러메고 이동하며 작전을 할 수도 없는 상황이었습니다.

그래서 저는 운명은 하늘에 맡기고 그 전에 사용하던 후송 헬기의 무선망으로 들어가 좌, 우로 주파수를 돌려가며 헬기를 찾고 있다가 하늘이 도우셨는지 후송 헬기의 무선 통신을 잡을 수 있었습니다. 저는 헬기의 무전 교신이 끝나기를 기다리다가 퇴장하기 바로 전에 들어가, 간략히 상황을 설명하고 후송을 요청했습니다. 그런데 그 미군 조종사는 당연히 자신의 비행 임무가 아니기 때문에 안 된다고 거절하였습니다. 저는 절망의 심정이었지만 다시 한 번 소대원을 살리겠다는 필사의 일념으로 호소하듯 매달렸습니다.

"1950년에 당신들이 우리를 죽음 속에서 구해 주었고, 그 감사함에 보답하고자 여기 월남에 와서 당신들과 함께 등을 맞대어 믿고 의지하면서 피 흘려 싸우고 있다. 한 가지만 묻겠다. 만일 여기 죽어가고 있는 병사가 미군 병사이고, 그 병사의 어머니가 눈물로 기도하며 아들이 살아 돌아오기를 빌고 있다면, 그래도 비행 임무를 이유로 거절할 것인가?"

그러자 그 조종사는 잠시 아무 말 없더니 기다려보라면서 퇴장했는데 잠시 후 무전기에서 저를 다시 호출하는 소리가 들렸습니다. 급하게 응답하니 본부와 통화하여 복귀하는 진로에서 멀지 않으면 픽업하라는 승인을 받았다면서 정확한 좌표를 알려 달라 했습니다. 그러고서 5~6분 후 희미하게 헬기 소리가 들리기 시작하여 동북방에서 소리가 들린다고 통보한 후, 헬기 소리의 방향과 접근 또는 멀어짐으로 유도하기 시작하여 10여 분 후 저의 위치 부근까지 유도하는 데 성공하였습니다. 그러나 그때 헬기 조종사는 연료를 재 보충 하여야 한다며 약 40분 후에 다시 돌아오겠다고 하더니 헬기 소리가 멀어져 갔습니다. 저는 알았다고 답하면서도, 이 불량한 기상에 기계획 임무이거나 정상적인 계통을 통하여 요청된 임무도 아닌데 꼭 다시 올 것인지에 대한 확신이 없었습니다.

저는 풀이 죽은 채로 며칠 동안 단 몇 분조차도 눈을 못 붙였기 때문에 잠시 지휘를 선임하사에게 인계하고 헬기 소리나 무전기 소리가 나면 깨우라고 한 후 나무에 기대여 눈을 감았습니다. 불과 30분가량 눈 붙인 것이 그렇게 실컷 푹 잘 수도 있다는 것을 그때 처음 알았습니다. 저는 그토록 정신 없이 잠속에 파묻혔으면서도 무전기 소리에 퍼뜩 깨어 일어나 무전기를 잡았습니다. 그 조종사가 지금 가고 있는데 7~8분 후면 떠났던 위치에 도착할 것이라고 알려 왔습니다. 아마도 지옥의 불구덩이로 떨어지다가 구원자를 만났어도 이렇듯 반갑고 감사할 수는 없었을 것입니다.

저는 이번에 성공하지 못하면 소대원을 살리지 못할 것이라 판단하고, 우리 소대 입장에서 조명 지뢰는 매우 긴요한 것이었지만 독하게 마음먹고 사용키로 결심하였습니다. 소대원들이 휴대하고 있는 조명 지뢰를 모두 거두어

보니 아홉 발이 있어서 이들을 한 뭉치로 하여 나무에 묶은 후 인계 철선에 연결하고, 산불이 나지 않도록 나무의 잔가지와 풀들을 정글도와 톱으로 쳐 냈습니다. 저는 소대원들에게 어떠한 상황 하에서라도 명령 없이 위치를 이동치 말라고 했는데 헬기 회전 프로펠러에 걸리면 신체가 두 동강이 나고 헬기가 추락하여 자칫 폭발하면 그 좁은 산 정상에 있는 소대원과 미군 모두가 살아남기 힘들기 때문입니다.

조명 지뢰 아홉 발이 동시에 연소하는 것을 보면 태양 아홉 개 밝기의 불빛을 육안으로 직접 보는 것과 동일하여 실명하게 됩니다. 그러므로 절대 정상을 바라보지 않도록 엄명을 내린 후 위치가 노출되었으므로 적의 기습에 대비한 경계를 가일층 강화하는 등 준비를 완료할 즈음에 헬기 소리가 가까이 들리기 시작하였습니다. 저는 짙은 안개로 인하여 착륙 지점의 육안 관측이 불가능해서 조종사에게 착륙 지점에 대한 상황 브리핑을 하여준 후 헬기 최대 접근 시 "조명 지뢰 보유 전량 아홉 발을 내가 셋, 둘, 하나 하는 소리와 함께 발화시키겠으니 주의 깊게 관측 바람"이라고 알려 주었습니다. 그 직후 정상 서북쪽 끝단에서 헬기가 동남쪽으로 접근하자 하늘에 기도하는 심정으로 셋, 둘, 하나를 외침과 동시에 지뢰를 발화시킨 순간 천사의 목소리가 들렸습니다.

"I got it. I got it."

그 순간의 제 감정이야 뭐라고 표현할 단어가 생각나지 않습니다. 그러나 문제는 그 다음부터였습니다. 헬기가 제 발밑으로부터 불쑥불쑥 솟아오르며 로터(헬기의 회전 프로펠러)가 저를 스치듯 바람을 가르기 시작하면서 아찔한 상황이 반복되었습니다. 이때 저는 죽음의 위협 앞에 선 인간이 얼마나 나약하고 간사한 것인지를 뼈저리게 느꼈습니다. 왜냐하면 헬기가 도착하여 착륙을 시도하기 시작하고 5~6분경과 후부터 저는 여태까지 와는 정반대로, 조종사에게 "너무 위험하다. 여기 한 명을 살리기 위하여 잘못하면 당신들 다섯 명이 희생될 수 있다. 여태까지의 당신들의 희생적 노력과 헌신에 감사한다. 이제 중단하라"라고 호소하듯 말하였습니다. 솔직히 말하면 그들보다는 내 소대원들이 자칫 더 큰 피해를 볼 수도 있겠다는 걱정이 앞서기 시작했기 때문이었습니다.

그런데 이 조종사는 거듭되는 내 요청도 아랑곳없이 아주 간명하게 "I can do it. I will try once again"이라고 반복하였는데 그 당시의 숨 막히던 공포감은 차라리 총탄을 맞고 순식간에 죽는 것이 행복할 것이라는 망상까지 할 정도였습니다. 만일 여기서 내 잘못된 판단으로 소대원 다수를 희생시키게 된다면? 그렇게 피 말리는 듯한 10여 분간을 헬기가 제 발밑의 아래에서 위로 솟구치기를 반복하다가(당시 시계는 3~4m) 어느 한순간 저를 스치듯 솟아오르더니 마침내 제 머리 위에 멈추어 제자리 비행을 하면서 호이스트(hoist, 환자를 묶어 끌어 올리는 들것)를 내렸고, 환자를 인양한 후 상승하기 시작하자 소대원 전원이 만세를 부르며 눈물을 흘렸습니다.

이에 저는 전날 교전 중 다쳤던 다리가 심한 통증과 함께 저려와 지혈대를 헐겁게 하면서 맥이 풀려 그 자리에 맥없이 주저앉아 무전기를 잡고서 "나는 사관생도가 되었을 때부터 '군인에게 요구되는 용기'의 그 본질이 무엇인지에 대하여 깊이 생각하여 왔지만 아직까지 그 답을 찾지 못하였는데, 오늘, 당신에게서 진정한 군인의 용기를 보았다. 감사하다"라고 말했습니다. 그러나 그 조종사는 "It's my job. That's all"이라고 답하고 멀어지면서 무전기에서 퇴장하였습니다. 지금 저는 그 조종사의 소속도 계급도(대위 아니면 준위?) 이름도 모릅니다. 그러나 그가 보여준 군인 정신과 군인으로서의 자세, 당시 제 마음의 감동과 감사함, 또 소대원을 잃을지도 모른다는 두려움과 갈등, 그 조종사의 얄미우리만큼 깊이 있고 간명했던 답변 등은 서로 뒤범벅이 된 채로 큰 충격의 덩어리가 되어 마음 깊숙이 자리 잡아 50년이 지난 지금도, 어제의 일처럼 생생하게 기억되고 있습니다.

이렇듯 결코 끝나지 않고 영원할 것 같기만 했던 작전도 어느덧 25일이 지나 작전이 종료됨에 따라 배속 해제와 동시에 중대에 합류하라는 무전을 받았습니다. 험난한 지형 조건과 최악의 임무, 절체절명의 상황 하에서 여러 차례의 교전을 하면서도 소대원 단 한 명도 희생시킴 없이 제 임무를 완수하고 중대에 복귀할 수 있었다는 그 벅찬 감격은 말로 표현할 수 없었습니다. 그리하여 하루 밤 하루 낮을 꼬박 걸어서, 1,000m 고지의 정상을 넘어 그 3부 능선의 집결지로 강행군한 끝에 드디어 중대에 합류하였습니다.

모든 지휘관은 언제나 두 가지의 임무를 동시에 수행하여야 합니다. 주어진 임무의 성공적인 완수와 부하들을 처음 만났던 상태 그대로 그들의 부모에게 돌려보낼 임무 이 두 가지입니다. 이는 오로지 "실전보다 훨씬 더 혹독할 만큼의 극한적 훈련"을 통해서만 달성될 수 있는 것입니다. 저는 평소 훈련 결과를 바탕으로 대대장과 작전관의 수시로 엇갈리고 번복되며 뒤바뀌어 내려오는 작전 명령에도 불구하고 눈물겨운 노력으로 소대원 전원을 무사히 데리고 복귀할 수 있었던 것을 지금도 하늘에 감사하고 있습니다.

오늘은 이만 줄이려 하며 늘 형님과 형수님 내외분의 평안하심을 기원합니다.

동생 재준 올림


## 사랑하는 누나에게

그간도 평안하시다는 누나가 보내주신 편지 잘 받아 보았는데, 요 며칠 사이 그렇듯 무섭게 기승을 부리던 추위도 이제는 고비를 넘겼나 봅니다.

저는 25일간의 작전을 끝내고 중대 집결지에 도착하여, 비록 땅바닥에 나뭇잎을 긁어모으고 판초 우의를 깐 것이기는 하지만 모처럼 잠자리에 누웠습니다. 전투 중에 병사들이 최상급자의 뒤가 안전하다고 생각하듯이 장교도 같은 심정이어서, 저도 독립적으로 소대를 이끌다가 중대와 합류, 중대장 곁에 누우니 이제는 살았다는 안도감이 들었습니다.

말이 조금 빗나가지만, 전쟁터에 있는 병사들이 눈물을 흘릴 때는 애국가와 아리랑, 어머님의 노래를 부를 때이며, 사선을 넘은 후 아득히 주둔지에서 펄럭이는 태극 깃발을 보았을 때는 안도하는 표정으로 눈물을 글썽거립니다. 그리고 병사들이 위험에 처했을 때는 본능적으로 지휘자(관)를 봅니다. 그래서 이들 어머니와 애국가, 아리랑과 태극 깃발, 그리고 지휘관은 병사들에게 서로 상반되는 개념들 -삶의 희망과 의무에 대한 헌신-을 동시에 일깨워 주고는 합니다. 이에 저는 '신뢰하여 믿고 의지할 수 있는 상관'이야말로 전쟁터에 선 병사들의 '삶에 대한 희망'의 전부가 아닐까 하고 생각하면서 소대원들에 대한 저의 책임을 언제나 마음속에 새기고는 하였습니다. 이러한 마음으로 그날은 저도 중대장님이 곁에 계시다는 안도감으로, 임무와 부하들에 대한 모든 중압감에서 해방되어 호랑이가 물어가도 모를 만큼의 깊은 잠을 잤는데, 두 가지의 꿈을 연속적으로 꾸었습니다.

　첫 번째 꿈은 소대를 이끌고 정글을 헤치며 수색을 하다가 잠시 휴식을 취하게 되어 큰 나무 밑동에 기대어 앉아 철모를 벗는 순간 머리 정수리가 뜨끈하여 손으로 닦아보니 새똥이 묻어나와 위로 올려 보자 산닭처럼 생긴 하얀 새가 나무에 앉아 있는 꿈이었습니다. 이어서 두 번째로 경치가 바뀌면서 제가 물가에 서서 개울 같은 곳을 건너려 하는데 맞은편에서 어머님께서 서계시면서 저를 보지도 않고 하염없이 작은 소용돌이를 일으키며 흐르는 물을 쳐다보고 계시어 어머님을 소리쳐 부르다가 제소리에 놀라 깨어보니 꿈이었습니다.

　저는 꿈을 일 년에 한두 번 또는 몇 년에 한 번 정도로 꿀 뿐, 자주 꾸는 편은 아닙니다. 잠이 오지 않아 일어나 앉아 곰곰이 생각해보니 산 사람의 머리에 새가 똥을 싸는 경우가 있는 것은 아니어서 마음이 무거워져 엎치락뒤치락하다가 아침이 되어 차량 집결지까지 산악 행군으로 내려가기 시작하였습니다.

　중대는 1소대, 중대 본부, 화기 소대, 2소대(우리 소대), 3소대 순으로 이동하던 중 중간 휴식 시간에 큰 나무 밑동에 기대어 앉아 땀을 닦기 위하여 철모를 벗는 순간 머리에 뜨끈한 것이 느껴져 무심코 손으로 닦아보니 새똥 이었고 놀라서 위를 쳐다보니 꿈에서 보았던 새하얀 산닭처럼 생긴 새가 앉아 있었습니다. 그 순간 저는 살았다는 생각에 기쁜 마음으로 벌떡 일어섰습니다.

이어 세 시간 정도를 행군한 끝에 차량이 대기하고 있는 26연대 예하 대대 연병장에 도착하여 전투 식량으로 식사 후 행군 순서대로 1소대, 중대 본부, 화기 소대, 우리 소대 다음에 3소대 순으로 차량에 탑승, 마침내 주둔지를 향하여 출발하였습니다. 중대는 1번 도로를 따라 북상하다가 '퀴논(월남 중부의 항구 도시, 맹호 사단 사령부가 이곳에 있었음)'을 지나 고보이 평야를 가로질러 '안녕'이라는 곳을 지나 2km 정도 북쪽인 '답다'에서 우회전하여 지방 도로를 따라 중대 주둔지인 고보이로 행군하게 됩니다. 그런데 퀴논과 안녕 구간의 1번 도로는 논으로 이루어진(고보이 평야 : 해수면과 거의 같은 곳도 있음) 평야 지대에 1~3m의 둑을 쌓아 도로를 만든 후 그 위를 포장한 구간이 있는데, 평야 지대는 온통 모두 물에 잠기어 바다처럼 보였고 그 가운데로 둑 위의 도로만이 겨우 물 위로 보였을 뿐이었습니다. 후에 들은 이야기로는 이곳 해안 평야 지대에 60년 만의 대홍수가 났으며 당시는 빗발이 거의 그치고 이슬비 정도였지만 그날 오전까지만 해도 아주 강한 집중 호우가 내렸다고 합니다.

소대가 퀴논을 지나 안녕 남방 1.5km 지점에 이르렀을 때 도로가 약 45도 각도로 좌측으로 급하게 구부러져 있는 지점이 움푹하게 낮아져 도로 위로 물이 소용돌이치며 흐르고 있는 곳이 있었습니다. 그곳에 접근했을 때 머릿속에 번개 치듯 꿈속의 어머님 모습이 떠올랐습니다. 그래서 급히 차를 세운 후 차에서 내려 제 몸을 트럭 앞 범퍼에 밧줄로 묶은 후 흙탕물 속으로 걸어 들어가 도로의 우측 끝단을 발로 짚어가면서 저를 기준으로 하여 그 좌측으로 차량을 조금씩 전진시켰습니다(이 일이 어머님께서 저를 네 번째로 살려주신 것인데 임종도 못해드린 이 불효가 뼈에 사무쳐 어머님 생각할 때마다 하염없이 눈물만 흐릅니다). 물은 차량 진행 방향의 좌측에서 우측으로(우측 15~20km 지점이 바다) 아주 세차게 흐르고 있었는데, 홍수 시 격류는 무서운 속도로 흐를 뿐만 아니라 빠른 속도로 불어납니다. 차가 물의 범람 지역을 벗어나자 저는 제3소대 차량이 제 소대 뒤에 거의 붙어 와서 우리 소대가 건너는 것을 처음부터 지켜보고 있었으므로 밧줄을 풀고 3소대를 향하여 손을 흔든 후 차량을 출발시켰습니다. 그런데 차량이 출발하고 1분도 안되어 뒤에 탄 소대원들이 운전석 뒤 호로의 비닐 쪽문을 두드리며 아우성치는 소리가 들리기에 왜 그러냐고 고개를 돌려 물어보니 3소대 차량이 물에 빠졌다는 것이었습니다. 그래서 급히 차를 세우고 하차해보니 트럭(5t 트럭으로, 차 높이가 보통 2.5t 트럭보다는 훨씬 높음)의 적재함에 친 호로의 끝부분만 보이고 있었습니다. 그래서 저는 급하게 망치를 찾아 들고, 소대원들에게는 정글도를 휴대하게 하여 하차한 후 앞 사람의 벨트를 움켜잡고 두 줄로 달려나가 앞에 선 두 병사가 트럭으로 뛰어 올라가 정글도로 호로(트럭 위에 친 천)를 묶은 줄을 끊고 열어젖히도록 하니 둥지에서 제비 새끼들이 일시에 고개를 들 듯 숨이 막혀 있던 머리들이 일제히 솟구쳐 올랐습니다. 차가 좌회전하는 지점에서 앞 우측 바퀴가 도로를 벗어나면서 차가 기울어졌고, 바퀴가 들린 상태에서 급류에 휩쓸린 것 같았습니다. 그들에게 2열로 뛰어내려 우리 소대원 사이로 조심스럽게 이동, 물 밖으로 나가라고 소리친 후 차량을 붙들고 더듬어 가며 물속으로 들어가 차량 앞쪽으로 접근하여 창문을 깨고 문을 열어 소대장을 끄집어내고 물 위로 고개를 들었더니 제 차의 운전병이 "운전병! 운전병!"하고 소리치고 있어 그제야 아차 하고 다시 물속을 들여다보았습니다. 그런데 그 운전병은 의식을 잃었는지 미동도 하지 않았습니다. 차량을 돌 틈이 없어 우측 문으로 몸을 디밀고 들어가 운전병을 끄집어 당겨 꺼낸 후 끌고 물 밖으로 나오자 다행히 물을 토하면서 의식을 회복하였습니다.

정신을 차린 3소대장은 인원을 파악해 본 후 다급하게 세 명이 없다고 하였습니다. 저는 선임하사에게 차를 끌고 '안녕'으로 달려가 민간인과 배(대나무로 된 정크선. 월남 사람들은 이 정크 선을 많이 타고 다님)를 구해오도록 지시하고 무전으로 중대장에게 상황을 보고하였습니다. 소대원들을 소산·경계 배치하고 쌍안경으로 세밀하게 둘러보았지만 좀처럼 아무것도 찾을 수 없었습니다. 실종된 병사들은 트럭의 맨 후미에 탑승하였었는데, 빗발이 들이쳐 판초 우의를 착용하고 있었다고 하며 차가 물속으로 쏠려 들어가는 순간 뛰어내렸다가 물에 휩쓸려 들어간 것으로 판단되었습니다.

잠시 후 선임하사가 민간인과 배를 싣고 와 손짓(따이한, 손가락 세 개 펴 보이며 "머니(money) 머니"하고 수화), 발짓으로 구조를 요청하니 이들은 고개를 끄덕이고 배를 저어 나갔습니다. 중대장은 대대에 보고 후 무전으로 지시하기를, 3소대는 저의 소대 차량으로 주둔지로 복귀하고 소대는 현지에 남아 실종자 수색을 하라는 것이었습니다. 이에 저는 3소대를 주둔지로 출발시킨 후 소대는 임시 경계 진지를 편성하고 지휘소를 설치 후 민간인으로부터 소식을 기다리고 있었는데 하루는 멀리 섬처럼 보이는 과거의 조그만 마을이 있었던 곳으로부터 배 두 척이 소리치며 급하게 저어오는 것이 보였습니다. 한참 후 배 한 척에 한 명씩 우리 병사 두 명을 밧줄로 묶어 끌고 왔는데, 이미 숨져 있었고 시신은 물에 붇고 햇볕에 그을려 흑인 병사처럼 보였습니다. 저는 중대에 보고 후 연대에서 조치하여 준 차량으로 이들을 후송하였고 다른 한 명의 병사는 최초 사고 지점으로부터 30km 이상 떨어진 중대 주둔지 앞을 흐르는 고보이 강에서 발견되었다고 하였습니다. 이 병사는 죽었으면서도 -군인에게 조국이란 무엇인지- 숨진 채로 탈영하지 않고 부대에 복귀하였던 것입니다. 상황이 종결되고 저는 중대에서 조치해 준 차량 편으로 명령에 의거 대대로 복귀하여, 텐트를 치고 임시 숙영하다가 대대장의 직접 지휘를 받는 것으로 변경된 임무를 수령하였습니다.

이에 저는 새로운 작전 지역에 대한 도상 연구 후 헬기를 요청, 지형을 정찰하고 소대원들에게 지형을 숙지시키는 등 새로운 임무 수행 준비를 서둘렀습니다. 하루를 휴식한 소대는 그 다음날 대대의 명령에 따라 푸캇산 일대의 수색 정찰과 매복 작전을 실시하다가 며칠 후 후임 강 중위에게 소대장직을 인계하고 연대 항공장교직을 인수하였습니다.

누나, 건강히 지내세요. 다음 주에 문안 올리겠습니다.

동생 재준 올림

## 라. 맹호 제1연대 항공 장교

### 사랑하는 누나에게

그간도 평안하셨는지요. 찬 바람결에서도 봄의 숨소리가 가까이 느껴지는 것은 그만큼 봄을 기다리는 마음의 간절함 때문인 것 같습니다.

연대 항공 장교는, 연대의 모든 항공기 운용(전술기, 헬기 모두)에 대한 책임을 집니다. 대규모 공중 기동 작전 시에는 기동 계획을 미군과 협조시키며, 공중 기동 간에는 공중 기동 통제관 임무를 수행하고 착륙 단계에는 선두 헬기에 탑승 패스파인더(Pathfinder)로 착륙지에 제일 먼저 뛰어내려 착륙장의 확보 및 착륙을 통제합니다. 또 화력 지원 시에는 무장 헬기에 사격 표적이나 화력 집중 지역을 지시 또는 화력을 유도하고, 병력 이동이나 보급 시 또는 전사자를 후송 시에는 UH-1/H 또는 CH-47에 탑승하여 필요 사항을 협조하거나 연락 및 중계 임무를 수행하는 동시에, 헬기의 착륙 또는 화물의 투하를 유도합니다. 이외에도 퓨얼 가스 미션(Fuel gas mission, 네이팜 16드럼으로 폭격하는 임무) 수행 시에는 CH-47에 탑승하여 폭격을 통제하고, 후송 헬기가 불가용할 때 긴급 후송이 요구되는 부상자들을 의무 중대로 후송하는 임무도 수행합니다. 야간 작전 시에는 조명 임무를 수행하는 등 평시에는 인원 및 보급품 공중 수송을, 작전 시에는 눈만 뜨면 잠들 때까지 하늘로 날아올라 이따금 쏘아대는 소화기 대공 포화의 빛줄기 속을 누비거나, 정글의 나무 위를 스치듯 날아다니며 임무를 수행한다고 생각하시면 되겠습니다(제가 항공 장교로 임무를 수행하는 동안의 전투임무 비행시간은 1,000시간 가까이 되어 밤낮없이 약 40일을, 계속 전장의 하늘에 떠 있었다고 생각하면 됩니다.).

어떠한 환경과 여건 속에서도 본인이 포기하지 않는 한 사람에게 절망은 없습니다. 헬기 소리, 로켓 발사 소리, 기내 기관총 사격 소리, 바람 소리, 무전기에서 들리는 지상군 부대의 아우성 소리, 기내 무선망에서 들리는 미군들의 관제사와 조종사, 또는 조종사 간의 통화 내용이 뒤섞이는 아수라장 속에서, 통화 사이를 제 짧은 영어 실력으로 간간이 끊고 들어가 지상부대의 지원 요구 사항을 조종사에게, 조종사의 요구 사항을 지상 군부대에 전달하는 임무를 수행하여야 합니다. 그런데 정작 임무에 임하고 보니 이러한 무전 교신의 홍수 속에서 헬기를 향하여 날아오는 적 소총탄의 시뻘건 불줄기를 바라보면서도 기적처럼 의사소통이 되었습니다. 그렇다고 제 보잘 것 없는 영어 실력이 느닷없이 향상되었을 리는 없고 '죽음' 앞에서는 불가능해 보이는 것도 가능한 것으로 변하는 기적이 일어나는 가 봅니다.

작전 지역에서 임무 수행 중에는 적의 대공 사격을 회피하기 위하여 통상 120항공마일(1항공마일은 1.8km, 평시 순항 속도는 보통 90~100항공마일)로 비행하는데 이는 초당 60m씩 이동하는 속도로, 순간적으로 멈칫하면(단어가 막혀서) 그 총탄의 불줄기 속으로 다시 들어가야 합니다. 그래서 처음에는 임무 상황은 다급하고 영어는 턱없이 짧아 피가 마를 지경이었지만 전쟁터에서는, 어린아이가 순식간에 청년이 되고, 청년은 어른이 되어가듯, 저 또한 스스로 의식하지 못하는 사이에 어느덧 그럭저럭 적응해가게 되었습니다. 제 항공 장교 근무기간의 비행임무를 전부 기술할 수는 없고, 전장에 선

군인의 심리 포함 몇 가지만 말씀드리겠습니다.

　사단급 작전인 맹호-16호 작전이 연대 작전 지역 북방에 위치한 산악 지대와 안호이 계곡 일대에서 개시되었습니다. 저는 작전 계획 수립 시 공중 기동으로 산 정상에 병력을 강습시켜 하향식 수색을 하는 것으로 건의하였지만 받아들여지지 않았습니다. 단지 아군의 기동을 기만하기 위하여 산 정상에 아군이 착륙하는 것처럼, 모래 마대 주머니 등을 투하하여 적을 혼란시키는 사이에 본대는 혼짜산(산 자락이 20여km가 넘는 큰 산) 자락에 중대 단위로 강습하여 전개하였는데 이때 헬기 4개 편대(총 80대)를 이끌어 공중 기동통제관을 해본 경험은 아주 소중한 것이었습니다.

　작전이 진행되는 과정에서 점차 아군 피해가 발생하기 시작하였는데 한번은 중대가 능선 상으로 진출했다가 적의 기습을 받아 긴급 철수하는 과정에서 전사자 한 명을 끌고 나오지 못하였습니다. 적들은 산 정상 바위 밑에 파 놓은 굴에 들어가 아군의 화력을 피하다가 아군이 목표 상에 근접하였을 때는 아군 포화에 의한 아군의 피해를 방지하기 위하여 지원 사격을 연신 하거나 중단하는 순간 즉시 밖으로 튀어나와 갖은 화력으로 맹렬히 저항하여 아군의 피해가 발생하여 중대가 철수하면서 부상자는 끌고 나왔으나 전사자를 미처 후송하지 못하였고 다시 그곳으로 병력을 진입시킬 수도 없는 상황에서 저에게 후송을 요청한 것입니다.

　저는 공중에서 무장 헬기 두 대(제가 탑승한 무장 헬기는 UH-1/H에 로켓과 기관총 장착, 다른 한 대는 통상 코브라라고 불리는 AH-1H 무장 헬기로 조종사와 사수 2인승)로 화력을 지원하면서 작전의 전 과정을 보고 있어서 전사자 위치를 알고 있었는데 지상군 부대의 요청을 조종사에게 이야기하니 난색을 표하는 것이었습니다. 그런데 아군 전사자가 적의 손에 들어가 적이 심리전에 이용하면 아군 사기가 급격하게 저하, 전의 상실, 작전에 막대한 지장을 초래하게 됩니다. 그래서 일단 산 아래 임시 추진 보급소로 내려와 상의한 결과 그곳에 있던 지휘/보급용 UH-1/H, 헬기 조종사가 평소 저를 운이 좋다고 럭키 보이라고 부르면서 저보다 임관이 빨라서 에누리 없이 선배 노릇을 하던 장교였는데 그 임무를 맡겠다고 하였습니다. 그래서 저는 그 헬기에 바꾸어 탑승한 후 좌우에서 무장 헬기의 치열한 로켓 및 기관총의 엄호 사격을 받으며, 전사자가 누워 있는 장소에 도착, 뛰어내려 그 병사의 시신을 부둥켜안고는 황급히 그 지역을 이탈하였습니다.

20여 분을 비행하여 연대 주둔지의 헬기장에 착륙, 의무 중대에 인계한 후 경례를 하면서 보니 그제 서야 그 병사의 얼굴이 반쪽가량 없는 것이 눈에 들어왔습니다. 시신을 끌어안고 20여 분을 날아오면서도 머리가 거의 반밖에 없는 것을 보지 못한 것입니다. 조종사들은 임무가 종료될 때마다 항공기 자체가 교대되니 자동적으로 교대되지만 저는 혼자이기 때문에 교대를 하지 못하고 바뀌는 임무에 따라 바뀌는 항공기를 연속적으로 갈아타면서, 주간 화력 지원, 전투 식량 및 급수와 탄약 보급, 네이팜 폭격 야간 조명 지원 등으로(환자 후송은 후송 헬기가 하는데 여기에는 제가 탑승하지 않음) 쉴 틈이 없었습니다. 나중에 계산해보니 이 작전 기간 1회에 가장 길게 탑승한 것이 만 27시간을 거의 쉬지 않고 임무를 수행한 일도 있었습니다.

그로부터 사흘 후 그 능선에 공격 중대가 교대되어 다른 중대가 공격하게 되었을 때 퓨얼가스(fuel gas) 임무 요청이 있었습니다. 저는 작전 지역으로 추진된 추진 보급소에서 대기 중이었던 CH-47에 네이팜 16드럼을 매달고 작전 지역으로 날아오르면서, 중대장에게 200m 이내로 접근하지 말고 대기하고 있다가 폭격이 끝난 후 빠르게 공격하도록 요청하였습니다. 제가 탑승한 CH-47은 50명 정도가 탑승할 수 있는 큰 헬기인데, 폭격을 위하여 특별히 추가된 설비(조준기 외에 폭격을 위해 필요한 기타 장치들)가 없이 보통 화물을 인양하는 후크(Hook, 걸이)에 그물망에 담은 네이팜 16드럼을 매달고 가서 항공기의 속도, 고도, 풍향, 풍속, 표적 지역의 지형 등을 염두로 판단 투하 신호를 보내면 조종사가 후크를 해제하여 그물을 떨어뜨리는 식으로 투하합니다. 그런데 그 당시 목표 지점은 조그맣게 오똑 튀어나온 산 정상의 9부 능선이었던 데다가 비교적 경사가 급한 지형이라, 네이팜을 목표 지역에 정확히 투하하기도 어려웠을 뿐 아니라 만일 지연 폭발이 일어나면 아군에게 큰 피해를 줄 수도 있어. 네이팜 투하를 주저하지 않을 수 없었습니다.

그러나 중대장은 지상 화력 지원 하에 이미 100m까지 접근한 상태에서 지상 화력 지원이 중단되자마자 적의 사격이 너무 치열하여 응급조치로 엄폐를 취하면서 퓨얼가스 임무를 요청한 것이며 이미 위치가 노출되어 뒤로 돌아서는 순간, 대량 피해가 불을 보듯 뻔하니 그대로 폭격을 해달라는 것이었습니다. 저는 다급해져서 아군 폭격에 피해가 더 클 것이라는 것을 설득하려 노력하였으나 중대장은 적 총탄에 죽으니 아군 폭격에 죽는 것이 더 좋으니 잔말 말고 폭격하라고 욕설을 퍼붓기 시작하였습니다.

그때 헬기는 이미 능선을 스치듯 빠른 속도로 정상 부근 200m 정도로 접근 중이었고, 적도 우리의 의도를 눈치 챘는지 헬기를 향하여 사격하기 시작했습니다. 부조종사는 초조하게 신호를 기다리고 있었는데 그 시점에서 헬기가 폭격을 단념하고 선회한다는 것은 문자 그대로 "섶을 지고 불 속에 뛰어드는" 자살 행위밖에는 되지 않을 상황이었습니다. 선택의 여지가 없어, 0.1초에 수십 번 계산하는 식으로 생각하다가 100m 이내로 접근하자 다급하게 "투하"하고 소리쳤습니다. 원래는 카운트다운을 하여야 했으나 그럴 틈도 없이 네이팜을 투하하였고, 하중이 가벼워진 헬기가 위로 점프하듯 뛰어오르면서 거의 수직으로 급상승하는 가운데 몸을 돌려 내려다보니 정상을 포함하여 아군이 있는 지역까지 온통 화염이 치솟는 것을 보고는 머릿속이 하얘지면서 팔다리의 힘이 쭉 빠져나갔습니다.

그러나 그 순간 무전기에서 흥분한 중대장의 목소리가 울렸습니다.

"007, 007(저의 호출 부호) 명중이다, 명중. 지금 그대로 한 번 더 때려라!"

그 소리를 듣자마자 순간적으로 머리가 어떻게 된 것인지 저도 모르게 "야 이 XXX야! 네가 올라와서 때려라!"하고 소리쳤습니다. 그 중대장은 제가 1학년 때 4학년이었던 선배로 잘 알고 지내는 사이였는데, 그 후 저를 만날 때마다, "남 중위 너 나한테 욕했어. 어떻게 갚을래?"하고 놀렸고 저는 "욕 먹어 쌀 짓 하신 것 아닙니까"하고 응수하고는 했습니다. 그리고 언제인가는 105mm 포 1문과 포탄 50발을 CH-47로 인양하고 가다가 12Knot 거스트(gust, 돌풍)에 달하는 강한 측풍이 불어대며 인양한 포와 포탄의 연결고리가 풀리면서 떨어져나가 헬기로 따라서 하강해 내려가 위치를 표시하고 본부에 보고한 일도 있습니다(저는 밑에서 고리에 연결해주는 것을 매달고 가는 것일뿐 제가 할 수 있는 것은 없습니다.). 또 한 번은 인양해가던 통나무와 목재들이 고리가 풀리면서 춤추듯 마을로 떨어져 가슴을 졸였으나 다행히 마을을 비켜난 논에 박혀 인명 피해를 면할 수도 있었습니다.

헬기를 타고 임무 수행 중 피격되어 두 번을 추락하였는데 맹호-16호 작전 시에는 헬기에 불이 붙어 소화기로 끄면서 비상 착륙(비상 착륙 절차에 따른 착륙 행동이지만 말이 비상 착륙이지, 죽고 사는 것은 천명에 맡기고 앉아서 죽기를 기다리는 것보다는 죽기 전까지 살려고 노력하는 데 불과한 '추락'입니다.)을 하는 상황에서 어처구니없는 생각에 빠지기도 하였습니다. 그때 제 생각에 헬기가 떨어지는 것이라면 어디론가 뛰어내려 살 수도 있을 것 같았는데 그곳은 넓은 평야 지대여서 헬기가 추락하는 것이 아니라 마치 대지가 솟구쳐 올라와 피할 곳조차 없는 것으로 느껴져 절망하였던 바보 같은 심정이 되었습니다.

또 한 번은 맹호-17호 작전 시 지상군의 작전을 지원하다가 피격되어 급속 추락하는 중에 저도 모르게 목에 걸고 있던 관세음보살상(월남 갈 때 어머님께서 목에 걸어주신, 지금도 몸에 지니고 있습니다.)을 건드려 줄이 끊어지면서 관음상이 떨어졌고 다급하게 안전벨트를 풀고 상체를 구부려 관음상과 줄을 잡는 순간 헬기가 기울어지면서 제가 쏟아져 내렸습니다. 헬기가 속력을 낼 때는 원심력이 작용하여 헬기가 기울어져도 떨어지지 않는데 그때는 거의 수직으로 떨어지는 중이었던 때문에 몸이 쏠리면서 비행기 밖으로 떨어진 것입니다. 떨어지면서 얼핏 보니 지면 바로 위인 것 같았는데 충격을 느끼며 순간적으로 정신을 잃었었습니다. 잠시 후 시끄러운 소리에 정신을 차리고 눈을 떠보니 저는 탱자나무보다 더 빡빡하게 우거진 가시 덤불 위에 떨어져 긁히고 찔린 것 외에는 멀쩡하였고 손에는 관음상이 쥐어져 있었습니다. 제가 서둘러 덤불에서 내려오며 헬기를 찾아보니 헬기는 반파되어 있었고 조종사 및 좌우측 기관총 사수들은 함께 작전에 참가하여 임무 수행 중이던 다른 헬기가 서둘러 내려와 옮겨 싣고 있었는데 그 후의 소식은 듣지 못하였습니다.

그런데 어머님께서 어느 날 조계사에서 제 기도를 하시다가 깜빡 졸았는데 하늘에서 제 사진이 펄럭이며 떨어지더니 대웅전의 벽에 붙는 꿈을 꾸시고(그 당시 전사 장병 사진을 벽에 붙여 놓았습니다.) 꿈속에서 대성통곡하다가 깨니 심장이 벌렁거려 진정이 안 된 적이 있었다는 말씀을 제가 귀국한 후에 해주셨습니다. 짚이는 바가 있어 제 기록을 뒤져보니, 바로 제가 추락하던 그 날짜 그 시간(한국과 월남의 시차가 두 시간으로 기억)이었습니다. 이것이 어머님께서 저를 살려주신 다섯 번째 이야기입니다.

### 마. 귀국선에서

어느덧 월남 근무 기간이 중반을 넘겨갈 때 함께 근무하던 24기 안주섭 대위님 −기질이 호탕하며 천성이 착한데다가 정이 많고 물욕이 없이 담백하며 의협심이 강하나 때로는 성질이 불같아 제가 패튼 장군이라고 별명지어 주었습니다. − 귀국 시 짐을 꾸리는 것을 보니 그의 상자에 자기 소지품과 옷가지 외에는 하나도 다른 것을 준비하지 않고 텅 빈 채였습니다. 그래서 제 책을 포함, 세면도구를 제외한 옷가지들 거의 모두를 더플백에 꾸려 선배님 상자에 넣어주면서 우리 집에 전해달라고 하였더니 흔쾌히 허락하고 1/4도 차지 않은 빈 상자를 들고 귀국길에 올랐습니다. 그 후 저도 파월한

지 어느덧 1년이 되어 귀국하게 되자 후임에게 항공 장교를 인계하고, 사단 작전처에 파견 나가 기간 중 누락된 전투 상보(전투 일지)를 모두 작성해주었습니다. 귀국 제대 급양관으로 명령을 받아 사이공에 출장, 2박 3일간 교육을 받은 후 호주머니에 담배 다섯 갑과 세면대만을 들고 퀴논 항에서 귀국선에 승선하였습니다.

귀국선에서 급양관의 가장 큰 임무는 주·부식 재료의 정량 투입을 감독·결재(이 금액이 미국의 대(對)한 원조액에 반영됨)하고 메뉴를 번역해 주는 것입니다. 메뉴 번역은 처음 파월할 때와는 달리 한번 먹어본 음식도 있었고 그 기간에 항공대에서 미군들과 함께 점심을 자주했기 때문에 별 문제가 없었습니다. 하지만 조리 감독은 솔직하게 아무것도 몰라 능력이 안 되었으나 정량 투입 감독만큼은 철저히 수행하였습니다. 월남 퀴논 항에서 부산항까지 5박 6일간 대략 16~17끼니를 먹게 되는데 장병들이 첫날은 거의 다세 끼를 먹지만 둘째 날부터 식사하는 인원이 줄어들면서 사흘차부터는 배멀미 때문에 절반도 안 되는 인원이 겨우 식사를 하는 실정입니다. 이 미 해군용선(傭船)은 해군과 계약한 민간 선박으로서 선장과 중요 간부 중 일부를 제외하고는 대부분 민간인이었습니다. 그런데 이중 식당장 같은 사람들이 간혹 한국의 일부 기관원과 결탁하여 다음 날 조리할 주·부식 재료 전량을 선창 창고에서 취사장 창고로 옮길 때 급양관을 입회시켜 서명을 받은후 막상 조리할 때는 결식 예상 인원만큼의 재료를 빼돌려 처분한 후 이익을 나누어 가지는 경우가 있다고 들었습니다. 그래서 이 문제만큼은 제 능력으로 할 수 있는 일이라 밤잠을 자지 않다시피 하며 감독을 게을리 하지 않았습니다.

저는 수송선에 승선하자마자 이러한 실정을 제대장님께 보고 드려 메인 창고에서 주·부식을 취사장 창고로 옮기는 시간에는 간부 회의를 하도록 하여 그 시간에는 입회하지 않고, 매 끼니를 조리하기 위하여 취사장 창고에서 조리사에게 불출할 때 입회하여 실제 투여량을 확인한 후 세 끼를 합산하여 서명하여 주었습니다. 이러자 그들 미국 측 식당 담당자들은 제게 상당히 못마땅한 태도를 보이기 시작하면서 식당 청소를 트집 잡아 청소를 계속 다시 하라고 힘들게 하였습니다. 그러나 저는 병사들에게 미리 사정을 이야기 해주고 양해를 구하여 불침번 식으로 조를 편성해 두었기 때문에 밤새도록 요구하는 대로 청소를 하여 주었습니다. 그러자 우리 기관원들이 처음에는 저의 귀국 박스를 문제 삼으려 하였으나 귀국 박스 자체가 없는 것으로 확인되어 체념하고 말았습니다.

마침내 엿새차 오전에, 떠날 때 '내가 다시 이 항구를 밟을 수 있을까' 생각했던 부산항 3부두에 도착하였습니다. 군수사 군악대가 "아아, 잘 있거라 부산 항구야" 하는 노래와 함께 동원되어 환영 나온 학생들이 태극기를 흔들며 파월 부대가를 따라 부를 때 저는 하선하기 위하여 갑판을 가로질러 트랩 쪽으로 걸었습니다. 그때 그 동남아계 식당장이 저에게 다가오더니(저의 1.5배는 되는 거구임) 제 귀를 잡아당기며 "너같이 지독한 놈은 처음 봤다"라고 하였습니다. 그러나 저는 키가 작아 귀를 당길 처지가 못 되어서 "나도 너같은 도둑놈은 처음 본다"라고 응수한 후 뒤돌아 트랩을 내려왔습니다.

그날은 부산 보충대에서 1박을 하게 되어서 함께 있던 동료들과 귀국 기념으로 생맥주 한 잔 마셨는데 마른안주로 곰팡이가 낀 건포도를 내놓은 것을 모르고 먹어 귀국 첫날부터 밤새 고생을 하였습니다. 이튿날에는 책에서만 보던 아우토반(독일 고속도로)이 우리나라에도 있다고 하여 당시 동양고속버스(그레이하운드, 화장실이 있었음)를 타고 자랑스러운 마음으로 고속도로를 달려 서울로 향하였습니다. 서울로 오는 중에 버스 앞으로 아득하게 차 한 대가, 뒤에도 가물가물하게 멀리 한 대가 따라오고 있을 뿐, 다니는 차량이 거의 없어 어린 마음에 "땅이 아까운 것 아닌가"하는 생각이 잠시 들기도 하였는데 이제는 그 도로를 거의 두 배로 확장하였어도 주차장같이 되어

버렸습니다. 이는 우리 부모님 세대와 우리 세대가 "피와 땀과 눈물을 흘린" 그 결과입니다.

서울에 도착하여 시내버스로 갈아타고 동네 앞의 정류장에 하차하여 골목으로 들어서서 걷다가 세상에, 우리 어머님하고 완전히 똑같은 여자분이 저를 유심히 쳐다보면서 걸어오시는 모습과 마주쳤습니다. 얼굴 생김과 모습은 완전히 어머님이신데 머리가 백발(제가 떠날 때는 100% 검은 머리)이셨기에 "어떻게 저렇게 우리 어머님하고 똑같이 생기셨지" 생각하며 자주 뒤를 돌아보면서 집으로 갔습니다. 후에 보니 그분이 어머님이셨는데 어머님도 "참 내 아들하고 똑같이 닮은 군인이 있구나"라고 하시면서도 저라고 생각하지 못하신 것입니다. 그 이유는 제가 귀국한다는 편지도, 전화도 하지 않고 불쑥 온데다가 얼굴이 완전히 까맣게 되어 미처 못 알아보시고 자꾸만 뒤돌아보셨다는 겁니다. 아! 어머니와 아들이 길에서 마주쳐 뒤돌아보면서도 알아보지 못하도록 했던 제 불효를 이제는 씻을 곳조차 없습니다.

아내는 제가 전화를 하니까, 처음에는 실감이 나지 않는지 잠시 얼떨떨해하다가 반가워하였는데 하룻밤 자고 그 다음 날 효창공원 부근의 처가(애인 집)를 방문하였습니다. 제가 효창동 고개를 올라가 집 대문 앞에 이르니, 마침 40대 중년으로 보이는 집배원 아저씨가 저를 보고는, "내가(집배원) 오기만 하면 이 집 처녀가 자기에게 오는 편지가 없나 하고 쫓아 나와 대문 안에서 왔다 갔다 했는데, 이제 보니 그 총각 장교구먼, 맞지요?" 하는 것이었습니다. 본인은 제 편지를 기다렸으면서 왜 그렇게 답장을 안했는지!(서너 번에 가끔 가다 한 번씩 답장) 그렇지만 막상 만나서 마주 앉으니 그 말은 할 수가 없었습니다. 그저 기쁘기만 했을 뿐! 이렇게 제 월남 근무가 끝났습니다.

* 월남전 아군 전·사상자 : 한국군-전사 5,099명, 부상 1만 962명 / 미국군-전사 5만 8,315명, 부상 30만 3,644명

## 바. 월남전 후기(後記)

친북 좌파나 공상적 평화론자 중 몇 사람은 한국군이 월남에서 조직적으로 양민을 학살한 것으로 줄기차게 악의적인 주장을 합니다. 심지어 어떤 사람은 월남에 상주하다시피 하여 전국을 돌면서, 양민 피해가 있었다고 하는 곳을 찾아다니면서 그 사건이 월남 정부군이나 민병대에 의한 것인지, 공산 베트콩에 의한 것인지를 가리지 않고 한국군이 주둔한 지역이 아닌 곳에서 일어난 사건조차도 한국군의 만행이라고 발굴(?)하여 선전을 일삼고 있습니다.

공산주의자들이 주민을 장악하고자 즐겨 쓰는 상용 전술이 바로 테러와 처형을 통한 협박으로 감히 저항하지 못하도록 하는 것으로써 6·25 때 빨간 완장차고 죽창 든 자들의 만행도 그 한 전형입니다. 또 하나, 적과 우군이 구분되지 않는 상황에서 군복이 아닌 민간 복장으로 주민과 섞여 있는 적들과의 교전에서 효과적으로 적과 주민을 분리하지 못하였을 경우, 특히 적들이 주민을 위협하여 인질 삼아 방패로 사용할 때가 있습니다. 이런 경우 불행한 일이지만 최선의 노력을 다 하였다 하더라도 인간인 이상 상황의 오판이나 오인 사살 등이 있었으므로 완벽하게 주민의 피해가 없었다고 할 수 없을 것입니다.

그러나 당시 한국군 병사의 대부분은 시골 출신으로 농부의 아들들이었고 참으로 순박하였습니다. 한국군은 본국에서부터 대민 지원이 몸에 배어 있었고 채명신 사령관의 지침 또한 "열 명의 적을 놓치더라도 한 명의 양민을 보호하라"였습니다. 저는 월남에 있는 동안에 한국군에 의한 양민 학살 사례는 본 일도, 들어본 일도 없었습니다. 그 당시 만일 양민의 피해가 발생하였다면 ─우리 중대의 경우, 조명탄 낙탄으로 돼지 한 마리가 죽었는데 동네 사람들이 항의하여 돼지 값을 두 배로 변상하는 사례가 있었습니다.─ 언론에 보도되고 대대적인 항의가 있었을 것으로 없었던 일로 덮어질 수 있는 상황은 결코 아니었습니다.

그럼에도 불구하고 요즈음 인터넷에서 '월남전 시 한국군의 만행'을 입력해 보면 한국군이 양민을 학살했다는 수많은 사진이 나옵니다. 제가 그 사진들을 보니 우선 복장 자체가 월남 정부군이나 P·F(people's forces)라고 불리는 민병대들이었고 심지어는 VC에 의한 양민 학살 사진까지 있어 '월남전 전우회'에 조치하도록 통보한 바 있으나 그 후 결과는 모르겠습니다.

어떻게 하다 보니 국민개병제를 채택한 우리나라에서 개인적 사유로 병역의무를 회피하는 것을 '양심적 병역 거부'라고 하는 것 같은데, 그렇다면 국민의 의무를 다하고자 자신의 젊은 시절 2~3년을 기꺼이 조국에 헌신한 모든 병사는 '비양심적인 병역 복무자'가 되는 것인지 혼란스럽기만 합니다. 더욱이 과거 정부에 반대하는 데모를 하였던 사람들은 당당하게도 이 나라에 공을 세운 유공자이지만 조국의 명령으로 이 나라 국민을 위하여 싸우다 숨져간 군인들의 유족들은 바로 자기의 남편과 아들들을 위한 추도식에 초청조차 받지 못하는 이 나라에서, 군인으로 한평생 살았다는 것에 비애가 느껴지기까지도 합니다. 그러나 이 나라를 위하여 숨져간 선열들은, 또 하늘은 이 고의적으로 어그러지고 뒤틀린 역사들을 반드시 바로잡고 올바른 역사를 정립하여 이 나라를 반석 위에 세울 것입니다. 그러기 위해서라도 할 일을 아직 시작도 못한 제가 제 건강에 무심할 리가 있겠습니까? 누나 이젠 믿으시겠지요. 추호도 걱정하지 마시기 바랍니다.

민주주의에는 자유민주주의, 사회민주주의, 인민(민중)민주주의 세 가지가 있습니다. 그런데 그들이 헌법 전문에서 자유라는 단어를 삭제하려 하였던 현재의 행태를 보았을 때 이들이 자유민주주의 민주화 운동을 한 것은 결코 아님이 확실합니다. 그러므로 **그들이 만일 친북적 이념에서 인민(민중)민주주의를 위한 민주화 운동을 한 것이라면 그것은 대한민국의 민주화를 위한 것이 아니라 대한민국에 반역한 것**입니다.

월남에서 우리 소대는 맹호라는 네 살짜리 아이를 키우고 있었습니다. 이 아이는 부대 울타리 바로 옆에 있는 집에 가서 자고 눈만 뜨면 소대로 와 병사들과 함께 놀았는데, 1967년도 파월됐던 우리 소대 병사의 아들이라고 하였습니다. 그 병사는 가족을 데려갈 방법이 없어 전역 후 월남 근로자로 다시 와 데려가려고 하였는데 귀국 직전 마지막 작전에서 전사하였습니다. 그때부터 소대에서 소대원들이 상부상조하여 남는 씨레이션(C-Ration, 전투 식량, 당시로는 고가품)도 나누어 주면서 생활비를 대 주었는데 그 후 어떻게 되었는지 가끔 생각납니다.

한번은 부대 옆에 사는 여자가 세 살짜리 아들(이름이 '땀')을 안고 저를 찾아 왔습니다(중대 주둔지는 프랑스 식민지 시절 고보이 성당 건물로 원래는 민가로부터 조금 떨어진 곳이었으나 주민들이 VC들을 피하여 부대 울타리 주변으로 몰려들었다고 합니다. 6·25 때 미군 부대 주변에 형성된 판자촌을 생각하시면 되겠습니다.). 월남어통역병을 통하여 사연을 들어본즉, 17세에 결혼하여 아들을 낳고 지금 19세인데 지방 민병대 소위였던 남편이(고보이 강 건너 200m쯤 되는 곳에 P·F 대대가 있음) 전사하여 혼자 아들을 키우고 있으니 소대장님 귀국하실 때 데려가 길러주면 매달 양육비로 10달러를 보내겠다는 것이었습니다. 저는 생각지도 못한 이야기에 당황하여 "나는 결혼을 안 했기 때문에 아이를 기를 수 없다"라고 하였더니 대뜸 "소대장님 공갈 마"하고 반말로 대들 듯 하였습니다. 저는 월남 사람들이 16~18세면 결혼한다는 사실을(전쟁 중이라? 아니면 풍습?) 그때 처음 알았는데, 그 기준으로 따진다면 저는 노총각이 아니라 홀아비 뻘이었습니다. 평소 병사들이 장난삼아 가르쳐준 한국말이 보통 욕설에 가까운 말이라는 것도, 소대원들이 멀리서 킥킥거리고 웃어대던 것으로 보아 제가 결혼했다고 그들이 거짓말했다는 것도 그때 알았습니다. 저는 그 소대원을 불러 해명토록 하면서 한참을 옥신각신하였는데, 중대장님은 "그래도 남 중위가 제일 신사답고 믿을 만하였던 모양이지?"라고 말했습니다. 월남이 패망하였다는 뉴스를 접하고는 제일 먼저 그 두 아이와 당시 스물도 채 안됐던 그 젊은 엄마들은 어떻게 되었을까 하는 생각에 그들의 모습이 한동안 눈에 어른거렸습니다.

제가 작전 지역으로 이동할 때마다 자주 지나다니던 마을의 촌장이 저를 초청한 적이 있습니다. 부대에서 3km 정도 떨어진 마을인데 중대장님께서 가 주는 것이 좋겠다고 하여 월남어 통역병과 경호병을 대동하고 지프차로 그 마을에 도착했습니다. 그런데 길에서 집에 이르는 진입로 좌·우측에 두 줄로 꽃을 뿌리고 남녀노소가 모두 나와 도열하여 박수를 쳐 주었습니다. 집 안에 들어가 자리에 앉자 촌장이 환영 인사를 하면서, 자신의 가문이 생긴 이래 자기 집을 방문한 가장 높은 계급의 귀빈이라고 저를 소개하였습니다. 당시 월남은 군정 상태여서 군수가 대위였으므로 그 사람들의 눈에는 제가 부군수급이었던 것입니다. 월남의 민간 가정에 들어가 본 것은 그때가 처음이자 마지막이었습니다.

식사가 시작되자 제 뒤에는 한 처녀가 맥주병을 들고 서서 시중을 들면서 맥주를 한 모금만 마셔도 마실 때마다 잔을 채우고(우리 식으로 말하면 첨잔) 있었습니다. 저는 이 첨잔 풍습을 몰라서 잔이 가득 찬 채로 있으면 결례를 하는 것 같은 한국식 풍습으로 이야기를 하면서 한 모금씩 마셨습니다. 그런데 따뜻한 맥주에 오리를 뼈째 다진 찜 같은 요리(집에서 내놓는 음식으로는 최고의 귀빈 대우라 합니다. 저는 두 발 달린 짐승은 못 먹는데 안 먹을 수도 없어서 조금씩 아주 맛있게 먹는 척했습니다.) 덕에 부대 복귀 후 단단히 혼이 났었습니다.

당시 월남 수도 사이공에 출장 차 간 적이 있었는데 군용기 편으로 저녁에 도착, 미군 전용 호텔에서 1박하고, 그 다음 날 하루 종일 주월 한국군 사령부 회의에 참석한 후 다시 그날 밤 1박, 그 다음 날 아침 군용기 편으로 귀대하였습니다. 그러다보니 공항-호텔-주월 한국군 사령부-호텔-공항이 제가 본 사이공 거리의 전부였습니다. 하지만 프랑스식으로 조성된 거리가 영화에서 본 파리의 거리처럼 아름다웠고 당시의 서울보다 더 번잡하였을 정도로 밝고 활기찼었던 것으로 기억됩니다. 그러나 그 32년 후 제가 총장 시절 다시 찾은 사이공(지금 호치민)은 거리 전체가 침침하고 어두운 분위기에 착 가라앉아 있어서 자유민주주의와 공산주의의 차이를 피부로 느끼게 했습니다. 이것이 제가 전투와 작전을 제외한 월남에서의 추억의 전부입니다.

누나, 건강하게 지내세요. 다음 주 서신 올리겠습니다.

동생 재준 올림

## 9. 제33전투 준비 태세 사단 작전 장교(현17사단)

**존경하며 자랑스러운 형님께**

성큼 다가오는 봄의 발자국 소리에 겨우내 잠들었던 나무들이 긴 동면에서 하나둘 깨어납니다. 형님께서 보내주신 전 한미연합사령관의 'Foreign Policy' 기고문은 잘 읽어보았습니다.

* 'Foreign Policy' 기고문을 읽고

우리는 역사에서 사려 깊지 못한 환상들이 얼마나 많은 참상과 비극을 가져 왔었는지 그 교훈을 잊어서는 안 될 것입니다. 일반적으로 동맹이나 연합이 그 이름에 어울리는 힘과 효력을 발휘하기 위해서는 앞에서 말씀드린 바와 같이 양국이 공동의 이념과 가치를 보유하고 공동의 이익과 상호 신뢰가 보장되어야 하나, 만약 그렇지 못할 경우에는 오직 기만적 수사에 불과할 뿐입니다. 따라서 그가 기고문에서 주장한 북한과의 협력은 한마디로 북측이 세습 체제와 적화 통일 의지를 완전히 포기할 때만 가능한 것인데 과연 이것이 가능할 것인지를 간과한 것입니다. 이의 역사적 실례로 영국 체임벌린과 독일 히틀러의 뮌헨평화협정은 오히려 제2차 세계대전 발발의 기폭제가 되었고, 히틀러와 스탈린의 불가침조약은 독일의 소련 공격 계획인 '바바롯사 작전'의 전제 조건이었으며, 루스벨트의 "스탈린은 민주적 절차에 의한 대화가 가능한 신사"라는 부정확한 판단의 결과가 한반도의 분단과 동구권 및 중국 대륙의 공산화라는 비극적 참상을 초래하였던 원인이 되었던 것입니다.

제2차 세계대전 막바지까지 루스벨트의 거듭된 대일전 참전 요청에도 관망만 하고 있던 스탈린은 미국이 일본에 원폭을 투하한 후에야 서둘러 일·소 불가침조약을 파기하였습니다. 이어서 대일 선전 포고와 더불어 한반도의 웅기, 나진, 청진에 공습과 함께 병력을 상륙시킨 다음 평양을 거쳐 파주까지 내려왔습니다. 이에 당황한 미군은 서둘러 일본군 무장 해제 선으로 한반도의 38선 분할을 제의하였던 것입니다. 스탈린은 관동군 무장 해제 후 제2차 세계대전 참전국이었던 중국 장제스[蔣介石]에게 만주와 관동군으로부터 회수한 무기들을 인계하게 되어 있었습니다. 그러나 스탈린은 중국을 남북으로 양분, 마오쩌둥[毛澤東]을 소련의 영향력 아래 묶어두려는 목적으로 "양쯔강을 넘지 않는다"라는 조건을 붙여 만주와 관동군의 무기 모두를 마오쩌둥에게 인계하였습니다. 스탈린의 구상은 양쯔강 이북은 마오쩌둥이, 양쯔강 이남은 장제스가 장악하도록 함으로써 중국을 분단시켜 강력한 중국의 탄생을 저지하고 마오쩌둥을 계속 소련의 영향력 아래 두고자 하였던 것입니다.

그렇지만 마오쩌둥은 장제스를 몰아내자 이 약속을 일방적으로 파기하고 양쯔강을 넘어 중국 전토를 석권하였고 이어서 타이완까지도 점령하려 하였습니다. 이렇게 되자 마오쩌둥의 영향력이 비대해질 것을 우려한 스탈린은 김일성의 적화 통일 야욕을 활용하여 한반도에서 전쟁을 일으켜 미국을 끌어들이고, 중공과 싸우게 하려는 속셈에서 마오쩌둥의 참전 약속을 받아내는 조건으로 김일성의 거듭되던 남침 요청을 승인하였습니다. 이렇게 함으로써 미국과 중공의 국력을 소진하는 동시에 유럽에 대한 미국의 영향력을 감소시키고 중공이 소련에 의존하지 않을 수 없도록 한 것입니다.

이를 위하여 스탈린은 UN 주재 소련 대사 말리크의 안보리 불참을 지시하여 미국 주도하에 UN군을 창설할 수 있도록 하는 동시에 미군이 참전하는 데 필요한 시간을 보장하고자 북괴군의 한강 이남 진출을 통제하기 위하여 북괴군의 유류 및 탄약을 제한 보급함으로써 탄약과 유류가 고갈된 북괴군은 한강 선에서 사흘간 정지할 수밖에 없었습니다. 과거에는 북한 괴뢰군이 남침 사흘 만에 서울을 점령하였음에도 한강 선에서 공격을 일시 멈추어 한국군이 전열을 가다듬고 지연전을 함으로써 미국의 참전 시간을 벌 수 있었던 것에 대하여 '북한이 승리를 자축하기 위해서'라거나 '서울을 완전히 장악 통제하기 위하여' 또는 '박헌영의 호언 장담으로 남로당의 봉기를 기다린 것' 등으로 설명했습니다.

그러나 후에 흐루쇼프의 비밀 문건 해제 시 스탈린과 체코의 고트발트 대통령 간 전문 내용에 의하면 "적(미군과 중공군)들이 한반도에서 국력을 소진할 수 있도록 마음껏 싸우게 하기 위하여 UN사를 창설하고 미군의 한반도 개입 시간을 보장하고자 소련 대사 말리크의 UN안보리 불참을 지시"하는 한편, 김일성에게 한강까지만 진격할 수 있는 탱크와 장갑차의 연료를 주었던 것으로 밝혀졌습니다. 또 김일성 회고록에도 김일성이 6·25를 회고하면서 "탄약과 연료 재보급을 위하여 한강에서 지체한 것을 통한으로 여겨 4대

군사 노선을 추진하게 되었다"라고 그 이유를 밝히고 있는 것으로 보아 이의 사실임이 입증되었습니다.

즉 스탈린은 미군과 중공군이 한반도에서 서로 발을 빼지 못하도록 하여 장기간 국력을 소진하며 싸우게 하는 전략을 수립하고 이를 김일성의 남침 요청을 활용하여 실행한 것인데 이 전쟁이 바로 6·25전쟁입니다. 즉 6·25전 쟁은 마오쩌둥의 중공이 소련에 의존하지 않을 수 없도록 하는 동시에 한반 도에 미국과의 완충 지대를 설치하고 아울러 유럽에서 미국의 영향력을 약 화시키기 위한 스탈린의 세계 전략의 결과였던 것입니다.

이후 3년여를 이끌어온 전쟁에서도 전쟁의 속도를 늦추어 가급적 장기전 이 되도록 하려는 스탈린의 각본에 따라 1951년 초 소련 외무장관이 휴전협 정을 제안하였습니다. 그러나 이 휴전 회담은 전쟁 중 중공군의 전력이 약화 되었을 때마다, 미군의 진격과 공세를 제한하고 중공군이 전력을 보충하여 다시 전투할 수 있도록 하는 제어 장치로 활용되어, 충분히 그 전략적 효용 을 입증하였습니다. 그 후 스탈린이 1953년 3월 사망한 다음에야 비로소 회 담이 본격적으로 진행되어, 7월 27일 휴전하게 된 것입니다.

이상에서 말씀드렸듯 루스벨트의 스탈린에 대한 잘못된 판단이 6·25의 원인 중 하나가 된 것으로, 환상에 가까운 잘못된 정책의 결과는 이렇듯 상 상을 초월하는 비극과 참상의 원인임을 역사는 우리에게 가르쳐 주고 있는 것입니다. 기고문에서 주장한 '미국과 한국, 그리고 북한'이 동맹 및 연합의 형태가 되었을 때의 다음 단계는 필연적으로 ① 종전 선언과 더불어 휴전협 정을 평화협정으로 대체 ② 미·북 수교 ③ UN군 사령부 해체와 주한 미군 철수 및 모든 대북 적대 정책의 철폐가 뒤따를 것인데 이는 북한이 1970년 대 박 대통령의 경제 개발 및 자주 국방으로, 우리의 국력이 북한보다 우위 를 점하고 우리의 현대적 전력이 북한과 대등해지기 시작했던 시점부터 북 한과 남한 내의 친북 및 종북 좌파들에 의하여 줄기차게 제기된 것입니다. 구체적으로 보면 ① 한미연합훈련 중단, ② 주한 미군의 전술핵 철거 및 미군 철수 ③ 종전 선언 및 휴전협정을 평화협정으로 대체 ④ 북·미 수교 ⑤ 남북 연방제 통일이라는 북한의 되풀이되는 일방적 주장을 전폭적으로 수용하자는 것뿐으로 대한민국의 무장 해제 및 무저항 항복을 주장한 것에 불과합니다.

우리는 1973년 키신저의 파리평화협정문의 잉크가 채 마르기도 전에 월남의 패망과 더불어 자유를 추구하던 수많은 사람이 처참하게 죽어가던 비극을 생생히 기억하고 있으며, 현재에도 미국 정부와 탈레반의 평화 협정이 그 효력을 발휘하기도 전에 아프가니스탄의 비극이 시작되는 그 서막을 보고 있습니다. '오늘을 살고 있는 모든 자유를 사랑하며 자유의 품속에서 살고 싶어 하는 사람들'은 홍콩의 30년간 1국 2체제 유지 협정이 어떻게 끝을 맺으려 하고 있는지를, 그리고 땅을 적시며 시뻘겋게 흐르는 미얀마 국민들의 핏줄기가 과연 언제나 멎을 수 있을 것인지를 마음 아파하며 바라보고 있습니다.

그런데도 불구하고 남과 북 그리고 미국 간의 동맹 및 연합이 현실적으로 가능할 것인지와 북측이 자유민주주의적 체재의 동맹에 체질적으로 합류할 수 있을 것인지, 북측의 정치심리전에 의한 대남 전복 기도에 남한이 견디어낼 수 있는지를 심사숙고하지 않고 무책임하게 남북한과 미국의 동맹 및 연합을 주장한 것은 이성에 반하는 주장일 뿐입니다. 그러므로 오직 우리가 강력한 힘을 갖추어 반드시 우리 주도하에 한반도가 통일될 때만 우리 단군 자손이 대대로 이 땅에 살면서 우리의 찬란한 문화와 역사를 계승 발전시키고, 옛 조선의 역사적 강역에서 국조(國祖) 단군의 건국이념인 홍익인간의 이상을 -서로 믿고 의지하여 도우며 사는- 실현하면서 항구적인 평화 속에서 행복하게 살아갈 수 있을 것입니다. 따라서 지금 우리는 민족이 절멸하느냐 아니면 옛 (古)조선의 위대하고 찬란했던 영광을 되찾아, 다가올 세기의 주인으로서 새로운 역사를 창조하며 미래로 나아갈 수 있느냐 하는 중차대한 갈림길에 있는 것입니다. 간절히 믿고 바라기는 애국가의 1절 -하느님이 보우하사 우리나라 만세-처럼, 우리는 참혹했던 시련을 이겨내고 마침내 '제 2의 오리엔트(빛은 동방에서)'의 세기를 열어가야만 합니다. 타고르의 '동방의 촛불'에 나오는 "일찍이 동방에 빛나는 촛불이 있었으니 그 이름 코리아여, 너 다시 타오르는 날 세계는 영원하리라"처럼!

* **"소련은 해방군, 미군은 점령군"이라는 발언의 언론 보도에 대한 관점**

"소련은 해방군이고 미국은 점령군"이라는 발언 기사를 보고 아연하지 않을 수 없었습니다. 왜냐하면 그 역사적 진실은 아래와 같기 때문입니다.

스탈린은 전쟁 중에도 전후 세계에서 '사회주의의 완전한 승리'를 위한 단계로써 미국과의 완충 지대로 유럽에서는 동구권의 공산화와 극동에서는 한반도의 공산화를 구상하여 이를 실천에 옮기고 있었습니다. 그래서 이를 간파한 처칠은 작전상 어려움이 일부 예상됨에도 불구하고 발칸반도에 상륙하여 불가리아-루마니아-헝가리-폴란드-베를린 방향으로 진격, 소련의 동구권 진입을 근본적으로 차단할 것을 주장하였습니다.

그러나 루스벨트는 처칠의 원대한 전략을 제대로 이해하지 못한 채 작전 실시의 어려움을 들어 이를 일축했습니다. 그러면서 조기의 군사적 승리에 집착하여 베를린을 향한 가장 빠른 코스(수직 단거리 접근로)를 따라 진격하는 것으로 결정하였습니다. 이에 따라 연합군은 노르망디에 상륙, 베를린으로 직진하였습니다. 그 사이 소련은 폴란드 수도 바르샤바의 비스툴라 강 대안에서 전진을 멈춘 후 폴란드 애국지사들의 봉기를 유도하고 이를 의도적으로 방치함으로써 나치에 의하여 집단 학살당하도록 하는 한편, 일부 부대의 공격 방향을 좌선회하여 동구권을 손쉽게 석권하였습니다. 그 후 미군이 벌지 전투를 마치고 라인 강을 도하, 베를린으로 진격하자 서둘러 공격을 재개하여 베를린의 동부를 점령하였고 이에 히틀러가 자살함으로써 유럽 전선은 1945년 5월 4일 종전을 맞이한 것입니다.

그러나 이때 태평양 전역에서는 미국이 1㎢당 1,200여 명의 전·사상자를 내면서 유황도를 점령한 데 이어 필리핀을 거쳐 불과 1km 전진에 약 500명의 전·사상자, 특히 '슈거 로프(Sugar Loaf)'라고 명명된 조그만 고지에서는 1야드(90cm) 전진에 1,000명의 손실을 당하는 격렬한 전투를 치르며 오키나와에서 전투 중이었습니다. 그때까지 태평양 전쟁 중 미국이 입은 인명 손실은 전·사상자 17만여 명에 이르렀는데 이에 미국의 루스벨트는 계속 소련의 참전을 요청하였습니다. 그러나 스탈린은 바실렙스키 휘하에 치스차코프의 25군 등 3개 군을 만주 일대에 이동시켜 놓고도 움직이지 않고 있었습니다.

그러다가 루스벨트 사망 후인 1945년 8월 6일 히로시마(8월 9일 나가사키)에 원폭이 투하되어 누구나의 눈으로도 일본의 패망이 확실해지자 앞에서 간략히 말씀드린 바와 같이 서둘러 일·소 불가침조약을 파기하고, 8월 8일 대일 선전 포고와 동시 8월 11일 한반도의 웅기, 나진 등을 공격, 8월 24일 평양을 점령하였고 계속 남하하여 9월 3일에는 38선을 넘어 파주까지 진출하였던 것입니다. 이에 당황한 미국은 소련군의 계속 남하를 방지할 궁여지책으로 미 합참의 본스틸 대령을 시켜 38선을 경계로 하고 그 이북의 일본군은 소련이 무장 해제하고, 그 이남은 미군이 무장 해제하자는 안을 마련하여 소련에 이를 긴급 제의하였고 스탈린은 소기의 성과를 달성한 데 만족하여 이 제의를 수락하였습니다.

스탈린의 극동 정책은 이때 비로소 수립된 것이 아니라 백군과 적군의 내전 중 비롯된 것으로 일본군의 대대적인 토벌을 피하여 연해주에 들어가 있던 우리 독립군의 무장 단체들에게 적군(赤軍 : 붉은 군대 즉 공산주의 군대)을 도와주면 전쟁이 끝난 후 독립 운동을 위한 일체의 무기와 탄약을 지원해 주겠다고 하여 적군에 대거 참여토록 하였습니다. 그러나 전쟁이 끝나자마자 바로 이 약속을 휴지쪽으로 만들어 독립군 무장 단체를 해산시키고 이에 반발하는 인원들을 대거 체포하여 처형하였습니다. 후에 한인들의 반발을 원천 봉쇄하고자 1937년 "한인들의 일본 협조 가능성"을 내세워 연해주 거주 한인 전원을 카자흐스탄 등지로 강제 이주시켰습니다. 이때 내전에서 발군의 전공을 떨친 전설적인 영웅으로 백마 탄 김일성 장군(일본 육사 23기 김광서, 기병과 중위로 일본군에서 탈영 신흥군관학교를 거쳐 만주 및 연해주에서 독립 운동을 한 명장으로 민족주의 진영이며 이육사의 시 '광야'에서 '초인'의 모델. 본명 외 김경천, 김일성(金一成) 등을 가명으로 사용)을 시베리아 유배형(유배 중 사망)에 처하였고, 같은 시기 활동하던 사회주의 계열의 홍범도 장군(극장 기 도 생활을 하며 비참하게 연명)도 카자흐스탄으로 이주시켰습니다.

이어 스탈린은 1940년대 초 중반에 걸쳐 한반도를 적화시킬 목적으로 전 후(戰後), 한반도에 침투시킬 공작 및 심리전 요원(이들은 군복을 입고 있지만 전투 요원이 아니고 정치 공작원임)을 양성하고자 88여단(지금의 가짜 김일성(金 日成) 본명 김성주(金聖柱)가 여기에 소속되어 있었음)을 창설 운용하면서 전후 한반도 적화를 위한 치밀한 계획을 세우고 준비 중에 있었는데 김정일은 이 때 연해주에서 출생한 것입니다. 이상에서 보는 바와 같이 스탈린은 처음부 터 한반도에 공산정권을 수립하고자 하였던 것입니다.

소련군을 해방군이라고 한 그들의 선전을 그대로 믿고 있는 사람들은 공 산주의 군대의 편성구조와 그들의 전술 용어를 잘 모르는 이야기입니다. "전 쟁은 정치의 연장이자 그 수단"이며 "권력은 총구에서 나온다"라고 주장하 고 있는 공산주의 군대는 당이 군을 통제 및 지휘할 필요성에서 군의 지휘 계통이 정치와 군사로 이원화되어 있습니다. 따라서 말단 중대급까지도 정 치부 중대장과 군사부 중대장으로 중대장 두 명이 편성되어 있으며 당연히 정치부 중대장이 당의 지시에 따라 군사부 중대장을 통제합니다. 이는, 소련 군은 소련이라는 국가의 군대가 아니라 소련공산당의 목적 달성을 위한 수 단으로써 소련공산당의 군대이기 때문입니다. 그러므로 당의 정치적 목적 달성을 위하여 군사적 임무를 수행하는 소련 군대에 있어서 모든 용어는 공 산당 특유의 '정치적 언어술'을 구사하는데 예를 들면 그들은 점령을 '해방'

이라고 합니다. 왜냐하면 **소련군이 점령함으로써 봉건 제국주의 또는 부르주아지(bourgeoisie, 유산 시민 즉 자본가 계급)들의 압제에서 인민 대중을 해방시켜 노동자 농민을 위한 프롤레타리아 공산 독재 정권을 세웠다고 주장하기 때문**입니다. 실제로 그들은 동구권 국가들을 점령, 공산화하여 소련의 위성국으로 만든 것을 해방이라고 역사에 기록하고 있습니다. 이러한 전략에 따라 그들은 미군 17만여 명의 피의 승리를 만주에서 관동군과의 전투 중 손실 3만 3,000여 명으로 손쉽게 한반도를 도둑질하면서 그들의 군대를 해방군으로 일컬은 것입니다.

그러나 해방군을 자처하는 소련군은 일명 죄수 대대를 선두로 하여 북한에 진주한 후, 부녀자 강간과 살해를 일삼았을 뿐 아니라 병사들은 북한 사람들의 재산을 약탈하였고 소련 정부는 이에 더하여 해방자임을 내세워 소련의 전후 복구를 위해 북한 내 모든 공장의 기계들과 심지어는 철로까지를 뜯어 갔습니다. 또 점령 지역 내의 민족주의자 내지 자유민주주의 자들을 일망타진할 목적으로 조만식 선생을 내세워 민족주의자나 우익 인사들을 모이게 한 후 단번에 숙청함으로 손쉽게 김일성을 내세울 수 있었습니다. 그리하여 1945년 10월 평양의 환영대회에 모였던 시민들은 그들이 고대하던 60대의 머리 희끗희끗한 백마 탄 김일성 장군은 볼 수 없었고 단지 소련이 양성한 33세의 소련군 소좌 김일성(金日成, 본명 김성주)을 볼 수 있었을 뿐이었습니다.

이러한 역사적 진실에도 불구하고 만약 소련이 북한을 거의 무혈점령하여 자원을 약탈하면서 공산 정권을 수립한 것을 긍정적으로 바라보는 공산주의자의 역사적 관점에서라면 소련군을 해방군이라 할 수 있겠습니다. 그렇지만 소련이 자칭 해방자라 선전했다 하더라도 그들이 "누구를, 누구로부터, 어떻게 해방시켰고 그 결과가 어떻게 되었는지"를 새겨본다면 그 해방의 실체를 깨달을 수 있을 것입니다. 해방자가 해방한 그 나라는 지금 이 시대 지구상에서 최빈국이 되었고 점령군에게 점령당한 우리 대한민국은 세계 최빈국으로부터 세계 10위권의 국가로 성장한 그 결과를 가지고 보았을 때, 해방이 더 좋은 것인지 아니면 점령당한 것이 더 좋은 것인지 헷갈리지 않을는지요.

기회에 한 가지 더 첨언한다면 우크라이나의 젤린스키 대통령이 정치 초짜이기 때문에 러시아를 자극하여 전쟁하게 되었다는 발언이 있었다고 들었는데 그렇다면 구한말 을사오적을 비롯한 이 땅의 매국노들은 얼마나 정치적으로 노련하여 일본을 자극함이 없이 -비록 나라는 망하였을망정- 대화를 통하여 백성들의 평화를 지켜주면서 그들의 자손대 까지 부귀영화를 누렸던 것인지, 그런데 왜 이 땅의 좌파들은 그렇듯 노련한 정치술로 백성들을 전쟁의 참화로부터 지켜주고 평화 속에서 살게 해준 친일파들을 매도하는지, 입으로는 친일파, 친일파 하면서 정작 이 땅의 좌파들은 왜 북의 김씨 세습 정권과 한통속이 되어 6·25를 일으켜 그 짧은 시간 내 일본을 경제적으로 부흥하게 하였고 이제는 군사 대국화의 고속도로를 활짝 열어주고 있는 것인지 제 머리로는 도저히 이해할 수 없습니다.

한 말씀 더 드리면, 현대에 이르러 들어선 모든 독재 정권의 수립 과정은 ① **내부에 적을 설정, 국민의 편을 가르고 정적을 포함 반대자들을 무자비하게 공격하여 자기 기반을 확립**(나치 정권 ⇨ 독일인 VS 유대인 / 스탈린, 마오쩌둥, 김일성 등 공산주의 정권 ⇨ 노동자, 농민 VS 부르주아 / 구 일본 ⇨ 관동 대지진 등 국가 위기 시마다 그 원인을 조선인으로 특정하여 학살 / 현재 좌파 정부 ⇨ 민주 세력 VS 적폐 세력) ② **외부에 적을 만들어 국민, 민족 감정을 자극, 자신들에 대한 반대 명분을 박탈, 세력을 결집**(나치 정권 ⇨ 게르만 순혈주의 VS 이들의 생존권 위협 세력 / 소련 등 공산주의 정권 ⇨ 사회주의 연대 VS 제국주의 세력 / 구 일본 제국 ⇨ 일본 VS 일본의 생존권 위협 세력-미국, 영국 / 현재 좌파 정부 ⇨ 필요 시 친일파 소환, 반일 감정 활용) ③ **인민 대중의 이름으로 소수 핵심 폭력 단체를 동원, 다중에 대한 무차별적 폭력과 무자비한 숙청을 통한 정권의 완전**

**장악으로 독재 권력을 수립**하는 패턴을 따르고 있습니다. 지금 문재인 좌파 정부의 정책 추진 방향이 어딘가 익숙한 모습이라면 지나치다 할 수 있겠는지요?

## * 하나회와 나

이제는 저와 하나회의 인연을 말씀드리기 위하여 생도 시절로 돌아갈까 합니다. 제가 생도 3학년 때 가을 무렵 어느 하루, 4학년 생도가 저를 불러 모임이 있으니 따라오라고 하여 그 선배를 따라 가보니 명예위원회 회의실에 4학년생도 몇 명이 모여 있었습니다. 여기 참석한 4학년 생도들은 24기 중 후배들로부터 비교적 명망 있는 선배들이었고 저와도 친분이 있는 사이였습니다. 모임의 목적은, 월 1~2회 모여 '군인 정신 함양 방법', '바람직한 생도 생활 자세' 등을 토의하는 대단히 긍정적인 모임이었고, 4학년 생도들이 졸업 직전 후배들을 조직해놓고 나가는 형태로서 22기 및 23기 이전의 기들도 조직되어 있는 듯 했습니다. 저는 기꺼이 이 모임에 소속되어 활동하다가 졸업 전 3학년 후배 중 한 명을 추천하여 이 모임에 참가시키고 졸업하였습니다.

그 후 제가 월남으로부터 귀국한 지 사흘째 되던 날 24기 선배로부터 몇몇 선배가 모여 귀국 환영을 해주려 하니 반드시 사귀는 여자 친구를 대동하고 어디로 나오라는 전화가 왔습니다. 그 선배(인품도 좋고 합리적이며 명민하였음)와는 생도 시절 무척 가까이 지내던 관계였으므로 군말 없이 나가겠다고 약속한 후 안 가려고 하는 아내(그 당시는 결혼 전)를 협박 반, 잡아끌기 반, 강제로 끌다시피 하여 약속 장소로 나갔습니다. 그곳에서 선배를 만나 따라가 보니 어느 집에 21기부터 24기의 선배 아홉 명이 있었고 이들 모두는 생도 시절 후배들에게 신망이 있었던 선배들이었습니다.

그런데 처음에는 몰랐지만 점점 이야기의 열기가 무르익어가면서 제 느낌에 생도 시절의 그 순수함보다는 주로 현실적인 대화들이 오가고 하여 잘못 참석했구나 하는 자책이 들었습니다. 그러나 내색하지 않고 이야기를 듣기만 하다가 자리가 파하여 집으로 돌아왔습니다. 그 다음 날 저는 전속 부관 때 사단장으로 모시던 김용휴 장군님(육본 군수참모부장, 사전에 약속되어 있었음)을 인사차 방문하여 월남 이야기를 포함 이런 저런 이야기를 하다가 다음 보직 이야기가 나와서 전날 모 선배가 얼핏 제가 수경사로 보직될 것 같다고 지나가는 이야기처럼 한 것이 생각나서 보직 문제와 함께 그 모임의 이야기를 드렸습니다. 그랬더니 김 장군님은 느닷없이 얼굴이 시뻘게질 정도로 화를 내시면서 "그따위 짓 하려고 육사 나왔느냐. 그러려면 당장 옷을 벗어라"라고 하시는 것이었습니다(그때 자세한 이야기는 안 하셨으나 하나회에 대하여 조금 알고 계셨던 것 아닌지?). 저는 뭐가 뭔지 알 수 없는 상태에서 생도 3학년 때 그 모임에 참가한 것부터 자초지종을 차분하게 설명 드리니 "그러면 보직은 내가 알아서 할 터이니 따르겠느냐?" 하시기에 그러겠다고 답변 드렸습니다.

그로부터 사흘 후 저는 예비군 교육만 담당하다가 최근에 해안 경계 임무까지를 수행하도록 확대 개편되어 '전투 준비 태세 사단(약칭 전준사)'으로 증편된 소사의 33 전준사(현재의 17사단)에 보직 명령을 받고 부임하였는데 여기서부터 그 이후의 제 운명이 결정된 것 같습니다. 간략하게 줄여 말하면 선배들이 특별히 귀국 환영 회식을 하여 주었던 것으로 보아 저에게 25기 조직에서 중요한 임무를 맡기려 한 것이 아닌가(?) 추정하는데 말하자면 그런 제가 조직을 이탈한 배신자가 되었던 것으로 보입니다. 후에 하나회 명단이 공개적으로 알려졌을 때 확인해보니 그날 그 자리에서 만났던 21~24기 선배들의 이름은 모두 있었지만 25~26기의 명단은 생도 때 모임을 가졌던 인원들과는 거의 다른 것으로 보아 저 이후로는 임관 후 수경사 및 특전사나 보안사 요원 중에서 선발하는 것으로 바뀐 것이 아닌가 생각됩니다.

그러다가 1979년 12·12사태가 5·18로 연결되는 과정으로부터 그 이후 하나회에 소속된 제 동기 몇몇이 저에게 적대적 태도로 일관하여 제가 준장으로 진급하기까지 사사건건 줄기차게 진급과 보직을 방해하였지만 저는 육본 인사참모부장, 참모총장을 역임하면서도 '하나회 출신' 장교들에게 불이익을 준 일은 없습니다. 오히려 저는 개인적으로 이들에게 진심으로 감사하고 있습니다. 왜냐하면 그 오랜 세월의 시련이 저를 보다 사람다운 사람, 군인다운 군인으로 성숙될 수 있도록 함으로써 오늘의 저로 성장시켜준 것인데 이는 오로지 이들 동기들의 덕이기 때문입니다.

그렇지만 다음과 같은 이유에서 저는 개개인이 아닌 조직으로서의 '하나회'는 국가에 큰 해악을 끼친 암적 집단이라고 생각합니다.

첫째로 하나회들의 의도가 어쨌든 그들은 **대한민국 육군 장교단의 '혼'을 병들게 하는 죄악**을 범하였습니다. **군인이란 자신을 위하여 취직한 사람들이 아니고 조국에 헌신하기 위하여 복무하는 사람들**입니다. 안중근 의사가 '위국헌신 군인본분'이라고 후배들에게 가르쳐 주신 것과 같이 **군인이 조국이 요구하는 시간과 장소에서 죽어가야 할 때 죽어갈 수 없다면 그는 이미 군인이 아닙니다.** 따라서 군인은 개인의 이익을 추구함이 없이 이순신 장군님처럼 멸사봉공의 위국헌신 자세를 견지하지 않으면 안 됩니다. 그러나 하나회는 이러한 조국을 위한 국가 이익이 아닌 파당의 이익 내지는 사익(私益)을 위하여 헌신하도록 함으로써 군 장교단의 '혼'을 병들게 하고 그 정신을 오염시켰습니다.

둘째로 그들은 **군의 중추신경인 지휘 체계를 극도로 와해**시켰습니다. 그들은 참모총장으로부터 중·소위에 이르는 별도의 사적 의사소통 통로를 구축하여 별도의 인맥에 의한 사적 지휘 체계를 형성함으로써 군인들이 자기 명령 체계상의 직속상관을 바라보는 것이 아니라 인접 하나회 출신의 상급자에 주목하는 것이 보편화되었고 심지어 상급 지휘관이 비 하나회원이고 그 하급 지휘관 또는 하급자가 하나회원일 때 심한 경우에는 상급자가 하급자의 눈치를 살피는 비극적인 현상도 있었습니다. 이뿐 아니라 그들은 사석이 아닌 공적 장소에서까지도 다른 장교들이 있는 것에 아랑곳하지 않고 그들 끼리 형님 아우님 또는 선배님으로 호칭하는 등 공·사를 구분하지 않는 행태를 보였습니다. 이러한 하나회의 분위기가 바로 12·12사태 같은 하극상을 가능하게 한 주요 요인이었습니다. 또 하나는 소위 막강(?)한 파워를 휘두르는 군인들의 출현으로 군 및 부대와 동료들 간의 단결이 와해됨으로써 장교단의 구심점과 응집력을 약화시킨 것입니다.

셋째로는 **군 전투력 발전을 저해**한 것입니다. 지휘관은 부대 지휘의 모든 역량을 부대 임무달성 능력 구비에 집중하여야 합니다. 이를 조금 풀어서 설명 드리면 형님께서 잘 알고 계시듯 군은 평시 준비하면서 준비된 힘으로 전쟁을 억제하다가 실패 시 싸워 이김으로써 국토와 국민의 생명과 재산을 지키고 주권을 수호하는 것을 그 사명으로 합니다. 그러므로 야전에서 평시 군인들이 해야 할 일들은 부대 훈련인 것이며 이러한 부대 훈련의 질과 수준은 부대 지휘 및 훈련 성과에 따른 공정한 상벌권의 행사와 근무 평정 및 진급 추천 등에 의하여 좌우됩니다. 그러나 하나회원들은 부대 지휘와 관리 및 훈련 성과에 관계없이 진급이나 상벌에 대한 공정성을 잃게 함으로써 훈련을 경시하는 풍토를 조성하였습니다. 그 결과 훈련의 질적 저하를 가져왔을 뿐 아니라 **자기 노력을 통한 장교들의 능력 개발과 부대의 전투력 향상보다는 보다 쉽게 '소기의 성과'를 얻을 수 있는, 즉 소위 막강한 실력자를 추종하는 기막힌 현상을 야기**하였습니다.

제가 기억하기로 하나회가 표면으로 부상하기 이전에는 육군 내에서 '막강하다'라는 용어를 들어본 바가 없으나 그 이후에는 이 '막강'이라는 용어가 군에서 표준적으로 상용화되다시피 하였습니다. 심지어는 육사 동기생 간에도 이 막강하다는 역학 관계가 형성되어 이들 간에 파워게임을 하거나 또는 소위 막강한 동기생에게 충성 경쟁 -그 먼 거진까지 저를 찾아와주어서 반갑다고 밥을 사는 제 얼굴에 동기생인 것이 창피하다고 침을 뱉는 등의-을 벌이는 일들까지 있었습니다.

넷째로, **인재 선발의 불공정성으로 인한 장교단의 질적 저하 및 상호 불신을 초래**하였습니다. 이는 가끔가다 한정된 공석에 상대적으로 역량이 부족하다 생각되는 하나회 출신들의 진급으로 인하여 일부 군에서 꼭 필요한 인재들이 도태되는 불행한 경우가 있어 이를 바라보는 타 장교들에게 인사에 불신과 회의의 빌미를 주게 되었던 것입니다.

이 외에도 비교적 초급 장교 시절에 동기생 중 우수 인력으로 평가되어 하나회에 선발된 장교들이 경쟁 대상이 없이 막강 가도를 달리다보니 그 화려한 경력과 외국 유학 등 좋은 조건에도 불구하고 겉은 화려해 보이나 자기 발전 노력을 등한히 한 결과 '속 빈 강정'이라는 평가를 받는 경우도 있었습니다. 물론 개중에는 자기 개발을 위하여 뼈를 깎는 노력을 기울여 명실상부한 능력을 갖춘 인재가 되기도 하였지만 문제는 이러한 관행이 길게 이어올수록 타성이 붙어 후자보다는 전자의 예가 보다 더 증가함으로써 인재를 모아서 둔재를 만드는 공장 역할을 한 셈이 되었습니다.

이러한 후유증은 나머지 많은 육사 출신들이 국가와 민족에 헌신하는 자세로 군 본연의 임무 수행에 충실했음에도 불구하고 정당하게 평가받지 못하고 한 묶음으로 분류되는 억울함을 감내해야 했습니다. 이 모든 것을 요약해 볼 때 '하나회'가 군에 미친 부정적 영향 중 가장 큰 해악은 **'장교단의 정신'을 타락시켰고 군의 위계질서를 문란하게 만들었으며** 훈련을 주업으로 해야 할 군대에서 위험을 감수하며 **훈련하지 않아도 소위 막강한 줄만 있으면 진급 가능한 사례들**이 있게 됨에 따라 위험 부담이 되는 실전적 훈련을 하는 모습이 점차 사라지게 만든 것입니다.

한번은 제가 아는 사관생도가 면회를 왔기에 왜 생도 제복을 입지 않고 사복을 했느냐 하고 물어보니 어느 생도가 제복을 입고 외출했는데 50대 남자가 계속 쫓아오면서 ○○○의 졸개라고 소리를 지르며 욕을 해대어 생도들이 제복을 입고 외출하는 것을 꺼려한다고 했습니다. 그 이야기를 듣고는 대한민국의 장교가, 사관생도들이 제복을 입고 이 나라의 수도 서울을 지나다닐 수도 없는 그런 나라를 위하여 목숨을 바치라고 이야기할 수 있는지에 깊은 회의감이 들지 않을 수 없었습니다. 그러므로 이제는 그 당당한 김원봉과 신영복의 숭배자들 앞에서 주눅 들어 군복조차 제대로 입을 수 없는 이 땅의 '비양심적 병역 복무자들'의 앞날에 신의 가호가 있기를 간절히 기도할 뿐으로, 오늘날 우리나라의 이러한 반군(反軍) 문화적 풍토의 일말이 하나회의 유산에서 비롯된 것임을 부정할 수는 없을 것입니다.

**결론적으로 이들은 자신의 야망과 출세를 위하여 군 장교단의 정신을 병들게 하고 그 혼을 앗아가 장교들에게는 생명만큼이나 소중한 명예에 치유할 수 없는 깊은 상처**를 입혔습니다. 그리고 그 결과로 세월이 흘렀어도 이를 빌미로 하여 여전히 군 장교단에 대한 부정적 시각이 아주 자연스레 존재하게 되었습니다. 명색이 군의 통수권자라는 자가 "김원봉이 이끌던 조선의용대가 편입돼 마침내 민족의 독립 운동 역량을 집결했다"라고 하면서, "통합된 광복군 대원들의 불굴의 항쟁 의지, 연합군과 함께 기른 군사적 역량은 광복 후 대한민국 국군 창설의 뿌리가 되고, 나아가 한미동맹의 토대가 됐다"라고 말함으로써 듣기에는 마치 김원봉의 조선의용대가 국군 창설과 한미동맹의 주역인 듯 들릴 수도 있는 언사를 당당하게 입 밖에 내었습니다.

그러나 역사적 실상으로써 정작 김원봉은 월북하여 북의 내각 검열상이되어 6·25전쟁 당시 군사위원회 평안북도 전권 대표로서 북괴군의 군수 지원을 담당하였고 그 공로로 노력훈장을 받았습니다. 그리고 광복군이 연합군과 함께 기른 군사적 역량이란 미 OSS와의 연합 작전으로 이는 1945년 4월 이후의 일인데, 이때는 이미 김원봉 등이 이끌던 조선의용대 대원 대부분(300여 명 중 250여 명)이 1941년 3월 광복군에서 이탈하여 중국공산당의 화북 팔로군 제1로군에 편입됨으로 조선의용대가 해체된 후의 일입니다. 그뿐 아니라 팔로군에 있던 이들은 광복 후 조선인민군에 편입됨으로써 조선인민군의 뿌리가 되었고 광복군에 잔류하였던 수십 명만이 광복 후 월남하여 국군 창설 시 -미 군정청이 사상을 불문함에 따라- 우리 군에 입대하여 잠복하고 있다가 1948년 국군 4연대 및 14연대와 제6연대의 반란 사건에 가담하는 등 국군의 뿌리가 되기는커녕 오히려 국군의 뿌리를 송두리째 흔들어 놓았었습니다. 그리고 **한미동맹은 휴전 직전 거제도 반공 포로를 석방하는 등 미국으로 하여금 동맹을 맺을 수밖에 없도록 이끌어간 이승만 대통령의 탁월한 외교적 역량의 산물**이지 결코 김원봉이나 조선의용대의 공로가 아닙니다. 결론적으로 군은 나라의 군대입니다. 그러므로 만일 김원봉을 국군의 뿌리라고 생각하는 사람이 있다면, 그 사람의 국군은 우리의 대한민국 국군이 아니라 북의 인민군이며 그러므로 **이 사람의 나라는 '대한민국'이 아니라 '조선 인민민주주의 공화국'일 수밖에 없습니다.**

이상과 같은 저와 하나회의 이상한 인연이 1979년 신군부가 권력의 전면에 나서면서 제가 곧바로 전역 대기 명령을 받고 원주 101 보충대에서 대기하게 된 원인이 되었습니다.

형님과 형수님 내외분의 늘 평강하심을 기원 드립니다. 건강하게 지내십시오.

동생 재준 올림

## 가. 제33사단 작전처 상황 및 작전 장교

**사랑하는 누나에게**

꿈속에서 탐스럽게 피어난 노란 꽃망울을 보았던 날, 전화를 통하여 들려온 누나의 따스하고 정감어린 목소리가 편안하신듯하여 즐거웠습니다. 오늘은 지난번에 이어 33사단 작전 장교 시절의 이야기를 말씀드리렵니다.

저는 귀국 휴가를 마치고 당시 소사(현재 부천시)에 있는 33사단에 부임 신고를 하고 작전참모부 상황 및 작전 장교로 보직을 받았습니다. 당시 33사단은(현재와는 다름) 경기도의 해병 부대와 00사단 관할 지역을 제외한 해안 경계 임무와 전방 군단이남 지역의 서울 및 경기도 전역에 대한 지역 방위 책임, 예비군 교육 훈련, 전시 중 창설 임무를 맡고 있었습니다. 사단 작전 장교는 통상 중대장을 마친 고참 대위들이 보직되는 자리였으나 이유는 모르겠지만 중위인 제가 처음 상황 장교로 보직되었다가 얼마 안 되어 작전 장교로 보직이 변경되면서 상황 장교를 겸직하게 되었습니다. 그 결과 후일 '실미도 사건'의 대응 조치도 제가 하게 되었습니다(실미도 사건은 다음 주 별도 서술). 작전 장교의 임무는 해안 및 내륙 지역 작전 및 경계의 계획, 실시 및 훈련에 관한 일체의 임무로서 사단이 수행하는 임무 중 교육 및 예비군 관련 업무를 제외한 모든 작전 분야입니다.

33사단은 재경 지역에 위치하여 별도의 독신 장교 숙소가 없었고 출퇴근 차량(군용 트럭)이 영등포역까지 운행되어서 서울의 집에서 출퇴근할 수 있었습니다. 그런데 저는 제 사무실 책상 위에 엎드려 자는 경우가 일상이었을 뿐 아니라 장교식당 운영도 점심밖에는 안 했기 때문에 그 당시 유명했던 호빵으로 아침, 저녁을 때우다시피 하였습니다.


육군은 실미도 사건 이후 도로 봉쇄 및 차단을 위하여 교통로 주요 지점에 검문소를 설치하고 유사시 도로 봉쇄 및 차단 훈련을 빈번하게 실시하였는데 주로 거동이 수상한 사람(거수자)에 대한 신고로부터 훈련이 시작되었습니다. 그러나 훈련 자체가 그렇게 짜임새가 있게 통제된 것은 아니어서 "서울역 앞에서 남대문이 어디 있느냐고 묻고 남산 방향으로 도주"식의 황당한 훈련 유도 메시지도 있었습니다. 그리고 하룻밤 사이에 100여 건의 훈련이 유도되어 새벽 무렵에는 상황실 전면 벽체의 그 큰 상황판에 더 이상 표기할 수도 없을 만큼 새까맣게 작전 상황이 도식되어 밤새도록 상황판을 정리한 저조차도 뭐가 뭔지 모르게 된 경우가 빈번 하였습니다.

하지만 기간 중 저는 한 번도 판단 착오로 훈련을 그르친 일은 없었습니다. 일례를 들면 부임 첫해 4개월간 훈련이 아닌 실제 상황의 거수자(행동이 수상한 사람) 출현 신고 17건 중 허위 신고 세 건, 술 취한 사람 두 건을 제외하고 12건은 추적, 봉쇄, 차단으로 거수자를 체포하였습니다. 그런데 나중에 보니 신고만 하면 잡아 주어서 경찰이 그런 사건만 생기면 바로 거수자 신고를 하였던 것을 알게 되었습니다. 그래서인지 연말에 경기도경 국장이 저에게 작전 유공 표창장을 주면서 경위로 특채해주겠으니 오지 않겠느냐고 하여(말도 안 되는 소리) "사관학교 출신자는 의무 복무연한이 10년이라 안 된다"라고 하였던 일도 있었습니다.

그런데 제가 비교적 적중된 판단으로 성과를 거둘 수 있었던 것은 제 능력이 뛰어나서가 아니라 전투 유경험자였기 때문이라고 생각합니다. 예를 들어 주변 지형을 전혀 모르는 부대에 갓 전입한 이등병이 탈영한 경우 그 지역에 10여 년 근무하여 지형을 잘 아는 부사관이 그 이등병을 체포하지 못하는 경우가 허다합니다. 이는 쫓기는 자는 목숨을 걸듯 절박한 마음으로 도주로를 찾아서 도주하는 데 비하여 쫓는 자들은 그렇지 않은 평상시의 판단으로 행동하기 때문입니다. 바꾸어 말씀드리면 저는 월남에서 적에게 쫓기면서 살기 위하여 제가 할 수 있는 모든 노력을 기울여 보기도 했고 적을 추격하면서 적을 사살 포획하기 위한 모든 방책을 시행해 보기도 하였기 때문에 모든 상황(훈련이건 아니건)을 실제 상황으로 파악하고 판단하며 조치하는 습성이 몸에 배어 있었던 것으로 훈련에 임하는 마음가짐의 문제입니다. 그러므로 저는 경계 근무나 훈련 시의 경우에는 언제나 실제 상황의 관점에서 평가하여 그 문제점과 대책 및 교훈 등을 찾아내었고 이에 따라 작전 및 훈련 계획과 상황 조치 모델을 수정, 보완함으로써 전투 태세를 향상할 수 있도록 노력하였습니다.

현재 군에서는 '훈련' 하면 마치 에어컨 틀어놓은 사무실 책상에 앉아서 컴퓨터를 들여다보는 것이 전부인 것처럼 생각하는 경향이 일부 있는데 이는 전혀 망상에 불과할 뿐입니다. 컴퓨터에 기반을 둔 전투 지휘 훈련(BCTP

: Battle Command Tranining Program)은 고급 사령부의 지휘관 및 참모 장교들의 지휘 절차를 숙달하고 상황 조치를 위한 사고력 계발 및 판단력 향상을 위한 보조적인 훈련이지 그것이 곧 전투 훈련은 아닙니다. 실제 전쟁터는 총알이 빗발치고 포탄의 파편이 비산하며 포성과 총성이 어지러이 어우러진 가운데 마찰과 우연이 서로 교차되며 극도의 위험과 육체적 고통이 수반되는 극렬한 폭력의 장이고 병사들이 피를 쏟으며 쓰러져가는, 그리고 나를 향하여 총탄이 집중되는 지옥의 한가운데입니다. 전시에 전선이 시시각각으로 유동되는 상황에서는 병사들 밥만 굶기지 않고 삼시 세 끼를 제대로 먹일 수 있는 대대장만 해도 훌륭하다고 할 정도입니다.

그러한 환경과 조건 속에서도 자신의 책무와 책임을 머릿속에 떠올리면서 자신이 해야 할 임무를 수행하기 위해서는 죽음을 넘어서도 자신을 지킬 수 있도록 평시 실전 같은 훈련을 실시하는 것밖에 다른 대안은 없습니다. 오직 실전적 훈련만이 내 병사들의 생존을 보장하며 임무를 성공적으로 수행할 수 있게 합니다. 그래서 지휘관들은 내 병사를 살리기 위하여 훈련하고 성공적으로 임무를 완수하기 위하여 병사들의 땀을 요구하는 것입니다. 그러므로 **평시 실전적 훈련을 통하여 땀 흘리지 않는 군대는, 그래서 싸워 승리할 수 없는 군대는 존재할 가치조차 없습니다. 왜냐하면 작전은 머리로 하는 것이지만, 전쟁은 말로 하는 것이 아니고 전투는 목숨을 걸고 머리와 팔과 다리로 피와 땀을 흘리며 하는 것이기 때문입니다.**

한번은 인천에서 차량을 탈취, 서울로 고속 침투 기동하는 가상의 적을 사단 앞 삼거리에서 저지, 차단, 격멸하는 훈련을 실시하면서 차단 거점 현장에 방문, 적 출현 상황을 부여하였습니다. 그러자 지휘관이 "엎드려쏴 자세, 거총! 거총!(사격 자세를 취하여 목표를 조준)" 하고 소리쳤습니다. 이에 저는 엎드려쏴 자세로 거총하여 조준 자세를 취하고 있는 병사 한 명을 지적하여 질문하였습니다.

"상병! 상병은 지금 무엇을 하고 있나?"

"네, 사격하려고 조준하고 있습니다."

"그래? 누가 보이는데?"

그 병사는 "네" 하고 대답하려다 대답을 할 수 없었습니다. 왜냐하면 가늠자를 통하여 보이는 얼굴은 같이 먹고 뒹구는 자기 전우였기 때문입니다. 인천 방향에서 오는 적을 저지, 격멸하기 위해서는 도로 좌우측의 낮은 능선상에 적의 진출 방향을 향하여 횡으로 병력을 배치하여야 하는데 병사들은 도로 좌우측에서 서로 마주 보게 일렬로 도열하듯 배치되어 있었던 것입니다. 그 병사들을 지휘하던 대대장, 중대장, 소대장들이 그것을 몰랐겠습니까? 이것이 바로 훈련에 임하는 마음가짐으로 소위 군에서 강조하는 실전적 훈련 의식이 결여된, 형식적 '타성에 의한 훈련'의 전형입니다.

또 다른 경우, 소사역 앞에 봉쇄 거점을 점령하도록 지시하고 나가보니 병력이 보이지 않아 찾다가 철로와 도로 사이의 함몰 지역 -좌, 우 높이가 약 2m 이상-에 배치된 병력을 발견하고 상황을 부여했습니다.

"전방 500m 지점 적 진출 중."

그러자 지휘관이 "사격 준비, 사격 준비" 하고 소리쳤습니다. 그러나 병사들은 사격 자세를 취할 수 없었습니다. 왜냐하면 둑이 높아서 둑 위에 있는 도로의 노면으로 올라가 엎드릴 수도 없었고 적을 볼 수도 없었기 때문입니다. 그래서 제가 제일 하급자인 선임하사에게 왜 병력을 이렇게 배치하였느냐고 질문하자 "은폐, 엄폐를 하고 있습니다"하고 답변하였습니다(은폐는 적의 관측으로부터, 엄폐는 적의 직사 및 곡사화기로부터 보호받을 수 있도록 하는 것). 그 부대의 지휘관 및 지휘자들이 은폐와 엄폐의 목적이 단지 적으로부터 숨기 위한 것이 아니라 나의 안전을 보장하는 동시에 사격으로 적을 사살할 목적으로 취한다는 그 본질을 모를 리가 없음에도 불구하고 훈련 목적을 상실한 채 타성적인 행동을 하고 있었던 것입니다. 그래서 이를 설명하고 다시 배치하도록 하며 어깨를 두드려 주었습니다.

저는 해안 경계 태세 점검을 위하여 강화대교 부근으로부터 아산만에 이르기까지의 전 해안을 시간이 있을 때마다 발로 밟아 가면서 현장에서 상황을 부여하며 제대로 될 때까지 반복시켰습니다. 이렇게 되자 각 부대의 경계 목적이 적을 발견, 조치하는 것보다는 저의 이동을 추적, 포착하여 연대장, 대대장에게 보고하는 것으로 바뀐 듯했습니다.

서해안은 해안선의 굴곡이 복잡하게 발달된 리아스식 해안이라 순찰을 돌기가 쉽지는 않았지만 저는 한정된 시간에 가볼 수 있는 데까지는 타고 또 걸으며 밤새도록 야간 순찰을 돌아다녀 보았습니다. 그러던 어느 날, 대낮같이 밝은 보름달에 해안 경비정이 보이지 않아 어디에 있느냐고 물었더니 매복 지점에 배치되어 있다는 것이었습니다. 그 당시 육상 경비정은 조그만 목선에 엔진을 장착한 것으로 통상 500m 이내의 물골에 배치되는데 만월의 야간 시정 조건에서 매복을 나간 것이 납득되지 않아 재차 물어보아도 사실이라는 것이었습니다. 그래서 위치를 가리켜 보라고 하고 휴대하고 있던 쌍안경으로 아무리 찾아보아도 안 보여 사고가 난 줄로 생각한 저는 배를 빌려 나가보자고 하였습니다. 병사는 당황하는 기색으로 배를 빌려 오겠으니 기다리라고 하고는 어디론가 뛰어갔습니다. 이에 하는 수 없어 한참을 기다리니 대대장이 지프차로 달려와 저보고 무조건 차에 타라고 하는데 병사들이 있는 데서 대대장의 권위와 체면을 손상시킬 수 없어 차에 올라탔습니다. 그런데 사실은 불이 나서 배가 타버려 지금 방위협의회 지원으로 배를 건조 중에 있다는 것이었습니다. 저는 할 말이 없어져 그럼 지금까지의 매복 보고는 사실이 아니었느냐고 물으니 민간 목선을 빌려서 매복은 계획대로 하였다면서 절대 사단에 보고하지 말라고 했습니다.

저는 일단 사단에 복귀하면서 경비정이 소실되었다면 배에 탑재되어 있던 기관총, 야간 관측경, 무전기 등 전투 장비가 모두 소실되었을 것이기 때문에(하긴 그 당시 남대문시장에 가면 살 수 있다는 소문이 있었지만) 입을 다물 수 없어서 작전참모님(대대장과 동기)에게만 보고하고 그 사실을 대대장에게 알려 주었는데 후일 그 대대장이 후임 참모로 부임하여 조금 불편하게 지냈습니다.

당시는 적의 공수 낙하에 대한 대 공중 침투 훈련도 강조되었는데 ○○지역은 중요한 적 공수 낙하 예상 지역이었습니다. 제가 처음 그곳의 훈련 상황을 점검하러 나갔을 때의 상황을 말씀드리면서 지루하실 것 같은 훈련 이야기를 끝내려 합니다. 저는 먼저 연대에 방문하여 작전 계획을 브리핑 받았는데 연대장 배석 하에 작전주임(소령)이 일어서서 브리핑하여 입장이 난처해진 제가 아무리 앉아서 설명하여 달라고 해도 그대로 브리핑을 하였습니다. 그러나 문제는 적 낙하 지역을 반경 100m 정도의 둥그런 원으로 상정하고 원 둘레를 따라 봉쇄 및 차단 병력을 배치한 것이었습니다. 그래서 제가 조심스럽게 "적이 낙하하는 것을 부대에서 초병이 관측한 순간으로부터 작전 병력이 목표 지점에 도착하는 데까지 소요 시간이 얼마나 걸리는지?"를 질문하였는데 연대장이 자신만만하게 답변하였습니다.

"우리 연대는 매일 일일 훈련으로 하고 있기 때문에 병사들이 숙달되어 관측 초병 보고로부터 5분 대기조 탑승까지 5분, 막사 앞에서 목표까지 이동 시간 10분, 그래서 15분이면 완전히 봉쇄선 점령이 완료되네."

저는 순간적으로 멈칫하였습니다. 그러다 잠시 뜸을 들인 후 제 생각을 이야기하였습니다. "적 저속 항공기의 속도가 시속 200항공마일(약 360km)이라고 할 때 항공기 이동 속도는 360,000m÷3,600초=100m/초이고 1.0초당 좌우측 문으로 두 명씩 낙하 시 그 원 안에 떨어질 수 있는 인원은 여섯 명으로 그 이상의 인원은 전부 원 밖에 낙하될 뿐 아니라 전투 상황 하에서 그 적병이 전속력으로 낙하 지점 이탈 시 100m 이동하는 데 1분을 잡더라도 낙하 시간 포함 16분이면 1.5km는 벗어납니다. 그러므로 예상 목표 지점이나 적의 예상 은거 지점을 선정하고 낙하지점으로부터 이에 이르는 도주 및 이동로에 차단 및 봉쇄선을 형성하는 동시에 그 방향으로의 추격 및 수색 정찰을 하도록 하여야 하며 원점에는 정보 분석조 및 경계조를 파견하는 것이 적절하지 않겠는지요?"

내 말에 당황하신 연대장님은 "작전주임 앉아" 하고 일어서시며 지시봉을 빼앗더니 그렇지 않아도 그런 계획을 지금 추가적으로 발전시키고 있는데 예상 은거지를, 이곳에 상정하고 있다고 설명하기 시작하였습니다. 기간 중 만일 제가 보고 느낀 대로 그때마다 사단 회의에서 미주알고주알 이야기를 하였더라면 많은 적을 만들어서 아마 대위되기도 힘들었을 것입니다. 그러나 저는 현장에서는 전쟁 실상에 부합되는 판단 및 조치를 환기하거나 교육하려 노력하였지만 회의 시에는 주로 사단에서 추가적으로 개선, 발전시켜야 하거나 조치해 주어야 할 것을 이야기하였지 예하대의 잘못한 점을 적나라하게 적시한 적은 없었습니다. 이 덕분에 살아남은 것 같습니다. 이러한 이야기를 하는 것은 결코 제 자랑을 하려는 것이 아닙니다. **"장교들의 전투 경험을 바탕으로 한 실전 훈련"**의 중요성을 강조하기 위한 것으로 **평소 계획 수립 또는 훈련 시에는 언제나 습관적으로 실전 상황에 부합되도록 계획을 작성하고 훈련할 수 있도록 습성화해야 하며 이를 위해서는 평소 전쟁사의 부단한 연구와 "오늘밤이라도 전쟁이 난다면"이라는 항재 전장 의식, 즉 '전투적 사고'를 갖지 않으면 안 됩니다.**

그 당시의 우리 작전참모님은 군산상고 출신으로 두뇌가 거의 천재였습니다. 밤새도록 그 큰 상황판 전체가 새까맣도록 상황을 요약하며 정리한 저도 헷갈리는 터에 참모님은 상황판을 한 4~5분 들여다보고 아주 일목요연하게 상황을 설명하셔서 매번 놀랄 수밖에 없었습니다. 그러나 이 참모님은 거의 일 중독 수준이어서 바쁠 때면 다른 장교 대부분을 퇴근시키고 저 같은 장교는 붙들어 놓고 밤을 새우며 찾아대는 악취미(?)가 있었습니다. 참모님은 통상 여름에는 책상 밑에 찬물 담은 양동이에 발을 담그고 겨울에는 히터를 켜놓고 모포를 뒤집어쓴 채 책상에 쌓인 공문 하나하나를 따져보는

데 제 소관도 아닌 분야까지 질문을 해대는 바람에 곤욕을 치렀지만 먼 훗날 뒤 돌아보니 그때 기를 쓰고 공부한 것이 정말로 큰 도움이 되었던 것 같습니다.

이 참모님에게는 두 가지 특징이 있었는데 얼굴은 검붉은 색에 무뚝뚝하셨지만 호탕하고 농담도 잘 하셨으나 성질이 불같아서 해온 일이 마음에 들지 않으면 재떨이를 집어던지는 버릇이 있었습니다. 그래서 작전처는 쌓아 놓은 재떨이가 떨어질 때쯤이 바로 처부 회식하는 날로 정해져 있었습니다. 다행히 저는 평소부터 어떤 업무를 하면서도 관련 규정이나 교범 또는 전쟁 사례를 찾아 이를 준거로 삼는 버릇이 있었는데 이 참모님, 뜻밖에 화를 내다가도 근거를 들이대면 바로 승복하는 훌륭한(?) 버릇이 있으셨고 이를 재빠르게 간파한 저는 결재 들어갈 때 항상 교범과 관련 규정 및 전·사례를 숙지 한 후 이를 지참하여 들어갔습니다. 그 결과 '재떨이 위성'의 발사 광경을 직접 경험하지는 않았습니다. 이 덕분으로 후에 고등군사반과 육대를 별로 힘들이지 않고 수료할 수 있었는데 아무튼 제가 가는 곳마다 공부하지 않을 수 없도록 만들어지는 환경이 신기하기만 하였습니다.

이 참모님의 또 다른 특이한 버릇은 한 달 내내 출퇴근할 수 있는 저 같은 장교를 매번 붙들어 책상 위에서 엎드려서 자게 해놓고는(새벽 세 시에 깜빡 잠들었는데 다섯 시에 꿀밤을 주면서 젊은 녀석이 웬 잠이 그리 많으냐고 깨움) 간혹 봉급날이 들은 주말이면 전 처부 장교 및 선임하사를 불러 자신의 봉급을 봉투에 넣어 처부원 들에게 나누어 주면서 "고생들 많았으니 나가서 실컷 놀다 들어와라"라고 하셨습니다. 그런데 사실 저 같은 경우 제대로 출퇴근(퇴근 한대야 거의 열한 시 가까이 집에 도착)도 못하게 해놓고는 토요일 하루 내보내면서 실컷 놀고 들어오라고 하는 것이 말도 안 되었지만 그러나 추호도 원망하는 마음은 없었습니다. 그때는 우리나라에 보너스 개념이 없었을 때이므로 아마도 우리가 대한민국 최초의 보너스 수혜자들일 것입니다. 모처럼 나가는 날에는 아무리 늦어도 처가에 찾아가 지금의 아내를 대문 앞에서라도 잠깐 만나고는 골목길로(그때는 통금에 걸리면 장교는 무조건 징계 조치) 뛰어서 집에 오곤 하였습니다. 그렇게라도 하지 않았으면 아마 결혼은 커녕 서로 얼굴도 잊어버려 몰라봤을 것 같습니다.

제 결혼식 두 달 전, 10월 유신으로 계엄령이 선포되었는데 저는 작전 장교로서 계엄 담당 주무 장교가 되어 하는 일 없이 바쁘기만 하였습니다. 저를 만날 수 없었던 아버님께서 아내(결혼 전)를 저에게 보내면서 집에 전화하라고 전하여서 어렵게 전화를 드렸더니 얼마나 답답해 하셨던지 "야, 이 녀석아, 네가 장가가는 것이지 내가 장가가는 것이냐. 뭐를 준비하려 해도 네 얼굴을 볼 수가 있어야지" 하고 말씀하셨습니다. 그런데 그 당시 상황에서 제가 집에 나간다는 것은 거의 불가능하여 아버님께서 결정해 주십사고 말씀드렸고 처가도 집에 있던 제 정복을 가져가 양복을 맞추도록 하였습니다.

그런데 정작 문제는 그것이 아니라 보안대에서 "장교가 결혼하려면 처가 쪽의 신원조회를 하여야 하는데 신청도 안 하였기 때문에 안 된다"라는 것이었습니다. 저는 금시초문으로 그런 규정이 있다는 이야기를 들어본 바도 없어 저를 골탕 먹이려고 그러나 하고 생각하면서 "나는 그런 이야기 듣지 못하였다"라고 하니 "지금 계엄 기간이고 더욱이 귀관이 수도권 지역의 계엄사 작전 장교이니 꼭 하여야 한다"라고 하여 부랴부랴 요구하는 서식을 작성하여 주었습니다(그런데 지금도 장난에 속은 것이 아닌가 하는 생각이 조금 남아 있습니다). 다행히도 장인어른이 성직자이셨기 때문에 신원조회가 빨리 끝날 수 있어 한시름 놓았습니다.

그러나 이것이 끝이 아니어서 이번에는 엉뚱하게도 참모님이 "이 바쁜데 무슨 장가냐" 하며 안 내보내 주셨습니다. 이에 저는 거의 단식 농성을 하다시피 하여, 결혼식 전날 밤도 꼬박 새우고 결혼식 당일 여덟 시가 거의 다 되어서야 겨우 사정사정 끝에 2박 3일 휴가를 얻어 부대에서 내준 지프차를 전속력으로 달려 집에서 옷을 갈아입고 열두 시 결혼식에 늦지 않게 식장에 도착할 수 있었습니다. 그런데 이제 와서 자수하자면 결혼식 날 이발과 면도는커녕 세면도 제대로 못한 채로 결혼식에 임하였습니다. 그리고 처음부터 끝까지 서서 잤기 때문에 주례사는 하나도 듣지 못하였고, 사회자 소리에 따라 눈 떠야 할 때 잠깐 잠깐 눈만 떴습니다. 그래서 제 결혼사진을 보면 다른 사람들은 플래시 터질 때 눈을 깜박인 것으로 아는데 사실은 가는 코까지 골면서 잔 것(많이 찢어버렸음)이라 눈 뜨고 찍힌 사진이 별로 없었습니다.

결혼식이 끝나고는 "무슨 신혼여행이냐"라며 예식장 앞에 차를 대기시켜 놓을 테니 식 끝나자마자 부대 복귀하라던 참모님을 졸라서 겨우 며칠 말미를 승낙받았던 터라 가까운 곳으로 신혼여행을 갔습니다. 저는 호텔에 도착하는 대로 예쁜 여자 아이 인형 하나를 사주고는 서울로 올라올 때까지 밥 먹는 시간 빼놓고 잠만 자다 온 것이 지금도 아내에게 미안합니다. 그때 여자 아이 인형을 사주어 딸만 둘인 것 같지만 그래도 제 딸들이 이 세상에서 제일 예쁘기만 합니다. 저는 2박 3일의 신혼여행에서 돌아온 후 또다시 정신 없이 지내다가 약 3개월 후 광주 고등군사반에 입교하였고 이어서 전방 중대장으로 나갔기 때문에 주례 선생님 -장인어른 친지-께 감사 인사도 못 드려 지금까지도 말은 못 하였지만 아내에게 면목이 없습니다.


이윽고 연말이 되어 참모님께서는 전출가시고 해안 대대의 대대장이 참모로 오게 되었는데 이대로 있다가는 제가 건강을 유지하지 못하고 쓰러질 것이란 생각이 들어 인사처 보임 장교에게 고등군사반을 보내달라고 하니 제 처지를 잘 알고 있던 터라 보내주겠다고 선선히 응낙하였습니다(당시는 사단 명령으로 OAC 입교). 그런데 후에 이를 알게 되신 작전참모가 보임 장교를 불러 저를 보내면 가만두지 않겠다고 윽박지르셨습니다. 그러나 일주일 이내 명령이 나지 않을 경우 반년을 기다려야 하고 또 그때도 여전히 보내준다는 보장도 없었을 뿐 아니라 더욱이 제가 대위 진급 예정자이므로 대위 진급

시 그 부대에서 중대장을 하기 쉬운데 저는 최전방으로 가고 싶었습니다.

이러한 여러 가지를 곰곰이 생각하던 저는 비상 행동에 돌입하였습니다. 일제강점기에 파놓아, 오래되어 입구가 아주 좁아진 방공호가 사령부 건물 뒤편에 있었는데 저는 그 안에 들어가 농성을 시작하였습니다. 이윽고 이 소문이 참모장 귀에 들어가자 사단장님 귀에까지 들어갈 것을 꺼린 참모가 한 발 물러서게 되어 저는 드디어 고등군사반에 입교하게 되었습니다. 그런데 월남전 후유증에 겹쳐 사단 작전 장교 근무 시 건강을 버린 것 때문에 고등군사반 내내 야외 훈련에 체력이 딸려 고생하였고 철책선 중대장 근무 시에는 한쪽 다리까지 잘못 쓰고 절뚝거리게 되어 지팡이를 짚고서야 겨우 걸어 다닐 수 있었습니다.

### * 장비 및 자재 공수[空中輸送]

33사단 근무 시 기억에 남을 첫 번째 일은 아마도 제가 대한민국 육군에서는 최초로 국내에서의 대규모 물자 공수를 시작한 것 같습니다. 당시의 한국 육군은 사단 항공대에 L-19라는 관측 및 연락용 2인승 프로펠러기가, 군단 급에는 OH-23이라는 3인승 헬기가 있을 뿐이어서 공수 능력이 없었습니다. 미군도 평택기지에 막 CH-47 대형 헬기가 전개되기 시작하여 여섯 대가 처음 배치되었을 뿐으로 공수 지원 체계 자체가 구성되어 있지 않았을 때였습니다. 그런데 1972년 8월경 서해안 섬 지역에 배치되어 있던 탐조등을 교체해야 해서 과거의 배치 사례를 검토해 보니 탐조등을 분해하여 배에 싣고 섬으로 운반한 후 병사들이 고지로 짊어지고 올라가 다시 조립하였는데 물론 용선료 같은 예산은 없었고 작업 중 급경사에 굴러 떨어져 인명 사고도 있었던 난제였습니다.

그러나 때마침 행운이었던지 월남에서 가까이 지내던 CH-47 조종사가 평택기지로 보직되어 저와 연락이 닿아 서로 만나기로 하였는데 그 대위 조종사에게 전화하여 부평에서 만나 불고기에 소주를 사주면서 공수를 부탁하였더니 흔쾌히 해주겠다고 하였습니다. 헬기를 포함한 모든 조종사는 조종 기량 수준 유지를 위하여 임무가 있건 없건 연간 일정 시간의 수준 유지 비행을 하도록 규정되어 있습니다. 그러나 그 당시 미 항공대는 전개 중이었기 때문에 세부적인 훈련 계획이 시행되기 이전이어서 조종사 입장에서는 어차피 빈 헬기로 운항하여야 하는데 임무를 준다니 거절할 이유가 없었던 것입니다.

그 다음 주 참모가 탐조등 교체 동안 인명 사고를 염려하여 계획 보고를 독촉하므로, -연막 신호를 해줄 병력과 인양 고리를 걸거나 탐조등을 인수할 병력들에게 필요한 교육까지 모든 준비를 끝낸 상태였기 때문에- 시간별 픽업(Pick up) 지점과 랜딩(Landing) 지점이 표시된 지도 판만 들고 들어가 참모님께 다음 날 중으로 이렇게 교체하겠다고 보고 드리니 "야 이놈아. 지금 장난치는 거냐? 우리가 미국 군대야. CH-47이 어디 있어?" 하고 소리를 버럭 지르셨습니다. 그래서 말이 난 김에 원래는 제 돈으로 저녁을 사려 하였지만 욕도 먹었고 해서 대충 상황을 설명 드리고 저녁을 사기로 했으니 헬기 승무원 다섯 명 포함 저녁밥 값을 달라고 하여 받아 챙겼습니다.

이튿날은 다행히 기상이 좋아서 10시부터 15시까지 전 기지의 탐조등 교체를 완료하고 불고기를 실컷 먹게 해주었더니 모두들 입이 딱 벌어지게 좋아하면서 언제든 부탁만 하라고 하였습니다. 그때만 해도 미군들이 아는 한국 음식은 대개 불고기와 소주 및 막걸리 정도였습니다. 다음날 부대 복귀 후 남은 돈을 참모님께 돌려드렸더니 도로 내놓으시며 000연대장이(탐조등 교체 연대) OO산에 올려야 할 철조망, 철항 등 중량이 나가는 장벽 자재를 쌓아놓고 병사들이 조금씩 등짐으로 져 나르고 있는데 언제 끝날지도 모르겠고 또 태풍도 올라올 것도 같으니 공수를 해줄 수 있는지 부탁하더라고 했습니다. 저는 이러다가 미 항공대 훈련장교가 되는 것이 아닌가 하면서도 말이 그렇지 혹 계속되는 부탁에 부담이 될 수도 있어서 "불고기 맛있었느냐"라고 전화부터 했습니다. 미군 조종사가 아주 맛있었다고 하기에 또 먹고

싫냐 하니까 눈치를 채고는 바로 "Any time. Any mission is OK for you" 하고 시원스럽게 대답해 주었습니다. 그 이후 사단 내의 모든 고지나 도서에 물자를 추진하여야 할 경우마다 아주 당연하다는 듯 헬기 공수를 요청하여 왔고 기상이 허락하는 한 공수를 해주었습니다. 그러나 그때만 해도 막 헬기가 전개된 초기였기 때문에 그것이 가능하였는데 다행히 제가 사단을 떠난 후에 그 조종사도 임기를 마치고 귀국하여 제가 난처한 일을 당할 일은 없었습니다.

## * '군사보호구역' 설정

기억에 남는 두 번째는 '군사보호구역'에 관한 법률이 새로 제정 선포되어 경기도 해안 및 내륙 지역에 '군사보호구역'을 설정하게 된 것입니다. 그래서 저는 1 대 10만 지도 위에 해안 방어 진지를 편성하고 화기 유효 사거리 내의 지역을 군사보호구역으로 경시하여 육군본부에 건의할 수 있도록 준비 중에 있었습니다. 그런데 당시 우리 지역민들은 이것이 무엇을 의미하는지 잘 알지 못한 듯한데 인천 지역 및 그 인근에 거주하던 화교들은 이에 대단히 민감하게 반응하였고 심지어는 군사보호구역 지정에서 제외해주면 자기 소유 땅의 1/4을 떼어 주겠다고 하며 찾아오기도 했습니다. 그런데 끝내 지정이 되자 저를 죽이겠다며 식칼을 들고 쫓아다닌 탓에 한동안 부대 밖으로 나가지 못하여 애를 먹기도 하였습니다.

## * 실미도 사건

실미도 사건은 공군이 운용하는 실미도 대북공작원훈련소에서 훈련 중이던 공작대원들이 기간 장병들을 사살하고 집단으로 무장 탈영, 선박을 탈취하여 인천 송도 남쪽 해안에 상륙한 후 버스를 탈취하여 서울로 진입하려 하였던 사건입니다. 대북 공작원의 실체와 사건 동기 및 경과는 이미 언론에 공개되었을 뿐 아니라 저는 전혀 모르는 상황이어서 언급하지 않겠으며 단지 그 지역 책임 사단인 33사단 작전 장교로서 제가 경험하고 조치한 내용만을 개략적으로 기술하겠습니다.

상황을 설명하기 전에 먼저 말씀드리고자 하는 바는 실미도에 공군 특수 부대가 있다는 사실을 저 포함 실무자 전원이 몰랐을 뿐 아니라, 상황 보고 과정을 되짚어보면 해당 지역 소대장으로부터 육본까지 아무도 몰랐던 것이 아닐까 생각합니다. 당시 사단 책임 지역에 유·무인도서 100여 개가 있었는데 월 1회 수색 계획에 따라 수색을 실시하고 그 결과를 보고할 때 연대에서 몇 개 도서 중 몇 개 도서 수색 실시, 그 결과 이상 유무 및 특이사항만 보고를 받았기 때문에 지도상에 있는 실미도의 섬 이름은 알고 있었으나 그 외의 상황에 대해서는 일체 아는 바가 없었습니다.

후일 제가 실미도 주둔 공군 특수 부대에 관하여 육·공군 간에 상호 협조가 있었는지 확인해 보았지만 이를 확인할 방법이 없었습니다. 그런데 만일 실미도에 공군 특수 부대가 주둔하고 있는 것을 관구나 육본 또는 국방부 실무자 중 누구라도 알고 있었다면 상황 보고를 받았을 때 장소가 적시되어 있었으므로 아무 의문도 없이 무장 공비로 보고 및 발표를 하지는 않았을 것으로 생각되기 때문입니다.

사건 당일, 저는 부대 증편에 따른 부대 계획 및 작전 계획 수정 등 아침 상황 브리핑을 끝내고는 쉴 틈도 없이 업무에 골몰하고 있었습니다. 그런데 상황실에 있던 ○○○연대(해당 지역 책임) 연락 장교(세 명 모두 학군 7기로 임관 동기) 이 중위가 저에게 뛰어오더니 이상한 상황이 벌어졌는데 제가 상황실로 가보아야 되겠다는 것이었습니다. 그래서 상황실로 급히 가보니 "송도 부근 ○○초소 북방 1.5km 지점에서 20~30명의 이상한 군복 차림인 무장 병력이 인천으로 가는 버스를 세워서 타고 북상 중"이라는 보고였습니다. 저는 최초 보고 내용에 추가하여 "사단 조치 내용과 추가적 상황은 파악되는 대로 후속 보고 하겠음"이라고 첨언한 후 상황병에게는 ○개 기관 및 초소에 보고 및 통보토록 지시하였습니다. 동시에 연락 장교들에게는 관구 및 육본 상황실, 회의 및 예하대 방문 등으로 부재중이셨던 작전참모, 참모장 및 사단장에게 각각 상황을 보고토록 조치하는 한편, 저는 연대(연대가 상황 파악이 잘 안 되어 있어 대대로) 및 대대에 전화해보니 연대 및 대대도 최초 보고 내용 외에는 모르고 있었습니다. 저는 혹시 하는 생각에서 사단 영내에 있는 대대 및 5분 대기조에 출동 준비 지시를 하는 동시에 사단 삼거리 헌병 초소장에게 전화를 걸어 바리케이드 설치 및 차단 준비 지시와 5분 대기조 투입 예정 사항 등을 간략하게 하달하고 있었습니다.

그러던 중 추가적으로 들어온 OOO연대의 후속 상황 보고를 받아보니 ① 소대장 보고를 받은 중대장이 5분 대기조를 출동시켜 뒤쫓았으나 놓쳤음 ② 보고를 받은 대대에서 즉시 5분 대기 소대를 출동시켜 불상 무장 병력이 탑승한 버스를 추적하던 중 시외버스 정류장에서 서울직행 태화버스(당시 가장 빠른 버스였음)로 갈아타고 서울 방향으로 출발하는 것을 먼 거리에서 발견하고 이를 뒤쫓았으나 놓쳤고(중대장이 무전 보고를 시도하였으나 6·25 당시의 P-10 무전기로 불과 3Km 거리의 대대와 교신이 불가능하여 민간 상가 전화기를 빌려 군용선으로 연결 보고하느라 지체되었다 합니다.) ③ 현재 무장 괴한들은 태화버스에 탑승하여 서울방향으로 진출 중이라는 내용이었습니다.

이에 저는 즉시 상급 부대에 상황 보고 및 관계 기관에 상황을 전파하도록 지시하는 동시에 5분 대기조 출동 지시와 헌병 초소에 도로 차단을 지시하였습니다. 당시 사단 영내 주둔 대대는 서울에 즉각 투입 가능한 최 근접 현역 대대여서 부대 출동이 매우 민감하였던 상황이었습니다. 그 당시 규정대로 하자면 보안 계통으로 경호실까지 보고하고 승인을 득한 후 출동시켜야 했는데 제가 중위라 겁도 없이 출동 지시를 한 것입니다. 이어서 저는 연락 장교에게 참모 및 참모장님과 사단장님이 복귀하시는 대로 바로 제 자필 메모지 및 상황 일지를 들고 가서 보여드리도록 한 후, 대기시켰던 차량에 올라타 7~8분 거리에 위치한 초소로 달려갔습니다. 그러나 제가 초소에 도착해보니 바리케이드는 이미 찌그러진 채 나뒹굴고 있었고, 버스는 1분 전

에 바리케이드를 밀어붙이고 영등포 방향으로 진출하였다고 하는데 초소
장과 초병들은 반쯤 넋이 나가 있었습니다. 제가 상황 보고 여부를 확인하
자 아직 안했다고 하기에 직접 관구 상황실로 먼저 보고를 하고 이어서 사
단 상황실에 전화하여 현재 상황을 불러준 후 상급 부대와 각 기관에 보고
및 통보토록 하였습니다. 사단장님 등의 소재를 파악한 결과 모두 부대에 복
귀하시어 상황을 보고받으셨음을 확인하고는 초소에서 보고된 후속 상황을
보고토록 한 후 부대 복귀 차 초소를 나와 주변을 돌아보는 제 시선에 짙은
녹색 계통의 베레모가 길바닥에 떨어져 있는 것이 띄었습니다. 그래서 이를
주워 들고는, 이 베레모가 그들이 떨어뜨린 것이냐고 초병에게 묻자 베레모
를 들여다보더니 차에 탄 병력들이 썼던 것과 같은 베레모라 하였습니다.

부대에 복귀하면서 베레모를 꼼꼼히 살펴본 저는 우선 북한이 대낮에 해
안 상륙을 하였을 리가 만무하다는 전제 하에 ① 이 베레모는 재질과 색상
으로 보아 북한제가 아니다(저는 GP장 경험으로 인민군 복식을 알고 있었습니
다.). ② 통일된 집단 복식을 하고 무장한 병력이라면 민간 집단이 아닌 어느
군에 소속된 병력일 것이다. ③ 그들의 행동이 대담한 것으로 보아 결코 일
반 병력은 아닐 것이다. ④ 검문에 불응하고 바리케이드를 치고 나간 것으로
보아 적법한 정상적 명령 하에 움직이는 병력은 아닐 것이다 라고 추론하였
습니다. 그러면 누가? 왜? 무엇을? 하는 의문에 대한 해답을 골똘히 생각하
면서 막 도착한 5분대기 부대를 복귀시킨 후 사령부에 도착하여 일단 상황
실에 들렀더니 일이 엉뚱한 방향으로 꼬여 있었습니다.

문제는 연락 장교의 보고를 받은 지휘부에서는 이 백주대로 상에 무슨 불
상 무장 병력이냐고 호통 치면서 당장 '무장 공비'로 정정하여 상황을 보고
토록 지시하여 육본에 정정 보고를 하였고 지금 OO개 기관의 1/2쯤 정정
중이라는 이야기였습니다. 저는 이러한 연락 장교의 말에 놀라지 않을 수 없
었습니다. 상황 보고는 알려진 사실 그대로를 보고해야지 확인되지 않은 추
정이나 짐작 등을 추가해서는 안 되며 6하원칙에 의거 간결하여야 하지 부

연 설명으로 윤색되어서도 안 됩니다. 왜냐하면 그러한 상상이 가미되어진 부정확한 상황 보고는 판단을 그르치게 하여 작전을 패착 시키는 결과를 가져오기 때문입니다. 이에 저는 즉시 베레모를 들고 뛰어 들어가 아군의 특수 부대임이 틀림없는데 지금까지 알고 있는 상황으로는 그렇게 단정할 근거가 없으니 이미 보고한 내용대로 불상 무장 괴한으로 정정, 유지할 것을 건의하였습니다. 그러나 지휘부에서는 화를 내시면서 엉터리 상황 보고에 대한 책임을 묻겠으니 가서 대기하라고 쫓아내었습니다. 이어서 저는 작전참모에게 기간 중 상황을 간략히 요약 보고 드린 후 지휘부의 지시에 따라 정정한 '무장 공비 서울 출현'이라는 말의 파장을 고려할 때 언론에 노출되기 전 빨리 바로잡아야 됨을 말씀드리고는 상황실로 돌아왔습니다.

상황실에서 관구의 후속 상황을 파악토록 조치하는 동시에 대대 및 연대에 추가적 보고 내용이 있는지를 확인하게 하면서 상황을 종합 정리하고 있었습니다. 그러던 중 방송에서 "서울 일원에 무장 공비 침투"라는 국방부 보도 내용이 흘러나왔습니다. 그리고 10여 분쯤 지나서 관구 출동 병력이 경인가도의 영등포 입구에서 무장 괴한과 교전하여 버스를 전복시키고 전원 사살 및 자폭하였다는 상황을 통보받고는, 지휘 계통에 보고 후 사무실로 돌아와 제 업무를 보고 있었습니다.

그러나 그날 오후, 두세 시쯤(?) 연락 장교가 뛰어오더니 국방부 장관 사임 발표가 있었다고 하여 가보니, "무장 공비로 잘못 발표하여, 서울시민들이 크게 동요하도록 한 오보의 책임을 지고 장관직에서 사임 한다"라는 내용이었습니다. 그래서 저는 장관님은 참 훌륭하신 분인데(제가 생도 1~2학년 때 육사교장) 사임하시는 구나라고 생각했을 뿐 저와 관련하여서는 생각하지 못하였습니다.

그로부터 한 30여 분 지나서 사령부 각 참모부 참모 및 주무 장교들은 기밀실로 집합하라는 연락을 받고 무슨 일인가 싶어 가보니 모두 모인 것을 확인 후, 누가 '무장공비'로 잘못 보고를 하였느냐고 서릿발처럼 추궁하는 것이었습니다. 저는 어처구니가 없어서 "상황 보고 시 1차는 '불상 무장 병력'으로, 2차는 연대 수정 보고에 따라 '불상 무장 괴한'으로 하였는데 제가 초소에 다녀온 사이에 지휘부 지시로 정정되었다는 이야기를 듣고"라고 말하자, 저를 당장 입창시키라고 하셨습니다. 저는 순간적으로 판단하기를 이때 만일 제가 입창된다면 군복을 벗는 것 정도가 아님을 직감하고 두말없이 문을 열고 밖으로 튀어나와 부대 앞 가게의 제 하숙방(하도 퇴근을 못하고 라면과 호빵만 먹다보니 속을 버려서 비록 나가서 잘 수는 없지만 가끔 하숙집에 가 저녁을 먹었습니다.)으로 가 있었습니다.

퇴근 시간이 되자 연락 장교들이 퇴근하면서 제 하숙에 들려 ① 저는 부대 출입이 금지되었고, ② 사흘 후 10:00시 육본 5부 합동 조사가 나올 예정이며 ③ 부대 분위기를 수시로 알려 주겠다는 것이었습니다. 이에 저는 가게 주인에게 부탁하여 백지 전지 다섯 장과 흑색 그리스 펜슬 한 개를 사 달라고 하여 상황 경과 및 사단 조치와 문제점, 건의 내용 순으로 차트를 작성하였습니다.

제가 도망쳐 나온 사흘 후 열 시쯤 저는 제가 쓴 전지 다섯 장의 차트를 말아 쥐고 부대 사령부 건물 뒤편 철조망 울타리의 조그만 개구멍으로 들어가 기밀실 입초 헌병이 제지할 틈도 주지 않고 뛰어 들어갔습니다. 들어가 보니 상황을 전혀 모르는 장교가 설명을 하고 있었는데 육본 조사단의 쏟아지는 질문에 쩔쩔매고 있었습니다. 그래서 제가 바로 단상으로 올라가니, 조사단원으로 와 앉아계시던 김용휴 장군님께서 저를 너무 잘 아시는지라 상황을 짐작하신 듯 선수를 쳐서 "자네가 상황 장교였나?"하셨습니다. 그래서 "예, 제가 그날 상황을 주무한 작전 장교입니다. 보고 준비가 조금 미진하여 고치느라 늦었습니다" 하고는 바로 다섯 장짜리 차트를 펼치고 설명을 시작하였는데 저의 천하명필(?)에 말문들이 막히신 듯 아주 조용해졌습니다.

저는 간략하게 첫째 상황 경과 및 조치 내용을 ① 최초 상황 보고 및 조치(병력 출현 상황) ② 차후 보고 및 조치(추격 실패) ③ 사단 상황 조치 및 상황 인계(검문소 강습 돌파 및 관구 상황 인계) 내용을 아주 간략하게 보고한 후 도출된 문제점 및 육본 건의 내용 열한 가지를 집중적으로 보고하였습니다. 지금 기억에 남는 것으로는 ① 소대장이 적 해안 침투에 대비한 매복 및 차단 훈련 중 이들을 최초 발견하였을 때 소대에서 사격을 하였더라도 그 거리(300여 m)로 보아 저지는 불가능하였을 것인 반면 버스에 탑승하였던 민간인들에 대한 피해는 불가피하였을 것으로 판단되는데 이 경우 과연 민간인 17명의 생명을 위태롭게 한 책임은 누구에게 물을 것인지? ② 중대 5분 대기조가 적시에 도로 차단 및 추격에 나섰으나 군 차량이 민간 버스의 속도를 따라갈 수 없어 실패한 책임이 중대장에게 있는지? ③ 중대장이 추격에 실패하여 교범 상으로는 통상 5마일(8km)로 통달 거리가 명시되어 있음에도 3km 정도 이격된 대대 상황실과 교신이 불가능하여 보고가 지체된 것인데 그 보고 지연 책임이 중대장에게 있는지, 아니면 통신선을 설정하고 장비를 보급한 상급 부대에 있는지?(이 때문인지는 모르겠으나 그 이후 단계적인 장비 교체가 이루어졌습니다.) ④ 대대 역시 차량의 속도가 태화버스의 반에도 미치지 못하여 추격에 실패하였는데 과연 대대장의 책임인지? ⑤ 사단 초소에서 차단 바리케이드를 설치하였으나 바리케이드가 약하여 통과를 허용하게 된 것은 초소장 책임이 아닌 것으로 생각하며 여기서 제가 잘못한 것이 있다면 사격 명령을 하달하지 않은 것인데 솔직히 그 당시는 그렇게까지 상황을 판단하지는 못하였고, 이에 대한 어떠한 책임도 지겠음 등이며 ⑥ 끝으로 가장 중요한 문제점을 말씀드리는 바, 실미도에 그러한 부대가 있다는 것을 초병부터 사단장까지 아무도 모르고 있었는데 만일 육본에서 실미도에 그러한 병력이 있다는 것을 알고 있었다면 "실미도 앞 해안에 이상한 군복 차림의 무장 병력 상륙"이라는 보고를 듣고는 설사 사단에서 '무장 공비'로 보고하였다 하더라도 잘못된 보고가 아닌지 의심하고, 사단에 재확인 지시를 하는 것이 정상인데 그런 조치가 없이 바로 장관까지 보고된 것으로 보아 실미도에 그런 부대가 있다고 하는 것을 육본과 국방부에서도 몰랐던 것은 아닌지 의심이 된다는 내용 등이었습니다.

이런 이야기를 하면서 "작전 차원에서 본 이번 사건의 원인은 저로서 그 이유를 알 수는 없으나 불상 부대와 우리 육군 간의 협조가 부재하였던 것에 있는 것으로 판단합니다. 이상입니다" 하고 보고를 마쳤습니다. 제 보고 내내 김용휴 장군님께서는 눈을 감고 경청하셨습니다. 이에 조사하러 오셨던 육본 5부 합동조사단은 한마디도 더 질문을 하지 않고 조사를 끝낸 채 복귀하였습니다. 이것이 제가 겪은 실미도 사건의 전부로서 이렇게 근무하는 사이 어느덧 18개월의 근무가 끝나고 1973년 3월 광주고등군사반에 입교하기 위하여 사단을 떠났습니다.

글씨가 난필이 되었습니다. 형님 내외분의 건안하심을 빌며 다음 주 서신 올리겠습니다.

동생 재준 올림

육군 보병학교 OAC #20 졸업기념 1973 7.28

## 10. 고등군사반 제20기 학생 장교가 되어

**사랑하는 누나에게**

이름 모를 자그맣고 예쁜 새 한 마리가 쇠창살에 앉아 무엇이라 지저귀며 봄소식을 전합니다. 누나의 정감 어린 목소리를 스치듯 잠깐 들은 것이 벌써 보름여가 지났는데, 그간도 평안하셨는지요.

오늘은 장교들이 약칭으로 OAC(Officer's Advanced Course. 고등군사반)라 부르는 교육 기간의 생활을 말씀드리려 합니다. 앞에서 말씀 드린 바와 같이 저는 농성을 불사하는 등의 우여곡절을 겪은 후 드디어 OAC 입교를 위하여 출발하게 되었습니다. 그런데 원래 학교에서 통보된 입교 안내서에는 그 주 금요일까지 학교에 도착, 등록을 하고 필요한 서류를 작성한 후, 교재와 부착물(부대 마크 등 각종 표지물) 등을 수령, 토요일 오전 입교 신고 후 그 다음 주 월요일부터 수업을 시작하게 되어 있었습니다. 그렇지만 저는 작전참모가 막무가내로 출발을 허락해주지 않고 일거리를 맡기어 토요일까지 그 일을 끝내준 후 일요일 오전, 아내와 함께 광주행 열차에 몸을 실었습니다. 이삿짐은 제 책가방과 아내의 핸드백, 점심 도시락 두 개를 포함 보따리 세 개 등이었습니다. 짐 일곱 개를 양손에 주렁주렁 나누어 들고 광주역에 내리니 제 고등학교 친구이며 중신아비인 장정동(공군 대위로, 당시 광주 비행단 소속 조종사)이 마중 나와 저는 이끄는 대로 친구가 얻어놓았다는 셋집으로 향했는데 그 방향이 이상했습니다.

그 당시 대부분의 OAC 장교는 주로 보병학교 바로 앞 동네인 상무동이나 광주 시내에 세 들어 살았고, 저처럼 송정리에 사는 장교는 한 기수 200여 명 중 두세 명에 불과하였습니다. 그런데 이 친구가 혼자서 외로웠던 차에 얼마나 반가웠던지 몰래 자주 나올 욕심으로(당시 조종사들은 대기 근무가 많아 외출이 극히 제한되었음) 부대 맨 뒤편에 있는 조종사들의 독신 장교 숙소 바로 뒤 쪽문 앞에 탄광촌의 연립 막사처럼 줄지어 있는 가운데 방을 얻어놓고는, 제가 다른 곳으로 이사하지 못하도록 아예 방값 5개월 치를 선불해 버린 것이었습니다. 저는 OBC 때 광주 시내에 단 한번 나가 보았을 뿐 학교와 훈련장만 다닌 탓에 그곳 지리는 깜깜한 터에, 이번에는 광주역에서 버스로 40~50분 가까이 걸리는 송정리에서도 논을 곁으로 끼고 10여 분 이상 걸어 들어가야 하는 곳에 살게 되었습니다. 그러나 싱글벙글하는 친구에게 화를 낼 수도 없어 멀뚱거리다가 일단 짐을 들고 안으로 들어간 후 상점에서 얻어 온 사과 궤짝 위에 신문지를 깔고 신혼살림을 차린 것까지는 그런대로 좋았습니다.

그런데 아침에 일찍 길을 더듬어 송정리역 앞에 나가 광주행 버스를 기다리는데 CAC(전투발전사령부) 버스가 보여 물어보니 출퇴근 버스라 하였습니다. 이에 저는 기분 좋게 학교에 출근하여 행정실에서 등록을 하고 있었는데, 담임 중대장이 부른다 하여 중대장실로 갔습니다. 저를 본 중대장은 벌점 통보서에 무슨 내용을 여러 개 적어 넣고는 서명을 하라고 하였습니다. 지금 정확하게 기억나지는 않지만 규정상 5개월간 벌점 총점이 30점을 넘어가면 심의 후 퇴교 조치될 수 있었습니다. 그런데 저는 신고도 하기 전에 "지연 등록, 각종 서류 미제출, 각종 부착물 미부착 등 복장 불량, 고철 미제출(그 당시 주 1회 정도 고철을 주워서 내야 했는데 시골 논 한 가운데라 고철 주울 데도 없고 집사람이 사놓은 연탄집게를 5개월 내내 제출) 등 지시 불이행으로 첫날 벌점 17점을 맞고 입교하였습니다.

OAC의 학과 교육은 전술학, 참모학 화기학 및 기타 지휘 통솔 등 일반학으로 편성되어 있습니다. 그런데 저는 전술학은 본의 아니게 얻은 '걸어 다니는 FM'의 위명을 지켜서 망신당하지 않으려 평소 열심히 하였고, 참모학은 사단장 부관을 하다보니 각 참모부의 업무 내용들을 파악할 수 있었던 데다가 쉴 새 없이 눈에 보이고 들리는 모든 내용을 질문해대며 괴롭히시던 사단장님의 교육과 사단 작전 장교로서 상황실을 운용하면서 매일 각 참모부의 업무를 종합함과 아울러 모든 대외 브리핑 내용을 작성하였었기 때문에 특별히 더해야 할 것이 없었습니다. 화기학은 전에 말씀드린 대로 4학년 하기 군사 훈련 겸 OBC 과정에서 팔자에 없는 보급 생도가 되어(저는 체질이 작전이지 군수가 아닙니다) 거의 3개월 넘게 손수레에 각종 화기를 수령, 손질, 반납하며 날밤을 새웠기에 지금 이 시간에 시험을 보아도 70점 이상은 맞지 않을까 생각합니다. 지휘 통솔 등 일반학은 제가 평소에 좋아하는 과목들이어서 가벼운 마음으로 그러나 성실하게 수업에 임하였고 강의 내용도 빠짐없이 메모하면서 정신을 집중하여 경청하였습니다. 이렇듯 학교생활은 평온하였지만 셋집이 논 한가운데라 개구리 울음소리가 어찌나 시끄러운지 잠을 잘 수가 없었습니다. 그러다보니 고구려 15대 미천왕이 왕자 시절 부왕이 살해되자 도망가 숨어살면서 머슴살이를 하였는데 주인이 얼마나 악랄하였는지 밤새도록 논둑에 서서 개구리가 못 울게 하도록 시켰다는 〈삼국유사〉를 읽고 주인을 욕하였었는데 이때는 그 주인이 조금쯤 이해가 갔습니다.

학교생활 중 어려웠던 것은 교육 기간 약 5개월의 절반인 3개월 정도가 전술학이고 전술학의 2/3가 현지 실습인데, 사단 근무 시 건강을 해친 탓에 체력이 달리는데다가 월남에서 다쳤던 한쪽 다리마저 불편하여 야트막한 능선을 오르는 것조차 보통 힘든 것이 아니었습니다. 식은땀을 흘리며 헐떡거리다가 땅바닥에 주저앉는 저를 보다 못한 동료들이 급경사 같은 곳에서는 가방을 들어 주고 등을 밀어주는 등 동료들의 도움을 많이 받았습니다. OAC 기간 중 아내가 해주는 한약과 따뜻한 밥을 먹으면서 건강이 많이 회복되었음에도 처음 한두 달은 이 건강으로 군 생활을 계속할 수 있겠는가를 걱정하는 마음에 고민도 많이 하였는데 자다가 가위에 눌려 허우적대다가 벌떡 일어나 "좌선 공격 앞으로"를 외친 것도 이때의 일입니다.

OAC 졸업을 한 달쯤 남겨놓았을 무렵에, 33사단의 인사 장교로부터 전화가 왔습니다. 그 내용은 신임 사단장님께서 저를 신편되는 사단 수색중대장으로 육본에 지명 요청하라고 하셨다는 것이었습니다. 그러나 저는 최전선의 전방 중대에서 근무를 열망했던 터라 육본 인사운영감실에서 근무하다 OAC 동기가 되신 선배와 한 조가 되었을 때 그 고민을 털어놓았습니다. 그러자 그 선배님 왈 "걱정하지 마, 내가 남 대위를 대한민국에서 제일 좋은 곳으로 보내줄게" 하고 호언장담하셨는데 나중에 보니, 육군에서 가만히 있으면 자동적으로 간다는 보병 제15사단으로 가게 되었습니다.

당시 보병 제15사단은, 전군에서 사단장이 방위협의회 위원으로 이장(里長)과 마주해야 하고, 지역 내 주민이 2,100여 명에 불과하며 사단 사령부 앞에는 도로 밑 개울 바닥에 달랑 민가 세 채가 전부인 정말로 대한민국에서 제일 좋은 '하늘 아래 첫 동네'였지만 제가 이 사단에서 근무하게 된 것은 행운이었습니다. 15사단은 우스갯소리로 탈영하라고 부대에서 내쫓아도 탈영할 수가 없어 부대로 되돌아온다는 곳으로(좌우, 후방도로 모두가 인접 사단 검문소로 막혀 있고, 도로 외 지형은 전부 1,000m 이상의 고지군) 눈만 뜨면 보이는 것이라고는 손바닥만 한 하늘과 산, 매일 뒹굴며 함께하는 전우들밖에 없어 병사들이 타 부대에 비하여 대단히 순박하며 단결도 잘 되어 있다고 하였습니다. 이에 걸맞게 15사단의 제2사단가(병사들이 즐겨 부르는 비공식적인 노래)는 "십오야 밝은 둥그런 달이"로 시작되는 '십오야 밝은 달'인데, 저는 아무튼 33사단으로 끌려가지 않고 원하던 대로 GOP 사단에 근무할 수 있어서 그 선배님께 힘찬 경례로 감사함을 표했습니다.

OAC에 다닐 때 제 봉급은 2만 몇 천 원으로 기억됩니다. 그래서인지 장교들은 통상 모든 것을 외상으로 사서 생활하다가 봉급날이면 한꺼번에 갚는 것이 어디건 통하는 관행이었고 어쩌다가 현금이 필요할 경우에는 동료들 집을 돌면서 서로 돈을 꾸고는 하였습니다. 그 당시 1,000원만 있으면 부부가 함께 외식(자장면) 한 끼에 연속 상영 영화 관람을 하고 커피 한 잔 까지 풀코스로 품위 있게 즐기고 귀가할 수 있는 낭만도 있었습니다. 저는 같은 동네에 사는 홍혜원 대위와 아주 친하게 지내면서 토요일에 둘 중 하나가 돈 꾸는 데 성공하면 큰일이나 한 듯 기고만장하여 큰소리치며 가족과 함께 즐거운 마음으로 송정리에 나가고는 하였습니다. 누나가 잘 알고 계시지만 저는 돈에는 워낙 멍청한 편이어서 뭐가 뭔지를 모르고 한평생을 살았는데, 처음 한두 달은 장모님이 아내에게 주신 돈으로 밥그릇 등 살림 도구도 장만하고 그 돈으로 생활하였다는 것을 몇 십 년 후에야 알았습니다.

한번은 OAC에 입교한 지 한 달이 조금 지났을 즈음 퇴근하여 밥을 재촉하니 밥을 못했다는 것이었습니다. 그런데 눈치가 돈이 떨어진 것 같아 아무말 안 하다가 외상이 안 되느냐고 물어보니 창피하여서 못 나간다는 것이었습니다. 그래서 저는 외상 하는 것을 창피한 것으로 여기는 줄 알았는데 이야기를 듣고 보니, 셋집 주인이 "여고생이 졸업도 안 하고 남자하고 바람나서 둘이 동거 중"이라고 방송을 해대어 사람들이 자기만 보면 들으라고 대놓고 손가락질을 하여 밖에 못 나간다는 것이었습니다. 저는 난감하기 그지없어서 한참을 생각하다가 홍 대위에게 돈을 꾸어 손에 쥐어주면서 결혼 앨범을 가져오라고 아내를 서울로 올려 보냈습니다. 하기는 제 눈에도 여고생으로 보였으니(집사람은 그 당시 화장을 전혀 하지 않고 다녔습니다.) 주인을 욕할 처지도 못 되었고, 그렇다고 결혼한 사이라고 일일이 해명할 수도 없는 일이어서 생각한 끝에 결혼 앨범으로 해명하고자 한 것이었습니다.

이틀 후 아내가 앨범을 가져온 날 방문을 열어놓고 밖에서 잘 보이게 문 앞에 앨범을 펼쳐 놓으라고 하였더니 대뜸 앨범을 들고 들여다보던 집주인 아주머니 "오매, 결혼했네!"라고 외쳤고 이 한 마디로 모든 문제가 깨끗이 해결되어 이후 먹고사는 데는 별다른 문제가 없었습니다. 그러는 가운데에서도 친구 장정동의 초청으로 비행장 내 미군 장교 클럽에서 양식도 하고 홍 대위와 부부 동반으로 송정리 극장에서 연속 상영 영화 관람을 하기도 하는 등 가장 흉내도 내면서 지내다보니 어느덧 졸업하게 되었는데 가난하나마 소박하게 정 주며 살았던 철없던 그 시절이 갈수록 그리워집니다.

이렇게 5개월에 걸친 OAC를 끝내고 송정리에서 군용열차(일반 열차에 연결된 군용 칸) 편으로 서울로 향하였는데, 내려갈 때 둘이 손에 들고 간 보따리가 올라올 때는 손수레를 빌려 역에서 수하물로 탁송하여야만 하였습니다. 그런데 서울에 와 짐을 풀어보니 제가 짐을 줄이려 내다 버렸던 것들(고철 수집 때문에 그 원망스러웠던 연탄집게며 연탄아궁이 뚜껑 등)이 그대로 들어 있었습니다. 그래서 저는 그때의 경험으로 후배들에게, 군인이 그나마 돈 버는 방법은 장가를 일찍 가는 것이라고 입버릇처럼 이야기 해주게 되었습니다. 결혼하면 연탄집게 하나라도 생기면 생겼지 없어지지는 않으니까요. 이렇게 하여 짧은 신혼살림을 마치고 아내를 처가에 떼어놓은 채 저는 임지인

15사단으로 향했습니다.

　누나, 건강하게 지내시고 이 편지 보시며 많이 웃으시기 바랍니다. 다음 주에 또 편지 올리겠습니다.

동생 재준 올림

# 11. 보병 제15사단 38연대 중대장

## 가. 보병 제38연대 11중대장

### 존경하며 자랑스러운 형님께

이제는 봄빛이 완연합니다. 보내주신 편지에서 누님이 눈 수술로 당분간 안정을 취해야 하신다니 회복되실 때까지 당분간 형님께만 편지를 보내겠습니다.

저는 OAC 수료와 동시에 보병 제15사단에 보직 명을 받고 임지로 향했습니다. 마장동에서 시외버스를 타고 이동을 지나 광덕고개를 넘었는데 이 길은 6·25전쟁 중인 1951년 중공군 4월 공세 시 중공군의 주력이 투입되었던 격전지로, 전쟁 중 해발 평균 1,000m 이상의 험한 고지군으로 이루어진 광덕산맥의 능선 허리를 따라 깎아낸 군용 도로입니다. 그런데 이 고갯길이 얼마나 구불구불하고 험하였던지, 그 당시 미군들은 낙타 등같이 구불거린다 하여 캐멀(Camel)고개라 불렀는데 그 후 이것이 와전되어 사람들이 종종 캬라멜 고개라고 부르기도 하였습니다.

제가 광덕고개를 넘은 1973년도 당시에는 도로 폭이 좁아 버스 한 대가 겨우 지나갈 수 있을 정도여서 버스의 창밖으로 내다보면 바닥에 도로가 보이는 것이 아니라 까마득한 절벽 밑 계곡이 보여, 비행기를 탄 듯 착각마저 느껴졌습니다. 그래서 우스갯소리이지만, 그 당시 광덕고개를 차로 넘으면 승객들의 종교를 모두 알 수 있다는 이야기가 있었습니다. 왜냐하면 불교 신자는 "관세음보살 나무아미타불"을 염(念)하고 기독교 신자는 "주(主)여"를 뇌이며 종교가 없는 사람들은 눈을 꼭 감고 넘기 때문이라는데, 아무튼 제가 알고 있기로는 그 길이 워낙 험하여 운전기사가 정신 차려 조심을 하기 때문인지 사고가 일어난 일은 없었다고 들었습니다(사고가 날 경우, 그것은 차량 사고가 아니라 비행기 추락 사고의 결과와 같았을 것임).

어느덧 버스는 후에 우진이가 근무하였던 부대가 있는 사창리(종점)에 도착하였고, 그곳에서 15사단 사령부로 가는 군용 트럭을 얻어 타고 사단 사령부 앞에 내렸습니다. 내려 보니 도로 좌측 개울 바닥에 민가 지붕 세 채가 보이는 곳에 사령부 정문이 있었고 사령부 뒤로는 해발 1,150m가 넘는 복주산이 가로막고 있었습니다. 사단 인사처로 올라가 인사 기록 카드와 명령지를 제출하자, 인사 장교가 독신 장교 숙소에 빈 방이 없지만 마침 직능반 교육을 가는 장교에게 양해를 구하였으니 그 장교의 방에서 쉬고 있으라고 하였습니다. 그래서 명령을 내주면 바로 부대에 부임을 하겠다고 하였더니 38연대 11중대장으로 명령을 기안하고 있는데 다음날 현 11중대장을 징계

한 후 보직 해임을 하여야 하기 때문에 다음다음 날에나 명령을 내줄 것이라고 하였습니다. 징계 이유를 묻자 평소의 지휘상 문제점으로 징계가 고려되고 있다가 이번 대대전술 시험(2개 대대 실병 기동 훈련이며 대대장 재임 기간 중 1회 실시) 시의 지휘 실패로 징계에 회부되었다는 것이었습니다.

저는 전사나 구속된 유고 지휘관의 교체 요원으로 긴급 보충되어 부임한 것이 네 번이나 되는데 월남 소대장에 이어 이번이 두 번째로서 어쩐지 OAC 수료 후 1주일간 휴가도 없이 타 장교보다 나흘이나 먼저 부임 일자가 나있는 것을 이상하게 생각하던 터였습니다. 그날 저녁 퇴근 시간 무렵이 되자 뜻밖에도 작전참모님이 저를 부르셔서 가보니 생도 1학년 때 훈육관 박 중령님이셨습니다. 생도 때 무척 인자하시고 합리적인 성품으로 존경하던 선배님이라 반가운 마음에 인사를 드리니 "네가 왔다는 소식을 들었다. 오늘 저녁 우리 집에 가서 식사나 하자"라고 하시어 따라 나가 지프차 뒤에 올라탔습니다. 사단의 참모 관사는 부대로부터 조금 떨어진 조그만 골짜기에 일곱 여덟 채가 옹기종기 모인 열 평 내외의 비둘기 집 같은, 집이라기보다는 상자로 만든 모형 같았습니다.

훈육관님은 집으로 들어가시면서 큰소리로 손님 오셨으니 술상 겸해서 저녁 내오라고 하셨습니다. 식사하는 동안에 훈육관님은 제 보직에 대하여 알고 계시는 듯 그에 관해서는 한마디 말씀도 안 하셨고, 15사단에 대한 일반적 이야기 등 평범한 말씀으로 대화를 이끌어 가셨습니다. 저녁 식사가 끝나자 방이 한 칸뿐이라 잘 데가 없다면서 지프차를 불러 주셔서 그날은 사단 독신 장교 숙소의 주인도 없는 방에서 신세를 졌습니다.

그 다음 날 저는 사단장님에게 전입신고 후 현재 근무 중인 중대장을 보직 해임하고 그 후임으로 들어가는 것은 못하겠다고 버텼습니다. '잘못을 했다면 교육을 하면 되는 것을 장교의 경력을 망치는 것은 지나치게 가혹한 것이며 알면서 태만했다면 모르되 몰라서 못했다면 가르쳐서 다시 한 번 더 기회를 주어야 하지 않겠는지'라고 생각한 것입니다.

제가 버티면 보직 해임을 재고할 것으로 판단하여 부임하지 못하겠다고 한 결과 조그만 소동이 벌어졌지만 저 또한 제 주장을 굽히지 않았습니다. 그러자 그 다음날 열 시쯤, 생도 3~4학년 때 인접 중대 훈육관님이셨던 최 중령님이 오셔서 반갑게 인사를 드리자 밥 한 끼 사주러 왔다면서 어디 가서 점심이나 하자고 차에 타라고 하시기에 무심코 지프차 뒤에 올라탔습니다. 그곳에서 식사를 할 수 있는 곳은 사단으로부터 6~7km 떨어진 사창리 밖에 없는데 사창리로 가려면 갈림길에서 직진하여야 하는데도 차가 좌회전하여 계속 산골짜기로 들어가는 것이었습니다. 아무래도 이상해서 어디로 가시는 것이냐고 질문하니 부대로 간다는 것이었습니다. 처음에는 장교식당에서 식사를 하시려나보다 하고 생각하다가, 그러면 차만 보내면 되는 것을 일부러 오신 것이 이상하여 재차 질문 드리자 그제야 뒤를 보시며 싱긋 웃으시더니 "내가 38연대 3대대장(11중대는 3대대 예하)이야. 취임식 준비가 되어 있으니 늦지 않게 빨리 가자" 하시는 것이었습니다.

이렇게 대대장님께 불법 납치(?)당한 덕에 제 계획은 실패하였고 전임자는 보직 해임되었으며, 저는 대대로 가는 길에 연대에 들러 연대장 신고 후 대대에 도착, 이미 중대원들이 집합되어 있어서 대대장님으로부터 중대장 휘장과 견장을 받은 후 간단한 인사말로 취임사를 대신하고 중대장 직책을 수행하게 되었습니다. 그러면서도 제가 15사단에 전입하지 않았더라면 혹 전임자가 보직 해임까지는 안 가지 않았을까 하는 마음에 조금 미안한 마음과 더불어 찜찜한 생각이 가시지는 않았습니다(GOP 투입 때문에 후임자가 없으면 보직 해임 곤란?).

그날 밤, 업무 파악차 중대원들의 편성과 신상명세서, 장비 및 물자 목록 등을 들여다보고 있는데, 중대 행정반과 이어있는 병사들의 내무반에서 싸우는 듯 요란한 소리가 들렸습니다. 나가보니, 한 병사가 상의를 벗어던진 채

술 냄새를 풍기며 대검을 휘두르면서 다 죽이고 자살하겠다고 소동을 벌이고 있었고, 병사들이 이를 피하느라 이리저리 몰려다니는가 하면, 일직사관은 울상이 되어 사정을 하고 있었습니다. 저는 첫눈에 상황을 짐작하고 그 병사 앞으로 다가가 칼을 내놓으라고 하니 찌르겠다고 위협하였지만 눈 하나 깜짝하지 않고 손목을 잡아 주춤하는 사이 칼을 빼앗아버리고는 데려다 재우라고 하였습니다. 저는 이러한 병사를 다루어 본 경험이 있었는데 실제로 사고를 칠 병사들은 조용하게 바로 행동에 옮겨버리지 시끄럽게 소란을 떨지 않으며 우발적으로 감정을 격분시키지 않는 한 사고 위험은 없습니다. 그러나 처음에 바로 기선을 제압해버려야지 그러지 못하면 결국은 휘둘리게 됩니다. 일직사관에 의하면 그 병사는 과거 범죄 행위로 인하여 복역 후 다시 복귀하여 잔여 복무를 하는 중으로서(그 당시는 복역 후 원대 복귀하여 잔여기간을 복무하였음) 평소 내무 생활도 점호도 하지 않고 저녁에 수시로 담을 넘어나가 300~400m 떨어진 군촌(軍村)의 가게에서 술을 얻어먹고 들어와서는 소동을 벌여 아무도 건드리지 못한다는 것이었습니다. 말하자면 이 병사는 제 부임 첫날 중대장 군기를 잡을 목적으로 내가 이런 사람이니 일체 나를 건들려 하지 말라는 경고를 한 것이었는데, 그 병사는 두고두고 저를 만나게 된 것을 감사해 하리라고 생각합니다.

저는 그 다음 날 오전 중 회의를 소집, 인사계와 각 소대장 및 선임하사들의 보고를 받아가며 중대 업무를 파악한 후 제가 중대를 이끌어가고자 하는 지휘 방향과 강조 중점 등 필요 사항을 교육하였습니다. 오후에는 중대 장비 및 물자들을 점검한 후, 네 시쯤 그 병사를 중대장실로 불렀습니다. 그 병사는 아직 나가지 않고 내무반에 있었는데 면담을 위해 불렀지만 별 특별한 이야기는 하지 않고(신상을 물으면 자격지심에 방어막을 침) 군 생활에 대한 이런저런 이야기를 주고받으며 시간을 보냈습니다.

그때 중대장실 안에는 그 병사 앞쪽으로 제 당번병이 미리 들어와 앉아 숫돌에 칼을 갈고 있었습니다. 그 병사와 이야기를 시작한 후 약 10여 분쯤 지나서, 당번병이 "중대장님, 이만큼 갈면 되겠습니까?" 하기에, 종이를 쳐 보니 잘 베어졌습니다. 당번병에게 이제 되었으니 나가보라고 한 후 나무토막과 종이를 서너 번 베어본 후 그 병사도 내보냈습니다. 그날 저녁 여덟 시 30분쯤 무렵 예의 그 병사가 또 소란을 떨기 시작하자 저는 그 날이 퍼런 칼을 들고 그 병사 앞으로 다가가 "나는 내 손으로 사람을 여럿 죽였는데 너도 사람을 죽여 보았느냐"라고 물었습니다. 그 병사가 어리둥절하여 멈칫하는 사이에 "내가 네 신상을 파악하면서 주변의 이야기를 들어보니 내가 생각해도 네가 죽는 것이 너를 위해서나 너 같은 녀석을 두고 평생 속 썩일 네 부모님들을 위해서나 그리고 우리 중대를 위해서라도 더 나을 것 같다. 내가 중대를 팽개치고 너만 따라다닐 수도 없는 일이고…… 그런데 보니, 네 그 대검으로는 날이 무디어 무도 못 자를 것 같아서 낮에 너도 보았지만 이 칼을 갈아둔 거야. 너 도와주려고. 자, 이 칼 받아라" 하고 재촉하자 그 병사는 꿈에도 생각지 못해본 엉뚱한 상황 전개에 당황했습니다. 제가 "칼 받지 않고 무엇을 하느냐"라고 다그치자, 무릎 꿇고 앉아 빌면서 "다시는 안 그럴 테니 한 번만 용서해 주십시오"라고 하였습니다. 그래서 "네가 약속을 지킬지 안 지킬지 내가 어떻게 아느냐. 약속을 못 지킬 것 같으면 부모님 속 썩이지 말고 죽는 것이 낫지 않겠느냐" 하자 정말로 다시는 안 그러겠다고 다짐을 하여 알았으니 가서 점호 준비하라고 보냈습니다. 그런 병사들은 조폭의 의리 같은 것이 있어 조폭들이 한 번 형님으로 모시면 끝까지 의리를 지키듯, 마음으로 승복하면 끝까지 진정성 있게 모범적으로 근무합니다. 저는 그 밤의 짧은 행동으로 중대를 완전 장악하였고, 그 병사는 남은 기간 모범적으로 생활하면서 타 병사들을 이끌어, 중대 지휘에 큰 도움이 되었습니다.

소대장 부임 시와 마찬가지로 이번에도 연대가 한 달 후에 철책선 경계 임무를 위하여 GOP 투입 전 교육을 실시 중이어서 교육 및 훈련 계획과 내용을 점검, 일부를 수정하고 교관(소대장 및 선임하사)들의 교육 준비 내용도 점검하는 등으로 종일 분주히 보내고 있었습니다. 그런데 저녁 무렵 중대 선임 하사관(인사계)이 조금 난처한 얼굴로, 군촌에 중대장들 간에 사고팔면서 인수인계를 하는 중대장 숙소가 있는데, 전임자가 자기도 전임자에게 돈을 주고 샀으니 돈을 받아야겠다고 인사계에게 돈을 받아 갔다고 말했습니다. 그래서 집값을 물어보니 1,500원이라고 하여 저는 비상금으로 지참하였던 돈을 내주고 인사계를 따라 숙소를 가보았습니다. 그 군촌은 과거에 병사들이 도끼와 자귀(나무 다듬는 도구)만을 가지고 철조망을 잘라 못도 만드는 등으로 하여 지은 집으로 20여 채의 조그만 집이 골짜기에 두 줄로 지어져 자그마한 군인들의 관사 촌을 이루고 있었습니다. 저는 난생 처음 제 집이라고 들어 가보니(살지는 않았습니다. 그럴 시간도 없었고) 흙담에 갈대로 이엉을 만들어 덮은 부엌과 방 두 칸, 툇마루가 있는 집으로, 가마니를 둘러치고 반 드럼통을 활용하였지만, 화장실과 목욕탕까지 갖춘 어엿한 살림집이었습니다. 그런데 무심결에 가마니를 들치고 들여다본 화장실에 뱀 한 마리가 똬리를 틀고 있어서 질겁하고는 그 집을 나왔습니다.

그 후 저는 부대가 교대되어 GOP에 투입된 관계로 그 집도 그냥 인계해 주었습니다. 후일 제가 인접 사단의 연대장 시절 지형 정찰차 그곳에 가보니 군촌이 있던 자리에 변한 것 하나도 없이, 흙담에 볏짚으로 이엉을 얹은 초가집들 대신 군인아파트 한 동이 외롭게 서 있었습니다. 과거 군 지휘관들이 부대 지휘의 편의성에 집착한 나머지 비상소집 등을 고려하여 부대 앞에 군인아파트를 지어놓아 도시에서 성장한 군 가족들에게 고통을 줄 뿐 아니라 자녀들의 교육 문제로도 엄청난 어려움을 주고 있었습니다. 제가 아파트의 위치를 결정하는 계급이 되었을 때는 군 가족들의 주거 및 생활 편의성과 교육 여건 등을 우선적으로 고려하였습니다.

우리 중대는 전방 철책 경계 임무가 아니고, 대대의 예비대로서 그 후방 철책(구 철책)의 봉쇄 및 차단 임무를 수행하고, 전시에는 적진 잔류 부대로 아군이 재 반격하여 북상할 때까지 진지를 사수하는 임무를 수행하게 되어 있었습니다. 그러나 중대의 투입 전 교육 계획에는 전방 철책 경계 및 전시 철수 부대와 똑같이 되어 있어 중대의 임무에 맞도록 교육 계획을 전부 새롭게 작성해야 했습니다. 야간에는 소대장과 선임하사들의 교관 교육을, 주간에는 중대 훈련으로 바쁜 날을 보내다가 어느덧 GOP 투입 전 교육이 종료될 무렵 중대가 군사령부에서 실시하는 사단 대항 50km 완전 군장 급속 행군 측정에 사단 대표로 지명 차출되었다는 지시를 받았습니다. 15사단 지역에서 50km의 거리를 산출하려면 해발 1,175m의 대성산 중턱을 두 번이나 뛰어넘어야 하는 최악의 조건이었습니다. 군사령부의 완전 군장 급속 행군 측정 규칙은 보직 인원 전원 예외 없이 참가하여야 하며 구보 시간은 제일 마지막 인원의 목표 지점 통과 시간이 그 중대의 주파 기록이 됩니다.

저는 급속 행군 출전 지시를 불과 하루 전에 통보받아서 다른 준비를 할 시간적 여유가 없었으므로 ① 군장 내용물을 규정대로 정확하게 넣고 무게를 확인할 것 ② 철모 턱 끈, 총 멜빵, 탄띠, 탄 입대, 군장 멜빵 등의 각종 고리들을 점검, 풀어지지 않도록 조여 매고, 총과 대검의 나사를 조여 구보 중 손·망실과 이로 인한 낙오를 방지토록 할 것 ③ 무엇보다도 군화의 바닥을 세밀히 점검하고 망치로 두드려 못이 나오거나 굽이 떨어지지 않도록 할 것 ④ 가지고 있는 양말 중에 가장 새 것(구멍이 나거나 꿰맨 자국이 있으면 발이 까짐)을 신을 것 ⑤ 팬티는 너무 길거나 너무 짧지 않은지 확인할 것(땀이 나면 쓸리고 피부가 벗겨짐) 등을 지시하고 그 날은 일찍 취침시켰습니다. 다음 날 아침 중대 본부 앞에 집결시켜 군장 상태를 최종 점검하고 가벼운 구보로 준비 운동을 실시한 후 군사령부 측정관들의 검열 장소로 이동하였습니다.

저는 그 당시까지 아직 다리가 완전치 못하여 가끔 무리하면 쥐가 나던 터라 조그만 송곳과 바늘 및 면도칼을 하나씩 탄입대에 넣고 갔습니다. 연병장에서 군사령부 측정관들이 배낭 무게를 일일이 저울에 재고, 연대에서 제출한 인사명령지와 병사들을 꼼꼼히 대조한 다음 대대 정문을 기준점으로 출발하였습니다. 급속 행군 코스는 대대가 있는 적근동으로부터 중고개를 넘어 봉오리와 다목리를 경유, 수피령을 넘어 육단리를 거쳐 삼거리 초소를 지나 GOP연대 CP정문 정문에 이르는 코스였습니다.

이러한 장거리 산악 급속 행군에서 가장 중요한 것은 속도의 조절과 대형의 유지입니다. 종대의 선두가 정상을 넘어 내리막길에서 속도를 내면 아직 오르막을 느린 속도로 따라 올라오는 후미가 처지게 되어 중대의 대열이 분단되고, 정상에 올라선 후미가 선두를 따라잡으려 속도를 내게 되는 행동을 한두 번 반복하면 후미에서는 대량 낙오자가 발생하게 됩니다. 저는 사전에 세워놓은 복안대로 지형에 따라 구보와 행군을 교대로 실시하면서 계획된 행군 속도를 유지하며 중대를 인솔하였습니다.

그러나 중대가 중고개(600m)를 넘어 봉우리에 이르자 지친 병사들이 한두 명씩 나오기 시작할 즈음, 2.5t 트럭에 탑승한 채 대기하고 있던 사단 군악대가 구보 대열을 따라오면서 군악을 연주하기 시작하였습니다(사단장님의 아주 탁월한 아이디어). 저는 이 때 "군악대가 때로는 1개 대대의 전투력을 능가한다."라고 한 나폴레옹의 말이 사실임을 절감하였습니다. 귀청이 멍멍할 만큼 크게 연주하는 군악 소리, 이따금 부대나 동네의 앞을 지나갈 때 사단의 전우들과 군 가족들, 동네 주민들이 박수치며 격려해주는 소리에 지친 기색을 보이던 병사들조차도 언제 그랬느냐 싶게 용기백배하여 뛰는 것이었습니다. 군악대는 수피령 정상을 넘을 때까지 따라와 주었습니다.

그러나 완전 군장으로 해발 600m의 중고개를 넘어 20km를 뛰다시피 하여 두 번째로 해발 780m의 수피령 고개를 넘은 병사들이 비틀거리기 시작하였습니다. 저는 처지려는 병사들의 배낭을 제가 하나 더 짊어진 데 이어 소대장 및 선임하사가 차례로 하나씩 더 나누어지게 하고, 뒤로 처지는 병사는 좌우의 전우들이 팔짱을 낀 상태로 대열의 선두에서 행군하도록 하면서 일정한 속도를 유지하였습니다.

그런데 수피령으로부터 다리에 쥐가 나기 시작한 저는 휴대하였던 면도칼로 왼쪽 다리를 살짝 째 피를 내고 바늘로 찔러가면서 중대를 인솔하다가 삼거리 초소를 지나면서는 과도한 출혈 때문에 일시적으로 화기소대장에게 지휘권을 인계한 후 지혈 등 응급 처치를 할 수밖에 없었습니다. 이때 제 머릿속은 하얘진 듯 아무 생각도 나지 않았고 떠오른 생각은 '죽을 수는 있어도 중대장이 낙오할 수는 없다. 따라서 오직 숨이 멎을 때까지 달려야 한다'라는 것뿐이었습니다. 저는 이때 중대로부터 한때 300여m나 처졌으나 응급 지혈 후 전속력으로 달려 중대를 가까스로 따라잡을 수 있었습니다. 하지만 GOP연대 정문 300~400m 지점에서 다시 다리에 경련이 일어나 송곳으로 세 군데 찌른 후 다행히 경련이 풀려 중대를 인솔하여 목표 지점인 연대 정문을 통과할 수 있었습니다.

연대 연병장에서 제자리걸음으로 호흡을 조절하도록 한 후 군장과 철모를 벗고 '쉬어' 상태에서 인원 장비를 확인한 결과 하늘이 도우셨는지 완벽하게 이상이 없었습니다. 이윽고 50km 완전 무장 급속 행군 임무가 해제되어 임무 종료 보고 후 차량 편으로 중대에 복귀한 후, 중대장실에서 제 몸을 살펴보니 다리에서 흘린 피가 군복 하의를 벌겋게 물들이고 군화에 흥건히 피가 고여 있었습니다. 군의관이 다리 외상을 정성껏 치료해 주었음에도 한동안 매일 밤 다리에 쥐가 나는 등 그 후 한 달 가까이 심하게 고생하였습니다.

그리고 중대는 급속 산악 행군 다음날 휴식하지도 못하고 바로 도보 행군으로 80리 길의 대성산을 넘어 GOP에 투입, 경계 임무를 인수하여야 하였습니다(측정 결과는 중대가 산악 50km를 시속 약 8km 속도로 휴식 시간 포함 약 여섯 시간 20분만에 주파함으로써 전군 1등으로 평가되어 군사령관 부대 및 개인 표창을 수상).

GOP 투입 후 중대는 월요일에는 거점 및 진지 도보 답사를 통한 상황 단계별 지형 숙지와 임무 토의, 화요일에는 소대 자체의 훈련과 강평, 수요일에는 중대장 통제 하에 각 소대별 훈련 및 강평, 목요일에는 중대 투입 훈련 및 강평, 금요일에는 기간 중 발췌된 문제점에 대한 전술 토의식으로 주간 단위 훈련 계획을 수립하여 주기적으로 반복하였습니다. 중대는 좌우에 두 개의 동굴 진지를 가지고 있었는데 훈련 간 동굴 진지의 문제점이 발견되어 이의 개선 및 보완 방향과 이에 따른 중대 자체 조치 및 상급 부대 건의 사항까지를 망라하여 상급 부대에 동굴 거점 방어 현지 전술 토의를 건의하였습니다. 예비 중대 장교 및 부사관들은 야간에 자체 순찰 외에 주 2회 전방 철책 중대의 야간 경계 순찰을 실시하게 되어 있었습니다. 그런데 그곳은 지형이 험하고 150계단 등의 급경사가 있어, 당시 한쪽 다리를 잘 쓰지 못하였던 저로서는 힘들었습니다. 하지만 지팡이에 의지하고 한 손으로 로프를 감아쥐면서 열외 없이 성실히 순찰하였고, 제 중대원들과 똑같이 격려하여주었습니다.

형님의 가내 행복하심과 건강을 기원하며, 오늘은 이만 줄입니다.

동생 재준 올림


## 존경하며 자랑스러운 형님께

겨우내 언 땅에서도 끈질지게 생명을 이어가며 봄날을 준비하던 새싹들이 이제는 하나 둘 고개를 내밀고 반가운 인사를 합니다. 그간도 안녕하셨는지요? 오늘도 지난번에 이어 11중대장 시절을 계속 말씀드리려 합니다.


### * 정신 교육

중대가 GOP에 투입되어 경계 및 근무 체계가 자리를 잡아갈 무렵, 어느 하루 예하 소대 순시와 교육을 마치고 중대본부에 돌아와보니 본부에 인접해있는 화기소대원들이 저희끼리 둘러앉아 노래를 부르며 놀고 있었습니다. 그런데 밖에서 들어보니 가사를 개작한 듣기에 민망스러운 저속한 노래들이었습니다. 저는 인사계를 내보내 〈가요 반세기〉라는 노래책을 사오라고 하여 희망가, 학도가, 황성옛터 등 개화기로부터 1970년대에 이르기까지의 시대별 대표적인 노래를 선정하고 여기에 근현대사를 요약, 정리하여 '노래곡목일람표'를 만들었습니다. 그리고는 다음 날 정신 교육 시간부터 근현대사를 짤막하게 설명한 후 그에 관련된 노래를 합창시켰습니다.

먼저 역사를 요약 설명한 후 연관된 노래를 부르도록 하고, 또 이어서 같은 요령으로 역사 설명 후 노래를 부르는 식으로 개화기, 망국기, 일제강점 및 독립운동기, 해방기, 6·25전쟁기, 재건기 등의 역사와 민족혼, 이에 따른 젊은이들의 마음가짐 자세를 정훈 교육으로 병행하였습니다. 그 결과, 반응이 예상외로 좋았을 뿐 아니라 급기야는 병사들끼리 노래를 부를 때도 병사한 명이 나와 역사와 관련된 설명을 하면서 노래를 합창하는 것을 보고 이를 전 중대로 확대하였습니다. 그 후 우리 중대에서 다시는 저속한 은어 형식의 유행가를 들을 수 없었고, 중대 병사들의 근무 자세도 서서히 달라져 가는 것을 느낄 수 있었습니다.

## * 동굴 거점 고수 방어 전술 토의

중대가 담당하고 있는 동굴 진지는(군사 기밀을 고려, 현재와 무관한 과거 사항만 기술하겠습니다.) 첫째, 360도 관측과 사계가 보장되어야 하는데 진지 전면과 좌우 측방은 문제가 없었지만 후방은 관측과 사계로부터 은폐된 접근로를 이용하여 벙커의 출입구까지 보이지 않고 접근할 수가 있어 마치 전차병이 해치(전차의 출입 뚜껑)를 닫고 들어앉아 있는 것과 동일하여 후방에 진지 구축이 필요하였습니다. 그러나 암반으로 이루어진 급경사 지역이어서 중대 자체의 역량으로는 보완이 불가능하였습니다.

둘째, 동굴 내 지휘 통신 준비가 미비하여 원활한 전투 지휘에 어려움이 있었습니다. 저는 월남에서 동굴 진지 내부를 수색하며 전투를 지휘한 경험이 있었는데 동굴 내에서는 총소리 등 고막이 터질 정도의 소음으로 육성 지휘는 불가능하며 시야가 제한되어 완수신호에 의한 지휘도 극히 제한됩니다. 따라서 동굴 전투 시는 별도의 지휘 통신 수단을 준비하여야 하는데, 중대 자체로 제가 할 수 있는 것은 겨우 신호 줄에 하얀 천을 매달아 완수 신호를 하는 수준의 준비뿐이었습니다.

셋째, 동굴의 고립 방어는 지원 포병의 진내 사격(아군 포병이 아군 동굴 진지 상에 포격하여 진지 위의 적을 섬멸하는 것)으로 방어 지역을 확보할 수 있다는 전제 하에 성립되는 것입니다. 이때는 전담 포병이 필요한 바, 전담 포병이 지정되어 있지 않았을 뿐 아니라 일반 지원 포병은 사거리가 미달되어 실질적인 지원이 의문시되었습니다. 현실적으로 상급 부대의 화력 지원 없이 중대 자체 화력으로 동굴 거점을 고수한다는 것은 거의 불가능합니다(기타 몇 가지 사항이 더 있었지만 이는 현재 상태를 제가 모르고 있으므로 군사 기밀 유지를 위하여 생략하겠습니다.).

이러한 검토 결과를 종합, 정리하여 대대장님께 보고 드렸는데 그 이틀 후 마침 사단장님께서 중대를 방문하신다 하여 그 동굴 거점으로 모셨습니다. 사단장 박완식 장군님은 6·25전쟁이 끝날 무렵인 1953년 7월 10일부터 휴전일까지 마지막으로 실시된 중공군의 대공세를 맞아 바로 이 지역에서 중대를 지휘하여 적의 진출을 저지하고 진지를 확보하셨던 한국전의 영웅이시며 당시 육군의 작전통으로 이름 있으셨던 분이었습니다.

보고가 시작되자 잠자코 제 브리핑을 들으시던 사단장님은 그 지역의 지형에 자신이 있으셨을 뿐 아니라 본인이 이 지역을 지켜냈다는 자부심도 있으셨던 터라 두 번째의 지휘 통신 수단 및 세 번째의 전담 포병 문제는 즉각 받아들이셨으나 첫 번째 문제는 제가 잘 모르고 하는 소리라고 반박하셨습니다. 그래서 저는 사단장님께 고지 하단에서 적기를 휴대하고 있는 병사의 위치를 확인시켜드린 다음 후방 출구 옆의 유일한 벙커에 들어가 계시도록 한 후, 기를 휴대한 병사를 모두 보는 가운데 벙커 안에서는 전혀 관측되지 않는 접근로를 따라 벙커 앞까지 기동시켰습니다.

그러자 사단장님은 도저히 이해가 안 간다는 표정으로 무엇을 지원해 주어야 하는지를 질문하셨습니다. 그래서 저는 응급조치로 진지 구축용 사대 (모래주머니)와 진지 위를 덮을 수 있는 반원형 강판(hanger)을 조치하여 주실 것과 궁극적으로는 공병대를 투입, 암반 폭파 및 철근 콘크리트 벙커의 추가 구축을 건의 드렸습니다. 그 후 공병대 검토 결과 암반 폭파 시 동굴 진지 일부의 지반에 심각한 영향을 미치는 문제가 있어 임시 구축용 사대 진지를 평소 준비해 비치하는 것으로 해결하였습니다.

### * 화목 채취 난방 사건

중대는 500고지의 정상에 연한 능선 상에 막사가 구축되어 있어 휘몰아치는 북풍의 체감 온도까지 고려하면 한겨울에 통상 영하 20℃에서 25℃까지의 혹한 속에서 지내야 합니다. GOP에 투입된 지 4개월 가까이 되어 12월 초로 접어들었을 때, 하루는 대대장님께서 전화를 하셨습니다. 인접 중대에서 화목(火木, 장작)을 때다가 사단장님께 적발되어 난리가 났는데 곧 너의 중대로 가실 것이니 화목이 있으면 빨리 치우라는 말씀이셨습니다. 저는 알겠다고 답변은 드렸지만 막사 지붕에 닿을 만큼 겨우내 땔 화목을 집채만큼 쌓아놓은 것을 치운다는 것은 불가능하였습니다.

시계를 보니, 지금 계신 곳에서 출발한다면 10분 이내 도착할 거리라 중대 선임하사에게 전언통신문 철을 가져오라 하여 석 장을 찾아 접어놓고 있으려니 사단장님께서 도착하셨습니다. 사단장님은 내리시자마자 막사 높이로 쌓여 있는 화목과 페치카(일종의 벽난로, 아궁이가 막사 밖에 있음)에 벌겋게 타고 있는 땔감들을 보고는 노발대발하시며 "이거 봐라, 이거 봐" 하시더니 저보고 가까이 오라고 하셨습니다. 그러나 저는 가보았자 득 될 것이 하나도 없어서 "잠깐 먼저 말씀드릴 것이 있습니다" 하고는 접어놓았던 전통철을 펼쳐들고 "사단 인사 전 제○호(사단 인사처 지시 전문 제○호)에 의하면 화목을 해 때는 지휘관은 엄벌에 처한다고 하셨습니다"라고 말씀드리니 "맞아, 그랬어" 하셨습니다. 그래서 그 다음 접어놓은 장을 펴들고 "사인 전 제○

호에 의하면 내무반 실내 온도를 17℃ 이상으로 유지하지 못하는 지휘관은 처벌하겠다고 하셨습니다. 그런데 사 군수전 제○호(사단 군수처 지시 전문)에 의하면 난로 하나당 1일 연료(경유) 인가 양(量)이 5가론(갤런)입니다. 그러나 여기는 500고지의 정상인 데다가 북풍이 심하여 실내 온도 17℃를 유지하려면 그 연료로는 아무리 노력하여도 서너 시간밖에는 난방을 할 수가 없습니다. 난로가 꺼지면 30분도 안 되어 영하로 기온이 떨어지고, 한밤에는 내무반 온도가 영하 10여 도까지 내려갑니다. 그래서 어떠한 방법이든지 사단 지시를 이행할 수는 없기 때문에 처벌을 각오하고 병사들을 따뜻하게 해주고 싶었습니다" 하고 말씀드렸습니다.

더 할 말이 없어진 사단장님께서는 화목을 어디서 하느냐고 질문하셨습니다. 사실은 별도로 화목을 한 것이 아니고, 철책(예비 중대이므로 구철책임) 전방의 사계(射界) 청소 시 고사목과 시야를 가리는 나무들을 베어낸 것으로, 안전 지역에서 채취한 것입니다. 그런데 심술기가 발동하여 남쪽 계곡에 있는 나무 많은 곳을 가리키며 "저곳에서 합니다" 했더니 사단장님께서는 안색이 변할 만큼 놀라시면서 얼떨결에 하시는 말씀이 "거기는 미확인 지뢰 지대(지뢰가 있다고 추정되는 지역) 아니냐. 사고 안 나게 조심해라" 하셨습니다. 그러나 사실은 제가 미확인 지뢰 지대의 병력 출입을 엄격하게 통제하여서 중대가 미확인 지뢰 지대에서 화목을 채취한 일은 없습니다. 간혹 과거 일부 부대에서 병력 통제를 제대로 하지 않고, 병사들에게만 화목을 해오라 하면 병사들이 화목 하러 갔다가 종종 미확인 지뢰 지대에 잘못 들어가 지뢰 폭발 사고가 발생하는 일도 있었습니다. 그러나 저는 중대 투입 직후 지역 내 미확인 지뢰 지대의 철조망을 전부 새로 보수하고 표지판을 부착하여 철저히 출입을 통제하고 있었습니다. 아무튼 "조심하라"라는 사단장님의 말씀을 근거로 겨우내 병사들이 따뜻하게 지낼 수 있었고, 대대장님(그 얼마 후 사단 정보참모로 전출가심)도 만족하신 표정이었습니다.

## * 아내의 중대 위문

저희 중대는 사단의 제일 서측으로 중대의 좌측은 제3군 예하 백골 3사단의 우측 중대와 인접하고 있었습니다. 연말이 되자 좌측의 3사단은 ○○ 위문단이라고 플래카드를 부착한 위문 버스들이 하루에도 서너 대씩 드나들고는 했습니다. 그러나 우리 15사단은 초라해 보일 만큼 위문단이 전혀 없었습니다. 중대 병사들은 산꼭대기에서 먼지를 뽀얗게 날리며 연달아 드나드는 위문 버스들을 보면서 침울한 표정으로 풀이 죽어있고는 하였는데 하루는 화기 소대 병장이 "중대장님, 우리 중대는 위문이 없습니까?"하는 것이었습니다. 그래서 야간 순찰을 끝내고 중대장실에 앉아 곰곰이 생각하다가 아내에게 사정을 간단히 설명한 후, "위문을 와줄 수 없느냐"라는 편지를 써서 중대 선임하사를 와수리로 내보내 속달로 부쳤습니다(군사우편으로 보내면 거의 일주일 이상 소요).

그 2~3일 후 인사계를 내보내 처가로 전화를 해보니, 이미 크리스마스가 임박하여 교회에서 하는 것은 어렵고 처가에서 돈을 내어 위문품 꾸러미를 만들어 이틀 후 육단리로 오겠다고 하여 대대에 건의, 3/4t 차량을 배차 받았습니다. 저는 GOP투입 후 거의 3개월이 되도록 만나지 못하였다가 다음 날 아내를 잠깐이라도 만나볼 수 있다는 기대감에 마음이 부풀었습니다.

그날 밤은 순찰 후 새벽잠도 설치고 시간이 가기를 기다리다가 오후가 되어 대대장님께 잠시 외출 허가를 받으려 전화를 드렸습니다. 그런데 하필 사단에 긴급회의가 있어 가셨다고 부재중이어서 외출 승인을 받지 못하여 결국은 인사계가 나가 물품을 인수하여오고 아내는 그 길로 서울로 떠났습니다. 그래도 아내가 준비해 온 위문품에다가 제 봉급을 털어(당시는 부대 운영비가 없었던 시절이어서 봉급으로 중대 운영비를 충당) 먹을 것을 사다 보태어 전 중대원에게 과일과 과자 한두 개라도 돌아갈 수 있도록 하니 중대원들이 그렇게 좋아할 수 없었습니다.

그런데 2~3일 후에 연대에 일 보러 갔던 중대 행정병이 얼마나 자랑을 했던지, 인사과에서 위문 온 것을 왜 연대에 보고하지도 않고 멋대로 처분하였느냐는 질책성 전화가 와서, 자초지종을 설명하고 일을 마무리 지었습니다. 그때 집사람 얼굴 한 번 보지도 못하고 보내며 아렸던 마음이 지금도 기억에 어렴풋이 남아 있습니다.

## * GOP 철수 및 전출

불편한 다리를 질질 끌고 지팡이에 의지하여 계곡을 건너고 능선을 오르며 중대원들과 함께 한지 거의 7개월째 GOP 근무가 끝나고 철수를 하게 되었습니다. 저는 제대로 된 인계를 받지 못하고 애를 먹었던 터라(심지어는 중대장 인수 후 파악해보니 주요 전투 장비가 부족하여 석 달치 봉급으로 해결), 지역 장비와 지역 비품 및 물자를 전부 보수 및 정비토록 하고 현황판을 써 붙인 후, 제가 각 소대를 돌며 일일이 점검하여 인계 준비를 상세하게 하였습니다. 또 새로이 투입되는 중대장을 위해서는 시기별, 지역별 위험 및 주의 지도를 상황판으로 만들어 인계하여 참고토록 하였습니다.

마침내 교대 날이 되어 투입 부대와 합동 근무 후 그날 야간에 중대가 철수하였는데, 3월 말인데도 이틀 전부터 갑자기 기온이 급강하하여 철수 당일은 영하 7℃까지 떨어졌습니다. 대대는 작전 책임 지역을 인계 후 하산을 시작, 5번 도로 상의 마현리로부터 행군 제대를 형성하면서 비상 도로를 따라 대성산(1,174m) 정상을 넘어 산 남쪽 후사면 골짜기에 있는 주둔지로 야간 행군을 시작하였습니다. 중대의 행군 종대가 대성산을 오르기 시작하면서 온도가 점점 하강하더니 바람까지 심하게 불어 정상에 가까울 무렵에 체감 온도가 거의 영하 20℃ 가까이 되어 병사들의 동작이 둔해지기 시작하였습니다. 저는 중대 행군 종대를 앞뒤로 뛰어다니며 소대별 일련번호를 복창토록 하여 경각심을 높임과 동시에 인원을 확인하였고, 낙오하기 시작하는 병사들의 군장을 벗겨 저와 소대장, 선임하사들이 나누어 짊어지고, 그 병사들은 소대의 선두에 세워 확실한 지휘 장악 하에서 산을 넘고 있었습니다. 이때 앞 중대들의 행군 대오가 무너지면서 삼삼오오로 이동하는 병력들이 연속적으로 우리 중대의 행군 대열에 섞여 들어왔습니다. 그래서 저는 타 중대 병사들로 새로운 임시 행군 종대를 편성하고 중대 보급관(중사)을 임시 제대장으로 임명하여 중대의 가장 선두에서 행군하게 하면서 중대의 소대와 동일 요령으로 통제하였습니다.

중대가 여섯 시간 가량 행군 후, 03시 30분 조금 넘어 대대 주둔지 불빛이 보이는 곳에 이르렀을 때, 저는 소대장이 직접 자기 소대의 인원 장비 이상 유무를 일일이 파악하여 이상 유무를 보고한 후에는 소대의 제일 후미에 위치하여 행군하게 함과 동시에 전 중대 이상 없음(임시 제대 포함)을 확인 후 저도 중대의 가장 후미에서 중대를 따라 이동하였습니다. 이윽고 중대가 주둔지 위병소를 통과하자 임시 제대를 해산하여 각 중대의 선임자가 각기 자기 중대로 인솔하도록 조치한 후 중대 막사 앞에서 인원 장비를 최종적으로 파악한 결과, 이상이 없음을 재확인하고 군장을 임시로 위치시키고 취침하도록 하였습니다.

행군 완료 및 부대 이상 없음을 보고하기 위하여 대대장실로 올라가보니 대대장님이 ○중대에서 인원 세 명이 도착하지 않아 수색을 나가야겠다고 하셨습니다. 앞선 중대들이 제가 인솔하였던 병사들을 포함하여 인원을 파악한 결과, 세 명의 소재가 확인되지 않았다는 것이었습니다. 저는 제 중대가 대대의 제일 후미에서 행군하면서 앞의 중대에서 낙오된 병사들은 전부 수용하여 인솔하여 왔고, 최종적으로 제가 대대의 제일 후미에서 뒤처진 병사가 없는 것을 확인하였음을 고려하여, 수색조를 2개조로 나누어 도로변의 좌·우를 수색하도록 하였습니다. 그 기온 하에서 잠들면 30분 이내 동사할 것이므로 병력을 트럭에 탑승시켜 먼저 대성산 정상에서(통상 하산 시보다는 등산 시 낙오자 발생) 하차시켜 -도로상에는 이상이 없었으므로- 도로 좌우측 골짜기를 수색한 결과 정상 부근에서 한 명, 정상으로부터

200~300m 이내에서 두 명을 발견하였습니다. 그러나 이미 동사 상태여서 대대에는 무전으로 보고하고 바로 연대 의무대로 후송하였지만 살리지는 못하였습니다.

저는 러일전쟁 전인 1902년 일본이 시베리아 출병 준비의 일환으로 실시한 구 일본군 보병 제8사단 5연대의 동계 적응 훈련 중 대대장의 무모한 지휘로 1개 대대 병력이 산중을 헤매다가 대대원 거의 전원이 동사한 실화를 영화화한 '핫코다산(八甲田山 : 일본 아오모리현에 위치한 산)'이라는 영화를 본 일은 있었지만 실제 사람이 동사(凍死)한 사고를 겪어보기는 이때가 처음이자 마지막이었습니다. 저는 이 기억으로 사단장을 마칠 때까지 가능한 한 대대의 행군 종대를 거의 다 쫓아다녔는데 보병 대대의 연 1회 100km 행군 마지막 날의 40km는 따라 걸었으므로 제가 사단장 2년 동안 대략 1,600km를 걸은 셈입니다(철책 순찰 및 진지 정찰은 제외하고 행군만). 그렇게 극성을 부린 덕에 대대장 시절, 수십 명이 손상당할 수 있었던 비극을 막았고, 사단장 시절에는 세 명을 살렸는데 전·평시를 막론하고 **"가장 위험한 시간과 장소, 가장 위험한 상황에 지휘관이 가장 먼저 위치하여 제일 마지막으로 이탈할 때, 그 병사들을 무사히 부모 품에 돌려 보내줄 수 있다"**라는 것이 저의 신념입니다.


중대는 1주일의 정비 기간 중 페인트를 구입하여 내무반 도색도 다시 하고 부실한 곳을 보수하며, 화단도 손보고, 병기, 장비, 물자, 환경 모두를 꼼꼼히 정비하면서(막걸리 다섯 말을 걸고 경연시킴) 장교들은 훈련 준비를 위한 계획과 교안 및 실습계획서를 작성하고 훈련장을 정찰 및 보수하는 등 분주하게 보냈습니다. 저는 인사계에게서 돈을 차용하여 동네의 깨끗한 초가집 문간채에 방을 한 칸 월세로 얻어 주인에게 돈을 주고 부탁하여 도배를 새로 해놓고 아내를 불러 살림을 하려는 꿈에 부풀어 있었습니다. 아내가 해주는 아침을 먹고, 배웅을 받으며 출근하는 제 모습을 머릿속으로 상상하면서 출퇴근용으로 자전거까지 한 대 사놓고 손꼽아 이삿날을 기다리고 있던 차에 날벼락이 떨어졌습니다. 부대 정비가 거의 마무리 될 무렵, 하루는 느닷없이 연대장님이 중대에 오시더니 저를 아무런 설명도 없이 지프차에 태우고는 전방 GOP 쪽의 대성산을 올랐습니다. 연대장님께 어디를 가시는 것이냐고 질문하였더니 연대 수색중대에서 사고가 나서 중대장이 구속되어 너를 후임으로 임명하였으니 지금 바로 취임한 후 중대를 빨리 장악하여 지휘 공백이 없게 하라는 것이었습니다.

저는 기가 막혀 말이 나오지 않을 지경이 되어서는, "연대장님, 중대원들과 인사도 못하고 대대장님께 신고도 못 드렸습니다"라고 대들었더니 대대장은 알고 있고(후에 들으니 반대하다가 심한 질책을 받았고 그래서 연대장이 직접 중대로 찾아온 것이었습니다.) 짐은 선임하사가 꾸려오도록 지시해 놓았다면서 "남 대위, 이건 명령이다" 하고는 입을 다물어버리셨습니다. 군에서 명령은 오직 명령일 뿐 그 이상도 이하도 될 수는 없습니다. 잠시 후 우울한 심정으로 뒤돌아본 제 시야에는 대대 주둔지의 하늘이 이미 산모퉁이에 가려 보이지 않았습니다.

동생 재준 올림

## 나. 보병 제38연대 수색중대장 및 38민경중대장

### 존경하며 자랑스러우신 형님께

그간도 형님 내외분, 평안하다는 소식과 함께 형님께서 보내주신 편지 네 통은 모두 잘 받아 보았습니다. 저는 누님이 간단한 눈 수술이라 하시어 백내장 수술을 하신 것으로 알고 있었는데, 큰일 날 뻔하신 것 같습니다.

지난번에는 연대 수색중대장으로 보직된 것까지 말씀드렸습니다.

저는 연대장님 차에 태워져 중대원들과 함께 걸으며 넘었던 대성산을 다시 넘어 불과 십여 일 전 떠났던 GOP 지역의 수색중대에 도착하였습니다.

그러나 중대장과 GP소대장 및 선임하사가 구속되고 중대 인사계마저 임시로 사고 GP에 긴급 투입되어 있었으며, 예비 소대장 또한 임시 GP장 대리로 투입되어 '인수인계서'도 없는 중대에서는 병장 서무병이 저를 맞아주었습니다. 저는 가져온 짐도 없었던 터라, 제 짐을 가져오면 받아 놓으라고 지시하고 바로 중대장 차를 불러 사고 GP로 직행하여 GP원들과 간략히 인사를 나누었습니다. 그리고 예비 소대장 및 중대 인사계로부터 소대의 개략적인 일반 상황과 사고 원인 및 경과를 청취하였고, GP 취사장으로부터 내무반, 화장실, 전투진지, 상황실과 관측실 순으로 한 바퀴 돌아본 후, 근무자를 제외한 인원들을 집합시켰습니다.

형님께서는 제가 기관총 사거리 내에 적과 대치하고 있는 최전방 전초 진지에서 전투진지가 아닌 취사장을 제일 먼저 찾아본 것을 의아하게 생각하실 것 같습니다. 만일 전투 중이라면 당연히 전투진지가 우선이겠으나 전투 상황이 아니기 때문에 취사장을 먼저 본 것입니다. 맹자도 "계절과 기상이 주는 이점이 아무리 좋아도 지형의 이점만은 못하고 지형이 주는 이점이 아무리 유리하다 하여도 집단 내 인원들의 인화단결만은 못하다(天時不與地利 地利不與人和)"라 하여 인화의 중요성을 강조한 바와 같이 전투력의 근간은 전투 단위 구성원의 인화단결로부터 시작되는 것인데 그것을 가장 빠른 시간 내 파악할 수 있는 것이 취사장이기 때문입니다.

제 경험으로는(사단장 부관 시절에 배운 것이지만) 단위 부대 취사장의 청결 및 정돈 상태와 김치 등 음식의 맛과 그 부대의 분위기와 인화단결의 정도는 정확하게 일치합니다. 소대장과 선임하사(요즈음의 부소대장)가 마음이 잘 맞고, 소대원들에게 관심을 가지고 직분을 수행하는 소대는 취사장도 청결하고 정돈이 잘 되어 있으며 음식 맛 또한 좋습니다. 예를 들어 김치는 담근 후 사흘간 숙성시켜 먹는 것이 가장 맛이 좋아서 선임하사가 부지런한 소대는 김치를 담가 통에 날짜를 표시해놓고 저장하면서 나흘 전 담근 김치를 꺼내 먹는 식으로 순환 급식하는데, 병사들에게 관심 없거나 간부들의 뜻이 서로 안 맞는 소대는 취사병들이 해주는 대로 먹고는 합니다. 이것은 옛날에 부엌이 항상 청결하고 깔끔한 집 아이들은 차림새가 깔끔하고 몸이 청결하며, 집안이 화목한 집안은 같은 재료의 음식이라도 맛이 있었던 것과 같은 이치인데 이 GP 역시 제 예상대로 제대로 되어 있는 것이 하나도 없었습니다. 그 이유는 소대장은 소대의 아버지이고 선임하사는 소대의 어머니로 비유할 수 있는 바, 각자의 위치에서 서로 협동한 것이 아니라 할 일을 팽개치고 소위 주도권 다툼을 하며 소대원들의 패를 갈랐던 것이 원인이었습니다. 개략적인 GP 순시를 마치고 집합된 GP원들 앞에서 다른 이야기는 하지 않고 제 GP장 근무 시의 경험을 이야기 식으로 들려주었습니다.

당시 GP의 일과와 주·부식(主副食 : 제 소대장 시절의 부식은 현재의 것에 비하면 비참할 정도였습니다.), 수색·매복 작전, 적과의 포격전, 북한 침투 요원을 북측 지역으로 넘겨주는 적진 침투 작전(1970년까지는 육상 침투 시 GP장이 넘겨다 주었으며, 저는 GP장 시절 두 번 이 임무를 수행하였습니다.) 등의 상황을 교훈 위주로 짧게 요약하면서 지시 사항을 설명해 준 결과, 소대원들의 자세가 숙연해지는 것을 느낄 수 있었습니다. 이어서 저는 늘 부하들에게 강조해 온 내용으로 정신 교육을 실시했습니다.

"총탄이 빗발치고 전우들이 선혈을 분수처럼 뿜어대며 쓰러져가는 전쟁터에서 지휘관이 내리는 죽을 수도 있는 명령에 병사들이 아무런 의문이나 질문도 없이 '예, 알겠습니다.'하고 적진을 향하여 돌진하는 것은 군인이니까 당연히 죽어야지 하고 복종하는 것이 아니다. 전쟁터에 선 병사들은 **세 가지의 '믿음' 때문에, 죽을 수도 있는 상황에서도 "나는 살 수 있으리라"**라는 희망으로 그 명령에 복종하는 것인데, **첫째는 상관의 인간적 자질과 군인으로서의 능력에 대한 믿음** 즉, 내 상관은 나를 사랑하기 때문에 무책임하게 나를 죽음으로 몰아넣거나 혼자 죽도록 방치하지 않을 것이며, 나 또한 내 지휘관을 존경하고 좋아하며 사랑함으로 내 지휘관을 위해서는 기꺼이 죽을 수도 있다. 그러나 내 지휘관은 능력이 뛰어나기 때문에 그의 명령대로만 하면 '나는 살 수 있다'라는 **상관에 대한 믿음** 때문이다(이는 지휘관 자신 평소의 부하 사랑과 부단한 극기 수련 및 언행일치 하에 행동으로의 솔선수범과 자기 계발 노력을 통한 군사적 능력 함양으로 달성).

**둘째는 자기 부대와 전우에 대한 믿음**이다. 부대원 각자가 우리 부대는 천하무적의 부대로서 어느 적들도 우리의 상대가 될 수 없으며 우리는 똘똘 뭉쳐 서로 믿고 의지하여 서로가 서로를 지켜주면서 위험과 고난을 극복하고 성공적으로 임무를 수행할 수 있다는 '부대와 전우에 대한 믿음'인데 이는 평소 극한의 실전적 '부대 훈련'을 통해서만 달성될 수 있다.

**셋째는 자신에 대한 믿음**이다. 나는 잘 훈련되어 있기 때문에 적보다 빠르게 이동하고, 먼저 보고, 먼저 쏘아 반드시 명중시키는 백발백중의 전투원이므로 나와 마주치는 적병은 반드시 죽고, 나는 반드시 살 수 있다는 '자신에 대한 믿음'이며, 이는 **'개인 훈련의 숙달'을 통해서 달성**된다. 나는 여러분으로부터 믿음을 얻을 수 있는 중대장이 될 수 있도록 노력하겠으니 너희 모두는 서로를 의지하며 자신을 믿고 싸워 이길 수 있는 전사들이 되어야 한다."

이렇게 소대원의 단결 및 훈련의 중요성을 강조하였습니다. 저는 위와 같이 병사들이 이해하고 공감할 수 있도록 저의 신념과 부대 지휘 방향을 짤막하게 요약 설명하면서 유일하게 남아 있던 하사 분대장을 그 자리에서 소대 선임하사로 임명하고 소대원들의 어깨를 두드려 준 후, 인사계를 차에 태워 중대본부로 복귀하였습니다. 저는 중대에 돌아오는 즉시 중대의 작전 지역과 부대 배치, 병력 및 장비, 물자 현황, 일일 주·부식 보급 활동과 차량 등 중대 현황을 파악하면서 그 문제점과 해소 방안을 토의하기 시작하였습니다.

인수인계 문제와 짐 때문에 11중대 인사계에 전화해보니, 인수인계서는 평소 장부와 현물을 일치시켜왔기 때문에 중대 1, 2, 3, 4종 현황 그대로를 한 부 작성 완료하였으며, 문제점은 없고, 제가 세 얻은 방과 출퇴근용 자전거, 제 짐의 처리를 질문하기에 셋방은 계약금을 포기, 취소하도록(도배를 해

주었고, 계약금을 지불하였기 때문에 집 주인 입장에서 손해 본 것은 없습니다.) 하고, 자전거는 중대 행정용으로 쓰도록 하였으며 짐은 연대장님이 차량 조치를 안 해줄 경우, 등에 메고 대성산 5~60리 길을 걸어 넘어와야 하므로 제 차를 보내겠으니 가져오지 말고 기다리고 있도록 하였습니다. 그런데 마침 수색중대 인사계가 연대에 볼일이 있다고 해서 제 차를 연대에 보내 짐을 가져오도록 하였습니다.

그 후 중대본부 병사들을 교대로 불러 신상 및 중대 분위기 파악 겸 이야기를 시켜보고, 이어 저녁 준비 시간이 되어 취사장으로 가 주·부식 창고로부터 취사실, 식당 등을 차례로 돌아본 후 병사들과 함께 식사를 하였습니다. 식사 후에는 야간 작전에 투입되는 작전 소대로 이동하여 군장 검사로부터 상황 조치 요령 숙지 교육과 실탄 및 수류탄 분배 후 통문으로 이동하여 매복 지역으로 진입하는 것까지 함께 행동하며 지켜본 후 중대본부로 복귀하였습니다.

인사계로부터 짐을 가져왔다는 보고를 받은 저는 인사계의 안내로 중대장 숙소로 가보았습니다. 중대장 숙소는, 중대 행정반에서 조금 떨어진 골짜기 외딴 곳에 방 한 칸이 독립적으로 지어져 있었는데, 조그만 앉은뱅이책상과 야전침대 하나가 놓여 있었고, 밖에 불 지피는 아궁이 하나가 있는 아주 조촐한 토막집이었습니다. 중대는 3개 GP와 작전 소대 및 예비 소대의 2개 소대, 1개 본부 및 지원 소대의 잠정 6개 소대로 편성(약 2개월 후 1개 GP가 신설되고, 작전 1개 소대가 신편되어 8개 소대로 증편됨)되어, 본부 및 지원 소대와 중대본부가 같은 주둔지에 그리고 중대본부의 좌측과 전방에 각각 작전과 예비 소대가 주둔지를 점령하고 있었습니다. 이튿날부터 남은 2개 GP와 작전 및 예비 소대를 돌아보며 중대원들을 만나보고 대화의 시간을 가진 후 ① 각 GP의 전투 시설 위치 조정 및 진지 보강과 일일 및 주간 훈련 체제의 정립 ② 작전 및 예비 소대의 훈련 및 실습계획서 작성과 훈련장 신설 보수가 시급하다는 결론을 내리고, GP부터 먼저 시작하되 GP 보강을 위한 목재는 예비 소대에서 마련하도록 계획하였습니다.

전투 시에 화기 진지 특히 직사 화기 진지는 사격 시마다 변환하여야 하며 노출된 진지에서 계속 사격하는 것은 자살 행위입니다. 전투 시 참호는 깊을수록 병사들의 생존을 보장합니다. 한국 육군의 교범에는 참호의 깊이를 통상 가슴 깊이(야전삽 길이의 세 배, 1.5m)로 규정하고 있는데, 이는 사격호의 높이로써 적당한 것이며 교통호로는 적 포격 시 엄폐 기능 발휘가 미흡합니다. 따라서 교통호는 가능한 한 깊게 파고(일본군은 유황도에서 2~3m 깊이까지 구축) 사격이 필요한 곳은 사대를 만들어 사격할 수 있도록 하여야 하며, 교통호(참호)의 배수로를 만들 때도 배수로 출구 방향을 적 공격 시 적이 이용 가능한 능선의 반대 방향으로 냄으로써 적이 아군의 이동을 방해하지 못하도록 하여야 합니다. 벽면도 적 방향은 밑바닥이 예각으로 경사가 지도록 구축하여 적의 곡사 화기에 대한 최소 엄폐가 가능토록 하여야 하며, 가능하다면 적 곡사 화력에 대한 엄개(掩蓋) 대피호를 개인호 부근에 구축하여야 합니다.

이러한 내용을 제 GP장 당시의 경험을 들어 설명하여 준 후, 분대 단위 토의를 통하여 분대 담당 정면에 대한 계획을 자체적으로 수립하도록 하고 이를 종합하여, GP장, 선임하사, 분대장들의 간부 토의 후 소대 계획을 확정, 진지 보강 공사를 시작하였습니다. 각 병사들이 처음의 계획 단계부터 참여하게 된 것에 상당한 자부심과 애착을 가지고 열성적으로 참여하여 공사를 신속하게 마칠 수 있었습니다. 작전 소대와 예비 소대는 주둔지 인근에 부지를 선정하여 상황별로 소대장과 선임하사 및 분대장의 지휘 조치 내용과 각개 병사들의 행동 요령을 매 단계별로 작성하도록 하고 이를 종합하여 소대 훈련 계획을 완성하고 이에 따라 훈련장을 설치하도록 하였습니다. 저는 5개 소대를 순차적으로 돌면서 작업에 동참함으로써 소대장, 선임하사들이 자연스럽게 병사들과 함께 작업할 수 있도록 하였습니다.

제가 38수색중대장으로 부임한 지 두 달가량이 지나 GOP연대가 경계 임무를 교대하게 되었고 이에 따라 저의 38수색중대는 ○○연대 제○대대로부터 ○○연대 제○대대로 배속 전환되었습니다. 당시 제가 배속 전환된 대대의 대대장님께서는 업무 수행 능력이나 열성 면에서 매우 훌륭한 분이셨습니다. 그러나 성격이 불과 같아서 요즈음 표현으로는 폭력을 자주 행사하는 편으로, 전설 같은 소문이 요란하신 분이었는데 제 소문 또한 평범하지는 않았던 터라, 대대장님은 부대 교대 초기에 저를 장악하는 것을 목표로 하신 듯했습니다. 야간 교대 후 익일 아침 지휘 보고 시, 보고를 시작하자마자 바로 듣기 거북한 쌍스러운 욕지거리와 함께 고성을 지르며 당장 대대 OP로 올라오라고 하였습니다. 저 또한 폭행을 당해 가면서는 군 생활을 못하겠고 이 대대장님께 기선을 제압당하면 제 군 생활이 끝날 것으로 생각되어 한번은 부딪힐 것을 각오하고 있었던 차였습니다.

그러나 첫 보고를 받기도 전에 이러할지는 생각도 못하였는데, 차를 불러 타고 약 5~6분 거리의 대대 OP로 올라가니 대대장님께서는 OP 바로 옆의 숙소에 계신다 하여 숙소 앞에서 대대장님을 불렀습니다. 제 목소리를 듣고 노기충천한 모습으로 나오시던 대대장님은 제 복장을 보고는 멈칫하셨습니다. 저는 제가 늦게 태어나서 계급이 낮은 것뿐으로, 아무 잘못한 것이 없는데도 왜 제 인격까지를 무시하며 욕설을 하시는 것인가를 항변하였습니다. 그러자 대대장님은 의외로 저를 달래시며 들어오라고 하시어 정종 한 잔을 따라주시고는 앞으로 서로 잘해나가자고 하셨고, 이에 저의 최선을 다하겠으니 믿으시라고 이야기하고 나왔습니다. 나와서 가만히 생각해보니 제가 권총은 물론, 실탄과 수류탄 두 발까지를 휴대한 단독 군장으로 나타나는 바람에 놀라신 듯한데, 저는 다른 의도가 있었던 것이 아니고 대대 OP에 들렀다가 바로 주간 수색을 나가는 수색조와 합류하려고 수색 시 단독 군장을 하였던 것입니다. 이것이 우연히 제 난제를 해결해준 것 같았습니다. 그 후 대대장님은 제가 중대장 임기를 마치고 떠날 때까지 다시는 제 중대를 방문하시거나 저희 중대에 대하여 지적하신 일이 없었습니다(후일 제가 대대장 근무 시 사단장으로 다시 모시게 됨).

그러던 어느 날, GP 교통호 및 대피호에 쓸 목재를 채취하기 위해 대성산 기슭으로 가는 예비 소대를 따라갔는데 병사들이 GP 임무가 끝나면 예비 임무(GP 3개월 근무, 예비 1개월, 작전 1개월) 기간에 음주 회식을 할 수 있도록 해달라고 건의해 왔습니다. 그러나 사단 규정에는 GOP 지역을 포함하여 대성산 전방을 가로지르는 5번 도로 이북에서의 음주가 금지되어 있었습니다. 5번 도로에 연하여 그 남쪽에 유일하게 있는 민촌(民村)이라는 부락은 1959년 태풍 사라호 당시의 이재민들을 이주시켜 정착시킨 마을입니다. 그러나 병사들의 출입은 금지 되어 있었고 GOP 연대 보안반장이 이 동네에서 거주하고 있습니다. 그러다보니 입대일로부터 전역 시까지 줄곧 GOP 지역에서만 근무하는 수색대 병사들로서는 휴가를 제외한 전 기간 음주 금지라는 불만들이 있었습니다.

그래서 밤에 곰곰이 생각한 끝에 이튿날 작업 출발 시 군에서 식수통으로 쓰는 5갤런들이 철재 통 세 개를 지참시킨 후 GP 보강목 작업차 대성산으로 가는 길에 일부러 민촌을 경유하여 부락 내에서 잠시 휴식토록 하고 보안반장 집 문을 두드렸습니다. 그날은 일요일이어서 집에 있던 보안반장은 의아한 얼굴로 나왔는데, 술 생각이 나서 찾아왔으니 막걸리 한 잔 얻어먹자고 하자 들어오라고 하면서 술상을 내왔습니다. 그 민촌 막걸리는 동네에서 양조한 술이어서 맛이 좋았습니다. 저는 막걸리 한 잔을 맛있게 마신 후 실토를 하였습니다. 젊은 아이들이 스님도 아닌데 3년간 금주는 너무 가혹한 것 아니냐, 중대장 혼자 술 먹고 나가면 내가 중대를 지휘할 수 있겠느냐고 설득하니까 어쩔 수 없다는 듯 그릇이 없다고 하여, 얼른 나가 철재 통세 개를 갖고 들어가니 기막히다는 얼굴로 옆집을 돌면서 세 통을 채워주었습니다(이 보안반장과는 15사단을 떠난 뒤에도 서로 오래도록 친밀하게 지냈습니다.).

이에 병사들은 사기가 오르다 못해 흥분한 상태가 되었습니다. 부대 복귀 시 가져갈 통나무를 1인당 하나씩 먼저 채취하여 집결시킨 후 지참해간 점심을 안주 삼아 막걸리 회식을 하면서 노래도 부르고, 춤도 추며 놀다가 땅거미가 질 무렵, 통나무 하나씩을 짊어지고 부대 복귀를 위하여 5번 도로를 횡단하던 중 사단장님과 조우하게 되었습니다. 사단장님은 사전에 보고를 받으신 것인지 아니면 우연인지는 모르겠지만 서 있는 병사들을 쭉 훑어보시더니 저에게 음주 금지 명령 위반으로 징계하시겠다고 화를 내셨습니다. 그래서 저는 "병력 이동은 GP 전투 시설 보강목 작업 목적으로 연대로부터 승인된 부대 이동이며, 음주는 음주 통제선 5번 도로의 남쪽 지역에서 하였고, 지금은 술이 깬 상태에서 복귀 중이므로 명령 위반이 아니기 때문에 징계는 부당"하다고 항변하였습니다. 기가 막힌 얼굴로 말문이 막히신 사단장님은 한동안 저를 응시하시다가 차를 출발시키셨는데, 그 뒤 아무 말씀도 없으셨던 것으로 보아 더 이상 문제를 삼지는 않으셨던 것으로 보였습니다.

그런데 이를 본 병사들의 입에서 입으로 전 중대에 소문이 퍼진 결과, 중대가 완전히 제 지휘 하에 스스로 장악되어 들어왔습니다. 어느 소대를 가든 저를 보는 병사들의 표정이 밝아보였고 자랑스러운 얼굴들이었습니다. 한 달 반 정도 공사 끝에 GP의 각종 진지 공사와 작전 및 예비 소대의 훈련장 공사가 완료되어 각 GP는 매일 상황별 진지 투입 및 상황 조치 훈련과 비 사격 훈련을 반복 숙달시켰고, 작전 소대는 상황 조치 훈련과 사격과 구보 및 각개 전투, 소대 전술 훈련을 숙달하도록 하였습니다.

그러던 어느 하루, 대성산 진지 보수 공사를 위하여 투입되었던 11중대의 소대장이 소대원을 이끌고 진지 작업장을 이탈하여 7~8km 거리를 걸어 저를 찾아와서는 수색중대에서 함께 근무하게 해달라고 졸랐습니다. 말하자면 소대장이 소대원을 이끌고 집단 탈영을 한 것인데 그 말을 듣는 순간 눈앞이 아찔해졌습니다. 소대장 말로는 수색중대로 전출시켜 달라고 떼를 쓰다가 창고에 감금되어 있었다는 것이며 자기는 안 돌아가겠다고 하였습니다. 그래서 차후 보충 소요가 있을 때 최대한 전입해 오도록 노력하겠다고 약속하면서 이 철딱서니 없는 소위님과 그 소대원들을 설득하느라 진땀을 뺀 끝에 회식하라고 돈 몇 푼을 쥐어주고는 겨우 돌려보냈습니다. 올 때 그렇게 반가워하는 얼굴과 가벼운 발걸음으로 오던 옛 중대원들이 어깨가 축 늘어져 힘없이 뒤돌아서는 모습을 보는 제 시야가 뿌옇게 흐려졌습니다(후에 소대장 2명을 포함 하사와 병사 몇 명은 중대에 전입시켰으나 전원은 불가능하여 약속을 다 지키지는 못하였고, 지금도 가끔 그때 돌아서던 병사들의 모습이 눈에 밟히고는 합니다.).

중대에는 중대장용 1/4t 지프차 한 대와 보급용 3/4t 한 대, 2.5t 한 대가 있었습니다. 그런데 3/4t과 2.5t은 큰 문제가 없었으나 1/4t 지프차는 저보다 네 살이나 더 많은 1940년 생산된 차로 제2차 세계대전과 6·25전쟁에 참전했던 역전의 노차(老車?)였습니다. 그건 자랑스러웠지만 차량의 나이가 34년이나 되었던 데다가 육군하고도 보병 제15사단에 계급도 대위의 차라서 수리 부속 획득이나 정비는 극히 어려운 실정이었습니다. 그래서 전임자는 아예 세워놓고 3/4t을 타고 다녀서 보급품 수령·불출에 지장을 주었다고 하였습니다.

저는 중대의 차량 세 대를 운용하기 위하여 제 봉급의 1/3 이상을 썼는데 수시로 인사계를 청계천에 내보내 수리 부속을 사다가 연대 수송부나 필요 시 사단 정비대에서 수리하여 운행하였으며, 심지어 연료 펌프의 캠(cam, 회전 운동을 왕복 운동으로 바꾸는 장치)이 부러졌을 때는 제가 쇳조각을 주워다 맞게 갈아서 끼우고 운행하기도 하다 보니, 구형 지프차는 웬만큼 응급조치를 할 수 있는 실력까지 갖추게 되었습니다.

천불산 일대는 예로부터 청사(청색 독사)로 유명하며 조선조에서는 궁중에 약용으로 천불산 청사를 진상하였다는 이야기도 있습니다. 그래서인지 땅꾼들이 5번 도로를 넘어와 병사들을 만나 뱀을 잡아주면 돈을 주겠다고 한다는 이야기가 귀에 들렸습니다. 저는 지휘관으로 근무 중 일체의 사냥을 금지했으며(사격 군기 문란 부대는 기강이 와해된 부대로서 절대 전투 승리가 불가능합니다.) 더구나 뱀은 질색이라 뱀 잡는 것을 엄금했습니다. 그러던 어느 날 예비 소대를 방문하러 가다가 5번 도로를 넘어와 있는 민간인 남자를 발견, 땅꾼임을 직감하고(그 지역은 민통선 북방으로 5번 도로 북측 지역은 민촌 주민들의 출입도 금지되어 있음) 차를 세우고 "당신도 자식을 기르는 터에 그런 짓을 어린 병사들에게 시키면 되겠느냐"라고 힐난했습니다. 그리고 이 지역에서 다시 발견될 때는 체포하여 헌병대로 넘기겠으니 앞으로는 본인이 대성산 지역에서 직접 잡으라고 이야기하면서 내 눈에는 맨 뱀만 보이더라고(사실이며, 그 산에 뱀이 많습니다) 하였습니다. 그러자 이 땅꾼은 다시는 그러지 않겠다며 "중대장님 눈에 뱀 보이듯이, 내 눈에 뱀이 보이면 내가 벌써 부자가 되어 자가용 굴리고 다니지, 이 꼴로 이러고 다니겠습니까? 땅꾼 냄새를 맡으면 뱀들이 다 숨어버려 하루 종일 헤매어도 뱀 한 마리 못 볼 때가 많습니다" 하였는데 정말인지는 모르겠습니다.

중대가 안정된 분위기로 사기왕성하게 작전 및 경계에 임하면서 훈련에 주력하는 가운데, OO연대가 GOP 경계 임무를 종료하고 OO연대와 교대하게 되었습니다. 그러나 수색중대는 단지 배속 관계만 전환될 뿐, 임무는 변함없이 GP 경계 및 DMZ 책임 지역 내의 감시와 수색·매복 작전 임무를 수행합니다.

이제는 아침저녁으로 일교차가 심한 날씨, 환절기에 감기 조심하시고 늘 건강하며 행복하시기를 기원합니다. 평안하게 지내십시오.

동생 재준 올림

### 존경하며 자랑스러운 형님께

그 지루했던 겨울도 어느덧 작별을 고하고 오늘은 제법 파릇한 풀들이 운동장 한구석을 소복이 덮었는데, 형님 내외분 늘 건강하시며 평안하시다니 즐겁습니다.

　제 중대의 책임 구역은 사단의 제일 좌측인데, 3사단과 인접한 중대의 좌측 4km 정도는 평지이고 그 우측으로는 가파른 고지군으로 이루어져 있었습니다. 그런데 이유는 모르겠으나 평야 지대를 감제 관측할 수 있는 평지의 우측 고지에는 GP가 구축되어 있지 않아서 불편을 느끼고 있었던 차, 군단으로부터 그 고지에 GP를 구축하라는 작전 지시를 접수하게 되었습니다. 저는 즉시 경계 병력을 대동하고 지뢰를 제거하면서 통로를 개척하여 장시간 노력한 끝에 아주 조심스럽게 그 고지 정상에 올라 면밀하게 주변 지형을 정찰하였고, 정찰 결과를 토대로 소대 방어 지면 편성 계획을 작성, 사단에 보고하는 한편 GP 공사의 선행 단계로 지뢰 제거 작업 계획과 GP 공사 후 지뢰 매설 계획을 동시에 수립하였습니다.

　그런데 막상 소대장에게 작업 지시를 하려니 실물 지뢰를 구경해 본 일조차 없다는 것이어서 제가 직접 작업조를 인솔할 수밖에 없었습니다. 소대장 시절에는 제가 배낭 한 가득 지뢰를 메고 병사들을 인솔하여 지뢰 매설을 하였는데, 세월이 흐를수록 장교들의 교육 강도가 약화되었는지는 모르겠으나, 제가 대대장 때는 중대장이 지뢰를 몰랐고, 연대장 때는 대대장이 지뢰 경험이 없어서 결국 저는 소대장, 중대장, 대대장, 연대장 때까지 모두 병력을 끌고 나가서 장교들을 가르쳐 가면서 지뢰를 매설하였습니다.

　지뢰는 제거할 때가 훨씬 더 위험성이 높아 세심한 주의와 노력이 필요하나, 매설 시에는 상대적으로 정확히 규칙만 지키도록 통제를 철저히 한다면 안전합니다. 지뢰는 건드리지만 않으면 절대 폭발하지 않으므로 조심만 하면 되는데, 지나치게 긴장하거나 아니면 반대로 방심하여 실수로 지뢰 뿔을 접촉함으로써 사고가 나는 것이므로 지휘자의 세심한 통제 계획이 필요합니다. 그 지역은 철책선 전방의 독립 고지였으므로 정찰 당시 지뢰가 무척 많이 매설되어 있었고 6·25 때의 지뢰도 있어 작업 일정과 안전을 고려하여, 불을 질러 고지 6·7부 능선 이상을 전부 태워버린 결과 지뢰 폭발음이 100여 발 청취되었습니다. 그러나 불태웠다 하여 지뢰가 100% 터지는 것은 아니기 때문에 탐침과 지뢰탐지기를 활용하여 지뢰 제거 작업을 진행하였는데 풀 무더기 등으로 탐침 및 지뢰 탐지가 어려운 곳은 삽으로 지표를 깎아나가면서 지뢰를 제거하였습니다.

이윽고 공병대가 약 한 달 반에 걸쳐 GP 공사를 완료한 후에는 그 간 GP 투입 전 교육을 시켰던 신편 소대(탈영하여 저에게 왔던 11중대 소대장을 전입받았습니다.)를 투입하고, 신설 GP 주변의 불모지대에 지뢰 매설을 시작하였습니다. 어느 하루, 짙은 안개에 이슬비가 부슬부슬 내리고 있는 날씨에 지뢰 매설을 하고 있었는데 GOP 투입 후 처음으로 면회를 온 아내가 와수리에서 기다리고 있다는 무전이 와서 시계를 보니 거의 15시가 다 되었습니다. 그런데 지난번 제 편지에서 면회와도 반드시 나갈 수 있는 것은 아니니 기다리다 제가 못 나가면 막차의 바로 앞차로 되돌아가도록 하였기 때문에 저도 모르게 조급한 마음이 되어 서두르다가 빗물에 젖은 바위에 발이 미끄러지면서 제가 매설한 지뢰 뿔을 밟아버렸습니다. 그러나 폭발이 없어 살펴보니, 아내 보고 싶은 생각에 급하게 매설한 지뢰의 안전핀을 미처 뽑지 않고 일어났던 것입니다.

그날 계획된 지뢰 매설 작업을 모두 끝내고 수거한 안전핀과 매설 지뢰 발수가 일치되어 이상 없는 것을 확인한 후 작업을 종료하고 대대장에게 보고 후 차를 전속력으로 달려 와수리 버스정류장으로 가보니 기다린다던 다방에 아내는 없었고 10개월 만에 면회를 왔던 아내가 탄 버스는 산모퉁이 너머로 가물가물하게 멀어져가고 있었습니다.

이때 말고 제가 수색조를 인솔하고 수색 정찰을 하는 도중 또 한 번 지뢰를 밟은 일이 있었습니다(수색 중, 감각이 극도로 예민하기 때문에 발에 감각이 옵니다.). 그러나 지뢰가 밟을 때는 터지지 않았으므로 6·25 당시 매설한 압력 해제식 지뢰로 판단, 병사들을 안전거리로 대피시키고 몸을 산비탈로 날려 굴렀는데(그래도 터지는 속도가 피하는 속도보다 1,000배는 빠르므로 살 수는 없습니다.) 지뢰가 터지지 않아, 올라가보니 녹슨 지뢰뿔이 부러져 있었습니다. 저는 대대장 할 때도 연대장, 사단장 할 때도 심지어는 합참 작전본부장 할 때까지 전생에 무슨 일을 하였는지는 모르지만 많은 장교가 군복무 중 한 번 경험해 볼까 말까 한 지뢰와의 인연이 끈질기게 이어졌습니다.

GP 신설이 끝나고 얼마 안 되었을 때, 군의 DMZ 운용 개념이 변경되면서 DMZ 및 GP 작전 임무가 연대 및 사단 수색중대로부터 이를 전담하는 새로 창설되는 민정경찰중대(민경대 또는 민경중대)로 전환되게 됨에 따라 우리 중대는 민경중대로 증·개편(增改編)됨과 동시에 사단 예속으로 변경되었습니다. 38민경대는 4개 GP, 2개 작전 소대, 1개 예비 소대, 1개 본부 및 지원 소대의 8개 소대(지금은 없어진 부대이므로 그대로 기술하였습니다.)로 편성되었습니다.

이후 중대는 부대 개편으로 인하여 다소의 변화된 상황에 빠르게 적응하면서 모든 상황이 정착되어가던 즈음, 매복 작전 중 지뢰 폭발로 한 명의 병사를 잃었습니다. 그날은, 오전에는 가는 비가 왔지만 오후에는 활짝 갠 날씨로 매복에 들어간 소대가 임시 매복 지점을 점령했다가 이상 없이 진매복 지점으로 이동하여 세 시간 가량 매복 근무 중이었습니다. 그런데 오전에 비가 온 탓으로 앉은 자리에 물이 고여 앉은 상태에서 그대로 조금 궁둥이를 옮기려다가 플라스틱 지뢰를 건드렸다 합니다.

저는 소대가 야간 매복에 들어갈 때면 중대장실에 무전기를 설치하고 매복 부대가 새벽에 철수하여 통문 통과 후 이상 없음을 보고할 때까지 자지 않고 늘 대기하고 있었습니다. 그날도 저는 통신병이 이상 유무 확인하는 것을 감청하면서 책을 보고 있던 중 23시 15분경 소대장이 다급하게 저를 찾는 소리를 듣고 사고임을 직감, 차량을 대기토록 하는 동시 무전을 받아보니 위 사고를 보고하는 것이었습니다. 저는 즉각 지혈과 동시에 판초 우의로 임시 들것을 만들어 부상자를 후송하며 철수토록 지시하고 연대 상황 보고와 동시에 통문으로 앰뷸런스와 군의관을 보내주도록 요청하였습니다. 또 통문 담당 중대에 상황을 통보, 통문을 개방하여 대기토록 협조하고는 즉시 통문으로 출발하였습니다.

제가 통문에 도착하면서 바로 매복에서 철수하는 소대를 만나 들것에 누워 있는 병사를 보니 하체의 부상이 심각해 보였는데 신음 소리 하나 내지 않고 있어 "많이 아프지?"하고 물어보니 "아프지 않습니다, 중대장님"하는 것이었습니다. 그런데 제 월남전 경험으로는(항공 장교 시절 부상자 응급 후송을 여러 번 했었음) 외관상 부상이 심각한데도 통증을 별로 느끼지 못한 병사들은 대부분 살리지 못하였습니다. 그때 연대 앰뷸런스와 군의관이 도착하여 말없이 손을 꼭 쥐어주니 누운 채로 저에게 경례를 하며 떠난 것이 그 병사의 마지막 모습입니다. 그 후 신흥만 일병은 춘천 이동외과병원을 거쳐 수도통합병원으로 후송되어 치료 중 끝내 순직하였습니다.

저는 일반적인 훈련 및 작전 행동에서는 철저한 제(諸) 원칙과 규정을 준수토록 숙달시키며 이를 확인해 왔고, 그날도 소대원 면담을 통하여 '세밀하게 탐침을 하면서' 매복 지점을 점령하였음을 확인하였습니다. 이렇듯 매일 DMZ를 끝없이 헤매야 하는 병사들은 발자국마다 삶과 죽음의 갈림길을 걷습니다. 어제 지나간 길이 오늘 반드시 안전한 길은 아닙니다. 토사나 물줄기의 흐름 등으로 오래전에 매설된 지뢰들은 지뢰 고정 지주 핀이 송두리째 빠져 지뢰가 물이나 토사의 흐름을 따라 이동하기도 하기 때문입니다. 통상 탐침봉을 이용 10cm 간격으로 탐침 하지만 플라스틱 지뢰는 크기가 작아 탐침봉에 걸리지 않았던 것으로 판단되어 "하필, 그 간격에" 하는 원망이 아픔으로 남아 있습니다.

어느덧 가을이 지나가고 있을 즈음, 저는 병사들의 정훈 교육 일환으로 본부 및 지원 소대 전원으로 합창단을 조직하였습니다. 물론 제 음치에 가까운 노래 수준으로 추진한 것은 아니고, 연대 군목에게 제 계획을 이야기한 결과 흔쾌히 동의해주어 군목이 육단리 초등학교에서 풍금을 빌려와 여가 시간에 오락을 겸하여 노래를 가르치기로 한 것입니다. 악보는 육사에 사람을 보내어 생도 때 세종문화회관에서 공연한 악보를 얻어왔습니다. 노래의 제목들은 'White christmas', 'Happy Wanderer', 'Battel Hymn song', '천사들의 합창' 등으로 대부분 영어 가사였는데, 병사들의 약 반수가 영어를 모름에도 불구하고 한글로 적어준 가사를 가지고 4중창을 완벽하게 소화해 내었습니다. 이는 물론 침식을 잊다시피 했던 연대 군목의 열성도 있었지만 이에 못지않은 병사들의 자발적인 열의가 있었기 때문에 가능했던 것으로 생각합니다. 병사들은 이에 더하여 '하늘의 사나이'라는 군가 곡목에 가사를 붙여 38민경대가를 만들었습니다.

**사나이 속에서도 굳센 사나이 걸머진 총검 속에 젊음을 바쳐**
**오늘도 오늘도 DMZ에 DMZ에 젊음을 편다 을 편다**
**너와 나 너와 나 가는 곳에 가는 곳에 적이 있느냐 있느냐**
**나가자 나가자 사자 중대 사자 중대 38민경대 민경대**

군목은 중대 합창단을 인솔하여 각 GP와 소대들의 위문 공연을 다녔는데, 본부 인원들은 해냈다는 자부심과 성취감으로, GP 및 소대 인원들은 동료들이 할 수 있다면 우리도 할 수 있다는 긍정적 자신감으로 병사들의 군복무에 대한 열의가 눈에 띄게 달라져 보였습니다. 이후 소대원들이 오락할 경우 가창하는 노래 곡목도 변화되었고, 영어 공부를 시작하는 병사들도 보였으며, 본부 소대는 몇 명이 걸어갈 때 자연스럽게 합창을 하기도 하였습니다. 이때 연대 군목이 어디에선가 마이크가 고장 난 카세트를 빌려왔는데 중대 통신병이 전화기 송화기를 비누곽에 넣어 만든 급조 마이크로 녹음해 준

테이프를 제가 지금도 소중하게 간직하고 있습니다.

전쟁에 참전하셨던 상급자들은 하나같이 훈련 제일주의자 들입니다. 우리 사단장님도 마찬가지여서 운동하는 꼴은 못 보셨습니다. "군인은 시간이 나면 사격, 구보, 각개 전투, 포복 등 훈련을 하여야" 하지 축구를 한다든가 하는 것은 쓸데없이 노는 것으로 간주하시고 엄금하셨습니다. 그런데 다른 민경대를 지휘하던 선배가 병사들을 시켜 자꾸만 제 중대원들을 충동질 하였습니다. 중대장 봉급 반을 걸고 내기 축구를 하자는 것인데, 우리가 분명히 자신 있게 이길 수 있다는 것입니다.

저는 이기고 지는 것에는 관심이 없습니다. 저는 늘 장교들에게 "승부 근성은 운동선수들의 자질이지, 군인의 자질이 아니며 오직 주어진 임무를 완수하는 것이 군인의 전부다"라고 강조하여 왔습니다. 이렇듯 승부에 별 흥미를 느끼지 못하는 성격 때문에 돈을 걸고 하는 내기들 -화투나 정구, 골프-을 할 줄 모르는 것 같습니다. 그렇지만 끈질기게 졸라대는 병사들의 성화에 견디지 못하고 승낙한 결과, 축구 시합에서 3 대 1로 패배하였습니다. 이에 우리 중대원들은 그 중대 소속이 아닌, 전국체전에 출전하였던 타 중대 소속의 부정 선수가 있었다면서 분개하였습니다.

이러한 분위기를 알았던지, 상대의 중대에서 다시 한번 더 한 달치 봉급을 걸고 시합을 하자는 제의가 들어왔다고 하였습니다. 저는 처음에는 웃고 무시하였지만 중대장에게 막대한 금전적 손실을 입혔다는 죄책감에서였는지 중대원들이 절치부심하면서 다시 한번만 더 기회를 달라고 집요하게 졸라댔습니다. 결국은 견디지 못하고 이번이 마지막이라는 다짐을 받고, 축구 시합을 하던 도중 하필이면 전방 순시 차 그곳을 지나시던 사단장님께 정통으로 들키고 말았습니다. 저는 이번이 세 번째인 데다가(땔감 나무 채취와 병사들의 음주) 마땅하게 둘러댈 명분도 없어 꼼짝없이 처벌받게 되었음을 직감하였습니다.

그때가 거의 저녁이었는데 저는 축구에 참가하였던 소대를 구보로 인솔, 들길로 난 샛길을 통하여 와수리 하천변으로 나가 시합에 걸었던 돈으로 음식과 소주를 사다가 병사들 회식을 시키면서 먼저 말했습니다.

"우리를 부르러 사단에서 나올 테니 무조건 달려들어 술을 취하도록 먹여라. 나중에 사단장님 성격에 분명히 직접 오실 것이다. 그러면 내 신호에 맞춰 사단장님께 술을 드리되, 사단장님은 술의 주량과 독약의 양이 똑같다 하니 절대 한 스푼 이상 드시도록 하면 안 된다"라고 반복하여 교육하고 회식을 시작하였습니다. 병사들은 자신들 때문에 중대장이 봉급도 잃었던 데다가 또 처벌까지 받게 되어 코가 빠져 있던 터에 술이 들어가자 언제 그랬느냐는 듯 기운들을 되찾았습니다.

얼마 후 제 예측대로 사단 OO대장, 그 후 사단 OO참모님 두 분이 차례로 저를 부르러 오셨지만(저희 구보 코스가 5번 도로상 삼거리 헌병 초소에서 관측되고, 또 저희 위치가 와수리 초입의 도로변이었기 때문에 소재 파악이 용이한 장소) 사전 약속대로 병사들이 달려들어 소주병을 입에 붓다시피 한 덕에 모두 몸을 못 가눌 정도가 되었고, 이윽고 기다리다가 화가 나신 사단장님께서 직접 나타나셨습니다(사단장님 차는 멀리서도 식별 가능). 저는 다시 한번 소대원들을 교육한 후 도로변에 올라가 전부 기립시켜 차렷 자세로 대기하다가 경례와 동시 큰소리로 "38 민경대 회식 중! 사단장님께서 직접 격려해주셔서 감사합니다!" 하고 외쳤습니다. 그러자 사전 약속대로 병사들이 "와!"하고 달려들어 무등을 태워 모시고 회식 장소로 이동한 후 내려놓으면서 말씀하실 틈도 없이 따라놓은 소주잔을 입으로 붓다시피 권하여 드렸는데 정신이 혼란스러워진 사단장님, 얼떨결에 그 술을 꿀꺽 마셔버리고는 이내 어지러워하셨습니다.

이에 저는 사단장님 옆에 앉아 "사단장님, 저를 처벌하실 것입니까?" 하고 말씀드리니 병사들의 긴장된 시선들이 일제히 집중되었고, 사단장님은 정신이 없으신 듯 "처벌 안 해" 하고 말씀하셔서 저는 "사단장님, 감사합니다" 하고는 잠시 후 회식을 종료하고 병사들을 인솔하여 중대로 복귀하였습니다. 그 후로 다른 말씀이 없으셨던 것으로 보아 사단장님께서는 약속을 지키셨던 것인데, 사실은 얼마나 화가 나셨던지 사단 정훈참모가 손가락을 잘라낸 검은 가죽장갑을 끼고 구보하는 것을 보고는(제가 로프를 잡고 산을 오르내릴 때 손바닥에 하도 상처를 입어 그런 장갑을 끼고 다녔음) "허어! 이것 큰일 났다. 저기 남재준이 같이 미친 녀석이 또 하나 나타났다"라고 하셨다는 이야기가 들렸습니다.

그 당시 중대장 임기는 18개월이었고, 2차 중대장을 할 경우에는 12개월 이상을 하게 되어있어 저 같은 경우는 30개월 이상 중대장 직책을 수행하여야 하였습니다. 그런데 제가 소총중대장, 수색중대장, 민경대장 모두 합쳐 18개월쯤 근무하였을 때 갑자기 군단으로 전출 명령을 받았습니다. 그런데 한 가지 이상한 점은 제 사단은 2군단 예하인데 명령은 6군단으로 되어 있어 혹 6군단장님이 김용휴 장군님이 아니신가 하는 생각이 들었습니다. 이윽고 출발 일자가 되자, 저는 명에 의하여 중대를 인계하고 중대원들과 고별인사를 한 후 정들었던 보병 제15사단을 떠났습니다.

형님 내외분의 평안하심을 기원하며 다음 주에 또 서신 올리겠습니다.

동생 재준 올림


* 추신 1 : 아버님, 어머님께서 아내를 데리고 와수리에 면회 오시어 1박을 하셨는데 이것을 본 여관 주인아주머니, "아니, 결혼한 사이였네" 하는 바람에(그전에 세 번인가 묵었는데 총각, 처녀로 알고 있었던 모양) 아내의 얼굴이 홍시처럼 붉어졌습니다. 그 후 제가 사단장 시절 인접 사단에 협조 회의가 있어 와수리를 지나는 기회에 그 여관을 찾았으나 길거리가 완전히 바뀌어서 찾지 못하였습니다.

* 추신 2 : 중대장 시절 저와 사단장님 사이에 오갔던 일들을 제3자가 믿기

에 쉽지는 않을 것입니다. 그러나 이는 모두 거짓 없는 사실들인데, 제가 곰곰이 그때를 되돌려 생각해 볼 때 다음과 같은 이유로 그렇게 할 수 있었다는 생각이 들었습니다. 그 첫째는 제 타고난 천성과 성격 그대로 구김살 없이 클 수 있도록 키워주신 아버님, 어머님의 가르침을 받으며 자랐던 제 복이며, 그 둘째는 김용휴 사단장님의 부관 시절, 상급자와 24시간 함께 생활하면서 상급자를 어려워하지 않고 편한 마음으로 대할 수 있게 된 것과 또 끊임없이 질문을 하시고 제 의견을 들으셨기 때문에 상급자 앞에서도 기탄없이 제 의견을 이야기할 수 있도록 길러주신 사단장님의 교육과 지도, 훈육의 결과로 생각됩니다. 김용휴 사단장님은 제 군 생활에 있어 영원한 스승이십니다. 셋째는 그렇듯 방자하다고까지 할 거리낌 없이 철없던 행동을 너그럽게 그리고 오히려 예쁘게 보아주시고 넘겨주셨던 소위 시절의 제 상관님들 -이윤복 대대장님, 김영동 연대장님, 중대장 시절의 박완식 사단장님-을 잘 만난 제 상관 복 덕분이 아닌가 합니다. 그간 제가 모셨던 상관님들을 되돌아볼 때 그분들은 모두 6·25와 월남전에 참전하여 전투하셨던 분들로 하나같이 부대 교육 훈련이 부대 지휘 및 관리의 만병통치약이라는 신념으로 부대 훈련에 주력하셨고, 지휘와 이해의 폭과 선이 굵으셨습니다.

이야기가 다소 빗나가지만, 월남에서 패전한 미군이 많은 예산을 들여 수년간 그 패전의 이유를 연구한 결과 얻은 결론 중의 하나가 "미 육군은 평시 부대 관리형 장교들만을 양성하였을 뿐, 전시 야전 지휘관형 장교들을 길러내는 데 실패하였다"였는데, 저는 군 생활 중 이에 대하여 늘 생각하고 있었던 터라 이 결론에 깊이 공감하였고, 그러한 후배들을 길러내려 노력하였습니다.

**평시 부대 관리에 적합한 지휘관형은 규정과 방침에 충실하여 자구(字句) 하나하나를 꼼꼼히 따지는 법관형 군인들입니다. 그러나 전시의 야전 지휘관은 이와 반대가 되는 CEO형 군인입니다. 이들에게는 원칙의 준수가 아니라 원칙의 창의적 응용이 필요한 것으로, 현 상황을 냉정하게 직시하고 그 원칙**

을 거꾸로 뒤집어 적용함으로써 적의 의표(意表)를 찌를 수 있는 창의력과 이를 결심할 수 있는 과단성, 선두에서 실천에 옮길 수 있는 솔선수범과 대담성이 요구됩니다.

전투 중 부대 관리형 지휘관은 통상 습관적으로 작전 계획에 집착하여 계획대로 싸우려 하지만 계획대로 진행되는 전투는 신이 아닌 이상 거의 불가능합니다. 역사상 항상 계획대로 싸워서 승리하였다는 소설 속의 제갈공명도 "울면서 마속이라는 사랑하는 부하의 목을 잘랐다(泣斬馬謖, 읍참마속)"라는 이야기를 남겼는데 하물며 평범한 장교들에게 있어서이겠습니까?

작전 계획의 작성 목적은 사전 치밀한 준비를 통하여 가장 유리한 조건으로 전투에 개입함으로써 초기부터 작전 주도권을 장악하여 전투를 내 의지대로 이끌어갈 수 있도록 하기 위한 것과 전투 중 예상 가능한 여러 가지 급변 상황에 대비한 우발 계획을 사전 준비함으로써 능동적으로 전투 상황을 이끌어가는 데 있는 것일 뿐 그대로 싸울 수 있는 것은 아닙니다. 군인은 전투 중 적과 싸우는 것이지, **결코 작전 계획과 싸워서는 안 됩니다**(fight with enemy, not to O-plan). 여기에서 한국 육군에 잘못 회자되고 있는 개념이 바로 융통성입니다.

**군인들에 있어 요구되는 융통성이란 '방책의 다양성'이지 결코 처세의 요령이 아닙니다.** "폐하는 천재이십니다" 하고 아첨하는 신하에게 나폴레옹은 "나는 천재가 아니다. 평소 내가 상상할 수 있는 모든 전투 상황과 그에 대한 최선의 방책을 도서관의 도서 카드식으로 머릿속에 정리해놓았다가 그때그때 상황에 맞추어 꺼내 쓰는 것뿐이다"라고 이야기하였는데, 이것이 바로 군인의 융통성에 대한 정확한 정의입니다.

처세의 요령이 융통성이라면 우리 민족의 성웅이신 이순신 장군이야말로 손톱만큼도 융통성이 없으셨습니다. 내 것도 아닌 관사의 오동나무마저 상급자가 거문고를 만들고자 베어가려는 것을 나라의 물건이니 안 된다고 거절하여 두고두고 고초를 겪으신 멍청한 짓을 하셨으니 말입니다. 그러나 역사에서 **우군에게 교활하였던 자들은 원균처럼 하나같이 적에게 정직하였으며, 우군에게 고지식할 만큼 정직하였던 장군들은 이순신 장군같이 롬멜 장군같이 적에게 교활할 만큼의 기책을 구가하여 매번 싸우면 승리**하였던 것입니다.

이렇듯이 이순신 장군은 전장 상황에 대한 면밀한 분석과 계산된 모험으로 13척의 배를 가지고 334척에 대적하여 33척을 격파함으로써 명량해전을 대승으로 끝내고 23전 23승 무패의 신화를 세우신, 세계 전쟁사상 결코 유례가 없는 세계 최고의 명장이셨습니다. 그러므로 이순신 장군은 처세의 요령을 부리지 않으셨던 것이지, 융통성이 없으셨던 것이 아닙니다. 상관의 조그만 잘못된 요구조차 원칙을 내세워 거절하였던 것은 진정한 용기이며, 싸움마다 승리할 수 있었던 것은 바로 창의적 융통성과 과단성, 솔선수범, 대담성, 애국 애민의 투철한 사명감이었고, 이것이 바로 군인의 전형이자 표본입니다.

제가 작전본부장 시절 대장 진급 명령이 발표되자 어느 신문에서인가 제가 "융통성이 없다는 평이 있다"라고 쓴 것을 보았습니다. 그런데 이때 다른 신문의 기자가 저에게 와서 앞으로 계획이 무엇이냐고 질문하였는데 저는 "더욱더 융통성이 없도록 노력하는 것"이라고 답변했습니다. 왜냐하면 이순신 장군에 비할 때 저는 융통성이 너무 많았기 때문입니다.

제 중대장 시절의 사단장이신 박완식 장군님을 생각하며 몇 가지 제 평소의 생각을 적어보았습니다.

건강하게 지내십시오.

동생 재준 올림


\* 추신 : 형님 연세가 있으신데 매일을 그렇게 빼곡하게 앞뒤로 일고여덟 장씩 글 쓰는 것이 무리가 되시지 않을까 무척 걱정됩니다. 주 1회씩만 여유 있게 쓰시고 건강 챙기실 것을 간청 드립니다.

## 12. 제6군단 작전 장교 및 군단장 부관

### 존경하며 자랑스러운 형님께

쥐꼬리만큼 짧은 봄의 그림자가 어느덧 소리 없이 스러져가는데, 오늘따라 유난히 푸른 하늘에 비행운이 길게 꼬리를 끌며 북으로 향해갑니다.

#### * 승부 근성에 대하여

형님께서도 제 생각과 같은 말씀을 하셨습니다만, 통상 사람들이 "군인은 승부욕이 강해야 한다"라고들 말합니다. 그러나 승부욕은 군인의 자질이 아닙니다. 운동선수에게는 승부 근성이 없어서는 안 되겠으나 **군인은 이기기**

위해서 싸우는 것이 아니라 임무 즉 주어진 목표 달성을 위해 싸웁니다. 그러므로 군대에서 "전투는 주안을 '유혈의 최소화'에 두고 작전 목적 달성에 기여하여야 하며, 작전은 전투 최소화에 주안을 두고 전략 목적 달성에 기여할 수 있어야 하고, 전략은 가장 유리한 조건 하에서 전장에 개입, 최초부터 주도권을 장악하고 최소 작전으로 '국가 목표'를 달성할 수 있어야 한다"라고 가르치고 있습니다.

**"국가 목표 달성과 군사적 승리의 개념상 혼동은 재앙"입니다.** 아마도 우리 역사상 기록에 남아 있는 인물 가운데 가장 승부 근성이 강했던 군인으로는 임란 당시의 원균이 아닌가 합니다. 일반적으로 승부 근성이 강한 군인은 공명심 또한 강하며 이들은 공명을 위해서는 부하들의 희생을 불사할 뿐 아니라 상급 부대에서 부여한 임무보다 자신의 전공(戰功)에 더 집착합니다. 그러므로 전공을 위해서는 수단과 방법을 가리지 않으며 적과 싸우기보다는 오히려 동료들과 더 즐겨 싸웁니다. 실제 제 월남에서의 경험으로도, 전쟁터에서 싸우는 군인들에게 적보다 더 위험한 존재가 바로 이러한 승부 근성 즉 공명심에 눈먼 상급 지휘관이었습니다. **군인은 결코 승리를 위하여 싸우는 것이 아니라 조국이 명령한 자신의 임무를 완수하기 위하여 싸우는 것입니다. 그러므로 군인에게 요구되는 자질은 승부 근성이 아니고 오직 '임무 완수에 대한 헌신'**이며 따라서 이를 위하여 투철한 사명감과 책임감, 명예심이 요구되는 것입니다.

### 가. 6군단 작전 장교

그 당시는 요즘처럼 장군 인사가 언론에 보도되지도 않았을 뿐 아니라 전기가 들어오지 않아 토굴 같은 데서 호롱불 켜놓고 지내다보니 6군단장님이 누군지 알지도 못했고 단지 2군단이 아닌 6군단으로 전속 명령이 난 것을 이상하게 생각하고 있었을 뿐입니다. 그러다가 군단장님 신고 시 반갑게 맞아주시는 김용휴 장군님을 보고서야 그 이유를 알게 되었습니다. 군단장님께서는 저를 우선 군단 작전 장교로 명령을 내라 했으니 가서 많이 배우라고 하셨습니다. 저는 그 다음 날 군단 작전과 작전 장교로 보직되었는데 때마침 6군단에 처음으로 군아파트가 신축되어 아파트를 막 배당하던 시기인 데다가 작전 장교는 입주 우선권이 있는 지정 직위여서 바로 입주가 가능하였습니다. 저는 살림할 수 있다는 기대에 부풀어 아내에게 전화하여 이삿짐을 싣고 오도록 하였는데 얼마나 가슴이 설레었던지, 아내가 해주는 밥을 먹을 수 있다는 것을 생각만 해도 너무 기뻤습니다.

저는 작전처에 부임하자마자 바로 군단 작전계획과 작전예규를 숙지하는 한편, 작전 훈련하는 부대들을 찾아가 실상을 파악하는 동시에 지형 숙지를 병행하였습니다. 그러한 과정에서 방어 훈련을 하는 부대들이 진지를 점령하기만 하고는 실제로는 아무런 훈련도 하지 않고 있는 것을 발견하였습니다. 그래서 저는 보병학교의 훈련 실습 계획지인 '훈련수부'에 착안하여 적의 진출 위치에 따라 진지 점령으로부터 방어 전투 단계 간, 진지 강화 및 재편성 시까지 중대장, 소대장, 분대장, 공용 화기 사수, 각개 병사가 하여야 할 행동들을 순서대로 정리한 임무 카드를 제시하고 이를 작성 활용토록 건의하여 예하대에 하달, 시행하도록 하였습니다. 그 결과 실전적인 훈련성과 제고에 기여할 수 있었는데 이는 후일 육본에서 전투 세부 시행 규칙으로 발전하여 전군에서 시행되었습니다. 그러나 그 후 임무 카드의 부작용으로, 군에서 작전 계획대로만 싸우려는 고착된 사고가 보편화되어서 보병학교 교수부장 시절에는 당시 참모총장님께 매트릭스(일종의 전투 세부 시행 규칙)는 사고력 개발과 절차 숙달 훈련 및 전투 준비와 훈련을 위한 시나리오일 뿐 이대로 싸우려 하면 안 된다는 제 의견을 강력하게 건의 드린 바 있습니다. 왜냐하면 전투란 불확실성과 우연으로 인하여 격변하는 상황의 연속이기 때문입니다.

이렇듯 제가 작전 장교로 자리를 잡아가고 있을 즈음 하루는 동기생이 찾아와서 의정부에 위치한 자기 고모부 소유의 토지를 군사보호구역에서 해제해주면 그 땅의 일부를 주겠다는 그의 고모부의 의중을 이야기하였습니다. 그래서 저는, 그 지역이 군단 작전에 대단히 긴요한 지역으로 해제가 불가함을 설명하자 동기생은 선선히 이해하면서 그러지 않아도 자기가 보기에도 안 되는 곳이고 또 저를 잘 알기 때문에 안 되는 줄 알면서 와보지 조차 않으면 고모부와의 관계가 서먹해질 것 같아 얼굴이라도 한번 볼 겸 온 것이니 마음에 담지 말라고 하였습니다.

저는 작전을 하다 보니 거의 매일을 야근하다시피 하였는가 하면, 삼사일에 하루 꼴로 시간이 너무 늦으면 사무실에 야전침대를 깔고 취침을 하고는 하였습니다. 그런데 아내는 저를 기다리다가 날씨가 어둑어둑해지면 빈집에 혼자 있기 무섭다면서 서울로 올라가다보니 모처럼 제가 집에서 쉴 수 있는 휴일이 아니고는 아내가 서울에서 출퇴근하는 모양새가 되었습니다.

아파트는 포천읍 남쪽 조금 떨어진 조그만 언덕 위에 한 동이 덩그러니 지어져 있었는데 그 주변이 군 부지여서 한 가구당 한 두락씩의 텃밭이 할당되었고, 가을에는 영농 우수 가구를 선발하여 시상한다고 하였습니다. 그러나 저는 출퇴근 자체가 불규칙하였기에 서울에서 나서 서울에서 성장한 아내가 농사를 지어야 했는데, 인근 농부 아저씨에게 돈을 주고 도움을 받아 거름을 섞어 흙을 골라 밭을 만들어 놓았다는 이야기를 듣고는 미안하기도 하고 대견하기도 하던 차에 하루는 우진이가 찾아왔습니다. 모처럼 만난 동생이 반갑기 그지없었지만 일찍 퇴근을 할 수가 없어 주말만 기다리고 있었습니다.

2~3일 후 오랜만에 업무가 일찍 끝나 서둘러 퇴근해보니 아내가 보이지 않았습니다. 그래서 저는 시장에 갔나 하였지만 기다려도 오지 않아 혹시 하는 마음에 서울로 시외전화를 해보니 한참 만에 응답하는 집안 아주머니가 "사모님(장모님)이 입원하셔서 모두 병원에 가셨다"라는 것이었습니다. 그래서 제 아내가 혹시 오지 않았는지 물어보니, 마침 전화가 와서 이를 이야기하니 바로 병원으로 간다고 하였다고 했습니다. 장모님께서는 대장암이셨

습니다. 그래서 그 텃밭은 결국 우진이 차지가 되어 며칠을 더 머물면서 씨를 뿌리고 물을 주는 등 정성을 들여 싹을 틔웠는데 제가 밥도 한 끼 못 사주고 일만 하다가 가게 해서 셋째를 볼 때마다 한동안 미안한 마음이었습니다.

셋째가 다녀간 후 채 한 달이 안 되어 저는 군단장 전속 부관으로 보직이 바뀌어 공관에서 생활하여야 하였으므로, 아내를 오라 하여 짐을 꾸리고 서울로 이사하게 되었습니다. 이사 당일 삼륜차에 짐을 싣고 출발하려고 하면서 하늘을 보니 잔뜩 찌푸려 비가 올 것 같아 커버를 가지고 있는지 물어보니 운전기사는 가져왔다고 했습니다. 그런데 출발한 지 15분도 되지 않아 세찬 비가 쏟아져 차를 갓길에 대고 커버를 씌우자고 하였더니 미처 못 가지고 왔다고 말을 바꾸었습니다. 부글부글 끓는 속으로 처가에 도착할 때까지 그 억수로 퍼붓는 빗속을 달려온 결과 차에 실었던 모든 가구가 엉망으로 못쓰게 버려졌습니다. 아내가 시집올 때 해왔던 이 혼수품들은 단지 100일 간의 살림 -출퇴근 기준으로 보면 40일도 안 되는 기간-으로 그 역할을 끝내고 말았습니다. 상황이 이렇게 어처구니없었지만 운전기사가 달라는 운임을 주어 보냈고 저는 당일 부대로 복귀하여야 했기 때문에 장모님을 잠시 뵙고는 바로 복귀하여 부관 임무를 인수하였습니다.

## 나. 군단장 전속 부관

제가 전속 부관의 업무를 수행하는 데는 아무런 어려움도 없었습니다. 작전 부서는 인사, 정보, 군수 등 모든 참모부서와 예하 부대의 상황을 종합하며, 부대 전투 준비 태세를 평가하고 관련 회의와 브리핑 내용을 종합하여야 하는 데다가 제가 부지런히 돌아다닌 덕에 예하 사단을 포함한 부대 현황을 비교적 상세하게 숙지할 수 있었습니다. 군단장님의 성정과 업무 스타일은 이미 잘 알고 있었기 때문에 인수를 하자마자 바로 업무를 차질 없이 수행할 수 있었습니다.

그러나 군단장님의 교육 강도가 한층 더 높은 차원의 수준을 요구하셔서 저는 한시도 방심하기 어려웠습니다. 그 당시 동부전선은 한국군 제1야전군이, 서부전선은 의정부의 캠프 레드 클라우드(Camp Red Cloud, 한국전 참전 인디언 출신의 미군 병사 이름. 운산 전투에서 영웅적인 노력으로 부대를 구하고 전사, 이를 기려서 군단 사령부 기지 이름으로 명명)에 있던 미 제1군단이 한국군 제1, 5, 6군단을 작전 통제하는 형태의 '한미 1군단 집단'이 담당하고 있었습니다. 당시 한미 1군단장은 홀링스워스(한국명 호림수) 장군으로 상당한 지한파(知韓派)로 알려져 있었고 붓글씨를 써서 액자를 만들어 장교식당에 걸어 놓기도 하였는데, 패튼 장군을 닮고 싶어 하는 호걸풍이었습니다.

그때 한미1군단장 부관은 저보다 2년 임관 선임이어서 개인적으로 친근하게 지내던 중 하루는 우연히 의정부에서 어울렸다가 막걸리 내기가 벌어졌습니다. 저는 도수 높은 술(양주, 빼갈)은 거의 입에 대지 못했고 정종이나 과일주는 몸에 맞지 않아 꼭 토해버렸으며 이상하게 맥주는 많은 양을 마셔도 괜찮은데 막걸리는 그렇게 많이 마시지 못하였습니다. 그래서 그날도 의도한 것은 전혀 아니었음에도 생리적으로 막걸리를 모두 반납해버려 저는 멀쩡하였는데 그는 거의 몸을 못 가눌 정도가 되어 그날의 모든 계산을 그가 하였습니다.

그로부터 약 2주 후 회의 참석차 군단에 갔더니 저한테 지난번 식비의 두 배를 걸고 지는 사람이 저녁 식사를 2차까지 내는 걸로 하고 정구 시합을 하자는 것이었습니다. 저는 고등학교 때 장난삼아 라켓을 쥐어본 것(그때는 연식으로 말랑한 고무공인 소프트볼이었음)뿐이었고 생도 때 한 번 정구장에 가보니 그때는 딱딱한 하드 볼(hard ball)이어서 공이 라켓에 닿는 대로 모두 코트를 벗어나 흥미를 잃고는 정구를 배우지 않았던 터라 못한다고 거절했습니다. 그랬더니 자기는 여자와 짝이 될 테니 저는 군단에서 제일 잘하는 장교와 나오면 되지 않느냐고 하였습니다. 그 말에 저는 오판을 하고 말았습니다. 제가 명색이 검도 유단자이므로 라켓으로 그 큰 공을 못 맞출 리 없으니 치지 말고 갖다 대고 살짝 밀어서 네트만 넘기고, 군단에 선수 못지않은 군의관 대위가 있으니 한 팀으로 나가면 되겠다는 계산이 들어 수락하고 군의관에게 이야기하니 아주 흔쾌히 동의하였습니다.

그래서 그 주 토요일 군단장님께 외출 허락을 얻어 한미 1군단의 정구장으로 군의관과 함께 나가보니 그가 어느 여인과 함께 단식을 하고 있었습니다. 이것이 제가 상대를 여자라고 얕보았다가 평생 정구를 못 치게 된(사실은 작전 장교 직만 수행하다보니 시간도 없었습니다.) 사연의 전말입니다. 간단히 말씀드리면 6 대 0으로 참패하였는데, ○○대위의 서브는 그럭저럭 받아넘겼지만 그 여인의 서브는 공이 너무 빨라서 날아오는 것이 눈에 보이지도 않았을 뿐 아니라 공이 얼마나 센지 요행 맞을 경우라도 라켓을 가져다 대면서 별 짓을 다하여도 라인을 넘었고, 군단에서 그렇게 펄펄 날던 군의관도 여인 앞에서는 저나 별 차이가 없었습니다.

게임이 끝나고 선수냐고 물었더니 그 여인은 자기가 프로 선수는 아니지만 정구는 어렸을 때부터 대학 시절까지 계속하였으며, 그 전해 '주한 외국인 오픈 테니스 대회'의 챔피언이었다고 하여 벌린 입을 다물 수가 없었습니다. 시합에서는 비록 얼굴이 벌겋게 될 정도로 참패를 당했지만 그래도 일국의 최고와 겨루어서 졌으니 불만은 없어서 어느 정도 스스로 위안이 되었습니다. 내기에 한 번 이겼던 죄로 1차는 그 비싼 불고기로, 2차는 스탠드바에서 양주로 두 배를 물어낸 후 공관으로 복귀하였습니다.

그러나 그 다음 날 예상치 않게 새벽 네 시에 한미 1군단의 비상이 발령되어 군단장님을 모시고 의정부로 이동하여 여섯 시 지휘관 회의에 참석하였습니다. 그런데 군단장 부관이 보이지 않다가 회의가 끝날 즈음 헐레벌떡 기밀실에 뛰어 들어왔는데, 홀링스워스 장군이 어디 있다가 이제야 오느냐고 하니 "숙소에서 술에 취하여 자다가 일어나지 못했습니다"라고 답변하였습니다. 이로써 저와 피장파장이 된 셈이어서 세상은 참 공평하다고 생각하였는데 그 결과 그 이후로는 모든 비용을 반분하여 공동 부담하는 것으로 하였습니다.

그 후 어느 날 제 귀에 군단장님의 조카가 군단 본부대로 전입해 왔는데 매주 서울로 외박을 나가 말이 많다는 이야기가 들렸습니다. 그래서 군단장실 근무병에게 물어보니 얼마 전 본부대로 전입을 왔는데 매주 나가는 것이 사실이라고 하여서 군단장님께서 아시는 일이냐고 하니 본부대에 근무하는 것도 모르시고 계신다는 것이었습니다. 그 이야기를 듣고 본부대장에게 전화하여 한 번만 더 규정에 어긋나게 특혜를 주어 외박을 내보내면 군단장님께 바로 보고 드리겠다고 통보한 후 송우리 헌병검문소에 전화하여 OOO이 서울 나가면(헌병들이 알고 있었음) 붙잡아 놓고 저에게 전화하도록 조치하였습니다.

그 주 토요일 그 병사는 서울에 못 나가게 하자 외박증도 없이 무단히 부대를 이탈, 서울행 버스를 탄 것을 검문소에서 붙들어 놓고 저에게 알려 왔습니다. 그래서 저는 무단이탈로 바로 영창에 입창토록 지시하고 군단장님께서 아셔야 할 것 같아 전말을 보고 드리니 기가 막혀 하시다가 잘 했다고 격려해주셨습니다. 그런데 이 조카가 어느 틈엔지 자기 할아버지에게 전화를 하였던 듯, 그 다음 날(일요일) 날이 밝자마자 군단장님 부친께서 벼락같이 들이닥치셔서는 노기등등하게 마룻바닥을 쳐대며 부관 놈이 감히 우리 OO 김씨 문중의 장손을 영창에 처넣었으니 당장 목을 자르라고 역정을 멈추지 않았습니다. 한동안을 무릎을 꿇은 채로 묵묵히 앉아계시던 군단장님께서 조용히 일어나시면서 하신 말씀은 "아버님, 그 부관 남 대위가 옳은 겁니다. 젊은 장교는 그래야 합니다. 그래서 제가 데리고 있는 겁니다" 하시는 것이었습니다. 형님, 이런 상관을 위해서라면 제가 무엇인들 -그것이 정의고 제 조국을 위하는 것인 한- 못할 것이 있겠습니까.

한 번은 전방 순시 중 얼핏 보이는 것을 확인을 해보아야 할 것이 있어 차를 세우고 그 지역에 들어가야 했는데 앞장서 걸어가시는 군단장님의 허리

끈을 잡아 뒤로 당기며 "군단장님, 제 뒤에 멀찍이 떨어져 따라 오십시오" 하고는 제가 앞장섰습니다. 그 해 10월, 군단장님은 임기를 마치고 부산에 있는 군수 사령관으로 명령이 나셔서, 저는 공관 포함, 인수인계 사항을 준비 및 점검하고, 관련 필요 자료를 수집하는 등 바쁜 시간을 보내다가 군단장을 모시고 육본 신고 후 군수사로 내려와 이·취임식에 참석하였습니다.

형님 내외분의 평안하심을 빌며 오늘은 이만 줄이고 내주 문안 올리겠습니다.

동생 재준 올림

# 13. 군수 사령관 부관

**존경하며 자랑스러운 형님께**

지난 가을에 떼어놓았던 선풍기를 방에 달아주는 것을 보니, 벌써 그 무더운 여름이 성큼 다가 왔나 봅니다. 오늘은 지난번에 이어 군수사 시절을 말씀드리겠습니다.

사령관님의 육본 신고 후 바로 부산으로 모시고 내려와 군수 사령관 취임식을 끝내고 공관에서 사령관님과 저녁 식사 후, 가벼운 술잔을 나누며 앞으로의 일들에 관하여 이야기를 하다가 밤 아홉 시 조금 넘어 제 방으로 내려 와보니 근무병이 'OO별장'이라는 곳에서 전화가 세 번이나 왔었다고 하였습니다. 그래서 저는 114를 통하여 전화를 걸어 제게 전화했다는 지배인이라는 사람을 찾아 용건이 무엇이냐고 물어보니 왜 만찬 예약을 하여 준비시켜놓고 안 왔느냐는 것이었습니다. 저는 이해가 안가는 지라 OO별장이라는 데가 어디에 있는 무엇을 하는 곳이냐고 물었더니 지배인이라는 사람이 대뜸 "왜 이러시느냐"라고 화를 내며 전화를 끊어버렸습니다. 저는 첫날부터 별 이상한 사람 다 보겠다고 가볍게 생각하며 취침했습니다.

그런데 이튿날 사령관님을 모시고 출근하여 책상 위에 놓여있는 조간신문(부산일보)을 보니 "군수 사령관 부관, 네다 바이"라고 대문짝만한 활자로 쓰여 있었고, 사령부 정문 맞은편에 있는 남부경찰서의 형사라는 사람이 전화로 저를 조사할 것이 있으니 경찰서로 출두하라고 하는데 말투가 불손하기 짝이 없었습니다. 저는 너무 화가 나서 당장 그 형사를 데려오라고 시켜 전말을 듣고 보니 어처구니가 없었습니다. 사건인즉, 전일(취임식 당일) 14:00

시쯤, OO별장에 신임 군수 사령관 부관이라고 하면서 "저녁 18:00시에 신임 사령관 주최로 상견례를 겸하여 부산 기관장(25~26명 정도로 기억함)들을 초청하여 만찬을 할 테니 차질 없이 준비해 달라"라는 전화가 와서 문을 닫아 일체 다른 손님을 받지 않고 준비를 하였다고 합니다. 그런데 17:20분쯤 전투복에 중령 계급장을 단 사람이 상사 계급장의 남자 한 명을 대동하고 나타나, 사령관님이 갑자기 100만 원(당시 대위 봉급이 3만 원 정도)을 현금으로 찾아오라고 하시는데 은행이 문을 닫아서 찾을 수가 없으니(수표를 보여주며) 우선 100만 원을 자기를 주고, 연회비 계산 시 정산하자고 하여 주었는데 나타나지 않았다는 겁니다. 그래서 저를 고소하여 사기죄로 저를 조사하겠다는 것이었습니다. 저는 그 형사의 언행이 너무 화가 나서 두드려 패려고 올라가던 손을 이내 내리고는, 그 OO별장 지배인과 대질할 수 있도록 데려오라고 형사를 보냈습니다.

그런 후 제가 사령관님께 간단히 사건 전말을 보고 드리니 사령관님은 웃으시면서 내가 홍길동 이를 부관으로 데리고 있구나 하셨습니다. 왜냐하면 다른 말 할 것 없이 저는 전날 06시부터 22시까지 단 1초도 사령관님과 떨어져 있어 본 일이 없었기 때문입니다. 사령관님께서 경찰서장에게 전화하시겠다는 것을 지배인을 불렀으니 그러실 필요 없다고 말씀드렸습니다. 그 날 오후, 형사와 같이 온 그 지배인은 저를 보더니 사람도 다르고, 목소리도 다르다며(저는 당시 대위) 제가 아님을 입증해 주었습니다. 저는 그곳이 무엇 하는 곳이냐고 재차 물었더니 당시 기생들이 상당히 많이(약 300명) 있는 큰 요정이라는 소리를 듣고는 아연한 기분이었습니다. 그 이튿날, 전체 참모회의 시 사령관님께서는 제 입장을 해명하시기 위하여 사건의 자초지종을 설명하여 주셨는데 저는 부산을 떠날 때까지 OO별장은커녕 그 문 앞에 가보지도 못하였습니다(김용휴 장군님은 무척 검소하시어 본인이 주관하시는 것은 모두 공관에서 하셨고 나가신 일이 없으며 도지사 등 민간인이 초청 시에는 저는 수행하지 않고 공관을 지키고 있었습니다.).

이러한 해프닝이 있고 난 다음 날부터 시작된 사령관님의 예하 부대 초도 방문을 수행하면서 저는 들은 이야기들이 있어 차량창과 의무 보급창을 세심히 들여다보았습니다. 차량창은 그 큰 부대 주변 울타리를 3면으로 둘러싼 도로에 빈틈없이 민간 차량 수리 부속 상들이 빼곡히 자리 잡고 있는 것이 눈에 띄었고, 의무창 또한 관심 가는 부분이 있었습니다. 그 당시에는 민간 차량 중에서 지프차나 버스, 트럭의 일부가 군 차량을 개조하여 운행하는 차였습니다. 당시의 우리 군은 차량 생산 능력이 없었으므로 미국이 원조해 준 차량을 쓰고 있었습니다. 그러나 그 수량이 충분하지는 않았기 때문에, 예하대 에서 차가 못쓰게 되어 반납하면 차량창 에서 폐차 처리하면서 상태가 좋은 수리 부속을 탈거하여 재생 차량으로 재조립하여 보급하였습니다. 그런데 이러한 과정에서 상태가 좋은 부속들 일부가 담 넘어 나간다는 것이었습니다. 그리고 의무창은 월남 근무 시 부상자를 헬기로 긴급 후송하여 병원에 갔을 때 다량 출혈하는 환자들에게는 혈액 대용제로(?) 알부민이라는 약을 쓴다고 하였는데 이 약이 고가품이어서 간혹 부정 유출이 있다는 이야기를 들었기 때문입니다.

예하대의 초도순시가 끝난 후, 사령관님께서는 어김없이 무엇을 보았는지 어떠한 문제점들을 느꼈는지와 이의 개선을 위한 아이디어가 있는지를 질문하셨습니다. 그래서 저는 차량창은 1차로 수리 부속 수불 대장의 일일 점검 및 검열 강화, 2차로 초소/초병 증가와 월담 방지 조치, 3차로는 장기적으로 차량창 주변의 민간 차량 수리 부속 상점 단속 강화 및 퇴거 조치의 필요성을 말씀드렸습니다. 또 의무창은 검색 요원을 증가시켜 퇴근 시 검색 강화가 필요함을 말씀드린 결과, 바로 지시하시어 즉각 시행토록 하였습니다. 그러나 저는 그 후유증으로 해운대 소재 다방에서 소위 때의 옛 전우를 만나다가 등 뒤에서 칼을 들고 찌르려는 괴한의 피습을 받았습니다. 그런데 당시만 해도 젊었던 터라 칼끝은 옷자락을 찢고 살갗에 살짝 스치기만 했을 뿐, 큰 부상을 입지는 않았습니다.

그로부터 얼마 지나지 않아서 박정희 대통령님의 부산 지역 순시가 있었습니다. 이때 저는 대통령님을 수행하다가 3부두에서 수행 대열로부터 이탈하게 되시는 사령관님을 모시기 위하여 차를 가지고 3부두에서 대기 중이었습니다. 그런데 어디서 왔는지 경호원이라는 사람이 느닷없이 나타나 신분증 제시도 없이 다짜고짜 제가 휴대하고 있는 권총을 낚아채며 압수하려 하여 싸움이 붙어 옥신각신하고 있는 사이 대통령 차량 대열이 갑자기 나타나 멈춰 섰습니다. 대통령님은 창문을 내리고 얼굴을 내밀며 손짓으로 저희를 부르시더니 지금 무엇을 하고 있는 중이냐고 물으셨습니다. 그때 뒤따르던 국방부 장관, 총장, 사령관님 등은 저를 보시더니 얼굴이 굳어지셨는데, 그때만 해도 어렸던 터라 당당하게 말씀드렸습니다.

　"저는 대한민국 육군 장교입니다. 그런데 이 경호원이라는 사람이 갑자기 나타나 제 권총을 빼앗으려 하였습니다. 대한민국 내에서 대한민국 장교가 강제로 무장 해제를 당한다는 일은 있을 수 없는 일이기 때문에 싸우고 있는 중입니다."

　이렇게 말씀드리자 아무 말씀도 없이 물끄러미 저를 쳐다보시던 대통령님께서는 그 경호원에게 "이 장교 말이 맞아, 자네가 잘못 했어" 하시고는 출발하셨습니다. 대통령님 말씀을 들은 장관, 총장, 사령관님의 얼굴이 환해지신 것은 물론입니다.

　저는 모든 회의, 모든 보고 등에 특별한 다른 임무가 없는 한 거의 모두 참석하였는데, 군수 분야는 용어부터가 전혀 생소하여 처음에는 하나도 알아듣지 조차 못하였습니다. 그렇지만 나름대로 사전도 찾아보고 모르는 것은 물어보고 배우려고 노력한 결과 어느 정도 시간이 지나서 겨우 말귀가 트여 대강 단어의 뜻 정도는 이해할 수 있게 되었습니다. 이 경험이 제가 후일 각급 제대의 지휘관으로부터 참모총장을 할 때까지 임무 수행에 큰 도움이 되었습니다.

군수사 부임 다음 해인 1976년도에는 우리나라에서 최초로 방산 물자 - 당시는 주로 군복을 포함한 군용 피복류와 병참 장구류 등-를 외국에 수출하고자 하는 시도가 있었습니다. 정부에서는 그 첫 대상국을 사우디아라비아로 정하고 실세 왕자를 초청하였는데 기간 중 군수 사령관 주최 만찬이 계획되어 있어 그 임무를 제가 맡게 되었습니다. 저는 우선 주한 사우디 대사관과 외무부 및 국방부 등에 연락하여, 메뉴 편성에 필요한 자료들을 수집하여 만찬 메뉴를 확정 하였습니다. 하지만 리셉션 메뉴를 정하지 못하여 고민하던 중, 만찬 계획을 조정하여 리셉션에 약간의 뷔페 음식을 곁들여 간단히 하자는 사우디 왕자 측의 요구 사항을 전달받고는 당황하지 않을 수 없었습니다. 왜냐하면 아랍인들이 즐겨 먹는 음식과 먹지 않는 음식은 파악할 수 있었지만, 리셉션 메뉴(와인의 간단한 안주)는 정하지 못하였기 때문입니다.

그들 이야기로 공식적으로는 술을 마시지 않기 때문에 없다는 것이어서 아무리 머리를 싸매고 생각을 해보아도 뾰족한 답이 나오지 않아 고심하였습니다. 그런데 공관장이 와서 다른 음식은 모든 준비가 되었는데 리셉션 메인 안주를 빨리 결정해 달라고 재촉하는 통에 생각도 없이 나도 모르게 불쑥 나온 이야기가 "그 사람들이 전혀 모르는 것이 낫지 않을까" 하며 병사들이 먹던 메뚜기를 생각해내고는 "메뚜기는 모를 걸, 메뚜기로 할까?" 하고는 대답 자료 정리 및 참석자 확인 등으로 바빠서 잊고 있었습니다. 그러다가 시간에 임박하여 리셉션 장으로 달려가 최종 확인을 하면서 보니 정말로 테이블마다 메뚜기 접시가 주인 석을 차지하고 있었습니다. 이것을 보고는 아차 하는 심정이 되어 멍해 있던 차, 사령관님이 사우디 왕자를 안내하여 들어오셨습니다.

이윽고 왕자의 수행원들과 국방부 및 육본 관계자, 군수사 참모들 모두가 자리에 앉은 후 건배 제의를 하시려 자리에 일어서시던 사령관님께서 그제야 메뚜기를 보신 듯 안색이 사우디 왕자보다 더 붉어진 상태가 되었습니다.

그런데 그 왕자는 호기심 어린 표정으로 메뚜기 한 마리를 입에 조금 넣고 깨물어 보더니 한 마리를 다 넣고 또 한 마리를 입에 넣으며 그 이름을 물었습니다. 사령관님께서는 의사소통에 전혀 문제가 없이 높은 수준의 유창한 영어를 구사하셨지만 메뚜기는 모르셨는지 저를 부르셨습니다. 다소 마음이 놓이게 된 저는 "일반적으로 grasshopper라고 부르지만 논(rice paddy)에서 사는 것은 locust라고 부른다"라고 설명해 주었습니다. 왕자는 메뚜기가 맛이 있었던 듯 메뚜기로만 손이 갔고, 이를 따라 다른 사람들도 모두 메뚜기를 주로 먹었는데 왕자가 한 접시 더 줄 수 있느냐고 하여 뛰어 나가보니 다행히 병사들끼리 먹으려고 사둔 게 있어서 원하는 만큼 내주었습니다.

메뚜기 덕분에 그날 만찬은 아주 성공적으로 종료되어 우리나라 역사상 최초로 방산 물자를 사우디에 수출하게 되었는데 이에는 메뚜기가 기여한 공로가 결코 적지 않았습니다. 그 이튿날 사우디 측으로부터 본국에 선물로 가져가고 싶은데 메뚜기를 살 수 있느냐는 연락이 와서 부산 시장 전체를 뒤져서 큰 포대로 세 포대를 사주었습니다. 이 보고를 받으신 사령관님께서 "너는 사우디 왕자가 메뚜기 좋아하는 것을 어떻게 알았느냐?" 하시기에 "아니요, 몰랐습니다"라고 답변 드렸습니다. 후일담입니다만 제가 참모총장이 되어 사우디에 갔을 때 메뚜기를 찾았더니 그게 뭐냐는 대답을 들었습니다.


그 해에 우리 육군의 최우선 과제는 전시 소요에 턱없이 부족한 탄약을 확보하는 일이었습니다. 이 문제의 최선의 해결책은 당시 미 태평양사령부가 보관하고 있는 미 태평양사령부의 예비 탄약(WRSA탄) 중 일부를 이관 받아 전시 소요의 2배수(2ASR)를 확보하는 것이었는데 이 과업이 군수사에 부여되었습니다. 군수사에서는 즉각 이 임무 수행을 위한 세부 계획을 수립, 과업에 착수하였으며 이의 일환으로 미 태평양사 군수참모와 미 19th여단 관계자와 협의하면서 이들을 공관에 초청하기로 하고 저에게 준비하라는 지시를 내렸습니다. 저는 주 메뉴를 미국 사람들이 좋아하는 큰 새우튀김으로 결정하고, 공관장을 시장에 내보냈는데 하필 그날따라 바다에 바람이 세게 불고 파도가 거칠어 새우를 조금밖에 확보하지 못했습니다. 새우 어획량은 전적으로 바다 날씨에 좌우된다고 합니다. 그날은 참석 인원이 미국인 37명을 포함 70여 명이었는데도 새우는 불과 100여 마리밖에 안 되었습니다. 그래서 저는 1인당 두 마리도 안 되는 양이라 미리 튀기지 말고 새우를 받으러 올 때마다 한 마리씩 튀겨주어서 시간을 조절하도록 공관장에게 지시하였습니다.

이윽고 연회가 시작되자 먹을 음식이 풍성하였음에도 불구하고 사령관님과 미 태평양사 군수참모를 선두로 접시를 들고 새우튀김 열로 오셨고, 이에 다른 장교들도 덩달아 줄줄이 튀김 줄로 모여들어 긴 줄을 형성하였습니다. 사령관님께서는 한꺼번에 튀기지 않고 뭐하는 것이냐고 연신 눈짓을 하셨고, 공관장은 안절부절 연달아 저를 쳐다보았지만 저는 최초 지시대로 하라는 신호를 보냈는데 뷔페 하는 그 두 시간이 어떻게 그리 길게 느껴졌는지! 새우 때문에 제가 고생은 하였지만 접시 들고 많은 대화를 할 수 있어서 오히려 긍정적인 답변을 이끌어냄으로써, 그 후 태평양사 예비 탄약으로 전시 소요를 확보할 수 있었습니다. 파티가 끝나고, 사령관님이 2층으로 저를 부르시더니 수고했다고 술을 한 잔 따라 주셨는데, 연회 준비와 새우 때문에 점심, 저녁을 꼬박 굶은 빈속에 못 먹는 양주를 한 잔 마시니 순식간에 취기가 올랐습니다.

그 해 가을, 하루는 모르는 사람으로부터 전화가 와서 받아보니 자기는 ○○○이고, ○○의 처남인데 사령관을 바꾸라고 하여 용건을 물어보니 대뜸 반말로 소리를 질러대어 전화를 끊어버렸습니다. 당번에게 ○○○이라는 사람의 전화는 받지 말라고 지시한 후, 그 사람에 대하여 알아보니 ○○의 처남이 맞는 것으로 확인되었습니다. 그러나 이 과정에서 그 사람이 국방부 조병창에서 M-16소총의 총열 등 쇠를 깎을 때 나오는 쇳가루(塵介物, 진개물)를 불하받기 위하여 여기저기 드나들면서 일을 추진하고 있는데 거의 결정 단계가 되어 최종적으로 군수 사령관님의 동의를 사전에 받기 위하여 만나려고 하는 것임을 알아내고는 사령관님께 간략히 보고 드렸습니다.

그 후 그 사람으로부터 전화가 두세 번 더 온 후, 어느 날 새벽 밖에서 시끄러운 소리가 들려 나가보니 한 50세쯤 되어 보이는 남자가 병사들을 밀치고 문을 열고 들어와 2층으로 올라가려고 하고 근무 병사는 뒤에서 붙들고 옥신각신하고 있었습니다. 저는 그 사람이 바로 전화했던 사람임을 직감하고 누구신데 지금 무엇을 하는 것이냐고 물어보려는데 저를 보자마자 대뜸, "이 고얀 놈, 네가 그 부관이라는 놈이냐, 잘 만났다" 하며 멱살을 잡는 것이었습니다. 저는 말이 필요 없을 것 같아 고등학교 때 배운 엎어치기로 메다꽂은 후 현관 밖으로 끌고 나와 병사들을 시켜 문밖으로 쫓아내버렸습니다.

당시에는 나라가 가난하여 상이용사들의 생계를 돌보아주지 못하였습니다. 그래서 박정희 대통령님께서는 6·25전쟁에 참가하여 부상당한 상이용사 중 1급 상이용사(시력, 청력이 모두 없거나 두 팔 또는 두 다리가 없어 혼자 거동조차 못하는 상이용사들)들을 법인체로 등록시켰고 조병창에서는 이 상이용사회를 거쳐 진개물을 업체에 불하하도록 함으로써 그 중계 수수료로 이 영웅들의 생계를 잇도록 하고 있었습니다. 그러므로 만일 그가 불하받게 된다면 이 나라를 위해 자신을 바친 호국 상이용사님들과 그 가족들의 생계가 끊기게 됩니다.

물론 제 사령관님께서는 옷을 벗을지언정 그에 동의하실 분이 아니나 그 일이 사령관님 선까지 올라가면 사령관님의 입장이 난처해지실 것이 자명함으로 제 선에서 끝내려 했던 것입니다. 그 다음 날 부대에 출근하자마자 ○○님의 부관(저보다 훨씬 상급자)으로부터 전화가 와서 저를 폭행죄로 체포하도록 헌병감실에 지시했다고 큰소리를 쳤습니다. 이에 저는 이미 예상하고 있던 터라 주저 없이 "제 털끝 하나라도 건드리면 ○○님의 처남이라는 사람이 1급 상이용사들이 불하받는 진개물을 가로채려 하므로 젊은 장교로서 분개하여 두드려 팼다고 언론에 자료를 배포하겠으니 맘대로 하라"라고 이야기한 후 전화를 끊어버렸습니다.

그 해 가을도 저물어가고 있던 어느 날 오후, 김해의 공병학교로부터 다급한 전화가 왔습니다. 사연인즉 그 학교의 ○○부장(대령)이 뇌출혈로 쓰러져 서울 큰 병원으로 긴급 후송하지 못하면 생명이 위험하니 헬기를 지원해 달라는 것이었습니다. 그래서 군수사는 지휘 헬기가 없으니 2군 사령관실(2군사에는 있음)로 요청하라고 하였더니 전화를 하였지만 안 된다고 하였다는 것이었습니다. 저는 한 대령의 생명이 위급하다는데 가만히 있을 수 없어, 일단 전화를 끊으라고 한 후 공군 제5공수 비행단장님께 전화하여 사령관님께서 급한 일로 나가시면서 비행단장님께 전하라 하셨다면서 간략한 상황 설명과 함께 수송기 지원을 부탁드렸습니다. 당시 사령관님은 예하 창의 야적장을 순시 중이셔서 허락을 받으려면 40~50분 이상이 소요되었기에 선조치하였던 것이고 사령관님께서는 타군 장군들에게도 상당히 인망이 있으셨던 터라 들어주실 것으로 기대하였던 것입니다.

비행단장님께서는 지금 수송기 모두가 임무 비행 중이고 대기 중인 한 대는 참모총장 승인이 있어야 하니 기다리라고 하셨다가 잠시 후 총장 승인을 받았으니 후속 조치를 하라고 하였습니다. 이에 저는 공병학교가 가까우니 사전 시동을 걸고 활주로에 대기토록 부탁드린 후 공병학교에 연락하여 즉시 비행장으로 후송토록 전달하였습니다. 그런데 다시 비행단장님 전화가 와서 자기들 계통으로는 김포비행장 착륙 허가를 얻으려면 24시간 전 기 계획으로 보고를 하여야 한다면서 저에게 착륙 허가를 얻도록 말씀하셨습니다. 저는 즉시 김포비행장 파견 보안반과 협조하여 착륙 허가를 얻는 동시에, 수도통합병원과 협조하여 앰뷸런스를 공항 활주로에 대기토록 하였습니다.

일이 순조롭게 추진되어 그로부터 약 두 시간 후 수술이 잘 끝나서 회복 중에 있고, 생명에 지장이 없다는 최종 결과를 확인하였습니다. 저녁 때 복귀하신 사령관님께 기간 중 상황을 보고 드리자 첫 질문이 "그래, 살렸냐?" 였습니다. 이어 비행단장 전화를 연결하라고 하시고 단장에게 "당신 한 생명을 살렸으니 크게 복 받을 거요. 내가 그 환자 대신 당신에게 감사합니다" 하고 말씀하셨는데, 그 해 그 단장님은 준장에서 소장으로 진급되셨습니다. 그런데 쏩쓸했던 것은, 그 대령은 본인이 고급 장교라 나라에 한 대밖에 없는 그 수송기가 비상 운행한 것으로 착각하신 것인지 병실에도 전화가 있었음에도 끝내 감사 인사가 없어서 할 수 없이 "사령관님 바쁘셔서 제가 대신 감사 전화를 받았습니다" 하는 허위 보고를 드렸습니다.

(이글을 읽고 혹자는 국가 재산을 목적 외에 남용하였다고 할지 모르겠습니다. 그러나 모든 항공기 조종사는 비행 수준의 기량을 유지하기 위하여 일정 시간을 비행하도록 방침이 정해져 있어 임무가 없을 경우에도 가상 훈련 임무를 부여하여 비행합니다.)


이윽고 가을이 가고 연말이 되어, 11월 말 육본회의가 있어 서울에 올라가 1박이 가능하게 되어 아내에게 전화를 하였더니 마침 그날이 출산(큰딸)일이라는 것이었습니다. 그래서 저는 참 잘되었다고 생각하고 있었는데 주중에 회의가 일주일 연기되어 낙담이 되었습니다. 그래서 저녁 퇴근 후, 이를 알려주려고 아내에게 전화하였더니 산부인과 의사 선생님 말씀이 예정일도 일주일 늦어졌다고 하여 그렇게 신기할 수가 없었습니다. 그 다음 주 회의전날 사령관님을 모시고 올라가면서 아내의 해산 예정임을 보고 드리고 허락을 득한 후 처가로 가 아내를 만났습니다.

그날 저녁 병원의 연락처를 확인하고 자고 있다가 새벽 한 시경 진통이 시작된다 하여 병원에 전화하여 앰뷸런스를 불러 타고 병원으로 갔습니다. 이 때 암 투병으로 입원 중이시던 장모님까지 나오시어 초조하게 기다리셨는데, 제가 아빠가 되었다는 간호사의 말에 얼마나 얼떨떨해지던지, 아이의 새빨간 얼굴을 보고서야 비로소 아빠가 되었다는 사실을 실감하면서 아내의 손을 꼭 쥐었습니다. 장모님은 그 얼마 후 돌아가셨는데, 슬하에 아들이 없으신 장모님은 저를 아들 삼아서 끔찍하게 잘해 주셨습니다. 그러나 저는 매양 바쁘다는 핑계로 많이 보고 싶어 하신다는 이야기를 들으면서도 문병조차 제대로 못 하고 또 아무 것도 해드리지 못한 것을 늘 죄스런 마음으로 자책하고 있습니다.

그렇게 또 한 해가 지나가고 새해를 맞아 봄이 한창 무르익을 무렵, 사령관님께서는 임기를 끝내시고 육본 참모차장으로 가시게 되어 저 또한 수행 요원으로 전속 명령을 받고 짐을 꾸려 이임식을 끝내고 바로 서울로 향하였습니다. 사령부 헬기장을 이륙하여 떠오르는 헬기에서 내려다본 사령부의 뒷산(산 이름이 금정산)을 지나면서(거기 금정산성이 있었음) 지난 해 가을 산불 났을 때 병사들과 불을 끄다가 눈썹이 새까맣게 그을렸던 기억을 되살려보며 산 위로 높이 날아올랐습니다.

오늘은 여기서 끝내려 하며 형님 내외분의 건강과 행복하심을 기원합니다. 건강하게 지내십시오.

동생 재준 올림


* 추신 : 국방부 조병창의 진개물 사건 이후, 이 때문이었는지는 모르겠으나 저 같은 보병 장교를 포함한 전투 병과 장교들은 전원 야전 직위로 보직을 조정하고 이후 전속 부관으로의 보직을 금지하도록 하는 인사 방침이 하달되었습니다. 이에 저는 사령관님의 입장을 고려하여 전방 부대로의 전출을 여러 차례 상신하였으나 사령관님께서 끝까지 이를 불허하시고 계속 근무토록 한 바 있습니다.

14. 육본 참모차장 부관

### 존경하며 자랑스러운 형님께

고온 다습한 날씨 탓인 듯, 방안에 가만히 앉아서도 땀이 물 흐르듯 합니다. 형님께서 그간도 평안하시다는 소식 잘 받아 보았습니다.

당시에는 미8군 사령부 바로 동쪽 길 건너에 이태원 군인아파트가 있었습니다. 크기는 아홉 평 정도로, 거실은 없고 조그만 방 두 칸에 재래식 부엌과 수세식 화장실이 있었는데, 변소는 얼마나 작은지 상자 안에 들어앉은 기분으로 몸을 돌리기가 어려웠고, 부엌은 두 사람이 동시에 들어가기는 비

좁은 곳이었습니다. 그럼에도 불구하고 서울로 전속 명령을 받은 장교가 그 아파트에 입주를 신청하면 최소 6개월 내지 1년 이상을 대기하여야 하기 때문에 어떤 장교들은 신청하고 대기하다가 근무 연한이 지나 타 부대로 전속되는 경우도 적지 않았습니다.

그러나 참모총장 및 차장 수행 부관은 임무의 특성상 아파트가 지정되어 있어 전후임이 서로 인수인계를 함으로 바로 입주할 수 있었습니다. 그래서 대충 더러운 곳만 도배하고 부서진 곳을 손본 후 효창동 처가에 있던 살림(옷가지와 이불, 식기류 등)을 옮겼습니다. 집이 비록 작다 해도 3년여 만에 아내와 딸아이하고 함께 생활하며 출퇴근하게 된 것은 정말 꿈만 같았습니다. 그렇다고 해서 제가 시간적 여유가 있었던 것은 아닙니다. 저는 아침 일찍 국방부 뒤편의 육본 영내에 있던 참모차장 공관으로 출근하여 공관 관리에 관한 업무를 본 후, 차장님을 모시고 육본 사무실로 출근하였다가 일과 종료 후에는 다시 차장님과 공관으로 퇴근, 그날의 공식적 일과가 종료된 후에야 제 집으로 퇴근하였기 때문입니다. 참모차장 공관에는 참모총장 공관을 한남동 국방부 단지 내에 새로이 신축하여 이전하기 전에는 총장이 거주하고 있었는데, 그곳은 일제강점기에 서울 주둔 일군 제20사단 39여단의 여단장 관사였습니다(후에 제가 총장 시절에 차장 공관을 일제 잔재 청산 차원에서 헐려고 하는 것을 영광된 역사만이 역사가 아니고 아프고 치욕적인 역사도 역사이며, 그럴수록 우리는 그러한 과거를 잊지 않고 간직하면서 두 번 다시 되풀이하지 않도록 하기 위하여 보존해야 한다는 주장으로 보존토록 하였습니다. 그런데 요즈음 이 사람들 하는 짓마다 하도 엉뚱하다보니 현재에도 있는지는 모르겠습니다.).

육군본부 참모차장은 ① 부지휘관으로서 필요 시 참모총장을 대리하거나 총장이 지시하는 한시적 특정 임무를 수행하며 ② 예하 사령부 단위의 참모장과 같은 역할로서, 각 참모부들의 업무를 조정·통제하고, 총장과 부장들 간의 의사소통을 촉진하며 각종 정책 심의 위원회 등의 위원장으로서 육군 정책을 심의 의결하는 등 대단히 다양하고도 중요한 업무를 수행합니다. 그런데 참모차장이, 부지휘관 역할에 한정되는지 아니면 참모의 장으로서의 역할을 주로 하는지는 총장의 용인술과 차장의 능력에 따라 통상 결정이 되는데, 김용휴 장군님은 총장과의 신뢰가 돈독한 편이었고 인품과 능력 또한 탁월하셨던 터라, 부지휘관 및 참모의 장으로서의 역할을 아울러 수행하셨기에 대단히 바쁘게 지내셨습니다. 그래서 저도 덩달아 바쁘게 되었지만, 저에게는 육군의 각 참모부들이 어떤 기능을 어떻게 상호 협조하고 수행하여 전투력을 발휘되게 하는지와 육군의 정책이 어떻게 제기되고 발전되어 정책으로 수립되며, 어떻게 시행되거나 전력화되는 것인지를 어깨 너머로나마 배울 수 있어서, 비로소 단편적이며 좁은 시야를 벗어나 비교적 넓은 시야의 관점을 갖게 된 소중한 배움의 시간이었습니다.

당시 참모차장님께서 수행하셨던 많은 업무 중에서 어느 하나도 소홀히 할 수 없는 것이지만, 그중에 가장 중요한 임무는 박정희 대통령님의 자주국방 의지를 구현하기 위하여 한국군 현대화 및 전력 증강 계획을 주도하는 부서로서 편성된 '80위원회' 위원장으로서의 임무 수행이었습니다. 저는 위원장 부관으로서만 참여하였기에 실무위원이 아니어서 어깨 너머로 듣고 보거나, 차장님과의 대화를 통하여 한정되고 제한된 것만 알 수 있었지만 참으로 가슴 벅차지 않을 수 없었습니다. 제가 생도 때는 미군 고문단이 육군사관학교에 상주하고 있었고, 임관할 때는 머리끝부터 발끝까지 피복류를 제외한 모든 전투 장비 및 물자가 미군으로부터 원조 받은 미제였습니다. 전차, 화포, 총기 등 주요 장비들은 물론 밥 먹는 반합, 식기, 스푼, 수통, 철모, 탄띠까지도 거의 전부 제2차 세계대전 중 미국이 생산, 비축하였던 것들입니다.

당시 한국군은 미군의 M-16을 모방 설계한 국산 M-16만을 생산하고 있었던 상황이었습니다. 그런 우리 역량으로 미래, 한국 지형과 여건에 적합한 전투 양상을 판단하고 이에 따른 전투 개념을 설정하여 군의 편제와 장비를 결정하며, 이에 근거한 중화기와 각종 박격포, 야포, 전차, 장갑차 등의 운용 개념과 설계 요구 등을 결정하여 생산 및 보급 계획을 수립함은 물론 통신, 공병 등 전투 지원 분야와 극히 제한적이지만 헬기 등의 항공 분야에 이르기까지 광범위한 분야를 망라하고 있어 이 80위원회야말로, 한국 육군사(陸軍史)에 큰 획을 그은 현대 한국 육군 탄생의 산실이었습니다. 저는 이 개념을 듣고 보는 것만으로 안 먹어도 배가 부른 듯했고 가슴이 터질 듯 벅차오르고는 했습니다.

하루는 육본 대회의실에서 총장님 주관으로 육군 전투 개념 토의가 있었습니다. 그때 총장님께서는 '초전박살(The win of initial war)'로 최초 전투에서 승리함으로 전장의 초기부터 주도권을 장악하여 조기에 전쟁을 종결한다는 개념을 제시하면서 한참을 설명하시다가 느닷없이 뒤를 둘러보시더니 저를 지목하면서 "젊은 장교의 의견을 들어보자, 자네 이야기해 봐" 하는 것이었습니다. 그 회의실에는 모두 중령급 이상이었고, 대위는 저 혼자였습니다. 그런데 저는 참석 대상이 아니고 습관적으로 차장님을 모시고 들어갔던 것뿐이었습니다.

모든 장교의 시선이 저에게 쏠리자 저는 자리에서 일어나 "제 생각으로는, 한국적 현실을 고려하였을 때, 적 전투력의 초전박살보다 초전에서 아군의 전투력을 얼마나 보존하느냐 하는 것이 우선적 과업이라고 생각됩니다. 왜냐하면 그 첫째는, 우리가 먼저 북괴군을 공격하는 것이 아니라면 북괴군의 기습 공격으로 전쟁이 개시될 것이며, 이때 얼마나 적의 기습으로부터 우리의 전투력을 보존할 수 있느냐가 전쟁 승리의 결정적 요소가 될 것이기 때문입니다. 그리고 두 번째는, '초전박살'이라는 개념은 NATO에서 압도적인 공중 전력을 활용한 공지 전투 개념을 기반으로 하여 발전된 것인데, 현재 우리에게는 그러한 절대 우세의 공중 전력이 초전에 가용하지 않기 때문입니다"라고 답변 드렸습니다.

저는 총장님의 얼굴이 벌겋게 되어가는 데도, 두 번째 이야기는 꺼내지 않았어야 되는 데도 당시 어리고 철이 없어서 차장님과 마냥 거리낌 없이 토의하던 버릇으로, 미처 부하들 앞에서 총장님의 체면을 생각지 못하고 불손한 태도를 보인 꼴이 되고 말았습니다. 이러한 절체절명의 위기에 처한 저에게 차장님께서 구원의 손길을 뻗어 주셨습니다. "총장님, 남 대위는 제 부관입니다" 하시더니 큰소리로 저에게 "남 대위는 지금 전술 제대에서 수행해야 할 전투 개념을 이야기하고 있는 거야. 그러한 하위 수준에서는 남 대위 이야기도 타당한 면이 있다. 그러나 지금 총장님께서는 육군의 정책 목표로서의 전투력 건설 방향을 모색하기 위한 '전투 개념 발전 방향'을 말씀하고 계신 거다. 그런데 남 대위는 지금 정책 수준의 주제에 대한 질문에 전술 수준으로 답변 드린 거야"라는 요지로 말씀하셔서 사태는 무난히 해결되었습니다. 하지만 사실은 저는 그 말씀에 동의할 수 없습니다. 왜냐하면 토의 주제가 '전투 개념(How to fight) 발전'이지 육군의 '전투력 건설 방향'은 아니었기 때문입니다. 그럼에도 불구하고 총장님께서는 정책 차원의 높은 수준에서 말씀하신 것을 제가 대위이다 보니, 전술 수준의 전투 개념으로 잘못 답변 드린 것으로 되어 총장님도 체면을 회복하셨고, 저도 육본에서 쫓겨날 위기를 모면하였습니다.

그런데 한 가지, '초전박살'이 육군의 구호로 채택되어 강조되었음에도 불구하고, 슬로건의 성격이 강했을 뿐, 실제 작전 계획에 전투 개념으로 구체화되거나 강조되지 않았던 점은 제가 육군에 기여한 부분입니다. 왜냐하면 능력이 미치지 못하고 실행 가능성이 낮은 부실한 계획은, -뜻만 고상하고 허황된 계획은 제1차 세계대전 시 프랑스의 니베르(Nivelle) 공세처럼- 그 군을 파멸로 몰아갔던 것이 전쟁사의 교훈이며, 서로가 죽이고 죽어가는 가혹한 **전쟁터에서는 오직 냉혹한 현실만 있을 뿐, '상상의 공간과 세계'는 없기 때문**입니다.

차장님은 각종 심의위원회, 정책회의 등으로 분주하셨을 뿐 아니라, 총장님이 수시로 찾으시기 때문에 차장님 결재에 병목현상이 발생하기 일쑤여서, 특히 긴급하지 않거나 참모부장이 직접 결재를 받지 않아도 되는 것들은 모두 비대면 결재를 최대로 활용하는 것으로 하였습니다. 비대면 결재 시에는 통상 서류가 들어오는 대로 차장님 책상 위에 쌓아 올려놓으면 되는 것이었지만 차장님이 이를 탐탁지 않게 생각하셨습니다. 그리고 서류들도 대부분 사전 새어나가면 커다란 문제가 될 수 있는 것들이어서 저는 서류를 자물쇠가 있는 제 소형 캐비닛에 넣어 보관하고 있다가 차장님이 들어오시면 가지고 들어 가다보니 차장님은 의문 나는 것을 제게 질문하시고는 하셨습니다. 처음에는 제 분야가 아니어서 당연히 "모릅니다"라고 답변하였지만 매번 그럴 수도 없어서, 제가 서류를 받아 훑어보다가 전혀 모르거나 질문하실 것 같은 항목은 사전에 알아놓았다가 답변하기 시작하였습니다. 그리고는 차장님의 질문 또는 지시 내용을 간략하게 메모지에 적어 첨부한 후 전화를 걸어 결재서류를 찾아가도록 하였는데 차장님도, 실무자들도 차츰 이를 당연하게 여기기 시작하였습니다. 이 결과 저는 무척 바쁘게 되었지만 저에게는 수박 겉핥기식이기는 하나, 육본 업무의 전반적인 내용과 당시 진행되고 있는 업무의 개략을 배우고 알 수 있었던 아주 소중한 학습 기회가 되었습니다. 이때의 경험은 후일 고급 장교가 되어 상급 사령부에서 근무할 때 크게 도움이 되었습니다. 더욱이 차장님께서는 매번 기안문에 제시된 안건에 대한 반대 의견이나 대안을 묻고는 하시어서, 제 사고의 폭을 넓히는 계기가 됨은 물론, 비단 제 군 생활뿐 아니라 제 사고의 틀을 형성하는 그 바탕이 되었습니다.

그렇게 바쁘게 지내던 어느 주말, 모처럼 시간을 내어 아내와 부모님을 찾아뵈러 가는 길에 골목에 들어서니 길가에 차려놓은 좌판이 있었습니다. 이를 본 아내는, 저걸 먹고 싶으니 사달라고 하였는데 저는 부산 근무 시 그것

(멍게)의 이름을 들어서 알고는 있었지만, 회를 안 먹었던 터라 먹어본 일이 없던 데다가, 육군 장교의 아내가 길바닥에서 그런 것을 사 먹는다는 것 자체가 상상이 안 되어 화를 내며 아내의 손을 잡아끌고 집으로 갔습니다. 그 이튿날, 우리가 얼마나 외식을 하지 않았으면 그럴까 싶어, 미안하기도 하고 하여 외식하자고 데리고 나가 제 딴에는 비싼 것 사준다고 탕수육을 사주었습니다. 그런데 아내가 손도 안대기에 아직도 화가 풀리지 않았나 싶어 왜 그러느냐고 채근을 하였더니, 갑자기 화를 내며 "여자가 임신하면 입덧을 하는데 음식 냄새만 맡아도 구역질이 나서 참고 참다가 사달라고 한 것을, 먹고 싶은 것은 안 사주고 냄새나는 음식을 사주면서 먹으라면 어떻게 먹느냐"라는 것이었습니다. 저는 여자가 임신하면 입덧한다는 것을 전혀 몰랐지만(그 후 유산), 그 일이 아내에게 얼마나 큰 상처를 주었던 것인지 지금도 그 이야기만 나오면 화를 내는데, 아마도 이 편지를 전송받아 이 부분을 읽을 때면 또 화를 내며 읽고 있을 것 같습니다.

어느 날인가 차장님께서 회의가 있어 국방부에 들어가시고, 저는 할 일이 있어 사무실에 남아 있었습니다. 그때 어느 모르는 젊은 남자로부터 울먹이는 목소리로 전화가 왔습니다. 지금 자기의 다섯 살 난 딸이 사고를 당하여 세브란스병원에 와 있는데 출혈이 심하여 수혈을 하면서 수술을 하여야 하나 혈액형이 RH-형이어서(지금은 한국인에게도 종종 있는 혈액형이지만, 그 당시에는 처음 들어보았습니다.) 피를 구하기 어렵다고 했습니다. 상태가 심각하여 두 세 시간 내 수술을 하지 못하면 살리지 못한다고 하면서 딸을 살려달라는 것이었습니다. 그래서 어떻게 나에게 전화를 하게 되었는지를 물으니, 의사가 미군 부대에 알아보면 혹 구할 수 있을지 모르겠으니, 높은 군인 아는 분이 있으면 전화를 해보라고 하여 군인 친구가 차장실 전화번호를 알려주어 무작정 전화를 한 것이라고 울면서 이야기하였습니다. 연락처를 알려달라고 하니 의사실의 전화번호를 알려주었습니다.

저는 전화를 끊고 바로 미8군 영내 병원인 121병원장에게 전화하여 간략히 상황을 설명하고 혈액 지원을 요청하자 병원장(대령)은 혈액이 있기는 하지만 태평양사령부 의무참모 허가품목이기 때문에 안 된다고 거절하였습니다. 그래서 저는 "대령님은 기독교 신자가 아닌지, 만일 지금 죽어가고 있는 어린이가 미국의 어린이라면, 그리고 대령님의 딸이라면 그래도 태평양사 의무참모의 허가 품목이라고 거절하시겠습니까? 대령님의 결심에 따라 살릴 수도 있는 한 생명을 규정을 내세워 죽게 만든다면 과연 기독교의 사랑이 그런 것이었는지요?" 하고 이야기했습니다. 그러자 대령은 일단 전화를 끊어라, 다시 연락해주마 하였습니다.

그로부터 10여 분 후 전화가 와서 받아보니, 참모차장님 특별 요청이라(병원장은 내가 차장님 부관이므로 당연히 차장님 지시였던 것으로 생각) 사령관님께 보고 드리니, 사령관님께서 "태평양사와의 협조는 내가 하겠으니 빨리 늦지 않게 지원해 주어라, 내 직권으로 승인한다고 하셨다. 그런데 혈액은 냉장 용기에 보관, 수송하여야 하는데 준비가 안 되어 있을 것 같아 우리병원 앰블런스로 세브란스병원까지 운송해 줄 테니 담당 의사와 그 부모가 본청 현관 앞에 대기토록 조치하라"라고 하여 바로 병원 의사에게 알려주었습니다. 그 후 저는 병원과 계속 연락하여 혈액의 전달과 수술 경과 그리고 생명을 건진 것까지 확인하였습니다.

국방부 회의 및 오찬을 마치고 복귀하신 차장님께 전말을 보고 드리니, "그래, 아이가 살았느냐"라고 질문하시어 "생명에 지장 없고 수술 잘 되었다는 것을 확인했습니다" 하고 답변 드리니 "수고했다, 그 아이 살리려고 안 따라 왔구나" 하시면서 병원장을 연결하라 하셨습니다. 병원장에게는 "한 생명을 살렸으니 복 받을 것"이라고 격려해주셨고 이어서 유엔군 사령관께도 전화하여서 감사 인사를 드렸습니다. 그 후 씁쓸한 것은, 제가 인사를 받으려 한 것이 아니라 차장님께 감사 인사하기를 기다렸는데, 정신이 없어서 그랬겠지만 그 부모로부터 끝까지 전화가 없었던 것입니다. 하기는 얼마 후 저도 제 딸을 잃어버렸을 때 찾아준 순경에게 감사 인사를 제대로 드리지 못하는 똑같은 과오를 저질렀습니다.

외국의 석학들은 한강의 기적을 가능케 했던 여러 요인 중 박정희 대통령님의 리더십과 청년 엘리트 장교 출신들의 '헌신', 국민개병제에 의한 '노력의 효과적 통합과 국민의 교육열'을 제시하고 있습니다. 이에 당시 정부에서는 장교들의 애국심과 헌신, 책임감 등을 공무원 사회에 접목하기 위한 목적으로 육·해·공군사관학교 출신 대위 중에서 일정 인원을 선발하여 1년 연수 교육 후 선발 시험을 거쳐 5급 공무원으로 특채한다는 계획을 발전시키고 있었습니다. 저는 최초 이 논의에서 선발 대상을 사관학교 출신으로 한정할 경우 반드시 이 제도가 폐지될 가능성이 높기 때문에 출신 구분 없이 전 장교를 대상으로 하여야 한다고 건의 드렸고, 차장님 또한 전적으로 공감하셨습니다. 그런데 그 이유는 모르겠습니다만 이 의견이 채택되지 않은 채 그 윗선에서 사관학교 출신으로 한정된 계획이 확정되어 모집 공고가 나갔습니다. 저도 소위 유신 사무관 지원 대상이었지만 지원하지는 않았습니다.

어느덧 한 해가 가고 이듬해 봄날도 무르익어 초여름에 들었을 무렵, 딸아이를 데리고 처가에 놀러갔던 아내로부터 다급한 전화가 왔습니다. 아내가 뒤뜰에 나갔다가 아이가 따라오는 것을 모르고 후문 옆 화장실에 들렀다 나와 보니 후문이 열려 있는데 딸아이가 없어졌다는 것입니다. 잃어버린 지 얼마나 되느냐고 물으니 15분 정도 지났다고 하였는데 집에서 찾다가 없어서 제게 전화를 한 것이었습니다. 저는 알고 지내던 아동심리학 전공 장교에게 전화해보니, 그럴 경우 남자아이는 호기심 때문에 골목으로, 여자아이는 겁이 많아 큰길로 간다고 이야기했습니다. 앞서서 계산한 결과 딸아이의 보폭을 25cm로 잡고 분당 50보로 이동한다면 1분 이동 거리는 $50 \times 0.25 = 12.5m$, 한 시간 이동 거리는 $60 \times 12.5 = 750m$, 여기에 15%의 변동오차를 더할 경우 937.5m로 계산이 나왔습니다. 옆방의 동료 장교에게 1km 이내의 모든 파출소 및 병원에 아이 용모와 복장 등을 알려주고 발견 시 처가로 연락하도록 해줄 것을 부탁하고 뛰어나왔습니다. 처가 후문으로 나와서 우측으로 가면 효창공원, 효창공원에서 좌로 가면 청파동, 우로 가면 공덕동, 후문에서 좌회전을 하였으면 만리동 큰길을 만나고, 거기에서 좌회전하면 마포대로, 우회전하면 서울 서부역(서울역 뒤)이 나오는데, 그 당시는 한 시간 내 찾지 못하면 거의 찾을 가망이 없는 상황이었습니다. 저는 청파동 길을 통하여 처가로 가는 길에 좌우를 둘러보니 보이는 아이들 모두가 딸아이가 입었다는 노란색 옷을 입은 것으로 보였습니다.

집에 들어가 보니 아내는 거의 제 정신이 아니었지만, 정확한 판단을 위하여 다시 한 번 그 경위를 듣고 있던 중 전화가 와 받아보니 만리동 파출소인데 신고된 것과 같은 노란 옷을 입은 여자아이를 데리고 있다고 하였습니다. 파출소로 달려가 보니 온통 먼지투성이로 거지꼴이 된 딸아이가 크게도 못 울고 흑흑 흐느끼며 벤치에 걸터앉아 있었습니다. 그래서 우선 딸아이를 안고 집에 전화하여 아이를 찾았다고 알려준 후, 이야기를 들어보니 파출소에 앉아있는데 갑자기 큰 화물차의 급브레이크를 밟는 소리에 놀라 밖을 보니 울면서 길 한복판에 서 있는 아이를 보고 차가 급정거를 하여서 순경이 뛰어나가 데리고 들어왔다는 것입니다. 시계를 보니 이동 시간은 약 50분, 이동 거리는 850m 가까이 되었는데 그 도로는 왕복 8차선 정도 넓은 폭의 도로로써 횡단 보행로도 없었고 주변에 가옥도 없는 도저히 길을 건널 곳이 아니었습니다. 그런 곳에서 왜 90도로 방향을 꺾었는지 잘 모르겠지만, 그때 딸아이가 파출소 앞에서 갑자기 방향을 틀어 도로로 뛰어들지 않고 계속 직진하였다면 약 10여 분 후 서울역 뒤편에 도착하였을 것입니다. 만일 그랬다면 딸아이를 찾는 것은 거의 절망적이었을 것이어서 지금도 그때를 생각하면 모골이 송연해집니다.

그 후 저는 다른 장교들로부터 딸 잃어버렸다는데 책상에 앉아 연필 들고 계산하며 지도판에 원을 그리고 있는 지독한 친구라는 칭찬인지 비난인지 모를 소리를 들어야 했습니다. 딸아이를 찾아오면서 파출소 순경에게 꼭 다시 찾아와 감사 인사를 드리겠다고 하였습니다. 그러나 그 후 제가 육대로 가게 되어 겨울방학 중에야 겨우 다시 그 파출소를 찾았을 때는 그 일을 아는 사람이 없어 끝내 인사할 길이 없었습니다. 결국 저도 공병학교의 대령이나, 그 세브란스 병원의 여자아이의 부모와 다를 바 없는 처신을 한 것이 되어 늘 자책하는 마음입니다.

그로부터 30년이 지나 큰딸아이가 결혼하게 되었을 때 옛이야기가 나와 그 이야기를 해주었더니, 눈을 반짝이며 듣고 있던 큰딸아이가 -물론 생글거리며 농담으로 하는 말이긴 하였으나- "아빠! 그때 저 안 찾으셨으면 지금 미국에서 공부하면서 잘 살고 있었을 텐데"라는 기막힌 말을 했습니다. 후에 큰아이가 엄마가 되어 모처럼 큰손자와 작은손자를 데리고 부부가 괌으로 여행을 갔는데, 둘째 녀석 노는 것이 꼭 제 어릴 때를 닮아서 천방지축으로 뛰어다니는 와중에 그만 잃어버렸답니다. 그런데 둘째 녀석은 위기 시일수록 무서울 만큼 더 침착해지는 특이한 성격입니다(지가 다치고, 오히려 엄마를 위로). 그래서 영어도 제대로 못하는 녀석이 여자 경관을 찾아가 "내 이름은 OOO이고 한국에서 아빠, 엄마, 형하고 같이 왔는데 가족을 잃어버렸으니 찾아 달라"라고 하여, 경관이 방송실에 데려다놓고 방송을 하여, 바로 찾았다고 합니다. 그때 제가 물어보지는 않았으나, 큰딸아이가 자식 잃은 부모의 심정이 어떤 것인지 잘 깨달았으리라 생각합니다. 그리고 너무도 오랜 세월이 흘렀지만 이제야 당시 만리동 파출소에 근무하셨던 그 순경님께 이 지면을 빌려 제 평생의 감사함을 전해 드립니다.

그 해 8월 진해의 육군대학 졸업식에 총장 대신 졸업식을 주관하시게 된 차장님을 모시고 대한항공 편으로 부산 경유 진해에 내려갔는데, 귀경할 때는 항공편의 시간이 맞지 않아 헬기를 이용할 예정이었습니다. 그런데 그날 오후 무척 불길한 예감이 들어 헬기를 취소하고 부산에서 통일호 특급에 탑승하여 귀경길에 올랐습니다. 차장님은 거의 제 판단이 맞고는 하였던 터라 처음에는 별 말씀이 없으셨는데 대전을 지나면서 지루하셨던지, 옆에 앉은 저에게 "야! 남 대위 하늘을 봐. 푸르기만 하고 멀쩡하잖아"하고 짜증을 부리기 시작하셨습니다.

하늘은 제가 보기에도 민망할 만큼 구름 한 점 없이 푸르고 맑기만 하여서 차장님께서 시간이 갈수록 제 옆구리를 찌르며 하늘을 가리키시는 빈도가 잦아졌는데 기차가 천안을 지나면서 하늘이 흐려지기 시작하였습니다. 이어 잠시 후에는 먹장구름이 시커멓게 몰려들면서 하늘에 온통 먹을 부은 듯 캄캄해지더니 5분도 안 되어 천둥, 번개와 세찬 소나기가 퍼부으며 천지가 암흑으로 변해서 바로 옆 사람의 얼굴 윤곽을 어렴풋이만 볼 수 있는 정도가 되었습니다. 그래서 저는 그간 당한 것이 있었던지라 이번에는 제가 "차장님 하늘을 보십시오. 한밤중처럼 깜깜합니다" 하고 역습을 하였더니 "서울 지역 기상이 안 좋다고 했어야지" 하셨습니다.

그런데 사실 육대 행사가 끝날 무렵의 서울 지역 기상은 별문제가 없었습니다. 저는 아무래도 비 오는 것이 심상치 않아 앞의 칸으로 이동하면서 얼마 전에 지나간 여객전무를 찾다가 마침 여객전무가 기관사와 주고받는 교신 내용을 듣게 되었습니다. 그들의 교신 내용은 안양역 북쪽 200여m 지점에서 레일이 떠버려 기차 통행이 불가능하니 안양역에서 정차하여 승객을 모두 하차시킨다는 이야기였습니다. 저는 차장님께 상황을 간략히 말씀드린 후 기차가 안양역에 정차하자마자 바로 차장님을 역장실에 대기하시게 하고 나가보니 큰길 건너 3층 건물의 여관이 있어 3층에 방을 예약하고 돌아와 여관으로 모셨습니다.

육본에 연락하기 위하여 역으로 달려 가보니 여행장병 안내소(TMO)의 군용선이 불통이어서 철도선으로 육본 상황실에 어렵게 보고한 후 운전 부사관 과 연결할 수 있었습니다. 저는 운전 부사관 에게 경부 본선과 1번 도로는 안양천 범람으로 차단되었으니 경기도 광주 쪽으로 우회, 남에서 북쪽으로 안양에 진입하여 여관으로 오도록 지시하고 밖으로 나오니 물살이 허벅지 위까지 차오르고 있었습니다. 그렇지만 저는 차장님 혼자 기다리시는 것에 마음이 급하여 물에 뛰어들어 물살을 헤쳤습니다.

그러나 넓은 도로에 물이 불어나는 속도가 얼마나 빠른지 도로를 반도 못 건너고 물에 휩쓸리게 되어 길가에 버려진 지프차의 지붕 위로 올라가 있었는데 다행히 차 유리창이 내려져 있어 차 안에 물이 찼기에 차가 뜨지는 않아서 무사할 수 있었습니다. 그렇게 차 위에서 10여 분을 버티자 물이 빠지기 시작하였는데 그런 경우 물이 불어나는 속도와 빠지는 속도가 문자 그대로 눈 깜짝할 사이어서 예로부터 '불보다 물이 더 무섭다'라는 말을 실감할 수 있었습니다.

온밤을 그렇게 지새우고 다음날 거의 새벽이 되어서야 공관에 도착, 상황실에 상황 보고 후 옷을 갈아입으려 집에 들어가 보니 공관으로부터 연락을 받고 밤을 꼬박 새웠던 아내의 입술은 새까맣게 타들어가 있었습니다. 그날이 바로 안양에 300mm의 집중 호우가 내렸던 날로 그 당시로는 최대의 집중 호우였는데 그날 헬기를 취소시킨 것이 잘한 결정이었는지는 아무리 생각해보아도 지금도 모르겠습니다.


그로부터 얼마 후 원주의 1군수 지원 사령부에서 회의가 있어 헬기로 이동하게 되어 있었습니다. 그날은 안개가 어느 정도 걷혀서 부분적으로 높은 안개가 넓고 옅게 퍼져 있어 헬기 운항은 가능하다고 하였습니다. 그러나 저는 헬기를 취소하고 차량으로 이동할 것을 결심, 예정시간보다 한 시간 먼저 출발하겠다고 차장님께 보고 드린 후 차량을 준비 및 점검토록 지시했습니다. 차가 공관을 출발하여 여주의 남한강교를 지나고 있을 때 제 눈에 갑자기 전방에 큰 화물차가 정지해 있는 것이 보여 급하게 감속 및 정차를 지시하였습니다. 그러나 정차하고 보니 화물차는 보이지 않고 제가 착각을 일으킨 것 같았습니다. 저는 전방석이건 후방석이건 습관적으로 차량에 탑승 중에는 절대 졸지 않는데 착시 현상을 일으킨 것이어서 운전 부사관 에게 타이어 등을 확인해보라고 하였더니 우측 앞 타이어의 바람이 빠지고 있는 것을 발견했습니다.

당시만 해도 영동고속도로가 완전히 개통되지 않았을 뿐만 아니라 이른 아침 시간대여서 지나가는 차량이 거의 없어 왕복 2차선 도로의 직선 구간을 120km로 달리고 있었는데 만일 그대로 운행했더라면 우측의 교량 난간을 치고 약 20m 높이의 교량으로부터 남한강으로 뛰어들었을 것이 분명합니다. 그런데 그날따라 세차한다고 OVM 공구 상자를 싣지 않아 예비 타이어로 교체를 못하고 있었습니다. 더욱이 제가 가지고 있던 모토로라도 양쪽의 중계소 간 통달 거리가 초과되는 사각지대라서 난감해 하고 있었는데 마침 달려오는 뒤의 차량이 육본 군수 참모부장 차였습니다. 이야기를 들어보니 제가 공관을 출발하고 15분쯤 뒤에 항공대 상공의 국지 기상 악화로 헬기 비행이 불가하여 운항 계획이 취소된다는 통보를 받고 차장 공관에 확인해보니 20분 전에 출발하였다 하여 급하게 뒤쫓아 오는 중이라 하였습니다. 그 뒤를 이어 처장들의 차량이 잇달아 달려왔습니다. 저는 우선 차장님을 군수 참모부장 차로 모셔 출발토록 한 후 빌린 공구로 타이어를 바꾸고 여유 있게 천천히 뒤쫓았습니다. 그런데 운전 부사관 이 "부관님, 어떻게 타이어 펑크 난 것을 알고 차를 세우셨습니까?"라고 묻기에 저는 빙긋 웃으며 "그냥 알았다"라고 했습니다.

그 해 늦가을도 저물어 갈 무렵 미국의 카터 대통령이 주한 미 7사단의 철수를 군부의 반대에도 불구하고 전격적으로 결정해버렸습니다. 이에 반발하여 미8군 참모장 싱글러브 소장이 이를 공개적으로 비판함으로써 보직 해임되어 본국으로 송환되는 사건이 발생했습니다. 이에 차장님께서 싱글러브 소장을 공관으로 초청하여 송별 회식을 마련했는데 그 자리에서 "우리 대한민국에 대한 깊은 애정으로 본인의 희생까지 무릅쓰고 한미동맹과 한반도 방어의 전략적 중요성을 강력히 주장해 준 것에 대해 감사하다"라고 인사 말씀을 하셨습니다. 이에 싱글러브 소장은 담담한 표정으로 "나는 미국의 군인입니다. 그러므로 나는 한미동맹과 한반도 방어에 따른 미합중국의 전략적 관점을 군인의 입장에서 이야기한 것뿐입니다"라는 취지로 답례를 하였습니다.

그날의 싱글러브 소장의 언행은 참군인의 모습으로 저에게 깊이 각인되었습니다. 그 후 제가 총장 임기를 마치고 전역한 직후 재향군인회에서 주관한 '전시작전권 전환 반대 천만인 서명' 행사에 갔을 때 언론 매체의 기자들이 저에게 "노무현 정권에서 참모총장을 하신 총장님께서 이 행사에 참석하는 것이 어렵지 않았습니까?"하는 질문을 하여 저는 주저 없이 **군인은 조국에 충성하는 것이지 결코 정권에 충성하는 것이 아니다**"라고 답변하였습니다.

이제 와서 생각하는 것이지만, 전시작전권 문제에 대하여 제가 참모총장 재직 중에는 들은 바가 없었습니다. 후에 들은 이야기는 제가 전역하기 얼마 전부터 내부적으로 청와대와 국방부 및 합참 간에 이 논의가 진행되고 있었다고 하는데 저는 그 당시 국방부 및 합참과 극도로 대치중이었던 터라 이 논의를 모르는 상태로 전역하였습니다. 그런데 현재와 같이 전시작전권을 한미가 공동으로 행사하는 경우는 개전 초 미국의 자동 개입이 보장되지만 전작권이 한국 측의 단독 행사로 넘어오는 경우 미 측은, 개전 초기부터 즉각 자동 개입하여야 할 의무에서 해방되어 소위 인계철선의 불쾌한 역할로부터 벗어나 상황에 따른 행동의 자유를 갖게 됩니다. **왜냐하면 한미방위조약에는 한반도 유사 시 미국의 자동 개입 조항이 없기 때문입니다.** 이런 경우 한반도 유사시에는 미 의회의 동의를 받아야 하므로 미국의 개입은 상황에 따라 유동적이 됩니다.

6·25전쟁 중 미국은 전황이 불리할 때 두 번씩이나 한국을 포기하고 정부 요인 및 학살 대상이 되는 군·경 등 10만여 명을 괌으로 이주시키면서

철수하려 하였습니다. 이것을 한 번은 이승만 대통령의 망명 거부와 한국군 1사단이 다부동 전투의 승리로, 두 번째는 한국군 6사단이 용문산에서 대승함으로써 전세를 역전시켜 미군의 철수 계획을 포기토록 한 것이었습니다. 따라서 개전 시 만약 전황이 불리할 경우에는 미국의 개입 여부가 대단히 불투명해질 것이 확실합니다.

당시 박정희 대통령은 이러한 모든 문제를 한꺼번에 해결 가능한 최선의 방책으로서 미국을 설득하여 한미연합사를 창설하였는데, 연합사의 창설은 **① 미국의 자동 개입을 보장하며 ② 미 측 자산의 최대 활용으로 전쟁 억지력을 확보하고 ③ 조기 경보 능력과 ④ 초전부터 미국 자산 최대 운용으로 전쟁 주도권을 장악할 수 있으며 ⑤ 미국 자산의 적시적 지원을 보장하고 ⑥ 전시 탄약 등 미 군수 지원 보장으로 전쟁 지속 능력을 확보하며 ⑦ 평시 연합 훈련을 통하여 미국의 새로운 전쟁 양상에 부응하는 교리 및 훈련 발전을 한국군에 접목**(전 한국군 장교들을 미국에 유학시키는 효과)**하는 등 완벽한 한국 방어 능력을 보장하기 위한 '신의 한 수'**였던 것입니다.

그러므로 북괴와 이에 동조하는 일부 친북 내지 종북 좌파 세력들은 6·25 당시 미국의 개입만 없었더라면 100% 적화통일을 달성하였을 것으로, 이후 한반도에 대한 미국의 개입을 배제하는 것이 적화통일의 알파이자 오메가로 생각하고 있는 것이며 그래서 그들은 이승만 대통령과 맥아더 장군, 박정희 대통령을 그렇듯 이를 갈며 증오하는 것입니다. 또 한미 연합 훈련 중지, 한 미 연합사 해체, 평화협정 및 종전 선언, 주한 미군의 철수 내지는 역할 변경을 줄기차게 요구하고 있는 것이며 소위 전작권 전환 주장도 같은 목적의 연장선상에서 추진하고 있는 것으로 저는 확신하고 있습니다.

이 기회에 현재의 한미동맹에 대하여 한 말씀 더 드리겠습니다. 현대의 전쟁은 그 전쟁 양상과 천문학적 전쟁 비용으로 지구상의 어느 나라도 비정규전이 아닌 정규전을 독자적으로 수행하기는 어려운 실정입니다. 전쟁 발발로 인한 부정적 효과의 신속한 파급력과 무기 살상 위력의 경이적 증가와 미디어의 발달로 전장의 참혹한 실상을 전 세계인이 자기 집 안방에서 실시간으로 들여다보기 때문에 전쟁의 명분과 그 전쟁 목적의 정당성에 대한 공감대를 널리 형성하지 못한다면 전 세계인의 공적(공공의 적)이 되어 자국 국민의 반전 여론에 직면하게 됩니다. 뿐만 아니라 천문학적인 전쟁 비용으로 인하여 승리한다 해도 국가이익의 심대한 훼손이 예상됩니다. 그러므로 이러한 이유로 미국 같은 초강대국마저도 전쟁 명분과 비용 면에서 독자적으로 전쟁을 수행하지 못하고 동맹국에 손을 벌려 다국적군을 편성하지 않을 수 없었던 것입니다.

동맹과 연합에 의한 전쟁수행은 인류사에서 국가형성의 초기로부터 있어온, 오랜 역사를 지닌 보편적 전쟁양상입니다. 그런데 동맹과 연합이 그 실질적인 힘을 발휘하려면 앞에서 말씀드렸던 바와 같이 지속적인 연합훈련이 필요합니다. 이에 비추어 보았을 때 현재 '한미동맹 및 연합'의 현주소는 첫째, 군인들의 정신전력과 지휘 체계가 우려될 만큼 약화되었고, 한미 간 공동의 이념과 가치는 심각하게 훼손되었으며, 상호목표가 상이할 뿐 아니라 그 이익이 상반된 데다가 상호신뢰마저도 금이 가 상호불신이 내재하고 있는 상황입니다. 그런 현재의 상황에서 미국이 개입을 꺼려 할 요인이 발생할 경우 과연 우리가 독자적으로 우리의 생존을 보장할 능력을 보유하고 있는 것인지 의심하지 않을 수 없습니다. 그에 더하여 연합 훈련의 대폭 축소로 전시 연합전투력 발휘가 의문시되는 우려 때문에 종이호랑이에 불과한 '명함 동맹'이 되는 것 아닌가 우려스럽습니다. 그러므로 자유대한 우리 조국을 위한 최선의 과제는 하루빨리 진정한 의미의 한미동맹과 연합을 회복하는 길입니다.

현재도 북한은 노동당규약에 전 한반도의 적화통일을 명시하고 있습니다.

그리고 이제는 공공연히 핵보유국임을 전 세계에 공언하면서 전력 증강에 온 국력을 기울이고 있습니다. 이런 마당에 그들 체제의 변화가 선행되지 않는 한 어떠한 평화 및 종전 선언도 무의미할 뿐 아니라 우리에게 안보상 치명적 결과를 가져올 수 있는 반역적 발상에 불과합니다. 미군의 한국 주둔은 한미방위조약에 근거하지만 **한반도에서 유사 시 미군의 즉각적인 군사개입은 한미방위조약이 아니라 UN군사령부 및 한미연합사에 그 근거와 바탕**을 두고 있습니다. 그런데 전작권이 전환된 상태에서 만약 한반도 종전선언이 이루어지면 UN군사령부는 당연히 해체되어야 하며 UN군의 주축을 이루고 있는 주한미군도 철수하라는 압력에 직면하게 될 것입니다. 이보다 더 큰 문제는 전시 한반도지원을 위하여 편성된 일본의 UN군 후방 지휘소의 전시 비축물자의 상실로 이어지게 됩니다. 만약 이 전시 비축물자가 소멸된다면 한반도방어에는 치명적 결과를 초래합니다.

그런데 혹자는 아직껏 전쟁이 안 일어나지 않았느냐, 설마 나라가 망하기야 하겠느냐 라는 생각을 하는 듯합니다. 그러나 오늘의 평화는 북한이 침략해오지 않았기 때문이 아니라 휴전 이후, 155mile 전선과 해·강안에서, 바다에서 하늘에서 숨겨간 5,700여 명의 젊은이와 월남에서 숨겨간 5,000여 명의 이 땅의 젊은이가 피 흘려 숨겨가며 지켜낸 것입니다. 북한의 김일성이 생전에 여러 번 남한의 내부가 혼란스러웠을 때 남침하지 못한 것을 아쉬워하는 술회를 한 적이 있는데 이는 평화를 위하여 전쟁을 자제하거나 동족을 아끼는 인도적 차원에서가 아니라, 주한 미군의 막강한 전력과 한국군 간부 중 전쟁유경험자가 북한 그리고 북한군 간부들에 비하여 압도적이었기 때문에 감히 도발하지 못하였던 것입니다. 그러므로 오늘의 평화는 김일성 일가의 동족애에 기초한 관대함 때문이 아니라 우리 군인들의 피땀 어린 노력과 한미동맹의 산물이며 전쟁은 이 젊은이들의 희생에 의하여 억제된 것입니다. 그리고 한 나라가 오래도록 '생존과 번영'을 지속할 수 있느냐의 문제는 바로 우리의 의지, 우리의 결정, 우리의 노력에 달린 것이지 우리의 적에 좌우되는 것도, 좌우되어서도 안 되는 것입니다.

　제가 육본에 근무하고 있던 기간인 1977~1978년 중 우리 군에 있었던 커다란 변화는 ① 앞에 기술한 '80위원회'에 의한 한국군 현대화 및 전력증강 노력 ② 한미연합사 창설 ③ 군 간부의 연소화를 들 수 있습니다. 여기에서 다른 부분은 이미 말씀드렸으므로 ③ 군 간부의 연소화에 대해서만 간략히 설명 드리려 합니다. 1970년대 말은 6·25전쟁 휴전 후 24~25년이 경과한 시점입니다. 전쟁 초기 한국군의 병력은 10만여 명에 불과하였습니다. 그러나 전쟁 중 100만 가까이로 확장되었다가 전후 병력을 감축하여 60만 규모를 유지하고 있었습니다. 그러다보니 1950년 22세로 군에 입대하였다 하더라도 당시 46~47세로 중견 간부를 형성하는 연령대였는데 군 확장 당시 20~30대 초반의 장교들이 불과 5~6년 사이 장군 등 고위 계급으로 진출하다보니 각 계급의 진급 적체가 극심하였습니다. 이 결과 중급 이하 간부들의 연령대가 비교적 높았던 편이었습니다. 이러한 상황에서 당시 참모총장이던 이세호 장군이 이스라엘 방문 후 간부들의 연령을 낮추어야 할 필요성을 느끼고 육군의 경우 40대 이전에 대대장을 역임하여 야전에서 체력적으로 병사들과 함께 행동할 수 있도록 진급 정체 기간을 단축 조정하였습니다.

　이 과정에서 장교들의 경우, 6·25 참전 장교들이 연금도 없이 대거 전역하게 됨으로써 생계에 큰 어려움을 겪는 아픔과 희생이 있었으나 전투력에 커다란 저하를 초래하지는 않았습니다. 그러나 부사관들의 급격한 연령대 인하는 나이 많은 부사관들을 일거에 전역시킴으로써 노련한 경험에서 우러나오는 지혜의 전승을 단절시키게 되어 군의 허리이자 중추인 부사관들의 역량을 심각하게 약화시켰습니다. 군에서 부사관은 군 가정의 어머니로서 병사들의 관리와 개인 훈련, 부대의 살림살이, 즉 병사들의 관리와 장비·물자 및 시설에 대한 관리 책임을 전담하며 이러한 분야들은 지식에 의존하는 것이 아니라 오랜 경험적 지혜에 의존하는 것입니다. 그런데 지식은 학습에 의하여 얻을 수 있으나 경험은 배워서 되는 것이 아니라 오랜 세월 삶의 지혜가 축적되어 얻어지는 것입니다.

제가 임관하였을 때 우리 중대의 어머니 격인 중대 행정보급관(중대 선임하사관의 통상 호칭) 신백승 상사는 대한민국 육군 사병 군번 72번으로 1946년 국방경비대에 입대하여 1950년 1월 상사로 진급, 기관총 조장으로 6·25전쟁 전 기간 전투에 참전하였던 역전의 노장이었습니다. 그는 우리 소대장들에게 부대에서는 군 생활의 선생님으로, 공적인 자리에서는 군 예절에 투철하여 연병장 저쪽 끝에 있으면서도 큰소리로 구호를 외치듯 깍듯이 경례를 하다가도, 소대장들이 대대장, 중대장에게 한마디 듣고 의기소침하였을 때는 집으로 초청하여 볼기짝 두드려가며 다정한 엄마처럼 격려해주던 군과 인생의 대선배였습니다. 제 소대 선임하사관(현 부소대장) 진승용 중사는 37세의 6·25전쟁 참전 용사로서 항상 조용한 가운데, 모든 것이 미숙했던 저를 보좌해주며 언제나 제 지시가 완벽하게 시행되도록 하여주는 베테랑 군인이었습니다.

이렇듯 당시 소위들은 요즈음처럼 병사들의 신상 파악이나 탄약 관리에 대한 부담도 없이, 전술적 지식만을 가지고 소대를 지휘하는 데 큰 문제가 없었는데, 부대 지휘 간 어려운 문제들은 선임하사들이 거의 모두 해결해 주었기 때문입니다. 이와 같이 **장교는 교육으로 양성할 수 있지만 부사관 들의 경륜은 세월이 양성하는 것이지 교육으로 양성되는 것이 아닙니다.**

당시에는 제1하사관학교에서 부사관들을 배출하였고(3군 창설 후에는 제3하사관학교, 그 이후 육군부사관학교로 통합), 이들은 선후배의 위계질서가 엄격하여 스스로 부사관단이 질서 있게 효율적으로 운영되면서 그 전통이 전승되어오고 있었습니다. 그러나 그 값진 전통은 '간부 연소화 방침'에 의하여 고령 부사관들이 한꺼번에 대거 전역됨에 따라 면면히 이어져 내려온 부사관단의 전통과 그 맥이 끊겨버리고 장교나 부사관이나 동일한 양성 과정으로 배출되어 부사관 본래의 역할을 변질시켰습니다. 그 결과 극단적인 경우에는 소위 주도권 다툼으로 소대장과 부소대장 간의 갈등을 촉발하는 부작용까지도 야기하는 외에 더구나 근래에는 계급적 권위마저도 심각하게 훼손되어 간부들이 병사들을 이끌어가는 데에 불가피하게 모든 지휘 노력을 집중하게 되었습니다. 이는 막중한 지휘 부담으로 작용되어 평소 군 본연의 임무인 군 전투력 발전을 저해하고 있습니다.

맥아더 장군의 주장처럼 **민주주의 국가에서 민주적인 군대는 있을 수 있지만 군대에 민주주의는 있을 수 없습니다. 권위주의는 타파되어야 하지만 군에서 계급적 권위는 반드시 있어야 합니다.** 왜냐하면 계급적 권위는 군의 주요한 지휘 요소 중 하나이기 때문입니다. 과거에는 부사관들의 경륜과 나이 -선임하사와 병사들은 부자지간의 나이 차가 있었습니다.-가 계급의 권위를 뒷받침하였고 이에 의지하여 초급 장교들의 지휘가 가능하였습니다. 그러나 지금은 소대장, 부소대장, 소대원들의 나이, 학력, 군 경력도 그만그만한 데다가 일부 잘못 적용되고 있는 군내 민주주의로, 지휘 노력의 거의 전부가 전투력 발전이 아닌 부대 관리 특히 병원(병사들) 관리를 위한 노력으로 낭비되고 있습니다. 그때 만약 부사관들의 그 빛나는 전통과 맥을 이어가면서 연령 조정 속도를 서서히 낮추었더라면 하는 깊은 아쉬움이 남아 있습니다. 왜냐하면 **군대는 부사관들의 경륜과 지혜, 그리고 장교들의 전술 지식이 결합되어 부대의 전투력을 창출**하기 때문입니다.

1978년 이른 봄, 회의 차 청와대 비서실에 가시는 차장님을 수행하여 비서실 정문에서 차장님의 출입 표찰을 교환하고자 위병소로 가니 20대의 새파란 경호실 소속 순경이 "참모차장 정도는 직접 내려와 출입증을 교부 받으라"라고 하였습니다. 저는 이 말에 피가 거꾸로 솟구쳐 말다툼을 벌이다가 급기야 서로 몸싸움이 되어 엎치락뒤치락하던 터에 비서실 현관 앞에서 차장님을 영접하기 위하여 대기하고 계시던 청와대 국방보좌관(당시 박세직 준장)이 달려와 뜯어말려 사태를 수습하였습니다. 만일 그러지 않았더라면 -

당시 차지철 경호실장의 하늘을 찌를 듯한 그 위세를 생각했을 때- 그 이후는 제가 말씀 안 드려도 짐작하실 수 있겠습니다.

돌아오는 길에 차장님께 "제가 물의를 일으켜 누를 끼쳐드려 죄송합니다"라고 말씀드리니 "아니야, 젊은 장교가 그런 일을 당하고도 분개할 줄 모르면, 그게 나라가 망하는 거지. 네가 잘한 거야"라고 오히려 격려해주셨습니다. 그러나 저의 내면에서는 저로 인해서 여러모로 차장님의 진급에 불리한 영향을 미치도록 해드린 것은 아닌지 늘 심적인 부담과 갈등을 느끼고 있습니다.

저의 국정원장 청문회에서 당시 야당이었던 민주당 의원이 청문회의 통과 의례처럼 되다시피 하였던 "5·16이 쿠데타냐, 아니냐?" 하는 질문을 던졌을 때 저는 "군 집단의 무력으로 정권을 장악한 것이니 당연히 쿠데타다. 그럼에도 불구하고 박정희 대통령님은 오랜 세월 가난에 굶주리던 이 나라 국민들을 먹고 살게 해주시었고, 빈곤과 좌절에서 떨쳐 일어나 세계로, 내일로 뛰어나가도록 하는 기적의 번영을 일으켜 이 나라의 산업화와 민주화의 초석을 다지신 우리 반만 년 역사에서 몇 분 안 되는 불세출의 위대한 영도자로서 깊이 존경한다. 명암이 없는 역사는 없으며, 공과가 없는 인물은 없다"라고 답변한 바 있습니다. 저는 박정희 대통령님을 마음 깊은 곳으로부터 존경합니다.

그럼에도 불구하고 군 인사권자로서 박 대통령님의 행태에는 다소 비판적인 입장입니다. 왜냐하면 본인이 쿠데타로 집권하신 탓에, 군 인사에서 부하들로부터 신망을 받고 탁월한 리더십과 권위를 지니셨던 참 군인 -예를 들면 한신 장군, 채명신 장군, 이병형 장군, 김용휴 장군 등- 대부분을 주요 실권 직위의 인사에서는 배제한 것입니다. 그 결과 정치군인들이 출현하고 훗날 하나회로 발전함으로, 군 장교단의 정신을 심각하게 훼손하였기 때문입니다. 그러나 명암과 공과가 없는 역사와 사람은 없듯, 저는 박 대통령님을 여전히 이 민족 최고의 지도자로서 진심으로 존경하고 있습니다.

　이렇듯 천방지축 뛰어다니다보니 저도 업무에 많이 숙달되었는데, 어느 날 차장님께서 벨을 누르셨습니다. 저는 왜 찾으실까 잠시 생각하다가 신문 철에서 사흘 전 일간신문을 뽑아 한 면을 접어들고 들어갔습니다. 그 신문을 보신 차장님께서는 깜짝 놀라시면서 "내가 그 기사를 찾았는데, 어떻게 알고 가져왔지?"하셨습니다. 저는 오전에 놓고 나가라 하셔서 책상 위에 놓고 나온 결재 서류가 사흘 전 모 일간신문 기사와 관련이 있는 것이어서 찾아서 들고 들어간 것임을 말씀드렸더니, "이제는 내 머릿속에 들어앉았구나. 이거 무서운데!" 하셨습니다. 차장님의 칭찬을 들은 것은 기쁜 일이었지만, 이 무렵 제 머리털이 빠지기 시작하여 피부과에 가보니 신경을 너무 많이 써서 생긴 원형탈모증이라고 하였습니다. 그러나 저는 도저히 따로 시간을 낼 수 없어서 의사에게 양해를 구하고 점심시간에 잠깐씩 나가 약 2개월 간 치료를 받고는 대머리가 될 뻔한 위기를 겨우 모면하였습니다.

　저는 매일 아침 일찍 공관으로 출근하여 필요한 것을 확인하고 지시할 것을 지시한 후, 차장님을 모시고 본청으로 출근하였다가, 퇴근 시 다시 공관으로 수행하여 필요한 업무나 교육, 행사 등 그날의 일과를 종료하고 늦게야 이태원 아파트로 퇴근할 수 있었습니다. 그러다보니 저녁 식사는 공관에서도 할 수 있었지만 공관 식사도 질리어 집으로 퇴근, 늦은 저녁을 먹고는 하였습니다.

　그 당시 갓 소령으로 진급한 저희 기들에게 처음으로 육군대학에 응시 자격이 주어졌습니다. 연 1회, 정규 과정을 선발하던 육군대학의 선발 시험은 경쟁이 치열하여 육대에 입교하고자 하는 장교들은 그룹을 편성, 함께 모여 토론도 하고 정보도 교환하면서 몇 달씩 준비를 하고는 하였습니다. 육대의 이수는 물론 그 성적도 중·대령 진급에 상당한 영향을 미쳤기 때문에, 입시 경쟁이 치열할 수밖에 없었습니다. 주변의 장교 중에서는 응시 기회 세 번

중 세 번 모두를 낙방하여 육대를 다니지 못하게 된 장교들을 흔치 않게 볼 수 있어서 저는 속으로 걱정하지 않을 수 없었습니다. 그렇다고 육대 시험공부를 할 시간을 내는 것도 여의치 않아, 2차 응시 기회(다음 연도)에 시험을 보려고 마음먹었습니다. 하지만 출제 경향은 알아놓는 것이 다음 해 시험공부에 도움이 될 것 같아서, 차장님께 보고 없이(어차피 합격하지 못할 것으로 예상) 시험에 응시하였습니다.

그러나 막상 시험 당일 제가 보기에 문제가 평이하여서 편한 마음으로 답을 쓰고 나왔는데, 그만 합격이 되고 말았습니다. 그 결과 제 입장이 난처하게 되었는데, 우선은 차장님의 승인도 득하지 않고 멋대로 시험을 본 것이고, 둘째는 여러 장교가 합숙하다시피 하며 몇 달 공부하고도 안 된 장교들 생각에 제가 참모차장 부관이니 특혜를 받은 것은 아닌가 하는 오해도 염려되었기 때문입니다. 그날, 발표결과를 보고 차장님께 들어가 전후 사정을 이실직고하였더니, 빙긋이 웃으시면서 "너하고 똑같은 장교를 데려다 놓으면 보내줄게" 하시는 것이어서 한 가지는 해결 되었습니다. 두 번째 문제는 뾰족한 해결책을 찾지는 못했지만 제 성격을 아는 때문이었던지 다행히 그런 말은 없었습니다.


육본 근무 시절을 되돌아볼 때, 지금도 못내 아쉽게 생각되는 것이 있습니다. 당시 내부적으로 이태원 군인아파트를 타 지역으로 이전하는 문제가 은밀히 논의되고 있었습니다. 그때 이태원 부지를 민간에 매각하고 그 대금으로 한강 건너에(지금의 강남땅, 강남권 개발 전이었음) 부지를 매입하여 군인단지(軍人團地)를 조성한다면 수도권 전체 군인아파트 수요 충족은 물론 군자녀 학교를 포함하여 병원과 영외 PX 및 전후방의 출장자들을 위한 호텔과 서울 근무 후 전출 가는 장교들의 자녀들을 위한 기숙사 등 생활 편의 시설까지 공사비 포함 모두 해결할 수 있었습니다(개략적 평가 및 판단서에 근거). 그래서 저는 이를 차장님께 보고 드렸고 차장님께서도 이에 100% 공감하시어 그 방향으로 추진할 것을 강력히 주장하시었습니다. 그러나 훗날(그 얼마 후 차장님께서는 예편 후 국방부 차관으로 보직 이동) 어떤 이유에서인지 민간업자에게 상식선 이하의 헐값으로 불하되어 육군으로서는 그 노른자위 땅을 거저 민간에 넘겨준 꼴이 되었습니다.

그런데 장교들이 서울의 국방부, 합참, 연합사, 육본 등으로 보직 명령을 받으면 부모들의 도움 없이 자력으로 전셋집을 구하는 것은 아예 불가능합니다. 제가 3만 원의 대위 봉급을 받고 있을 때 대한항공에 입사한 제 고등학교 동기는 15~20만 원을, 현대건설 사우디 현장에 있던 동기는 70~100만 원을 받았는데 그나마 군인들은 거의 1~2년에 한 번씩 이사하니(요즘처럼 이사 비용이 지원되지 않았음), 길바닥에 봉급의 1/3을 깔고 다니는 셈이었습니다. 그러다보니 전방에서 서울로 나오면, 가족은 시골에 떼어두고 장교들은 국방부나 합참의 복도에 침낭을 깔고 몇 달씩 기거하는 눈물겨운 생활을 하기도 했습니다. 그때 만일 강남에 부지를 마련하였더라면 후에 이전을 한다 하더라도 장교들의 숙소 문제를 완전히 해결할 수 있었을 것인데, '무조건적인 희생'만을 요구하며 부하 장교들의 복지에는 전혀 무관심하였던 당시의 군 수뇌부를, 청년 장교들은 고운 시선으로 볼 수는 없었을 것입니다.


한편 저는 후임을 물색하여 직책과 아파트까지를 인계하고 진해로 내려가게 되었습니다. 저는 시간이 없어 진해에 셋방을 구하지 못하여 걱정하였는데, 마침 독채를 전세로 얻은 동기가 있어 방 하나를 내놓으라고 하여, 그 동기 집에 월세로 들어가 살 수 있었습니다. 그런데 신기한 것은 불과 5년 전 제가 OAC에 갈 때는 둘이 -아내의 핸드백과 도시락 주머니까지- 짐 일곱 개를 들고 내려갔는데, 육대에 갈 때는 트럭을 세내어 동기생 세집 살림을 싣고 갈 만큼 살림살이가 불어 있었습니다. 식구도 하나 늘어 셋이 되었고, 그래서 제가 고급 장교가 되었을 때, 결혼 안한 청년 장교들을 보면 항상 하였던 말은, "군인이 돈 버는 것은 한 살이라도 젊었을 때 빨리 결혼하고 빨리 아이를 낳는 것이다. 혼자 있으면 모을 것 같아도 다 써버리고, 결혼하면 연탄집게 하나가 생겨도 불어나더라. 빨리 결혼해"였습니다.

육대 출발 전날, 차장님께서 육군회관에서 부부 동반으로 송별 회식을 해주시어 즐거운 시간을 보내고 이튿날 이태원 아파트를 떠났습니다. 그런데 그 해 겨울방학 때 국방부로 차장님을 찾아뵈었더니 차장님께서 대뜸 "남 소령, 너하고 똑같은 장교 데려다 놓는대서 보내주었더니 똑같긴 뭐가 똑같아?"라고 하시어 한소리 듣고 나왔습니다. 이유는 모르겠지만 말입니다.

동생 재준 올림

## 15. 육군대학 시절

### 존경하며 자랑스러운 형님께

늦여름 내내 무더위와 싸우다 지쳐버린 선풍기가 이제는 나도 모르겠다는 듯 뜨거운 바람만 연신 뿜어댑니다.

#### 가. 육대 25기 학생 장교

당시 육군대학의 시험은 매년 연말 1회 실시하여 학생 장교를 선발하고, 입교는 장교들의 보직 만료 기간을 고려하여 연 2회 2월과 8월로 나누어 2개기로 분할 입교시켰는데 저는 1978년 8월, 육대 25기로 입교하였습니다.

동기생 세 명이 트럭 한 대를 계약하여 이사 하루 전날 트럭에 이삿짐을 실어 놓고 우리는 가족들과 함께 기차로 진해까지 이동했습니다. 진해는 당시까지 일제강점기의 건물과 가옥들이 다수 보존되어 있어 통제부 앞거리들은 일본식 모양새를 보였습니다. 학교 본관 건물은 1900년대 러시아가 진해항을 그들의 해군함대 모항으로 삼고 있던 시절 육군 진해만 요새 사령부 본관 건물이었던 붉은 벽돌의 러시아식 건물을 그대로 사용하고 있었습니다.

제가 세를 얻은 집은, 육군대학에서 멀지 않은 곳으로 방 두 칸과 대청에 작은 앞뜰이 있는 한옥이었는데 조금 작은 건넌방에 짐을 풀었습니다. 세를 놓을 목적으로 건넌방에 손바닥만 한 부엌을 달아내서 아내가 부엌을 사용하는 데 큰 불편을 느끼지 않아서 다행이었습니다. 짐도 별로 없어서 당일로 간단히 정돈하고 세 식구가 진해에서의 첫날밤을 보냈습니다.

그런데 이튿날 학교에 출근한 저는 예상치 못한 일로 크게 당황하고 말았습니다. 당시 육대 25기에는 미 육군 소령 세 명, 인도네시아 육군 중령 한 명, 자유중국 육군 소령 한 명 등 외국군 장교 다섯 명이 입교하였습니다. 육대에서는 이 외국 장교들에게 각각 학업 및 생활 전반을 도와주고 이들을 대변해 줌으로써 한국 및 학교생활에 조기에 적응할 수 있도록 학생 스폰서를 임명, 운용하고 있었습니다. 그런데 천만뜻밖에도 제가 자유중국장교의 스폰서로 명령이 나 있었던 것입니다.

당황한 제가 학생단장 사무실에 찾아갔더니 생도 때부터 안면이 있는 23기 김 중령이 학생단장이어서 "나는 중국말을 한마디도 할 줄 모르는데 중국장교 스폰서를 시키면 어떻게 하느냐. 꼭 해야 한다면 잘은 못 하지만 의사소통은 가능하니 미국 장교의 스폰서를 시켜주십시오"라고 하였습니다. 하지만 학생단장은 입교생 중 그나마 제2외국어로 중국어를 한 장교는 저밖에 없다고 했습니다. 그래서 저는 기록카드에 회화는 X(불가)로, 문장 해독은 △(중), 기타 작문은 X(불가)로 되어 있지 않느냐, 내 실력으로는 중국집에 가서 짜장면 한 그릇 달라는 소리도 못한다고 떼를 쓰다시피 했지만 소용이 없었습니다.

　입교식 시간이 다 되어가 별수 없이 강당으로 내려오니 이미 제 좌석 옆에 자유중국 장교 사 소령이 자리하고 있었습니다. 식이 끝나고 나오면서 의사소통을 시도해 보았지만 사 소령은 연세대 어학 과정의 3개월 단기 코스를 나왔다는데 한국말이 한마디도 통하지 않았습니다. 월남에서의 제 경험으로는 중국어가 굴절어에 어순이 영어와 같아서 많은 중국인이 영어를 잘하는 듯했는데 영어로도 의사소통이 안 되어 난감했습니다. 사 소령은 독신 장교 숙소에 기거하게 되어 있어 함께 가보니 시멘트 블록 벽에 슬레이트 지붕의 군 막사 형으로 침대와 책상, 응접용 탁자와 의자 두 개가 갖추어 있는 조촐하고 조그만 방이었습니다. 저는 별수 없이 손짓발짓 등 모든 수단을 다 동원하였고 잠자는 시간을 빼고는 늘 함께 붙어 다녔습니다.

　저는 육대 입교 전까지 동기생들과 함께 근무한 경험이 월남에서 헬기 장교로 근무 시 동기생 한 명과 그리고 육본에서의 경험이 전부입니다. 육본 근무 시는 전속 부관 이다보니 동기생들과 어울릴 기회가 없어서 어떤 의미에서는 임관 후 최초로 많은 동기생과 어울리게 된 것이나 다름없었습니다. 지금도 그렇겠지만 장교들에게 군사 교육 성적은 무척 중요하게 여겨집니다. 그러다보니 당시의 육대 분위기는 경쟁적으로 밤잠을 안자고 공부하는 풍토가 일반화되어 있었습니다. 그래서 거의 2~3개기 에서 한두 명씩은 과로로 인한 내출혈로 후송되거나 사망하고는 하였는데 25기에서도 한 명의 장교가 중도에서 건강 문제로 학업을 중단한 사건이 있었습니다.

　육대를 졸업할 무렵에는 제가 말술을 마신다는 소문이 있었는데 이는 전혀 사실과 다릅니다. 저는 소주를 포함하여 독한 술을 무척 싫어하였을 뿐 아니라 몸에도 받지 않아 회식 시에 다른 장교들이 소주를 마실 때 저는 맥주를 소주잔으로 받아 마셨습니다. 그러다보니 회식이 끝난 후 일단 외상으로 서명을 하였다가 후일 돈을 걷어 외상값을 갚는 역할을 자연스럽게 할 기회가 여러 번 있었고 또 그중 취한 장교들을 집에다 데려다 주다보니 다른 동기들보다는 상대적으로 술자리 기회가 잦았던 것 같습니다. 저는 이때마저도 특별한 경우가 아니면 항상 사 소령과 동행하였기 때문에 후일 이야기지만 육사 26기에 해당하는 사 소령은 거의 육사 25기 동기생이 되다시피 하였습니다.

육군대학의 커리큘럼은 5개 과정으로 구분되어 제1 지휘 통솔 과정으로부터 적 전술 등 특수학 과정, 참모학 과정, 전술학 과정, 전방 실습과 논문 및 워 게임으로 구분되어 있습니다. 그렇게 지내다보니 어느덧 한 달 반이 훌쩍 지나가 제1과정 평가일이 다가왔습니다. 저는 학교에서는 사 소령 질문에 손짓 발짓과 필담으로 설명해주다가 퇴근 후에는 동기생들과 자의 반 타의 반 자주 어울려 다니다보니 거의 공부를 하지 못한 채 시험에 임하게 되었습니다. 그런데 한집에 사는 동기생 부인이 제가 얼마나 공부를 안 한다고 소문을 냈던지, 저와 함께 사는 제 동기와 친한 타 출신 장교가 저에게 남 소령은 육사를 나왔으니 조금만 하면 C학점은 맞을 수 있는데 왜 포기를 했느냐고 걱정해 주는 곤혹스러운 상황에 처하기도 하였습니다.

시험 전날인 일요일 오전 조그만 밥상 겸 책상을 들고 대청마루에 나가 동기생이 공부하는 앞에 앉아 노트를 펴든 저는 무심코 "C학점은 맞아야겠는데" 하였습니다. 그러자 동기생 부인이 대뜸 "OO이 아빠, 양심이 있지 그렇게 매일 술 먹고 공부 한 자 안 했는데 어떻게 C학점을 바라요"라고 하였습니다. 저는 드나들 때 조심하였는데도 면전에서 면박을 당하고 나니 공부할 마음이 싹 가셔버리고 말았습니다.

당시 육대의 평가는, 참모학과 전술학 등 전술 관련 과목은 참모 및 지휘관 판단과 결심 그리고 이를 작전 계획 및 작전 명령으로 작성하는 문제들이었지만 1과정은 논술형으로서 12절지 일고여덟 장 가까이를 주고 'OOO

에 대하여 논하라' 하는 식의 문제였습니다. 그날의 시험은 아주 빠른 속도로 글을 써 내려가기 시작하여 가까스로 끝낼 무렵, 시험 시간이 종료될 정도의 분량이었습니다. 그래서 답안지를 작성하고서 오탈자를 점검할 시간조차도 되지 않았는데, 오전 오후 네 시간씩 8교시의 마지막 시간에는 손마디가 아파서 글씨가 잘 써지지 않았습니다.

그런데 그 주 목요일, 제1과정 시험에서 제가 1등을 하였다는 소문이 나기 시작하자, 저는 정말로 머릿속이 하얗게 되는 것을 느꼈습니다. 군인으로서 전쟁터에서 전사하는 것은 명예로운 일이지만 그 많은 장교 중에서 꼴찌를 하였다면, 다른 장교들조차도 공부 좀 하라고 걱정해줄 만큼 소문이 요란하였던 터라 얼굴을 들고 다닐 자신이 없었기 때문이었습니다. 그날 학교가 파하자마자 저는 뒤도 돌아보지 않고 집으로 향했습니다. 아무리 생각해도 제가 1등을 하였을 리는 만무고 꼴찌를 하였기 때문에 말을 돌려 1등이라고 한 것으로 확신하고 있었기 때문입니다. 모처럼 일찍 들어온 저를 반기며 저녁 밥상을 차려내온 아내에게 "큰일 났다. 내가 꼴찌 한 것 같은데 만일 E학점이면 퇴교되어 현역 근무 부적합 심사를 받을 수도 있게 생겼다"라고 걱정을 하였더니 아내는 미소 띤 잔잔하고 평온한 표정으로 걱정하지 말고 식사하시라고 따뜻하게 말해 주었습니다.

밤새도록 이 생각 저 생각에 뒤척이다가 아침 학교에 등교해보니 게시판에 성적 공고가 나 있었는데 제가 꼴찌가 아닌 정말로 1등이었습니다. 저는 그 당시의 교관들에게 진심으로 감사한 마음입니다. 왜냐하면 제가 쓰고 저도 못 알아볼 그 난필을 내던져버리지 않고 끝까지 읽어가며 채점해준 그 성의와 진솔한 자세에 감동했기 때문입니다. 곰곰이 그때를 되돌아보면 제가 타 장교들과 다른 딱 한 가지는 밤에 아무리 술 먹고 잠을 못 자도 강의 중에는 절대로 졸지 않았으며, 교관의 모든 강의 내용을 정신을 집중하여 경청하면서 빠짐없이 노트에 필기하였던 것인데 이것은 부관으로 근무하면서 몸에 밴 습성의 결과였습니다. 그 후 사 소령도 저의 그러한 수강 습관을 이해하고 의문점은 적어 놓았다가 휴식 시간에 질문하려고 노력해 주었습니다.

저는 월남에서 사람들과 필담한 경험이 있었습니다. 그래서 1과정 초기에 한번은 하도 답답하여 사 소령에게 필담으로 "네가 산둥성 출신이라 동이족이니 한국사람 아니냐. 그런데 한국 사람이 한국말을 못하면 되겠느냐"라고 말한 적이 있습니다. 사 소령은 그 의미를 반쯤은 알아들었는지 고개를 갸우뚱거리기에 웃지 않을 수 없었습니다. 산둥지방은 역사적으로 동이족의 땅이었습니다. 백제 동성왕 때까지는 백제의 영토였으며 이를 기반으로 장보고 대사가 청해진을 설치했을 뿐 아니라 사(沙) 씨는 백제 8대 다성(多姓 : 많은 성씨) 중의 하나였고 지금도 일본에 있는 것으로 알고 있습니다.

아무리 밤이 깊어도 영원한 밤은 없듯이 그렇게 붙어 다니며 골몰하다보니 기적 같은 이상한 현상이 일어났습니다. 어느 때부터인지는 알 수 없지만 다른 한국 장교들의 말은 알아듣지 못하는 사 소령이 제 한국말은 거의 이해하기 시작하였고 저 또한 다른 장교들이 알아듣지 못하는 사 소령의 한국말을 알아듣게 되기 시작했습니다. 그때 저는 함께 생활한다는 것이 결코 단순함이 아니라는 '인간관계의 의미'를 깨닫게 되었습니다. 인간 사회에서의 모든 성공과 실패, 행복과 불행은 모두 어떤 사람을 만났느냐는 '만남' 즉 인연에서 비롯되는 인간관계의 결과일 뿐입니다. 그런데 이 인간관계가 진실 된 인간관계이기 위해서는 단순한 시간과 공간의 공유가 아닌 상대를 이해하며, 존중하고, 배려하면서 상대에게 이해받으려는 무한의 노력이 필요한 것입니다. 그래서 옛말의 "정성이 지극하면 하늘도 감동한다(至誠感天)"라는 의미를 비로소 이해하게 되었습니다.

이렇게 생활이 한결 여유로워졌을 무렵 육대 총장께서 외국 장교와 그 스폰서들을 차례로 공관에 초청하여 만찬을 하시겠다는 일정이 하달되었습니다. 그런데 당시의 육대 총장님께서는 중국에서 성장하시어 해방 직전 2~3년가량 광복군에 복무하신 분으로 중국어는 물론 영어 원서를 읽으면서 이를 번역하여 한글로 타자를 치신다는 소문이 날 정도로 어학의 실력자이자 학구파로 소문이 나 있었습니다. 그래서 저는 총장님의 중국말을 제가 한마디도 알아들을 수 없다는 것에 엄청난 심적 부담을 느낄 수밖에 없었습니다.

잠깐 여기서 이야기를 돌려 형님 웃으시라고 제가 전속 부관으로 장군님들을 수행하면서 들은, 육군의 잘 알려지지 않은 몇 가지 이야기를 말씀드리려 합니다.

### * 이야기 하나

육군의 모든 학교의 장은 학교장으로 호칭하는데 유독 육군대학만 총장으로 불리는 데는 특수한 사연이 있습니다. 육대는 중공군의 참전으로 전투가 한층 치열해지고 내일 일을 가늠하지 못할 정도로 전황이 암울하던 시점인 1951년 진해에서 창설되었습니다. 당시 부산에서는 사사오입 개헌 정치 파동으로 소요가 격화되자 이승만 대통령은 이종찬 육군 참모총장에게 군의 투입을 지시하였으나 참모총장이 이를 거부하였습니다. 화가 치민 대통령이 육군본부의 포병감을 불러 참모총장을 포살하라고 소리치자 포병감은 태연하게 "각하, 야포는 그런 데 쓰는 것이 아닙니다"라고 하였답니다. 그런 연유로 참모총장이셨던 이종찬 장군은 육대 초대 교장으로 좌천되셨는데, 총장하신 분을 교장으로 호칭하는 것은 문제가 있다 하여 논의 끝에 '육대 총장'으로 결정된 것이라 합니다.

그런데 그 후에 있었던 에피소드 한 토막, 한번은 육군 참모총장이 육대 총장 공관으로 전화를 하여 "나 총장인데 너희 총장 바꿔라" 하니 온통 머릿속에 육대 총장만 들어 있는 이 부관은 누군가의 장난 전화인 것으로 생각하여 "네가 총장이면 나도 총장이다"라고 응수하여 옥신각신하다가 육군 총장은 할 수 없이 식사 중인 자기 부관을 불러내 겨우 육대 총장과 통화할 수 있었다고 합니다.

　다부동 전투 시 당시 백선엽 장군님께서는 후퇴하는 병사들을 수습하여 "내가 앞장설 테니 나를 따라 공격하라. 만일 내가 물러나면 나를 쏴라"라고 선두에 서서 고지를 재탈환한 일화는 널리 알려진 이야기입니다. 그러나 여기에는 알려지지 않은 또 다른 이야기도 있습니다. 제15연대는 328고지를 열 번을 빼앗기고 열한 번을 되찾는 혈전을 치렀습니다. 그 마지막 고지 쟁탈전에서 밀린 병사들이 무질서하게 후퇴해 내려온다는 보고를 받은 백선엽 사단장이 황급히 15연대 OP로 달려 올라가보니 최영희 연대장이 병풍까지 치고 여유롭게 점심식사를 하고 있었답니다. 사단장을 본 연대장은 이윽고 식사를 마친 후 OP를 나섰습니다.

　OP 능선을 넘자 병사들이 무질서하게 후퇴하는 것이 보였는데 이를 본 연대장이 병사들 앞에 57mm 무반동총을 발사하자 이에 놀란 병사들이 잠시 제자리에 정지하였습니다. 이에 연대장이 바위 위에 올라가 "아마 너희가 적 방향을 착각한 것 같다. 이쪽은 우군 방향이고 너희 뒤편, 저쪽이 적 방향이다. 연대장이 앞장서서 적 방향으로 공격할 테니 나를 따라라" 하고 고지를 내달리기 시작했습니다. 아군이 패주하는 것을 보고 방심하여 여유 있게 뒤쫓아 오던 북괴군은 느닷없는 아군의 질풍노도 같은 반격에 유인 작전에 걸려든 것으로 착각하고 문자 그대로 궤멸되다시피 무질서하게 패주하였습니다. 이때 연대장은 사단도 모르게 대구에서 모병하여 편성하여 놓았던 1개 대대를 추가적으로 투입하여 전과를 완결할 수 있었습니다.

　이로써 그동안 수차 빼앗고 빼앗기던 328고지를 아군이 확보함으로써 최종 승자가 되어 이 조국 대한민국을 지켜내게 된 것입니다. 그런데 이 전례는 세계 전쟁사 상 패주하여 후퇴하는 병력을 그 자리에서 180도 돌려 그대로 공격시킨 거의 드문 전투 사례로, 미 웨스트포인트의 전례 교육에 종종 인용된 바 있다고 합니다. 당시 이를 목격한 미군 고문관은 저 사단장과 연대장은 모두 최고위직까지 진출할 것이라는 예언 아닌 예언을 하였는데 그 말대로 백 선엽 사단장님과 최영희 연대장님은 두 분 다 후일 육군 참모총장을 역임하셨습니다.

## * 이야기 셋

1960년 중반까지는 사단장 재임 기간 사단 전투력 측정을 위한 사단 훈련 시험 평가를 사단 단위 쌍방 야외 기동 훈련으로 실시하였습니다. 한번은 훈련 중인 모 사단장과 평가를 나온 평가단장이 군단에서 격려차 나온 부군단장을 모시고 사단 지휘소에서 막 점심 식사를 시작하였는데, 공교롭게도 이때 상대방 사단의 침투조가 들어와 지휘소 천막 문을 열고 연습용 수류탄을 투척하였다 합니다. 수류탄은 안전핀을 뽑은 후 5초 이내에 폭발하는데 그 짧은 절체절명의 순간에 수류탄을 멀뚱히 쳐다보던 사단장이 갑자기 손에 들고 있던 수저를 집어던지며 소리쳤습니다.

"야! 불발이다! 저놈들 잡아라!"

듣기에는 매우 쉬워 보이지만 수류탄 안전핀을 뽑고 던지는 시간을 빼면 남는 2~3초의 짧은 순간에 이러한 기지를 발휘할 수 있는 것은 결코 아무나 할 수 없는 것으로, 전쟁터에서 사선을 무수히 넘나들었던 역전의 용사들만이 발휘할 수 있는 기지였습니다. 다시 육대 만찬 이야기로 돌아가겠습니다.

중국에서 17년을 사신 육대 총장님 앞에서 중국말이라고는 한 마디도 못하는 제가 거의 알아듣지 못할 한국말을 하는 자유중국 장교를 데리고 만찬에 참석해야 한다니 참으로 암담한 심정이었습니다. 보나마나 총장님과 사 소령은 중국말로 자연스럽게 대화를 하실 것이고, 저는 한 마디도 못 알아들을 것이 분명한 판에, 도대체 어떻게 하여야 할 것인지가 정말로 난감하지 않을 수 없었습니다. 그래서 생각다 못한 저는, 중국어를 2~3일 안에 배울 수 있는 것도 아니고 하여 사 소령에게 "절대 말을 많이 하지 말고 총장님 묻는 말에 '예, 아니요'라고 두 마디만 해라"라고 다그쳤습니다. 사 소령은 제가 왜 그러는지 너무 잘 알기 때문에 깔깔거리고 웃으면서도 알겠다고 했습니다.

막상 그날이 되어 사 소령과 함께 총장 공관으로 올라가 근무병의 안내를 받아 식당으로 들어가니 중앙에 덩그렇게 놓인 식탁의 폭이 유난히 넓은 것이 제 눈에 들어왔습니다. 이윽고 총장님께서 들어오시고 만찬이 시작되면서 총장님께서는 여유로운 미소를 띠시며 중국어로 말문을 여시었는데 저는 시계의 초침 소리가 대포 소리만큼 크게 귓가를 때리며 눈앞이 어쩔해져 오는 순간 '수호천사'가 저를 보호하신 듯 기적 같은 일이 일어났습니다. 중국어를 전혀 모르는 제가 듣기에도 청산유수처럼 유창하신 총장님의 중국 말을 중국인인 사 소령이 한마디도 못 알아듣고 눈을 깜빡이며 무슨 이야기냐고 오히려 저에게 묻는 표정으로 저를 쳐다보는 것이었습니다. 만찬 후 나와서 알게 된 것이지만 총장님은 난징 지역(광둥어)에서 주로 활동하셨고 사 소령은 산둥 지역(북경어)이어서 서로 통하지 않았던 것입니다.

우리나라도 1960년, 제가 제주도에 처음 갔을 때만 해도 전혀 언어가 통하지 않아 제 짝이었던 제주도 친구가 일일이 통역해 주었던 것과 마찬가지로 중국도 우리나라처럼 간자체의 보급과 TV 및 라디오망의 전국화 이후에야 겨우 표준말로 상호 소통되었을 뿐, 당시에는 지방 어 간 소통이 어려웠던 것 같습니다. 또 하나 다행이었던 것은 총장님께서 저보고 그대로 통역을 하라고 하셨더라면 제가 의도적으로 속인 것은 아니지만 중국말을 셰셰니(謝謝你 : 감사합니다), 진텐텐츠흔하오(今天天氣欣好 : 오늘 날씨가 아주 좋습니다), 타이양출라이라(太陽出來了 : 태양이 떠오릅니다) 등 몇 마디밖에 모르는 제 형편없는 실력이 여지없이 드러났을 것입니다.

그런데 다행히 총장님께서 한국말로 말씀하셨는데 이번에는 사 소령이 알아듣지 못하자 하는 수 없이 저보고 통역하라고 하셨습니다. 식탁의 폭이 하도 넓어서 사 소령과 조그맣게 이야기하는 것이 총장님께는 잘 들리지 않아, 그 이후로는 총장님의 한국말을 사 소령에게 한국말로, 사 소령의 한국말을 총장님께 한국말로, 일사천리로 통역하면서 대화를 이어갔습니다. 기분이 좋아지신 총장님께서는 예정에도 없던 식후 음료로 양주까지 몇 잔 권하시어 얻어 마신 후 약 세 시간 반에 걸친 기나긴 만찬을 끝내고 일어났습니다.

그날의 클라이맥스는 인사하고 나오려는 저의 손을 총장님께서 두 손으로 폭 싸잡으시더니 "남 소령, 그 젊은 나이에 언제 중국말을 배워서 그렇게 유창하게 잘하나. 젊음이란 참 좋구나. 부럽다"라고 말씀하신 것입니다. 어렸을 때 중국으로 건너가 17년을 사시고도 중국어로 의사소통이 안 되시는데, 한국어를 한국어로 통역한 제 통역이 얼마나 유창하게 들리셨을까! 총장님의 부러움과 존경이 스며든 따스한 눈길을 받으며 현관을 나서는 순간, 순식간에 진땀이 배어나 등 뒤의 옷이 함빡 젖는 생전 처음의 경험을 하였습니다.

이러한 분위기를 대충 눈치로 감을 잡은 사 소령은 어디서 배웠는지 '엉터리' 소리 하나는 확실히 배워 가지고 "남 소령 엉터리, 엉터리" 하면서 데굴데굴 굴렀습니다. 한껏 고조된 기분에 우리는 장교식당에 가 맥주 한 잔씩을 더하고 헤어졌는데, 뒤늦게나마 이 자리를 빌려 사과드립니다.

"김영일 총장님, 제가 속이려 해서 속인 것은 절대로 아닌데 정말로 죄송합니다. 사실 저는 중국말 대여섯 마디밖에 모릅니다."

1979년 2월이 되자 24기가 졸업함에 따라 학생 장교 아파트로 입주하게 되었습니다. 육대는 아파트가 부족하여 선임 학생 장교들은 처음부터 비둘기관사로 불리는 약 아홉 평짜리 관사로 입주하였는데 집은 낡았고 보잘 것 없었지만 그래도 부수입은 있었습니다. 그 당시에는 연 1회 육군대학에서 전 장군들을 몇 개기로 나누어 무궁화 교육을 2박 3일간 실시하였는데 이때 장군들이 육대 학생 시절에 살았던 관사에 방문하여, 둘러보고는 격려금을 조금씩 주고 가시어 명당자리는 꽤 많은 부수입을 올리기도 했다고 합니다.

그러나 그 외 장교들은 6개월을 밖에서 살다가 앞 기가 졸업하면 아파트에 입주하여 6개월 살고 졸업하는 식이었습니다. 우리기가 아파트로 입주를 하게 되자, 동기생 전원은 조를 짜서 합동으로 짐을 날라 큰 어려움 없이 이사를 마쳤습니다. 하지만 아파트의 층과 호수가 선임 기 수, 그리고 같은 동기생의 경우에는 군번 순으로 배정되기 때문에 한눈에 사관학교의 졸업 서열을 알아볼 수 있었습니다.

그런데 아파트 입주로 벌어진 조그만 소동이 있었습니다. 우리가 아파트에 입주하기 얼마 전, 정근수당이라는 것이 처음으로 나왔는데 거의 한 달 봉급과 비슷한 액수였던 것으로 기억납니다. 이에 가뜩이나 서로 어울리느라고 용돈이 궁했던 동기생들은 생각지도 않았던 공돈들이 생기자 얼마 후 아파트에 들어가 모여 산다는 생각은 못 하고 정근수당 받은 것을 가족들에게 일체 비밀로 하기로 하고 돈을 써버린 것입니다. 그러나 이런 비밀이 지켜질 리가 만무하여 그 이튿날부터 아파트가 조금쯤 시끄러워지기 시작하였습니다. 부인에게 이실직고하지 않고 돈을 써버렸거나 숨겨두었던 동기생들이 닦달을 당했기 때문입니다. 이렇게 되자 동기들은 동기들대로 약속을 어기고 부인에게 발설한 입 가벼운 동기생을 색출하여야 한다고 하고, 부인들은 부인들대로 정근수당 전액 환수에 나서서 떠들썩해진 것이었습니다.

저는 받은 돈을 호주머니에 넣었다가 이튿날 옷을 갈아 주는 대로 바꿔 입고 출근했기 때문에 이 소란을 목격하고 퇴근해서 호주머니에 있던 돈 어떻게 했느냐고 물어보니 아내는 책상 서랍에 넣어 두었다고 대답했습니다. 저는 남편들이 돈을 부인한테 주고 맡겨버리면 편한 것을 왜 골치 아프게 움켜쥐고 있는지 이해가 되지 않았습니다. 한번은 제가 술자리에서 "공부하기도 골치 아픈데 부인에게 맡기지 왜 그러느냐"라고 하니까 그 동기생은 "너는 몰라서 그런 이야기하는데, 네 부인은 네가 달라는 대로 다 주지만 우린 안 준다. 다른 사람들과 안 어울릴 수는 없고 돈 달랄 때마다 싸우게 되는데 너도 한번 당해 봐라"라고 했습니다.

아파트가 영내에 있어 육대유치원에 딸아이를 보냈는데, 하루는 딸아이가 무엇을 사 달라고 하여 함께 아파트 매점에 들어가 보니 뜻밖에도 제가 처음 부임했던 21연대의 6중대장이셨던 신 대위님이 계셨습니다. 신 대위님은 월남전 참전 후 귀국하여 6중대장으로 근무하다가 대대의 GOP 투입 전 크레모어 교육 중, 설치되어 있던 크레모어가 폭발하여 중상을 입고 후송되시었는데 이후 예편하시어 매점을 운영하고 계신다고 하였습니다. 신 대위님의 부인은 천사처럼 착하고 포근하신 분으로 짧은 기간이지만 따뜻하게 잘 해 주셨는데, 옛 생각에 딸을 데리고 매점에 자주 가게 되었습니다.

어느덧 마지막 과정인 연대 및 사단 전술과 대부대 작전을 연구하는 전술학 과정이 끝나고 졸업 전 실시되는 전방 실습으로 보병 12사단에 가게 되었습니다. 저는 실습조 사단의 작전참모 임무를 맡아 풍광을 즐기거나 아는 사람을 찾아 술 한 잔 해보기는커녕 세미나 및 발표 준비를 도맡아 거의 1주일간 밤을 새우다시피 하였습니다. 마지막 전체 토의 시에는 사단 대표로 발표하여, 우리 조가 등급 'A'로 평가되는 성과를 얻었습니다. 실습이 끝나고 학교 복귀 후 전술학 과정의 마무리에 들어갈 즈음 장교들은 논문 제출 시한이 다가옴에 따라 논문을 점검하고 있었습니다.

육군대학의 논문 평가는 논문의 주제와 논거에 대한 질과 수준을 평가하기보다는 논문 작성의 서식을 지켰는지 주석 등을 충실히 달았는지 와 같은 논문 작성 요령에 보다 중점을 두고 평가합니다. 그래서 개중에는 입교 전 사전 논문을 작성, 대학 주변의 논문전문가들에게 조언과 검토를 받아 완성된 논문을 가지고 입교하는 장교들도 있다고 들었습니다. 그런데 저는 미적거리다가 논문 제출 마감 전날인 일요일, 맞은편에 사는 저와 똑같이 엉터리 짓을 한 동기생과 둘이 마주 앉아 일요일 08시부터 월요일 07:30까지 꼬박 23시간 30분 동안 논문을 작성, 아침도 굶고 교실로 달려가 제출하였습니다. 결과는 글씨도 잘 못 쓰는 데다 '주'를 한 개도 달지 않았는데 교관이 배려를 해주었던지 E학점이 아니라 D학점을 받았습니다.

당시 제 논문의 주제는 '북괴군 공격 시 주공 재 판단'이었습니다. 이를 요약하면 북괴군이 주공을 서부전선에 지향하리라는 기존 판단과 달리, 제1단계는 북괴군이 중부전선에 주력을 집중, 아군 방어종심을 돌파 후 공격 방향을 우선회하여 수도권 광역 포위망을 형성 아군의 주력을 포위할 것으로 판단하였습니다. 그리고 2단계는 태백산맥을 따라 침투하는 침투 부대와 주공을 후속하던 제2제대가 연계하여 현재의 영동고속도로 선에서 주공을 초월 후 원주, 안동, 부산 방향으로 직진하리라 판단한 것입니다. 이런 경우 아군의 취약점과 대응책을 분석한 후 북괴군이 주공을 서부에 두었을 때와 중부에 두었을 때, 상호 유·불리 점을 비교하여 주공을 중부에 투입할 것이라고 결론지었습니다.

그로부터 1년 후 제가 육군대학의 적 공격 전술 교관으로 있을 때 국방연구원(KIDA) 주관으로 한국군의 적정 전력 규모 산정을 위한 워 게임(war-game)에서 제가 북괴군 총사령관 역할인 대항군 사령관으로 참가하여 제 논문의 이론을 적용하여 O시간 만에 한국군 방어선을 모두 돌파하고 급속 남하함으로써 게임이 중단되었습니다. 다시 5년 후에 미 국방정보국(DIA)이 수십 명의 전문 인력을 투입하여 예산 사업으로 북괴군의 공격 양상을 분석한 결과 내린 결론은 제 논문과 정확하게 일치하였고 이 내용이 국내 일간신문에 제목 위주로 소개된 바 있는데, 이후 한국 방어 계획은 많은 검토와 모의 훈련을 거쳐 상당 부분 보완 정리되었습니다.


육대의 모든 과정이 끝나고 졸업 전에 학생 장교들은 이순신 장군의 전적지답사와 울산, 포항 등지의 산업 시찰, 경주 관광을 하게 되었습니다. 육대 입교 초기 약 석 달 정도는 사 소령과 꼭 붙어 다녔고 제 모든 동기생 모임에도 항상 동행하였던 관계로 사 소령도 언어나 분위기에 많이 적응하였고 발도 넓어져, 저는 부담감에서 벗어나 미국 장교들과도 자주 어울리게 되었습니다. 제 입장에서 미군들은 월남전 참전 시 생사를 함께 하였던 전우들이었고, 6군단 근무 시에도 미군 장교들과 자주 어울려 친근감이 있었을 뿐 아니라 의사소통에도 부담이 보다 적었기 때문입니다.

그러던 어느 날 사 소령이 제게 따져 물었습니다. "남 소령은 내 스폰서인데 왜 미군장교들과 더 가까이 지내느냐"라고. 저는 "내 아내보다 너하고 더 붙어 다니지 않았느냐. 지금은 너도 많이 적응이 되었고, 미군장교들도 다 같은 동료들인데 어울리는 게 당연하지 않느냐" 했더니 그래도 기분 나쁘다고 했습니다. 이 일이 있고 난 후에는 저도 어쩔 수 없이 조심하였는데 전적지 답사 시 미군장교들이 모두 제 앞자리로 와 뒤돌아 앉아서는 연속적인 질문을 해대서 저는 이들과 계속 함께 이동하면서 설명을 해주었는데 사 소령의 눈치가 보여 궁리 끝에 설명을 영어로 한번, 한국말로 한번 반복하여 무난히 넘겼습니다.

성웅 이순신 장군에 대하여는 어렸을 적 어머님으로부터 옛날이야기로 많이 들었고, 중학교 다닐 때 아버님 서재에서 노산 이은상 저 〈충무공 이순신〉을 한두 번 보았지만 이때는 한자가 많아 정작 내용의 1/10도 다 이해하지 못했던 것 같습니다. 또 생도 때 충무공 정신에 대한 육군본부 정훈 교재를 본 것이 전부인 수준으로 그저 민족의 성웅으로 막연히 존경했을 뿐입니다. 그런데 한번은 제가 부산 군수사 근무 시에 사령관님의 지시로 문서를 총장실에 전달하고 부대 복귀를 위하여 통일호에 탑승하였을 때 옆자리에 정복 차림의 미 육군 대위가 있어 서로 인사를 하고 이야기를 나누게 되었습니다. 그 대위는 부산의 하야리아 미 병참 보급창에 근무하는 장교로서 미8군에 다녀온다고 하는데 웨스트포인트 출신으로 임관은 저보다 1년 후배였습니다. 사관학교 출신들은 국적에 상관없이 선후배 기수를 따지는 버릇들이 있는데 저는 그날 선배는 고사하고 장교 체면도 제대로 지킬 수 없을 정도의 창피함을 느껴야 했습니다. 그 대위는 자기소개 등 개략적인 인사가 끝나자마자 바로 이순신 장군에 대한 토의를 시작하였습니다. 그 당시 저의 이순신 장군에 대한 지식은 학문적인 지식이 아니라 정훈 교육에서 얻은 정도로 "1차 옥포해전, 2차 당포해전, 3차 당항포해전 하며, 한산대첩에서의 학익진, 명량해전에서 12척(13척)으로 적선 334척 격파" 하는 어린이 위인전 내용의 수준이었습니다. 그런데 그 대위는 각 해전의 배경과 당시 해류 및 해안의 조건, 상대적 전투력, 피아 군함 및 화포의 장단점과 취약점, 적용된 전쟁의 원칙과 지휘 결심의 적절성 및 전투 결과와 교훈 등 완벽한 해전사(海戰史)를 제시하면서 제 의견을 묻고는 자기 견해를 이야기하며 평가를 요구하였습니다.

부산이 가까워지자 저는 솔직하게 "군인으로서 네가 존경스럽고 나 자신이 부끄럽다. 나도 열심히 연구하여 이다음 만나면 보다 전문가다운 토의를 할 수 있도록 하겠다"라고 이야기 하면서 어떻게 이순신 장군의 해전사(海戰史)를 연구하게 되었느냐고 물었습니다. 그러자 자기는 생도 시절에 이순신 장군의 해전사를 배웠고 이때부터 이순신 장군을 존경하게 되었다고 하였는데, 참으로 부끄러운 일이지만 우리 육사에서는 해·공군 전사를 가르치지 않습니다. 저는 그날 받은 충격으로 당장 이순신 장군 관련 서적들을 구입하여 나름대로 읽기 시작했고 그 이후 지금까지 이순신 장군의 〈난중일기〉를 제 손에서 놓아본 적이 없습니다.

대영제국의 기초를 튼튼히 하여 영국의 영웅이 된 넬슨 제독은 여왕으로부터 일반 국민에 이르기까지 거국적인 성원과 국력을 기울여 뒷받침하는 지원을 받으며 피차 비등한 전력으로 프랑스와 싸워 이긴 것입니다. 그러나 이순신 장군은 선조의 질시와 의심, 원균의 모함, 이에 동조한 서인들의 폄훼, 몇몇 상관의 몰이해와 잘못된 지시 등과 싸우며 스스로 함선을 건조하고, 화포를 주조하며 화약을 생산하고 활과 화살 등 무기를 제작해 가면서 군사를 모아 훈련하고, 보급을 받기는커녕 소금을 구워 팔고 둔전과 어업을 하고 해상 통행세를 받는 등 자력갱생에 더해 조정의 소요를 대주며 싸운, 전사에서 전무후무한 군인입니다. 이렇듯 최악의 지휘 및 전투 환경에서 23전 23승 무패를 기록한 이순신 장군님은 문자 그대로 성웅이시며, 인류 역사상 그 어느 누구도 장군님의 오른쪽에 설 수 있는 지휘관은 없습니다.

러일전쟁 당시 일본의 군신으로 일컫는 도고 헤이하찌로가 동해해전에서 승리 후 이를 자축하는 파티 석상에서 영국의 신문기자가 도고에게 "이순신 장군에 버금가는 승리"라고 치켜세우자, 도고는 "넬슨에 나를 비교하는 것은 가(可)하지만 이순신 장군에 비교하는 것은 가하지 않다"라고 단언하였습니다. 도고가 가장 존경하며 숭배하는 우상이자 롤 모델이 이순신 장군이었던 것입니다. 이러한 저의 상세한 설명에 시간이 경과될수록 미군 장교들의 질문은 점점 많아졌고 사 소령에게 이중으로 설명하다보니 관광은커녕 몸이 파김치가 되어 몸살을 앓았습니다.

이 기회에 한마디 여담을 말씀드리겠습니다. 제가 전역 후 모 대학의 초청으로 안보 강연 중 이순신 장군에 대하여 언급하고 있을 때였습니다. 자신이 그 지역 전교조의 부위원장이라고 밝힌 50대가 "그것이(임진왜란 시 해전의 승리) 민초들의 빛나는 승리지 어떻게 이순신의 승리냐?" 하고 대들 듯 질문하였습니다. 그래서 저는 "선생님이시니까 저보다 더 잘 아실 것 같아서 질문하는데 그러면 23전 23승의 이순신 함대와 단 한 번 싸움에 전멸한 원균 함대와의 차이점이 무엇인가요?" 하고 반문하였습니다. 이에 질문자가 꿀먹은 벙어리가 되자 저는 "최고 지휘관을 제외한 예하 지휘관들, 참모들 군관들, 그 연전연승의 승리에 빛나는 민초들뿐만 아니라 함선과 화포, 화약, 화살, 군량 등 단 하나도 차이 없이 똑같았습니다. 전쟁에서 병사들을 임전무퇴의 용사로 만드는 것도 지휘관이고 그렇게 죽음을 무릅쓰고 용감히 싸우던 병사들이 총 한 방 못 쏘고 도망가다 등 뒤로 총 맞고 헛되이 죽음을 당하게 만드는 것도 지휘관입니다. 그러므로 **군에서 승패의 모든 책임은 오직**

**지휘관에게 있는 것**입니다"라고 힘주어 가르쳐주었습니다.

이윽고 모든 과정이 끝나고 졸업이 임박해 왔습니다. 그런데 그 당시 자유 중국은 외국에 나가는 장교들의 가족 동반이 금지되어 있었습니다. 그렇지 만 저는 육대 졸업식에 사 소령의 가족을 초청하는 초청장을 작성하여 육대 총장님의 서명을 받아 주한 자유중국 대사, 주 자유중국 한국 대사, 자유중 국 국방장관과 지상군 사령관 앞으로 보냈습니다. 그런데 산업 시찰에서 돌 아온 후 일 주일간의 워게임 교육을 마치고 모든 교육 과정이 종료되어 갈 무렵 자유중국에서는 사 소령이 군사 외교에 탁월한 공로를 세웠다 하여 국 방부 장관이 왕복 항공권과 여비를, 지상군 사령관은 격려금을 직접 전달하 며 사 소령의 부인을 보내주어서 1년 3개월 만에 가족이 만나 행복한 졸업 식이 되었습니다.

당시 육대나 병과학교의 교관은 선호 보직이었고, 일정한 자격 조건을 구 비하는 것 외에도 해당 학처의 추천이 있어야 했는데 제 경우 특별히 추천 해줄 만큼 인과관계가 있는 선배 교관은 없었습니다. 또 저는 전방 사단 연 대의 작전 주임을 원했고 육본과 군수사 등 후방에 오래 있었던 관계로 당 연히 전방 사단으로 갈 것으로 믿고 있었습니다. 그러던 차 육군대학 특수 학처 교관으로 명령을 받아서 확인해보니 졸업 성적 1, 2등은 본인의 의사 에 관계없이 무조건 교관으로 분류된다고 했습니다.

## 나. 특수학처 적 공격 전술 교관

교관이 학처에 보직되면 가장 먼저 하여야 할 일이 연습 강의를 준비하는 것입니다. 교관이 되기 위하여는 지명된 대령급 학·처장과 담당 과목과 관 련되는 교관들로 구성된 연습 강의 심사관들에 의하여 실시되는 연습 강의 를 통과하여야만 했습니다. 그래야 교관 자격과 휘장을 수여받고 교관으로 서의 임무를 수행할 수 있게 됩니다. '학교 교육의 질'은 '교관의 질'에 좌우되고 교관의 질은 바로 이 연습 강의의 질적 수준에 달려있는 만큼, 연습 강의의 중요성은 아무리 강조해도 결코 지나치지 않습니다.

연습 강의 준비 기간은 해당 학처의 강의 일정에 따라 대략 1~2개월 정도가 주어지는데 저에게는 다음 학기 강의 일정 관계로 약 한 달의 기간이 주어졌습니다. 저는 기간 중 과목의 내용을 전부 소화하는 것은 물론 적 전술 교리에 대한 배경과 그 논리적 근거 및 과거 전쟁 사례, 연관 사항, 참고 이론 등 전체를 망라하여 교재와 교안을 작성하고, 강의 연습을 하는 등 나름 준비를 별 어려움 없이 하면서 중간 중간 주무 교관으로부터 점검을 받았습니다.

그런데 하루는 저를 잘 아는 선배 교관이 저에게 찾아와 연습 강의 주심 사관인 학·처장을 사전에 찾아뵙고 조언을 듣는 것이 관례인데 제 성격에 안 할 것 같아 특별히 와서 얘기해 준다고 하였습니다. 저는 고맙다고 말하고는 인사를 하러 가지는 않았습니다. 모든 준비는 순조롭게 진행되었지만 일은 엉뚱한 곳에서 터졌습니다. 주무 교관은 저에게 연습 강의 준비 기간이 짧고 연습 강의 시간이 통상 네 시간 정도로 제한됨으로 전체를 하기는 어려우니 5·6장은 빼고 1~4장까지만 완벽하게 준비하라고 하였습니다. 하지만 저는 나름대로 자신 있게 1~6장 전체의 강의 준비를 마치고 연습 강의에 임했습니다.

연습 강의는 주심 사관의 지정에 따라 제가 강의를 하고 이어서 30여 명의 관련 교관이 질문하면 답하는 방식으로 저의 강의 내용과 과목 이해 정도, 강의 수준, 교수법 전반을 하나하나 분석 평가하는 식으로 진행되었습니다. 별 어려움 없이 제가 강의를 진행해 나가는 동안에 4장이 끝나고 5장의 강의가 시작되려는 순간 주무 교관이 느닷없이 주심 사관에게 "준비 기간이 짧아 우선 지난번 말씀드린 대로 4장까지만 준비하였습니다"라고 했습니다. 저는 당황하여 "강의 준비를 끝까지 다 하였으니 계속하겠습니다" 하였는데도 주심 사관은 일어서더니 연습 강의 종료 즉 '불합격'을 선언하고는 나가버렸습니다. 그러자 주무 교관은 사전에 주심 사관과 4장까지만 하는 것으로 양해가 돼서 그렇게 하기로 약속이 된 것인데 하면서 "인사를 안 드렸느냐"라고 화를 냈습니다. 그러나 저는 그 덕분에 일주일 더 여유 있는 시간을 얻어 밤잠도 안자고 아내가 교실로 날라다 주는 밥을 먹으며 연습 강의 준비를 더 했습니다. 그것이 오히려 저 자신에게나 저에게 강의를 들은 학생 장교들에게 크게 도움이 되었을 것이라고 긍정적으로 생각하고 있습니다.

저는 2차 연습 강의 후 교관 자격을 부여받고 육대 27기부터 강의에 들어가기 시작하였는데 학생 장교는 육사 23기부터 27기에 해당되는 임관 연도의 장교들이었습니다. 저는 강의 중 중요 내용은 수시로 질문을 던져 이해 정도를 파악하면서 암기가 아닌 이해를 요구하였고 과정 평가에 임하여서도 암기가 아닌 이해 정도와 수준을 묻는 문제를 내겠다고 계속 반복 강조하였습니다. '전술의 원칙'을 저는 이렇게 정의합니다. **"모든 전술의 원칙은 군사적 천재들의 머릿속에서 나온 이론이 아니라, 전쟁터에서 죽어가는 군인들이 자기의 뼛조각을 부러뜨려 몸에서 흐르는 피를 찍어가며 써 내려간 전사자 영혼들의 뼈저린 체험담"**이라고. 따라서 전술의 원칙은 암기한 내용을 기계적으로 전쟁터에 적용하는 것이 아니고, "죽고 죽이는 전쟁터의 처절한 경험에서 왜 그러한 원리들이 도출되었는지를 완벽하게 이해하고 이를 자신의 전술적 사고 속에 용해시켰을 때만 이 원칙을 전장에 창의적으로 응용하여 최소 유혈로 작전 목적 달성 할 수 있으며 이것이 바로 전술을 연구하는 이유입니다.

육대 시험은 출제관이 사전 지명되는 것이 아니라 출제관 소집 직전에 불시에 지명되어 부정소지를 원천적으로 차단하는데, 일단 출제관으로 지정되면 별도의 출제실에 들어가 채점이 끝나고 성적이 공시될 때까지는 완전히 격리된 생활을 하게 됩니다. 그 안에서 숙식하면서 문제를 출제하고 인쇄하며 채점하고 평가결과분석보고서를 작성하는 등, 거의 7~10일 동안 햇볕을 보지 못합니다.

저는 첫 강의 후 곧바로 출제관으로 지명되어 문제를 출제하면서 제가 강의 시에 강조하였던 대로 여러 전술 원칙의 암기가 아니라 그 이유를 설명하도록 하는 방향으로 출제를 하였습니다. 예를 들면 북괴군 공격 전술의 특징은, (1) 주공에 과도한 집중 (2) 제파식 공격 등 아홉 가지가 있는데 통상적으로 문제를 '북괴군 공격 전술의 특징을 기술하라'라고 출제합니다. 그에 비하여 저는 북괴군 공격 전술의 특징 1~9번을 기술해주고 이중 "1번, 주공에 과도한 집중을 하는 배경과 이유, 전술적 장단점과 이용 가능한 취약점 및 대응책에 대하여 논하라" 하는 식의 논술형 두 문제를 출제하였습니다. 그러면서도 장교들이 통상 전쟁의 원칙 같은 것은 단어의 첫 머리만 암기하던 타성을 의식하여 논술형 두 문제 외에 기술형 열 문제를 출제하였습니다. 배점은 논술형 각 40점씩 80점, 기술형 각 2점씩 20점을 배정하였으나 만일을 고려, 답안지에 배점을 명기하지는 않았습니다.

그런데 그때 제가 만일 이러한 안전 조치를 강구하지 않았더라면 교관직에서 물러나야 했을지도 모릅니다. 제가 출제한 시험 평가 시간은 그날의 마지막 시간이었습니다. 그런데 평가가 끝날 무렵이 되자 철조망이 둘러쳐지고 보초가 24시간 지키고 있는, 창문이라고는 옆 건물의 지붕 위로 하늘의 조각구름만 보이는 감방같이 완벽하게 격리된 출제실에 앉아서도 밖의 소란스러움이 느껴질 정도로 학생 장교들의 격앙된 분위기를 느낄 수 있었습니다. 출제실에 출입할 수 있는 유일한 인원인 출제위원장이 전해주는 이야기는 논술형 문제에 거의 손을 대지 못한 학생 장교 중 일부가 연습 강의를 준비 중이던 다른 교관에게 정답을 물었는데 그도 속 시원하게 답을 해주지 못했다고 합니다. 이에 교관도 풀지 못하는 어려운 문제로 학생 장교들을 골탕 먹이기 위하여 일부러 출제했다는 식의 감정적 이야기가 급속도로 확산되면서 장교들 분위기가 학교에 항의할 정도로 격앙되어 있다는 것입니다. 제가 생각하기에 보나마나 ① 여태껏 습관화된 암기 타성과 ② 알음알음의 과거 출제 경향에 대한 정보를 바탕으로 제가 강의 중 그토록 반복 강조하였던 사항은 아예 고려조차 하지 않았던 것 같았습니다.

학생들의 분위기가 심상치 않았던지 평가실장으로부터 힐난성 전화가 왔지만 제가 모두 책임질 터이니 전혀 신경 쓰지 말라고 장담한 후 감독관으로부터 전달된 답안지 중 다섯 장을 골라 가채점을 해보니 평균 17점밖에 나오지 않았습니다. 바꾸어 말하면 100점 기준 백분율로 따진다면 장교의 60~70%가 D학점이었고 10여 명은 E학점으로 장교 부적합심사위원회에 회부되어야 할 상황이었습니다.


저는 초등학교 시절 추석 때 입으라고 준비해 놓은 옷을 고집을 부리고 입고 나가 전쟁놀이를 하여서 온통 철망에 찢기고 진흙탕에 뒹군 옷차림으로 집에 들어간 일이 있었습니다. 이때 마침 준비를 마치고 고향에 추석 쇠러 집을 나서던 집안 누나가 제 꼴에 화가 나서 꿀밤을 주는 것을 참지 못하고 대들었습니다. 이를 보신 어머님께서 미루나무를 꺾어 드시는 것을 보고는 겁이 나서 안방으로 숨어들었습니다. 그런데 저를 뒤따라 들어오시다가 제가 재봉틀 밑에 숨어 있는 것을 보신 어머님은 정말로 화가 나서서 종아리에 피멍이 들 정도로 대여섯 차례나 때리셨습니다. 이때 어머님께서 하신 말씀은, "네가 아무리 어려도 명색이 큰일을 해야 할 사내자식인데 이렇듯 뒷일을 생각하지 못하고 막다른 골목에 숨는 그런 미련한 녀석이 앞으로 무슨 큰일을 하겠느냐. 그래, 이제는 어디로 피할 거냐. 어디로 도망갈 수 있는데?"였습니다. 그때의 어머님 말씀은 제 평생의 교훈이 되었고 제가 무슨 일을 할 때마다 습관적으로 그 다음을 생각해 보고 결론이나 결정을 내리는 것이 버릇이 되었습니다.


가채점 결과를 본 출제위원장은 당황해하셨지만 저는 제 복안대로 논술 문제는 각 10점, 객관식 문제는 각 8점으로 배점을 조정하여 채점하고 점수를 종합해보니 A 5%, B 25%, C 65%로 학교 표준에 부합되는 평가결과보고서를 제출할 수 있었습니다. 이러한 배점이 가능했던 것은 객관식 문제들이 OX나 ( ) 넣기가 아니라 제(諸) 원칙과 이론에 대한 기술형 문제들이었기 때문입니다.

닷새 후 성적이 공시되고 제가 출제실에서 풀려나 밖으로 나가자 학생 장교들 모두가 저에게 수고했다고 말했는데 이들의 관심사는 출제 경향이 아니라 점수였습니다. 저는 정규 과정 2개기와 소령급의 반 정도가 육대 교육을 받지 못하는 현실을 개선하기 위하여 신설된 3개월 단기 교육 과정인 참모 과정 3개기를 교육시키고 육대를 떠났습니다. 그래서 제 '시도'의 영향이 얼마나 지속되었는지는 모르겠지만, 제 교육 기간에는 장교들이 그 출제 방향에 맞게 공부하였던 성과에 아쉽지만 만족하고 있습니다.

저는 늘 부하 장교들에게 이렇게 강조하고 있습니다. 아주 심하게 과장하여 표현한다면 **"전쟁이나 전투는 장교들의 머릿속에서 이미 결정된 승패를 병사들이 피 흘리면서 전쟁터에서 입증하는 것일 뿐!"**이라고. 그로부터 얼마 후 저는 새로이 입교하는 학생 장교들의 수준을 평가하는 '소양 평가' 시험 출제관으로 지명되어 출제실에 들어가게 되었습니다. 제가 다른 교관들의 동의를 얻어 출제한 1번 문제는 '애국가를 4절까지 적으시오'였습니다. 지금은 모든 행사장에서 애국가 4절까지 제창하고 있지만 당시는 어디서든지 애국가 1절만을 제창했습니다. 이 시험 문제는 그 후에도 계속 출제되어 육대에 입교하려는 장교들의 필수 준비 사항이 되었습니다. 전쟁터에 선 병사들은 눈물을 흘리면서 애국가를 부릅니다. 그리고 아마도 죽어가면서도 마음속에 애국가를 부르면서 죽어갈 것입니다. 전쟁터에서 바라보는 지평선 상의 가물거리는 **태극기는 단순한 깃발이 아니라 사랑하는 부모 형제와 처자식의 얼굴이며 삶의 희망이자 조국을 위해 기꺼이 죽어 가리라는 다짐입니다.**

군인의 본분은 '조국에 대한 헌신과 봉사'이며 이는 자기희생을 그 본질로 하는데 저는 이 가치를 실천하기 위하여 노력하며 살아왔다고 생각합니다. 그러다보니 제 처자식의 희생이 너무 컸습니다. 뿐만 아니라 세월도 변하여 일방적인 희생의 강요가 받아들여지지 않는 세상이 되었을 때 -제가 참모총장 시절- '장교들과의 대화 시간'에서 저는 "장교들은 임무를 위하여 자신을 버려야 함에도 동시에 생활인으로서 한 가정을 책임진 가장이다. 이렇게 서로 반대되는 모순된 개념을 어떻게 조화시켜 나가야 할 것인가?"라며 혼란스러움을 토로한 바 있었습니다. 제 생일은 아예 생각조차 해본 일도 없었고 처자식의 생일은 평생 잊고 살았지만 부하들의 생일은 기억해 주려고 발버둥 치며 살아온 삶이었습니다. 제 처자식은 제 코앞에서 밥을 굶고 있는지도 모르고 살았지만 부하들의 가정은 끼니가 끊길까봐 걱정하며 살아왔습니다.

저는 군수사 근무 후 늘 〈난중일기〉를 손에 들고 살았는데 이순신 장군님은 제 마음속의 영원한 우상이지만 한 가지는 도저히 이해할 수 없었습니다. 저는 옛 병서를 통해 "무릇 장수는 출전에 임하여 그 가족을 잊고, 전쟁터에 이르러서는 그 승부를 잊으며, 접전에 임해서는 그 생사를 잊는다"라고 배웠습니다. 그러나 이순신 장군님의 〈난중일기〉를 읽어 보면 전쟁을 수행 중인 전선(戰線)의 지휘관이 하루도 빠짐없이 어머님에 대한 걱정, 처자식 걱정, 심지어는 날씨가 나쁠 때 배를 타고 길 떠난 노비들 걱정까지 온통 가족들에 대한 애끓는 사랑과 염려로 가득 채워져 있습니다. 그동안 저는 이 점에 대하여 아무리 생각해도 결론을 내지 못하고 있었는데 여기 구치소에서 지내면서 그 답을 얻었습니다. 제가 해답을 얻기 위하여 수십 년간 고심했던 그 질문의 답은 의외로 간단한 것이었는데, 그것은 바로 **"가족의 확장된 집합이 조국"**이라는 것이었습니다. **전쟁터에 선 군인들은 조국이라는 이름으로 형상화된 내 부모 형제 처자식들의 오늘과 내일을 위하여 나의 오늘을 버린다는 것을 이제야 뒤늦게 깨닫고 회한의 눈물을 흘렸습니다.**

자기의 가족을 사랑하지 못 하는 사람이, 자기의 가족을 위하여 기꺼이 죽음을 감수할 수 없는 사람이, 어떻게 조국을 위하여 그 목숨을 바칠 수 있겠습니까? 이는 불가능하며 한갓 허구에 불과한 것입니다. 이제야 **이순신 장군의 그 애끓는 가족 사랑이 바로 애끓는 나라 사랑의 충정이었음을, 그래서 기꺼이 조국, -사랑하는 내 가족-을 위하여 죽어갈 수 있었음을 깨달은** 것입니다. 제가 월남에서 태극기를 보고 애국가를 부르며 눈물 흘리는 병사들을 보았을 때 이러한 의미를 몰랐었지만, 그리고 육대에서 애국가 4절까지 쓰라는 문제를 출제했을 때도, 오늘 뒤늦게 깨달은 이 의미를 몰랐지만 장교들은 애국가를 4절까지 알고 있어야 할 것 같았습니다.

채점해보니 4절까지 안 틀리고 정확하게 써낸 장교는 200여 명 중 단 한 명이었고 2절까지 쓴 장교도 그렇게 많지 않았습니다. 그러나 그 후 이 소문이 퍼져서 그 다음 기부터는 거의 전부가 4절까지 써내게 되어 이 문제는 소양 평가의 보너스 점수가 되었습니다. 이윽고 교관 아파트에 빈자리가 생겨 다시 교관 아파트로 이사를 하였는데 이 집의 전 거주자는 바로 저를 자유 중국 장교 스폰서로 임명하여 힘들게 했던(?) 학생단장이었습니다.

교관 생활을 시작한 지 몇 달 후 그날은 학처 대항 교관체육대회가 열릴 예정이었는데 아침에 대통령 시해 뉴스가 있었다는 이야기가 있었습니다. 텔레비전도 라디오도 없던 시절이라 뛰어나가 확인해보니 사실이었고 모든 행사가 취소되었습니다. 그로부터 두 달 후 일어난 12·12사태로부터 그 다음 해 5월까지의 기간 중 학교의 분위기는 어수선하였습니다. 1980년 5월, 언론 보도에 의하면 "김대중 선생 석방하라"라는 슬로건으로 촉발된 광주의 시위 현장이 "경상도 군인이 전라도 사람 씨를 말리려 한다", "공수단 군인들이 임산부의 배를 대검으로 갈랐다"라는 식의 듣기에도 끔찍한 소문으로 확산되어가고, 예비군 무기고에서 무기를 탈취하여 무장한 일단의 군중이 광주로 집결하였다는 뉴스가 보도되기 시작하면서 시위 양상이 점차 걷잡을 수 없이 격화되는 것으로 전해질 무렵입니다.

　난데없이 학처장이 교관 회의를 소집하더니 다짜고짜 저를 지목하여 "광주 폭도들의 폭력 사태에 대한 무력 진압의 당위성"에 대한 발표 준비를 하여 전군 순회 교육을 할 수 있도록 하라는 것이었습니다. 그러나 소위 "광주 폭도들의 폭력 사태에 대한 무력 진압의 적법성 내지 정당성"에 대한 순회 교육을 하는 것은 전혀 제 임무가 아닙니다. 그래서 저는 일언지하에 거절했습니다. "그 임무는 내 임무가 아니다"라고 말입니다. 그러자 학처장은 언성을 높였고 저는 저대로 못하겠다고 설왕설래하던 과정에서 처장의 입에서 어처구니없게 "시위 학생들이 먼저 군인들에게 폭력을 행사하였기 때문에 무력으로 이를 진압하는 것은 당연한 것이고 따라서 합법적"이라는 이야기를 하면서 제게 순회 교육을 강요하였습니다. 그래서 저는 질문했습니다. 국가 공권력의 정의와 공권력 행사 조건 및 그 범위가 무엇인지를 말입니다. 그래서 두 가지만 이야기하겠다고 전제한 후 "첫째, 어느 국가든 무장한 채 정부에 대항하는 시위대는 당연히 진압하여야 한다. 그러나 이는 정당하고 합법적이어야 하며 다수에 의한 위력 시위로 충돌을 최소화하면서 평화적으로 진압하여야 한다. 그런데 현재와 같이 살상과 파괴를 주 임무로 훈련된 특전사 병력을 투입한 것은 잘못된 것이다. 둘째, 어떠한 이유로든 폭력을 행사하는 것은 군인의 임무가 아니다. 군인은 준비된 힘과 전투에서의 승리를 통하여 나라와 국민을 지키는 전투원들이지 상대가 나를 때렸기 때문에 나도 폭력을 행사하는 폭력 집단이 아니다. 내가 롬멜 장군을 존경하는 이유는(내 책상 위에 이순신 장군과 롬멜 장군 사진이 언제나 놓여 있었기 때문에 학처장교들은 다 알고 있습니다.) 그가 전투에서 승리하는 상승장군이었기 때문이 아니라 프랑스 레지스탕스에 의하여 독일 병사 한 명이 희생될 때마다 무작위로 프랑스 국민 세 명씩을 사살하라는 히틀러의 명령을 거부했기 때문"이라며 나는 단호하게 "순회 교육을 거부 한다"라고 이야기한 후 회의장을 떠났습니다.

그 다음 날 교수부장님이 저를 부르시더니 걱정스러우신 얼굴로 "보안대장과 사이가 어떠냐?"라고 물으셔서 "저는 동기생이지만 생도 때 중대가 달랐고 임관 이후에도 만난 적이 없어 여기서 처음 보는데 사이가 특별히 좋을 것도 나쁠 것도 없습니다"라고 하였더니 고개를 갸웃거리면서 "한 번 찾아가보라"라고 넌지시 충고해 주셨습니다. 그래서 저는 "감사합니다" 하고 나왔는데 그 이틀 후 저는 출근하지 말라는 통고를 받았습니다. 이어서 그 다음 날 인사과로부터 교관 직위 해임과 동시에 제101보충대 대기 명령이 내려갈 것이니 그렇게 알고 있으라는 통보를 받았습니다. 간단히 말하면 보충대 전역 대기 명령이었던 겁니다.

후에 알게 된 사실이지만 제 죄목은 '특전사의 투입을 공공연히 비난하였음과 전두환 장군을 히틀러에 빗대어 공개적으로 비판'하였다는 것이었습니다. 저를 지목하여 순회 교육을 하려 하였던 이유는 제가 하나회를 배반한 데 대한 징벌 적 목적이었다고 하는데, 이는 후일 보안대원으로부터 들은 이야기로 정확한 내용인지는 모르겠습니다.

그 당시의 잊히지 않는 일이 한 가지 있습니다. 저와 함께 육대 교관으로 남았던 육대 25기 수석 졸업의 24기 선배는, 1980년 5월 16일 모처럼만에 휴가를 얻어 처가가 있는 광주에 갔다가 5월 18일 시위가 확산되자 급거 귀교하였는데, 이것이 사전에 시위대와 서로 연결되어 시위 계획 수립에 참여한 것(?)이라는 말도 안 되는 혐의를 씌워 그 후 한직을 전전하다가 대령으로 예편하였습니다.

저는 이미 모든 것을 각오하고 있었기에 담담하였지만 아내에게는 차마 말할 수가 없었습니다. 제가 배운 것이라고는 오로지 군대밖에 없어서 "차라리 결혼이나 하지 말걸, 무엇을 해서 먹여 살리지"하는 태산 같은 걱정이 제 가슴을 짓눌렀습니다. 다음날 저는, 정상적으로 출근하는 것처럼 집을 나와 소주 한 병을 사들고 진해 속천 바닷가를 찾아 하루 종일 앉아 있다가 퇴근 무렵 집에 들어가 평소와 다름없이 반기는 아내의 밥상을 -점심을 굶었던 터라- 맛있게 비우고 난 후 설거지를 끝내고 들어오는 아내를 붙들고 이야기를 꺼냈습니다.

"사실 나는 일본 소설 〈불모지대〉에 나오는 관동군 참모 이키 다다시 중령처럼 재벌회사의 기획실에 들어가 세계 시장을 주름잡아 보는 것이 꿈"이라고 말입니다. 그러자 조용히 미소 띤 얼굴로 잠자코 제 이야기를 듣고 있던 아내는 "우리나라는 군 출신들을 써주지 않잖아요"라고 말했고 그 한마디에 저는 입을 다물고 말았습니다.

그 다음 날도 똑같이 소주 한 병을 사들고(두 병 살 돈도 없었습니다.) 바닷가에 나갔다가 저녁에 집에 돌아와 "사실 나는 섬마을선생님이 꿈이었는데 우리 그렇게 살까?" 하였더니 이번에는 싱긋이 웃던 아내가 "당신은 교직 과목을 이수하지 않아서 교사 자격증이 없잖아요" 하였습니다. 그 말에 저는 또 입을 다물었습니다. 그런데 '섬마을 선생' 노래는 들을 때마다 제가 월남에서 전사한 소대원을 생각하고 매번 눈물을 흘려서 아내가 지정한 저의 금지곡입니다.

사흘째 또 소주 한 병 사들고 나갔다가 집에 들어와 "내가 농사를 지으면 아주 잘 지을 거야. 농사나 지을까?" 하였더니 아내는 "농사도 좋지만 땅이 없는데 어떻게 농사를 짓느냐"라고 했습니다. 그 소리에 참고 참았던 화가 폭발하여 저도 모르게 "그러면 무엇을 어떻게 하라는 말이냐"라고 소리를 질렀습니다. 사실은 제 행동이 말이 안 되는 것이, 학교에서 있었던 일 하고 전역 대기 발령받은 것을 아내에게 전혀 알리지도 않고 엉뚱한 소리만 하다가 화를 낸 것입니다.

그때 아내가 한 말 한마디, **"당신은 아직 장교이니 장교로 살면 되지 않아요. 내일은 또 내일 할 일이 있겠지요"**라는 이 말은 그 이후 25년간 제 군 생활의 좌우명이자 신념이 되었습니다. 내일 전역할망정 오늘 이 순간 "나는 아직 대한민국의 육군 장교이고 그러니 장교답게 살자"라고 다짐하면서 매일을 "이 보직이 내 군 생활의 마지막 보직이고 오늘이 내 군 생활의 마지막 날"이라고 생각하며 유종의 미를 맺자고 하루하루 혼신의 노력을 다하여 미친 듯 최선을 다해 왔습니다. 그러므로 그 말 한마디는 오늘의 제가 있도록 하게 해준 '힘의 원천'이었는데, 그동안 고맙다 소리 한번 변변히 못했습니다. 이 자리를 빌려 아내에게 진심으로 감사함과 함께 사랑의 마음을 전합니다.

그로부터 8년 후 제가 11사단 참모장 시절, 지난 이야기를 하다 육대 이야기가 나와서 그제야 그때의 이야기를 하며 "말을 안 해주어 미안하다"라고 했더니 아내가 웃으면서 "여자들 입이 얼마나 빠른데요. 사실은 당신보다 먼저 알았는데 당신이 이야기를 하지 않아 모르는 척했을 뿐"이라고 하면서 "가족인데 어떻게 그 일을 모를 수가 있겠느냐"라는 아내의 말에 뒤통수를 세게 한 방 맞은 기분이었습니다. 이렇게 되어 저는 교관 임기를 다 채우지 못하고, 다니던 대학원도 휴학한 채 살림을 그대로 두고 아내와 딸아이는 친정으로, 저는 원주 101보충대로 쫓기듯 진해를 떠났습니다. 이때를 시작으로 제가 존경하던 육사 출신다운 육사 선배님들 거의 모두, -군을 이끌어 가야 할 참 군인들이자 탁월한 인재들이- 대한민국 정책 분야의 최고봉인 육사 11기 이범천 장군님, 작전통인 육사 11기 리병구 장군님 등 많은 장군과 대령급 장교가 한직으로 내몰리든가 줄줄이 군복을 벗어야 했습니다. 특히 위에 말씀드린 두 분에 대하여는 제 경험과 알려진 일화를 말씀드릴까 합니다.

이범천 장군님은 육군 최고의 정책통으로 알려져 있습니다. 이 장군님은 생도 11기이므로 상급생이 없던 상황에서 연대장 생도가 되어 생도대의 기강을 확립하며 동기생일지라도 규범에 반하는 생도에 대하여는 가차 없는 징벌을 행했습니다. 그래서 동기생들도 무서워할 정도로 육사 생도대의 역사와 전통을 창시한 전설적 인물입니다. 그러나 가까이에서 대할 때는 그렇게 도 따뜻하고 인간적일 수 없을 정도로 정다운 분이십니다. 이 장군님은 제 가 참모차장 전속부관 시절 국군 전력 증강의 산실이었던 80위원회를 실질 적으로 책임지고 이끄셨는데 마침 제가 육대 교관으로 학생 장교들을 이끌 고 전방 실습을 간 제5보병사단장으로 계셨습니다. 이범천 장군님께서는 육 대 학생 장교들의 전방 실습 파견 신고를 받는 자리에서 피를 토하는 어조 로 "나라를 지키라고 국민들이 어렵게 모아 준 세금으로 사준 무기를 들고 적을 향해서가 아니라 엉뚱하게 정부를 향하여 들이대어 불법적으로 정권 을 탈취한 이 썩어 빠진 정치군인들을 본받지 마라. 그리고 혹시라도 그러한 마음이 든다면 즉각 군복을 벗어라. 군인의 본분은 나라를 지키는 것이지 나라를 도둑질하는 것이 아님을 명심해라"라고 훈시하셨습니다.

저는 이 장군님을 잘 알 뿐 아니라 존경하였던 터이지만 너무 놀라서 사 단장님과 둘이 앉아 소주잔을 기울이게 되었을 때 "사단장님, 아무리 옳은 말씀이라도 하실 말씀이 따로 있고 때와 장소에 따라 가려서 하셨어야지 오 늘 지나치셨던 것 아닙니까?" 하고 말씀드렸습니다. 그런데 이 장군님은 눈 하나도 깜짝 않으시고 "야! 남재준 너는 나보다 몇 배나 더한 녀석인데 너도 그런 이야기를 할 줄 아냐? 군대에서 승리 아니면 패배만 있듯 군인에게 있 어서 옳으면 옳고 틀리면 틀린 것이지 중간은 없는 거다"라고 하셨습니다.

후일 제가 국방부 동원국에 있을 때 이 장군님을 꼭 필요로 하는 상황이 되어 국방 정책을 이끌어가는 국방부 정책관으로 근무하고 계셨는데, 가끔 저를 부르시고는 하셨습니다. 그런데 하루는 전화로 "남재준 저녁에 뭐 있 나?" 하시어 없다고 하였더니 이따 내 방에 오라고 하셔서 함께 저녁 식사를 하였습니다. 그러나 그 다음 다음날 뇌출혈로 돌아가셔서 그것이 마지막 만 찬이 되었습니다. 이 장군님같이 대범하고 틀이 크셨던 분도 그 스트레스를 이기지는 못하셨던 것 같은데 만일 이범천 장군님이 참모총장을 하셨더라 면 그 군인 정신과 순수한 육사 혼, 뛰어난 역량으로 우리 대한민국 육군 장교단은 그리고 육사 출신들의 정신 자세와 그 평가로 우리의 육군은 오늘과는 전혀 달랐을 것입니다.

또 한 분은 같은 육사 11기로 리병구 장군님입니다. 리 장군님은 대한민국 육군 유수의 작전 통으로 알려져 있는데 그 틀을 가늠하기 어려울 만큼 크신 분으로 배포와 소신 또한 비교할 사람이 없을 정도입니다. 그러나 제가 작전 보좌관 시절 사단장님으로 모셨기 때문에 그 시절의 이야기를 할 때 말씀드리도록 하겠습니다.

늘 형님과 형수님 내외분의 건강과 다복하심을 기원 드립니다. 건강하게 지내십시오.

동생 재준 올림

## 16. 보병 제11사단 작전 보좌관

**존경하며 자랑스러운 형님께**

코로나로 운동이 중단되어 방안에서만 지낸 날들이 두 달도 넘어 가는데. 제 조그만 방안에서는 하늘조차 보이지 않아서 이제는 하늘에 떠도는 구름의 모습마저도 기억 속에 희미합니다.

저는 보충대 대기 기간 중 내무반 침상에 멍하니 걸터앉아서 할 일도 없이 시간을 보내다가 갑갑하면 행정반에 들려서 행선지를 말해주고 시내를 한 바퀴 돌면서 기한 없는 대기 생활을 시작하였습니다. 그렇게 무료하게 시간만을 축내고 있던 어느 하루 한 병사가 급히 뛰어 들어오며 "남 소령님, 명령이 났습니다"라고 하였습니다. 저는 전역 명령이 내려왔나 보다고 지레 짐작하며 재결통보서를 받아보았습니다. 그런데 어찌된 일인지 '제101보충대 군번 OOOOO 소령 남재준, 제11보병 사단 부'라고 적혀 있었습니다. 그 순간 징징거리던 저에게 "아직 장교이니 장교답게 살면 되지 않겠느냐"라던 아내의 조용한 미소 띤 얼굴이 떠올랐습니다.

보병 제11사단 부의 재결 통보를 확인한 저는 서둘러서 잡낭 하나를 달랑 들고 홍천으로 향했습니다. 지금은 원주~홍천 간 넘어야 하는 삼마치 고개가 직선화되어 30분 정도밖에 걸리지 않지만 당시는 버스로 약 두 시간이 소요되었습니다. 저는 홍천에 내리자마자 택시를 잡아타고 사단사령부로 들어갔습니다. 그 후 들은 이야기는 다음과 같습니다. 작전참모가 건강 등의 여러 사유로 참모 업무 수행이 어렵지만 진급을 고려하여 임기 만료 시까지 보직은 그대로 두되 참모를 대신할 수 있는 작전보좌관(소령)을 데려오라는 명령을 받고 고심하고 있었다고 합니다. 그런데 때마침 제가 101보충대에서 무보직 대기 중임을 알게 되어 사단장님께 보고하며 데려오기는 어려울 것 같다고 말씀드렸답니다. 이 보고를 받으신 사단장님께서 저를 당장 데려오라고 엄명하셔서(훨씬 후에 들은 이야기로는 이를 아신 김용휴 장군님이 당시 보안사령관 박준병 장군을 움직여), 상당한 진통과 어려움을 겪은 끝에 명령을 낼 수 있었다고 하였습니다. 이렇게 하여 제가 제11보병 사단 작전보좌관으로 보직을 받고 구사일생으로 살아났는데, 만일 사단장님이 그 '천하의 리병구 장군님'이 아니었더라면 저는 보충대 대기로 군복을 벗었을 것이 분명합니다.

여기서 잠깐 제가 들은 사단장님의 일화 한 가지만 말씀드리려 합니다. 전두환 대통령이 국보위 상임위원장 시절 헬기편으로 동해안으로 향하던 중 갑자기 태백산맥의 기상이 악화되어 되돌아오다가 동기생인 11사단장 리병구 장군을 만나고자 홍천의 항공대에 착륙할 것임을 무전으로 알려왔답니다. 그런데 마침 일과 후 홍천의 한 식당에서 참모들과 식사 중이시던 리병구 사단장님은 일직사령으로부터 이 보고를 받고는 "일과 후에는 일직사령인 자네가 사단장이니 자네가 나가서 영접해" 하고 전화를 끊고 태연하게 다시 자리로 돌아와 화기애애하게 회식을 이어갔다고 합니다. 이 이야기를 들은 전 국보위원장은 홍천에 들리지 않고 그대로 서울로 갔다고 하는데 리 장군님은 그 탁월한 능력에도 불구하고 사단장 보직 만료 후 종합행정학교장직을 마지막으로 전역하셨습니다.

제가 날아갈 듯한 마음이 되어 사단장님께 신고를 드리고 작전처에 내려가 보니 교육보좌관과 작전 장교 등 소령과 대위 모두 여덟 명이 보직되어 있다고 하는데 장교들은 하나도 보이지 않았습니다. 그래서 예하 부대 방문을 나갔으려니 생각하면서 기다렸는데, 오후 서너 시가 되어서야 하나둘씩 들어왔습니다. 때마침 독신 장교 숙소(BOQ) 관리실에서 방을 배정해 놓았다는 연락을 받았으므로 시내에 나가 침구 및 필요한 비품들을 구매하고는 늦은 저녁으로 칼국수 한 그릇을 사먹고 드러누우니 만감이 서리면서 이것이 꿈인가 생시인가 하는 생각을 하며 잠들었습니다.

그 이튿날 영외 독신 장교 숙소는 식당 운영을 안 하여 아침을 굶고 출근하여 상황 보고 회의에 참석한 후 처부에 돌아와 보니 장교들이 또 하나도 보이지 않았습니다. 한참을 기다리다가 이상한 생각이 들어 그 이유를 물어보니, 전에 작전참모가 결산이 끝나면 결산 서류를 가지고 퇴근하여 식사를 한 후 저녁 20~21시쯤 사무실에 와 그제야 결산 내용과 다음 날 하여야 할 과업을 지시하고는 아침까지 보고토록 하여 매일 밤을 꼬박 새우기 때문에 아침 회의가 끝나면 모두 자러 갔다가 저녁때나 되어야 사무실에 온다고 하였습니다. 어디서 자느냐고 하니 교보재 창고에서 잔다고 했는데, 저는 그 이야기를 듣고 기가 막혔습니다. 매일 밤 야근하는 것을 내세우기 위하여 그러한 일들이 있다는 것을 이야기로는 들어 보았지만 실제 있으리라고는 상상도 해보지 않았기 때문입니다.

그래서 우선 제 업무 파악 방식대로 처부 내의 모든 서류를 업무 유형별로 상급 부대에서 하달된 공문, 사단에서 보고/하달한 공문, 예하 대에서 보고된 공문을 포함, 모든 서류와 계획 및 예규를 갖다 놓고 필요한 것은 지도를 대조해가며 업무 파악을 하였습니다. 이 방법이 가장 정확하고 효율적이어서 저는 하급 제대의 참모 직위에 부임 시 별도 업무 보고를 받지 않았습니다.

그날도 오후 세 시가 넘어서 장교들이 들어오자 모두 제자리에 앉도록 한 후 간단히 제 소개를 하고 짐짓 모르는 척 다음 날 아침까지 하여야 할 업무들이 있는지를 물어보니 모두들 저녁 결산서 및 다음 날 아침 상황 보고 자료 외에는 다른 것이 없다고 하였습니다. 그래서 결산 및 아침 상황 보고 내용을 간단히 작성해서 30분 내로 제출토록 하였습니다. 제 이야기에 장교들은 어처구니없다는 듯 불만스런 표정들이었으나 개의치 않고 빨리 하도록 채근하는 한편 결산서와 다음 날 회의 자료 초안을 상황실에서 파악한 내용으로 작성한 후 장교들의 보고 내용을 추가 보완하여 결산 보고서를 작성하였습니다. 그리고 제가 돌아올 때까지 자리를 뜨지 말도록 단단히 다짐해 두고는 참모장실 결산에 참석한 후 돌아와 보니 모두 자리에 있었습니다.

장교들은 그 시간에 저녁 식사를 하고 야근 채비를 하였던 시간인데 저때문에 저녁을 굶게 되었다고 불만이 가득한 얼굴들이었습니다. 저는 야간 상황 장교에게 아침 상황 보고서 초안을 주고 이를 준비토록 지시한 후 전부 5분 이내 퇴근 준비하고 처부 앞으로 모이되 퇴근하지 않는 장교는 용서하지 않겠다고 엄포를 놓았습니다. 모두 데리고 퇴근하기 위하여 부대 정문을 나서니 장교들은 의아한 듯 저를 쳐다보며 따라왔습니다. 전입신고 겸 내가 저녁을 사겠으니 단골집이 있으면 가자 없다고 하여 시내로 나가 BOQ 옆에 있는 조그만 식당으로 들어가 BOQ 관리관의 주선으로 외상을 할 수 있도록 양해를 얻은 후 돼지갈비에 소주를 시켰습니다.

그렇지만 장교들이 잘 먹지를 않아 왜 그러냐고 묻자 식사 후 또 사무실에 들어가야 하는데 술을 먹으면 일을 못 한다는 것이었습니다. 그래서 저는 진지한 표정으로 "앞으로 검열, 점검, 지도 방문 또는 긴급 사항이나 훈련 등의 꼭 필요한 사유가 없는 한 야근은 없다. 모두 정시에 출근하고 정시에 퇴근하되 자신이 진급할 능력이 없는 무능한 장교라는 것을 나에게 입증하려면 야근을 해라. 약속하건데 내가 지시하거나 내 허락을 득하지 않은 야근은 기록해 두었다가 내 이름을 걸고 반드시 평정에 반영하겠다"라고 선언하면서 모두 한 잔씩 들게 했습니다. 저는 평소 술을 강권하지는 않았는데 이때만은 예외의 경우였습니다. 그러자 분위기가 바뀌면서 속마음들을 털어 놓기 시작하였습니다.

그날 식사 후 모두 집으로 돌아가 모처럼 집에서 가족들과 함께 보내고 이튿날 출근 버스로 출근한 장교들이 아무런 하자 없이 아침 상황 보고 회의로부터 업무가 정상적으로 돌아가는 것을 보자 차라리 신기한 표정들을 지었습니다. 이어서 제가 오전 열 시부터 오후 세 시경까지 조는 장교들은 가차 없이 지적하고 잠을 깨우는 잔소리를 한 열흘 가까이 한 결과 겨우 밤낮이 거꾸로 된 올빼미형의 그릇된 업무 방식을 고치게 되었고 장교들도 얼굴에 조금씩 생기가 돌며 업무에 활력이 붙기 시작했습니다.


그로부터 약 2주 후 우연히 놀랍게도 제가 중령으로 진급된 것을 알게 되었습니다. 하루는 장교식당에서 점심 식사를 하던 중 인사처에 근무하는 대위가 "작전보좌관님은 중령 계급장을 몇 월에 다십니까?" 했습니다. 저는 잘못 알고 하는 소리인 줄 알고 "나 진급 안했는데?"라고 대답하였더니 이상하다는 표정으로 저를 쳐다보고 고개를 갸웃거리고는 식사를 마치고 나갔습니다. 사실 저는 진급은 고사하고 진급 심사 대상이 되었는지조차 모르고 있었을 뿐 아니라 전역 대기 중이어서 꿈도 꾸어본 일이 없었습니다.

제가 식사 후 처부로 돌아와 업무를 보고 있었는데 아까 진급을 이야기 하던 장교가 명령지 철에서 따로 떼어낸 명령지를 들고 와서는 여기 분명 남재준 소령이 있는데 군번을 확인해 왔으니 동명이인인지 확인해보라는 것이었습니다. 저는 명령지를 보는 순간 어안이 벙벙해지고 말았습니다. 군번을 볼 것도 없이 육사 25기에는 남재준이 저 하나뿐인데 진급자 명단 중 동기생들 이름 앞부분에 제가 있었던 것이었고(명단은 군번 순으로 나옴) 또 그 장교가 확인해 온 군번이 제 군번이었습니다.

그 소문이 나서 제 사정을 모르는 장교들 간에 "자기가 진급된 것도 모르고 다니는 이상한 장교"라는 소리가 돌았는데 저는 솔직하게 진급은 실감이 나지 않았고 진급보다는 군복을 입고 장교 생활을 몇 년 더 할 수 있다는 것과 그래서 처자식을 조금 더 오래 먹여 살릴 수 있게 됐다는 것이 그렇게 기쁠 수가 없었습니다. 그 당시는 육군 전체가 어수선하던 시기여서 계급이 낮은 소령-중령 진급 대상자까지는 부적격자 명단이 미처 정리되지 않아 제 심사일 무렵까지는 이 명단이 육본 인사참모부에 통보되지 못하였다는 소리를 후에 들었는데 이는 단지 전해들은 이야기이므로 사실 여부는 모릅니다.

저는 처부의 업무 체계가 어느 정도 정상을 찾았고 또 각종 계획과 규정 및 기간 중 업무와 장차 해야 할 과업들을 파악하였다고 판단하자 매일 야간에 장교 한 명을 교대로 대동하고 사단 예하 각 부대를 방문하여 병력들을 따라다니면서 경계 실태와 교육 훈련 실태를 파악하기 시작했습니다. 보병 제11사단은 군 예비사단으로서 교육 훈련을 주된 과업으로 합니다. 그래서 제가 중·소위 시절에는 11사단을 와리바시(나무젓가락의 일본말) 사단이라고 불렀는데 여기에는 11의 뜻 외에도 하도 훈련을 많이 하여 나무젓가락처럼 바짝 말랐다는 풍자도 포함되어 있었습니다. 그도 그럴 것이 군 예비임무 수행을 위한 작전 훈련이나 진지 공사 시에는 강원도 전역을 도보로 걸어 다니면서 진지 투입 및 방어나 역습 훈련, 진지 공사들을 하였기 때문입니다.

저는 이렇듯 예하 대의 능력과 취약점 및 훈련 환경 등을 파악하는 동시에 사단의 현상을 진단, 평가 및 숙지하면서 제가 하여야 할 추가적 과업, 즉 사단의 방향을 조정 또는 수정 보완하거나 임무를 추가, 변경하여야 할 사항들을 간략히 요약, 정리하였습니다. 이와 동시에 간부들의 업무 성향과 장·단점, 업무 실적 등을 파악하는 한편 장교마다 제가 특별히 관심 갖고 체크하거나 지도해야 할 고벽들을 머릿속에 정리한 후 우선 처부의 업무 행태부터 바로 잡아 나갔습니다.

그 첫째는 계획성 있는 업무 수행 자세입니다. 이를 위하여 상급 부대나 지휘부의 지시 사항 수령 시에는 반드시 본인의 처리 복안 및 처리 기한(단계와 일자 명시)을 공문 여백에 연필로 기재하여 제 결제 시 보고토록 함으로써 업무의 경중완급을 구분, 효율적으로 과업을 수행하도록 하였습니다. 그리고 그 장교가 보고된 단계별 처리 기한을 준수하는지 여부를 지속적으로 체크함으로써 그 장교의 상황 파악 정도와 복안 수립 및 업무 처리 능력과 그 수준을 평가하여 계속 지도하여야 할 요소들을 확인하고 이를 차후 지도에 활용하였습니다. 이렇게 하니 자연적으로 일과 중 사적인 일로 불필요한 시간의 비효율적 낭비를 제거하고, 근무 기강을 확립할 수 있었습니다.

이와 동시에 지나간 업무 수행철을 보면서 매 업무의 요점들이 정확하지 못하였던 점에 주목하여, 당분간은 업무 지시를 할 때나 상급 부대 공문 결재 시에는 업무 수행 개념을 축약된 개략 계획 형식으로 초안을 잡아서 첨부해주었습니다. 그럼으로써 실무자는 빈칸 채우기 식으로 공문을 완성토록 하고, 가져온 공문 중 수정 사항은 제가 못 쓰는 글씨로 수정, 삽입, 삭제, 보완하고 서명한 후 그대로 참모장, 부사단장, 사단장님의 결재를 받았습니다.

그러자 처음에는 얼떨떨한 표정으로 신기하게 저를 바라보던 장교들의 눈초리가 생생하게 변하는가 싶더니 근무 태도에 놀라운 변화가 일어났습니다. 장교들은 이제껏 간단한 공문도 통상 서너 번을 기각당해 고치고 또 고치고 하여 처음부터 소위 '빠꾸(퇴짜)' 당할 것을 생각해서 대충 기안하는 것이 습관화되었다고 말했습니다. 이는 비능률의 극치로 그 이유는 두 가지입니다. 첫째는 참모 선에서 실무자에게 정확한 지침을 명백히 주지 못하고 실무자가 작성해온 것을 보고서야 마음에 들지 않는 부분을 지적하기 때문에 그러한 비능률이 발생하는 사례가 많습니다. 이는 실무자의 잘못이 아니라 업무를 지시한 그 상관(참모)의 잘못입니다. "군대에서 모든 상급자는 그 하급자나 부하들의 교관인 것입니다." 둘째는 이렇게 몇 번을 왕래해서 작성된 기안 문서들이 또 지휘부에 가서 반려되게 마련인데, 이는 참모가 지휘관 의도에 적중하지 못한 데서 기인하는 것입니다.

이러한 업무 행태는 업무 수행의 질을 저하하고 노력 낭비와 비효율성을 증대시키며 처부 원들의 사기를 저하시키고, 간부들의 업무 수행 능력 계발 기회를 박탈함으로써 전반적으로 부대의 전투 준비 태세 및 전투력 수준에 지대한 악영향을 미치게 됩니다. 그렇게 한 달 가까이 처부를 이끌어 가다보니, 업무 수준의 향상은 물론, 장교들의 자세에서도 자신감과 성취욕, 열성을 엿볼 수 있었고 처부 분위기 또한 대단히 생기발랄하여져 업무 수행이나 일 처리 속도가 신속해져서 흡족한 마음이었습니다.

어느덧 달이 바뀌어, 일본의 야마모토 이소로꾸[山本五十六] 제독이 하와이의 진주만을 기습 공격하여 태평양전쟁을 촉발했던 12월 8일, 저는 예하 훈련 부대와 행동을 함께 하며 이동하고 있었습니다. 그런데 무전병이 무전기를 가져와 사단 상황실에서 저를 찾는다고 했습니다. 무전을 받아보니 육군본부로부터 전화가 와서 RW중계기(Radio-wire 중계기)로 연결해 주겠으니 잠시 기다리라고 하였습니다. 저는 그 당시 제가 모시던 차장님도 전역하셨고 하여 육본에서 전화가 올 일이 없어서, 혹시 또 제 보직에 문제가 생긴 것은 아닌지 조금 걱정하면서 기다렸습니다. 그런데 그 전화는 육본 교육 참모부장 보좌관으로 새로 부임한 동기생 임종천 소령으로부터 온 것이었습니다. 임 소령은 "너의 집에 전화를 해보니 네 아내가 딸을 낳았다는데 딸 낳았다고 서운해 하지는 마라"라고 이야기하였습니다. 저는 얼떨떨해져서 어떻게 알게 되었는지를 물으니, 제가 예편당하지 않고 11사단 작전보좌관으로 간 것을 육본에 부임해서 알았고 그래서 축하한다고 전화해주려는 기회에, 집에서 혹 제게 전할 소식이 없는지 물어보려고 전화했다가 알았다는 것이었습니다.

그 동기는 아들을 무척 원하였으나, 그 아내가 세 번째 또 딸을 낳았을 때 홧김에 술 먹고 딸 낳았다고 투정하다가 장모님과 아내에게 한 소리를 들었다고 알고 있습니다. 그래서 저도 아들이 아니어서 서운하게 생각할까 봐 위로해준 것 같으나 저는 한 번도 아들, 딸을 가려본 일은 없습니다. 제가 둘째라 부담이 없어서였는지는 모르겠으나, 아무튼 딸의 출생 소식이 무전을 타고 날아와 무척 기뻤습니다. 그래서 임 소령에게 몇 번이나 고맙다고 이야기하고 무전을 끊은 후, 날아가는 기분으로 앞서간 훈련 부대를 따라갔습니다.

그로부터 얼마 안 되어 사단 아파트에 입주 차례가 되어 사단장님 허락을 얻어 혼자 진해로 내려갔습니다. 제가 학생 장교로 1년, 교관으로 1년 3개월가량 근무하였던 육군대학은 예전과 다름없었지만 왠지 낯설어 보였습니다. 사전에 계약한 트럭에 짐을 다 실었을 즈음, 소식을 듣고 달려온 동기생 정중민 소령과 자주 가던 생맥주집에 가 맥주 한 잔으로 회포를 풀고는 자기 집에서 자고 가라는 정 소령을 따돌린 후 제 살던 아파트에서 남겨 놓았던 담요 두 장으로 새우잠을 자고, 아침 식사는 앞집 김타웅 소령 집에서 신세를 졌습니다.

후에 들으니 굳이 정 소령을 따돌리고 제 집에서 잔 것을 모르는 정 소령 부인은 제가 혹 엉뚱한 짓을 한 게 아닌지 오해하여 집사람에게 알려주었다고 합니다. 가장 친하게 지냈던 사이에 침구 준비까지 해 놓았는데 다른 잘 곳도 없을 사람이 도망을 갔으니 혹 그렇게 생각할 수도 있었겠습니다만 그 당시 제 입장에서는 정 소령 집에서 잘 수가 없었습니다. 그렇지 않아도 그가 저와 친한 것을 모두 알고 있는데, 이사하러 가서까지 다른 동기들은 아무도 만나지 않고 -찾아보았어도 외면했겠지만- 정 소령 집에서 자고 갔다면 동기생인 육대 보안대장이 또 무슨 죄목으로 정 소령에게 위해를 가할지 몰라 걱정되었기 때문입니다. 제 친한, 그리고 기간 중 제 처지를 진심으로 가슴 아파하여 어떻게 해서든 도와주려고 노력하며 걱정해주던 단 한 명의 동기생이자 친구가 저로 인하여 피해를 입게 할 수는 없었던 것입니다.

다음날 김 소령 부인(같은 남 씨로 평소 친근하였습니다.)이 새벽 일찍이 일어나 해준 아침밥을 먹고 홍천을 향하여 출발, 오후 늦게 아파트에 도착하여 처부 장교들의 도움을 받아 짐을 옮긴 후 며칠을 두고 틈틈이 살림살이를 대충 정리하였습니다. 사실 짐이라야 별것이 없었으나, 쓰던 연탄집게에 행주며 걸레까지 아내가 얼마나 꼼꼼하게 절약하며 어렵게 살았는지가 가슴에 그대로 와 닿아 눈시울이 붉어지고 가슴이 먹먹해졌습니다. 저는 연탄을 주문하여 들여놓고 불을 얻어다 방을 덥혀 잠은 아파트에서 자고 다녔지만, 밥은 할 줄도 모르고 시간도 없어 장교식당에서 끼니를 해결하며 20여 일을 지냈습니다.

그러던 어느 날, 제 고등학교 시절부터 단짝으로 지내던 친구 한용갑(작고)이 연락도 없이 찾아와 반가운 마음에 놀라서 뛰어 나가보니 차에 아내와 큰딸 그리고 갓난둥이 작은딸을 태워온 것이었습니다. 이래서 우리 가족은 진해를 떠날 때 셋이었다가 홍천에서 넷으로 만나, 다시 하나가 되었습니다.


당시 육군에서는 겨울 스포츠로 스케이트가 무척 활성화되어 있었습니다. 통상 대대급 이상 부대에서는 논을 빌려 스케이트장을 만들었고, 사단 또는 군단 대항 스케이트 대회가 매년 개최되었습니다. 하지만 그 해에는 사단이 다음 연도 팀스피릿훈련부대로 지정되어 각 연대 대항은 하지 않기로 하고, 사단사령부의 참모부 간부 대항 시합만 하는 것으로 결정되었습니다.

통상 사단에서 체육대회를 하면 거의 업무량과 반비례하여 우승이 결정됩니다. 비교적 시간적 여유가 있는 인사 및 군수참모부가 제일 유리하고, 이어 특별참모부 순이며, 야근을 밥 먹듯 하는 작전참모부는 부진한 성적을 당연시하는 분위기였기 때문입니다. 그래서 저는 스케이트장의 작전참모부 응원석 위에 '작전처의 승리는 보병 제11사단의 수치'라는 현수막을 써서 걸었습니다. 연습은 고사하고 잠도 제대로 못 자는 작전처를 못 이기면 그게 말이 되느냐는 의미로 읽히지만 사실은 반대입니다. 형님은 잘 알고 계시지만, 처부를 인체에 비유한다면 인사, 군수는 심장과 위장에 비유되고, 정보는 감각 기관(눈, 코, 귀), 작전은 뇌에 비유할 수 있으며 특별참모부는 여타 기관, 예하 부대는 팔다리 등에 비유할 수 있겠습니다. 따라서 사람이 잠잘 때도 두뇌는 꿈을 꾸듯이 작전은 24시간 깨어 있으면서 부대 전체를 통할하여야 하고, 과거를 평가하여 오늘을 준비하며 이를 바탕으로 미래의 계획을 발전시켜야 하기 때문에 타 부처에 비하여 업무량이 많을 수밖에 없습니다. 문제는, 효율성에 바탕을 둔 시간과 노력의 집중과 분산입니다. 제가 이끌어가는 작전처도 야근을 하기는 했지만 불필요한 야근은 일체 한 바가 없이 장교들 스스로의 계획과 자발적인 참여로 이루어진 격무였습니다. 그래서 장교들이 하루하루 달라져가는 사단의 모습에 무한한 긍지심을 가지고 높은 사기와 여유 있는 자세로 근무에 임하고 있었으며, 가끔 막걸리도 한 잔씩 하는 멋을 부리고 있었던 터라 저는 우승을 자신하고 분발하라는 의미로 그런 현수막을 걸었던 것입니다. 이를 보신 사단장님은 박장대소를 하시었고 다른 참모들도 맞는 말이라며 분위기를 돋우었습니다.

그러나 당일 제 예상대로 우리 작전처가 우승을 했습니다. 제가 우리 처부의 우승을 기대한 이유는, 군대 축구라는 말도 있듯, 병사들이 참여하는 사단, 군단 대항이 아닌 간부들의 처부 대항이라면 선수급은 고사하고 모두 동네 스케이트장 수준으로 실력들이 고만고만할 것이어서, 사기와 투지가 관건일 것으로 판단하였고, 이에 대하여는 우리 작전처가 발군의 형세였기 때문입니다. 시상하는 자리에서 사단장님은 기분이 좋으시어서 '작전처의 우승은 11사단의 수치'라고 현수막을 걸어놓고 작전처가 우승하면 사단은 무엇이 되느냐고 웃으시며 말씀하시기에, "사단을 분발시켜서 전투력을 향상시키는 것 또한 작전처의 임무입니다" 하고 기세 좋게 말씀드렸습니다. 그날 받은 상금은 둘로 나누어 반은 병사들의 자체 회식과 상황 근무자의 야식비로 쓰도록 하고 나머지를 가지고 저녁을 하기 위하여 나왔는데, 그날 밀린 일을 마무리하고 나오다보니 거의 저녁 아홉 시가 되었습니다.

그 시간에 문을 열어놓은 집이 있을까 하는 마음으로 막 시장 입구를 지나가고 있었습니다. 그런데 조그만 돼지갈비 집에 불이 켜있고 할머니가 밖을 내다보고 있는 것이 보여 그 집으로 갔습니다. 홀에 드럼통 두 개가 덩그러니 놓여 있었는데, 저희가 그날 첫 손님이자 마지막손님 이었습니다. 저희는 자리가 모자라 드럼통 위의 석쇠에 돼지갈비를 구우며 바비큐 식으로 서서 먹었는데 한 번씩 집어먹으니 재료가 떨어졌다 하여 김치 안주에 막걸리로 고픈 배를 달랬습니다.

그 할머니는 아들과 며느리가 일찍 죽고 중학교에 다니는 손녀딸을 데리고 그 손바닥만 한 홀 끝에 있는 좁은 벽난로식의 화덕 위에서 기거 하신다는데, 가게가 워낙 작아서(주변에 좋은 집이 많음) 손님이 거의 없다시피 하고 한 푼도 못 버는 날이 더 많다고 하였습니다. 그 할머니의 사정을 듣고 난 저는 장교들의 동의를 얻어 작전처의 모든 회식은 물론, 야간 교육 감독 및 경계 근무 확인 방문 후 저녁까지도 그 할머니 집에서 하였는데 사전에 대략적인 시간과 인원을 알려주어 우리를 헛되이 기다리시지 않도록 하였습니다.

그 후 할머니는 드럼통 세 개를 더 들여놓아 다섯 개로 가게를 꾸려가셨고, 할머니의 딱한 사정이 소문이 나서 사단의 다른 처부도 소수 인원이 식사를 할 경우, 그 가게를 이용하게 되었습니다. 할머니의 얼굴이 행복한 모습으로 활짝 핀 것을 보며 저 또한 보람을 느꼈고, 이러한 관계는 제가 떠날 때까지 계속되었습니다. 비가 오건 눈이 오건 아무리 늦어도 제가 퇴근할 때까지 불을 켜놓고 밖을 내다보시던 할머니의 모습이 한동안 잊히지 않았는데 그로부터 6년 후, 제가 11사단 참모장으로 부임하였을 때 다시 찾아가 보니 새로 지은 건물에 할머니의 소식은 들을 수 없었습니다.

그 해 연말 회식은 사단 휴양소에서 간단한 식사에 이어 빙고 게임으로 이어졌습니다. 저는 빙고 같은 것에 전혀 흥미를 느끼지 못하는 체질이라 지루한 생각에 바람도 쐬고 흡연도 할 겸 밖으로 나왔습니다. 그러자 처부 장교들이 마시던 술병과 잔, 안주를 모두 들고 제 뒤를 따라 나와서 휴양소 현관홀에 탁자와 의자를 갖다놓고 상을 차려 작전처 회식이 되었습니다. 그런데 잠시 후 화장실 가시려고 나오시던 참모장님이 "나는 안 부르고 너희만 회식 하냐?" 하시더니 국산 양주 세 병을 들고 와 합석하셨고, 한 10여 분 후에는 부사단장님이, 이어서 참모장님과 부사단장님을 찾아 나오셨던 사단장님이 합석하시더니 국산 양주 한 박스를 가져오라고 하시어 전혀 예정에 없던 술자리가 벌어졌습니다. 제가 군 생활 중 음주로 기억이 끊긴 것이 두세 번으로 기억되는데 이때가 처음이었고, 두 번째가 연대장 때였습니다.

그날 밤에 목이 말라 눈을 떠보니 집이어서 아내에게 내가 어떻게 왔는지를 묻자 인사불성으로 몸을 제대로 못 가누는 저를 사단장님이 끌어안다시피 겨우 데리고 와서 자리에 눕혔다고 하여 취중에도 죄송한 생각이 들었습니다. 이튿날 출근 후 처부 장교들을 점검해보니, 위관 장교들은 아무리 술자리라도 사단장님과 부사단장, 참모장님이 어려워서 술을 아주 조금씩만 받거나 사양하였고, 소령이었던 작전 장교는 대취하여 부사단장님이 아파트 앞에서 3층까지 업고 올라가 눕혔다고 하는데 본인은 이를 전혀 기억하지 못했습니다.

그날 오전 일과를 끝내고 점심 식사 시간이 되어 장교식당에 가니, 식사하고 계시던 사단장님께서 "야, 남재준 살았냐?, 그런데 남자가 주량이 그게 뭐냐, 한 서너 병은 마셔야지!"라고 하셨습니다. 제가 양주 한 병반을 마셨다는 소리에 펄쩍 뛰면서 "사단장님, 대 11사단 작전보좌관이 전쟁터에서 전사했다면 모를까, 음주 사망을 한대서야 사단과 사단장님의 명예가 어떻게 되겠습니까?"라고 하여 사단장님의 다음 말씀을 원천 봉쇄해버렸습니다.

그러고 나서 며칠이 안 되어 저녁 참모 회식이 있어 식사하는 자리에서 저는 늘 그렇듯 소고기를 시켜먹고 있었습니다. 그 당시는 보신탕이 소고기보다 값이 비교적 싼 편이어서 비공식적인 참모 회식 등은 보신탕으로 많이 하였는데 저는 냄새도 못 맡는 형편이라 항상 혼자 소고기를 시켜 먹고는 하였습니다. 그런데 그날은 지난번 장교식당에서 제게 당하신 사단장님께서 작심하신 듯 한참 맛있게 먹고 있는 저에게 시비를 거셨습니다.

"남재준, 너는 보신탕도 못 먹으면서 무슨 군인이라고 그래? 군인이면 보신탕도 먹을 줄 알아야지!"

그래서 저는 "사단장님, 개도 족보가 있는 개는 보신탕을 안 먹습니다"하고 말씀드렸더니 사단장께서 펄쩍 뛰시면서 "그럼 내가 개만도 못 하다는 거야!"하고 소리를 지르시어 좌중은 웃음보가 터져 난장판이 되다시피 하였습니다. 저는 불경죄를 저질렀다 하여 소주잔으로 벌주 석 잔을 마셔야 했습니다. 그 무렵이 제가 11사단에 부임한 지 불과 두 달 남짓이었지만 참으로 오랜 기간처럼 추억에 남아 있는 것은 그만큼 제 혼신을 다했던 탓이었던 것 같습니다.


어느덧 1980년이 가고 1981년 1월도 중순에 접어들자, 사단은 팀스피릿 훈련 준비에 눈코 뜰 새 없이 바빠졌습니다. 그것은 훈련 행동을 위한 전술적 준비가 아니라 훈련을 나가기 위한 준비물 때문인데, 요즈음은 거의 관급으로 보급되고 있지만 그 당시는 개인 위장망으로부터 장비 위장망, 천막 위장망뿐 아니라, 급식을 위한 식관, 물통의 보온 대책 등 모든 것을 재료를 구해다가 병사들이 일일이 손으로 그물을 떠서 만들거나 제작하여 썼기 때문에 부수적인 일거리가 본질을 압도하는, 주객이 전도된 양상이었습니다. 저는 훈련 개략 계획으로 사단장 훈련 복안, 계획 지침, 지휘관 지침, 작전 개념, 부대 기동 계획 개요, 화력 운용 개념, 지휘 통신 축선 구성 복안과 준비 일정 계획까지를 망라하여 작성 후 사단장님께 보고 드렸습니다. 사단장님께서는 "알았어, 네가 사단장이라 생각하고 책임지고 해봐!" 하고 한 말씀만 하셨는데, 참모장님으로부터 전화가 와서 사단장님께서 대단히 만족하셨다고 알려주셨습니다.

저는 예하 부대의 최초 전개 및 차후 위치와 기동로, 화기 진지, 각종 보급소 및 보급로, 통신 축선 등을 정찰하기 위하여 도상 연구(지도로 연구하는 것) 후 204항공대의 UH-1/H를 지원받아 항공 정찰을 실시하였습니다. 그러던 중 치악산 정상 바로 후 사면에 오목한 분지가 있고 17~18채의 가옥이 있는 마을이 있는 것을 보고 그곳에 헬기를 착륙시켜서 둘러보고 있었습니다. 그런데 헬기가 내린 것을 본 마을 사람들 모두가 어른, 아이 할 것 없이 달려 나와서 헬기를 빙 둘러싸더니 가장 어른이신 듯한 노인분이 앞으로 나오시어 "6·25 때 미군이 진주(進駐, 군대가 적 지역에 진격하여 주둔하는 것, 1951년 원주 지구 전투 시 미2사단이 원주를 탈환하고 일시 주둔)한 이후 이 마을에 진주한 최초의 국방군(國防軍, 6·25 때 국군을 국방군이라고 했음)"이라고 하면서 "환영합니다"라고 인사 말씀을 하셔서 저는 어안이 벙벙해지고 말았습니다. 전쟁이 끝난 지가 언제인데 대한민국 영토 안에서 느닷없이 '진주한 군인'이 되었기 때문입니다. 그러나 저희를 진주한 군인으로 생각하고 정중히 예의를 갖추어 환대하시는 어르신을 민망하게 해드릴 수는 없어, 월남에서 작전 중 경유하는 마을의 촌장들에게 대하듯 저도 아주 정중하게 말했습니다.

"이렇듯 저희를 환대해주심에 진심으로 감사드립니다. 저희는 오래 이곳에 머무르려는 것이 아니고 지금 훈련 중이므로 훈련 기간 중 며칠 이곳에 부대를 주둔시킬 수 있는지 알아보려고 온 것인데, 공터는 충분히 넓지만 식수와 용수 문제로 어려울 것 같습니다."

그랬더니 동네 어른들 모두가 나서서 자기네들이 물을 길어서 날라줄 테니 걱정 말고 오라는 것이었습니다. 그곳은 경계와 지휘 통신에 유리하고 소산 공간이 충분하며 적의 지상 포격과 항공 폭격으로부터 보호받을 수 있고, 진출입로가 원주 및 제천 양방향으로 열려 있어 큰 제한은 없었습니다. 그러나 사령부 전술지휘소 주둔 시 식수 및 용수 부족이 예상되고, 발전기 설치 시 방음에 어려움이 있어 위치 폭로가 우려되며 좌우 진출입로의 경사와 커브가 급하여 소규모 게릴라가 도로 차단 시 행동의 자유를 박탈당할 수 있어 이에 대한 추가적인 대책과 통신선 보호 대책이 강구되어야 했습니다. 특히 도로 상태를 고려 시 무엇보다도 전술지휘소는 각종 무전 장비들의 대형 차량으로 구성되는데 봄철 기상 불량으로 강우, 강설 시는 기동 불능에 처할 수 있었습니다. 그래서 저는 노인 어른에게 제가 결정할 수 있는 사항이 아니어서 부대에 돌아가 지휘관님께 어르신의 간곡한 말씀을 전하겠다고 말씀드렸습니다. 그리고 이 장교, 저 장교의 호주머니를 털어 모아 용돈을 조금 마련하여 꼬마 아이에게 과자 사먹으라고 준 후 헬기를 이륙시켜 계획된 정찰을 마치고 부대로 복귀하였습니다.


그 후 훈련 간 사단의 지휘소 및 전술지휘소는 그 고지 바로 하단(약 2km 거리) 공중으로부터 은폐되고 지상 포격으로부터 보호받을 수 있는 안흥리 쪽의 공간에 도로와 계곡을 따라 설치하였습니다. 이 소식을 들은 그 마을 어르신들이 그 추운 날, 할머니들은 떡을 해서 머리에 이고, 할아버지는 막걸리를 지게에 지고 그 먼 길을 찾아오셨습니다. 저는 어르신들의 손을 잡고는 눈물이 핑 도는 제 모습을 감추느라 고개를 들지 못했습니다. 그 장소는 그 이후 팀스피릿훈련이 중단될 때까지 백군 부대의 고정적인 사단사령부 지역으로 운용되었습니다.

이윽고 훈련이 개시되고, 우리 사단은 백군이 되어 제1부에서 방어를 실시하다가 지연전 후 반격으로 전환하였습니다. 이때 저는 청군인 제3군 예하 사단이 기존 지방도로(38번 도로) 위주로 병력을 배치하였을 경우 우발 계획으로 발전시킨 기습 공격 계획을 준비하고 있다가 마침 수색 정찰대의 보고로, 제 예상대로 38번 도로에 대전차 방어 위주로 경계 병력이 배치된 것을 확인하였습니다. 확인 직후 이 지역에는 전차 1개 중대에 임시 차량화 편성된 1개 대대를 배치하여 사단의 주공으로 청군을 기만토록 하였습니다.

그리고 38번 도로 우측에 연한 능선 북(北)사면 하단에 나 있는 소로에 불도저 두 대를 선두로 도로 폭이 좁은 커브 등의 폭을 넓히는 동시에 전차 대대 주력(2개 중대 및 본부)과 차량화 보병 1개 대대, 포병 1개 대대 공병 1개 중대로 임시 편성된 기계화 전투단을 투입하여 청군의 주력이 도하하기 이전에 남한강 도하 지점과 물자 집적소를 급습하여 점령해버렸습니다. 청군은 통상하던 습성대로 기동에 가장 양호한 기동로만을 주목하여 방심하고 있다가, 부대가 강의 대안과 차안으로 양분된 상태에서 미처 도하하지 못한 사단 주력이 포위망에 갇히게 되자 상황은 순식간에 엉망이 되어버렸습니다. 그러나 그 당시 3군의 위세는 아주 막강하였던 터라 패배를 인정할 리가 없었고, 우리 사단장 또한 천하의 리병구 장군님이어서 눈치 볼 턱이 없어 쌍방이 팽팽히 맞서자, 할 수 없이 한미연합사령관이 현지에 날아와 승패 판정 없이 상황을 종료시킴으로써 훈련이 거의 하루 정도 일찍 끝났습니다.

그 당시 작전 계획을 제가 입안하고 실행한 것은 맞지만 작전 성공의 공로는 제 몫이 아니라 100% 온전히 사단장님의 몫입니다. 왜냐하면 리병구 장군님이 아니었다면 실행 간 사고 위험성과 실시(實施) 간의 어려움 때문에 결코 그 계획 자체가 실행될 수 없었을 것이기 때문입니다. 그렇다고 해서 제가 병력을 실은 차량이 전복될 경우, 병사 20여 명이 죽을 수도 있는 것을 감수하고 모험을 한 것은 결코 아닙니다. 그 지역 일대를 항공 정찰과 차량 정찰, 도보 답사를 통하여 도로의 토질이 성토층(흙을 돋우어 만든)이 아닌 본래의 퇴적층으로 지질이 견고한 지반(토질이 검을수록 지반이 약하고, 백색일수록 지반이 굳은데 그 지역은 황토로 백색에 가까운 지반)이어서 불도저로 밀고 지나가더라도 안전성이 보장된다는 것을 확인하고 한 것이었습니다.

그럼에도 불구하고 소령에 불과한 저를 믿고 "네 계획대로 시행해!" 할 수 있었던 것은 결코 아무나 할 수 있는 일이 아니었습니다. 이러한 지휘관과 참모 간의 신뢰는 작전 성공의 가장 핵심적인 요소이며 이는 지휘관들이 명심하여야 할 상황으로, 실제 전쟁터에서 지휘관과 참모 간의 불신과 소통의 미흡은 반드시 처참한 실패로 귀결되었음이 전쟁사의 교훈입니다. 팀스피릿 훈련을 끝내고 부대 정비 후 사단은 본연의 임무인 교육 훈련 체제로 복귀하였고, 저는 예하 대의 훈련장을 쫓아다니며 현장 토의, 교육 훈련 지침의 추가적인 발전, 작전 계획과 예규의 수정 보완, 진지 준비 상태 확인 등 일상적인 업무로 바쁘게 지내고 있었습니다.

그 해 초여름, 리병구 장군님은 사단장 임기가 종료됨과 동시에 종합행정학교로 전임되시어 사단을 떠나셨고, 포병 출신의 장군님이 신임 사단장으로 취임하셨습니다. 저는 취임식 당일 개략적인 부대 현황과 당면 업무만을 간략히 보고 드렸고, 그 다음 날 제일 먼저 부대 현황과 작전처 업무 보고를 하도록 되어 있어 준비된 내용을 간략히 점검한 후 업무 바인더를 가지고 퇴근하여 들여다보다가 며칠 밤을 새우다시피 한 터라 일찍 자리에 들었습니다.

그런데 그 다음 날 저를 깨우기에 일어나보니 새벽 다섯 시가 조금 넘었는데 일직사령이 저에게 지금 사단장님이 공관에서 급하게 찾고 계시니 빨리 공관으로 들어가라며 제 차를 아파트 앞에 대기시켜 놓았다고 했습니다. 저는 새로 부임하신 사단장님이 꼼꼼하시다더니 새벽 다섯 시에 공관으로 부르시는 것을 보니 성격도 무척 급하신가 보다 하고 한가하게 생각하며 바인더를 들고 사단장 공관으로 갔다가 눈이 휘둥그레지고 말았습니다. 공관 앞 잔디밭에는 참모 회식 때와 똑같이 상과 음식이 차려져 있고, 사단장님은 물론 부사단장님과 참모장님, 참모들이 기다리고 있었고 제가 도착한 것을 보고는 사단장님 앞에 앉으라는 것이었습니다. 그 자리는 부사단장님 자리 인데……. 저는 영문을 모르는 채 머릿속이 복잡해져버리고 말았습니다.

이윽고 사단장님께서 제게 술 한 잔을 따라주시면서 하시는 말씀이, 동해 안의 GOP대인 88여단 2대대에서 폭행으로 인한 자살 사고에 이어 총기 무장 탈영 사고 등 대형사고 세 건이 잇따라 일어나 탈영병 체포를 위한 작전이 진행 중인데, 군사령관님은 사고 다음 날(며칠 전)에 대대장을 보직 해임 및 구속시키고, 대대장 가용자 자력 카드를 전부 가져오라 하여 저를 후임으로 직접 지명하고는 바로 88여단 2대대장으로 보내라고 하셨다 합니다 (명령 전달이 안 되어 전방 GOP대대장이 탈영(?)한 것이 됨). 그런데 이 보고를 받은 리병구 장군은 "11사단 대대장 자원(저는 군 계획에 11사단 수색대대장으로 분류되어 있었음)을 왜 88여단으로 보내느냐 안 된다고 해!"하고 일언지하에 물리쳤는데, 군에서는 리 장군을 잘 알고 있었던 터라 곧 있을 이·취임식만 기다리고 있었다고 합니다.

이·취임식 전, 전·후임이 서로 인계인수하는 자리에서 리병구 장군님이 제 이야기를 하시면서 저를 붙들고 있어야지 절대 보내면 안 된다고 하시었고, 부사단장님과 참모장님 또한 같은 의견이어서 이·취임식 후 지휘 보고를 드리면서 "제가 완전히 업무를 파악할 때까지 만이라도 데리고 있게 해주십시오" 하고 건의 드렸다고 합니다. 그러자 여태껏 참고 참았던 화가 폭발하신 듯 군사령관님은 "소령 한 놈 없다고 사단장 못하겠으면 사단장 그만두라"라고 하는 한편, 헌병참모에게 저를 체포토록 지시하여 제가 전군에 수배되었다고 합니다.

사단장님께서는 "나도 같이 근무하고 싶지만 어쩔 수 없지 않느냐. 지금 육로로는 이동이 불가능하여 항공대에 L-19을 시동건 채로 대기시켜 놓았는데 곧 군 헌병이 들이닥칠지 모르니 빨리 항공대로 이동하여 출발해라. 항공대까지는 별일 없도록 조치하였다"라는 것이었습니다. 그 자리는 말하자면 '심야의 회식'이 아니고, '여명의 송별 회식' 자리였는데, 저는 아무 할 말이 없어 사단장님께 잔을 돌려드리며 한 잔 올린 후, 바인더를 참모에게 인계하고 모두를 향하여 경례함과 동시에 차에 올라 항공대로 이동, 시동을 걸고 대기 중인 L-19에 올라 아직 어둠이 채 가시지 않은 하늘로 날아올라 홍천을 떠났습니다.

집에서 아내는 무슨 생각을 하며 나를 기다리고 있을까 하는 생각도 잠시, 비행기는 6번 도로를 따라 대관령을 넘고 강릉에서 해안을 따라 양양까지 북상하여 양양비행장에 도착하니(당시에는 동해안경비사령부, 군단급, 지금 8군단). 관제실 건물 앞 공터에 사령관님용 OH-23(조종사 포함 3인승 헬기)이 시동을 건 채 대기 중이었습니다. 제가 L-19에서 내리자마자 동해안경비사령관님(제가 사단장 전속 부관 시절, 사단 참모장)이 제게 다가오셔서 "남재준, 절대로 내가 너를 붙들어 온 것 아니다. 알고 있지? 군사령관님 체포 명령 때문에 헬기를 대기시켜 놓았으니 빨리 여단으로 가라. 차는 나중에 한 잔 하기로 하자"라며 서둘러 저를 쫓으셨습니다. 저는 헬기에 올라 해안선을 따라 북상하여 여단 본부에 착륙했는데 제가 내릴 틈도 없이 기다리고 계시던 여단장님이 헬기에 오르셨습니다.

헬기는 바로 이륙하여 GOP에 있는 대대 OP의 헬기장에 착륙하였습니다. 대대 OP 벙커 입구 앞에 있는 손바닥만 한 공터에 놓여진 조그만 탁자 앞에 서서 지휘관 견장 및 휘장을 수여받고 부임 신고를 함으로써 취임식(?)(대대장교 1명 부사관 3명 대대장 당번병 1명 등 5명이 취임식 참석 인원)을 마치고, 여단으로 복귀하시는 여단장님을 배웅해드림으로써 저는 소령으로 대대장에 취임하였습니다.

이로써 저는 제 경력 상 사고자 후임 긴급 보충 요원으로 소대장 1회, 중대장 2회, 대대장 1회 등 총 4회에 걸쳐 보직되는 신기록을 수립하면서 새로운 임지에서 대대장으로서의 임무를 수행하게 되었습니다.

　형님 내외분의 평강하심을 빌며 오늘은 이만 줄이고 다음 주 서신 올리겠습니다.

동생 재준 올림

## 17. 동해안에서의 대대장 시절

### 가. 보병 제88여단 제2대대장

지난번에는 제가 전방에 투입되어 88여단 2대대 OP에서 장교 1명 등 5명 배석 하에 대대장으로 취임한 것까지 말씀드렸습니다.

지휘관 휘장과 견장 수여로 취임식을 갈음하고 여단장님이 출발하신 후, 저는 OP 벙커로 들어가 상황판에 도식된 상황도 및 지형을 일별하고, 현재 시간 대대의 활동 상황을 파악한 후 상황실과 붙어있는 대대장실로 들어갔 습니다. 대대장실에는 조그만 책상과 의자, 야전침대가 각각 하나씩 있었고,

벽면에 커다란 지도가 부착되어 있는 것이 전부였는데 아무도 전반적인 상황을 보고해 주지 않았습니다. 대대장이 공석 중이던 대대는 다음 날 육대에 입교하여야 할 작전 장교(소령)가 이끌어왔다 했습니다. 정황상 모든 것이 어수선해 보여 차를 불러 타고 지도를 들여다보면서 병력이 배치되어 있는 철책으로 바로 나갔습니다.

대대는 우로 동해안 백사장으로부터, 좌로는 ○○○(해발 1,000여 고지)까지 경계 임무를 담당하고 있어 해발 0m로부터 1,000m까지를 오르내려야 하는 지형이었습니다. 그리고 전방의 시야에는 금강산 주봉인 비로봉을 비롯하여 외금강의 일부와 해금강의 전경이, 나무꾼과 선녀의 전설이 어린 감호(바닷가에 연한 조그만 호수)와 함께 그 뒤의 구선봉 너머 북한의 해군 기지인 장전항의 일부가 눈에 들어왔습니다. 저는 우선 개략적인 지형과 예하 부대의 위치 및 그 배치 지역의 지형적 특성, 소대 단위로 배치된 그 소초의 외관상 분위기만을 훑어보며 대대의 우측 경계 책임 지역으로부터 좌측 끝까지 이동하면서 정황을 파악하였습니다.

그러나 병사들은 야간 근무를 마치고 오전 중 취침 시간이어서 깨우지 말도록 사전 지시를 하였던 관계로 그 시간대에 근무자인 각 소초(소대 초소)의 부소대장들과 중대 행정보급관, 상황병 및 취사병들과만 인사를 나누었습니다. 전반적으로 부대가 활기라고는 없이 바닥에 착 가라앉은 듯한 침체된 분위기였고, 특히 간부들에게서는 근무 의욕을 전혀 찾아볼 수 없었습니다. 저는 속으로 짚이는 바가 있어 부사관들을 만날 때마다 결혼하였는지, 가족이 어디에 있는지, 언제 만났는지, 외박을 언제 나갔었는지를 확인하였는데, 예상대로 GOP 투입 후 8개월이 다 돼 가도록 외박을 거의 나가지 못하여 가족을 만난 것도 5~8개월이 된다고 하였습니다.

당시의 88여단은 보병 4개 대대에 수색 1개 대대로 보병 연대와 비교해 볼 때 대령 연대장 대신 준장 여단장과 전속 부관 및 참모장의 장교 두 명이 더 있었으며 수색중대 대신 수색대대가 편성되어 있는 것 외에는 연대와 차이가 없었습니다. 이에 비하여 그 임무는 전방 GOP에 2개 대대, 해안에 1개 대대(-)가 투입되어 다른 GOP사단과 비교해 볼 때, 그 임무는 세 배나 더 과중되었지만 지원 능력은 연대와 동일하였습니다. 그래서 GOP대대는 GOP에서 철수하여 예비대가 된다 해도 짐만 풀어놓고 곧바로 GOP에 다시 투입되어 진지 공사를 하는 등, 간성에서 살림을 하는 가족들을 거의 1년에 한두 번 만날까말까 하다는 체념과 자조가 섞인 이야기들이었습니다.

제가 담당한 대대의 경계 정면은 제가 중대장 때 근무하였던 사단이 담당한 정면보다 GOP는 OOOm가 더 넓었고, 이에 추가하여 해안 Okm를 담당함으로써 대대가 사단보다 2.9km나 더 넓은 책임 정면을 담당하고 있었습니다. 근래에 노크 귀순, 수영 귀순 등으로 몰매를 맞았던 그 지역이 바로 제가 대대장으로 근무하였던 지역인데, 지금은 사단으로 증편되어 제가 근무하던 때보다는 서너 배 이상 그 능력은 보강되어 있습니다. 그러나 그 이후 소위 군 개혁이라는 명목으로 병력이 대폭 감소되어 대대 병력은 제 때에 비하여 오히려 적은 것 같습니다.

이 시점에서 문제만 터지면 군에 몰매를 때리는 우리나라의 서글픈 풍토에 대하여 몇 마디 말씀드리려 합니다. 며칠 전, 모당의 국회의원이란 자가 '썩어빠진 군대'를 옹호한 국방부 장관을 탄핵하겠다고 하였다는 신문 기사를 보았습니다. 신문에 의하면 그 탄핵의 이유가 공군에서 있었던 여군 부사관 문제라 하였습니다. 제가 군을 일방적으로 옹호하고자 하는 것은 결코 아니지만, 그 많은 인원 중의 한두 명에 관련된 행동과 조직의 행태를 가지고 국방부 장관을 탄핵하여야 한다면 성추행에 관련된 전 지자체장들과 부동산 취득 문제 등으로 떠들썩하게 물의를 일으킨 의원들, 비리에 관련된 정치인들을 옹호하고 나선 이들 집단과 그 수장들은 어떻게 하였는지를 묻고 싶습니다.

그들은 전방 경계에 무슨 문제가 생길 때마다 마치 '과학화 장비'가 전능한 것처럼 이야기하는데, 이는 허구에 찬 넋두리입니다. 인간에 의하여 창안된 모든 것은 인간의 창의와 노력에 의하여 반드시 극복됩니다. 이것은 '창과 방패(矛盾)'와 같은 것으로 무기 체계의 변증법적 발전의 그 동력이 되어 왔던 원리인 것이며, 더욱이 한국적 지형에서는 과학화 감시 장비의 효용성이 일정 부분 제한적일 수밖에 없습니다. 지금 전방에 설치되어 있는 감시 장비는 어느 정도 훈련된 인원이라면 극복할 수 있는 것들인데, 전쟁터에서 감시 장비는 어디까지나 인간의 능력을 보조하는 보조 수단에 불과할 뿐입니다. 그러므로 제가 본 근간의 경계 실패 사건의 본질은 전방 경계 병력의 감축과 대화로 평화를 지킨다고 하는 현 정부의 잘못된 정책의 결과, 군 장병들의 군기 이완과 정신적 긴장 해이가 그 주원인입니다.

그리고 본질적인 문제는 GOP의 개념이 적의 침공을 조기 경보하고 주력을 투입할 때까지 이를 일시적으로 저지하는 개념입니다. 그러므로 소위 물샐 틈 없이 경계하려면 교범상 1인이 야간에 탐지 가능 거리를 고려할 때 인원을 대폭 늘려야 합니다. 그러나 추가적인 병력의 증가가 불가능한 현실적 여건 고려 시, 경계 병력과 과학화 감시 장비의 조화로운 경계 체제를 발전시켜야 함은 물론, 경계 근무 군기를 포함한 병사들의 정신 자세와 사기 및 훈련 수준과 근무 여건 개선 등 전반이 조화될 수 있도록 꾸준히 개선해나가는 노력이 필요한 것이며, 일방적인 몰매만으로 해결될 수 있는 문제는 아닌 것입니다.

한마디 더 말씀드리면 지금 모병제를 이야기하며, 군 병력의 감축을 아주 당연한 듯 이야기하고들 있는데, 비유하자면 남대문시장에 침투해 들어온 사복 차림의 북괴 특수 부대 병력을 레이더로 탐지하여 미사일로 제압할 수는 없습니다. 월남전에서, 당시로서는 첨단 과학화 군이었던 미군이 월맹군에게 승리하지 못하였던 사례에서 보듯 과학화된 수단의 용도는 정상 지형에서의 정규전 상황에 보다 효율적으로 적용되는 것으로 결코 만능이 아님니다. 더욱이 현대 전장과 같은 속도전에서 우리의 동원 속도와 그 보장성을 고려할 때, 세계에서 그 유례를 찾아볼 수 없이, 우리 육군 병력의 55%에 해당되는 20여만 명의(북괴군 전체 병력의 1/5) 비정규전 병력을 보유하면서 110여 만의 병력으로 전·후방 동시 전장화를 기도하고 있는 적에 대하여 36만으로 초전 방어한다는 것은 비대칭 전력을 따지지 않더라도 불가능에 가깝습니다. 그러므로 우리가 **현역을 감축하면 할수록 군민 복합의 군 구조 발전과 동원 즉응 태세의 확립, 예비군 교육 훈련에 보다 더 주력하여 현역의 열세를 예비 전력으로 보완하여야** 합니다. 그러나 현실은 오히려 동원 훈련 및 예비군 훈련을 유명무실하게 몰아가는 정치인들의 포퓰리즘에 의하여 전력 불균형이 심화되고 있는 실정으로, 이러한 상황이 북의 김정은을 더욱 고무 격려하고 있는 현실에 밤잠이 오지 않는 심정입니다. 춘추전국시대의 전환기에 노나라 대사구(지금의 검찰총장)를 하셨던 공자님께서는 자기의 속뜻을 감추고, 겉으로 그럴듯한 좋은 말을 하며, 말과 행동이 다르고, 상황에 따라 말의 앞과 뒤가 달랐던 그 시대의 포퓰리스트 소정묘를 사형에 처하였는데, 오늘 만일 공자님께서 우리의 검찰총장이 되신다면 얼마나 많은 정치인이 소정묘의 운명이 되어야 할까요?.

저는 개인적으로 **국가 지도자에게 필요한 구비 요소는 ① 천명을 아는 것(知天命) ② 사람을 아는 것(知人) ③ 사람을 쓸 줄 아는 것(用人) 세 가지**라고 생각합니다. 여기서 천명이란 시운(時運)과 시류(時流) 즉 시대의 운세와 흐름을 아는 것입니다. 이는 역사를 바탕으로 과거에 통달하여 오늘의 현실을 통찰하고 이를 바탕으로 미래에 도달하여야 할 올바른 목표를 제시할 수 있는 혜안 즉 현대적 용어로 비전(Vision)입니다.

지인은 사람의 그릇과 자질 및 능력을 알아 인재를 선발하여 적재적소에 쓸 줄 아는 것입니다. 용인이란 "선비는 자기를 알아주는 사람을 위하여 그 목숨을 바친다(士爲知己者死)"라는 옛말과 같은 결의를 이끌어내어, 그 사람으로 하여금 자신의 최대 역량을 발휘하여 일을 할 수 있도록 뒷받침해주면서 이끌어 가는 능력을 의미합니다.

　그런데 여기서 제가 말씀드리고 싶은 것은 지인(知人)의 관점에서 본 자질의 중요성입니다. 왜냐하면 사람에게서 자질이란 집터와 같은 것이어서 그 본바탕이 잘못된 사람은 마치 독사가 물을 먹으면 독이 되는 것처럼 오히려 능력이 크면 클수록 더 많은 해악을 끼치게 되기 때문입니다. 사람의 자질을 평가할 때 가장 기본이 "생각에 사사롭거나 그릇됨이 없음(思無邪 사무사)"과 "언행일치 하에 솔선수범" 하는 지의 여부입니다. 아무리 좋은 미사여구를 쏟아놓는다 하더라도 생각이 그릇되어 사사로운 이익에 치우치며, 말이 때와 장소와 처한 상황에 따라 다를 뿐 아니라 행동으로의 실천이 따르지 않는다면 그 말이 화려하면 할수록 더욱더 엄청난 사기꾼일 수밖에 없는 것이 아닐는지요. 이러한 관점에서 이 나라를 이끌어갈 자질을 갖춘 정치인이 드러나 보이지 않는 것에 초조한 심정이지만, 당장은 그런 것을 따질 여유가 없이 오직 "망하는 것을 막고 보아야 할" 선택지 외에는 다른 선택지가 없는 듯하니 어찌하겠습니까.

　그날, 제가 점심을 굶고 하루 온종일 대대 구역의 위아래와 앞뒤를 누비며 돌아다니다가 저녁 무렵 대대에 돌아와 대대장으로서 내린 첫 명령은 "외박 계획에 따라 외박을 나가야 할 간부가 이런저런 사유로 외박을 나가지 않을 경우에는 명령 지시 불이행으로 징계위원회에 회부하여 처벌 하겠다"라는 것이었습니다. 이 지시가 내려가자 많은 간부가 "외박을 나가면 처벌 한다"라는 지시를 잘못 전달한 것이 아니냐는 문의 전화를 했다고 합니다. 그래서 저는 회의 시 제가 한 이야기를 그대로 받아 적어 서면으로 하달토록 하였습니다. 그 내용은, "지휘권 승계 체계는 전시 승패를 좌우하는 중요한 요소인데, 눈치를 보거나 예하 간부가 자리를 비우면 불안하게 생각하는 취약한 지휘 조직으로 어떻게 전시에 임무를 수행할 수 있을 것인지?, 중대장, 소대장, 중·소대 선임 부사관들은 전시에 절대 전사를 하지 않는다고 생각하는지?"였습니다.

전쟁터에서는 그 총탄이 지휘자를 노리고 빗발치듯 날아옵니다. 6·25 당시 소대장의 전사율이 얼마나 높던지, 포탄이 "소위, 소위" 하며 날아온다는 말까지 있었습니다. 또 3차 중동전에서 이스라엘군의 승리 요인을 장교들의 전사·상률로 분석하기도 하는데, 비공식적인 통계이기는 하지만 이스라엘군과 아랍군의 전사율(戰死率)은 17% 대 0.7%이었던 것으로 알려져 있습니다. 군의 평시 임무는 전시에 대비한 훈련입니다. 중대장이 전사하면 선임 소대장이, 소대장이 전사하면 부소대장, 부소대장이 전사하면 지체 없이 분대장, 분대장이 전사하면 부분대장, 그 후에는 선임병이 즉시 지휘권을 인수하여 부대를 이끌어 마지막 순간까지 임무를 수행하지 않으면 안 되며, 이는 평소부터 지휘권 승계 훈련을 습성화해야만 가능합니다. 또 한 가지, 어느 누구도 완벽하지는 못하기 때문에 사람인 이상 자기 상급자에게 다소의 부정적 인식이 있기 마련인데, 막상 자기 자신이 그 임무를 대리해보면 상급자의 입장을 이해하고 부정적 인식을 해소할 수 있습니다. 이로써 오피니언 리더들을 방관적 자세에서 적극적 참여 자세로 돌릴 수 있어 강력한 지휘 체계를 구축할 수 있습니다.

제가 두 번째 내린 명령은 전 간부의 가족들을 남편들의 근무 초소에 투입하여 초소 일일 근무를 시키는 것이었습니다. 제가 파악한 바로는 대부분의 가족이 어려운 여건 속에서도 가사를 책임 맡아 가정을 지키고 있었지만, 장기간의 부부간 공백으로 그렇지 못하여 갈등과 번민에 힘들어 하며 방황하는 간부들도 있었습니다. 장교들은 1, 2년 근무 후 타 부대로 가는 경우가 대부분이지만, 부사관들은 한 부대에서 장기간 근무함으로써 이러한 갈등과 부정적 요소가 누적되어온 것입니다.

저의 군 가족 GOP초소 합동 근무 지시는 여단의 강력한 반발에 부딪혔지만, 대대에 관련된 모든 책임은 오직 대대장인 '나'만이 질 것임을 확고히 천명하면서 계획대로 강행하였습니다. 대대 주임상사로 하여금 군 가족들을 한 명도 빠짐없이 참석토록 독려하여 소집한 후, 해당 초소에서 남편들에게 인계하여 주었고, 점심으로 병식(兵食)을 시킨 후 저녁 무렵, 자가로 복귀시켰습니다. 대대 주임상사 보고에 의하면 모두들 남편이 열악한 환경에서 그토록 어렵게 고생하며 근무하고 있었던 것을 상상조차 못하였던 터라, 소초에 도착해서 귀가할 때까지 눈이 짓무르도록 눈물을 흘렸고, 버스 안에서도 눈물 바다였다고 합니다. 이 일로 인하여 가정의 화목을 되찾고, 간부들의 눈에서 생기가 돌며 근무 자세들이 변화되기 시작하였습니다.

제가 대대장으로 부임하여 행한 세 번째 조치는, 지뢰를 가득 담은 배낭을 짊어지고 병사들을 인솔하여 군사분계선인 남대천까지 나아가 지뢰를 매설한 것이었습니다. 제가 부임하여 보니, 다른 지역의 1개 사단 정면에 해당하는 광정면의 GOP 경계를 담당하는 대대에서 기간 중 몇 년 간의 작업량이 누적되어 있었습니다. 작업하여야 할 목록이, 12개소에 지뢰를 매설하는 것을 지뢰 매설 작업이라고 묶어서 하나로 보았을 때 ① 지뢰 매설 작업(12개 지역) ② 통문 보강 작업(3개소) ③ 철조망 보강 작업(6개소) ④ 호우에 무너진 철책선 복구 작업(5개소) ⑤ 경계 진지 보강 작업(17개소) ⑥ 전년도 장마 시 붕괴된 전술 도로 복구 작업(7개소) ⑦ OP 및 GP 시설 개선(3개소) ⑧ GOP 보급로 보강 작업 ⑨ 방책선 이설 및 통로 작업 ⑩ 트램웨이 공사 등이었습니다.

그러나 여단 참모들의 역량 미달로 공사 자재조차 제대로 보급되어 있지 않았는데, 예를 들면 철책선 복구나 철조망 보강을 위한 철조망 보급량은 소요의 1/2도 되지 않아 여단 참모에게 자재를 이야기하니 자기네들도 조치 불가라는 아주 무책임한 답변만 돌아왔습니다. 또 대대는 투입 후부터 연이은 사고들로 어수선하여 작업 계획의 수립조차도 하지 않은 상태였습니다. 저는 우선 오후에 전 병력을 대대 종심 지역에 투입, 종심 수색 작전을 실시하면서 과거 공사 후 버려진 자재들을 주워 모았습니다. 공사는 각 지역별 작업량을 고려, 각 소대에 할당하여 책임제로 하는 한편, 소대별로 돌아다니면서 필요한 교육을 실시하고 소요되는 추가적 조치를 해주면서 작업에 착수토록 하였습니다.

그러나 실물 지뢰를 취급해보지 않았다는 중대장에게 매설 작업을 시킬 수 없어, 소대장, 중대장 때에 이어 세 번째로 지뢰를 둘러매고 병력을 인솔하여 DMZ 깊숙이 들어가 계획된 지뢰를 매설하였습니다. 금강산 계곡으로 사람의 발자취가 끊어진 남대천 풍경은 지뢰를 매설하여야 할 곳이 아니라, 화폭에 담아야 할 선경이었지만, 지뢰 매설은 단 1초의 방심이 참사로 이어질 수 있을 뿐 아니라, 군사분계선인 남대천 상류는 폭이 10m 정도밖에 안 되어 정신을 집중하였습니다. 작업은 지뢰 매설 지역마다 불규칙적으로 2회씩 총 24작업일을 소요하여 이상 없이 완료하였는데 잘못하여 매설 지역을 중첩해버리든가, 적이 기습 또는 아군의 표식을 고의로 옮기거나 훼손할 경우에는 죽을 수밖에 없는 작업이어서 상당히 신경을 소모해야 했습니다.

대대 전면의 GP O개소는 저에게 수색중대가 배속되어 제 지휘 하에 있었으나 별도의 시간을 낼 틈도 없었는지라, 지뢰 작업 진입 시에 GP에 들러 작업 계획을 설명해주고 동시에 경계 지침을 하달하였습니다. 철수 시에는 작업 병력을 먼저 내보내고 저는 두세 명의 경계병과 함께 GP를 다시 방문하여 경계 태세 전반을 점검하고 필요한 지시 사항을 하달하는 식으로 눈코 뜰 새 없이 분주히 지내고 있었습니다.

그러던 어느 날 전투복을 바꾸어 입으려다 이상한 생각이 들어 다시 들여다보니 계급장이 소령에서 중령으로 바뀌어 있었습니다. 당번을 불러 물어보니 진급하셨기 때문에 주임상사가 간성에 나가 계급장을 구입해 와 바꾸었다는 것이었습니다. 이리하여 저는 소령-중령도 계급장을 근무병이 달아주었고 신고도 하지 못하였습니다. 그러나 진급과 동시에 제게 주어진 반가운 선물은 그로부터 며칠 후, 그간 육대 입교로 공석이었던 작전장교 후임으로 이병택 소령이 부임하여 제 1인 3역의 부담을 나누어질 수 있었던 것입니다.

대대장이 직접 병사들과 같이 지뢰를 짊어지고 DMZ로 들어가 매설 작업을 하는 것을 본 대대 장병들의 근무 자세는 눈에 띄게 활기를 띠었고, 작업도 자기 집안일처럼 달려들어 불가능할 것 같던 일들의 끝이 보이기 시작했습니다.

그즈음, 간성의 대대장 관사가 비어 이사를 할 수 있겠다는 주임상사의 보고를 받고는 문득 그동안 까맣게 잊고 지냈던 홍천의 가족들이 생각났습니다. 새벽에 불려갔다가 그 길로 돌아오지 않고 없어진 남편을 기다리며 아내는 무슨 생각을 했을지, 그리고 육대에서 유치원을 조금 다니다 만 큰딸은, 갓난아이 둘째딸은……. 저는 나갈 수 없어서 주임상사에게 부탁하여 연대에 간 기회에 군 전화로(집에 일반 전화가 없었으므로) 집사람에게 일의 전말과 간성 관사의 위치, 이사 날짜가 결정되고 차량이 출발할 때의 연락 방법 등을 알려주고 이사를 오도록 전하였습니다. 그리고 그 며칠 후 아내가 아이들을 데리고 무사히 간성에 도착, 짐을 풀었다는 이야기를 들었습니다 (저는 그 후 사단 회의 참석차 지나가는 길에 관사 현관에서 잠깐 집사람을 만나 보았습니다.).

지뢰 매설 작업 간에는 매설 지역으로 가고 오는 길에 각 소대의 공사 현장을 방문 격려하였고, 야간에는 1개 소초 경계 정면은 걸어서, 그 외의 소초는 차량으로, 하루에 반드시 대대의 전 소초를 한 번씩 방문하면서 서둘러 지뢰 작업을 완료하였습니다. 그리고 겨우 시간을 내어 주간에 소초를 방문하여 병사들 얼굴을 마주 보며 정신 교육 겸 대화를 시작하여 막 2개 소초를 방문하였을 때입니다.

그날은 마침, 여단 예하에 연대 본부가 새로 편성되어 연대장 부임 예정자가 대대를 방문하여 대대 OP에서 현황을 청취하고 야간 순찰을 함께 나가려고 준비 중이었습니다. 그런데 GOP 우측중대장으로부터 급한 전화가 왔다 하여 받아보니 월북자가 발생하였다는 것입니다. 그동안 우리 대대는 민간인 월북자 두 명을 조기 발견하여 체포한 바 있었습니다. 그 한 번은 ○○ 지역에서 철조망을 뚫고 월북한 흔적을 순찰조가 발견, 제가 보고받는 즉시 GP 병력을 출동시켜 군사분계선에서 매복 대기하다가 북상 도주하는 인원을 체포하였고(제가 지뢰를 매설한 지역으로 민간 이동이 가능한 통로를 정확하게 알고 있었습니다.) 또 한 번은 해안을 따라 북상하는 인원을 근무 초소에서 발견, 도주로를 차단하고 체포한 바 있어 저는 민간인 월북자 발생으로 생각하였습니다.

그런데 중대장 보고는 그것이 아니고, 공교롭게도 제가 그 다음 날 방문하여 처음으로 대면하며 정신 교육을 시키려던 OO초소(우로부터 세 번째 초소)에서 이등병이 준비했던 돌 뭉치로 분대장의 뒤통수를 쳐 기절시키고 철책을 넘었고 기절했던 분대장이 정신을 차린 후 이를 긴급 보고하였다는 것입니다(저는 소대장 때부터 항상 이등병은 최선임자와 한 조로 편성, 지도하며 보살피도록 하였고 대대장에 부임하자마자 바로 경계조 편성을 이렇게 조정하도록 하였었습니다.). 이 보고를 들은 저는 차를 대기토록 하고 필요한 지시를 내린 후 바로 현장으로 달려갔습니다.

그 지역의 전방 지형은 제가 몇 번을 답사하였던 터라 당일 월북은 절대 불가능하니 잡을 수 있다는 확신이 있었습니다. 그 초소는 소초에 인접한 초소로서 초소의 철책 전면은 터진 곳이 우(右)로 가도록 눕혀진 U자형 능선으로 좌측을 가로막는 능선 위로는 GP 보급로가 나 있습니다. 그리고 철책 전방 좁고 기다란 평지의 앞쪽에 가로로 길게 뻗은 능선 중앙에는 아군 GP가 있습니다. 따라서 월북을 위해서는 철책을 끼고 물골을 따라 우측으로 터진 하향 경사면으로 내려가 해안과 만나는 지점에서 백사장과 숲의 경계를 따라 이동할 것으로 판단되었습니다. 그러므로 좌측 통문 병력으로는 좌측 능선 보급로를, GP 병력으로는 전방 횡격실(가로로 뻗은) 능선을 각각 차단토록 함과 동시에, 우측으로는 물골을 가로지르는 우측 통문 앞의 다리

좌우로 매복조를 투입, 차단하고 물골이 백사장으로 이어지는 지점에 병력을 배치하도록 이미 조치하였기 때문에 마음의 여유를 가질 수 있었습니다.

초소에 도착한 저는 현장에서 철책을 밟고 넘어간 흔적을 확인하면서, 병사가 철책을 넘은 방향으로 수류탄을 투척하면 100% 살상할 수 있음을 직감(보고가 빨랐고 따라서 조치가 신속하였으며 이에 따른 병력 투입 시의 소음으로 완전 봉쇄 및 차단되었음을 알았을 것이고 이동 불가능하므로 근처에 은신할 수밖에 없었습니다.)하였습니다. 그러나 얼굴도 모르고 본 일도 없지만 제 예하의 대대원으로서 한 달 반여를 함께한 부하를, 젊은이를…… 하는 생각에 망설이다가 이윽고 생포할 것을 결심하였습니다.

그런데 일이 어그러진 것이, 이튿날 여단장이 대대 OP에 불쑥 나타나 DMZ 작전에 관하여는 수색대대장이 지휘토록 조치하였던 것입니다. 작전 성공의 필수적 요소는 첫째, 지형을 아는 것입니다. 저는 거의 25일을 지뢰를 짊어지고 대대 철책 전방의 DMZ 전 지역을 군사분계선 까지 목숨을 내걸고 샅샅이 밟고 다녀서 지형의 기복과 물의 흐름과 지표면의 상태 등을 눈감고 그릴 수 있을 만큼 환하게 파악하고 있었습니다. 그러나 일단 그 상황에서 제가 할 수 있는 일이란 없어서 경호병 한 명을 대동하고 철책 통문을 나가 물골을 따라 그 병사가 월담한 철책 전방으로 나아가 보았습니다. 그 지역은 나무가 많지는 않으나 1953년 이후 그때까지 30년 가까이 사람의 발길이 닿지 않은 곳이어서 낮은 관목과 키 높은 잡초가 무성한 곳이었습니다. 저는 물골을 건너 철책 전방으로 다가가려다가 이상한 예감이 들어 5분가량 풀 속을 살피다가 되돌아 나오면서 다시 한 번 분명히 그곳에 그 병사가 잠복하여 숨어 있음을 확신할 수 있었습니다. 그날 저녁에는 그가 분명 이동할 것임으로 우측 통문 앞 물골 매복 지점(우회 통과는 불가능)에서 체포할 수 있을 것으로 생각하여 병사들에게(수색중대 병사) 조치 요령을 다시 한 번 교육하고 대대로 돌아왔습니다.

그런데 여단장과 수색대대장은 그때까지 무엇을 하였는지 복귀하지 않고 저를 배제한 채, 자리를 차지하고 있었습니다. 그날 야간, 상황의 진전이 없었음을 이상하게 생각하여 확인해보니 여단장과 수색대대장이 그 병사가 당일 GP를 연한 차단선을 넘었을 것으로 판단하고 수색대 병력을 군사분계선 가까이 추진 배치하면서 제가 배치하였던 물골 지역과 해안선의 3개소 병력을 모두 철수시켰다는 것이었습니다. 이 이야기를 듣고 저는 모든 상황이 끝났음을 직감하였습니다. **장교는 머리로 싸우는 것이지 손발로 싸우는 것이 아닙니다.** 차단 병력을 추진시킨 조치는 세 가지를 잘못 판단한 결과인데, 첫째, 지형이 해안 쪽으로 하향 경사져 있고, 좌측과 전방의 고지군이 횡격실을 이루고 있어 쫓기는 병사의 심리가(이를 역이용할 수 있는 고수가 아니라면) 아래 경사인 해안 쪽으로 이동하게 되어 있습니다. 둘째는 자살을 하려고 철책을 넘은 것이 아니라면 중간 중간 지뢰가 매설되어 있는 곳보다는 물골을 따라 이동하는 것이 상식입니다. 셋째, 그 병사는 입대하여 신병 훈련 후 대대에 전입하여 두 달이 채 안 된 이등병으로, 북괴의 특수 부대 출신이 아닌 한(특수부대원이라도 그날 밤 안으로 차단선을 돌파, 2km 이상을 이동하는 것은 어려움) 차단 병력이 배치되어 있는 것을 소리로 들어 알고 있는 상황에서 전방 능선의 차단선을 돌파할 수 있었을 리가 만무한 것이었습니다.

저는 조용히 제 신변을 정리하였습니다. 왜냐하면 그때까지 월북 사고를 낸 지휘관은 십중팔구 구속되거나 예외 없이 100% 보직 해임되었기 때문입니다. 그런데 이상하게도 상급 부대로부터 아무런 이야기가 없었고, 저 또한 견장과 휘장이 떼어지기 전까지는 제게 지휘 책임이 있었기 때문에, 작업 마무리와 야간 순찰 위주로 임무를 수행했습니다. 그러면서 대대장직을 인계해 줄 수 있도록 복무소견서를 작성하고, 주요 관심을 가져야 할 사항을 메모하면서 인수인계 준비를 하고 있던 차 동경사령부 보안대장이 예고 없이 대대를 방문하였습니다. 저는 당연한 수순으로 이미 마음의 각오를 하고 있던 터라 담담하게 보안대장(대령)을 맞아들였는데, 보안대장의 입으로부터 나온 이야기는 제 예상과 달리 전혀 뜻밖의 이야기였습니다.

그 병사가 평양 방송에 나와 인터뷰하는 것이 TV로 방영되었는데 그 발언 요지는,

① 본인의 월북 동기는 내무 부조리나 부대 부적응 등이 아니고, 대학 1학년 때 선배로부터 들은 북한 생활에 대한 동경과 수령님에 대한 흠모의 정과 존경심으로 공화국 북반부를 찾아 온 것이다.

② 따라서 3년 전(대학 재학 중)부터 월북을 결심하고 준비하여 왔으며, 지형을 숙지하기 위한 목적으로 작년도 학생 병영 훈련에 자원하여, 자신이 월북한 그 지점에서 한 달 간 생활하며 지형을 숙지하였고,

③ 금년에 자원 입대하여, 마침 그곳에 배치되었는데 분대장님이 항상 함께 다녀서 도저히 월북할 기회를 잡지 못하여 분대장을 실신시키고 월북하려고 돌 뭉치를 주워서 숨기고 있었다. 그러나 평소 분대장이 잘 돌봐주어 죽일 생각은 없었다.

④ 분대장이 전방을 주시하고 있을 때 뒤통수를 쳐 쓰러트린 후 철책을 넘었는데 얼마 후 분대장이 깨어나 상황을 보고하였고, 이어 전방 능선과 좌우로 병력이 배치되는 소리가 들려 이동을 포기하고 은신하였다.

⑤ 이튿날, 계속 은신하고 있었는데 대대장이 혼자(뒤에 떨어져 있던 병사는 못 본 것 같음) 들어와서 자신이 은신한 지점의 4~5m 앞에 서 있어서 총을 들어 조준하고, 방아쇠에 손을 올려놓고 언제라도 발각되면 대대장을 사살하고 자기도 자살하려 하였다. 그런데 4~5분 후 대대장이 무슨 생각을 하였는지 몸을 돌렸고, 그 후 은신처에서 물골 상의 교량 지점을 계속 관측하다가 어두울 무렵 매복 병력이 철수하는 것을 소리로 확인하고, 날이 어두워지자 바로 이동을 개시하여 해안의 백사장과 만나는 지점까지 이동 후(제가 병력을 배치하여 놓았던 장소) 날이 훤해져서 그곳에 은신하고 있다가 야간

에 숲과 백사장의 경계를 따라 북상, 군사분계선을 넘어 수령님 품에 안기었다는 내용이었습니다(이동 시간과 경로가 100% 제 판단과 일치).

이 병사의 증언으로, ① 부대 지휘 및 관리상의 문제점 없었고 ② 경계 근무 태세는 철저하였으며 ③ 작전은 완벽하였던 것으로 판단되어 저는 한 점의 불이익 없이 대대장직을 유지하는 것으로 결정된 것입니다. 그 이후, 육군에서는 월북 사고 시 지휘관의 처분 문제가 완화되어 구속이나 보직 해임 등은 지양되어서, 훨씬 뒤 인접 부대에서 월북 사고가 있었지만 그 지휘관도 저의 전례에 따라, 군 생활을 계속할 수 있었습니다.

그런데 대단히 역설적이게도 이 사건을 계기로 제가 육군에 알려지기 시작하였습니다. 그 당시 월북 사고는 대형 사건이었기 때문에 순식간에 ○사단에서 월북 사고가 났다더라, 대대장은 누구라더라 하는 소문이 확산되고는 했는데, 그 대대장이 육대에서 쫓겨나 전역 대기하다가 구사일생으로 살아났고, 11사 있다가 88로 전속되어 그렇게 되었다더라 하였다가, 얼마 후 이러이러한 사유로 처벌받지 않고 계속 근무 중이라더라고 회자되어 저를 기억하게 된 상급자가 많았던 것 같습니다.


이윽고 GOP 근무 기간이 만료되어 저의 대대는 GOP 임무를 교대하고, 석문리라는 외딴곳의 주둔지로 이동하여 여단의 예비가 되어 부대 정비를 시작한 무렵 한꺼번에 50여 명의 병사가 전입되어 왔습니다. 인사장교의 보고에 의하면 우리 대대의 교훈을 살려 조금이라도 지휘 부담이 될 병사 모두를 예비 대대인 저의 2대대로 보냈다는 것입니다. 군에서는 그 전부터 관심병사라고 하여 총기와 실탄을 휴대하고 근무하는 GOP 투입 시 사고 우려가 있다고 판단되는 병사 한두 명씩을 예비 임무를 수행하는 부대로 전출시킨 경우가 있기는 하였지만, 저는 단 한 번도 제 병력을 전출시켜본 일은 없습니다.

지휘 결과는 대단히 정직한 것으로 **제가 병사들을 사랑해준 것만큼 병사**

들도 **제게 보답**하였습니다. 이를 직설적으로 표현한다면, 지휘의 요체는 **"지휘관이 병사들을 위하여 앞장서서 고생하는 것을 보여주는 것"**과 **"실전적 교육 훈련을 하는 것"**입니다. 제 경험으로는 **"내 임무를 완수하는 동시에 너희를 털끝 하나 다치지 않고 다시 부모님께 돌려드리기 위해서는 실전보다 더 혹독한 훈련을 하여야 하며, 이것이 내가 너희를 사랑하는 방법이다. 나는 이 방법 외에는 너희를 사랑하는 다른 방법은 모른다"**라고 이해시키면서 **"내가 먼저 하겠다. 내가 하는 것을 보고 나를 따라서 해라"**라고 '솔선수범 행동으로 **명령'**한다면 병사들은 기꺼이 자발적인 열성을 가지고 따라와 주었습니다. 그러므로 장담하건데, '제가 데리고 있지 못할 병사는 이 하늘 아래 없을 것' 입니다.

그럼에도 불구하고 거의 2개 소대 병력에 가까운 병사들이 -병장으로부터 이병까지- 한꺼번에 전입하자, 저는 신고를 받으러 나가기 전에 잠시 생각에 잠기지 않을 수 없었습니다. 왜냐하면 병사들을 데리고 생활하는 것은 제가 아니라 소대장, 중대장들이었기 때문입니다. 이윽고 생각을 정리한 저는 중·소대장 전원을 신고식장에 배석토록 한 후, 선임 병사의 전입신고가 끝나자마자 바로 입을 떼어 "너희 녀석들, 무슨 사고를 치고 우리 대대로 쫓겨 왔나" 하고 일갈하였습니다. 그러자 병사들의 얼굴들이 순식간에 벌겋게 부어올랐습니다. 그렇지 않아도 자기 부대의 상관으로부터 불신과 의심을 받고 쫓겨 온 데 대한 자괴감과 분노 그리고 계급을 떠나 병사들은 타 소속 대로 전출될 경우, 이등병 생활을 다시 해야 한다는 선입관에 따른 불안감 등, 폭발 1분 전의 감정에 제가 불을 붙인 것입니다. 저는 잠시 병사들의 얼굴을 돌아보다가 말을 이었습니다.

"너희의 전입을 진심으로 환영한다. 우리 대대가 바로 사고 대대다. 그러니 너희 같은 사고뭉치들이 그동안 엉뚱하게 부대를 잘못 찾아갔다가 이제야 제대로 너희의 대대로 찾아온 거다. 이 사고 대대장이 지휘하는 사고 대대에서 우리 사고뭉치들끼리 똘똘 뭉쳐 멋있게 해보자. 너희를 믿는다. 이상!"

그 순간 우리는 10년 이상의 고락을 함께한 전우들이 되었습니다. 이 병사들은 각 중대, 소대의 보직 인원에 따라 균등하게 보직시켰는데, 제가 전입신고 시 일부러 간부들을 배석시켰던 터라 간부들의 공감대가 형성되었고, 그 병사들 또한 매사에 솔선수범하여 대대가 훨씬 더 활기차게 되었습니다. 그 후 언젠가 한 중대장이 "저렇게 모범적인 병사를 왜 사고자라고 낙인찍어 전출시켰는지 도저히 이해가 안 되는데 아주 일꾼입니다" 하기에 "병사들이 목숨을 내놓고 싸우게 만드는 것도, 그렇게 용감한 병사가 등을 돌려 도망가게 만드는 것도, 모두 지휘관에 달려 있다. 그래서 온전히 승패의 모든 책임은 오로지 지휘관에 있다고 하는 것"이라고 이야기해 주었습니다.

　대대 주둔지 정문 바로 우측 담벼락에 대대장 및 부대대장 관사가 붙어 있습니다. 이 관사는 동네와 떨어져 있는 외딴곳에 있었고 그 동네조차도 10여 호 남짓으로 버스는 방학 철이 아닌 학기 중에만 아침, 저녁으로 한 번씩 있는 오지였습니다. 그곳은 나무를 해 때고, 앞 개울가에 나가 얼음을 깨고 빨래를 하는 궁벽한 산골로, 겨울에는 금강산으로부터 오진동과 고소동의 계곡을 통하여 강풍이 거세게 휘몰아치는, 우리나라에서 바람이 가장 세게 부는 곳 중의 하나라고 하였습니다. 버스를 타려면 7번 도로의 대대리 검문소까지 십여 리를 걸어 나가야 해서, 아내는 큰딸은 손잡아 걸리고 작은딸은 업고 십 리 길을 걸어 버스를 타고 간성에서 장을 본 후, 대대리에서 버스를 내려 다시 십 리 길을 걸어오고는 했습니다.
　그런데 하루는 제가 집에 퇴근해보니 아내의 얼굴이 행복한 웃음으로 활짝 펴져 있었습니다. 무슨 좋은 일이 있었느냐고 물었더니 시장을 보고 버스에서 내려 걸어오는데, 마침 석문리에 사는 아저씨가 간성 갔다 오는 길에 마주쳐서 관사까지 경운기로 태워 주었다는 것이었습니다. 아내의 말에 저는 가슴이 뻥 뚫려 찬바람이 휙 스쳐가는 듯한 추위를 느꼈습니다. 얼마 전 개울가에서 얼음물에 꽁꽁 언 손을 호호 불며 빨래를 하고 있는 아내에게,

지나가던 동네 나이 많은 아주머니가 "얼마나 복이 많아 대대장님같이 높은 분하고 결혼했겠느냐"라고 부러워하더라는 이야기를 하던 아내의 공허해 보였던 얼굴이 오버랩 되었기 때문입니다.

아내는 서울에서 나서 대구로 피란 갔다가 서울에서 크며 시골 한 번 못 가본, 밥 지을 줄조차도 모르고 큰 여자로, 아무리 보아도 군인 부인 체질이 아닙니다. 진급, 군 생활, 군인 이런 것에 전혀 집착하지 않았고 그저 저하고 만나서 사는 것이 전부인 여자였으며 그랬기 때문에 그 14~15년에 걸친 좌절의 시간을 견디어 낼 수 있었을 것입니다. 그런데 하필 그 시간 -불과 1~2초- 제 눈에 띈 것이 씨앗이 되어 전혀 어울리지 않는 고생을 사서 하는 것 같아 말은 하지 않았지만 미안한 마음에 착잡한 기분으로 담배를 찾아들고 밖으로 나왔습니다. 아이들 또한 친구라고는 주변에 아무도 없어 둘이 꼭 붙어 놀았던 것이 습관이 되어, 작은딸은 언니만 있으면 엄마가 저에게 와 있어도 불평하지 않았고, 지금도 엄마보다는 언니를 훨씬 더 좋아하는 것 같습니다.


부대 정비가 끝나고 대대는 동계 훈련에 들어가 대대 주둔지 뒷산에 있는 대대 진지를 점령하였습니다. 저는 일일이 중대, 소대, 분대 진지를 돌아다니며, 중대장, 소대장, 분대장들과 함께 예상되는 적 공격 양상과 이에 따른 병력 배치 및 화력 계획을 검토하고 이의 보완 사항과 예상되는 상황 조치 내용을 토의하였습니다. 이에 따라 병력을 기동시키면서 훈련하도록 하는 동시에 봄이 되면 보강하여야 할 춘계 진지 공사 소요를 파악하면서 주야간 진지를 돌아다녔습니다. 일찍이 1950년 6월 25일 보병 제6사단을 이끌어 사흘 간 춘천을 지켜냄으로써 북괴군의 공격 계획을 좌절시켜 나라를 구했던 한국전 최고의 영웅 김종오 장군(후일 백마고지 전투 시의 9사단장)에게 어떤 기자가 방어 성공의 요인을 질문하였습니다. 이때 김 장군님은 "내가 특별히 잘한 것은 없다. 그러나 굳이 남들과 다른 것을 말하라면 내 방어 진지를 한

군데도 빼놓지 않고 일일이 직접 내 발로 밟아본 것이 전부다"라고 하셨다던 말씀이 제게는 바로 '교범'이었습니다.

훈련 중 대대 본부는 산 후사면 대대 CP 위치에 CP 천막을 치고 있었는데, 하루는 중대 훈련장으로부터 대대에 복귀하면서 상황실 뒤에 처진 1·4종 텐트가 얼핏 새것으로 보여, 천막을 새로 수령했나 보다 생각하고는 지나친 일이 있었습니다. 그로부터 약 10개월 후 제가 군사령부에 근무하고 있을 때 대대 본부에 있었던 병사 두 명이 전역 인사차 찾아와서 저녁을 사주었습니다. 그런데 한 병사가 싱글거리고 웃더니, "대대장님 석문리에서 동계 훈련 중 불났던 것 모르시죠?" 했습니다. "무슨 소리야, 언제 불이 났었다고" 하자 이 병사가 털어놓는 이야기에 기가 막혀 말문이 열리지 않았습니다. 1·4종 천막에는 인사, 군수과가 위치하여 1·4종 물품을 함께 보관하고 있었는데, 하루는 야간에 갑자기 강풍이 세게 몰아치더니, 연통을 타고 내린 역풍에 난로 뚜껑이 열려 불꽃이 튀었고 불티 하나가 몇 십 년 기름에 찌든 텐트에 옮겨 붙으면서 소화기를 들이댈 틈도 없이 텐트만을 호로록 태워버렸답니다. 이를 본 대대 주임상사의 지휘로 군수과 선임 부사관과 자원 병사 몇 명이 특공조를 편성, 사단 병참대를 뚫고 들어가 창고에서 텐트를 실례한 후, 밤새도록 텐트를 다시 치고 땅의 그을린 자국에 흙을 깔고 다져 대대장인 제가 들어오기 직전에 작업을 끝냈다는 이야기였습니다. 이러한 무용담을 자랑스럽게 이야기하는 옛 부하들을 칭찬해야 할지, 나무라야 할지 판단이 서지 않아, 잠자코 소주 한 잔씩을 따라주었습니다.

어느덧 해가 바뀌어 1월도 중순에 접어든 무렵 많은 눈이 내리기 시작하였습니다. 그곳은 눈이 내려 쌓이면 바람에 휩쓸려진 눈까지 1m를 넘게 쌓이고 이럴 경우 자칫 지붕이 내려앉거나 창문이 밀폐되어 질식 사고가 일어날 수도 있다고 하였습니다. 저는 근무 병사들을 증원하여 문이 열릴 수 있도록 주기적으로 문 앞을 쓸고, 지붕 위의 눈을 끌어내려 하중을 줄이는 등의 조치를 취하였습니다. 이튿날 아침, 병사들이 일렬로 제설 작업을 한 눈 터널을 통하여 대대장실로 출근해보니 일직사령이 울상이 되어 무전기가 장착된 대대장 지휘 차량(1/4t 지프차)을 도난당했다고 보고하는 것이었습니다. 이에 저는 빙긋 웃고 말았습니다. 그 날 적설량은 1m(골바람으로 인하여 생긴 적설까지 포함)로 제가 퇴근할 때 이미 60cm 정도가 쌓였었습니다. 그런데 지프차는 차체가 낮아 적설량이 40cm만 넘으면 바퀴의 구동축에 닿은 눈이 다져져 정상적인 운행이 불가능하기 때문에 짊어지고 가기 전에는 도난당할 수 없습니다. 그래서 저는 운전병을 불러 차량을 세워놓았던 위치를 확인하고(연병장 끝 언덕 위에 대대장실이 있음) 차가 향했던 방향과 일직선으로 눈을 파 들어가도록 시켜 언덕 아래로부터 40m 지점에 묻혀있는 차량을 찾아내었습니다. 언덕에 세워놓은 차가 세찬 강풍에 사이드 브레이크가 풀리면서 굴러 내려갔고 그 위에 계속 쌓인 눈을 바람이 평평하게 흩뿌려놓았던 것입니다. 제설 작업하느라 대대원들이 고생을 많이 하기는 하였지만, 제 평생 처음 그렇게 많이 쌓였던 눈은 잊히지 않는 추억이 되었습니다.

어느덧 봄이 와서 대대는 춘계 진지 공사를 하게 되었습니다. 저는 동계 훈련 때 파악해놓은 공사 소요를 기초로 춘계 진지 공사 시 방어 훈련을 병행토록 계획을 수립하였습니다. 높은 산 급경사면에 구축된 진지 관리에 보통의 노력이 들어가는 것이 아니어서 한때 육군에서는 병사들의 작업 소요를 줄여주려고, 석축 또는 시멘트 블록으로 호 벽을 쌓기도 했습니다. 또 어느 참모총장 시절에는 폐타이어를 얻어다가 타이어로 쌓도록 지시를 하여 산이 온통 폐타이어로 뒤덮인 시기도(한참 후 제가 수방사령관 시절 육본에 이의를 제기하여 전부 수거하였음) 있었습니다.

그러나 이는 자살 행위입니다. 돌이나 시멘트 블록은 적의 공격 준비 포격 시 파편이 됨으로써 적 포탄 한 발이 다섯 발, 여섯 발의 살상효과를 가져오게 됩니다. 또 폐타이어에 불이 붙으면 그 열기와 유독 가스로 진지를 포기하여야 하며 그렇지 않고 자리를 고수할 경우에는 질식사하게 되어 스스로 무덤에 들어앉는 꼴이 됩니다. 진지 보수에 가장 좋은 것은 뗏장을 벽돌처럼 잘라 뿌리가 안으로 들어가도록 쌓는 것입니다. 이 경우 떼가 살아 계속 번식함으로서 춘·추계에 자란 풀잎만 쳐주면 항구적일 뿐 아니라, 떼의 뿌리가 밀집되면 총알도 뚫지 못하여 방탄 효과도 톡톡히 볼 수가 있습니다. 이외에도 떼는 진지 투입 시 풀잎만 쳐내면 적 포격에도 불이 붙지 않아 효과적입니다. 하지만 떼를 한꺼번에 많이 조달할 수 없기 때문에(바둑판식으로 한 칸 건너 하나씩 떠내야 다시 떼가 번식하고 산사태도 예방할 수 있음) 몇 년 계획으로 중요 지역과 경사지 등 긴급 소요를 파악, 우선순위를 정하고 작업하여야 합니다. 그래서 저는 5개년 계획을 세워놓고 그 해 춘계에 계획된 분량을 완성하였습니다.

이어서 저는 부대 훈련 계획 수립 및 교육 계획 검토에 착수하였습니다. 그런데 여단에서 느닷없이 해안에 투입될 준비를 하라는 명령이 내려왔습니다. 우리 대대는 GOP에서 철수한 지 불과 4개월도 채 안 되었던 터였고, 또 수년간 누적되어온 공사를 대대가 완벽하게 마무리하고 철수하였던 터라 그 해에는 GOP 공사 소요가 없어 현 위치에서 예비 대대의 임무를 수행하게 되어 있었습니다. 그런데 해안 경계 부대에서 경계 근무 중인 병사가 민간인의 칼에 찔려 사망한 사건이 발생하여 긴급히 해안 투입 준비 후 교대하라는 것이었습니다. 저는 명령을 수령한 후 즉시 지형 정찰에 나서서, 각 중대의 소·분초를 돌아보면서 해안선의 특성과 소·분초의 근무 환경, 지휘 관심을 가져야 할 요소 등을 파악하기 시작하였습니다. 부대 교대 일까지 주어진 기간이 불과 10여 일뿐으로 마음만 바빠져 제 마음은 이미 해안에 가 있었습니다.

무더운 날씨 형님 내외분의 건강을 기원 드립니다.

동생 재준 올림

## 나. 보병 제22사단 55연대 제2대대장

### 존경하며 자랑스러운 형님께

빨간 고추잠자리 떼가 파란 하늘을 배경으로 높이 떠 무리를 지으며 한가로이 날고 있습니다. 보내주신 편지 네 통은 잘 받아 보았습니다.

해안 정찰을 실시한 다음 날은 마침 휴일이어서 관사에 앉아 지도를 들여다보며 지형과 경계근무 환경을 분석하면서 중·소대 배치를 구상하고 있었습니다. 그런데 밖에서 "남재준" 하고 부르는 소리가 들려 밖에 나가보니 수색중대장 시절, 제가 배속되었던 대대의 대대장님이 웃으며 서 계셨습니다. 저는 놀라서 "어떻게 이곳에 오셨습니까?" 하며 들어오시라고 하니, 이 여단(당시는 아직 여단이었고, 약 3개월 후 증편되어 22사단으로 재창설 예정이었음)의 여단장으로 부임 예정이어서 사전에 한번 돌아보려고 나왔는데 밖에 다른 인원들이 있어 바로 가겠다고 하셨습니다. 그러면서 남 중령이 여기 있다고 하여 보고 가려고 잠깐 들렀다고 하셨습니다. 이 대대장님이 제 군 생활 중 상·하 지휘관 관계로 두 번을 모신 유일한 분이십니다.

저는 정찰 결과 판단된 해안 지형과 주변 해수욕장이나 마을 등을 고려한 경계 근무 환경과 여건, 중·소대장의 기질과 지휘 장악 정도 및 근무 성향 등을 고려하여 중·소대 배치 위치를 결정하였습니다. 이튿날 전 중·소대장을 집합시켜 부대 배치 및 정찰 계획과 정찰 간 파악 중점을 하달하고 숙지시킨 후, 모두 해안에 투입하여 1차 정찰을 실시하였습니다. 그 다음날 정찰 결과와 중·소대장의 부대 운용 복안을 보고받고 각 중대별로 자체 간부 교육을 실시하도록 한 후 분대장 이상 전 간부를 해안에 투입하였습니다. 이때 저는 중·소·분대장들이 도보 답사 간 지형을 확인하면서 소초 연력으로부터 주민들의 성향, 지역별 경계 중점 경계 장애 요소, 기타 관심 및 특이사항(특히 민군 관계) 등을 파악하고 인수해야 할 지역 장비들의 가동 상태 및 사격 부수 기재와 시설 자재 등을 정확하게 확인하도록 강조하였습니다.

그리고 간부가 빠져나간 전 대대 병력을 연병장에 집합시켜 해안 투입을 위한 교육을 실시하였습니다. 첫째, 예비 임무가 해안 경계 임무로 갑자기 변경된 이유는, 투입되어 있는 부대의 사고 발생 때문이며, 둘째, 여단에서 우리 대대를 지정한 것은 그만큼 우리 대대를 믿고 있기 때문임을 강조, 병사들이 '불만' 대신 '자긍심'을 갖도록 정신 교육을 실시하였습니다. 이어서 해안 경계의 특성, 근무 환경, 대민 관계(특히 해수욕장), 경계 중점, 경계 요령, 해안에서의 지형 및 상황별 상황 조치 요령(전방 철책과는 적 침투 양상과 이에 따른 조치 사항이 상이)등을 간명하게 반복, 숙지시켰습니다. 또 대대장 강조 사항으로 ① 총기는 사랑하는 나의 애인이며(총기 및 실탄 분실과 오발 사고가 많음) ② 여자는 안전핀 뽑은 수류탄이고(당시 여름철 해수욕장에서 여자 관련 대형 사고 발생 사례) ③ 술은 독약이다(음주는 100% 사고로 직결)의 세 가지를 암송토록 한 후에 각 소대의 선임 부분대장이 지휘하여 연병장에 소대별로 자리를 잡고, 소초에서의 일과 숙지, 근무조 편성, 순찰 및 근무 투입과 철수 등에 관련된 규정과 행동 요령 및 상황 발생 시 조치 요령 등을 토의 및 전술 보행으로 숙지토록 하였습니다. 이 과정에서 저는 병사들 모두가 예외 없이 열성적으로 토의하면서 진지하게 전술 보행 식 예행 연습을 하는 것을 보고, 해안 경계 근무에 대한 자신감을 가질 수 있었습니다.

간부들이 지형 정찰을 마치고 돌아올 무렵, 다시 각 중·소대별로 병력을 집합시켜 병사들의 질의를 받고는 대대로 통합하여 필요한 사항을 추가적으로 세세히 설명해준 후, 간략한 강평을 해주면서 특히 관심 가져야 할 상황을 상기시키는 동시에 병사들의 사기를 북돋아 주었습니다. 그리고 대대장이 얼마나 대대원들을 믿고 신뢰하며 의지하고 있는지, 왜 우리는 하나이며, 하나여야만 하는지를 힘주어 이야기하였습니다. 그 다음 날부터는 시간이 없어 일주일밖에 안 되는 짧은 기간이지만 해안 투입 전 교육을 근무 및 상황 조치 요령과 병행하여 개인 화기를 포함한 각종 화기 사격과 크레모아까지 전 부대원, 전 화기를 대상으로 실시하였습니다.

그 주 토요일, 대대는 회식을 하였는데 이전과 달리 막걸리 대신 1인당 맥주 세 병씩을 할당하면서 "이제 우리 대대는 앞으로 회식 시에 언제든 맥주로 할 것이다. 다른 대대처럼 막걸리나 마시는 대대가 아니다. 왜냐하면 우리 2대대원은 쉽지 않으며, 결코 아무나 하는 것이 아니기 때문이다"라고 선언하였습니다. 제 입장에서 회식 비용은 더 많이 부담하여야 했지만 음주량의 통제가 가능할 뿐 아니라, 무엇보다도 그 당시는 '맥주가 고급'이라는 인식이 있었기 때문에, 병사들 스스로가 해안 투입 후 간혹 음주 유혹이 있을 때마다 "우리는 맥주로 회식하는 대대인데 소주나 막걸리 먹을 수 있냐"하는 농담을 주고받으며 서로를 절제시킬 수 있었습니다. 그 결과, 해안 근무중 단 한 건의 음주 사고도 없었고, 병사들이 대대에 높은 긍지심을 갖는 계기가 되었습니다. 하지만 이러한 긍지심의 발로가 급기야 우리는 88여단 55연대 2대대가 아니라 '제552군단'이라고 큰소리들을 치게 된 탓에 제가 곤란에 처하기도 하였습니다. 이윽고 D-day가 되어 대대는 해안에 투입되어, 당일 야간부터 해안 경계에 임하였습니다.


통상 대대장까지는 지휘 요소보다 통솔 요소가 보다 중요한 직책으로서, 대대장은 통솔 제대의 최상위 지휘관입니다. 따라서 대대 지휘에 가장 중요한 것은 대대원들과의 접촉으로, 대대장의 머릿속에는 그 시간 어느 중대, 어느 소대, 어느 분대, 몇 명이 어디에서 무슨 행동을 하고 있는지, 관심 요소는 무엇이고 위험 요소는 무엇인지가 머릿속에 그려져 있어야만 합니다. 또 병사들에게는 '언제 어디서 무엇을 하고 있건 대대장님이 지금 우리와 함께하고 계시다'라고 인식하도록 하는 것이 가장 중요합니다. 바꾸어 말하면, 지난 번 말씀드렸듯 지휘관은 언제 어디서건, 그 부대원들에게 그들을 위하여 가장 위험한 지역의 가장 위험한 시간에 가장 먼저 위치하여 제일 마지막까지 병사들을 위하여 고생하고 있는 모습을 보여줌으로써 병사들의 자발적인 복종과 임무 수행을 이끌어갈 수 있어야 합니다.

저는 대대 본부 영내에 관사가 있어 관사에서 출퇴근해도 되었습니다. 그러나 제 예하의 모든 장교는 한 달에 한 번 외박을 할 수 있을 뿐으로(부사관들은 제 독단에 의하여 상황이 허락하는 한 오후에 일시 퇴근시켰음) 출퇴근이 금지되어 영내 생활을 해야 했습니다. 그래서 저도 대대장실에 야전침대를 설치하고 숙식을 대대장실에서 하면서, 부대 안에 있는 관사 앞을 지나만 다녔을 뿐 들어가 본 일은 없습니다. 그러다보니 저는 병식을 해도 되는데 아내가 굳이 삼시 세 끼를 해서 대대장실로 날라주고 세탁물을 싸들고 다니며 고생하였습니다.

제가 부대 업무는 나름 빈틈이 없었지만 가장으로서는 할 말이 없을 만큼 무능하여, 큰딸이 초등학교 1학년에 입학하게 되었을 때, 부대로부터 1.2km 되는 가까운 곳에 초등학교가 있는 것을 모르고 3.5km나 멀리 떨어진 학교에 잘못 입학을 시켜서 바닷길을 따라 그 먼 길을 비를 맞으며 걸어 다니게 했는데 그 일은 지금도 많이 반성하고 있습니다. 이때 둘째 딸은 아장아장 걸어 다닐 때였는데, 예하 부대 순찰 나가느라 위병소 쪽으로 가다가 둘째가 관사 앞에 나와 아장거리며 걷는 모습을 보고 차를 세우고 내려서 한 번 안으려 하면 울면서 도망가 번번이 한 번도 안아보지 못하였었습니다. 그래서 둘째가 결혼할 때, 아내에게 그 이야기를 하였더니 아내는 "과자나 사탕을 사놓았다가 하나씩 주었으면 좋아서 얼른 갔을 것"이라고 했습니다. 그 이야기를 듣고는 "그 생각도 못하다니! 내가 그렇게 바보였었나?" 하는 자괴감을 지울 수 없었습니다.

대대는 해안 투입 후, 제1대대의 1개 중대를 배속 받아 5개 중대를 약 78km에 걸쳐 OO개소에 소대 단위로 전개시켰습니다. 저는 기간 중 주·야간 각각 한 번씩 하루 두 차례, 주간에 1개 소초, 야간에 1개 소초는 반드시 전 정면을 걸어서 그리고 나머지 소초는 차량으로 이동하며 대대의 전 소초를 빠짐없이 2회씩 순찰하였습니다. 도보 순찰시 오전 방문 소초는 선임하사와 함께 화기, 장비, 급식(취사장 운영 및 2·4종 상태) 등을 확인 및 토의하였고, 오후 방문 시는 병사들과의 대화 및 소대장들과 소대 해안 지역을 걸어 다니며 각 지역별 경계 중점과 상황 조치 요령, 안전을 위한 주의 및 착안 사항, 병력 관리, 지휘 및 애로사항 등을 청취 및 토의 하면서 필요 사항을 조치하여 주었습니다. 야간에는 소초 자체 경계 상태를 점검한 후 해안 순찰을 하면서 병사들의 근무 상태를 확인하고 현장에서 상황을 부여, 병사들이 말로만이 아니라 실제 실탄으로 사격하면서 상황 조치하는 훈련을 반복적으로 숙달시켰습니다(다른 부대의 잉여 교탄을 획득하여 실탄 확보).

제가 해안 근무 기간 중 날마다 하루 이동한 거리는 780리(312km)입니다. 대대 투입 시, 아직 본격적으로 해수욕장이 개장된 것은 아니었지만 4월 말만 되어도 해수욕장에 심심찮게 사람들이 드나듭니다. 젊은 병사들을 소대장에게 맡겨 200리(79km)에 걸쳐 흩어놓은 제 머릿속에는 자나 깨나 병사들의 모습뿐이었습니다. 한번은 속초 시내를 지나던 중 앞의 차량 정차로 잠시 서 있을 때, 바로 옆의 가게에서 틀어놓은 라디오에서 "믿어도 되나요. 당신의 마음을~"이라는 가사의 노래가 흘러나와 저는 무릎을 쳤습니다. 그리고 병사들과 대화가 예정되어 있었던 인접 초소로 들어가자마자 병사들을 모아놓고 대대장 18번 노래가 무엇인지 아느냐고 물었더니 군가 제목들이 튀어나왔습니다. 그래서 "그게 아니고 '믿어도 되나요, 당신의 마음을'이라는 노래인데 아는 병사?" 했더니 세 명이 "그 노래 제목은 앵두입니다" 하면서 손을 들었습니다. 저는 그 중 한 명을 지명하여 노래를 시킨 후, 아이스크림 사 먹으라고 돈 몇 푼(그 병사가 전 소대원에게 하나씩 사주도록 하고, 구입은 부소대장이 해줌)을 쥐어줬습니다. 그 다음부터는 가는 소초마다 "앵두를 합창"시키고 간식거리를 사주거나 야간에 잠 안 자게 껌을 사주기도 하며 형편에 따라 돈을 조금씩 주어서 병사들 사기를 진작시켰습니다. 이에 어느덧

'앵두'는 우리 대대의 제2대대가가 되었고, 저만 보면 병사들이 앵두를 합창한 후 "대대장님, 믿으십시오!" 하고 큰소리로 외쳤습니다. 왜냐하면 제가 노래가 끝날 때마다 "믿어도 되나!" 하고 큰소리로 다짐을 받았기 때문입니다. 육군의 규정상 연대급부터 부대이므로 원래 대대가(大隊歌)는 없습니다. 그러나 우리 대대는 병사들이 작사한 내용을 정훈 장교가 작곡한 '대대가'를 부르고 다녔는데 그 가사는 다음과 같습니다.

**"보~아라 여기에 힘 솟는 젊음 겨레와 조국 위해 선봉에 섰다**
**끓는 피 젊은 가슴, 승리의 함성 전진하라 내일 위해 불타는 기백으로**
**믿음 소망 사랑으로 뭉쳐진 우리 영광의 그날까지 나가자 2대대"**

그로부터 한참 후, 그 자랑스러운 2대대는 DMZ 전담 민경 대대로 증개편(증원 편성)되었다가 부대 운용 개념의 변경으로 다시 보병 대대로 감소 편성 및 연대에 예속되었습니다. 이때 타 연대 예하로 들어가면서 대대의 전통과 함께 대대가도 사라진 것으로 알고 있습니다. 그러나 저는 지금도 영원한 2대대원으로서 맥주 한 잔에 기분이 좋을 때면 아내와 함께 2대대가를 합창하고 있습니다. 대대의 군기, 사기, 단결 상태는 만족할 만하여, 해수욕장 철이 되어 해안이 북적거렸을 때도 저는 조금도 불안해하지 않고 제 대대원들을 믿는 마음으로 열심히 예하 부대를 돌아다녔습니다. 도로가 해안선에 평행되게 나란히 나 있는 구간에서는 병사들이 모래밭 장애물 작업이나 훈련을 하다가 제가 지나가면 일제히 "대대장님 믿어도 됩니다, 믿으십시오" 하며 손을 흔들어 주었습니다.

그러던 어느 날 저는 '천진'이라는 곳에 있는 소초에 들어가다가 막사로부터 15m 정도 거리에 있는 조그만 고추밭에서 일하시는 할머니를 보았습니다. 밭과 바다의 거리가 3m 정도여서 짠물 때문에 농사가 되는지 하는 의아심이 든 저는 할머니에게 인사 삼아 "할머니 바다가 그렇게 가까운데 농사가 잘되나요?" 하고 말을 건넸습니다. 그랬더니 할머니는 의외로 "농사가 잘되면 뭐하나요, 한 개도 못 따먹는데" 하는 것이었습니다. 제 눈에 보이는 고추만 해도 백여 개는 넘는 것 같아 "할머니 농사가 잘되면 좋지 않아요?" 하니까 할머니는 "농사가 잘 돼도 아저씨들(병사)이 다 따먹고 남는 게 없어요" 라며 노래 부르듯 대답을 하셨습니다. 그래서 저는 "할머니, 우리 병사들은 절대로 고추 하나도 손대지 않을 테니 안심하시고 농사 잘 지으세요" 하였습니다. 그러나 할머니는 청산유수 같은 대답으로 "높으신 양반들은 다 그렇게 말씀하시지만 그래도 아저씨들은 여전히 다 따 먹어요" 하는 것이었습니다.

저는 할머니께 인사하고 소초 앞으로 병사들을 집합시킨 후, 할머니 쪽을 가리키면서 무엇이 보이느냐고 질문하자 병사들은 일제히 "할머니가 보입니다" 하고 답변했습니다. 저는 병사들에게 할머니와 주고받은 이야기를 해주며 "우리 병사들은 고추 한 개도 안 따먹을 것이라고 장담하고 왔는데 대대장을 거짓말쟁이로 만들래, 아니면 약속을 지키는 사람으로 만들래"라고 하자 병사들이 "한 개도 안 따 먹겠습니다"라고 합창하듯 대답하여 "믿어도 되나?" 하니 "예, 믿으십시오!" 하고 헤어졌습니다.

그로부터 거의 반 년 후, 해안 경계 임무가 종료되어 경계 임무를 인계하고, 제일 남쪽 소초부터 철수시켜 7번 도로를 따라 북상하며 소초별로 합류시켜 행군 제대를 편성하면서 천진에 도착, 천진 소대가 행군 제대와 합류하는 것을 지켜보고 있었는데 어느 할머니 한 분이 대접에 꿀과 미숫가루를 탄 물에 얼음을 띄워 가지고 오셔서 수고하신다면서 마시라고 하였습니다. 저는 얼떨결에 받으면서도 의아해 하였더니 그 할머니는 "이번 아저씨들은 아주 이상한 아저씨들"이라고 하셨습니다. 가지 많은 나무 바람 잘 날 없더라고, 부하 많은 지휘관들은 별의별 자식들 모두를 데리고 있는 부모 심정이라 내 병사들이 무엇을 잘못한 일이 있는가 싶어 여쭈어보니, 그런 게 아니라 "대장님 말씀처럼 아저씨들이 고추를 한 개도 따먹지 않았다"라는 것이었습니다. 저는 그제야 그 할머니를 기억해내고는 뿌듯한 자랑감이 가슴에 묵직하게 차오르는 것을 느꼈습니다. 부대 복귀 후 각 소초별로 추천된 우수 병사들을 순차적으로 포상 휴가 조치하면서 그 소대는 대대원 모두에게 공시하고 소대원 전원을 '포상 휴가 조치' 하였습니다.

어느 날 야간 순찰을 돌고 있는데 ○소초 선임 분대장으로부터 다급한 목소리로 무전이 왔습니다. 여단장님이 무척 화를 내고 중대장, 소대장님을 체포하여 구속하라고 여단 헌병대장에게 유선(전화)으로 지시하고 가셨다는 것입니다. 저는 차를 돌려 소초로 갔는데 여단장님은 이미 떠나신 후였습니다. 제가 경위를 들어보니 여단장님 차가 소초 앞을 지나가던 중 연료가 떨어져 서게 되었고, 부관이 소초로 들어와 경위를 설명하면서 휘발유 한 통을 달라고 하였다고 합니다. 그런데 마침 소대장이 순찰 중이어서(선임하사는 그날 정기 외박) 선임 분대장이 "소대장님 지시 없이는 드릴 수 없습니다" 하고 거절, 옥신각신하는 사이에 기다리다 지친 여단장님이 소대장이나 중대장을 부르도록 하셔서 무전으로 전달하였지만 먼 거리여서 시간이 지체되었습니다. 그러자 성질이 불같이 급하신 여단장님(제가 수색 중대장일 때 첫날에 부딪혔던 그 대대장님. 인품은 참 훌륭하고 자상하신데 성질이 불같으심. 이때는 사단 창설 직전) 이 조금 기다리시다가는 술 먹으러 간 것을 거짓말한 것 아니냐면서 체포하라고 지시하시고 휘발유는 인근의 다른 부대에 연락하여 주유하고 출발하셨다는 것이었습니다.

그 이야기를 들은 저는 정말로 자랑스러웠습니다. 병사가 여단장님이라 하여 직속상관의 명령 없이 행동하여서는 안 됩니다. 그 분대장의 행동은 군인 정신과 군기의 정수입니다. 저는 그 분대장과 상황병의 어깨를 두드려주며 격려와 칭찬을 아끼지 않았고(모두 포상 휴가 조치) 이어 숨이 넘어가도록 달려온 중대장과 소대장을 지프차 뒤에 태운 후 여단장 공관으로 쫓아가 주무신다는 여단장님을 깨웠습니다. 이미 대대장 시절 저를 겪어보고 아시는 여단장님은 "내일 이야기하지 꼭 이 밤에 이래야 하느냐" 하시기에 저는 중·소대장을 여단장님 앞으로 불러내어 "여단장님, 이 중대장, 소대장의 벌건 눈이 술 마셔서 그런 것 같습니까, 아니면 밤새도록 잠 못 자고 해풍을 맞아가며 순찰을 돌아서 충혈된 것 같습니까, 당장 헌병대장에게 전화하시어 체포 지시 취소하십시오. 그전까지는 여기서 꼼짝도 안 하고 있겠습니다" 하였습니다. 여단장님은 헌병대장에게 전화한 후 저에게 "원, 그 성질머리는!"이라고 하셨지만 성질이야 제가 여단장님께 비할 바가 못 되는 것 같습니다. 후일 제가 준장으로 진급하였을 때 기뻐하시면서 축하한다고 저녁을 사 주셔서 감사한 마음으로 맛있게 먹었습니다.

그 후에도 여단장님(이때는 사단장님)과의 추억이 하나 더 있습니다. '가진(마을 이름)' 남쪽으로 해안의 백사장에 인접한 송지호라고 하는 자그마하고 아름다운 호수가 있습니다. 그곳에 송지호 소초가 있는데, 소초 뒤편 도로 쪽으로 10여m 지점에 펜션 같은 건물이 한 채 있었습니다. 소초와 그렇게 바짝 붙은 위치에 어떻게 건축 허가가 났는지는 모르겠지만, 그 펜션의 사장이라는 사람이 문제여서 이 사람은 조금 경박스럽게 부적절한 행동을 서슴지 않았습니다. 민간인 신분으로 소초에 불쑥불쑥 들어와서는 소대장 어깨에 손을 올려놓고 두드려가며 "내가 사단장 초등학교 동창인데 애로사항 있나? 애로사항 있으면 말만 해" 하며 사단장 행세를 한다는 것이었습니다. 저는 까맣게 모르고 있었는데, 해안 투입 한 두어 달 될 무렵 참다못한 소대장의 보고로 알게 되었습니다. 소대장이 "어떻게 해야 합니까?" 하기에 저는 속으로 제가 그 사람을 만나 해결해야겠다고 생각하면서 소대장에게는 "수소(守所) 침범인데 혼내주어야지" 하고는 펜션으로 찾아갔지만 마침 자리에 없어서 만나지 못하고 다음 날 이야기할 생각으로 떠났습니다.

그런데 그 다음 날, 그 소초 담당 중대장의 급한 무전을 받아보니 제가 떠난 후 그 사장이라는 사람이 또 소초에 들어와서 환경 정리가 어떠니 하면서 거들먹거렸고, 소대장은 대대장에게 승인(?)을 받았던 터라 참고 참았던 울화를 터뜨렸답니다. 이에 이 사장이라는 사람이 사단장에게는 엉뚱한 이야기로 소대장의 잘못된 행동을 알렸고 이 이야기를 들은 사단장님이 소초를 방문하여 이것저것 지적하시면서 아수라장을 만들었다는 것이었습니다. 마침 저는 그 인근 소초를 방문 중이었던 터라 그곳에 가보니 내무반이 온통 난장판이었습니다.

저는 두말없이 그 펜션 출입구를 가로질러 좌우에 안전 로프를 설치하고, 25m O점 사격장을 조성하였습니다. 특히 안전을 고려, 탄착 지역에는 도비탄이 나지 않도록 모래를 채로 쳐서 쌓았고, 방탄벽도 3면으로 사선보다 높게 쌓아서 표적을 설치한 다음, 좌우 인접 중대까지 도보 이동 가능 지역의 모든 병력은 모두 3명 1개 조로 그 사격장에서 24시간 주야로 사격토록 조치하였습니다. 그로부터 약 사흘 후, 사단장님으로부터 전화가 와서 점심을 같이하자고 하시어 거절할 명분이 없었던 터였는데 오는 길에 자기 친구를 데리고 함께 오라는 것이었습니다. 이 사람이 다급하게 SOS를 친 것이어서 사단장님이 친구 구출 작전을 하신 것인데 저는 웃고 말았고, 그 후 그 사람은 소초 근처에 얼씬도 하지 않았습니다.


제 대대의 ○○해안 소초가 있는 ○○지역은 동네에 건달패들이 있어 분위기가 좋지 않다고 하였습니다. 정찰시 파악하기로 그 지역은 부대가 교대하면 동네의 건달패들이 순찰로 상에 대기하고 있다가 소대장을 붙들고 겁박을 하여 소대장을 손아귀에 쥔다는 것이었습니다. 저는 뱃심 있는 소대장을 그곳에 투입하면서 상황을 간략하게 알려준 후 정식으로 지시하였습니다. "그럴 경우 지체 없이 실탄으로 사격하라. 단 사람은 맞추지 말고."

뱃심이 약하고 소심한 장교의 경우 사격도 못하지만, 소심한 성격에 우물거리다가 폭행을 당하면 실탄을 장전하고 다니는 상황에서 자칫 더 큰 사고를 저지를 수도 있습니다. 그래서 장비 같은 기질의 아주 뱃심 있는 소대장을 그곳으로 보냈습니다. 대대 투입 후 얼마 되지도 않아, 듣던 대로 동네 젊은 청년 일고여덟이 순찰을 돌고 소초로 돌아오는 소대장과 무전병(전령)을 빙 둘러싸고 소대장이 자기네들을 몰라보고 '신고'를 하지 않았다고 말도 안 되는 시비를 시작하였습니다. 그러자 소대장은 잡담 제하고 바로 총을 머리 상단에 겨누어 사격을 하였고, 소초에서는 평소 상황 조치 훈련대로 총소리가 나는 지역으로 박격포 조명탄을 사격하면서 제논 탐조등을 비추었고, 소초의 중기관총(CAL500)이 해안으로 불을 뿜는 동시에 5분 대기조가 출동하였습니다(이 일련의 조치는 적 해상 침투 시 조치 훈련이지, 동네 청년들을 대상으로 짜인 각본은 아닙니다.). 소초에서는 당시에 그 상황을 몰랐고, 평소 훈련한 대로 총소리가 나는 방향으로 즉각 상황 조치를 한 것뿐입니다. 그 결과 동네 청년들은 넋이 나갔고 동네 어른들이 재발 방지를 약속하여서 불상사 없이 이 문제를 해결하였으며 이후 그러한 일은 두 번 다시 없었습니다.

대대 북쪽 경계선은 어로 한계선으로 설정되어있습니다. 따라서 이를 넘는 어선들을 대대는 통제하고 있었지만, 어민들은 나름대로 생계가 걸려있어 소초의 통제는 무용지물이었습니다. 몇 번 찾아가서 설득도 하고 사정도 하였지만, 돌아오는 대답은 건성으로 "알았다"라는 말뿐이었습니다. 그러나 군의 근무 수칙이 이렇듯 권위가 없어서는 자칫 예상치 못한 상황에서 큰 불상사로 이어질 수도 있어 하루는 월선 하는 수척의 어선에게 세 번 반복 경고 후, 50mm 중기관총으로 사격을 개시토록 명령하였습니다. 처음에는 어선들이 사격을 무시하고 탄도선으로 계속 접근하였는데, 소초에서 사격을 멈추지 않고 어선 바로 위로 총탄이 날아가기 시작하자 황급히 뱃머리를 돌렸고, 그 이후 큰 마찰 없이 어선 통제가 가능하였습니다.

대대에는 선박 소대가 배속되어 5t 정도의 경비정(철선) 한 척이 있었는데 속도는 거의 40해상마일(1해상마일=1.8km)로 쾌속이었습니다. 하루는 연대 장님께서 그 경비정에 탑승하여 해상 정찰을 하시겠다고, 사전 연락도 없이 선박 소대로 오셔서는 저를 찾으셨습니다. 그런데 그날은 출항한 어선이 한

척도 보이지 않았고, 물결은 아주 잔잔하였으나 그 잔잔한 물결의 끝머리가 하얗게 부서지며 물거품이 이는 것으로 보아 파랑으로 판단되어 상황을 설명하고 다음 날 하자고 하였습니다. 그런데 연대장님이 "남재준, 너 아주 용감한 줄 알았더니 바다에는 약하구나" 하시는 것이었습니다. 저는 아무리 설명을 드려도 연대장님의 고집을 꺾지 못하고, '가다가 조금만 더 기상이 악화되면 그때 바로 뱃머리를 돌리면 되겠지' 하는 판단으로 북쪽으로 선수를 향하도록 하였습니다.

그러나 출항한 지 10분도 되지 않아 갑자기 세찬 바람과 더불어 파도가 몰아치기 시작하였습니다. 연대장님께 돌아가자고 하니 두말없이 동의하시었지만, 측면 파도가 너무 심하여 선수를 돌릴 수가 없었습니다. 그 위치에서는 군사분계선이 3km 이내여서 자칫 물결에 휩쓸릴 경우 월북 위험성이 있어 저까지 합세하여 겨우 선수를 돌렸습니다. 그런데 남쪽으로 직진할 경우 측풍에 배가 전복될 상황이어서 45° 방향으로 비스듬히 파도를 가로타고 남하하다가 다시 90°로 꺾어 육지로 접근하고자 하였는데 번번이 실패하였습니다. 그 선박에는 항해용 레이더가 있었으나 워낙 좌우로 롤링(Rolling)이 심하여 무용지물이 되었고, 육지의 불빛조차 관측이 되지 않아 무전으로 대대 작전관 이 소령과 연락하여 육상 레이더로 우리 위치를 잡아가며 남하하였습니다.

처음 계획은 경비정의 모항인 OO으로 복귀하는 것이었으나 방향 전환에 실패하였고 더 이상 원해로 나가다가는 연료 부족으로 표류할 것이 명확해지는 시점이었습니다. 죽기를 각오하고 파도 간의 간격을 초 단위로 측정, 그 간격 사이사이에 조금씩 방향을 틀다가 파도와 선박이 직각이 되기 직전 과감하게 키를 돌려 방향을 트는 데 성공함으로써 구사일생 속초항으로 귀항할 수 있었습니다. 그 기간 중 대대 작전관 이 소령은 대대장의 실종을 염려하여 속초 해양경찰서에 구조를 강하게 압박하였고, 이 독촉에 견디지 못한 해양경찰서장이 500t급 경비정을 출항시켰지만, 제가 항구로 들어오면서 보니 그 경비정은 방파제 뒤에 얌전히 숨어 있었습니다. 제가 발이 땅이 닿자마자, "연대장님, 다시 나가실까요?" 하자 연대장님은 황급히 손사래를 치면서 어둠 속으로 사라졌습니다.

해안 경계 임무 기간 중 군은 대민 관계에서는 통상 '을'의 입장에 설 수밖에 없습니다. 그러나 제가 이에 전혀 구애받지 않고 법과 규정에 따른 원칙대로 부여된 임무를 수행할 수 있었던 것은 제가 잘해서가 아니라, "멸치 꽁다리 하나라도 민간인의 것을 손대거나 피해를 주어서는 안 된다"라는 제 지시를 전 대대원이 철두철미하게 이행해준 덕분입니다. 만약 제 부하들의 비행으로 약점을 잡혔더라면 결코 그렇게 할 수는 없었을 것입니다. 해수욕장도 폐장 시간이 되면 1분의 유예도 없이 바로 구간 전진 식으로 병력을 투입하였습니다. 야간에는 실탄 사격을 하며 상황 조치를 하였기 때문에 결과적으로 실탄을 휴대한 병력들과 민간인들을 격리시킬 수 있었고 병사들의 경계 근무 자세도 최상의 자세를 유지할 수 있었습니다. 뿐만 아니라, 야간에 민간인들의 불법적인 해안 접근을 차단함으로써 경계의 질은 물론 민간인들의 안전을 보장할 수 있었습니다. 그렇지만 동네 주민들은 과거와 달리 일몰 후의 행동이 제한될 수밖에 없어 저만 만나면 붙들고 주민도 야간에 해안 접근을 못하게 하면 날씨 더울 때 자기 집 앞마당에서 바람도 못 쐬게 하는 것이라고 불평들을 하였습니다(위에 진정도 많이 냈음).

그러나 한 번은 해안 철수 후 우연히 길에서 해안의 주민을 마주쳤는데, 저를 보고 쫓아와서는 내년 여름에도 대대장님이 다시 들어오실 것이냐고 물었습니다. 왜 그러느냐고 물어보니, 통상 지역의 어촌계에서 운용하는 전복 양식장의 전복을 피서객들이 야간에 몰래 들어와 거의 싹쓸이해가서 손실이 컸었는데 이번에는 대대가 워낙 무섭게 통제를 하여 전해 수확량의 두 배를 훨씬 넘게 수확하였다고 하면서, 한번 인사하러 와야지 하고 마음먹고 있었다는 것이었습니다. 저는 그런 실정까지는 모르고 있었지만 감사하다는 데 싫어할 이유는 없었습니다.

해안 경계 기간 중에는 단기 사병들이 배속되어 있어서 제가 지휘한 병력은 현재의 2.5개 대대 병력이었습니다. 저는 그 단기 사병 중 집안이 어려운 병사들은 현역 병사들과 급식을 함께하도록 조치하였고 부대원들 또한 대대장의 의도에 공감, 이들을 따뜻하게 감싸 안아 경계근무에 큰 도움을 주었습니다.

대대 본부는 조그만 고지의 정상에 있어서 시내로 나가려면 1km 정도를 걸어야 했는데 아내는 아이를 업고 이 고지를 걸어서 오르내리며 시장을 다녔습니다. 언젠가 하루는 순찰을 위하여 위병소를 나서 오르막길을 내려가다가 대대 보안반장(상사)의 오토바이 뒤에 아내가 양손에 짐을 들고 타고 있는 것과 마주쳤는데, 거기서 자칫 아는 척을 했다가는 사고가 날까 봐 짐짓 다른 곳을 보며 지나쳤습니다. 제가 주간 순찰을 끝내고 결산하려고 대대 본부에 복귀하니, 기다리고 있던 보안반장이 사모님이 항상 그 먼 길을 땡볕에 걸어 다니시는 것이 안 되어서, 몇 번 오다가다 만나면 태워드리려 해도 안 타셨는데, 오늘은 짐이 너무 많아 안타시려는 것을 자신이 억지로 강권했다는 것이었습니다. 그래서 저는, 오토바이를 탄 것이 문제가 아니라 양손에 짐을 들고 어디를 잡을 곳도 없이 가다가 잘못되면 떨어져 머리를 다치는 것이 아니냐? 그런 위험한 짓을 해서 화가 난 것이다, 차라리 조금 고생하는 것이 위험한 것보다는 나으니 다시는 그러지 말라고 이야기 해주었습니다.

그 무렵, 지난번 말씀드린 것처럼 아버님이 저의 집에 오셔서 며칠 머물고 계셨습니다. 그런데 공교롭게도 이때 셋째가 친구와 함께 왔다가 곧바로 돌아나갈 때 제 머리가 어떻게 잘못되었는지, 밥을 한 끼 사주기는커녕 차비한 푼도 못 쥐어 보냈습니다. 그 다음 날에는, 사령관님(후에 군단으로 개편)을 모시고 해안 방어 시범을 실시하였는데 이 때 우리 대대에서 시범을 보였던 '해상 탄막' 개념은 후일 해안 방어 교리 중의 한 부분으로 자리 잡게 되었다고 들었습니다.

한번은 제 경솔한 행동으로 병사들을 위험에 빠뜨릴 뻔했습니다. 태풍이 몰아쳐 피해가 예상되는 위험 지역의 소초 병력을 인근 안전지대로 철수시켰습니다. 그리고 야간 순찰 중 이를 확인하러 초소에 들리려다가 파도에 휩쓸리기 직전 간신히 빠져나올 수 있었습니다. 밤새도록 비가 내린 후 아침이 되자 날이 활짝 개어서 병사들은 태풍 및 호우로 유실 또는 파손된 해안 장애물 복구 작업을 하고 있었습니다. 저는 대대 경계 구역의 북단에 위치한 대진 초소를 방문하였다가 북상하던 중, 바다에 유입되는 명파리 하천가에서 백사장 경계 둑 작업을 하는 열댓 명의 병사를 보고는 차에서 내려 병사들에게 걸어갔습니다. 그곳에 차로 가려면 약 1.2km를 돌아야 하지만 개천을 건너서는 불과 10여m밖에 되지 않는 거리였습니다. 평소 그 개천은 무릎 정도 깊이여서 별 생각 없이 성큼 개천으로 들어간 순간 푹 빠지면서 잠시 정신을 잃었는데, 물을 한 모금 삼키며 정신을 차리고 보니 태풍으로 하상이 깊이 패인 데다가 전날 호우로 하천은 제 키를 넘는 깊이였습니다. 저는 본능적으로 까치발을 하고 발로 지면을 차면서 물 위로 고개를 내밀었습니다.

그런데 그 짧은 순간에 병사 열댓 명 모두가 물에 뛰어들어 제 옆에 있었습니다. 저는 서둘러 서로 손을 잡고 백사장에 가까이 있는 병사부터 뭍으로 올라가 서로 당기면서 물에서 빠져나왔는데, 제 키가 잠기는 깊이여서 저보다 키가 작은 병사 중에는 물을 먹은 병사들도 있고 하여 위험할 수도 있었습니다. 그날은 다행히 물이 맑고 물살이 세지 않아서 무사하였지만, 저는 제풀에 화가 나서 제가 한 행동은 생각지도 못하고, "그렇게 물에 함부로 뛰어들면 어떻게 하느냐"라고 야단을 쳤습니다. 그런데 병사들이 "그럼 대대장님이 물에 빠지셨는데 어떻게 해야 합니까" 하면서 "대대장님 물속으로 쑥 들어가시는 것을 보고는 저희도 모르게 뛰어든 겁니다"라고 했습니다. 그 대답을 듣고 저는 병사들 몰래 마음속에 뜨거운 덩어리 같은 것을 삼키고 있었습니다.

해수욕장도 폐장이 되고, 해안가가 조용해진 8월 말, 그날은 중대장들과의 지휘관 회의가 예정되어 있어 오전 순찰을 끝내고 대대에 복귀하여 회의 내용을 검토하고 있었습니다. 그때 동경사령관님으로부터 급한 전화가 와서 받아보니, "군사령관님이 우리 대대의 남쪽에 위치한 68사단 해안 대대에 와 계시는데 대단히 역정이 나셔서 대대장을 보직 해임시켜버렸고, 계획에는 68사단만 방문할 예정이었지만 22사단 너의 대대를 가보시겠다고 지금 출발하시려 하니 빨리 준비하라"라는 것이었습니다. 그런데 당시 군사령관님이 계신 소초에서 우리 대대 본부까지는 차량으로 불과 7~8분 거리인 데다가 68사단 방문 자체를 모르고 있었던 터에 '준비'라니 불가능한 이야기였습니다. 그래서 저는 군사령관님 성격상(제가 OAC 입교 시 신임 33사단장이시며, 대대장 보임 시 저를 체포하여 구속하라고 하셨던 사령관) 군사령관 지시 사항 이행 상태를 확인하였는데 불만족하였던 것으로 판단, 최근에 내려온 군사령관 지휘각서 제6호를 찾아오라고 하여 지휘각서 6호에 적시된 여덟 가지 지시 사항과 그 조치 결과를 상황판에 그리스 펜으로 간략하게 적어 놓았습니다.

이윽고 헌병 경호차를 선두로 군사령관님 차가 위병소를 통과하였다 하여 뛰어나가 영접한 후 상황실로 안내하고, 통상적인 보고 순서를 바꾸어 "일반 현황을 보고 드리기 전에 먼저, ○월○일 하달된 군사령관님 지휘각서 제6호에 대한 조치 내용을 보고 드리겠습니다"라고 말한 후 상황판을 이용, 구두로 그 조치 내용을 보고 드렸습니다. 그랬더니 들어오실 때 무섭게 굳어있던 얼굴이 활짝 펴지면서 거기까지 따라왔던 68사단장에게 "68사단장, 22사단은 이렇게 다 잘하고 있지 않나" 하시면서 몇 가지 질문하시고는 시간이 없어 가야 한다고 일어서시더니, 제 대대의 한 달 운용에 필요한 만큼의 액수를 격려금으로 주고 가셨습니다. 이에 동경사령관님은 체면이 섰고, 우리 사단장님은 희색이 만면해지셨습니다. 후에 들은 이야기로는, 어떻게 된 건지 68사단의 대대장이 군사령관 지휘각서 제6호의 하달 자체를 모르고 있어 일어난 사단이라 하였습니다.

어느덧 단풍이 들기 시작하였고, 대대는 해안에 투입된 지 7개월째가 되어 무사히 해안 경계 임무를 종료하고 가진에 있는 대대 주둔지로 철수하여 연대의 예비 임무로 전환하였습니다. 그런데 제가 해안 경계를 담당할 때는 안 넘어오고 있다가 대대가 해안에서 철수한 지 2주일도 채 못 된 시점에서 북한 무장 간첩이 침투하여 몹시 아쉬웠습니다. 우리 대대가 있을 때 들어왔으면 100% 잡을 수 있었는데, 적들도 우리 대대를 피한 것 같습니다.

10월 중순 가까이 되어 이동한 대대는 서둘러 부대 정비를 하면서 월동 준비에 들어갔습니다. 급수의 결빙 방지와 각종 보온 및 방한 조치 등 기본적인 것 외에 그 지역은 북풍의 강풍에 대비하여 지붕이 날아가지 않도록 지붕을 결박하고, 제설 도구도 다각적 용도로 준비를 하여야 합니다. 10월 말 경 서둘러 부대 정비와 월동 준비를 거의 마무리할 무렵, 퇴근하여 취침하고 있던 중 전화가 와서 받아보니 "대대장님, 글쎄 하늘에 별이 보입니다" 라고 하였습니다. 저는 그게 무슨 소리인지 알 수가 없어 캐묻자, 강풍에 지붕 일부가 날아가(함석지붕) 침상에 누워 자다가 깨어보니 하늘의 별이 보인다는 것이었습니다. 저는 우선 내무반을 조정하여 재우도록 한 후 이튿날 출근하여 지붕에 올라가 함석 판자 하나하나를 꼼꼼히 점검하여 단단하게 다시 결박하도록 하였습니다.

그날은 마침 부대 바로 옆에 있는 초등학교의 운동회여서 학용품을 사 들고 학교를 방문하여 상품을 전달하고는 잠시 아이들 뛰노는 것을 보다가 돌아왔습니다. 그런데 제가 퇴근하여 집에 갔더니, 밖에서 놀던 큰딸아이가 제가 집으로 들어가는 것을 보고 쫓아와 저를 찾았습니다. 왜 그러느냐고 하니, 얼마나 화가 났는지 그 조그만 얼굴이 온통 새빨개져서는 느닷없이 "아빠는 내 아빠야, 내 친구 ○○이 아빠야"하고 따지는 것이었습니다. 저는 영문을 몰라 "당연히 네 아빠지, 왜 그러는데?" 하니까 "친구 ○○이 '오늘 너희 아빠가 우리 학교 운동회에 왔었다'라고 자랑하더라면서 우리 학교도 운동회를 했는데 왜 우리 학교에는 안 왔어?"라는 것이었습니다. 이야기를 듣고 보니 그 관사 단지의 북쪽에 사는 어린이 반수는 대대 옆 초등학교에 다니고 남쪽의 반수는 관사 남쪽에 있는 초등학교에 다녔는데 저는 큰 딸아이의 운동회 날인 줄 알지도 못 하였던 터라 말문이 막히고 할 말이 없었습니다. 그래서 "내년 운동회는 꼭 참석하마"라고 다짐하며 딸을 달래주었는데, 그 약속은 조금 늦었지만 그 다음 해에 지켰습니다.

이어서 대대는 숨 쉴 틈도 없이 지휘관 임기 중 1회 실시하는 대대 전술 훈련 시험을 실시하였습니다. 그 해는 추위가 조금 일찍 와 쌀쌀한 날씨였는데도, 적진 침투 부대 임무를 수행하게 된 소대의 경우 살얼음 낀 하천 물속으로 2km를 침투하여 들어가 임무를 성공적으로 수행하는 등 대대원들 모두가 한뜻으로 뭉쳐 실전을 치르는 듯 열의를 보였습니다. 이중에서도 가장 기억에 남는 일은, 전역 명령을 받은 통신 가설병 장학도 병장이 자진하여 귀가를 연기하고 훈련에 참가한 것입니다. 그는 마지막까지 후임 병들을 가르치면서 솔선하여 훈련에 최선을 다하는 모범을 보였습니다.

그러나 이렇듯 열성적으로 훈련에 임한 장 병장은 훈련 종료 무렵 유선을 회수하면서 본인 생각에도 자랑스러웠던지 훈련 간 음주 금지 명령을 위반하고 소주를 한 잔 하였습니다. 이에 저는 보고를 받은 즉시 바로 장 병장을 사단 군기교육대에 입소시켰다가 그 다음 날 1주일 입소를 '1일 입소'로 감경 조치하여 전역하도록 하였습니다. 제가 장 병장에게 군기교육대 입소를 명한 것은 명령의 권위를 위하여 과오를 벌한 것이지만 스스로 자진 전역을 연기하고 훈련에 참여하였던 그 군인 정신은 포상하여 감경 조치하였던 것입니다.

이렇듯 대대 전술 훈련 시험 전 기간, 대대원 전원이 자발적으로 실전적 훈련에 임하는 것이 무척 자랑스러워 부대 시험 종료 후 강평하는 자리에서, 저는 당당한 목소리로 대대원들에게 "너희와 함께라면 대대장은 기꺼이 머나먼 세상 끝까지라도 대대의 선두에 서서 진격할 것이다"라고 선언하였습니다. 대대는 훈련 후 부대 정비를 한 다음 이어서 1주일간의 혹한기 야외 훈련을 실시하고, 이제는 연말이니 훈련도 다 끝나고 조용하겠지 하고 있었는데 느닷없이 '전격 기동 훈련' 지시가 떨어졌습니다.

전격 기동 훈련은 군사령관이 발령하는 불시 부대 이동 및 공격 또는 방어 훈련인데 전격 기동 훈련 부대로 지정된 대대는 번개 발령 두 시간 내에 부대가 완전 군장 대형으로 지정된 SP(출발 지점, 그때는 대대 위병소)를 통과하여 지정된 시간 내 지정된 도로를 따라 지정된 지역까지 40~80km를 도보 행군 후 숙영지를 편성 대기하고 있다가 공격 명령이 떨어지면 한 시간 이내 공격 개시선을 통과하여야 합니다. 그날은 평생 잊을 수 없을 만큼, 제가 체험한 날씨 중 가장 추운 날씨였습니다. 저는 15사단 근무 시, 고지 위에 있었기 때문에 한겨울 추위에 체감 온도를 고려하면 영하 30℃ 이하의 추위를, 그리고 설악산 장수대에 있을 때는 거의 체감 온도 영하 40℃를 밑도는 추위들을 겪고 생활하였습니다. 하지만 그날의 추위는 그 정도 수준이 아니었습니다.

대대는 지정된 시간에 SP를 통과하여 행군을 개시하였는데 지정된 이동 거리는 62km를 조금 넘는 거리로써, 아침 10:00시부터 익일 02:30분까지 16시간 30분을 주야로 행군하는 동안, 정지하면 동사자가 발생할 것이 염려되어 속도를 다소 조정하여 느리게 걷는 대신 10분 휴식을 5분으로 단축하여 정지함이 없이 계속 행군하였습니다. 행군 간 저는 대대의 앞뒤로 쉴 새 없이 뛰어다니면서 행군 상태를 확인하고 힘들어하는 병사들을 격려하면서 행군 제대를 이끌었습니다. 바람이 하도 세게 불어 날아가는 학이 떨어져 죽는 벌판이라는 학사평을 지나 행군하다가 조그만 삼거리에서 후위로 행군하고 있는 중대에 무전으로 확인해보니, 5분 전 그 삼거리를 통과하였다는 대답이 돌아왔지만 보여야 할 연락병들의 모습이 보이지 않았습니다. 저는 직감적으로 갈림길에서 우측 길로 접어들어야 할 종대가 좌측 길로 잘못 접어들었을 것으로 판단, 제 차를 불러 타고 후위를 찾으러 떠나면서 대대 행군 종대는 반보 속도를 유지하도록 하였습니다.

후위 중대를 찾고 보니 제 짐작대로 갈림길에서 길을 잘못 들어 좌측 길로 행군하고 있었습니다. 그래서 저는 그 자리에서 종대를 "뒤로 돌아" 하여 삼거리로 역 행군, 좌측 길로 접어들어 행군하는 곳까지 인솔한 후, 대대 본대로 복귀하여 행군 제대를 인솔하였습니다. 숙영지에 도착하여서는 정지함이 없이 즉시 중대 지역으로 전개, 개인 텐트를 설치하고 철저히 위장하도록 지시한 후 다시 후미 종대로 쫓아가 이들을 끌고 숙영지에 도착, 숙영지 편성을 하도록 하였습니다. 저는 일부러 병사들을 재우지 않고 계속 대공 위장 등으로 움직이도록 하였는데 왜냐하면 땀을 흘린 데다 바로 취침하면 동사 또는 동상의 우려가 있었기 때문입니다.

먼동이 훤해지고 기온이 조금 상승할 무렵, 준비된 온수를 배식해주고 내의와 양말을 전부 갈아입거나 신도록 하고 중·소대장이 이를 일일이 확인한 후 병사들을 취침시키고, 저는 대대 상황실 텐트에서 지도를 들여다보며 차후 예상 임무를 추정 판단하였습니다. 그 지역은 평지일 뿐 아니라 전방 방어선과는 상당히 원거리였는데, 숙영지로부터 약 2km 거리에 독립 고지가 있는 것으로 보아 그 고지의 공격 임무가 주어질 것으로 생각되었습니다. 대대 공격 기동 계획을 개략 계획으로 수립한 후, 중대장들을 소집하고 예비 명령을 하달하여 각 중대 기동 계획을 수립하도록 하였습니다.

이때 초병이 숙영지 상공을 헬기가 선회하고 있다는 대공 상황을 보고하였으나 별도로 통보받은 바가 없어서 예상 임무 계획에 대한 도상 판단 및 토의를 하고 있었습니다. 그런데 사단장님 무전이 와서 받아보니 지금 군사령관이 노발대발하여 저를 당장 구속하라고 난리가 났다 하면서 지금 어디 있느냐는 것이었습니다. 그래서 저는 제 번개 명령에 명시된 좌표 위치에 있음을 확인해주니 군사령관이 지금 동경 사령관실에 있는데, 20분 전 헬기로 그곳에 갔다가 대대가 없어서 돌아왔다고 하면서 야간에 다른 위치로 잘못 간 것 아니냐고 하였습니다. 저는 어이가 없었습니다. 제가 서울 시내에서는 집을 찾지 못하여 매번 아내가 뛰어나와 데리고 들어가도록 하는 길치이지만 지도가 틀리지 않는 한 독도법 하나만은 어떠한 지형, 어떠한 상황에서도 자신합니다. 그래서 밖에 있는 초병을 불러 다시 확인해보니 약 20분 전에 UH-1/H 헬기 한 대가 숙영지 상공을 대여섯 바퀴 맴돌다가 동남 방향으로 사라졌다는 것이었습니다. 그래서 사단장님께, "군사령관님 모시고 아까 선회 비행하던 곳으로 다시 오십시오. 만약 그곳에 제가 없으면 옷을 벗겠습니다" 하고 말씀드렸습니다. 그로부터 약 30분 후 헬기가 와서 연막으로 유도하여 착륙시킨 후 경례를 하니 군사령관은 제가 숙영지 있는 곳으로부터 이곳에 혼자 달려와서 영접하는 것으로 오해하였는지 대대는 어디 있느냐고 호통을 치셨습니다. 그래서 가까이 있는 중대 숙영지 하나하나를 손으로 가리켜 설명하면서 성큼성큼 걸어가 제일 가까운 곳의 볏짚을 헤쳐 보이니 군사령관님의 눈이 휘둥그레졌습니다. 밤새도록 얼마나 철저히 위장을 하였는지 대대 숙영지 한가운데 서서도 숙영지를 알아볼 수 없었던 것입니다.

저는 군사령관님을 상황실 텐트로 모시고 들어가 번개 발령부터 숙영지 편성까지의 훈련 경과를 보고 드리고, 제 예상대로의 공격 명령을 수령했습니다. 사전 연구된 대로의 준비 명령과 육안 정찰, 기동 계획 수립, 공격 명령 하달, 공격 개시선 점령 및 공격 개시, 사격과 기동, 최종 돌격 단계까지 교범상의 제(諸) 행동 절차대로 완벽하게 수행하면서 성공적으로 훈련 임무를 종료하였습니다. 군사령관님은 크게 만족하셔서 칭찬을 아끼지 않았는데, 이것이 제 진로를 바꾸게 될 줄 그 당시는 몰랐습니다.

훈련이 끝나고 부대 복귀 후, 거의 한 달 간 야외 훈련을 하였던 터라 연말 회식 겸 푸짐하게 상을 차려놓고 병사들을 격려하였습니다. 통상 병사들

사기를 위하여 회식하고는 뒤처리를 잘못하여 오히려 부대 사기를 떨어뜨리는 경우가 종종 있는데, 저는 부대 회식 시 반드시 다음 세 가지를 확인하고 지키도록 합니다. 통상 지휘관 앞에서 과음하고 실수를 저지르는 경우는 없습니다. 그러므로 회식 후 과음으로 생기는 사고를 방지하려면 첫째, 회식 자리에서 빠져나가 별도로 음주하는 인원이 없도록 통제하여야 합니다. 둘째, 먹은 것보다 훨씬 더 많이 춤추고 노래 부르며 취기를 발산시켜 술이 깨도록 하여야 합니다. 셋째, 술을 안 마시는 병사들이 안 먹은 술과 각 식탁에서 남은 술, 분배하지 않은 술 모두를 회수하여 땅에 버려서 남은 술이 없도록 하여야 합니다. 그날 회식은 오후 세 시 경부터 저녁 식사를 겸하여 시작하여 거의 21시 경에 끝나서 병사들 모두 마음껏 뛰놀며 즐거움을 만끽하였습니다.

어느덧 그 해도 다 지나가고 12월 29일이 되었는데 사단 인사처에서 전화가 왔습니다. 제가 소령으로 대대장에 보직될 당시에는 대대장 임기가 18개월이었으나, 그 한 달 후에 방침이 바뀌어 대대장의 임기가 24개월로 변경되었다고 하면서 저는 경계선 상에 있어 18개월이건 24개월이건 둘 다 해당되고 제가 결정할 수 있다는 것이었습니다. 그래서 저는 마땅히 갈 곳도 없던 터라 24개월을 희망하였습니다.

그러나 잠시 후 군사령부에서 전화가 와서 받아보니, 중령 보직 판단 시 저를 손실 인원으로 판단, 후임 보충 요원으로 제 동기생을 보냈는데 제가 6개월을 더 연장하면 그 동기가 6개월간 다른 임시 보직을 받아야 한다고 하였습니다. 그래서 저는 울며 겨자 먹기로 18개월로 대대장 보직을 마감하고 12월 30일 벼락치기로 이·취임식을 거행하고 대대장직을 인계하였습니다. 그때 사단장님(신임 사단장)께서 저를 부르시더니, "작전 참모가 진급을 못하여 1년을 더 하겠다 하니 너는 임시로 사단장 특별보좌관을 하다가 내년 3월 하순 경 정보참모가 임기 만료로 전출하여 자리가 비게 되면 정보참모를 하다가 내년 말 작전참모를 하는 것이 어떻겠느냐"라고 하셨습니다. 저에게는 최상의 기회인지라 거듭 감사하다고 말씀드린 후 가족은 서울로 보내고 짐은 민가의 방 한 칸을 빌려 맡긴 후, 사단 BOQ에 방 한 칸을 얻어 들어가면서 대대장 관사를 비워주었습니다.

1월 3일부터 사단에 출근, 이틀 동안 사단장님을 수행하고 있던 차 1월 5일 사단장님이 부르셔서 가보니, 군사령부의 팀스피릿 연습 계획단 준비 요원으로 파견 명령이 내려왔으니 가야 하겠다면서 좋은 기회이니 많이 배우고 오라는 것이었습니다. 저도 사단장 특별보좌관으로 무위도식(無爲徒食)하고 있는 것보다는 대부대 훈련 계획 경험을 하는 것이 훨씬 좋은 기회이므로 사단장님께 신고 후 그날로 사단을 출발, 원주로 향하였습니다.

형님과 형수님의 평안하심을 기원 드리며 오늘은 이만 줄이고 다음 주 문안 올리겠습니다. 건강하게 지내십시오.

동생 재준 올림

# 18. 제1야전군 인사처 보임과 보좌관

**존경하며 자랑스러운 형님께**

운동장 한구석에 자리하고 있던 코스모스가 이제는 가을의 발걸음을 따라가려는 듯 꽃잎을 내리고 있어, 저는 내년을 위하여 코스모스 씨를 정성껏 따 모았습니다. 형님께서 보내주신 서신 세 통은 모두 잘 받아 보았습니다.

지난번 말씀드렸듯 저는 22사단(88여단)을 떠나 원주 제1야전군 사령부에 출두하여 파견 명령지와 신고 일정을 확인하고자(22사에서 구두로만 통보) 군 인사처 보임과를 방문하였습니다. 보임과에는 육대 25기 동기였던 노오석 중령님(제가 1학년 때 4학년)이 보좌관으로 계셨는데, 저를 반갑게 마중하시더니 이야기는 나중에 하고 우선 따라오라고 하시어 인사처장님실로 가게 되었습니다. 저는 팀스피릿훈련 통제 계획단이면 작전처장실로 가야 하는 것이 아닌가 하고 생각하면서도 인사처장실에 들어가 인사를 드렸습니다.

인사처장은 잘 왔다고 하시면서 자세한 것은 노 중령에게 인수인계 시에 들으라고 하셨습니다. 이어지는 이야기가, 팀스피릿훈련 통제와는 상관없는 보임과 업무에 대한 것이어서 그제야 제 보직을 질문하니 노 중령(대령으로 진급) 후임인 보임과 보좌관이라고 하셨습니다. 저는 그 말씀을 듣고는 펄쩍 뛸 수밖에 없었습니다. 그래서 저는 직능이 작전으로 분류된 작전 특기 장교이며 인사를 해 본 일도, 하고 싶은 생각도 없을 뿐 아니라, 더욱이 사단에서는 제가 파견 간 것으로 알고 있는데 이것은 말이 안 되니 못하겠다고 하였습니다. 급기야는 고성이 오가고 결국은 사단에 내려 보내지 않았던 군사령관님의 결제가 난 명령지를 그제야 보여주면서 끝까지 거부하면 군 징계위원회에 회부하겠다는 것이었습니다. 15사단의 중대장 보직 때는 제가 계급도 갓 진급한 대위인 데다가 나이도 어려서 버티었지만, 그때는 대대장까지 마친 중견 간부로 40이 가까운 나이에 막무가내로 드러누울 처지도 못 되어 난감해 하다가, 결국 22사단장님께는 처장님이 책임지고 해명해주는 조건으로 명령을 수락하였습니다.

전입 및 보직 신고는 이렇듯 '말다툼과 고성'으로 끝내고 보임과에 돌아와 과장님과 과원들에게 인사를 하고, 보좌관 업무를 인수하게 되었습니다. 보좌관의 주요한 임무는 1군 내 대령들의 보직 및 해임 등의 인사 명령을 주무하고, 보임과 전반 업무를 감독 및 조정, 통제하면서 과장을 보좌하는 것이었습니다. 전임 노오석 중령님은 평소 조용하고 자상한 인품으로, 후배들에게도 다정하게 대하여 주셨는데, 제 처지를 깊이 마음 아파하시며 연민을 느끼고 계시던 차, 저를 후임으로 데려다 놓으면 혹 진급을 할 수 있지 않을까 하는, 저에 대한 각별한 배려의 마음으로 저를 후임으로 추천하신 것 같았습니다. 그런데 제가 소동을 벌여 입장을 난처하게 해드린 것에 지금도 죄송한 마음을 지울 수 없습니다. 군사령부 보임과 보좌관 자리는 통상 진급이 잘되는 것으로 알려진 소위 요직(要職)이었지만 설사 제가 쫓기는 처지가 아니었다 하더라도, 저는 작전을 하고 싶었지 인사처 근무를 선택하지는 않았을 것입니다(후일 육본 인사참모부장을 또 하게 되었지만). 이러한 우여곡절 끝에 저는 1군 인사처 보임과 보좌관으로 근무하게 되었습니다.

그러나 후에 이를 아시게 된 22사단장님께서는 노발대발하시어, "진급을 위하여 몰래 뒤로 요직을 찾아다니며 앞에서는 태연히 거짓말을 하고 다니는 형편없는 놈"이라고 저를 매도하시면서, 반드시 옷을 벗기겠다고 분개하신다는 소문이 들렸습니다. 그로부터 1년 후 제가 36사단 작전참모로 나가게 되었을 때 1군 동원처장으로 계시다가 36사 사단장으로 나가신 신대진 장군님(제가 생도 때 중대 훈육관님. 육사 15기 대표 화랑 출신으로 업무 능력이 탁월하셨으나, 정승화 전 총장님과의 인척인 관계로 신군부에 의하여 불이익을 받고 한직으로 전전)께서 제 일을 해명해 주시려고 저를 데리고 22사단장님을 찾아뵙기까지 하였지만, 22사단장님께서 끝내 저를 만나는 것조차 거부하시어 결국은 해명할 기회조차 갖지 못하였습니다.

그 후 22사단 GP에서 소대장파와 선임하사파 간의 갈등이 증폭되어 총기 난사 사고로 이어지면서 다수의 인명이 손상되는 큰 사고가 있었습니다. GP는 정보참모의 책임 소관입니다. 그러므로 만일 제가 처음 계획대로 22사단 정보참모를 하고 있었더라면, 혹 사고를 예방할 수 있었을지도 모르겠습니다. 이는 저의 능력이 뛰어나다고 생각해서가 아닙니다. 제 업무 스타일이 책상에 앉아 업무를 보기보다는 밤낮없이 현장을 뛰어다니며 병사들 속을 파고 들어가는 유형인 데다가, 저의 GP장과 민경 중대장, O개의 GP를 운용하는 GOP 대대장의 경력 때문에 아마도 GP 내의 갈등을 눈치 챌 수 있었을 가능성이 큽니다.

뿐만 아니라 공교롭게도 바로 이 사고와 판박이 같이 똑같은 유형의 사고(총기 난사가 아닌 몽둥이 싸움이라는 점만 다를 뿐)로 제 전임 수색 중대장이 구속당한 그 뒤처리를 한 경험이 있었기 때문에 제가 아는 징후를 파악한 즉시 GP 병력을 교체시켰을 것이므로, -사람의 일을 장담할 수는 없지만- 아마 거의 예방하였을 것으로 생각합니다. 당시의 22사단장님은 단지 이틀 간만 모셨을 뿐이지만 인품이 좋으시고 틀이 크셨던 분으로 기억하고 있는데 뜻을 펴지 못하시고, 불행한 사고로 안타깝게 전역하신 것에 대하여 지금도 나름 죄송한 마음입니다. 비록 당시의 상황이 저로서는 불가항력이었지만, 사단장님의 입장에서는 제게 배신감을 느끼신 것이 지극히 당연하셨을 것으로, 언젠가는 이 글을 보시고 그 오해를 풀어주셨으면 합니다.

보임과 보좌관 자리에 한 이틀을 앉아 있어보니, 사단 인사처에서 업무 협조차 들르는 장교들이 거의 예외 없이 많지는 않지만 얼마씩 돈을 봉투에 넣어 주고 가는 것이 눈에 띄었습니다. 알아보니 그 돈을 장교들이 개인적으로 받아 챙기는 것은 아니었고, 모두 모아서 과의 잡비나 회식비 등 공용으로 쓰고 있었습니다. 그래서 저는 보임과에 출근하기 시작한 지 사흘째 되는 날에 노트를 한 권 사서 과의 선임하사인 백 상사에게 주었습니다. 그리고 장교들이 금일봉을 받으면 준 장교의 인적 사항을 봉투에 적어 백 상사에게 반납하도록 하고, 백 상사는 이를 노트에 기입한 후 액수가 많은 것은 즉시, 액수가 적은 것은 추후 그 사단에서 들어오는 인(人) 편에 돌려주고, 직접 돌려준 것은 노트에 서명을, 인편이나 사단을 방문하여 돌려준 것은 영수증을 받아 노트에 첨부하도록 하여 주간 단위로 제가 결제를 하였습니다.

그리고 처음 회식은 제가 신고를 겸하여 비용을 부담하였고, 이후 모든 회식은 각자가 균등하게 분담하도록 하였습니다. 저의 이와 같은 조치는 장교들이 암암리에 개인적으로 부당 이득을 취하였던 것은 아니어서 모두들 흔쾌히 따라주었습니다. 이 소문이 전군에 전파되면서 그 잘못된 악습의 관행이 점차 사라졌는데, 저는 이어서 '보임과의 양심은 제1야전군의 양심'이라는 문구를 커다랗게 써서 출입 시에 가장 눈에 잘 띄는 벽면에 부착토록 하였습니다. 그 일을 보고 혹자는 "큰 액수도 아닌데 주고받는 것이 서로의 정인데 너무 삭막하지 않느냐"라는 이야기도 했습니다. 하지만 조금 더 생각해보면 사단에서 주고 가는 돈이 사단 인사처의 운영비이거나 인사 장교의 봉급 중 일부가 아니면 예하 연대, 대대 인사과로부터 받은 것일 것입니다. 그러므로 군사령부의 보임과가 받지 않으면 전군의 잘못되고 불합리한 관행을 모두 없앨 수 있는 것이기 때문에 이는 결코 사소한 일이 아니었습니다.

제가 두 번째로 관심을 가진 것은 전·출입 장교의 기록 카드였습니다. 이를 점검하다보니, 오지에서 근무하는 장교는 소위 때부터 줄곧 오지를 왕래하였고 다른 일방은 비교적 근무 여건과 교통이 좋은 곳에 반복적으로 보직되는, 말하자면 보직의 빈익빈 부익부의 현상이 눈에 띄었습니다. 인사의 원칙은 '인재를 양성하여 적재적소에 활용하는 것'인데 이는 주로 육본급 수준의 인사이고, 군사령부 이하는 동일한 기능을 수행하는 동일한 성격의 자리에 사람을 채워 넣는 비교적 공정한 인적 배분(人的配分)의 성격이 짙었으므로 무엇보다도 공정성과 형평성이 중요하였습니다. 그래서 저는 이러한 원칙 아래 '보직분류기준표'를 작성, ① GOP 및 예비 사단의 전후방과 ② 횡적으로 비교적 근무 여건이 좋은 ㉮ 춘천-홍천-원주 축선과 ㉯ 중간 정도인 인제-양구 축선, 비교적 근무 여건이 안 좋은 ㉰ 동해안 축선 등 5개 권역으로 구분하고, 장교들의 보충 소요 및 가용을 고려하여 권역별로 순환 보직하는 원칙을 수립하였습니다. 이 보직 방침에 따른 보직기준 표를 작성 활용함으로써, 개인이 원하는 보직을 받기 위하여 찾아다니며 노력하지 않아도 형평성과 공정성이 보장된 보직이 가능토록 하였고, 이는 훗날 육본에서 육군의 전후방 순환 보직 방침으로 확대 시행되었습니다.

이러한 일련의 조치로, 보임과에 대한 인식도 점차 바뀌었고 과의 분위기도 일신되어 과원들이 똘똘 뭉쳐 매사 업무에 적극적으로 임하게 되었습니다. 이 무렵 과장님이 전출 가시고 후임 과장으로 길형보 대령님(육사 22기 후일 육군참모총장, 구치소까지 먼 길을 면회와 주셨음)이 새로 부임하셨습니다. 저는 아파트 입주 순위가 되어 삼포의 민가에 맡겨놓았던 이삿짐을 가져오고 서울의 아내에게도 연락하여 모처럼 만에 가족이 다시 모여 살 수 있게 되었습니다. 또 시간을 내어 퇴근 후에는 육대 시험 응시를 희망하는 장교들에게 과외 지도를 해주었습니다.

이렇듯 과의 업무와 순환 보직 체계가 자리를 잡아가고 있을 즈음, 군의학교를 갓 졸업한 신임 군의관들의 보직을 판단하게 되었습니다. 그래서 저는 전방에 근무하였던 군의관들은 격·오지 근무 기간과 근무 연한을 고려하여 후방 병원의 인턴 및 레지던트 보충 소요에 맞추어 보직을 조정하여 주고 신임 군의관들은 모두 전방 직위로 보직하는 안을 구상하고 있었습니다. 그런데 군의관 보직 담당 장교가 신임 군의관 중 소위 청탁이라고 하는 쪽지가 들어오지 않은 인원이 거의 없을 정도여서 이를 어떻게 해야 하는지를 질문하였습니다. 저는 결재도 내가 받고 모든 책임도 내가 질 터이니 면도칼로 자르듯이 보직 분류 방침대로 하되, 기안 서류에 누구의 청탁인지 연필로 조그맣게 기입해 놓고 쪽지는 모두 나에게 가져오라고 하였습니다. 군의관 보직 장교는 제가 책임지고 결재를 받아주겠다고 하자 얼굴이 활짝 펴졌습니다.

마침 그때, 군사령관님이 찾으신다 하여 가보니 사령관님께서 군의관 여섯 명의 이름이 있는 쪽지를 주시어 저는 아무 소리도 하지 않고 받아가지고 나왔습니다. 며칠 후, 보직판단안과 이에 따른 명령기안지를 가지고 결재를 받으러 가니, 과장님은 과의 분위기를 아시는지라 한눈을 찡긋하시며 두말없이 결재를 해주시어 인사처장과 참모장님의 걱정스러운 표정을 뒤로하고 군사령관 실에 결재를 받으러 갔습니다. 보직판단안의 결재를 기다리셨던 듯 군사령관님은 웃는 얼굴로 결재 서류를 받아 펴보시더니, 얼굴이 시뻘게질 만큼 화가 나셔서 결재 서류를 밀쳐내시며 노기 어린 목소리로 어떻게 된 것이냐고 힐난하셨습니다. 저는 처음부터 각오했던 터라 다시 서류를 끌어다 사령관님 앞에 47명의 보직판단 안을 펼쳐놓고는 연필로 적어놓은 조그만 글씨를 가리키면서, "이것이 제가 받은 쪽지입니다. 청탁이 들어오지 않은 인원은 이 단 두 명뿐인데, 이 중 누가 청탁한 네 명을 빼고, 사령관님이 주신 여섯 명을 후방 병원으로 명령을 내면 되겠습니까?"하고 반문을 하였더니 한참 숨을 고르시다가 벌레 씹는 표정으로 결재를 하시고는 집어던지며 나가라고 하셨습니다.

그로부터 일주일 후 군의관 인사 문제가 톱뉴스가 되어 중앙 일간지의 1면을 장식하자 육군이 발칵 뒤집혀, 2, 3군 및 육직 부대 등 다수 부대의 인사참모 및 실무 담당자가 처벌되었고, 의무감을 비롯하여 관련된 인원이 구속 또는 전역되었습니다. 이때 오직 1군만이 원칙에 따른 보직을 한 것이 되어 그나마 육군의 입장을 조금은 살릴 수 있었던 터라 저를 부르신 군사령관님은 제 손을 덥석 잡고 어깨를 두드려주며 치하해 주셨습니다.

어느덧 제가 보임과에 보직된 것이 반년쯤 되어 갈 무렵 군의관 보직 문제로 어수선하던 분위기도 가라앉아 모든 업무가 정상을 되찾고 있었을 즈음 3군단 작전참모님이 저에게 오셔서 "군단장님이 네 말씀을 하셨는데 군단 작전과장으로 오지 않겠느냐"라고 하셨습니다. 3군단장님은 저의 초임 장교 시절, 제가 전방과 제일 가까운 곳으로 가고 싶다고 하여 사단 인사참모가 말로 생색을 낸 탓으로, 저를 데리러 연대에 오셨던 8사단 21연대 3대대장님이셨는데 제 이름을 듣고는 저를 기억하고 계셨던 것 같았습니다. 저는 감히 청하지는 못하지만 원하던 것(不敢請 固所願)이어서 인사처장님 허락만 받아주시면 가겠다고 답변 드렸습니다.

그런데 아무리 기다려도 소식이 없어 3군단 작전참모님께 전화를 드렸더니 도리어 저에게 화를 내시며 "남 중령 때문에 군단장님께 내가 실없는 사람이 되었다"라고(저를 데리고 오겠다고 장담하신 모양) 하면서 "인사처장께 아무리 이야기해도 안 되어 군단장님께 말씀드려 군단장님이 직접 인사처장에게 전화를 하셨는데도 인사처장이 안된다고 일언지하에 거절하였다. 그러니 이런 경우에는 네가 보임과에 있으니 네 문제를 스스로 풀어야 하는 것 아니냐"라고 하였습니다. 아울러서 군단장님께서 남 중령의 소위 때 말씀을 하시면서 서운해 하시는 것 같다 하여 저는 본의 아니지만 이상하게도 또 실없는 사람이 되고 말았습니다.

그러나 후에 알고 보니 동원처장이었던 신대진 장군님이 36사단장으로 나가시면서 동기생인 인사처장에게 연말에 작전참모로 데려다 쓰려 하니 아무 데도 못 가게 붙들어 두라고 신신당부하시어 약속을 받아내고 가셨다는 것입니다. 이 이야기를 36사 작전참모 전입신고 시 사단장님께서 자랑삼아

하시는 것을 듣고는 어이가 없었습니다.

매년 8월에는 을지포커스렌즈(UFL)연습이 실시되었는데 그 해에도 8월 초 UFL연습이 개시되어 군사령부는 전시지휘소로 이동하였습니다. 그러나 보임과는 후반기 인사 공석 및 보충 소요 판단서를 작성, 육본에 제출하여야 해서 거의 텅 빈 사령부에 남게 되었습니다. 제가 작전의 실무 장교로서 근무 시에는 항상 거의 일주일을 꼬박 새우다시피 하면서 연습을 주무하여 끌고 가다가 연습에서 열외하게 되니 저도 모를 소외감이 엄습하면서 연습 참가 장교들의 모습이 부러워 보이기까지 하였습니다. 타고난 제 천성을 어쩔 수 없었던 것 같습니다.

10월이 되자 연례적으로, 다음 연도 연대장 보직 판단을 하게 되었을 때 과장님도 이에 해당되었지만 "보안사 동기생이 11사를 희망하니 꼭 11사로 분류해 달라"라고 말씀하셨을 뿐 본인의 보직 언급은 없으셨습니다. 저는 솔직하게 생각이 복잡할 수밖에 없었습니다. 과장님은 주로 정책 분야 경험이 많을 뿐 야전 경력이 별로 없어서 보직 방침 상으로나 경력 관리를 위해서나 전방으로 가셔야 하였습니다.

인사는 상당히 역설적인 면을 가지고 있어서 99명의 인사가 잘못되고 한 명의 인사가 바로 되었다면 인사가 엉망이라는 평은 나오지만 문제로 비화되지 않으나, 99명의 인사가 바르고 한 명이 잘못되면 그것은 반드시 문제로 비화됩니다. 왜냐하면 전자는 누가 어떠하였기 때문에 잘못되었다는 근거를 끄집어내어 문제시할 수 없는데 반하여 후자는 누가 이래야 하는데 이렇게 되었으니 이것이 잘못되었다고 명확하게 잘못된 사항을 적시하여 문제화할 수 있기 때문입니다. 그뿐 아니라, 전군이 저를 주목하고 있는 터에 자칫 제가 흔들리면 제 지나간 모든 노력이 수포로 돌아가 과거로 회귀하게 될 것이었습니다. 그래서 원칙대로 보직 분류를 한 결과 두 분 모두 1군에서도 가장 험한 지역으로 분류할 수밖에 없었습니다. 보직판단 안을 완성하여 결재를 올리자 이를 들여다보시던 과장님은 한숨을 푹 쉬시더니, 11사로 부탁하였던 동기생 대신 본인을 GOP 연대로 조정하도록 하셨는데, 이후 인사처장, 참모장, 부사령관, 사령관님 모두가 하나같이 보임과장을 어디로 분류하였는지를 제일 먼저 찾아 본 후에 저를 한 번씩 쳐다 보고나서 결재를 해주었습니다.

그렇게 연대장 분류 작업을 끝내기는 하였지만 제 고민은 그것이 끝이 아니라 시작이었습니다. 어떻게 하면 과장님께서 GOP 연대장을 성공적으로 수행하실 수 있도록 도울 수 있을 것인가를……. 과장님은 큰 그릇이셨기에 아무 말 없이 그 보직 안을 받아들이실 수 있었을 것인데 과연 우리를 실망시키지 않고 제반의 악조건을 극복해내면서 성공적으로 GOP 연대장 보직을 마침으로써 그 이후 사단장, 군단장, 군사령관을 거쳐 참모총장까지 역임하셨던 것이라고 나름 생각하고 있습니다. 과장님이 부탁하셨던 동기생 또한 보임과장 자신이 동부 산골짜기의 GOP 연대장으로 부임하는 것을 보고는 그 후 뒷말이 전혀 들리지 않은 것으로 보아 인사 명령에 승복하셨던 것으로 판단됩니다.

제가 과외 지도를 하던 장교들도 육대 입학시험에 당당하게 합격되어 육대로 출발하였습니다. 저는 거의 1년이 되어가, 이 생각 저 생각을 하던 차에 하루는 36사단 인사참모로 있는 동기생 김일우 중령이 저에게 "사단장님이 너를 작전참모로 데려오라고 하시는데 어떻게 생각하느냐"라고 하여서 저는 작전을 할 수 있다면 어디든 가고 싶은데 처장님이 놓아주실지 모르겠다고 하였는데 그 다음 날 바로 36사단 전속 명령이 났습니다. 이에 놀란 제가 보병 중령 담당자에게 내 결재도 없이 어떻게 명령이 났느냐고 묻자, 실무자는 "처장님이 보좌관님을 36사로 기안하여 과장 결재만 받아서 가져오라고 하셔서 그렇게 할 수밖에 없었다"라며 죄송하다고 했습니다. 그러나 저는 저를 놓아주신 것이 신기해서 물어본 것이지 왜 멋대로 명령을 내었느냐는 추궁이 아니었기 때문에 전혀 죄송해할 필요는 없었습니다.

저는 부임 일자가 일주일가량 여유 있었기 때문에 기간 중 제가 추진하던 사항을 다시 한 번 점검하여 다져놓고 진행 중인 사항을 서둘러 종결하는 동시에 차후 과가 수행하여야 할 주요 과업 목록과 수행 중점 및 착안 사항 등을 요약 정리한 '과업목록일람표'를 작성했습니다. 또 바인더의 현황을 최신화하여 업무 인계 준비를 하면서 마침 대대장 보직이 끝나서 오고 싶어 하는 인사 직능의 중령이 있어 과장님께 보고 드렸더니 한 번 만나보신 후 마땅치 않아 하시었으나, 우여곡절 끝에 후임을 결정하여 인계 후 참모장님께 신고하고 다음 날 36사단으로 출근하였습니다.

형님과 형수님 내외분 평안하시기를 기원 드리며 다음 주 또 문안드리겠습니다.

동생 재준 올림

## 19. 보병 제36향토사단 작전참모

### 존경하며 자랑스러운 형님께

건강하시다는 소식 즐겁게 받아 보았습니다만 오늘 전두환 전 대통령님께서 서거하셨다는 뉴스를 접하고는 여러 가지 생각이 머릿속을 오갔습니다.

우리 집안에서는 매형이 런던지점장 시절 당시 전 대통령님을 배경으로 한 모 실세의 부인이 런던 방문 시 모든 경비를 부담하던 관례를 무시하고 이를 거부하여 불이익을 당하셨고, 형님과 저 또한 개인적으로 신군부에 의하여 어려움을 겪었습니다. 그래서 제가 국정원장에 취임하여 직원들에게 제일 먼저 한 훈시 내용은 "현대 국가에서 국가의 안보와 경제를 아울러 국가의 생존과 번영을 위한 정보와 보안은 국가의 존망과 사활이 걸린 가장 중요한 기능이다. 그러나 우리나라에서는 한때 정보기관이 국가 안보가 아닌 정권 안보에 잘못 활용되었고 이에 편승한 일부 인원이 임의로 월권행위의 일탈을 저지른 결과, 지금 여러분이 체감하고 있는 이 팔다리가 꽁꽁 묶인 오늘의 국정원을 만들었다. 이는 명백히 거의 반역에 준하는 자해 행위다. 그러므로 여러분은 먼 훗날 손자들 앞에서 '나는 사심 없이 내 조국에 헌신하였다'라고 자랑스럽게 말할 수 있도록 이 시간 이후 법과 규정에 하도록 되어 있는 일을 하도록 되어 있는 시간과 장소에서, 하도록 되어 있는 수단과 방법으로 주어진 의무를 수행할 것이며 그 이외의 행위는 일체 금할 것을 명령한다. 이를 위하여 매주 수요일 오전 두 시간씩 자기 임무에 관련된 법과 규정을 '과와 팀 단위'의 케이스 스터디를 통하여 숙지할 것은 물론 습성화할 것"을 지시하였고 이는 재임 기간 중 지속 시행하였습니다.

그럼에도 불구하고 저는 **"군인이 아닌 전두환 대통령님의 치적"은 대단히 긍정적으로 평가합니다. 왜냐하면 국가 리더십의 관점에서 볼 때 전 대통령님은 지인(知人)과 용인(用人)을 할 줄 아는 탁월한 리더십의 소유자로서 국가 발전에 커다란 공헌을 하셨다고 생각**하기 때문입니다. 하지만 그 평가는 후대 역사학자들의 몫으로 돌리고 여기에서 **단지 한 군인으로서, 제 생명보다 더 소중했던 대한민국 군 특히 육군에 끼친 부정적 해독에 대해서만 유독 언급하였던 것은 전 대통령님에 대한 원망의 개인적 감정 때문에서가 아니라 유구한 조국의 간성이어야 할 후배들을 위한 고언을 남기고자 함**이었습니다.

지난 편지에서는 군보임과 보좌관 근무 시절을 말씀드렸고, 오늘은 보병 제36사단 작전참모의 이야기로 이어가려 합니다. 36향토사단은 제2군 예하로 안동 지역에 위치하고 있다가, 그 해 봄에 제1야전군으로 배속이 변경되어 1군의 향토 사단으로서 전방 군단 책임 지역을 제외한 강원도 전역의 해안 경계와 내륙 지역 작전 및 예비군 교육 훈련 임무를 수행하고 있었습니다. 그러나 책임 지역은 광 정면(넓은 면적)인데 비하여 해안 대대를 제외한 기타 대대들은 기간 편성(감소 편성)되어 있어 가용 병력이 극도로 제한되었습니다. 따라서 신속한 조기 경보 및 의사소통 체제와 병력의 효율적 운용 및 예비군 동원 속도를 포함한 작전의 즉응성과 기동성이 무엇보다도 요구되었던데 반하여 제가 부임 초 파악해 본 결과 전혀 그렇지 못한 실태였습니다. 한 예로 작전을 위하여 가장 중요한 요소는 신속 정확한 상황 보고 및 전파와 명령 하달 등을 포함한 상, 하급 부대 간의 정보 유통 및 의사소통 체계인데 부임 첫날, 이를 파악하기 위하여 메시지로 통신 훈련을 실시해본 결과 4/5가 보고는 고사하고 반응조차 없었습니다.

저는 도상 연구(지도상으로 지형 연구)를 통하여 부대 배치 및 각 부대의 작전 지역 특징과 작전 제한 사항 등을 염두 판단으로 분석해 본 후 예하 부대를 방문하기 위하여 제천을 거쳐 영월로 향하여 OOO연대 예하의 대대를 방문했습니다. 작전과에 들어가 사단으로부터 받은 모든 지시 공문과 보고 서류를 가져오도록 하여 이를 대조해보니 대대장의 가장 최근 결재 문서가 15일 전 것이었습니다. 간단히 말씀드리면 사단 지시가 대대장에게 보고되는 데 소요된 시간이 15일이라는 이야기였습니다. 저는 말문이 막혀 할 말이 없어졌는데 이러한 현상이 각 대대별로 다소 차이는 있었으나 사단의 보편적 실태였음을 확인하였습니다. 해안 경계 근무 실태를 점검한 결과는 초병이 실탄과 수류탄을 장전 및 휴대하게 되어 있었으나, 아예 불출(개인에게 분배)조차 하지 않고 빈총으로 경계를 하고 있었으며 더욱이 상황 조치 훈련은 구두로 단어만 알고 있었습니다.

제가 작전참모로서의 첫 조치는 총기 사용 시기 및 조건을 숙지(암구호 교육 포함)시킨 후 모든 경계 근무병들에게 규정된 실탄 및 수류탄을 지급하고, 투입 시 안전 교육을 철저히 하도록 할 것이며, 근무 간 상황 조치 훈련 및 순찰을 강화하도록 하는 것이었습니다. 또 이를 어길 시에는 작전 지시 불이행으로 사안에 따라 군법회의 회부 및 징계 조치할 것임을 강조하였습니다. 이에 말씀은 못하셨지만 사단장님께서도 우려하시는 눈빛이었고, 지시를 수령한 어느 연대장은 직접 전화를 걸어와 사고가 나면 작전참모가 책임질 거냐고 항의를 하셨는데, 특히 해안의 경우 여름 해수욕철의 근무 환경을 몰라서 하는 조치라고 몰아붙였습니다. 저는 안전사고 시 책임지라 하시면 책임지겠는데, 그러면 만일 적의 해안 침투 시 탄약 미불출로 인한 작전 실패 책임은 연대장님께서 사단 명령 지시 불이행 책임까지를 포함하여 감당하실 것인지 묻고, 해수욕철의 근무 환경은 22사단 대대장 근무 시 이곳보다 더 해수욕장이 발달되어 피서객이 들끓는 대진-속초 간의 해안 대대장 경험을 이야기하며 설득했습니다.

그리고는 우선 명령 지시에 대한 상하 간 의사소통 체계와 경계 근무 실태를 확립하기 위하여 아침 상황 보고 회의 후 결재와 함께 필요한 사항을 지시하고는 바로 예하 대를 방문하였고, 오후에 잠시 들어와 저녁 결산 참석 및 결재 후 다시 예하 부대를 방문했습니다. 이런 식으로, 주간에는 헬기 (사단장 자휘용 OH-23), 야간에는 차량을 이용하여 사단 예하의 전 대대들을 돌아다니면서 주간에는 명령 지시 이행 실태 및 교육 훈련 상황을 확인하고, 야간에는 주로 해안의 경계 근무 실태를 확인하고 다녔습니다. 원주-홍천-횡성-강릉-삼척-태백-정선-영월-평창 등, 이제는 많이 바뀌었겠지만 지금도 그 당시의 풍경들이 눈에 그려지는데, 처음에는 노골적으로 반감을 나타내던 대대장들이 한 달 가까이 되자 저의 밤낮을 가리지 않는 지도 방문에 체념한 듯 하였고, 점차 호응하다가 두 달이 될 무렵부터는 '움직이는 부대'로 변화되는 모습을 사단에 앉아서도 느낄 수 있었습니다.

이 성과를 바탕으로 저는 두 번째 조치를 시작하였습니다. 이는 임무 수행 능력 배양을 위하여 가장 시급한 조치로 '상황 조치' 훈련입니다. 해안 및 내륙 지역의 표준 상황 조치 모델을 작성 하달한 후 이에 따라 각 연대, 대대, 중대, 소대 및 초소 순으로 자기 지역에 적합한 예상 상황과 조치 요령의 구체적인 임무 카드를 만들도록 했습니다. 그 후 일일이 현장을 방문하여, 해당 지휘관 및 병사들과 현장 토의 후 임무 카드를 완성하고 매일 투입 시, 지휘관 순찰시 훈련을 의무화하도록 한 후 매일 주간 예행연습 상황과 야간 훈련 상황을 돌아다니며 확인, 강평, 시정 교육 및 포상 조치를 하였습니다. 특히 야간 상황 조치 훈련 시에는 가용 교탄 범위 내에서 실탄 사격을 하면서 훈련토록 하였는데 그 부수적 효과는 병사들이 긴장된 상태로 근무하게 되었고, 간부들이 순찰을 안 돌 수 없게 되었습니다. 뿐만 아니라 매일 밤 울리는 총성으로 민간인의 야간 근무 초소 접근 자체를 차단하게 되어, 제가 작전참모를 하는 2년 간 해안 근무 중 가장 우려되는 안전사고나 대민 사고가 단 한 건도 없었습니다. 실탄 사격을 하며 훈련하면 우선 병사들의 눈동자가 달라집니다.

이렇듯 훈련한 지 반년이 경과되었을 즈음의 초가을 무렵, 강릉 지역에서 야간에 해안으로부터 내륙 쪽으로 백사장을 가로지르는 물체를 발견하고, 초병이 훈련받은 대로 3회 수하 후 도주하는 인원을 향하여 사격하였고, 70m가 넘는 거리에서 총탄이 그 사람의 대퇴부에 명중하였습니다. 그 사람은 즉시 후송되어, 약 2주 후 이상 없이 퇴원하였는데 이 일이 있자 지역의 언론에서는 '군의 과잉 근무'로 떠들썩하게 매도하였습니다. 그러나 저는 눈 하나 깜짝하지 않고 이 초병을 '작전 유공 표창'과 함께 특별 포상 휴가 조치하였습니다.

**"병사들은 판단하는 것이 아니라 숙달된 반복 동작에 의하여 전투하는 것이다."**

이 말을 들은 혹자는 병사들을 무시하고 로봇처럼 생각하는 것이 아니냐고 잘못 오해할 수 있겠습니다. 그러나 총알이 빗발치고 전우들이 진홍빛

선혈을 뿜어대며 쓰러져가는 전쟁터에서 그 병사를 살릴 수 있는 것은 오직 먼저 보고, 먼저 쏘고, 먼저 맞추고, 먼저 움직이는 것 뿐, 판단은 그 다음의 문제이며 이것이 곧 실전적 훈련의 중요성이 강조되는 이유입니다. "규정에 수하 시에는 정지하여야 하며 만일 3회 수하 시에도 불응하고 도주할 경우에는 사격하는 것으로 모든 민간인 출입 지역에 입간판이 설치되어 있고, 더욱이 야간에는 해안 접근이 금지됨을 알고 있으면서 이를 무시한 민간인의 잘못이다. 규정대로 사격하지 못하고 도주 후 침투한 간첩을 놓친 것으로 판명될 경우, 당신들은 무엇이라고 기사를 쓸 것인가"라는 제 질문에 기자들은 침묵하였고, 이후로 다시는, 야간에 규정을 무시하고 해안이나 근무 초소에 접근하는 민간인이 없었습니다.

제가 세 번째로 착수한 것은 내륙 지역 작전 체제 확립 및 작전 수행 능력 향상입니다. 사단은 2군 예하에 있을 때부터 전통적으로 '내륙 작전'이라 하면 으레 예비군 목진지 점령 훈련만을 습관적으로 반복하고 있었습니다. 그러나 작전 수행을 위한 선결 조건은 적시적이고 정확한 적 정보의 수집입니다. 먼저 적을 알수록 그 정보가 정확할수록 작전 성공이 보장됩니다. 더욱이 강원도와 같이 작전 지역이 사단 능력에 비하여 턱없이 넓을 뿐 아니라 인구가 희박한 지역 조건에서 침투한 적을 조기 발견하는 것은 무척 중요합니다.

따라서 저는 협조를 얻을 수 있는 가능한 전원을 '신고요원화'하여, 읍, 면, 동 등 행정관서와 마을 이장 등과 예비군조직을 활용, 이에 대한 공감대를 형성하고, 대공 감시를 위해서는 하늘을 쳐다볼 수 있는 모든 인원, 예를 들면 시골의 조그만 가게 아주머니들, 공장이나 관서의 수위들, 우편집배원들, 심지어는 적 공수 낙하 예상 지역에 있는 개인 주택 중 창문이나 마루에 앉아 하늘이 보이는 모든 가구의 주민들에게도 대공 감시 임무의 협조를 얻었습니다. 그래서 사단 지역 내 강원도 상공을 가로지르는 모든 항공기(여객기

제외)가 보이는 대로 사단 상황실로 통보하도록 하였습니다. 이에 대한 결과를 지속적으로 평가한 결과, 사단 상황실의 상황판에 각 항공기의 비행경로 및 현재 위치가 근 실시간대로 기록되기 시작하였습니다.

처음에는 이를 회의적 시각으로 바라보던 사단 및 연·대대 장교들의 자세가 달라져 갔는데, 이러한 조기 경보 시스템이 정착되어 갈 무렵 일어난 두 가지 사건이 기억에 남습니다. 제가 36사에 부임한 것이 1983년 11월인데, 1984년 가을부터 합참에서 북괴군의 공중 침투 능력 증강에 따른 대 공중 침투 대비 태세 강화 지시가 연이어 하달 및 강조되면서 합참에 점검관들이 편성되어 헬기로 불시 강습 침투 훈련을 실시하였습니다. 그러나 우리 36사는 가상 북괴군의 공중 침투 헬기가 사단 책임 지역 내에 진입하는 순간부터 추적하여 이동 경로를 파악함으로써 그 예상 착륙 지역에 병력을 먼저 배치하여 대기하고 있다가 착륙하자마자 바로 체포하였습니다. 세 번 침투하였으나 세 번 다 실패하자 합참에서는 훈련 계획이 사전 누설된 것으로 오해하였지만, 계획에 없던 불시 네 번째 침투 시도 역시 실패하자 오해를 풀고 사단의 대비 태세에 깊은 관심을 나타냈습니다.

다른 한 가지 사례도 소개하겠습니다. 특전사의 공수 낙하 및 침투 훈련은 오인 사고의 우려가 있기 때문에 사전에 지역 작전 책임 부대에게 반드시 훈련 계획을 통보 및 협조하게 되어 있었습니다. 그러나 당시 특전사는 충정 부대로, 조금 과장한다면 친위대 격이었는데, 그날은 실무자의 실수였는지 아니면 통상 그렇게 하였는지는 모르겠지만 사전 통보 없이 저녁 일곱 시경 (1/2월광 상태), 원주 서남방에 공수 낙하를 실시하였습니다. 그 지역은 인가가 없는 지역이었으나 이곳으로부터 1km가량 떨어진 동네에 사시는 한 가정주부가 밖을 내다보며 늦은 저녁밥을 먹다가 병사들이 낙하하는 것을 보고 남편을 불렀고, 남편은 바로 이웃 가게로 달려가 사단 상황실 신고 전화로 상황을 알려왔습니다. 사단에서는 바로 그 지역 대대의 5분 대기조 출동과 예비군 소집 및 도주로 차단을 지시한 결과, 특전사 병사들이 군장을 수습하고 출발을 시작할 즈음 현장을 포위하고 정지를 명령하였으나 이에 불응하자 지체 없이 사격(공포탄)하였습니다.

이에 놀란 공수 부대원들은 검문에 응하였고, 제가 팀장을 바꾸어 소속 부대와 인적 사항 및 훈련 계획을 파악 후, 특전사 상황실에 확인을 요구하여 아군으로 최종 확인된 다음 상황을 종료하였습니다. 이러한 일련의 상황으로 훈련 성과를 스스로 확인하게 되자 전 장·사병의 사기가 충천하였을 뿐 아니라 훈련도 실전에 임하는 진지한 자세로 바뀌어 열성적으로 기꺼이 땀을 흘림으로써 점차 싸울 수 있는 부대가 되어갔습니다. 또 예하 부대도 사단 지시에 따라 일사불란하게 움직이게 되었으며, 심지어는 병사들 입에서 "참모님, 북괴 특수 부대가 우리 앞으로 들어왔으면 좋겠습니다" 하는 이야기들이 나오기 시작하였습니다.

전쟁 기간 중 전선에서 교대되어 예비로 전환된 부대가 부대 정비를 하는 기간 중, 고된 훈련 때문에 오히려 빨리 전선에 투입되기를 갈망하는 병사들의 부대는 전투 시 반드시 승리합니다. 왜냐하면 실전적 훈련의 반복만이 승리의 유일한 방법이기 때문인데, 병사들도 왜 이 훈련을 하여야 하는지를 이해하고 그 훈련 성과와 이를 통한 성취감을 느끼게 해주면 사기가 올라가며 결코 훈련을 기피하지 않습니다. 그러므로 **군대에서 실전적 훈련이야말로 만병통치의 묘약이자 임무 달성을 가능하게 하는 요술방망이이며, 복지는 병사들의 삶의 질로서 사기를 증진시키는 한 요소일 뿐 결코 사기 자체는 아닙니다.**

그러는 한편 훈련에 임하는 사단 사령부의 참모 및 직할대 장교들을 훈련의 방관자로부터 참여자요, 훈련 주체로 변화시키기 위하여 그달 15일 민방위 훈련의 날 최루탄을 몇 발 휴대하고 제일 먼저 사단장님실로 가서 창문 너머로 보니, 방독면을 착용하고 있어야 할 시간에 사단장, 부사단장, 참모장

세 분이 차를 나누면서 담소하고 있는 것을 보고는 창문을 살짝 열어놓고 그 밑에 최루탄을 터트렸습니다. 세 분은 방독면을 휴대조차도 안 하고 있었기 때문에 눈물을 쏟고 고생을 하셨지만, 그 소문이 전파되어 사단 예하 전 간부들의 훈련 참여 자세가 개선되었고, 그 결과 훈련 성과를 제고할 수 있었습니다.

저는 이를 바탕으로 두 가지를 추진하였는데 첫째는 민방위 훈련일마다 각 참모부별로 사단상황 및 임무에 따른 예상 상황을 상정, 참모부별 과업을 산출하고 이에 대한 조치 계획을 연구 및 토의하도록 하여 참모 업무 수행 능력을 증진토록 하였습니다. 또 다른 한 가지는 계획 목적상 전시 전방 투입을 가정한 부대 이동 계획을 수립, 이에 따른 사령부 준비 태세 훈련을 추가함과 동시에, 평시 대 침투 작전 간 지휘 반응 시간을 단축하기 위하여 각 연대 지역별로 사단의 전술지휘소를 선정하고, 전술지휘소 점령 훈련 계획을 수립, 전술지휘소 점령 및 통신축선 설정 훈련을 주기적으로 실시하였습니다. 하루는 전역을 얼마 남기지 않은 한 상사가 저에게 "6·25 휴전 직후 군에 입대하여 36사 창설 요원으로 차출되어 이 사단에서 근무한 것이 28년 가까이 됩니다. 그런데 그 28년 간 한 훈련보다 참모님 오신 후 1년 간 한 훈련이 훨씬 더 많은 것 같은데 훈련이 이렇게 재미있는 것인지 몰랐습니다. 이제 얼마 안 있어 군 생활을 끝내야 하는 것이 아쉽습니다"라고 말했습니다.

다음으로 제가 관심을 가졌던 것은 현역 및 예비군의 교육 훈련입니다. 현역의 교육은 작전 훈련에 통합, 실전적 훈련의 기초를 반복, 숙달하면서 동시에 각 지형에 따른 응용 동작을 익히도록 하였습니다. 예비군 교육 또한 전반적으로 제가 하도 극성스럽게 쫓아다닌 탓인지 비교적 궤도에 올라 수준에 도달되었다고 판단되었습니다. 그러나 각 대대가 연 1회 하는 동원 훈련은 훈련장 여건과 조교 임무를 수행하는 기간 장병들의 부족으로 인한 1인 3역의 임무 수행 등으로 다소 미흡하여, 훈련 환경을 보강하고 교보재를 최대 활용하여 훈련 성과를 끌어올리려 노력하였습니다.

동원 훈련의 마지막은 40km 행군인데 대부분의 대대가 한 도로를 20km 이동 후 다시 그 길로 부대에 복귀하는 코스로 계획되어 있습니다. 그래서 상당수의 인원이 도중에 행군 대열에서 이탈하였다가 복귀 대열에 합류하는 편법이 보편화되어 있었으나 이의 통제는 현역의 부족으로 엄두도 못 내고 있었습니다. 그래서인지 제가 반환점에서 확인해보니, 거기까지 행군해 온 인원은 전체의 1/2이 채 못 되어 보였습니다. 그래서 일부 대대장들이 안전사고를 이유로 반대 의견을 제시하였으나, 저는 현역 인원들의 통제 방식을 조정, 평소 행군 제대를 따라가는 것이 아니라 위험 또는 이탈 예상 지역에 사전 고정 배치되었다가 행군 제대의 후미가 통과 후 그 제대의 뒤를 따라오면서 낙오자를 끌고 오도록 계획을 수정토록 했습니다. 그리고 주둔지를 기점으로 360도로 회전할 수 있도록 도로망이 있을 경우는 도로를 따라, 그렇지 못할 경우는 도로-산악행군로-도로로 행군로를 계획하되, 산악의 경사를 고려(평면에서의 1km 거리가 30도 경사 지역에서는 1.25km 거리가 됨)하여 행군 거리를 합리적으로 조정토록 하였고 행군 계획 설명 시 이를 반드시 숙지시키도록 하였습니다. 이 경우 중간에 이탈한다면 그대로 미아가 되므로 이탈할 수 없게 되었고 자동적으로 이탈자 없이 전원이 처음부터 끝까지 행군에 참여하게 되었습니다.

그러던 중 어느 날 강원도 제일 남쪽 해안 동네인 고포에 들렀을 때 마을 주민 대표들이 저를 기다리고 있다가 "왜 50사단 지역인 경상도 고포는 해안 철책을 설치하였는데 강원도 고포는 해안 철책을 설치하지 않습니까?"라고 말씀하시는 것이었습니다. 그런데 경상도 고포와 강원도 고포는 불과 2~3m밖에 안 되는 조그만 실개천을 사이에 둔 한동네입니다. 저는 일단 말씀하시는 뜻을 잘 알겠노라고 답변 드린 후, 사단장님께 보고 드리고 강원도의 실무자에게 통보, 타 지역 주민의 의사 확인과 철책 설치 소요 예산의 지원 가능성을 타진하였습니다. 경상북도에 비하여 재정이 빈약하였던 강원도는 이러한 내용을 알고는 있었으나 재정 문제로 추진하지 못하고 있었던 듯 했습니다. 그런데 이를 계기로 도 방위협의회에서 강원도에도 해안 철책을 설치하는 것으로 결론을 내고, 사단에 소요 자재를 산출하여 소요요구서를 제출토록 하였습니다.

이에 저는 항공, 해상, 차량, 도보 정찰을 통하여 철책 설치선을 확정하고 예하 대로부터 소요 자재(철망, 철제 기둥, 철제 빔, 시멘트, 군에 없는 추가 작업 도구 등)를 산출하도록 하여 이를 종합하여 도에 소요 제기를 하였습니다. 이어서 관련 부대 간부들을 대상으로 50사단 해안 철책 견학 후 자대의 공사 계획을 수립토록 하여, 각 지역별 전술 토의를 거쳐 공사 계획을 확정하였으며, 최종적으로는 해안 철책 설치 공사 시범을 실시하였습니다. 이와 동시에 각 연대 및 대대, 중대는 반드시 공사 착공 초일 관계 장병들을 소집하여 시범식으로 공사 요령을 교육하도록 하였습니다.

저는 철책 설치 후, 경계 근무 및 상황 조치 관련 규정을 수정 보완한 후 예하 대의 의견을 종합하여 철책 설치 하의 제 경계 근무 요령 및 상황 조치 요령을 작성, 하달하였습니다. 철책선 설치 간 저는 밤낮으로 공사 현장을 방문하면서 지형과 협조되고, 견고하게 설치될 수 있도록 공사를 독려하고 다녔습니다.

그중 지형이 가장 험준한 암벽 능선의 정상이라 공사 자재조차도 등짐으로 져 날라야 되는 지역인데(도의 재정 형편으로 공사 자재가 소량으로 그때그때 지원되어 공수(空輸)가 곤란) 이상하게도 공사 진도가 가장 빨라 혹 날림 공사를 한 것이 아닌가 의심되는 지역이 있었습니다. 그래서 확인해보니 공사는 지시한 대로 튼튼하게 되어 있었습니다. 그런데 병사들이 보이지 않아 눈을 돌려 찾아보았습니다. 그때 저 멀리 바닷가에서 공사 자재를 등에 지고, 험한 경사를 오르고 있는 병사들의 일열 종대가 가물가물 눈에 띄어 그들이 가까이 오기를 잠자코 기다리다가 얼마 후 얼굴을 알아볼 수 있을 만큼 가까이 왔을 때 보니 제일 앞에 있는 인원이 소대장인 것을 알게 되었습니다. 그 소대장은 병사들보다 더 많은 등짐을 지고서 소대원들의 제일 앞에 서서 병사들을 이끌고 있었습니다. 이것이 바로 그 소대가 최악의 공사 조건에서도 가장 공사 진도가 빨랐던 이유였습니다. 저는 공사 종료 후 이 소대를 최우수 공사 소대로 선정, 포상하였습니다.

해안 근무 중 경계 강화 지시가 내려가면 근무 병사들이 긴장한 탓에 상황 보고가 부쩍 증가합니다. 한번은 정동진 부근의 야간 해안 경계 순찰 중 ○○지역에 적 잠수함 침투라는 긴급 무전을 사단으로부터 받았습니다. 정황상 미심쩍은 점이 있어 군사령부에 상황 보고를 하지 말고 대기하도록 지시한 후 현장으로 달려가 보았습니다. 삼척 항구로부터 멀지 않은 해안 전방 100~150m 지점에 잠수함처럼 길게 보이는 나지막한 물체가 물결에 휩쓸리며 보였다 안보였다 하는 것이 관측되어 쌍안경으로 정밀 관찰해보니 바위였습니다. 그 바위는 수천 년 전부터 그 위치에 있었을 것인데, 눈에 보이지 않다가 긴장한 병사가 잠수함으로 오인한 것이었습니다.

또 한 번은 포구에 넘실대며 들어오는 파도 위에 떠 있는 맥주병을 수중 침투하는 간첩의 호흡기(입에 물고 물속에서 숨을 쉬는 일종의 L자 빨대 관)로 오인하여 보고했는가 하면, 바닷가로부터 백사장을 가로질러 동네로 들어가는 물방울 자국이 적 침투 흔적으로 보고된 적도 있습니다. 쫓아가보니 물 흘린 자국이 2열로 나란히 나 있었는데 간첩이 2열종대로 침투할 리가 없습니다. 물 흘린 자국을 따라가 그 집 문을 두드려 주민을 깨운 후 물어보니, 자다가 고기 담은 통에 해수를 갈아 주기 위하여 물을 한 번 길렀다고 했습니다. 두 물통과 그 주민의 어깨 넓이, 물통의 구멍 난 상태가 현장 상황과 일치되어 상황을 종료하였습니다. 이러한 상황 하나하나에 대하여 자칫 잘못 판단하여 허위 또는 엉뚱한 보고를 한다거나 사실인데 잘못 판단하여 이를 보고하지 않거나 하게 되는 경우, 치명적인 결과를 초래하게 됩니다.

그런데 세상이 참으로 아이러니한 것은 근무 군기가 문란한 부대는 그런 세밀한 흔적 자체를(그믐밤에 백사장에 두 줄로 난 물방울 떨어진 자국) 발견하지 못하기 때문에 탈 없이 지나갈 수 있는데 근무 군기가 확립된, 즉 열심히 하는 부대는 세세한 사항까지 초병들이 발견하여 사단까지 보고하기 때문에 자칫 문제를 야기하기 쉽고 이에 대한 최종 판단 책임을 지고 있는 작전 참모는 한시도 긴장을 늦출 수 없습니다.

　그 해에 우리나라는 태풍 피해로 인한 수해가 있었고, 북한 적십자사 측의 수해 복구 물자 지원제의를 우리 정부가 받아들여 이들 물자가 판문점 및 인천항과 묵호항을 통하여 들어오게 되었습니다. 저는 이 임무를 위하여 임시 편성된 제3지역 통합 사령부 작전참모가 되어 전투비행단 및 함대사를 작전 통제하게 되었습니다. 함대사 작전참모는 사관학교 2년 선배이고 전투 비행단 작전참모는 사관학교 동기로 상호 긴밀한 협조 하에 차질 없이 열흘 간의 작전을 완벽하게 마무리할 수 있었습니다. 그 결과 그동안도 지·해·공 합동 작전 태세 향상을 위하여 주력하여 왔지만, 이 작전을 통하여 기간 중 인간적인 유대감의 증진으로 상호 이해의 폭을 훨씬 더 넓히고 각 군간 긴밀히 협조할 수 있었던 것은 커다란 성과였습니다.

　작전이 성공적으로 종료되고, 통합사가 해체되면서 회식을 할 때였습니다. 함대 사령관(당시에는 해역사로 호칭)이 육해공군 3군이 계급별로 술을 한 잔씩하고, 나중에 사단장 및 함대 사령관과 전비단장(전투비행단장)이 축배 제의를 하자고 하였습니다. 그런데 해·공군은 대위로부터 대령까지 계급별로 모두 있었으나 육군은 단지 저 혼자여서, 대위로부터 대령까지 네 번씩이나 연거푸 나가 양주를 큰 유리잔으로 받아 마시고는 또, 작전참모 수고했다고 사단장님과 함대 사령관 및 전비단장이 각각 따라주는 잔을 거절하지 못하여 일곱 잔이나 마셔야 했습니다. 밖으로 나가 뱃속을 모두 비웠음에도, 한 2~3일 속이 쓰리고 아파서 고생을 톡톡히 하였습니다.

그 해 10월 사단장님은 국방부 동원국장(당시에는 동원 특기가 없었으며 한 직이었음)으로 전임되시었고, 후임으로는 전임 사단장의 포병 출신 동기가 부임하였습니다. 그런데 처음에는 향토 사단의 특성을 이해하지 못하고 조금 비합리적인 지시를 하여 마찰이 있었습니다. 예를 들면, 고포에 갔다 온 후 그 조그만 동네가 왜 강원도와 경상북도로 나뉘어 있느냐 즉각 강원도로 통합토록 해보라고 이야기하는 식이었습니다. 저는 그것은 사단이 할 일이 아닐 뿐 아니라, 대통령도 함부로 하지 못할 일이라고 하였으나 여러 번 강원도에 협조 공문을 보내라는 것이었습니다. 저는 이를 피하고 묵살해버렸는데, 얼마 후 밖에 나갔다 오신 사단장님이 어디서 무슨 이야기를 들으신 듯 급하게 저를 찾으시더니 협조 공문이 어떻게 되었냐고 묻기에 사단장의 얼굴 표정을 본 저는 한번 시치미를 떼고 골려줄까 하다가 웃는 얼굴로 아직 보내지는 않았고 제 서랍 속에 가지고 있다고 했습니다. 사단장님은 안도하는 표정으로 잘했다고 여러 번 칭찬하시고 저녁을 사주신 것까지는 좋았는데 제가 먹지도 못하는 멍멍탕을 사주시는 터에 저녁을 오롯이 굶어야 했습니다(그 식당은 보신탕 전문집으로 다른 음식이 없었음).

또 한 번은 영월 연대를 갔다 오시더니 동계 내한 훈련하는 대대들을 태백산 깊숙이 들어가도록 지시하라는 것이었습니다. 그곳은 태백산을 넘어오는 높새바람에 눈이 쌓이면 몇 미터가 되기도 하고 보급로도 없을 뿐 아니라, 자칫 계곡으로 미끄러져 떨어질 경우 이듬해 5월, 눈이 녹아야 시신을 찾을 수 있는 곳으로, 환자 등 긴급 상황 발생 시 조치가 거의 어려운 지역임을 말씀드려도 고집을 꺾지 않으셨습니다. 통상 산악 지역에서는 표고 100m가 높아질 때마다 기온이 1℃씩 하강하는데, 평지 기온이 −15℃일 경우, 사단장이 지시하신 장소는 −25℃, 바람에 의한 체감 온도는 경우에 따라 −30~−40℃를 오르내리는 지역이었습니다. 그래서 저는 이 지시 하달을 보류하고 사단장님께 지형 정찰을 요청, 헬기로 현장을 확인하시도록 건의드렸고, 현장을 다녀온 사단장은 비로소 명령을 철회하였고 이후 일체를 저에게 위임해버리셨습니다.

실전적 훈련을 한다고 하여 훈련 강도를 무작정 높여서 병사들을 위험 속에 몰아넣거나 방치하는 무책임한 짓은 바로 살인입니다. **안전사고는 불완전한 조건에서 불완전한 행동을 할 때 발생합니다. 따라서 '지형과 기상 및 훈련 행동 단계에 따른 예상 위험 요소를 훈련 계획 수립 시부터 세밀하게 분석, 판단하여 예상되는 위험 요인을 제거하는 한편 병사들에게 필요한 교육과 사전 조치를 완벽하게 취한 다음, 바로 그 시간 그 장소에 그 지휘관이 위치'**하여야 합니다. 이것이 제가 군 생활 전 기간 중 훈련 시 반드시 적용한 원칙입니다.

그 해 봄, 군사령부에서는 각 사단의 1개 분대씩을 임의 차출하여 사격, 각개 전투, 수류탄 투척, 무장 구보, 위생 및 구급법, 야전 축성 등 분대에 해당되는 전 종목의 전투력을 측정하여 전투력 최우수 분대를 선발 포상한다는 사단 대항 분대 전투력 측정 경연대회 계획이 내려왔습니다. 이는 36사단의 경우 대단히 불리한 조건이었습니다. 전방 사단의 경우, 108~156개 분대 중에서 1개 분대를 차출하는 데 반하여, 36사단의 경우 24개 분대에서 1개 분대를 차출하게 되어 선택의 여지가 없을 뿐 아니라, 전방 사단의 경우 집체 교육을 집중적으로 실시하였으나, 우리 사단은 경계 교대가 계획되어 있어 집체 교육을 실시할 수도 없었습니다.

지정된 일자에 1개 분대가 사단 대표로 임의 차출되어 인제의 측정 장소로 출발하는 날, 저는 병사들 한 명 한 명의 손을 꼭 쥐어주면서 "우리가 2군에서 올라왔다고 무시해오던 이 바보들에게 우리 사단이 얼마나 막강한 전투력을 보유한 제1야전군 최고의 최정예 사단인지를 확실하게 교육해주고 와라, 너희는 분명히 그렇게 하고 개선할 것이라고 믿고 있다"라고 이야기 해주었습니다. 병사들은 시키지 않았는데도 다른 사단의 측정받는 곳마다 쫓아가 견학하면서 잘하는 것은 배워 가지고 와 밤잠을 줄여가며 연습을 반복하는 눈물겨운 열의를 가지고 측정에 임했습니다. 그 결과, 제 예상 밖으로 종합 전투력 점수 합산 결과 전군에서 1등을 하였습니다.

그런데 군사령관은 이 2군에서 올라온 지 얼마 안 되는(1년 남짓) 36사단이 더구나 상비 사단을 제치고 향토 사단이 1등을 했다면 1군의 명예와 상비사단의 사기가 저하되니, 성적을 조정할 수는 없고 등수를 조정하라고 했습니다. 그래서 2등을 한 전방 상비 사단을 1등으로 하고  우리 사단을 2등으로 발표하였습니다. 그러나 제가 만일 결정 권한을 가졌더라면, 성적 그대로를 포상함으로써 전 1군을 분발시키는 절호의 기회로 활용하였을 것입니다. 그래서 저는 그 병사들의 명예를 선양하고 공로에 보답하고자 개인 표창과 더불어 전원 분대 단체 포상 휴가를 실시토록 조치하였습니다.

큰딸은 제가 군 보임과 보좌관으로 있을 때 다니던 단계국민학교에 그대로 다니고 있었습니다. 사단 아파트와 단계국민학교는 거의 4km 이상으로 먼 거리여서 버스를 두 번 갈아타고 학교를 다녀야 하므로 항상 버스를 두 번 탈 수 있는 돈을 쥐어 보냈답니다. 그런데 이 꼬마들이 하교 시에는 큰길에서 사단으로 들어오는 갈림길에서 내려 남은 돈으로 군것질을 하고는 부대로 복귀하는 군용 차량을 세워서 얻어 타고 다녔는지라, 사단 운전병들이 아이들을 알아보고 항상 차를 세워서 태우고 들어왔다고 합니다. 저는 이것을 모르고 있었는데, 하루는 군사령부 회의에 참가하였다가 부대로 복귀하기 위하여 삼거리에서 좌회전하려는데 꼬마들이 우르르 몰려나와 놀라서 차를 세우게 하고 보니, 딸아이가 "아빠" 하는 것이었습니다. 그래서 아이들 모두를 태워 가지고 들어오면서 물어보니, 운전병 이야기가 사단 운전병 중, 이 꼬마들을 모르는 운전병은 아무도 없고 그래서 만나면 항상 태워준다고 하였습니다. 듣고 보니 제 엄마가 못 얻어 탄 군용차, 그 딸이 실컷 얻어 타는 것 같았습니다.

사단 근무 중 개인적으로 제 평생의 아픔으로 남는 슬픈 일을 겪었습니다. 아내가 아들을 낳을 때 해안 순찰 때문에 옆에 있어주지도 못하였는데, 아이가 젖도, 우유도 제대로 먹지 못하고 음식만 넘기면 토하고 하여 아내가 무척 고생이 많았습니다. 저는 부대 업무에 미쳐버려 이런 사실들을 제대로 알지도 못하고 있다가 한 번은 많이 아픈 것 같아 병원에 따라갔더니, 미국에는 이러한 증상의 아이들을 위한 특수 분유가 있다고 하여 백방으로 구하려 노력하였으나 구할 수 없었습니다. 그러다가 혹 미 8군 PX에서는 구매할 수 있지 않을까 하는 생각이 들어 몇 번을 망설이다가, 당시 연합사에 근무하고 있던 하나회의 동기생에게 부탁하였는데, 한 통을 구해 보내주어서 먹여보니 조금씩 먹기 시작하였습니다.

그러나 아이는 그렇게 어렵게 구한 분유를 1/3통도 채 먹지 못하고 저희 곁을 떠났습니다. 저는 그 우유통을 붙들고 속으로 울면서 하느님께 빌었습니다. 그래도 제 자식이 며칠이라도 고통스럽지 않게 우유를 먹을 수 있도록 도와준 동기에게 세 번은 은혜를 갚을 수 있도록 해주십사하고 기도를 드렸는데 후일 그러한 세 번의 기회를 갖게 되었습니다. 이것은 제가 지독하게도 애비답지 못하며 무능하기까지 한 애비였지만, 하늘나라에 있을 제 아들 원상이가 도와준 결과라고 생각합니다.

아들의 사망 소식을 들은 동생 정희와 우진이가 서울에서 스님을 모시고 내려와 그나마 마지막 가는 길을 외롭지 않게 보내주었습니다. 그 후 제가 국방부에 근무할 때 아들이 생각나면 밤중에 원주에 있는 아들의 무덤을 몇 번 찾아가곤 하였는데, 1990년대 그 지역이 개발되어 지금은 흔적도 없어졌습니다. 그리고 아들이 먹다 남은 분유는 제가 전역할 때까지 20년을 가지고 다니다가 군복을 벗으면서 분유는 제 마음에 담고, 통은 버렸습니다.

10월이 되어 대통령 부대 표창 수상 부대 심사를 위한 사단의 공적서 제출 지시가 내려왔습니다. 1년 전부터 준비해온 사진첩이 첨부된 공적서를 세부적으로 재점검, 보완하고 기안지를 첨부하여 결재를 받으려 가지고 가니 참모장은 "턱도 없는 소리"라고, 사단장은 "웃음거리가 되지 않겠느냐"라고 결재를 안 해주었습니다. 저는, 그 행동이 이해가 가는지라 제 전결로 처리하고 문서를 군사령부에 접수했습니다.

중령-대령 진급 발표가 난 후, 인사이동 철이 되었고 26기가 제 자리로 오고 싶어 한다는 이야기가 들리기 시작하던 11월 초, 전임 사단장님으로부터 전화가 왔습니다. "남 중령, 어차피 진급 생각을 안 하고 있는 것을 내가 잘 아는데, 여기 와서 함께 근무하지 않겠나? 진급할 수 있는 자리는 아니지만 취직은 잘되는데" 하는 것이었습니다. 그러지 않아도 만 2년이 되어 떠날 생각을 하고 있었던 터라 즉석에서 "감사합니다" 하고 수락하였습니다.

그런데 사단장님이 자신의 임기 동안 1년만 더 같이 근무하자고 강력하게 주장하시며 도저히 놓아주지를 않을 것 같아 미안한 마음으로 하늘나라에서 내려다보고 있을 아들 핑계를 대었습니다. "제 아들이 떠난 그 집에서 도저히 저와 제 아내가 더는 버틸 수 있을 것 같지 않습니다"라고.

그 후 저는 2년 간 혼신의 힘을 다하여 임무를 수행하였던 작전참모직을 떠나 국방부 동원국 동원 계획 장교로서의 새로운 출발을 시작하였습니다. 그리고 제가 올리고 떠난 사단 공적서는 당연히 합참 심의에서 전군 최우수 부대로 선발되어 다음 해 1월 21일 행사 시 대통령으로부터 사단장이 직접 부대 표창을 받았습니다. 그리고 이를 기념하기 위하여 '대통령 부대 표창 수상 기념탑'을 세우면서, 떠난 제 이름도 넣어 주었다는 것을 제가 참모총장으로서 36사단 초도 방문 시 알게 되었습니다.

형님 내외분의 건안하심을 기원합니다.

동생 재준 올림

* 후기1 : 하루는 큰딸아이가 그날따라 조금 일찍 퇴근한 제게 오더니 느닷없이 "아빠가 호랑이야?" 하기에 그게 무슨 소리냐 하였더니, 운전 아저씨들이 모두 아빠가 호랑이냐고 물어봐서 아니라고 대답하였다는 것이었습니다.

저는 군 생활 40여 년 간, 병사들을 향해 화를 내거나 큰소리로 나무라며 지적해 본 일은 없는데, 아마도 지휘관들이 저를 어려워하여 그런 소문이 났던 것 같습니다. 그리고 둘째 딸아이는 제가 낯설었던지, 어쩌다 가끔 일요일 아침에 들어가 정신없이 자고 있으면 제게 다가와 신기한 듯 한참씩 잠자는 제 얼굴을 들여다보곤 했다 합니다.

* 후기2 : 한겨울, 도로가 군데군데 결빙되어 있는 태백산의 그 험한 산길을 24:00시경 넘어오다가 경사진 내리막에서 차가 미끄러지며 다섯 바퀴를 돌았는데 기적적으로 제 자리로 돌아와 부대에 복귀할 수 있었습니다. 그때 만일 차가 5cm만 더 미끄러졌더라면 천 길 낭떠러지의 계곡으로 굴러 떨어졌을 것 같습니다.

* 후기3 : 칠흑 같은 겨울 밤, 태백산 정상을 넘어서자 느닷없이 차가 비틀거리더니 운전병이 다급한 목소리로 "참모님, 눈이 안 보입니다" 하는 것이었습니다. 밑은 까마득한 낭떠러지 굽이굽이 내리막길인데, 거기에서부터 제가 운전하여 사북, 영월, 제천, 원주를 지나 가까스로 아파트 현관 앞까지 와서 시동을 끄면서 저도 정신을 잃었습니다. 새벽 조깅을 하던 사단장님이 차 안에서 정신없이 자고 있는 저와 운전병을 쳐다보고는 고개를 갸우뚱! 그날은 영하 10℃도 더 되는 추운 날씨였습니다.

* 후기4 : 한번은, 시간은 급하고 대관령은 넘어야 하는데 아무리 재촉해도 차가 느리게 움직여 운전병에게 이유를 물어보니, 제가 과속하는 것이 군에 소문이 나서 사단장 특별 지시로 엑셀레이터를 더 이상 밟지 못하도록 납땜을 하였다는 것입니다. 그 답변을 듣고는 차를 갓길에 세우도록 한 후 제가 차 밑에 들어가 납땜한 것을 떼어내고 전속력으로 달린 끝에 겨우 시간 에 맞출 수 있었습니다. 그런데 그 사이 누가 보고하였는지, 부대에 복귀해보니

사단장님께서 과속하지 말라고 신신당부하시는 것이었습니다. 하지만 할 일은 많고 갈 길은 멀다보니 저도 어쩔 수 없었습니다.

# 20. 국방부 동원 계획 장교

**존경하며 자랑스러운 형님께**

창밖에 소복이 쌓인 눈을 바라보며, 제 어렸을 적 형제들의 모습들을 머릿속에 그려보고 있던 중 형님께서 보내주신 서신 세 통을 한꺼번에 받아보았습니다.

지난번 말씀드린 대로 저는 36사를 떠나 국방부 동원국 동원 계획 장교로 부임하였습니다. 지금은 동원 분야가 별도의 특기로 분류되어 전문화되어 있으나 당시는 공통 분야이어서 특기와 관련 없이 보직이 가능하였습니다. 동원과는 일반직 공무원 위주로 보직되어 현역이 많지는 않았는데 이들 모두는 진급 적기가 경과된 고참들이었습니다. 제 임무는 국가 동원에 관한 일체의 업무를 관장하는 것으로 평시 임무는 동원 계획을 발전시키고 각종 현황을 최신화하며 국가 동원 훈련을 주무하고, 동원 태세와 동원 제도를 보완 및 발전시키는 업무를 수행하는 것입니다.

저는 우선 제 업무의 기초를 이루고 있는 병역법, 향토예비군설치법, 비상대비자원관리법 민방위기본법, 주민등록법 등 법률과 대통령훈령 28호 및 충무계획 등 각종 훈령과 계획을 숙지하였는데, 36사 작전참모 시 현장 경험과 기초 지식이 있어 생소하지는 않았습니다. 일전에 제가 잠시 언급한 기억이 있습니다만 우리 군은 현행 업무부서가 계획 부서나 기획 부서에 우선하는, 현행 업무에 중점을 둔 체제가 보편화되어 전술이 작전을, 작전이 전략을 이끄는, 말하자면 꼬리가 몸통과 머리를 이끌어 가는 모순된 풍조가 있었습니다. 이러한 현상의 결정판이 당시의 동원국이 아니었을까 하는 생각이 들었습니다.

　우리나라는 예로부터 주변의 강대국들로 둘러싸여 있는 안보 환경에 반하여 국력과 국토의 제한으로, 이에 대응할 수 있는 충분한 현용 전력의 역량을 보유할 수는 없었습니다. 그래서 과거 우리 조상들도 그래왔듯 예비 전력 중심의 국가 동원을 기반으로 한 방어 체제가 불가피하며 따라서 예비 전력의 효율적인 조직 및 관리 육성과 향상된 동원 체제 및 동원 태세의 유지는 국가 사활의 필수적 요소입니다. 그러나 현실은 형님도 아시듯 이와는 정반대입니다. 저는 매번 그랬듯, 제 소관 업무에 관련된 기간 중의 모든 문서를 열람하면서 필요 사항을 숙지 및 파악하고 있었습니다.

　국방부는 매주 금요일 오후 사무실 청소를 하여, 일반직들이 청소하는 것을 보고는 저도 비를 들고 청소를 하기 시작하였습니다. 하지만 어찌된 일인지 제가 청소하는 것을 본 일반직들이 힐끔힐끔 저를 보더니 모두 밖으로 사라져버리고 결국은 저 혼자 사무실 청소를 하였습니다. 이러한 현상은 2~3주 계속되어 한 달 가까이 저 혼자 사무실 청소를 하였는데 한 달이 되자 타자수인 송 서기부터 하나씩 저를 도와 함께 청소하더니, 이윽고 얼마 안 되어 모두들 함께 청소하게 되었습니다.

　제가 이 이야기를 장황하게 말씀드리는 이유는 국방부라는 한 조직 속에서 근무하는 현역 군인들과 공무원들 사이에 보이지 않는 상호 알력과 갈등이 업무에 초래하는 부조화와 비능률에 충격을 받았기 때문입니다. 저는 공무원의 아들입니다. 국방부에 근무하는 모든 공무원은 자격을 갖추어 선발된 국가 공무원들로서 자신들의 역할에 스스로의 긍지를 가지고 있고 따라서 이에 합당한 예우를 해주어야 하는데, 제가 소속된 과의 경우를 보면 고참 중령 두 명이 이들을 완전히 아랫사람 취급하고 있었습니다. 심지어는 모두 나간 빈 사무실에서 저 혼자 청소를 하고 있는데도, 이 두 명은 책상 위에 앉아 장기를 두면서 같은 계급의 중령인 제가 쓸고 지나간 사무실 바닥에 담뱃재를 털고 꽁초를 버리고 있었습니다. 이것이 제가 처음에 왔을 때 모든 일반직이 청소 도구를 팽개치고 나갔던 이유였습니다. 후일 이들의 이야기는 "바보 같은 중령이 또 다른 중령들처럼 되기 전에 혼자 실컷 청소하게 우리 나가자" 했다는 것입니다. 저는 우선, 과의 분위기부터 쇄신하기로 마음먹었습니다(이러한 현상의 후유증으로 지금은 입장이 역전되었다 합니다.).

동원계획과의 업무는 상호 독립된 담당관제로 되어 있지만, 전혀 연관성이 없는 것은 아닙니다. 제일 먼저 저는 '청소 시 그 두 중령이 사무실에 있지 않고 나가도록 요구'하였고, 다른 모든 인원이 합심하여 청소하도록 말없이 저부터 솔선하였습니다. 그리고 제 업무가 끝났더라도 한 사람이라도 야근자가 있으면 남아서 도와주었습니다. 처음에는 제가 돕겠다고 하니 모르니까 못 도와줄 것이라며 거절하기에, 내가 줄긋기하고 쪽수 메기는 것은 도와줄 수 있지 않겠느냐면서 일을 거들어 주었습니다.

그날 밤 늦도록 할 일을 제가 거들어 열 시쯤 끝나자 사례로 저녁을 사겠다 하여 함께 국방부 인근 매운탕 집에 가게 되었습니다. 그러나 제가 계산을 하면 자존심 상해할 것 같아서, 저는 미나리를 좋아한다고 처음부터 끝까지 미나리와 국물만 시켜 부담을 최소화해 주었고, 후일 핑계를 만들어 제가 저녁을 사 주었습니다. 이렇게 하다 보니 석 달도 안 되어, 과 분위기가 전방 사단의 작전과 같이 한 식구처럼 되어, 한 명만 야근하게 되어도 전원이 자발적으로 남아 업무를 나누어 도와주게 되었습니다. 식당에 갈 때나 회식할 때나 항상 무리로 떼 지어 다니게 되면서 과의 분위기가 일신됨은 물론 업무의 효율성도 눈에 띨 만큼 향상되었습니다.

제가 두 번째로 관심을 가진 것은 예비역을 대상으로 하는 예비군 지휘관 및 비상계획관 선발 제도 개선이었습니다. 선발 심의를 곁에서 지켜보니 많게는 1년, 적게는 몇 달 전부터 근무지를 떠나 국방부 주변을 배회하며 사람을 만나는 장교들은 취직이 잘되었고, 마지막 순간까지 임지에서 자기 직분을 다한 장교들은 많이 탈락되고 있었습니다. 저는 이러한 문제를 해소하고자, 여태껏 서류 심의에 의하여 선발하던 것을 전형 선발로 개선하는 안을 국장님께 건의 드렸는데 국장님은 이를 국(局) 토의를 거쳐 확정 후 장관의 재가를 받아 3개월간의 공고 기간을 거쳐 그 해 선발부터 전형을 실시하게 되었습니다. 이에 제가 최초 전형의 출제관이 되어 B-1벙커로 들어갔습니다. 국장님께서도 육대 참모장을 하셨던 터라, 출제 관리의 전 과정을 육대 출제 시스템과 동일하게 하여 출제관을 불시 지명함과 동시에 단체 행동으로 B-1 문서고 벙커에 수용, 합숙시키면서 출제 및 채점토록 하였고 합격자 발표 후에야 국방부에 복귀시켰습니다. 그래서 그런 일을 처음 당한 출제관들로부터 원망깨나 들었습니다.

저는 문제의 난이도를 놓고, 출제일 며칠 전부터 고심하다가 난이도를 높이는 것으로 결심, 합격자 평균을 67점, 상층자 평균 75, 하층자 평균 55점으로 구상하였습니다. 왜냐하면 결국 합격 여부는 공석에 따른 서열이지 점수는 아니기 때문입니다(ex. 공석45명이라면 45등까지가 합격). 시험이 어려워야 장교들이 공부를 하게 되어 직무 지식과 직무 수행 능력을 갖출 수 있을 뿐 아니라 해당 직장에서도 상당한 대우를 받을 수 있게 됩니다. 그러나 시험이 쉬우면 시험 선발의 모든 장점이 무효화되는 동시에 선발의 공정성조차 무너져 전형 선발의 의미가 없어집니다. 그 해의 전형 결과는 제 예측 치와 거의 일치되어 합격자 평균 67.5점, 최고 득점자 82점, 최하의 득점자 61점이었습니다.

그때 저는 선배 장교들로부터 "형편없는 놈"이라는 비난에 한동안 시달렸습니다. 왜냐하면 진급 누락으로 중도에서 전역하는 것도 서러운데, 이를 시험제도로 바꾸어놓은 데다가 더욱이 문제를 아주 어렵게 내서 불합격되어 처자식하고 먹고 살 밥줄조차 끊어놓았다는 것이었습니다. 문제가 어려워도 합격 여부는 성적이 아닌 서열로 결정된다고 아무리 설명해도 비난은 수그러들지 않았습니다. 저도 어느 정도 각오는 하고 있었던 터이지만 처자식들하고 당장 굶게 생겼다고 우시던 어느 예비역 선배 장교의 모습은 지금도 곪은 상처의 고름 주머니가 되어 제 몸속에 남아 있고, 이것이 제가 예비역 직위에 취직을 포기하고 포장마차를 하려고 3개월씩이나 퇴근 후에 장사하는 것을 배우러 쫓아다닌 이유입니다. 저도 처자식은 먹여 살려야 했고, 취직이 잘된다고 해서 그곳에 갔지만 차마 제가 전형에 응시할 수는 없었기 때문입니다.

시험 제도는 그 후 정착 정도가 아니라 과열되어 지금은 '고시'로 불리우고, 응시하는 장교들이 고시원에 들어가 몇 달씩 머리를 싸매고 공부들을 하여 본인들의 긍지심은 물론 업무 수행 능력을 실력으로 인정받아 직장에서 위치에 합당한 예우와 인정들을 받고 있어 제 최초 의도는 달성되었지만 없는 돈에 고시촌까지 들어가게 만든 것을 내심 미안하게 생각하고 있습니다. 그러나 다시 한다 해도 똑같이 하였을 것임에는 변함이 없습니다.


어느 날 하루, 사무실에서 서류를 뒤적거리고 있는데 낯모르는 직원이 와서 총무과 소속인데 총무과장님이 찾으시니 같이 가주었으면 좋겠다고 하였습니다(총무과가 있는 것은 알았지만 과장이 누구인지는 몰랐었음). 왜 그러냐고 물었더니 그것은 모르겠고, 꼭 모시고 오라고 했다고 하여 과장님께 말씀드린 후 총무과장실로 가보니 제가 작전보좌관으로 있었을 당시의 11사단 참모장님이 기다리고 계셨습니다. 저는 반가운 마음에 인사를 드리고 저를 부르신 이유를 질문하니 국방부의 방호 계획을 수립하여야 하는데 시킬 사람이 없으니 국방부 방호 계획을 수립해 달라고 말씀하셨습니다.

저는 11사단에서 제가 좋아하여 따르던 참모장님의 부탁을 거절할 수 없어, 참고하기 위하여 현재의 방호 계획을 받아보니 그것은 방호 계획이 아니라, 위병소를 포함한 주야간 초소 위치였습니다. 그래서 저는 방호 계획 수립에 필요한 자료 몇 가지를 요구하여 받아들고 과에 돌아와 과장님께 보고 드렸습니다. 과장님(육사 20기 정풍전 대령님, 제가 36사 작전참모 시절 예하 강릉 해안 연대 연대장님, 생도 때 럭비 선수 출신이지만 성격이 온화하고 인품이 매우 훌륭하셔서 과원들 모두가 좋아하며 따랐음)이 " 월급은 과에서 받고 일은 그쪽 일을 하면 되냐?"라며 웃으셨습니다. 저는 바로 국방부 내·외곽을 정찰한 후 이를 기초로 평시 및 증강된 경계 태세 하의 방호 계획으로부터 전시 경계 및 방어 계획까지를 망라하여 병력, 화력 계획과 대피 및 소산 계획을 작성하였고 이를 보고받으신 참모장님께서는 무척 만족해 하셨습니다.

그 당시 국방부 수준에서 통제 및 시행한 훈련은 두 가지로, 국방부 동원국 주관의 연 2회 전시 대비 종합 훈련과 합참에서 실시하는 대 비정규전 훈련이 있었습니다. 그런데 국방부의 전시 대비 종합 훈련은 군사 상황이 메시지로 유도되었고, 합참 주관의 대 비정규전 훈련은 전시 동원 상태의 상황이 생략된 채 평시 대 간첩 작전 위주로 시행되어 각각 반쪽짜리 훈련에 불과하였습니다. 그래서 실전적 상황 하에서의 동원 절차 숙달 및 전시 정부의 기능 발휘 보장을 위한 작전 및 상황 조치 능력 향상의 기회가 되기에는 턱없이 미흡하였습니다. 그러므로 이를 어떻게 통합할 수는 없을까를 혼자 끙끙거리며 그 방안을 모색하고 있었는데 하늘이 아셨는지 생각지도 않은 계기가 찾아와 주었습니다.

합참 주관의 훈련은 합참 교리훈련부의 업무인데, 당시 교리부에는 해병 소장인 부장 아래 해병 장교들이 보직되어 있었습니다. 그러던 어느 날 해병 장교 두 명이 저를 부르며 방으로 들어와서 보니 육군대학 25기 동기들이었습니다. 그들은 전반기 대 비정규전 훈련 계획을 수립하려고 토의 중인데, 훈련 부대 통제 및 심판관 소요가 대략 판단해도 120명 정도로, 어떻게 차출하여야 하는지를 질문하여서 저는 펄쩍 뛰었습니다. 통제 및 심판관은 주로 소령, 대위급이 해당되는데 이렇게 되면 육군의 몇 개 사단이 부대 운용과 교육 훈련에 막대한 지장을 초래하게 됩니다. 그래서 현재까지 수립된 계획 초안을 보자고 하였더니 아직 문서화까지는 되지 않았다면서 함께 계획을 수립해 줄 수 없느냐고 하였습니다. 그래서 저는 술 한 잔만 사주면 기꺼이 동참하겠다고 농담을 하면서도 기회에 합참의 훈련 체계를 파악하면 양개 훈련의 통합 안을 추진하는 데 상당히 도움이 될 것 같아 흔쾌히 수락하고, 훈련 계획을 수립하여놓고 해병 동기들을 불렀습니다.

그러자 동기들이 교훈부장도 알고 계시니 제가 부장님께 보고 드려 주었으면 좋겠다고 하였습니다. 그래서 계획을 들고 함께 훈련부장실에 들어가 훈련 계획을 보고 드리니, 훈련 계획에 대단히 만족하신 듯 이왕이면 다음 날 합참의장 보고도 저보고 해달라는 것이어서 내친김에 이를 응낙하였습니다. 다음 날 출근 시 군복(국방부는 평시 사복, 처음 사복으로 출근할 때 어떤 자세로 걸어야 할지, 손을 어디에 두어야 하는지 어색하여 익숙해지는 데 몇 달 걸렸습니다)으로 출근하니 제가 군복 차림임을 의아하게 생각하신 과장님께서 이유를 물으셨습니다. 제가 기간 중 있었던 일을 간략히 말씀드리자 과장님이 웃으시면서 "남재준, 이제는 아주 업무 청부업자로 나섰구나" 하시는 것이었습니다.

저는 당시 합참의장님이 누구신지 모르고 있어 당연히 의장님이 저를 모르실 것으로 생각하고 태연한 얼굴로 의장실에 들어가 보니, 제가 육대 교관 시절 전술학처장으로 계셨던 이필섭 장군님이셨습니다. 저는 상관없으나, 훈련부장과 육대 동기 해병 장교들의 입장이 자칫 곤란할 것 같아서 '아차' 하고 속으로 깜짝 놀랐지만 다행히 의장님은 아무런 표정도 없이 주의 깊게 끝까지 보고를 받으시어 보고를 끝내면서 안도의 한숨을 쉬었습니다.

저는 육대에서 당시 전술학처장님과 개별적으로 대화를 나눈 일이 없었기 때문에 다행히 저를 모르시는구나 하고 생각하였는데 웬걸, 제 얼굴을 유심히 처다보시던 시선을 거두면서 씩 웃으시는 얼굴로, "남재준, 자네 지금 어디 있나?" 하시는 것이었습니다. 아마도 합참 전입 중령이라면 당연히 의장님께 신고를 드리는데 받으신 기억이 없으니 어디 있느냐고 질문하신 것이어서, 순간적으로 답변 내용을 머릿속으로 정리한 후 동원국에 있음을 말씀드렸습니다. 그리고 이어서 "국방부 주관 전시 대비 종합 훈련과 합참 주관의 대 비정규전 훈련을 통합하는 방안을 놓고, 마침 합참 실무자들이 육대 동기들이어서 함께 토의하다가 훈련 수행 주체가 달라 실시는 분리한다 하더라도 계획은 통합할 수 있지 않을까 하여 함께 계획을 수립한 것입니다"하고 말씀드렸습니다. 의장님께서는 "대단히 좋은 착상이다. 그러지 않아도 평시 그 부분이 미흡함을 느끼고 있었는데 전적으로 동의하니, 남재준, 이번 훈련부터 자네가 주무하여 주도적으로 훈련을 시행토록 해라"하고 즉석에서 허락해 주셨습니다. 저는 뜻하지 않은 큰 성과를 거둔 외에 저녁까지 푸짐하게 얻어먹었습니다.

그 다음 날, 동원국 주관 훈련과 합참 주관 훈련을 통합하여 동원국 주무로 통합 시행하면서, 통제 및 심판과 평가관은 동원 분야는 동원국에서, 작전 분야는 합참에서 하는 안을 과장님께 보고 드리니 별 이견 없이 찬성하셨습니다. 이어 과장님과 함께 국장실 아침회의에서 통합훈련안건을 보고받은 국장님께서는 대단히 좋아하셨습니다. 여태까지 주요 현행 업무에서 소외되어 다소 침체된 분위기였던 동원국은 아연 활기를 띠게 되었고, 국방부의 현행 작전 부서가 되어 합참의 작전 훈련과 통합하여 행정관서 및 산업 시설들과 작전 부대들을 훈련하고 이를 평가하게 되었다는 것에 구성원들이 긍지를 갖는 듯했습니다.

그렇게 뜻하지 않게 통합된 훈련은 그 해 전반기 충청북도를 시작으로 제임기 중 충청북도, 경상남도, 제주도의 3개 도에서 실시하였습니다. 그때까지의 메시지만을 주고받으며 예비군 향방 목진지 위주로 진행된 훈련 형태에서 탈피하여 실제 침투 부대가 시설에 침투하며 병력들이 출동하여 총성이 울리면서 교전 상황이 연출되는가 하면 동원 간 침투 부대에 의한 피해 발생과 이동로 차단 및 동원 물자의 피해 상황 등으로 동원 계획의 차질을 초래하는 등 실전적 묘사로 눈코 뜰 새 없이 바쁜 훈련이 되었습니다.

그 당시 충청북도의 한 공무원이 제게 해준 "내후년이면 정년이고 이 자리에서 을지연습을 포함하여 열 번째 훈련에 참가하였는데 솔직하게 할 일이 없어서, 일일 보고 내용의 작성과 사후 강평서 작성하는 것이 제일 힘들었다. 그래서 사실은 매년 똑같은 내용을 일자만 바꾸어 보고하고는 하였는데 이번 훈련은 정말로 전쟁이 난 것 같이 정신이 없었고, 이제야 비로소 왜 훈련을 해야 하는지 깨달았다"라는 소감을 듣고는 저도 보람을 느꼈습니다.

저는 상황 통제와 아울러 주요 국면을 시간대별로 뒤쫓아 다니면서 전 상황을 통제, 심판 및 평가하였고, 제가 가지 못하는 곳의 군사 상황은 합참 훈련과 소속 장교들이, 비 군사 상황은 동원국의 각 담당관들이 평가토록 하였습니다. 훈련은 전 기간 대단히 만족스럽게 수행되었는데, 최종 강평 시 충북도청의 헌신적 훈련 참여에 감사하면서 훈련을 종료하고 과에 돌아왔을 때는 그대로 기절하듯이 잠들어버렸습니다. 차는 계속 교대로 갈아탔지만 저는 거의 이동 중 차 안에서 눈 붙인 것 외에는 일주일 밤을 꼬박 새웠기 때문입니다.

그 해 후반기의 훈련은 경상남도에서 실시하였는데 훈련 종료 무렵 과장님의 건강 상태가 아무래도 정상이 아닌 것 같아 강평은 제가 할 테니 병원에 가보시라고 하였는데도(과장님은 당나귀 정 씨(?)여서인지 고집이 대단하신 분입니다) 끝까지 진땀을 흘리면서도 강평을 마치셨습니다. 강평 종료 후, 과장님은 빨리 서울로 올라가자고 하셨지만 제가 억지로 과장님과 싸우다시피 하여 차를 창원국군병원으로 돌려 진단을 받았습니다. 그 결과 급성맹장염인데 곧 터질 것 같은 상태이나 거기서는 마침 외과 군의관이 부재중이어서 수술이 불가능하다 하였습니다. 저는 군의관에게 대구국군통합병원으로 갈 테니, 수술 팀을 소집, 수술 준비를 완료한 상태에서 대기토록 해줄 것을 당부한 후, 전속력으로 대구를 향하여 달렸습니다. 저 자신 복막염으로 죽을 고비를 넘기고 석 달 가까이 입원했던 기억이 있었던 터라 어떡하든지 맹장이 파열되기 전 수술실에 들어갈 수 있도록 제한 속도를 무시하고 달렸는데 그때만 해도 과속 단속 카메라가 없어서 다행이었습니다.

대구병원에 도착하자 병원 현관까지 나와 대기하고 있던 침대에 과장님을 눕히고 뛰다시피 수술실로 이동한 후 저는 밖에서 대기하였습니다. 한 시간을 훨씬 넘긴 끝에 수술을 끝내고 나오는 군의관을 붙들고 물어보니 후송이 신속하였던 데다 수술팀이 대기하고 있어서 다행히 아슬아슬하게 터지기 직전 수술할 수 있었다고 하면서 저보고 조치를 잘했다고 하는 것이었습니다. 저는 서울에 올라가 과장님 대신 후속 처리 할 일이 있어 과원들과 함께 서울로 향하여야 했는데 과장님 혼자 두고 가기가 내키지 않아 서울로 전화, 사모님을 내려오시도록 조치하면서 마침 군수사에서 함께 근무하였던 김화숙 중령(후에 대령으로 여군단장 역임)이 2군사령부 여군 대장으로 있다는 이야기를 듣고, 전화로 과장님 사모님이 도착하시기 전 한두 번 방문하여 돌보아줄 것을 부탁하자 흔쾌히 승낙하여 김 중령에게 과장님을 인계하고 과원들과 함께 서울로 출발하였습니다.


세 번의 훈련 중 가장 인상에 남는 훈련은 그 다음 해에 실시한 제주도 전시 대비 종합 훈련이었습니다. 주민들이 혼연일체가 되어 얼마나 적극적으로 훈련에 참여하는지 민·관·군(民官軍) 훈련의 전형을 보는 듯하였습니다. 그중 특히 '대정(大靜)마을'의 훈련 모습은 지금도 눈에 그려집니다. 제주도의 훈련 시 느낀 소감은 다른 지역에 비하여 구성원들 특히 주민들의 결속력이 유달리 강하였던 것입니다. 특히 대정마을의 방위 태세는 정약용 선생이 민보의(民堡誼 : 군관민이 일체가 되어 마을 단위로 방위하는 방위 전략으로 현대에도 그대로 적용 가능한 탁월한 향토 방위 중심 국가방위체제 이론)에서 주장하신 방위 개념 그대로의 '현대적 실천판'이었습니다. 마을로 진입하는 주요 예상 침투로에는 밤잠이 없고 지형을 완전히 숙지하신 나이 많은 어르신들을 배치하였고, 초등학생 정도의 꼬마들은 연락병의 역할을, 청년들은 주요 목진지 및 초동 단계의 긴급 타격대 임무를, 중장년들은 주력으로 예상되는 주경계(主警戒) 지역에 배치토록, 임무가 구분 편성되어 병력을 운용하고 있었습니다.

일부 인원으로 예비대까지 편성 보유하였는가 하면 부녀자들은 병참과 보급 수송 및 응급 구호 임무를 수행하도록 완벽하게 편성 및 훈련되어 있어 특전사 침투 병력들이 유일하게 세 차례나 모두 침투에 실패하였을 만큼 문자 그대로 완벽한 마을 방위 태세를 갖추고 있었습니다. 이 마을은 제가 주관한 3개 도의 훈련 중 최고의 향방 태세를 갖추고 있어서 조그만 마을임에도 저는 대통령 단체 표창을 수여토록 건의한 바 있습니다. 관·민이 이렇듯 열성적으로 훈련에 참여하였던 데 반하여 모 공군 부대는 전혀 훈련을 하지 않고 있어 퇴근한 부대장을 불러보니 자기네들은 훈련 대상이 아니라고 거꾸로 항변하고 대들었습니다. 보직 해임으로 평가하려 하다가 뒤늦게 찾아와 자기가 이런 훈련이 처음이어서 몰라서 그랬다고 사과하여 대통령 훈령 28호 등 관계 규정을 상세히 설명해준 후 돌려보낸 어처구니없는 일도 있었습니다. 그로부터 약 20년 후 제가 전역한 다음, 친지 몇 명과 어울려 찾아간 제주도와 대정마을에서는 그 당시 모습의 흔적을 찾아볼 수 없었습니다.

* 훈련 간 에피소드 한마디 : 동원 계획 담당은 제가 주무이고 저와 한 팀으로, 유해문 주사가 있었는데 유 주사는 법이 없이도 살 선량한 성품으로 매사에 성실한 자세로 임하는(본인이 저를 사수, 자신은 조수라고 하기를 즐겨 하였음) 훌륭한 조수님이었습니다. 그는 훈련 시마다 제 지프차의 뒷자리에 앉아 밤을 꼬박 새우면서도 늘 즐거워하였고 매사에 긍정적이었습니다. 그런데 유 주사는 공군 출신임을 상당히 자랑스럽게 생각하고 있어 가끔 골려주고

싶은 생각이 나고는 하였습니다.

　한번은 한라산 수림 속에서 길 찾는 것을 아주 쉽게 생각하여 큰소리를 치기에 차를 세우고 따라오라고 하여 큰길에서 정확하게 50보를 걸은 후 큰 길을 찾아 나가라고 하였습니다. 처음에는 아이 장난인 줄 알았다가 결국은 당황하기 시작하더니 그 선량한 얼굴이 벌게져 땀을 흘리기에 데리고 나왔습니다. 그 후 다시는 제 앞에서 육군과 비교하며 공군 자랑을 하지 않았습니다. 또 한 가지, 공군들은 보통 육군 헬기 탑승을 좋아하지 않는 것 같습니다. 공군 헬기는 통상 일정한 고도를 유지하여 안정된 자세로 높게 나는데, 육군은 대공 화기를 회피하거나 적진에 침투하기 위하여 저고도로 지형을 따라 급격하게 고도와 방향을 변화시키는 지형 추적비행을 하기 때문입니다. 유 주사는 저를 따라 육군 헬기에 올라탔다가, 다시는 육군 헬기에 탑승하지 않겠다는 다짐을 하면서 내렸습니다.


* 전시 대비 종합 훈련 후기 : 우연인지는 모르겠습니다만 제가 떠난 후 한두 번인가 더 동원국 주관으로 통합 훈련을 실시 후, 합참 훈련은 합참에서 도로 가져가 각개 훈련으로 시행되고 있다고 하여 아쉬운 마음입니다. 그런데 저는 1986년과 1987년 충청북도와 경상남도 및 제주도의 전시 대비 종합 및 대 비정규전 훈련을 통하여 우리나라 동원 제도가 실제 현장에서 시행되는 동안 나타난 모든 문제점을 종합하고 우리의 안보 및 동원 환경을 세밀하게 분석해 본 후, 이를 통합하여 제도 개선 소요를 도출해보았습니다.

　앞에서 잠깐 말씀드렸지만 우리나라같이 한정된 국방 자원으로 강대국에 둘러싸인 나라가 국제 사회의 일원으로서 자주적으로 주권을 당당하게 행사하려면 예비 전력 중심의 군건한 국가 방위 체제를 바탕으로 초전 생존을 보장하기에 충분한 최소 현존 전력과 이 전력의 전투력이 그 능력을 상실하기 이전에 주 전력을 투입할 수 있는 효율적이고 신속하며 즉응 가능한 동원 전력의 준비 태세를 유지함으로써 전쟁 지속력을 보장하는 동시에 결정적 시기에 우세한 전투력을 집중할 수 있어야 승리할 수 있는 것입니다. 따라서 이러한 효율적 동원 준비 태세 유지와 굳건한 동맹 및 연합 세력의 구축은 우리나라 안보에 필수 사항입니다.

승리가 불가능한 것으로 판단될 뿐 아니라, 오히려 치명적 피해가 예상되는 상대를 공격하는 바보는 이 지구상에 없어, 제2차 세계대전 시 독일의 히틀러조차 스위스 침공을 회피하였습니다. 이를 일러 일찍이 그리스의 베제테우스는 "평화를 원하거든 전쟁에 대비하라"라고 외쳤으며, 제나라의 사마양저(司馬穰苴)는 천하가 비록 편안하다 하더라도 전쟁을 잊으면 반드시 위태로워진다(天下雖安 亡戰必危)라 하여 평시 대비 태세 확립의 중요성을 강조하였습니다. 이러한 예비 전력의 적시적인 전력화에 대한 그 효율성은 국민 의식에 좌우됩니다.

그러나 우리나라는 고려조까지는 상무 정신을 견지하여 왔으나 조선조에 들어와서 잘못된 성리학이 신성불가침의 위치를 확고부동하게 확립함으로써 **현실보다는 상상에 가까운 이상을, 행동으로 실천보다는 말에 의한 공론을, 외부를 바라보기보다는 내부에 초점을, 나라보다는 파당을, 백성보다는 제 일족을 위하는 망국적 풍토가** 자리 잡아 마침내는 망국에까지 이르렀습니다. 그런데도 작금의 현실을 보면 정치한다는 사람들은 선거철마다 경쟁적으로 병력의 감축은 물론 현역 사병의 근무 기간 단축과 예비군 훈련 시간 단축, 군사보호구역 해제 등을 공약으로 내세워, 안보 태세를 강화하기보다는 오히려 내부로부터 약화시키고 있어 제가 보기에는 그들이 원수같이 욕하는 박정희 대통령이 이룩하신 국방 태세를 허물어가며 그 은덕으로 살아가고 있는 것 같습니다.

지금 북한이 핵무기 사용을 위협하면서 우리에게 종속을 강요한다면 서울에 핵 폭발 위협을 불사하고 북과 맞서 싸우자고 할 국민이 과연 몇 %나 되겠습니까. 그러나 우리가 평소 대비하고 훈련만 한다면 서울 시민 거의 모두가 안전한 지하로 대피하여 전쟁을 계속할 수 있는 지하 공간 수용 능력이 있으므로 북은 감히 핵사용의 협박을 할 수 없게 됩니다. 우리는 어느 정도의 피해를 입고 말겠지만 북은 김씨 체제가 영원한 종말을 거둘 것이므로 감히 장난 칠 수 없기 때문입니다.

그런데 거꾸로, 지금 위정자들은 국민들의 정신 무장을 완전히 해체하여 심지어 무력의 준비된 힘으로 적들의 도발 의지를 억제해야 할 군의 수뇌라고 하는 사람들조차 대화로 평화를 유지한다는 헛소리를 이 백주 대낮에 눈 하나 깜짝하지 않고 지껄이는 기막힌 상황에까지 이르렀습니다. 군인들이 준비된 힘으로 적의 도발 의지를 억제 및 분쇄함으로써 정치인들과 외교관들의 대화를 뒷받침하는 것은 마치 자동차에서 가속 페달과 브레이크가 서로 역할을 나누어 조화롭게 운용됨으로써 안전 운전을 보장하는 것과 같습니다. 그런데 지금 이 정부의 이야기는 어디로 가고자 하는지는 모르겠지만 빨리 가기 위하여 브레이크를 떼어내 버리겠다는 이야기에 다름없습니다. 이러한 현실을 보며, 현재 군 수뇌들이 국방부가 무엇을 하여야 하는지를, 군이 무엇을 하는 집단인지조차를 망각한 것이 아닌가 하는 불안감을 떨칠 수 없는 것이 비단 저 뿐만은 아닐 것이라고 생각합니다.


훈련 결과를 분석한 결론은 우리나라는 국토가 남북으로 길게 펼쳐져 있고, 전선은 북쪽에 위치하여 동원 전력의 이동로가 남북으로 신장되어 있을 뿐 아니라, 이동로의 상당 부분이 수도권을 통과하지 않을 수 없었습니다. 따라서 적의 전후방 동시 전장화에 의한 후방 교란 행위로 인하여 야기될 동원율의 저하와 이동로의 집중으로 인한 동원 전력의 전방 투입 지연 및 그 효과의 감소 등(현재에도 그대로 적용되는 취약점이므로 작전 보안상 세부적 언급은 피하겠습니다) 상당한 문제점이 도출되었습니다. 그리고 현재 전방 GOP 사단들이 00% 감소 편성되어 있는데 이들의 초전 생존성 보장과 동시 개전 초기에 동원 전력을 얼마나 빨리 전개함으로써 이 사단들을 증편

내지 완편 시켜 초기 전투력 발휘를 보장할 수 있느냐 하는 것도 중요 과제로 도출되었습니다.

제가 1군보임과 보좌관으로 있을 때 새로 임관한 초임 장교들을 인수하여 전방 각 부대로 인솔하는 과정을 점검해보고자 하루 말미를 얻어 상경하여 청량리역에서 점검을 마치고 막 집으로 돌아왔을 때 느닷없이 적기 공습경보가 울렸습니다. 방송에서 다급한 목소리로 "지금 북한 공군기가 인천과 경인 지역을 공습하고 있습니다. 이것은 연습이 아니고 실제 상황입니다"라고 반복하였습니다. 저는 창문을 열고 한강 쪽을 바라보았습니다. 경인 지역이라면 공습 목표가 될 수 있는 곳이 부평의 미군 보급창일 것인데 그곳이 폭격을 받으면 멀리서 소리가 들려야 하지만 안 들리는 것이어서 이상한 생각이 들었습니다. 그러나 그것을 따질 게재가 아니어서 함께 상경하였던 아내에게 "부모님 잘 모시고, 아이들 잘 길러 달라"라고 부탁한 후 서울역 TMO(여행 장병 안내소)에서 군사령부와 연락할 생각으로 서울역까지 구보로 달려갔습니다.

그런데 제가 서울역에 막 도착하였을 즈음 공습경보 해제 사이렌과 동시에 북괴 공군기의 귀순 사실을 알려주었습니다. 저는 다시 집으로 돌아가기도 망설여지고 하여 바로 원주로 내려가 부대에 복귀하였는데 여기에서 이 일을 언급한 이유는 다음 두 가지 말씀을 드리기 위해서입니다.

첫째는, 방송에서 거의 30분 이상을 "이것은 실제 상황"이라는 말만 반복하면서 "국민들이 당장 무엇을 준비하고 어떻게 하여야 하는지"의 전시 정부 기능 중 가장 중요한 요소의 하나인 "전시 정부의 국민 지도"가 없어 혹평을 한다면 방송국만 있지, 정부는 없었다는 것입니다. 이는 그동안 수없이 해를 거듭하며 '을지연습'을 하였지만 의례적이고 형식적인 말장난으로 허송했다는 이야기에 다름 아닙니다.

두 번째는, 공습경보 당시 어느 책임감이 강한 서울 지역의 모 예비군 동대장이 독단 활용(임무에 기초하여 독단적으로 결심)으로 책임 지역 내 예비군의 소집령을 하달하였고, 그 응소율이 약 5%(?) 정도였던 것으로 기억되는데, 일부 언론에서 응소율이 저조한 것을 비판하는 논조였습니다. 그러나 제가 보기에는 불과 공습경보 30분 내에 그 정도의 응소율을 보인 것은 대단한 것이었습니다. 이는 직장에 있었건, 집에 있었건 동대 본부 주변에서 30분 이내 올 수 있었던 인원은 100% 모두가 소집 명령에 응하였다는 이야기이기 때문입니다. 그런데 과연 지금처럼 서울에서 출퇴근하는데 차로 한두 시간 걸리는 지역에 분산되어 있는 주거 분포에서 교통로가 마비되었을 때 그 동원이 보장되겠습니까?

저는 이러한 여러 가지의 숙고 과정을 거쳐 고민에 고민을 거듭한 결과, ① 사전, 부분 동원 및 작전 동원 제도를 법제화하여 전방 전투력의 조기(早期) 완편과 계획된 동원 및 동원 전력 전방 투입을 보장하고(세부 내용은 기술 불가) ② 이동로의 단축과 수도권 통과 최소화가 가능토록 동원 자원 지정 제도를 변경하며 ③ 각종 법령의 모순 및 충돌 조항을 해소하고자 기본 모법을 제정하여 불일치 개념을 일원화함으로써 법령의 시행을 보장토록 하는 세 가지 목적을 달성하여 예비 전력의 조직 및 효율적 관리와 조기 전력 발휘를 보장하고자 하는 목적으로 '향토방위기본법'을 제정하고, 예비군 설치법과 병역법, 비상대비자원관리법의 정비와 아울러 법적 근거가 없어 종종 문제가 되는 대통령훈령 28호의 법적 근거를 마련하고자 하였습니다.

이에 국장님의 전폭적인 후원 하에 관계관 토의를 거쳐 공감대를 형성한 후 이의 초안에 착수하였습니다. 그러나 후일(저의 불찰이었겠지만) 이 내용이 언론으로 유출되어 1987년 1월 1일 "국방부 '향토방위기본법' 제정 추진"이라는 대 활자의 제목이 조간신문 1면을 장식하고 전두환 대통령의 신년사가 한쪽 구석으로 밀리는 대형 참사(?)가 발생하여 청와대가 노발대발하였다 했습니다(사실 여부는 저는 모릅니다). 아무튼 상부의 엄중한 지시로 법 제

정 추진이 중단되고 말았습니다. 그 당시 도출된 문제점들은 현재도 여전히 유효한데 그 절호의 기회를 놓친 것이 지금도 천추의 한으로 땅을 치고 싶은 심정입니다. 하지만 누가 유출했는지는 모르나 아무튼 제가 휴대하고 출퇴근할 것을 캐비닛에 넣고 다닌 것이 잘못이었던 것 같습니다.

1986년 가을, 저는 과에서 가족 동반으로 어린이대공원으로 야유회를 가게 되어 결혼 후 처음으로 네 식구가 함께 가족 나들이를 하게 되었습니다. 아이들이 어찌나 좋아하는지, 그동안 제가 업무에 미쳐 아이들에게 참 무심했구나 하고 반성하는 마음이었습니다. 그런데 문제는, 식사하면서 과장님과 주고받은 술잔에 기간 중 스트레스가 겹쳐져 술 취한 채 잠이 들어서, 아이들과 놀아주지 못하였다는 것입니다. 아이들이 다른 직원들을 따라 다니며 놀았다는 얘기를 듣고 그런 순간마저도 애비 노릇을 하지 못한 제 처신을 얼마나 자책하였는지 모릅니다.

이제 와서 말씀드립니다만, 저는 그 당시 전역 후 도대체 어떻게 가족의 생계를 책임질 것인가를 심각하게 고민하고 있었습니다. 저는 한마디로 군에 미쳤다고 밖에는 할 수 없을 만큼 한 평생 보고 배운 것이 군에 관한 것이 전부일 뿐, 다른 것은 아무것도 모르는 제가 가족을 부양할 생계 수단을 도저히 찾을 수 없었습니다. 그래서 심지어는 이럴 걸 내가 왜 결혼했을까 하는 후회마저 들었는데 아내건, 아이들이건 저를 만나지 않았더라면 훨씬 행복하였을 것을 하는 생각을 한동안 지우지 못했습니다.

그렇다고 해서 제가 군 생활을 오래 하려고 진급이나 보직에 연연해 본 일은 없습니다. 요즈음 표현을 빌린다면 그저 대책도 없이 하루하루의 군무에 함몰되어 살아온 것 같습니다. 애초에 취직이 잘된다 하여 동원국에 갔지만, 예비군 지휘관 및 비상계획관 선발 제도를 전형 선발로 바꾸어놓은 제가 그 시험을 보는 것은 양심에 허락되지 않고 동원 계획 담당 장교 자리도 2년이 되어가 후임에게 물려주는 것이 순리일 것 같았습니다.

그러나 갈 곳 또한 달리 없었던 터라 고민 고민하다가 퇴근할 때 항상 마주쳐 어느덧 가벼운 인사를 하고 지나던 전철역 앞 포장마차 주인 남자로부터 포장마차 이야기를 듣고 관심을 갖게 되었습니다. 그 사람도 공무원 퇴직 후에 포장마차를 시작하였는데 먹고 살 만큼은 번다고 자랑하고는 하였습니다. 그래서 제가 생전 처음으로 저의 퇴직금을 따져보니 리어카를 하나 사서 포장마차는 꾸릴 수 있을 것 같아 그 사람 옆에 자리를 잡기로 하였습니다.

그러나 아내를 그곳에 내보낼 수는 없어서 제가 음식 만드는 것을 배우고자 일찍 퇴근하는 날이면 틈틈이 옆에서 일도 거들고 설명을 들으며 오뎅국 끓이는 것 등을 배웠습니다. 그래서 이대로 잘만하면 처자식 밥값은 벌 수 있겠다는 자신감에 어깨가 조금쯤 펴져갈 무렵, 난데없이 동기생의 하나회 보스로 막강(?) 권세를 자랑하던 모 대령이 "남재준이가 대령 진급을 하면 내 손에 장을 지져라" 하며 다닌다는 이야기가 귀에 들려 실소를 금치 못했습니다. 그 해는 저희 기의 대령 진급 마지막 기회가 되는 해였지만 저 자신 진급은 꿈에도 생각한 바 없었는데 놀랍게도 그 해 대령 진급자 명단에 제가 들어 있었습니다. 6·29선언으로 노태우 후보의 대통령 당선이 가시화될 무렵부터 하나회의 중심축이 변동되면서 그 와중에서 제가 진급하게 되었다는 이야기를 나중에 들었지만, 그러나 이 이야기가 사실인지 저로서는 알 수 없습니다.

진급자 발표 후 얼마 안 되어 전방 5사단을 포함한 3개 사단에서 참모장 제의가 있었는데, 저는 최초로 저에게 제의한 5사단에 이미 승낙한 상태였기 때문에 다른 사단은 사정을 이야기 해주고 양해를 구하였습니다. 그런데 한 달이 지나도 후속 조치에 대한 연락이 없어, 5사단 인사참모에게 연락해보니 어느 틈엔가 소대장, 중대장, 대대장 모두를 최전방 DMZ에서 근무한 제가, 보안사령부도 아니고 동기생들에 의하여 '전방 근무 부적격자'라는 꼬리표가 붙여져 사단 참모장 보직은 물론 전방 근무 및 주요부서 보직 자체가 불가능하다는 이야기였습니다. 그 결과 저는 대령 직위로 가지 못하고 진급 후에도 중령 직위에서 계속 근무할 수밖에 없었습니다.

그렇게 9개월을 대령(진) 예정자로서 중령 자리에 있었는데, 7월 하순 갑자기 보병 제11사단 참모장으로 명령이 났습니다. 사단에 부임하여 사단장님께 들은 이야기로는 사단 참모장이 뒤늦게 연대장으로 나가게 되어 공석이 되었는데 그때까지 보직을 받지 못한 대령이 있을 리가 없어 고심하던차, 중령 자리에 있는 저를 발견하고 전입 요청을 하였지만, 육본 대령과에서 전방 근무 부적격자라 불가하다는 답변을 들었다 합니다. 그 후 연대장들과의 회식 자리에서 사단장님이 이런 장교가 있다더라고 제 이야기를 하자, 생도 때부터 저를 잘 알고 친근하게 대해주셨던 24기 선배(하나회, 후에 준장 예편)님이 자기가 알아서 데려오겠다고 이야기한 후 알아보니, 보안사 블랙리스트가 아니고 25기 하나회의 사제(私制) 블랙리스트인 것을 발견해내고는 호통을 쳐서 명령을 내게 하였다는 이야기를 들었습니다. 그러니 그 선배의 도움이 없었더라면 그 후 어떻게 되었을지는 저도 모르겠습니다.

그해 7월 말 그날따라 폭우가 쏟아져 잠수교가 침수되어 차량 진입이 통제되었을 때 저는 퇴근 버스를 놓쳐 대중교통 수단을 이용하려고 비 맞고 나가려 하니 굳이 과장님께서 자기 차로 같이 가다가 버스정류장에 내려주겠다 하여 과장님 차를 타게 되었습니다. 차에 앉아 한참 딴생각을 하다 정신을 차리고 보니 차가 빠른 속도로 잠수교 쪽으로 진입하려 하고 있어 급한 마음에 "과장님, 잠수교!"라고 외마디 소리를 질렀습니다. 그런데 아마 과장님도 그때 딴 생각을 하셨던지 제 외마디 소리에 급하게 핸들을 틀다가 빗길에 미끄러지면서 차가 반포대교 교각을 들이받았는데 자동차의 속도계는 80km/h이었습니다. 저는 교통사고로 부임 일자를 연기하자고 할 수도 없어 온몸을 땅에 패대기친 듯 엉망인 채로, 그러나 겉으로는 조금도 내색함이 없이 11사에 도착, 안 올라가는 팔을 억지로 올려 경례를 하였는데, 사단장님께서 제 손을 얼마나 힘차게 덥석 잡으시는지 하마터면 비명을 지를 뻔하였습니다. 저는 한동안 교통사고의 후유증에 시달렸지만, 나를 듯한 마음으로 보병 제11사단 참모장의 직책을 수행하기 시작하였습니다. 형님의 건안하심을 기원합니다.

\* 후기: 저의 25기가 1차로 대령 진급이 해당되던 해에 기 전체의 대령 진급이 일 년 늦추어졌습니다. 그래서 제 대령 진급이 4차가 아닌 3차로 되었고 이로 인해 후일 장군으로 임기제(2년 임기제, 차 상위 계급으로 진급 불가)가 아닌 정상 진급이 가능하지 않았을까 하는 생각이 듭니다.

동생 재준 올림

## 21. 보병 제11사단 참모장

### 존경하며 자랑스러운 형님께

추위가 연일 맹위를 떨치고 칼바람 끝이 살을 에는 듯 매섭기만 한데, 어느덧 올해도 저물어가는 마지막 발걸음을 서두르고 있습니다. 형님께서 보내주신 서신은 모두 잘 받아 보았으며 형님의 말씀처럼 새해는 새로운 기원을 여는 변화의 한 해가 될 것으로 저 또한 믿고 있습니다.

오늘은 때마침 12월 12일입니다. 저는 해마다 이날이 되면, 육대 24기였던 동기생 고 김오랑 소령의 얼굴이 떠오릅니다. 김 소령은 부인의 시력이 안 좋아 항상 아기 돌보듯 극진하게 자기 부인을 보살피며 돌보던 다정한 남편이었고, 12·12 당시 특전사 사령관 정병주 장군의 비서실장이었습니다. 1980년 12월 12일, 전두환 보안사령관의 지시를 받은 신군부 측의 O공수여단 대대장이 병력을 이끌고 정병주 장군을 체포하려 들이닥쳤을 때 모두들 자신의 안위를 생각하며 그 자리를 피하였는데, 김 소령은 신군부 측의 설득과 협박에도 굴하지 않고, 권총을 뽑아 들고 끝까지 맞서다가 결국 총탄에 쓰러져 숨졌습니다. 김 소령의 시신은 쓰러진 자리에 사흘 간이나 방치되어 있다가 가까스로 동작동 국립묘지에 안장되었습니다. 후일 제가 이곳을 찾아 고인의 군인 정신을 기리며 명복을 빌다가 저도 모르게 흐느끼며 흐르는 눈물을 닦은 일이 있었는데, 누가 이것을 보았는지 사실이 부풀려져 대성통곡하였다고 알려졌습니다. 군에서 전속 부관의 임무에는 소속 지휘관의 신변 경호가 명시되어 있지만, 비서실장의 임무에는 명시된 임무가 아니기 때문에 김 소령은 얼마든지 그 자리를 회피할 수 있었습니다. 전쟁터에서는 죽기 위해서 일부러 적의 총탄 앞으로 뛰어드는 것이 아닌 한 '임무에 몰두하다 보니, 죽음의 공포에 직접적으로 노출되는 것이 김 소령의 경우와 비교할 때 보다 적다고 하겠습니다. 그러나 수십 정의 총구가 자기 가슴을 겨누고 있는 극한 상황 하에서 '죽음 밖에는 끝이 없는 길'을, 장시간 자신이 모시는 상관을 위하여 수많은 총구를 끝까지 막아서고 있었던 김오랑 소령의 자세 -자신이 신봉하는 신념과 가치를 위하여- 는 결코 아무나 흉내 낼 수 없는 진정한 군인 정신의 극치로서, 이것이 바로 육군사관학교가 생도들에게 가르쳐 온 '육사 혼'이었습니다. 저는 김오랑 소령에게서 그것을 보았으며 이것이 제가 눈물을 흘린 이유로, 저는 김오랑 소령을 마음속 깊이 존경하고 있습니다.

지난번에는 국방부 동원국 동원 계획 장교의 직책을 떠나 보병 제11사단 참모장으로 부임하게 된 것까지 말씀드렸는데, 보병 제11사단은 제 40여 년의 군 복무 중 유일하게 두 번 근무한 야전 사단으로서 마치 예전에 살던 집으로 다시 돌아온 듯 편안한 마음이었습니다. 사단장 김동식 장군님은 제가 부임하기 한 달 전 쯤 부임하시어 이제 막 예하 부대 초도 방문을 끝내신 상태로 업무 파악 중이셨습니다. 대단히 인자한 인상에 온화하신 성품이셨고, 남미 국가의 무관을 역임하셔서 그 영향을 받으셨는지는 모르겠지만 제 이야기를 많이 들으셨다면서 "믿고 맡길 테니 모든 업무를 책임지고 잘 해달라"라고 당부하셨습니다.

군에서 참모장의 역할은 '자동차 엔진의 윤활유'에 비유할 수 있습니다. 자동차 엔진의 윤활유가 어느 부분에 독자적인 영역을 차지하고 있어도 안 되고 그렇다고 어느 곳이든 미치지 않는 곳이 있어도 안 되는 것처럼, 참모장 역시 독자적인 공간과 역할을 만들어 부지휘관 혹은 제2지휘관화 되어서는 안 되지만 그렇다고 유명무실해져서도 안 됩니다. 그러므로 참모장은 모든 분야를 망라하되 독자적 위치를 확보함이 없이 참모들의 업무와 역할을 조정·통제·결집하여 스스로 지휘관 아래에 들어가 지휘관을 보좌하여야 합니다.

저는 군 보임과 보좌관과 국방부 동원계획과에서 과의 선임으로 과장님을 보좌한 경험이 있어 제 역할이 생소하지는 않았습니다. 각 참모부의 초도 업무 보고는 부대 임무나 임무 수행에 영향을 미치는 지리적 사회적 제 환경 조건을 잘 알고 있어서 제가 떠난 이후의 변경된 사항과 최근 진행되었거나 진행 중 또는 예정된 사항들 위주로 간략하게 하도록 하였습니다.


참모장은 참모들의 장인 동시에 직할대 지휘관의 역할을 수행하면서 각 연대에 전투 지원 및 근무 지원의 적시성과 충족성을 보장하여야 합니다. 그래서 첫째로, 직할대들의 부대 특성과 강·약점, 능력과 제한 사항 및 간부들의 성향과 능력 및 근무 열의들을 파악하는 데 주력하였습니다. 둘째로, 군대의 편성된 단위 부대들의 합(合)이 양(量)적 전투력이라면 질적(質的) 전투력은 단위 부대들의 승수(乘數)의 총화(總和)로, 이는 구성원과 구성원, 각 단위대(單位隊)와 단위대 간의 '단결과 협동'에 의하여 창출됩니다. 그러므로 군에서는 무형(無形) 전투력의 요소로 군기·사기·단결을 들고 있는데 단결은 사기에도 결정적인 영향을 미칩니다. 따라서 참모장으로서 저는 업무 중점을, 참모 및 직할대를 포함하여 사단 사령부 구성원 및 부서 간의 단결과 협동 그리고 사단 사령부와 예하 연대 간의 단결을 통하여 사단장을 구심점으로 일체감을 형성하는 것에 주력하였습니다. 셋째로, 이와 동시에 각 참모부 및 직할대의 업무를 조정·통제 및 협조시키는 것에 추가하여 사령부 간부들의 업무 수행 능력 향상을 위한 간부 교육에도 역량을 집중하였습니다. 제가 업무 파악을 시작하면서 보니, 제 작전 보좌관 시절의 행적과 됨됨이가 부사관들에 의하여 구전되어 저에 대하여 많은 것을 알고 있었던 탓이었는지, 장교들의 업무 자세가 빠르게 제 업무 스타일로 바뀌어가는 것이 눈에 띄었습니다.

저는 각 참모부별로 예상되거나 또는 예정된 부대 업무를 미리미리 판단하도록 하고 일정에 따라 이를 종합, 협조함으로써 준비성 있는 업무 수행 체계를 정착시켰습니다. 업무 결재 시에도 지적이 아닌 교육을 통한 참모 장교들의 업무 수행 능력 향상을 도모하고자 노력하였습니다. 이러한 과정에서 참모 및 직할대장들 스스로가 예하 부대를 쫓아다니면서 지원 소요를 파악하고 이를 능동적이고도 적극적으로 지원함으로써 사단의 업무 효율이 점진적으로 개선되어 갔습니다. 직할대 간에도 긴밀하게 단합되어 노력을 통합함으로써, 예를 들면 여태까지는 지휘관 재임 기간 중 1회 실시되는 부대 시험 시 타 직할대장들이 나하고는 무관하다고 생각하고 무관심하였던 자세들을 일신, 어느 부대가 시험 또는 검열을 받건 전 직할대가 뛰어들어 필요한 역할을 분담 수행하였습니다. 아울러 저는 예하대 지휘관들의 지휘권 행사에 개입하지 않으려 세심한 주의를 기울이면서 임무의 조정이나 협조 및 지원이 필요한 현장에는 직접 달려가 현장을 확인하고 필요한 조치를 적시에 보장하도록 노력하였습니다. 이러한 일련의 노력 결과 제 재임 15개월 동안 사단 및 직할대가 대통령 부대 표창을 포함하여 총리와 장관 및 총장 부대 표창 등 18회의 부대 표창을 수상하였습니다.

군부대와 지역 주민들 간의 관계는 대단히 중요하며 이는 지방관서장의 정서에 적지 않은 영향을 받고 있는 것이 현실입니다. 사단 신병교육대에서는 평균 석 달에 2개 기 정도의 신병들을 훈련해 배출하고 있었습니다. 신병교육대에서는 매기의 훈련이 끝나면 부모들을 초청, 교육 사열을 실시하여 훈련병들의 훈련 성과를 보여주고 수료식 종료 후 부모와 함께 하루 외박을 허용하는 제도를 시행하고 있었습니다.

그런데 문제는 그날이 되면 홍천시내 여관들이 하루 방값을 최악의 경우 평소의 열 배까지 올려 받는 등 바가지요금이 성행하였습니다. 최초 저는 숙박시설의 수용능력이 부족한 것으로 생각, 실태조사 후 외박지역을 춘천·원주 지역까지 확대할 생각으로 사실 관계를 파악해보았습니다. 그런데 빈 방을 두고도 방이 없다고 하여 다급해 하는 신병 부모들에게 몇 배의 웃돈을 받는 것으로 파악되었습니다. 그래서 군청에 두세 차례나 이러한 실태를 통보하고 지도 단속과 시정을 요구하였으나 전혀 반응이 없었습니다. 또 이 무렵 시내 다방에서 중위가 지역 폭력배에게 폭행당하는 사건이 발생하여 검거를 요청하였으나, 누구인지 뻔히 알고 있음에도 수사 착수조차 하지 않았습니다. 그래서 저는 이러한 잘못된 관행들을 고쳐주고자 결심하였습니다.

저는 그들이 군인들의 위수 지역 이탈 불가의 약점을 잡아, 고객이 아닌 당연한 갈취 대상으로 여기는 것은 아닌가 하는 생각까지 들었습니다. 그래서 사단장님께 전후 사정을 보고 드린 후 첫째로, 신병들의 1일 외박을 3박 4일로 기간을 늘려주고, 3박 4일 내 복귀할 수 있는 전국 지역으로 외박 범위를 넓혀주었습니다. 둘째로, 전 장교들의 회식 등 외출 범위를 원주·춘천까지 확대 허용하는 한편 셋째, 군 가족들이 원주·춘천 지역으로 업무 협조차 운행되던 군 버스에 탑승하는 것을 허용하여 주었습니다.

이렇게 되자 홍천의 경제가 타격을 받게 되었습니다. 지금은 도시화가 진행되어 교통의 발달과 상권의 확대 및 관광 활성화 등으로 군 부대의 영향이 과거와는 다를 것으로 생각됩니다. 그러나 그 당시만 해도 홍천 경제의 상당한 비중이 군인들의 소비에 달려 있었습니다. 그럼에도 상인들이, 군인들은 자신들이 어떡한다 해도 따라올 수밖에 없다고 치부하였던 것 같았습니다. 저는 육본과 국방부로부터 그 조치를 철회하도록 하라는 비공식적 압력을 수없이 받았지만, 이를 계속 고수하였습니다.

이에 얼어붙은 상가의 원망이 공론화되었고, 군수를 중심으로 한 지방 유지들이 저를 찾아와 그 조치를 철회해줄 것을 요청하였습니다. 저는 재발 방지 방안을 가져올 것, 중위를 폭행한 인원을 잡아 법적으로 조치할 것, 이 두 가지가 해결되지 않으면 철회할 의사가 없음을 분명히 하였습니다. 결국 이러한 상태가 약 20여 일 지속되자, 재발 방지 약속과 폭력 행위자를 체포한 사실을 알려왔습니다. 재발 시에는 즉각 위의 세 가지 조치를 재개할 것임을 공식화한 후 그 조치 중 신병 외박을 제외한 조치들을 철회하였고, 저의 재임 기간에는 그와 유사한 사례가 다시는 발생하지 않았습니다.


그 해 선거철(대통령 선거)이 되자, 부재자신고서 작성 및 발송과 현지 투표 기표소 준비 등 선거 업무로 관계자들이 분주하게 되었습니다. 저는 선거 사무 실무자 교육 시 '나는 하늘을 우러러 한 점 부끄러움이 없었노라'라고 당당하게 이야기할 수 있도록 정치적 중립 규정을 철저히 지킬 것을 누차 강조·교육·감독하였으며 이러한 과정에서 눈총을 받기도 하였지만 사단장님의 절대적인 신임으로 극복해냈습니다.

1987년 9월 하순 무렵, 아침 09시 25분경 그 해의 대령 진급심사위원으로 지명되어 육본에 가 계신 사단장님으로부터 긴급 전화가 왔다 하여 사단장실로 가 전화를 받아보니 사단장님께서는 다급한 목소리로 말씀하셨습니다.

"참모장 OAC, OAC."

이 말씀 후 제가 뭐라고 할 틈도 없이 전화를 끊으셨습니다. 원래 육본 진급심사는 진급과라는 완전히 격리된 시설에 들어가 심사 결과가 발표될 때까지는 밖으로 나오거나 개별 통화를 하는 것이 완전 금지되어 있는데, 사단장님께서 워낙 다급한 상황이 있어 비공식적으로 전화를 하셨을 것이라고 이해는 하였습니다. 하지만 거두절미하고 OAC, OAC하고 외마디 소리로 전화를 끊으니 무슨 의미인지 도저히 알 수가 없었습니다.

제 방에 돌아온 저는 이 수수께끼를 풀기 위하여 머리를 감싸 쥐며 누구를 OAC에 보내주라는 이야기인지, OAC를 졸업하는 누구를 전입시키라는 것인지 골똘히 생각하였습니다. 하지만 사단장님께서는 평소 그런 인사에 대하여 일체 말씀하시지 않는 분이셨고, 더욱이 그 시기의 2~3주 이내로는 OAC 입교도, 졸업도 없었던 데다가 사단장님 목소리가 다급하였던 것을 연상하는 순간 OAC가 광주에 위치하고 있다는 생각이 머릿속에 떠올랐습니다. 그러나 당시 신문이나 TV 등에서는 광주 지역에 관한 어떠한 상황 보도도 없었던 것으로 기억 되는데다가 평소 시위 진압 등의 임무를 부여받은 부대는 별도로 지정되어 있었으므로 시위 진압이 아닌 다른 보조적인 임무 수행을 위하여 광주 지역에 투입될 가능성을 상정한 사단의 추정 과업을 염출하고 즉시 계획에 착수하였습니다.

계획 수립을 위해서는 계획의 기초가 되는 각종 자료가 필요한 바, 11사단에는 그러한 자료 현황이 있을 수 없어서 즉시 항공대와 협조, 헬기를 지원받아 필요한 자료 목록을 정보참모에게 휴대시켜 광주 31사단 사령부로 급파하였습니다. 동시에 각 참모들은 현황 바인더를 휴대하고 처부의 차트병을 대동하여 기밀실로 집결하도록 하는 한편 사단장을 대리하여야 할 선임연대장을 급히 사단으로 들어오도록 하였습니다. 저는 참모 및 실무 장교들을 사단 기밀실의 U자형 테이블에 각각 위치시킨 후 조를 편성해 주고 제가 직접 초안을 한 장씩 작성하여 맨 처음 조에게 넘겨주면 첫 조는 번호 매기기만 하고 넘겨주고 다음 조는 칸을 그린 후 넘기고 그 다음은 푸른색 큰 글씨를, 그 다음은 검은색 작은 글씨를 쓰는 등 릴레이식으로 차트를 작성, 제가 초안 마지막 장을 넘겨준 10여 분 후 현황이 들어가야 할 도표의 공란만 빈칸인 채 차트 작성이 완료되었습니다.

이 작업은 10시 00분경부터 시작하여 12시 00분경 종료되었는데, 군사령부에서 긴급 전화가 왔다 하여 받아보니 군사령관님이 한 시에 도착할 예정으로 곧 출발하신다는 것이었습니다. 저는 광주로 보낸 정보참모가 아직 도착하지 않아 이를 초조하게 기다리면서 급한 마음으로 헬기 소리 나기를 기다리고 있었는데 이윽고 정보참모가 급하게 뛰어 들어와 획득해온 현황을 차트 순서별로 나누어주어 각각 빈칸을 완성한 후 합철(合綴)하고 있었습니다. 그때 군사령관님께서 사단 헌병대를 통과(차량으로 5~6분 거리)하셨다는 보고가 들어왔습니다. 저는 연대장이 차트 내용을 충분히 숙지할 시간이 없었으므로 연대장 대신 내가 브리핑하겠다고 이야기한 후 군사령관님 영접차 뛰어나가니, 참모 및 실무 장교들 12명을 대동한 군사령관님이 험상궂은 표정으로 찬바람을 일으키며 들이닥치셨습니다.

군사령관님을 기밀실로 안내한 저는 전후 설명 없이 바로 '사단의 OO지역 투입 계획'을 보고 드리기 시작했습니다. 군사령관님께서는 놀란 표정이 되어 보고를 들으시다가 1/4 정도에서 보고를 중단시키시면서 "어떻게 이것 때문에 온지 알았느냐, 원래 있었던 계획이지?" 하고 질문하셔서 솔직하게 말씀드렸습니다.

"육본에 계신 사단장님께서 09시 25분경 다급하게 'OAC, OAC' 하고 전화를 끊으시기에 이 임무 수령을 준비하라는 것으로 판단하여 새로 작성한 계획으로, 11사단에는 이러한 계획이 존재하지 않습니다" 하고 답변했습니다. 사령관님이 차트가 전부 몇 매냐 하시기에 "작전 명령 양식의 계획과 부록을 포함 50매이고, 기타 행동 지침 및 지시 등 전체 54매 입니다"라고 답변 드리니 "그 많은 분량을? 몇 시부터 몇 시까지 작업했는데?" 하고 질문하셨습니다. "10시 00분부터 작업하여 군사령관님 들어오시기 10분 전쯤 종료하였습니다" 하고 말씀드리니 "그 제원은 어떻게 알았는데?" 하여 정보참모를 급하게 보냈던 것을 말씀드렸습니다.

잠잠히 계시던 군사령관님은 이윽고 보고는 안 해도 되니 한 장씩 쭉 넘겨보라 하여 부대 이동 계획과 숙영 계획을 포함한 인사·군수·통신부록 등과 행동 지침 및 우발 계획까지를 보여드리니 놀라는 표정을 감춤도 없이, "나는 우선 전혀 준비가 안 되었을 것으로 생각했고, 설사 귀띔을 받아서 준비하였다 하더라도 전지 차트 5매 정도를 생각하여, 작업할 참모와 실무자들을 전부 데리고 왔는데 이렇게 완벽한 계획이 그 짧은 시간 내에 작성되어 있을 줄은 전혀 예상치 못했다. 과연 군사령관의 결정적 예비대 임무를 수행하는 11사단답다. 내가 안심해도 되겠다. 참모장 수고 했어"라고 하면서 혼낼 생각만 하셨지 격려할 생각을 전혀 안 하셨던 군사령관님께서 그 자리에서 돈을 모아 500만 원의 격려금을 주시고는 군사령부로 복귀하셨습니다.

아마 이날의 "OAC, OAC" 하는 이야기를 들은 순간부터 '아차! 병력 투입 임무인가보다'라고 확정할 때까지의 약 15분간이 제 참모장 15개월 중에서 가장 길었던 순간이 아닐까 합니다. 그런데 이 계획은 다행히 그 후 시행 지시가 내려오지 않아서 계획으로 종료되었습니다. 이제는 화제를 잠시 돌려 웃으시라고 에피소드 몇 토막 말씀드리겠습니다.

* 강아지 이야기 : 참모장 관사는 상황실 바로 밑에 있는 방 세 칸짜리의 낡은 슬레이트 집인데 1955년 그 지역에 주둔하던 1군단장 관사로 건축되어 32년이 지난 아주 낡은 집이었습니다. 관사에는 전임자가 기르다가 두고 간 메리라는 스피츠 종 개가 한 마리 있었습니다. 이 개는 상당히 영리하여 처음 보더라도 같이 살 주인과 그 가족들을 보고는 짖지 않는다고 하는데, 제

가 처음 왔을 때 짖기는커녕 꼬리를 치며 반가워하더니, 방학 때 놀러온 제 아내와 아이들에게도 꼬리를 치며 반가워했습니다. 그런데 관사의 관리나 시설 및 전기·수도 등의 안전 점검 차 출입하는 간부들은 매일 보아도 매번 짖으며 물려고 대들어 애를 먹어서, 사령부 전체에 소문이 나 있었습니다.

하루는 집이 워낙 낡아 연탄가스가 새어, 제가 화장실 가려고 깨어나지 않았더라면 변을 당할 뻔한 일이 있었는데 이를 고치려고 공병들이 왔을 때 얼마나 요란을 떨었던지 결국은 개를 제 사무실에 데려다 놓고서야 작업을 할 수 있었습니다. 그런데 사단장님께서 이 소문을 들으셨는지 "나한테는 어떻게 하는지 보자"라고 관사로 향하셨습니다(정구장과 관사의 거리는 30여m밖에 안 되었음). 저는 그러다 혹시 물리시면 어떡하나 하고 걱정하면서 뒤따라 가다보니 이 개는 놀랍게도 짖지도 꼬리를 치지도 않고 쳐다보기만 하였는데, 사단장님 왈 "음, 나는 알아보는 것 같은데!"

당시 사단 예하의 20연대장인 동기생 정중민 대령이 이 개의 새끼를 얻고 싶어 하여 한 마리 주면서 제가 연대장 나갈 때 메리(전임자의 개)는 데리고 가지 못하니 그 개가 새끼를 낳으면 한 마리 달라고 부탁하였다가 후일 연대장 부임 시 한 마리를 분양받아 길렀습니다. 그런데 아무리 보아도 똑똑한 것이 메리하고는 전혀 같지 않아, 군사령부 회의에서 만난 기회에 물어보니, 강아지를 기르다가 잃어버린 관사 근무병이 장날 메리 새끼와 비슷하게 생긴 강아지를 사놓아서 몰랐다가 나중에야 알았다고 하여 둘이 한참을 웃었습니다. 그래서 개들도 혈통과 족보를 따지는 모양입니다.

그런데 더 재미있는 것은 제 관사에서 기르던 개가 새끼를 여러 마리 낳았는데 제가 사무실로 출근하면 새끼들을 데리고 꼭 사무실까지 따라와 그 근방에서 놀다가 점심은 반드시 장교식당으로 와서 먹었다는 겁니다. 그런데 고기나 생선 등 부식의 질은 장교식당보다 사병식당이 더 좋았고, 위치도 장교식당 바로 아래여서 사병식당 병사들이 그릇에 음식을 담아놓고 아무리 내려와 먹으래도 꼭 장교식당에서만 먹었답니다. 이에 연대장님 관사에 산다고 저도 장교 개인 줄 아는 모양이라고 병사들이 투덜대는 소리를 듣고는 크게 웃지 않을 수 없었습니다.

* 이발병 이야기 : 장교 이발소에는 이발병 한 명이 근무하고 있었습니다. 이 이발병은 드라이할 때 제 짧은 머리를 꼭 올백 식으로 뒤로 넘기려 하여 한 번은 지나가는 말로 "군 입대 전에 무엇을 했느냐"고 물어보니 명동에 있는 미용실에 있었다고 하였습니다. 미용실에는 여자들만 있는 것으로 알고 있었으므로 남자가 어떻게 여자 미용실에 있었느냐고 물어보니 이발병이 "옛날과 달라 요즈음은 남자 미용사도 있고 남자들도 미용실에 드나듭니다" 하는 것이었습니다. 그래서 그 이야기가 생소하게 들렸던 저는 "한 달에 얼마씩 받는데?" 하고 물으니 "고정된 월급은 없지만 팁 받는 것이 200도 받고 300도 받아서 월 평균 250만 원은 됩니다" 하는 것이었습니다. 당시 대령 봉급이 아내에게 얼핏 들은 기억에 90만 원이 채 되지 않았던 터라 놀래서 누가 그렇게 많이 주느냐고 물었더니 여자들은 손이 크다고 하였습니다.

몇 년 후 제가 장군으로 진급하여 국대원 장군 진급반 교육 시 출퇴근하는 도로상에 있는 오징어 장사의 숫자와 교통 체증이 정확하게 비례하는 것을 보고, 이 사람들도 교통 상황을 시간대별로 파악하여 이동하는 것 같다고 생각하며, 오징어를 사라고 얼굴을 들이미는 한 상인에게 한 달에 얼마나 버느냐고 물어보았습니다. 날씨에 따라 다르지만 평균 200만 원은 된다고 하였습니다. 그런데 그때 제 봉급은 100만 원이 채 안되었습니다. 제가 결코 미용사나 오징어 장수를 경시하는 것은 아닙니다만 그 순간에는 입맛이 조금 씁쓸하였습니다.

그 해 12월 하순쯤, 부친이 위독하시다 하여 군사령관님의 승인을 득하고 서울에 가셨던 사단장님이 밤중에 귀대하시어 다행히 별일이 없으셨는가 보다 하고 이튿날 출근하여 참모회의를 주재하고 있었습니다. 그런데 사단장님이 급히 찾으신다 하여 가보니 경황없는 얼굴로 "부친께서 운명하셨다는 전화를 받아 지금 올라가야 하는데 참모장 미안하지만 장지와 장례 준비를 부탁해" 하고는 제가 무어라 말할 틈도 없이 차에 올라 출발하셨습니다. 사단장님은 이북 출신으로 외아들이며, 부친과 모친이 아들 하나 끌어안고 월남하시어 남한 땅에는 피붙이 하나 없이 아무도 의지할 데 없는 혈혈단신(孑孑單身) 형편인지라 '이웃돕기' 차원에서라도 계급과 직책을 떠나 도와드려야 할 형편이었습니다.

더욱이 아들마저 외국에 나가 있었으니 해드려야 하는데 문제는 -형님 아시듯- 저는 늘 아버님과 형님을 따라 하기만 한데다가 그나마 육사 입교 후에는 혼자 돌아다니느라 집안의 상·제례에 대하여 아는 것이 전혀 없었던 터라 막막했습니다. 그래서 관혼상제에 관련된 책을 구해놓고는 군청에 전화하여 매장이 가능한 지역을 알아보아 지도를 가지고 도상 연구 끝에, 두 군데를 골라놓고 현지에 가보았습니다. 그렇지만 제가 풍수지리를 알 턱이 없었는지라 훗날을 고려하여 그 지역에서 제일 유명하다고 소문난 지관을 찾아 함께 1번 후보지에 오르니 지관이 펄썩 주저앉으며 "내가 여기서 50년 가까이 지관을 하였는데 여태껏 내 눈에 띄지 않다가 이제 나오는 것을 보니 명당자리는 임자가 있다는 말이 맞는가 보다"라고 이야기하면서 여기는 '두꺼비 혈의 지세로 자손들이 당대발복할 명당자리'라고 하였습니다. 제가 2번 후보지도 가보자고 하였으나 그곳은 가볼 필요도 없다며 거절하였는데 저는 그 지역의 가장 이름난 지관의 보증에 가벼운 마음이 되어 부대에 복귀 하였습니다.

당시 11사단장 관사는 특이하게 부대 밖 인근 동네 가에 있었는데 동네 어르신들이 "사단장님은 평소 자기들한테 잘해주신 우리 동네분이니 장례 절차는 자기네들이 하겠다"라고 하여 감사한 마음으로 받아들였습니다. 제가 동네 분들이 하관할 광중을 팔 때 가보니 지관의 말대로 정말 동면중인 큰 두꺼비 한 마리가 나왔습니다. 그런데 더 놀라운 것은 12월 20일이 지나 땅이 얼음덩이처럼 꽁꽁 얼었는데도 광중은 꼭 봄날의 흙처럼 부드러워 잘 파지는데다가 김이 올라올 정도로 따뜻하였습니다. 그러나 거기에서 40~ 50cm밖에 떨어지지 않는 상석과 비석을 놓을 자리는 땅이 얼어 곡괭이가 튀며 들어가지 않았습니다.

저는 단지 군인들의 관측소나 기관총 진지 선정 시 고려 사항을 기준으로 전망이 좋고 접근이 양호하며 따뜻한 양지쪽으로 후방과 좌우로 바람이 가려진 곳 중에서 완만한 능선이 봉우리 쳐진 곳을 고른 것인데 이러한 지형이 소위 지혈이 뭉쳐진 곳으로 진지 공사를 하다 보면 뱀이나 개구리 등이 동면하는 것을 많이 보았습니다. 그래서 가만히 생각해보니 산사람이나 죽은 사람이나 좋은 조건은 결국 같은 것이라는 결론을 얻었습니다. 후에 제가 참모총장이 되어 장교와의 대화 시간에 군사학이 단지 군사 분야에 국한된 것이 아니라 사람의 삶과 관련된 모든 지혜를 담고 있는 원리가 있으니 이를 가벼이 여기지 말고 공부하여 깊이 연구함으로써 실제에서 적용할 수 있도록 하라는 의미로 이 이야기를 하였었습니다.

그런데 그 내용이 어떻게 되어서인지는 모르겠지만 언론에 인용되었고 이를 본 어느 독자가 공무가 아닌 사적 용도에 국가 재산인 헬기를 사용하는 것이 맞느냐고 힐난하는 댓글을 단 것을 본 기억이 나는데 그 헬기는 그 목적을 위하여 운행한 것이 아니라 사전 계획되어 있던 것으로 제가 유격 훈련장의 정비를 위한 공중 정찰 비행 도중에 경유하게 되는 장지를 지나가면서 본 것이지 별도 장지 선정을 위한 사적 목적으로 운용한 것은 아니었음을 밝힌 바 있습니다.

1988년 초에는, 기간 중 사단에서 여러 차례 건의한 군 아파트 한 동이 인가되어 이를 제9연대에 할당하고 그 위치를 선정하게 되었습니다. 이때 연대에서는 연대 정문 앞의 군용 부지에 지을 것을 주장하였지만 저는 연대에서

4km 정도 떨어진 양덕원에 건축할 것을 주장하여 이견이 쉽게 조정되지 않았습니다. 지휘관들은 통상 부대 지휘의 편의만을 고려하여 부대 인근에 아파트를 짓는데, 하루에 버스가 몇 번 다니지도 않는 오지에 아파트를 지어놓으면 군 가족들이 시장을 보거나 아이가 아플 때 급하게 병원을 찾는 데도 상당한 어려움이 있습니다. 또 자녀들도 오지 중에서도 더 구석진 곳의 학교에 다녀야 하거나 그마저도 없으면 몇 km를 버스를 타고 통학하여야 하며, 이것도 시간이 안 맞으면 그 먼 길을 눈비를 맞아가며 걸어 다녀야 했습니다. 뿐만 아니라 학원 등 문화 혜택도 받지 못하여 타 직종의 자녀들에 비하여 학력 저하 현상이 두드러졌습니다.

그 당시 부대 앞에는 양덕원으로부터 5번 도로에 이르는 도로가 포장되어 있어 비상 발령 시 차량으로 10여 분이면 이동이 가능하여 부대 앞에서 뛰어서 부대에 들어오는 시간과는 2~3분 정도밖에는 차이가 없어 눈총을 무릅쓰고 제 주장을 고수하였습니다. 군 가족에 관련된 시설은 당연히 지휘 관리의 편의성이 아니라 군 가족의 편의성이 보다 더 우선적으로 고려되어야 하고 이에 따라 결정되어야 한다는 것이 제 신념이었습니다. 덕분에 싫은 소리를 듣기는 하였지만 지금도 제가 옳았다는 생각에는 변함이 없습니다. 더욱이 지금 신세대 군 가족들은 도시화된 환경에 살다가 급격히 변화된 환경에 적응하지 못하고 우울증에 시달리거나 가출하는 등 심각한 문제들이 발생하여 제가 예비역의 자격으로 이 대책을 여러 차례 육본에 촉구한 바 있지만 그 해답을 듣지는 못하였습니다.

그 해 여름에는 88올림픽 성화 봉송 경계를 위한 계획 수립 및 점검으로 조금 분주하게 보내게 되었습니다. 그러나 책에서만 보았고, 부유한 선진국에서나 개최되는 것으로 알고 있던 올림픽이 폐허에서 일어난 그 가난했던 우리나라 서울에서 개최된다는 사실에 무한한 긍지와 자부심을 가질 수 있었습니다. 그만큼 추호의 차질이 없도록 원주-춘천 간 성화 봉송 구간의 경계와 하룻밤 머무는 장소에 대한 성화 봉송로 경계 계획을 수립하고 수없이 점검하며 준비하여 한 치의 차질도 없이 성화 봉송로 경계를 마무리하였습니다. 그 무렵 저는 이임을 위한 준비를 하게 되었습니다.

1988년도 후반기 연대장 분류에 저는 보병 제7사단 3연대장 요원으로 분류되어 10월 20일 연대의 지휘권을 인수하는 것으로 예비 명령을 수령하였습니다. 이에 사단장님께서는 참모장하고 똑같은 장교를 데려다 놓아야 한다고 거듭 강조하셨습니다. 참모차장 수행 부관 시 똑같은 후임을 데려다 놓으라고 하신 차장님을 후에 뵌 자리에서 "어디가 너하고 똑 같으냐 전혀 다르던데" 하시는 질책성 말씀을 들은 기억이 되살아나 웃어넘길 수 없는 부담을 떨칠 수 없었습니다. 세상에 저하고 똑같은 사람이 있을 리 만무이지만 저라고 장점만 있는 것은 아닐 것이며 제가 8월에 참모장에 부임하여 10월에 이임하다보니, 저와 이취임 기간이 맞는 대령을 찾을 수도 없었습니다. 더욱이 제가 그동안 쫓겨 다니다보니, 후배 중에서 저를 따르는 장교도 없었고 저 또한 사람을 억지로 모으는 야심가형 보스 기질이 있는 것도 아니어서 인간관계가 넓지 못하여 알고 추천할 만한 장교가 없어 고심에 고심을 거듭하였습니다.

그러던 어느 날 우연히 육본 인사 명령지를 결재하다가 국대원 졸업 예정자 명단에 김장수 대령의 이름이 눈에 들어왔습니다. 김 대령은 생도 때 같은 3중대 출신으로 제가 중대장 생도 때 2학년 생도였는데 축구 선수인데도 비교적 조용했던 성격으로 기억하고 있었습니다. 육본에 경력을 확인해보니 합참에서 대령으로 진급하여 국방대학원에 입교하였던 것으로 파악되었습니다. 저는 김 대령과 임관 후 야전에서 함께 근무한 경험도, 교류도 없어서 정확하게 평가하기는 어려웠지만 생도 때 내무 생활, 학교 성적, 동기생과의 교우 관계가 원만하였던 점과 합참에서 진급했다는 점들을 고려하여 추천에 적합할 것으로 판단하고 먼저 국대원에 전화를 걸어 김 대령의 의향을 타진해보니 흔쾌히 오겠다고 하였습니다.

그런데 한 가지 제한 사항은 저는 10월 20일부 취임이니 아무리 늦어도 19일에는 출발하여야 하는데 김 대령은 12월 중순에 졸업하게 되어 아무리 빨라도 참모장 자리가 두 달 간 공석이 되는 것이 불가피하였습니다. 그러나 다행히 사단장님께서 참모장이 추천하는 장교 같으면 기다리시겠다고 양해를 해주시어 육본에 전입 요청을 함과 동시에 김 대령에게 전화하여 사정을 알려주고 졸업과 동시 휴가 없이 부임하도록 당부하였습니다. 저는 후임을 위하여 필요한 업무 중점과 주요 관심 사항 등 몇 가지 필요 사항을 작성하여 참고하도록 하는 동시에 참모장 부재 중 참모들이 관심 가지고 시행 및 확인하여야 할 상황들을 반복하여 주지시켰습니다. 그 당시 11사단의 참모들과 직할대장들은 한 팀이 되어 일사불란하게 움직이며 적극적으로 업무를 수행하는 체재가 정착되어 있어서 참모장의 두 달 정도 공석은 전혀 문제가 되지 않으리라고 자신하면서 작전참모에게 업무를 인계해 주고 사단장님께 신고 후 10월 20일 07시 홍천을 출발하여 화천으로 향했습니다.

형님 내외분의 건안하심을 기원 드리며 추운 날씨 모쪼록 건강 조심하시기를 당부드립니다.

동생 재준 올림

* 후기 : 한 가지 첨언 드립니다. 그렇게 잘 짖던 관사의 메리가 제 후임 김 대령이 들어오는 것을 보고는 꼬리를 치며 반기더라는 이야기를 듣고는 어지간한 사람보다 더 똑똑한 개도 있다는 것을 인정하지 않을 수 없었습니다.

## 22. 보병 제7사단 3연대장

### 존경하며 자랑스러우신 형님께

세월이 얼마나 빨리 흘러가는지, 어느덧 대한도 지나고 머지않아 봄을 알리는 입춘이 다가오고 있지만, 바람 끝은 여전히 맵기만 합니다. 형님 내외 분 그간도 안녕하셨는지요? 형님께서 보내주신 서신 세 통은 모두 잘 받아 보았습니다.

그중 바이든 대통령의 1월 6일자 미 의사당 난입 1주년 연설 내용은, 과거에 일어났던 불법적 행태들에 대한 비판과 바이든 대통령이 인식하고 있는 미국의 오늘을 이해하는 데 도움이 되었습니다. 그러나 지금의 분열되고 극도로 혼란한 현 상황과 무엇보다도 실추되고 무기력해져버린 '미국의 정신 및 그 가치와 무게'를 어떻게 수습하고 다시 일으켜 세울지에 대한 목표의 제시와 결의가 보이지 않는 점은 우려되었습니다.

지난 2002년 9·11테러 이후, 꾸준히 하강 곡선을 그리고 있는 것처럼 보이는 '미국의 권위의 무게'와 함께, 미국이 여전히 일극 체제 하의 세계 질서를 주도하기에는 그 힘의 쇠퇴가 느껴지는 국제 정세 하에서 미국으로서는 국론 분열을 조기에 빨리 수습하여 국민을 재통합하고, '미국적 정의'를 다시 확립하여야 하는 것이 최우선의 급선무일 것입니다. 따라서 이에 국가 지도자로서의 모든 지도적 역량을 집중하여 현 난국을 헤쳐나감으로써 그 체계와 질서를 주도적으로 이끌어갈 수 있도록 하는 리더십이 절실한 시점이 아닌가 생각됩니다.

지금 지구촌에 나타나고 있는 **"자유가 결여된 민주주의는 독재의 다른 표현"에 불과**할 뿐입니다. 그럼에도 세계 곳곳에서 이러한 유형의 인간들이 세력을 형성하여 권력을 장악하고는, 국제 질서에서 힘의 균형을 와해하며 국제 질서의 현상을 변형시키려는 시도들을 노골화하고 있습니다. 그래서 다음의 세상이 어떠한 모습으로 흘러갈 것인지 머리를 싸매고 그려보지만 뚜렷한 그림이 떠오르기보다는 "하느님이 보우하사 우리나라 만세"라는 애국가의 한 구절이 유독 머리를 맴돌며 가슴을 때립니다. 우리 자식들이, 손자·손녀들이 그리고 후손들이 영원히 살아가야 할 이 나라의 미래와 함께……

지난 번 편지에서는 11사단 참모장 시절을 말씀드렸는데 오늘은 이에 이어서 보병 제7사단 3연대장 시절의 이야기를 말씀드리려 합니다.

저는 1988년 10월 20일 화천의 보병 제3연대장에 취임하였습니다. 보병 제3연대는 1946년 미 군정청의 국방경비대 창설 계획인 뱀부계획(Bamboo, 최초 8개도 후에 제주도 포함 9개 도에 각각 한 개씩 9개 연대를 창설하고자 한 계획)에 따라 전라북도 익산에서 대한민국 육군 최초로 창설된 9개 연대 중의 하나입니다.

6·25전쟁 중 아군이 방어에서 반격으로 전환하여 북진할 당시 공간사(公刊史 : 정부의 공식적인 전쟁사)의 기록에는 평양을 탈환한 부대가 미 1군단 예하, 백선엽 장군의 국군 제1사단으로 나와 있습니다. 그러나 국군 제7사단 제3연대가 제일 먼저 평양에 입성하였다는 일부의 주장도 있습니다. 이 주장에 의하면 국군 제7사단은 국군 제2군단 예하로, 미 제1군단의 우측에서 병진 공격하고 있는 상황에서, 평양 탈환은 반드시 한국군이 해야 한다는 이승만 대통령의 밀명으로 국군 7사단이 UN군 사령부의 작전 명령을 무시하고 평양 우 측방으로 진출 중 공격 방향을 90도 서측으로 급 좌선회하여 평양의 동 측방을 급습하였다 합니다. 이에 평양에 선두로 진입한 제3연대가 시가지 소탕 작전을 하고 있는 동안 후속하던 7사단 8연대가 신속히 시내 중심부로 직행하여 김일성대학 옥상에 태극기를 게양함으로써, 8연대는 자신들이 평양에 1차 입성하였다고 주장하고 있습니다.

실제로 제가 연대장 근무 시에도 3·8연대의 고참 부사관들 간에는 간혹 입씨름이 있었지만 UN군 전사나 우리 공간사 에서는 -만일 이 주장이 사실이라 하더라도 이 행위 자체가 항명 행위이므로- 인정하지 않고 있습니다. 그러나 부대원들은 평양 1차 입성 연대라는 자부심을 지니고 있었으며 그날이 바로 1950년 10월 18일이어서 저의 제3연대장 취임의 의미를 되새겨 보게 하였습니다.

연대는 대대들의 전투력에 타 병과의 전투 및 전투 지원 요소를 통합 운용하는 제한된 제병 협동 작전 단위 부대로서 육군의 기본 단위 부대입니다. 이와는 달리 사단은 연대를 배속 받아 운용하는 가변성 있는 편성 부대이므로 어떤 의미에서 연대는 모든 군인의 본적지이자 영원한 고향일 수밖에 없습니다. 지휘 대상으로서 연대와 대대의 차이를 말씀드리면, 대대는 중대라는 전투 기본 단위를 통합 관리·운용하는 **병영 생활 단위**이자 교육 훈련하는 **교육 훈련 단위**이며 이들을 전술적으로 운용하여 전투를 수행하는 **전술 기본 단위**로서 통솔의 최상위 제대입니다. 그러므로 대대장이야말로 전술과 통솔에 대한 철학과 신념, 이를 행동으로 실천하는 과감성과 결단력이 필요한 지휘관입니다. 비록 꿈속에서라도 만약 제게 잠시라도 다시 군 생활을 할 기회가 주어진다면 저는 주저 없이 대대장 시절로 돌아가고 싶습니다.

그러나 이와 달리, 연대는 대대와 같은 통솔 제대가 아니라 **통솔 효과를 기초로 하여 조직과 인적·물적 자원을 관리 및 운용하는 지휘·관리 제대**입니다. 그러므로 연대장에게는 제한된 제병 협동 작전 단위로서의 부대와 병종 및 단위 전투력 구성 요소 간 그 능력 발휘와 효율성의 극대화를 달성할 수 있도록 하는 조직 관리 및 운용 능력과 협동성을 제고하여 최대의 전투력 승수 효과를 달성할 수 있도록 하는 능력과 자질이 요구됩니다. 따라서 연대장의 리더십 중 가장 중요한 것은 전투 단위로서 '**연대 전투단의 부대 정신**'을 창출하고 전통을 현재화하여 부대에 혼을 불어넣음으로써 부대원들의 '**구심점**'을 형성하고, 공동체로서의 단체 의식과 자긍심을 고양시켜, '**사기를 올림과 동시에 엄정한 군기를 확립**'하는 것입니다. 여기에서 **군의 사기란 전투력 발휘의 승수 효과를 위한 핵심 요소**인데 이는 전투 시에는 '**무패의 승리 경험을 통하여**', 평시에는 실전보다 더 혹독한 훈련을 극복해낸 성취감을 통하여 달성됩니다. 흔히들 사기와 복지의 개념 정의에 소홀한 바, **복지는 자발적 복무 의욕을 고취**함으로써 사기를 증진할 수 있도록 하는 사기의 한 요소일 뿐 그 자체가 **전투력 발휘 요소**는 아닙니다. 군기는 강요나 처벌에 의한 것이 아닌 자발적 복종에 의한 것으로 군기 확립을 위해서는 지휘관을 포함한 상급자들의 솔선수범이 가장 중요한데 **명령 권자가 스스로 행하지 않는 명령은 이미 명령이 아니며 포상은 분발의 수단이고 처벌은 최후적 보조 수단**

입니다. 이러한 신념을 바탕으로 저는 제 지휘 하의 보병 제3연대의 부대 정신을 '인내하며 극복하는 정신적 용기'로 선포하고 따라서 "3연대원은 쉽지 않다, 결코 아무나 하는 것이 아니다", "오직 용기로써 도전하고 인내로써 극복하여 마침내 성취해내고야 마는 정신적 용기를 가진 용사들만이 3연대원이 될 수 있다"라는 슬로건으로 부대원들의 부대 정신 고양에 주력하였습니다.

부대 지휘 목표인 조직 능률의 극대화를 위해서는 부대 운용 체계를 효율화하고 간부들의 자질 및 업무 수행 능력 향상과 구성 요소 및 구성원 간 단결을 도모하는 것이 긴요합니다. 이에 저는 회의, 결산, 훈련 및 기타 가용한 모든 시간을 최대 활용하여 간부 교육에 주력하였습니다. 그리고 훈련 계획의 수립 및 현장 순시 시에도 일방적 지시 및 지적을 지양하고, 토의를 유도하여 간부 교육 기회로 활용하였고, 조직의 '화(和)'를 위한 참모 업무의 협조 및 참모들 간의 상호 친화력 제고를 위한 노력에도 소홀하지 않았습니다.

군에서 통솔의 효과를 증진하기 위한 주된 방법은 지휘관의 솔선수범 행동을 병사들에게 보여주는 것입니다. 그러나 대대는 한 주둔지에 집결되어 있으므로 대대장이 한눈에 대대를 장악할 수 있지만 연대는 각 대대가 각각의 주둔지에 전개되어 있어 대대장처럼 적시적인 개입과 동참에 의한 지휘·통솔이 어렵습니다. 따라서 저는 대대장들이 최상의 여건에서 대대 지휘에 전 역량을 집중할 수 있도록 여건을 보장해주고 이를 뒷바라지하는 데 연대장으로서 최우선의 노력을 경주하는 한편, 가장 위험하고 어려운 장소에서 위험하고 어려운 임무를 수행하는 부대의 행동별, 시간대별, 순차적 순시 계획을 염두 판단하고 이에 따라 각 대대를 순시 및 방문함으로써 대대들을 이끌어 나갔습니다.

또한 저는 대대장들에게 늘 입버릇처럼 "하루에 절대 같은 코스로 두 번 이동하지 말라"라고 강조하고는 하였습니다. 예를 들면 아침 출근 시에는 5중대를, 점심 때 장교식당 이동 시에는 7중대를, 사무실로 복귀 시에는 후문 초소를 경유, 탄약고를 돌아 사무실로, 퇴근 시에는 사병식당에 들렀다가 화기 중대를 경유하는 식으로 수시로 거의 전 기간 병사들 앞에 언제 어디서든 대대장의 모습을 보여주며 만나는 병사마다 말을 걸어줌으로써 "대대장님이 항상 내 곁에 계시다"라고 생각하도록 하라는 것입니다. 병사들은 자기들끼리 운동을 할 때도 지휘관이 구경하면서 박수를 보내주면 사기가 치솟고 분위기가 고조되었다가 지휘관이 떠나면 다시 가라앉았습니다.

**군대에서 바람직한 지휘관은 지휘관의 존재 자체가 사기의 원동력**이 됩니다. 부대원들이 언제 어디에서 어떠한 임무를 수행하든, 자기가 존경하며 따르는 그 지휘관의 의도에 맞추어 자기 지휘관에게 인정과 칭찬을 받고 싶어 한다면, 그 지휘관은 성공적으로 부대를 이끌어 가고 있는 것이며, 따라서 그 부대는 싸우면 이기는 무적 필승의 부대가 될 것입니다.

그 다음, 저의 관심 사항은 개인 및 부대의 교육 훈련이었습니다. 이를 위하여 저는 조직 능률의 향상과 통합 전투력을 발휘할 수 있도록 간부들의 업무 수행 능력을 제고하고 인화 단결을 도모하며 상호 협조와 협동을 통하여 이 요소들의 승수 효과를 극대화할 수 있도록 간부 교육을 강화하였습니다. 또 병사들의 개인 훈련은 합격제를 엄격히 적용하여 그 성과를 보장하였으며, 모든 부대 훈련은 단편적인 훈련을 지양하고 실전 상황 하에서 종합적인 훈련을 실시하고 반드시 자체 강평을 통하여 그 성과를 제고토록 노력하였습니다.

저 자신 전쟁터에서 전투 시마다 소대원들에게 '죽을 수도 있는 명령'을 내렸습니다. 하지만 앞에서 말씀드린 대로 죽음을 목전에 둔 상황에서도 병사들은 반드시 살 수 있으리라는 '세 가지 믿음' 때문에 그 명령에 따라 주어진 임무를 수행합니다. 그런데 이 세 가지 믿음은 모두 다름 아닌 **"실전보다 훨씬 더 혹독한 훈련의 소산"**입니다. 이렇듯 실전적 훈련은 군인을 군인답게 하고 부대를 부대답게 하는 만병통치의 묘약이며, 제 경험으로 그것이

악의가 아니라 사랑임을 병사들이 깨달았을 때는 병사들 모두가 자발적 열의를 가지고 훈련에 기꺼이 응하였으며 결코 이에 불평하는 사례를 본 일이 없었습니다. 따라서 부단히 실전적 훈련의 필요성을 병사들이 스스로 받아들일 수 있도록 하는 정신 교육과 '지휘관의 훈련 참여를 통한 솔선수범'은 필수입니다.

저는 대대장 시절, 해안 경계 임무를 수행하였기 때문에 대대가 유격 훈련을 받을 기회가 없었는데 대신 모든 훈련 간 별도의 텐트를 치지 않고 병사들과 함께 기거하였습니다. 한번은 혹한기 훈련 중 진지를 순찰하다가 잠깐 눈을 붙이려고, 땅바닥에 판초 우의와 모포를 깔고 침낭 속에 들어가 자고 있는 병사들 사이를 파고 누웠다가 깜빡 잠이 든 적이 있었습니다. 그런데 숨이 쉬어지지 않아 눈을 떠보니 병사들이 일어나다 자기들 틈바구니에서 웅크리고 자고 있는 저를 보고는 모두 모포를 한 장씩 덮어 주었는지 제가 덮은 모포 두께가 10cm도 더 되어 보였습니다. 그 대대원들과 함께라면 저는 지옥의 불 속이라도 함께 하였을 것입니다. 이러한 경험을 바탕으로 저는 대대 유격 훈련 기간에는 대대장, 중대장, 소대장, 분대장이 각 제대의 1번 올빼미(유격훈련병 호칭)가 되어 모든 코스를 제일 먼저 뛰어넘도록 요구하였고, 모두 이에 기꺼이 응함으로써 병사들의 훈련 열의를 크게 고취, 훈련 성과를 제고하고 아울러 사기와 긍지심을 고양할 수 있었습니다.

당시 연대의 제3대대는 신병 교육대로서 사단의 신병 교육을 담당하고 있었습니다. 군대에서 신병 교육은 대단히 중요합니다. 왜냐하면 신병 교육대 훈련이 느슨한 경우 그 병사는 전투원으로서의 자질은 고사하고 수료 후 자대 적응을 잘 못하게 됩니다. 반대로 지나치게 훈련 강도가 세면 군 생활에 적응하지 못하게 됩니다.

따라서 저는 신병들의 훈련을 각개 전투, 실탄 사격, 실 수류탄 투척 및 40km 행군과 내무 생활에 중점을 두고 단계적으로 과목별 요망 수준을 달성토록 하였습니다. 내무 생활에서는 규정 준수를 철저히 강조하되 명령·지시와 처벌에 의해서가 아닌 인정과 칭찬 및 격려를 통한 지도를 통해서 분대장들이 형이 어린 동생들을 돌보며 가르쳐주듯 이끌도록 하였습니다. 또 기별 훈련 종료 시마다 성과를 분석하여 그 방법을 개선 발전시켜가도록 하였습니다. 요약하면 내무 생활은 정감 있게, 훈련은 원칙대로 실시함으로써 군 복무 적응과 전투원 자격 부여의 두 가지 목적을 동시에 달성할 수 있도록 노력하였습니다. 이와 동시에 저는 아무리 바빠도 기마다 지휘관 정신 교육을 직접 실시하였습니다.

각개 병사들에 있어서 군 생활은 두 가지의 의미가 있습니다. 그 첫째는 공적(公的)인 의미로, 이는 일정한 수준 이상의 교육을 받고 스스로 책임질 줄 아는 정신력을 소유한 신체 건강한 **대한민국 남자들끼리 서로 순번을 정해놓고 서로가 서로를 지켜주자는 약속** – 즉 의무의 이행입니다. 제일 먼저 할아버지에 이어 아버지가, 삼촌과 형들이 그 약속을 지킴으로써 내가 학교에 다니며 자랄 수 있도록 나의 어제를 지켜주었고, 지금은 내가 여기서 그 약속을 지킴으로써 나를 지켜준 그 선배들과 내 뒤를 이어 나를 지켜줄 내 동생들과 후배들의 오늘을 지켜줌으로써, 동생들과 아들들과 손자들이 자신의 내일을 지켜줄 것임을 일깨워주는 것입니다. 그러면서 자기 차례에 약속을 지키지 않는다면 이는 남의 청춘을 도둑질하는 가장 비열한 자가 될 것인데 "이제 여러분은 그 의무를 다하고자 이곳에 와 있는 자랑스러운 대한 남아이자 부모님들의 자식임"을 명심할 것을 당부하였습니다.

군 복무의 두 번째 의미는 각 개개인에 해당하는 사적인 것으로, **'병영은 인생의 학교'**라는 것입니다. 모든 인간이 하나같이 추구하는 것은 대부분 '성공과 행복'입니다. 그런데, 이 성공과 실패, 행복과 불행은 타고난 조건과 처한 환경에 의한 것이기보다는 인간관계에 의하여 결정되는데 인간관계란 다름 아닌 그 사람의 '인내'의 결정(結晶)입니다. 왜냐하면 인간은 사람들 속에서 극기의 인내를 통한 피나는 노력과 도전으로 마침내 목표를 성취함으로써 행복과 성공을 이끌어낼 수 있기 때문입니다.

저는 학교에서 선생님에게 "인간이란 사회적 모둠 생활을 하는 역사성 있는 동물"이라고 배웠습니다. 이 인간의 정의에서 보는 것처럼 <u>사회적</u>도 인내의 결과이며 <u>모둠 생활</u>도 <u>역사성</u>도 인내의 결과이듯 인내란 인간을 인간답게 하는 근본입니다. 젊은이들이 부모의 등에 업혀 와 군의 연병장에 내려놓이는 순간부터 부모들이 먹여주고, 입혀주고, 재워주고, 가르쳐주고 못하면 대신 해주던 과거의 어린 시절을 떠나 군 생활에서 인내를 배우며 청년으로 성장하게 됩니다. 가정과 군의 차이는 군에서도 그 병사들의 부모처럼 먹여주고, 입혀주고, 재워주고, 가르쳐주지만 결코 대신 해주지는 않는다는 것입니다. 열 번을 넘어지더라도 참아가며 반드시 다시 일어나 스스로 해내도록 합니다. 이러한 과정을 통하여 젊은이들은 가정에서 보호받던 어린아이로부터, 단체원으로서 서로가 상부상조하며 조직 속에서 자기의 역할을 수행하고 그 결과에 책임지는 젊은이로 성장합니다.

따라서 **군대는 어린 아이들에게 '인내와 예절'을 가르쳐 청년으로 키우는 인생의 학교**입니다. 이 인생의 학교에서 업혀 지내던 어린아이가 걸음마를 시작하고, 서툴게 뒤뚱거리며 걷다가 바른 걸음으로, 급기야는 미래를 향하여 힘차게 달려가는 –나 혼자만이 아니라 너와 내가, 우리가– 더불어 살며 그 속에서 자신의 의무와 책임을 다할 줄 아는 어엿한 사회인으로 그리고 국민으로 성장하는 것입니다.

이렇듯 군대의 병영은 '병사들이 부모 등에 업혀 왔다가 홀로 걷는 법을 배워서 나가는 순간 부모님을 등에 업고 자신의 인생을 출발하도록 길러내는 국민 교육의 도장'인 것입니다. 그러므로 병사들에게 군에서의 전역은 과거의 사회로 돌아가는 것이 아니라 미래의 세계로 나아가는 것임을 분명히 인식하도록 힘주어 가르쳤습니다. 저의 지나온 40여 년의 군 생활을 통하여 느낀 것은 군 생활 중 모범 병사가 사회에서도 모범적으로 비교적 만족스러운 삶을 살고 있었으며 개인적으로도 원만한 가정을 꾸려가고 있다는 것입니다.

저는 이렇듯 연대의 지휘 체계를 제 지휘 스타일에 적합하도록 꾸준히 정립해가는 한편, 작전 계획을 검토하는 동시에 책임 지역 내의 진지를 답사하였습니다. 현장에서 작계 실행의 보장성을 분석하여 작계 및 진지의 수정 보완 요소를 도출, 계획의 수정 및 보완 사항은 작계에, 그리고 진지 보수 및 보완 소요는 추계 진지 공사 계획에 반영하였습니다.

진지 공사 당일에는 통상 행정적 이동으로 진지에 투입, 바로 전투호 및 교통호의 보수 및 보강 공사를 시작하던 절차와 관행을 변경하여 비상 발령으로 출동 준비 태세 하에서 진지를 점령하였습니다. 그리고 각자 자신의 전투호에 배치되어 자신의 감시 및 사격 구역을 확인 후 진지 전방으로 하산하여 예상되는 적의 공격 개시선에서 공격 대형으로 전개, 전술 보행으로 자기 진지를 공격하면서 자기 진지가 보이지 않는 곳, 엎드렸을 경우 자신의 사격을 피할 수 있는 곳을 세밀히 파악하여 사경도를 작성토록 하였습니다.

차후 진지 공사 시 호의 보수뿐 아니라, 사각 지대(움푹 패인 곳 등)에 대한 거부 수단(철조망, 지뢰, 크레모어 설치 등 장벽 및 화력 계획에 반영) 및 거부 대책을 강구하고 조준 유효 사거리 내에서는 지면 평탄 작업을 실시하여 사각 지대를 없애도록 하였습니다. 또 기본 공사 지침에 추가하여 현지 지형에 적합하도록 추가적으로 필요한 공사 내역은 현장에서 일일이 토의식으로 교육을 실시하여 공사에 대한 병사들의 자발적 참여 의식을 제고함은 물론 내 진지에서 적이 공격 시 어떻게 싸울 것인가(How to fight!)의 개념을 정립토록 하였습니다. 호벽의 축조도, 뗏장으로 보강토록 하는 단계적 보강 공사 계획을 작성하여 장기적으로 추진하게 하였습니다.

제 재임 기간 이러한 절차에 의한 진지 공사를 계속하였는데, 워낙 넓은 정면이어서 제가 떠날 때까지 진지 전체의 아주 적은 일부분밖에 공사를 하지 못하였습니다. 추계 진지 공사는 계획 목표를 달성하였으며 진지 공사를 전술적 상황 하에서 방어 준비 단계의 일환으로 실시함으로써 방어 훈련 효과까지를 동시에 달성한 것으로 평가되었습니다.

이어 연대는 일주일간의 부대 정비 기간을 가진 후 바로 '동계 작전 준비'와 '월동 준비'를 하면서 동계 교육 훈련 계획을 현실에 맞게 수정 보완하였습니다. 중기 기상 예보에 의하면 그 해 겨울 그 지역 기온이 평년의 평균 기온을 훨씬 밑돌아 혹한기 동계 훈련 기간 내내 영하 15℃ 이하의 추운 날씨가 예상될 뿐 아니라, 겨울철 강한 북풍이 자주 부는 지역이어서 체감온도가 평균 -25℃ 이하로 예상되었습니다. 이에 따라 저는 이미 수립되어 있던 훈련 계획을 완전히 수정하여 야간에는 진지 돌파 상황을 부여하여, 예비대의 역습과 연속적인 방어 부대 교대 상황을 유도함으로써 밤새도록 정지함이 없이 움직이는 훈련을 하고, 따뜻한 주간에 취침토록 하는 야간 방어 위주 훈련 계획으로 실시하였습니다. 그 결과, 혹한 기상에도 위축됨이 없이 만족스러운 훈련 성과를 달성할 수 있었습니다.

그런데 이 과정에서 자칫 큰 사고가 일어날 뻔한 일이 있었습니다. 진지 전방 전투 단계에서 81mm 박격포의 조명 사격 시 조명탄이 성능 불량으로 연소되지 않고 불꽃을 뿜으며 곧장 민가로 낙하하였습니다. 저는 그때 마침 그 부근에 있다가 바로 조명탄 낙하물을 쫓아갔는데 천만다행으로 민가의 처마를 뚫고 마당에 떨어졌습니다. 그때 만일 낙하물이 1m만 남측으로 떨어졌으면 사람이 자고 있던 방 안으로 뚫고 들어가 인명 살상이나 또는 화재의 큰 사건으로 이어질 뻔했습니다. 그 집은 그 지역 인근의 군단 포병 예하 포병 대대에 근무하는 상사의 집이었는데, 저는 정중히 사과하고 완벽한 보상을 약속하였으며, 이튿날 연대 주임상사를 통하여 그 약속을 이행하였습니다. 그 이후에는 유사 사례 재발을 방지하기 위하여 모든 포의 위치를 검토, 포와 목표를 잇는 선(포목선) 상에 민가 등의 위험 요소가 포함되지 않도록 작계와 별도로 훈련용 포진지를 구축, 활용토록 하여 사고 가능성을 제거하였습니다.

1989년 봄, 저는 병영 생활 개선 시범을 통하여 분대장의 권한과 책임을 확실히 보장하고 그 한계를 정함으로써 분대장의 지휘권을 확립하였습니다. 분대장들이 단순한 고참 병사가 아닌 지휘계선상의 지휘자로서 그 권한을 행사하고 결과에 대한 책임을 지는 간부로 적극 활용할 수 있도록 하는 방안을 제시한 것입니다. 그 중 핵심적인 몇 가지 내용을 말씀드리겠습니다. 통상적으로 부대 활동의 경우, 소대장 또는 부소대장들이 분대건제를 무시하고 개별 병사들에게 직접 지시하는 것을 일체 금지하고, 비상시나 긴급 사항이 아닌 한 소대장은 반드시 분대장에게 임무나 과업을 할당하면 분대장이 분대원들에게 임무나 과업을 부여토록 제도화하였습니다. 그리고 일일 결산은 분대-소대-중대-대대의 상향식으로 하되 분대 일일 결산 시 분대 토의를 통하여 그날 실시한 과업의 성과를 분석 평가하고, 다음 날 예정된 과업의 수행 방법과 각자의 임무를 토의·결정하여 과업을 할당하도록 했습니다. 특히 임무 수행 간 예상되는 안전 위해 요소를 도출, 토의를 통하여 필요한 사전 조치 및 교육을 실시토록 하였습니다.

앞에서 한번 언급한 것처럼, **"안전사고는 불안전한 조건에서 불안전한 행동을 할 때 발생"**하는 것입니다. 따라서 임무 수행 간 제반 환경과 임무 수행 여건을 고려, 사전 불안전한 조건을 제거하고 불안전한 행동에 대한 예방 교육을 선행토의를 통하여 실시함으로써 성공적인, 그리고 실질적 훈련 성과를 보장하면서도 안전사고를 예방하는 것이 가능하였습니다.

동시에 분대장은 평시 모든 활동에 있어서 분대원들의 행동을 관찰하고 소대 일일 결산 시마다 그날 가장 관심을 가졌던 두 명에 대하여 구두 보고하고, 소대장은 각 분대 두 명씩 여덟 명 중에서 소대장 관심 우선순위에 따라 다시 두 명을 중대장에게, 중대장은 같은 방법으로 두 명을 대대장에게 결산 시 보고하게 하였습니다. 대대장은 결산철에 이 인원에 관한 기록을 유지하면서, 가벼운 사안은 다음 날 찾아가 대화하면서 격려해주고, 조금 관심을 요하는 병사는 대대장 면담을 실시, 문제를 해결해 주도록 하였습니다.

하루는 연대 인사주임이 업무 결재를 받은 후에 지나가는 이야기로, 사단에 소령 한 명이 전입했는데 대대장들보다 훨씬 더 선임인 고참 소령이어서 아무도 받으려 하지 않아, 보직을 받지 못하고 대기 중이라고 하였습니다. 그 이야기를 들은 저는 그 장교의 경력을 사단에 확인해보았습니다. 춘천 출신으로서 소위 임관 후 계속 특전사에서 근무하다가 이제 정년 전역이 임박하여 야전 부대로 나왔음을 확인하고 우리 연대의 부연대장 요원으로 전입을 요청, 당일부로 전입토록 하였습니다.

저는 그날 바로 대대장들을 소집, 참모들과 함께 부연대장 전입 환영 회식을 하면서 대대장들은 부연대장을 연대 부지휘관으로서의 권위와 직위를 존중해주고, 부연대장은 비록 대대장들이 후임이고, 동생 같은 연하의 나이이지만 계급적 권위와 예우에 소홀함이 없도록 할 것을 다짐받았습니다. 그러나 그러한 걱정은 한낱 기우에 지나지 않았음이 곧 입증되었는데, 부연대장 김창근 소령은 20년간 군 복무의 마지막 보직, 마지막 임기에 열과 성을 다하여 최선의 노력으로 쉴 틈 없이 뛰어다니면서 부연대장으로서의 소임을 훌륭하게 수행하였습니다.

부연대장은, 참모들의 지도와 참모 간 협조는 물론 연대 직할 중대들의 운용과 부대 관리, 연대 본부와 대대 간의 원활한 의사소통 등에 능동적인 업무 수행으로 최고의 부연대장으로서 저를 보좌해주어 저의 부대 지휘에 크게 도움이 되어 주었습니다. 몇 가지 예를 들면 제가 상급 부대 회의 또는 소집 등으로 대대의 훈련 및 야외 활동 현장 순시를 못하게 될 경우는 언제나 가장 감독이 필요한 곳으로 뛰어가 병사들과 함께 하였습니다. 한번은 진지 점령 훈련 중 한 병사가 벌에 쏘였는데 이를 본 분대장이 가까이 있던 부

연대장에게 그 병사에게 벌 알레르기가 있음을 보고하였습니다. 그 병사가 쏘인 부위는 목 뒤인데, 벌에 쏘이자마자 순식간에 부어올랐고 특전사 근무 경험으로 그 상황의 위급성을 인식한 부연대장은 즉각 기도 폐쇄가 되지 않도록 응급조치를 하면서 사단에서 회의 중인 제게 무전으로 보고함과 동시에 헬기를 요청하여 바로 항공대장에게 헬기 지원을 협조, 춘천병원으로 후송함으로써 그 병사의 생명을 구하였습니다.

부연대장은 이렇듯 매사에 긍정적이고 적극적이었으며 대대장과 참모들, 연대 직할 중대장들과도 사이가 좋아 연대의 분위기 메이커 노릇을 하였습니다. 부연대장은 그 다음 해 말 연대 동원 훈련 시 이미 전역하여 민간인 신분이었음에도 자진하여 2주간 복무를 연장하고 동원 훈련을 주관하여 성공적으로 동원 훈련을 마무리한 후 전역하였습니다. 당시 동원 훈련 자원들이 춘천 자원들이라 이들은 대선배를 만나 현역 때보다도 더 힘든 훈련을 했다고 이구동성으로 입을 모으면서도, 시간이 아깝지 않았다고 스스로 훈련 성과에 만족하면서 자랑스러워하였습니다.

또 글씨가 엉망이 되었습니다. 오늘 이만 줄이고, 형님 내외분 평안하심과 늘 모든 소망의 이룸이 있어 행복한 나날들만 있으시기를 기원 드립니다.

동생 재준 올림


## 존경하며 자랑스러우신 형님께

새해의 첫 태양이 떠오른 것이 엊그제 같은데 벌써 한 달여가 훌쩍 지나서 오늘은 음력 섣달 그믐날입니다. 제 어렸을 적 기억으로는 섣달그믐에 잠을 자면 눈썹이 하얗게 된다고 겁을 주고는 했었습니다. 그러나 저는 눈썹이 하얗게 되는 것은 관심 밖이고, 떡이 다 되면 먹고 잘 생각으로 밤을 새우시는 어머님 곁에 붙어 앉아서 옛이야기를 듣고는 했는데, 임종도 못해드린 어머님 생각에 눈물이 납니다!

그동안도 형님 내외분 평안하셨는지요? 형님께서 보내주신 서신 네 통은 모두 잘 받아보았습니다.

지난번에는 연대에서 실시한 병영 생활 개선 시범과 분대 결산 및 분대장 관찰 보고 제도를 통하여 군 조직의 기간을 형성하는 분대의 기능과 역할을 확실히 함으로써 분대 전투력의 극대화를 달성하기 위한 분대장의 지휘권 확립 방안을 제시하고, 이를 제도화하여 연대 내에 정착시킨 것까지를 말씀드렸습니다.

이 제도 시행 초기에는 단지 고참병으로서의 위치와 역할에 안주하며 지내던 분대장들은 무척 힘들어 하였습니다. 분대원의 신상 파악은 물론 분대 운용과 임무 수행 전반에 걸쳐 상황을 분석, 판단 및 결심하고, 시행하며 분대에 관한 한 모든 권한을 행사하는 동시에 그에 상응하는 책임을 지도록 했기 때문입니다. 그래서 저는 지속적으로 분·소대장들과 간담회를 통하여 교육 및 설득과 동시에 시행 가능토록 여건을 보완하며 보장해준 결과 이 제도를 성공적으로 정착시킬 수 있었습니다. 분대원 들과 24시간 밀착 생활할 수밖에 없는 분대장들이 분대원의 관리자가 되어 그들을 대변해주고 의사를 소통시켜주며 필요 시 상부에 보고하는 등 분대장들이 분대원들에게 적시적인 조언과 상담 및 조치를 해준 결과, 제 보직 만료 시, 재임 기간 '무사고 연대' 군사령관 부대 및 개인 표창을 수상하였습니다. 이는 모두가 저의 능력이 아니라 분대장들 및 소·중·대대장들의 열성과 헌신의 결과입니다.

제가 이렇게 말씀드리는 것은 저의 겸손함을 자랑하려는 것이 아닙니다. 예를 들어 말씀드리겠습니다. 앞에서 훈련 간 벌에 쏘인 병사가 발생하였다는 것을 말씀드렸지만 저는 한자리에서 말벌에 세 번을 쏘였어도 조금 부었을 뿐 별 탈이 없었습니다. 이러한 제 경험 때문에도 솔직히 벌에 쏘여 사람의 생명이 위독한 상태에 빠진다거나 사망에 이를 수도 있다는 사실은 꿈에도 생각지 못했습니다. 그러므로 그때 만일 분대장이 그 병사에게 벌 알레르기가 있는 것을 파악하지 못하였거나, 제가 바로 그 보고를 받았더라면 그 병사는 벌에 쏘인 3분 뒤에 식도가 부어올라 곧바로 기도가 폐쇄되어서 큰 위험에 빠졌을 것이 분명하였기 때문입니다.

그 해 춘계 진지 공사는 사전 교육과 토의를 거쳐 전년도 추계 공사에 이어 계획된 구간을 공사토록 하였습니다. 연대 본부의 막사 뒤편에는 처마에 거의 맞닿을 만큼 인접하여 45도 이상 급경사의 높은 성토 지반에 조성된 헬기장이 있었습니다. 평소 저는 오고 갈 때마다 그 헬기장이 여러모로 눈에 거슬렸지만 그 많은 토사를 옮긴다는 것도 쉬운 일이 아니어서 춘계 공사기간 헬기장 표면 전체에 조밀하게 코스모스 씨를 뿌리도록 하였습니다 (저는 들판에 흐드러지게 피어있는 야생의 코스모스를 제일 좋아합니다. 가는 곳마다 심을 곳이 있으면 어디든, 항상 코스모스 씨를 뿌리고 다녔습니다.). 헬기장의 코스모스는 쉽게 자라서 그 해 여름, 무성하게 우거졌는데 그 해 마침 장마 때 헬기장으로부터 조금 떨어져 있었던 성토 지반이 붕괴되었는데도 헬기장은 이상이 없었고, 그 해 가을은 정말로 장관이어서 늘 가을이 되어 코스모스를 볼 때마다 그 풍경이 눈에 어립니다.

연대에는 연대장 노후 관사 대체용으로 관사 한 동이 인가되어 있었는데 이런저런 이유로 예산이 이월되었던 것이 있어서, 공병대와 협조하여 관사 신축 공사를 착공하였습니다. 비록 저는 사용하기 어렵다 하더라도 제가 있을 때 해주고 떠나고 싶었습니다. 그 해 사단 창설 기념일에는 기념식이 끝나고 연대 대항 체육대회가 계획되어 있었습니다. 그 당시 사단장님은 육사 축구 선수 출신으로, 제가 생도 때 체육 지도 교관을 하셨던 분이라 체육대회에 각별한 관심을 갖고 계셔서 상품도 푸짐하게 내걸고 성대히 진행되었습니다. 하지만 저는 장점인지 단점인지는 모르겠으나 이기고 지는 것에 거의 무심한 성격입니다. 이기면 신이 나고 지면 화가 나야 하는데 그런 것이 없다 보니, 장기도, 바둑도, 화투도, 정구도 못 배웠습니다. 저는 정구를 해도 게임이 아닌 난타만 하여서 시간이 지나도 실력이 늘지 않는 것이 당연하지 않은가 생각합니다.

연대는 대대장과 대대장 부인들이 중심이 되어 남여 종목을 각각 분담하여 열심히 준비하였고 저는 나름대로 격려해주려고 노력하였습니다. 하지만 막상 경기하는 날 보니 우선 응원 자체가 전문 응원단과 시골 초등학교 운동회 응원단만큼의 차이가 났습니다. 이에 군 가족들과 병사들이 의기소침해지는 것을 보고는 "우리 3연대는 연대 정신으로 승부하지, 복장이나 겉모양의 형식으로 승부하는 수준 낮은 집단이 결코 아니다"라고 격려해줌으로써 사기를 끌어올릴 수 있었고, 선수들은 최선의 노력으로 경기에 임했습니다. 연대가 비록 우승하지는 못했지만 그날 연대 장병과 가족 모두가 일체가 되어 연대기 아래 뭉쳐, 최선의 노력을 경주하였다는 것만으로도 충분히 보람 있고 유쾌한 하루였습니다.

그 며칠 후 어느 날 밤, 관사에서 늦도록 책을 읽고 있었는데 전화벨 소리가 울렸습니다. 군 지휘관들은 야간에 전화 오는 것을 무척 싫어합니다. 왜냐하면 80~90%가 사고 보고이기 때문입니다. 시계를 보니 24:00시가 가까웠는데, 일직사령의 전화로서 "수하를 하자 도주하는 인원이 있어 병력을 출동시켜 체포하고 보니 인접 연대의 병사였습니다. 무장을 하고 있으며 아마도 탈영인 것 같은데 어떻게 조치하여야 하겠습니까?"라는 보고였습니다. 저는 일단 무장을 해제한 후, 사단 보고는 하지 말고 해당 연대에 상황을 통보하여 병력을 인수토록 하라고 지시하고 추가적인 상황을 파악, 보고토록 하였습니다. 그 병사를 발견한 초소는 부대 울타리의 후문 방향 초소로 도로와는 반대 방향이며 산에 인접해있어 주·야간 인적이 없는 곳입니다. 그 후 추가 상황 보고를 받아보니 그 병사는 서울에 사는 애인의 변심에 앙심을 품고, 총기와 실탄 100여 발 및 수류탄 두 발을 휴대하고 탈영하여 인적이 있는 곳을 피하여 산 밑 능선을 따라 이동 중 그곳에 우리 연대의 초소가 있는지 모르고 지나다가 느닷없는 수하 소리에 놀라서 도망쳤다는 것인데 수하로 기선을 제압한 탓으로, 불행한 사고를 미연에 방지할 수 있었습니다. 저는 근무 병사를 내놓고 포상하기가 어려워 조용히 경계 근무 유공 표창과 함께 포상 휴가 조치하였습니다.

연대 예하의 대대들은 연 1회 100km 행군을 하도록 계획되어 있었는데, 저는 상급 부대 회의가 아니라면 시간을 조정하여서라도 꼭 행군에 참여하여 병사들과 함께 마지막 40Km를 걸었습니다. 병사들은 자신의 나이보다거의 두 배만큼이나 많은 연대장이 함께 걷는 것을 보고는 어느 누구도 낙오할 엄두를 내지 못했고 시종 기운차게 훈련에 임하고는 하였습니다.

한번은 이들을 따라 행군 출발 지점을 출발하여 25km쯤 이동하였을 때발뒤꿈치에 못이 찌르는 것을 느꼈습니다. 그러나 병사들 앞에서 연대장의준비성 없는 모습을 보일 수 없어서 그대로 계속 행군하였고 이윽고 통증을참을 수 없을 정도가 되었지만 네 시간을 더 행군한 후 RP(도착 지점)에 도착하였습니다. 병사들을 격려해준 후 연대에 돌아와 군화를 벗어보니 군화안에는 피가 질퍽하였고, 발뒤꿈치에는 새끼손가락이 드나들 정도의 큰 구멍이 생겨서 한동안 무척 고생하였습니다.

부하들에게는 행군 준비 시 군화 바닥을 세밀히 점검하고 튀어나온 것이있으면 두드려 박은 후 밑창을 덧대고, 심지어는 혹 꿰맨 양말은 새 양말로바꾸어 신으라고까지 잔소리를 해대는 제가 정작 저는 아무런 준비 없이 덜컥 따라나선 것이 부끄럽기 짝이 없었습니다. 이는 저에게 소중한 공부의 기회가 되었습니다. 자신부터 먼저 확인하고 솔선수범하라는!


연대의 후방 책임 지역 경계선 상에 파로호(破虜湖)가 있습니다. 이 파로호는 일제강점기에 건설되었고 건설 당시에는 화천호 또는 대봉호라고 불렸습니다. 그러다가 6·25 중인 1951년 5월 중부 전선의 국군 보병 제6사단이용문산 지구 전투에서 중공군 3개 사단을 격파하고 패주하는 적을 추격, 이

호수 부근에서 완전 섬멸함으로써 중공군 1개 군(아군의 군단급)을 완전히 전멸시켰습니다. 이때 파로호의 물이 중공군의 시체에서 흘러나온 피로 온통 붉은빛 이었다 합니다. 이 보고를 받은 이승만 대통령께서는 국군 6사단이 '중공군을 깨뜨린 호수'라 하여 깨트릴 破, 오랑캐 虜자를 사용하여 파로호로 명명하였습니다.

그러나 2019년 화천군인지 양구군인지 모르겠지만(신문에 군은 명시되지 않았습니다) 이 명칭이 중공의 심기를 거슬린다하여 원이름으로 바꾸려 하였다는데 이 사실이 언론에 노출되었고, 일제 잔재 청산이라는 평계로 학교의 나무도 잘라내고 교가도 바꾸는 자들이 그건 일제가 명명한 이름인데 왜 그 잔재를 되살리려 하느냐고 비난하자, 슬그머니 없던 일로 하였다고 합니다. 이 파로호를 거슬러 올라가면 그 상류에, 적의 수공에 대비하여 구축한 '평화의 댐'이 있습니다.

파로호는 우리 연대의 작전에 중대한 영향을 미치므로 그 주변 지형 정찰을 실시하던 중 호수 변에서 살고 계시는 오금손 여사를 만났습니다. 오금손 여사는 1944년 16세의 나이로 광복군 제3지대 대원으로 독립운동을 하시었고 광복 후에는 귀국하여 고등학교 재학 중 6·25전쟁이 일어나자 자원입대, 간호장교로 임관하여 북진 대열에 참가한 분입니다. 국군 후퇴 시, 동료두 명과 적에게 포로가 되었지만 천행으로 탈출하여 은신 중 동료들은 발각되어 체포되었고 본인만 무사히 소속 부대로 복귀한 바 있는 역전의 용사이자 애국의 화신이십니다. 오 여사는 자신의 지나온 발자취를 〈파로호〉라는 책으로 출간한 바 있습니다. 이 책에서 오금손 여사는 북괴군들이 붙들린 간호장교들을 강간 후 나무에 묶어놓고 그 젖가슴을 도려내 죽이는 광경을 숨어서 목격한 대로 생생하게 증언하고 있습니다. 오금손 여사도 체포 시 고문을 당하였는데 그 상처의 흔적이 얼마나 낭자한지 차마 눈 뜨고 바로 볼 수 없었습니다. 저는 그 분을 만나기 훨씬 전에 〈파로호〉를 구입하여 읽어보았던 관계로 바로 알아볼 수 있었습니다. 그 후 오금손 여사(예비역 대위)를 연대에 초청, 제3연대의 '명예 정훈장교'로 임명하였고, 오 여사는 신병 교육 시마다 신병들의 정신 교육을 전담해 주시어 큰 도움을 받았습니다.

어느덧 그 해(1989년)의 여름 햇살도 그 꼬리를 길게 끌어갈 무렵 사전 알림도 없이 김용휴 장군님께서 몇 명과 함께 찾아오셨습니다. 김 장군님은 당시 남해화학 사장으로 계셨는데, 진해에서 화천을 거쳐 사방거리까지의 그 먼 길을 저와 제 연대를 위문해 주시기 위하여 오신 것입니다. 미리 연락을 하고 오면 영접 준비를 하는 등 부대 운용에 지장을 줄 것 같아 연락 없이 오셨다고 하시는 김 장군님을 뵙는 제 마음속에는 뜨거운 것이 울컥하는 듯했고 목이 메었습니다. 김용휴 장군님은 군인 남재준의 영원한 큰 스승이십니다. 그 후 제가 미국에 갔을 때, 일정이 촉박하여 뵙지 못하고 연락만 드렸는데, 대선 출마 소식을 들으시고는 보태 쓰라고 200만 원을 보내오셔서 마음에 깊이 담고는 그 돈을 돌려보내드렸습니다. 이제는 부디 오래 사셔서 다시 뵐 수 있기를 간절히 빌고 있습니다.

그 얼마 후, 계절이 가을 초입에 접어들었을 때 사단장님께서 찾으신다 하여 사단에 들어갔더니 인접 연대의 연대장이 보고를 드리고 있었습니다. 들여다보니 상급 부대에서 지시된 그 연대 지역의 지뢰 매설 계획이었는데 보고 요지는 부대 교대 준비 등 이런저런 이유로 어려움이 있다는 것이었습니다. 지뢰 매설 시에는 병사 한 명이 한 시간에 지뢰 몇 발을 매설할 수 있는가를 표준 지형 기준으로 판단하는 공식이 있어 ○○발/人時로 표시합니다. 제가 어깨너머로 약식 셈을 해보니 1개 소대 병력이 닷새면 완료할 수 있는 작업량이었습니다. 하지만 아무 말도 없이 잠자코 있었더니 사단장님께서 저를 절절한 눈초리로 쳐다보셨습니다. 제 작전지역이 아니니 제 임무는 아니지만 해줄 수 없겠느냐는 표정으로……

저는 타 연대 보고를 받다가 저를 찾으셨을 때 이미 상황을 파악하고 결심을 하였던 터라 바로 제 연대에서 맡겠다고 말씀드리자 사단장님과 제 동료 연대장의 얼굴이 금세 환해졌습니다. 자기 부하들의 위험을 감수해가면서 지뢰 매설을 즐길 지휘관은 없습니다. 아무리 조심하고 철저히 통제한다 하더라도 그 많은 병사 중 누군가가 어떤 이유로 한 순간에 절대 실수하지 않으리라는 보장은 없으며, 특히 지뢰 매설 또는 제거 작업 시에는 조그만 실수도 자칫 큰 인명 피해 사고로 이어지기 때문입니다. 그래서 옛날부터 군인에게는 그 능력도 중요하지만 무엇보다 관운이 있어야 한다는 이야기가 정설처럼 전해오고 있습니다. 그러나 저는 제 관운을 믿었던 것은 아니고, 사단장님의 무언의 명령도 명령으로 받아들였던 것입니다. 왜냐하면 저는 군인이므로……

연대 복귀 후 저는 지뢰 매설 지역으로부터 가장 가까운 1대대장에게 지뢰 매설 임무를 설명해주고, 소대장들 중에서 자원자를 선발하여 보고토록 하였습니다. 이에 대대장이 지명한 이선엽 중위(학군 26기) 소대는 그 다음 날부터 열흘 간 지뢰 매설 요령 교육 및 예행연습을 실시하였습니다. 지뢰 작업 시 안전을 위해서 중요한 요소는 '통제'와 '긴장 해이 방지'입니다. 저는 항상 지뢰 매설 조를 2개 조로 편성하여 제1조가 매설 작업을 할 때 제2조는 1조의 뒤에 있는 다음 매설 위치에 지뢰를 휴대한 채 대기하고 있다가 1조가 매설 완료 후 다음 매설한 지뢰를 휴대하고 2조 후방의 지뢰 매설 위치에 도착 대기 한 다음 제2조가 지뢰를 매설하는 식으로 상호 교대로 지뢰를 매설하되 매 행동은 소대장의 구령에 의해서만 움직이고, 임의 동작은 엄금토록 하면서 반복 숙달시켰습니다. 그런데 실제 지뢰 매설을 해보면 처음 위험하다고 긴장하였던 병사들이 2~3일 작업 후에는 생각하였던 만큼 위험한 것이 아니라는 사실에 긴장이 풀어진 상태에서 행동들이 해이해지는데 이러한 심리적 해이가 가장 위험합니다. 저는 예행연습을 평가한 후 그 다음 주 월요일부터 매설 작업에 소대를 투입하였습니다. 일체의 통제는 소대장이 하도록 하고 저는 지뢰 매설 병력들의 정 중앙에 위치하여 전 병력에게 저를 주목하도록 한 후, "너희가 작업하는 전 기간 연대장은 지뢰 매설 작업조의 중앙 1보 후방에 위치할 것이다"라고 선언하였고, 지뢰 매설 작업이 종료될 때까지 그 위치를 지켰습니다. 그 위치는 작업조의 어느 누가 실수한다 해도 제가 반드시 부상 또는 사망할 수 있는 위치였습니다. 지뢰 매설 작업은 계획 일정대로 순조롭게 진행되어 닷새 만에 성공적으로 종료되었습니다.

연대장으로 보임된 것이 거의 1년 가까이 되어가 제가 사단에서 선임 연대장이 되었습니다. 군에서는 관례처럼 내려오는 전통이지만 선임 연대장이 연대장 감(監)이 되어 비공식적인 연대장들 모임의 총무 역할을 하는 전통이 있었습니다. 그런데 저나 제 아내는 그런 일에 맞는 DNA 자체를 타고나지 않은 것 같았습니다. 이런 점을 사단장님께서도 일찍 간파하셨던 듯 전임 연대장감 송별 회식 시 "우리 사단은 오늘부터 '감' 제도를 폐지한다"라고 공식 선언해 주셔서 그렇게 감사할 수가 없었습니다. 왜냐하면 저나 집사람이나 무슨 날 따져 돈 걷고, 선물 사들고 다닐 위인은 못되었기 때문이었습니다. 아마도 그 역할을 해야 했더라면 여러 가지로 뒷말을 들었을 것입니다. 제가 사단 참모장을 하였다면 저와 제 아내를 아는 사람들은 눈이 휘둥그레질 만큼 깜짝 놀랍니다. 심지어 어떤 동기생 부인은 "OO이 엄마가 참모장 부인을 하면 누군들 참모장 부인을 못하겠느냐"라고 이야기할 만큼, 저나 제 아내나 그런 일에는 빵점이었습니다. 그런데도 불필요한 신경 쓰지 않고 오로지 편제표와 교범 상에 나와 있는 참모장의 공적(公的) 업무에만 매진할 수 있었던 것은 부모님께서 제가 상관 복을 가지고 태어나도록 잘 낳아주신 덕분이라고 늘 감사해하고 있습니다.

그 해 가을 연대가 추계 진지 공사를 시작하게 되어 있는 시점에 제4대대장의 교대 날짜가 결정되어, 전임 대대장 이임 전 진지 공사 현장을 최종적으로 점검하고자 4대대를 방문하였습니다. 그런데 평소 차분하던 대대 분위기가 평소 같지 않게 느껴져 연대 복귀 중 만난 4대대 병사를 불러 물어보았더니, 후임 대대장에 장비같이 생긴 분이 오시게 되어 그 이야기를 들은 대대원들이 동요하고 있다는 것이었습니다. 제가 연대에 돌아와 사단으로부터 통보된 신임 4대대장의 약식 자력표를 들여다보니, 소위 임관 시부터 중령 진급 시까지 특전사에서만 근무한 장교였습니다.

그 다음 날 사단에 회의차 들어가니, 신임 4대대장이 저를 찾아와 인사를 하는데 정말로 〈삼국지〉에서 그림으로 본 장비의 모습과 참으로 비슷하게 생겼습니다. 부대에 복귀한 저는 밤새 골똘히 생각하면서 어떻게 하면 특수팀만 지휘했던 장교를 보병에 적응시킬 수 있을 것인지, 그리고 어떻게 대대원의 동요나 지휘 공백을 초래하지 않고 지휘권을 이어가게 할 것인지를 생각해보았습니다. 전임 대대장은 조용하고 차분한 성품으로 큰소리로 웃는 것을 본 일이 없을 정도였고 걸음걸이까지 땅이라도 꺼질 듯 조심하는 모양으로 조용조용 걷는 스타일이어서 완전히 180도 상반된 성격으로 보였습니다. 이런 상황에서 자칫 후임 대대장이 성급하게 대대를 장악하려 한다면 지휘 실패는 불을 보듯 뻔합니다.

그래서 한동안 앉아서 골똘히 생각하던 저는 결론을 얻고서 이튿날 출근하여 대대장의 신고를 받고는 자리에 앉도록 한 후 입을 열었습니다. "원인수 중령, 이유는 묻지 말고 연대장이 시키는 대로 하겠는가?" 하니 원 중령은 씩씩하게 "그렇게 하겠습니다" 하였습니다. "그러면 아마 대대장 취임사를 준비해 왔겠지만 취임사 때 다른 이야기는 하지 말고 '신임 대대장 원인수 중령이다. 내가 항상 대대의 최선두에 설 테니 나를 믿고 따르라'라고 한마디로 취임사를 끝내고, 바로 진지 공사장으로 이동하여(대대는 진지 공사 중이었습니다.) 전 대대원이 보는 앞에서 제일 큰 돌을 등에 지고 제일 높은 곳에 위치한 대대 OP까지 운반해라. 할 수 있겠나?" 하였습니다.

대대장은 곧이어 있은 취임식장에서 제가 지시한 대로 한마디만 하고 바로 대대를 인솔하여 공사장으로 이동 후 병사에게 제일 크고 무거운 돌을 골라 올려놓으라고 하여 등에 지고 OP까지 올라갔습니다. 그런데 낮은 산이 아니어서 거의 포기하고 싶었을 만큼 무척 고생하였고 등이 까져 온통 피범벅이 되었다고 합니다.

그러나 호랑이 같은 대대장의 장황한 취임사를 예상하며 잔뜩 긴장하고 있던 병사들의 의표를 찌름으로써 얼을 빼놓은 후 대대장이 자기네들은 들기도 어려운 큰 돌을 지고 진지에 오르는 것을 본 병사들은 아무 말 없이 각자 돌을 하나씩 지고 대대장의 뒤를 따라 산을 오르기 시작하였고, 대대는 그 순간부터 대대장과 혼연일체가 되어 항상 생기발랄하며 사기충천한 대대가 되었습니다.

원인수 중령은 전 기간 사고 한 건 없이 아주 성공적으로 대대장 임무를 수행하였는데, 아마도 특전사 출신 특유의 상관에 대한 복종심이 없었더라면 제가 뒤쫓아 가며 감시하지도 않은 터에 그렇게 하기는 힘들었을 것입니다. 제가 경험하기로는 신기하게도 군 부대들이 그 지휘관의 성격과 행동 스타일을 그대로 닮아가는 경향이 있어서 병사들의 행동을 유심히 살펴보면 대개 그 부대의 분위기를 파악할 수 있었는데 이러한 경험적 판단 기준이 이번 문제를 해결하는 데 큰 도움이 되었습니다.


당시 군단장님은 각 사단을 순회하시며 연대장급 이상 지휘관들과 정구 시합을 하시고 만찬을 베풀어 격려해주셨는데, 이윽고 우리 7사단의 차례가 되었습니다. 저는 정구를 못하기 때문에 정구장 룸에 앉아 구경만 하다가 회식에 참석하였습니다. 제일 먼저 군단장님께서 모두에게 한 잔씩 따라 주셨습니다. 그런데 사단장님과 군단 예하 여단장들에게는 조금씩 따라주시던 군단장님께서 제 차례가 되자 느닷없이 빙그레 웃으시면서 "남재준, 나이 많은 내가 땡볕에서 땀을 뻘뻘 흘리며 고생하고 있는데 젊은 너는 시원한 그늘 아래 선풍기 틀어놓고 앉아 구경하고만 있었으니 벌주야" 하시면서 그 큰 유리잔에 양주 한 잔을 가득 부어주셨습니다. 저는 다른 방법이 없었는지라,

한 잔을 마실 수밖에 없었는데 제가 잔을 비우자마자 사단장에게 "군단장이 권했으니 사단장도 권해야지" 하셨습니다. 사단장님은 제가 평소 양주를 싫어하여 입에 잘 대지 않는 것을 아셨던 터라, 군단장님이 보지 못하시게 조금 돌아앉아 잔에 따르는 시늉만 하셨고 저는 그 한 방울을 천천히 마신 후 사단장님께 잔을 권하려는데 군단장님께서 "잠깐만, 그게 따른 거야?" 하시더니 "사단장하고 남재준 이리와, 벌주야" 하면서 한 잔씩 또 가득 부어주셨습니다. 제가 그 잔을 비우자 "사단장, 그렇게 다시 따라" 하셔서 안주 한 점 집지 못하고 연이어 양주를 큰 유리잔으로 석 잔을 마셨습니다.

이어서 눈치 없는 군단 직할의 여단장들과 부사단장이 주는 잔을 합쳐 총 일곱 잔을 마시고는 회식 끝난 후 사단장님이 출발하실 때까지는 안간힘을 쓰며 바른 자세로 서 있다가 사단장님 차량을 향하여 경례하며 올렸던 손을 내리는 순간 의식을 잃었고 그 후 기억은 전혀 나지 않습니다. 후에 들으니, 걱정이 되신 사단장님께서 일부러 밖에 나오시어 제 운전병을 불러 "연대장이 많이 취했으니 밖에 나오시거든 네가 바짝 뒤에 붙어 있다가 부축하여 차에 모시라"라고 하셔서 운전병이 제 뒤에 바짝 붙어 있다가 쓰러지려는 저를 붙잡아 차에 태워 복귀하였다는 것입니다.

저는 독한 술이 들어가면 토하는 버릇이 있는데, 이때는 너무 취해서 토하지도 못하고 24시간 후에야 깨어나서는 이래서 사람이 과음하면 죽을 수도 있겠구나 하고 생각하였습니다. 그날은 토요일이어서 아내가 와 있었는데, 제가 걱정이 되어 밤새 한숨도 못 자고 그 다음 날 식사도 거른 듯 얼굴이 말이 아니었습니다. 아이들 때문에 오후에는 서울로 가야 하는데 깨어나지 않는 저를 두고 갈 수가 없어서 올라가지도 못하고 있었습니다.

후일 제가 연대장 임기를 마치고 군단을 떠나게 되었을 때 군단장님께서는 저와 제 아내를 공관으로 초청하시어 저녁을 함께 하셨는데, 저는 "군단장님, 술을 그렇게 아랫사람들에게 먹이시다가는 언젠가 부하 한 명 잡으실 겁니다" 하고 그날 당한 걸 갚아드렸더니 군단장님은 쑥스럽게 웃으셨습니다. 그런데 후에 이 말이 씨가 되었는지 군단장님께서 보직 만료 후 합참의 ○○본부장으로 영전하시어 근무하실 때 본부장 주관 회식 후 귀가하던 대령 한 명이 도로변 배수관 작업차 파놓은 구덩이에 실족한 사고가 있어서 두고두고 제 경솔했던 발언을 후회하고 있습니다.

한번 그토록 과음하였던 영향은 며칠 동안 계속되어서, 예하 대 방문도 못하고 연대장실에 앉아 결재를 하던 중 본부 중대장이 올린 사병 징계 입창 건의 서류를 봤습니다. 그 서류에 적혀 있는 한 병사의 이름이 기억에 있는 것 같아 곰곰이 생각해보니 지지난 주 월요일에 입창되었다가 그 주 토요일에 퇴창한 병사를 이제 7일 만에 다시 일주일 입창한다는 것이었습니다. 저는 그 서류를 서랍에 넣어놓고는 사무실 근무병을 불러 본부 중대장에게 알리지 말고 그 병사를 찾아서 데려오도록 하였습니다.

그 병사는 입창 건의가 올라갔다는 것을 알고 볼이 잔뜩 부어 있었던 터에 난데없이 연대장이 찾는다는 소리에 경계와 적의가 가득한 눈초리로 씩씩거리며 제 방으로 들어왔습니다. 저는 병사를 자리에 앉힌 후 차를 권하고는, 옛날의 어렸을 적 이야기부터 학창 시절의 잘못한 이야기들 하며 이제 와서 부모님 속 썩여 드린 것을 후회한다는 의미 없는 이야기들을 이어갔습니다. 그 병사는 군 생활의 과오에 대한 추궁이나 훈계 또는 중대 실정에 대한 고자질 등을 예상하고 있었던 터에 전혀 엉뚱한 옛날이야기들 -사실은 의미 없는 이야기가 아니고, 중대장 지휘에 솔선하도록 유도한 것이지만-만 늘어놓자 점점 경계심이 풀리고 적대 감정이 사라지며 어렸을 적의 천진하였을 표정으로 돌아가고 있었습니다. 이를 간파한 저는 "집에서 부모님 말도 잘 안 듣고, 형하고도 싸우던 네 녀석들을, 너희 형뻘밖에 안 되는 중대장님이, 동생 한 명도 아니고 100명이 훨씬 넘는 사내 동생들을 데리고 일하기가 얼마나 힘들겠냐. 그러니 너 같은 중대의 선임 병들이 후임 병들을 잘 돌보아주면서 못하는 것은 가르쳐주고 잘 다독거리며 이끌어가서 중대장님을 도와드려야 하는 것 아니겠느냐?" 하고 말해주었습니다.

이어서 "연대장이 누굴 믿고 여기 앉아있을 것 같으냐? 중대장만 믿고서가 아니다. 물론 중대장도 믿지만 너희 선임 병들이 후임 병들을 돌보고 가르치면서 잘 이끌어 중대장을 도우리라는 것을 믿기 때문에 여기서 내 일을 할 수 있는 거다. 연대장이 계속 그렇게 믿어도 되겠나? 그렇게 해줄 거지? 그렇다고 후임 병을 험하게 함부로 대하면 안 된다" 하고 말하니 그 병사는 진심으로 그렇게 하겠다고 거듭 다짐하고 가벼운 발걸음으로 연대장실을 나갔습니다.

그로부터 약 7개월 후 제가 연대를 떠나 군사령부 근무 시 이름 모를 편지 한 통이 날아왔습니다. 열어보니 "연대장님, ○○○입니다. 연대장님께 약속드린 대로 후임 병을 잘 이끌면서 중대장님을 도와드려 구타, 폭언, 욕설 없는 무사고, 모범 중대를 만들었고, 제 후임 선임병도 그렇게 하도록 교육했는데, 이제 전역하게 되어 연대장님께 자랑스럽게 그 결과를 보고 드립니다"라는 입창 병사의 전역 신고 편지였습니다.

상벌은 지휘의 핵심 수단이며 상벌의 공정성은 지휘의 성패를 가름합니다. 그런데 상이 과해서는 **상의 의미가 없고, 벌이 과해서는 오히려 악영향의 역효과를 내게 되어, 상벌은 공정하며 모두가 수긍할 수 있는 적정 수준**이어야 합니다. 그리고 상은 하급자에게까지 고루 미쳐야 하고 벌은 상급자에게까지 미쳐야 하며, 상은 보다 분발하여 잘하도록 하는 격려의 효과를 얻을 수 있도록 하고, 벌은 두려움을 줌으로써 잘못을 방지하고 옳은 길로 나아갈 수 있도록 이끌어야 합니다. 그런데 우리 군에서는 상벌권이 미미한 하급 부대로 갈수록 잘못된 인식들이 -포상은 꼭 표창장과 상금 및 휴가 등이 있어야 하고 벌은 꼭 체력 단련이나 입창이 따라야 된다는- 보편화되었는데 이러한 상벌 수단 외에도 공개적인 호명과 칭찬, 격려 등 구두 표창과 대화를 통하여 스스로 잘못을 깨우치도록 이끌어가는 '대화'도 훌륭한 상벌의 하나입니다.

이제 생각해보니 제가 임관했던 1960년대만 해도 유교적 의식 구조와 낮은 생활수준, 학력의 격차로(제 소대원 중 열 명에 가까운 인원이 문맹이어서 한글을 가르쳐 주었습니다.) 그때 이야기하던 '왕 소위' 계급장만으로도 중간 수준의 지휘는 충분히 가능하였습니다. 뿐만 아니라, 6·25 참전 용사들인 중대·소대의 하사관들이 소대장들을 세세히 보좌해가며 병사들을 이끌어 갔던 터라 상벌권 행사가 미흡했다 하더라도 통솔에는 크게 영향을 받지 않았던 것 같습니다. 그러나 현재는 권리와 의무의 균형이 상실된 일부 잘못된 풍조와 더불어, 한국적 가족제도의 붕괴 및 권위의 실종, 대한민국의 군대가 일부 좌파들의 의도적인 정치적·이념적 적대 집단 내지는 희생물이 되어 만신창이가 되다시피 한 터여서, 중·하급 제대 지휘관들의 상벌권의 효과적 행사를 통한 통솔의 중요성이 더욱더 증대되었습니다.

이야기가 나온 김에 한 말씀 더 드리겠습니다. 북한이 그들의 헌법보다 상위 전범인 노동당 규약에 '전 한반도 적화통일'을 명기하고, 핵보유국임을 공언하는가 하면 '무장력을 뒷받침한 국가 안보', '5대 전략 무기의 역량 보유'를 연일 공언하면서 무력 과시를 일삼고 있는 마당에 이 땅에서는 대화를 통한 평화, 전작권 전환, 남북 협력, 종전 선언, 남북 정상 회담 등의 주장들이 난무하고 있습니다. 그것도 부족하여, 이 나라의 통수권자라는 사람은 임기 마지막 순간까지 종전 선언을 잠꼬대처럼 외치고 있어, 지금 이 나라가 어디로 가고 있는지, 어떻게 되어 갈 것인지, 후일의 역사는 오늘을 어떻게 평가할 것인지를 전혀 가늠조차 할 수 없게 되었습니다. 그럼에도 불구하고 이 땅에서 만년을 이어온 우리나라는 -우리 후손들이 대 이어 살아갈 우리나라는- 곧 이 미망에서 깨어나 세계의 중심국으로 우뚝 서서 마침내는 홍익인간의 이상을 실현해 나갈 것이라고 저는 굳게 믿고 있습니다.

연대는 그 해 가을 RCT(Regimental combat team training, 연대 전투단 훈

런)가 계획되어 있었는데 이 훈련은 연대장 재임 기간 중 1회 실시하며 연대장 및 연대 평가를 병행하여 실시하는 것으로 통상 2개 연대의 실 병력 기동 쌍방 훈련입니다. 그때 제 상대 연대는 정중민 대령의 보병 제11사단 20연대로서 우리 보병 제3연대는 최초 북한강 선 일대에 전초선을 편성 방어하다가 사방거리 선까지 지연전을 실시하고, 이 선에서 적의 공격을 저지 후 반격으로 전환하여 북한강을 도하, 북한강 남안상의 무명고지군 일대를 점령, 적의 주력을 포위, 격멸하는 것이었습니다.

훈련시 저는 공격, 방어 모두 교범 상에 있는 전형적인 표준 기동을 고집하였는데, 평소 의표를 찌르는 기습 위주의 기동을 상용하던 제 패턴을 잘 알고 있던 대대장들과 참모들이 의아한 표정이었습니다. 하지만 저는 군인으로서 제 지휘 하에 해볼 수 있는 실 병력 참가하의 마지막 기동 훈련 기회라 생각(장군 진급은 생각도 해보지 않았으므로)하여 지연전 및 방어와 공격 모두를 교범대로 기동하는 것으로 계획하였습니다. RCT의 최초 단계는 타 병과의 전투 지원 부대를 배속받아 연대 전투단을 편성하는 것으로 포병 대대와 사단 전차 중대, 공병 중대, 화학 소대 등 지원 및 배속 부대 지휘관을 소집하여 최초 개념 발전을 위한 토의를 실시하였습니다.

저는 여기에서 잠시 훈련 간 보병 제3연대를 지원하였던 포병대대에 대하여 간략히 소개드리려 합니다. 포병 제16대대는 한국군 최초로 창설된 6개의 포병 대대 중 하나로 한국전 당시 포병 제18대대와 더불어 혁혁한 전과를 세운 역전의 포병 전투 서열 1위의 대대로서 창설과 동시 김종오 장군 휘하의 제6사단에 배속되었습니다. 6·25 당시 최초 북괴는 서울 정면에 주공을 투입, 국군 제1 및 7사단을 압박하면서 중부 전선인 춘천 및 중동부 양구 전선에서는 북괴 제2군단 예하 3개 사단(2, 7, 12사)을 투입, 국군 6사단을 돌파 후 2사단은 가평을 거쳐 수원 방향으로 진출, 한국군 주력을 한강선 이북에서 포위 격멸하는 한편 이들을 후속하던 제대는 원주를 거쳐 부산으로 직진, 전쟁을 조기에 종결함으로써 미군의 개입 이전 적화통일을 완료하려 하였습니다.

그러나 국군 제6사단이 춘천 지구의 방어선을 사흘 간 고수하다가 육본 명령에 의거, 지연전으로 전환함으로써 그들의 계획을 무산시키고, UN군의 개입 시간을 확보함은 물론 적의 진출 속도를 지연시켜 풍전등화와 같이 위태롭던 조국을 구하였던 것인데, 이 춘천방어전에서 가장 혁혁한 전공을 세운 것이 바로 이 포병대대입니다. 이 대대는 평소의 훈련과 정확한 측지를 바탕으로 공격을 위하여 전개 중인 북괴 제2사단 6연대를 춘천 남방 소양강 유역인 샘밭에서 포착, 집중 포화를 퍼부어서 섬멸적 타격을 입혀 춘천 지구 방어선을 고수할 수 있도록 하였습니다. 이에 아군이 철수한 후 춘천을 점령한 북괴군들은 그 분풀이로 이 대대의 대대장 김성 소령이 하숙하던 하숙집 주인 부부를 잡아 총살했습니다.

훈련 중 특기 사항 한 가지만 말씀드리면, 연대의 훈련 지역 중 5번 도로 상의 주파리 축선과 풍산리 축선 사이에 좁은 무명도로가 있는데 이 도로 중간에 5m 길이 정도의 전차 통과 불가능 교량이 있습니다. 저는 이 교량 밑에 지게차 두 대를 집어넣어 교량의 중간을 받치고 전차 1개 소대를 투입함으로써 기습적인 전차 운용에 성공하였습니다. 그러나 과도한 진출은 억제했고, 훈련은 시종 짜여진 각본에 따른 듯 질서 정연하게 진행되었습니다.

연대가 지연전 단계와 방어 단계 종료 후 반격에 나섰을 때, 추진된 연대 취사장을 둘러보니 냇가에 설치되어 있었는데, 흙탕물에 물거품이 많이 떠내려 오는 것을 보고 취사장을 제방 너머로 이동하도록 지시하였습니다. 그런데 그날 야간에 하천의 수위가 크게 높아져 만일 이동하지 않았더라면 취사장과 주·부식 창고 모두가 침수될 뻔했습니다. 산간 지대에서는 그 지역에 비가 오지 않았더라도 하천의 흐름을 면밀히 관찰하여야 합니다. 이곳은 비가 오지 않았으나 상류에 큰비가 왔을 경우 흙탕물과 거품이 많이 내려오기 때문입니다. 이런 것을 미처 연대 간부들에게 교육하지 못한 것은 제 불찰이었습니다.

이윽고 4박 5일 간의 훈련이 성공적으로 종료되었고 며칠 후, 대대장들과 참모들을 격려하는 자리가 있었습니다. 이때 한 참모 장교가 저에게 "연대장님, 적(?)과 내통하신 것 아닙니까?" 하기에 저는 술을 한 잔 권해주면서 "이번 기회에 교범에 충실한 기동이 아니라, 기상과 지형, 적 상황을 가장 잘 이용할 수 있도록 **'융통성 있는 원칙의 창의적 적용'**이 얼마나 중요한 것인가를 알게 된 것과 **교범과 전·사례 연구의 필요성을 깨달은 것**만으로도 RCT의 목표는 100% 달성된 것이다"라고 강조하였습니다.


이어 연대는 부대 정비 및 월동 준비를 마치고 12월 중순에 동계 내한 훈련에 돌입하였습니다. 통상 방어는 정적인 것으로 고정 관념을 갖기 쉽습니다. 하지만 저는 방어 시에도 공격 시 적용되는 기동, 기습, 기만의 원칙을 적용, 연대는 방어 선상에서의 지역 방어를 실시하지만 중·소대는 연속적으로 기동성 있게 움직이는 기동 방어 개념을 혼합한 방어 계획을 수립하여 적의 공격을 수동적으로 기다리는 것이 아니라, 적을 능동적으로 끌어들임으로써 방어 시라도 주도권을 장악하여 교전과 격멸의 장소와 시간을 내가 결정하도록 하는 훈련 계획을 수립, 간부 교육과 병행한 도상 실습 및 토의 후 동계 훈련에 돌입하였습니다.

이에 따라 연대는 야간에는 움직이고 비교적 따뜻한 오전에 취침하도록 하였는데 훈련 3일차, 급격한 한파가 밀어닥쳐 기온이 영하 25℃로 급강하하였고, 바람까지 불어 체감 온도가 영하 40℃를 밑돌게 되자, 군사령관님은 연대장 책임 하에 훈련의 중단 또는 계속을 결정하라는 지시를 하달하였습니다. 저는 우리 연대라면 이 기온 하에서 전투 행위를 충분히 계속할 수 있을 것이라고 판단하면서도 전화로 전초의 병사들 및 분대장들과 소대 및 중대장, 대대장들 몇 명에게 의향을 들었습니다. 그런데 모두들 이상이 없다고 해서 훈련을 계속하는 것으로 결정하였습니다.

그러나 전혀 걱정이 안 되는 것은 아니어서 전초선의 병사들에게 일일이 전화를 걸어보니 "연대장님 평소 가르쳐 주신 대로 손발에 동상 걸리지 않도록 소리 안 나게 움직이고 있으니 걱정하지 마십시오" 하는 씩씩한 대답들이 들려와 안도함과 동시에 자랑스러웠는데, 그 당시 훈련을 중단하지 않고 계속한 연대는 1군내에서 오직 우리 연대 하나였다고 하였습니다. 훈련을 종료하고 주둔지로 복귀하여 부대 정비를 하는 동안에 저는 각 대대를 순시하고 병사들의 노고를 치하하면서 격려와 칭찬을 아끼지 않았는데, 병사들 스스로 악조건을 극복하고 훈련 임무를 완수하였다는 자긍심과 성취감으로 사기가 충천하여 있었습니다.

연말이 다가와 연말 결산과 1990년도 사업 계획 및 부대 운용과 교육 훈련 계획을 수립·확정하기 위하여 한참 분주하던 저에게 군사령부 보임과로부터 전화가 왔습니다. 제 연대장 보직을 마감하고 군사령부의 1990년도 팀스피릿훈련 계획 및 통제단 요원으로 전보시키겠다는 것이었습니다. 그런데 연대장 직위는 인사 방침 상 18개월로 되어 있는데, 저는 1988년 10월 말에 부임하여 겨우 13개월 차로서 이는 명백히 보직 해임에 해당되었기에 명령을 거부하였습니다. 저는 1990년 4월이 되어야 임기가 만료되므로 12월 중으로 명령을 내리려면 나를 정식으로 징계위원회에 회부하여 징계 의결 절차를 거쳐 보직 해임을 시킨 후, 전보 명령을 내도록 하라고 강력하게 이의를 제기하였습니다.

그 후 더 이상 연락이 없었던 것으로 보아, 제 인사 문제는 그 일로써 종결된 듯, 저는 4월까지 연대장 직책을 수행하였습니다. 보직 만료일을 앞두고 다시 한 번 연대 전체를 순시하면서 추가적으로 보완되어야 할 요소들을 직접 현장에서 식별하고 이에 대한 제 의견서를 작성하여 인수·인계서에 첨부하는 등, 후임 연대장에게 도움이 되도록 노력하였고 이를 복무결과보고서에도 반영하였습니다.

그러던 어느 날 사전에 지휘권 인계인수 관련, 아무런 일정 협의 없이 인사 명령이 내려왔는데 저는 "면 연대장, 보 군사령부, 임 작전처 연구관"이었습니다. 그때까지 연대장으로 나가기 전, 전임자의 임기 만료일을 보장하기 위하여 한두 달 기다리는 연구관들은 종종 있었지만, 연대장 보직 만료자가 보직이 없이 연구관으로 명령이 난 것은 제가 육군의 1호였던 것으로 알고 있습니다. 이 경우의 연구관이란 봉급을 불출하기 위한 필요성 때문에 명명된 가상의 직책으로서 사실상 무 보직 대기입니다. 아무튼 명령은 명령인지라 저는 연대장 직을 인계하고 원주로 출발하였는데, 상황이 상황인지라 아무도 "영전을 축하 한다"라는 인사를 해주지는 않았습니다.

봄이 오려는 듯 마지막 꽃샘추위가 한참 기승을 부리고 있어 특히 몸조심 하시기를 바라며 형님과 형수님 내외분의 건안하심을 기원 드립니다.

동생 재준 올림


* 후기 1 : 연대가 신병 교육을 담당하고 있다는 말씀은 이미 드렸습니다. 그런데 신병들이 화천을 벗어날 수 없다는 약점을 무기 삼아 신병 수료식 날의 방값이 매번 천정부지로 뛰어올랐습니다. 저는 사단과 협조하여 사단 휴양소에 임시 칸막이를 설치하고 숙소로 개방하여 가족들을 수용하는 한편 숙박업소의 수용 능력을 파악하여보니 신병 교육대를 이용하는 병사(면회 온 가족 포함)의 숫자를 고려 시, 절대 부족 소요는 없는 것으로 파악되어 여러 차례 행정 관서에 시정을 요구하였습니다. 그러나 호의적이던 군수와는 달리 실무선에서 적극성을 띠지 않아 시정되지 않고 있었습니다. 그래서 저는 사단장님께 11사단의 예를 들어 보고하고 승낙을 득하여 신병 수료식 후, 부모가 책임지고 부대까지 시간 내 복귀시킨다는 약속 하에 전원 3박 4일 외박 조치를 하여 내보냈습니다. 그러자 난리가 난 숙박업소협회에서 저에게 항의하였지만 이는 위수 지역 관할 부대장의 허가 사항임을 들어 일축

해버렸습니다. 이어서 걸려온 몇 차례의 압력 및 회유성 전화는 무시해버리고 제가 연대장 이임 시까지 신병 수료식 후 외박 제도를 계속 적용하였습니다(이 제도는 후일 육군 전체에 확대 적용되었는데 제가 아는 한 신병 중 외박 미귀 및 탈영자는 없었습니다.).

저는 육대로부터 쫓겨난 이후 항상 습관적으로 제가 보직되어 있는 직책이 제 군 경력의 마지막 보직이라는 점을 가슴속 깊이 명심하고, 제 마지막 군 보직을 결코 후회됨이 없이 함으로써 저의 군 경력을 자랑스럽게 마감하고자 제가 인간으로서 짜낼 수 있는 땀방울의 마지막 한 방울까지 짜내어 혼신의 노력을 다했습니다. 그래서 화천을 떠나면서 되돌아본 산하의 풍경은 지금도 눈에 선한데, 1990년대의 TV연속극 '아들과 딸'에서 여주인공이 군대 간 남자 주인공을 면회하던 군부대가 제3연대여서 반갑기 그지없었습니다.

* 후기2 : 보병 제3연대는 1946년 전북 익산(이전의 이리)에서 창설된 익산 연대입니다. 그래서 제가 연대장 재임 시에도 연대 창설 기념행사 때 갓 쓴 어르신들이 익산에서 그 먼 곳까지 찾아오셔서 축하해주셨습니다.

* 후기3 : 1961년 5·16 당시 보병 제3연대장은 반혁명 편에 섰습니다. 그 이유에서인지는 모르겠으나 1961년부터 박 대통령께서 서거하신 1979년까지 재임한 3연대장 열일곱 명 중 장군 진급자는 한 명도 없습니다. 그러나 이 인원을 제외한 인원들은 저까지 거의 보직자의 70% 이상이 장군으로 진급된 이상한 역사를 가지고 있습니다.

## 23. 제1야전군 작전처 시절

### 존경하며 자랑스러운 형님께

운동장 담 너머로 봉우리만 조금쯤 보이는 뒷산이 온통 하얀 눈옷으로 예쁘게 단장하였는데, 그간도 평안하셨는지요.

저는 독신 장교 숙소가 할당되기 전까지 임시로 제1군수지원사 참모장으로 있는 정중민 대령의 숙소에 방 한 칸을 빌려놓고, 군사령부 인사처 보임과에 출두하여 인사 기록 카드를 제출하였습니다. 작전처 연구관이라 하여 작전처를 찾아 처장께 인사를 드렸으나 근무 위치라든가 임무라든가 정해진 것이 아무것도 없는 듯 아무 말도 듣지 못하고 마침 점심시간이 되어 처장을 따라 식당으로 갔습니다. 식사 후 전입 장교는 스탠드바에 설치된 종을 치고 골프의 핸디를 이야기한 후 요플레를 후식으로 내어야 하는데, 후식이 준비되어 있다고 식당 관리관이 알려주었습니다. 저는 식사 후 앞으로 나가 종을 치고 "작전처 연구관으로 온 남재준 대령입니다" 한 후 자리에 돌아오려 하자 군사령관이 "잠깐, 왜 골프 핸디를 이야기하지 않나? 얼마야?" 하시기에 "예! No handy입니다" 하고 대답하니 식당이 조용해졌습니다. 군사령관님은 존경스러운 눈초리가 되어 "도대체 골프를 얼마나 많이 쳤기에 No handy인가?" 하는 것이었습니다. 그래서 저는 "잘 쳐서 No handy가 아니고 골프를 안 쳐보았기 때문에 No handy입니다" 하고는 자리에 돌아와 앉았습니다. 식당 분위기는 일순간 썰렁해졌는데, 듣기에 따라서는 제가 군사령관 앞에서 희롱한 것으로 들릴 수도 있기 때문입니다. 그러나 잠시 잠자코 계시던 군사령관님이 "난 또 프로급인 줄 알았지" 하고 웃으시는 바람에 별일 없이 지났습니다.

## 가. 교보재 창고에서 단기 사병과 함께

그런데 문제는 그때부터 제가 있어야할 부서나 장소가 없다는 것이었습니다. 처부에서 과(課)를 지정해주지 않아서 아무 과 사무실에나 들어갈 수도 없고, 그렇다고 처장 부속실에서 마냥 앉아 있을 수도 없어서 처부 선임하사에게 이야기하자 한참을 이 궁리 저 궁리하더니 교보재 창고밖에는 공간이 없을 것 같은데 한번 가보자고 하였습니다. 본청 지하실의 끝 공간에 있는 창고에 내려가 보니(물론 창문은 없었고), 꽤 넓은 공간에 교범이나 보고서 같은 것이 겹겹이 쌓여 있는 한쪽 끝머리에 다리 부러진 책상 하나가 먼지를 뽀얗게 인 채로 버려져 있었습니다. 선임하사는 잠시 나갔다 오더니 교육과장과 이야기가 되었다고 하면서 허름한 의자 하나를 가져다주고는 나가버렸습니다. 저는 지하 복도에서 청소하고 있던 단기 사병에게 청소 도구를 빌려 우선 제가 있을 공간과 책상을 청소하고는 끈을 주워 다 부러진 다리를 이어놓은 후 의자를 갖다 놓고 앉아보니 오랫동안 환기가 안 되어서인지 코가 매웠습니다. 그러는 사이 어느덧 퇴근 시간을 훌쩍 넘겨서, 깜깜한 밤길을 걸어 버스 정류장을 한참 찾아 헤매다가 숙소에 돌아와 저녁을 거르고 일찍 잠자리에 들었습니다.

그 이튿날은 일찍 창고로 출근하여 문을 열어 환기를 시키면서 책상 앞에 앉아 있으려니 막막한 생각이 들었습니다. 항상 바쁘게만 살았던 세월만 20여 년이 되어서인지 아무것도 하지 않는 -업무는커녕, 찾아오는 사람도, 전화기도 없었지만 전화 올 일도 걸 일도 없는- 것이 이렇게 힘든 건지는 꿈에도 몰랐습니다.

첫날은 멋모르고 식당에 갔지만 그 후로는 아는 사람도 없고 할 일도, 한 일도 없으면서 장교식당으로 발걸음이 떨어지지 않아 점심을 굶고 창고 안에 있는 교범과 각종 보고서들을 분류하면서, 먼지를 털고 빌려온 걸레로 닦아가며 정리하기 시작하였습니다. 거기에는 교범류 외에도 그동안 누적 보관되어 온 각종 군사 서적들과 전쟁사 자료들, 군 관련 서적들이 겹겹이 쌓여있어서, 이 서적들을 유형별, 종류별로 분류하다보니 읽을 만한 책들이 제법 되어 기쁜 생각에 배고픈 것도 잊었습니다. 저녁 일곱 시가 넘어서 숙소에 가려고 시내에 나오니 그제야 전날 저녁부터 꼬박 세 끼를 굶은 것이 생각났습니다. 갑자기 허기가 몰려와 눈에 보이는 음식점에 들어가 갈비탕 한 그릇으로 배를 채우고는 가게에 들러서 빵과 큰 페트병 콜라를 사들고 숙소에 들어갔습니다.

이튿날에는 페트병에 마실 물을 가득 채우고 구입한 빵을 싸들고 출근하여, 닷새 간에 걸쳐 창고 정리를 마쳤습니다. 제 땀방울 덕이었는지 그 황량했던 창고가 제법 제 서재나 되는 듯 아늑해 보였습니다. 저는 그곳에 있는 동안 미친 듯 독서에 몰두하여, 기간 중 창고 안에 있는 거의 모든 교범과 국방부와 육군에서 발간한 각종 전쟁사, 6·25 전사 자료, 군사 이론 서적, 군 관련 연구보고서, 그때까지의 각종 훈련 결과보고서 등을 거의 다 탐독하면서 제 머릿속을 다시 정리해나갔습니다. 거의 한 달가량의 기간을 하루에 빵과 우유 한 끼로, 또 한 달은 점심을 거르며 힘들게 보냈지만 만일 이 시기가 없었더라면 그 다음에 제가 연습과장과 작전과장을 겸임하면서 육군 편제에도 없는 군사령부 전사(戰史) 교관 임무를 해내지는 못하였을 것입니다.

저는 오늘이 아무리 처참할 만큼 힘들고 외롭다 하더라도 결코 잘라 내버릴 수 없는 '나의 과거'이기 때문에 한순간도 나태하거나 나약하거나 하여 제 삶에 소홀하지 않도록, 순간순간마다 혼신의 힘을 다하여 왔습니다. 따라서 **무엇이건 그때 그 장소에서 제가 할 수 있는 또는 하여야 할 일을 찾아서 스스로 최선을 다하는 제 삶의 자세는, 쫓겨 다니던 10여 년 세월의 절망 속에서도 제가 결코 포기하지 않고, 제 지나온 과거를 자랑스러워 할 수 있도록 노력하였던 긴 세월의 경험 속에서 저도 모르게 쌓인 저의 제2의 천성입니다.**

이러고 있는 사이 식구가 하나 늘었습니다. 지하실 복도 청소 담당 단기 사병 김 상병이 청소가 끝나면 항상 1층 계단 밑에 앉아 있는 것을 보고, 의자 하나를 구하여 제 의자 맞은편에 놓아주고는 〈명심보감〉을 사주며 읽으라고 하여 이후부터는 둘이 앉아 책을 보게 되었습니다. 제가 창고에 출퇴근하기 시작하여 한 달 가량 되었을 때, 인사처 근무과 병사가 김 상병을 통하여 BOQ가 배정되었으니 입주하라고 알려주었습니다. 저는 귀가 번쩍 띄어서 그날은 일찍 퇴근하여 BOQ에 찾아가 등록을 하고 열쇠를 받아 방을 확인한 후, 정 대령 숙소에서 짐을 가지고 나왔습니다.

짐이라야 가방 하나뿐이었지만 이사를 하고는 남은 돈을 탈탈 털어 서울로 시외전화를 걸어 아내에게 알리니 그날 저녁으로 달려 내려와 주었습니다. 제가 아내를 만나 제일 먼저 한 이야기는 눈앞에 보이는 음식점의 도가

니탕 한 그릇 사달라는 부탁이었습니다. 저는 평소 입이 짧아 무엇을 그렇게 많이 먹거나 맛있게 먹어본 기억이 없습니다(어머님께서 해주신 인절미와 미역국 말고는). 그러던 제가 걸신들린 듯 먹어치우는 것을 보고 집사람은 영문을 몰라 눈이 휘둥그레진 표정이었지만 거의 한 달 만에 수저와 젓가락을 들고, 김이 오르는 음식을 먹게 된 제게는 선조의 임진왜란 피란 시절 먹었던 '도루묵'이 비할 바 아니었는데 그 이후 저는 매주 토요일 아내가 내려올 때마다 도가니탕 한 그릇을 받아놓고는 행복해 했습니다.

BOQ 입주 후부터는 매주 토요일 아내가 내려와 세탁과 청소, 밑반찬을 해놓고 올라가서 저는 저녁에 밥을 하여 그날 저녁과 이튿날 아침을 해결하는 식으로 적어도 하루에 두 끼는 먹을 수 있게 되었습니다. 당시 군에서는 매주 수요일 오후를 전투 체육일이라 하여 중식 후에는 일과가 없이 각자 운동을 하게 되어 있었고 장군·대령들은 모두 인근 비행단에 있는 군 체력단련장에서 골프를 하였습니다. 군사령부 전입 후 만 두 달 동안 어느 누구도 저를 찾지 않았지만 그래도 저는 꼬박꼬박 정시에 출퇴근하며 자리를 지켰습니다.

그러던 어느 수요일 모두들 운동하러 나가고 저는 창고의 제 책상에 앉아 책을 읽고 있었습니다. 그런데 갑자기 작전처장실의 병사가 내려와 처장님이 저를 찾으신다는 것이었습니다. 저는 저와 함께 있는 김 상병 외에는 아무도 제가 그곳에 있는 것을 모르는 터여서(선임하사는 타 부서로 전출) 신기한 생각이 들어 "내가 여기 있는 것 어떻게 알았느냐"라고 물으니 그 김 상병과 평소 친하여 여기 있는 것을 알고 있었다는 것입니다. 제가 처장실에 올라가자, 그 병사가 체력단련장으로 전화를 걸어 처장님과 연결해주었습니다. 받아보니, 군사령관님 지시인데 지프차를 조치하여 놓았으니 27사단의 야간 교육 훈련 실태를 점검하여 명일 보고토록 하라는 지시였습니다. 처음에는 저를 잊은 채 과장(대령)들 모두가 운동에, 회식에, 계획들이 있어 서로 밀어내다가 어느 천재 같은 과장이 저의 존재를 상기해내고는 처장님께 말씀드렸는데, 제가 그 시간에 부대 내에 있을 리 만무하여 귀 기울이지 않다가 그래도 한 번 알아는 보자는 의견에 밀려 저를 찾아보라고 전화를 하셨다는 것입니다. 훗날 제가 생각지도 않았던 장군 진급이 되어 지난날을 되돌아보았을 때, 제가 만일 그때 그 창고에 있지 않았더라면 아마도 '연구관'으로 제 군 경력이 거의 끝났을 것이라고 생각됩니다.

무려 두 달 만에 공식적 임무를 받은 저는 모처럼 밥값을 하게 되었다는 사실에 힘이 부쩍 솟구쳐 올랐습니다. 교육과에 가니 아무도 없어 지프차에 올라타고 27사로 가는 도중, 손전등과 노트 및 볼펜을 사들고 바로 27사단 사령부로 가니 그곳에도 작전처가 비어 있었습니다. 상황실에 들러 지도 한 장을 얻고 예하 부대의 야간 훈련 내용을 파악, 제일 가까이 있는 대대 야간 전술 훈련 부대부터 들렀습니다. 저는 사단 작전장교 때나 보좌관 및 참모 때 그렇게 부지런히 훈련 현장을 뛰어다녔지만 잘못한 것을 들추어내는 행동은 해본 일은 없었고, 모르고 못하는 것은 현장에서 가르쳐주면서 바로 하도록 시켜보고 그 개선되는 상황을 칭찬해주었었습니다.

그날도 제가 군사령부의 과장이라면 사단, 연대, 대대에서 관계 참모나 지휘관들이 쫓아나왔을 것인데 다행히 제가 연구관이어서인지 아무도 나오지 않아 훈련 중인 중대장, 소대장, 부사관, 병사들의 진솔한 목소리를 들을 수 있었습니다. 이렇듯 훈련 현장 방문을 마치고 다음 훈련 부대로 이동하기 위하여 산을 내려와 지프차에 올라타 지도를 보면서 이동하고 있었는데 차가 갑자기 멈추어 고개를 들어보니 부대 위병소 앞에 서 있던 초병이 차를 정지시킨 것이었습니다. 그 초병은 제게 다가와 경례를 하더니 연대장님 전화가 와있다며 전화를 연결했습니다. 그러나 그 전화는 연대장 관사 근무병의 전화로, 자기 연대장님(육사 27기, 하나회 시절에는 하나회로 알려져 있었으나 후일 조사 시 본인은 부인)이 동기생 ○○○님(27기 하나회)의 동생분이 놀러 오셔서, 관사 뒤 인도어 골프장에서 골프를 치시고 지금 한 잔하고 계신데, 연구관님의 교육 감독 건을 보고 드리자 그곳으로 오라고 하셨으니 오라는 것이었습니다. 저는 기가 막혔습니다. 대대가 야간 전술 훈련이라면 연대장은 당연히 대대 훈련 감독의 책무가 있는데 감독은 고사하고, 군사령부에서 온 교육 감독관을 술잔을 들고 관사에 앉아서 불러대다니, 더욱이 제가 육사 선배임은 둘째로 치더라도 대령 선임이고, 연대장 보직을 만료한 군의 과장급인데…… 그러나 관사 근무병을 나무랄 수는 없어서 "연대장님께 감사하다더라고 전해주고 다른 곳을 가보아야 하기 때문에 그냥 간다고 말씀드려라"라고 하였습니다.

제가 이 사소한 것을 이렇게 자세히 기록한 것은 이 사례가 그간 '하나회'가 군에 끼친 악영향의 한 단면을 적나라하게 보여주는 것이기 때문에 제 사랑하는 대한민국 육군이 다시는 이러한 '망국적 말기 암'에 걸리지 않기를 간절히 비는 심정으로 이 이야기를 썼습니다. 그들은 군 본연의 임무를 팽개쳐버렸고 군의 핵심인 군의 위계질서와 지휘계선의 상명하복 체계를 문란하게 했습니다. 상위 계급의 권위는 하나회의 위세에 눌렸고 직속상관에 대한 복종이 아니라 지휘계선을 벗어난 하나회 상급자에게 복종했으며, 상벌이 부대 관리와 교육 훈련의 결과와는 상관없이 시행되었습니다. 자기 과시를 위한 허세가 극에 달하여 심지어는 전방에서 근무하는 영관급 지휘관이 하나회 상관을 모셔놓고 관사 회식할 때 서울의 모 호텔 주방장을 불러와 상을 차렸다는 믿을 수 없는 헛소문까지 돌 정도였습니다. 물론 하나회에 속한 모든 장교가 다 그렇다는 것은 아닙니다. 그들 중에서도 존경받아 마땅한 인품과 능력을 갖추고, 군 발전에 헌신적으로 기여한 훌륭한 장교들도 있었습니다. 그러나 이들 중 일부의 모자란 사람들일수록 더욱더 허세를 과시하여 육군의 전체적 분위기를 크게 왜곡시켰던 점은 어느 누구도 부정하지 못할 진실로, 이들이 오늘날 대한민국 육군의 이토록 처참하게 일그러진 모습을 빚어낸 주역들입니다.

저는 밤새도록 각 훈련 부대를 돌아보고 군사령부로 돌아오는 지프차 안에서 27사단 야간 훈련 감독 결과 보고서 초안 작성을 완료하였습니다. 그러나 타이핑할 곳이 없어서 -그렇다고 처장에게 내밀 수도 없고- 고심을 하고 있었더니, 저와 함께 있던 김 상병이 타자 쳐야 되는 것이냐고 묻고는 두말없이 "제가 타자 쳐오겠습니다. 몇 부 필요하십니까?" 하였습니다. 저는 어둠 속에서 길을 찾은 심정으로 여분을 포함 네 부를 요구하였습니다. 김 상병이 약 두 시간 후에 보고서 네 부를 가져와 검토해보니 오탈자 하나 없이 깨끗하였습니다. 그제야 안심이 된 제가 어떻게 한 것인지 물어보니 자기는 고참이라 다 통한다고 하여 김 상병에게 진심으로 고맙다고 칭찬해주었습니다.

이런 우여곡절 끝에 보고서를 가지고 처장실에 올라가보니, 마침 군사령관 일정이 비어 있어 군사령관님에게, 훈련 감독 중점 및 내용으로부터 각 제대별 교육 훈련 지침 수정 및 보완 소요 사항과 훈련 여건 보장을 위해 상급 부대에서 해주어야 할 사항, 사단 및 연대에서 관심 가져야 할 사항, 필요한 간부 교육 중점 등을 보고 드리고 끝으로 우수자 군사령관 표창을 건의 드렸습니다. 이에 군사령관님은 대단히 만족해하시면서 제 직책을 물어보셔서 '연구관'이라고 답변 드리니 지금 무슨 일을 맡아서 하느냐고 이어서 질문하였습니다. 저는 거짓으로 보고할 수도 없고 그렇다고 창고 안에서 아무 하는 일 없이 지내고 있다고 할 수도 없어 입을 다물어버렸습니다. 그러자 군사령관은 실상을 짐작하신 듯, 3군은 작전처에 연습과가 있는데 우리 군은 없지 않느냐, 이렇게 유능한 장교가 하는 일 없이 놀고 있는데 당장 임시 편제라도 연습과를 창설하라고 지시하셔서 제가 제1야전군 연습과를 창설하면서 초대 과장이 되었습니다(그 뒤 정식으로 편제에 반영, 계속 존속됨).

## 나. 연습과 창설 및 초대 과장이 되어

최초 연습과는 장교 세 명(대령1, 중령1, 소령1) 부사관 한 명(여군 하사, 타자 수), 병 한 명으로 잠정 인가를 받아 장교와 부사관을 충원, 본청에서 멀리 떨어져 있는 별관에서 창설하였습니다. 그런데 본부대장을 만나 아무리 협조하여도 병사는 인원 부족으로 보충이 불가하다는 답변뿐이었습니다. 이에 단념하고 사무실에 돌아와 보니 창고에 함께 있던 김 상병이 신바람이 나서 책상과 의자를 수령 배치하고 청소 도구를 가져와 청소를 하고 있었습니다. 저는 놀랍기도 하고 고맙기도 하여 본청이 근무지인데 여기 와 있어도 괜찮은지를 물었더니, 자기가 제일 고참이기 때문에 본부대 인사 부사관 에게 이야기하여 본청 임무는 후임에게 인계하였고, 한 달 반 남은 전역 때까지 연습과에서 근무하는 것으로 허락을 받았다는 것이었습니다.

김 상병은 전역 시 자기가 인선한 후임 병사들 대여섯의 신상명세서를 들고 와 한 명을 결정하도록 한 후 인수인계는 물론 업무 교육까지 해주고 전역하였는데 의자 하나 내준 것으로 이토록 큰 도움을 받을 줄 몰랐습니다. 또한 군 생활 20여년 만에 때로는 환경과 여건에 따라서 연대장을 마친 대령보다는 고참 병사가 문제를 훨씬 더 잘 해결할 수도 있다는 것을 김 상병을 통하여 깊이 깨달을 수 있었습니다.

세상의 일이란 참으로 미묘한 것이어서, 지난 두 달 간은 밥 먹고 노는 것이 부끄러워 차마 식당에 가지 못하고 점심을 거를 만큼 할 일이 없었는데 연습과를 창설하고 보니 팀스피릿연습 계획 및 통제와 심판 업무, 을지연습 업무 외에 3개 과의 업무 중에서 가장 업무 부담이 큰 일체의 작전 및 교육 훈련들이 모두 연습과로 한꺼번에 집중되어 순식간에 일거리에 파묻히게 되었습니다. 우선 작전과에서 하던 군단 및 사단 작전 훈련과 교육과의 사단 기동 훈련, 감찰참모가 주관하는 사단 검열 FTX(야외 실병 기동 훈련)가 어느 누구의 지시라고 할 것도 없이 아주 자연스럽고 당연하게 한 가지씩 연습과로 넘어오게 된 것입니다.

연습과 창설 후 불과 일주일 정도 경과 후, 2주 후에 실시될 예정이었던 사단 작전 훈련을 작전과가 바쁘니 연습과가 해주면 좋겠다는 처장의 지시를 받고, 기간 중 준비 사항을 인수하려 하였지만 작전과는 아직 손도 대지 않은 상태였습니다. 평시 작전 훈련을 위한 정상적인 절차를 적용하려면 훈련 복안과 개념 계획을 거쳐 개략 계획 작성 후 현지 지형 정찰 등을 실시하고 훈련 부대의 작전 계획을 청취한 후 계획 수립에 착수하여야 합니다. 그러나 저는 그럴 시간적 여유가 없었을 뿐 아니라 다행히 11사단 근무 시의 사단의 임무가 1군 전방의 모든 부대에 투입될 준비를 하는 것이어서 전방 각 사단의 지형과 작계를 거의 모두 숙지하고 있었던 터라 바로 훈련 통제 계획을 수립, 군사령관 승인을 득한 후 1주일 간 훈련을 실시하고 그 결과를 보고하였습니다.

결과 보고를 받으시던 군사령관님은 "그래, 연습과를 만들어 놓으니 이제 훈련들을 제대로 하는구먼" 하시더니 부대 훈련 일정 현황판을 쳐다보시며 "다음 달에 하게 되어 있는 O사단 기동 훈련(교육과 업무)과 O사단 지휘 검열 FTX(감찰부 업무) 때도 동일한 요령으로 실전적 훈련을 유도하고 확실히 통제하여 군의 훈련 체제를 빠른 시간 내 바로잡아 정착시켜라" 하시고는 미처 무엇이라고 말씀드릴 틈도 없이 예하 대 순시를 나가버리셨습니다. 이 훈련들은 모두 실제 야지에서 병력이 기동하는 훈련들이어서 사고 위험 부담이 있을 뿐 아니라, 사단장을 평가하는 것이어서 즐거울 리 없었던 터라 이 업무들이 연습과로 넘어가는 것을 반대할 과장이 있을 까닭이 없어 장교 세 명이 3개 과 이상의 업무를 한순간에 떠맡게 되었습니다. 인생의 길에서는 가끔 좋은 일도, 나쁜 일도 "기적같이 왔다가 기적같이 사라지는 흰 눈처럼" -고등학교 3학년 국어 시간에 배웠던 김진섭 씨의 '백설부(白雪賦)'의 한 구절- 그렇게 한꺼번에 찾아왔다가 한꺼번에 사라져가는 것 같습니다.

연습과는 팀스피릿 및 을지훈련 기간을 제외하고 평균 두 달에 세 번꼴로 군단 및 사단들의 훈련을 통제 및 평가하게 되어 1주 준비, 1주 훈련 통제, 1

주 사후 보고 및 조치와 다음 훈련 준비를 연속했습니다. 그러다보니 한 일이 없어 식당에 못가고 굶던 것이, 이제는 시간이 없어 밥을 굶어야 하는 이상한 상황의 연속이 되었지만 저는 마냥 즐겁기만 하였습니다. 어느덧 제가 연습과를 창설한 지 반 년 가까이 되어 과의 업무가 완전히 뿌리를 내리고 정착되어 갈 즈음, 연말 정기 인사철이 되어 전임 군사령관이 총장으로 영전하시고 후임에 이문석 장군님이 부임하셨습니다. 이문석 장군님은 제가 처음 뵈었지만, 훈련 계획 보고 및 그 결과 보고 등을 드려본 소감으로는 대단히 명석하시어 보고 내용의 핵심을 바로 파악하시고 그 요지를 정확히 짚어내는 능력과 신속하고 단호한 결심 능력이 뛰어나신 듯하여 깊은 인상을 받았습니다.

### 다. 군사령부 작전과장이 되어 연습과장과 전사 교관을 겸무하다

어느덧 연말이 가까워져 그 해 계획된 마지막 훈련을 무사히 종료하고 군사령부로 복귀해보니 제가 훈련 나가 있는 사이에 작전과장으로 명령이 나 있어서 놀라지 않을 수 없었습니다. 왜냐하면 통상 군사령부 작전과장은 군사령관 지명직으로 인식되어 있으며 합참 및 육본 작전과장과 더불어 작전 직능의 꽃으로 큰 하자가 없는 한 임기 중 장군 진급이 거의 확실시되는 자리였기 때문입니다. 그래서 제가 작전과장을 하게 된 것은 '불감청고소원(不敢請固所願)'이었지만 진급 가망이 전혀 없는 처지에 그 자리를 차지하여 타 장교의 자리를 빼앗아 앉아 있다는 원망을 듣고 싶지는 않았습니다. 그래서 훈련 결과 보고 시 재고해 주십사 말씀드리려 마음먹고 들어가 보고를 끝낸 후 그 말씀을 막 드리려는데, 군사령관님께서 한 발 앞서 "작전과장, 연습과 업무는 당분간 겸무하고 매주 토요일 두 시간씩 전 장교를 대상으로 한국전쟁사 교육을 하도록 해라. 수고했어. 부관, 참모장 오셨나? 들어오시라고 해" 하였습니다. 이렇게 하여 제가 이의를 제기할 수 있는 기회조차 원천 봉쇄당했습니다.

이래서 저는 군에서 가장 바쁘다는 작전과장, 다른 과의 업무 두세 배 이상 업무가 비대해진 연습과장, 그리고 육군 편제에도 없는 군사령부 전사 교관까지의 3개 직책을 수행하게 되었습니다. 이에 업무의 효율성을 위하여 작전과장실로 사무실을 옮긴 저는 작전과의 편제상 업무인 작전 훈련을 다시 작전과로 환원시켜 업무를 조정함으로써 연습과의 업무 부담을 경감시켰고 가급적 계획을 통합함으로써 무리 없이 업무를 수행하도록 하였습니다.

전사 교육은 제가 창고에 있는 2개월간 전사와 교범 등을 그렇게 열심히 탐독하지 않았더라면 아마도 형편없다는 평판을 면치 못했을 것 같습니다. 통상 각 참모부의 주무 과장들을 제외하고 일반적인 보직을 맡고 있는 경우 대령 과장이 군사령관에게 보고할 수 있는 기회는 연간 2~4회 정도이고, 이때 진급을 위한 평정과 진급 추천 등의 잠재적 서열이 결정되기 때문에 군사령관 보고를 한 번 하기 위해서는 상당한 정성과 준비를 필요로 했습니다. 그런데 저는 준비는 고사하고 월요일에 예하대로 과원을 끌고 나갔다가 토요일 아침에 들어와 숨 쉴 틈도 없이 열 시부터 열한 시 50분까지 전 장교 대상 전사 강의를 하여야 하니, 준비 시간이 전무하였습니다.

그래서 저는 훈련 통제를 위하여 출발할 때 과의 병사에게 전사 부도의 요도를 슬라이드로 복사해놓도록 지시하고 돌아와서는 바로 그 요도만을 프로젝터 위에 올려놓고는 지형 분석 및 평가와 작전 배경으로부터 작전 개념, 작전 경과, 작전 결과, 작전 교훈 등의 내용 순으로 강의하였습니다. 제가 생도 때부터 전쟁사에는 각별한 관심을 가지고 있었을 뿐 아니라, 제 평소 업무 수행 중 전술과 관련된 모든 과제는 매번 계획 수립 시 반드시 전사례(戰史例)를 인용하였던 습관적 버릇 때문에 1년간 계속된 전사 강의를 성공적으로 진행할 수 있었습니다. 그런데 솔직하게 전혀 부담을 느끼지 않았던 것은 아닙니다. 왜냐하면 군사령관님께서 항상 강당의 제일 앞자리에 앉아서 열심히 강의를 경청하심은 물론 자주 질문을 하셨기 때문인데 다행히 답변에 궁색해 하거나 막혀본 일은 없었습니다. 이러한 세 직책 겸무의 상태는 1년간 지속되어 군사령관님이 바뀌면서 제가 작전과장에서 경질될 때까지 이어졌습니다. 한 가지 훗날의 이야기이지만, 제가 장군이 되고 나서 한참 후에야 겨우 제정신을 차리고 창고에서 함께 공부하던 그 단기 사병 김 상병을 찾으려고 무척 애를 썼지만 결국 못 찾고 말았습니다.

### 존경하며 자랑스러운 형님께

심한 눈보라가 밤새도록 세차게 창문을 할퀴고 지나가는 소리에, 잠자기를 단념하고는 자리에서 일어나 앉아 희미한 불빛에 형님의 편지를 비추어 보면서, 자칫 해이해지려는 제 마음을 추슬러 잡아 마음의 결의와 각오를 새로이 하였습니다.

지난번에는 제가 작전과장으로 보직이 바뀌면서도 연습과장 업무를 겸무하게 된 것과 이에 추가하여 군사령관 구두 지시로 군사령부 전사 교관 임무까지 수행하게 되었음을 말씀드렸습니다.

작전과의 업무는 야전군 내의 모든 상황을 종합 처리하며 현행 작전을 수행하고, 연간 계획되어 있는 작전 훈련을 주관합니다. 또 매일 실시되는 일일 상황 보고와 주간, 월간 회의, 상부 보고에 대한 일체의 업무를 수행하기 때문에 군사령부 및 그 예하 부대의 인사·정보·작전·군수·통신 등 모든 사항을 숙지하여야 합니다. 그런데 저는 다행히 인사는 군보임과 보좌관, 정보는 적 전술 교관, 군수는 군수 사령관 부관, 사단 및 군단과 참모차장 부관 및 사단 참모장 경력 등으로 상·하급 부대 업무의 연계성과 각 기능별 업무의 통합이 전혀 생소하지 않아 큰 도움이 되었습니다. 이러한 경험이 통상 군사령부에서 가장 바쁜 직책으로 알려진 작전과장으로서 연습과장과 교육과의 기동 훈련 통제, 감찰참모부의 FTX 통제, 전사 교관의 임무까지도 무난히 수행할 수 있게 된 것이라 생각되어 그러한 경력을 쌓을 수 있도록 이끌어주신 김용휴 장군님께 늘 감사한 마음이었습니다.

해가 바뀌어, 제1야전군 사령부가 그 해 3월에 계획되어 있는 팀스피릿훈련 통제 임무를 맡게 되어 이를 위한 훈련 통제 및 심판을 위한 개념 계획을 작성, 군사령관 및 부사령관과 참모장, 각 처장, 일반 및 특별 참모부의 주무 장교들을 모아놓고 훈련 통제를 위한 개략 계획을 브리핑했습니다. 또 이 계획에 기초한 각 부서별 업무 분담과 협조 사항, 계획 발전을 위한 단계별 준비 일정 등을 설명하였습니다. 그런데 이를 듣고 계시던 군사령관 이문석 장군님께서 느닷없이 날벼락 같은 화두를 던지셨습니다.

"야! 작전과장, 지금 때가 어느 땐데 너희 아직까지도 스라이드(건축이나 토목공사 설계 시의 복잡한 수식을 쉽게 계산하도록 되어 있는 계산척, 컴퓨터 등장 이전에는 필수품으로 사관학교에서 토목공학 시간에 사용) 들고 훈련 부대 졸졸 따라다니면서 계산해가지고 판정할 거냐?"

백번 지당하신 말씀입니다만, 말이 안 되는 것이 말 타고 다니던 시절에 느닷없이 왜 자동차 안타는 거냐고 하신 것이나 똑같았기 때문입니다. 우리나라에서 컴퓨터를 제일 먼저 도입, 활용한 정부 기관이 육군본부입니다. 제가 소령 당시 육군본부 인사운영감실에서 장교들의 인사 기록 카드와 인사 자료를 전산화하여 운용하고 있었는데 이때의 컴퓨터는 종이테이프에 편칭(구멍 뚫기)하여 입력하던 방식이었습니다. 그런데 제가 작전과장 시절은 XT기종이 일부 286으로 교체되고 있던 시기로, 전산기를 '컴퓨터로 대체한 전산 모의 워게임'만 있었을 뿐 '컴퓨터 모의 훈련 통제 프로그램'은 없었을 때이며 미국에서도 이때야 비로소 컴퓨터 기반 모의 훈련 기법(computer based simulation training technique)에 기초한 지휘관 및 참모들의 훈련인 전투 지휘 훈련(BCTP: Battle Command Training Program) 개념이 야전에 적용되던 초창기였습니다. 이에 저는 보고를 중단하고 '통제 기법'만을 별도로 검토 발전시키겠으며, 기타 통제 기본 계획과 각 부서별 부록과 협조 일정, 통제 기획단 증편 및 통제단 편성 운용 계획을 승인해주시도록 건의하여 이의 승인을 받았습니다. 따라서 이에 따른 팀스피릿훈련 통제 준비를 차질 없이 진행토록 추진하는 한편 컴퓨터 모의에 의한 전산 통제 기법 개발에 착수하였습니다.

전산 통제 모델 연구 개발팀은 제가 팀장이 되고 작전장교에 작전처 채창석 중령, 전산실에서 지원받은 임평구 소령이 전산장교가 되어 부대의 기동·화력·장벽에 대한 전산 모의 프로그램 작성을 위하여 머리를 싸매었습니다. 부대의 공격·방어·지연전 및 후퇴 이동과 철수, 화력 전투, 장벽 설치, 기습 및 습격, 정찰 등은 제가 전투 수행 개념과 순서를 간명하게 순서대로 요약 정리하면 채 중령은 이를 전산장교 임 소령이 충분히 그리고 올바로 이해할 수 있도록 다이어그램 플로차트(Diagram flowchart)식으로 도식화하여 설명해주었고, 임 소령이 이를 코딩하였습니다. 이를 가지고 채 중령이 가상모의를 해본 후 가·부를 판정하여 안 되는 것을 저에게 보고(저는 그 사무실에 붙어 있을 수 없기 때문에)해주면 수행 개념을 재검토하였습니다.

그런데 여기에서 가장 중요한 것은 전투력 지수에 의한 진출 속도 및 거리와 피해 산정, 사격량과 방호 정도에 따른 피해율과 장애물 종류 및 강도에 의한 피해와 진출 지연 속도, 그리고 부대 종별, 지형 및 기상 여건에 의한 기동과 화력의 적용, 정찰 자산에 의한 탐지 수준 등으로 이 중 핵심은 '피해율 산정'입니다. 통상 전산 모의 프로그램 개발에 있어서 가장 핵심적이며 가장 비용이 많이 드는 것이 이 피해율인데 실제 각종 지형 및 기상 조건 하에서 기동과 화력을 운용해보면서 수많은 데이터를 생산 종합하여야 하기 때문입니다.

그러나 저는 훈련 기간까지 불과 5주를 남겨놓고 그렇게 할 예산도, 인력도, 시간도 없었습니다(훈련장 여건으로 할 수도 없었지만). 현재도 '피해인수표'는 획득하기가 대단히 어렵지만 그 당시는 더더욱 획득 전망이 전무하여 저는 우선 육군대학에서 수작업으로 워게임 할 때 사용하던 '피해인수표'를 기본으로 하고 여기에 제2차 세계대전과 6·25 및 월남 전쟁 시의 피해 및 진출율 그리고 야전군수제원표 101-1-1에 의한 소모율과 이를 기초로 산정한 전투 지속시간 등을 수치화함으로써 육대의 '피해인수표'를 보완 활용하였습니다.

이로써 거의 전투 피해 및 승패 판정이 가능한 프로그램을 완성해가고 있던 시점에서, 채 중령과 임 소령이 저에게 찾아와 전차를 포함한 기계화 부대의 기동은 염두 판단해야지 전산 모의가 안 된다는 것이었습니다. 저는 이야기를 들어보고는 이들이 무슨 이야기를 하는지 바로 이해하여 그 자리에서 해결 방법을 제시하여 주었습니다. 훈련 지역의 모든 작전 지역을 100m 단위의 격자 방안으로 끊어서 전차 기동로의 표고 차이를 전산 입력토록 하되, 지면 경사 00도 이하면 0, 지면 경사 00도 이상이면 1로 기입해라(여기에서 00도로 표기한 것은 전차의 상경사를 오를 수 있는 등판 능력의 보안 유지를 위해서입니다.), 그리고 0은 go, 1은 No go로 입력하면 되지 않느냐고 하였습니다.

사실은 격자 방안 구획을 10m 이하로 줄이면 줄일수록 현실적 모의가 가능하지만 그러려면, 짧은 시간에 그 광활한 정면의 지형 분석을 위하여 몇백 명을 동원하여 수개월 간 작업을 하여야 할 것입니다. 이러한 험난한 과정을 거쳐 3주 만에 불과 훈련 2주를 남겨놓고 가까스로 전산 모의 프로그램을 완성하여 훈련 부대의 출동 인원 및 장비, 탄약 기타 군수 제원을 제출받아 입력하고 있었습니다.

그런데 이번에는 팀스피릿에 참가하는 미군 측에서 우리 측이 요구하는 각종 제원의 제출을 거부하고 있다고 하여 그 이유를 물어보니 미군도 미교육사에서 그러한 훈련 통제 개념을 발전시키고 있다는 이야기만 들었지 아직 야전에서 활용되지 않고 있는데 한국군의, 그것도 국방부도 아니고 야전군에서 개발된 모의 모델을 믿을 수 없다는 것이었습니다. 그래서 저는 미군 관계자에게 전화를 걸어, 관련 실무 장교들을 대동하고 들어오라고 하여 간략한 개념 설명 후 부대 일부의 가상 제원을 제출토록 하고 이를 입력, 그 자리에서 전산 모의 결과를 보여주었습니다. 그러자 놀라는 얼굴이 되어 여러 가지 다른 제원으로 입력, 몇 차례나 그 신뢰성을 확인해 본 후 부대에 복귀하여 지휘관의 승인(Ⅲ급 비밀 사항)을 득한 후 관련 제원 자료를 제출해 주었습니다. 그래서 사흘 간 24시간의 철야 작업 끝에 훈련 당일 새벽 여섯 시에야 겨우, 모든 준비를 완료할 수 있었습니다.

그런데 그 당시는 원거리 전산 통신망(Wide Area Network)을 구성하지 못 하였기 때문에 심판관들이 교전 결과를 무전으로 통제단에게 보고하면 모의 결과를 출력, 심판관들에게 무전으로 알려주는 식으로 통제를 진행하였습니다. 그렇지만 우려하였던 것과는 달리 순조롭게 훈련이 진행되었고, 특히 과거와 같은 판정 불만 시비가 일체 없이 기동 부대의 진퇴에 따른 근 실시간 통제가 가능하여 훈련의 실전감을 높인 것은 커다란 성과였습니다.

훈련 기간 중 특기 사항으로는 ○○전자의 컴퓨터 프로그램 연구 개발부서의 연구원 10여 명이 견학을 왔는데, 잘못 알려진 것으로 생각하고 가보라고 해서 아무 기대 없이 그저 와 보았는데 실제 전산 모의가 된다고 하면서 경악하는 표정이었습니다. 경위를 들어보니 육군본부에서 ○○억 원 예산을 들여 ○○에 의뢰, 전산 워게임 모델 개발 용역 계약을 맺었는데 1년 간 연구하다 실패하여 불가능한 것으로 결론 내리기로 잠정 결정하였다고 하면서 이 프로그램과 소스 코드를 자기네들에게 줄 수 없느냐는 것이었습니다. 그때 저나 채 중령, 임 소령 셋 중에 단 한 명이라도 '돈'에 대한 개념(mind)이 있었더라면 몇 십억까지는 몰라도 육본에 건의, 몇 억을 요구하여 전방의 그 추위 속에서 고생하는 병사들 장갑과 귀마개라도 사주었을 것입니다. 그런데 그저 자랑스러운 마음에 우쭐한 심정으로 거저 주고 말았는데, 이 모델(1군이 통일대이기 때문에 '통일대 모델'로 명명)이 근간이 되어 한국군의 워게임 모델 발전을 선도하였습니다. 그런데 당시 만약 저희가 요새와 같은 386이나 586 컴퓨터를 가지고 있었더라면 훨씬 더 실전에 가까운 모의가 가능하도록 세분화할 수 있었을 것인데 XT나 286가지고는 이를 조금만 세분화해도 과부하가 걸려 컴퓨터가 꺼지는 한계가 있었습니다.

또 한 가지, 그때만 해도 컴퓨터를 운용하기 위해서는 예를 들면 일일이 명령어를 DOS언어로 컴퓨터에 입력하여야 했는데 이것은 쉽게 숙달되는 것이 아니었습니다. 그래서 입력어를 팸플릿으로 작성 배포하여 책상에 놓고 보아가면서 공격, 방어, 사격 등 전투 행위를 입력토록 하는 것을 보고 제가 그럴 것 없이 예를 들면 공격하고 타이핑하면 컴퓨터가 알아서 DOS 입력 언어를 찾아서 작동하도록 하면 되지 않느냐고 하였습니다. 그런데 이때는 한참 훈련 중이었고 훈련 끝나자 다른 할 일이 산더미 같았던 터라 잊어버리고 말았는데 그 훨씬 후에 윈도우가 나온 것을 가만히 들여다보니 제가 제시하였던 아이디어가 윈도우의 기반이었습니다.

형님 제가 그때 전역하고 나가서 컴퓨터 회사를 차려놓고 돈을 벌었더라면 어떻게 되었을까요? 그러나 안심하십시오, 꿈에도 그런 생각을 해본 일은 없습니다. 이 통일대 모델은 최초, 야외 실기동 훈련(FTX 훈련)을 통제하도록 개발되었지만, 부대의 자동 이동 프로그램이 내장되어 있어 목적에 따라 워게임 모델로도 운용할 수 있는 이중 목적의 우수한 모델이었습니다. 이 공로의 영광은 오직 작전장교 채창석 중령과 전산장교 임평구 소령에게 돌아가야 하는 것으로 그들의 업적을 아무도 기억하지 않지만 제 마음속에는 제가 살아 있는 한 영원히 기억할 것입니다.

특히 채창석 중령은 두뇌가 총명하고 업무 능력이 탁월하였으며 모든 임무에 긍정적이면서도 적극적이어서 어떠한 임무가 주어져도 어려워하거나 주저함이 없이 즉각 임무에 착수하고는 하였습니다. 제 40년에 가까운 군생활 중 함께 근무했던 그 많은 장교 가운데에서 채 중령은 몇 안 되는 뛰어난 장교여서 저는 그 해 당연히 대령으로 진급될 것으로 추호도 믿어 의심하지 않았습니다. 그런데 천만뜻밖에도 진급이 누락되어 알아보니 1군에 오기 전 합참에 있을 때 제 동기생이며 하나회 소속인 그의 직속상관이 자신이 하라는 대로 따르지 않는다는 이유로 근무 평정 시 군 생활을 아예 하지 못하도록 하위 등급으로 평가하여 앞으로도 진급 가망이 전혀 없다는 이야기를 들었습니다. 저는 그 이야기에 분노보다는 오히려 허탈한 심정이었습니다. 제가 아는 한 육군 제일의 작전장교의 앞길을 막은 것은 이적 행위나 다름없는 것으로, 채 중령은 제 만류에도 불구하고 그 얼마 후 전역하고 말았습니다.

팀스피릿훈련이 끝나고 쉴 틈도 없이 감찰검열 피검 부대인 27사단에 출동하여 FTX 통제단을 꾸미고 육군 최초로 전산 모의에 의한 사단 야외 기동 훈련 통제 임무를 수행하였습니다. 훈련은 감찰검열 일정에 따른 사단 준비태세 훈련에 후속하여 작계상 거점 점령으로부터 시작되었습니다. 기동 훈련 첫날 석식 후 사단장이 보자고 하여 가보니 훈련 통제 모델이 대단히 부정확하여 거의 엉터리 수준이라고 했습니다. 그 이유를 물어보니 아군은 (27사단) 아무리 사격해도 적군(대항군)의 피해가 없고 적군은 사격만 하면 아군의 대량 피해가 난다는 것이었습니다. 그래서 저는 잠시 훈련을 중지시키고 중요 간부들을 전부 회의용 텐트에 집합시켜주도록 요청하였습니다. 사단참모들이 이런 불평들을 하다가 사단장에게까지 보고한 것이므로 간부 교육의 필요성을 느꼈기 때문입니다.

저는 간부들에게 메시지에 의한 통제(재래식 방법)와 전산 통제의 차이점에 대하여 구체적 예를 들어가며 설명하였습니다(사전 교육한 사항인데도 타성에 젖은 훈련을 한 것임). 그 첫째는 메시지에 의한 통제는 시간 요소가 반영되지 않고 조치한 내용 위주로 판정해 줍니다. 예를 든다면, 적의 포병 사격을 받은 부대가 적 포병 부대에 대하여 대(對) 포병 사격(사격 중인 적의 포병 부대를 파괴하기 위한 포병 사격)을 하였을 경우, 조치하였다는 메시지의 내용만을 고려하지 그 조치에 10분이 소요되었는지 20분 소요되었는지 아니면 한 시간 후에 하였는지는 따지지 않는 것입니다. 그러나 전산 통제는 실시간으로 판정됩니다. 부연 설명한다면, 적 포병이 사격 후 바로 진지를 변환하여 위치를 바꾸었을 경우 메시지에 의한 통제는 진지 변환이 고려되지 않기 때문에 적 피해가 나오지만, 전산 통제는 아군 사격 시 그 위치에 적 부대가 없으므로 당연히 피해가 나올 수 없는 것입니다.

두 번째로는 위장이라든가 방호 효과를 높이기 위한 모든 조치가 전산 통제에는 자동으로 반영되는 반면 메시지에 의한 통제는 통상 통제관이 특별히 임의로 반영하지 않는 한 반영되지 않습니다. 이렇듯 전산 모의 통제는 가능한 범위 내에서 실시간의 실전 묘사에 근접하기 위하여 개발된 것입니다. 그러면서 조금 심하였지만 −차후 훈련 부대 장교들도 사전 준비 목적의 견학을 여러 부대에서 와있었으므로 타성에 젖은 훈련 풍토를 바꾸어주기 위하여− 27사단에서 사격 후 진지 변환을 하지 않은 8개 부대의 사례를 이야기하고 또 11시 30분 대항군의 포위 기동으로 방어 부대가 철수해야 하는 분초를 다투는 상황을 사단장의 점심 식사 및 휴식이 끝난 13시 45분에야 보고하여 사단 철수의 지휘 결심을 받는 데 두 시간 15분이나 지체함으로써 이미 그 부대는 전투력이 상실(전멸)되었는데 도대체 누가, 어떤 것이 엉터리인지 일일이 장교들을 지명하여 답변토록 하였습니다. 그리고 야전에서 위장 및 은폐와, 사격 시마다 진지변환, 적시적인 신속한 결심 및 조치 등은 기본 사항인데도 이러한 것들이 과거 훈련에서는 심판 및 통제관의 자의적 판정 등으로 훈련 간 모두 경시되었고 바로 이런 과오를 시정함으로써 실전적 훈련을 보장하기 위하여 계발한 가장 과학적이고 효율적인 통제 모델임을 이야기하였습니다. 끝으로 한마디 **"전쟁터에서는, 적을 먼저 보고, 먼저 쏘고, 먼저 맞추고, 먼저 움직이는(이동하는) 쪽이 승리할 것임과 이것을 가능하게 하는 것이 '정보' 활동과 습관적인 진지 변환 및 적시적인 지휘 결심 및 조치임"**을 거듭 힘주어 강조하였습니다. 그런데 최종 강평 시, 군사령관께서도 정보 수집 활동의 강화와 신속하고 적시적인 결심, 진지 변환의 중요성을 재차 강조하셨고 이것이 전군에 전파되어 이후 1군의 야외 기동 훈련 양상이 크게 변화되었습니다.

이어서 2주 후, 3군단 야외 기동 훈련을 통제하게 되어 팀스피릿훈련 통제 경험을 바탕으로 진일보된 통제 시스템을 구성하고자 작전과와 연습과를 통합, 통제단을 편성하고 군단 통제단과 각 사단 통제단 및 주요 국면 예상 지역 통제단을 상호 연결하는 원거리 전산 통제망(요즈음의 WAN)을 구성하여 무선 통제 시 일부 사각 지역 발생으로 인한 통제 지연 상황 등이 발생하지 않도록 만반의 준비를 갖추고 예행연습까지 완료하였습니다.

이윽고 훈련 개시일, 군사령관님께서 임석하신 가운데 훈련 시작 1시간 27분 정도를 남겨두고 있을 때 통신단장 이 대령이 아주 태연한 얼굴로 아무 일 없다는 듯 들어와 제 앞에 앉더니, 간밤에 양구 지역에 천둥 번개가 심하였는데 양구 전화국이 벼락에 맞아 전화 선로가 훼손되어 전산 모의가 안 된다는 것이었습니다. 그 말을 들은 저는 순간적으로 저도 모르게 두말 없이 차고 있던 권총을 빼어들고 노리쇠를 후퇴 전진시킨 다음(저는 혹 실탄이 약실에 있는지 확인 차 안전 검사한 것인데 통신단장은 장전한 것으로 오인) 권총 총구를 통신단장 관자노리에 갖다대고, "이 대령, 내 손에 죽을래, 아니면 나가서 복구하다 죽을래?" 하고 소리치자, 이 대령은 얼굴이 하얗게 되어 쏜살같이 뛰어나갔습니다.

간밤에 제가 있던 지역은 하늘에 별이 반짝였고 일기 예보에도 전혀 악기상 예보가 없었던 데다가 한 시간 전에도 이상 없음을 확인하였던 터여서 아무 생각 없이 있다가 호되게 한 방 먹은 심정으로 무심결에 생각지도 않았던 행동이 튀어 나왔던 것입니다. 그래서 반성도 되고(대령이 대령을 겁박) 저 자신이 어이없기도 하여 들어오면 사과를 하여야겠다고 생각하면서 훈련 개시를 어떻게 하여야 하는지 고심하고 있었습니다.

그런데 훈련 개시 불과 15분 전에 통신단장의 급한 전화가 왔다고 하여 복구 작업 간 무리한 행동으로 사고가 난 것은 아닌지 걱정하며 받아보니 뜻밖에도 숨찬 목소리로 "작전과장님, 복구시켰습니다. 전산실 이상 없습니다" 하는 것이었습니다. 저는 순간 어리둥절해졌는데, 전쟁터에서나 있을 법한 광경으로 FTX 훈련 중에 권총을 뽑아 들었다고, 벼락 맞은 선로의 단자판이 복구되는 어처구니없는 사실이 머리로는 잘 납득되지 않았습니다. 아무튼 이런 우여곡절을 거치기는 하였으나 군단 기동 훈련은 군사령관 이하 훈련 참가자, 저희 통제단까지 모두가 만족하는 훈련 성과를 거두면서 성공적으로 종료되었습니다.

* 훈련 후기 : 훈련 처음부터 종료 시까지 제 곁에 있으면서 모든 것을 지켜보았던 한 장교가 한마디 하기를, "다른 사람들은 모두가 훈련을 한 것이지만 통신단장님은 실전을 치른 것"이라고 강평(?)하였습니다. 이 자리를 빌려 늦었지만 당시의 제1야전군 통신단장이었던 이 대령에게 경솔하고, 성급하며 비이성적이었던 제 행동에 대하여 정중하게 사과드립니다.

저는 예하 장교들에게 과업 부여 시, 그 장교의 능력 및 취약점, 과업의 수준, 현재 진행하고 있는 업무 등을 고려, 구두로 지시하는 것이 아니라 초안을 잡아주고 이를 설명해 주면서 과업을 부여합니다. 여기서 초안은, 능력이 우수한 장교는 개략적인 항목과 세항 목록만을 설정해주고 꼭 포함해야 할 요소를 명시해주는 수준이지만 숙달이 되지 않은 장교들일수록 초안을 비교적 상세하게 작성해주고, 급한 경우에는 모두 해주고 양식의 공란만 채워오도록 임무를 줍니다. 대부분 "○○시까지 해와"라고 이야기할 경우, 1분도 딴 짓 안 하고 부지런히 하면 그 시간에 거의 종료가 되는 식이어서 근무 중 아무도 잡담을 하거나 나태한 모습을 보이지 않았습니다. 그리고 이런 식으로 한두 달 가르치면 모두들 훌륭히 자기 몫을 해내는 장교들로 성장하였습니다.

저는 상급자들이 과업 수행이 미숙하다고 하급자들을 꾸짖고, 부정적으로 비판하는 것을 이해하지 못합니다. 왜냐하면 하급자들은 동일 목적을 위한 조직상의 한 팀인 동시에 상급자가 가르쳐야 할 대상으로서 모든 상급자에게는 교관으로서의 임무가 있는 것이며 하급자가 단순한 '부림'의 대상은 아니기 때문입니다. 하급자가 알면서도 나태하였다면 그것은 그 당사자의 잘못이지만, 모르고 못한 것은 하급자의 잘못이 아니라 가르쳐주지 않은 상급자의 잘못입니다. 통상 군에서 결재하는 자리에 앉거나 대령만 되면 대부분 결재만 하고 있는데 이는 대단히 잘못된 것입니다. 계급이 높아질수록 더 공부하고, 더 연구하고, 더 일하면서 하급자들을 가르쳐 주어야 합니다.

작전장교에게 가장 중요한 능력은 전·평시를 막론하고 정확한 상황 파악과 적시적인 방책 선정 및 건의를 통하여 적절한 조치를 하는 것입니다. 이러기 위해서는 평소부터 부대의 수와 부대 훈련 수준, 인력과 전투 기술 숙달 정도 등을 포함한 인적 전투력(Man Power)의 전투 준비 태세 수준, 장비의 보유율 및 성능을 포함한 장비의 전투 준비 태세 수준, 탄약 및 물자 보유 수준과 지속 능력, 보급 부대의 능력 등 물자 준비 태세 수준, 그리고 수송 능력, 후송과 정비 능력, 기상 및 지형이 작전에 미치는 영향 등을 망라한 피아의 현존 전투력과 전투 지속 능력 등이 머릿속에 일목요연하게 정리되어 있어야 합니다. 그러기 위해서는 전투 준비 태세 보고서와 기간 중 회의 기록, 상황 보고서, 상황판 등을 시간 날 때마다 습관적으로 들여다보아야 합니다. 따라서 저는 훈련 간 장교들이 이러한 습관과 능력을 갖추게 하기 위하여 나름 노력하였으나 커다란 성과를 거두지는 못한 것 같습니다. 그러나 일부 아쉬움이 있음에도 불구하고 작전과의 이상적인 업무 체제 정착을 위하여 노력한 결과, 과원들 전원이 나름대로 자신감과 자긍심을 느끼면서 맡은 업무에 최선을 다하게 되어 두 개 과의 업무를 하자 없이 성공적으로 이끌어 갈 수 있었습니다.

그런데 언제인가의 토요일, 전방 군단의 훈련 통제를 마치고 12:00시쯤 사령부에 복귀하여 바로 식당으로 가서 식사를 하는데, 웬일인지 몇 분도 안되어 식사를 끝내신 군사령관님께서 잠시 식사를 멈추고 주목하라고 하셨습니다.

"내가 육본 회의가 있어 지금 이야기하고 일어나야 하는데……, 생각 같아서는 너희 밥을 굶기고 싶지만 해놓은 아까운 밥솥을 엎을 수도 없어서 먹이기는 한다마는 너희 밥 퍼먹는 모습을 보니 속이 쓰리다. 나는 군 발전을 위한 좋은 제언을 듣기 위하여 각자 군사령관에게 건의하거나 하고 싶은 이야기가 있으면 써내라고 하였는데 제출된 의견들이란 것이 이등병만도 못한 BOQ식당 부식의 질이 낮습니다, 샤워장에 물이 잘 나오지 않습니다, 골프장 부킹이 잘 안 됩니다 하는 것뿐이었다. 이걸 대령이라고 함께 데리고 근무해야 하는지 한심한 생각이 든다" 하고는 나가셨습니다. 구 일본제국 군대의 대본영(우리 합참 및 육군본부 기능의 전쟁 지도 본부)은 대좌(대령)들의 과장단에서 국가의 전쟁 지도 지침과 군사 전략, 각 전구의 전역 작전 지도 지침 등을 결정, 하달하여 실질적으로 군을 이끌어 갔습니다. 비록 대좌급 장교들의 젊은 혈기를, 장군들이 누르지 못하고 끌려감으로써 중일전쟁을 촉발했고 끝내는 태평양전쟁을 일으켜 결국 패전하게 되었지만 그러나 대좌급 과장들의 수준 또한 높았음을 부인할 수는 없습니다. 아마도 군사령관님은 이와 같이 군사령부의 '대령단'을 염두에 두고 기대에 차서 그런 기회를 만들었던 것이 일·이병들의 소원수리 같은 수준이어서 실망을 넘어 상심하신 것 같았습니다. 생각이 이에 미치자 밥이 목구멍에 넘어가지 않았고 얼굴이 붉어져왔습니다. 저는 월요일 새벽에 출동하여 토요일 12:00시, 바로 조금 전 들어왔기 때문에 '의견 제시' 지시를 받은 바도 없고 그 사실 자체를 모르고 있었지만 저도 대령단의 일원으로서 '침통'하게까지 보였던 군사령관님의 얼굴 표정은 아주 오래도록 뇌리에서 지워지지 않았습니다.

### 다. 작전차장으로 보직 변경

그 해 12월, 평소처럼 기동 훈련 부대의 훈련 통제를 끝내고 사령부에 복귀해보니 제 보직이 작전과장 보직 11개월 28일로 정확히 마감되고 저도 모르게 작전차장으로 변경되어 있었습니다. 저는 짐작 가는 바가 있어 아무 소리 없이 내색도 하지 않고 작전과장의 서랍을 정리한 후 김장수 대령(제 사단 참모장 후임)에게는 연습과장을 인계하여주고 작전차장실로 자리를 옮겼습니다. 그러나 직책은 넘겨주었지만 업무 범위가 처부 전체로 확대된 데다가 이런저런 이유로 데리고 있던 두 개 과의 실무자들이 수시로 드나들며 서류를 들고 검토를 요구하여 자연스럽게 밑에 실무자도 없는 작전 및 연습과의 부 과장으로 격하된 셈이 되었습니다. 특히 수요일 전투 체육 행사나 토·일요일에 긴급 상황 발생 시는 대부분의 과장이 골프 후 음주 및 회식이 있어 제가 자리를 지키고 있어야 하는 등 업무량은 대폭 더 늘었습니다.

그 다음 해 초, 군사령관 이문석 장군님이 신체검사 시 이상이 발견되었다 하여 군사령관 보직 1년 만에 물러나시고 후임 사령관이 보직되었습니다. 그런데 신임 사령관 초도 업무 보고 시 '통일대 모델'을 설명할 사람이 없어 (신임 연습과장은 부임한지 얼마 안 되었고 작전과장은 자기 업무가 아니라서) 자연스럽게 제가 설명하게 되었습니다. 저는 약식 통제단을 꾸며놓고, 통제 체계를 설명 후 몇 가지 주요 국면에 대한 전산 모의 시연을 보이려고 준비하고 있었습니다. 그런데 신임 사령관님은 막 설명을 시작하려는 저를 제지하더니 가소롭지도 않다는 비웃는 표정으로 "내가 미국에 가보니 미군들은 BCTP 훈련을 발전시켜 하고 있는데 알지도 못하면서 이런 어린애 장난 같은 것들을 하고 있느냐"라고 면박을 주었습니다. 저는 군사령관이 교육사령관 시절 미국에서 무엇을 보고 왔는지는 모르겠으나 1군의 '통일대 모델'에 의한 지휘관 및 참모들의 전산 모의 워게임 훈련이 바로 컴퓨터에 기반을 둔 전투 지휘 훈련(Computer based Battle Command Traning Program)인 것으로 전술지휘소만 참가하여 전산 운용 워게임을 하면 BCTP고, 실 병력이 참가하여 전산 모의 통제에 의한 훈련을 하면 통일대 훈련 모델인 것입니다. 통일대 모델이 미군에 비하여 부족한 것이 있다면 컴퓨터의 성능과 데이터

(미군은 1·2차 세계대전을 거쳐 그 순간까지 모든 전쟁에 참전하였고, 수없는 실험을 통하여 얻어진 데이터들을 가지고 있어, 보다 실전에 가까운 모의가 가능할 것임)의 질 외에는 근본적으로 같은 개념입니다. 또 분석을 위한 정밀 모의가 아닌 한 지휘관 및 참모들의 부대 지휘 절차를 위한 훈련과 더욱이 야외 실기동 훈련 통제(BCTP 모델은 야외 실 기동 훈련 통제 기능이 없음)를 위해서는 전혀 부족함이 없는 것인데 이것을 이해하려 하지도, 알려고 하지도 않아 입을 다물고 말았습니다.

지금 현재 우리 육군은 자체적으로 개발한 모델을 보완 발전시켜 최신화함으로써 한국적 현실에 적합한 모델로 만들어 사용하지 않고 편제 능력도, 지형도 상이한 전장 환경의 미국으로부터 도입된 BCTP 모델을 훈련에 적용하고 있습니다. 그럼에도 불구하고 만약 그 군사령관님이 지금 현재의 한국군 BCTP 훈련 실상과 '통일대 모델'에 의한 훈련을 비교하여 볼 기회가 있으시다면 그때는 무엇이라고 하실지 궁금해집니다. 후일담이지만 제가 총장 시절에 미TRADOC(교육사)에서 보고받은 BCTP 모델과 '통일대 모델'은 근본적으로 같은 것이었는데, 이후 사단 및 군단 훈련은 전부 교육과와 감찰참모부로 환원되어서 연습과는 팀스피릿훈련과 을지훈련 통제만 하였으며 '통일대 모델'은 폐기되었습니다.

그러는 동안 어느덧 여름이 되어, 군사령부는 을지포커스렌즈연습에 돌입하여 전시지휘소로 이동하였습니다. 을지포커스렌즈연습은 정부 주도의 '을지연습'과, 연합사 주도의 '포커스렌즈훈련'을 통합, UFL(을지포커스렌즈)연습으로 명명되어 시행되고 있었는데 이는 제가 중령 때, 합참의 군사 훈련과 국방부의 동원 훈련을 통합하여 시행하였던 것과 부분적으로 유사한 훈련 개념으로서 연합사에서 대항군 통제단을 운용, 전산 모의 워게임과 함께 부분적인 실제 훈련을 병행하여 실시하는 형태입니다.

이윽고 훈련이 개시되어 준비 태세 훈련 단계를 거쳐 방어 전투 첫날, 저는 습관적으로 전산실의 전산 출력지를 받아서 들여다보니 군사령부 방어 전선에서 춘천 정면은 적이 공격 준비 사격과 동시에 2~3km 진출 중이었으나 양구 정면에서는 포격만 있었고 기동 부대의 진출은 없었습니다. 이에 저는 연합사령관의 훈련 통제 의도(훈련 부대를 훈련시키고자 하는 훈련 중점)가 전방 방어 부대의 유휴 전투력(전투 없이 전선에 배치된 병력) 발생 시 군사령관의 작전 조치를 유도할 목적임을 짐작하고 이 경우 내가 군사령관이라면 "언제, 어디서, 무엇을, 어떻게?" 하고 생각하면서 회의에 참가하였습니다.

그런데 상황 보고가 시작되자마자 군사령관은 대뜸 목청을 돋우어 3군단 정면에서도 분명 적의 진출이 있었을 것인데 상황 파악조차도 하지 않고 허위 보고를 한다며 작전처장을 몰아세우기 시작했습니다. 이렇듯 분위기가 험악해지자 작전과장은 재빠르게 회의실 밖으로 도망치듯 일어나 나가버렸고 처장은 연방 통로 건너편 옆줄에 앉아있는 저를 쳐다보았습니다. 그러나 저는 미동도 아니 하고 자리에 앉아 있었습니다. 답변하여야 할 작전과장이 자리를 비워버리자, 실무자가 답변할 처지도 아니었고 엄밀하게 따지면 제가 답변할 사항도 아니었습니다.

그러나 그래서 답변을 하지 않고 앉아 있었던 것은 아닙니다. 솔직하게 저도 사람인지라, 거의 일 년 가까이 함께 근무한 입장에서 사전에 한마디의 귀띔이나 언질도 없이 그리고 사후에 어떠한 설명도 없이 보직 해임식으로 저를 경질하여 후배에게 밀려나듯 쫓겨나게 된 것에 전혀 감정의 동요가 없었다면 거짓이었을 것입니다. 비록 처장 독자적으로 저를 경질시킨 것은 아닐 것임을 이해하면서도 선뜻 일어서지지 않았던 것입니다. 그런데 군사령관님의 추궁은 상식적으로 도저히 이해가 안 되는 정도여서 급기야는 뒤에 병사들도 일고여덟이나 있었는데도 장군을 향하여 욕설에 가까운 막말까지 나왔습니다. 그래서 저는 도저히 더 앉아 있을 수 없어서 답변하려고 일어섰습니다. 제 딴에는 오래 버틴 것 같았지만 그러나 1분도 못 버티고 일어난 것이었습니다.

군에서 계급의 권위는 절대적인 것이며, 작전의 승패에 중대한 영향을 주는 중요 요소입니다. 1951년 중공군의 2월 공세를 횡성 선에서 저지한 미제9군단은 적의 의도와 능력을 판단할 목적으로 반격으로 전환, 위력 수색을 하면서 전차 1개 대대를 북쪽으로 급거 진격시켰는데 이 전차 대대가 춘천 바로 남쪽에 있는 원창고개 부근에 접근하였을 때 중공군 1개 연대 규모의 병력이 집결되어 있는 것을 발견한 대대 선임부사관이 대대장에게 상황을 보고하면서 철수를 건의하였습니다. 이때 대대장은 철수를 건의하는 선임부사관에게 전방에 있는 중공군과 우리 뒤에 있는 군단장 둘 중에 누가 더 무섭냐고 질문을 던지자, 선임부사관 은 "그야 물론 군단장이죠" 하고 대답했습니다. 이에 대대장은 "그럼 덜 무서운 쪽으로 공격하자"라고 계속 전진을 명령, 전속력으로 중공군의 중앙을 돌파하여 나갔고 이에 놀란 중공군은 대부대가 후속하는 것으로 오판, 전면 철수로 전환하였습니다. 굳이 제2차 세계대전 시 패튼 장군의 일화까지 끌어들이지 않는다 해도, 장군이 장군에게 그것도 병사와 부사관들 및 중·소령 앞에서 XX 운운하는 데는 도저히 참을 수 없었습니다. 만약 지금이라도 전쟁이 난다면 군사령관이 말하는 그 X별의 명령에 목숨을 걸어야 하는 부하 장·사병들은 무엇이 되는 것인지······.

이에 제가 일어나서 "작전차장 답변 드리겠습니다" 하고 이어서 이야기를 하려는데, 제 이야기는 전혀 들을 필요도 없다는 듯 바로 나온 이야기가 "저런 놈이 어떻게 육사를 나와서 대령씩이나 달았느냐, 당장 옷을 벗겨버려라" 하는 것이었습니다. 그제야 군사령관님이 OO사령관 근무 경력으로 저의 반(反) 신군부적 성향을 확실히 알고 계셨던 것으로 생각되어 첫날 '통일대 모델' 설명 시, 듣지도 않고 비웃음 어린 표정으로 모멸적인 언사를 서슴지 않았던 이유가 이해되었습니다.

저는 오히려 마음이 편해졌습니다. 왜냐하면 어차피 이해하지 않으려 단단히 결심한 상대에게 작전 의도가 어떻고 전술 조치가 어떻고 하기보다는 훨씬 대응하기가 쉬워졌기 때문입니다. 저는 어떻게 설명하여야 납득을 쉽게 시킬 수 있나 하고 생각하던 고민을 순식간에 털어버리고 침착하게 여유 있는 모습이 되어, "군사령관님, 제가 달고 있는 이 대령 계급장은 군사령관님께서 달아주신 것이 아니고 제 조국 대한민국이 달아준 것입니다. 떼실 자신 있으시면 떼어보십시오"라고 하였습니다. 아마 군사령관님은 하찮게 생각하는 일개 대령(?)의 입에서 이런 이야기가 나오리라고는 상상도 못하였던 듯 순식간에 얼굴을 일그러뜨리며 회의장을 나가버렸고 회의는 끝났습니다.

이후 저는 자의반 타의반으로 회의 참석이 금지되어 오후부터는 참석을 못하였지만, 군사령관이 3군단을 방문하였을 때 양구 축선에서 적이 2~3km 진출하였다고(그러나 저는 30분 단위로 전산 출력지를 계속 받아보고 있었고 제가 확인한 바로는 적이 진출하지 않았습니다.) 보고하여서 그 후 회의 시에는 처음부터 끝까지 작전처에서 허위 보고한 것으로 단정하여 상당히 심한 질책을 받은 것으로 전해 들었습니다. 이 일로 인하여 저는 '장포대(장군 포기한 대령)'라는 이야기를 들었으나 개의치 않았습니다. 당시 군 참모장님은 상당히 정이 많으신 분이었는데 저를 부르시더니, 경위야 어찌 됐든 간에 네가 아랫사람이니 군사령관님을 찾아뵙고 사과를 드리라고 하셨지만 저는 추호도 사과할 마음이 없음을 분명히 하였습니다. 왜냐하면 그것은 사과가 아니고 구차하고 비루한 아첨이었기 때문입니다.

훈련이 끝나고 9월 하순쯤, 전방 모 사단에서 사단 창설 기념 체육 대회 시 이를 응원하러 가던 병력을 실은 트럭이 급커브에서 전복되어 서너 명이 사·상되는 사고가 있었습니다. 이 보고를 받은 군사령관님은 군사령부 포함 전 예하 부대의 필수 운행 차량을 제외한 모든 차량의 운행을 금지하고 전원 도보로 이동하도록 지시하였습니다. 저는 이 명령에 따라 충실하게 민간 버스를 이용, 사령부 인근 정류장에서 하차하여 걸어서 출퇴근하였습니다.

그러던 어느 수요일, 늘 그렇듯 모두가 전투 체육으로 골프장에 있었고 저만 차장실에서 자리를 지키고 있었는데 상황 장교가 전문 한 장을 들고 숨차게 달려왔습니다. 그 내용을 보니 연합사령관이 발신한 전문으로, 군사령관의 결심을 받아 긴급 답신을 하여야 하는 내용이어서 군사령관실로 내려가니 부재중이라고 하면서 소재를 알려주지 않는 것이었습니다. 저는 전문을 수석 부관에게 보여주면서 "군사령관에게 문제가 야기될 수도 있는 내용인데 네가 책임을 질 거냐" 하고 다그치니까 지인들하고 OO으로 갔다는 것이었습니다. 그래서 차량 운행을 중지해서 전군이 걸어 다니는 때에 군사령관님은 그곳까지 민간 버스로 가셨는지 아니면 군 차량을 타고 가셨는지를 물었습니다. **왜냐하면 명령권자가 스스로 지키기 않는 명령은 이미 명령일 수 없기 때문입니다.**

군사령관실에서 나오며 혹시나 하여 참모장실로 가보니 참모장님께서 마침 자리에 계시어 전문의 처리 방안을 승인받은 후, 군사령관 명의로 답신 전문을 발송하여 상황을 종료시킨 후 바로 택시를 잡아타고 거의 6km 거리에 있는 BOQ로 가서 제 차량을 끌고 군사령부 정문으로 갔습니다. 정문 위병이 제 차량을 제지하면서 적발 보고를 하겠다고 하여서 그러라고 하고 들어가니 보고를 받으신 참모장님이 나와 계시다가 왜 이러느냐고 하셨습니다. 저는 "죄송합니다"라고 말씀드린 후 차를 주차하고 제 사무실로 돌아왔습니다. 그 이후 차량 운행 금지 지시가 흐지부지, 유야무야될 때까지 제 차로 출퇴근하였습니다. 왜냐하면 제가 차를 끌고 다니자 차량 운행 금지 지시가 풀린 줄 알고 한 사람 두 사람 차를 끌고 나오다가 순식간에 거의 모두가 차를 끌고 다니기 시작하였기 때문입니다.

그로부터 저는 전방 부사단장으로 가라는 압력을 받기 시작했습니다. 그런데 작전차장도 22기로부터 인수 한 데다가 당시 전방 부사단장은 21, 22기들이 하고 있어 제 차례가 아니었고 더욱이 1군에서는 거기가 어디든 근무하고 싶은 생각이 없었기 때문에 거절하였습니다. 제 속사정이 그러했어도 제 보직을 부탁할 만한 사람도 없었고, 오라는 곳도 없었기에 내심 고민을 하고 있었습니다.

그 해 12월 초, 36사 작전참모 시절 인사참모로 함께 근무하였던 동기생 김일우 대령으로부터 전화가 왔습니다. 그는 당시 육본 작참부 예하의 임시편성 부서인 818계획단 제1과장으로 있는데 수방사 예하의 2차 연대장 보직을 약속받았으나 비문 정리 때문에 후임이 없어 떠나지 못하고 있다고 하였습니다. 그런데 818단은 3개월 반 후인 3월 31일부로 해체될 예정으로 아무도 오려는 사람이 없어 혹 저는 진급을 생각하지 않고 있으니 어떨까 하는 마음으로 전화를 하였다는 것이었습니다. 그러나 저는 1군을 벗어날 수 있다면 어디든 대환영이어서 즉석에서 수락하였습니다. 그로부터 닷새 후 저는 818편성 1과장 명령을 받고는 3년간의 1군 근무를 마치고, 참모장 신고로 군사령관 신고를 가름한 후 기꺼운 마음으로 원주를 떠났습니다.

형님 환절기에 각별히 건강 챙기셨으면 하는 마음으로 늘 건강하심을 기원합니다.

동생 재준 올림

# 24. 육본 818사업단 편성1과장 및 단장 직무대리

**존경하며 자랑스러운 형님께**

한동안 칼날같이 매섭기만 하던 동장군의 위세도 시간의 흐름은 거역할 수 없는지 한결 무디어지고 이제는 봄 내음이 제법 느껴지는 듯합니다. 형님께서 보내주신 서신 네 통은 잘 받아 보았습니다. 형님의 매번 따뜻한 격려의 말씀은 다정함이 넘쳐나 저에게 새로운 희망과 도전의 용기를 되찾는 활력소가 되어 주는데. 그 중 특히 "신이 어느 곳에나 있을 수 없어 자신을 대신할 수 있게 어머니를 창조해 주셨으며 어머니는 언제나 자식들의 가슴속에 영원히 함께 하실 것"이라는 말씀이 마음에 사무칩니다. 그러나 머리로는 그렇게 이해하려 하지만 어머님의 임종을 모시지 못한 것은 가슴에 한으로 지워지지 않습니다.

지난번에 원주를 떠나 계룡대로 향한 것까지 말씀을 드렸습니다. 육군본부는 다행히 대령급 장교들의 독신 장교 숙소에 빈 곳이 있어서, 제 전임자가 거주하던 호실에 바로 입주하여 간략하게 책들과 옷가지를 정리할 수 있었습니다. 저는 그 다음 날 출근하여 별관에 있는 818사업단을 찾아가 단장과 인사를 나눈 후(그동안 단장이 교체되어 신임 단장이 갓 전입) 제1과 사무실을 찾아갔습니다. 사무실에는 책상과 의자가 열두 개씩 있었지만 사람은 경리장교 소령과 단기 사병, 타자 여군무원 등 세 명만 있었습니다. 그래서 다른 인원은 어디 갔느냐 물어보니 아직 출근하지 않았다는 것이었습니다. 바로 점심 식사 시간이어서 별관 식당에서 식사 후 사무실에 올라가니 오후 두 시 다 되어서야 중령 한 명이 나타났다 어디론가 사라졌습니다. 그 이튿날도 상황은 마찬가지여서 그날 저녁, 제가 부임 인사차 저녁을 사겠다고 모두에게 연락하였지만 아무도 나오지 않았습니다.

그 다음 날(수요일)은 출근하자마자 오후 전투 체육 시 계룡산 등산 후 제가 저녁을 사는 것으로 모두에게 다시 연락하였으나 당일 저를 따라 산에 오른 것은 단기 사병 한 명뿐이었습니다. 저는 단기 사병과 계룡산 정상에 오른 후 그 병사와 둘이 막걸리를 곁들여 식사를 함께 하였습니다. 그리고부터는 다행히도 장교들이 한두 명씩 나타나기 시작하여 잠겨진 캐비닛을 열고 서류들과 비문 목록들을 겨우 들여다볼 수 있었습니다.

제가 아무리 장군 진급을 포기한 대령에 석 달(사실은 두 달 25일 후) 후 없어질 부서의 과장이지만 그래도 대령과 단둘이 막걸리 잔을 주고받으며 식사를 함께 한 것이 자랑스러웠던지 그 병사가 온통 자랑을 하고 다닌 덕으로 두 번째 수요일 등산 시에는 인원이 다섯 명으로, 세 번째에는 일곱 명으로, 네 번째는 드디어 과 전원이 함께 등산하고 얼굴을 마주하며 저녁 식사를 할 수 있게 되었습니다. 그 장교들의 태도가 옳다고는 할 수 없지만 이해는 할 수는 있었던 것이 그 해에 전역할 장교가 다섯 명이었고 그 다음 해에 전역할 장교가 세 명으로 소령 한 명만 전역 해당이 아니었습니다.

아무튼 새로 부임한 과장이 과원 모두와 함께 식사하는 데 한 달이 소요되었지만 이러한 우여곡절을 겪은 후 어느덧 2월이 되었을 때 과 분위기에 조금 변화가 있어 전원이 정시 출근하여 점심을 함께 하고 정시에 퇴근하는 분위기로 바뀌었습니다. 그래서 그제야 저도 장교들과 함께 단 해체 시 이관할 비문과 파기해야 할 비문 및 각종 서류들을 정리하여 이들의 목록을 작성하면서 단 해체 준비를 진행할 수 있었습니다.

육본은 전체 대령들의 조를 편성하여 월 1회씩, 지정된 토·일요일, 자가 또는 숙소에 대기하도록 되어 있었습니다. 그러나 저는 부서가 부서인지라 조 편성도 없었고 또 확인하는 사람도 없었지만 나름 저 스스로, 매월 첫 주차 토·일요일을 대기일로 정하고 이때는 서울에 가지 않고 BOQ에서 자리를 지키고 있었습니다. 그런데 3월 첫 주 토요일 오후 여덟 시경 느닷없이 작전참모부장 김석원 장군님이 저를 찾으신다는 BOQ 관리병의 연락을 받고 본청에 올라갔습니다. 총장님께서 ○○에 관한 국회보고서를 빨리 작성하여 공관으로 올라오라고 전화를 하셨는데 토요일이라 처부 과장들이 모두 골프를 하고 술들을 마셔 찾다보니 남 대령이 숙소에 있다 하여 오라고 한 것이라면서, 그 보고서를 빨리 작성하라는 것이었습니다. 그 보고서는 계획 편제 부서 관련 문건이었는데 저는 조금 어이가 없어서 "제가 이 업무를 수행한 것도 아니고 참고할 자료도 없는데 어떻게 할 수가 있습니까. 실무자라도 불러 주셔야지" 하고 말씀드렸습니다. 그랬더니 "실무자도 못 오게 생겨서 남 대령을 부른 거야" 하시면서 부장님 바인더와 국회 질의 공문, 총장님 지시 메모를 던져 주시고는 "시간 없어. 언제 하려고 하나. 거기 앉아서 빨리해. 워드병 대기시켜 놓을게" 하시는 것이었습니다. 저는 책상 앞에 앉아 제가 알고 있는 지식과 바인더 및 질의 공문을 참고하여 초안을 잡았고, 부장님은 이를 검토 후 바로 워드병에게 작업을 시킨 끝에 밤 열 시를 넘겨 25쪽 가량의 보고서 작성을 완료하였습니다.

작참부장님은 저를 대기하도록 지시하신 후 늦은 밤 총장 공관에 올라가 기다리고 계시던 참모총장님께 보고드리고 내려오시더니 저에게 "지금 서울로 올라가 내일 오전 09시로 약속이 되어 있는 국회 ○○○의원실로 찾아가 보고를 해주고, 이 문제에 대하여 두 번 다시 문제가 되지 않도록 깔끔하게 해결하고 오라"라고 하시는 것이었습니다. 이에 보고 중 질문을 해오면 그 업무의 배경 지식이 전무한 저로서는 답변이 궁해질 것을 염려하여 작전참모부장님이 퇴근을 못하시도록 붙들어 놓은 후 바인더에서 조금이라도 연관되는 자료 포함 관련 자료들을 외워가면서 작참부장님께 예상 질의를 하시도록 하여 답변 내용을 정리 후 차량으로 서울에 올라와 집으로 가는 길을 찾아 한참을 헤맸습니다. 그 다음 날 약속된 시간에 의원을 만나 질의 내용에 대하여 상세히 설명하면서 특히 군이 민원인의 요구 사항을 들어줄 수 없는 이유를 조목조목 설명한 결과 그 의원을 납득시키는 데 성공하였고 다행히 거듭된 질문에도 막힘없이 답변할 수 있었습니다.

저는 그 의원으로부터 다시는 문제 제기를 하지 않겠다는 다짐을 받고는 가벼운 마음으로 내려와 결과를 보고드리니 이미 전화를 받았다면서 거듭 수고하였다고 치하하셨습니다. 거기까지는 좋았는데 그 다음부터 엉뚱한 일이 벌어져 입장이 난처하게 되었지만 저의 과(課)는 아연 활기를 띠기 시작하였습니다. 부장님께서는 작전참모부의 해당 부서에서 할 업무 중 조금 긴급한 업무들은 저를 불러 지시하시기 시작하였고, 3월 31일의 단 해체 계획도 3년 후에 해체하는 것으로 조정한 것입니다. 이렇게 되자, 제 업무가 아닌 업무(제 업무라고 할 만한 일거리도 없었지만)를 하는 것에 대하여 단장과 작전참모부 예하 해당 과장들의 시선이 곱지 않았고 급기야는 단장이 작참부장에게 이의를 제기하게 되었습니다.

그러다가 얼마 후 단장이 교육사령부 참모로 전출가게 됨에 따라 제가 818단장 직무대리를 하게 되었습니다. 이러한 과정을 거쳐 818 편성1과는 문자 그대로 작전참모부장, 전략 예비과가 되어 노는 과가 아니라 일하는 과가 되었습니다. 감동적인 것은 전역을 앞두고 출퇴근조차 일정하지 않았던 장교들이 옷소매를 걷어붙이고 야근을 하면서도 신바람들을 내는 것이었습니다. 그리고 그동안 본청 식당에 의도적으로 가지 않던 장교들이 떼를 지어 어깨를 펴고 당당하게 본청 식당으로 향하였습니다. 처음에 그렇게도 쉽지만은 않았던 수요일 오후 등산과 막걸리 한 잔도 당연한 것이 되었고 과 장교들 간의 업무 분위기 또한 만족스러운 수준이 되었습니다.

무엇보다도 제가 818에 있는 동안 가장 즐거웠던 것은 동생 형진이와 함께 서울에 오갈 수 있었던 것입니다. 외박을 나갔다가 부대 복귀 시에는 평생을 그렇게 지냈지만 항상 쓸쓸해지는 마음이 어쩔 수 없었습니다. 그래서 조금 미적거리면 아버님은 항상 밤길 가지 말고 일찍 출발하라고 채근하셨는데, 넷째와 함께 다니고부터는 미적거리는 버릇이 없어졌습니다. 제가 외박할 수 있는 날에는 넷째와 약속하여 넷째를 제 차에 태워 올라가고 귀대할 때는 넷째를 숙소에 내려주고 귀대하기도 하고, 그저 헤어지기 아쉬울 때는 제 BOQ에서 재워 보내기도 하였습니다. 형제간이지만 나이 차이가 있을 뿐 아니라 넷째가 중학교 들어갈 무렵 제가 집을 떠났던 터라 서로 속마음을 털어놓고 이야기하며 형제간의 정을 나눌 기회를 갖지 못하였는데 이때 함께 할 수 있었던 그 소중한 시간을 저는 아름다운 추억으로 마음 깊이 간직하고 있습니다.

저는 군 생활 중 적의 공수 낙하에 대비하기 위한 대 공중 방어 계획을 수립하기 위하여 골프장을 정찰하였던 것을 제외하고 업무가 아닌 일로 딱 한 번 골프장에 간 일이 있었습니다. 그날은 수요일 오후였던 것으로 기억하는데 전 장교는 잡초 제거 도구를 지참하고 골프장의 담당 구역으로 집합하라는 전달이 있어 갈고리 하나를 찾아들고 골프장의 작전참모부 담당 구역을 찾아갔습니다. 그런데 그곳에는 전부 중·소령들만 있었고 대령은 유일하게 저 혼자였습니다. 저는 그런 일에 신경을 쓰지 않는 성격이어서 잠자코 잡초를 뽑고 있으려니 귀를 막을 수는 없었던지라 들려오는 이야기가 온통 대령을 욕하는 것 뿐 이었습니다. "골프는 제 놈들이 치면서 한 놈도 안 나왔다(규정이 그랬는지는 모르겠으나 어쨌든 그 당시는 대령급 이상만 골프를 하였던 것으로 기억됩니다.)."

이들은 주로 고참 중령들로 보였는데 참고 듣다가 도저히 더 못 참겠어서 그 중령들을 향하여 "거기 중령님들, 여기 대령 한 놈은 나와 있지 않나. 나 들으라고 하는 이야기인가?" 하고 웃으며 큰 소리로 말했습니다. 그랬더니 얼굴이 벌게지면서 "죄송합니다, 안 계시는 줄 알고 그랬습니다" 하고 변명을 하기에 "안 보이는 데서는 나라님도 욕을 먹는다는데 그럴 수도 있지. 그러나 소령들이 자네들을 보고 있지 않나?" 하고 이야기하자 "잘못했습니다" 하고 입을 다물었습니다. 하긴, 대령들이 단 한 명도 보이지 않았던 것은 정신 상태들이 잘못된 것이라 욕을 먹어도 싼 것이지만 군에서의 계급적 권위는 군의 생명과도 같은 것이어서 한마디 안 할 수 없었습니다. 그러나 **계급이 높을수록 모범을 보이며 이에 상응하는 책임과 의무를 다함으로써만 계급적 권위를 지킬 수 있는 것**입니다. 이것이 제가 유일하게 골프장의 소위 '그린'에서 한 나절을 보낸 경험담입니다.

김영삼 정부가 들어서면서 하나회 소속 장교들이 물러나게 되어 총장이 교체되었고 그러한 와중에서도 저의 과는 여전히 격무에 시달리기보다는 긍지심과 더불어 이를 즐기고 있었습니다. 그 당시 우리 단은 기간 중 추진되어오던 차기 보병 사단 개편안을 마무리 짓고 총장님께 보고를 드리게 되었는데, 이 자리에서 총장님과 충돌이 있었습니다. 제가 부임하기 이전 전임 단장 재임 시 연구되던 안에는 보병 사단의 화력을 증강하기 위하여, 연대에 편제되어 있던 박격포를 대대로, 대대의 박격포는 중대에 장비토록 하는 방안이 있었는데 이를 제가 일부 수정하여 시행 전제 조건과 시기를 조정하였기 때문입니다. 제 전임자들은 미군 및 북괴군의 편제를 참고하여 화력을 증강히는 것만 생각히였지 한국적 지형 여건과 편제 부대 화기의 지원 사격 가능 범위를 전혀 고려하지 않은 것이어서 야전에서는 화력이 증강되기는커녕 연대 및 대대의 중대 지원 능력 발휘 자체가 문제될 수 있는 안이었습니다.

최초의 안은 북괴도 연대에 포병 중대가 편성되어 있으며 아군의 박격포는 사거리가 짧아 지원 범위가 제한됨을 이유로 하여 아군도 연대의 박격포를 야포로 바꾸어 장비하는 것으로 계획되어 있었습니다. 그러나 적의 76.2m 야포는 경포로써 분해하지 않고 도수로 끌고 산지를 이동할 수 있으나 우리 야포는 105m 중포(中砲)로 산지 도수 이동이 불가하여 활용성이 제한됩니다. 더욱이, 연대 박격포를 대대 박격포와 대치하여 장비할 경우, 차량에 탑재하여야 하는데 당시의 우리나라 지형에서 사단 정면에 종적 도로가 두 개 이상인 경우가 극히 드물며, 특히 중·동부 이동(以東)은 겨우 한 개 축선이 가용하므로 사단의 2개 연대 4개 대대 병진 공격 시에는 1~3개 대대의 박격포가 자기 대대 구역을 벗어나 다른 대대 작전 지역에서 임무를 수행하여야 합니다. 그러나 이 경우 4.2inch 박격포는 사거리가 극히 짧아 지원 사격 자체가 불가능하게 됩니다. 따라서 이 안을 채택할 경우에는 박격포의 사거리 연장과 차량 탑재의 문제 해결이 선행되거나 동시적으로 추진되지 않으면 안 됩니다(현재에는 이 문제점들이 완전 해소되어 수정안 이전의 안으로 편성된 것으로 알고 있습니다.).

미군은 기본적으로 유럽의 평원과 구릉지에 적합한 기계화 부대의 탑재 무기 개념으로 발전된 것으로서 저는 6·25 당시의 전례와 일부 제원까지를 인용하면서 거의 한 시간가량을 굽히지 않고 초안의 부당성을 설득한 결과 겨우 총장님의 결재를 받을 수 있었습니다.

그렇게 시간이 흘러 그 해 10월도 중순이 넘었을 무렵 하루는 부장실에 보고할 것이 있어서 보고를 하고 단으로 돌아오니 3과장 한 대령이 기다리고 있다가 단장실로 가시자고 했습니다. 저는 그간 818단장 직무대리이지만 편성1과장을 겸임하고 있어서 단장실은 과장 회의 시에만 이용하고 평소 근무는 저의 1과장 자리에서 보고 있었습니다. 또 단장 판공비도 4개 과장이 똑같이 나누어 집행토록 하고 저 단독으로는 한 푼도 쓰지 않았습니다. 그래서 무슨 일인가 싶어 단장실로 가보니 모두 서서 기다리다가 박수를 치며 환영해주었고 회의 탁자에는 다과가 준비되어 있었습니다. 영문을 몰라 오늘 내 생일도 아닌데 무슨 일인지를 물으니 장군 진급을 축하한다는 것이었습니다. 저는 바쁘기도 하였지만 장군 진급이 저하고는 상관도 없는 일이라서 그날이 장군 진급 심사 결과를 발표하는 날이라는 것조차 모르고 있었던 터여서, 믿지 않는 저에게 내민 진급자 명단에 제 이름이 보였습니다.

이에 언제 발표가 되었는지 질문하니 조금 전이라 하였습니다. 그래서 "다과를 미리 준비해놓았다가 안되면 어떻게 하려고 하였느냐"라고 하였더니 사실은 어제 저녁에 알았다고 하며 털어놓은 이야기는 과 근무 단기 사병이 같은 동네에 사는 진급과 근무 단기 사병에게 신신당부하여 어제 최종 심사 결과를 알려 주어서 알았다는 것이었습니다. 이 이야기를 듣고 저는 후일 인사 참모부장 시절, 진급과 근무 단기 사병의 진급 심사 기간 중 출퇴근을 금지하고 대신 심사 종료 후 해당 일수만큼 휴가 조치를 해주는 것으로 방침을 바꾸었습니다.

후일담으로 작전참모부장님이 총장님께 "남 대령을 진급시켜주셔서 감사합니다" 하고 말씀드리니 "그 고집 무지무지하게 쎈 녀석 말이지" 하시더라는 이야기를 들었습니다. 그 해 818단에서는 전 계급(소령→중령→대령→준장)에서 진급자가 나와 이후 소위 선호 근무 부서가 되었다고 합니다. 그날 오후, 진급심사위원장으로 육본에 와 계시던 수도방위사령관 도일규 장군님이 부대 복귀하시는 길에 제 방에 들러 수방사 참모장으로 함께 근무하겠느냐고 하시어 기꺼이 응하였습니다. 그런데 저는 장군 진급을 한 것도 좋기는 하였지만 그것보다는 군 생활을 더 할 수 있게 된 것과 모처럼 가족이 함께 모여 살게 된 것이 더 좋았습니다.

형님, 두 내외분 평안하시기를 빌며 다음 주 서신 올리겠습니다.

동생 재준 올림


\* 추신 : 한 봉투에 편지지 9매씩만 허용되어 늘 끝머리가 어지러워져 깔끔하지 못합니다. 이해하여 주시기 바랍니다.

## 25. 수도방위사령부 참모장

### 존경하며 자랑스러우신 형님께

잠자던 개구리가 깨어난다는 경칩도 지났습니다. 지난번에 이어 오늘은 수방사 참모장 시절을 말씀드리겠습니다.

그동안 저는 매년 -저와는 상관없는 것으로 생각하고 있었기 때문에- 진급 심사에 관심을 가져 본 일이 없었습니다. 그러다보니 그 해도 저는 진급 발표 날짜조차도 모르고 있었는데 이상하게도 진급되어서 기쁘기보다는 조금 멍한 상태였습니다. 진급 발표 다음 날에는 넷째가 그 소식을 듣고 찾아와 둘이 맥주 한 잔을 나누었는데, 솔직히 제가 진급한 것이 기쁘기는 하였지만 여태껏 같이 다니며 서로 의지하다가, 넷째 혼자 남겨놓고 떠나야 한다는 것에 마음이 조금 무거웠습니다.

제 진급 소식에 그동안 마주쳐도 모르는 척하였던 장교들을 포함하여 많은 곳에서 축하 전화가 왔는데 이때 제 머릿속에 떠오른 사람이 춘추시대 제나라의 '맹상군'이었습니다. 형님께서도 잘 알고 계시듯 구도계명(狗盜鷄鳴)의 고사로 유명한 제나라 맹상군의 위명이 날로 높아지는 데에 불안을 느낀 제나라 임금이 그를 재상 직에서 면직했습니다. 그러자 3,000명이나 되던 식객이 온데간데없이 순식간에 사라졌다가, 가신 풍환의 기지로, 재임용되자 한순간에 모두 다시 모여들었습니다. 이에 화가 난 맹상군이 식객들을 모두 쫓아내려 하였습니다. 이때 풍환이 말리면서 말하기를 "군(君)은 장터에, 낮에는 오라는 이 없어도 발 디딜 틈이 없이 서로 어깨를 부딪혀가며 발이 밟혀도 사람들이 모여들었다가, 밤이 되면 소매를 붙들어도 뒤돌아보지도 않고 흩어져 인적이 끊기는 이치를 모르십니까? 그것은 낮에는 그곳에 이익이 있기 때문이고 밤에는 그곳에 이익이 없기 때문인데, 이것이 인심입니다"라고 한 고사가 불현듯 생각났습니다.

저는 인생의 기복이 심했던 편이어서 여러 번 거듭 반복된 이러한 밀물과 썰물의 현상을 아무런 감정 없이 무심히 받아들일 수 있어, 비교적 편안한 마음으로 살 수 있었던 것 같습니다. 그 후 818계획단은 일약 유망 보직으로 자리매김하였다는데 저는 선임 과장에게 단장 대리직을, 과선임 장교에게 과장직을 인계 후 작전참모부장 김석원 장군님께 깊은 감사의 인사를 드린 후 서울로 올라가 아버님을 찾아뵈었습니다.

아버님께서는 만면에 웃음을 띠시고, "참으로 욕 봤다" 하시며 제 어깨를 두드려 주셨습니다. 아버님께서 그렇게 기뻐하시는 감정을 드러내 보이신 것을 본 것은 제가 태어나서 처음이자 마지막이었습니다. 어머님은 잔잔한 미소를 띤 얼굴로 제 손을 두 손으로 꼭 감싸 쥐고 다독여 주시면서, 제 성격을 염려하신 듯 "인순, 인순, 그저 인순, 인순(仁順 : 너그러운 마음으로 매사에 순리를 따라라)하거라" 하고 노래 부르시듯 말씀하셨습니다.

아버님, 어머님 이야기를 하려니 다시 눈물이 쏟아지는데, 어제가 어머님 대상으로 3년 상 탈상하는 날입니다. 어머님 기일을 맞아 제사에 참석하지도 못하고 하루 종일 혼자 앉아 어머님 읽으시던 〈천수경〉을 독송하였습니다. 형님께서는 눈물을 흘리지 말라 하셨지만, 되돌아보면 태어날 때 탯줄을 세 번씩이나 감고 태어나서 어머님 돌아가실 뻔하게 하고, 3개월도 안 되어 병이나 봄, 여름, 가을의 6개월을 이불속에 저를 싸안고 앉아계시도록 괴롭혔으며, 초등학교 4학년 때는 복막염으로 석 달을 제 병간호에 매달리게 해 드린 것뿐 아니라, 노는 것마다 위험한 짓을 하여 좌불안석이시던 어머님은 동생 정희를 항상 제 뒤에 몰래 따라다니게 하셨는가 하면, 커서는 전쟁터로, 최전선으로, 총장, 국정원장 시절에는 온통 TV와 신문지상에 제 이름이 도배되다시피 하여 어머님께서 하루도 편치 못하게 해드렸습니다.

제가 국정원장직을 물러나서 찾아뵐 때야 비로소 평안해 보이시던 어머님의 얼굴이 가슴에 시리도록 맺히는데 돌아가시는 순간까지 제 사진을 가슴에 품어 안고 제 걱정을 하시도록 만든 이 불효를 도대체 어떻게 빌어야 용서받을 수 있을지 그저 막막한 심정으로 눈물만 비 오듯 쏟아집니다.


저는 1993년 11월 준장 진급 예정자인 대령으로 수방사 참모장에 취임하였습니다. 취임 후 업무 파악은 제 오랜 습관대로 각 참모부를 돌아다니며, 서류철을 가져오라 하여 기간 중 수행한 주요 업무와 진행 중 또는 예정된 업무를 파악하며 실무자들의 의견들을 청취하였습니다. 그런데 참모들이 결재한 서류가 전체 서류 중 12~13%, 과장(중령)들이 결재한 서류가 17~18% 정도에 불과하여, 70% 정도가 소령 및 대위급 실무선에서 종결된 상태였습니다. 사령관 보고도 과장(중령)들이 하고 처장(대령, 참모)들은 배석을 하고 있었습니다. 규정상 육군의 편제 개념은 군사령부 참모에 준장을 보임하여 처장으로 호칭하고 그 밑에 대령 과장을 두고 있으며, 군단에는 대령을 참모로 보임하여 참모로 호칭하고 그 밑에 중령 과장을 두고 있습니다.

그런데 군단급인 수방사는 이러한 편제 개념을 무시하고 대령 참모를 처장으로 호칭하다보니 대령 참모가 장군 흉내를 내어 중령 과장에게 보고를 시키고는 뒷짐 지고 앉아 있는 것이었습니다. 저는 이런 잘못된 의식부터 뜯어고치고자 모든 보고는 처장이 직접하고, 답변도 처장이 하도록 엄명을 내렸습니다. 처장, 과장들의 결재가 30%에 머문다는 것은 수방사 업무의 70%가, 중령·대령도 모르는 사이에 소령·대위급 실무자 선에서 수행되고 종결되었다는 것을 의미합니다. 수방사 내규의 전결 규정상 전결권은 처장까지 위임되었지 그 이하는 전결 권한이 없습니다.

제가, 처장이 직접 보고토록 하고 모든 질문에 처장이 직접 답변토록 하자 날벼락(?)을 맞은 처장들의 불만이 폭발하였고 이를 알게 된 사령관님께서는 제 지시의 철회를 요구하셨습니다. 그러나 저는 "그러면 사령관님 보고 시에는 과장이 보고하고 저에게 보고할 때에는 처장이 보고토록 하겠습니다" 하고는 제 의견을 관철했고, 이렇게 되자 결국 처장들도 업무에 직접 관여하지 않을 수 없었습니다.


저는 제2단계로, 사령부의 일반 및 특별참모부에 접수되는 모든 상급 부대 문건은 문서 수발 부서에서 접수하는 즉시 각 부처로 보내는 것이 아니고 참모장실로 보내도록 하였습니다. 모든 문서는 제가 먼저 결재하면서 처리 지침을 적은 메모지를 문서에 첨부하여 해당 처장실로 보냄으로써, 참모는 실무자가 해온 것을 수동적으로 결재하는 것이 아니고 처장이 처리 지침을 지시하게 하여 처장의 역량을 최대로 쏟아 붓도록 할 것을 요구한 것입니다. 처음에는 시끌벅적하였지만, "우리의 일전에 대한민국의 명운과 너의 처자식들의 미래가 결정 된다"라는 제 막무가내식 설득과 강행에 이러한 시스템이 정착되어갔습니다.

어느 정도 정착될 때쯤 제3단계로 저는 매주 토요일 참모부 사열을 실시하여 구석구석을 훑어가며 소위 '정치군인'의 냄새를 털어내기 시작하였습니다. 그 첫 번째 조치가 장교들의 붉은색 가죽 권총 요대를 회수한 것이었는데, 여태껏 기갑부대 외에는 편제에도 없는 권총 가죽요대를 어깨에 비스듬히 걸쳐 차고 으스대는 듯하던 악습을 하루아침에 걷어내 버리고 야전 탄띠를 지급하여 육군 규정대로 전부 배낭을 꾸려 캐비닛 위에 정돈하도록 하였습니다.

제4단계로 저는 사령관님의 승인을 얻어 수방사도 육군본부의 지휘 검열을 받도록 요청, 육본 지휘 검열 대상 부대에 추가 포함해 그 해 10월 육본 지휘 검열을 수검하도록 하였습니다. 그동안 수방사가 육본 지휘 검열을 받지 않았다는 것은 육군 참모총장의 지휘 감독 하에 있지 않고 청와대 경호실의 지휘 감독 하에 있었음을 의미합니다. 그러나 수방사 예하의 경비단만 전·평시 지역 방어 임무가 아닌 경호 작전 임무 수행에 한정되어 경비단이 경호실 통제를 받는 것이지 수방사가 경호실의 통제를 받는 것은 결코 아니며 저는 이것을 분명히 정리하였습니다.

수방사의 임무는 대한민국의 심장이자 전략적 요충이며 핵심 지역인 수도 서울을 방어하는 것으로 조국 방어에 가장 결정적인 전투 임무를 수행하는 전투 부대이지 결코 정권 수호 부대도, 의장 부대도 아닙니다. 수방사는 그동안 한 번도 객관적 평가를 받아보지 못하고 혼자 독불장군 노릇을 하다 보니, 구석구석 뜯어고칠 곳이 적지 않아서 저는 부대의 곳곳에 감추어진 구석구석을 털어내지 않을 수 없었습니다. 이에 불만이 전혀 없었던 것은 아니지만 제가 육본 지휘 검열 중점을 배포하고 지휘검열 준비 일정을 하달, 이 단계에 맞추도록 각 처부를 압박하였기 때문에 내놓고 불평을 하지는 못하였습니다.

이어서 제5단계로 추진한 것은, 사령관님 승인 하에 수방사도 합참의 전투준비태세 검열을 수검하도록 하는 것이었습니다. 수방사는 수도권 방어를 책임진 야전 작전사령부입니다. 더욱이 전시 다른 작전사령부 즉 전방 군단들의 승패는 전술적·작전적 결과를 초래하지만 수방사의 승패는 전쟁의 승패를 곧바로 결정짓는 전쟁 및 전략 수준의 과업입니다. 그러한 부대가 수도 방위가 아닌 청와대경호를 내세워 여태껏 육본지휘검열도, 작전사령부로서 당연히 수검하여야 할 합참의 전투준비태세 검열도 회피하고 우물 안의 개구리(井中之蛙) 노릇을 하고 있었던 것입니다.

제 조치에 불만을 품고 있는 장교들에게는 "너희 처자식들의 목숨을 지켜주고 싶지 않은가. 이 조국을 책임지고 지켜내야 할 그 책무를 포기하려고 하는가?" 하는 슬로건을 내걸고, 협박 반 설득 반으로 동의를 받아냈습니다. 이에 제가 합참 전비태세 검열단에 수방사도 수검 부대로 검열 계획에 포함하여 달라고 건의하니 합참이 오히려 "여태껏 안 받다가 왜 갑자기 받으려 하느냐?"라는 어리벙벙한 질문을 하여 왔습니다. 그래서 저는 "수방사는 작전사가 아닌지? 작전사의 전투 준비태세를 검열, 감독하여야 하는 부서에서 작전사 검열을 회피하는 것은 직무 유기가 아닌지?"를 따졌습니다. 합참의 실무자는 그 해도 후반기에 들어서는 때 수방사 검열을 하려면 연말 업무가 폭주할 것을 꺼렸지만 "그러면 내가 합참의장님께 직접 건의 하겠다"라는 주장에 결국 10~11월 육본 지휘 검열에 이어 수검하는 것으로 결정되었습니다.

육본 검열은 주로 관리, 인사, 군수, 교육 훈련과 예비군 교육 분야 등에 중점을 두고 있으며 합참 검열은 전·평시 작전 태세 및 작전 능력 평가에 있는 만큼 저는 이에 대한 통합 계획을 작성, 추진 일정을 확정하고 단계적으로 중간평가를 해가면서 수검 준비를 내실 있게 추진하였습니다. 그 결과 수방사는 해묵은 구태를 일소하고 명실상부하게 수도 서울을 방어하는 막중한 전투 임무를 수행하는 야전 작전부대로 다시 태어날 수 있는 계기를 마련할 수 있었습니다. 이러한 우여곡절을 거쳐 부대가 일사불란하게 과업을 추진하면서 나날이 새로워지는(日新又日新) 모습을 보여 감에 따라, 마지막 조치로 사령부 장교들이 소지하고 있던 카키색 군복을 모두 회수하여 근무 복장을 전투복으로 통일했습니다.

참모장은 업무에 관련하여 직할 부대를 장악·통제하며 제한된 지휘권을 갖는 직할 부대 지휘관으로서 직할대에 대한 지휘 감독 책임을 가집니다. 따라서 저는, 사령부를 개혁하는 동시에 직할 부대를 방문하여 현상을 파악하고, 직할 부대장들과 당면한 문제점과 개선 방안, 애로 및 건의 사항들을 청취하면서 33경비단 방문에 이어 제일 끝으로 경복궁 경내의 제30경비단을 방문하였습니다.

그런데 저를 맞이한 30단장이 대뜸 "원래 여기는 참모장님은 못 들어오시게 되어 있는데 오늘 제가 특별히 들어오시도록 허락한 것입니다"라고 말하는 것이었습니다. 이 단장의 행태가 바로 그때까지 오랜 세월 일부 수방사 근무 장교들의 사고와 행동을 이끌어 왔던 지극히 잘못되고, 결코 군인이랄 수 없는 '권력자의 하수인'으로서의 행태를 아주 적나라하게 보여준 대표적 사례라 할 수 있겠습니다. 그러나 저는 아무런 내색도 하지 않고, "경호 관련 사항은 나에게 보고하지 않아도 된다. 그러나 그 외의 모든 사항은 내가 직할대 지휘관으로서 권한과 책임을 가지고 있는 만큼 내 지휘·감독 하에 있다는 것을 명심해라"라고 말하면서 업무 보고를 하라고 했습니다. 그러자 준비된 업무보고서가 아닌 평소 부대 방문자용 브리핑 현황만을 가지고, 아주 간단명료하게 보고하는 것이었습니다. 이에 저는 세부 사항까지도 일일이 질문하며 업무를 파악하였고, 그 덕에 그 단장은 진땀을 뺐습니다(제가 근무 평정을 하기 때문에). 이 장교는 훗날, 군단 및 군 그리고 이어 육군의 참모부 과장 자리까지를 차지하고 있었습니다. 그런데 이 세 보직은 어느 하나 없이 모두 큰 하자나 사고가 없는 한 장군 진급이 유력시되는 소위 요직입니다.

저는 기간 중 사심 없이 그 장교의 군인으로서의 정신과 근무 자세, 업무 수행 능력과 희생 및 헌신 정도, 부하들로부터의 존경심, 솔선수범 태도들을 냉정하게 평가하였고, 후일 제가 육본 인사참모부장을 떠나면서 장교들에게 이임 인사 시 이렇게 공언하였습니다.

"군단 참모나, 군 과장이나 육본 과장 이 세 자리 중 어느 한자리만 가게 되어도, 해당 직능의 장교라면 감사한 마음으로 조국과 육군에 희생적인 헌신과 봉사를 기꺼이 바치려 할 것이다. 그런데 임기와도 무관하게 다른 세 장교가 신명을 바쳐 조국과 육군에 헌신·봉사할 수 있는 기회를 가로채고 자신의 진급을 위한 개인적 욕심으로 화려한 경력을 쌓은 장교가 있다. 이 장교를 장군으로 진급시키는지 전 육군이 두 눈을 부릅뜨고 주시하고 있을 것임을 깊이 명심해라. 그리고 부디 여러분이 자신들의 출세를 위해 군을 이용하는 것이 아니라 조국을 위하여 군복을 입고 있음을, 그래서 기꺼이 희생을 감수하며 조국에 헌신해야 한다는 것을, 나를 기억하는 한 끝까지 잊지 말기를 바란다."

그러나 이 장교는 그 후 승승장구하다가 한때 과음으로 문제가 불거지면서 전역되었습니다. 이렇듯 아무런 능력도 없으면서 인맥에 의지하여 자기 과시로 으스대던 그런 장교들이 군을 대표하던 시기는 이미 과거로 흘렀고, 새로운 세기는 새로운 유형의 장교 -오직 군 본분에 충실한- 그런 참 군인들을 요구하고 있습니다.

제가 36사 작전참모 때 이야기입니다마는, 하루는 동기생 집에서 네 명의 동기가 어울려 맥주잔을 홀짝거리고 있었습니다. 그중에는 제가 보임과를 떠나며 후임으로 추천해준 현직 보임과 보좌관과 저와 함께 근무하는 36사단 인사참모가 있었습니다. 제가 떠날 무렵 과장님께서 후임은 책임지고 네가 데려다 놓고 가라고 하셨지만 저는 솔직히 발이 넓지 못해 아는 장교들이 없었습니다. 왜냐하면 육대 이전에는 또래들과 부대끼며 어울렸던 것이 아니고 고급 사령부의 장군 및 대령들 틈에 끼어 살았고, 육대 이후에는 육군의 기피 인물이 되어 같은 부대 동료들 외에는 아무도 저와 가까이 하려하지 않았기 때문입니다. 그래서 저는 이런 사유를 말씀드리고 사양하였으나 거듭 말씀하시기에 처음에는 36사 인사참모(김일우 중령, 천심이 착하고, 성실하며 추호도 사심이 없는 장교)를 추천하였습니다.

그러나 과장님께서 어떻게 평가하셨는지 받아들이지 않고 다른 장교를 요구하여, 제가 대대장 임기를 끝낼 무렵 저의 대대 인근 지역의 대대장으로 부임한 동기가 인사 특기자임을 기억해내었습니다. 통상 동기들은 다 아는 것 같이 이야기를 하지만 이는 전혀 사실이 아닙니다. 4년 내내 함께 뒹구는 같은 중대 동기들(생활 단위가 중대임)이거나 성적이 비슷하여 같은 교반에서 여러 번 수업을 함께 받았든가(각 과목별 성적별로 1반 1번부터 5반 끝번까지 성적순으로 앉음) 아니면 무도, 체육 등 동아리 활동을 같이하지 않는 한 타 중대, 특히 타 대대 출신들은 잘 모릅니다.


이야기가 잠시 빗나갑니다만 사관학교에서는 1교반으로부터 5교반까지 성적순으로 앉는데, 5교반을 장군 교반이라고 합니다. 이는 러일전쟁 당시 일본군 사령관이었던 노기 장군이 사관학교를 방문하여 자신이 앉았던 자리인 5교반 말석에 앉아 "이것이 내 자리였다"라고 이야기한 데서부터 비롯되었다고 합니다. 이와 유사한 이야기로, 사실인지는 모르겠으나 과거 미 육사에서는 교실뿐만 아니라 식당의 좌석도 성적순으로 안쪽부터 시작하여 제일 꼴찌가 식당 입구 쪽에 앉게 되어 있었는데 미 대통령이었던 아이젠하워의 자리는 항상 끝에서 세 번째였다고 합니다. 이를 신기하게 생각한 식당장교 준위가 하루는 아이젠하워를 지명하면서 "귀관은 왜 한 칸 올라가는 법도 없고, 그렇다고 한 칸 내려가는 법도 없이 항상 꼴찌에서 세 번째 자리인가?"하고 질문하자 힘차게 벌떡 일어선 아이젠하워 생도는 "넷, 아이젠하워 생도 아직도 제 뒤에 두 명이나 더 있습니다"라고 대답하였고 이를 본 그

준위(WO)는 "장군감이다"라고 평가하였는데 아이젠하워는 그 후 분발하여 육사를 상위권으로 졸업했다고 합니다.

저는 동기생을 추천하면서도 과장님께 잘은 모른다고 솔직히 말씀드렸습니다. 그러자 과장님이 불러서 면담까지 하시고는 한동안 망설이시다가 명령을 내었습니다. 그런데 이 동기생이 느닷없이 인사참모를 하는 제 동기생의 어깨에 부착된 36사단 마크를 쿡쿡 찌르면서 "야! 이런 거지같은 부대의 똥바가지 같은 마크를 달고 다니느니 나 같으면 차라리 자살을 하겠다" 하는 것이었습니다. 저는 도저히 그냥 넘길 수 없어서 정색을 하고 이야기했습니다. "너는 달기만 해도 창피해서 자살할 그 부대 마크의 승리와 명예를 위하여 나는 지금이라도 전쟁이 난다면 기꺼이 죽어갈 것이다. 왜냐하면 이 부대 마크의 명예가 내 목숨보다 더 소중하니까". 그리고 "군인의 입에서 그런 말이 나올 수 있으리라고는 여태껏 상상조차 해본 일이 없다" 하고는 화가 나서 언성을 높이려는 동기생 인사참모를 끌고 나왔습니다. 그 장교의 행태는 **공사를 구분하지 못한 것으로 자신의 직책을 수행하기 위하여 주어진 권한과 사적인 권력을 구분하지 못한 것**입니다.

이렇듯 자신이 조금만 영향력 있는 직위에 있거나 막강(?)한 부대에 근무한다고 생각되면, 그것이 무슨 큰 권력이나 되는 양 이를 과시해대는 악습이 바로 하나회가 육군에 전염시켜 장교단의 정신을 좀먹게 한 악성 바이러스입니다. 육군은 이 고질병에서 하루빨리 벗어나 '위국헌신 군인본분'의 본질적인 자세를 확립하여야 합니다. 그러므로 저는 부하 장교들에게, **군인은 조국에 충성하며 조국의 명령에 복종하는 것이지, 정권에 충성하며 권력의 명령에 복종하는 것이 아니다**"라고 가르쳐 왔습니다. 본질에서 벗어난 이야기가 길어졌지만 이는 육군 장교단의 상당 부분이 심각하게 침식되어 나타난 광범위한 부작용이 팽배해 있던 당시의 실상이었기에 형님께 말씀드린 것인데, 그 당시 잘못된 장교들의 화두(?)는 '막강'이었습니다.

제가 참모장으로 부임하고 나서 약 5개월쯤 되었을 무렵 1993년 늦봄에 그 해의 예비군 일반 훈련이 시작되어 각 사단은 바쁜 나날을 보내고 있었습니다. 하루는 참모들과 함께 군사보호구역 인근의 건축물 신축 허가 승인에 대한 구청의 협조 요청 건에 대하여 심의하고 있었습니다. 이때 상황장교가 달려와 상황일지를 내밀며 57사단에서 예비군 훈련 중 공포탄을 사격하여 예비군 한 명이 사망하였다는 것이었습니다. 이 보고를 받은 저는 1~2m 근거리에서도 사망에 이르기는 어렵고 총구에 거의 밀착 사격을 하지 않는 한 사망 사고가 발생할 수 없기 때문에, 사격 시 이격 거리를 질문하니 15~16m된다는 것이었습니다. 저는 "김 대위, 공포탄은 탄두가 없는데 그 거리에서 어떻게 사람이 사망할 수 있나?" 하니까 김 대위는 "모르겠습니다" 하였습니다. 그래서 "모르면 모른다고 보고를 해야지" 하면서 상황 보고 제목을 '공포탄 사격 시 <u>원인불상</u> 예비군 1명 사망'으로 정정해 주면서 육본 및 사령관님께 보고하고 사단에서도 상황 보고 제목을 정정하도록 알려주라고 한 후 계속 심의를 진행하였습니다. 그 날은 방공 구역의 고도 통제에 관련된 심의 내용이 여러 건이어서 회의가 길어졌는데 심의가 거의 끝나갈 무렵 사령관님이 인터폰으로 뉴스 '속보'를 보았느냐고 하셨습니다. 그래서 근무병을 시켜 속보를 가져다 보니 그 제목이 '공포탄 쏘았는데 사람 죽어?'였습니다. 지휘 체계상 이러한 사건은 사단에서 처리할 사안으로 통상 군단에서는 개입하지 않는 것이 통상이지만 저는 '상당히 문제가 확대되겠다는 느낌'을 지울 수 없었습니다. 그래서 사단에 전화를 해보니 어이없게도 사단에서 "공포탄 쏘자 1명 사망"으로 ―제 정정 의견을 통보받고도 정정하지 않고― 언론에 발표하였음을 알게 되었습니다.

이 사건은 저의 불길한 예감대로 일파만파로 확대되어 거의 한 달가량 언론을 장식하였는데 어느 일간지에서는 실탄과 공포탄의 그림까지 그려놓고 비교하면서 "초등학생도 알고 있는 것을 모르는 군 장교들"이라는 혹평까지도 서슴지 않았습니다. 저의 36사단 경험으로, 사격 통제 군기가 문란하면 일부 예비군 중 짓궂은 사람들이 장난삼아 탄두를 뽑은 후 장약을 땅에 쏟고 탄두를 재결합하여 사격하는 사례가 있었는데 이럴 경우 탄피에 남은 장약의 양에 따라 탄두가 발사되지 못하고 총구에 남아 있게 될 수 있습니다. 따라서 사격장 내 통제는 규정대로 엄격해야 하며 총기 반납 시에는 반드시 총구 손질을 포함하여 철저히 총기를 손질토록 한 후 이를 확인하여 반납 받아야 합니다. 저는 이럴 경우를 생각하고 사단에 이를 확인해 보도록 하였습니다.

그러나 무슨 이유에서인지 사단장이 제 의견을 묵살하고 시일을 지체함으로써 그 원인에 대한 추측이 난무하게 되어 급기야는 수방사 전체 부대의 명예가 심각하게 실추될 지경에 이르렀습니다. 이에 저는 사령관님의 직권을 발동하여 사단을 무시하고 수사팀에게 직접 전화를 걸어 사고 현장과 동일 조건인 15~16m 거리에 판자 표적을 설치하고 공포탄을 사격하여 판자 관통 여부를 가지고 인명 살상 가능성을 판단하도록 국과수와 함께 언론 초청하에 시험하도록 지시하였습니다. 이 시험 결과 제 추정 판단이 맞았음이 입증되어 사건을 종결하게 되었습니다.

이 사건은 근본적으로 사단 훈련 군기의 문란이 빚은 것입니다. 예비군 실탄 사격 시 통제 부실로 ① 예비군 중 한 명이 수령한 탄환의 탄두와 탄피를 분리하여 장약을 빼어낸 후 사격하여 탄두가 발사되지 못하고 총강에 박힌 것을 ② 총구 손질조차 하지 않은 채 그대로 반납 받았고 ③ 다음 날 이 총기를 수령한 예비군은, 실탄이 없는 빈총도 사람을 조준하지 못하도록 엄격하게 통제하여야 함에도 사격 통제가 허술하여 장난삼아 훈련 중인 예비군을 정 조준하여 공포탄을 발사하였으며 ④ 사고 후 보고를 받은 사단 지휘부에서는 이를 합리적 관점에서 문제 의식을 가지고 확인하였어야 하는데도 무책임하게 그저 타성에 젖은 보고를 하였던 것입니다.

군대에서 보고란 있는 그대로 추호의 가감 없이 나타난 사실만을 있는 그대로 보고하도록 하여야 하는데 사후 약방문이었지만 이후 사격장 및 사격

간 군기 확립과 사용 총기 반납 시 손질 및 총강 확인, 상황 보고 요령의 주기적 교육을 철저히 하도록 하였습니다. 그러나 이는 모두 평소부터 지켜졌어야 할 사항으로 평소부터 군기가 확립되었더라면 인명 손실의 비극도, 수방사 전 부대가 거의 한 달 간 무력화되다시피 할 명예 실추와 시련도 없었을 것입니다.

제가 수방사에 부임한 것도 어느덧 9개월 가까이 되어 사령부는 을지연습에 돌입하게 되었습니다. 군에서 이러한 연습 및 훈련은 장교들의 직무 지식과 직무 수행 능력, 우발 상황에 대한 임기응변 능력, 표현력, 침착성, 열성도, 성실성 등을 관찰 및 평가할 수 있는 최적의 기회이자 간부들을 교육할 수 있는 아주 중요한 기간입니다. 저는 을지포커스연습 준비 검열 후 전 간부를 집합시켜 놓고 다음과 같이 지시했습니다.

"첫째, 여하한 경우라도 훈련 기간 관사를 출입하거나 관사에서 취침하는 것을 금한다. 만일 그럴 경우 근무지 이탈로 간주한다(수방사 본청과 관사는 불과 연병장 하나 사이의 거리) 둘째, 이유 여하를 막론하고 예하 사단 및 직할대의 위문품을 받는 것을 금지한다. ③ 기간 중 음주는 엄금하며 만일 음주 사례가 있을 시는 '지시 불이행'으로 징계 조치하겠다. 각자 분·초를 아껴 고민해보고 연구하며 토의하여, 부대 전투 준비 태세 발전 및 자기 개발의 소중한 기회가 되게 하는 동시에 육본 및 합참 검열 준비 시간으로 최대 활용하라."

연습 기간에는, 아침 일일 브리핑을 제외한 모든 연습을 제가 주관하였고 전 분야의 모든 업무를 노출해 진열시켜 놓다시피 하고, 각 과업들의 목표와 실천 개념을 재정립하였습니다. 그리고 이에 따른 제한 사항과 해소 방안을 도출 및 발전시켜, 과업의 수행 절차를 구체적으로 체계화하는 데 총력을 기울였습니다. 처음에는 힘들어 하던 장교 및 부사관들이 제 뜻에 호응하여 진지한 모습으로 훈련에 임함으로써, 그 해의 을지포커스렌즈연습은 만족스러운 상태에서 종료되었습니다.

연습 기간 장교들의 직무 수행 능력 향상과 각종 계획 보완 및 검열 준비 등에 커다란 성과가 있었다고 자평하는데, 사령부는 이 연습 기간을 활용하여 10~11월로 예정된 육본 지휘 검열과 합참 전비 태세 검열 준비를 위한 준비중점과 보완방안을 명확히 숙지시킴으로써 큰 도움이 되었습니다. 이에 따라 을지포커스연습이 끝난 후, 연습 간 도출된 문제점을 보완한 결과를 매주 종합 점검 및 평가하면서 계획된 일정대로 검열 준비를 해나가고 있던 차, 제가 대령-준장 진급심사위원으로 차출되어, 일주일간의 공백이 불가피하게 되었습니다. 저는 장교들을 소집, 요일별로 완료하여야 할 과업을 하나하나 지정하고 제가 복귀 시 꼭 결과 보고를 해야 할 사항을 명시해 주었습니다. 한편 기간 중 참모장 업무를 대리할 작전처장에게 주요 사항만 약기한 간이 체크리스트를 만들어 넘겨주고는 육본으로 출발하였습니다.

육군의 진급 심사는 3심 제도입니다. 최초 갑·을·병 3개 반이 각각 독립적으로 선발 심사 후, 2차로 갑·을·병반에서 각각, 위원장 및 위원 한 명씩이 모여 3개 반의 선발자를 종합, 추천자를 결정하고, 별도로 지명되어 추가 합류한 3심 위원장의 주제 하에 최종 선발 심의를 거쳐 참모총장에게 진급을 건의할 인원을 최종 선발 확정합니다. 저는 병반 심사위원이었는데, 심의 도중 수방사 인원의 카드만 나오면 이 친구는 수방사네 하고 무조건 넘겨버리는 것이어서 위원장에게 건의, 심사를 잠시 중지시키고 "만일 내가 대상자에 포함되어 있다고 하면 나도 수방사라고 심사도 안 하고 제외시킬 것인가?"라고 질문하였습니다. 당시 대령급 및 그 이상 장교들은 대개 제 이력들을 알고 있어서 "그럴 리가 있느냐"라고 대답하였습니다. "그렇다면 그 이유는 내가 소위 그 막강하던 시절에 근무한 인원이 아니기 때문이냐?" 하니 "그렇다"라고 하였습니다. 그래서 저는 "장교들 임기가 통상 1~2년이기 때문에 지금 수방사 근무하는 장교들은 오래되었다 하더라도 작년 아니면 금년에 보직된 장교들이다"라고 설명하면서 기간 중 수방사가 과거와 완전히 다르게 변화된 내용을 간단히 설명하고는 이 장교들이 그 변화를 주도하며 이끌어온 장교들로서 높이 평가 받아야 할 공적이 있음을 강조했습니다.

그 후 제가 2심 및 3심까지 위원으로 참가하여 수방사 인원이 불이익을 당하지 않도록 노력하였습니다. 또 한 가지는 제 후임 1군 작전과장이 어떻게 된 건지 여태껏 진급을 못하고 있다가 3차 진급 심사 대상자로 올라와 있었습니다. 이 장교는 제가 월남에서도 헬기 장교직을 인계해 주었는데 월남에서의 짧은 순간에 받은 인식과 제1군에서 을지포커스연습 시 직속상관인 작전처장이 최악의 곤경에 처했을 때 이를 수습하여야 할 주무 과장으로서 서둘러 도망치듯 나가버린 것, 평소 업무 수행 수준 등을 종합할 때 저는 그를 '부정적'으로 평가하고 있었습니다. 하지만 심사에 올라온 다른 대상자들과 비교 시 경력 면에서는 유리점도 있어서 O도 X도 다 가능한 상황이었습니다. 그래서 저도 인간인지라 한 2~3분 고민하다가 선발 인원으로 추천하여, 그 해 장군으로 진급되었습니다.

진급 심사를 끝내고 부대에 복귀한 후 결과를 보고하며 환담하는 자리에서 사령관님이 넌지시 제게, "들리는 이야기가 OOO이 선배를 밀어내고 작전과장으로 들어갔었다면서?" 하며 제 얼굴을 유심히 살폈습니다. 저는 웃으면서 말을 다른 화제로 돌렸는데, 사령관님께서 후배에게 밀려난 장교가 저였는지 모를 수 없었을 것입니다. 당시 제 후임 연습과장으로 근무하다가 수방사로 온 작전처장에게서 그 이야기를 들어 알고 있었을 것이기 때문입니다. 제 짐작으로는, 그런 악연이 있는 제가 심사위원으로 들어갔기 때문에 그 장교가 진급 심사에서 탈락될 것으로 생각했다가 진급된 것이 의외여서 제 이야기를 들어보고 싶어 하셨던 것이 아닌가 합니다.

그 해 육본 지휘 검열과 합참 전비 태세 검열은 전 참모 및 직할대장들과 참모 장교 및 부사관들 그리고 병사들이 한 마음 한 몸이 되어 전력을 경주

한 결과 우수 자원이 모여 있는 수방사의 저력을 남김없이 보여주었습니다. 육본 지휘 검열은 우수 부대로 전비 태세 검열은 최우수 부대로 선발되어 전비 태세 최우수 대통령 부대 표창을 받았는데, 이는 저의 예상을 훨씬 뛰어넘는 수준이어서 사령부 간부 및 직할대장들의 노고를 크게 치하해 주었습니다.

연말이 되어 사령관 도일규 장군님의 임기가 종료되어 곧바로 대장으로 진급과 동시에 제3야전군 사령관으로 영전하셨고 후임 사령관이 취임하신 가운데 연말연시를 보냈습니다. 봄소식이 들릴 무렵 송파 석촌호수 부근에 롯데에서 102층 건물을 신축하는 계획에 대한 대공 방어 관련 작전성 검토 의뢰가 있어서 규정상 심의위원장인 제가 위원장이 되어 관계 장교들과 심의 결과 '불가'로 판정하여 회보 하였던 바 이것이 말썽이 되었습니다. 이 문제는 그 후로도 계속 저를 따라다녔는데 롯데 102층의 경우 당시 수도권에 이르는 동측 비행 접근로에 대한 대공 방어 무기화망의 사계를 차폐하여 대공 방어망에 심각한 취약점을 초래할 수밖에 없었습니다.

그런데 상부에서는 이의 불가 이유를 직접 대면 보고하라는 지시가 내려와, 제일 먼저 합참에 보고드렸고 며칠 후에는 국방부에, 세 번째는 그가 누군지는 모르겠지만 청와대 모 수석실에(수석인지 아니면 그 부서의 실무자인지는 모르겠음) 들어가 보고를 했습니다. 보고를 듣고 그 검토 결과가 합리적인 것이었는지를 따지는 것이 아니라, 이것은 대통령 공약이니 반드시 해야 한다면서 '가능'한 방향으로 다시 검토해 달라는 것이었습니다. 제가 여러 번 충분히 이해할 수 있는 수준으로 명확하고 간명하게 설명하였지만 청와대는 그러한 내용이 필요한 것이 아니어서, 저는 설명을 마치고 한참 물끄러미 쳐다보다가, "그렇게 꼭 해야 하는 것이냐"라고 물었습니다. 그랬더니 반색하는 얼굴로 "꼭 해야 된다"라면서 "가능한 방법을 찾아보라는 것"이었습니다. 그래서 저는 "방법이 하나 있긴 있는데 내가 수방사 참모장으로 있는 한 불가능할 것이니, 꼭 그렇게 해야 한다면 나를 다른 데로 보내라" 하고는 나와 버렸습니다.

그러고 나서는 다른 이야기가 더 나오지 않아 그 문제는 종결된 것으로 생각하고 잊고 있었는데, 그 해 4월 정기 인사 시 저는 보병학교 교수부장으로 발령받았습니다. 제가 보병학교 교수부장으로 전보 명령이 나자 사령부 내 분위기는 제가 상부와 충돌한 데 따른 징벌 조치로 받아들였습니다. 저는 전 사령관님이 3군 사령관으로 가시면서 저를 3군 작전처장으로 쓸 복안이니 그렇게 준비하고 있으라 하여 그런 줄 알고 집도 얻지 않고 있다가 급하게 참모장 관사를 비워주고 가족은 이삿짐 싸들고 아이들과 함께 세 얻은 15평짜리 연립주택으로, 그리고 저는 전남 장성으로부터 40여 리(16km) 떨어진 보병학교로 각각 떠났습니다.

제가 참모장 재직 시 운전병은 서울 출신이었는데 무척 내성적인 성격으로 평소 말수가 적었지만 근무 태도가 성실한 훌륭한 젊은이였습니다. 준장은 이동 시 병 1명을 대동할 수 있는데, 집이 서울인 이 병사가 느닷없이 장성으로 따라가겠다고 나섰습니다. 말이 안 되는 소리라 부모는 당연히 반대하겠지 싶어 꼭 가고 싶으면 부모님의 동의를 받아오라고 하였더니, 의외로 부모님이 동의를 하셨습니다. 그래서 상무대로 함께 내려갔는데 후일 그 부모가 동의한 이유를 들어보니, 아이가 내성적이라 군 생활을 제대로 할 수 있는지 무척 고민하던 차에 수방사 참모장 운전병으로 보직된 지 얼마 안되어 제가 참모장으로 부임하였고, 다행히 제게는 무난하게 적응하여 군 생활을 잘하고 있었기 때문에 저를 따라가 전역 때까지 모시고 근무하게 하기 위해서였답니다. 이렇게 하여 장성으로 가는 길이 저 또한 외롭지 않아서 좋았습니다.

형님, 날씨가 많이 따뜻해졌습니다. 그러나 일교차가 심하니 감기 걸리시지 않게 조심하셨으면 하며, 형님과 형수님의 평안하심을 기원합니다. 다음

주 또 서신 올리겠습니다.

동생 재준 올림

\* 추신 : 아~ 대한민국! 기막힌 현실 한마디

하루는 북괴 전방 군단 정찰 여단 소속 귀순자가 장병 정신 교육을 마치고 점심을 함께하는 자리에서 이야기하기를, OOO도의 모 대학에서 순회강연을 한 후 질문을 받는 자리에서 다른 학과도 아니고 경제학과 교수라고 자신을 소개한 교수가 '북한 사학의 실태'에 대하여 질문하였다고 합니다. 사학의 뜻을 몰랐던 그가 사학이 무엇이냐고 되물어 그 뜻을 알고는 "북한은 사유재산을 인정하지 않는 공산주의 국가이기 때문에 사학이 있을 수 없지 않느냐"라고 답하자, 거의 욕지거리에 가까운 어조로 "안기부에서 그렇게 시켜서 거짓말하는 것이 아니냐?"라고 매도하였다고 합니다. 그 귀순자는 이유 없이 욕먹은 것을 억울해 하면서 그러한 상황이 도저히 이해가 안 간다고 하기에 저는 씁쓸한 마음으로 "이 땅에서 태어나서 50년을 살아온 나도 이 세월이 잘 이해가 안 가는데 귀순한 지 2년 반 만에 다 이해하려하면 너무 빠른 것이 아니냐?"라고 하였습니다.

## 26. 보병학교 교수부장

### 존경하며 자랑스러운 형님께

바람이 한결 부드러운데, 흙 속에서 긴 겨울을 이겨낸 파란 싹들이 씩씩함을 자랑하듯 하나둘 고개를 내밉니다. 형님과 형수님 두 내외분 그간도 평안하셨는지요.

제가 보병학교에 도착하여 교장님에게 신고를 드리니 교장님은 수술 후유증으로 육본에 자가 요양 승인을 받았으니 급한 일이 있으면 전화해 달라고 하여 당분간 비공식적으로 학교장 직무대리까지 겸무하게 되었습니다. 그런데 신고를 마치고 교수부장실로 돌아온 저는 커피 한 잔을 청하여 마시다가 첫 모금에 깜짝 놀라지 않을 수 없었습니다. 그래서 비서직 여군무원을 불러 이것이 커피가 맞느냐 하였더니 커피가 맞다고 하면서 자기가 생전처음으로 직접 탄 것이라는 설명까지 자랑스럽게 덧붙였습니다. 저는 다른 말을 할 수 없어서 잘 마시겠다고 하고 억지로 마셨는데, 후에 보니 그 군무원은 부유하고 좋은 집안의 1남 2녀 중 막내로, 재수 기간 나태해질 것을 염려한 부친의 권유로 군무원 시험에 응시하여 합격하였다고 합니다. 그러나 마침 그때 CAC(전투발전사령부)가 교육사로 개편되면서 모집 부서가 해체되어 보직을 받지 못하고 대기하다가 저의 부임으로 첫 출근을 하였던 것이라 하였습니다.

제가 이 군무원에 대하여 이같이 상술하는 것은 그나마 모처럼 1년여 함께 생활하였던 딸들(큰아이와 같은 나이)과 헤어진 것이 허전하던 차, 하는 행동이 참으로 순진무구하고 천진난만하여 꼭 제 딸과 함께 근무하는 것으로 생각되어 마음으로부터 위안을 받아서였습니다. 한 번은 아주 바빴던 날 아침, 저보다도 한참이나 늦게 출근하고서는 오히려 조금쯤 화난 표정으로 "엄마가 안 깨워줘서 늦었다"라고 투덜거리며 들어오는 것을 보고는 웃지 않을 수 없었습니다.

저는 업무 파악을 하면서 최단 시간 내 제가 처한 상황을 요약, 경중완급(輕重緩急)을 구분, 제 업무 중점 및 우선순위를 판단한 결과 ① 교관 연습 및 연구 강의 ② 교리 수정 및 교범 편찬과 이에 따른 교안 및 실습 계획서 작성, 훈련장 준비 및 조교 교육 ③ 평가 제도 개선 ④ 대민 관계의 시급한 해결 등의 순이었습니다.

▶ 교관들의 연습 및 연구 강의(이후 연습 강의로 기술)
연습 강의는 초임 교관의 강의 준비 상태를, 연구 강의는 기존 교관 포함

전 교관을 대상으로 교육 준비 상태를 평가하는 것입니다. 이 중 특히 연습 강의는 교관들의 과목 이해 정도와 교수법, 강의 수준을 평가하여 교관 자격을 부여하는 것으로, '연습 강의의 질과 수준'에 의하여 학교 교육의 질과 수준이 결정되는 만큼 이 연습 강의는 교수부장의 가장 큰 책무이기도 합니다.

당시 보병학교 교관은 147명이었는데 윤용남 총장님의 교육 개혁에 따라 교관 계급을 대위는 소령으로, 소령은 중령으로 한 계급씩 상향 조정한 결과 잔류 인원 19명 외의 128명이 교체된 신규 보직자였습니다. 이 중 연습 강의를 마친 인원이 불과 20여 명뿐이어서, 잔여 100여 명이 연습 강의 대상이었습니다. 그러나 이미 육사, 3사 및 ROTC 초임 소위들의 OBC가 시작된 데다가 중대장 요원을 대상으로 하는 OAC교육은 진행 중이어서 연간 교육 소요가 이 기간에 집중되어 거의 비상사태라고 하여도 과언이 아니었습니다.

그래서 저는 우선, OBC나 OAC 모두 교육 진행 순서가 화기학, 일반학 및 참모학, 전술학 순이었으므로 전체 연습 강의 대상 교관들의 연습 강의 순서를 화기학을 1그룹, 일반학 및 참모학과 소부대 전술을 2그룹, 대대 및 연대 전술을 3그룹으로 구분, 그 순서를 정하여 연습 강의를 진행하는 것으로 제일과를 정하였습니다. 이에 따라 저는 각 처부의 초도 업무 보고를 받은 데 이어서 각 훈련장을 답사하면서 교육 훈련 준비 사열과 조교들의 훈련 실태를 파악하는 동시에 당일부터 우선 초임 교관들의 연습 강의를 시작하였습니다.

연습 강의실로 이동하기 전에 저는 각 학 처장들과 환담 시간을 가지면서 과거의 연습 강의 분위기를 물어보았습니다. 그러자 기다리고 있었다는 듯 선임 학처장이 저에게 교관들은 모두 아파트에 모여 살고 있는데 과거 연습 강의에 불합격된 교관이 수치심 때문에 아파트 옥상에서 투신자살한 일이 있었다고 하면서 제가 교수부장으로 명령이 나자 교관들 모두가 두려워하여 동요하고 있는 분위기로, 제 부임 전에 연습 강의를 마치려고 서로 다투기까지 하였다는 협박(?) 아닌 협박을 하는 것이었습니다. 저는 제 소문이 어떻게 났는지 물어볼 수는 없었고 잘은 모르지만 아무튼 도깨비 얼굴에 뿔난 것으로 각자의 머릿속에 그려진 듯했습니다.

그러나 사실 알고 보면 저는 무척 부드럽고 가슴이 따뜻한 남자입니다. 이에 저는 알았다고 하고 연습 강의실로 이동하여 교관의 준비된 강의를 들으면서 계속 질문을 해대니 과연 소문과 일치된 행동이었던지 교실 내 분위기가 백랍같이 하얗게 얼어붙었습니다. 그러나 이는 제 계산된 의도적 행동이었습니다. 이 첫 인상이 저에 대한 거의 전부를 결정하기 때문입니다. 제가 일관되게 퍼부은 질문의 중점은 '무엇이'가 아닌 '왜+어떻게'였는데, 이는 과거 한국 육군 교육의 맹점인, '왜와 어떻게'를 스스로 깨우칠 수 있도록 하는 것이 아니라 '무엇'만을 암기하도록 요구하였던 그 과오를 고치고자 함이었습니다.

예를 들면 과거 전술학에서 '전쟁의 원칙'을 배울 때 목표의 원칙 등 아홉 가지 원칙이 있는데 왜 이러한 원칙들이 있는지를 설명하기보다는 목표는 명확하고 결정적이며 달성 가능하여야 한다는 식의 설명 위주로 진행하였습니다. 그러다보니, 장교들은 전쟁의 원칙을 "목, 간, 통, 공, 기, 집, 병, 기, 계" 하는 식으로 마치 조선 역대 왕을 "태, 정, 태, 세, 문, 단, 세"의 유형으로 암기에 치중하고는 하였는데 이는 실제 전장에서 전혀 활용이 불가능하여 단지 평가를 위한 사장된 지식에 불과할 뿐 실전에 적용되는 지혜가 되지는 못합니다. 그러므로 저는 장교들의 이러한 잘못된 교육 방향을 바꾸고자 하였던 것입니다.

이렇게 약 세 시간 정도 연습 강의를 진행하다가 강의를 중지시켰고 풀이 죽어 백지장 같은 얼굴로 고개를 떨어뜨리고 있는 교관에게 수고했다고 칭찬 및 격려해준 후 계획 진도의 1/2도 못하였으니 오늘은 여기서 종료하고 내일 계속하자고 선언하였습니다. 그러면서 장교들이 각 전술의 원칙을 암기하고 있는 지식으로는 실 전장에 적용이 불가능하므로 '왜와 어떻게'를 이해하도록 하여 제(諸) 원·준칙에 관한 전술 지식을 현지 지형과 상황에 맞추어 창의적으로 응용할 수 있도록 '전술적 지혜'로 승화시켜서 야전 내지는 실 전장에서 활용할 수 있게 하는 것이 제 의도였다는 것을 세세히 설명해 주었습니다. 따라서 차후 내 질문은 '무엇이'가 아니고 '왜+어떻게'를 요구할 것임과 '왜+어떻게'가 왜 중요한 것인지를 전례를 들어 재강조하는 것으로 연습 강의를 종료하였습니다.

결과적으로 연습 강의는 '불합격'이 아니고 시간 부족 때문에 연장한 것이 됨으로써 모든 교관이 초긴장 상태의 신경이 집중되었던 '불합격'은 없는 것이 되었습니다. 그러나 '왜와 어떻게'를 설명하기 위하여서는 밤새워 새로 연구를 하여야 할 필요성을 명확히 제시함으로써 이후는 제 의도대로 진행되었습니다. 연습 강의 기간 배석 교관들은 과목에 따라 자신과 관련될 때만 배석하였으나 저는 거의 4개월간을 수시로 서너 시간밖에 자지 못하고 새벽 한두 시까지 연습 강의에 매달려야 해서 자주 코피를 쏟는 혹독한 시련을 겪었습니다.

그렇지만 교관 모두가 스스로 성취감과 자긍심을 갖게 되어 후에 저를 만나는 장교들마다 자기소개 시 "OO님(예를 들면 총장님) 교수부장 시절, 저는 소령으로 OO학처 OO교관 이었습니다" 하고 자랑스럽게 어깨를 으쓱해보이곤 하였는데 저 또한 이들을 아주 많이많이 사랑하며 자랑스러움으로 제 기억 속에 간직하고 있습니다.


▶ 두 번째는 교리 수정과 이에 따른 교육 준비들입니다. FM(Field Manual : 야전 교범)7-10 중대 전술 교범은 엄격히 이야기할 때 분대, 소대, 중대의 전투 방법을 기술한 교범으로 이는 "어떻게 전투력을 운용할 것인가" 하는 개념적 사고에 관한 싸움술(術, 전술, Art)이라기보다는 전투력들이 직접적으로 충돌하는 교전 기술(Skill, 기술)로서 '교전 방법의 숙달을 통하여 어떻게 전

투력 운용 효과를 극대화'할 수 있는가에 관한 교범입니다. 실제로도 육군에서 "중대는 사격과 기동으로 적에 접근하여 돌격으로 적을 섬멸하는 전투 기본 단위"로 명시하고 있으며, 대대로부터 전술 단위로 분류하고 있어 '중대 전술 교범'이라고 하는 개념이 맞지 않습니다.

그 내용에 있어서도 미군은 개활지나 구릉지로 이루어진 유럽의 평원에서 있었던 제1·2차 세계대전의 결과를 분석하여 교리를 발전시켰습니다. 그러나 우리는 70%가 산악으로 이루어져 있을 뿐 아니라 북괴군의 전술은 산악 지역에서는 중공군의 산악 포위 기동을, 그리고 평지의 협조된 공격에서는 주공(Main effort)에 과도한 집중을, 심지어는 주공 지역에서 1km 정면에 1개 사단을 투입하기도 하는 구 소련군 전술을 결합한 전후방의 종적, 좌우의 횡적으로 정규전+비정규전을 배합한 형태의 전술을 구사하고 있어, 당시의 우리 전술로는 북괴의 전술에 효과적으로 대응할 수 없는 문제점이 있었습니다.

이에 교육 개혁의 내용에 '교범의 정비'가 포함되어 있음을 계기로 하여 교육사와 육본의 동의 하에 중대, 소대, 분대 전술을 각각 중대, 소대, 분대 전투 기술로 개념을 재정립하고 한국적 지형과 6·25의 각종 전례 및 교훈, 북괴군 전술에서 산악 침투식 포위 기동과 주공의 과다한 집중 개념 등을 반영하여 육본 및 교육사의 승인을 받아 중대 전투 기술 교범을 세로이 작성하였습니다. 그리고 이에 맞도록 교안을 수정하고 실습 계획을 다시 작성하며 훈련장을 보완하였고, 교관 및 조교 교육을 다시 시키는 등 몸이 열 개라도 부족할 만큼 뛰어다녔습니다. 매일 오전 중에는 회의와 교범 및 교리 토의, 교육 보조 재료 사열, 오후에는 훈련장 방문 및 조교 교육 사열, 이어 17:00시 이후에는 연습 및 연구 강의를 새벽 한두 시까지 하면서 식사마저도 시간이 아까워 강의실에서 라면으로 때우거나 굶거나 하는 식으로 강행할 수밖에 없었습니다. 그래서 후일 제가 학교를 떠나며 곰곰이 생각해보니 휴일을 제외한 평일에 하루 세 끼를 모두 먹어본 기억이 그렇게 많지는 않았던 것 같았습니다. 이러한 고군분투와 당시 교관들의 열성적 참여로 교육 과정 진도에 맞추어 연습 강의를 끝낼 수 있어서 다행히 연습 강의로 인하여 교육 과정에 지장을 초래하는 일은 없었습니다. 이는 모두 불철주야 교관으로서의 임무에 혼신의 노력을 다해준 교관들의 자발적 참여가 있었기 때문에 가능하였던 것으로 이 업적은 오롯이 당시 보병학교에 근무하였던 교관을 주축으로 한 장병들의 공로로 돌아가야 마땅할 것입니다.

▶ 제가 세 번째로 추진하였던 과업은 평가 제도의 개선입니다. 여기서 제가 기술하는 첫째, 둘째 등의 순서는 일의 순서가 아니고 과업의 종류임을 말씀드리며 이들 과업 모두는 거의 동시에 추진되고 시행된 것들입니다.

교육 과정에서 평가가 얼마나 중요한지는 새삼 말할 필요가 없습니다. 특히 장교 교육에서는 다른 교육 과정과 다른 것이 첫째, 장교에게는 교육을 통하여 학습된 지식이 지식 자체로는 전혀 가치가 없다는 것입니다. 오직 이 지식이 체화되고 지혜로 승화되어 전장의 제(諸) 원·준칙이 야전에서 실제의 기상과 지형과 적 상황 및 아(我) 능력에 적합하도록 자유자재로 응용되어 임무를 성공적으로 수행할 때만 그 교육의 효과와 가치가 인정받을 수 있는 것이어서 이러한 학습 효과를 얻을 수 있도록 평가가 이루어져야만 합니다. 둘째는, 모든 계급의 진급 심사 시 교육 성적이 중요 요소로 반영되는데 평가 방향이 야전에서 탁월하게 전술을 구사할 수 있도록 가르쳐냄으로써 실제 전장에서 싸워 이길 수 있는 장교들을 상급 직위로 길러낼 수 있기 때문입니다.

그런데 저도 보병학교의 장교초등군사반(OBC)과 고등군사반(OAC) 과정을 거쳤지만 전술학 교육 시 학교에서 선정하는 지형은 전술의 제 원·준칙을 적용하기 가장 좋은 이상적 지형을 제시할 뿐 아니라 평가도 실내에서 단순하게 지도상에 각종 병력 배치 및 화기의 배치와 차후위치를 도식하는 평면적 형태의 평가가 이루어져 왔습니다. 그러나 실제 야전에 나가면 이러한 지형을 만나는 것은 거의 어려운 실정으로 저는 교육 주안을 원·준칙의 이해와 암기에만 두던 종전의 교육 및 평가 방법을 바꾸어 현지에 나가서 하는 실 지형 실습 위주로 전환하였습니다.

그리고 과거에는 각 개인별로 안을 작성하고 교관이 학교 측 원안을 일방적으로 제시하였던 것을 바꾸어 직책을 분담, 조별로 토의된 안을 제시하고 이를 실제 지형에 말뚝과 테이프로 경시한 다음, 병력 및 배치 위치마다 조별로 학생 장교들과 교관이 상호 토의하여 결론을 냄으로써 학교 측 원안을 없애고 토의에 의한 다수 안을 정답으로 결정토록 하였습니다. 이렇게 되자 각자 자기 조의 안을 관철하기 위하여 각종 전투 사례 등을 제시하면서 활발히 토의함으로써 학생 장교들의 창의력을 제고함은 물론 교관들도 추가적인 연구가 불가피하게 되어 교육의 질과 야전 적용 능력을 제고하는 소기의 성과를 거둘 수 있었습니다.

중대의 공격 및 방어 과정의 종합 실습 시에는 채택된 전술 안에 따라 병력(조교)들을 배치하여 실제로 구간 구간을 기동시켜가면서 분대장과 소대장 및 중대장이 상황 조치를 한 후 매 상황 단계별로 기동을 정지시켜 놓고 상황 조치의 적절성을 토의하도록 하였습니다. 그 결과 여태까지 시험 문제를 맞혔다 틀렸다가 아니라 그러한 기상과 지형 및 적과 아군의 상황 하에서 어떠한 조치를 취할 경우 어떠한 결과가 나오기 쉽다는 결과 예측을 가능하게 하였습니다. 이로써 암기 위주의 평면적 전술 교육을 야전 적용성과 실전 지휘 능력을 향상시킬 수 있는 입체적 전술 교육으로 변화시켜 교육의 질과 수준을 제고하려는 노력에 혼신의 열정을 쏟았습니다.

이렇듯 교육 및 평가 방법을 개선함에 따라 교관들의 교육 부담은 서너 배 이상 증가되었는데, 그럴 수밖에 없는 것이 개선 전에는 주로 교실 내에서 일방적 주입식 강의로 진행되었던 데 반하여 개선 후에는 원·준칙 강의만 실내에서 진행되었고 그 이후의 모든 교육은 야전의 현지 지형에서 수없이 산을 오르내리는 현장 토의를 통하여 학생 장교들이 납득할 수 있는 결론을 얻을 수 있을 때까지 지속적으로 토론을 하여야 했기 때문입니다. 그럼에도 불구하고 한 명도 포기하거나 낙오함이 없이 열의를 가지고 함께 해주었던 당시의 교관 및 조교들에게 깊은 존경과 감사의 마음을 전합니다.

▶ 네 번째로 제가 시급히 해결하지 않으면 안 되었던 것이 대민 관계였습니다. 최초 광주시의 변두리 상무동에 위치하였던 상무대가 광주시의 발전에 따라 이전하게 되었을 때 육군은 전라북도 여산의 육군훈련소 인근으로 이전할 복안을 가지고 있었다고 들었습니다. 당시 전라북도에서는 상무대를 유치하기 위하여 어디든 육군이 원하는 장소에 원하는 만큼의 부지를 제공하겠다고 적극적인 제의를 한 바 있었다고 합니다. 육군 입장에서도 상무대를 육군훈련소 인근으로 이전할 경우 대부분 기존 훈련장의 확장 사용만으로 부지 구입 예산이 절감될 뿐 아니라, 훈련병과 부사관 학교의 부사관 생도들 및 장교들의 야외 훈련을 통합한다면 실 병력 기동 야외 전술 훈련이 가능하게 되어 훈련 성과를 획기적으로 향상시킬 수 있었습니다. 그 이후 육군대학까지 대전 인근 유성으로 이전함으로써 분대로부터 사단급까지의 제한된 기동 훈련이 가능한 최적의 장소였을 뿐 아니라 또한 육본과 교육사와 인접함으로써 교리 발전 및 교육 지원 수준을 향상시킬 수도 있었습니다.

그러나 후일 제가 교수부장 부임 후 들은 얘기로는 그 지역의 군 출신인 모 국회의원이 상무대가 광주는 떠나되 전라남도를 떠나서는 안 된다는 말도 안 되는 조건을 밀어붙여 전혀 군사적 관점에서 어떠한 이점(利點)도 없고 지형 조건이나 교통 상황 등 모두가 불리한 여건인 현재의 장성군 대도리로 이전하였다는 것입니다. 이것이 사실이라면 통탄하지 않을 수 없는 비극입니다. 왜냐하면 직업 군인으로서 나라의 백년대계를 생각하여 오히려 군의 편에 서서 대의로 지역민들을 설득해야 했는데 그 반대로 한 것은 두고두고 비판받아 마땅할 것이기 때문입니다.

상무대가 장성으로 이전하였다 하여 해당 지역에서 이를 반기는 것도 아닌 것 같았습니다. 제가 부임한 때는 상무대가 장성 지역으로 이전한 지 채 반년도 되지 않아 아직 모든 것이 정착되지 않은 어수선한 시기였는데 무엇보다도 지역 주민들의 훈련에 대한 거부감 때문에 정상적인 훈련이 어려웠습니다. 예를 들면 공포탄 한 발을 쏴도 닭과 소가 낙태하였으니 배상하라는 민원이 쏟아져 들어와 머리를 싸매지 않을 수 없었습니다. 또 학교 앞에 상무대 근무 장교들의 아파트 단지를 조성하려 하였지만 일부 주민을 주축으로 한 지역민들의 반대로 학교에서 10km가량 되는 곳에 아파트를 신축함으로써 장교들이 출퇴근에 불편을 겪고 있었습니다.

이에 저는 훈련 제한 문제를 시급히 해결하고자 그 주변 주민들의 거의 노골적인 거부감의 근본 원인을 파고든 결과 육군의 옹졸한 처사가 그 원인임을 밝혀냈습니다. 왜냐하면 처음 기지 이전 공사 시 기지 주변의 지역 주민들이 자기네들도 수도공사를 할 터이니 기지 인입선에 함께 연결해 수돗물을 사용할 수 있도록 하여 달라고 수차례 요청하였다고 합니다. 그런데 육군은 그렇게 하려면 인입 수도관을 현재 설계되어 있는 수도관의 직경보다 조금 더 큰 것으로 바꾸어서 공사를 하여야 하므로 불가능하다고 거절, 끝내 반영해주지 않았다는 이야기였습니다. 그래서 제가 공병 장교를 시켜 계산해 보니 육군에서 충분히 감당 가능한 액수였습니다.

그러나 되돌릴 수는 없어서 그 문제를 어떻게 해결할 것인지 골몰하던 차 그 지역은 예로부터 소문난 선비마을로, 보수적 색채가 강하여 다방에도 여종업원을 둔 곳이 없다는 것을 알게 된 저는 다음과 같은 지시를 내렸습니다.

"훈련장 이동 시 어르신들을 마주치면 대열을 갖춘 부대 이동 시라도 좋으니 반드시 고개 숙여 인사를 하고 결코 그냥 지나치는 일이 없도록 할 것이며, 비닐봉지를 하나씩 지참하고 학과 출장하여 부대 복귀 시 반드시 담배꽁초라도 하나 이상 쓰레기를 주워 와라."

그리고는 저도 차를 타고 이동하다가도 나이 많으신 어른들을 만나면 무조건 절을 하고 다녔는데, 옛 유교적 기풍이 강하게 남아 있는 고장에서 어르신들의 권위는 대단한 것이어서 분위기가 다소 우호적으로 바뀌어 가는 것이 느껴졌습니다. 이에 힘을 얻은 저는 6·25전쟁에 참전하셨을 법한 연세의 어르신들을 만나면 차를 세워 인사를 하고는 6·25에 대하여 질문을 하였습니다. 이때마다 참전하셨던 분들의 눈동자는 어느덧 10대, 20대의 젊었던 시절로 돌아가 눈에 불꽃을 띠며 당시의 상황을 손에 잡힐 듯 설명하시면서 훈련이 얼마나 중요한 것인지를 말씀하시고는 하셨습니다. 저는 그 순간을 놓치지 않고 학교의 훈련 애로 사항에 대하여 호소하듯 당부 말씀을 드렸습니다. 결과가 주효하여 이후 이 어르신들의 중재 덕이었는지 통로 사용, 공포탄 사격 등의 폭발음, 인근 야산의 사용 등 훈련 제한 문제를 조금은 해소할 수 있었습니다.

그런데 이러한 일련의 행동 결과 어떻게 제가 총각 장군으로 알려지게 되었는지는 모르지만 저를 총각 장군이라고 부르면서 중매를 서준다는 할머니들에게 집에 조강지처가 딸 둘을 데리고 초롱초롱한 눈망울로 저를 기다리고 있노라고 너스레를 떨기도 했습니다. 또 논밭에서 새참을 들던 할아버지, 할머니들이 손짓하여 부르시면 저도 논밭에 털썩 주저앉아서 풋고추에 고추장 찍어 입에 넣다가 눈물 찔끔 흘리며 쩔쩔매기도 하면서 어르신들과는 정이 많이 들었었습니다. 그분들은 당시 70~80대이셨으니 지금은 몇 분이나 살아 계신지 추억만 아련할 뿐입니다.


그러는 동안에 아파트를 짓지 못하도록 결사적으로 반대하였던 동네 주민들이 왜 학교가 자기 동네에 있는데 동네 물건을 안 팔아주느냐고 항의하여 왔습니다. 그러나 이것은 말이 안 되는 억지여서 아저씨 아주머니들 같으면 여기 동네 가게 물건 사주느라 왕복 50리를 걸어 다니겠느냐고 딱 잘라 말하여 보냈습니다. 또 하나 홍천과 화천에서 이미 경험한 문제였지만, 상무대에는 장교들만 교육을 받는 것이 아니고 육군훈련소를 거친 병사들이 후

반기 교육 즉 병과 교육을 받기 때문에 이들의 면회객도 상당할 뿐 아니라, OBC의 중·소위는 거의 전원이, OAC의 대위들도 상당수가 미혼이어서 주말 외출을 나가게 되는데 숙소는 물론 모든 물가가 고공행진을 하여서 장병들의 불만이 상당하였습니다. 저는 학교장 명의로 여러 차례 협조 공문을 발송하고 수차례 담당자를 보내 이의 시정을 요구하였으나 반응이 없었습니다. 그래서 학생 장교들의 위수 구역 제한을 해제시켜 전원 주말 외박이 가능토록 하는 동시에 관광버스 20여 대를 계약하여 서울, 대전 방면으로 운행토록 조치하자 소동이 벌어졌습니다.

이 기간 저는 상무대가 지역 경제에 미치는 영향을 분석토록 한 결과 장·사병들이 매월 줄잡아서 40~50억 원 규모를 지출하여 장성군 경제에 크게 기여하고 있다는 결론에 도달하였습니다. 이 액수는 사병들은 봉급의 거의 전부를, 중·소위는 70% 정도를, 대위들은 50% 정도, 기간 장교들은 60% 정도의 봉급을 월간 소비하는 것으로 조사되어 산출한 개략적 규모입니다. 장성군의 항의에도 제가 시종일관 무반응으로 일관하자 급기야 기관장들과 각 상인 대표 및 지역 유지와 이에 더하여 학교에 도움을 주신 어르신 몇 분까지 학교로 찾아와 면담을 요청하였습니다. 저는 이분들을 회의실로 모신 후 기간 중 요일별 물가의 변동 현황과 부당 이익의 개략적 누계, 제가 발송했던 협조 공문의 요청 내용, 상무대가 지역 경제에 미치는 영향 등 준비된 자료를 가지고 일일이 사례를 적시해 가면서 브리핑해드렸습니다. 그랬더니 학교를 방문하셨던 분들은 더 할 말이 없었던 데다 상무대의 군 장병들의 지출 내역이 연 500억 원에 달한다는 사실에 크게 놀라는 눈치여서 학교의 요구 사항을 무조건 이행하겠다는 약속에 더하여 불이행 또는 이행 중단 시는 언제든 제 조치를 재개하겠다는 조건 하에 저의 조치를 철회하는 것으로 합의를 보았습니다.

그러자 예상치 못했던 곳에서 항의가 들어 왔는데 이번에는 광주시의 상인 대표들이 이의를 제기하고 나선 것입니다. 저의 외출 외박 제한 해제 조치 기간 중 교육생의 상당수가 광주로 나갔기 때문입니다. 이들은 장교들이 계속 광주 지역으로 외박 나올 수 있도록 할 것과 이에 더하여 군 가족들의 장보기도 광주 지역에서 하도록 하라는 요구를 덧붙였습니다. 그러나 저는 이 부분에 초점을 맞추어서 "군 가족은 군인이 아니며 장교들도 영외의 개인 사생활에 대하여는, 더구나 소비 지출에 대하여는 내가 이래라 저래라 할 수 없다는 것을 잘 아시리라 생각합니다. 객관적으로 생각할 때 이곳의 물가가 비싸서 광주까지의 교통비를 고려하더라도 이익이 있을 때는 스스로 광주로 나갔지만 지금은 여기도 가격을 낮추었습니다. 그런데 장성까지 40여 리를 돌아서 가야 하는데 그곳으로 가겠습니까. 그러니 송정리를 경유하여 광주와 이곳까지 바로 연결되는 도로를 포장하면 되지 않겠습니까?"라고 역제의를 하여 보냈습니다.

그 당시에는 군 아파트가 있는 삼계리로부터 송정리를 거쳐 광주로 가는 지방 도로가 삼계리에서 장성군 경계까지 포장이 되어 있었고 그곳에서 송정리까지 수십여 리는 포장이 안 되어 있었습니다. 이에 광주시는 송정리로부터 서둘러 도로 포장 공사를 해오기 시작하였습니다. 그러자 이번에는 장성군 측에서 군 경계로부터 포장되어 있던 구간의 200여 미터를 공사를 평계로 파 제껴 놓아 도로 사용이 어렵게 되어 더 이상 문제가 되지 않았습니다.

그러고도 해결해 주어야 할 남은 문제는 군 아파트의 상가에 대한 불만이었습니다. 당시 군 아파트 상가에 입주한 상인들은 대부분 상무대에 근무하다가 전역한 예비역 부사관 들이었습니다. 그런데 문제는 낙찰 단가가 터무니없이 비싸다는 것이었습니다. 상가 입주자들을 최고 가격 낙찰제로 선정한 결과, 입주 후 이익을 고려하지 못하고 은행 대출 등 빚을 얻어 들어오다 보니 상품의 가격을 올리지 않을 수 없었고, 군 가족들은 비싼 가격 때문에 버스를 타고 장성으로 나가 며칠 치의 장을 보게 되었습니다. 그러다보니 낮은 매상고로 이자조차도 갚지 못하여 파산 지경에 이른 상점들이 나오기 시작하였습니다. 이 문제를 제가 인식하여 그 수습책을 연구하던 중 떠나게 되어 해결하지 못하였고, 후일 제가 육군본부 인사참모부장 시절 당시의 보병학교장 이었던 정수성 장군이 해결하였다는 보고를 받았습니다.

제가 부임 후 이렇게 하루하루 전쟁하는 기분으로 4개월 정도를 보냈을 무렵 육군 참모총장 지시 사항으로 '도로 견부 위주 종심 방어' 개념이 하달되면서 이를 한국 육군의 주된 방어 개념으로 규정, 교육을 강화하도록 하는 지침과 함께 9월 초 참모총장 교육 사열을 실시하겠다는 지시가 하달되었습니다. '도로 견부 위주 종심 방어'란 적의 기동 부대가 고속으로 접근하는 도로를 통제할 수 있는 도로의 좌우 견부(肩部) 지역에 종심 깊은 방어 진지를 편성, 전투력을 종심 깊게 운용하여 적 전투력을 격멸한다는 개념입니다.

그러나 이 개념이 주 방어 개념이 된다는 것은 아들이 아버지의 아버지가 된다는 것만큼이나 모순된 일이었습니다. 방어에는 방어에 유리한 지형을 이용하여 방어 진지를 편성, 적의 접근을 거부하고 지역을 확보하고자 하는 지역 방어와 우세한 기동력을 활용하여 상황에 따라 적전 또는 아 방어선 종심으로 적을 요격 또는 유인하여 적 전투력 자체를 격멸하고자 하는 기동 방어가 있습니다. 그런데 이 도로 견부 위주 종심 방어는 지역 방어 시에는 적 기계화 또는 고속 기동 부대가 집중될 수 있는 도로 견부 지역에 적용되거나, 아군의 우세한 기동력의 이점을 활용하여 적을 유인 격멸하고자 하는 기동 방어 시 또는 아군이 지연전 또는 철수 및 철퇴 시 등 공히 적용되는 방어 개념이기 때문입니다.

6·25전쟁 당시에도 전쟁 초기에는 전 전선에 걸쳐 지역 방어를 실시하다가 아군의 방어선 전반에 걸친 전선이 붕괴됨에 따라 아군이 철수하기 시작하자 적은 주요 도로를 따라 기동하면서 추격을 전개하였고 이에 아군은 도

로 견부에 방어 진지를 편성, 적의 전진 속도를 지연시키는 데 주력하였습니다. 이렇듯 '도로 견부 위주 종심 방어'는 지형과 적 및 아군의 상황과 피아의 능력, 부여받은 임무를 고려하여 상급 부대의 방어 개념에 따라 당시 지휘관이 결심하여야 할 사항이지 육본에서 일괄적으로 '도로 견부 위주 종심 방어'를 주 방어 개념으로 교리화한다는 것은 잘못된 발상입니다.

뿐만 아니라 북괴군 공격 전술의 특징은 도보 산악 침투 부대를 운용한 광범위한 포위 전술을 상용하는 것인데, 만일 아군이 도로 견부 위주로 병력을 배치할 경우 적의 포위를 촉진하는 결과가 되어 싸우지도 못하고 전선이 붕괴될 위험성이 농후합니다. 6·25전쟁 당시 바로 대전 지구 방어 전투가 이의 실제 전례입니다. 미 24사단은 상황상 도로 견부 위주 종심 방어와 유사하게 도로에 방어 중점을 두고 병력을 운용하였던 데 반하여 북괴군은 제3사단의 주력은 대전 정면으로, 그 일부는 동측으로 우회, 산악 지대로 기동하여 식장산 지역의 경부선 1·2터널 및 도로를, 4사단은 공주 방면으로 우회 대전-논산 남측의 일련의 산악 지대를 이용 무수리를 거쳐 보문산 남단과 식장산에 이르는 곳을 점령, 대전을 포위하고 퇴로를 차단함으로써 미 24사단이 붕괴되었고 사단장 딘 소장까지 포로가 된 전례가 있었습니다. 그래서 저는 도로 견부 위주 종심 방어에 대한 전장 상황 및 단계와 지형에 따른 적용 개념, 국군의 방어선 분석, 예상되는 적 공격 양상, 도로 견부 위주 종심 방어 개념 적용 시 전선의 위험성과 취약성 등을 세부적으로 분석하여 각 지형 및 상황별 전쟁 사례의 예를 제시해 가면서 보고서를 준비하는 데 온 신경을 집중했습니다.

윤 총장님의 교육 사열은 예정보다 1주일쯤 연기되어 9월 하순경 실시되었습니다. 제가 기간 중 교육 개혁 실시 및 진행 사항과 차후 추진 과제 및 일정에 대해서 보고 드리자 총장님께서는 대단히 흡족해하셔서 "그래. 그래서 내가 남 장군을 특별히 차출하여 보병학교 교수부장으로 보낸 거야. 수고

했어"라고 칭찬해 주시면서 일어나시려 했습니다. 그래서 저는 "도로 견부 위주 종심 방어에 대하여 보고드릴 내용이 준비되어 있습니다" 하면서 총장님께 도로 자리에 앉으시도록 한 후 준비된 내용을 보고 드리기 시작하였습니다.

처음에 총장님은 도로 견부 위주 종심 방어 개념을 학생 장교들에게 어떻게 교육할 것인가에 대한 보고인 줄 아셨던 듯 조용히 경청하시다가 얼굴이 점점 굳어지시더니 드디어 폭발하셨습니다. 하지만 저는 굽히지 않고 총장님께서 과거 집필하셨던 〈기동전〉의 사례까지 인용하면서 제 의견을 개진하였습니다. 결국 총장님과 단둘이 거의 20여 분에 걸친 토의 아닌 토의를 이어갔는데 급기야 총장님께서는 화를 내시며 보고서를 던져버리고 나가셨고 교육사령관과 학교장께서는 황급히 총장님을 뒤따라 나갔습니다. 윤용남 총장님에 대하여는, 1991년 걸프전 사례를 분석하여 〈기동전〉이라는 책을 집필하신 것을 읽어보았을 뿐 전혀 아는 바가 없었습니다. 하지만 저는 보병학교 교수부장으로서 당연히 드려야 할 말씀을 드린 것이므로 별다른 감정 없이 담담한 마음이었으나 학교의 분위기는 침울하게 착 가라앉았습니다.

그런데 그 이튿날 저는 크게 놀라지 않을 수 없었습니다. 그렇게 화를 내시며 보고서를 내던지고 나가신 총장님께서 '도로 견부 위주 종심 방어 개념 수정 지시' 전문을 전군에 하달하신 것입니다. 즉 일괄적으로 도로 견부 위주 종심 방어에 방어 중점을 두도록 하였던 개념을 수정하여, FEBA 'A, B, C'에서의 전투 상황을 고려토록 수정하신 것이어서 저는 윤용남 총장님께 크게 감동했고 가벼운 마음으로 '도로 견부 위주 종심 방어' 개념을 소부대 전투에 적용할 수 있는 실시 개념을 보완해 나갔습니다.

그런데 그 며칠 후인 10월 초순 어느 날, 4/4 분기 교보재 예산 심의를 하고 있었는데 교장실 근무 병사가 저에게 교장님이 찾으신다고 하였습니다. 급한 일이 아니면 심의하던 것 마저 하고 가겠다고 말씀드리라고 하였더니 곧 바로 돌아와서 지금 오라고 하신다는 것이었습니다. 저는 잠시 휴식을 시켜놓고 교장실에 들어가 보니 교장님께서 싱글벙글 웃으시면서 "교수부장, 진급 축하해" 하는 것이었습니다. 이에 저는 바쁜 사람 불러놓고 장난치나 싶어서 "교장님, 저 지금 바쁩니다. 회의 끝나고 오겠습니다" 하였더니 이번에는 교장님이 정색을 하고 "농담하는 거 아니야" 하시더니 육본에 전화를 연결하여 인사참모부 장교를 연결하여 주셨습니다. 그 장교는 진급 심사 결과가 발표되어 지금 하달 중이며 진급되신 것을 축하한다고 하였습니다.

어안이 벙벙해진 저는 멍청한 표정이 되었는데 그럴 수밖에 없었던 것이 저는 우선 보병학교 교수부장으로 부임한 것이 6개월에도 못 미친 5개월 2주째였고, 준장-소장 법정 연한인 2년이 안 되어서 진급 대상 자체가 아니었기 때문입니다. 그런데 명령지를 받아보니 정말로 소장 진급 예정자로서 제6사단장 대리로 되어 있었으며, 사흘 후 사단장반에 등록하려면 이틀 후 아침까지는 출발하여야 하였습니다. 그래서 저는 그 자리에서 간단히 구두로 인수인계 계획을 보고드린 후 내색하지 않고 회의장에 돌아와 회의를 계속하여 예산 집행 계획을 결재하고 제 방으로 돌아와 학·처장들을 집합시켰습니다.

제 방에 들어오는 학·처장들은 이미 소식을 들어 알고 있어서 선임 학·처장에게 다음 날 인수할 준비를 하도록 하고 미결 사항들에 대한 후속 조치들을 점검하면서 필요한 지침을 이야기했습니다. 그 후 그동안 고생시킨 학·처장들에게 밥 한 끼는 사주는 것이 도리일 것 같아 필요한 인원들에게 함께 나가서 식사할 수 있도록 연락하고 식사 장소를 예약하도록 하였습니다. 그리고 제 수중에는 돈이 없어 아내에게 전화하여 돈을 가지고 내려오라고 하고 선임 부사관이 안내하는 데로 나가보니 장성의 어느 참치 집이었는데 꽤 고급 횟집으로 보였습니다. 저는 먹는 것에 특별한 취미나 관심이 없는 편이어서 평소 음식점은 눈에 띄는 데로 대중음식점을 찾았지 고급 음식점을 드나든 일은 없었습니다. 학·처장들은 자신들이 내려고 그런 집을 선정한 것 같았는데 저는 제가 계산을 하려고 하면서 비싼 집인 것 같다는 이야기는 할 수 없었습니다. 그래서 저는 기간 중 노고를 격려해주며 감사한 마음과 기억에 남는 이야기들을 주고받으며 잔을 나누다가 회식을 끝내고 나왔습니다.

그러나 그때 마침 아내가 도착하여 계산하려는 학·처장들을 만류하며 제가 돈을 계산하려 하니 돌연 횟집 사장이 돈을 받지 않겠다고 하였습니다. 그 사장은 "밖에서 듣자니 6사단장님으로 나가신다고 들었습니다. 제가 6사단 수색대 출신인데 그런 제가 어떻게 사단장님께 음식값을 받을 수 있겠습니까. 안 받습니다" 하고는 강경하게 거절하는 것이었습니다. 저는 또 한 번 아연하였는데 그렇다고 서로 밤새도록 밀어낼 수도 없는 것이어서 일단 고맙다고 사례한 후 후일 사단장 이·취임식 행사에 참석해 준 보병학교의 인편에 거듭 감사한 마음을 담아 회식비를 보내주었습니다. 이튿날 선임 학·처장에게 교수부장 업무를 인계 후 저녁에 교장 주최 송별 회식에 참석하였다가 그 다음 날 교장님께 신고 후 5개월여의 상무대를 뒤로 하고 서울로 향하였습니다.

지금 밤이 깊었습니다. 형님 내외분의 평안하심을 기원 드리며 이만 줄이고, 다음 주 서신 올리려 합니다. 형님과 형수님의 건강과 행복을 기원하며!

동생 재준 올림

## 27. 보병 제6사단장

### 존경하며 자랑스러우신 형님께

지난 한 달여 서신, 올리지 못했습니다. 저는 3주간을 몹시 고생했지만 아버님 어머님의 보살펴주심과 형제들의 지극한 사랑, 그리고 제 아내와 자식들, 장호석 실장과 이한샘 양 등의 간절한 기도와 바람으로 다행히 자리를 털고 일어나 건강을 회복하는 중입니다. 그간도 형님 내외분 평안하셨는지요. 형님께서 보내주신 서신 열다섯 통은 모두 잘 받아보았습니다.

그 중에서도 바이든 대통령의 연설 전문은 두 번 세 번 거듭 읽어 보았는데, 유려한 문체에 간결한 문장으로 명문이었습니다. 제가 미국의 국내 사정은 잘 모르기 때문에 미국의 국내 문제에 관한 정책들을 평가할 수는 없습니다. 그러나 우크라이나에 관련된 내용들은 푸틴의 불법적 침공을 중단시키고, 우크라이나 국민들의 비극을 당장 멈출 수 있게 하기에는 너무나도 미약한 내용이었습니다. 동서고금을 막론하고 국가 간의 분쟁에 있어서 한 국가의 외교적 방책과 국방 무력은 동전의 앞·뒷면과 같습니다. 우리는 지나온 역사에서 **무력이 뒷받침되지 않은 외교는 한갓 산울림에 불과할 뿐이었으며, 이와 반대로 외교에 의하여 통제되지 않는 무력의 사용은 단순한 폭력에 지나지 않았다는 것을 배웠습니다. 바꾸어 말하면 국가 간의 분쟁에서는 외교의 최후 수단으로써 무력이 담보되어야 하고, 무력의 사용은 외교의 통제하에서 운용**되어 상호 보완 및 견제와 균형을 맞추어야 합니다.

그러나 제 생각에 이 연설문에서는 미국 스스로 자신의 유효 수단을 제한해버림으로써, 푸틴으로 하여금 공공연히 자신이 의도하는 바대로 무력을 사용할 수 있도록 하는 행동의 자유를 허여한 것이 아닌가 하는 아쉬움을 지울 수 없었습니다. 이와 같은 선례는 먼 곳에서 찾을 것이 아니라, 1950년 4월 미 외무장관 에치슨이 미 방어선에서 한국을 제외했던 것과 1950년 11월 트루먼이 "원폭 사용을 배제하지 않을 것"이라는 선언의 사례에서 찾을 수 있습니다. 형님께서도 잘 아시듯 에치슨의 "방위선에서 한국을 제외"한다는 선언은 북괴의 남침에 미국이 개입하지 않겠다는 것으로 해석되어서 남침을 촉진한 결과를 가져왔습니다.

그리고 1950년 11월 트루먼은 원폭 사용을 공식적으로 검토하고 있음을 공언함으로써 김일성과 마오쩌둥을 한때 경악시켰으나, 미국의 한반도에 대한 과도한 개입을 우려한 영국 총리 애틀리가 워싱턴으로 날아가 필사적으로 트루먼을 설득, 공식적으로 '원폭 불사용'의 약속을 받아내고는 이 회담 내용을 마오쩌둥에게 알려줌으로써, 계획대로 UN군을 38선 이남으로 밀어

붙일 수 있었던 것입니다.

이와 반대되는 사례로는 1948년 소련의 베를린 봉쇄에 맞서 트루먼 대통령이 공군력의 엄호를 받는 공중 수송 작전을 시행하지 않았더라면 오늘의 유럽이 아니었을 것이며, 1962년 소련의 쿠바 미사일 기지 건설에 맞서 케네디 대통령이 미 해군 함대에 의한 해상 봉쇄선을 설치하고, 필요시 발포할 수 있도록 하는 과감한 명령을 내리지 않았더라면 오늘의 세계와는 전혀 다른 세상이 되었을 것입니다.

이와 같이 오늘날 스탈린을 꿈꾸는 푸틴이나 마오쩌둥을 꿈꾸는 시진핑, 그리고 김일성을 흉내내는 김정은 같은 독재자들의 헛된 야욕은 오직 '힘'으로만 굴복시킬 수 있음을 잊어서는 안 됩니다. 그렇다고 해서 제가 미국이 바로 우크라이나에 군대를 파견, 직접적으로 전쟁에 개입했어야 한다고 주장하는 것은 전혀 아니라는 것을 형님께서는 잘 알고 계시리라 생각합니다. 저는 '무력 사용을 유보'하는 것과 '무력 사용을 포기'하는 것은 전혀 다르며, '무력 사용의 암시', '무력 시위', '무력 사용의 자제나 유예' 등은 외교적 수단이지 군사적 행동 방책이 아니라는 말씀을 드리고 싶은 것입니다.

지금의 우크라이나 상황은 저 용감하고 두려움을 모르며, 조국을 위하여 기꺼이 죽어갈 각오가 되어있는 그렇듯 훌륭하고 존경스러우며 이 시대의 영웅들인 우크라이나 국민들을 끝없는 전쟁의 소용돌이로 밀어 넣는 것에 불과합니다. 이제는 군사적 상황보다는 러시아 내부적 상황이 푸틴을 파멸시키든가 아니면 우크라이나 국민들이 엄청난 비극적 고통과 출혈을 감수하면서 장기전을 펼쳐 1980년대의 소·아프간 전쟁 결과로 이끌어가든가 아니면 푸틴의 목적이 달성되든가 하는 것 중의 하나로 귀결될 것으로 보입니다.

그런데 여기서 중요한 것은 만일 푸틴의 의도가 달성된다면, 작년 아프간 철수 시의 사례가 오늘의 우크라이나 사태를 촉발했듯 다음 차례는 타이완과 한반도가 될 것이며, 그러므로 만약 지금 제 손에 총을 쥘 수 있다면 저는 기꺼이 제 조국 대한민국을 위하여 우크라이나의 전쟁터로 뛰어들 수 있습니다. 그런데 그 용감한 영웅들이 죽어가는 것을 보고만 있는 것에 마음이 천 갈래 만 갈래로 찢기는 듯할 뿐입니다.

지난번에는 제가 소장 진급 예정자로 '보병 제6사단장 대리' 명령을 수령한 것까지 말씀드렸습니다. 제 후임이 아직 결정되지 않은 상태에서 저는 선임 학·처장에게 교수부장직을 인계하고 육군본부에 출두하여 '보병 제6사단장 대리' 보직 신고를 드렸습니다. 신고 후 잠시 저를 남으라고 하신 윤용남 총장님께서는 "남 장군은 제6사단 책임 지역의 중요성을 잘 알고 있을 것"이라며 "차후 북한이 재침한다면 6사단의 작전 성패가 대한민국의 운명을 결정할 것이라는 것을 명심"할 것임을 강조하면서 "그 적임자로 남 장군을 발탁한 것"이니 "남 장군의 헌신과 성공적인 임무 수행을 기대한다"라고 격려해주셨습니다.

군인들은 누구나 자신이 지휘하였던 부대에 남다른 애정들을 갖고 있는데 윤 총장님이 6사단장을 역임하셨음을 그때 처음 알았습니다. 후일 제가 전역하고서 며칠 지나지 않았던 어느 날, 지하철에서 윤용남 총장님을 우연히 만나 함께 앉아 이야기를 나누는 기회가 있었습니다. 그때 윤 총장님께서는 "남재준, 인사관리처장이 같은 인사라고 인사하는 네 동기를 6사단장으로 하고 너를 51사단으로 올려서, 내가 바꾸이 너를 6사단장으로 명령 냈다. 6사단이 얼마나 중요한 사단인데"하고 말씀하시는 것을 듣고 윤 총장님의 6사단에 대한 애정을 다시 한 번 확인할 수 있었습니다.

보병 제6사단의 책임 지역은 철원 일대입니다. 휴전선 비무장 지대에 위치한 저 유명한 격전지 '백마고지'의 감제 관측 하에 남으로 넓게 펼쳐진 철원평야는 서부 전선의 일부를 제외하고는 중부 및 중동부, 동부를 통틀어 유일하게 대규모의 기갑 부대가 정상적인 전투 정면으로 전개하여 기동할 수 있는 지역으로서 만일 철원 일대가 돌파된다면, 전선은 포천선으로 물러나게 되며, 그 다음은 바로 의정부일 만큼 철원은 무척 중요한 지역입니다. 실제로 6·25당시 적이 철원평야를 장악하기 위한 공격으로 시작된 백마고지 전투는 작전 기간 중 중공군 1만 3,000여 명, 아군 3,500여 명의 전사자를 내면서 일곱 번에 걸쳐 주인이 뒤바뀌는 혈전이었습니다. 끝내는 김종오 장군(6·25 개전 시 보병 제6사단장으로 춘천 방어를 성공시켜 적 기도를 좌절시킨 바 있음)의 제9사단이 최후로 백마고지를 확보하였고, 이에 김일성이 대성통곡하였다고 전해지며, 작전 기간 피아의 치열한 포격으로 산의 높이가 1m 낮아졌다는 이야기가 전해지고 있습니다.

보병 제6사단은 1946년 미 군정청의 국방경비대 창설 계획인 뱀부(Bamboo) 계획에 의거 창설된 9개 연대 중 하나인 제7연대를 주축으로, 1948년 4월 4여단으로 창설되었다가 1948년 11월에 6여단으로 개칭된 후, 1949년 5월 제6사단으로 확대 개편되어 중동부 전선인 춘천 정면을 방어하고 있었습니다. 1950년 6월 25일에는, 제가 연대장 시절 포병 제16대대를 설명드리며 이미 말씀드렸듯, 적의 공격을 맞아 북괴군 1개 연대 규모를 전멸시켜 사흘 간 전선을 고수함으로써 최초 한강 이남에서 국군의 주력을 포위 섬멸하려던 북괴군의 작전 기도를 좌절시킴으로써 대한민국을 멸망으로부터 구출하였습니다. 이후 동락리 전투에서 적 15사 예하 1개 연대를 전멸시키고 다수의 무기를 노획하여, 패배감에 무기력해졌던 아군의 사기를 끌어올림과 동시에 노획 무기를 UN에 전시하여 소련의 막후 참전 사실을 전 세계에 폭로하였습니다. 이로써 UN군에 여러 나라의 파병을 촉진하는 계기가 되었을 뿐 아니라, 신녕 지구 전투에서 적 진출을 지연시켜 낙동강 방어선의 형성을 가능케 하였습니다. 또 아군 반격 시에는 국군의 최선봉으로 압록강까지 진출, 압록강 물을 수통에 담아 이승만 대통령에게 보낸 일화가 있습니다.

1·4후퇴 시에 미국은 한국의 정부 요인과 적에게 학살당할 가능성이 있는 주요 인사 등 10만여 명을 괌으로 후송하고 한국을 포기하는 계획을 작

성하고 이의 실행을 검토하고 있었습니다. 이러한 결정적인 순간에, 사창리에서 중공군으로부터 쓰라린 패배를 맞본 제6사단(사단장 장도영 장군)이 심기일전하여 용문산 지구에서 적에게 치명적 타격을 가한 후 숨 쉴 틈도 주지 않고 계속 적을 추격하여 파로호에서 적을 포착, 중공군 2만 4천여 명을 사살하는 등 중공군 1개 군(아군 군단 급)을 섬멸했습니다. 6사단의 이러한 대승으로 미국은 한국 포기 및 철수 계획을 폐기하고 다시 전열을 가다듬고 전쟁을 계속함으로써 현재의 휴전선을 형성할 수 있었던 것으로, 만약 우리나라에 보병 제6사단이 없었다면 오늘의 대한민국도 없었을 것입니다. 지금 현재도 보병 제6사단은 155마일 전선 중 가장 중요한 전략적 방어 지역을 책임지고 있습니다.

저는 사단장 대리로 취임하자마자 사단 책임 지역 구석구석을 돌아보았습니다. 진지 지역을 도보로 일일이 답사하면서 지형을 숙지하는 동시에 그 지형에서 적이 공격한다면 "무엇을, 어떻게 하기 위하여, 어디서, 어디로"의 관점에서 분석 평가하면서 사단 사령부로부터 각 연대순으로 초도 업무 보고를 청취하였습니다. 특히 예하의 각 대대 초도 업무 보고는 책임 진지의 대대 관측소(OP)에 올라가 보고받으면서, 작전 계획과 현지 지형을 대조해가며 전투력 운용 계획의 적절성과 추가적 지원 소요, 작전 계획 시행 시 예상되는 우발 상황에 대하여, 현지 토의를 병행하며 업무를 파악히였습니다.

이렇듯 철책선과 그 후방 지역의 모든 지형에 대한 도보 답사 및 정찰을 완료한 저는 철책선 전방의 비무장지대에 대한 지형 정찰에 착수하였습니다. 저는 소위 시절 6사단의 좌측 연대 지역에 위치한 504GP장을 하였기 때문에 사단 좌 전방 지역의 지형은 비교적 명료하게 제 기억 속에 남아 있었습니다. 소대장 시절 이야기에서 그때는 말씀드리지 않았습니다만, 당시는 7·4남북공동성명 이전이라 피아가 적측 지역에 특수 공작 요원들을 침투시켰습니다. 아측 인원을 북으로 침투시킬 때는 GP장들이 이들을 북으로 안내해주는 임무를 수행했습니다.

그뿐 아니라 적의 GP 기습에 대비한 GP 주변의 예상 적 침투로에 대한 주·야간 수색, 매복과 군사분계선을 연한 차단 작전을 통하여 적의 침투를 거부 및 포획하는 것도 GP장의 임무였습니다. 그러므로 GP장의 지형 숙지 여부는 GP원들의 생사를 결정하는 중요한 요소였습니다. 여기에서 자세히 말씀드리기는 어렵습니다만, 특수 공작 요원 안내 임무도 두 차례나 수행하였기 때문에 제가 철책 후방의 지리는 몰랐어도 철책 전방은, 잡초 우거진 사이의 소로, 실개천, 지형 기복, 돌무덤, 나무그루터기까지 눈감고 그려낼 수 있었습니다. 그러므로 DMZ 좌측 지역은 수색대원들과 함께 수색 정찰에 참가하여 변화된 지형지물 요소를 중심으로 정찰하였습니다. 제가 모르는 우측 지역에서는 피아의 지형과 수색로 선정의 적절성, 적 상황 및 현지 지형을 고려, 발생 가능한 우발 사태, 적 공격 시 접근로 등을 진전 정찰의 관점으로 판단해가면서 지형을 숙지하였습니다.

이렇듯 철책선 전방의 진전 정찰로부터 FEBA 지역과 종심 및 사단 후방 지역까지의 모든 정찰을 완료한 저는 정찰 결과를 종합하여 작전 계획의 수정 및 보완 요소를 도출하고 이에 기초하여 요구되는 작계 수정 계획 개요를 구상하여 해당 연·대대장들과 토의를 거쳐 작계 수정 계획을 확정하였습니다. 또한 이에 따른 진지 편성 및 화력 계획과 장벽 계획의 조정·보완계획도 동시에 작성 하달하였습니다.

어느 수준까지 계획을 세부적으로 발전시켰는지 이해하실 수 있도록 비밀과 관련 없는 두 가지만 말씀드리겠습니다.

지도에서 철원평야를 보면 어디든 전차 기동이 가능한 평탄 지형으로 보이지만 실제로는 북은 높고 남은 낮은 지형의 특성상 농지 개량 작업 시 계단식 층계가 형성되어 전차 기동이 불가능한 지역이 산재되어 있습니다. 그래서 이에 병력을 투입, 지표면의 높이 차를 일일이 실측하여 지도에 기입하면서, 논의 토양의 점도에 따른 계절별 전차 진입 시 예상되는 침하 깊이를 실측하여 전차 기동 가능 및 기동 불가 지역으로 구분하여, 계절별 '전차기동로'를 작성하였고 이를 바탕으로 적 전차 격멸 계획을 대폭 수정 보완하는 동시에 훈련을 강화하였습니다.

다른 한 가지는 몇 열의 윤형 철조망을 종심으로 설치하고, 실제 전차를 기동시켜 전차 기동 방해 정도를 측정하였는데 아마도 전차대대 병사들이 무척 제 욕을 하였을 것 같습니다. 왜냐하면 윤형 철망 위로 전차 통과 시에는 전차 궤도에 철망이 말려 들어가 전차 기동이 불가능하게 되는데 훈련 종료 후에는 궤도 전체를 해체해서 정비해야 하므로 보통 일거리가 아니기 때문입니다. 그러나 이를 통하여 긴급 시 윤형 철조망을 ○○열로 설치할 경우 전차 기동이 불가능함을 장교들에게 보여줌으로써 적 전차 기동을 저지하고 대전차 화기로 격멸시킬 수 있다는 자신감을 부여해주었습니다. 동시에 만약 적이 아군의 대전차 장애물을 극복하고 계속 전진 시 응급 장애물로 설치 활용할 수 있도록 하는 계획을 보완하고 소요 철조망을 추가 보급하였습니다.

기간 중 수정 보완된 작전 계획에 따라 추가 공사가 요구되는 것은 임무와 과업의 비중 및 공사 소요를 고려, 우선순위를 선정 후 추계 진지 공사 시 반영 가능한 것은 추계 공사에, 이 기간에 공사 불가능한 것은 다음 해 춘계 공사에 반영토록 하였습니다. 이어서 사단은 추수가 끝남에 따라 동계 작전 준비에 돌입하였는데 이때도 타성적인 작업이 이루어지지 않도록 사전 교육 사항을 하달, 각 대대, 중대, 소대별 시범식 교육을 실시하여 유사시 즉각적인 작전준비가 가능토록 하였습니다.

한 가지 예를 들면, 동계에는 지뢰 매설 시 지면 동결로 굴토가 어려워 통상 동계 작전 준비 기간에 사전에 굴토하고 이 지뢰공에 지푸라기 등을 넣어 놓는데 이는 눈 녹은 물이 스며들어 빙결됨으로써 사실상 사용이 불가능합니다. 이런 경우 패트병을 반으로 잘라 엎어서 묻어놓거나 짚을 비닐봉지에 넣어(지뢰 몸통 크기로) 주둥이를 묶은 후 이를 거꾸로 묻어버리면 유사시 바로 지뢰 매설이 가능한 바, 이 모두 제가 대대장 시절부터 연구에 연구를 거듭하고 실제 야전 시험을 거친 방법들로서 병사들로부터도 호평을 받았습니다.

당시에는 동계 작전 준비 및 월동 준비 시 필요 물품을 보급해 주지 아니하여 중대장들이 중대 운용비로 충당하였습니다. 그러나 그 액수가 보잘 것 없어 각 중대별로 빚이 누적되어 있다는 이야기를 사단장 공관에 초대되어 식사를 하던 모범 소대장들에게서 들었습니다. 그래서 저는 전 사단의 실태를 파악토록 하였는데, 그 보고를 받아보고는 아연할 수밖에 없었습니다. 왜냐하면 그 빚이 하루아침에 형성된 것이 아니라 수년간 누적되어 인수인계된 것이어서 그 액수가 저의 상상을 초월하였기 때문입니다. 그래서 저는 사단에 들어온 위문금을 모두 모아 각 중대 및 대대의 빚을 완전하게 갚아 주었습니다.

여기서 잠깐 이야기가 빗나갑니다만 저는 매월, 각 대대별로 추천된 모범 소대장들을 공관에 초청하여 격려 회식을 하면서 소대장들의 이야기를 듣고는 하였습니다. 그런데 하루는 식사를 마치고 현관에서 군화 끈을 매고 있는 소위들을 배웅하기 위하여 서 있다가 무심결에 "자네들 소위가 부럽다" 하는 이야기가 저도 모르게 나왔습니다. 소위는 장군이 될 수 있지만 장군은 결코 소위가 될 수 없기 때문입니다. 그런데 이 말이 어디선가 들은 듯 낯설지 않아서 가만히 생각해보니 제 임관 축하를 위해 저녁 식사에 초청해 주셨던 이형근 장군님께서 제게 하신 말씀이었는데 그 한마디를 가슴으로 이해하는 데 27년의 세월이 걸린 것이었습니다.

그 해 말, 참모총장님께서 초도 순시 차 사단에 방문하셨는데, 작전 계획 보고 시 두 가지에 중점을 두고 보고 드렸습니다. 그 첫째는 총장님께서 사단장 재임 시절의 작계와 현재 작계의 차이점 및 그 수정 이유, 둘째는 사단장 부임 후 도로 견부 종심 지역에 대한 병력 화력, 장벽 보강 및 그 운용 계획을 보고 드린 후 말미에 현재 진행 중인 동계 작전 준비의 개선 사항을 보고 드렸습니다. 총장님께서는 제 부임 후 그 짧은 시간에 구석구석을 다 돌아본 것에 놀라움을 표시하면서 대단히 만족하셨고, 떠나실 때는 "남재준이가 여기 있으니, 이제 철원 지역은 잊으마. 걱정하지 않겠다" 하시면서 격려해주셨습니다.

이렇듯 분주하게 지나는 가운데 어느덧 해가 바뀌어 아내와 함께 계룡대로 내려가 1박 후 참모총장님께 소장 진급 신고를 하고 국방부로 이동하여 국방장관에게 신고를 마치고 부대로 복귀하는 길에, 아버님·어머님을 찾아뵙고 소장 진급 신고를 드렸습니다. 그때 아버님께서는 담담하게 "더 올라가려고 애쓰지 마라"라고 말씀하셨고 어머님께서는 늘 그러셨지만 제 손을 두 손으로 꼭 잡아주시면서 "그저 인순(仁順), 인순 하거라" 하고 노래 부르듯 하셨습니다. 그 말씀들이 지금도 귓가에 맴도는 듯합니다.

그런데 우연하게도 소위로부터 대령 진급 시까지는 한 번도 진급 신고를 못해 본 제가 어떻게 된 것인지 장군이 되고부터는 국정원장 임명 시까지 모든 신고를 부부 동반으로 하였습니다. 제가 소장 진급 신고를 하던 그 전 해까지만 해도 준장 진급 시만 부부 동반이고 그 외는 모두 단독으로 하였습니다. 그 덕에 제 아내가 두 번이나 크게 당황한 적이 있었는데, 청와대 중장 진급 신고 시 어떻게 하는 거냐고 묻는 아내에게 "나만 간다"라고 잘못(저는 그렇게 알고 있었음) 대답하였다가 신고 당일 출발 불과 한 시간 전에 부부 동반이라고 하여 아내를 본의 아니게 비상사태로 몰아넣은 만행을 저질렀습니다. 이러한 실수를 국정원장 임명장 수여식 때 반복하여, 신고 이야기만 나오면 저는 할 말이 없는 처지가 되었습니다.

부대를 지휘함에 있어서 저의 중요한 지휘 원칙은 **조직의 관리는 원칙의**

영역이고, 조직의 운용은 창의의 영역이므로 "관리는 규정과 방침에 입각하여 원칙대로", "전술적 운용은 원칙을 거꾸로 뒤집는 역발상의 창의를 최대한 발휘하여"입니다. 그러나 많은 장교가 관리는 원칙의 영역임에도 불구하고 융통성이라는 미명 하에 각자의 처지에서 편의성을 우선하고 전술 상황에서의 부대 운용은 경직된 상태에서 철저히 원칙을 적용합니다. 그 결과 부대 관리상에는 수없이 많은 허점이 생기게 되고 창의가 우선시되어야 할 부대의 전술적 운용에서는 비슷한 지형에서 모든 부대의 작전 계획이 천편일률적으로 동일하여 이를 아는 적이라면 '첩보 및 정보 수집'이 불필요할 정도입니다.

군에서 작전 계획이란 개전 초 가장 유리한 조건에서 전투에 돌입함으로써 전투 초기부터 작전주도권을 장악함으로써 최소 유혈로 최대 성과를 보장, 그 전투 목적을 달성하고자 수립합니다. 그리고 계획대로만 싸울 수 있는 전투는 있을 수 없습니다. 그러므로 최초 전투 돌입과 동시에 예상되는 상황에 따른 그 지휘관식 싸울 방법(How to fight!)의 의지를 구현할 수 있는 우발 계획이 동시에 발전되고 준비되어야 합니다.

그렇지만 이러한 노력이 우리 한국군 장교들에게 많이 부족합니다. 제가 연합사 근무 시에 관찰해보니 이러한 사정은 규정에 철저한 미군들도 '전투력의 운용' 면에서는 우리와 비슷한 과오들을 범하고 있어 을지포커스렌즈연습 시 사령관 라포트 장군과 저는 한 목소리로 "Not to fight with O-plan, fight with enemy(계획대로 싸우려 하지 말고 적과 싸워라)"라고 입버릇처럼 강조하고는 하였습니다.

이러한 제 부대 지휘 방침에 따라 우선적으로 작전 계획에 관련된 제반 전투 준비 요소들의 점검 및 수정 보완을 어느 정도 진행해놓은 저는 이어서, 사단의 각종 내규와 관리 규정을 면밀히 검토하여 100% 현장에서 실행 보장이 가능하도록 이를 수정 및 보완하였습니다. 그리고 부대의 모든 과업은 단편적 지시의 남발을 지양하고, **그 과업의 수행 책임이 있는 장병들이 수행하게 되어 있는 과업들을 수행되어야 할 시간과 장소에서 하게 되어 있는 행동 절차대로 하고 있는지를 지속적으로 감독**하도록 강조해 나갔습니다. **즉, 조직이 일하는 부대를 만들고자 '수동적 지시'가 아닌 '능동적 실천'을 촉구**할 수 있도록 지속적으로 감독한 결과, 부대의 업무 수행 자세가 서서히 변화되어 갔습니다. 이와 동시에 제가 모든 지휘관 시절에 항상 그러하였듯 간부 교육과 병사들과의 접촉 확대에 주력하여 모든 방문 및 감독 시에는 지적이 아니라 질문을 통한 토의를 하도록 강조하였고 저 또한 이를 실천하였습니다. 사소한 사항 같지만 저는 이동 시 마주치는 모든 병사에게는 시간이 있을 때는 하차하여 짧은 대화를, 시간이 없을 때는 손을 흔드는 등, 반드시 접촉을 유지할 수 있도록 노력하였습니다.

봄비가 촉촉이 내리고 있습니다. 제가 그간 기거하던 방을 옮기게 되어 오늘은 서둘러 쓰느라 가뜩이나 졸필이 더욱 더 졸필이 되었습니다. 이곳 내 확진자가 많이 발생하여 서신 발송일이 당분간 조정되었습니다. 그래서 제 편지는 화요일에나 우체국으로 발송될 것이므로 형님께서 받아보시는 날 또한 하루 이틀 정도 늦게 될 것 같아 참고로 말씀드립니다. 오늘은 이만 줄이려 하며 형님과 형수님 내외분의 건강하심과 행복하심을 기원 드립니다.

동생 재준 올림

### 존경하며 자랑스러우신 형님께

봄비가 내리더니 어제까지 보이지 않던 하얀 민들레와 이름 모를 야생화 봉오리들이 봉긋이 피어올랐습니다. 그간도 평안하셨는지요. 형님께서 보내주신 서신 네 통은 모두 잘 받아보았는데 등기가 그렇게 지연 배달되는지는 몰랐습니다. 저는 제 방에 혼자 있고, 또 조심하고 있으니 걱정하지 않으셔도 됩니다.

지난번에는 '규정과 방침에 의한 부대 관리'를 말씀드렸습니다. 군(軍) 교범에 **"지휘의 목적은 조직 능률의 극대화에 있다"**라고 되어 있습니다. 그런데 조직 능률의 극대화를 달성하기 위해서는 규정과 방침에 따라 **조직의 모든 구성원이 하게 되어 있는 일과 행동들을 하게 되어있는 시간과 장소에서 하게 되어 있는 방법대로 스스로 하도록** 이끌어 가지 않으면 안 됩니다. 조직이 일을 하는 조직은 잘 관리된 조직인 반면, 사람이 일을 하는 조직은 마치 한 사람이 네 바퀴를 번갈아가며 일일이 손으로 돌려주어야 하는 자동차처럼, 엔진은 달고 있되 손으로 끄는 수레와 같습니다. 그러므로 저는 "지휘의 목적인 조직 능률의 극대화를 달성할 수 있도록 조직원의 인화단결을 바탕으로 조직을 관리 및 운용하는 것은 지휘관의 가장 중요한 책무이다"라고 강조하면서 이러한 관점에서 예하 지휘관들을 관찰, 지도 및 감독하였습니다.

그 해의 동계 내한 훈련은 동계 작전 준비에 대한 실효성 및 효용성 평가에 중점을 두고 실시하였으며, 1996년도 춘·추계 진지 공사 시에는 기간 중 수정된 작전 계획을 반영, 진지를 보강하는 동시에 수정된 작전 계획의 시행 절차를 반복, 숙달하는 훈련을 병행하였습니다. 봄이 되어 각종 훈련장의 정비 및 안전 점검을 종료한 사단은 본격적으로 그 해의 교육 훈련 주기에 돌입하였습니다.

군에서 교육 훈련의 시행 주체는 주로 대대장입니다. 대대급 이하 통솔 제대 지휘관의 '지휘 요결'은 **솔선수범** 즉 대열의 제일 선두에 서서 "먼저 행동으로 보여주면서 나를 따르라" 하는 것입니다. 바꾸어 말하면 부대 관리 시에 대대장은 대대원을 위하여 병사들보다도 훨씬 더 고생한다는 솔선수범을 보여주어야 하며 훈련 시에는 "나를 보고 내가 하는 것처럼 나를 따라서 하라"라고 **'행동'**으로 대대를 이끌어가야 합니다. 이렇듯 **통솔 제대 지휘관은 언행일치 하에 솔선수범하는 행동으로 명령**하는 것이지 결코 말로써 명령하는 것이 아닙니다.

그러므로 저는 "말이 아닌 행동으로 실천하는 솔선수범"을 각별히 요구하였으며 이를 바탕으로, 유격 훈련 시 대대장이 1번 번호판을 부착하고 전 대대원이 보는 앞에서 모든 코스마다 제일 먼저 실시하였고 중대장은 중대의, 소대장은 소대의, 분대장은 분대의 선두에서 모범을 보임으로써 훈련 성과와 더불어 부대 단결과 사기 앙양의 성과를 동시에 달성토록 하였습니다. 저 또한 모든 대대의 100km 행군 시 가능한 한 일정을 조정하여 마지막 40km는 병사들과 함께 행군할 수 있도록 노력함으로써 재임 기간 거의 모든 대대와 한 번씩은 행군하였습니다. 이렇듯 저는 사단의 모든 역량을 교육 훈련에 집중하면서 훈련장을 순차적으로 방문하여 병사들의 노고를 격려하고 교육 훈련 수준 평가를 하는 동시에 훈련장의 안전 및 통제의 적절성을 점검하면서 분주히 뛰어다녔습니다.

그러던 어느 날, 국방부로부터 그 다음 날 대통령 부대 방문 계획을 통보받았습니다. 저는 바로 부대에 복귀하여 대통령의 안내 계획을 염두 판단하고, 이동로에 맞춘 개략 보고 순서 및 내용을 머리에 정리한 후, 연대장들에게 전령을 보내 구두로 대통령의 방문 계획과 사단장의 복안을 알려주었습니다. 동시에 방문 장소인 우측 연대의 청성OP에서는 연대장과 관측장교가 그리고 유격 훈련장에서는 대대장이 별도 준비 없이 보고토록 조치하면서 특히 보안에 유의하여 VIP 부대 방문 관련 내용에 대한 일체의 유무선 통화를 금지했습니다.

이튿날 10:00시 김영삼 대통령님이 헬기편으로 사단 헬기장에 도착하였고, 저는 대통령과 함께 대기하고 있던 대통령 차량에 탑승하여 약 50분간의 소위 '독대'를 하게 되었는데 대통령의 군 경력이 없음을 고려하여 민간의 일반적인 언어를 골라가면서, 철원의 지형 설명과 지형 평가 및 전략적 가치, 6·25 당시 이 지역에 있었던 중요 전투의 배경과 그 결과 및 교훈, 이 교훈이 반영된 현재 우리의 작전 목표와 작전 개념, 현지 지형에 곁들여 간략하게 예상되는 적의 공격 양상과 우리의 방어 계획 및 전투 준비 태세, 기타 국방상 중요 요점 등을 설명하였습니다. 대통령은 시종일관 깊은 관심을 표명하면서 경청하였습니다.

안내 장소인 청성OP는 사단 우측의 연대 OP로서 과거에는 GP였으나 아군이 철책선을 전방으로 추진하여 이설함으로써 GOP상의 OP가 된 곳입니다. 저는 구 철책선의 통문을 통과하면서 이어지는 간략한 지형 설명에 곁들여 "이 구 철책선 북방은 비무장지대로서 대통령님께서 제가 아는 한 아마도 비무장지대에 들어오신 최초의 대통령이십니다" 하면서 곧이어 "보병 제6사단이 이곳에 있는 한 안심하셔도 됩니다" 하고 이야기하였습니다. 대통령은 청성OP에서 연대장의 인사말에 이어 관측장교의 지형 설명 및 상황 브리핑 청취 후 병사들을 격려해주셨고 이어서 사단유격장으로 이동하여 유격 훈련을 참관하는 동안 병사들의 훈련 모습에 상당한 관심을 나타내면서 병사들을 일일이 격려하여 주셨습니다.

훈련장으로부터는 군단장이 수행하여 사단 헬기장에 12:20경 도착, 서울로 출발하였는데 대통령이 사단 지역에 거의 두 시간 반을 머물렀던 경우는 드물다고 들었습니다. 그 날 오후 대통령 경호실장의 전화를 받아보니 대통령이 대단히 만족해하셨고, 사단장 칭찬을 무척 많이 하셨다면서 거듭 수고했다고 치하했습니다. 그러나 저는 그것보다도 대통령께서 사단 사령부에 들르지 않고 헬기장만을 이용하시어 불필요하게 장·사병들을 고생시키지 않아도 되었던 것에 오히려 제가 감사드린다고 말했습니다. 대통령 방문을 위하여 준비한 것은 제 머릿속을 정리한 것뿐이었으니 말입니다.

제가 월남에 있을 때 미 국방성의 한 고위층이 항공 대대에 방문하였습니다. 때마침 저는 상황 협조차 브리핑실에 있었는데 대대 작전관 소령이 그리스펜 하나를 들고 나가 상황판에 직접 도식하면서 40여 분에 걸쳐 적과 우군 상황, 대대 전투력과 피아의 능력 및 제한 사항, 작전 계획, 기간 중 작전 및 지원 경과, 향후 작전 중점 및 지휘관 복안 등을 참고 자료 하나 없이 브리핑하고, 이어지는 질문에 주저 없이, 명쾌하게 답변하는 것을 보고 큰 감명을 받았습니다. 아마 그 당시 한국군 대대에 그러한 고위층이 방문했다면 상당한 시간과 노력과 예산이 소요되었을 것인데, 미군은 그 부자 나라에서 그리스펜 0.5cm 정도를 쓴 것이 전부였습니다. 그래서 그 이후 저도 제 임무에 대하여 아무 자료 없이 30~40분 설명할 수 있도록 노력하였고, 제가 이를 실천함은 물론 연대장이나 사단장 재임 간 대대장들의 모든 보고도 현장에서 지도만을 참조한 구두 보고를 받아왔습니다. 만일 제가 평소 그렇게 하지 않았더라면 차량으로 이동하는 거의 한 시간 동안 대통령과 단둘의 대화가 무척 부담스러웠을지도 모르겠습니다.

그 다음 달 저는 모처럼 외박 허가를 받아 외박을 나왔습니다. 아내가 가르쳐준 집 주소를 찾아가니, 휘문고등학교 뒤편 좁은 골목의 다세대주택 1층이었는데 손바닥만 한 주방 겸 거실과 조그만 방 두 칸짜리였지만 그래도 오랜만에 가족들과 함께 한 시간이 그렇게 즐거울 수 없었습니다. 그날은 제가 늦게 서울에 도착하였던 터라 다음 날 아버님, 어머님을 찾아뵐 생각을 하고 잠이 들었습니다. 그런데 새벽녘에 지휘용 무선 전화를 받아보니 바로 인접 5사단 백마고지에서 산사태가 소대 막사를 덮쳐 20여 명의 생사가 확인되지 않는다는 상황장교의 다급한 보고였습니다. 저는 사단 지역의 상황을 물어보니 사단 지역은 비가 오지 않았고 사단 전방 죄측 언대 지역에만 비가 조금 왔으나 강우량이 1mm 내외라는 답변을 듣자 일단 안도하면서 전화를 끊었습니다. 사단에 복귀하여야 하는지를 잠시 생각하다가 차를 준비시켜 바로 사단에 복귀하여 지휘 보고를 받아본 결과, 부대 전 지역에 이상이 없었습니다.

그러나 이도 잠시, 그날 오후부터 강우가 시작되더니 이윽고 하늘에서 양동이로 퍼붓듯 비가 쏟아지기 시작하였습니다. 심상치 않은 예감이 들어 산사태 예상 지역에 위치한 막사의 병력들은 무기와 탄약을 포함한 모든 물자를 산 정상의 산사태 위험이 없는 안전지대로 이동시켜 야영토록 하였습니다. 그리고 모든 무전기를 개방한 상태에서 별도 지시가 있을 때까지 일체의 인원 및 장비의 유동을 금지했습니다.

지역 내에는 세 개의 저수지가 있는데, 그 중 좌측 지역의 산명호는 북한이 평강에 있는 봉래호의 수문을 개방한다면 범람하게 되어 있습니다. 그런데 만일 산명호의 제방이 무너지면 동송읍의 인적, 물적 피해가 심대할 것으로 판단되어 제방 범람 시 긴급히 조치할 수 있도록 흙 마대를 휴대한 병력을 배치하였고 이들도 불필요한 유동을 못하도록 비상식량을 휴대시켰습니다. 이 폭우는 사흘에 걸쳐 퍼부었는데, 사단 전방 지역의 강우량은 1,000mm를 상회하여 측정이 불가 하였습니다 (관상대의 공인된 계측 지점이 아니므로 공식적으로는 미 인정). 후일 이 지역을 방문한 기상전문가로부터 한반도에서 이러한 강우량은 천 년에 한 번 정도의 빈도라고 하는 이야기를 들었습니다. 그러므로 저는 천 년의 세월을 산 사람이 되었습니다.

부사단장의 관사는 옛 사단장 관사로 한탄천변에 있는데 작전 부사단장 김홍길 대령과의 연락이 끊겨 생사를 확인할 수 없었고, 좌측 연대의 좌측 대대에서는 계곡의 사태를 감시하기 위하여 내보낸 감시 병력 두 명이 갑자기 덮친 물 더미를 미처 빠져나오지 못하고 나무에 올라가 구조를 기다리고 있다는 무전이 들어왔습니다. 하지만 그 기상 조건 하에서 더욱이 폭우가 퍼붓는 야간에 제 조그만 헬기는 뜰 수조차 없어, 몸을 나무에 묶고 절대 잠들지 않도록 계속 호출하여 확인토록 하였습니다.

부사단장은 다음 날 새벽이 되어서야 겨우 나타났는데, 한탄강 물이 범람하여 길이 끊겨서 산으로 대피하였다가 먼 산길을 돌아서 겨우 사령부에 도착하였다고 하였습니다. 산명호에 배치된 병력들은 물이 제방 위로 흐르자 무너지지 않도록 제방의 낮은 부분에 사전 준비해 가지고 간 흙 채운 마대를 쌓아올리면서 밤새 사투를 벌였습니다. 저는 만일 제방이 무너지는 사태가 발생할 경우를 대비하여 매시간별 상황을 동송읍에 통보하도록 하는 동시에 이런 경우 병력들의 철수 계획을 재삼재사 확인하면서 피가 마르는 심정이었습니다. 만일 잘못된다면 제 명령에 따른 병사들 1개 소대가 그 물속에 휩쓸려 갈 것이었기 때문이었는데, 이것보다는 차라리 전투가 쉬웠습니다. 왜냐하면 전투는 "죽기 전에는 아직 살아 있는 것이고, 죽으면 모를 테니까" 말입니다.

그날 낮에 아내로부터 전화가 와 받아보니 걱정이 되어 들어오다가 길이 끊겨 오지 못하고 지금 8사단장(정중민 장군) 공관에 있다는 것이었습니다. 당시 한탄강이 범람하여 그 수위가 평소 수면으로부터 7~8m 상승함에 따라 사단 내 모든 도로망이 끊긴 상황이었습니다. 저는 잠시 비가 멎고 시야가 확보되자 헬기를 타고 사단 지역을 정찰하였는데 특별한 이상이 보이지 않았고, 부대의 병력과 장비 및 물자를 포함 전 부대 이상 없음을 보고 받고는 안심하였습니다.

그러나 이것은 엄청난 오산이었습니다. 날이 저물면서 산발적으로 비가 다시 내려 저는 모든 부대, 모든 병력을 하룻밤 더 현재 대피하고 있는 안전지역에서 야영토록 하였습니다. 그렇게 밤을 지낸 후 3일차 날이 밝아오자 부대 이상 없음을 보고받고는 참으로 다행이라고 생각하며 긴장을 풀었습니다. 그러나 잠시 후 우측 연대 GOP 지역의 도로에 연한 계곡 2km 정도가 토사로 완전히 메워졌다는 연대장의 보고가 있었습니다. 헬기로 올라가 보니 청성OP 가는 길의 입구로부터 그 깊은 골짜기가 완전히 메워져 있는 것을 보고는 그 상황을 도저히 이해할 수 없었습니다. 하늘에서 본 광경은 산과 나무들이 모두 제자리에 그대로 있는 상황에서 계곡만 메워졌기 때문입니다. 후에 전문가의 설명을 들어보니 이 경우는 산사태가 아닌 지면의 슬라이딩(sliding) 현상으로 그 지역은 계곡의 좌우측이 비교적 급경사 지역이어서 갑자기 내린 폭우를 지면이 충분히 흡수하지 못하고 지표면 바로 아래층이 진흙처럼 되면서 그 무게를 견디지 못하여, 지표면과 암반 사이에 있던 돌과 바위들이 밑으로 굴러 내린 것이라고 하였습니다. 이때 지표면은 그 자리에 그대로 주저앉아 산 표면은 이상이 없는 채로 저지대가 매몰되었다는 설명을 듣고서야 조금 이해가 갔습니다.

또 한 가지 산사태는 비가 그친 다음이 더 위험하다는 것도 그때야 알았습니다. 좌측 연대의 나무 위에 올라갔던 병사들은 날이 밝은 후 무사히 구조되었고, 산명호 제방을 보호하기 위하여 밤새 사투를 벌였던 소대 병력들도 무사히 임무를 성공적으로 수행하여 대재앙을 예방하였습니다. 우측 연대 본부 지역은 산의 지표면이 흘러내리면서 소대 막사 한 동과 중대 막사 한 동, 창고 두 동이 형체도 없이 쓸려갔으나, 사전에 병력과 장비 및 물자를 모두 산 정상에 올려놓았기 때문에 병력과 장비 및 물자의 피해는 없었습니다.

그러나 예상치 못한 시간과 장소에서 인명 피해가 있었습니다. 우측 연대 GOP대대의 좌측 철책 중대에서 소대장이 뒷산에 돌이 구르는 듯한 소리를 듣고 막사의 안전을 확인하고자 뛰어나간 순간 계곡에서 쏟아지는 토사에 휩쓸렸고, 동 연대의 제일 우측 소대에서는 인접 사단과 경계가 되는 깊은 계곡에 설치된 철조망에 나뭇가지가 걸려 물이 모일 경우 철책이 무너지는 경우가 많아 이를 확인하고자 부소대장이 병력 네 명을 데리고 내려가 잔가지를 치우던 중 계곡이 쏟아져 내리면서 병력을 휩쓸고 내려가 두 명은 피하였으나 세 명은 피하지 못하고 실종됨으로써 네 명의 실종자를 내고 말았습니다.

보고를 받고 진입로가 끊긴 상태여서 헬기로 현장을 멀리서 바라보니 철책선 전방 계곡이 돌과 바위와 흙으로 완전히 메워져 평평하게 된 것을 보면서 어떻게 구조하여야 할 것인가를 곰곰이 생각해보았으나 좋은 방법이 떠오르지 않았습니다. 저는 연대의 좌측에서 실종된 소대장의 구조는 연대장 책임 하에 하도록 하고 (토사량이 상대적으로 적어서 조기 구조가 가능할 것으로 판단), 우측의 구조 작전은 사단 수색대로 구조대를 편성하고 정보참모 백광성 중령을 구조 대장으로 임명하여 구조 작전을 지휘하도록 조치하였습니다.

매몰된 GOP 지역 보급로를 개통하기 위해서는 사단 공병대의 전 역량을 투입하였고, 흔적도 없이 사라진 GOP 지역의 소대 막사 한 동과 연대 지역의 중대 및 창고 등 막사 세 동은 임시 숙영 시설을 준비토록 하고, 복구 소요를 판단하여 상급 부대에 건의토록 조치하였습니다. 그리고 육안으로 볼 때 전방 GP 1개소의 지반이 다소 주저앉은 것으로 보여 당시 건설 안전진단협회 회장으로 있던 친구 박규랑(고인, 제 고등학교 동창)에게 연락하여 안전진단을 받은 결과(비예산으로, 예산 반영 시 수천만 원 소요) 큰 문제점이 없는 것으로 판단되어 물골만 보강토록 하였습니다.

실종 사고 통보를 받고 현장에 달려오신 부모님들께 저는 "제가 사단장으로 있는 한 여기 어디엔가 묻혀있을 제 부하들을 찾을 때까지, 그리고 제가 사단을 떠날 때까지 수색을 계속하겠습니다"라고 다짐하였습니다. 그러나 떠내려간 지뢰들과 뒤섞인 토사와 바위와 자갈과 돌들로 지면으로부터 2~3m 높이로 1km 이상 메워진 계곡과 적 GP와 불과 600m밖에 안 떨어진 개활지에서 군사분계선을 따라 횡으로 1km가량 이동하면서 하는 수색 작전은 생명을 걸지 않고는 어려웠습니다. 이에 사단 정보참모 백 중령은 살아 돌아오는 것을 장담할 수 없어 매일 목욕을 하고는 속옷을 새것으로 갈아입고 수색을 나갔는데, 실종자 수색은 백사장에서 부러진 바늘 찾기보다도 더 어려워 진척되는 것 없이 시간만 지나갔습니다.

실종자의 부모님들은 매일 수색 코스가 보이는 곳에 올라 기도하는 마음으로 보고 있었고, 저도 마냥 후방에서 기다릴 수만은 없어서 수색에 참가하곤 하였습니다. 이를 본 북한 인민군들이 쌍안경을 보며 저에게 총구를 겨누고는 하였지만 개의치 않았습니다. 왜냐하면 저격을 할 것 같았으면 숨어서 저격을 하였지 공공연히 보이도록 위협하지는 않을 것이었기 때문입니다. 그러한 슬픔 속에서도 부모님들이 제가 수색을 나가지 못하도록 만류하셨던 것이 지금도 가슴 깊숙한 곳에 묵직한 덩어리로 남아 있습니다.

소대장의 시신은 수색 3일차에 토사에 매몰된 것을 파고 들어가다가 수습하였고(지뢰 지대여서 작업이 쉽지 않았습니다) 병사들의 시신은 거의 2주가

다 되었을 때 수습할 수 있었습니다. 밤새 뜬 눈으로 기도하며 새웠던 정보 참모 백 중령이 우연히 모래와 자갈로 뒤덮인 지표면에 생긴 조그만 구멍 틈새로 쉬파리들이 모이는 것을 보고, 그 지역을 파본 결과 시신 한 구를 수습하였고 이후 이와 같은 방법으로 다른 두 명의 시신을 수습함으로써 작전을 종료하였습니다.

한 가지 아쉬웠던 것은, 제가 모든 병력의 유동을 별도 명령이 있을 때까지 금지했었는데 마침 그 중대의 중대장이 외박 나갔다가 복귀하려 하였으나 길이 끊겨 중대로 가지 못하고 대대로 복귀한 상태에서 저의 병력 유동 금지 지시가 소대에까지는 미처 하달되지 못하였던 것입니다. 그러나 명령이 전 부대에 전파되는 것까지 확인하지 못한 것은 온전히 저의 불찰이었고 그 대가는 평생의 자책과 슬픔으로 제 가슴을 짓누르고 있습니다. 사단은 수해 복구를 위하여 한 달간 총력을 다한 결과, 소·중대 막사 및 창고 건물의 신축을 제외하고는 응급 복구를 마무리하였고, 후속 공사가 필요한 것은 군단 공병 및 사단 공병이 계속하도록 조치하였습니다.

사단 지역 내 금학산 970고지에는 병력이 배치되어 있지만 산이 아주 심한 급경사의 고깔 모양으로 되어 있어 오르내리기가 어려운 곳이었습니다. 그런데 정상의 면적 또한 협소하여 헬기장을 설치하지 못해서, 일일이 보급을 등짐으로 져 날라야 했습니다. 저는 이 문제를 해결하기 위하여 산 정상 한쪽 경사면에 기둥을 설치하고 한쪽 지면과 기둥을 연결한 평면에 헬기장을 설치하여 사용할 수 있도록 하되, 대형 CH-47까지 이착륙이 가능하도록 설계하여 공사할 것을 지시하였습니다. 이 공사는 모든 공사 자재를 등짐으로 져 날라야 하는 어려움이 있었지만, 이를 훌륭히 극복해내고 월여 만에 완성할 수 있었는데, 제가 올라가보니 안전성이 충분히 보장되도록 공사가 잘 되어 있어 공병들을 크게 격려해주었습니다. 헬기장이 완공되고부터는 물자를 헬기로 공수해주는 것 이외에도 병사들이 체조와 줄넘기, 태권도 등

운동과 족구를 하면서 좋아하는 모습을 보고는 제 마음도 흡족하였습니다.

이 당시 철원군청은 제2땅굴과 더불어 금강산 철도의 월정리역과 노동당 사, 임꺽정의 훈련장이었다는 고석정, 한국의 나이아가라라는 직탕폭포, 철원평야에 날아오는 철새들과 한탄강의 경관 등의 천혜의 자원들을 활용하여 –평소에도 많은 관광객이 찾고는 있지만– 이를 보다 더 발전시켜 대규모의 안보 관광단지를 만듦으로써 적극적으로 관광객을 유치하려는 계획을 가지고 1차로 철새 도래지에 관망대를 건설하려 하고 있었습니다.

그러나 제가 부임 초 둘러본 사단의 환경 실태는 각종 오·하수와 쓰레기 등을 무책임하게 방출 또는 방치하는 상황이었습니다. 저는 사단을 돌아다니면서 기름 섞인 하수가 논으로 흘러들어가는 곳과 썩은 물이 악취를 풍기는 곳의 해결책을 모색하는 한편, 사단의 자산 관리가 잘못된 현황을 수정하지 않고 통계상의 과오를 누적함으로써 113% 이상의 착오 율을 내고 있어 연속으로 전 육군의 꼴찌를 면하지 못하고 있는 실정을 어떻게 개선할 수 있을까 하는 고민에 싸여 있었습니다.

제가 뾰족한 해결 방안을 내놓지 못하고 궁리만 하고 있던 차, 사단에 새로 전입해온 여군무원 두 명의 자력 카드를 보다가 저는 무릎을 쳤습니다. 두 여군무원 중 한 명은 환경관리사 자격증 소지자로 화학 특기로 되어 있어 병기대로, 다른 한 명은 전산 특기자여서 전산실로 보직 명령을 기안한 것을 두 명 모두를 군수처로 보직시켜 환경사 자격증이 있는 화학 특기자는 환경관리사로, 전산 특기자는 군수자원관리사로 각각 수정하여 명령을 내도록 하고 제가 직접 전입신고를 받으면서 원하는 목표를 제시하였습니다.

과연 제 예상은 적중되었습니다. 환경관리사 조병란 서기는 월간 단위대장회의 시 환경 실태 점검 결과를 여태껏 "○○부대는 ○○처리가 미흡"이라는 식의 평면적 보고만을 일삼던 근무 타성을 획기적으로 탈피하여, 매일 카메라를 들고 다니면서 현장 사진을 찍어 주간, 월간 회의 시마다 반복적으로 최초의 상태와 그 후 개선된 상태를 일목요연하게 비교 분석하여 사진으로 제시하였습니다. 그런데 그 당시만 해도 현 실태를 사진으로 제시한다는 착상은 대단히 이례적이고 창의적인 태도여서 지휘관들의 얼굴이 벌게지며 반응을 보이기 시작하였습니다.

그러던 얼마 후에는 예하 부대가 환경관리사 조 서기의 부대 출입을 방해하고 있다는 보고를 받고는 부사단장의 예하 대 방문 계획과 통합하여 부사단장과 함께 행동하도록 함으로써 그 문제를 해결하였습니다. 이렇듯 부대의 오·하수와 쓰레기 처리장을 비롯한 구석구석의 환경을 점진적으로 개선해나가면서 환경관리사 조 서기는 자비로 충남에 있는 32사단을 견학하고 부레옥잠과 갈대, 미나리 등의 재배로 오·하수를 정화시키는 방법을 배워와서 전 부대에 전파하고 이를 독려하였습니다. 이로써 제 눈으로 보기에도 환경의 취약 요소가 현저하게 개선되고 있었습니다.

군수자원관리사 전윤애 서기는 전산실에 자리를 만들어 놓고 군수처와 전산실을 오가면서 113%의 통계 착오율을 그 해 말까지 0%로 줄이고, 전군 자원 관리 최우수 부대 수상의 영광을 가져다주었습니다. 이 과정에서 군수처 및 전산실, 예하대 군수 관계자들의 저항이 심하였지만 전 서기의 사명감과 열성, 날로 눈에 보이는 성과에 의하여 결국은 군수 근무 실무자들의 정신적 자세와 근무 태도를 극적으로 변화시키는 큰 성과를 가져왔습니다.

사단은 전 해인 1996년도에 철원평야의 경지 정리가 계획 일정보다 늦어져 그 해 농사를 포기하겠다는 농가가 속출하자 당황한 군수가 대민 지원을 요청하여 저는 부대 운용을 조정, 전 병력을 풀어 모내기를 최단 시간 내에 끝내주었고 이 해 마침 풍년이 되었습니다. 그런데 사단의 적극적인 대민 지원과 획기적인 환경 개선을 고맙게 여긴 철원군수가 사단에 상의도 없이 대민 지원 결과 및 개선된 환경을 적극적으로 도에 추천한 결과 엉뚱하게 사단도 모르는 사이 9월에 산업 증산 유공 대통령 부대 표창 및 환경 우수 부대

환경부 장관 표창을 받게 되었습니다. 그런데 사단은 그 해 국군의 날 행사 시 수여하는 전투 준비 태세 우수 대통령 부대 표창 부대로 3군에서 추천되어 육본에서 심의 중이었습니다. 그러나 한 부대가 같은 연도에 대통령 부대 표창을 두 번 받을 수 없다는 관행 때문에 결국 사단으로서는 가장 영예로운 국군의 날 대통령 부대 표창을 제 재임 기간에는 받지 못하고 다음 연도에 수상하게 되었습니다.

여기에서 제가 이 두 여 군무원의 이야기를 세세히 말씀드리는 이유는, 조직에서 각자 조직원이 신념에 기초한 사명감 및 책임감을 가지고 열성적으로 그 능력을 발휘할 때 얼마나 그 조직 전체를 변화시킬 수 있는지, 따라서 **지휘관이 조직원 각자의 임무에 대한 사명감과 책임감을 이끌어내어 그들이 자발적인 열성을 발휘할 수 있도록 뒷바라지해 줄 수 있는지의 여부가 바로 지휘 성패의 핵심임**을 말씀드리고 싶었던 것입니다. 저는 이를 통하여 결국 인간 사회의 한 개인으로부터 나라에 이르기까지 **구성원 한 사람 한 사람의 철학(신념)과 열성과 능력의 총화가 그 개인으로부터 나라에 이르기까지의 역사 발전의 원동력**이라는 것을 깨닫게 되었습니다.

그 해 여름이 끝날 무렵, 사단은 육군 통제 하의 BCTP(지휘관 및 참모 훈련) 훈련을 1주간 실시하게 되었습니다. 임기도 얼마 남지 않은 저는 그 기회가 제가 사단 참모들을 교육할 수 있는 마지막 기회이므로 한 가지라도 더 교육하려는 욕심으로 1주일간 상황실의 제 자리를 떠나지 않고 지키면서 매 단계별 매 상황별 장교들의 분석과 판단을 요구하고 이를 평가해주면서 훈련에 임하였습니다. 월요일부터 토요일까지 닷새 간 거의 잠을 자지 않고 버티었는데, 훈련이 끝나고 목욕탕에 갔을 때 눈에 온통 부대 단대호 표시 말판이 둥둥 떠다녀 제 눈에 이상이 생긴 것이 아닌가 하고 생각하기도 했습니다. 그런데 행정 부사단장 이대영 대령(육사 25기 동기생)도 자기 눈에 말판이 떠다닌다는 이야기를 하는 것을 듣고는 안심하는 마음이 되어 함께 웃었습니다.

제가 전속 부관 시절 장군님들께서 영관 장교의 꽃은 대대장이고, 장관급 장교의 꽃은 사단장이라고 하시던 말씀들을 들었는데 이 말이 빈말이 아닌 듯하였습니다. 병사들이 "우리 대대, 우리 사단"이라고 하지 "우리 연대 우리 군단"이라고는 잘하지 않듯, 대대장과 사단장은 부하들과 직접 부대끼며 지휘할 수 있는 위치인데 비하여 연대장과 군단장은 직접적으로 병력과 부대껴가면서 병력을 장악하며 지휘하기보다는 예하 대대나 사단 단위로 조직을 운용하는 개념에 보다 더 가깝다는 개념상의 차이가 있기 때문입니다. 이렇듯 2년의 시간이 어떻게 지났는지도 모를 만큼 순식간에 지나가버리고, 임기가 종료되어 육군본부 인사참모부장으로 전보 명령을 받고 제 후임 김장수 장군에게 사단의 지휘권을 인계 후 사단을 떠났습니다.

형님 내외분의 평안하심을 기원하며 이만 줄이고, 다음 주 서신 올리도록 하겠습니다. 건강하게 지내십시오.

동생 재준 올림

## 28. 육군본부 인사참모 부장

### 존경하며 자랑스러우신 형님께

손바닥만큼만 보이는 창문 밖으로, 여름을 재촉하는 봄비가 부슬부슬 하염없이 내립니다.

제가 육군본부 인사참모부장으로 근무한 기간은 불과 6개월이 채 안 되는 짧은 기간이었습니다. 육본의 주요 인사 업무는 인재의 양성을 비롯한 인력 관리에 있어 군사령부의 업무 영역과는 그 차원이 다르지만 그렇다 해도 중령 때 1군 인사처 보임과 보좌관 근무 경험이 있어 전혀 생소한 직책은 아니었습니다.

제가 인사참모부장의 업무를 파악하는 과정에서 제일 먼저 느낀 것은 대한민국에 육군 인사참모부장이 아무리 적게 잡아도 수십 명은 넘는다는 것이었습니다. 이를 조금 상세히 말씀드리면 우선, 국회의원 보좌관이라고 스스로 주장하고 다니는 5~6명의 육본 인사참모부장과 이름도 생소한 언론사 기자의 명함을 가지고 돌아다니는 자칭 기자(?) 인사참모부장, 장관이나 총장, 청와대 등의 고위층들과의 친분을 들먹이는 사기꾼(?)형 인사참모부장, 끝으로 맡은 직책을 소홀히 하면서 진급 대상자들의 인맥과 인간관계들을 깨알같이 분석 정리해놓은 수첩을 들고 다니며 인사판단 안(案)에 대한 거짓 소문을 사실처럼 퍼트리면서 영향력을 과시하는 현역 영관 장교 인사참모부장 등 수십 명이었습니다. 저는 전 장교를 모아놓고 제 복무 계획을 설명하면서 이러한 사이비 인사참모부장 일체를 적시하고, 대한민국 육군의 인사참모부장은 오직 '나 하나'임을 명심하도록 촉구했고, 저 또한 반드시 규정과 방침 및 합법적 절차를 준수할 것임을 주지시켰습니다.

그런 와중에 하루는 스스로 국회 OO위 소속의 국회의원(?)이라고 자신의 신분을 밝히는 인사가 계룡대에 골프 치러 왔다면서 저를 찾아와서는 자기에게 할당된 장군 진급 공석이 몇 석인지 하는 기상천외의 질문을 하는 것이었습니다. 이에 말귀를 못 알아들은 저는 "의원님께 주어진 공석이라는 것이 무슨 의미입니까" 하고 되물었습니다. 그랬더니 한심해 보였던지 조금쯤은 무시하는 투로 부장이 온 지 얼마 되지 않아 그 내용을 잘 모르시는 것 같은데 하면서 위원장은 0석 누구는 0석 하는 식으로 설명하였습니다. 다 듣고 난 저는 "아~ 그 문제라면 저도 알고 있습니다" 하면서 "한 석도 없습니다"라고 하자 얼굴이 시퍼렇게 되면서 "그게 무슨 소리냐, 언제부터 그렇게 되었느냐"라고 언성을 높였습니다. 그래서 저는 태연하게 "내가 부임한 날부터 그렇게 되었습니다"라고 이야기하고는 "국가와 국민의 안위와 생명을 책임져야 하는 장군의 직책이 당신 눈에는 어물전에서 파는 꼴뚜기로밖에 보이지 않습니까? 오늘 당신 이야기를 한 자도 빠짐없이 언론에 알리겠습니다"라고 협박(?)하여 후환이 없도록 하였습니다.

제가 인사참모부장으로서 제일 먼저 추진하였던 것은 전후방 2개 권역으로 단순 구분하여 교류하던 인사 권역을 1군 및 3군과 2군, 수도권 등 대 권역으로 나누고 이 보직의 순환 순서를 정한 것입니다. 제가 결재를 하다 보니 눈에 띈 것이 '보직의 불평등'이었습니다. 전후방 교류만을 원칙으로 하다 보니 3군, 서울, 3군, 서울식으로 몇 십 년의 군 생활을 문산, 파주, 구파발, 서울시내 만을 왔다 갔다 한 장교가 있는가 하면 전 근무 기간을 화천, 양구, 목포, 창원으로 돌아다닌 장교들 두 그룹이 유난히 눈에 띄었기 때문입니다. 이러다보니, 1군만 다니는 장교는 3군 지역에 근무해보려고, 2군을 다니는 장교는 되도록 먼 곳보다는 수도권이나 충청권에 근무하려고, 인사 실무자를 찾아다니는 악습이 관례화되어 있었습니다. 저는 이 점에 착안하여, 1군→2군→3군→2군→수도권 식으로 순환시키면서 각 군도 1·3군 지역은 전후방과 동·서 지역으로, 2군 지역은 충청권과 영·호남권 등으로 균형 보직되게 권역을 세분화하여 상호 순환토록 하였습니다. 이로써 장교 스스로 다음 근무 지역을 예측할 수 있게 하여 인사 부조리를 근본적으로 해소함은 물론, 소위 '끝발' 부대와 요직을 없애버리고 장교들이 다양한 경험을 할 수 있게 함과 아울러 '제 ○○ 인맥'이라고 하는 인맥 형성을 차단하고자 하였습니다.

제가 시행한 두 번째 개혁은 장교의 평정 제도입니다. 장교의 평정은 진급에 결정적인 영향을 미치는 아주 중요한 자료로서 1부 객관식 평가, 2부 주관식 평가, 결론 부분으로 이루어져 있는데 이 모두가 비밀 평정입니다. 그러나 현실은 우선 평정 대상자가 통상 다수여서, 관심을 가지고 지속적으로 기록을 유지하며 평가하지 않는 한 제대로 평가하기가 대단히 어렵다는 문제점이 있었습니다. 예를 들면 제가 수방사 참모장이었을 때, 각 직할대의 영관 장교 40여 명 모두가 저의 1·2차 평정 대상자이었는데 이 중에 이름을 모르는 것은 물론 한 번 만난 적도 없는 장교들도 있었습니다. 그래서 저는 평정 대상자들에게 직접 보고를 받고 매번 평가 사항을 기록해나가는 등 나름 노력하였지만 피평정자 입장에서는 만족스럽지 못하였을 것으로 생각합니다.

제가 군 생활하면서 가장 힘들었던 것이 매년 3월이면 어김없이 찾아오는 평정 기간이었습니다. 군에서의 평정은 상대평가이기 때문에 강제 할당된 등급 분포대로 맞추어야 하므로 어쩔 수 없이 낮은 평가를 할 수밖에 없는 경우가 발생합니다. 그러나 이때마다 낮은 점수를 주면서 동시에 얼굴도 모르는 그 장교의 처자식들의 우는 모습이 눈앞에 어른거려 평정 기간 내내 괴로워하고는 하였습니다. 저는 이러한 모든 문제점을 최소화해보고자 제1부 객관식 평가부분을 공개 평정으로 바꾸어 피평정자를 불러 앞에 앉혀놓고, 평가 요소별로 토의하여 본인 동의하에 상, 중, 하를 결정하도록 하였습니다. 이렇게 하려면 평정 전 기간 관찰 및 평가 내용을 6하원칙에 따라 노트에 기록해 놓았다가 이를 근거로 평가하지 않으면 평가 자체가 불가능해집니다. 이로써 평정자들이 전 기간 피평정자를 객관적으로 관찰하면서 평가하지 않을 수 없도록 강제한 것입니다. 제2부는 1부 판단 결과를 기초로 하여 피평정자의 능력 및 장단점을 기술하고 업무 성과를 평가하여 등급을 판정하도록 함으로써 주관적 평가 범위를 최소화하고 보다 객관적 평가가 가능토록 하며 제3부에서는 이를 근거로 등급을 부여하는 100분 도표를 작성토록 하였습니다.

그러나 우리 한국 사람들의 정서상 이러한 제도를 전 계급에 동시 적용한다는 것은 불가능하므로 평정에 크게 신경 쓰지 않을 그 해 임관되는 소위들로부터 적용하였습니다. 그렇게 함으로써 이들이 장군으로 진급하는 해까지 약 30년 후에는 전 계급에 적용될 수 있도록 현행 제도와 병행하는 것으로, 장교들의 동의를 이끌어내서 새로운 평정 제도로 확정지었습니다. 하지만 이 제도는 제가 전역한 후 폐지된 것으로 알고 있습니다. 그 제도를 시행하기 위해서는 평정자가 책임감 있게 평소 관찰 결과를 모두 기록해 나가야 하는 번거로움이 있고, 결과적으로는 평정자의 주관적이고도 임의적인 평가가 최대로 억제되다 보니 소위 상급자의 권위(?)가 손상되었다고 생각되었는지 아니면 이것을 번거롭다고 생각하여 힘들어했던 장교들이 행정 편의적 발상으로 폐지하자고 주장하였는지 그 실상은 모르겠습니다.

이렇게 되면 피 평정자의 근무 결과를 평정하는 것이 아니라 개인적인 처세 요령과 인간관계에 의하여 한순간 마음속에 남아 있는 정감(好, 不好)을 기록하게 되는 경우가 적지 않았던 것이 과거의 사례입니다. 그러다보니 꾸준히 전 기간을 성실한 업무 자세로 능력을 발휘하여 업적을 쌓음으로써, 군과 부대에 기여한 장교보다는 평정 기간 중 상급자의 눈에 띄어서 인간적으로 잘 보인 장교들이 진급되는 부정적 상황이 전혀 없었다고는 할 수 없었습니다. 과거 1년 내내 한가하게 있다가 평정 철 한 달 간 사무실에 밤새도록 불 켜놓고 아우성치던 그 잘못된 타성을 우리 육군이 언제나 개혁할 수 있을 것인지 답답해지는 마음입니다. 이와는 반대로 미군들은 제가 개선하였던 제도와 유사한 평정 제도를 시행함으로써 보다 더 공정한 진급을 보장하고 있는 것으로 알고 있습니다.

그 다음은 보직 인사입니다. 제가 부임하고 나서 얼마 되지 않아 사전 연락도 없이 모르는 어느 중령 하나가 문을 열고 들어오더니 "총장님을 뵙고 왔는데 ○○으로 저를 보내주신다고 하셨습니다" 하였습니다. 그래서 저는 "그래? 잘됐구나. 그런데 왜 내게 그 이야기를 하지?" 하니 "그래서 명령을 내달라고 왔습니다"라고 하였습니다. 이 말을 받아 저는 "총장님께서 보내주신다고 했다면서? 그러면 총장님이 명령을 내주시겠지. 나가봐!" 하고는 내쫓아 버렸습니다. 이러한 인사 부조리 외에도 또 다른 유형으로는 수시로 몇몇

병과장이 장교들의 명단을 내밀며 "총장님께 다 보고를 드리고 승인을 받았으니 이대로 명령을 내달라"라고 요구하는 것이었습니다. 그럴 때마다 저는 "총장님께서 승인하셨다면 총장님께서 조치하시겠지 나는 대서방 주인이 아니고 인사참모부장이며 오직 담당 실무자들의 인사판단 안에 대해서만 책임진다"라고 일언지하에 거절하였습니다. 왜냐하면 일부 특과병과의 경우 본인의 근무 업적이나 노력보다는 '감(監, 병과장)'들과의 인간관계에 의하여 소위 '요직'에 보직되거나 진급되는 사례가 드물지 않았기 때문입니다.

이리하여 한동안 병과장들이 아우성들을 치면서 시끄럽게 하였지만 저는 눈도 하나 깜짝하지 않았고, 저를 너무 잘 알고 계시는 총장님께서도 이를 모른 척하고 계셨기 때문에 그동안의 잘못된 '인사 왜곡 관행'들을 어느 정도 바로 잡을 수 있었습니다. 병과장들은 근무 평정과 진급 추천으로 병과장에게 주어진 권한을 행사하여야지 총장을 통하여 인참부장을 압박함으로써 육군 인사의 흐름을 왜곡시켜서는 안 되는 것입니다.


제가 부임하고 며칠 되지 않은 어느 토요일 오후, 제 숙소에서 책을 보고 있었는데 총장님께서 골프백을 들고 들어오셔서는 "내 사위가 골프채를 새로 산 것을 보고 내놓으라고 하여 가지고 왔어. 이것 꽤 좋은 것인데 한 달간 여유를 줄 테니 인도어에서 열심히 연습해서 한 달 후에는 필드에 나와야 해" 하고는 골프백을 놓고 나가셨습니다. 그 후 식당에서 만날 때마다 제가 연습을 하였는지 확인하시고는 했지만 저는 한 번도 나가지 못했습니다. 저는 그동안 작전을 하다 보니 골프는커녕 잠자는 시간이 부족한 날들을 보내기도 했지만 사실은 게으른 탓으로 시간이 아깝다는 핑계를 대며 골프를 배울 마음이 전혀 없었던 것입니다.

한 달 내내 제가 연습하였는지 확인하시던 총장님은 드디어 화가 나셨는지 어느 토요일 오후 제 숙소에 오셔서는 골프백을 도로 내놓으라고 하셨습니다. 저는 총장님께 "돌려드릴 수 없습니다" 하였더니 이번에는 정말로 화가 나서서 "왜 못 내놓느냐"라고 언성을 높이시기에 "총장님께서 부하의 건강을 생각하시어 골프채를 주셨다가 화가 나서 되찾아 가셨다는 것이 소문이 나면 총장님 체면이 어떻게 되겠습니까? 그래서 골프채가 아까워서가 아니라 총장님을 위하여 못 드리는 것입니다" 하고 거절하였습니다. 그런데 그 후 이사를 하면서 보니 누구에게 주었는지 그 골프채가 없었습니다.

그 당시 육본은 과거 대령급 이상만 치던 골프가 아래 계급으로 확산 추세에 있어 골프장의 증설 계획을 추진하고 있었습니다. 육본 울타리 외곽의 여유 부지에 골프장 나인 홀을 증설할 경우에는 골프 인원의 적체도 다소 해소할 수 있을 뿐 아니라, 수용토지 관련 문제도 해소할 수 있었지만 여러 반대에 부딪혀 사업 추진이 불투명해져 사업이 중단된 상태였습니다. 저는 이것이 제 소관의 업무이므로 이를 해결하고자 골프장 추진의 반대 여론을 주도하던 의원에게 연락, 보고 일정을 잡아 국회의원회관으로 찾아갔습니다. 저를 본 그 의원은 제가 자리에 앉자마자 "핸디가 얼마입니까?" 하고 물었고 저는 "No handy"입니다 하고 답했습니다. 그랬더니 그 의원은 그럴 줄 알았다는 듯 조금 비웃는 표정이 되어 "도대체 일주일에 몇 시간이나 골프를 칩니까?"라고 되물었습니다. 이에 저는 "골프를 쳐 본 일은 없고, 대령 때 잡초 뽑으러 한 번 가본 것이 골프장에 가본 전부인데 잘해서 No handy가 아니고 handy가 없어서 No handy라고 한 겁니다" 하였습니다. 저는 그 의원이 눈이 휘둥그레지면서 "아니, 장군인데 골프를 못 치다니?" 하는 말꼬리를 잡아 "나라를 지키는 것이 장군이지 골프 선수를 장군이라고 하는 것이 아닙니다"라고 일갈한 다음 "민간인이 산에 가는 것은 등산으로 놀러 가는 것이지만 군인이 산에 가는 것은 산악 훈련입니다. 군부대에 골프장을 만들어 놓은 것은 군 장교들의 '대기' 태세를 확립하는 동시에 체력도 단련하기 위한 군사 대비 태세 확립의 일환입니다. 대령, 장군들은 모두 가족과 떨어져 혼자 있는데 토요일, 일요일에 가족을 보러 갈 수도 없고, 빈 숙소에서 24시간 대기를 하여야 합니다. 하루 이틀도 아니고 전 기간을!" –"그럼 중령급 이하는?" 하는 의문을 가지실 수도 있겠습니다만 중·소령급 실무자들은 거의 대부분 가족을 동반하여 살림을 하고 있으며 장군, 대령들은 자녀들이 성장하여 가족과 떨어져 혼자와 있는 경우가 대부분입니다– "군인도 사람인데 의원님 같으면 그 규정을 지키면서 몇 년을 살아가겠습니까?"라고 반문하면서 "군인들의 문제는 군인의 입장에서 판단해주십시오"라고 설득하였습니다. 그 결과 마침내 반대하지 않겠다는 약속을 얻어내어 사업을 재개하게 되었고 제가 떠난 다음의 일입니다마는 그 후 예산을 확보함으로써 골프장 증설공사에 착수할 수 있었습니다. 지금 현재 사용하고 있는 계룡대의 구룡 골프장 나인 홀 코스(후에 18홀 코스로 증설)는 제가 골프를 칠 줄 모르는 덕으로 반대 여론을 잠재워서 만들 수 있었던 것인데 일종의 '아이러니'가 아닐지 모르겠습니다.

해가 바뀌어 도일규 총장님이 전역하시고 새로이 김동신 장군님이 참모총장으로 취임하셨습니다. 저는 인사참모부장으로 진급 관리를 하지는 못했습니다. 진급 심사는 통상 8~10월 간 실시되는데, 제가 10월 하순에 취임하였기 때문에 1998년 4월 사단장(준장-소장) 선발 심사 시에 간사로 참석해본 것이 전부입니다. 사단장 선발이 끝나고 이어서 군단장 선발 심의가 있었습니다. 저는 준장 때 사단장 대리로 부임하여 소장으로서 만 1년 6개월밖에 안된 시점에 인사참모부장으로 부임하였고, 이조차도 6개월이 안되었기 때문에 당연히 군단장 선발 심사 대상이 아닌 것으로 생각하여서 별 생각 없이 간사로 들어갈 준비를 하고 있었습니다. 그런데 해당 처장이 제게 와서는 "대상이 되건 안 되건 부장님은 간사로 들어가셔서는 안 됩니다"라고 하여 관리처장을 간사로 들여보냈습니다.

그 날 심의가 끝나고 그 다음 날 장관 보고와 청와대 결재가 있어, 총장님 결재가 난 서류를 받아보고 준비를 하려고 들여다보던 저는 결재 서류에 저의 이름과 '중장 진급과 동시에 수도방위사령관으로 보직'한다는 명령 문구가 눈에 띄어서 어안이 벙벙해질 수밖에 없었습니다. 그러나 저는 이 생각 저 생각 할 시간적 여유도 없이 상부 결재 준비로 분주한 시간을 보내고 그 다음 날 총장님을 수행하여 국방장관 결재를 거쳐 청와대에 들어가 대통령 결재를 받은 후 육본으로 내려와 바로 인사참모부장 인수인계 준비에 착수하였습니다.

형님 내외분의 건안하심을 기원드리며 다음 주에 문안 올리겠습니다.

동생 재준 올림

## 29. 수도방위사령관

### 존경하며 자랑스러운 형님께

봄에 뿌렸던 코스모스 씨앗이 싹을 틔우더니 어느덧 이파리들이 봉긋이 솟아나고 운동장 한구석에 소담스럽게 피었던 야생화들은 하루가 다르게 빛을 잃어갑니다.

형님께서 보내주신 편지 세 통은 모두 잘 받아보았습니다. 그러나 한 달을 매일 같이 제 건강을 걱정하시며 초조하신 마음으로 제 편지가 와 있는지 우편함을 확인하셨던 형님의 모습이 떠올라 왈칵 흐르는 눈물을 멈출 수가 없었습니다. 공연한 걱정을 끼쳐드려 참으로 죄송합니다. 그리고 형님께서 내주신 퀴즈의 답은 ① 19+14+7+28은 1914년 7월 28일로, 제1차 세계대전을 촉발한 사라예보에서 오스트리아 황태자 페르디난트 대공 부부가 세르비아 독립주의자에 의하여 암살된 날 ② 19+39+9+1은 1939년 9월 1일, 히틀러가 폴란드를 침공하여 제2차 세계대전을 일으킨 날 ③ 20+22+2+24는 2022년 2월 24일 푸틴이 우크라이나를 침공한 날로 생각되는데 맞는지요? 19+14+7+28=19+39+9+1=20+22+2+24=68로 모두가 68이 된다는 것, 참 신기합니다. 그리고 제 편지가 형진이에게도 전송되는지는 몰랐는데, 모처럼 형진이 소식을 들을 수 있어서 기뻤습니다. 기회에 넷째에게 안부 전해주실 것 부탁드립니다.

지난번에는 전혀 뜻하지 않게 중장으로 진급과 동시에 수방사령관으로 보직된 것까지 말씀드렸습니다. 제가 어떻게 인사참모부장 6개월을 포함, 소장 2년 4개월 만에 중장이 되었는지는 누구에게 들은 바가 없어 정확히는 알지 못합니다. 단지 제가 추측하기로는 그 당시 서울 지역에 중장급 지휘관이 네 명이었는데 이 중 세 명이 호남 출신이었고, 비호남으로는 저 하나였던 점과 제가 하나회에 의하여 쫓겨 다녔던 경력, 정치권하고는 전혀 연계가 없을 뿐 아니라, 수방사 참모장 시절 제 업무 외에는 곁눈질도 주지 않고 오직 제 본연의 임무에 매진하였던 근무 태도 등을 고려하여, 제가 연대장 시절 군단장이셨던 천용택 국방장관이 추천하셔서 진급시키신 것이 아닌가 하고 생각할 뿐입니다. 제가 청와대 진급 및 보직 신고를 끝내고 부대 복귀하는 길에 아버님께 들려 진급 신고를 드리니, 아버님께서는 심상한 표정으로 "자리에 연연하지 마라"라고만 말씀해주셨고, 어머님은 매번 하신 것처럼 제 손을 두 손으로 꼭 잡으시고는 "애야, 인순, 인순하거라" 하시며 격려해주셨습니다.

현재의 남북 상황이 과거와 전혀 변화가 없이 동일한 상태에서 지금의 수방사 작전 태세와 그 계획의 골간이 거의 제 사령관 시절과 유사할 것이므로 여기에서 상세한 기술은 하지 않겠습니다. 따라서 업무 추진의 바탕이 되는 서울에 대한 지정학적 및 정치 전략적 분석과 군사전략적 관점에서의 평가, 이에 따른 방책선정과정 및 채택된 방책 등은 모두 생략하겠습니다.

**서울은 단순한 대한민국의 수도가 아니라 대한민국의 모든 기능 -정치, 경제, 사회, 역사, 문화, 통신, 교통, 심리 등-이 집중되어 있는 대한민국의 심장이자 대한민국 그 자체입니다.** 따라서 만약 전쟁이 발발한다면 그 전황(戰況)이 어떻다 하더라도 서울을 굳건히 지켜낼 수 있는 한 대한민국의 전쟁지속 능력을 보장할 수 있고, 따라서 반드시 승리할 수 있습니다. 군대는 "천하가 비록 평안하다 하더라도 전쟁을 잊으면 반드시 위태로워진다(天下雖安亡戰必危)"라는 말과 같이 평시에 미래를 내다보며 전쟁에 대비하는 것이 그 본분입니다. 그리고 평화는 오직 힘에 의해서만 지켜질 수 있는 것으로, 군인들은 항상 있을 수 있는, 발생 가능한 모든 상황을 그려보고 최악의 상황을 바탕으로 위협 우선순위를 선정, 이에 대한 대응 방안을 발전시킵니다. 따라서 당시 제가 추진하였던 모든 상황은 전·평시 적 침투 부대에 의한 교란 및 파괴와 테러, 장사정(長射程) 포병의 집중 사격, 화생방(핵무기 포함) 공격, 최후로 서울에 대한 전면 공격과 우회 포위 상황까지를 망라하여 서울시민과 서울의 모든 국가 기능 및 자산, 전쟁 지속 역량의 보장과 역사 문화유산 등을 집중적으로 방호 및 보호하는 것에 중점을 두고 작전 계획을 발전시켰습니다. 그러나 여기에서는 제가 추진하였던 과업 중 군사 비밀에 저촉되지 않는 몇 가지의 개념만 요약하여 말씀드리겠습니다.

**"서울시의 방어 승패는 대한민국의 운명을 결정합니다. 따라서 수도방위사령부는 어떠한 경우라도 대한민국의 심장부인 수도 서울을 사수할 것입니다."**

제가 사령관으로 부임해보니 업무 파악이나 상호 적응을 위한 별도의 시간이 불필요하였습니다. 왜냐하면 제가 참모장 시절 강조하고 가르치며 이끌어가던 모든 업무 스타일을 부사관들이 장교들에게 이미 철저히 주지시켜놓아 그 짧은 기간에 부대를 제 지휘 스타일에 맞게 바꾸어놓았기 때문입니다. 저는 사령부와 직할대의 초도 업무 보고는 별도로 받지 않고, 제가 떠나 있던 3년간 변화된 사항과 새로이 제기된 과업, 현재 계획 또는 진행 중인 사항만을 간단히 확인하고는 바로 예하 사단을 방문하여 전투진지 및 훈련장과 비축 창고들을 일일이 확인하면서 업무를 파악하였습니다. 이어서 제일 먼저 착수한 것이 일반 예비군들의 훈련장 정비였습니다.

서울의 예비군들은 서울 시내에 구축되어 있는 목 진지에서 시가지 전투를 하는 임무를 수행합니다. 따라서 훈련도, 사격 등 기본 훈련 외의 전술 훈련은 시가지 전투 훈련을 하여야 하는데, 훈련장을 전부 확인해본 결과 도로 좌우에 벽면과 창문틀을 만들어 놓은 것이 전부여서 실전적 훈련을 요구하기에는 무리였습니다. 군대에서 **전투력이란 훈련 성과의 나타난 결과**이며, 실전적 훈련만이 승리를 보장할 수 있는 전투력 육성을 가능케 합니다. 그러나 <u>실전적 훈련은 말로 되는 것이 아니고</u> 실전적 훈련을 보장할 수 있는 **훈련장**과, **교보재 확보** 및 **잘 짜인 훈련 계획과 통제 계획**, **교관들과 조교들의 질과 수준**, **지휘관의 열의**가 종합적으로 어우러져야 가능한 것입니다.

그래서 저는 실제 예비군들이 목진지를 구축하고 전투하여야 할 표준적인 시가지를 산정하고 이에 가장 유사한 시가지 훈련장을 만들도록 하는 계획을 수립한 후 마침 수방사 창설 기념 위문금으로 들어온 돈을 모두 모아 56사단에 주고, 표준 훈련장을 만들도록 지시하였습니다. 사단에서는 각 구청장들과 함께 방위협의회를 개최하고 업무를 분담하여, 구청의 지원 하에 훈련장을 대폭적으로 신축 및 보강하였습니다. 이에 저는 서울의 모든 구청장과 각급 부대 및 예비군 지휘관, 경찰서장들을 초청하여 시가지 전투 시범을 실시하였습니다. 이어서 사령관의 지휘비 전액과 사령부에 들어온 추석 명절 위문금을 모두 모아 각 연대의 훈련장에 균등히 할당해 준 후 각 사단장들을 주축으로 구청장의 지원 하에 수방사 예하 모든 훈련장을 시범 훈련장과 같은 수준으로 증설, 신축 및 보강하도록 지시하였고, 공사장을 순시하면서 이를 독려하였습니다.

이와 병행하여 각 훈련장에 식당을 건축하기 위한 방법을 모색하였습니다. 1968년도 시작된 예비군 훈련이 해를 거듭하여 30여 년에 가까웠지만 훈련장 내 별도의 식당 시설이 없었습니다. 그래서 특히 봄철 바람이 심할 경우에는 모래바람이 몰아쳐 모래 섞인 밥을 먹는가 하면 여름철 비가 오면 비를 맞으며 점심을 먹게 되어 이에 대한 민원이 점증하자, 당시 정부의 일각에서는 이를 핑계로 예비군 훈련 폐지 문제까지를 거론하기에 이르렀습니다. 저는 이 문제의 심각성을 깊이 이해하고 이를 해결하고자 식당 신축 문제를 검토해보았습니다. 그러다가 과거에도 한때 식당 건축을 구상하였지만, 군 예산 편성이 불가한 상태에서 민간 예산을 활용할 경우 자칫 잘못하면 특혜 및 부정 시비에 말려들 소지가 우려되어 사업 추진이 중단되었음을 확인하였습니다.

그래서 저는 깊은 고민 끝에 모든 책임은 제가 지기로 하고 일정 기간 식당 운영권을 갖되 합의된 계약 조건 위반 시에는 강제 퇴거와 동시에 식당 운영 권리를 포기하는 조건으로 민간업자가 식당을 건축하여 기부 채납하도록 할 것을 정식 서면 명령으로 하달하였습니다. 이로써 그 근거를 남겨놓아 제 법적 책임을 확실히 한 것입니다. 그리고 각 사단의 기부 채납자 선발은 훈련장별로 사단에서 입찰하되 반드시 법무, 경리, 헌병, 보안 합동으로 심사위원을 구성하여 공개 입찰토록 함으로써 탈락자가 민원을 제기하여 말썽을 일으킬 소지를 근원적으로 차단토록 한 결과 모든 훈련장에 식당을 말끔하게 건축하여 운용할 수 있었습니다.

각 연대별로 훈련장 보강 및 개축이 완료될 때마다 연대별 시범을 실시하면서 현장 토의를 거쳐 서울시의 예비군 교육 훈련을 일신시켰고, 이에 예비군들의 호응도도 상당하여 실전적 훈련에 한 걸음 더 다가간 내실 있는 훈련으로 훈련 성과를 제고하는 동시에 예비군 훈련 폐지 여론을 잠재웠습니다. 그리고 후일 제가 참모총장 시절 육군과학화 훈련장에서 교체되는 레이저 사격 시스템에 의한 실전 모의 장비를 연차적으로 예비군 훈련장에 전환 설치 운용토록 함으로써 오늘의 예비군 훈련장으로 변모시키는 그 계기를 마련하였습니다.

이어서 저는 참모장 시절에 하려다가 사단장들의 반발에 부딪혀 하지 못했던 창고의 비축 물자를 전부 개봉, 실 셈 확인할 것을 육군에 건의, 총장님의 승인을 받아 실시하였습니다. 군에서는 비축 물자 개방 시 부족 물자에 대한 육본의 손·망실 처리 승인이 없을 경우 전부 해당 부대에서 변상하여야 하기 때문에 그동안 몇십 년을 상자 단위만으로 인수인계하여 왔습니다. 그런데 제가 참모장으로 근무할 때 우연히 예하 사단 비축 창고를 둘러보다가 상자가 찢겨 비축 물자가 노출되어 있는 것을 발견하고 이를 확인해보니, 현황판의 숫자와는 상당한 차이가 있었을 뿐 아니라, 심지어는 쓰레기로 채워놓은 것도 있었습니다. 이를 방치할 경우 후일 전쟁 발발 시, 부대 증·창설에 예상치 못한 혼란을 초래하게 되어 전쟁 초기부터 작전의 차질이 불가피해집니다. 그러므로 육본에 이러한 문제점을 상세히 설명하고 부족량 전량을 손·망실 처리하는 것으로 승인받아 '재물 조사 실 셈 주간'을 설정, 전 부대가 일제히 비축 물자를 개봉하였습니다.

그런데 실 셈을 실시해 본 결과 경악하지 않을 수 없었습니다. 상자의 수량이 현황판과 일치하지 않는 것이 허다하였고, 상자 안의 비축 품목 자체가 겉 표시 현황과 맞지 않는 엉뚱한 것도 있었으며 개수가 부족한 것도 모자라 쓰레기 같은 것으로 상자를 채워 무게만 비슷하게 만든 것도 상당히 발견되었습니다. 저는 이 모든 것을 정직하고 정확하게 실 셈 정리하여 보고하도록 하고 부족 물자를 추가 보급 받아 재포장함으로써 소요와 보유 현황을 일치시켜 전시 즉각적인 동원 및 전투력 발휘가 가능토록 하였으며, 재포장 시 담당관을 명기함으로써 책임감을 재고시켰습니다. 그리고 부족량은 전부 손·망실 처리함으로써 사단장과 연대장 및 대대장들에게 일체의 부담이 가지 않도록 조치하였습니다.

수도방위사령부의 직할 부대들은 유사시 서울에서 즉각 가용한 유일한 현역 전투력으로써 이들의 전투태세와 훈련 수준은 수도 서울의 안전을 보장할 수 있는 아주 중요한 요소들입니다. 그러나 당면한 현실은 서울 시내의 여건상 훈련 기회가 극히 제한된다는 것이었습니다. 저는 이 문제를 해결하기 위하여 훈련 주기의 조정과 인접 1군단 등 타 부대의 훈련장 사용을 협조하는 등 다각적인 노력을 기울였으나 수도권에 위치한 모든 부대가 당면한 동일한 현실인지라 이의 근본적인 해소는 불가능하였습니다. 그러므로 부분적으로라도 이를 보완하고자, 사령부 지역에 지하 사격장과 지하 수류탄 실투척 훈련장을 설치, 사격과 수류탄 투척 훈련을 강화하였으며 특히 전차는 행정관서와 협조, 24시 이후 심야 시간대에 민가와 먼 도로를 선정, 시가지 기동 훈련을 강화하고, 전투 대형 훈련은 무선 조종 전차 모델을 구입, 전투 대형 훈련을 하도록 하는 등, 제가 할 수 있는 범위 내에서 최선을 다했지만 만족할 수준과는 거리가 멀었습니다.

이렇듯 저는 현역 부대들과 예비군들의 전투 준비 태세 및 훈련 수준을 제고하는 노력을 지속하는 동시에 수도 서울의 전면적 방어 태세를 확립하기 위한 계획에 착수하였습니다. 그 첫째는, 수도방위사령부의 작전 계획을 전방 1·6군단과 수도군단 및 제3군의 작전 계획과 협조시켜 조정이 필요한 부분적인 사항을 보완하였습니다. 그와 동시에 만약의 경우 우발 계획으로 적들이 수도권을 우회 포위하는 '수도권 광 정면 우회 포위 기동' 시에도 서울을 포기하지 않고 수도방위사령부는 서울에 남아 전면 고립 방어를 실시함으로써 서울의 적 침공을 거부하고 서울시민을 보호하며, 서울을 계속 확보 및 방어할 수 있도록 하는 계획을 발전시켰습니다. 그리고 이의 실행을 보장하기 위하여 서울 주변 일련의 고지군을 연결하는 방어선을 구상하여 필요 시 최단 시간 내 진지를 구축할 수 있도록 진지 구축 계획도 발전시켰습니다. 또 이 방어선 중에서 적이 선점 시 심대한 고전이 예상되는 중요 및 핵심 지역은 긴급 진지 구축 계획을 수립하는 동시에 소요자재를 확보토록 하였습니다.

두 번째로는 적의 침투 부대의 사용을 거부하고 우리의 국가 기간 시설을 확실히 방호할 수 있도록 지하철과 지하공동구 및 통신구 등 핵심 시설에 대한 방호 계획을 발전시켰습니다. 동시에 적의 장사정 포격 및 핵전 상황에 대비하여서는 서울 시내에 구축되어 있는 지하철을 포함한 지하 통로와 건물의 지하주차장 등 모든 지하 시설을 실측하여 지도를 만들고 서울시민들이 대피할 수 있는 지하 공간을 지역별로 분할하여 현황을 작성하기 시작하였습니다.

그러나 이 작업은 너무나 방대하여 제 재임 기간 중 완성하지 못하였습니다. 이와 아울러 적의 화생 공격에 대비한 계획 발전을 위한 연구에 착수하였는데, 서울 시내의 전 지역을 고층건물 밀집 지역과 일반 건물군, 낮은 단층 건물 지역 등으로 구역을 분할하여 지역의 건물군의 형태에 따라 상이한 와류 형성으로 대피 방법 및 생존 가능 시간이 상이하므로 이를 고려한 가스의 종류별 확산 범위와 농도 및 지속 시간, 창문 밀폐 시 생존 가능 시간과 이를 고려한 지역별 대피 요령 등 모든 내용을 종합하여 몇 가지 연구 과제를 선정 관련 연구기관에 연구 의뢰를 하였습니다.

그러나 이에 대한 연구 결과도 제가 떠날 때까지 받아보지 못하였고 후에 작전본부장 근무 시 연구 결과를 보고받고는 이에 대한 후속 조치를 수방사에 지시하였으나 연합사 전출로 그 결과를 확인하지는 못하였습니다. 또한 적의 포격이나 침투 부대 및 신호등 신호 체계 조작에 의하여 서울 시내

도로가 마비되었을 때의 통로 개척 방안을 발전시키기 위하여 폐차장과 협조, 폐차로 도로를 폐쇄하고 이를 불도저로 개통해 나가는 훈련을 실시하면서 이에 대한 제원을 구축하였습니다. 적 기갑부대의 시가지 진입 시 방어 방책도 체계적으로 발전시키는 등 발생 가능한 모든 상황을 상정, 이에 대한 방어 방책을 연구 발전토록 하였습니다. 그리고 주민들의 식수원 보호를 위한 배수지 방호 계획과 시내에 산재한 변전소에 대한 방호 계획도 세부적으로 발전시켜 나가면서 서울시에 위치한 문화유산도 그 세부 현황을 파악해 나갔습니다. 그러나 한정된 시간에 제한된 자원으로 제가 하고자 하였던 많은 사업의 1/100도 제대로 하지 못한 아쉬움이 남습니다.

서울의 방공을 위해서는 고층 건물에 단거리 대공 무기를 배치하고 있었는데, 현대에서는 과거와 달리 목표물로부터 몇 십km 밖에서 미사일로 공격하기 때문에 사거리가 짧은 대공 무기로 적기와 교전, 목표를 방호하기에는 많은 제한 사항이 있습니다. 그래서 저는 육본을 설득하여, 최초 계획에서 서울이 제외되어 있던 천마(지대공 미사일)의 전력화 계획을 조정하여 1차적으로 서울에 천마 대대를 배치하도록 하였습니다. 이로써 그동안 시민들에게 많은 제한과 불편을 초래하였던 고층 건물의 방공 진지를 순차적으로 철거하면서 이에 따른 고도 제한을 완화해 나갔습니다.

그러나 천마를 배치한다 하더라도 적기의 공격 양상을 고려할 때 반드시 방공 화기 배치가 필요한 목표 방어를 위해서는 기존 방공 진지를 조정하여 계속 운용토록 하였습니다. 그리고 수시로 요구되는 고도 제한 해제 협의 등은, 건물 단위의 단편적인 검토가 아니라 서울 지역 방공을 위한 지역 방공의 통합된 차원에서 입체적으로 검토하도록 통제하였습니다.

저는 하루하루를 현역 및 예비군 훈련장과 서울을 둘러싼 일련의 고지군을 답사하며 바쁘게 지내면서도 동시에 수방사가 관리하고 있는 국가전시지도부(지하 벙커)의 관리에도 관심을 기울여 필요한 조치를 하였습니다. 동시에 문서고 갱(坑) 내 공기를 송풍하는 송풍 도관(Duct) 청소를 용역업체에 의뢰하여 실시하였는데 닥트 내에 쌓여 있던 먼지가 몇 수레 분이었습니다. 또 예하의 30단과 33단을 통합하여 경비단으로 증편, 부대시설을 신축 이전 하였습니다.

제가 수방사령관 재임 중 대통령의 측근을 포함하여 제 배재학교 후배였던 당시 대통령의 아들을 포함하여 대통령의 측근들과 이름을 알만한 정치인들과 기업인들이 여러 차례 만나자고 연락을 해왔지만 단 한 사람도 만난 일은 없습니다. 언제인가는 일과 후 장관님으로부터 시내로 나오라는 연락을 받고 나가보니 그동안 여러 차례 만나자고 연락해왔던 모 정치인이 앉아 있었습니다. 상황을 파악한 저는 장관님께 특별히 지시하실 사항이 없으면 업무가 남아 있으므로 부대에 복귀하겠다고 말씀드린 후 일어나 인사를 하고 나왔습니다. 저는 어릴 적부터 어머님께서 말씀해주신 "선비는 오이밭에서 짚신을 고쳐 신지 않고, 배밭에서 갓끈을 고쳐 매지 않는다(瓜田不納履 李下不整冠)"라는 말씀을 귀에 못이 박이도록 듣고 자랐던 터여서 공적인 업무가 아닌 사적인 일로 권력 실세를 만나고 다니는 것이 떳떳하다고는 생각하지 않았기 때문입니다. 이 일이 어떻게 된 건지 나중에 신문의 조그만 칼럼에 인용된 바가 있었습니다.

마찬가지로 제가 군 생활에 있어서 금전적으로 청렴했다는 평을 듣는 것 또한 아버님의 살아오신 모습을 보며 자라온 영향도 크지만 그에 못지않게 어머님께서 항상 "얘야, 재상분명대장부(財上分明大丈夫 : 금전 문제는 공사를 구분, 깨끗하며 담백해야 한다)란다" 하시던 말씀이 몸에 배어, 저는 제 호주머니에 용돈이 얼마 있는지를 알고 다닌 일은 없지만, 공금은 단돈 1원도 소홀히 해본 일이 없습니다.

수방사는 그 부대가 걸어온 질곡(桎梏)의 역사 때문에 다른 부대와 달리

전·후임이 서로 배척하는 입장이 되어 역대 지휘관 모임이 없는 부대입니다. 그러나 저는 제가 근무하는 동안 이 문제를 해결하기 위하여 역대 사령관 모임 행사의 취지문을 작성하고 정훈장교들을 직접 보내 역대 사령관님들을 설득했습니다. 그중 특히 완강하셨던 두 분께는 제가 직접 전화를 걸고 간곡하게 청을 올린 결과 당시 몸이 불편하시거나, 다른 사정으로 부득이 참석 못 하신 분을 제외하고는 초대 사령관 윤필용 장군님을 비롯하여 많은 분이 참석하시어 뜻 깊은 시간을 가졌습니다.

우리나라에서는 향토예비군설치법과 대통령훈령 28호에 따라 각 시도 단위로 지역방위협의회가 구성 운용되고 있습니다. 이에 따라 서울시방위협의회는 당시 고건 시장님이 위원장이 되어 서울 지역의 각 기관장과 저를 포함한 인원들로 구성되어 있었는데 이 중 호남 출신이 아닌 사람은 저와 또 한 사람 단 두 명(?)이었던 것으로 기억하고 있습니다. 당시 서울시방위협의회 위원들은 고건 시장님의 제의로 월 1회 정기적인 모임을 가졌으며, 시장님의 소탈한 인품과 탁월한 리더십으로 화기애애한 분위기와 긴밀한 협조 관계가 유지되고 있었습니다.

그러던 어느 날, 시장 공관에서 만찬 후 다음 달은 수방사령관 공관에서 할 수 없겠느냐는 제의가 나왔습니다. 위원들 모두가 수방사에 꼭 와보고 싶어 하였고 특히 고건 시장님이 적극적으로 요청하시어 그 다음 달은 수방사령관 공관에서 저녁 모임을 가졌습니다. 저는 특별한 소장품(collection)도 없고 또 기념패나 방패 같은 것들을 좋아하지도 않아서 식당 벽면의 칸막이 되어 있는 선반에는 제가 소령 시절부터 큰딸아이에게(군인을 시키려는 회유 목적으로) 만들어 주던 전차, 전투기, 전함, 항공모함 등의 장난감 플라스틱 모델들로 가득 채워놓았습니다. 그런데 이를 유심히 들여다보시던 고건 시장님이 자기 손자에게 선물하고 싶은데 두 개만 줄 수 없느냐고 하시기에 그러시라고 하였더니, 예쁘게 생긴 복엽기와 전투기를 고르셨습니다. 이를 본 위원들이 너도나도 하나씩 달라고 하여 그 많던 것을 다 들고 가버리고 지금은 제 집 현관에 놓여 있는 제2차 세계대전 및 6·25에 참전하였던 미 해군 전함 뉴저지 호 하나만 남았습니다.

그 얼마 후 서울 지역에 데모가 격화되고 있을 때 고건 시장님으로부터 전화가 와, 서울 시내 지역의 변전소 등을 습격하려 한다는 제보가 있으니 군을 출동시켜 달라는 요청이 있었습니다. 당시에는 '위수령'이라는 법이 있었으나 이는 대통령이 발령하여야 하며 방위협의회 의장인 시장이 병력을 동원하려면 향토예비군설치법과 대통령훈령 28호에 의하여 '진돗개' 상황을 선포하여야 합니다. 그런데 당시의 상황은 진돗개 발령 요건에는 해당되지 않았을 뿐 아니라, 자칫 오해가 개입된다면 수방사령관이 경솔하게 서울 지역에 병력을 투입할 경우 정치적 문제로까지 비화될 수 있는 상황이었습니다. 그러므로 고건 시장님께는 '법'을 들어 이해시키면서 다른 방법으로 도와드리겠다고 말씀드리는 동시에 국방부에는 후일을 고려하여 이를 보고하여 두었습니다. 그리고 해당 지역 지휘관들에게는 예비군 중·소대장들로 하여금 사복 차림으로 이 시설 주변을 순찰하면서 사전 예방 활동을 강화하도록 함으로써 변전소 한 곳을 배회하며 수상한 행동을 하던 '거동수상자' 한 명을 발견하여 경찰에 신고하여 변전소에 방화하려던 것을 미연에 방지하였습니다.

제가 수방사령관 부임 2년 차이던 1999년 10월, 국회 정기 감사 기간 중 국방위원들의 작전사령부 감사를 제가 받게 되었습니다. 국정감사 당일 이들의 방문을 맞아 부대 현황 및 당면한 문제점들과 이의 해결을 위한 노력, 이에 대한 국회 차원의 관심 요망 사항들에 대한 보고를 모두 마치고 질의응답을 하는 자리에서 해군 장성 출신의 한 국회의원이 무엇이 못마땅하였는지 엉뚱한 질문을 하였습니다. "수방사는 서울을 지키는 부대인데 왜 제일 남쪽으로 도망 와 숨어 있느냐"라고 물어서 저는 웃음 띤 얼굴로 정중히 답변했습니다.

"역시 군 출신이시라 의원님께서 정곡을 찌르는 질문을 해주셨습니다. 저 역시 그러한 문제점을 인식하고는 있었지만, 제 능력으로 서울 북부에 사령부 이전 부지를 확보한다는 것이 불가능하여 속으로만 고심하고 있던 차인데 이제 의원님께서 문제점을 지적해 주셨으니, 국회 차원에서 적극 노력하여 부지만 확보해 주시면 천막을 치는 한이 있더라도 당일로 사령부를 이전토록 하겠습니다. 꼭 그렇게 조치해 주십시오."

그 의원은 비웃음을 띤 얼굴로 저에게 한마디 했다가 동료 의원들의 웃음거리가 되어 도망치듯 황급히 자리를 빠져나갔습니다. 이렇듯 분주히 지나는 사이 어느덧 제 임기가 끝나고 저는 합참 작전본부장으로 자리를 옮기게 되었습니다.

날씨가 아침저녁으로는 조금 쌀쌀하지만 한낮에는 한여름같이 일교차가 큰 이때 형님 내외분 각별히 건강에 유의하시고 늘 평안하신 가운데 행복하시기를 기원 드립니다.

동생 재준 올림

## 30. 합참 작전본부장

### 존경하며 자랑스러우신 형님께

예전의 삼한사온이 실종된 듯 봄과 가을이 겨우 쥐꼬리만큼만 하여 사계절이 뚜렷한 온대 기후대라는 말도 무색하게 되었습니다. 시간이 얼마나 살같이 지나가는지 이제 겨우 겨울이 끝나가는가 했더니 벌써 봄이 작별을 고하려 합니다. 그간도 평안하셨는지요. 저는 건강이 많이 회복되어 이제 독서와 운동을 다시 시작하였습니다.

지난번에는 제가 수방사령관의 임기 2년을 마치고 합참 작전본부장으로 보직된 것까지를 말씀드렸습니다.

합참의 본부장은 육군 부대의 참모들처럼 자기 직능 분야에서 지휘관을 보좌하는 일반 참모(General staff)가 아니고, 자기 분야에서 독자적인 권한과 책임을 가지고 제한된 지휘권을 행사하는 통제형 참모(Director-type staff)입니다. 그러므로 합참 작전본부장은 한국의 육·해·공군 작전사령부를 통할하여 3군의 합동 작전 계획 발전과 전투 준비 태세 유지 및 작전 수행, 작전 훈련과 연습을 통제하는 제한적이나 실질적인 권한을 행사합니다. 하지만 우리 한국군 장교들은 통합군 형태가 아닌 3군 병립 체제 하에서의 제한되고 협소한 범위의 합동 작전 개념에 익숙해져, 저 또한 마찬가지로 타군에 대한 이해가 다소 부족한 단점이 있었습니다.

그나마 다행히 저는 해·공군 전사(戰爭史)에도 평소 관심을 가져왔을 뿐 아니라, 제2차 세계대전에서 태동되고 발전되어온 전략적 수준에서의 합동 전략을 이해하는 바탕 하에서, 비록 적은 지식이지만 월남에서 항공장교로서의 임무 수행을 통한 공지 작전 경험과 사단 작전장교 때의 공지 작전 과정 수료, 사단 작전참모 때 제3통합사 작전참모의 경험, 생도 때의 함상 실습이나 국방부 근무 시 함정 근무체험 등을 통하여 해·공군의 초보적인 용어들을 겨우 이해할 수는 있는 수준이었으므로 업무 장악에 큰 어려움은 없었습니다. 하지만 이 과정에서 여태까지의 협업 형태(혼합물 형태)가 아닌 분업 형태(화합물 형태)의 합동 작전, 즉 계획 단계부터 단일 목표에 각 군의 역량을 통합하는 실질적 합동 작전 수행 체제로 전환해야 할 필요성을 절감하게 되었습니다.

그런데 현실은 작전본부장이 육·해·공군 작전을 통괄하여야 하지만 관행적으로는 각 군의 작전을 각 군에 위임한 형태로 운용하다보니 해·공군의 통합 정도가 미흡하여, 실질적인 육·해·공 3군 전력의 통합 운용에는 미흡한 실정이었습니다. 그래서 이를 단시간 내에 개선하기 위해서는 우선 제가 해·공군 작전을 통제할 능력을 갖추어야 하며 이를 각 작전사령부가 알 수 있도록 하는 것과 진정한 의미에서의 합동 작전 개념에 대한 예하 작전사령부 장교들의 공감대를 형성하는 것이 필요하다고 판단되었습니다.

따라서 먼저 제 사무실에 해·공군 전력의 움직임을 실시간으로 파악할 수 있는 데이터 시스템(각 명칭은 생략)을 설치하여 놓고 수시로 확인하여 해·공군의 움직임을 24시간 파악하면서, 예규 및 보고된 계획과 대조, 상이점이 있을 때는 즉각 이를 설명토록 하였습니다. 또 매주 토요일 작전사의 작전참모들과 화상회의를 실시하여 각 작전사의 작전 활동 내용을 상호 공유하면서 이를 통합 및 협조하는 과정을 통하여 합동 작전에 대한 공감대 형성 및 기회 교육의 시간을 정례화 하였습니다. 이어서 실무 장교들의 합동 작전 개념 숙지 및 운용 능력을 향상시키는 동시에 작전 계획상에 실질적으로 각 군의 노력을 통합할 수 있도록 작전 계획을 수정 보완하기 위한 노력에 착수하였습니다.

이를 위하여 의장님 주관으로 각 작전사령부를 순회하는 작전 및 전술 토의 계획을 수립하여, 이 일정에 맞추어 육군의 각 군단 및 해군 작전사령부와 공군 작전사령부를 순회하면서, 합동 작전 전술 토의를 실시하였습니다. 이에 따른 토의 결과를 바탕으로 3군 합동 전략 개념에 입각하여 작전 개념을 재정립하였고, 이에 따라 작전 계획을 보완하는 동시에 장교들의 합동 작전에 대한 개념 숙지 및 능력 향상에 주력하였습니다.

이와 병행하여 각 작전사의 작전 임무 수행 및 출동 태세를 일일이 확인하였는데 처음에는 제가 육군이다 보니 해·공군으로부터 다소의 반발도 있었습니다. 예를 들어 함정의 현재 위치 등을 제가 스크린을 들여다보면서 일일이 점검하였는가 하면, 공군의 경우 비상 대기 전투기의 출동을 위해서 강설 시 유도로 및 활주로 제설 상태를 육군 헬기를 비행단 상공에 띄워 보고를 받아가면서 확인을 하기도 하였습니다. 훨씬 나중의 일입니다만, 이때의 해·공군 작전사령부 작전참모들이 후일 모두 최상위직까지 진출하였습니다.

한·미 연합 작전 능력 향상을 위해서는 한미협조부서 간 주기적 협조회의를 갖는 동시에 연합사 작전부장 위트컴(Witcom) 소장과의 개인적 친교에도 관심을 가져 제 집으로 초청하는 등 친밀한 관계유지에 노력하였습니다. 또 모든 상황에 대하여 있는 그대로의 상황 통보와 긴밀한 협조 및 토의를 통하여 상호신뢰를 구축함으로써 협조를 증진하고 상황 발생 시 연합 및 합동 조치능력을 배양토록 하는 데 최선의 관심과 노력을 경주하였습니다.

당시 정부에서는 소위 '햇볕정책'을 표방하여 경의선 철도와 도로 및 동해북부선을 연결하려는 정책을 수립하고 이를 위한 지뢰 제거 작업 지침을 구두로 하달하였습니다. 저는 이에 반대 의견을 개진하였으나 받아들여지지 않았고, 시행계획을 수립토록 하라는 지시를 수령함에 따라 계획지침 및 개략 계획을 발전시키고 있던 중, 철도 및 도로 연결을 위한 청와대 회의에 참석하게 되었습니다.

회의가 시작되고 얼마 지나지 않아 대통령은 작전본부장인 제게 '지뢰 제거로 인한 피아의 유불리'를 질문하였습니다. 이에 저는 주저 없이 "일반적으로 지뢰는 방자(放者)가 운용하는 장애물 체계입니다. 따라서 지뢰 제거는 당연히 공자(攻者)에게 유리하고 방자에게는 불리합니다. 그러므로 만일 우리가 선제공격으로 북진한다면 우리에게 유리하겠으나, 적의 남침 시는 우리가 절대적으로 불리합니다. 비록 경의선을 복구할 때 개성에 위치한 적의 부대들이 10여km 후방으로 이동한다고는 하나, 이는 전혀 의미가 없는 것입니다. 그들이 남침 기도 시에는 당연히 공격 개시 전야에 사전에 전진 배치하여 공격 대형으로 전개할 것입니다. 더욱이 개성공단 건설 후에는 공격 부대들을 공장 건물 뒤에 은폐시켜 전개할 수 있으며 아울러 이미 통로가 개척된 상태여서 완벽한 기습이 가능합니다. 반면 아군은 초기 방어력 발휘의 미흡과 전투 준비 소요 시간의 증가로 군사적인 관점에서 적 공격에는 대단히 유리하고 아 방어에는 결정적으로 불리합니다" 하고 답변하였습니다.

그 순간 실내 인원들의 호흡이 멎는 듯 정적에 잠겼지만, 김대중 대통령 특유의 노련한 솜씨로 아무 소리 없이 듣더니 제 말이 끝나자마자 다른 사람에게 전혀 다른 질문을 던져 저에 대한 질문은 단지 통과의례를 위한 형식에 불과하였습니다. 이리하여 결국 경의선 및 동해북부선 지역의 지뢰 제거가 국책사업으로 결정됨에 따라 군 통수권자의 명령을 받은 저로서는 어쩔 수 없이 착수할 수밖에 없었습니다.

저는 경의선 및 동해북부선 지역의 지뢰 제거를 위한 개략 계획을 수립후 책임 부대인 제1 및 제8군단에게 계획 지침을 하달하여 유사시 긴급거부 계획을 포함한 세부 계획을 수립토록 한 후 먼저 경인 지역을 답사하였습니다. 왜냐하면 동해북부선 지역은 제가 GOP 대대장을 하며 매일 순찰을 돌았던 지역이었을 뿐 아니라 지뢰 매설 지역을 정확하게 알고 있었으나 1군단지역은 생소하였기 때문입니다. 다행히도 당시 제1군단장이 제 동기생 정중민 장군이었기 때문에 상호 긴밀한 협조와 조언이 가능하였습니다.

저는 경인 지역 방문 시 관련 브리핑 청취 후 지뢰 매설 지역을 개괄적으로 답사해보고, 지뢰 매설 및 제거 경험으로 지뢰 제거 계획 작성 및 실시간 도움이 될 만한 몇 가지 조언을 하여 주었습니다. 잡목이 우거지거나 잡풀이 무성한 곳은 불태운 후 착수할 것과 평지로 토양이 좋은 곳은 탐침보다는 삽을 얕은 각도로 찔러 넣어 지면의 표피를 걷어낼 것, 그 이후에 지뢰제거 장비를 투입하도록 하되 지형과 수목이 착잡하여 지뢰 탐침 작업이 어려워 안전이 확보되지 않은 곳은 TNT를 연속적으로 투척, 폭파하여 지뢰를 유폭시킨 후 작업할 것 등을 조언하면서 이를 참고로 하여 세부 지뢰 제거작업 계획을 수립토록 하는 동시에 지뢰 제거 장비 소요를 산출 건의하도록 하였습니다.

그 후 동해북부선 지역을 방문하였는데 이 지역은, 철책선 이남에는 지뢰지대가 없고 철책선 전방 DMZ 내에 지뢰 지대 1개소가 있었으나 해안 백사장 인접 지역으로 토양이 좋아 삽으로 떠내며 지뢰를 제거토록 조언하였는데, 제 판단대로 지뢰가 그렇게 많지는 않았습니다. 따라서 저는- 물론 동해안 지역에도 관심을 가졌지만- 주 노력을 제1군단 지역에 지향하고 지뢰 제거 작업을 추진하면서 동시에 유사 시 거부 계획도 발전토록 하였습니다. 1군단에서 건의된 지뢰 제거 장비는 최단 시간 내 심의를 거쳐 구매 계획을 확정 후 구매요구서를 조달청에 제출하여 독일 및 스웨덴 장비를 구매 보급하였습니다.

그러나 후일 그 운용 실적을 분석해본 결과, 이들 지뢰 제거 장비들은 기계화 부대가 공격 시 적 진전에서 지뢰 지대를 급속 개척하는 데는 비교적 효과적이나 이는 일부 피해의 감수를 전제하는 것으로서 우리가 수행 중인 완벽한 안전이 보장되어야 하는 정밀 지뢰 제거에는 기대에 못 미친다는 결론을 얻었습니다. 따라서 지뢰 개척 장비가 통로를 개척한 후에는 지형이 가능한 곳에는 불도저를 투입, 땅 표면의 표피를 걷어내는 식으로 작업해나갔습니다. 동해북부선 지역은 기존 철로가 제거된 철도 부지인 데다가 지뢰 지역이 1개소여서 비교적 순조롭게 작업이 진행되었습니다.

이렇듯 약 두 달여 경의선 및 동해선 지역에서 안전을 최우선적으로 확보한 가운데 지뢰 제거 작업을 수행한 결과 비록 어려운 고비는 있었으나 다행히 단 한 명의 인명 손상 없이 임무를 완수할 수 있었습니다. 이는 오로지 처음부터 끝까지 지뢰 제거 작업 현장에서 진두지휘하였던 제1군단장 정중민 장군과 그 휘하에서 지뢰 제거 임무를 수행하였던 1사단의 장교, 부사관 및 병사들 그리고 보병 제22사단 장병들의 헌신적 노력의 결과로, 이 기회에 그 헌신과 노고에 감사드립니다.

이어서 저는 도로 및 철도 건설 시 반영하여야 할 군 방어 시설에 대한 소요를 종합 검토 후 이를 공사 부서에 넘겨 설계에 포함토록 조치하였는데 제일 애를 먹은 것이 환경 단체였습니다. 이들은 온갖 이유를 들어 단계마다 간여하였는데 때로는 상식선에서 도저히 이해할 수 없는 무리한 요구를 하기도 하였습니다. 예를 들면, DMZ 내 서식하고 있는 야생 동물들의 이동

통로를 만들어주는 것입니다. 그 지역에서 가장 큰 동물은 고라니와 멧돼지로서 도로 및 철도 구축 시 직경 1.5m 정도의 흄관으로 이동 통로를 만들어 주면 충분한 것을 그보다 훨씬 큰 것(지형 여건에 따라 상이, 심지어는 직경 3m)으로 다시 해주도록 요구를 하는 것이었습니다. 한 번은 하도 기가 막혀 "나는 내 청춘을 온통 DMZ를 누비며 살았지만 여기 코끼리나 기린이 사는 것을 보기는커녕 산다는 이야기조차 들어본 바 없다"라고 강변하기도 하였습니다.

환경 보호는 우리의 자손만대를 위하여 반드시 필요한 중요 과업이지만, 이들이 실제 현장에서 활동하는 행태들은 다시 돌이켜 보아야 할 문제점이 많이 있다는 것이 그 당시 저의 솔직한 인식이었습니다. 지금 국민들에게 통일의 환상을 심어주기 위해서인지는 모르지만 정부나 지자체 등 정치인들이 DMZ에 '평화공원 건립' 등을 아주 쉽게 이야기합니다. 그런데 이 지역은 1953년 7월 27일 이후 지금까지 거의 70년 가까이 사람의 발길이 닿지 않은 지역으로 지뢰 매설 지역에 수목이 무성하게 우거져 있기 때문에 안전한 지뢰 제거가 심히 어려운 지역인데 이런 문제를 전혀 고려하지 않은 발상들입니다. 만일 DMZ 내 평화공원을 조성하려면 —저는 진정한 남북통일 이전의 그런 '정치적 쇼'에는 절대 반대의 입장이지만— 먼저 반드시 지뢰 제거에 대한 치밀한 검토부터 이루어지지 않으면 안 됩니다. 왜냐하면 지뢰 제거 작업이 이루어진 개성은 평지이지만, 중부 지역으로부터 동부전선 지역의 지표면 상황은 이와 전혀 다른 형태이기 때문입니다.

경의선 및 동해북부선 철도 연결 공사에 따른 지뢰 제거 작업이 마무리 단계에 들어섬에 따라 저는 '군사기본교리'를 정립하여 이를 교범으로 발간하는 사업에 착수하였습니다. 형님께서도 과거 군 복무 시절 미 육군 교범 번역 사업을 주무하셨기 때문에 잘 알고 계시듯 우리 육군의 교범들과 교리들은 미군의 교범과 교리들을 그대로 답습한 것입니다. 저는 이를 개선하고

자 제가 보병학교 교수부장 시절 참모총장님의 승인을 얻어 한국적 지형과 한국군의 능력에 적합하며, 우리의 주적인 북한 괴뢰군의 전술에 부응할 수 있도록 '중대전투교범'을 새로이 기술하여 발간한 바 있었습니다. 그러나 아직껏 대부대의 작전 또는 전략적 수준에서는 한국군의 군사 사상과 현대전 요소가 반영된 한국군의 '군사기본교리'가 없어 여전히 미군 교리에 의존할 수밖에 없었습니다. 그런데 이에는 두 가지 문제점이 있었습니다.

그 첫째는, 미군이나 우리나라 군 교리의 최상위 개념인 '전쟁의 원칙' 즉, 목표의 원칙, 간명의 원칙, 지휘 통일의 원칙 등은 나폴레옹의 전략 전술에 그 뿌리를 두고 있는데, 그 당시는 하나의 전역이 곧 전쟁으로 전투와 작전, 전쟁이 동일한 영역이었습니다. 그러나 지금은 전쟁의 영역이 19세기와는 비교도 되지 않게 시·공간과 속도 및 그 효과 면에서 대폭 확대되어서 작전 즉 전역과 전쟁의 영역이 명확히 구분됩니다. 따라서 현재의 '전쟁의 원칙'은 '작전의 원칙'이 될 수는 있을지언정 결코 '전쟁의 원칙'이 될 수 없는 것입니다. 그러나 미군들은 이러한 점들을 고려하지 않고 베트남전쟁과 1990년 걸프전 등에 뛰어듦으로써, 작전적·전략적 승리를 전쟁의 승리로 확대 완결시키지 못하였습니다. 따라서 전투와 작전에서는 눈부신 승리를 거뒀으나 궁극적으로 전쟁 목적 달성에는 성공했다고 평가할 수 없을 것입니다.

두 번째로, 현재의 '전쟁의 원칙'은 현대의 전쟁 양상 즉 과학 기술의 발전에 따른 무기 체계의 고가화로 인한 천문학적 전쟁 비용과 상상을 불허하는 파괴 위력, 세계의 글로벌화에 따른 전쟁 영향의 파급력과 그 파급 범위를 고려하고 있지 못할 뿐 아니라 무기의 속도 및 사거리 증가와 미디어 매체의 발달로 인하여 전선과 후방의 경계가 무너져 안방에서 전선 상황과 피해의 참상을 동시에 겪으며 실시간으로 볼 수 있게 됨으로써 심리전이 주요 전쟁 수단화되었으나 이에 부응하지 못하는 문제점이 있습니다.

따라서 위와 같은 변화를 기초로 이에 따라 파생되는 ① 전쟁 비용의 천문학적 부담 ② 가용 전투력의 제한적 사용 또는 사용 유보에 의한 불확실성의 증가 ③ 심리전 영향의 괄목할만한 증대 ④ 상상을 초월하는 전쟁의 후유증(광범위한 인적, 물적 피해와 이에 따른 심리적, 경제적 영향 등) 등을 고려하면서 제2차 세계대전과 6·25전쟁, 베트남전, 걸프전 등 현대의 제 전쟁을 심층 분석한 후 여기에서 도출된 고려 요소들을 반영하여 한국군 독자적인 최상위 교리로서 '군사기본교리'를 편찬하기로 결정하였습니다.

이를 위하여 교리훈련부장(공군 소장 이기동) 예하에 교리연구팀을 편성하고, 심층 깊은 연구를 진행하였습니다. 연구는 주로 연구 주제와 주제의 발전 개념항목에 대한 개략 지침을 주고 이의 연구 결과를 매일 토의를 통하여 정리한 후 합참의장님의 승인을 받아 확정하는 순으로 진행하였습니다. 제가 바쁘다보니 토의는 주로 일과 이후인 야간 시간대에 집중되었습니다. 그러나 모두들 사명감과 열의에 차 있어서 거의 매번 17시부터 21~22시까지 장장 너 댓 시간을 토의하여 의견의 일치를 본 후 겨우 토의를 종결시키려 하면 항상 입 다물고 말석에 앉아 있던 윤상호 중령이 "그런데 말입니다" 하고 이의를 제기하고는 하였습니다. 그런 날은 거의 24시까지 토의를 진행하였지만 불평한 장교들은 아무도 없었습니다. 특히 당시 의장이던 조영길 장군님은 교리 분야에 뛰어난 식견을 가지고 계시어 많은 지도를 받을 수 있었습니다. 덕분에 교범 사업을 시작한 지 거의 1년 만에 과업을 성공적으로 완결하고 '군사기본교리'를 발간할 수 있었습니다.

우리는 이 '군사기본교리'에 작전적 수준인 '전쟁의 원칙'의 상위 개념으로서 손자병법의 '시계(始計)편'에 해당하는 **전쟁 시 고려사항**을 추가하여 전쟁을 계획하거나 수행하기 위해서는 반드시 고려하여야 할 사항으로 **전쟁의 목적 및 목표, 국민의 의지와 리더십, 군사력, 동원능력, 외교 및 동맹, 전쟁 범위 및 기간, 국가 자원 보호, 국제법** 등을 제시하였습니다.

우리가 살고 있는 현대의 세계는 과거와 달리 정치, 경제, 안보 영역이 범지구적 차원으로 확장되었고 교통, 통신 및 미디어 수단의 경이적인 발달로

'베이징의 나비효과'가 실시간으로 전 세계에 파급되어 전 지구적으로 커다란 영향을 미치게 됩니다. 따라서 전쟁의 승패가 단순히 군사적 승리만으로 달성되지는 않습니다. 이러한 추세는 갈수록 더욱 심화될 것이므로 전쟁의 목적 및 목표에 대한 국제적 및 국내적 공감대의 형성과 국가의 전쟁 의지 즉, 행정부의 의지, 의회의 의지, 국민의 의지 및 경제력 등의 소프트 파워가 전쟁 수행 및 전쟁 지속 능력에 심대한 영향을 미치고 있음을 반영하면서 아울러 동맹과 연합의 중요성을 강조하였습니다. 이렇듯 나름대로 현대전 양상에 적합한 '전쟁 시 기본 고려사항'들을 망라하였는데, 후일 연구에 참여하였던 윤상호 대령에 의하여 그 개요가 미군에 소개되었다고 들었습니다. 이렇듯 제가 40년의 군 생활 중 우리 육군의 최하위 전술 교범인 '중대전투교범'과 국군의 최상위 교리인 '군사기본교리' 교범을 발간할 수 있었던 기회를 가졌던 것은 제게 최대의 행운이자 영광이었습니다.

그러던 어느 날 모 신문에 군인들이 전투기 부품 50원(?) 짜리 볼트를 5,000원에 구매하는 비리를 저질렀다는 내용의 기사가 실렸고, 이어서 북한보다 몇십 배의 국방 예산을 쏟아 부으면서도 여전히 전력이 열세한 것이냐는 비난성 기사가 보도되었습니다. 물론 이 사항들이 제 소관 업무는 아니었지만 마침 다른 문제로 기자간담회가 있는 기회에 위 문제에 대한 질문을 받고는 저는 다음과 같이 설명하여 주었습니다.

첫째, 전투기 부품인 수나사(볼트) 가격 문제입니다. 미국이 전투 장비를 외국에 판매할 경우 새로이 개발하여 실전 배치한 최신형 전투기는 극히 예외적 경우가 아닌 한 판매하지 않으며, 차세대 전투기를 개발, 이를 실전 배치할 시기가 되어갈 무렵에야 비로소, 현재 운용 중인 전투기종을 한국 등 우방에 판매하였습니다. 바꾸어 말씀드리면 우리는 최신형 전투기를 구입한 것이지만 미국에서는 이미 십 년 가까이 운용된 전투기 기종들입니다. 이에 미국은 전투기 생산 라인을 신기종으로 전환하기 위하여 폐쇄시키기 전에 기간 중 운용하였던 경험을 바탕으로 타국에서 구매해가는 전투기의 예상 운용 기간 중 소요되는 수리 부속 등, 소요 부품을 추가 생산하여 비축해 놓았다가 전투기 구매 운용 국가의 구매 요구가 있을 때 판매합니다. 그러므로 예를 든다면 이때의 50원은 몇 년 전 가격이며 기간 중의 물가 인상분이 반영된 외에 무기상들의 독점 판매이다보니 독점 가격으로 5,000원에 판매한 것입니다. 그런데 이 가격이 비싸다 하여 그 부속을 국내에서 생산하려 한다면 수많은 돈을 들여 소요되는 5,000원짜리 볼트 몇 십 개 정도를 생산하고는 그 라인을 폐쇄해야 하는데 이 경우 볼트 하나의 가격은 몇 억 원이 될 것입니다. 그렇다고 해서 이 볼트를 비싸다 하여 사지 않으면 수백억 원대의 전투기가 무용지물이 됩니다. 이러한 실상을 파악함도 없이 자기희생을 감수해가며 국가에 헌신하는 군인들을 비리 집단으로 매도하는 것은 무지에서 오는 것으로 결코 온당한 짓이 아닙니다.

둘째, 북한과의 국방비 대(對) 전력 수준을 간단한 예로 설명하였습니다. 당시 북한의 군수 공장 노동자들의 임금은 우리 돈으로 2만 원가량이었고, 우리의 방산공장 근무 노동자들의 월평균 임금은 약 200만 원 정도로 기억하고 있는데, 예를 들어 전차 한 대 생산하는 데 월간 노동 인력이 열 명 소요된다고 가정할 때 대당 북한의 인건비는 20만 원, 우리의 인건비는 2,000만 원이 됩니다. 그리고 무기 체계 설계 개념이 공산권은 자유 진영처럼 조종사라든가 사수 등과 같은 운용 요원의 생존성이나 안전성을 전혀 고려하지 않아 동일 성능에도 생산비용이 저렴합니다. 이 외에도, 북한은 국영 공장에서 생산하므로 생산 단가에 원자재 가격 및 전력과 급수 등 생산 비용과 각종 이윤이 추가되지 않을 뿐만 아니라 대부분의 기술은 국제법상 불법으로 복제하여 쓰고 있습니다.

그러나 우리는 철광석도 외국에서 수입하고, 모든 전기, 급수 요금에 영업세와 공정 이전 시마다 해당 공장의 수익도 보장하여야 되며, 또한 외국 도입 기술의 특허료 즉, 로열티를 지불하여야 하기 때문에 생산 가격이 북한과는 비교가 되지 않습니다. 그 외에도 북한은 비전투 분야의 비용 중 일정 부분은 각 부대가 자급자족하는 독립채산제인 데다가 많은 분야가 감추어져 있는 데 비하여 우리 군은 국방비의 60% 가까이(당시, 현재는 40% 정도) 인건비로 소요되기 때문에 우리와 북한의 군사비 지출에 대한 단순 비교는 무책임하기 짝이 없는 것입니다. 그래서 저는 우선 인건비만 단순 비교하더라도 100 : 1인데 우리 국방비가 북한 국방비의 몇 배나 되는지를 질문하였었습니다. 이에 기자들은 많은 관심을 가지고 질문하였고, 그 의문들을 명쾌히 해소시켜주었습니다.

하지만 그 이튿날 그에 대한 기사는 눈 씻고 찾아보아도 볼 수가 없었습니다. 그 얼마 후 그 당시 참석하였던 기자를 복도에서 만나 물어보았더니 그런 내용은 기사로 쓸 수도 없지만 쓴다 해도 데스크에서 받아주지 않는다고 얘기했습니다. 그 이야기를 듣고는 '이것이 진정한 국가이며 내가 목숨 바쳐 헌신해야 할 내 조국인가' 하는 짙은 회의감을 지울 수 없었습니다. 늘 행복하신 가운데 평안하시기를 기원 드리며 다음 주 서신 올리겠습니다.

동생 재준 올림

### 존경하며 자랑스러우신 형님께

일교차가 매우 심한 것 같습니다. 그간도 형님과 형수님 평안하셨는지요. 저는 이제 완전히 건강을 회복하였고, 의사가 추천한 몇 가지 검사 결과도 모두 정상으로 통보를 받았습니다. 그러니 더는 제 건강을 염려하지 않으셔도 되겠으며 다시는 심려 끼치지 않도록 하겠습니다.

오늘은 지난번에 이어 작전본부장 임기 중의 일들을 계속 말씀드리려 합니다. 그 해에는 기간 중 검토되었던 영종도 국제공항 신설안이 확정되었습니다. 이에 저는 공항 방호를 위한 경계 시설 설치 및 방호 계획을 수립하면서 서해 5도서 및 강화도와 김포 일대를 포함, 주변 지역에 대한 공중 및 해상과 육상 지형 정찰을 실시하였습니다. 그 중에 가장 인상 깊었던 것은 박정희 대통령께서 백령도의 북쪽 해안 마을을 적의 포격에 대비할 수 있도록 백령도 남쪽 해안에 새로이 마을을 건설하여 전 주민을 이주시킨 것이었습니다. 이렇듯 제가 작전본부장 재임 중 전국의 주요 지역을 정찰하면서 전국토의 구석구석에 이르기까지 박정희 대통령의 눈길과 손길이 미치지 않은 곳이 없었음에 깊은 인상을 받아 진정으로 나라를 사랑하고 국민을 잘 살게 하기 위하여 노심초사하신 박 대통령님의 나라 사랑과 국민 사랑의 정신을 마음 깊이 느낄 수 있었습니다.

저는 지형 정찰 결과를 정리하여 개략 계획을 수립한 후 영종도 지역의 작전 책임 부대장인 수도군단장 및 관계자들을 소집, 구체적 방안에 대한 토의를 거쳐 수도군단에 계획 지침을 하달하고 소요 예산 및 자재를 판단하여 보고하도록 하였습니다. 그 당시 수도군단장 정수성 장군은, 제가 인사참모부장 시절 보병학교장을 역임하면서 최초 입찰 가격을 올려 잡아 문제가 되었던 상무대 지역 군 아파트의 매점 문제를 원만하게 해결했을 뿐 아니라 대민 관계를 우호적으로 유지하여 훈련장 사용의 어려움을 해소하는 등 그 능력을 입증한 바 있어, 저로서는 최고의 적임자와 함께 과업을 추진할 수 있었던 것이 큰 행운이었습니다. 제 업무 때문에 현장 방문을 자주 하지는 못했으나, 해안 경계 철조망도 국제공항 지역임을 간안하여 군사용 철망이 아닌 경관형 철망을 설치하고 군용 초소도 전부 주변 경관과 조화되는 형태로 구축하는 등 현장의 의견을 최대로 반영하여 예산과 자재를 조정, 지원함으로써 어려움 없이 계획된 경계 및 방호 시설 설치를 완료할 수 있었습니다.

이 무렵, 국방부가 청와대 지침에 따라 이 지역 일대에 대한 '군사보호구역 해제' 가능 범위를 판단 보고하라는 지시를 하달하였습니다. 이에 따라 저는 ① 적의 침투 및 공격 양상과 무기 체계의 변화에 따라 필히 확보되어야 할 필요성을 상실한 지역 ② 여전히 작전을 위하여 확보되어야 하나 이미 주변 지역의 개발 등으로 작전 계획의 수정이 요구되는 지역 ③ 작전을 위하여 통제가 필요는 하나 대안의 수립이 가능한 지역 ④ 해제가 불가능한 지역으로 분류하였습니다. 각 지역별로 예상되는 작전 양상을 상정하여 간이 워 게임을 통한 판단 과정을 거쳐 해제 가능 지역과 불가능 지역을 확정하고 해제 지역 중 대안을 발전시켜야 할 지역은 이에 대한 지침을 포함 하달하여 작전 책임 부대가 검토 후 그 결과를 보고토록 하였습니다. 그 결과, 1개소를 제외한 모든 지역은 작전 책임 부대에서 동의하였고 이에 따라 저는 해제 불가로 판단된 지역은 작전 책임 부대의 건의안으로, 다른 지역은 작전본부 검토안으로 하여 군사보호구역 해제 문제를 매듭지었습니다. 그런데 군사보호구역 업무를 수행할 때 가장 신경 써야 할 사항은 정보가 사전에 새어나가 땅 투기에 휩쓸리지 않도록 하는 것이어서, 이에 대한 엄격한 지침을 하달하고, 비밀 유지 엄수를 강조한 결과 어느 한 부대에서도 사전 누설 없이 깔끔하게 마무리 지을 수 있었습니다.

이에 겨우 조금의 여유를 찾아 부임 후 바쁜 업무를 핑계로 미루어 놓았던 부·처장 회식을 하려고 마음먹고 있었던 토요일 점심 식사 중 상황장교가 긴급 보고가 있다면서 급하게 식당으로 뛰어 들어왔습니다. 국제적십자사가 북한에 지원하는 쌀을 일본에서 배에 실은[船積] 북한 선적(船籍)의 UN 용선(傭船)이 대마도 동북방에서 서진하고 있는데 이 항로를 계속 유지할 경우 우리의 영해 안으로 진입할 것 같다는 보고였습니다. 이 보고를 받은 저는 김정일에게 한 방 먹었다는 생각과 함께 조치하기가 대단히 어려운 난제임을 직감하고 바로 해상작전차장과 과장, 해사의 해전법(海戰法) 및 국제법 교관 출신의 장교를 포함한 관계 장교들의 긴급회의 소집을 지시하는 한편, 해군 중장인 전략본부장 송근호 제독의 조언을 받고자 퇴근하지 말고 대기하도록 협조하고 의장님께 조치 결과를 포함 보고하였습니다.
이어서 제 방에서 개최된 회의에서 상황을 분석한 결과 ① 북한 선적이지만 UN 용선이며 ② 화물은 국제적십자사 소유의 대북(對北) 인도적 지원 물자(쌀)이고 ③ 화물선은 4만 3,000t가량으로 우리 해군의 가장 큰 선박의 세 배이며 ④ 일반적으로 영해의 개념은 최저 조위선(썰물 시 드러나는 육지)으로부터 12해상마일 이내로 정의하는 통상 기선을 적용하지만, 우리나라의 남서해안은 해안선이 대단히 복잡하므로 외곽의 섬과 섬을 연결하고, 이 연결선으로부터 12해리 이내를 영해로 규정하는 직선 기선을 적용하고 있어 북한 선박이 제주도와 목포 사이의 중간 수역을 통과할 경우 공해에 대한 자국 중심의 유권적 해석으로 국제적 논란의 소지가 있으며 ⑤ 현실적으로 가능한 정선 수단은 포격하는 것뿐이나 이 경우 과거 미 해군의 캐나다 상선 포격 사건으로 미국이 피해를 보상한 전례가 있어 국제 분쟁 심판 시 우리가 절대적으로 불리하다는 조건을 인식하였습니다.

이어 우리의 대응 방안으로 ① 포격하여 정선시키는 안 ② 포격 없이 기동을 통하여 영해 밖으로 퇴거시키는 안, 두 가지를 상정하여 놓고는 우선 해군 작전사령부에 ①·②안 중 어느 안이든 즉시 시행 가능토록 준비된 상태에서 부산 동남방 해상에서 대기하고 있다가 아 영해에 진입하는 즉시 최초에는 우선 ②안 즉 기동을 통하여 영해 밖으로 항진하도록 조치할 것을 지시하였습니다. 이어서 ①·②안을 비교 분석하면서 검토한 결과는 다음과 같습니다.

①안 포격의 경우
- 북한 상선의 영해 침범을 응징, 나포함으로써 우리의 굳건한 의지와 태세 입증 가능
- UN 용선을 포격하고 국제적십자사의 인도적 지원을 차단함으로써 심대한 국제적 비난 자초 및 고립 심화
- 북한의 기도에 말려들어가는 결과가 되어 북한 행동의 합법성과 정당성을 부각해 차후 분쟁 시 우리에게 불리한 영향을 초래하는 동시에 북한

의 국제적 위상 제고 예상
- 북한이 국제해사기구에 제소 시 우리의 패소가 분명하여 피해 보상이 예상될 뿐 아니라 여태까지의 북한 주장의 정당성에 무게 실림
- 당시 햇볕정책을 추진하던 정부의 대북 정책을 고려할 때 당당하게 북한을 지원할 수 있는 합법적 호재를 제공, 억류 선원에 대한 보상과 선박의 수리 및 쌀의 인도 지연에 따른 보상을 고려 시 천문학적 보상비 지출이 예상
- 결국은 합참의 조치가 대단히 근시안적이며 소아적 사고에서 비롯된 잘못된 조치로 귀결될 것이 분명하여 차후 군의 입지가 극도로 위축될 것이며 여론 또한 비판적일 것이 확실한 상황에서 책임론이 대두될 것임
- 결론적으로 우리 측은 명분 미약으로 국제적 위상 추락과 입지의 위축 및 손실 보상에 따른 경제적 손실을 입는 데 반하여 북한은 국제적 위상이 한층 높아지고 이에 따른 김정일의 지도력이 부각될 뿐 아니라 보상에 따른 막대한 이득과 내부 결속 및 대남 적대감을 고조시킬 수 있는 전략적 이점을 챙길 수 있음.

　　이 모든 상황을 고려 시 우리의 전략적 이점을 상실하고 국익 손실과 군의 위상을 막다른 골목으로 몰아넣는 지극히 불리하고 졸렬한 방책으로 결론지었습니다.


②안 몰아내기의 경우
- ①안의 모든 불리한 점을 회피 가능
- 현실적으로 우리 영해상 항진을 막을 방법이 부재함으로, 결국 북의 의도대로 우리 영해를 통과, 아 측의 무기력과 김정일의 위대한 지도자상 부각
- NLL 이남의 수역에 북한 선박이 항해하는 전례가 됨으로써 차후 우리 해군이 북한 선박의 우리 영해 진입 시 단속 명분 약화

- 우리 군의 능력에 대한 의구심과 불신 증폭
- 군이 보수 세력 및 여론으로부터의 비난과 불신 초래, 결론적으로 이 안을 채택 시 북한 김정일의 지도력과 위상이 부각되는 데 비하여 우리 군의 능력과 태세에 대한 불신과 위상 추락 초래 및 국민 간 갈등 유발 가능함.

따라서 ①·②안의 불리한 점을 해소하고 최소한이라도 유리한 점을 확보할 수 있는 새로운 대안으로 ①+② 방안을 합친 제③ 방안을 수립하였습니다. 이는 우리가 서해 NLL을 확보하기 위한 군사 작전 목적상 선포한 서해 5도서 지역에 인접한 특수 해역 이남에서는 ②안대로 몰아내기에 주력하다가 북한 상선이 특정 해역에 진입하면 ①방안대로 포격 정선 후 해군 특수부대를 투입, 선박 및 선원을 나포하여 정부에 인계하는 것으로 이는 우리 서해 5도 인근 특정 수역의 특성상 국제적 비난을 완화할 수 있는 동시에 미국과의 마찰을 회피할 수 있으며 정부에 대해서도 군의 정당성을 항변할 수 있을 것으로 판단하였습니다.

그리고 이 안(案) 채택 시 북한과 서해 5도서 인근 해상에서 예상되는 충돌 가능성에는 단호히 상호 비례 등가 원칙에 의하여 동일한 대응을 하는 것으로 결론짓고 이에 따라 북한 상선의 영해 침범 시 대응 작전 계획을 완성한 후 해군 작전사령부에 작전 명령을 히달히었습니다. 작전본부장은 3군 작전에 대한 실질적인 명령 권한과 책임을 가지고 있어, 제 권한 범위 내에서 필요한 명령과 지시를 함으로써 해군은 아 영해에 진입한 북한 상선을 몰아내기 위한 작전을 수행하였으며 작전 수행에 관한 한 청와대의 일체 간섭을 배제하였습니다. 옛 병법에도 "전장에서 장군은 군주의 명에 복종하지 않을 수도 있다(將軍命不從)"라는 말이 있듯, 청와대의 안보실은 정책이나 작전의 범위와 한계 등의 지침을 발하는 곳이지 작전 지휘를 할 수는 없다는 것을 제2차 세계대전 시 독일의 패망이 히틀러가 작전에 간여한 결과임을 예로 들어 분명한 제 입장을 표명한 것입니다. 이에 따라 작전 결과에 대한 모든 책임은 오로지 저에게만 있다는 것을 재확인하였습니다.

북한 상선이 아 해군의 몰이작전에도 아랑곳없이 우리의 영해를 항진해감에 따라, 여론의 질책과 비난은 물론 국회에서 야당(신한국당)의 공세는 갈수록 극심해졌습니다. 특히 북한 상선의 제주-목포 중간 수역에 진입이 예상되는 무렵, 하루 종일 국회에 출석하여 시달렸던 김동신 국방부 장관께서는 국방부에 돌아오신 즉시 상황실에 내려오셔서는 제게 포격할 것을 명령하셨습니다. 저는 일단 장관님 앞에서 해군 작전사령부에 '사격 준비 명령'을 하달하면서 "사격은 나의 명령에 의함"이라는 단서 조건을 분명히 한 후, 장관님께 보고드릴 것이 있다고 말씀드려 장관실로 모셨습니다. 이후 포격 시 예상되는 모든 문제점을 열거하고 이에 대한 대책을 질문하면서 포격의 불가함과 서해 5도서의 작전 수역에서 '정선 및 나포 계획'의 유리점을 간곡히 말씀드린 결과 장관께서도 동의하시어 포격 명령을 취소하셨습니다. 이에 따라, 저는 상황실에 내려와 해군 작전사령부에 "사격 준비 태세를 해제하도록" 지시하였습니다.

그 다음 날, 합참의장의 국회 국방위 출석 시 저는 보충 답변을 하기 위하여 함께 국방위에 출석하였습니다. 이 기회에 한 말씀 드리고 싶은 것은 우리 국회는 국방 정책 차원의 문제들이나 전략 지침 등의 전략 수준의 과제 또는 국방 예산 및 인사, 군수, 관리 등의 군정 사항을 주로 감사하여야 하는데 매 사건 발생 시 항상 작전 및 전술 수준의 세세한 군령 사항들을 헤집고 노출하며 작전에까지 간여하는 잘못된 관행들이 있습니다. 그래서 그러한 일들이 한 번 있을 때마다 군 정보 및 작전 분야의 비밀 사항과 그 한계를 노출하는 악습들이 상례화 되어왔습니다.

그 날도 국회에서는 주로 야당 국회의원들이 군의 무능에 대한 비난과 질책 -즉 포격하지 않는 것이 정부의 눈치를 보는 것이 아니냐? - 을 했는데

저는 일시적인 어려움의 모면을 위해서나 아니면 소아적 영웅심으로 작전
계획을 누설하거나, 반대로 우리가 포격하지 못하는 이유를 스스로 노출할
경우 북한의 김정일 집단이 만세를 부르고 환호하면서 보다 더 대담하게 행
동할 가능성 때문에 합참의 계획을 노출하지 않는 범위 내에서 조그만 부분
으로 쪼개어 필요한 보충 설명을 하였습니다.

우리나라 국회는 국회의원 이전의 경력이나 연륜은 아무 상관없이 오직
국회의원 몇 선이냐에 의하여 서열이 정해진다고 합니다. 이때 비례대표로
들어가 있는 군 장성 출신 의원들은 당연히 초선 의원일 수밖에 없습니다.
그런데 문제는 이들 군 장성 출신 의원들이 모두 현역들의 선배 또는 옛 상
관들이다 보니 국회에서도 이들은 현역들을 후배 또는 옛 부하로 취급하였
고 그 결과 국회의원들이 군 장성을 아래로 낮추어 보는 잘못된 풍조가 없
지 않았습니다. 이 날도 야당 의원 중 군 출신 의원이 있었는데 그 중 한 분
은 제가 대위 때 소장이셨고, 후에 중장으로 예편하신 대선배이셨습니다. 그
런데 이 의원님이 합참의장을 마치 하사가 일병 대하듯 낮추어 함부로 대하
는 것을 보고는 참으려고 무척 노력하였으나 마침내 참지 못하고 일어나 "지
금 의원님께서 질문하신 사항은 제 소임이므로 제가 답변 드리겠습니다" 하
고 답변 드린 후, 이어서 "지금 의원님은 군 선배로서 후배에게 말씀하시는
것 같은데 그렇다면 이런 공식 석상이 아닌 사석에서 말씀해 주십시오. 그
러나 그것이 아니고 국회의원으로서 합참의장인 대한민국 육군 대장에게
말씀하시는 것이라면 장군에 대한 예우를 갖추어 주십시오" 하고 말씀드렸
습니다. 그랬더니 얼굴이 하얗게 되면서 "저런 고얀" 소리만 반복하다가 유
야무야 회의가 끝나버렸습니다. 훗날 저는 송영근 장군이 국회의원이 되었
을 때 소위에게라도 반드시 "장교님"하고 호칭하면서 깍듯이 예의를 지킬 것
을 주문하였고, 송 장군 또한 그렇게 하겠다는 약속을 지켰습니다.

저는 장관과 국회의원(비례대표)을 할 수 있는 기회가 각각 두 번 있었지만
모두 거절하고 하지 않았습니다. 제가 포장마차를 할 수 있을지는 모르겠지

만 특히 우리나라의 국회의원은 제 생리에 맞지 않을 것 같았고 그래서 두 번째는 아버님 핑계를 대었습니다. "내가 국회의원을 한다면 돌아가신 아버님이 회초리를 들고 무덤에서 뛰쳐나오실 것"이라고…….

북한 상선 네 척 중 세 척은 아 해군의 몰이작전으로 영해 내를 항해하다가 모두 영해 밖으로 물러나 북상하였는데 제일 마지막의 '청진호'는 덕적도 해상에서 공해상으로 빠져나갔다가 백령도 서남방 공해상에서 거의 90도로 갑자기 우 선회함으로써 백령도 서측 해상을 통과하여 NLL을 넘어 북상할 것으로 판단되었습니다. 그래서 저는 백령도 남 서측 영해 상에서 청진호를 포격으로 정선시키고 해군 특전대를 투입 청진호를 나포토록 작전 명령을 하달하였습니다. 이에 따라 해군은 작전 세력을 백령도 인근에 전개시키고 대기하고 있는데 하늘이 북한 편을 들으셨는지는 모르겠지만 작전 개시 시간의 새벽 해상에 짙은 농무가 끼어 시계(눈으로 보이는 거리)가 불과 30여 m 미만이었던 데다가 이러한 기상의 영향으로 작전 지역으로 출동하던 아군 함정끼리 부딪쳐 초계함의 선수(船首) 일부가 파손되는 사고가 있어 부득이 작전 중지를 명하지 않을 수 없었습니다. 그 결과 청진호는 당당히 NLL을 통과하여 북상함으로써 남북한 공히 1승 1패를(세 척은 공해상으로, 한 척은 영해 상으로 북상) 기록하였고 합참은 몇 번 더 언론에 시달렸습니다(그러나 그 청진호는 2013년 제가 국정원장 시절 불법 무기를 싣고 쿠바로 항해하다가 파나마에서 억류되어 선박을 포함 선적품 일체를 압수당하였습니다.).

그 후일담으로 한 가지만 더 말씀드릴까 합니다.
첫째, 최초 북한 상선이 제주해협을 통과하던 날 저는 곰곰이 포격에 의한 정선이 아닌 다른 방법으로 정선시키는 방안은 없을까를 고심하고 있었습니다. 그러다가 제목은 잊었지만 TV 주말 영화에서 미국의 정보요원이 휴가차 승선한 대형 유람선이 테러 세력에 의한 운항 컴퓨터의 해킹으로 수동

조작이 불가능한 상태에서 자동 운항 시스템에 입력된 경로에 따라 어느 해안의 항구 도시로 돌진해가는 상황의 영화 장면이 문득 머리에 떠올랐습니다. 영화에서는 이 정보요원이 선박의 쓰레기 투하를 위한 선체 하단 측면의 출구를 열고 해상 부유 로프(floating rope : 물에 뜨는 밧줄)를 선박의 후미로 길게 풀어줌으로 로프가 선박의 추진기(screw propeller)에 감겨 항구 초입에서 선박을 멈추게 하였습니다. 그래서 저는 해작사에 고속정으로 북한 상선 측면으로 질주하면서 북한 선박에 평행되게 해상 부유 로프를 풀어줌으로써 선박의 추진기(스크루 프로펠러)에 감기게 하면 정선이 되지 않겠느냐고 제의하였더니(아이디어 차원에서) 해상 부유 로프 같은 것도 없고, 그렇게 해서 추진기에 감기게 할 수도 없다고 하여 저는 그 말을 믿고는 잊어버렸습니다. **그러나 그 후 해군은 자체적으로 연습을 해보고 가능하다는 결론을 내고 국방위원들을 초청하여 시범을 보였다는 이야기를 들었습니다.**

6월 초에 시작된 북한 상선 영해 침범 사건은 그 후유증이 거의 한 달 간 계속되어 6월은 온통 북한 상선 영해 침범 사건 처리에 시달렸으며, 이어지는 영종도 국제공항 경계 시설 설치 현장과 경의선과 동해안의 지뢰 개척 및 철도와 도로 연결 공사, 이에 따른 작전 부수 시설과 환경 관련 공사 등에 또 한 달 간 뛰어다니고는 이윽고 그해의 을지포키스연습에 임하게 되었습니다. 을지연습의 정부 최초 보고는 작전본부장이 하게 되어 있는데 통상 최초 보고 하루 전 보고 내용을 청와대에 보내줍니다. 저도 그 관례에 따라 최초 보고 내용을 청와대에 보낸 후 다음 날 청와대에 들어가 정부 행정관서장 및 군 관계관 배석 하에 대통령에게 최초 보고를 실시한 후 국방부에 복귀했습니다. 그런데 제가 전날 청와대에 보내준 보고 내용의 일부가 그 날짜 노동신문에 실려 있다는 것을 보고받고 관련 기관에 그 사실을 알려주었습니다.

어느덧 2주간에 걸친 UFL도 끝나고, 연습 중 도출된 문제점들을 검토하느라 분주하게 움직여 후속 조치가 마무리 단계에 들어갈 무렵 제 눈에 도저히 믿기지 않는 9·11 세계무역센터에 대한 테러의 참상을 보게 되었습니다. 9·11테러는 모두에게 크나큰 충격을 안겨준 비극이었지만, 저는 이 사건으로 인하여 장기적으로는 자유 세계에 대한 미국의 적극적인 '개입과 역할'의 축소로 이어질 정책적 변화가 있을 경우 우리에게 어떠한 영향을 미칠 것인지를 깊이 고민하지 않을 수 없었습니다. 왜냐하면 우리나라는 미국이라는 초일류 국가에 의한 단극 체제 하에서의 세계 질서에 변화가 시작될 때가장 먼저 민감하게 영향을 받게 될 나라 중 하나였기 때문입니다.

저는 개인적으로 미군들에게 깊은 우정을 느끼고 있습니다. 여태껏 영토적 야심과 지배의 욕망을 갖지 않은 유일한 제국은 미국뿐이라고 생각하고있으며 한미 관계는 우리 남북이 통일된 후에도 상당 기간 현재 이상으로더욱 긴밀하게 유지되어야 한다고 생각합니다. 한일 관계만 해도, 한미 관계가 미일 관계보다 긴밀하였을 때는 우리가 외교적 문제에서 일본보다 우위의 입장을 견지할 수 있었습니다. 그러나 미일 관계가 한미 관계보다 더 긴밀할 경우에는, 일본에 대한 우리의 입지가 약화되었습니다.

중공이라는 나라의 전략은 역사적으로 오직 한 가지 -주변국에 대한 패권을 장악하기 위하여 인접 상대를 이간시키고 분열시킴으로써 두 조각으로 나눈 후, 약자를 회유하고 강자를 끊임없이 협박하는 동시에 약자를 부추겨 싸움의 소용돌이 속에서 모두가 기력이 소진되면 이들을 힘으로 강제하는- **'이간과 분열, 회유와 협박, 힘의 강제에 의한 복속'**이 전부였습니다. 설명을 위하여 단순히 <u>힘과 힘이 미치는 거리를 가지고</u> 미국을 태양, 달을 한국, 중공을 지구에 비유한다면 태양의 달에 대한 인력이 약화되는 순간 달은 지구 인력에 끌려 들어갈 수밖에 없듯 우리가 긴밀한 한미동맹을 유지할수록 중공은 우리에게 우호적으로 접근하려 하지만 한미동맹 관계가 약화될 때에는 서슴없이 종주국 행세를 하며 '사드' 보복 등과 같이 부당하고 무도한 힘으로 강제하려는 그 본성을 결코 감추지 않을 것입니다.

따라서 한반도가 북한 체제로 통합된다면 그 다음 단계로 우리 5,000년 역사는 분명히 흔적도 없이 지워지고 이 단군 겨레는 중공의 소수 민족으로 그리고, 한반도는 중공의 동북4성(東北四省)으로 전락하리라는 것을 저는 확신하고 있으며 이러한 저의 견해가 그 훗날 제가 급작스럽게 국정원장을 그만두게 된 여러 가지 이유 중의 하나이기도 합니다. 이렇듯 저는 좌파 시각에서 보면 대표적인 친미파입니다.

그럼에도 불구하고 제가 전역 후 〈신동아〉와의 인터뷰에서, 친미·반미가 아니라 우리나라의 국익을 보장하는 관점에서 "나는 용미(用美)"라는 신중치 못한 표현을 하였습니다. 이를 보신 아버님으로부터 "미국인의 입장에서 보았을 때 네 표현이 적절했다고 생각하느냐"라는 큰 꾸지람을 들었습니다. 그러나 이는 친미의 의미를 비유적으로 설명한 것으로써 국가 간에 있어서 어느 일방이 다른 일방을 이용한다는 생각은 있을 수 없습니다. 그러므로 저는 단지 앞서 누차 말씀드렸듯 상호 공동의 이익이 보장되어야 하고 신뢰가 뒷받침되어야 함을 전제로 할 때 친미가 내 조국 대한민국의 국익에 부합된다는 것을 강조하여 말하고자 했던 것이었습니다.

역사상 미국만큼 인류의 보편적 가치와 공존공영을 위하여 자국 청년들의 피를 흘리며 재원을 쏟아 부은 나라는 없습니다. 그러므로 저는 제가 아는 미국인 개개인을 사랑하고 미국이라는 나라를 위대한 동맹으로 보고 있음에도 불구하고 미국의 대외 정책에 대해서는 종종 비판적이었습니다. 그 기본적 원인은 바로 "인권과 자유, 평등에 기초한 보편적 인류의 가치"에 대한 개척자로서의 우월감 때문인지 상대의 여건과 처한 상황에 관계없이 일률적으로 미국의 잣대를 들이대어 상대에게 미국의 가치관을 강요하는 정책적 단순함 때문입니다. 그러다보니 미국이 희생을 무릅쓰고 도와준 거의 모든 나라로부터 반미라는 배척을 경험하였고, 서양식 승부가 통하는, -힘으로 싸우는- 서구에서의 전쟁에서는 승리하였으나 그것으로 전쟁이 종결되지 않는 유럽 이외의 지역에서 수행된 전쟁에서는 거의 국가 목표 달성에 도달하지 못하였습니다.

아시아는 그 기상과 지형이 서구와는 전혀 다를 뿐 아니라 특히 **전쟁 수행 주체인 그 '사람'들의 싸움의 방법이 전혀 서양인들과 상이**하다는 것을 그들은 애써 무시하는 것인지 아니면 이해하지 못하고 있는지 모르겠는데, 이 점을 저는 연합사 부사령관 근무 시와 총장 때 펜타곤과 이라크 중부 사령부에서도 미군 장교들을 모아놓고 토의하면서 반복하여 강조하고는 하였습니다. **"인류가 존재하는 한 전쟁의 주체는 인간이며, 그 인간은 살아온 지형과 기후와 선조들의 삶의 방식이 누적되어온 그 문화의 결과물이므로 먼저 적을 연구하라"**라고 말입니다.

2001년 9월 11일. 세상에 불가능은 없었을 것 같은 환상의 나라 미국의 상징적 건물이 허무하게 허물어지는 모습은 인류사의 새로운 변화가 시작되는 그 변곡점이 될 것이므로 저는 그날 제 아내에게 "이로써, 1945년 이래 전면에 대두되었고 1991년 구 소연방의 해체로 완성되었던 **'팍스 아메리카나 (Pax Americana)'의 시대도 새로운 중대한 시련과 위협에 직면하게 되었다. 현재와 같은 힘의 균형추가 결정적으로 더 기울어지기 이전에 우리가 남북통일은 물론 만주고토를 수복하여 동북아 최강이었던 '고조선'을 회복하지 못한다면 한민족의 이름이 소멸될 지도 모르겠다. 앞으로 얼마 안 되어 닥쳐올 이 길지 않은 역사적 순간들을 자랑스러우셨던 우리 조상님들이 보호해주시기를!"**이라고 제 심정을 털어놓았었습니다.

그런데 이때 또 롯데 102층 건축 문제가 제기 되었습니다. 롯데 102층 건축 문제는 제가 수방사 참모장 때부터 저와 인연을 맺기 시작하여 수방사령관을 거쳐 작전본부장 시절인 2002년 초 또다시 저를 곤경 속에 던져 넣었습니다. 형님께서 아시듯 저는 정치인이 아닙니다. 군인일 뿐입니다. 따라서 저는 군사적 관점에서 다음의 이유로 롯데 102층 건축 허가를 반대하는 입장입니다.

그 첫째는, 전쟁 수행 면에서 성남비행장을 현재와 같이 유지하면서 여기에 유류·탄약의 전방 보급소를 운용할 경우 비행 거리의 단축으로 전투기의 출격 횟수가 늘어나게 되어 공군 전력 운용을 극대화할 수 있습니다. 예를 들면(이 수치는 설명을 위한 가상 수치입니다.) 전투기 한 대로 1일 4회 전장에 투입하던 것을 비행 거리 단축으로 6회 투입할 수 있도록 한다면 출격 회수가 50% 증가되어 전투기 100대로 150대의 전력을 발휘할 수 있는 효과를 얻을 수 있습니다. 그런데 그간 102층을 짓는다는 전제 하에 군이 검토 가능한 방안은 ① 활주로의 방향을 102층과 이격되게 각도를 틀어서 ICAO규정을 준수할 수 있도록 설치한다는 것이었는데 이렇다 하더라도 당일의 **풍향과 풍속에 따라 여전히 일정량의 제한 사항이 존재**하였습니다. 그리고 ② 활주로를 양방향으로 사용하지 않고 남쪽 한 방향(북에 있는 102층 건물을 피하기 위하여)으로만 사용하는 안을 검토해 본 결과 성남비행장의 연간 풍향 풍속의 변화 통계를 고려하여 연간 활주로 이·착륙사용 제한 일수를 판단한 항공기 이·착륙의 횟수는 OO% 정도가 감소된다는 결론을 얻었습니다.

둘째, -지금은 특전사 이전으로 더 불리한 여건이 되었지만- 개전 초기에 **특전사 작전 운용의 융통성을 확보하기 위하여 성남비행장과 특전사를 근거리에 배치**하였던 것입니다. 즉, 현재와 같은 조건에서는 여하한 기상 조건 하에서라도 북한의 초기 특작 부대의 활동이나 장사정 포격으로 교통 장애 내지 이동 제한 사항의 발생에 관계없이 바로 특전사 병력을 비행장으로 이동시켜 적진에 투입할 수 있기 때문입니다.

셋째, 북한 상공에서 전투 중 피격된 전투기의 수용 시 롯데 건물은 활주로의 방향 때문에 조종사의 안전 귀환에 치명적 결과를 초래합니다. 그런데 전시에는 -평시도 마찬가지이지만- **전투기가 아니라 조종사가 그 나라의 공중 전력 자체**입니다. 왜냐하면 전투기는 단기 보충이 가능하지만 조종사의 단기 양성은 불가능하기 때문입니다.

그러나 롯데 측에서는 정권이 바뀔 때마다 집요하게 이 문제를 반복하여 제기하였고, 저는 군인이므로 저의 의무를 다하고자 사심 없이 군사적 관점에서의 판단을 기초로 '불가'하다고 결론지었던 것입니다. 그런데 하루는 서해 NLL 상에 북한 경비정의 침범 상황이 있어 장관님께 보고드리려 내려갔다가 부관이 "공군의 보고를 받는 중"이라는 이야기에 갑자기 이상한 생각이 들어 뛰어 들어가 보니, 장관님께서는 성남비행장에 관련된 공군의 검토 결과를 보고받고 결재란에 서명을 하려 하고 계셨습니다. 제가 얼핏 들여다보니 롯데의 건축을 승인하는 안이었는데 저는 장관님을 제지하면서 보고 서류를 낚아채어 손에 쥐고 "비행장의 시설 관련 문제는 공군의 권한이지만 이것은 작전성 검토사안이므로 작전본부장 업무 소관이어서 월권이 되며 아울러 작전성 검토 절차를 준수하지 않은 것은 위법"이라는 사실을 지적한 다음 활주로의 방향 변경이나 일 방향 사용 시의 작전 제한 사항을 말씀드렸습니다.

예기치 않은 저의 출현으로 황당한 상황을 당하신 장관님께서는 매우 많이 화가 나셔서 "남재준이, 네가 대장 진급을 하면 내 손에 장을 지져라" 하고 언성을 높이셨습니다. 그러나 저는 개의치 않고 공군의 서류를 들고 제 방으로 올라온 후 NLL 상황은 서면 보고로 대치하였습니다. 그런지 얼마 안 되어 보좌관이 들어와 진급 명령지를 건네주었습니다. 거기에는 "중장 남재준 명 대장, 보 연합사 부사령관"이라고 적혀 있었습니다.

심한 일교차로 아침저녁 꽤 쌀쌀합니다. 평안하십시오.

동생 재준 올림

## 31. 한미 연합사령부 부사령관

### 존경하며 자랑스러우신 형님께

어제는 종일 비가 내렸습니다. 요즈음은 코로나로 인한 운동 금지가 통상적인 일이 되어 운동할 수 있는 날보다는 못하는 날이 훨씬 더 많습니다. 그래서 보슬비에도 감기 기운은 있었지만 나가려다가 다시 생각하고 주저앉았습니다. 지난 편지에서는 연합사 부사령관으로 보직되었다는 것까지 말씀드렸는데 오늘은 '한미 연합비밀'에 해당되는 사항을 제외한 일반사항 위주로 말씀드리려 합니다.

합참 본부장의 임기는 2년이므로 임기 종료가 가까워짐에 따라 제 후임은 수방사령관이 -제가 1군 작전차장 시절의 작전과장- 오는 것으로 내정되어 있었습니다. 그런데 어느 날 신문에 수방사 무기고에서 총기 2정과 탄약을 도난당하였다는 기사가 나서 들여다보니 괴한이 담을 넘어 들어와 담장 곁에 있던 무기고와 탄약고의 자물쇠를 부수고 총과 탄약을 절취하였다는 내용이었습니다. 이에 저는 고개를 갸웃거리지 않을 수 없었습니다. 그 장소는, 제가 수방사령관 취임 초, 울타리에 연한 외곽 초소를 순찰하다가 대단히 취약한 것으로 판단되어 초소를 신설하고 병사들의 근무 부담을 고려하여 인접 초소를 타 직할대로 조정하여 운용하도록 해주었던 지역으로서 초소로부터 3~4m 이내에 무기고와 탄약고가 위치하고 있었기 때문입니다.

그러나 후일 조사 결과를 보니, 후임 사령관이 무슨 생각(?)에서였는지 그 초소를 폐쇄했다고 하는데 이것을 안 전역병이 바로 그 초소 앞의 담을 넘어들어가 무기와 탄약을 절취한 것으로 판명되어 수방사령관이 보직 해임되었으므로 저는 후임이 정해지지 않은 상황에서 떠나게 되었습니다. 그래서 저는 진행 중인 업무 목록과 중·단기 과제 목록, 중점 과업과 과업별 주요 착안 사항 등을 요약 정리하여 놓고, 현황철과 서류들을 반납하여 인계 준비를 간략히 해놓은 후 의장님께 인사드리고 장관실로 내려가 장관님을 뵈었습니다. "장관님께서 진급되는지 두고 보아라 하셔서 생각도 안 하고 있었는데 진급시켜주셔서 감사합니다" 하였더니 장관님께서는 웃으시면서 "열심히 해라" 하고 격려해주셨습니다.

저는 부임 일자가 촉박하여 간단히 각 부서의 사무실을 한 바퀴 돌면서 기간 중의 헌신적인 업무 수행을 치하한 다음 합참을 나왔습니다. 그 다음 날, 청와대 진급 및 보직 신고 후 바로 연합사로 이동하여 사령관 슈워츠(Schwatz) 장군과 인사를 나눈 후 먼저 일어나 이·취임식 행사 요령 브리핑을 받았습니다. 한국군은 미군을 벤치마킹하여 창설되었기 때문에 예식의 많은 부분이 유사하였지만 세부 절차에서는 서로 다른 점들이 있어 설명에 주의를 기울였습니다.

이·취임식이 끝난 후 사령관은, 사령부 장교들을 대회의실에 집합시켜 놓고는 제 취임을 축하하기 위하여 예정에 없던 깜짝 파티(surprise party)를 열어 주는 자리에서 장교들에게 저를 소개하기를, "오늘 우리는 대한민국 육군 제일의 작전통으로 이름난, 훌륭한 남재준 장군을 부사령관으로 맞이하는 영광을 갖게 되었습니다. 부사령관 남 장군은 1969년도 소위로 임관하여 월남전에 소대장으로 참전하였고, 그 후 중대장, 대대장, 연대장, 사단장의 전 직책을 최전방에서 수행하였으며 모든 제대의 작전 장교를 성공적으로 역임한 것에서 알 수 있듯이 하느님이 군인에게 필요한 모든 재능과 자질들을 남 장군에게 내려주셨습니다. 그런데 유감스럽게도 하느님께서 한 가지 실수하신 것이 남 장군에게 필요한 모든 인품과 자질 및 능력의 DNA를 주실 때 그만 골프 DNA를 주입하시는 것을 깜빡 잊으셨던 것입니다. 그렇지만 우리는 남 장군께서 명석하시기 때문에 한 달 이내에 우리와 함께 필드에서 골프를 즐길 수 있을 것으로 확신합니다" 하면서 제게 마이크를 넘겼습니다.

장내는 슈워츠 장군의 소개말에 웃음바다가 되었는데 저는 실내가 조용해지기를 기다렸다가 "따뜻한 환영에 감사드리며 여러분과 함께 어깨와 어깨를 맞대고 이 땅의 자유민주주의를 지키는 성스러운 임무를 수행하게 된 것에 무한한 긍지를 느낍니다"라고 인사말을 한 후에 골프 이야기를 하였습니다. "내가 골프를 치지 못하는 것은 DNA 때문이 아니고 군인이기 때문입니다. 우리 육군사관학교에서는 4학년 체육 시간에 골프를 가르쳤는데 나는 검도 유단자이기 때문에 조금 과장한다면 날아가는 파리도 젓가락으로 잡을 수 있는 실력이었습니다. 하지만 조교의 지도하에 골프 연습 중 어떻게 된 건지 공을 쳤는데 날아간 것은 공이 아니라 골프채의 헤드였습니다. 이에 내가 실수하여 골프채를 부러뜨린 책임을 지게 된 그 조교는 화가 나서 제게 "생도님은 다시는 골프를 치지 마십시오" 하고 소리쳤습니다. 나는 군인이므로 골프를 다시 하려면 그 조교에게 이제는 골프를 쳐도 좋다는 허락을 받아야 하는데, 그 조교를 찾을 수가 없었습니다. 그래서 '골프를 다시 쳐도 좋다는 허가'를 받지 못하였기 때문에 못치고 있는 것입니다"라고 하였습니다. 그랬더니 사령관 포함 모두 눈물을 쏟을 만큼 폭소를 터트렸고, 이에 사령관은 연합사와 주한 미군의 모든 정보력을 총동원하여 최단 시일 내에 그 조교를 찾아내라고 G-2에게 이야기함으로써 저는 골프로 인한 부담으로부터 벗어날 수 있었습니다. 그러므로 그 조교는 지금 생각해도 참 고맙기만 합니다.

이어서 저는 상황실을 비롯하여 각 참모부의 업무 보고를 받았습니다. 그런데 경리참모로부터 업무 보고를 받던 중 업무추진비 항목에서 이상한 점을 발견하고 질문하였으나 납득이 가지 않는 답변에 꼼꼼히 따지기 시작하였습니다.

연합사 부사령관은 전시에는 부사령관으로서 사령관의 지휘를 받는 동시에 지상구성군 사령관으로서 한국 육군과 전시 증원되는 미 육군을 통합한 OOO여만 명을 지휘하여 지상 작전을 수행합니다. 그러나 평시에는 사령관의 지휘 하에 있는 것이 아니라 사령관은 미군의 선임 장교로, 부사령관은 한국군의 선임 장교로서 각각 대등한 관계로 업무를 상호 협조 및 조정하는 역할을 수행합니다. 동시에 저는 연합사에 소속된 한국군의 지휘관 임무를 수행하고, 사령관은 주한 미군 사령관으로서 미군을 지휘합니다(KATUSA는 주한 미군 사령관의 지휘 하에 있는 것이지 제 지휘 하에 있지 않습니다.). 그러므로 평시 부사령관이 사령관 지휘 하에 들어가는 것은 을지포커스렌즈연습이나 독수리연습 등과 같은 전쟁 상황에 관련된 연습 및 훈련 시에 한정됩니다.

이렇듯 사령관이 연합사 사령관, UN군 사령관, 주한 미군 사령관의 세 모자(Three cap)를 쓰고 있는 것처럼 부사령관은 연합사 부사령관 및 지상구성군 사령관(전시)의 두 모자(Two cap)를 쓰고 있습니다. 그런데 보고인즉 연합사 부사령관 업무추진비 외에 평시에도 지상구성군 사령관 업무추진비가 각각 책정되어 이중 지급된다는 것이었습니다. 이는 한국군 현실에 맞지 않는 비현실적인 일이어서 계속 따지고 들어가다 보니 결국 지상구성군 사령관 업무추진비 항목은 없는 것을 자체적으로 각 부서의 업무추진비를 조정하여 쓰고 있다는 것을 알게 되었습니다. 그래서 저는 즉시 국방부에서 책정된 예산대로 각 참모부에 지급토록 조치하였습니다.

그런데 그 훨씬 후에 들은 이야기로 당시 국방부 합동수사단에서 이를 알고 제가 부임하기 이전에 이 문제를 내사하던 중 제 조치를 보고 내사를 종결하였다 합니다. 그때 제가 만일 그 보고를 받으면서 무심코 들어 넘겨서 이를 체크해내지 못하였다면 제 한평생의 명예를 진흙탕에 던져버림은 물론 부모님께 큰 불효를 할 뻔했습니다. 그런데 큰 다행으로 늘 제게 재상분명대장부(財上分明大丈夫)라고 하신 어머님의 말씀을 다시 한번 더 되새기게 하는 계기가 되었습니다.

각 참모부의 초도 업무 보고가 끝난 후 저는 장교들과의 대화 시간을 갖고, 월남전 시 미군과 함께 작전 임무를 수행하던 경험과 제6군단 시절 한미1군단 집단에서 미군과 함께 했던 경험들을 이야기하면서 미군들과의 연합근무 시 지켜야 될 원칙으로 다음 세 가지를 제시했습니다.

"첫째, 반드시 규정을 준수하라. 둘째, 합리성과 효율성을 기반으로 사고하라. 셋째, 실력으로 승부하라."

그리고 미군과의 개인적 관계에서는 **상대에 대한 존중과 배려의 자세에서 장교로서의 품위와 예절을 지켜라고** 강조하였습니다. 장교들의 잇단 질문에 답변하면서 저는 제 과거에 비추어 사람으로서, 가장으로서, 군인으로서의 삶의 자세를 선배의 입장에서 진솔하게 이야기해줌으로써 장교들에게 좋은 반응을 얻은 것 같았습니다. 그 후 이발소에 가니 그곳에 근무하는 여근무원이 "부사령관님과의 대화 시간에 우리 근무원(근로 직원)들도 참석하면 안 되겠습니까? 모두 참석하고 싶어 합니다"라고 하는 것이었습니다. 장교들과의 대화 시간에서는 군 업무를 이야기하는 것이 아니라 인간으로서의 삶의 자세를 연장자의 입장에서, 군인으로서의 근무 자세를 선배의 입장에서, 연합사 요원에게 요구되는 자세를 한국인의 입장에서 이야기하는 것이기 때문에 전혀 문제가 될 것이 없어 이를 허락하고 참석토록 하였습니다. 그 결과 이들 전원이 대단한 열의를 가지고 매번 대화의 시간에 참석, 발언하기도 하였는데 그들은 여기에서 소속감과 유대감, 동등하게 대우받는다는 자존감을 얻은 것으로 판단되었습니다.

미군 장교들은 우리 한국군 장교들만큼 출신을 따지지는 않지만, 그들도 인간이기 때문에 출신 감정이 전혀 없지는 않습니다. 저는 늘 **"장교들에게 과거란 없는 거다"**라고 이야기를 하면서 "빗물, 개울물 할 것 없이 모두가 정수지를 거쳐 수도꼭지에서 수돗물이 되어 나오듯이 그리고 그 물로 사람들이 살아가며 그 물이 없으면 살 수 없듯이, 장교들은 **대한민국 육군 소위로 임관되는 순간 오직 대한민국 육군 소위만 있을 뿐 그 외에는 아무것도 없는 거다. 장교들에게는 과거를 묻지 마라"**라고 후배들을 가르쳤고 저 또한 출신별 차별을 해본 일은 없습니다. 그럼에도 불구하고 연합사의 미 육사 출신 장교들은 임관 연도에 따라 저를 깍듯이 선배로 여기면서 많은 문제에 대하여 상의하며 조언을 구해왔습니다.

제가 부임하고 나서 한 달 조금 못 되어 연합사령관 교체가 있었습니다. 신임 사령관 라포트(Leon J. LaPorte) 장군은, 임관은 저보다 1년 먼저이지만 대장 진급은 제가 1개월 빨라 대장 선임자라는 것이었습니다. 이·취임식 행사가 끝나자 전임 슈워츠 장군을 전송한 저는 바로 사령관실로 들어가 라포트 장군과 마주 앉아 "장군이 알고 있듯 대장은 내가 선임입니다" 하고 이야기하자 라포트 장군의 얼굴이 순식간에 굳어졌습니다. 제가 파악한 라포트 장군은 인간관계에서 그렇게 능수능란한 수단꾼이 아니라 진솔한 인품에 겸손이 몸에 밴, 예절 바른 인간성을 가지고 있는 전형적인 신사였습니다. 그런데 그래서인지 부사령관인 제가 선임 대장이라는 데 대하여 부담을 느끼고 있다는 이야기를 들었던 터라 일언이폐지하고 단도직입적으로 라포트 장군이 고민하고 있는 핵심을 찌른 것이었습니다.

이어서 제가 "그러나 사령관은 당신 라포트 장군이고 나는 부사령관이다. 나는 군인이므로 전·평시 나의 직분인 부사령관의 직책을 충실히 수행할 것이며 부사령관으로서 최선을 다하여 사령관을 보좌할 것이다"라고 이야기 하자 라포트 장군의 얼굴이 붉게 상기되면서 환하게 밝아졌습니다. 그 2분이 조금 안 되는 시간에 저와 라포트 장군은 평생의 우정을 나누는 사이가 되었습니다.

라포트 장군은 월남전에 참전한 바 있어 시기는 서로 다르지만 월남전 참전 전우로서 저와의 관계가 더욱 더 친밀하였습니다. 저는 라포트 장군에게 우리나라를 소개해주기 위하여 서울의 야경을 볼 수 있는 남산타워식당과 한강유람선의 선상 만찬 등 서울에 살면서도 한 번도 가보지 못한 곳을 그 덕에 가보았습니다. 라포트 장군은 제가 아는 많은 미군 장군 가운데 단연 최고의 장군이자 최고의 연합사령관이었으며, 가장 한국을 사랑한 미국 군인으로 확언할 수 있습니다. 라포트 장군은 무척 겸손하고 인간적이며 가슴이 따뜻하였지만 업무에는 추호의 빈틈도 없어서 참모들이 어려워하였습니다. 이러한 면이 참모들이 저에게 많은 조언을 구하였던 이유입니다. 제가 이곳에 들어온 이후 라포트 장군이 저의 석방을 위하여 무척이나 애쓰고 있다는 소식을 들었습니다.

제 짧은 콩글리시(Konglish) 실력으로 더듬거리며 미군 장교들과 인간관계를 넓혀가던 중 두 가지가 눈에 띄었습니다. 그 첫째는 미군 장교들은 한국군 장교들을 집에 초청하는 데 반하여 한국군 장교들은 거의 미군 장교들을 가정에 초청하지 않는 것에 대한 섭섭함을 가지고 있다는 것입니다. 둘째, 미군 장병들이 휴가를 거의 100% 일본, 하와이, 미 본토로 가는데 이 중 약 50~60%가 일본으로 가고 우리 국내에서 휴가를 보내는 군인들은 없다는 것이었습니다.

저는 첫 번째 문제를 해결하고자 우리 장교들과 이야기해본 결과 제가 생각하였듯 세 들어 사는 거주 환경과 비용의 문제였음을 확인하였습니다. 그래서 장교들과의 대화 시간에 다음 두 가지를 이야기해주며 자기를 초청해준 미군 장교와 업무 파트너들의 가정 초청을 강력히 권고하였습니다. 즉 **"국가 간의 동맹과 연합도 개개인의 친분 관계로부터 시작된다, 가난은 불편함이지 결코 부끄러움이 아니다,** 미군들도 우리의 봉급이 그들의 절반에도 훨씬 미치지 못함을 알고 있다, 그러므로 있는 그대로의 깔끔한 모습을 보여줄 때 그들은 더 기뻐하며 친근하게 다가올 것이다, 앞으로 미군 파트너를 가정에 초청할 때 사전에 부서장에게 보고하라 그러면 그 비용 전액을 부사령관이 지급해주겠다"라고 하였습니다. 그 후 한국군 장교들의 미군 장교 가정 초청이 활발히 시행되어 돈독한 인간관계 유지가 눈에 띄게 증진되었습니다. 제가 한미 장교 간의 인간관계에 관해서 각별히 신경을 쓴 것은 앞에서 말씀드린 바와 같이 연합과 동맹의 그 기본 바탕이 양국 장병들의 신뢰와 정, 즉 끈끈한 인간관계이기 때문이었습니다. 저는 골프를 치지 못할 뿐 아니라 정계나 재계 등 업무 외의 대민(對民) 관계에 전혀 관심이 없어, 오직 부대 울타리 내에서 제게 주어진 임무와 이끌어야 할 소속 대원 외에는 눈 돌릴 일이 없다보니 솔직하게 그 업무추진비를 딱히 다른 데 쓸데도 없었습니다. 저는 과거에도 항상 공식 행사 지원이나 격려비 외의 남는 액수는 전부 참모부 및 예하 대에 나누어 주었습니다.

두 번째 미군 장병들의 국내 휴가 유치는 단시일 내 쉽게 할 수 있는 문제가 아니었고, 지방 행정관서와도 긴밀히 협조하여야 할 사항이었습니다. 그래서 저는 우선 시작을 "위에서 아래로, 입에서 입으로" 전파되도록 하고자 하는 복안을 세우고, 주한 미 장군단 부인 전원을 연합사 근무 한국군 장군 부인들과 함께 제주도 관광을 시키도록 계획하였습니다. 그리고 이를 공론화한 결과 한국에 네 번째 근무하며 거의 10년 동안 한국에서 살았다는 부인을 포함하여 제주도에 가본 인원이 한 명도 없었다며 모두들 뛸 듯이 기뻐하였고 제주도에서도 도지사 및 관계 공무원들이 저의 취지를 충분히 이해하는 가운데 열의를 가지고 참여하였습니다. 한미 장군단 부인들의 제주도 관광 중에는 도지사가 특별히 1회의 만찬을 베풀어 한미 행사의 자리를 더욱더 빛내주었는데, 그 후 부인들은 만날 때마다 제주도의 추억을 이야기하였고 관사에 거주하는 영관 및 위관 장교 부인들에게 자랑하기 시작하였습니다. 그러나 제가 1년밖에 못하고 사령부를 떠난 후 중단되어 크게 확산되지는 못한 아쉬움이 남습니다.

사령부의 업무 파악이 대략 끝나감에 따라 저는 예하 부대 순시(순시 당시 각 부대별로 상호 토의되었던 세부 사항은 군사 비밀에 해당되므로 생략하겠습니다.)에 나섰습니다. 저는 제일 먼저 155마일 휴전선에서 유일하게 미군이 운용하는 GP와 판문점을 방문하였습니다. 그런데 제가 브리핑을 받으면서 궁금한 점들에 대하여 질문을 쏟아 내다보니 저를 수행하던 미군 판문점 대대장이 땀을 흘리며 "부사령관님께서 그렇게 많은 질문을 하실지 모르고 답변 준비를 못했습니다" 하기에 저는 웃으며 어깨를 두드려주었습니다. 끝으로 미 제2사단 사령부를 방문하였습니다. 2사단의 부대 마크는 인디언 머리(Indian Head)인데 사단 순시를 끝내고 떠날 때 사단장 우드(Wood) 장군은 인디언들의 토마호크(Tomahawk : 인디언들이 무기로 쓰는 던지는 손도끼)를 선물로 주면서 그것이 사단의 전통이라고 소개하였습니다. 이어서 저는 주한 미 17항공여단과 오산 공군 기지를 순시하면서 항공여단장의 업무 지식과 전술적 식견, 부대 장악 정도, 업무에 대한 자신감과 열정들에 매우 깊은 인상을 받았습니다. 항공여단장은 미 육사 최초의 여생도로서 대령이었는데 남편 또한 미 육사 1년 선배이며 당시 연합사에 준장으로 근무하고 있는 부부 군인이었습니다. 항공여단장은 후일 준장으로 진급되어 미 육사 출신 최초의 부부 장군으로 기록되기도 하였는데 그 부부의 진솔한 열정과 헌신이 늘 기억에 남습니다.

제가 미 제2사단을 방문한 지 약 두 달 후, 미 2사단장의 이·취임식이 있어 사령관 부부와 저의 부부는 사령관 헬기에 동승하여 동두천의 미 2사단장 이·취임식에 참석하였는데 이동 중에 서로의 결혼 이야기가 나왔습니다. 라포트와 부인 쥬디(Judy)는 뉴욕 북쪽의 로드아일랜드(Rhode Island) 출신으로 한동네에 살면서 초등학교부터 대학까지 같이 다녔는데, 쥬디가 좋아하던 남학생은 지금 그곳에서 개인 사업을 하고 있다고 하였습니다. 라포트 장군이 쥬디에게 "당신 나하고 결혼하였으니 장군 부인이지 그 남자하고 결혼했으면 사장 부인이 되었을 거다" 하고 농담을 하자 쥬디는 그 말을 받아서 "내가 그 남자하고 결혼했으면 그 남자가 장군이 되었고 당신이 지금 그 사장을 하고 있을 것"이라고 응수하는 바람에 한바탕 폭소가 터졌습니다. 이에 라포트 장군이 제 아내는 어떠냐고 물어서 저는 "쥬디의 이야기가 세계 모든 부인의 공통된 레퍼토리"라고 답하여 주었습니다.

이·취임식 진행 중 좋았던 날씨가 갑작스럽게 악화되기 시작하더니 앞사람이 희미하게 보일 만큼 짙은 안개가 끼었습니다. 그런데 라포트 장군이 대사관에서 중요한 회의가 있어 꼭 가야 한다기에 칵테일 중간에 나왔습니다. 당시 거의 비행 불가에 가까운 날씨였지만 혼자 가라고 할 수도 없어 헬기에 같이 탑승하였습니다. 사령관 헬기에는 전면에 커터(cutter, 전선에 걸렸을 때 전선을 자르는 일종의 가위 같은 것)가 부착되어 있지만 큰 위안이 되지는 못했습니다. 저는 월남에서 이런 기상에 몇 번 위험한 고비를 넘긴 경험이 있었지만 한국 육군 대장으로서 라포트 장군이 타는 헬기를 제가 못 타겠다고 하기에는 자존심이 허락하지 않았습니다.

헬기가 이륙하면서 헬기의 좌우측 측면 문을 열어놓고 라포트 장군은 우측으로 저는 좌측으로 고개를 내밀어 위험물과 방해물을 식별하면서 아주 흐릿하게 드문드문 불빛만 볼 수 있는 3번 도로를 따라 용산에 복귀하는 데 거의 30분 가까이 소요되었습니다. 통상 헬기로 서울-부산을 50분이면 갑니다. 라포트 장군과 저는 조종사들과 대화하며 헬기를 유도하느라 정신없을 때 쥬디와 아내가 편안한 얼굴로 자고 있는 것을 보고는 일말의 안도감과 기가 참을 느꼈습니다. 저는 1,000여 시간 가까이 전투 임무 비행 경험을 가지고 있었지만 아무튼 그날의 비행 추억은 특별한 기억으로 오래 남아 있습니다.

이로부터 얼마 후 저는 사령관 전용기인 C-12(쌍발 제트기) 편으로 5박 6일 간 일본 내에 있는 UN군 후방 기지와 주일 미 육·해·공군 부대 시찰에 이어서 오키나와의 미 해병 원정 군단을 샅샅이 돌아보면서 UN군 후방 기지의 현 실태와 능력, 주일 미군 및 미 해병 원정군의 능력과 제한 사항을 포함하여 전시 미군의 지원 능력과 UN 후방 기지의 전쟁 지속 보장 일수 및 능력 등을 자세히 파악하였는데 제가 질문을 너무 많이 해서 조금 미안감이 들었습니다. 이 무렵 일본은 잃어버린 20년의 기간이어서 도쿄 시내의 거리가 어두컴컴하였고 오키나와는 우리나라의 제주도에서 느껴지는 풍취를 비슷하게 느낄 수 있었습니다. 아마도 먼 옛적부터 제주도와 오키나와는 교류가 있었기 때문이 아닌가 합니다. 오키나와 방문에서 시간제한으로 도보 답사는 못하였지만 헬기편으로 태평양 전쟁 시의 오키나와 전투 전적지를 돌아볼 수 있었던 것이 특히 보람 있었습니다. 그 후에 급작스럽게 이임하게 됨에 따라 유황도(Iosima)에 들리려던 계획을 취소할 수밖에 없었던 것은 못내 아쉬웠습니다.

제가 귀국하자마자 라포트 장군이 경의선 및 동해안, 철도 및 도로 연결 지역 방문에 동행할 것을 제의하여 함께 동행, 그 지역의 6·25 당시 주요 전투 전례 및 공사 개요와 방어 계획에 대한 브리핑을 청취하고, 두 곳 모두 도보로 함께 군사분계선 팻말까지 나가 아군 철책을 되돌아보면서 아군의 방어 계획을 평가하였습니다. 아마 제가 알기로는 라포트 장군이 군사분계선까지 나가본 최초의 UN군 사령관이 아닐까 합니다. 이어서 우리 둘은 7사단을 방문하여 6·25 격전지를 돌아보면서 고지군 전투에 대한 견해를 나누면서 6월 하순이나 7월 초쯤 백선엽 장군님을 모시고 다부동에서 '전적지 답사 및 현지 전술 토의'를 갖자는 데 뜻을 모았습니다.

그 해 여름은 월드컵의 열기로 유난히 무더웠습니다. 특히 경기의 열기가 최고조에 달하던 무렵, 터키가 인천 문학산 경기장에서 한국인 심판이 자신들에게 불리하게 편파 판정을 함으로써 억울하게 패했다는 생각에 대한(對韓) 감정이 극도로 격앙되어 있었습니다. 그래서 저는 국방부에 다음 경기 때 경인 지역 군 장병들을 대거 참관시켜 터키를 조직적으로 응원할 것을 제의하였고 국방부에서는 이를 받아들여 우리 장병들이 열성적으로 터키를 응원하였는데 그날 마침 터키가 시합에서 승리하였습니다.

그러자 어느 터키의 일간지에서 이를 대서특필하였는데 그 제목은 "피는 물보다 진했다(Blood was thicker than water)"였습니다. 그 후 한동안 이스탄불의 몇몇 음식점 창문에 "한국인에게는 돈을 받지 않음"이라는 표찰이 나붙기도 하였다고 합니다. 그들은 역사를 배울 때 우리와 터키는 서로 공통의 조상을 가진 피를 나눈 형제(blood-split brother)라고 가르치고 있습니다. 그러나 많은 한국인은 마치 이를 터키가 6·25에 참전하여 피로 맺어진 동맹 관계를 의미하는 것으로 잘못 알고들 있습니다. 후일의 이야기이지만 제가 터키를 방문하였을 때 이 응원 문제로 더욱 더 따뜻한 우정을 나눌 기회를 가질 수 있었습니다.

미군들은 '오성(五星) 장군 행사'라고 하여 우리의 모범 장병 초청 행사와 같은 행사를 연 1회 하고 있습니다. 그해 6월, 2002년도 오성 장군 행사의 마지막 순서로 병사들과 신라호텔(? 로 기억)에서 오찬을 하고 있었는데 사령관 라포트 장군이 전화를 받더니 잠깐 이야기 좀 하자고 하였습니다. 밖으로 나와 이야기를 들어보니 미 2사단 공병대가 훈련 종료 후 부대 복귀 중 부교 가설 차량(Ribon Bridge : 부교 이름)에 여중생 두 명이 치어 사망했다는 것이었습니다. 그 해는 대통령 선거가 있는 해였습니다. 저도 자식을 잃어본 부모의 입장에서 이 어린 소녀들의 죽음은 비할 바 없이 가슴 아픈 불행한 비극이었지만 선거를 앞둔 시점에서 최악의 악재가 발생한 데 대하여 경악하지 않을 수 없었습니다.

당시 우리의 정치 현실로 보아 이 사건이 반미 운동의 정치적 사건으로 비화될 것은 명확하였습니다. 저는 라포트 장군과 상의 후 미 제2사단장 아너레이(Honouray) 장군에게 전화를 걸어, 즉시 공병대대장을 포함, 간부들로 조문단을 꾸리고, 사단장이 이를 직접 인솔하여 상가를 찾아가 조문 후 진솔한 사과를 하도록 하였습니다. 이에 사단장이 조문단을 이끌고 진정어린 조문과 사과를 하였을 뿐 아니라 사단 참모장교들로 조를 짜서 각 조별로 지속적으로 조문을 하도록 하는 한편 상가에 부사관 한두 명을 상주시켜 유족들이 필요로 하는 사항을 부대에 전달할 수 있도록 연락반을 배치하였다는 사단의 보고를 받았습니다.

리본 브리지란, 부교 건설 시 부교용 보트를 물에 넣으면 자동적으로 펼쳐지도록 되어 있는데 그 펼쳐진 보트의 모습이 리본 같이 보인다 하여 붙여진 이름입니다. 이를 싣고 다니는 운반 및 가설 장갑차는 차고가 높아 근거리의 전방 시야가 다소 제한되고 차폭이 넓은데다가 사고 지역은 폭 좁은 지방 도로로서 불행하게도 우로 굽은 곡선 구간이어서 사단 보고로는 운전병이 미처 소녀들을 보지 못한 상태에서 충격된 것이라 하였습니다. 아무리 미 2사단장 아너레이 장군이 진솔한 사죄와 조문을 거듭한다 하더라도 결코 두 여중생 부모들의 슬픔을 치유할 수는 없겠습니다. 그럼에도 부모들이 비극적인 자식들의 죽음을 정치적 문제로 끌고 가는 것을 원하지 않는 것으로 보인다는 미 2사단의 보고를 받고는 필요한 추가적 조치에 대하여 라포트 장군과 토의하고 있었습니다.

그러나 이 나라의 일부 극렬 좌파들이 그런 호기를 놓칠 리가 없어 전국적으로 반미 집회를 확산해 나갔는데, 심지어는 '운전병이 마약을 했다'거나 '장갑차로 여중생을 치어놓고 여러 차례 전·후진을 계속하여 시신을 짓이겨 놓고는 춤을 추었다'라는 식으로 조작된 터무니없는 선전 선동을 서슴지 않았습니다. 그 결과 저희의 모든 노력은 물거품처럼 허사로 돌아갔습니다. 이 시기에 저는 거의 한숨도 제대로 자지 못하였는데, 왜냐하면 그 당시 저의 고민은 국내의 반미 집회에 따른 반미 감정의 격화가 아니라 미국 내 전통적인 한국 지지층의 눈사태 같은 붕괴였습니다. 미국인들은 세계 각국에 인권과 자유가 보장된 자유민주주의를 수호하기 위하여 많은 희생과 경제적 손실을 감수하였음에도 불구하고, 그들의 보편적 자유와 인권의 가치에 의한 잣대가 부담스러웠던 일부의 나라들로부터 반미의 수모를 당해왔습니다.

그러나 우리나라는 잿더미에서 기적의 부활을 하였을 뿐 아니라 남북 대치의 특수 상황으로 비교적 반미 감정이 일부 계층에 국한되었으므로, 미국인들은 대한민국의 눈부신 발전을 그들의 희생에 대한 보상으로 여기고, 미국의 전 세계적 지원 및 희생과 헌신에 대한 '가치와 보람'의 상징으로 삼고 있었습니다. 그러므로 그들은 '한국' 자체를 그들 자긍심의 표상으로 마음속에 간직하고 있었는데, 그 한국인들로부터 부정당하고 매도당하였다는 자존심의 손상과 긍지심의 상실 및 배신감이 급속도로 워싱턴 정가와 6·25 참전 용사들 사이에 확산되어 반한감정의 기류가 점증하였습니다.

이러한 상황에 직면한 저는 "이것이 전체 한국인의 의사가 아니고 자유민주주의 국가에서 어느 나라든지 존재하는 또 다른 견해를 갖는 다른 한편의 의견과 감정임"을 알리는 데 모든 노력을 기울였습니다. 당시 정부는 이 상황에 대하여 나는 상관하지 않는다(吾不關焉)는 태도로 "공무원은 영혼이 없다는 명언과 함께 강 건너 불이 아닌 '바다 건너 타국의 산불' 보듯" 하였고, 국방부 또한 전혀 관심이 없어 보였습니다.

이러한 아수라장 속에서 어느 예술인 단체인가에서는 '태극기 꽂고(?)'라는 제목의 영화를 촬영하며 이를 상영한다고 하였는데 그 내용인즉, "연합사령관의 부인을 납치, 집단 강간하여 통쾌한 복수를 한다"라는 21세기의 문명국에서 제정신으로는 도저히 상상할 수조차 없는 짓들을 추진하고 있다는 이야기가 들렸습니다. 이에 저는 도저히 라포트 장군의 얼굴을 볼 수조차 없었으며, 제가 할 수 있는 모든 조치에 거의 미친 듯 매달렸는데 그 중 압권은 우리 국방부였습니다. 수차 국방부에 쫓아가 '촬영 중지 및 상영 불허' 요청을 협조해 줄 것을 강력히 요구하였음에도 불구하고 강 건너 불 보듯 듣는 등 마는 등 무반응이었는데 다행히 상영되지 않는 상태로 상황을 종결지을 수 있었습니다.

그런데 얼마 후 국방부 장관 이·취임식이 있었는데 그 리셉션에서 "남 장군, 그때 못 도와주어서 미안해"라는 말을 해서 저는 기가 막혀 말이 나오지 않았습니다. 제 임무는 한미 연합 작전 능력 제고를 위한 작전 훈련과 군 작전 관련 한미 간의 협조 및 전시 지상 작전 지휘 그리고 연합사에 편성된 한국군의 지휘 및 선임 장교의 임무 수행일 뿐, 국가적 차원에서의 한미동맹과 이를 위한 국가 정부 기관과의 협조 등은 온전히 국방부의 책임이며 제 임무 수행에 대한 감독 또한 국방부의 임무입니다. 그러나 제가 미친 듯 뛰어다닌 것이 마치 순전히 남재준 저 개인의 일인 것으로 생각하였는지 "그때 못 도와주어서 미안하다"라는 것이었습니다. 그런 와중에도 상황은 계속 걷잡을 수 없이 산불 번지듯 확산되었고, 저는 미국 내 친한파들의 붕괴를 필사적으로 저지하기 위하여 제 능력 범위 내에서 사력을 다하였습니다. 하지만 별다른 성과 없이 지쳐갈 즈음, 마지막 카드라는 심정으로 시중에서 먼저 거론되기 시작한 부시 대통령의 사과에 대하여 미국 측에 조심스럽게 언급하였습니다. 상식적이 아니라는 것은 저 자신도 잘 알지만 이에라도 매달리지 않을 수 없었기 때문입니다. 저는 이러한 시도가 어떠한 경로로 어떻게 전달되어 부시 대통령이 사과를 하게 되었는지 그 자세한 내막은 모릅니다. 그러나 아무튼 미 대통령이 사과문을 발표한 날 모처럼 맥주 한 캔을 마시고 일찍 잠자리에 들었었습니다.

그러나 그 다음 날 OO일보에 "뭐! 개인적으로 사과한다고?"라는 큼직한 기사 제목을 보는 순간 모든 노력이 수포로 돌아갔음을 절감할 수밖에 없었습니다. 그 신문은 미 대통령의 "privately apologize"라고 표현한 것을 꼬집은 것인데, 모르겠습니다. 그러한 사건에 미국이 대한민국에 사과하여야 하는 것인지, 아니면 미 대통령의 직함으로 사과하여야 하는 것인지를! 왜냐하면 제가 과거, 한국군의 군용 차량이 외국에서 교통사고를 낸 경우 우리 대통령이 개인적으로든 공식적으로든 사과를 했다는 이야기를 들어본 바가 없기 때문입니다.

그 후 군사 법정에 기소된 병사들에 대한 선고가 있었는데 형량이 너무 낮다는 것을 이유로 시위가 또다시 격화되었습니다. 여기서 가장 가슴 아렸던 것은 제가 현역 장군의 이름으로 미 단체나 개인에 편지를 계속 보내는 데는 한계가 있어서 예비역 선배들의 이름을 빌리려고 전화하면 처음에는 흔쾌히 허락하던 분들이 불과 한두 시간 뒤에는 예외 없이 다시 전화하여 자신의 이름은 빼달라고 하였습니다. 그런데 그분들의 입에서 들리는 이야기가 "남재준이가 정치적 감각이 없어서 재판을 선거 끝난 뒤로 미루지 못하고 선거에 앞서 선고를 하는 바보 같은 짓을 했다"라는 것이었습니다. 그러나 이는 미국의 군 사법제도에 대해 전혀 무지한 소리인데, 그렇게 나라의 명운을 걱정하시는 분들께서 왜 자신의 이름을 빌리는 사소한 것까지도 꺼려하셨는지 저는 이해하지 못합니다.

이에 저는 확산되고 있는 여론의 악화를 고심하던 중 국방부 출입 기자를 제 공관에 초청하여 간담회를 가졌습니다. 저는 사고가 난 부교 운반 장갑차의 구조와 사고 지점의 도로 조건, -여러 차례 도로 폭을 확장해달라는 지역 주민들의 청원이 있었던 곳임- 사고 당시의 상황, 사고 후, 미 2사단의 조문을 포함한 미군 측의 조치 등을 간략히 언급하면서 대단히 이상한 일이지만, 우리의 효순이, 미선이 사건 발생 3년 전 미 텍사스 포트 후드(Texas port Hood)의 3군단에서 효순이, 미선이 사건과 거의 유사한 백인 소녀 두 명의 사망 사건 사례를 설명하여 주었습니다. 이 운전병은 불구속 재판에 몇 개월 집행유예 처분을 받았는데 사고 자체는 과실치사이지만 교량 가설 장갑차의 자체 무게 때문에 운전병이 급작스러운 우발적 상황에서 급정거가 거의 불가능하다는 점이 고려되어 일정 부분 형량이 감경되었던 것으로 알고 있습니다. 그러나 이튿날 일어나보니 그 많은 조간신문을 눈 씻고 들여다보아도 그런 기사는 단 한 줄, 아니 한 자도 나오지 않았습니다.

7월 초 연합사는 백선엽 장군님을 모시고 다부동 지구 현지 전술 토의를 실시하였습니다. 백선엽 장군님은 제가 연합사 부사령관 부임 직후 바로 공관으로 모셨었는데 다부동 말씀을 드리자 흔쾌히 승낙해주시어 전술 토의 당일 장교들은 버스 편으로, 라포트 장군과 저는 백선엽 장군님을 모시고 헬기편으로 다부동으로 이동하여 전술 토의에 참가하였습니다. 현지 부대장의 지형 및 상황 설명에 이어 백선엽 장군님의 전투 상황 설명이 있었는데 어느덧 52년 전의 옛날로 돌아가 청년 백선엽이 되어 당시의 상황을 엊그제 일인 듯 생생하고도 결의에 찬 모습으로 설명하시던 장군님의 모습이 늘 제 머릿속을 맴돌고 있습니다. 장군님은 저를 볼 때마다 "남 장군 부친이 청백리였는데 당대에 청백리 아들이 나올 줄은 몰랐다"라면서 다독여주셨는데 이제는 장군님도 고인이 되셨습니다.

백선엽 장군님을 모시고 다부동 지구 전적지 답사 및 현지 전술 토의를 다녀온 직후 연합사는 미 국방성의 지침에 따라 작계5027 수정 작업에 착수하였습니다. 그런데 저는 럼스펠드 국방장관의 전략 개념에 전혀 동의하지 않습니다.

미 국방성의 작계5027 수정 지침을 제가 이해하기로는 한마디로 과거처럼 적의 재침 시 북진 통일로 완결시키는 것이 아니라 북괴군이 점령한 지역만을 탈환하여 침략 이전의 상태를 회복한다는 -우리 대한민국 입장에서는 도저히 받아들일 수 없는- 것이었습니다. 만일 우리의 한반도 작전 계획이 그렇게 변경된다면 북괴가 아무리 남침 공격을 감행하여도 원상회복만으로 상황을 종결짓게 되며 이럴 경우 승패에 관계없이 항상 김씨 세습 체제와 평양의 절대 안전이 보장됩니다. 그러므로 그들은 언제든지 필요 시 부담이 되는 전면전을 회피하고 제한된 공격을 실시하여 남한을 분할 점령하기 위한 조각내기 전술(Piece-meal tactics)을 상용할 것입니다. 그렇게 되면 우리는 전략적, 작전적 주도권을 완전히 상실한 채 패배 의식에 젖어 '연명의 시간'을 연장할 뿐 결국은 공산화를 피할 수 없을 것이며 이러한 전례는 이미 제2차 세계대전 직전 히틀러가 라인란트와 쥬데텐란트 및, 체코를 합병하는 순으로 사용한 바가 있었습니다.

따라서 저는 작계 수정을 위한 제1차 토의 시, 작전 개념 수정 개요 브리핑이 끝나자마자 라포트 장군의 동의를 얻어 먼저 발언할 기회를 가졌습니다. 왜냐하면 라포트 장군의 입장에서는 럼스펠드의 지침에 따를 수밖에 없을 것인데, 라포트 장군의 발언을 받아 이어서 제가 반론을 편다면 이는 지휘부의 분열과 한미의 이견으로 상호 충돌하는 모습의 노출이 불가피하기 때문에 사전에 저의 견해를 라포트 장군을 비롯한 미군 측에 알리고자 하였던 것입니다. 저는 일어나 다음과 같은 요지의 발언을 하였습니다.

"지금 현재의 우리 작전 계획(O-PLAN 5027)은 만일 적이 남침한다면, 아무런 제한 조건 없이 즉각적으로 적의 남침을 격퇴하고 신속하게 반격으로 전환하여 압록강-두만강 선을 확보함으로써 전 한반도를 통일하는 것이다. 우리는 지금으로부터 52년 전 북한 괴뢰군의 불법 남침으로 전 국토의 80% 가 불타버려 폐허가 되고 국군 전사자 13만 7,899명을 포함, 민간인 사망 37만여 명 등 160만 명의 인명 손실과 320만 명 이상의 이재민이 발생한 민족 최대의 재앙적 비극을 겪었다. 북괴군이 기습 남침해 왔을 때 우리 선배들은, 수류탄을 들고 적 탱크에 뛰어오르는가 하면 박격포탄을 적 탱크의 캐터필러(무한궤도) 안으로 밀어 넣는 등 "오직 내 조국 내 부모 형제를 지켜내고자 하는 일념"으로 피 흘리며 싸우다 죽어갔다.

이러한 선배들의 희생이 헛되지 않아 마침내 미국을 위시한 UN군이 결성되어 우리와 어깨를 나란히 하고 우리를 도와줌으로써 동강난 반쪽이나마 나라를 유지할 수 있었다. 그 과정에서 미군을 포함한 UN군 전사자 4만여 명, 부상 10만 4,000여 명, 포로 및 실종자 1만여 명의 손실이 있었다. 그중에서 특히 여기 앉아있는 여러분의 할아버지와 아버지들 3만 7,641명이 전사하였으며 9만 2,134명이 부상하였고, 이 외에도 4,439명의 포로 및 실종자가 있었으며 이들 미군과 함께 싸우다 전사한 우리 카투사 병사들이 7,174명이었다. 우리는 이들의 고귀한 희생을 영원히 기리기 위해 전쟁기념관 벽면에 그 거룩한 영웅들의 이름을 새겨놓고 들여다보면서 만일 북괴가 다시 남침한다면 기필코 남북통일을 완성함으로써 그 선배들의 못 이룬 꿈을 이루어 이들 영웅들의 희생이 헛되지 않도록 역사에 기록하고자 하는 결의를 마음속에 새겨왔다. 그리고 이것을 가능하게 하는 것이 바로 O-PLAN 5027이었다. 그래서 우리 한국군 장교들에게 O-PLAN 5027은 단순한 작전 계획이 아니라 우리의 목표이자 삶의 전부였던 것이다.

그런데 이제 적이 남침한다 해도 서울에 위협이 되는 개성 북방의 고지군까지를 확보하고 그 이후의 작전은 당시의 상황과 조건을 고려하여 재 판단후 차후 작전 여부를 결정하는 것이라면 도대체 이러한 계획이 우리에게 무슨 의미가 있는 것인가? 군인이 죽어야 될 때와 장소에서 죽을 수 없다면 그는 이미 군인이 아니다. 우리 한국군 장교들은 조국 대한민국이 요구하는 때와 장소에서 조국 통일을 위하여 기꺼이 죽어갈 결의가 되어 있으며, 그러므로 개성까지의 확보는 우리 한국군 단독만으로도 가능하다. 따라서 나는 작계5027의 수정 지침에 결코 동의할 수 없다. 왜냐하면 그 지침이 계획으로 구체화되어 실행되는 상황이 온다면, 그 결과는 한미방위조약과 한미동맹의 파기에 다름 아니기 때문이다. 이에 우리 한국군은 더 이상 이 논의에 참여할 가치와 필요성을 느끼지 못하므로 연합 검토 회의의 종료를 제안한다."

이후 이 계획은 작계5027의 수정이 아닌 별도의 우발 계획으로 검토되었고, 그래서 결국 작계5027을 지켜낼 수 있었습니다.

형님, 일교차가 심합니다. 아침저녁으로 따뜻하게 하시고 건강에 유념하시어 늘 건강과 행복과 기쁨이 충만한 가운데 평안하시기를 기원하면서 오늘은 이만 줄입니다.

* 추신 : 후일 제가 참모총장이 되었을 때 백 장군님으로부터 소장품을 기증받아 총장 접견실을 기념실로 꾸며 '백선엽 장군실'로 명명하였습니다.

동생 재준 올림

### 존경하며 자랑스러우신 형님께

그간도 두 내외분 모두 평안하셨는지요. 저는 건강을 완전히 회복하여 10여kg 훨씬 더 넘게 빠졌던 체중도 이젠 서서히 회복되어가고 아프기 이전처럼 건강하게 생활하고 있습니다.

두 여중생의 비극으로 촉발되었던 시련들의 시간이 끝나가면서 그 해 연말 선거도 끝났습니다. 이어서 며칠 안 되어 노무현 대통령 당선자의 연합사 방문이 있었는데, 연합사 측의 브리핑이 끝나자마자 당선자가 제일 먼저 한 질문은 사령관이 아닌 저에게 "전시 작전권을 미국이 가지고 있는 것이 맞느냐"라는 것이었습니다. 그래서 저는 다음과 같은 요지로 답변하였습니다.

첫째, 국가의 존망이 걸린 **국가 방위 문제는 국익에 기초하여 판단하여야지** 이념적 사고에 경도된 감정으로 평가하는 것은 말이 안 됨.

둘째, 미군이 사령관이라 하여 한국인의 자존심이 상하고 한국군 또한 미군에 종속된 미제 식민지 군대라고 하는데 그렇다면 유럽의 방위를 위하여 구성된 군사동맹체인 **NATO는 사령관이 미국군 장군이므로 이에 속한 모든 나라 즉 영국, 프랑스, 독일, 이탈리아 등의 서구 각국은 미국 식민지며 이들 군대는 미제 식민지의 군대인지?** 그리고 전시 증원되는 미 지상군 약 ○○여만 명은 한국군 장군인 내 지휘 하에 전투 임무를 수행하게 되는데 그렇다면 미 육군은 한국의 식민지 군대인지?

셋째, 현대전에 있어서 정보 획득과 제공권 및 제해권의 장악은 전승의 필수 요건임. 이를 바탕으로 지상전에서의 승리를 추구할 수 있는데, 현재 **우리의 국력과 정치적·경제적 여건을 고려할 때 과연 독자적으로 군의 수요를 충족시킬 수 있는 정보 자산과 공중 및 해상 전력을 확보할 수 있겠는지?**

넷째, **미 해·공군의 전략 자산들, B-52 및 B-1B 폭격기, 항공모함, 핵잠수함, 정보 및 전자기기들은 우리에게 운용 능력조차도 없는 것이 엄연한 현실**인데, 미국 측이 이를 우리 한국군의 지휘 하에 제한 없이 운용하도록 할 것인지?

다섯째, **전시 작전권이 미 측에 있다고 하는 말 자체가 틀린 이야기임. '전시 작전권의 한미 공동 행사'라고 하는 표현이 정확한 것임.** 왜냐하면 국가 통수 기구인 한미안보회의에서 한미 양국의 대통령들에 의하여 협의되고 동의된 전쟁 수행 및 정책 관련 지령을 하달하면 SCM(Security Consultative Meeting)에서 양국 장관들이 전략 지침을, MCM(Military Committee Meeting)에서는 한미 양국의 합참의장이 상호 합의에 의하여 전략 지시를 연합사령관에게 하달하고, 이에 따라 작전 수행은 연합사령관 지휘 아래 해·공군은 미군 장군이, 지상군은 한국군 장군이 사령관이 되어 작전을 시행함. 결론적

**으로, 한반도 전쟁 시 작전 지휘는 한미 양국의 국가 통수 기구 즉 양국 대통령의 합의 하에 수행되는, '미국 단독'이 아닌 '한미 양국의 공동 지휘'에 의하여 시행됨.**

저는 이렇게 전시 작전권에 대한 올바른 인식이 선행되어야 함을 주장했지만 시간의 제약으로 더 이상 상세하게 설명할 수는 없었습니다. 얼마나 이해하고 공감하였는지는 모르겠으나 '전시 작전권 전환' 문제는 제가 전역한 이후인 2005년 5월부터 수면 위로 부상하여 공식화하기 시작한 것으로 기억되는데 이것이 우연의 일치인지, 아니면 의도된 일정인지는 모르겠습니다.

선거도 끝났고 어느덧 연말이 되어 크리스마스에는 사령관이, 연말 송년 회식과 연초 윷놀이는 제가 각각 한미 참모장군단 부부를 공관에 초청하여 참으로 오랜만에 즐거운 시간을 가졌습니다. 특히 연말 회식 시에는 서울시립무용단에서 자원 봉사로 우리 전통 예술을 공연해주셨고 신년 행사에서는 윷놀이를 하면서 우리의 전통 명절인 '설 쇠기'를 소개하는 등 우리의 전통 문화를 소개하는 소중한 시간을 가졌습니다. 한미 장군 부인들이 제주도 여행 이후 무척 친밀한 관계가 되어 만나기만 하면 '동네 아줌마들의 수다'를 떨어 이날도 어떻게 하루가 지나가는지 몰랐습니다.

해가 바뀌어 2003년 독수리훈련이 개시되자 저는 바쁘게 움직여, 동해상의 미 핵 항공모함(니미츠호?)에 탑승하였습니다. 그런데 함재기 착륙 시에는 큰 충격만 느꼈지만 이륙 시에는 일시 의식이 상실되어 조종사에게 물어보니 자기들도 마찬가지여서 이륙 시에는 자동 조종 상태로 이륙한 후 수동 조종으로 바꾼다고 설명하였습니다. 저는 호기심이 많아 예정된 시간을 초과하여 항모에 머물면서 구석구석을 돌아보았고, 그 다음 날은 부산외항에 정박 중인 미 7함대의 지휘함 0000호를 방문한 후 서남해상에서 작전 중인 우리 해군의 세종대왕 함에 탑승하였습니다.

훈련이 끝날 무렵 저는 미 전략 자산인 AWACS 조기 경보기에 탑승하여 O시간의 정찰 비행에 참여하였고 이어서 공중 급유기에 탑승하여 제주도 남방 해상에서 훈련 중인 미 공군 전투기 편대에 공중 급유하는 것을 참관하였습니다. 그리고 훈련 종료 전날 미군의 침투 자산(상세 기술은 생략하겠습니다)을 견학 및 탑승하는 등 전시 한반도에 전개되는 B-52 및 B1-B를 제외한 거의 모든 전략 자산에 탑승하여 훈련을 참관하면서 이해의 폭을 넓혔습니다.

어느덧 독수리훈련이 끝나고 새 정부가 출범하여 군 인사 평이 나올 무렵, 차기 국방부 장관으로 신문지상에서 거론되었던 합참의장이 맥주 한 잔 하자고 부르기에 가보니 저를 합참의장으로 지명하겠으니 준비하고 있으라는 것이었습니다. 그런데 그 이틀 후 장관 지명자가 바뀌면서 청와대로부터 저를 육군 참모총장으로 임명할 것이라는 비공식적 통보를 받고는 고민 끝에 그 제의를 거절하였습니다. 왜냐하면 정부와 저의 지향 목표는 서울을 기점으로 하였을 때 신의주와 부산만큼이나 정반대이며, 성향으로 보아 당연히 극심한 충돌이 불가피할 것이기 때문에 연합사 부사령관 임기 2년 종료 후 전역할 것임을 정식으로 통보한 것입니다.

형님, 형수님 건강하게 지내십시오. 다음 주 또 서신 올리겠습니다.

동생 재준 올림

## 32. 육군 참모총장

### 존경하며 자랑스러운 형님께

봄이 오는가 하였더니 봄을 느낄 사이도 없이 벌써 여름인 듯 무덥습니다. 사람의 마음이란 참으로 간사한 것이어서 얼마 전까지만 해도 매서운 추위를 불평하며 빨리 여름이 왔으면 했지만 조금 덥다고 아직 여름이 다 오지도 않은 터에 벌써 가을이 그리워집니다.

제가 참모총장 취임을 아예 생각조차 하지 않았던 이유가 효순이,미선이 사건을 거치면서 알게 된 새로 들어서는 정부의 성격과 지향하는 방향이 제 소신과는 정반대여서 처음부터 충돌할 수밖에 없음이 분명하였기 때문입니다. 우리 옛말에 '모난 돌이 정 맞는다.'라는 속담이 있듯이 저도 막강한 권력의 희생양이 되고 싶은 생각은 솔직히 꿈에도 없었습니다. 그뿐 아니라, 효순이 미선이 사건으로 촉발된 우리나라의 반미 감정은 미 8군 정문에 경찰 중대 병력이 상주하는 상황이 되어버렸고, 미국 내의 반한 감정 역시 피부에 와 닿을 만큼 악화일로를 치닫고 있을 때 그나마 제가 연합사에 남아 있는 것이 내 조국을 위하는 마지막 충성의 길이라는 믿음도 있었습니다. 이러한 이유로 총장 제의를 거부한 것이었는데 정부 일각에서는 저에 대하여 항명 운운하는 반응을 보였습니다. 그래서 저는 사관학교 출신의 의무 복무연한은 10년임을 내세워 이를 일축하여 버렸습니다.

그런데 이 무렵 여러 후배가 저를 찾아 왔습니다. 이들이 주장하는 요지는 한마디로 **"현 상황에서 군과 정부의 충돌이 불가피한 것으로 보이는데, 지금 군을 대표해서 군의 목소리를 내며 군을 지켜줄 군인이 부사령관님 외에 누가 있다고 생각하십니까? 그런데 비겁하게 저희를 두고 혼자만 살자고 도망치시는 것이 여태껏 저희에게 보여주신 선배님의 본모습이었습니까?"**이었습니다. 이에 저는 하룻밤을 꼬박 새우며 고민한 끝에 저의 험난할 앞날을 각오하고 제 뜻을 거두어 참모총장 취임을 수락하였습니다.

그러나 취임식이 끝나자마자 이미 앞장 "누나를 위로하기 위하여"라는 제목에서 말씀드렸듯 장병 정신 교육 폐지 문제로부터 군수사령부 이전 사업 중단, 육대의 진해 이전, 이라크 파병, 정치권의 군 인사 간여 등으로 청와대와 충돌을 거듭한 결과, 급기야는 저의 금전 비리 내사로부터 쿠데타 모의설 관련 조사까지 당하는 상황이 되어 전역지원서를 제출하였으나 노 대통령의 반려로 총장 임무를 계속 수행하게 되었습니다.

그러나 그들은 이에서 그치지 않고 가일층 압박을 강화하였고 제가 계룡대 총장 공관의 반납요구와 정치권 및 청와대의 인사 청탁을 일축하자 진급 누락으로 인한 불만자의 투서를 빌미로 일부 국방부 검찰관들을 내세워 소위 '육군 장군 진급 인사 비리 의혹'으로 여론을 이끌어 갔습니다. 그러나 진실은 사필귀정(事必歸正)이어서 넉 달을 전국적으로 온통 떠들썩하게 하였던 사건이 태산명동 서일필(泰山鳴動鼠一匹)이 아닌 태산명동 조서일필(泰山鳴動造鼠一匹: 잡고보니 가짜로 만든 쥐 한 마리)이었습니다. 그런데 이러한 이유로 저는 참모총장 본연의 임무에는 전념해보지 못하고 오로지 청와대 및 국방부와의 격렬한 투쟁에 제 임기 간의 거의 모든 역량을 소진해야 했습니다. 그 결과, 육군 참모총장으로서 제 본연의 임무 중 국방부와 청와대의 승인을 얻어야 하는 사항들은 모두가 제 머릿속의 구상으로 끝났고 그나마 조그만 개혁 노력의 성과물조차도 좌파 정부의 정책에 순응하는 그 이후의 군 분위기 탓에 대부분 원점으로 회귀되었습니다. 이렇게 된 데 대하여 통한의 생각을 금할 수 없지만 이 또한 국운으로 하늘의 뜻이 있으리라고 스스로를 위로하고 있습니다.

육군 참모총장의 임무는 육군의 군정 분야를 총괄하며 군사력의 건설 및 관리로 싸워 이길 수 있는 필승의 전투력을 창출하고 이를 유지, 발전시키는 것입니다. 이를 위해서는 장차 예상되는 전쟁 양상에 기초한 교리의 정립과 발전, 이를 구현하기 위한 전투력의 설계, 즉 부대구조 및 편제를 결정하고, 이에 따른 인력(Man Power)의 양성 −모병과 교육 훈련, 인력 및 인사 관리, 사기 및 복지 증진과 단결, 군기 확립 도모, 정신 전력 강화 등−과 장비, 물자의 개발 및 소요 제기, 획득, 보급을 통한 장비 및 물자 전투 준비 태세유지, 전략적 전개 및 수송능력 확보 및 의무 후송 체계 확립 등으로 전투력의 지속 가능성을 보장하는 등의 임무를 수행합니다. 이와 함께 예비 전력의 전쟁 수행 능력 보장과 확충, 미래전에 적합한 미래 전력 건설에 대한 교리, 교육 훈련, 장비 및 물자 등 제 요소의 연구 발전 임무도 아울러 수행합니다. 저는 일단 참모총장직을 수락하자, 지나온 군 생활 기간 중 제가 느끼고 생각하며 꿈꿔왔던 수많은 과제를 요약 정리하여 『미래 육군 구상』을 발표하였는데 아쉽게도 제 역량의 부족과 정부와의 이념적 괴리 및 이에 따른 정책적 격차, 국방부의 견제 등으로 용두사미는 고사하고 한갓 발표만으로 끝났습니다. 따라서 저는 이에 대한 자괴감을 지울 수 없어, 제 전역 후 후배 장교들의 'Before 남재준', 'Post 남재준'이라는 평가에 커다란 부끄러움과 부담감을 느끼고 있습니다.

저의 '미래 육군 구상'은 제가 꿈꾸는 미래 육군의 모습으로 한마디로 요약하면 미래전의 성격을 **"다점 다정면 동시 공세적 기동전"**으로 상정하고 이에 적합하도록 육군의 건설 방향과 그 중점을 ① **무형 전력(soft power) 극대화** ② **현존 및 예비 전력 복합의 과학화된 군 구조** ③ **민군 복합의 연구 발전, 군수 장비 및 물자의 개발과 생산, 보급 및 지원 체계 구축** ④ **훈련 기법의 과학화를 통한 실전적 훈련 체제의 정립** 등에 두고 전투력 건설을 추진하는 것이었습니다.

이에 따라 제가 총장으로 부임 후 제일 먼저 착수한 것은 무형 전력의 극대화를 위한 장교단의 정신 전력 제고 노력이었습니다. 우리나라는 고조선으로부터 소위 삼국 시대라 일컬어지는 열국 시대와 고려조, 조선조를 거쳐 대한민국에 이르기까지 수천 년에 걸친 전쟁의 역사가 있음에도 불구하고 조선조 문종 때에 저작된 〈동국병감〉 외에 특별히 이렇다 할 체계적인 사료가 정리되어 있지 않을 뿐 아니라 한국적 군사 사상 또한 정립되어 있지 않은 상태입니다. 그러나 이에 대하여 총장이 일방적으로 정립한 논리를 강요해서 해결될 문제는 아니었기 때문에 장기적인 관점에서 그 주춧돌을 놓고자 연구 TF를 편성하였습니다.

그리고 이 책임자로 우리나라의 고대 전사 및 군제 연구 분야에 있어서 일인자인 윤일영 인사참모부장을 임명하여 '한국군의 군사 사상'과 '장교의 도'에 관한 기본 개념을 정립하고 이를 〈장교의 도〉라는 책자로 발간 배포하여 상급 지휘관의 정신 훈화 및 교육 기관의 교육 자료로 활용토록 하였습니다. 한편 안중근 의사의 '위국헌신 군인본분'을 본받아 **위국헌신**을 「**육군정신**」으로 정하였습니다. 그리고 「**장교단의 정신**」은 ① **전투적 사고의 견지** ② **도덕성의 확립** ③ **언행일치 하에 솔선수범 행동으로 명령**으로 제정하고 전 장교들의 실천을 촉구해 나갔습니다. 여기서 전투적 사고를 견지하라는 이야기는 군의 존재 의의가 전쟁에서의 승리에 있는 만큼 군의 모든 조직 편성과 장비 및 물자의 소요 제기는 물론 작전 계획과 훈련 등 일체를 실 전장 상황에 기초하여 조직하고 판단하며 관리 및 운용하여야 한다는 이야기입니다. 따라서 **"오늘밤이라도 전쟁이 난다면 나는, 내 부하들은, 내 부대는 즉각 전투에 투입될 수 있으며 성공적으로 임무를 수행할 수 있을 것인가?"**의 관점에서 사고하고 행동하라는 의미입니다.

이와 병행하여 **장교들의 질적 수준을 높이기 위한 노력**에 착수하였습니다. 현대는 급격한 변화의 시대입니다. 우리는 어떠한 변화를 채 인식하기도 전에 새로운 변화의 물결이 파도처럼 덮치는 급격한 변화의 시대에 살고 있으며 따라서 이러한 시대의 변화를 읽을 줄 모르는 집단은 마침내 도태될 수밖에 없습니다. 그러므로 특히 변화의 최첨단에 서서 시대를 헤쳐 나가며 나라를 지키고 국민의 생명과 재산을 지켜야 하는 군인들은 시대의 변화와 흐름에 가장 민감하여야 합니다. 따라서 군 장교들은 끊임없는 변화의 흐름을 읽어낼 수 있도록 지속적으로 공부해 나가지 않으면 안 됩니다.

그러나 우리나라의 풍토는 일반 국가 공무원들의 경우 사무관이나 서기관 재직 중 국비 외국 유학의 길이 폭넓게 개방되어 있는 데 비하여 군인들에게는 교수 요원이나 연구직 등 특수직위 외에는 외국 유학의 기회가 전혀 주어지지 않았습니다. 뿐만 아니라 국내 교육도 잦은 보직 이동으로 인하여 학업의 계속이 어려운 실정이었습니다. 그러나 **민간 집단이 무식하면 경제적 빈곤을 겪는 것으로 끝나지만 군 장교단이 무식하면 망국의 길을 걷게 됩니다.** 따라서 저는 이 문제를 해소하기 위하여 전임 총장이 시작한 학군 제휴

협정을 전국적으로 대폭 확대하여 어느 지역 어느 대학에서 학점을 이수하였다 하더라도 전출된 지역의 대학에서 그 학점을 인정받도록 협약을 맺었습니다. 예를 들어 부산에 근무하며 대학원 공부를 하던 장교가 춘천 지역으로 전출 갔다 하더라도 춘천대학에서 그 학점을 인정받을 수 있도록 함으로써 장교들의 학업 및 학위 취득 기회를 보장하였습니다(당시 미군 장교 소령급 이상의 67%가 석사학위 이상 소지자였던 데 반하여 우리 육군은 7%에도 미치지 못하고 있었으나 이제는 60%대 후반인 것으로 알고 있습니다.).

그러나 현실은 새 정부가 들어서면서 장교들의 신규 외국 유학 예산 거의 전액을 삭감함에 따라 이미 유학생으로 선발되어 있던 40여 명의 유학을 취소할 수밖에 없는 상황이 되자 저는 총장 지휘비로 이들을 유학시켰으며(이후 후임 총장들의 예산 확보 노력으로 이 제도는 계속 시행되고 있습니다.) 장교들의 국내 대학원 학위 취득을 촉진하기 위하여 육군 장학금 예산을 최대한 확보하고자 노력하였습니다. 아울러 초급 장교 시절부터 세계로 눈을 돌릴 수 있도록 하고자 총장의 지휘비로 사관생도 전원에게 동남아, 동북아, 중앙아시아 등에 우선을 두고 외국 여행의 기회를 부여하였습니다.

이 제도는 후에 육사 동창회에서 육사발전기금을 지원하여 학년별로 서구 및 미주 지역, 아시아 지역으로 구분 체계적으로 외국 견학 및 견문 여행 기회를 부여하고 있다고 들었습니다. 이와 동시에 육대 및 각 병과 학교에서 선발된 모범 교관들과 3사의 모범 생도들을 외국에 내보내 견문을 넓힐 수 있도록 하였는데 3사 생도들의 경우 인원이 많은 데다가 제 지휘비의 부족으로 일부만을 보낼 수밖에 없었던 것을 가슴 아프게 생각하고 있습니다. 일반적으로 나이 먹은 사람들은 배우러 가도 놀러 가는 것이지만 젊은이들은 놀러 가도 배우러 가는 것입니다. 그 후 이 소문을 들은 간호사관학교 생도들로부터 자기들도 이 계획에 포함해달라는 요청이 있었지만 간호사관학교는 제 관할이 아니고 국방부 장관의 소관이었으므로 제 권한 밖임을 이해시켰습니다.

또 한 가지 미군들은 장군으로 진급되면 미군이 주둔하고 있거나 전략적 이해관계가 밀접한 나라들을 순회하면서 그 나라의 군 수뇌, 정부 관료들이나 주둔 미군 고위 장교들과의 토의를 통하여 범세계적인 전략적 이해 기반을 축적토록 합니다. 이에 반하여 우리의 경우 그 당시만 하여도 장군으로 진급할 때까지 나라 밖으로 한 발자국도 나가보지 못한 장교가 태반이었습니다. 따라서 저는 총장의 지휘 예산 잔액 전부를 투자하여 국방대학원의 장군 진급반 교육 종료 후 열흘간의 휴가기간을 부여하고 조를 편성하여 일본과 구미 지역, 동남아 및 몽골 등지를 여행하면서 견문을 넓히도록 조치하였습니다.

이어서 저는 한국 육군의 비정상적인 초급 장교의 양성 구조를 조정하여 불필요한 장교 인력 양성으로 장교의 질적 저하와 예산 및 노력의 낭비를 방지하고 하급 제대의 지휘 체계를 강화함으로써 접적 전투력 발휘를 극대화할 수 있도록 **소대장의 계급 구조를 변경**하고자 하였습니다. 이는 현재와 같이 중·소위를 소대장으로 보직시키는 대신 대략 복무 7~8년 차 정도의 중·상사들을 소대장으로 5~8년 장기 보직시키는 것입니다. 과거에 제가 소대장을 하던 무렵만 해도 중대에서도 고졸은 몇 명 되지 않았으며 소대에는 문맹도 다수여서 '대졸'이라는 학력과 당시 사회 분위기에서 자연스럽게 용인되던 계급적 권위와 부사관 들의 전문성 -제 소대 선임하사도 6·25 참전 용사로 1952년 입대, 17년 차 복무 중인 중사-으로 병력 관리 및 병 훈련 지도를 거의 전담할 수 있었습니다. 그래서 소대장은 군 경력이 없음에도 불구하고 전술 지식만으로도 복무가 가능하였습니다.

그러나 현재의 실태는 소대장, 부소대장, 병사들의 연령, 학력, 군 복무 연한이 모두 대동소이할 뿐 아니라 신임 소대장인 경우 오히려 병사들의 군 복무 기간이 더 긴 현상이 발생할 경우가 있는데도 부소대장의 과거와 같은 보좌가 불가능하여 소대장들의 지휘 부담이 과다한 실정입니다. 그리고 지구상에서 1년에 소위를 5,000명 이상 임관시키는 나라는 병력 200만 명을 보유하였던 구소련 외에는 거의 없습니다. 그만큼 많은 인원의 모병 및 교육 훈련과 대량 보충 및 대량 전역에 따른 노력과 재원의 낭비는 물론이고 초임 장교들의 질적 수준 제고도 어려운 실정입니다.

그렇지만 7~8년 차 중·상사 계급의 부사관을 소대장으로 5~8년 정도 장기 보직시킨다면 이러한 모든 문제를 동시에 해결할 수 있습니다. 이제는 부사관들의 학력과 장교들의 학력이 거의 대등합니다. 그러므로 이들을 교육한다면 얼마든지 임무 수행이 가능합니다. 따라서 소대 지휘 및 관리는 상사 또는 중사 계급의 소대장이 -초임 중사 내지는 장기 복무 하사 계급의 부소대장의 보좌를 받아- 전담하고 장교들은 임관과 동시 중대 전술 장교로서 중대 교육 훈련과 전술 훈련 교관의 임무를 전담하다가 부중대장으로서 부대 관리 및 지휘 요령을 습득하며, 전시에는 이에 추가하여 필요시 TF장(중대장의 지시에 의하여 별도로 임시 편성된 임무 부대장. 예를 들어 중대 공격대 등)의 임무를 수행하도록 한다면, 초임 소위들의 임관 소요를 대략 1/4~1/5 정도로 감축할 수 있습니다.

장교들이 소위 시절부터 부담 없이 전술 및 교육 훈련과 중대 지휘 및 관리를 단계적이고도 체계적으로 배우고 익히도록 함으로써 장교 개인이나 부대 공히 전투력과 부대 관리의 질적 향상은 물론 부사관들의 위상도 크게 제고할 수 있습니다. 그러나 이러한 중대한 부대 구조 개편은 국방부의 승인이 필요할 뿐 아니라 일시에 시행할 수도 없었기 때문에 제가 총장 시절 일차적으로 육군훈련소와 각 사단 신병 교육대의 교육 기관에 한하여 시험 적용토록 하였습니다. 이후 그 성과를 보아 점진적으로 확대할 수 있도록 하였으며 아울러 부사관 단의 자긍심과 지위 향상을 통하여 부사관 단의 역할을 정립하는 데도 심혈을 기울였습니다.

이와 동시에 저는 여군들의 보병 병과 폐지를 추진하였습니다. 육군은

1990년대 초반까지는 모든 여자 군인을 여군 병과로 분류하여 별도의 여군단에 소속시켜 운용하고 있었습니다. 그러나 전쟁 양상의 변화에 따라 예를 들면 정보 및 전산 분야 등 여군들의 활동 범위가 확장되었고 또 여군들의 우수한 특성을 충분히 활용할 필요성에서 여군 병과를 해체하고 포병 및 기갑을 제외한 전투 및 기행 병과에 분산 배치하였습니다. 이 과정에서 여군 장교들의 진급 기회 보장을 위하여 일부 이의가 있었음에도 보병 병과도 개방하게 되었습니다.

그러나 여기에는 고려하지 않으면 안 될 상당히 심각한 문제점이 간과되고 있었습니다. 그 첫째는 육체적 제한 사항입니다. 미군은 기계화 보병 부대 위주로 편성되어 있으며 그들의 주전장인 유럽은 낮은 구릉지대이지만 우리는 일반 보병 부대 위주로 편성되어 있고 지형 조건 또한 70%가 산악 지형이어서 체력 조건이 중요한 요소가 됩니다. 전시에 병사들의 휴대 화기 및 탄약을 포함한 전투 하중은 평균 20~40kg(부대 및 임무에 따라 다소 상이) - 월남에서 제가 소대장 임무 수행 시 장기 작전의 경우 최대 40kg-에 이르렀습니다. 그런데 미 육군의 시험 수치 참고 시, 남자는 체형이 1자형이라 배낭의 무게가 허리에 미치는 단위 면적당 압력은 1 : 1로 동일하지만 여자의 경우 X자형으로 그 허리에 미치는 압력은 등짐 무게 압력의 1.2~1.5배가 됩니다. 따라서 같은 40kg을 휴대하는 경우 남자는 허리에 40kg의 하중을 받는 데 비하여 여자는 48~60kg의 하중을 받게 되므로 신체적 감당과 체력 소모에 상당한 무리수가 생기게 됩니다. 그리고 전시에 만일 전쟁터 일선에서 포로가 되는 경우 소말리아 전쟁 시 포로가 된 미 여군의 참상에 급격한 반전 여론으로 결국은 전쟁에 패배하다시피 황급히 손 뗀 사례처럼 무시하기 어려운 문제점도 있었습니다.

그러나 여군의 보병 병과 폐지는 자칫 여성단체에 의하여 정치 문제화될 수 있으므로 전체 여군 장교들의 의견을 수렴한 결과 행군이나 숙영 시 생리적 문제 때문에 훈련 전일부터 일체 물을 마시지 않아서 방광염 증세가 심화된 경우가 적지 않다는 이유 등으로 다수의 여군 장교가 그 폐지에 동의하여서 이를 근거로 하여 여군의 보병 병과를 폐지하고 희망 병과를 제출받아 전과시켜주었습니다.

저는 여군들이 그 치밀함과 규정 준수 자세 등의 장점을 최대 활용 가능토록 정보, 통신 전산, 관리 및 병참, 법무, 부관 분야 등에서 크게 활약할 것으로 기대하였습니다. 그런데 이 문제는 제가 전역 후 어떤 이유에서인지 다시 원상 복구되었다고 알고 있습니다. 그리고 이에 더하여 과거 견인 포병 시절에는 여군들의 포병 근무가 허용되지 않았으나 이제는 자주포병이라는 이유로 여군들의 포병 근무를 허용한다고 합니다. 그러나 미군들의 경우 자주포 사격 시의 폭압으로 입는 여군들의 신체 손상 위험이 남군에 비하여 무시하지 못할 만큼 크다는 보고가 있어 이를 연구 중에 있는 바 이러한 여성의 신체적 제약을 신중하게 고려함이 없이 성급하게 제도를 바꾸고 있는 데 대해 우려하지 않을 수 없습니다.

인사 분야에서 세 번째로 현재 미 육군의 복식과 비슷한 장교들의 정복 복제를 우리나라 고유의 복식과 색상을 참고하여 변경토록 하는 개선안을 추진하였으나 이는 장관의 반대로 무산되었습니다. 그러나 그 당시 저의 계획은 5년간의 신·구 정복 혼용 기간을 두어 장교들에게 10년에 한 벌씩 지급되는 신규 지급 정복을 신형으로 교체하여줄 경우 단 한 푼의 추가 예산도 필요하지 않았음에도, 이 당시 청와대와 호흡을 같이하던 국방부의 입장에서는 승인하여 줄 의사가 없었던 것 같았습니다.

**현존 및 예비 전력 복합의 군 인력 구조**로 나가기 위한 그 첫 단계로서는 우선 장교 인력의 효율적 관리와 예비역 인력의 최대 활용을 위하여 여태껏 현역 장교로 보직되어 있던 학군단 교관 요원을 포함하여 필수 현역 직위가 아닌 직위는 현역을 예비역 장교들로 대체시켜 제대군인들의 취업 기회를 확대하였습니다. 그리고 **군수 및 행정 지원 분야 등 예비역 장교 활용 가능 직위를 적극 발굴**하여 전·평시 일원화된 현역 및 예비역 복합 군구조의 기초를 닦고, 이 성과를 바탕으로 전시 전투 임무가 아닌 비전투 임무 분야 즉 전투 근무 지원 부서에는 보직에 따라 예비역이나 군무원 또는 국방 공무원 등의 민간 직위를 대폭 확대하여 전문성을 제고하고자 하였습니다. 동시에 전시 동원 소요를 최소화하고 평시 현존 전력을 극대화함으로써 전장 즉응 태세를 갖춤은 물론 직업 군인들의 취업 기회를 확대하여 장교 및 부사관들의 직업성 보장으로 **근무 의욕을 고취**할 수 있도록 추진하고자 하였습니다.

그리고 이를 뒷받침하고자 인사참모부의 '제대 군인 지원과'를 장군이 처장인 '제대 군인 지원처'로 확대, 증·개편하였습니다. 이로써 조국에 헌신한 직업 군인들의 여생을 국가가 보장해줄 수 있도록 하는 항구적 대책을 제도화하려는 노력을 기울였습니다. 저는 '잘사는 나라'를 선진국이라고 정의하기보다는 **'국민의 국가에 대한 헌신과 희생을 그 국가가 끝까지 기억해 주고 책임져 주는 나라'가 선진국**이라고 생각합니다.


**미래 군 구조 및 편성 분야**에서는 미래전 양상과 한국적 지형을 고려 시 육군 사단 구조를 다변화하여 **서부에는 기갑 사단, 중부에는 기계화 내지는 차량화 사단, 동부에는 경보병을 주축으로 한 산악 사단 위주로 편성**하는 방안을 검토하였고 군단 및 야전군 예비는 전차 및 기계화 여단과 차량화 보병 여단을 보유하는 외에 대전차 및 대공 방어 부대와 전자전 부대를 포함한 미래 전에 부응할 수 있는 **과학화 특수 임무 부대를 편성 운용**하는 것으로 구상하였습니다. 그리고 전략 기동 예비로는 산악 지형을 포함한 모든 지형에서의 기동 능력을 확보함으로써 단기 속전속결이 가능토록 하기 위하여 항공 여단과 특전사 O개 여단(전쟁 초기 수송 능력에 초과 보유된 여단 중의 일부를 차출)으로 항공기계화 여단과 공수 특전 및 공수 보병 여단으로 구성된 **항공기계화 군단을 편성 운용**하는 개념과 함께 이에 필요한 침투 자산의 확보 및 교리 발전을 하고자 하였습니다. 그러나 이 제안은 초기 단계부터 거부되었습니다.

미래 육군 구상을 기초로 하여 **군수 분야에서 제가 추진하고자 하였던 것은 민·군 복합의 소요 제기 및 생산과 지원 체제를 구축**하는 것이었습니다. 예를 들어 전투 차량이 아닌 일반 목적 차량의 경우 민과 군이 각각 별도의 설계, 별도의 생산 라인을 구축 운용하는 것보다는 처음부터 민군이 합동으로 소요를 제기하고 설계 단계에서는 민의 요구와 군의 요구를 상호 호환성 있게 설계함으로써 공통부분은 공통 설계로 공통 생산 라인에서 생산하고 군에 요구되는 특수 분야, 예를 들면 4륜구동 기어 등은 별도 설계하여 별도 생산 라인에서 생산, 각각 민수용 또는 군수용으로 조립한다면 인적 물적 노력과 예산 절감에 크게 기여할 수 있습니다. 또 전시에는 동원된 민수용 차량에 군소요 부품만을 추가 조립하여 군용 차량으로 전환함으로써 동원 비축 물자를 대폭 감소시킬 수 있고 비축 물자 저장 및 관리 예산도 절감할 수 있습니다. 이 경우 현재처럼 민용 차량 동원 시 산간 도로에 운용하지 못하는 제한 사항도 해소할 수 있습니다. 이외에도 필수 전투 장비가 아닌 일반 목적 장비나 일반 피복류, 전투 식량, 의무 물자 등 민·군 호환 가능한 많은 분야가 있습니다.

**민·군 복합 수송 및 정비 등 지원 체제**는, 예를 들어 말씀드리면 국방부도 수익사업이 가능토록(미군의 PX처럼) 법을 개정하여 **평시 예비역으로 군 수송 택배회사를 설립하여 지역별로 운용하며 지역 내 군수지원 임무를 포함한 군·민 수요를 충당하다가 전시에는 즉시 전시 임무 수행 체제로 전환**한다면 국방 예산의 상당 부분을 절약할 수 있습니다. 그뿐 아니라 동원 소요 최소화와 아울러 전쟁 초기부터 즉각적인 임무 수행이 가능할 것입니다.

이외에도 야전 병원이라든가 의무후송, 차량정비, 건설 분야 등 비전투 분야의 지원 임무들도 **예비역으로 구성된 예비역 부대를 편성 전·평시, 군·민**

**수요를 충당토록 함으로써 국방 예산의 절감은 물론 전·평시 일원화된 체제를 유지**하여 즉각적인 전투 근무 지원이 가능토록 할 수 있는 외에 직업군인들의 취업 보장 기회를 대폭 확충할 수 있었습니다. 그러나 이렇게 군·민 복합의 지원 체제를 갖춘다 하더라도 전시 접적 및 교전 지역에서의 민간 용역 운용 제한 사항과 평시 파업 등을 고려하여 긴급 소요에 충당할 수 있는 최소 소요는 평시 군이 현역으로 편성·보유하는 형태로 전투 근무 지원 분야는 최대한 민군 복합 개념을 적용하고자 하였습니다. 그러나 이러한 계획은 당시의 제 처지 때문에 문제 제기 수준에 그치고 말았습니다.

예비 전력 면에서는 예비군 교육 훈련 시 과학화 장비인 레이저 사격 장비를 도입, 연차적으로 전군에 확대할 수 있도록 예산에 반영하고 이에 대한 시범을 실시, 훈련 체계를 개선하였습니다. 그 결과 실전감 있는 훈련이 가능하여 예비군들의 자발적인 훈련 열의 제고가 가능하였고 호응도도 높아 훈련 성과도 높일 수 있었습니다. 이외에 국가급 예비 전력을 확보하기 위하여 제가 국방부 동원 계획 장교 시절에 구상하였던 모든 문제는 국방부 소관이어서 손조차 대지 못했습니다.

교리 분야는 **미래전 양상에 대한 지속적인 연구**와 더불어 제가 보병학교 교수부장 시절에 정립한 교리 및 훈련 체계를 기초로 하여 대대를 포함 지상 작전 교리를 지속적으로 정착시키는 데 주력하는 한편, 야전 부대들의 전술 훈련에 최대 참여하여 이를 평가 및 지도하고자 하였습니다. 또 을지연습 시에 도출된 문제들의 해소 방안을 토의하여 연습 종료 후 부서별로 각 분야별, 개인별 임무 카드로 작성 매년 최신화하는 한편 이를 교리 발전 소요로 제기하여 정책과 교리, 야전이 지속적으로 연계된 발전이 이뤄지도록 하였습니다.

이외에 육군연구발전위원회를 최대 활용하여 이들이 직접 업무 현장을 방문하여 실무자들과 토의하면서 문제점 및 개선 방안을 정리하면 이를 육본 회의에 회부하여 심층토의 후 각 참모부에 과제로 부여하여 조치하는 등 육본으로부터 말단 현장까지를 하나의 의사소통 체계로 연결하여 상하 부대 간 동시 변혁을 추구하였습니다.

총장의 현행 업무 분야는 앞에서 말씀드렸듯 관리, 인사, 군수, 부대 편성 및 현역 및 예비군 교육 훈련 등입니다. 통상 대령급 과장들이 총장에게 대면 보고를 하려면 상당한 시간과 노력을 들여서 열심히 준비합니다. 그런데 이를 총장이 얕은 지식으로 가벼이 듣는다는 것은 상급자의 자세가 아니어서 제게 생소한 과업에 대한 보고가 있을 경우, 특히 군수의 경우 그 보고서를 하루 전에 받아 육군연구발전위원장인 정중민 장군을 공관으로 초청하여 밤늦도록 설명을 들어가며 공부하였습니다. 이러한 결과 제 수요자 입장에서의 보편적 개념과 실무자들의 공급자 입장에서의 전문적 지식이 합리적 선에서 접합점을 찾음으로써 업무 수행의 효율성을 제고할 수 있었습니다.

특히 정 장군은 전국의 모든 부대를 샅샅이 뒤져가면서 군수 물자의 관리 유지에 따른 문제점을 현장에서 지적하여 시정토록 하는 한편 장교 교육을 병행하였고 육본에서 조치해 주어야 할 사항들을 발굴하여 예하 부대들이 당면한 문제점들을 해소할 수 있도록 적시적인 조언을 하여 주었습니다. 그 사례를 하나 들어보겠습니다. 논산 육군훈련소에서는 전경들이 훈련 수료 후 경찰로 복귀 시 착용하였던 전투복을 반납 받고 있지만 이 전투복들이 수료식 시 단 한 번만 착용한 신품임에도 규정이 잘못되어 재활용하지 않고 있었습니다. 그 결과 기마다 신규 피복을 신청 지급함으로써 예산 낭비는 물론 기간 중 쌓인 재고가 큰 창고 한 동의 물량이어서 관리의 어려움까지 있었습니다. 이런 실태를 발견하고 재활용 방안을 강구함으로써 예산과 관리 노력도 절약하는 성과를 거두는 등 모든 분야에 있어서 개선을 이루었습니다. 그 때문에 연구발전위원회가 군수 실무자들로부터는 심한 눈총을 받았지만 육군의 군수 혁신에는 크게 기여하였습니다.

한번은 제가 1군을 방문하였을 때 정수성 군사령관이 육본 근무 장교들 간에 육군연구발전위원회의 제 동기생들을 가리켜 육군에는 인사 총장, 군수 총장, 육군 총장 세 명이 있다는 이야기가 돌고 있다는 우려의 목소리를 전하였습니다. 그래서 저는 웃는 얼굴로 "절대로 그런 일은 없을 것이니 시간을 지나면서 주시해보고 평가해보아달라"라고 답하였습니다. 왜냐하면 제 동기생 모두 그런 류의 행동을 할 인품이 아닌 훌륭한 동기들임을 믿고 있었기 때문입니다. 이 문제는 제 예상대로 얼마 되지 않아 우려로 끝났고 헛소문은 자취를 감추었지만 육본의 참모장교들은 총장이 예하 부대의 실상을 속속들이 알고 있는 탓에 연구위원들의 활동에 상당한 심적 부담을 느꼈던 것은 사실인 것 같습니다.

여태까지는 제가 참모총장으로서 일상적으로 수행하였던 업무들에 대하여 말씀드렸고 지금부터는 몇 가지 기억에 남는 일들에 대하여 말씀드릴까 합니다. 제 총장 재임 기간 중 가장 기억에 남는 것은 이라크 파병 부대인 쟈이툰부대를 창설하여 파병 교육 후 이라크의 아르빌로 파병한 것입니다. 파병 준비의 첫 단계는 작업공정표(process diagram)와 같은 단계별, 일정별 추진 계획을 작성하고 이에 맞추어 파병 부대의 인원·장비 편성과 파병 교육 내용을 결정하는 것이었습니다. 이에 따라 육군에서는 특전사 병력을 차출하여 사단급 부대로 쟈이툰사단을 창설함과 동시에 특전사 교육대에서 파병 교육을 실시하였고 장비 및 물자와 주둔지 편성 준비를 착수하였습니다.

이 과정에서 모든 장비 및 물자들이 이라크 현지 환경에 적응 가능토록, 일부 필요한 전투 차량 및 수송 차량 등과 같은 장비들은 미군들의 장비와 그 경험을 토대로 개조하거나 보강하여 해결하였습니다. 또 현지에서 주둔지 편성 시 소요되는 컨테이너와 방호벽 및 대피호 등을 구축하기 위한 강판 등도 미군의 자재를 참고하여 현지에서 구매하였습니다. 기타 장비 및 물자는 최대한 군 자체 내에서 충당하되 부족 소요는 예산을 반영하여 추가 구매함으로써 최단 시간 내 파병 준비를 무난히 마무리 지어 교육 단계에서 장비 운용 방법을 숙달시킬 수 있었습니다.

자이툰부대의 현지 적응 교육을 위해서는 이라크 지역에 거주하였던 인원을 수배하여 임시 강사로 채용, 이라크 사람들과의 대면 시 유의하여야 할 관습과 예절 및 종교적 금기 사항 등 필요한 내용에 대하여 현지 적응 교육을 실시하였습니다. 그리고 대민 지원 활동을 위한 준비와 교육에도 세세한 주의를 기울임으로써 파병 준비에 만전을 기하였습니다. 이러한 모든 과정은 계획 단계로부터 추진 과정 및 사업 종결 후의 성과 분석까지 관련된 자료를 종합하여 책자로 발간함으로써 차후 외국 파병의 참고가 되도록 하였습니다.

그러나 앞에서 말씀드린 바와 같이 제가 군 간부들의 전투 경험을 위하여 이라크 파병의 필요성을 역설하였을 때는 머릿속으로는 모슬 지역이나 키르쿠크 등 비교적 상황은 안정되어 있더라도 교전 경험을 쌓을 수 있는 지역을 그리고 있었습니다. 하지만 파병 지역을 결정하고 일단 파병된 부대를 지휘하는 것은 합참의 권한이며 제게는 결정권이 없어 아르빌로 파병되는 것을 지켜볼 수밖에 없었습니다. 이와 관련하여 제가 바그다드에 있는 미 중부사에 방문 시 미군 장교들의 항의 내지는 원망에 가까운 불평을 들었던 것은 이미 말씀드린 바 있습니다. 저는 누구의 의지와 누구의 결정으로 자이툰부대가 가장 안전 지역으로 판단되어 군의 주둔이 필요치 않은 아르빌로 가게 되었는지는 모르지만 아무튼 자이툰부대는 그 긴 파병 기간 중 단 한 번의 교전도 치르지 않았습니다.

저는 이라크 파병을 위한 파병 교육의 완료와 동시에 파병 행사를 마친 후 자이툰부대의 지휘권을 합참에 인계하였고 부대는 계획된 대로 아르빌로 전개하여 사전 계약된 업체의 협조를 받아 주둔 준비를 완료하고 정상적인 일과에 돌입하였습니다. 그 즈음 자이툰부대 주둔지의 임무 환경과 구축 실태를 파악하고 추가적으로 필요한 지원 소요를 파악하고자 아르빌에 방문하였으며 그 자세한 내용은 이미 말씀드린 바 있습니다.

2003년 10월에는 1999년부터 격년제로 개최되어 3회째가 되는 태평양지역 육군참모총장회의(PACC-3)가 우리나라에서 열리게 되어 9월부터는 이에 육본의 역량을 집중하였습니다. 그 당시 PACC-3회의에는 22개국이 참가 의사를 밝혀와 이들의 숙소 준비와 세미나 주제의 선정 및 진행 계획, 안내 및 통역 장교의 준비, 1 대 1 양국 간 회의 및 다자간 회의 준비 등으로 바쁜 나날들을 보냈습니다. 사전 치밀한 계획과 실무 장교들의 헌신과 열성으로 회의는 대단히 성공적으로 치러졌고 이어진 방산 전시회까지 각국 총장들의 적극적인 호응을 이끌어내며 아주 성황리에 마무리되었습니다.

기간 중 저는 22개국의 참모총장들 모두와 1 대 1 대화와 다자간 회의를 주재하다보니 밥 먹을 틈도 없이 바쁘게 지났지만 많은 것을 듣고 배울 수 있었습니다. 모든 회의가 종료되고 마지막 날 한강 유람선에 탑승하였는데 이때 미 육군참모총장 슈메이커 장군이 미국으로 돌아가면 저를 초청하겠으니 꼭 미국에 와 주기 바란다고 이야기하였습니다. 그런데 제가 초청해주는 것은 감사하지만 미국에 갈 생각은 없다고 이야기하니 놀란 눈으로 그 이유를 물어서 나는 골초인데 미국에 가면 군 부대의 대부분이 금연 지역이라서 안 가려 한다고 했습니다. 그러자 그는 폭소를 터트리면서 "총장님이 제한 없이 흡연하실 수 있도록 조치하겠으니 꼭 와 주십시오"라고 하여 서로 쳐다보고 한참을 웃으며 우정을 다지는 시간을 가졌습니다.

총장 재임 기간 중 저를 부부 동반으로 공식 초청한 국가는 총 13개국이었는데 이중 우리나라와의 동맹 및 군사 협력 관계와 지정학적 이해관계, 제 일정 등을 고려하여 미국을 1그룹으로 하고 몽골, 사우디, 스페인, 터키 등을 2그룹, 베트남, 말레이시아, 태국을 3그룹으로 묶어 방문하는 것으로 계획하여 일정을 협의하였고, 브라질 등 방문하지 못하는 나라들에는 정중히 양해를 구하였습니다.

그 해 연말에 저는 1차로 미국을 방문하였습니다(기간 중 토의되었던 주제들은 모두 현행 작계5027 시행 간 예상되는 문제점과 취약점 등 대부분 현재에도 유효한 비밀 사항이므로 전부 기술을 생략하겠습니다.). 저는 뉴욕에 도착하자마자 헬기편으로 미 육사로 가서 웨스트포인트의 생도 교육 전반에 대한 브리핑을 받고 토의 시간을 가진 후 미 육사에 유학 중인 우리 육사 생도들을 격려해주고는 뉴욕공항에 대기하고 있던 전용기로 워싱턴으로 향하였습니다. 워싱턴에 도착하여 안내하는 호텔의 방에 들어가 보니 "흡연할 수 있습니다(Smoking is allowed)"라는 표지가 붙어 있었습니다. 그래서 마침 안내차 들어온 지배인에게 호텔 내에서는 금연이 아니냐고 물어보니 펜타곤과 흡연하는 조건으로 계약을 맺었다고 하였습니다. 그 이후 펜타곤을 포함하여 제가 방문하는 모든 부대와 저를 위한 전용기에서까지 모두 흡연이 가능토록 해주어서 사소한 농담까지도 그 약속을 지키는 데 깊은 인상을 받았습니다. 그렇지만 그렇다고 해서 제가 아무 장소에서나 흡연을 한 것은 아닙니다.

그 다음 날 국방성에 들어가 육군 장관과 총장을 예방한 후 이라크전에 대한 토의 시간을 가졌습니다. 토의는, 미군 측에서 준비된 이라크전에 대한 군사 및 작전 전략으로부터 전반적인 작전과 전투 상황 및 그 경과를 설명하면서 주요 국면을 검토해본 후 이라크 참전 대대장과 연대장, 사단장들이 나와 당시의 전투 상황과 지휘 조치 및 교훈에 대하여 발표하는 순으로 진행되었습니다. 그 순서가 끝난 후 참모총장이 간결하게 결론을 요약하면서 저의 평가를 요구하였습니다.

저는 평가에 앞서 군사 작전 종료와 동시에 민사 작전으로 전환하기 위한 작전 단계화 계획 및 이에 따른 단계별 구체적인 민사 작전 계획이 있었는지 질문하면서 이에 대한 브리핑을 요구하였습니다. 저의 이어진 질문에 미군 측은 여러 가지 답변과 설명을 하였음에도 불구하고 이는 어디까지나 군사 작전에 치중한 것이어서 저는 질문을 중단하고 제 관점에서 의견을 제시하였습니다.

"먼저 오늘 이 시간에 내가 이야기하는 바는 대한민국 육군 참모총장으로서 미군의 전략과 작전을 평가하는 것이 아니라 잠시 연합사 부사령관으로 돌아가 연합참모단의 작전 평가 회의에서 연합군 부사령관이라는 입장으로 이야기함을 분명히 하고자 한다'라고 전제하면서 "전쟁의 목적은 단순한 군사적 승리에 있는 것이 아니라 상대가 나의 의지를 받아들이도록 강제함으로써 국가 목표를 달성하는 데 있다. 따라서 군사적 승리가 곧 전쟁의 승리는 아니며, 최종적으로 전쟁을 통한 국가 목표가 달성되었을 때 전쟁에서 승리한 것이다. 내가 정확히는 모르겠으나 내 판단으로 볼 때 이라크전쟁을 통하여 달성하고자 하는 미국의 국가 목표는 사담 후세인의 제거가 아니라 '지속 가능한 친미 이라크 정부의 수립'이라고 생각한다. 후세인의 제거는 그 과정일 뿐이다. 이런 내 판단이 맞는다면 어떻게 하여야 지속 가능한 친미 이라크 정부를 세울 수 있느냐의 문제인데 그것은 두 말할 필요조차 없이 이라크 국민들의 민심을 확고히 장악하는 것이다. 그렇다면 군사 작전은 민사 작전의 전제 조건일 뿐 그것이 궁극적인 목표일 수는 없다. 그런데 민사 작전은 사람으로 하는 것이지 군사력으로 하는 것이 아니다. 나는 미군의 이라크 작전 전반에 걸쳐서 그동안 깊은 관심을 가지고 면밀히 들여다보아 왔으며 미군들의 작전에 깊은 인상을 받았다. 그럼에도 불구하고 나는 미군들이 군사적 승리가 확실시되어가는 순간 작전 중점이 군사 작전으로부터 민사 작전으로 신속히 전환되지 않는다는 사실에 의아함을 금할 수 없었다. 이러한 관점에서 나의 사견이지만 전임 신세키 장군의 50만 병력 투입 주장에 나는 동의한다. 먼저 제공권을 장악하고 공군의 지원을 받는 특전 부대와 기갑 부대 위주의 적 중심 타격에 의한 신속한 작전 종결은 장차 군사작전의 전거(典據 : 규칙이나 법칙으로 삼는 근거, criteria)가 될 만한 눈부신 성공이었다. 그러나 이것으로 전쟁에 승리한 것은 아니다. 그러므로 늦었지만 지금부터라도 민사 작전에 전력을 경주하여 이라크의 각 종파와 부족을 아우르는 국민 다수의 지지를 확보할 수 있도록 하는 데 모든 노력을 집중하여야 할 것으로 생각된다."

이러한 발언 결과 이틀 간의 국방성 방문 기간에 더욱 더 많은 것을 보고 느끼며 현안을 깊이 토의할 수 있는 소중한 기회를 가졌습니다. 그리고 예하 부대 방문 시에도 가는 곳마다 나의 언행에 대하여 지대한 관심과 예민한 반응을 나타냈지만 그보다는 토의를 통하여 현안 문제에 대한 발전적 대안을 모색해봄은 물론 상호 이해와 신뢰를 증진하는 값진 성과를 거둘 수 있었습니다.

한국전 참전비와 알링턴 국립묘지 참배를 끝으로 워싱턴 방문을 끝내고 버지니아주의 포트 먼로(Fort Monroe)에 있는 미 육군 교리 및 훈련 사령부(TRADOC : 우리의 교육사령부)를 방문하여 미 육군의 교리 발전 방향과 전투 발전 체계 및 교육 훈련 발전 전반에 걸친 심도 깊은 토의를 가졌습니다. 이어서 야간에 텍사스 포트 후드(Texas Fort Hood)의 미 제3군단으로 이동하였습니다. 이튿날 기상하자마자 저는 바로 군단급 BCTP(전투 지휘 훈련)에 참가하였고 이어서 훈련 주제의 일환으로 한반도 전시 증원에 대한 약식 워게임을 단계별로 구분 진행하면서 깊이 있는 토의 시간을 가졌습니다.

그 다음 날에는 캘리포니아주 모하비 사막에 있는 포트 어윈(Fort Irwin)의 국가훈련센터(NTC : National Training Center, 3100㎢)로 날아가 이라크 파병 부대의 파병 훈련을 처음부터 따라다니며 우리 군의 파병 교육과 비교하면서 매 단계별 현장 토의를 했습니다. 토의 간 미군 측에서는 시종일관 깊은 관심을 가지고 제 의견을 경청하면서 많은 질문을 쏟아내서 오히려 주객이 전도된 것이 아닌가 하는 생각까지 들 정도였습니다.

토의가 끝나고는 헬기로 훈련장 한 바퀴를 전부 돌아보았는데, 훈련 장소가 없어 부대 내에서 주행 연습만하여 소위 장롱면허에 비유되는 전차 조종

기량을 면치 못하고 있는 우리 현실과 비교되어 실 사격을 하면서 공지 합동 전투를 할 수 있는 환경이 너무도 부러웠습니다. 이 일이 계기가 되어 제가 후에 몽골에 들렀을 때 몽골과, 러시아의 극동군 관구 사령관과는 연해주 지역에 각각 우리 탱크 1개 대대를 가져다 놓고 병력들만 순환 훈련하는 방안을 토의한 일이 있었습니다. 이때 몽골과 러시아 측 모두 긍정적 반응이었음에도 불구하고 국내 사정으로 성사되지 못하였습니다.

그날 오후 저는 전용기로 시애틀로 향하는 길에 그랜드캐니언 협곡을 저공으로 날아가면서 관광 아닌 관광을 하였지만 하늘에서 조감하는 협곡의 모습도 장관이었습니다. 이윽고 저는 미국 여정의 마지막 방문지인 워싱턴주 포트 루이스(Fort Lewis)의 미 제1군단을 방문하였습니다. 미 1군단은 전시 우리나라에 투입되는 군단으로서 스트라이커 여단으로 편성되어 있습니다. 저는 스트라이커 장갑차를 조종하면서 기동 시범하는 대형을 따라 다녔는데 그 큰 차체에 비하여 조종 장치는 아주 예민하였습니다. 여기에서는 전시 작전 계획5027에 따른 부대 투입 및 전개에 대한 상세한 부분까지 장시간의 토의 시간을 가졌습니다.

저의 미국 방문 계획을 알게 된 라포트 장군이 가능한 최대한의 부대를 방문토록 미 육군성에 건의한 결과 5박 6일 내내 주간 부대 방문 및 순시와 토의, 전용기로 이동, 만찬 등으로 그 짧은 기간 동안 뉴욕으로부터 동해안을 따라, 텍사스와 캘리포니아를 거쳐 태평양 연안을 따라 시애틀까지 이동함으로써 미국을 일주한 모양새가 되었습니다. 그러나 덕분에 관광이라고는 그랜드캐니언의 상공을 전용기로 저공비행하면서 내려다본 공중 관광이 전부였고, 아내는 가는 곳마다 군 가족 캠프와 복지 시설을 돌아다닌 탓에 저보다는 미군의 복지 제도를 더 깊이 알게 되었습니다.

그중에서 기억에 남는 것은 라포트 장군이 무슨 생각을 했는지 제가 승마를 잘한다고 이야기해서 "군단 기마대의 승마 훈련에 참가할 수 있도록 준비가 되었다"라는 3군단장 말에 어쩔 수 없이 훈련에 참가하였습니다. 그래도 생도 때 조금 타본 덕에 다행히 망신을 당하지는 않았습니다. 그 다음에 몽골과 스페인, 사우디, 터키 등을, 끝으로 방문한 베트남의 이야기는 이미 앞에서 말씀드렸으며 이어서 태국과 말레시아를 거치면서 한국인의 끈질기고 지칠 줄 모르는 생활력과 발전을 위한 집념, 열정 등을 깊은 감명과 더불어 가슴에 새겼습니다. 그러면서 지금 비록 일시적으로 암담하다 하더라도 길게 볼 때 머지않아 빛나는 태양으로 다시 떠오를 내 조국 대한민국의 앞날을 그려보는 희망을 갖게 되었습니다.

형님, 이제 저는 제 기억에 남는 에피소드 한 토막을 말씀드리는 것으로 제 길고 긴 군 생활의 이야기를 끝내려 합니다. 저는 40년에 걸친 군 생활 동안, 부대 간 전속 기간 중의 2~3일 휴가를 제외한 정기휴가를 한 번도 가보지 못하였습니다. 그래서인지 2004년 8월경 머잖아 전역을 눈앞에 둔 시점에서 그동안 가족에게 아무것도 해주지 못하였다는 생각을 떠올렸습니다. 그간 저는 오만하게도 "군인은 조국에 복무하는 것이고 군인의 아내는 남편에게 복무하는 것이다"라는 말도 안 되는 생각으로 평생을 살아왔습니다. 그러나 뒤늦게 그것이 아니고 군인의 아내도 한 남자의 아내가 되어 화목한 가정을 꾸려가며 행복하게 살기 위하여 개인의 자유 의지로 결혼하였음을 깨달았을 때는 이미 되돌릴 수가 없었습니다.

지나온 과거는 어쩔 수 없었지만 그래도 남은 기간 나도 가장으로서 아내에게, 자식들에게 무엇인가 하나를 해주고 싶었습니다. 그래서 곰곰이 생각하다가 함께 갈 수는 없지만 아내가 아이들 데리고 3박 4일 정도 휴양을 할수 있도록 해줄 것을 생각해내고는 부관을 불러 담당 장교에게 휴양소를 예약하도록 하였습니다. 그러나 잠시 후 부관이 들어와서는- 저는 가족만의 이용도 가능하였던 것으로 기억하고 있었는데, 총장님 부임 이후 규정이 바뀌어 본인이 가지 않고 가족만 가는 것은 휴양소 이용이 안 된다는 것이었습니다(휴양소 관리 규정은 인사참모부장 전결).

할 말이 없어진 제가 인사참모부장을 호출하자 중령 실무자를 대동하고 제 방으로 들어왔는데, 그 실무자는 "휴양 시설 등 군 복지 시설들의 혜택이 고르게 돌아갈 수 있도록 하기 위하여 군 복지 시설 사용 실태를 점검해보니 수용 능력이 소요에 턱없이 부족한 현실에서, 휴양 시설 이용이 현역 및 예비역의 장군 등 고급 장교들에게 편중되고 있었습니다. 뿐만 아니라 이들이 이용한 시설의 70% 가량이 당사자들이 아닌 제3자들의 이용이었습니다. 말하자면 군 휴양시설의 상당수가 개인 별장처럼 사적으로 사용되었다는 이야기입니다. 그래서 이러한 폐단을 근절토록 본인이 가족을 동반하지 않을 경우에는 휴양소 사용을 하지 못하도록 규정을 수정하였고 예약도 공평을 기하기 위하여 전산 예약으로 제도를 수정하였습니다. 그러므로 총장님께서도 휴가를 가시지 않는 한 군 휴양소 이용은 하실 수 없습니다"라고 설명했습니다. 할 말이 없어진 저는 감정을 가라앉히고 **"조 중령! 내가 자네의 참모총장이라는 것이 정말로 자랑스럽다"**라고 말할 수밖에 없었습니다.

제 임기 말이 되어 후임 선정에 관한 최초 장관의 복안에 저는 결코 동의할 수 없었습니다. 왜냐하면 당시의 상황은 누가 와서 총장을 잘할 수 있느냐의 문제가 아니라 얼마나 자기희생을 감수하고라도 육군과 대한민국을 지켜낼 수 있는가의 절박한 상황이었기 때문입니다. 그러나 이에 대한 상세한 이야기는 훗날로 미루겠으며, 다만 저는 후임 참모총장에게 **"내 뒤를 이어 후임 참모총장 두 명만 더 전역지원서를 낼 수 있다면 육군과 우리 조국 대한민국을 지킬 수 있을 것이다"**라는 말로 참모총장의 인계를 마치고 이·취임식장으로 향했습니다. 이렇게 어느덧 시련만의 연속이었던 2년의 세월이 흘러가고 2005년 4월 7일 총장 이임 및 전역식을 끝으로, 생도 생활로부터 만40년에 걸친 군 복무를 마감하면서 무거운 짐을 내려놓고, 그 멀고도 험한 길을 돌고 돌아 비로소 제 가족의 곁으로 돌아올 수 있었습니다.

형님과 형수님의 건안하심을 기원 드립니다. 건강하게 지내십시오.

동생 재준 올림

* 후기 : 제가 전역한 후, 이 복지 규정을 시행하는 과정에서 다수의 불만이 제기되어 본인이 동행하지 않아도 직계 가족의 경우는 군 휴양 시설 이용이 가능한 것으로 수정되었다 합니다.

### 존경하며 자랑스러운 형님께

그간도 평안하셨는지요. 저는 문재인 좌파 정부 시절, 가석방 심사를 거부하고 있었습니다. 그러나 이제 정부가 바뀌어 제가 가석방에 동의함에 따라 내일 이곳에서 출소하게 되었습니다. 그러므로 이 편지는 제가 여기서 형님께 보내는 마지막 편지입니다. 밤늦게 앉아 제 소지품을 정리하면서 막상 이곳을 떠나려 하니, 70을 훨씬 넘은 제 나이에 4년 6개월이란 결코 짧지 않은 세월을 보내고 이제 겨우 가족 곁으로 돌아간다는 감회가 서렸습니다.

저의 가석방이 결정되자 어느 한 교도관은 진정어린 목소리로 "조금 더 모시고 싶었는데 나가신다니 섭섭합니다"라고 하고는 이내 자기 말의 실수를 깨닫고 미안해하였습니다. 하지만 저는 웃으며 고생 많았다고 격려해주었는데 사람 사이에서 우러나는 정이란 이런 것인가 봅니다. 제가 여기에서 있었던 날들이 결코 헛된 세월은 아니었습니다. 왜냐하면 바쁘게만 정신없이 살아왔던 제 삶을 모처럼 되돌아보며 저 자신의 내면을 깊이 관조할 수 있어서 이 시간이 아주 값지고 소중한 시간이었음에 새삼 저 자신이 자랑스러웠습니다.

그중에서도 특히 "인간다운 삶이란 사랑하면서 사는 것"이며 따라서 사랑할 줄 알아야만 비로소 사람다운 사람일 수 있음을 깨달은 것은 제 필생의 큰 수확이었습니다. 그래서 모든 인류의 큰 스승이며 성인이신 부처님은 "자비심을 가져라"라고 하셨고, 예수님은 "원수를 사랑하라", 그리고 공자님은 "어짊을 베풀라"라고 가르치신 것이라고 나름 생각해 보았습니다. 앞에서 말씀드렸습니다만, 1976년부터 지금까지 46년을 기독교인이 성경을 읽듯이 이순신 장군의 〈난중일기〉를 읽어 오고 있으면서도 이해하지 못하였던 장군님의 애끓는 가족 사랑이 바로 나라 사랑이고 겨레 사랑이며 나아가 인류 사랑이었고 이를 실천하는 것이 홍익인간(弘益人間)이었음을 이제야 비로소 알게 된 것입니다.

모든 인간이 하나같이 추구하는 것은 '성공과 행복'입니다. 그러나 이는 타고난 조건과 처한 환경보다는 인간관계에 의하여 결정되며 이 인간관계는 그 사람의 인내와 노력의 결과입니다. 자기의 탐욕과 이기심, 자만심 짜증스러운 감정 등을 인내로 억누르면서 함께 사는 주변 사람들을, 나보다는 너를, 너보다는 우리를 사랑하고 이해하며, 내일을 위하여 서로가 서로를 북돋아 부추겨 안으면서 사는 삶이 성공과 행복의 본질입니다. "인간이란 사회적 모둠 생활을 하는 역사성 있는 동물이다"라는 인간의 정의에서 사회적도, 모둠 생활도, 역사성도 모두 인내의 결과입니다. 인내란 인간을 인간답게 하는 근본이고, 인내는 사랑의 실천 방법입니다.

그러므로 단군 성조가 가르치신 홍익인간의 이상을 실현하는 것이 그렇게 멀리 있는 것은 아닙니다. 그것은 먼저 자신을 사랑하는 것 -즉 인내하는 것-으로부터 시작하여 가족을 사랑하고 내가 속한 사회를 사랑하며 나라를 사랑하는 것, 그래서 힘 있고 정의로운 조국이 되어 인류 사회에 봉사하는 것이라는 확신이 생겼습니다. 이것이 제가 앞으로 실천해나가면서 살아야 할 제 인생의 새로운 지표입니다.

내일 나가는 대로 누님께 들렀다가 형님께 인사드린 후 바로 아버님, 어머님을 찾아가 이 못난 자식의 불효함을 빌려 합니다. 형님과 형수님, 부디 건강하게 지내십시오. 이 편지는 3~4일 후 배달될 것이므로 제가 먼저 형님을 뵙게 되겠지만 잠이 안 와 써놓은 편지라 그대로 발송합니다.

동생 재준 올림.

## 33. 전역사

　금일 이 행사를 주관해주신 국방장관님! 이 자리에 참석해주신 합참의장님, 해·공군 참모총장님, 한·미 연합사령관 레온 라포트(Leon J. Laporte) 장군님, 백선엽 장군님을 비롯한 역대 육군 참모총장님들과 선·후배 장교 및 내외 귀빈 여러분! 감사합니다. 그리고 이 행사를 위하여 수고하는 육군군악대와 의장대, 기수단, 예포대 및 경비연대 장병들에게도 깊은 감사를 드립니다.

　아울러 기간 중 본인을 성심으로 보좌해 준 참모차장 홍갑식 장군과 육본 참모단, 문운규 원사를 비롯한 부사관단, 예하 부대 지휘관 및 참모 장교들, 그리고 지금 이 시간에도 비무장지대와 철책에서, 해·강안에서, 격오지에서, 전·후방 각지의 훈련장에서, 열사의 나라 이라크 및 아프가니스탄에서 주어진 임무에 헌신하고 있는 모든 장병에게 뜨거운 격려와 감사의 마음을 보냅니다.

### 친애하는 육군 장병과 군무원 및 예비군 여러분!

무릇 인간으로 이루어진 모든 집단은 -국가에 이르기까지- 본능적으로 생존과 번영, 그리고 자유와 평화를 추구합니다. 그러나 우리는 지나온 역사에서, '번영이 없는 생존'은 비참하나 '생존이 없는 번영'은 근본적으로 존재할 수 없으며, 자유는 거저 주어지는 것이 아니고 평화는 스스로 지켜지는 것이 아니라 생존을 위한 투쟁의 과정에서 피와 땀과 눈물로 쟁취하고 지켜나가는 것임을 배워왔습니다.

그러므로 우리는 이 자유민주주의와 시장경제 체제가 살아 숨 쉬고 능력에 따라 도전하며 노력에 따라 성취할 수 있는 자랑스러운 자유 조국 대한민국의 오늘을 위하여 6·25전쟁 중 목숨 바쳐 숨져간, 후송 후 사망자 포함 16만 4,988명의 국군 전몰 장병과 3만 7,641명의 미군을 비롯한 4만여 UN군 전몰 장병들이 흘린 피와, 번영된 조국을 위하여 우리 할아버지와 할머니, 아버지와 어머니들이 흘린 땀과 눈물을 결코 잊어서는 안 됩니다. 강한 힘으로 이 소중한 가치들을 지켜나가고 계승 발전시킴으로써 더욱더 번영된 조국을 만들어 후손들에게 물려주는 것이, 그것이 바로 오늘 우리가 해야 할 일들입니다.

### 육군 장교단, 부사관 및 군무원 여러분!

오늘 우리는 당면한 변화를 채 인식하기도 전에 새로운 변화가 시작되는 놀라운 변화의 시대를 살아가고 있습니다. 만일 우리가 이러한 변화에 능동적으로 적응하며 앞서가지 못한다면, 자멸이 있을 뿐입니다. 따라서 이러한 변화에 맞게, 먼저 우리 간부들의 '의식 선진화' 노력이 지속적으로 경주되어야 합니다. 이를 위하여 장병들에 대한 교육 투자를 대폭 확대하고, 조국에 대한 헌신과 봉사의 건전한 가치관을 정착시키며, 직업 군인들의 안정된 복무 여건 조성을 위한 제대 군인 취업 지원 보장 노력과 더불어 경영 마인드의 확산으로 효율적인 국방 자원 운용의 풍토를 가꾸어가야 하겠습니다.

그리고 미래의 전쟁은 그 추이로 보아 인간 중심 전투의 중요성이 더욱 증대될 것이고, 군의 역할 또한 종래의 전투 위주로부터 광범위한 비군사적 영역으로 확대될 것이므로, 고도의 전문성 보장과 더불어 인간을 이해하는 바탕에서 인간 중심의 리더십을 발휘할 수 있도록 노력하여야 합니다. 아울러 미래 국방 환경에 부응할 수 있는 전력 증강과 전투 준비 태세 향상 노력 및 실전적 교육 훈련을 통하여, 오늘 밤이라도 전쟁이 난다면 싸워서 이길 태세를 갖추어야 합니다. 인간이 땅을 딛고 사는 한, 전쟁에서의 궁극적인 승리와 전쟁의 종결, 그리고 전후와 분쟁의 관리는 변함없는 지상군의 역할이며, 일찍이 역사상에서 힘없는 나라가 위대한 조국과 찬란한 문명을 이룩한 예는 없었습니다. 그러므로 여러분의 복무에 조국의 미래가 달려있습니다.

### 친애하는 병사 여러분! 여러분은 젊은이들입니다.

젊은이들에게는 돌아볼 과거가 없습니다. 오직 미래가 있을 뿐입니다. 그러나 꿈이 없는 미래는 진정한 미래가 아닙니다. 그러므로 여러분은 꿈을, 조국을 위한 꿈, 여러분의 부모, 형제, 자매에 대한 꿈, 자신과 후손을 위한 꿈을 가져야 합니다. 꿈을 이루기 위하여 미래를 열고 가는 길에는 무수한 시련과 난관이 있을 것입니다. 그러나 시련에 용기로 맞서 도전하고 이를 극복하는 자만이 꿈을 이룰 수 있으며, 이들이야말로 진정한 젊은이들입니다. 이러한 용기의 실체는 다름 아닌 '인내'입니다. 여러분은 지금 군 복무를 통하여, 조국을 지키는 동시에 여러분의 미래를 위하여 '인내'를 배우고 있습니다. "아무리 '하고 싶다' 하더라도 해서 안 될 일은 분명히 인내하며 하지 않는 용기를", 그리고 "아무리 하기 싫다 하더라도 해야 할 일은 인내하며 하고야마는" 진정한 용기를 여러분은 군 생활을 통하여 체득해 나가고 있는 것입니다. 군대는 이렇듯 어린 아이가 들어와서 어른이 되어 나가는, '인내'를 배우는 인생의 학교입니다. 여러분들은 젊은이들로, 조국의 미래는 여러분의 것입니다. 본인은 여러분의 밝은 미소와 초롱초롱한 눈망울에서, 희망찬 조국의 미래를 보고 있습니다.

### 친애하는 예비군 여러분!

우리나라는 예로부터 병농 일치(兵農一致) 사상에 입각한 예비 전력 중심의 국가 방위 사상과 국방 체제 하에서 5,000년의 오랜 역사를 이어왔습니다. 이는 열강으로 둘러싸인 작은 나라가 스스로를 지킬 수 있었던 최선의 방책이었으며, 이러한 국방 환경은 미래에도 변함이 없을 것입니다. 따라서 여러분의 조국애와 전투력이야말로 우리나라를 지키는 힘의 근간입니다. 우리 조국이 '동해물과 백두산이 마르고 닳도록' 길이 이 땅에서 후손을 번창시키면서 번영하도록 해야 할 사명이 바로 여러분의 어깨 위에 놓여있습니다. 이 자리를 빌려 여러분의 노고에 감사하면서, 일하면서 싸우고 싸우며 일하는 예비군 여러분의 무궁한 건승을 기원합니다.

### 친애하는 육군 장병, 군무원 및 예비군 여러분!

오늘의 행사는 본인이 군인으로서 참석하는 마지막 의식입니다. 40년간의 군 생활을 마감하면서 김장수 장군에게 육군의 지휘권을 인계할 수 있게 된 것은 본인의 행운일 뿐 아니라 육군의 행복입니다. 앞으로 김 장군이 지휘하는 육군에 무한한 영광이 있기를 진심으로 기원하면서, 오랜 세월 동안 조국에 봉사할 수 있는 기회를 준 사랑하는 내 조국 대한민국과 참모총장으로 임명해주시고 기간 중 변함없는 신뢰를 보내주신 대통령님께 충심으로 감사드립니다.

그리고 오늘의 본인이 있도록 길러주신 부모님과 내조해 준 아내와 두 딸, 자상하게 가르쳐주시고 지도해주신 역대 참모총장님을 비롯한 선배님들, 우정과 도움을 아끼지 않은 동료들, 충심으로 따라준 부하 장병들 모두에게 감사드리며, 다시 한 번 이 식전을 주관해주신 장관님과 이 자리를 빛내주신 내외 귀빈 여러분께 거듭 감사드립니다. 안녕히 계십시오.

## * 추기

생도 시절, 외출 외박을 나가려면 태릉에서 시외버스를 타고 청량리까지 나가 시내버스로 갈아타야만 하였다. 그러다 보니 항상 사관학교 2초소 밖 태릉 버스 정류장은 생도들로 만원이었다. 오랜 기다림 끝에 마침내 버스가 도착하면 버스 앞으로 줄 서는 생도들을 발 디딜 틈도 없을 만큼 버스 안으로 밀어 넣은 후 출입문을 손바닥으로 치며 "오라이(All Right : 출발)"를 외치던 버스 차장의 말은 항상 "사람은 하나도 없네!"였다. 왜냐하면 군인들의 차비는 50% 할인이었기 때문이었다. 나는 버스 차장의 그 말을 들을 때마다 조금쯤 미안한 마음이고는 하였는데 이제 40년이란 오랜 세월의 여정 끝에서야 나도 겨우 50% 할인의 신분에서 온전한 사람으로 돌아올 수 있었다.

# 글을 마치며

전역식이 끝난 후 육본 정문에 대기시켜 놓았던 자가 차량으로 옮겨 타고 운전대를 잡았다. 귀경길에 공주 근처의 금강변에서 나의 전역과 동시에 사표를 내고 따라나선 동기생 육군개혁위원장 정중민 장군과 관리 분과위원 백종렬 장군, 중고등 학교 시절부터 죽마고우였던 친구 민광기, 장정동, 박규랑과 동기생 홍성화 등 전역식에 참석하였던 친지들과 함께 조촐한 점심 식사를 하였다. 이후 서울로 올라와 아내가 얻어놓은 문정동 집에 도착하였을 때는 오랜 여행 끝에 마침내 집에 돌아온 방랑객 같은 심정이었다. 사복으로 갈아입은 내 첫마디는 "밥 안 먹을 거야. 내가 일어날 때까지 깨우지 마"라는 부탁이었다. 마음 같아서는 사단 참모 때와 같이 24시간 푹 자볼 생각이었다. 그러나 눈 뜨고 일어나 보니 겨우 새벽 다섯 시였다.

나의 제2의 인생은 이렇게 시작되었다. 나는 공부를 다시 시작했다. 그동안은 바쁘다는 핑계로 수박 겉핥기식의 단편적 지식만을 쌓아온 것을 이제는 체계적으로 깊이 있게 연구하고 싶었다. 뜻이 맞는 동료들끼리 주 1회 남한산성 등산을 시작했다. 여름이 지나고는 한 번도 해보지 못했던 여행도 가보기로 했다. 그래서 정중민 장군 부부 등과 함께 익산을 시작으로 전주, 남원, 담양, 목포, 낙안, 해남을 돌아보고 그 다음 여정에서는 여수, 순천을 거쳐 진주, 진해, 부산, 포항, 영해, 안동 등 남도를 돌아다녔는데 피란길에 거쳤던 여수와 남해도를 지나면서는 -아득히 멀게도, 그러나 어제인 듯 가깝게도 느껴지는- 일곱 살의 어린 시절로 돌아가 있었다. 남도행이 끝나자 내 발길은 나의 젊었던 시절의 자취를 밟고 있었다. 임관 후 첫 임지였던 일동으로부터 동송, 와수리, 마현리, 사방거리, 속초, 간성을 지나면서는 병사들과 함께 걷고 뛰며 산을 오르내리는 나의 옛 그림자를 보았다. 그 시절이 그리웠으나 결코 돌아갈 수는 없었다.

전역한 그 다음 해인 2006년, 충남대 평화안보대학원에서 강의 요청이 들어왔다. "가르치는 것은 배우는 것이다." 다행히 박사학위가 있어 나는 대학원의 석·박사 과정에서 전쟁사, 국제관계학과 리더십 등의 강좌를 맡았다. 보수는 차량 연료비에도 턱없이 부족하였으나 학생들을 가르치기 위해서는 공부하지 않을 수 없었고 나 자신을 위해서도 혼신의 노력을 기울였다. 2007년도에는 원광대학교 초빙교수가 되어 충남대 강의 후 1박한 다음 익산으로 내려가 군사학과에서 세계 전쟁사 및 한국 전쟁사를 가르치다가 2010년에는 서경대학으로 옮겼다. 이 기간 중 육군대학 연·대대장반에서 리더십을 강의하는 한편 우리나라의 국방대학원을 비롯하여 타이완 지상군사령부와 국방대학원, 몽골의 국방대학원 등의 초청을 받아 강의하고 군부대를 돌아볼 기회를 가졌다.

국정원장을 물러나 충남대와 서경대의 석좌교수직에 재직하다가 2016년 사직하기까지를 헤아려 보니 강단에 선 세월이 어언 10년이었다. 이 기간 전 여정을 학교에 갈 때는 내가, 그리고 올 때는 아내가 운전하면서 지나온 세월 못다 한 이야기와 미처 나누지 못한 정과 사랑을 나누며 보낸 시간은 참으로 행복한 순간들이었다.

2007년, 대통령 선거를 앞둔 박근혜 대표 측으로부터 연락이 왔다. 두세 번 연락이 거듭되자 박정희 대통령에 대한 존경심과 우리나라 지도자들이 국제 정세 및 국가 전략에 대하여 비교적 무관심하거나 소홀하다는 생각이 들어 박 대표를 만나 보았다. 나는 선거나 정치는 모른다. 그래서 당에는 입당하지 않고 개인 자격으로 매월 한 번씩 만나서 국가 정세 및 동북아 전략과 이에 기초한 우리의 국가 안보 정책에 대하여 발표 및 토의하는 공부 모임을 가졌다. 내가 전역 후 대학 강의를 하고 있던 몇몇 장군과 정기적인 모임을 갖고 서로 자료를 공유하면서 시사성 있는 주제를 선정하여 토의하는 시간을 갖고는 하였는데, 이 모임에 박근혜 대표를 초청한 것이다.

경선이 끝나고 이명박 후보 측에서 와달라는 요청이 있었지만 나는 개인 자격의 가정교사라는 생각으로 이를 거절하고 다음 선거 때까지 박 대표와의 월례 모임을 계속하였다. 선거가 끝난 후 마지막 만나는 자리에서 5년 반에 걸친 봉사의 대가로 한마디 하겠다는 전제 하에 "대통령이 되거든 **첫째, 역사를 바로 잡아줄 것, 왜냐하면 역사는 민족의 혼이므로, 둘째는 교육을 바로 잡아줄 것, 왜냐하면 교육은 우리의 미래이므로, 셋째는 법치를 확립해줄 것, 왜냐하면 법치 확립은 우리의 오늘이므로!**"라고 말하고는 자리에서 일어섰다. 지난 5년 반에 걸친 공부 모임 결과를 되돌아 회상해 볼 때 박 대표가 얼마나 우리의 견해를 받아들였는지 알 길은 없다. 하지만 내가 퇴직 후 중공의 소위 전승절 행사에 참석한 것으로 보아 그의 중국에 대한 편향적 시각을 교정해주지 못한 것만은 확실한 것 같다.

그 후 두 달이 지난 어느 날 저녁, 느닷없이 박근혜 대통령으로부터의 전화를 받았다. "국정원장으로 내정하였다"라고. 생각하고 답변할 시간적 여유도 없이 전화는 끊겼다. 국정원장으로 재직 중 해온 일들은 내 생전에 –남북통일 이후에– 쓰려 하며, 반드시 그렇게 될 것이라고 나는 확신한다. 그래서 여기에서는 교수 시절에 내가 무엇을 그려가며 무슨 생각을 하고 어떤 이야기들을 하였는지, 국정원에서는 내가 무엇을 하고자 하였으며 무엇을 남겨주려고 노력했는지를 이 책의 부록에 첨부하는 것으로 그간의 이야기를 대신하였다.

문재인 정권이 들어서고 내가 적폐로 신문지상에 오르내리자 나를 걱정하는 많은 사람이 외국으로 나갈 것을 권유하였고 미국에 있는 지인들도 미국으로 건너오도록 연락이 왔다. 그러나 나는 거부했다. 왜냐하면 나와 동고동락을 함께해오던 내 부하 직원들이 있는 구치소가 바로 내가 있어야 할 지휘 위치였으므로……

이것이 내 부모님이 나를 이 세상에 낳아 주신 후 내가 첫 발걸음을 떼기 시작한 이래 한평생 걸어온 나의 이야기이다. 이 글을 끝내기 전에 마지막으로 내 조상의 숨결이 서리고 내 조상의 뼈가 묻혔으며, 나 또한 울고 웃으며 걷다가 묻혀야 할 이 땅과, 얼마 후 남겨놓고 떠나야 할 내 자식들과 손자 손녀들, 그리고 이 땅에서 면면히 숨 쉬며 영원히 그 삶을 이어갈 내 후손들과 그 모든 이의 -우리 어머니 조국 대한민국이 동해물과 백두산이 마르고 닳도록 이 땅에서 영원히 번창할 것과, 그리고 지금 비록 감성에 함몰되어 이성을 상실했음에도 불구하고 언젠가 반드시 바른길을 되찾아 영광된 조국의 역사를 함께 엮어갈 이 시대의 자랑스러운 내 모든 이웃이 건강하고 행복하기를 간절히 빌면서 이 글을 마친다.

# 부록

1. 생도들에게(육군사관학교, 2009년 12월 4일)

2. 장군의 도(국대원 안보과정 대상, 2008년 1월 16일)

3. 몽골 국방대학원 초빙 강연(2009년 9월 3일)

4. 타이완 국방대학원 / 지상군 사령부 초빙 강연(2011년 8월 9일)

5. 국정원장(2014년 5월 21일)

6. 어느 70대의 회고(한국국토정보공사, 2015년 10월 6일)

# 1. 생도들에게(육군사관학교, 2009년 12월 4일)

생도 여러분, 오늘 이러한 대화 시간을 갖게 되어 대단히 기쁜 마음입니다. 몇 년 전 본인이 전역을 앞두고 육사를 고별 방문하였을 때, 생도들과의 대화가 끝나갈 무렵 한 생도가 이렇게 질문했던 기억이 납니다.

"총장님께서는 언제부터, 왜 군인이 되고자 하셨습니까?"

그때 나는 이렇게 답변하였습니다.

"솔직히 나도 잘 모른다. 왜냐하면 내가 나 자신을 처음으로 의식했던 바로 그 순간에도 나는 군인이고자 했었고 군인이 좋았을 뿐이었다."

20대 이전에 나에게 꿈이 있었다면 육군사관학교를 나와 이 나라의 육군 장교가 되는 것이었습니다. 그러나 이제와 생각해보면 그것은 한갓 꿈을 이루는 길고 긴 여정의 시작에 불과할 따름이었습니다. 그때는 본인도 여러분과 같은 20대의 젊은이였습니다. 본인이 생각해볼 때 이 세상에서 '젊음'이라는 낱말만큼 가슴 설레게 하는 단어는 없습니다.

젊은이에게는 돌아볼 과거가 없으며 오직 나아가야 할 미래만이 있습니다. 그러나 이 미래는 혼돈과 미지와 불확실성 등으로 가득 차, 오직 이에 용기로써 도전하며 인내로써 극복해 내는 진정한 용사들만이, 뜻하는 바 목표에 도달하여 꿈을 이룰 수 있습니다. 사관 생도는 그러한 젊은이 중에서도 자신만을 위한 꿈이 아니라 조국을 위한 꿈을 가진 젊은이들, 그중에서도 조국을 위한 불타는 열망으로 무수한 시련과 난관에 맞서 마침내 조국을 위한 꿈을 이루어내는 그러한 열정과 용기를 가진 젊은이들만을 특별히 선발한 집단입니다. 그러므로 사관생도는 결코 쉽지 않으며 아무나 하는 것도 아닙니다.

여러분은 사관학교를 졸업하면 대한민국의 육군 소위로 임관하여 장교로서의 길을 걸을 것입니다. 그러나 장교는 먼저 인간다운 인간이 되어야 하며 군인다운 군인이어야 합니다. 따라서 오늘 본인은 여러분에게 인간이란 무엇이며, 군인이란 무엇이고 장교란 어떠하여야 하는가를 먼저 이야기하고 끝으로 생도가 지녀야 할 신념과 가치에 대하여 말하고자 합니다.

### ▶ 인간이란 무엇인가?

인간의 정의는, 사회적 모둠 생활을 하는 역사성 있는 동물입니다. 사회적이라는 것은 조직에 속하여 한 조직원으로서 조직의 규율을 지키며 조직원으로서의 역할을 다하고 그 결과에 대한 책임을 지는 것을 의미합니다. 모든 인간은 태어나면서부터 작게는 가정이라는 조직으로부터 크게는 국가라는 조직에 이르기까지 조직의 일원으로 태어나며, 이는 선택이 아닌 운명적인 것으로서 사람답게 살기 위해서는 반드시 사회적이지 않으면 안 됩니다. 그러므로 사람은 마땅히 상하좌우가 있는 조직 속에서 윗사람을 따르고 존경으로 배우며, 아랫사람을 사랑으로 가르치고 동료들끼리는 정 주어 서로 도와야 하며, 조직의 질서와 룰을 지키고 자신에게 주어진 역할을 충실히 수행할 수 있어야 합니다. 그래서 공자님도 일찍이 군군신신 부부자자(君君臣臣 父父子子), "임금은 임금답고 신하는 신하답고 애비는 애비답고 자식은 자식다워야 한다"라고 설파함으로써 각자가 자기의 위치에서 지켜야 할 도리와 해야 할 역할을 강조하였던 것입니다.

둘째, 모둠 생활은 더불어 사는 것을 말합니다. 혼자 사는 사람을 주제로 한 '로빈슨 크루소'라는 소설에서조차 주인공은 '프라이데이'라는 원주민과 함께 사는 것으로 묘사될 만큼 무릇 사람이란 사람 속에서 사람과 더불어 살아갑니다. 더불어 살기 위한 모둠 생활은 서로 나누며 사는 나눔의 삶이어야만 합니다. 그래서 종교적인 면을 떠나서 이야기할 때 모든 종교는 더불어 살기 위하여 꼭 필요한 나눔의 삶을 가르치고 있는 것이라고 말할 수 있겠습니다. 여러분 모두는 마음이 부자여야 합니다. 마음이 넉넉하고 부자인 사람들만이 내 것을 나누어 줄 수 있습니다. 그러므로 여러분 모두의 가슴 속에 있는 사랑이라는 마음의 샘물을 마주하는 모두에게 나누어 줄 수 있도록 스스로를 키워가야 합니다.

셋째, 역사성이란 부단한 발전적 변화의 추구를 의미합니다. 어제보다는 오늘이, 오늘보다는 나은 내일을 위한 노력이야말로 사회적 모둠 생활을 하는 개미나 벌들과 달리 참으로 인간을 인간답게 하는 요소입니다. 발전적이기 위해서는 다가오는 새로운 변화를 미리 예측하고 이에 능동적으로 적응할 수 있어야만 합니다. 이 과정에서는 엄청난 도전과 혹독한 시련이 따르게 마련이지만 불굴의 용기를 가지고 이를 극복해냈을 때 비로소 발전적 변화를 추구해낼 수 있는 것이며, 그러므로 여러분에게 중요한 것은 꿈과 열망, 용기와 인내 등의 정신적 능력을 갖추는 것입니다.

인간이 인간답기 위해서는 사회적 모둠 생활을 하는 동시에 역사성을 갖추어야 하나 이 모든 것은 태어나는 순간부터 저절로 생겨나는 것이 아니고 가르쳐 기르는 양육의 결과인 것으로서 양육의 핵심 과제는 인내를 가르치는 것이라 할 수 있습니다. 따라서 동물들과 같은 생존 본능 위에 이기심이라는 지적 능력까지 갖추고 태어나는 인간들을 다른 동물들과 달리 나눔을 통하여 더불어 살면서 나보다는 조직을, 오늘보다는 내일을 위해 봉사할 수 있도록 변화시켜 인내를 통하여 이타적으로 행동할 수 있도록 가르쳐 기르는 양육이야말로 인간다운 인간을 기르는데 가장 중요한 것입니다.

사람은 양육하는 것이지 결코 사육하는 것이 아닙니다. 더욱이 모든 인간이 추구하는 행복과 성공도 본질적으로 인간관계에 다름 아니며, 이렇듯 운명적으로 엮어진 다양한 인간관계를 인내를 통하여 서로가 사랑으로 나누며 사는 긍정적 관계로 변화시킴으로써 행복과 성공을 성취할 수 있음을 생각해볼 때 젊은이들이 군 생활을 통해 인내를 배움으로써 사회적 모둠 생활을 하며 역사성을 구비하도록 하여, 사람 속에서 사람과 더불어 나누며 살면서 추구하는바 행복과 더불어 성공적인 삶을 살 수 있도록 가르치는 것이야말로 진정 조국을 위한 것이며 그러기 위해서는 여러분이 먼저 사회적 모둠 생활을 하면서 부단히 역사성을 충족시킬 수 있도록 스스로를 수련하는 동시에 나아가서는 미래 여러분의 부하들을 그렇게 이끌어야 합니다.

### ▶ 군인이란?

군인의 뜻은 '군대에 복무하는 사람'입니다. 군대에는 군인 이외에도 군무원들이나 근무원들도 있지만 이들이 비록 부대의 임무를 위해 동일한 역할을 수행한다 하더라도 그들은 취직한 것이지 복무하는 군인은 아닙니다. 군인은 복무하는 것이지 결코 취직한 것이 아니며, 그러므로 군대는 복무하는 사람들의 집단인 것입니다.

군인이 무엇인가를 알기 위해서는 복무의 본질을 먼저 알아야 합니다. 모든 인간은 개인이건 집단이건 간에 그들의 이익을 본능적으로 추구합니다. 그러므로 개인에게는 개인으로서 추구하는 이익이 있고 집단에게는 집단이 추구하는 이익이 있게 마련인데 만일 어느 개인에게 있어 그가 추구하는 개인의 이익과 그가 속한 집단의 이익이 항상 일치된다면 군이 복무와 취직의 차이점을 구분할 필요는 없겠습니다. 그러나 현실적으로 항상 개인과 집단의 이익이 일치되기는 어려우며, 이러한 이익들이 상호 충돌할 경우, 취직한 사람의 입장에서는 집단의 이익보다는 개인의 이익을 우선적으로 고려할 수 있겠습니다.

그러나 복무하는 사람들은 반드시 집단의 이익에 봉사하기 위하여 개인의 이익을 희생하여야 합니다. 그것이 취직과 복무의 차이점이며, 그러므로 복무는 집단을 위한 자기희생을 전제로 함을 명심하여야 합니다. 여러분은 군인이며 군대는 기본적으로 평시 준비하면서 준비된 힘으로 전쟁을 억제하다가 억제 실패 시에는 싸워서 승리함으로써 국가를 보전하기 위하여 존재합니다. 전쟁을 전제로 하지 않은 군대라는 것은 있을 수 없으며, 그러므로 군인들이 평시에 수행하는 임무 모두는 전쟁에 대비하기 위한 것으로서 전쟁이란 개인의 이익을 추구하는 장이 아니라 본질적으로 조국을 위하여 개개인을 희생하지 않고는 수행될 수 없는 영역입니다. 그러므로 군복무규율에서 "군인정신은 전쟁의 승패를 좌우하는 필수 요소다. 그러므로 군인은 명예를 존중하고 투철한 충성심 진정한 용기 필승의 신념 임전무퇴의 기상을 견지하여 죽음을 무릅쓰고 임무를 완수하는 숭고한 애국애족 정신을 그 바탕으로 삼는다"라고 명시함으로써 군인정신은 조국을 위한 희생정신임을 명백하게 하였던 것입니다.

여러분은 입학과 동시에 사관생도 제복에 자신을 희생하여 조국에 헌신하겠노라고 복무서약을 하였습니다. 본질적으로 개인의 이익을 추구하도록 태어난 인간으로서 집단의 이익을 위하여 자신을 희생하는 것이 결코 쉽지는 않습니다. 그러나 어떠한 임무가 주어진다 해도 주저하거나 망설이거나 어려움을 회피하고자 함이 없이 자신의 서약 ―조국에 대한 헌신과 봉사―을 실천해 나가는 정신 상태를 우리는 명예라고 하며, 장교들에게 명예를 가장 중요한 덕목으로 강조하는 이유가 여기에 있습니다. 그러므로 조국을 위하여 죽어야 할 때와 장소에서 죽을 수 없다면 그는 이미 군인이 아닌 것이며 따라서 자신의 신념과 가치에 따라 선택한 복무서약을 반드시 실천해내는 진정한 자유혼을 가진 자유인만이 장교가 될 수 있는 것입니다.

### ▶ 장교들은 누구인가?

장교들은 임관과 동시에 전투원인 동시에 안보전문가이며, 전투력의 관리자인 동시에 교육 훈련자이고, 크고 작은 조직의 리더로서의 역할을 수행합니다. 군대의 질은 다름 아닌 장교단의 질이고, 장교단의 질은 그 나라의 미래를 좌우합니다. 역사상 23전 23승이라는 전무후무한 상승 무적의 이순신 함대와 단 한 번의 전투에서 전멸을 면치 못했던 원균 함대의 차이는 단 한 가지 지휘관 한 사람뿐이었음을 여러분은 잊어서는 안 됩니다. 이러한 막중한 역할을 수행하는 장교들이 마땅히 갖추어야 할 자질들이 있습니다.

## ■ 장교들이 마땅히 갖추어야 할 자질

• 그 첫째는 '나라 사랑'입니다. 우리는 조국이라면 아주 막연한 개념으로 이해하고 있는데 그러나 조국이란 그렇게 막연한 개념적인 대상이 아닌 구체적 실체입니다. 학자들은 일반적으로 국가의 구성 요건을 주권, 영토, 국민이라고 이야기합니다. 그러므로 우리의 국가 -즉 조국 대한민국을 사랑한다함은 우리의 주권과 영토와 국민을 사랑하는 것입니다. 주권은 그 국가가 행사하는 배타적이고도 독점적 권리로 정의할 수 있는데 이는 헌법에 의하여 구체화되고 가시화되며, 국가를 사람에 비유한다면 주권은 인간에게 있어 영혼과 인격과도 같은 것입니다.

우리 헌법 전문에는 대한민국의 역사적 정통성을 명시하고 있습니다. 여러분 역사가 무엇입니까? 역사란 아주 먼 옛날로부터 우리 아버지 어머니에 이르기까지 이 땅에서 때로는 기뻐 환호하고 때로는 고통 속에서 괴로워하면서 울고 웃으며 지나온 숨소리를 모아 엮어놓은 것, 그것이 바로 역사이며 이 역사야말로 우리 조국의 영혼인 것입니다. 그리고 헌법 제1조 및 제5조 1항에 명시된 대한민국이 지향하는 신념과 가치 즉 자유민주주의와 시장경제 체제는 국가를 사람에 비유했을 때 인격과도 같은 것으로서 우리 조국의 역사와 자유민주주의 시장경제 체제라는 국가의 정체성이야말로 바로 내가 사랑하고 목숨 바쳐 지켜내야 할 내 조국인 것입니다.

국가의 주권이 나라의 영혼과 인격이라면 영토와 국민은 인간의 육체에 비유할 수 있겠습니다. 여기에서 우리가 결코 잊지 않아야 할 것은 영토는 학자들이 책상 위에서 펜으로 그린 것이 아니고 우리의 먼 조상으로부터 조국을 사랑하는 수많은 젊은이가 흘린 핏덩어리가 엉키고 엉킨 것이며, 국민은 먼 나라의 사람들이 아니라 내 부모 형제, 상관과 동료 부하들, 친지와 이웃들 그리고 길거리에서 만나는 아저씨와 아주머니들입니다. 그러므로 우리가 나라를 사랑한다함은 먼 조상들로부터 면면히 이어져 온 우리의 역사를 사랑하며 내 조국 대한민국이 지향하는 신념과 가치에 충실하고 풀 한 포기 돌무더기 나무 한 그루까지 내 산하를 사랑하며 내 부모 형제와 상관과 동료 부하들, 친지와 이웃들을, 마치 어머니가 자식을 위하여 자신을 버리듯 그렇게 사랑할 수 있어야 합니다. 희생이란 사랑에 비례하는 것으로서 진정한 복무는 조국 사랑으로부터 시작됩니다.

- 두 번째는 원칙을 실천할 수 있는 정신적 도덕적 용기입니다.

전투에서의 유일한 원칙은 오직 '승리'뿐입니다. 그러나 전쟁에서의 원칙은 승리 그 자체가 목표가 아니라 승리를 통한 국가의 보전과 국익의 증진입니다. 그러므로 군을 이끌어가는 장교들에게 있어서의 원칙은 단 한 가지, 정의로운 국익의 실현이라 할 수 있겠습니다. 따라서 참다운 장교들이야말로 시대적 상황이나 자신의 안위와 유·불리에 관계없이 오직 국민의 보전과 국익에 충실하여야만 하며, 이러한 원칙 -즉 정의로운 국익만을 고려하고 오직 이를 추구하며, 국익에 반하는 사안에 대하여는 NO를 분명히 NO라고 이야기할 수 있어야 하며 조국이 원하는 때와 장소에서 임무를 위하여는 주저하거나 망설이거나 회피하고자 함이 없이 자신을 버릴 수 있는-을 실천할 수 있는 정신적 도덕적 용기를 갖추어야 합니다.

- 세 번째는 극기(克己)입니다. 남을 정복하고자 하는 자는 먼저 자신을 정복할 수 있어야 합니다. 자신보다 조국을 더 사랑하며 이를 실천하기 위하여 제일 먼저 요구되는 필수불가결의 요소는 자신을 버리는 것입니다. 인간으로서 자신을 버리고 오직 국익을 추구하고자 하는 멸사봉공(滅私奉公)의 길은 극기 없이는 결코 불가능합니다. 이와 같이 장교들은 나라 사랑과 원칙 실천의 정신적 도덕적 용기, 극기력을 필수 자질로 구비하여야 하는 동시에 매일매일 일상의 일과들 속에서 실천하도록 노력하여야 할 실천 덕목이 있습니다.

## ■ 장교들의 실천 덕목

• 첫째, 전투적 사고의 견지입니다. 여기에서 전투적 사고란 모든 사고(思考)의 뿌리를 "오늘 밤 전쟁이 난다면, 나는, 나의 부하들은, 내 부대는 최상의 상태로 전투에 투입될 준비가 되어 있으며, 싸워 이김으로써 내 임무를 성공적으로 수행할 수 있을 것인가"에 두는 것을 의미합니다. 만일 하느님께서, 한반도에서 전쟁은 2059년 12월 4일에 일어난다고 하신다면 우리는 제일 먼저 연구 기관 -전략, 전술이나 장차 전 양상 또는 편제나 무기 체계 발전을 위한-과 소수의 간부 양성 기관, 훈련소 등 최소 규모의 군 편성을 제외하고는 모든 부대를 해체하고자 할 것입니다. 그리고 2057년까지의 국방비를 경제 발전에 투입하였다가 48년간 축적된 국방 예산으로 전쟁 발발 2년 전에 최신 무기를 구입하고 부대를 편성하여 집중적인 훈련을 실시한다면 아마도 군을 그대로 유지하고 있는 상태의 전투력과는 비교가 되지 않는 막강한 전투력을 발휘할 것임에 틀림없습니다.

그러나 문제는 언제 전쟁이 발발할 것인지를 알 수 없다는 것이며, 바로 그러한 이유로 여러분이 오늘 이 시간 군복을 입고 군인으로서 이 자리에 있어야 하는 당위성을 인정받고 있는 것입니다. 따라서 오늘 밤에 절대로 전쟁이 일어나지 않는다고 생각하는 군인이 있다면 그는 이미 스스로 군인임을 부정한 것입니다. 그러므로 군인은 "오늘 밤에라도 전쟁이 일어난다면" 하는 생각으로부터 모든 사고를 출발시켜야 하고, 이러한 전투적 사고를 견지한 자만이 진정한 군인이라 할 수 있는 것입니다. 이것이 전투적 사고의 의미입니다.

• 둘째는 도덕성의 확립입니다. 도덕성이 결여된 상관은 신뢰를 상실하며, 신뢰를 잃은 상관의 명령은 시행되지 않으므로 지휘를 할 수 없습니다. 그리고 지휘를 할 수 없다면 그는 결코 장교가 아닙니다.

• 장교들에게 요구되는 세 번째 덕목은 언행일치 하에 행동으로 실천하는 솔선수범입니다. **군대란 말로 하는 집단이 아니라 행동으로 실천함으로써 그**

**결과로 역사에서 평가받는 집단입니다.** 솔선수범이란 실천될 때만이 가치가 있는 것이지 말로 하는 솔선수범은 솔선수범이 아닙니다. 솔선수범의 의미는 그렇게 어렵지 않습니다. 쉽고 편하고 모두가 하고 싶어하는 바는 부하부터 먼저 하게 하고 위험하고 어렵고 하기 싫어하는 것은 나부터 먼저 한 후 부하들에게 명령하는 것, 내가 할 수 없거나 먼저 행하지 않은 일은 부하들에게 명령하지 않는 것, 이것이 솔선수범입니다. 여러분이 만약 부하들 앞에서 솔선수범하지 못한다면, 이미 통솔은 불가능하게 됩니다. 그러므로 전투적 사고를 하지 않는다면 군인이 아니고 도덕성이 확립되지 않았다면 지휘를 할 수 없으며 솔선수범하지 않는다면 통솔이 불가능합니다. 그렇다면 그는 과연 무엇입니까?

### ▶ 생도대 생활

여러분 모두는 머지않아 장교로 임관되어 이곳 생도대를 떠나 임지에 부임하여 임무를 수행하게 될 것입니다. 그러나 여러분을 기다리고 있는 미래는 결코 화려한 삶이 아니라 무섭도록 짓눌리는 책임감과 오로지 스스로 판단하고 혼자만이 책임져야 하는 고독감 속에서 불굴의 용기와 인내를 발휘하여야 하는 삶들의 연속입니다. 아마도 여러분이 갈등과 혼란, 좌절과 유혹이라는 시련에 부닥칠 때마다 여러분은 자신도 모르게 이곳 사관학교 생도대에 서 있는 여러분의 영혼의 모습을 보게 될 것입니다.

이곳 사관학교 생도대는 여러분의 영원한 정신적 고향이자 영혼의 안식처입니다. 삶이 힘들 때마다 여러분의 영혼은 이곳에 와서 과거 가장 용기 있었던 시절의 꿈에 대한 기억과 생도 제복에 대한 서약을 되살려내고 새로운 열정으로 충만 되어 신념에 찬 걸음걸이로 여러분의 임무에 복귀하게 될 것입니다. 장교는 저절로 타고나는 것이 아니라 이곳 사관학교에서 만들어지는 것이며 따라서 여러분이 이곳 생도 생활 기간 중 다듬고 길러야 할 몇 가지를 이야기하고자 합니다.

■그 첫째는 극기의 수련입니다.

혹자는 3금 제도가 이제는 시대의 변화로 인하여 낡은 사고의 유물일 뿐이라고 말합니다. 그러나 3금 제도는 화랑들이 세속 5계를 정하여 심신 수련의 덕목으로 삼았듯이 극기 수련을 위한 덕목임을 알아야 합니다. 극기 수련을 위하여 자신에게 스스로 약속한 작은 것도 지키지 못하는 사람이 이보다 더 큰 자기희생을 결코 감당할 수는 없습니다. 그러므로 3금 제도마저도 지키지 못하고 허물어지는 그러한 극기력을 가지고 조국을 위해서 나 자신을 버릴 수 있다고 생각한다면 이는 지독한 거짓이자 자기기만에 불과합니다.

■둘째는 명예의 준수입니다.

앞에서도 이야기하였듯이 명예란 어떠한 상황과 조건 -심지어는 죽음이 요구되는- 하에서도 누가 보건 보지 않건 자신의 복무서약 -조국을 위한 헌신과 봉사-을 실천으로 옮기고야 마는 불굴의 정신적 도덕적 용기를 말합니다. 이러한 명예심은 하루아침에 저절로 생겨나는 것이 아니고 이곳 생도대 생활을 통하여 길러야 하는 것이며 이는 바로 여러분의 몫입니다.

■셋째는 장교의 도(道)를 연마하는 것입니다.

장교의 도가 임무에 기초하여 상관의 명령에 복종하며, 부하들로 하여금 자신의 명령에 복종하도록 이끌어 가는 기술이라면 장군의 도는 국익에 기초하여 정의가 승리할 수 있도록 올바름을 행하는 것 -즉 정의로운 국익의 실현-입니다. 이를 위해서 여러분은 내무 생활을 통하여 질서와 규율의 이행을 습성화하고 명령에 복종함과 동시에 명령으로 이끌어 가는 기법을 습득하며 나아가 임무를 위하여 서로 협동하면서 자신의 의무를 완수하는 법을 배워야 합니다.

아울러 장차 조국의 국익을 식별하고 이를 실현시킬 수 있도록 하는 대안을 제시할 수 있는 전략적 사고의 능력을 키워야 합니다. 이를 위해서는 역사의 연구가 필요합니다. 역사는 단지 지나온 과거를 알고자 하는 과거의 학문이 아니라 다가올 미래를 미리 예견할 수 있는 미래의 학문으로서, 역사야말로 미래의 나침반이자 미래의 거울입니다. 더욱이 조국의 역사는 우리의 영혼입니다. 내가 사랑하지 않는 상대를 위하여 자신을 희생할 수는 없으며 더욱이 내가 모르는 대상을 자기 희생으로 사랑할 수 없다는 것은 분명합니다. 그러므로 여러분은 학과 틈틈이 역사를 연구함으로써 여러분의 조국을 이해하고 사랑하며 미래 우리 조국을 위한 큰 그림과 꿈을 그려감으로써 역사와 더불어 유구한 대의에 살리라는 신념과 가치를 지녀야 합니다.

**▶ 끝으로 생도대에서 회자되고 있는 융통성과 호연지기, 노블리스 오블리주(Noblesse Oblige)에 대하여 말하고자 합니다.**

■ 군인에게 가장 중요한 자질은 융통성입니다.

그러나 군에서 이야기하는 융통성은 그때그때 상황에 따라 자신에게 유리한 대로 신념과 가치를 바꾸며 약삭빠르게 살아가는 처세의 요령이 아닙니다. 군인에게 필요한 융통성이란 언제 어디서 어떠한 상황에 부딪혀도 즉각적으로 올바르게 대응할 수 있는 방책의 다양성을 의미하며 이는 타고난 능력이 아니라 쉼 없는 연구와 사색의 결과임을 알아야 합니다. 일찍이 나폴레옹의 부하가 그의 군사적 천재성을 이야기했을 때 나폴레옹은 "내가 천재이기 때문이 아니라 평소 부단한 연구를 통하여 도출된 방책을 도서관의 캐비닛에 정리된 도서 카드처럼 머릿속에 정리하였다가 그러한 상황이 닥쳤을 때 바로 활용하는 것뿐"이라고 말한 바 있습니다. 이것이 바로 군에서 말하는 융통성의 실체인 것이며 여러분은 이러한 융통성을 구비하기 위하여 피나는 노력을 게을리 하지 않아야 합니다.

■ 호연지기란 규율과 규정을 무시하면서 자신의 이익을 추구하는 것이 아니라 자신의 이익을 희생하며 집단 -조국-에 봉사하는 고도의 정신적 도덕적 용기, 즉 명예의 실천을 의미합니다. 만일 적당히 자신의 이익을 추구하는 것이 호연지기라면 도둑들이야말로 가장 호연지기를 갖춘 사람들일

것입니다. 어떠한 불이익을 감수하더라도 소소함에 구애받음이 없이 오직 정의와 대의를 행동으로 실천해내는 대범함과 원칙 실천의 용기가 -안중근 의사와 같이, 윤봉길 의사와 같이 그러한 마음가짐과 행동이- 바로 호연지기의 표상입니다.

■ 노블리스 오블리주는 여러분이 알고 있듯이 가진 자의 의무를 뜻하는 것이지 특권을 의미하는 것이 아닙니다. 여러분은 조국의 미래를 맡기고자 국가에서 국민의 세금으로 양성하고 있는 미래의 지도자들입니다. 따라서 여러분은 야전에서 일상생활을 통하여 육사 출신답게 보다 더 자기희생적 솔선수범을 통한 모범을 보임으로써 조국의 요구에 부응할 수 있어야 합니다. 바꾸어 말한다면 육사 출신이라는 잘못된 특권 의식을 가져서는 안 되며 오히려 육사 출신이기 때문에 더욱더 겸손한 미덕과 더불어 어떠한 어려움이나 고통도 솔선 감내하며 완벽하게 임무를 완수하려는 의무감을 가져야 합니다. 그것이 여러분이 이곳 생도대 생활을 통하여 습득할 화랑정신입니다.

## ▶ 결론

역사상 위대한 영웅들의 삶은 자신을 위한 삶이 아니라 조국을 위한 희생적 삶이었으며 여러분도 그렇게 살고자 하는 소망으로 이곳에 와 있습니다. 앞으로의 길고 긴 세월 동안 여러분이 '복무서약'을 명예롭게 행동으로 실천해가는 삶을 살아간다면 지금 여러분의 선택은 고귀한 것이 되겠지만 그렇지 못한 경우에는 단 한 번의 삶을 거짓으로 낭비한 결과, 자신의 과거가 결코 자랑스럽다고 이야기할 수 없을 것입니다. 과거의 역사에서 힘 있는 국가만이 위대한 역사를 이룩해 왔으며, 힘 있는 국가의 밑바탕에는 반드시 강한 장교단이 있었음을 한시도 잊지 말고 군 생활에 있어서 부디 나를 위해 살지 말고 온몸으로 조국을 위해 사는 큰 삶을 살아감으로써 조국의 유구한 역사와 더불어 사는 진정한 이 땅의 장교들이 되기를 진심으로 기원합니다. 본인은 '여러분의 오늘을 있을 수 있도록 하는 본인의 의무'를 자랑스럽게 완수하였다고 자부합니다. 따라서 이 자리에서 본인과 우리 후손들의 미래를 책임져야 할 여러분이 그 의무를 다해줄 것을 당당하게 요구합니다. 잊지 마십시오, 여러분은 바로 조국의 미래이자 희망입니다. 감사합니다.

## 2. 장군의 도
(국방대학원 안보과정 학생 장교 대상, 2008년 1월 16일)

여러분, 오늘 이렇게 만나게 돼서 대단히 반갑습니다. 본인이 전역한 지도 벌써 3년이 가까워 옵니다. 나는 전역 후 매주 목요일 남한산성 등산을 하고 있는데, 그곳에 가면 특전사의 사격 소리를 들을 수 있어 행복했습니다. 그러나 훈련이 없는 날 사격 소리를 듣지 못하고 내려올 때는 왠지 허전함을 지울 수 없었습니다. 군대가 훈련하는 것은 사람이 호흡하는 것과도 같습니다. 사람이 호흡을 멈추면 살 수 없는 것처럼 군대가 훈련을 멈춘다면 그 순간 그 군대는 존재 이유를 상실합니다. 그러므로 군인들의 신념 가득한 눈동자와 확신에 찬 걸음걸이에서, 끝없이 이어지는 사격과 함성 소리에서, 땀방울 흘리는 훈련의 모습에서, 국민들은 내일에 대한 믿음으로 조국의 미래를 안도하며 행복해 하고 있다는 것을 여러분 장교들은 한시도 잊어서는 안 됩니다.

나는 지난해 12월로 결혼한 지 만 35년이 지났습니다. 일제강점 기간에 해당하는 한 세대가 지난 셈입니다. 내가 대위 진급 예정자일 때 결혼했으니 생각해보면 나는 40년 동안 군복을 입고 군인으로 살아온 것입니다. 처음 군인이 되었을 때 내 소지품과 장비 중에서 국산은 하나도 없었습니다. 머리끝부터 발끝까지 심지어는 식기와 수저까지도 미국의 원조 물자였습니다. 그 가난했던 나라가 오늘날 이렇게 세계의 경제 대국으로 발돋움하기까지, 북한이 쳐들어오지 않은 것이 아니고 그들로 하여금 쳐들어오지 못하게 피땀 흘려 이 조국을 지켜냄으로써 조국의 오늘을 일궈내는 데 일익을 담당하였다는 뿌듯한 자부심을 느끼고 있습니다. 그러므로 임관 후 중부전선에서 출발하여 월남을 거쳐 서해안에서 동해안에 이르기까지 155마일 휴전선을 전전하면서 40년에 걸친 오랜 세월 동안 나는 조국이 부여한 임무를 비교적 잘 완수하였다는 안도감으로 전역 후 홀가분하게 새로운 인생을 출발할 수 있었습니다.

그러나 이제 와 문득 되돌아보는 나의 과거에는 한 가지 짙은 아쉬움이 남았습니다. 그것은 현역 시절 후배 장교들에게 '장교의 도'에 대하여는 많은 이야기를 들려주었지만 '장군의 도'에 대하여는 별로 이야기를 나누어 보지 못했다는 것이었습니다. 어젯밤 강의를 준비하고 있는 나에게 아내는 내일 강의 제목이 무엇이냐고 물었습니다. 그래서 내가 '40년간의 군 생활에 대한 회고'라고 대답하자 아내는 "가족에게도 잘하라고 장교들에게 이야기하실 거죠?" 하는 것이었습니다. 그러나 나는 "아니 내일은 '장군의 도'에 대하여 이야기하려고 해"라고 답해 주었습니다. 그렇습니다. 오늘 나는 여러분에게 나의 과거가 아니라 바로 여러분의 미래에 관하여 이야기하고자 합니다.

### ▶ 군 집단의 최고 가치

리더가 없는 인간 집단이 가장 이상적인 조직일는지는 모르겠지만 현실적으로 리더가 없는 조직 집단은 없었습니다. 그리고 그 리더의 자질에 따라서 집단의 흥망성쇠가 좌우된 것 또한 역사가 증명히는 엄연한 실제입니다. 지나온 인류사에서 국가 또는 개인에 이르기까지 어느 집단이든지 그들이 추구한 최고의 가치는 -시대를 초월하여- 집단의 생존과 번영이었습니다.

국가의 경우, 이러한 가치는 **안민(安民), 부국(富國), 강병(强兵)**을 통하여 달성되었으며 이를 위하여 지도자가 필수적으로 갖추어야 할 덕목은 도덕성에 기초한 '믿음'을 얻는 것이었습니다. 지도자와 리더 집단에 대한 믿음은 그가 제시하는 미래의 청사진에 국민의 의지를 결집하고 내일에 대한 희망을 갖게 합니다. 그래서 자신의 생존과 번영을 위하여 즐거운 마음으로 최선을 다한 결과 마침내 부국을 이루고, 강병을 통하여 이를 지켜냄으로써 위대한 역사를 이룩할 수 있었던 것입니다.

그러나 유독 군이라는 집단은 다른 집단과는 달리 군 집단 자체의 생존과 번영이 아닌 국가의 생존과 번영을 위하여 전쟁이나 평화 시를 막론하고 투쟁에서의 승리를 추구 합니다. 즉, 군은 평시 전력 증강과 교육 훈련을 통하여 싸워 이길 수 있는 역량을 갖춤으로써 다가올 전쟁에 대비 및 전쟁을 억제하고, 억제 실패 시에는 싸워 승리함으로써 조국의 생존과 번영을 보장하여야 합니다. 싸워 이길 수 없는 군대라면 결코 존재해서는 안 되며, 따라서 군이 추구하는 최고의 가치는 싸워서 승리함으로써 국가 목표를 -국가의 보전과 국익을 보장- 달성하는 것뿐입니다.

### ▶ '장군의 도'의 적용 수준

여기에 모인 여러분은 아직 장군이 아닙니다. 그러므로 장교의 도를 실천함만으로 충분하다고 생각할 수도 있을 것입니다. 그러나 전략을 의미하는 스트레티지(Strategy)는 고대 그리스에서 오늘날의 연대급 규모에 해당되는 부대의 지휘관을 이르는 스트라테고스(Strategos)가 발휘한 지휘술 이라는 의미로서, 여러분은 이미 전술이나 작전적 수준만으로 임무를 수행하기에는 너무 높은 계급입니다. 독일군의 제너럴 스태프(General Staff) 또한 장군으로 이루어진 참모단이 아니라 전략적 수준의 임무를 수행하는 제대의 참모단을 의미하듯이 여러분은 직책상 장군들을 직·간접적으로 보좌하며, 호흡을 함께하여 임무를 수행하는 고급 제대의 참모이거나 예하 지휘관이므로, 장군의 도야말로 바로 여러분으로부터 시작되는 지휘술의 영역이라고 이야기할 수 있겠습니다.

### ▶ 계급 집단별 전투 수행

일반적으로 군인들은 사병과 부사관, 장교로 구분되며, 장교는 위관, 영관, 장관급 장교로 구분됩니다. 그럼에도 불구하고 군인들은 본질적으로 싸움 -전투 또는 전쟁-을 주 임무로 하는 전사 집단이므로 전투 임무 수행이라는 본질에 있어서는 계급을 막론하고 근본적으로 동일합니다. 그러나 임무를 수행하는 방법상의 개념에 있어서는 계급 집단에 따라 상이합니다. 일반적으로 사병들은 숙달된 반복 동작 즉 숙련(熟練)에 의하여 전투를 수행합니다. 부사관들은 전투 시 육체적 용기와 숙련의 지혜를 발휘하여 병사들의 전투를 이끌어가며, 위관 장교들은 정신적·도덕적 용기에 의지하여, 총알이 빗발치는 전쟁터에서 병사들의 선두에 서서 '나를 따르라' 외치며 그들을 목표로 인도합니다. 그러나 영관 장교는 지략을 짜내어 계책을 가지고 적과 싸우며 장군은 덕(德)으로써 싸웁니다.

### ▶ 장교의 도

여러분은 모두 군인인 동시에 장교들이며 그중에서도 중견급 이상의 영관 장교들입니다. 흔히 직업 군인의 최고 계급은 대령이며, 그 이상의 장군들은 정치적 영역에 속한다고들 이야기하면서도 군인들이 정치적이면 국가를 위태롭게 한다고들 말하기도 합니다. 이는 얼핏 모순된 말 같지만 이야말로 '장교의 도'와 '장군의 도'의 성격과 차이점을 명확하게 표현하고 있는 것임을 알아야 합니다.

여러분은 군인입니다. 모든 군인은 복무하는 것이지 결코 취직한 것이 아닙니다. 복무라는 것은 자신의 신념과 가치에 부합되는 자신의 집단, 즉 -조국-의 이익을 위하여, 주어진 명령에 따라 임무를 수행함에 있어서 자신의 이익을 -생명까지도- 기꺼이 희생하는 희생정신의 실천을 그 전제로 합니다. 그래서 군인들의 복무를 규정한 군복무규율에서도 군인정신의 본질은 희생정신임을 강조하고 있는 것입니다. 군인들은 명령에 따라 임무를 수행합니다. 명령에 있어서 합법성을 논할 수는 있겠으나 그 당위성을 논해서는 안 됩니다. 명령은 지휘 계통에 따라 발하여지는 것이며, 지휘관 또는 지휘자가 명령을 발하는 근거가 되는 지휘권은 법에 의하여 주어진 권한을 합법적으로 행사하는 것이므로 불법적이거나 위법적인 명령은 이미 명령이 아닙니다. 따라서 모든 합법적인 명령은 결코 회피되거나 거부되어서는 안 되며 반드시 시행되어야 합니다.

이러한 명령이 효율적이고 또 성공적으로 수행되기 위하여 장교들에게 필요한 실천 덕목은 다음과 같습니다.

첫째, 전투적 사고의 견지입니다.

여기에서 전투적 사고란 모든 사고(思考)의 뿌리를 ―오늘 밤 전쟁이 난다면, 나는, 나의 부하들은, 내 부대는 최상의 상태로 전투에 투입될 준비가 되어 있으며, 그리고 싸워 이김으로써 내 임무를 성공적으로 수행할 수 있을 것인가―에 두는 것을 의미합니다. 만일 하느님께서, 한반도에서 전쟁은 2059년 1월 16일에 일어난다고 하신다면, 우리는 제일 먼저 연구 기관 ― 전략, 전술이나 장차전 양상 또는 편제나 무기 체계 발전을 위한―과, 소수의 간부 양성 기관, 훈련소 등 최소 규모의 군 편성을 제외하고는 모든 부대를 해체하고자 할 것입니다. 그리고 2057년까지의 국방비를 경제 발전에 투입하였다가 48년 간 축적된 국방 예산으로 전쟁 발발 2년 전에 최신의 무기를 구입하고 부대를 편성하여 집중적인 훈련을 실시한다면 아마도 군을 그대로 유지하고 있는 상태의 전투력과는 비교가 되지 않는 막강한 전투력을 발휘할 것임에 틀림없습니다.

그러나 문제는 언제 전쟁이 발발할 것인지를 우리가 알 수 없다는 것이며, 바로 그러한 이유로 여러분이 오늘 이 시간 전투복을 입고 군인으로서 이 자리에 있어야 하는 당위성을 인정받고 있는 것입니다. 따라서 오늘 밤에는 절대로 전쟁이 일어나지 않는다고 생각하는 군인이 있다면 그는 이미 스스로 군인임을 부정한 것입니다. 그러므로 군인은 오늘 밤에라도 전쟁이 일어난다면 하는 생각으로부터 모든 사고를 출발시켜야 하고, 이러한 전투적 사고를 견지한 자만이 진정한 군인이라 할 수 있는 것입니다. 이것이 전투적 사고의 의미입니다.

둘째는 도덕성의 확립입니다. 도덕성이 결여된 상관은 신뢰를 상실하며, 신뢰를 잃은 상관의 명령은 시행되지 않으므로 지휘를 할 수 없습니다. 도덕성 확립의 필요성에 대하여는 여러분이 잘 알고 있기 때문에 긴 설명을 하지 않겠습니다.

세 번째 덕목은 언행일치 하에 행동으로 실천하는 솔선수범입니다. 군인은 말로 하는 집단이 아니라 행동으로 실천하는 집단입니다. 그리고 솔선수범이란 실천될 때만이 가치가 있는 것이지 말로 하는 솔선수범은 솔선수범이 아닙니다. 솔선수범의 의미는 그렇게 어렵지 않습니다. 쉽고 편하고 모두가 하고 싶어 하는 바는 부하부터 먼저 하게 하고, 위험하고 어렵고 하기 싫어하는 것은 나부터 먼저 한 후 부하들에게 명령하는 것, 내가 할 수 없거나 먼저 행하지 않은 일은 부하들에게 명령하지 않는 것 이것이 솔선수범입니다. 여러분이 만약 부하들 앞에서 솔선수범하지 않는다면 이미 통솔은 불가능하게 됩니다.

전투적 사고를 하지 않는다면 군인이 아니고 도덕성이 확립되지 않았다면 지휘를 할 수 없으며 솔선수범하지 않는다면 통솔이 불가능합니다. 그렇다면 그는 과연 무엇입니까. 군인이라고 이야기할 수 있겠습니까? 하물며 장교라고 감히 이야기할 수 있겠습니까? 이렇듯 장교들은 전투적 사고와 도덕성, 솔선수범을 통하여 성공적이고도 효율적으로 임무를 수행할 수 있도록 스스로 상관의 명령에 복종하는 동시에 부하들이 자신의 명령에 복종하도록 만드는 역할을 수행합니다.

그러므로 '장교의 도'는 언제든지 명령을 수행할 태세를 갖추고 있다가 명령이 하달되었을 때 추호의 지체나 주저함이 없이, 두려워하거나 회피하지 않고 즉각적으로 "예"라고 대답하여 명령에 복종하는 동시에 자신의 명령에 부하들이 기꺼이 복종하게 하여 가장 효율적으로 임무를 수행하도록 만드는 술(術)이라고 할 수 있습니다. 따라서 **"스스로 상관에게 복종하면서 부하들로 하여금 자신에게 복종하도록 이끌어가는 술(術)"** 이것이 곧 '장교의 도'이며 장교의 도는 언제나 임무에 기초합니다.

## ▶ 장군의 도

그러면 '장군의 도'는 무엇입니까? 앞에서 본인은 "장군은 덕으로 싸운다"라고 말하였습니다. 본래 덕(德) 자는 두인변이 없는 덕(悳) 자와 같은 글자로서 직(直) 자와 심(心) 자의 합성어이며 '곧은 또는 바른 마음' 즉 공정하고 포용성 있는 마음이나 품성을 의미합니다. 따라서 덕이란 곧은 마음 즉 진실에 입각한 정의로움을 체득하고 이를 실천하는 것이라 할 수 있겠습니다.

일찍이 **게리 맥켄토시와 샤무엘 리마**는 그들의 저서 〈리더십의 그림자〉에서 **"수단 방법을 가리지 않고 효율적으로 일을 수행하는 것이 리더십이 아니라 올바름을 행하는 것이며, 승리하는 것이 정의가 아니라 정의가 승리하게 하는 것이 리더십"** 이라고 설파한 바 있습니다. 이 말이야말로 장군의 도의 정곡을 지적한 것입니다. 그리고 〈아메리칸 리더십(American Leadership)〉의 저자 **에드거 파이어**도 수많은 미국 장군의 사례를 분석한 결과 "성공한 대부분의 군 지도자는 의사 결정 과정에서 자유롭게 반대 의견을 제기하는 부하들이 있었고, 그 지도자 역시 이러한 소신을 받아들였다"라고 기술하고 있습니다. 또 걸프전의 영웅인 슈와츠코프 장군은 "예스맨(yes man)이야말로 군에서 가장 경계해야 할 대상"이라고까지 극언한 바 있습니다.

2,500여 년 전의 손자 역시 그의 병법에서 말하기를 군을 위태롭게 하는 세 가지(君之所以患於軍者三)가 있으니 군주가 '작전과 군정에 간여'하는 행위와 군의 '명령 계통에 끼어드는' 행위는 군을 위태롭게 하며 이럴 때에는 비록 군주의 명이 있다 하여도 이에 복종하지 않아야 한다(君命有所不受)라

고 강조했습니다. 그러면서 장군이란 군주의 명에 반하여 나아감에 있어서 결코 공명을 구함이 아니요(進不求名) 후퇴함에 있어서도 그 죄를 피하려 하지 않음이니(退不避罪) 오직 국민을 보호하고(唯民是保) 나아가 국가의 이익과 일치되기를 바랄 뿐이며(而利合於主) 이러한 장수야말로 국가의 보배인 것이다(國之寶也)라고 하였습니다.

이것이 바로 장군의 도입니다. 왜냐하면 **장군에게는 명령이라는 것이 존재하지 않습니다. 장군에게는 오직 국가와 국익만이 있을 뿐이기 때문**입니다. 장군들이란 국민의 생사와 국가의 안위, 때로는 국가의 흥망을 좌우하는 절체절명의 상황 하에서도 외롭게 고독한 결단을 내리며 이에 따른 모든 책임을 오로지 스스로 혼자만이 걸머져야 합니다. 이렇듯 장군이란 국익에 기초하여 스스로 판단하고 스스로 책임져야 하는 정책 수준의 계급이지 명령을 받고 이를 단지 시행에 옮기는 단순한 실무자 수준의 계급이 아닙니다.

이러한 의미에서 앞에 말씀드린 혹자들이 말하듯 "직업 군인의 최고 계급은 대령이며 그 이상의 장군들은 정치적 영역에 속한다"라는 표현이 정확한 것이라고 말씀드린 것입니다. **그러므로 군인들이 정치적이면 군을 위태롭게 하지만 장군이 정치적이지 못하면 국가를 위태롭게 합니다.** 여기에서 전자의 '정치적'이란 권력을 추구하는 세속적 정당 정치에 밀착되어 오직 자신의 영달과 출세만을 위하여 현실 권력에 아부하는 군인의 의미이지만 후자에서 말하는 '정치적' 의미는 본래의 정치적 목표인 국가 이익을 실현하기 위한 전략적 사고를 의미합니다. 바꾸어 말하면 군인들이 임무에 기초함이 없이 오로지 자신들의 출세와 보신을 위하여 정치 권력에 밀착된다면 군을 위태롭게 하지만 장군들이 국익에 기초한 전략적 사고와 판단을 할 수 없다면 국가를 위태롭게 합니다. 이것이 장교와 장군들의 차이점이며 따라서 '장교의 도'가 **임무에 입각하여 '복종하면서 복종을 이끌어 가는 술(術)'이라면 '장군의 도'는 '국익에 기초하여 올바름(正義)을 행하는 것'**이라고 정의(定意)할 수 있겠습니다.

우리 민족의 성웅이시며 인류의 전쟁사 상 최고의 명장이신 이순신 장군은 전쟁에 임하여 적과의 싸움보다는 당시의 조정으로부터 더욱더 혹독한 시련의 과정을 겪으셨습니다. 정유재란에 즈음하여 적의 간계에 속아 출정을 명하는 조정에 대하여 오로지 국민의 안위와 국가의 보전을 위한 부동의 신념을 견지하셨으며, 그 결과 죽음의 문턱에 이르러서도 장군의 생사를 걱정하는 친지에게 "죽게 되면 죽는 거지(死則死矣)"라고 하시며 소신을 굽히지 않으셨습니다. 맥아더 장군은 그의 회고록에서 총장시절 육군의 예산을 삭감하고자 했던 루스벨트 대통령에게 "육군의 예산삭감으로 다음 전쟁터에서 적의 총검에 찔리고 군화 발에 목을 졸리면서 죽어가는 미군의 병사들이 마지막으로 내뱉는 저주의 말은 나 맥아더가 아니고 당신 루스벨트의 이름일 것이라고 하면서 보직 해임을 각오하였으나. 루스벨트는 얼굴이 하얗게 되도록 분노하면서도 결국은 육군 예산을 증액시켜 주었다"라고 회고하고 있습니다.

제2차 세계대전 당시 만인에 회자되었던 명장 롬멜 장군도 위궤양 치료차 요양 중, 히틀러로부터 아프리카로 돌아갈 수 있느냐는 전화를 받고 즉시엘 알라메인 전선에 복귀하여 상황을 파악한 후 히틀러에게 철수를 건의하였습니다. 그러나 현 위치 사수를 명령받고는 "여태까지 적은 영국과 미국에만 있는 줄 알았는데 이제는 독일 내에도 한 명의 적이 더 있다는 것을 알았다"라고 하면서 군사재판을 각오하고 아프리카 군단을 철수시킴으로써 5만여 명 독일 병사의 생명을 건질 수 있도록 한 일화는 유명합니다. 이에 반하여 대소(對蘇) 전선에서 스탈린그라드에 투입되었던 제6군 사령관 파울루스는 히틀러의 명령에 반하여 독자적으로 판단하지 못한 결과 만슈타인 장군의 구출에 부응하지 못하고 결국 항복과 동시에 9만 8,000명이 시베리아로 끌려갔으나 종전 후 10년도 더 지나서야 단지 5,000명만이 살아 돌아올 수 있었습니다.

**장군에게 명령이란 없습니다. 오직 국익만이 있을 뿐입니다.** 역사에서 가정은 무의미한 것이지만 만약 파울루스 장군이 군사재판을 감수하고 제6군을 철수시켰더라면 그 후의 전황과 10만에 이르는 독일 장병의 생애는 오늘과 달리 쓰였을 것임에 틀림없을 것입니다.

### ▶ 장군들의 실천 덕목

장군들이 진정으로 '장군의 도'를 실천할 수 있기 위해서는 다음 세 가지의 실천 덕목이 전제되어야 합니다.

그 첫째는 **나라 사랑**입니다. 우리는 일반적으로 국가의 구성 요건을 주권, 영토, 국민이라고 이야기합니다. 그러므로 우리의 국가, 즉 조국 대한민국을 사랑한다함은 우리의 주권과 영토와 국민을 사랑하는 것입니다. 조국이란 그렇게 막연한 개념적인 대상이 아닌 구체적 실체입니다. 주권은 그 국가가 행사하는 배타적이고도 독점적 권리라 할 수 있는데 이는 헌법에 의하여 구체화되고 가시화되며 사람에 비유한다면 인간의 영혼과 인격이라 할 수 있을 것입니다. 그러므로 우리 헌법 전문에 명시된 대한민국의 역사적 정통성은 나라의 영혼이며, 제1조 및 제5조 1항에 명시된 대한민국이 지향하는 신념과 가치 즉 자유민주주의와 시장경제 체제는 나라의 인격과도 같은 것이며 이것이 우리 조국의 첫 번째 실체인 동시에 나라 사랑의 대상입니다.

우리의 영토와 국민은 인간의 육체에 비유할 수 있겠습니다. 여기에서 우리가 결코 잊지 않아야 할 것은 영토는 학자들이 책상 위에서 펜으로 그린 것이 아니고 조국을 사랑하는 수많은 젊은이가 흘린 피의 얼룩으로 이루어진 것이며, 국민은 먼 나라 사람들이 아니라 내 부모 형제 처자식, 친지와 이웃들이라는 것입니다. 그러므로 우리가 나라를 사랑한다함은 먼 조상들로부터 면면히 이어져온 우리의 역사를 사랑하며 내 조국 대한민국이 지향하는 신념과 가치에 충실하고 풀 한 포기, 돌 한 무더기, 나무 한 그루까지 내

산하를 사랑하며 내 부모 형제와 처자식 친지와 이웃들을, 마치 어머니가 자식을 위하여 자신을 버리듯 그렇게 사랑할 수 있어야 합니다.

두 번째는 **정신적 도덕적 용기의 실천**입니다. 전투에서의 유일한 원칙은 오직 '승리'뿐입니다. 그러나 전쟁에서의 원칙은 승리 그 자체가 목표가 아니라 승리를 통한 국가의 보전과 국익의 증진 즉 국가 목표의 달성입니다. 그러므로 군을 이끌어가는 장군들에게 있어서의 원칙은 **단 한 가지 국가의 보전과 정의로운 국익의 추구**라 할 수 있겠습니다. 따라서 참다운 장군들이야말로 시대적 상황이나 자신의 안위(安危)와 유불리(有不利)에 관계없이 오직 국가의 보전과 국익에 충실(唯民是保 而利合於主)하여야만 하며, 이러한 원칙 - 즉 국익만을 고려하고 이를 추구하며, 국익에 반하는 사안에 대하여는 NO를 분명히 NO라고 이야기하는-을 준수할 수 있어야 합니다.

세 번째는 **극기(克己)와 올바름의 추구(德)**입니다. 남을 정복하고자 하는 자는 먼저 자신을 정복할 수 있어야 합니다. 자신보다 조국을 더 사랑하며 이를 실천할 수 있기 위하여 제일 먼저 요구되는 필수 불가결의 요소는 자신을 버리는 것입니다. 인간으로서 자신을 버리고 오직 국익을 추구하고자 하는 멸사봉공(滅私奉公)의 길은 극기 없이는 결코 불가능합니다. 이렇듯 극기를 통한 나라 사랑과 원칙의 준수만이 장군을 참으로 장군답게 하며, 이것을 실천케 하는 것이 '장군의 도'입니다.

그러므로 가르시아에게 보내는 밀사 로이완 중위처럼, 1950년 폭풍 한설의 장진호 부근에서 마지막 순간까지 덕동 고개를 사수했던 미 해병 1사단의 바버 대위처럼, 장교는 임무에 임하여 결코 NO를 말하여서는 안 됩니다. 하지만 모름지기 장군이라면 이순신 장군처럼 맥아더나 롬멜 장군처럼 국익에 입각하여 NO는 분명한 목소리로 NO라고 이야기할 수 있어야 합니다. **장군에게 있어서는 단지 승리한 것이 정의가 아닙니다. 정의가 승리하도록 바름을 행하는 것, 바로 이것이 장군들의 할 일입니다.**

다시 한번 더 강조하여 말씀드린다면 '장교의 도'가 임무에 임하여 **복종하며 복종으로 이끌어 가는 술**'이라면 '장군의 도'는 국익에 입각하여 **올바름을 행하는 것**' 즉 덕(德)을 행하는 것이며, 이를 실천하는 장군들이야말로 참으로 국가의 보배가 아닐 수 없는 것입니다. 여러분! 장시간 경청해 주셔서 대단히 감사합니다. 사랑하는 내 조국 대한민국의 영광과 대한민국을 위한 여러분의 충정이 열매를 맺어 우리 후손들이 길이 이 땅에서 번창할 수 있도록, 여러분의 무운장구를 기원하면서 강의를 마치겠습니다. 감사합니다.

# 3. 몽골 국방대학원 초빙 강연(2009년 9월 3일)

이 자리에 모이신 국방대학 학생 장교 및 교관 여러분!

오늘 본인은 여러분을 만나게 된 것을 매우 기쁘게 생각하면서 우리 한국과 몽골 양국의 미래에 새로운 이정표를 세우는 데 조금이라도 기여하기를 기대하는 설레는 마음과 희망으로 이 자리에 섰습니다.

나는 1965년 육군사관학교 생도로 입교한 이래 40년이라는 세월을 '내 조국에 대한 헌신과 봉사'라는 군 유일의 가치를 실천하면서 군 장교로서 복무하였습니다. 군인이란 어느 국가이건 간에, 그 국가가 보편적으로 추구하는 목적들 즉 '번영과 생존' 중에서 그 집단의 생존을 책임진 사람들입니다. 생존과 번영은 인류가 살아가고 국가가 그 역사를 영속하는 데 있어서 결코 분리될 수 없는 수레의 두 바퀴로 비유될 수 있겠습니다. 그리고 지나온 역사에서 번영이 없는 생존은 비참하였지만 생존이 없는 번영은 존재조차도 할 수 없었습니다. 군인들은 바로 이러한 집단의 생존을 책임진 사람들로서 한 국가의 힘의 근원인 바 여기에서 중요한 것은 여태껏 힘없는 나라가 위대한 역사를 이룩한 예가 없었다는 사실로서 이것이 바로 여러분의 조국 몽골이 여러분을 필요로 하고 있는 이유입니다.

학생 장교 여러분!

인류학자들은 지금으로부터 200만 년 전, 인류의 첫 조상이 아프리카에 출현한 이래 그 후손들이 변화하는 생존 환경에 적응하면서 유럽 대륙으로 북상하였다고 말하고 있습니다. 그들 중 시베리아로 진출한 한 무리가 톈산산맥을 거처 바이칼호 주변에 정착하였다가 다시 더 좋은 생활환경을 찾아 나누어지기 시작했습니다. 그들 중 일부는 서진하여 중앙아시아와 서남아시아에 정착하였고 일부는 또다시 이동하여 북으로 핀란드, 서쪽으로 헝가리로 각각 이동하여 여기에 먼저부터 살고 있던 선주민(先住民)들과 섞이었으며, 서남으로 이동한 무리는 터키에 정착하였습니다. 또 다른 무리는 중국의 동해안을 따라 동남쪽으로 이동하여 지금의 월남 북부에 정착하였고 또 다른 무리는 만주와 연해주, 한반도 일대와 베링해협을 거처 북미 대륙에 정착하였습니다.

이것이 우리 조상들의 과거 지나온 발자취입니다. 그러므로 여러분 몽골인들과 우리 한국인들은 먼 옛날 조상을 함께한 같은 핏줄의 뿌리를 가진 형제들로서 결코 낯선 외국인들일 수가 없습니다. 아마도 여러분은 서울 거리에서 몽골인들을, 그리고 울란바토르에서는 한국인들을, 말소리를 듣지 않고 구분하는 것이 얼마나 어려운 일인지를 잘 모르실 것입니다. 본인이 육군 참모총장시절, 몽골의 국방총장이셨던 토고 장군께서 한국을 방문하였는데 이때 통역을 담당하던 여자 통역사가 한국말을 무척 능숙하게 하였습니다. 통역사가 토고 장군을 따라왔으므로 몽골인으로 짐작한 본인이 어떻게 한국말을 한국인보다 더 잘하냐고 묻자 그 여인은 웃는 표정으로 자기는 한국 사람이라고 말하였습니다. 그 다음 해 본인이 몽골을 방문하였을 때도 마침 한국대사관에 근무하는 여직원이 통역을 맡게 되었는데 아주 능숙하게 몽골어로 통역을 하기에, 그를 한국인으로 생각한 본인이 어떻게 몽골어를 그렇게 잘하느냐고 물었더니 이번에 그 여인의 대답은 자신이 몽골인 이라는 것이었습니다. 몽골과 한국은 이렇듯 한 핏줄의 뿌리 위에 자라난 같은 나무의 줄기들입니다.

그뿐만 아니라 우리는 오랜 세월 역사를 함께 해온 과거를 가지고 있습니다. 과거 우리 한국인의 조상들은 지금부터 4,300여 년 전, 만주 땅에 고조선을 건국하였고 이어서 고구려와 발해에 이르기까지 만주를 거점으로 수천 년을 살아오는 동안 여러분의 조상들과 때때로 뜻을 함께 하여 왔는가하면 지금으로부터 7~800년 전에는 여러분도 알다시피 양국이 치열한 전쟁을 치르기도 하였습니다. 그러나 이제는 한 뿌리의 형제들임을 깨닫고 손잡아 함께 미래로 나아가야 할 전략적 동지들인 것입니다.

인류의 문명이 시작된 이후 동북아에서의 역사는 때로는 조선이, 때로는 중국이, 때로는 몽골이, 때로는 일본이 서로 세력의 중심이 되기 위하여 끊임없이 각축을 벌여 왔습니다. 서양사를 중심으로 서술된 현대의 관점에서 볼 때, 역사학자들은 세계 문명의 중심이 4대 문명 발상지인 황하, 인더스, 티그리스-유프라테스, 나일강 유역 등 동방에서 시작되어 끊임없이 서쪽으로 이동하였다고 주장하고 있습니다. 4대 문명은 지금의 중동 지방을 거치는 동안 오리엔트 문명으로 불리었고 이후 에게 문명, 크레타 문명, 그리스 문명, 로마 문명을 거쳐 에스파니아 문명, 대영제국 문명의 시기를 지나 현재 미국이 주도하는 팍스 아메리카나(Pax Americana)의 시대를 거치고 있습니다.

그러나 세계의 많은 미래 학자는 문명의 중심이 보다 서쪽으로 이동하는 태평양 시대의 도래를 예견하고 있습니다. 그러므로 다가오는 태평양 시대를 주도적으로 맞이하기 위해서 이제 몽골과 한국의 젊은이들은 서로 한 핏줄의 뿌리에 태어나 오랜 세월 역사를 함께 공유해온 강한 유대감으로 손잡고 함께 나아가야만 합니다. 이때 한국의 젊은이들은 여러분을 태평양으로 인도할 것이며, 동시에 여러분은 우리 한국의 젊은이들을 끝없는 대륙으로 인도할 것입니다. 그렇게 함으로써, 이 푸른 초원과 광활한 대륙, 끝없는 대양이 한데 어우러져 숨 쉬며 평화롭게 공존하는 -진정으로 인간이 인간의 가치를 소중히 여기며 자유가 창달되고 찬란한 문명이 꽃피는-그러한 이상향을 만들 수 있을 것입니다. 이것이 우리 인류가 이루고자 하는 미래입니다.

그러므로 여러분 세대에 몽골과 한국의 젊은이들은 지난날의 역사를 되돌아보고 거기에서 역사가 무엇을 여러분에게 가르쳐 주려 하고 있는가를 귀 기울여야만 하며, 역사의 가르침에 따라 서로 힘주어 손잡고 한 형제로서 미래의 공동 목표를 향하여 대양으로, 대륙으로 달려 나아가야 합니다. 그렇게 한다면 여러분은 진정 미래의 역사를 주도해 가는 주인공들로서 인류를 위한 위대한 역사를 이룩한 영웅들로 기록될 수 있을 것입니다.

　이뿐만 아니라, 오늘의 이 글로벌 시대를 살아가는 우리는 시공간을 초월하여 인류의 먼 미래를 바라보면서 세계를 가슴에 품고 살아야 합니다. 그러기 위해 여러분은 미래 여러분의 조국 몽골을 이끌어 나갈 지도자로서, 군을 이끌어갈 정예 장교로서 발전하기 위한 부단한 노력을 기울여야 합니다. 나는 지난 40년의 세월을 여러분보다 인생과 군 장교의 선배로서의 길을 걸어왔습니다. 그래서 이 자리에서 후배 여러분에게 몇 가지 당부 말씀을 드리고자 합니다.

　지도자에게 요구되는 많은 자질 중에서도 첫 번째로 갖추어야 할 자질은 미래를 위한 비전(Vision), 즉 꿈을 갖는 것입니다. 그 꿈은 나를 위한 꿈이 아니라 조국을 위한 꿈입니다. 미래 내 조국이 어떠한 조국이 되어야 하는지, 그리고 내 후손들이 대대로 이 땅에서 어떻게 고유한 문화를 빌진시켜 나감으로써 조국의 생존과 번영을 보장하고 다른 나라들과 더불어 지속적으로 인류 문명의 진화에 기여하면서 당당하게 살아갈 수 있는지에 대한 꿈이며, 인간이 인간과 더불어 정 주어 살면서 인간답고 행복하게 사는 그러한 세상을 향하는 그러한 꿈입니다. 어느 나라든 장교들은 꿈을 가진 -내 조국에 대한 큰 꿈을 가진- 집단입니다. 그리고 그들은 어떠한 시련과 역경에 부닥친다 해도 용기로써 도전하고 인내로써 이를 극복하면서 마침내 꿈을 이루고야 마는 '인내하는 정신적 용기'를 가진 집단들입니다. 따라서 한 나라의 흥망성쇠는 그 나라의 장교단에 의하여 좌우됩니다. 여러분은 이미

'나를 위한 꿈'이 아닌 조국을 위한 꿈을 가진 사람들입니다. 그래서 여러분은 기꺼이 조국을 위해 스스로를 희생하겠다는 복무서약을 제복에 선서한 사람들이며, 이러한 자신의 서약에 대하여 무한대의 책임을 지는 명예를 실천하고 있습니다. 그러므로 여러분은 미래 국가 지도자로서의 자질을 충분히 갖추고 있는 것입니다.

지도자로서 갖추어야 할 두 번째 자질은 조국을 사랑하는 것입니다. 여러분의 조국은 다름 아닌 여러분의 역사와 몽골이 지향하는 신념과 가치, 이 땅에 사는 사람들과 여러분이 발 딛고 있는 이 끝없이 넓은 초원입니다. 역사는 여러분의 먼 조상으로부터 여러분의 아주 먼 할아버지 할머니, 아버지와 어머니 그리고 여러분에게 이르기까지 때로는 웃으며 환희하고 때로는 절규에 가까운 신음을 내뱉으며 숨 가쁘게 살아온 그 숨결을 모아놓은 것입니다. 가만히 귀 기울여 보십시오. 여러분의 할아버지들이 광활한 대초원을 질주하며 끝없이 포효하듯 내 지르던 함성이 들리지 않습니까. 그 함성 소리가 여러분의 조국입니다. 여러분의 부모 형제와 처자식, 부대의 상관과 동료 및 부하들, 다정한 이웃들, 길거리에서 마주치는 사람들 이들이 여러분의 조국입니다. 눈이 시리도록 높고 푸른 하늘, 밤하늘에 쏟아지는 보석 같은 별빛들, 끝없이 펼쳐지는 대초원, 나지막이 다정한 산봉우리들, 거울같이 맑고 깨끗한 강물들, 이들이 여러분의 조국입니다. 조국을 사랑하지 않는 사람은 결코 자기 조국의 미래에 대한 꿈을 가질 수 없습니다.

지도자의 세 번째 자질은 인간 중심의 사고입니다. 인간의 영혼은 물질보다는 정신세계에 속한 것이며 따라서 사람이란 자기 자신의 가치에 대한 인정과 칭찬과 배려, 삶에 대한 보람 등을 추구합니다. 중국의 한나라 시대 역사가 사마천은 그가 기록한 사기에 "남자는 자신을 알아주는 사람을 위하여 그 생명을 바치고, 여자는 자기를 사랑하는 남자를 위하여 그 몸을 단장

한다"라고 인간의 본성을 갈파하였습니다. 어느 누구든지 물질의 풍요보다는 정신의 풍요로움을 추구합니다. 이것이 인간입니다. 따라서 인간을 인간으로 이해하고 그들로 하여금 꿈을 이룰 수 있도록 도와주며 격려하고 인정해 줌으로써 마음으로부터 우러나오는 즐거움으로 마음껏 능력을 발휘할 수 있도록 해주는 것이야말로 지도자에게 꼭 필요한 자질입니다.

네 번째 자질은 전문성을 갖추는 것입니다. 한 마리의 양이 이끄는 100마리의 사자보다는 한 마리의 사자가 이끄는 100마리의 양이 더 강하다는 격언과 같이 어느 집단이든지 그 집단의 능력은 집단을 이끄는 지도자의 능력을 뛰어넘지 못합니다. 따라서 지도자의 전문성이야말로 그 집단의 힘의 원천으로서 지속적인 발전 가능성이자 현재 발휘되는 능력의 상한선입니다. 그러므로 지도자들은 자신의 분야에 대한 최고의 전문성을 갖추어야 합니다. 여러분이 전쟁사에서 이미 연구하였으리라 생각되지만 나폴레옹의 군대를 다른 장수가 지휘한다면 결코 나폴레옹과 같은 승리의 영광을 이루지는 못하였을 것입니다. 이것이 여러분이 최고의 전문성을 갖추기 위하여 열심히 노력하여야 할 이유인 동시에 지금 이 시간, 여기에 앉아 있는 이유입니다.

다섯 번째의 자질은 도덕성의 확립입니다. 도덕성이란 말 그대로 사람으로서 지켜야 할 원칙과 걸어가야 할 길을 벗어나지 않으며 모두에게 모범이 되어 스승이 되고, 아울러 주변의 사람들을 포용해 이끌어 나갈 줄 아는 깨끗하고 고귀하며 폭넓은 품성의 발휘를 의미합니다. 만일 지도자로서 도덕성을 갖추지 못한다면 부하들로부터 신뢰를 받을 수 없고, 신뢰를 받지 못한다면 명령이 시행되지 않을 것이며, 나아가 부하들의 단결을 저해하여 집단이 여러 갈래로 분열됩니다. 동시에 서로가 멋대로 궤도를 이탈하여 충돌하면서 개인의 이익을 위하여 집단의 이익을 희생하는, 부정과 부패가 판치는 그러한 집단이 되고 말 것입니다. 따라서 지도자의 도덕성이야말로 집단의 응집력을 이끌어 가는 원동력인 동시에 그 집단에 속한 개인들로 하여금 자신의 이익과 욕심에 치우침 없이 집단을 위하여 봉사하도록 하는 힘이며 지도자가 나아가고자 하는 방향으로 모든 구성원의 노력과 역량을 통합시켜 나가는 힘인 것입니다. 부하들로부터 불신을 받아 명령이 시행되지 않는다면 그는 이미 지도자가 아닙니다.

여섯 번째는 솔선수범입니다. 솔선수범이란 모든 명령에 앞서 내가 먼저 해보고 내가 할 수 있는 것만을 나를 따라 하도록 명령하는 것입니다. 내가 해보지 않은 것, 내가 하지 못하는 것은 결코 명령해서는 안 되며 어렵고 힘들고 위험한 것은 내가 먼저, 쉽고 편안하고 이익이 되는 것은 부하들부터 하도록 하는 것이 솔선수범입니다. 부하들이 보는 앞에서 먼저 모범을 보이고 나를 따르라고 명하는 것 그것이 솔선수범입니다. 리더란 앞에서 이끌어 가는 사람을 의미하는 것이지 결코 뒤에서 따라가는 사람이 아닙니다.

마지막으로 열정입니다. 여기에서 열정을 상세하게 설명할 필요는 없겠습니다. 도덕성과 솔선수범의 자세를 바탕으로 여러분의 가슴속에 있는 조국의 미래에 대한 꿈과 사랑을, 부하들에 대한 뜨거운 애정을, 신념의 불꽃으로 활활 타오르는 열정의 횃불을 여러분 부하들의 가슴 가슴에 불붙여 부하들의 가슴이 여러분과 똑같은 열정으로 불타오를 때 여러분은 여러분의 부하들을 영광의 역사로 이끌어 그토록 소망하던 여러분의 꿈을, 위대한 조국의 영광된 역사를 이룩할 수 있을 것입니다.

친애하는 몽골 국방대학의 학생 장교 및 교관 여러분!
오늘 본인은 미래에 대한 무한한 꿈과 기대감으로 가슴이 벅차오름을 느끼고 있습니다. 이제 태평양 시대를 맞아 앞으로의 역사를 주도하는 주역으로서 몽골의 지도자가 될 여러분과 우리 한국의 젊은 장교들이 서로 함께 어깨를 나란히 하면서 세계를 가슴에 안고 무한한 미래를 향하여 마음껏 능력을 발휘하는 그러한 꿈을, 그래서 두 나라의 젊은이들 모두가 인류 역사에 위대한 지도자들로 기록될 수 있는 그날을 기대합니다. 몽골과 한국의 영원한 우정과 공동의 번영을 그리고 몽골 육군대학과 장교단 및 여러분의 영광과 건승을 기원하면서 이상으로 본인의 강의를 마치려 합니다. 장시간 경청해주셔서 감사합니다.

# 4. 타이완 국방대학원 / 지상군 사령부 초빙 강연
  (2011년 8월 9일)

  여러분 안녕(安寧)하십니까?

  먼저 본인(本人)을 초청(招請)해주시고, 이러한 영광(榮光)된 기회(機會)를 마련해주신 중화민국(中華民國) 육군(陸軍) 사령관(司令官)님께 깊은 감사(感謝)를 드립니다. 오늘 본인은 특별(特別)한 감회(感懷)와 더불어 이 자리에 섰습니다. 과거(過去) 한 때, 조선(朝鮮)이 일본(日本)의 제국주의적(帝國主義的) 침략(侵略)에 무단(武斷) 강점(强占)되어 불행(不幸)하였던 시기(時期)에 장개석(蔣介石) 총통(總統)께서는 낙양군관학교(洛陽軍官學校)에 '한인특별반(韓人特別班)'을 개설(開設)하고, 조선의 많은 애국 청년(愛國靑年)에게 정규(正規) 장교 교육(將校敎育)을 실시(實施)함으로써 조선(朝鮮)의 독립 운동(獨立運動)에 물심양면(物心兩面)의 지원(支援)을 아끼지 않으셨습니다. 이후(以後) 낙양군관학교(洛陽軍官學校) 출신(出身)의 한인(韓人) 청년(靑年) 장교(將校)들은 독립군(獨立軍)의 중견 간부(中堅幹部)로 또는 중화민국군(中華民國軍) 장교(將校)로 배속(配屬)되어 대일 전선(對日戰線)에 참전(參戰)함으로써 자신(自身)들의 조국(祖國)을 위(爲)하여 그리고 인류(人類)의 보편적(普遍的)인 이상(理想)과 정의(正義)를 위(爲)하여 피를 흘렸습니다. 이렇듯 우리는 역사(歷史) 속에서 공동(共同)의 목표(目標)를 위(爲)하여 함께 피 흘린 굳건한 동지(同志)이자 전우(戰友)였습니다. 그러므로 본인은 오늘 본인의 과거(過去) 지나온 이야기들을 통(通)하여 우리의 미래(未來)에 관련(關聯)된 이야기들을 하고자 합니다.

친애(親愛)하는 중화민국(中華民國) 육군 본부(陸軍本部) 근무(勤務) 장교(將校) 및 국방대학원(國防大學院) 학생(學生) 장교(將校) 여러분!

우리는 현재(現在) 어떠한 변화(變化)의 시작(始作)을 스스로가 인식(認識)하기도 전(前)에, 또 다른 새로운 변화(變化)가 시작(始作)되는 무서운 변화(變化)의 시대(時代)에 살아가고 있습니다. 본인은 태평양(太平洋) 전쟁(戰爭)이 막바지에 달했던 1944년에 태어나 대한민국(大韓民國) 건국(建國)과 더불어 공산주의자(共産主義者)들의 책동(策動)으로 인(因)한 극도(極度)의 혼란(混亂)과 구(舊) 소련의 사주(使嗾)와 중공(中共)의 지원(支援)을 받은 북한(北韓) 공산주의자(共産主義者)들의 불법 남침(不法南侵)으로 온 국토(國土)가 전화(戰禍)의 잿더미 속에 소용돌이치던 처참(慘憺)한 시기(時機)에 어린 시절을 보냈습니다. 미처 인생(人生)을 알기도 전(前)에 전쟁(戰爭)의 한가운데 팽개쳐진 처절(悽絶)함과 잔혹(殘酷)했던 공산주의자(共産主義者)들의 행태(行態)는 이제 70을 바라보는 지금도 꿈속에서조차 본인을 몸서리치게 하고 있습니다.

인간(人間)다운 사회(社會)란 인간(人間)의 존엄성(尊嚴性)이 존중(尊重)되고 사람과 사람이 사랑[愛]으로 더불어 살면서 정의(正義)와 자유(自由)가 살아서 숨 쉬고 스스로의 의지(意志)에 의(依)하여 저마다 타고난 자질(資質)을 바탕으로 능력(能力)에 따라 도전(挑戰)하고 노력(努力)에 의(依)하여 성취(成就)할 수 있는 그러한 사회(社會)입니다. 그러므로 정의(正義)와 인권(人權), 자유(自由)에 기초(基礎)한 공존(共存)과 공영(共榮)의 추구(追求)야말로 인류 사회(人類社會)의 보편적(普遍的) 이상(理想)인 바, 이것이 우리의 자유민주주의(自由民主主義)와 시장경제(市場經濟) 체제(體制)가 지향(指向)하는 가치(價値)이며 이를 옹호, 보위하는 것이 곧 우리 군의 임무이자 장교단의 어깨에 지워진 의무입니다. 이런 이유로 조국(祖國)이 추구하는 정의(正義)로운 가치야말로 장교(將校)들의 긍지(矜持)이자 신념(信念)인 것이며, 목숨 바쳐 조국(祖國)에 헌신(獻身)할 수 있는 정신적(精神的) 지주인 것입니다. 그러므로 군(軍)의 장교(將校)를 군이 종교(宗教)에 비유(比喩)한다면, 이러한 조국(祖國)이라는 신(神)을 섬기는 군대(軍隊)라는 종교 집단(宗教集團)의 장교(將校)라는 성직자(聖職者)와도 같습니다.

본인이 고등학생(高等學生)이었던 1960년대의 대한민국(大韓民國)은 모진 회오리바람이 폭풍(暴風)처럼 몰아치던 정치적(政治的), 사회적(社會的) 격변기(激變期)였습니다. 그러나 박정희(朴正熙) 대통령(大統領)께서 제창(提唱)한 새마을운동(運動)은 국민(國民)들로 하여금 타성적(惰性的)인 절망(絶望)에서 뛰어 일어나 "우리도 할 수 있다"는 용기(勇氣)와 "잘살아 보자"라는 희망(希望)으로, 60년대 초(初) 불과(不過) 1인당(人當) 국민소득(國民所得) 100달러 미만(未滿)의 가난한 나라가 2만 달러로 한걸음에 세계(世界) 경제(經濟) 상위권(上位圈) 국가(國家)로 도약(跳躍)한 '한강의 기적(奇蹟)'을 이룩하였습니다.

그러나 이러한 놀라운 성과(成果)의 초석(礎石)은 당시(當時) 박 대통령(朴大統領)의 지도력(指導力)과 나라 사랑, 그리고 일찍이 선진 문물(先進文物)을 섭렵(涉獵)하였던 군(軍) 장교단(將校團) 출신(出身) 엘리트들의 헌신(獻身), 국민개병제(國民皆兵制)를 채택(採擇)한 국가(國家)로서 대다수(大多數) 젊은이가 군 복무(軍服務)를 통(通)하여 체득(體得)한 인내(忍耐)와 실천력(實踐力)의 결실(結實)이었습니다.

이와 같이 어느 나라든 장교단(將校團)은 국가(國家)가 막대한 재원(財源)을 들여 교육(教育)하고 육성(育成)한 엘리트 집단(集團)으로서 현역 시(現役時)에는, 국가(國家) 생존(生存)의 원동력(原動力)이며 전역 후(轉役後)에는 국가(國家) 번영(繁榮)의 중요한(重要한) 구성원(構成員)으로 국가(國家)에 봉사(奉仕)하는 집단(集團)입니다. 그러므로 과거(過去) 위대(偉大)한 역사(歷史)를 이룩한 국가(國家)에는 반드시 조국(祖國)에 대(對)한 애정(愛情)과 헌신

(獻身)으로 충만(充滿)된 훌륭한 장교단(將校團)이 있었습니다.

본인은 1969년 육군사관학교(陸軍士官學校) 졸업(卒業)과 동시(同時)에 육군(陸軍) 소위(少尉)로 임관(任官)된 후, 조국(祖國)의 명령(命令)에 의(依)하여 월남전(越南戰)에 소대장(小隊長)으로 참전(參戰)하였습니다. 포연 탄우(砲煙彈雨)의 전쟁(戰爭)터에서 장교(將校)들이 죽음의 공포(恐怖)를 무릅쓰고 주저(躊躇)하거나 회피(回避)함이 없이 임무(任務)를 수행(遂行)할 수 있는 것은 '정의로운 조국(祖國)의 명령(命令)은 정의(正義)로울 것'이라는 믿음 때문입니다. 그리고 통상적(通常的)으로 전쟁터에서 상관(上官)이 부하(部下)들에게 내리는 명령(命令)은 대부분(大部分) 임무 수행(任務遂行) 중 목숨을 잃을 수도 있는 위험(危險)한 것들입니다. 그러나 이러한 명령(命令)에 부하(部下)들이 복종(服從)하는 것은 기꺼이 죽음을 감수(甘受)하려 하기 때문이 아니고 '세 가지(三種의)의 믿음(信)' 때문에 살 수 있으리라는 희망(希望)으로 명령(命令)에 복종(服從)합니다. 그 세 가지의 믿음이란,

첫째, 상관(上官)에 대한 믿음으로 **"부하를 내 자식처럼 사랑(視卒如愛子)"** 하는 상관의 인간적(人間的) 자질(資質)과 탁월(卓越)한 군인(軍人)으로서의 능력(能力)에 대한 믿음이며

둘째, 부대(部隊)와 전우(戰友)에 대한 믿음으로 우리 부대는 천하무적(天下無敵)이라는, 소속대(所屬隊)에 대한 자긍심(自矜心)과 더불어 믿고 의지하며 서로 돕는 전우애의 믿음

셋째, 자신(自身)에 대한 믿음으로 훈련 성과(訓練成果)의 자신감(自信感)에 기초(基礎)하여 적은 죽고 나는 살 수 있으리라는 믿음입니다.

이렇듯 군인(軍人)들은 조국(祖國)에 대한 사랑과 상관(上官)에 대(對)한 믿음, 부대(部隊)와 전우(戰友)에 대(對)한 믿음, 자신(自身)에 대(對)한 믿음, 이러한 큰 사랑과 세 가지 믿음(一愛三信)에 대한 신념(信念)과 가치(價値)에 의(依)하여 임무(任務)에 헌신(獻身)할 수 있는 것이며, 따라서 조국(祖國)에 대

한 사랑(愛)과 믿음(信)이야말로 군인(軍人)에게 요구(要求)되는 기본적(基本的) 자질(資質)입니다.

본인은 소대장(小隊長)으로부터 사단장(師團長)까지 모든 지휘관(指揮官) 경력(經歷)을 북한(北韓) 공산 집단(共産集團)과 마주한 최전방(最前方)의 휴전선(休戰線)에서 복무(服務)하였습니다. 때로는 폭염(暴炎)과 폭우(暴雨) 속에서, 때로는 한풍빙설(寒風氷雪)의 악조건(惡條件) 속에서 한 평생(平生) 가족(家族)과 떨어져 생활(生活)하는 외롭고 힘든 근무(勤務)였습니다. 하지만 본인이 회의감(懷疑感)으로 나태(懶怠)해질 때마다 새로운 마음 자세로 임무를 수행할 수 있었던 것은 내 조국(祖國)과 가족(家族), 부하(部下)들에 대한 사랑이 언제나 본인으로 하여금 이들에 대한 의무를 일깨워 주었기 때문입니다. 군인(軍人)은 복무(服務)하는 집단(集團)이지 취직(就職)한 집단(集團)이 아니며 복무(服務)란 다름 아닌 사랑하는 조국(祖國)이 부여(賦與)한 의무(義務)에 대(對)한 무조건적(無條件的)인 '헌신(獻身)과 봉사(奉仕)'입니다.

본인은 이렇게 40여 년(餘年) 간(間)의 군 복무(軍服務)를 마치고 이제는 평범(平凡)한 시민(市民)으로 돌아왔지만 아직도 꿈속에서는 여전히 군인(軍人)의 모습입니다. 이제 본인이 군(軍)에 입대(入隊)한 때로부터 불과(不過) 50年 미만(未滿)의 세월(歲月)이 흘렀지만 지금의 세계(世界)는 무서운 변화(變化)를 맞이하고 있습니다. 일찍이 맹자(孟子)는 "이력가인자(以力假人者) 패(覇), 필유대국(必有大國), 이덕행인자(以德行仁者) 왕(王), 왕부대대(王不待大) 탕이칠십리(湯以七十里) 문왕이(文王以) 백리(百里)" 즉 "힘으로 천하(天下)를 억압(抑壓)하려 하는 패자(覇者)는 필(必)히 큰 나라이어야 하나, 덕(德)으로 인(仁)을 행(行)하는 왕도(王道)는 굳이 큰 나라일 필요(必要)가 없다. 탕왕(湯王)은 불과(不過) 칠십 리(七十里)로 천하(天下)를 얻었고 문왕(文王)은 백 리(百里)의 땅으로도 천하(天下)를 얻었다"라고 하였습니다.

이제 역사(歷史)에서, 패자(覇者)의 시대(時代)는 가고 덕(德)으로 인(仁)을 행(行)하는 '공존(共存) 공영(共榮)'의 정의(正義)로운 가치(價値)가 진정(眞正)한 힘을 발휘(發揮)하는 시대(時代)로 변화(變化)되었습니다. 왜냐하면 오늘의 세계(世界)는 과거(過去) 역사(歷史)를 주도(主導)했던 강대국(强大國)들이 주(主)로 인구(人口)의 다과(多寡), 영토(領土)의 크기, 풍부(豊富)한 자원(資源) 등(等) 국력(國力)에 의(依)하여 결정(決定)되어졌던 데 반(反)해 이제는 이러한 국가의 양적 능력(量的能力) 즉 하드 파워(Hard Power)에 의하여 국력(國力)이 결정(決定)되어지는 것이 아닙니다. 이제 국력은,

첫째, 그 국가(國家)가 지향(指向)하는 중심 가치(中心價値)와 국가(國家)의 질(質)

둘째, 국가(國家)를 이끌어가는 엘리트들의 자질(資質)과 능력(能力)

셋째, 기술 수준(技術水準) 등(等) 국가(國家)의 질적 능력(質的能力)과 소프트 파워(Soft Power)에 의해 그 수준(水準)이 결정(決定)되어지는 시대(時代)로 변화(變化)되고 있기 때문입니다.


따라서 미래(未來)의 강자(强者)는 결(決)코 '힘(力)'을 가진 자(者)가 아니라, 지구촌(地球村)의 세계화(世界化) 추세(趨勢)와 더불어 인권(人權)과 자유(自由), 평등(平等)에 기초(基礎)한 인류(人類) 공존(共存) 공영(共榮)의 보편적(普遍的) 정의(正義)의 가치(價値)를 공유(共有)하며 실천(實踐)하는 자(者)가 될 것이며, 따라서 정의(正義)의 가치(價値)를 공유(共有)하는 집단(集團)은 영원(永遠)할 것이나 그렇지 못한 불의(不義)의 집단(集團)은 반드시 고립(孤立)되고 마침내는 멸망(滅亡)해 갈 것입니다.

중화민국(中華民國)과 우리 대한민국(大韓民國)은 자유민주주의(自由民主主義)와 시장경제(市場經濟) 체제(體制)라는 인류(人類)의 보편적(普遍的) 이상(理想)과 가치(價値)를 공유(共有)하는 가운데 국제 사회(國際社會) 속에서 상호(相互) 공존(共存) 공영(共榮)을 추구(追求)하면서 같은 길을 걷고 있

는 동지(同志)입니다. 일찍이 공자(孔子)님의 "덕을 베푸는 자는 결코 외롭지 않으며 반드시 서로 도울 수 있는 이웃이 있다(德不孤必有隣)"라는 말씀처럼 정의(正義)를 행(行)하는 자(者)는 결(決)코 외롭지 않을 것이며, 그러므로 우리는 마침내 우리의 정의로운 가치(價値)를 이 땅에 실현(實現)할 수 있을 것입니다.

　여러분 감사(感謝)합니다.

# 5. 국정원장

## 가. 고별사(국정원, 2014년 5월 21일)

사랑하는 직원 여러분!

여러분은 밝고 희망찬 내일을 위하여 영하의 칠흑 같은 어둠 속에서 조국의 새벽을 열어가는 호국의 전사들로서 그 누구도 갈 수 없는 곳에서, 아무도 할 수 없는 일들을 하기 위하여 이곳에 와 있습니다. 그러므로 가는 길이 아무리 험하다 해도 여러분의 임무는 포기되어서도, 포기하여서도 안 되며 오직 자식들에게 물려줄 조국의 내일을 위하여 반드시 수행되어야만 합니다.

여러분은 참으로 자랑스러운 이 땅의 영웅들입니다. 이 어려운 시기 이 험난한 곳에 여러분을 남겨놓고 홀로 떠나려 하니, 죄지은 듯 무거운 심정이지만 여러분의 자유 조국 대한민국에 대한 꿈과 열정과 높은 긍지를 알고 있기에 안도하는 마음입니다.

지난 1년여, 여러분과 함께했던 시간은 내 생애 최고이자 영광이었습니다. 그러므로 부덕한 본인을 믿고 그 힘들고 먼 시련의 길을 묵묵히 함께해온 여러분의 신뢰와 헌신에 최고의 경의와 감사의 마음을 보내 드리며 본인은 이제 마음은 여러분의 곁에 남겨 두고 몸만 떠나려 합니다. 직원 여러분! 진심으로 사랑합니다. 안녕히 계십시오.

남재준

## 나. 원장님 고별사를 읽고(직원들이 보내준 게시 댓글, 2014년 5월 30일)

○ 우리가 사랑하고 존경하던 원장님께서 마음을 두고 몸만 떠나신다고 하시니 너무나도 안타깝고 아쉬운 마음이 듭니다. 갑작스러운 소식에 당황스럽고 어리둥절하지만 원장님의 고별사를 읽고 나니 "우리가 따르고 좋아했던 원장님은 역시 남다르시며 대한민국 조국을 사랑하시고 우리를 사랑하시는구나, 남아 있는 우리가 더더욱 열심히 우리의 사명과 직분의 책임을 다 해야겠다"라고 생각하였습니다. 다시 한번 다짐합니다. 자유 민주 대한민국의 존립과 번영, 성공적 통일 한국을 위해 최선을 다하겠습니다! 원장님 마음이 언제나 우리와 함께 있다고 말씀하셨듯 저희 또한 원장님과 영원히 함께할 것입니다. 남재준 원장님 안에 국가정보원이 있고, 우리 안에 남재준 원장님이 계십니다. 원장님! 감사합니다, 그리고 사랑합니다. 늘 건강하고 행복하게 지내세요.^^

○ 직원으로서 그간 원이 어려운 시기였지만 원장님과 함께했던 시간이 진정 행복했습니다. 원장님 말씀대로 몸은 떠나시지만 마음만은 함께하시면서 원과 후배 직원들이 보이지 않는 곳에서 조국 통일을 위해 어떻게 활약하는지 지켜봐 주세요. 부디 건강하게 지내시고 사인으로서도 행복하시기 바랍니다. 감사하고 사랑합니다.

○ 재임하시는 동안 내내 바람 잘 날이 없었습니다. 원이 가장 어려운 시기에 조직을 위해 고군분투하신 원장님께 직원의 한 사람으로서 감사드리며 사랑합니다.

○ "사랑하지? 배신하지 않을 거지? 국정원이 마지막 보루다! 사랑한다." 마지막 말씀을 듣고 저도 모르게 눈물이 핑 돌았습니다. 직접 만나 악수를 나누거나 뵌 적이 없지만 사랑한다는 말이 진심으로 와 닿았기 때문이

아닐까요? 20년간 회사 생활을 하면서 어떻게 살아야겠다는 각오, 특히 자식에게 재산보다 "아버지는 조국의 안보와 통일을 사명으로 살았다"라는 명예를 유산으로 남겨주는 것이 얼마나 더 가치 있는 것인지 깨닫고 스스로 다짐하게 해주셨습니다. 이순신의 사생관을, 역사와 불변의 진리 앞에 당당하고자 노력하는 삶의 가치, 정보요원으로 산다는 것의 행복된 사람이 되어야 한다는 생각, 내게 소명과 사명이 있다는 내적 자부심 등 많은 깨달음을 주셨습니다.

어제 모 선배님과 통화를 하면서 "훌륭한 어느 한 분이 오셨다가 가셨다. 결국 주인은 우리고 우리 조직이다. 남 원장님이 주신 가치를 다시 어떤 분이 오시더라도 주인인 우리가 스스로 확신하고 가치와 조직 문화를 든든히 지켜가야 한다. 결국 우리다"라는 말씀을 나눴습니다. 소중한 가치를 일깨워주시고 가슴에 주옥같은 교훈을 남겨주신 원장님, 감사합니다. 부디 건강하게 지내시고 말씀대로 사명을 공유하는 동지로 늘 함께하시길 빕니다. 우연히 만나면 그렇게 인사드리겠습니다. 아직 사랑하시죠? 배반 안 하실 거죠? 사랑합니다!

ㅇ 아주 오랜만에 존경할 수 있는 리더를 만났는데, 너무나 짧은 만남이어서 아쉽기 그지없습니다. 지금까지 원장님이 떠나신다고 이렇게 마음이 공허하고 허전한 적이 있었던가요. 원장님께서는 가셨지만 저희를 위하고 사랑하신 마음, 저희에게 심어주신 자부심과 소명 의식은 오래오래 남을 것입니다. 환송의 기회가 있었다면 기꺼이 나가서 마지막 얼굴 뵙고 싶었는데, 이 또한 아쉽습니다. 항상 건강하게 지내십시오! 사랑합니다. 그리고 존경합니다.

ㅇ 역대 원장님 중에서 애국심이 가장 강하셨던 원장님! 우리 원과 부하를 진정으로 사랑하셨던 원장님! 우리의 마음속에 영원히 간직하고 있겠습

니다.!

O 원장님이 퇴직하시는데 슬프고 억울한 마음이 드는 건 처음……

O 우리 모두의 '롤 모델!!!!' '아, 참된 리더란 저런 분이구나!' 느끼게 해주신 분. 존경합니다.

O 원장님! 사랑합니다! 존경합니다! 더 오래 계시지 못해 아쉬울 따름입니다. 그동안 고생 많으셨고, 저희는 가야 할 길을 묵묵히 가겠습니다. 응원해주십시오.

O '저분이야말로 믿고 따를 수 있겠다'라고 생각했는데 이렇게 떠나시다니 섭섭한 마음 금할 길 없습니다. 원장님, 건강하시길 빕니다. 사랑합니다.

O 원장님을 보면서 짧은 원 생활이지만 '이 분보다 훌륭한 분을 모실 기회가 있을까'라는 생각을 많이 하였습니다. 어려웠던 지난 시간 매 순간 어려움을 토로하고 현실을 욕하기보다 조국이 우리에게 부여한 임무를 강조하셨던 분. 과거 이순신 장군님을 떠올리게 하는 남 원장님, 그동안 보여주신 정신 잘 본받아 부끄럽지 않은 직원이 되겠습니다. 영원히 사랑합니다.

O 어제 저녁 소나타 타고 가시다 내려서 동문 직원과 인사하고 다시 소나타 타고 가시는 분. 오실 때도, 원내에서도 종종 타고 다니신 걸로 알고 있는데. 처음의 모습을 마지막까지 변치 않고 보여주신 그분을 가슴 깊이 존경합니다. 언젠가 그만두면 누가 제일 좋아하겠느냐고 회의 때 물어보셨다죠. 아무도 예측하지 못한 대답은 당신께서 제일 좋아할 것이라고 하신 것처럼 건강하고 행복하게 지내시길 바랍니다.

○ 국가와 원에 대한 충정과 열정이 어느 분보다 강하셨던 진정한 우리의 리더였습니다! 어디에 계시든 항상 건강하시길 빌겠습니다. 그리고 원장님의 신념과 충정을 본받아 정의롭고 떳떳한 직원이 되도록 노력해야 되겠습니다. 존경합니다!!!

○ 훌륭한 원장님 모셔서 영광이었습니다! 짧은 시간 함께했지만 저희에게 주신 가르침은 오래도록 가슴에 남아있을 것입니다. 언젠가 다시 원장님 뵐 때 당당할 수 있도록 원 직원으로서 열심히 일하겠습니다. 항상 건강하시고 앞날에 좋은 일만 가득하시길 바라겠습니다!

○ 원장님! 저희가 지켜드리지 못해 죄송합니다.

○ 어제 저녁 마음이 울컥해서 집에서 혼자 소주 한 잔 했습니다. 많은 원장님을 모셨지만 짧은 기간 직원들에게 이렇게 크게 자리 잡으셨던 분은 처음이었던 것 같습니다. 이제 마음의 짐 훌훌 털어버리시고 가족과 본인을 위해 사셨으면 하는 바람입니다. 그동안 감사했습니다.

○ 원장님만 생각하면 안중근 의사의 유묵 내용이 생각납니다. "위국헌신 군인본분(爲國獻身軍人本分)" 정말 이후에도 나라를 위한 일에 매진하시고 건강하셨으면 좋겠습니다.

○ 원장님을 뵈면서 진정으로 나라를 위하는 것이 무언지 느낄 수 있었습니다. 가르침 깊이 새기고 열심히 최선을 다해 잘 해나가겠습니다!! 항상 건강하시고 행복하게 지내십시오. 사랑합니다!!

○ 정보기관 요원으로서 업(業)의 본질이 무엇인지 그리고 대한민국 국가

번영을 위한 신념의 중요성을 다시 한 번 생각하게 해준 남재준 원장님!!! 너무나 존경합니다. 그리고 사랑합니다.

O 퇴임식도 없이 가시다니. 이순신 장군님이 환생해 우리 원에 오셨다가 홀연히 돌아가신 느낌이네요. 원장님이 일찍 가시니 너무나 아쉽습니다.

O 많이 당황스럽고 어리둥절했습니다. 몇 번의 원장님과의 대화에서 항상 임무, 소임, 책무를 말씀해 주셨습니다. 사명감을 가지고 일하겠습니다. 원장님! 존경합니다.

O역대 원장님들 많이 모셔봤지만 이번 원장님 같은 분을 뵙게 되고 같이 근무를 했다는 것이 더 없이 행복했습니다. 직원보다 우리 원을 더 사랑하신 원장님. 건강하게 지내세요.

O 원장님 진심으로 존경합니다. 가장 훌륭하신 분인데 가장 조용하고 쓸쓸하게 가셨습니다. 그래서 더 마음이 아픕니다. 사모님과 건강하시고 행복하게 지내십시오. 충성!!

O 필사즉생(必死卽生)의 이순신 장군 정신을 심어주시고 홀연히 떠나신 남재준 원장님! 비록 몸은 떠나셨지만 모든 직원 마음속에는 저희와 함께 우심(憂心)에 전전야(輾轉夜)하시는 든든한 버팀목으로 남아계십니다. 감사하고 존경합니다.

O 보내드리고 싶지 않은 존경스런 분을 너무 허탈하게 인사 한마디 제대로 전해드리지 못하고 보내드려 아쉬워하는 마음들이 비슷한 것 같습니다. 많은 분의 진심 어린 댓글들을 모아 편지 형식으로라도 인사를 전해드리는

방법은 없을까요? 형식적인 퇴임식 절차는 마다하셨지만. 마음이 담긴 인사 편지는 받으신다면 좋아하실 것 같은데요.

○ 어느 직원의 편지

저희에게 과분하다고까지 느꼈을 만큼 훌륭한 원장님을 너무도 짧게 모시게 되어 아쉽고 서운한 마음 금할 길 없습니다. 일전에 제 훈육관이 "원에서 일할 수 있는 것이 행운이고 행복이다"라고 하셨는데 제게는 원장님과 함께 할 수 있어서 "행운이고 행복이다"라고 해야 할 것 같습니다.

언제나 부족한 저희를 사랑과 믿음으로 지켜봐 주신 원장님, 계신 동안 하루도 편한 날 없이 고생만 하신 것도 안타깝습니다. '초'가 자신을 태우고 녹여 주위를 밝히듯이 조국 통일의 새벽을 여는 정보 전사가 되기 위해 희생하고 노력하는 직원이 되겠습니다. 원장님께서 저희에게 일깨워 주셨던 가르침, 향초의 그윽한 향기처럼 오래도록 원 구석구석 남아서 잊고 있다가도 무심결에 코끝을 스치는 난 꽃의 향기처럼 저희에 남아 있으리라 확신합니다.

원장님, 늘 저희에게 해 주셨던 말씀, 돌려드리고 싶습니다.

"사랑합니다. 그리고 존경합니다."

## ▶ 나의 영원한 원우(院友)들에게!

늦은 답장, 이해하여 주리라 생각하며 여러분의 사랑과 믿음에 다시 한 번 더 고개 숙여 감사드립니다. 아울러 여러분의 동의 없이 게시 글을 게재한 데 대한 이해를 당부 드리며 변함없이, "영하의 칠흑 같은 어둠 속에서 조국의 새벽을 열어가는 호국의 전사들"의 발걸음마다, 하느님의 보우하심이 동해물과 백두산이 마르고 닳도록 함께하시기를 빌고 또 빌겠습니다. 여러분을 믿고 있습니다. 그리고 사랑합니다!

남재준

# 6. 어느 70대의 회고
## (한국국토정보공사, 2015년 10월 6일)

여러분 안녕하십니까?

오늘 여러분을 뵙고 이야기를 나누게 된 것을 매우 기쁘게 생각하며 이런 자리를 베풀어 주신 사장님께 먼저 감사의 말씀을 드립니다. 저는 오늘 여러분에게 어떠한 특정의 전문적 주제를 가지고 말씀드리고자 하는 것이 아니라 여러분보다 조금 먼저 이 땅에 태어나서 70여 년을 평범한 국민으로 살아온 나의 지나온 나날들을 돌아보면서 우리 세대가 걸어왔던 과거와 이제 남은 미래의 바람을 말씀드리고자 합니다.

저는 일제가 태평양 전쟁에서 패색이 짙어가던 1944년에 태어났습니다. 말하자면 일제 강점기에 태어난 끝둥이 세대입니다. 제 어린 시절, 기억의 시작은 여섯 살 되던 해부터인데 큰길가에 떼 지어 각목과 몽둥이를 휘두르며 피 흘리던 끔찍한 좌우익의 유혈 충돌 장면들이 지금도 흐릿하게 기억에 남아 있습니다. 제가 일곱 살이 되던 해가 1950년으로 6·25전쟁이 일어나, 시골의 조그만 친척집에서 숨어 지내다가 다음 해 1·4후퇴 때는 피란 열차를 타고 부산으로 피난 갔었습니다.

그 해에 유달리 추웠던 기억은 지금도 생생한데 제가 탔던 열차는 매년 TV의 6·25 특집에 빠지지 않고 단골 메뉴로 등장하는 바로 그 마지막 피란 열차였습니다. 거의 65년이 지난 지금도 가끔 꿈속에서 피란민들이 입추의 여지가 없이 들어차 미처 화물칸에 타지 못하고 기관차에 몸을 묶거나 화물차의 지붕에 타고 가다가 졸음을 이기지 못하고 열차 위에서 굴러 떨어져 죽는 사람들의 처절한 모습들이, 열차가 정차할 때마다 밥 짓거나 일 보러 내렸다가 미처 타지 못하고 이산가족이 된 사람들의 울부짖음이 현실처럼 생생합니다.

　서울이 수복되고 제가 살던 저의 고향으로 돌아왔을 때 폐허가 되어 있던 마을의 광경은 현실이 아닌 한 폭의 낯선 그림으로 다가왔습니다. 하지만 부모님은 그 폐허를 파헤치며 가족의 보금자리를 마련하셨고, 그 해 국민학교에 입학하여 휴전 당시에는 3학년이 되었습니다. 당시의 학교는 공부보다는 책보를 풀어 깃발을 만들고 산에 올라 솔방울을 따서 전쟁놀이를 하는 날이 더 많았는데, 미국이 원조해준 밀가루로 수제비를 해 먹거나 종이 드럼통에 들어있는 탈지분유로 우유죽을 해먹으며 연명하던 시절이었습니다.

　3학년 담임선생님은 상이 제대하신 소대장 출신의 예비역 소위이셨습니다. 어느 날 선생님께서 사회 시간에 부산에 가본 학생 손들어라 하시기에 저는 손을 들고 보니 저 혼자뿐이어서 대단히 자랑스러운 얼굴을 하고 있었습니다. 그런데 질문은 부산까지 기차로 얼마나 걸리는지였습니다. 그래서 저는 당당하게 "예, 일주일 걸립니다" 하고 답변하였더니 선생님께서 나오라 하여 종아리를 걷으라 하시더니 회초리로 따끔하게 때리셨는데, 선생님을 원망하는 것은 아니지만 지금 생각해도 조금 억울한 생각이 들고는 합니다. 왜냐하면 제가 탔던 피란 열차는 임시 열차로, 부산까지 바로 간 것이 아니라 필요시마다 화물칸을 떼어놓고 군용 물자를 수송하다가 임무가 끝나면 다시 돌아와 화물칸을 붙여서 끌고 남행하였기 때문에 실제로 일 주일간이 소요되었습니다. 하지만 당시의 저로서는 이러한 사실을 알 수 없었는데 선생님께서는 제가 선생님을 놀리느라 일부러 그렇게 답변한 것으로 오해하셨던 것입니다.

　후에 안 사실이지만 당시 서울에서 부산까지 완행열차는 대략 열서너 시간, 급행열차는 아홉 시간 내외가 소요되었던 것 같았습니다. 전쟁이 끝나고 온통 폐허가 된 옛 집터에서 우리 부모님 세대들은 허기진 배를 냉수로 채우시면서 오직 자식들을 위하여 피 같은 땀과 눈물을 흘리며 살림의 터전을 일구어내셨습니다.

고등학교 1학년 때 4·19가 일어났는데 저는 그때 배재고등학교에 다니고 있었습니다. 여러분도 알고 계시듯 이승만 대통령께서 배재학당을 졸업하셨기 때문에 선생님들은 우리가 데모에 참가하지 못하도록 막으셨고, 학생들은 선생님의 눈을 피하여 담을 넘어 데모대에 합류하고는 하였습니다. 그 당시의 기억으로는 "3·15 부정선거 규탄과 이승만 대통령 하야"라는 구호를 외치고 다녔지, 독재 타도라는 구호를 외친 일은 기억에 없습니다.

4·19 이후에 사회는 극도로 혼란스러워져 데모가 일상화되다시피 매일같이 데모 행렬이 줄을 이었는데, 심지어는 초등학교 어린 학생들까지도 데모를 하고는 하였습니다. 고등학교 2학년 때인 1961년 5월 16일은 중간고사가 시작되는 날이었습니다. 시험공부를 하나도 하지 않아서 전날 밤 걱정을 하다 잠들었는데, 아침에 일어나 보니 어머님께서 오늘 학교에 가지 않아도 된다고 하셔서 얼마나 신나했던지 그때 좋아했던 제 모습이 지금도 눈에 선합니다.

5·16 이후 "잘 살아보세, 우리도 할 수 있다"라는 간단한, 그러나 겨레의 염원이 담긴 슬로건에 국민들의 의지가 결집되기 시작하면서 나태하고 무기력하던 일상이 생동감과 활력이 넘치는 사회로 변화하기 시작하였습니다. 일본의 조선신민 우민화 정책에 의하여 우리 속담으로 날조되었던 "엽전이 해봤자 별 수 있냐?"라는 자조적인 말들이 사라지기 시작하였고 농촌에서는 농한기에 당연시되던 술판과 노름판이 자취를 감추었습니다. 새벽잠을 깨우는 "잘 살아보세"라는 새마을 노래는 고픈 배를 흥겨움으로 채워 주었고 1964년 1억 달러 수출 목표 달성이라는 신문 보도에 그것이 무엇인지도 모르면서 그저 자랑스럽고 우리가 해냈다는, 할 수 있다는 뿌듯함에 눈물

글썽거리며 마냥 즐거워했던 기억이 생생합니다. 대학을 졸업하고 우리 세대는 뿔뿔이 나뉘어 열하의 사막 중동 땅으로 독일의 지하 탄광과 병원으로 그리고 월남의 정글로 뛰어들어 피와 땀과 눈물을 흘렸습니다. 오직 한 가지, 우리의 조국과 부모 형제들을 위해서!

저는 월남전에 소대장으로 참전하였는데, 2~3m의 옆도 보이지 않는 정글 때문에 목숨의 위험을 느끼면서도 우리나라의 벌거숭이산을 생각하면 월남의 정글이 그렇게 부러울 수가 없었습니다.

언젠가 누가 저에게 영화 '국제시장'을 관람하였느냐고 묻기에 보지 않았다고 대답하였습니다. 왜냐하면 내가 바로 '국제시장'의 세대로 그 영화는 곧 우리의 이야기였기 때문입니다. 1950년 우리나라의 1인당 GDP는 67달러였는데, 2014년에는 2만 8,336달러가 되었고 1950년에 2,536달러였던 미국은 지난해에 5만 6,421달러였습니다. 즉, 미국이 20여 배의 성장을 이루었을 때 우리는 420여 배의 성장을, 바꾸어 말씀드리면 지난 세월 우리는 미국 성장 속도의 20배가 넘는 속도로 발전을 이루어 온 것이며, 현재의 우리 GDP는 미국의 1995년도 GDP인 2만 8,749달러와 같은 수준입니다. 지구상에서 그토록 짧은 시간에 이토록 놀라운 발전의 역사를 기록한 나라와 민족은 일찍이 없었습니다.

그러나 이러한 국가 발전은 결코 기적이 아니고 **우리 부모님 세대가 피 흘려 나라를 지키고 피 같은 땀과 눈물을 흘리시면서 "자신이 아니라 자식들을 위하여" 노력하신 피와 땀과 눈물의 결정**입니다. 우리 세대는 이렇게 때로는 희망에 웃고 때로는 절망에 좌절하면서도 포기하지 않고 내일을 향하여 끊임없는 발걸음을 옮기며 오늘까지 인고의 세월을 힘겹게 그러나 내일에 대한 확고한 기대와 희망을 간직하며 살아왔습니다.

이제 제 나이 칠십이 넘었습니다. 지나온 과거는 아득하기만 한데 앞으로 남은 세월이 얼마일지는 모르겠지만 그래도 우리의 남은 미래와 두고 갈 자식들의 미래를 위한 간절한 바람이 밤잠을 괴롭히고는 합니다. 1995년에 우리나라의 1인당 GDP는 1만 1,467달러로 1만 달러를 넘어섰지만, 지난 2014년 2만 8,336달러고, 금년에는 오히려 2만 6,000달러대로 추락할 것이라는 어두운 전망도 있어 20여 년 동안 2만 달러대의 답보 상태를 면치 못하고 있습니다. 통상적으로 후진국에서 개도국으로 발돋움하는 단계에서 초기에는 급성장하다가 점진적으로 성장 속도가 둔화하는 패턴이 있게 마련입니다. 하지만 이러한 원인보다는 우리나라의 경우 급성장에 따른 물질만능주의의 영향으로 우리의 전통적 가치의 상실과 정신적 황폐화, 그리고 남북 분단에 의한 국론 분열 등의 원인으로 성장 동력을 상실한 데에 그 원인이 보다 더 크다고 생각 됩니다.

요즈음 친구들과 가끔 산에 올라 이런저런 이야기들을 하다보면 예외 없이 자식들의 흉보기로 귀결되고는 합니다. 마지막 결론은 "자식들을 잘못 교육한 우리의 죄이지" 하는 한숨 섞인 한탄과 더불어 씁쓸한 마음이 되어 무엇을 위하여 지난 세월 그렇게 힘들게 살았는지 회의가 느껴질 때가 한두 번이 아닙니다.

학교에서 인간의 정의를 "인간이란 사회적 모둠 생활을 하는 역사성 있는 동물이다"라고 배웠던 기억이 납니다. 이를 바꾸어 말하면 인간은 조직원으로서 조직의 룰과 규범을 지키고 자기 역할을 통하여 그 책임을 다하며, 이웃과 나누며 더불어 살고 어려움에 직면하여 미래에 도전하고 인내로써 극복하며 발전적 역사를 이어가는 삶을 마땅히 살아야 한다는 것입니다. 그러기 위해서는 인내와 함께 더불어 사는 삶의 지혜가 필요하지만 요즈음에는 온통 지식만이 전부인 것처럼 회자 되고 있습니다. 그러나 **지식이 지혜를 능멸하는 사회는 필히 위태로울 수밖에 없습니다.** 왜냐하면 그것은 이미 인간다운 모든 가치를 저버린 사회이기 때문입니다.

몇 년 전인가 하버드 대학의 마이클 샌델 교수의 "정의란 무엇인가"라는 주제의 강연이 TV에서 방영된 일이 있었습니다. 저도 이 강연을 밤늦도록 시청하고는 하였는데 다양한 사례를 들어가면서 토론식으로 수업을 이끌어 가는 과정이 무척 흥미로웠습니다. 정의란 무엇입니까. 과연 어떤 사회를 정의로운 사회라고 이야기 할 수 있겠습니까. 아마도 사람다운 사람들이 사람답게 살아가는 사회라면 정의로운 사회라고 할 수 있지 않을 것인지요?

제나라 경공이 공자님께 질문하였습니다. 어떻게 하면 정치를 잘할 수 있습니까? 공자님께서는 이렇게 대답하셨습니다. "君君臣臣 父父子子". 즉 윗사람이 윗사람답고 아랫사람이 아랫사람답고 부모가 부모답고 자식이 자식다운, 그래서 모든 사람이 각자의 위치에서 사람답게 살아가는 사회라면 사람이 살만한 사회 즉 정의로운 사회라 할 수 있겠다는 말씀입니다. 그런데 과연 가정에서도 사회에서도 나라에서도 어른이 실종된 그래서 오직 나만이 존재하는 오늘의 우리 현실은 어떠합니까? 이제 우리는 더 늦기 전에 우리 사회의 체질과 국가의 시스템을 근본적으로 리모델링 할 때가 되었습니다.

**첫 번째, 우리 사회의 체질 개선은 먼저 올바른 가정교육으로부터 시작되어야 합니다.** 흔히들 자식 기르는 것을 양육이라 하고 짐승 기르는 것을 사육이라 합니다. 사람은 양육하는 것이지 사육하는 것이 아니며 양육이란 먹여서 기르는 것이 아니라 가르쳐서 기르는 것을 의미합니다. 부모가 자식을 사랑하는 것은 많은 재산과 명예를 물려주는 것이 아니라 바로 올바른 양육을 통하여 사람답게 사람 노릇을 하면서 살 수 있도록 반듯한 사람으로 길러주는 것입니다. 엊그제 술 취한 채 운전하려는 것을 말린다고 아버지를 찔러 죽이고 집에 불을 지른 30대 남자의 패륜을 보도하는 뉴스를 듣고는 어쩌다가 우리나라가 이렇게까지 망가졌는지 허망하고도 슬픈 마음을 금할수 없었습니다.

미국의 엄마들이 가장 많이 하는 말은 "룰을 지켜라"이고, 일본의 엄마들은 "남에게 폐를 끼치지 마라"인데 우리 엄마들은 "기죽지 마라"라는 말을 많이 합니다. 나쁘게 말하면 무슨 짓을 해도 좋으니 내 자식 기죽일 수는 없다는 이야기입니다. 그러나 사람은 혼자서 사는 것이 아니고 구성원과 더불어 살아야 하며 이러기 위해서는 나만이 아닌 너를 인정하고 너와 함께 살수 있어야 하며 그러기 위해서는 남에게 폐를 끼치지 않는 배려와 사회적 규범인 룰을 지켜 '페어플레이(fair play)'를 할 수 있어야 합니다.

어렸을 적 동네 어른들이 하시던 말씀이 기억납니다. "사내자식은 군대 갔다 와야 사람이 된다." 그 당시에는 그 말뜻을 잘 몰랐지만 이제 와 생각해보니, 군 생활을 통하여 어려움을 이겨내며 더불어 살 수 있도록 '인내와 규율과 책임'을 배우고 이를 행동으로 실천할 수 있을 때 비로소 진정한 한 인간으로 성장할 수 있다는 의미임을 깨닫게 되었습니다. 올바른 가정교육의 핵심은 예절과 인내를 가르치는 것입니다. 이를 위하여 가장 중요한 것은 부모들의 모범입니다. 자식은 부모를 보고 따라 배우게 되기 때문입니다.

제가 군인으로서 사회생활을 시작하고 부모가 되면서 가장 두려워했던 것은 적이 아니라 '저' 자신이었습니다. 제가 군인으로서 제 책무를 다하지 못할 것이 두려웠고, 부하들에게 지탄받는 상관이 될까봐 두려웠고, 자식들에게 모범을 보이지 못하는 부모, 그래서 자식을 그르칠까봐 두려웠습니다. 자식들에게는 돈 많고 지위가 높은 부모가 필요한 것이 아니라 모범이 되는 그래서 자식이 자랑스럽게 생각하고 따라서 배우고 싶은 그러한 부모가 필요한 것입니다.

오래전 이야기입니다만 제 큰딸이 출가할 나이가 되었을 때 한평생 야전에서 살아온 저는 아는 사람도 별로 없을 뿐 아니라 마땅하게 들어오는 혼처도 없어서 고민하다가 하루는 딸을 불러서 "네 맘에도 들고 내 마음에도 드는 사윗감을 네가 데리고 와보아라"라고 하였습니다. 그러면서 "그래도 세 가지는 보거라. 첫째는 부모를 자랑스럽게 생각하는지. 그래야 가정교육이 제대로 되어 사람이 반듯하다. 둘째는 상대방을 먼저 배려할 줄 아는지. 그래야 평생을 같이 살 수 있다. 셋째는 매사에 긍정적인지. 그래야 어려운 사회생활이라도 끝까지 가장으로서 책임을 질 수 있다"라고 하였더니 딸애의 대답은 "아빠 시집가지 말라는 말씀이시지요. 요새 그런 젊은 남자는 없으니까요"이었습니다. 예로부터 "나는 '바담풍' 하지만 너는 '바람풍' 해라" 하는 이야기가 있지만 한 사람의 인성은 부모라는 거울을 통해서 함양되고, 따라서 자식들 앞에서 항상 떳떳할 수 있는 부모의 모범적인 삶이야말로 부모로서 자식들에게 줄 수 있는 최상의 선물이 아닐까 합니다.

**두 번째는 나부터 법과 규범을 지키면서 페어플레이(fair play)를 함으로써** 자식에게 본을 보일 뿐만 아니라 자식들이 살아갈 이 사회를 올바르고 살만한 사회로 만들어 주는 것입니다. 사관학교에 입교하면 기초 군사 훈련 과정을 거쳐야 하는데 이 기간에는 하루 24시간의 일과가 매초 단위로 통제가 되며 이 훈련은 일명 지옥 훈련으로 불리우기도 합니다. 제가 사관학교에 입교하여 이 기초 훈련 과정을 거칠 때인데 어느 토요일 내무사열 시간에 근무 생도가 들어와 옆의 생도에게 "귀관! 사관생도 신조 셋!" 하고 질문을 하였습니다. 갑작스러운 질문에 당황한 이 생도는 잠시 머뭇거리다가 목청껏 "넷, 아무개 생도, 사관생도 신조 셋! 사관생도는 언제나 험난한 불의의 길보다 안일한 정의의 길을 택한다. 이상입니다" 하고 힘차게 복창하였습니다. 그 순간 실내에 있던 동기생들은 모두 숨을 멈추고 오늘 밤 삼은 다 잤구나 하는 생각에 아무 다른 생각도 할 수 없었습니다. 왜냐하면 정답은 "안일한 불의의 길보다 험난한 정의의 길을 택한다"이기 때문입니다.

그러나 그 근무 생도는 한동안 말이 없더니 이윽고 "귀관 세상이 그럴 수만 있다면 얼마나 좋겠나" 하고는 나가버렸습니다. 그 이후 군인으로서 40여 년을 살아오면서 아무리 생각해도 이 이상의 명언을 찾을 수는 없었습니다. 왜냐하면 불의가 반드시 불이익을 당하고 정의가 정당한 대가를 얻을 수 있는, 그래서 불의가 험난하고 정의가 안일한 그러한 사회가 과연 이 세상에 있을 수 있을는지는 모르겠지만 그러나 그러한 사회가 우리의 이상향임에는 틀림없을 것이기 때문입니다.

그렇습니다. 이제 우리는 우리 자식들에게 그러한 세상을 만들어 물려주기 위하여 노력하여야 합니다. 서로가 서로를 힘들게 하고 불의와 부정, 부패가 판을 치는 그러한 세상에 우리의 자식들이 힘겹다 못해 삶을 포기하도록 하는 그러한 세상을 물려줄 수는 없습니다. 우리 자식들이 이 땅에 살면서 능력에 따라 도전하고 노력에 의하여 성취하며 정당하게 땀 흘린 만큼 그 대가를 향유하고 부당하게 이익을 취하는 사람들이 합당한 죄의 대가를 치르는 그래서 불의가 험난하고 정의가 안일한 그러한 세상을 만들어야 합니다. 그러기 위해서는 우리 부모들이 자식들 앞에 당당할 수 있도록 정의롭게 살아야 합니다. 자식들과 함께 배에 타고 가는 부모들이 자식들을 위해 배의 밑창을 뜯어다가 자식들의 방을 치장해 준다면 그것이 과연 자식을 사랑하는 길이겠습니까 아니면 죽음으로 이끄는 길이겠습니까?

저의 선친께서는 한평생 공직 생활을 하셨는데, 우리 집의 가훈은 **'수분지족(守分知足)'**으로, 즉 "분수를 지켜 항상 주어진 것에 만족해하며 주어지지 않은 것에 대한 욕심을 갖지 말라는 의미가 되겠습니다. 그 선친께서 생전에 저를 보시면 늘 "산에 오를 때는 항상 내려올 때를 생각하라"라고 훈계하셨습니다. 고등학생 시절, 지금도 마찬가지입니다만 쥐꼬리만 한 공무원 월급에 자식 8남매의 학비를 제 때 내기에는 어려우셨던 터라 저는 월사금을 늦게 내고 교실에서 쫓겨난 일이 있었습니다. 그래서 아버님이 원망스러워 불평하는 저에게 아버님께서는 "네 몸속에 부정한 피가 한 방울도 없다는 것을 자랑스럽게 생각해라" 하시었습니다. 그때는 어린 나이에 귀담아 듣지도 않았을 뿐더러 무슨 의미인지도 몰랐습니다. 그러나 아버님의 이 한마디는 그 이후 제가 40여 년 공직자의 길을 걸으면서 한평생 저를 이끌어준 나침반이자 채찍질이었습니다. 왜냐하면 제가 그러한 분의 아들이라는 것이 자랑스러웠고 그 아버님의 이름에 누를 끼치는 자식이 될 수는 없었기 때문이었습니다. 어느덧 40여 년의 군 복무를 끝내고 육군 참모총장을 끝으로 군으로부터 전역한 이후 비로소 가정으로 돌아와 지난날을 돌아보면서 나도 내 아버님처럼 과연 내 자식들의 몸속에는 부정한 피가 한 방울도 없도록 살았는지 혼자 속으로 자문자답해보고는 하였습니다.

**세 번째는 나라의 시스템을 개선하는 것입니다.** 현대 사회에 있어서 국가를 지탱하고 이끌어 가는 기본 요소는 **국가의 자존력(自存力), 자생력, 자위력, 자정력(自淨力), 국가 지도자의 리더십입니다.** 이는 각 구성 요소의 효율성을 증진시키고 각 요소 간의 균형과 조화를 통하여 승수 효과를 극대화함으로써 달성될 수 있습니다.

자존력이란 스스로 호흡하며 생명을 유지할 수 있는 능력으로, 국가의 자존력이란 그 나라 국민들의 역사 인식이나 전통적 가치와 문화 등 정신적 자산을 의미합니다. 이는 마치 자신의 가문을 자랑스럽게 생각하고 부모를 존경하는 자식들은 결코 그 삶을 하찮게 여기지 않으며 처신을 함부로 하지 않듯, 군대에서 전통 있는 부대가 그렇지 못한 부대보다 강한 전투력을 발휘하듯 역사는 한 나라의 영혼이고 전통적 가치는 사회 규범이며 문화유산은 민족의 응집력으로 이 모두는 미래로 나아가기 위한 '존재를 위한 힘의 원천'입니다.

그러나 우리는 우리의 그 소중한 전통적 가치를 헌신짝처럼 버렸을 뿐 아니라 우리나라 역사는 비참하게도 5,000년의 세월이 일본에 의하여 AD4세기로부터 겨우 1,700여 년에 불과한 역사로 축소되었고 중국에 의하여 만주 대륙과 임진강과 예성강 이북의 영역이 잘려나갔는가 하면 고려는 무인 독재 시대요, 조선조는 민중을 오로지 탄압만 한 봉건 시대고 대한민국은 태어나서는 안 될 악의 산물로 이승만 독재, 박정희 독재, 전두환·노태우 군사 정권을 지워버렸습니다. 그러고 나니 불과 20년 미만의 그런 대로 살만한 역사를 가진 참담한 나라가 되었습니다. 이렇듯 스스로 영혼을 죽여 버린 그러한 국가가 스스로 존립할 수 있는지? 역사에서 정복 국가가 피정복 국가를 말살하기 위해서는 반드시 왜 그 나라의 역사와 언어를 인멸하고자 하였는지 이제 우리는 자문자답하여야 할 때입니다.

자생력이란 사람이 독자적으로 생활을 영위할 수 있는 힘으로 국가에 있어서는 스스로 국가를 지탱하고 발전시킬 수 있는 능력을 의미하며, 자위력이란 문자 그대로 스스로 자신을 지킬 수 있는 능력을 의미합니다. 국가의 자생력과 자위력은 곧 국가의 '생존과 번영'인 바 이는 별개의 독립적인 개념이 아니라 동전의 앞뒷면과 같은 불가분의 관계이지만 굳이 선후와 경중을 따진다면 "번영이 없는 생존은 비참하다 할 수 있으나, 생존이 없는 번영은 존재조차도 할 수 없다"라고 말할 수 있습니다. 그런데 이런 사실을 우리는 혹 망각하고 있는 것은 아닌지 의문이 들기도 합니다.

자정력이란 국가와 사회를 스스로 건강하게 만드는 힘이라 할 수 있으며 이는 교육과 언론 및 법치 확립의 결과입니다. '일일지계는 재근(一日之計在勤)'이라 하여 하루를 잘 살려면 부지런하여야 하고 '십년지계는 재식(十年之計在植)'이라고 십 년을 내다보려면 나무를 심어야 하며 '백년지계는 재교(百年之計在校)'라 하여 백 년을 내다보려면 교육을 하라는 옛말과 같이 교육은 자존, 자생, 자위, 자정력 모두를 결정짓는 중요한 요소이며 국가의 기본 토대입니다. 인성 교육을 통하여 사람을 사람답게 양육하고 학교 교육을 통하여 사회의 일원으로서 더불어 살 수 있는 규범과 가치를 가르치면서 국가를 일깨우는 동시에, 장차 살아갈 수 있는 지식과 지혜를 부여함으로써 한 개인을 국민으로 완성하는 기능을 수행하여야 합니다. 그러나 우리의 교육 현실이 과연 이러한 본래의 기능을 수행하는지 아니면 사육과 지식의 주입에 치우친 것은 아닌지 하는 생각을 지울 수 없습니다.

그리고 법질서 역시 사회적 합의를 저버린 채로 자신에게 유리한 서로 다른 가치의 잣대로 상대를 임의로 재단하면서 사회적 가치의 공유는 고사하고 불신과 갈등을 증폭시키고 있습니다. 그러므로 우리나라가 선진 사회로 도약하기 위해서는 교육이 본래의 사명을 다하며 공통된 가치관에 기초하여 사회적 합의를 존중토록 함으로써 민주 국가의 기본인 법치를 확립하지 않으면 안 됩니다.

자위력이란 스스로를 지킬 수 있는 생존 능력입니다. 여기에는 국민들의 나라사랑과 나라를 지키고자 하는 상무 정신 등의 정신적 요소와 현존 전력 및 동원 체제를 포함한 동원 전력, 동맹 및 연합까지를 망라하여 자신의 의지로 그 역사와 문화를 창달해나감으로써 번영을 구가할 수 있는 힘을 의미합니다.

끝으로 **국가 지도자의 리더십입니다.** 국가 지도자는 나보다는 나라를 더 사랑할 수 있어야 합니다. 그러므로 내가 아니라 우리를, 오늘을 위하여가 아니라 내일 내 자식들이 살아갈 미래의 조국을 위하여 헌신하여야 하는 것입니다. 따라서 국가 지도자에게 요구되는 자질은 다음과 같습니다.

첫째는 나라 사랑을 바탕으로 역사 인식에 기초하여 시대의 흐름을 읽고 시운을 알 수 있는 통찰력 즉 **지천명**(知天命)으로 현대적 용어로는 비전(vision)입니다. 무릇 국가 지도자란 나보다 나라를 더 사랑하는 바탕 위에서 국민을 보다 더 나은 미래로 이끌어 가야 합니다. 따라서 그의 가장 중요한 역할은 집단이 나아가야 할 목표를 제시하는 것인데 이 목표는 가장 합리적이며 실현 가능하고 목표 달성 시 우리 지손들의 생존과 번영을 보장할 수 있어야 하며 확고한 신념이 뒷받침된 것이어야 합니다. 왜냐하면 민족과 국가의 안위와 미래를 결정하기 때문입니다. 역사는 단순히 지나간 이야기가 아니라 오늘의 거울이자 미래의 나침반입니다. 그러므로 역사에 기초한 통찰력 즉 지천명(知天命)이야 말로 이 민족의 생존과 번영을 확실하게 보장해 줄 수 있는 것이며 이러한 일들이 바로 국가 지도자가 해야 할 일들입니다.

둘째는 지인지감(知人之感) 즉 인재를 알아보고 적재적소에 쓸 수 있는 능력입니다.

셋째는 용인지덕(用人之德), 사람을 능력대로 쓸 수 있는 품성과 그릇입니다.

춘추전국시대 관포지교로 알려진 관중이 제나라 재상이 되기 전 제나라 환공에게 패자가 되지 못하는 네 가지 행동으로 ① 천하에 널리 인재를 구하여 쓰지 않는 것 ② 천하에 널리 인재를 구하여 맞게 쓰지만 신임하지 않는 것 ③ 천하에 널리 인재를 구하여 쓰고 신임하지만 권한을 위임하지 않는 것 ④ 천하에 널리 인재를 구하여 쓰고 신임하며, 권한을 위임한다 하더라도 간신배와 측근들의 개입과 농간을 금하지 않는 것을 들었는데 여기에서 ①②번은 지인지감이요 ③④는 용인지덕의 방법을 말한 것입니다. 결정된 목표를 수행하기 위하여 필요한 적재를 적소에 배치한 다음 설정된 목표에 국민의 의지를 결집할 수 있도록 하기 위해서는 국가 지도자의 언행이 일치된 솔선수범과 의사 소통, 두려움 없는 확고한 신념과 애국적 열정으로써 사무사(思無邪), 즉 생각에 사심이나 그릇됨이 없어야 하며 이를 바탕으로 언행이 일치된 지도자만이 비로소 국가와 국민들의 오늘과 내일의 생존과 번영을 책임질 수 있는 것입니다.

이제는 인생의 황혼을 보면서 시간이 갈수록 아버님 생각이 더욱더 간절해집니다. 남은 인생 어떻게 사는 것이 진정으로 부모다운 부모답게 자식들을 위하고 부모님의 은덕에 보답하는 것인지……. 그것은 바로 사람이 사람과 더불어 사람답게 살면서 미래에 대한 희망과 꿈을 향하여 정당하게 땀흘려 노력하며, 노력한 만큼 성취할 수 있는 그러한 정의가 살아 숨 쉬는 사회를 만드는 것이라고 확신하게 되어 오늘 감히 용기를 내어 여러분 앞에 그간의 소회를 말씀 드리게 되었습니다. 여러분이 들으시기 조금 민망하실지 모르겠으나 여러분은 여러분의 부모 세대와 우리 세대에 빚을 진 세대임을 이 기회에 말씀드립니다. 따라서 여러분은 부모님의 피와 땀과 눈물 어린 헌신에 보답할 의무가 있으며 그것은 다름 아니라 **여러분 부모님처럼 자신이 아닌 여러분의 자식과 후손들의 내일을 위하여 오늘의 최선을 다함으로써, 그리하여 앞날 이 땅에서 여러분의 자식들이 길이 대한민국의 국민으로서 긍지**

**와 자부심을 가지며 독창적 문화와 역사를 창달해나갈 수 있도록 하여 주실 것을 간곡히 당부** 드리면서 이 자리를 끝내고자 합니다. 장시간 경청해 주셔서 감사합니다. 안녕히 계십시오.